Norbert Frei · Ralf Ahrens ·
Jörg Osterloh · Tim Schanetzky

FLICK

Der Konzern, die Familie, die Macht

Pantheon

Verlagsgruppe Random House FSC-DEU-0100
Das für dieses Buch verwendete FSC®-zertifizierte Papier *EOS*
liefert Salzer, St.Pölten, Austria.

Der Pantheon Verlag ist ein Unternehmen der
Verlagsgruppe Random House GmbH

Erste Auflage
März 2011

Inhalt

Einführung

Fragt man im feinen Konstanzer Inselhotel nach Friedrich Flick, bekommt man noch heute eine seltsame Geschichte zu hören: Bei schönem Wetter habe sich der hoch betagte Dauergast früh morgens oft zur Uferpromenade fahren lassen. Dort sei er Richtung Yachthafen spaziert, wo seine Limousine bereits auf ihn wartete. Nicht selten habe der Chauffeur ihn dann zum Ausgangspunkt zurückgebracht – und die Ertüchtigung begann von neuem: mit herrlichem Blick über den Bodensee, vor sich die imposante Alpenkette, der Morgensonne entgegen.

Die vier Jahrzehnte, die seitdem vergangen sind, mögen die Details der Anekdote ein wenig abgeschliffen haben; aber vielleicht wirkt sie gerade deshalb wie ein Gleichnis auf die Karriere des Friedrich Flick. Im späten Kaiserreich geprägt, seinen Aufstieg im Ersten Weltkrieg nehmend, die schwierigen Jahre der Weimar Republik geschickt überstehend, im »Dritten Reich« von Erfolg zu Erfolg getragen, gelang dem Selfmademan in den fünfziger Jahren nochmals ein sagenhafter Aufstieg. Hyperinflation, Weltwirtschaftskrise, NS-Boom und Krieg, Nürnberger Prozess, Gefängnis und Wirtschaftswunder – unbeirrbar, so scheint es, schritt Flick über alle wirtschaftlichen und politischen Brüche des 20. Jahrhunderts hinweg. Vorwärts, immer nur vorwärts.

Zu Beginn der zwanziger Jahre war Friedrich Flick bereits aus der Siegerländer Provinz in die Spitze der deutschen Wirtschaftselite vorgestoßen. Vom Stahl kommend, engagierte er sich in der Kohleförderung, im Maschinenbau, in der Chemie- und Papierindustrie. Die Unternehmen, an denen er sich beteiligte, produzierten Badewannen und Eisenbahnwaggons, Flugzeuge und Autos, Sprengstoffe, Panzer und Geschütze. Mit den Beteiligungen wechselten die Schauplätze. Der Sohn eines Holzhändlers und Bauern begann im heimatlichen Umkreis, aber schon bald betätigte er sich überall im Deutschen Reich, dann in den Niederlanden, in Polen, Belgien und Frankreich; seine Erben investierten schließlich auch in den USA.

Weil Flick mit keinem Unternehmen, keiner Branche und keiner Region wirklich identifiziert werden kann, blieb seine Karriere das bis heute einzig Fesselnde an diesem Mann. Er gehört nicht in die Reihe großer Gründerfiguren wie Bosch, Siemens oder Krupp. Technologische Innovation, sozialpolitisches Engagement oder auch nur einen einzigen Betrieb, dessen Schicksal über seinen Tod hinaus mit der Familie verbunden geblieben wäre – all das sucht man bei Flick vergebens. Stattdessen ist sein Name zum Synonym für politischen Opportunismus und den skrupellosen Einsatz wirtschaftlicher Macht geworden.

Zweimal überdauerte Flicks Karriere seinen politisch-moralischen Bankrott: 1932, als er den Konkurs nur dank skandalumwitterter staatlicher Unterstützung abwenden konnte, und nach 1945, als ihm die Amerikaner den Prozess machten – zu offensichtlich war sein Erfolg im Nationalsozialismus gewesen, seine Bereicherung an jüdischem Vermögen, der Profit aus Rüstungsproduktion und Zwangsarbeit. Nicht zuletzt wegen dieser Vorgeschichte schlug Anfang der achtziger Jahre das politische Beben der »Flick-Affäre« die bundesdeutsche Öffentlichkeit über Monate in Bann. Wie es schien, waren sich die Methoden der politischen Einflussnahme im »Hause Flick« seit den zwanziger Jahren auf fatale Weise gleich geblieben. Diesen dritten Skandal überstand der Konzern nicht.

Sich mit Flick zu beschäftigen bedeutet weit mehr, als das Drama der deutschen Wirtschaftsgeschichte im 20. Jahrhundert am Beispiel eines ihrer umstrittensten Protagonisten nachzuzeichnen. Die Karriere des Industriellen – und die seiner Nachkommen – war immer mit der großen Politik verwoben. Die Flicks machten Politik, waren Gegenstand politischer Auseinandersetzungen und dienten der Politik als Vehikel der Propaganda. Das begann in der Weimarer Republik, setzte sich in Nürnberg fort, wo Flick als erster deutscher Industrieller für sein Handeln in der NS-Zeit zur Rechenschaft gezogen wurde, und endete nicht in der deutsch-deutschen Systemkonkurrenz des Kalten Krieges. Je mehr Flick sein öffentliches Bild selbst zu bestimmen suchte, desto mehr galt er der Öffentlichkeit als Exponent eines verhassten Kapitalismus.

Flicks öffentliche Wirkung auf die unternehmerischen Tatsachen zurückzuführen: Darin liegt die eigentliche Herausforderung. Es gilt – anders als in älteren, meist journalistischen Darstellungen[1] – Friedrich Flick als Unternehmer ernst zu nehmen. Und es gilt, den Konzern als Ganzes im Blick zu halten. Bei aller Unübersichtlichkeit rasch wechselnder Kapitalbeteiligungen muss die Frage nach der individuellen Verantwortung gestellt werden: für »Arisierung« und Zwangsarbeit, aber auch für die vielen anderen Entscheidungen, die Hunderttausende von Menschen tangierten. Wie war Flicks Holding organisiert, wer traf welche Entscheidungen? Wie weit reichte überhaupt der Einfluss der kleinen Zentrale in Berlin, die bereits Ende der dreißiger Jahre Unternehmen mit rund 100 000 Beschäftigten kontrollierte?

Dieses Buch ist nicht das erste, das den Versuch unternimmt, Flicks Imperium zu durchleuchten. Kim Christian Priemel hat unlängst eine »Konzerngeschichte« vorgelegt, die besonders auf Flicks wechselnde Kapitalbeteiligungen und seine Versuche blickt, sich den jeweils geltenden wirtschaftlichen Rahmenbedingungen anzupassen.[2] So lässt sich zwar die Entwicklung des Konzerns erzählen, nicht aber die Geschichte seines Eigentümers. Allein die Gewinnoptimierung kann die Komplexität einer Persönlichkeit wie Friedrich Flick nicht erklären: Auch ein Unternehmer ist kein Mann ohne Eigenschaften. Flick lässt sich weder auf den Typus des risikofreudigen Spekulanten reduzieren, noch war er der traditionsbewusste Eisenhüttenmann, als der er sich selbst so gerne sah.

Flick entwickelte früh ein bemerkenswertes taktisches Geschick im Umgang mit Aktionären, Konkurrenten und Politikern. Und schon bald wollte er seine persönliche Herrschaft als Unternehmer dauerhaft gesichert wissen. Das hatte Folgen für die Führung und Expansion des Konzerns und erklärt am Ende auch dessen Untergang. Während andere Industriellenfamilien wie Quandt, Oetker oder Haniel einen Weg für die Erbfolge fanden, der den Bestand ihrer Konzerne sicherte, zeigte Flicks Lebenswerk nur wenige Jahre nach seinem Tod bereits erste Auflösungserscheinungen. Es überdauerte seinen Gründer nur um 13 Jahre.

Wer die Geschichte von Flick verstehen will, muss deshalb dem Mann an der Spitze, auf den alles zulief – im Konzern, in der Familie und in der öffentlichen Auseinandersetzung –, gebührende Aufmerksamkeit zollen. Dabei muss die unternehmerische Logik seiner Entscheidungen im Mittelpunkt stehen. Denn ob es um die Beteiligung an der »Arisierung« ging oder darum, staatliche Subventionen einzufordern: Es war Flick, der entschied, und zwar in der Regel aus konkreten ökonomischen Motiven heraus. Diese gilt es aufzuklären und nach ihren politischen und moralischen Implikationen zu befragen.

Eine Darstellung, die zum historisch-politischen Kern vorzudringen sucht, muss die bis heute fortwirkenden Mythen der öffentlichen Debatte über Flick nicht nur aus dem Weg räumen, sie muss diese selbst zum Thema machen. Das verlangt, das gesamte 20. Jahrhundert in den Blick zu nehmen und nicht etwa bei der Betrachtung des Konzerns in der NS-Zeit stehen zu bleiben. Flicks Verhalten in den zwölf Jahren des »Tausendjährigen Reiches« aufzuklären, wie es die Autoren eines weiteren kürzlich erschienenen Buches unternommen haben, hat besonderes Gewicht.[3] Aber man wird es befriedigend nur analysieren können, wenn man von Flicks erster Karriere nicht absieht. Denn schon Ende der zwanziger Jahre, während seines Aufstiegs zur beherrschenden Figur des weltweit zweitgrößten Montankonzerns, zeigte Flick, dass er sein Handwerk verstand. Er hatte es im Ersten Weltkrieg gelernt und in den frühen Nachkriegsjahren perfektioniert.

Flicks dritte Karriere schließlich, begonnen nach seiner Haftentlassung 1950, als er schon im Rentenalter war, darf nicht nur als trotziger Reflex auf die NS-Zeit gesehen werden. Sie ist eine Geschichte eigenen Rechts. Aber die Bedingungen des Wirtschaftens in der prosperierenden Bundesrepublik veränderten sich so rasch, dass die Denkmuster des Patriarchen bald immer häufiger zum Hindernis wurden und die notwendige unternehmerische Anpassung unterblieb. Lange vor dem letzten großen Skandal, der sich mit dem Namen Flick verband, konnte von einer Erfolgsgeschichte deshalb schon keine Rede mehr sein.

Dabei hatten sich Flicks Techniken der Macht über vier politische Systeme hinweg als effektiv erwiesen. Seine unternehmerischen Erfolge begannen im Ersten Weltkrieg mit Geschäften, die sich hart am Rande der Legalität bewegten. Der Siegerländer lernte früh, diskret zu disponieren, mit der Politik zu kalkulieren und sich auf Umbrüche einzustellen. Den Weg in die Unternehmerelite des Ruhrgebiets und zur Beherrschung der Vereinigten Stahlwerke fand er über ebenso komplizierte wie bestens abgeschirmte Finanzgeschäfte. Nachdem ihn der Staat in der Weltwirtschaftskrise vor dem sicheren Bankrott gerettet hatte, begann Flick mit dem Aufbau eines eigenen Konzerns. Es lag in der Konsequenz dieses Handelns, dass er seit 1933 zielstrebig und kühl kalkulierend die Chancen nutzte, die Aufrüstung und »Arisierung« boten. Der Einsatz politischer Netzwerke setzte sich fort bei der Aneignung fremden Eigentums in den besetzten Gebieten, und diese Expansion beruhte ebenfalls auf nüchternem Kalkül. Längst eingespielt war auch die Arbeitsteilung zwischen der kleinen Berliner Konzernzentrale und den großen Tochterunternehmen, die einerseits geschäftspolitische Freiräume genossen, andererseits der laufenden Kontrolle unterlagen und sich im Zweifelsfall der Autorität des Konzernchefs zu beugen hatten. Der massenhafte Einsatz ausländischer Zwangsarbeiter war Ergebnis dieser Arbeitsteilung: Er fiel zwar in die Verantwortung der einzelnen Unternehmen, beruhte in einigen Geschäftsfeldern aber unmittelbar auf Flicks persönlicher Entscheidung.

Auch nach der Katastrophe hielt Flick am Ideal des persönlichen Regiments in einem nach außen abgeschotteten Familienkonzern eisern fest. Weder der Nürnberger Prozess noch die Landsberger Haftzeit konnten den Alten erschüttern, und die Entflechtungspolitik der Besatzungsmächte bewahrte ihn letztlich davor, in der bald einsetzenden Kohlekrise zum großen Verlierer zu werden. Bei der Abwehr der alliierten Forderungen und mehr noch beim Neuaufbau des Konzerns agierte Flick auf gewohnte Weise; auch sein Comeback während der fünfziger Jahre war geprägt von verdeckten Firmenkäufen und der Verdrängung störender Aktionäre. Ebenso hielt er an der Gewohnheit fest, mit Spenden politische Kontakte zu pflegen und bei sich bietender Gelegenheit zu nutzen – etwa beim erneuten Einstieg in die Rüstungsproduktion.

Flick investierte gezielt in moderne Branchen, und doch trug der erneute Aufstieg bereits Zeichen der Orientierungslosigkeit. Das Ende des Konzerns wird man deshalb nicht allein seinen Erben anlasten können, denen das neue Imperium erst nach dem Ende des Wirtschaftswunders in den Schoß fiel. In ihrem Bestreben, die beim neuerlichen Konzernumbau anfallenden Gewinne mit allen Mitteln am Fiskus vorbeizuleiten, folgten sie freilich ganz den Prinzipien des Gründers.

Friedrich Flick war ein versierter Manipulator, der – nüchtern kalkulierend und doch nicht frei von Sentimentalität – alles tat, um die eigene

Souveränität zu garantieren. Diesen persönlichen Herrschaftsanspruch setzte er auch gegenüber seiner Familie rücksichtslos durch. Mit dem gerichtsnotorischen Zerwürfnis zwischen dem Patriarchen und seinem ältesten Sohn begann eine neue Serie öffentlich zelebrierter Affären, die das Interesse eines kritischer werdenden Publikums auf vielfache Weise bedienten. Deshalb genügt es nicht, das Ende des Konzerns als eine bloße Skandalchronik zu beschreiben. Vielmehr muss die Geschichte der Flicks in Beziehung gesetzt werden zum gesellschaftlichen Wandel seit den sechziger Jahren. Dann erst erschließt sie sich: nicht zuletzt als die Geschichte der politischen Öffentlichkeit in einem Land, das sich seiner Vergangenheit zunehmend bewusst zu werden begann.

I. Ein Konzern entsteht

Aufstieg

Anfang der zwanziger Jahre veröffentlichte der Journalist Karl Becker eine Reihe von Presseartikeln, die von einem besonders ruchlosen Unternehmer handelten. Dieser kaufe heimlich Aktien von Montanunternehmen, erobere Hauptversammlungsmehrheiten, kombiniere die Gesellschaften miteinander, schlachte deren Vermögen skrupellos für neue Geschäfte aus und mache auf diese Weise gewaltige Profite. Kaum jemand kannte den Namen, und der Journalist schien besessen davon, ihn endlich bekannt zu machen: Friedrich Flick. Diesem waren solche Artikel unangenehm, Diskretion trug entscheidend zum Erfolg seiner Geschäfte bei. Ob er Becker für einen Querulanten hielt oder für einen kriminellen Erpresser, ist ungewiss. Doch als er erfuhr, dass der Journalist reißerische Dossiers über ihn in Unternehmerkreisen anbot, kaufte er ihm sein Material kurzerhand ab. Während der nächsten zwei Jahrzehnte stattete Flick Becker regelmäßig mit Geld aus und gewährte ihm am Ende noch eine private Rente.

Dass bis heute wenig über die frühen Jahre Friedrich Flicks bekannt ist und sich umso mehr Mythen um seinen Aufstieg ranken, zählt zu den größten und dauerhaftesten Erfolgen eines Unternehmers, der zeitlebens alles daran setzte, sein öffentliches Bild selbst zu kontrollieren. In den ersten Jahren ließ sich das noch leicht mit etwas Geld bewerkstelligen, da Flick tatsächlich ein unbekannter Außenseiter war. Wäre es nach ihm gegangen, hätte sich daran auch nichts geändert. Spätestens 1923 war diese Strategie aber nicht mehr durchzuhalten, weil Flicks Beteiligungsimperium inzwischen eine Größe erreicht hatte, die sich kaum noch verheimlichen ließ.[1]

Als die Berliner Journalisten sich für den Homo novus zu interessieren begannen, tappten sie lange im Dunkeln. In der Kriegswirtschaft und während des großen Durcheinanders der Inflationsjahre sei Flick wohl »mit beiden Füßen in den Kessel des Umschichtungsprozesses« gesprungen, »ein paarmal tüchtig untergetaucht« und dann als »neuer schwerindustrieller Trustkönig wieder zum Vorschein« gekommen. Fünf Jahre nach Kriegsende, so der Wirtschaftsjournalist Felix Pinner 1923, galt der unbekannte Siegerländer unter seinen Branchenkollegen und bei den Direktoren der Großbanken längst als einer »der Mächtigsten, Erfolgreichsten und Geschicktesten«. In diese Bewunderung mischte sich allerdings auch Skepsis, denn Flick war nicht der einzige Unternehmer, der in dieser Zeit mit spekulativen Aktiengeschäften binnen kürzester Frist zu gigantischem Reichtum gelangte. Doch im Gegensatz zu den »Königen der Inflation« wie Hugo Herzfeld oder Camillo Castiglioni setzte sich Flicks Erfolg unter wechselnden politischen und wirtschaftlichen Bedingungen über Jahrzehnte fort.[2]

Mit enormem Fleiß und großer Disziplin, in einer Mischung aus taktischem Geschick und Skrupellosigkeit hatte Friedrich Flick seinen Weg gemacht. Da passte es ins Bild, dass sich der Unternehmer aus einfachsten Verhältnissen emporgearbeitet und eine geradezu amerikanische Karriere hingelegt hatte. Nicht ohne Bewunderung hoben selbst die alliierten Ermittler nach dem Zweiten Weltkrieg Flicks »bescheidene Herkunft aus einer kleinbäuerlichen Familie« hervor. Dabei geriet ein wenig aus dem Blick, dass Flicks familiärer Hintergrund, seine Ausbildung und auch seine ersten Karriereschritte für eine Unternehmerlaufbahn im ersten Drittel des 20. Jahrhunderts keineswegs untypisch waren. Sieht man von den großindustriellen Dynastien ab, rekrutierte sich der unternehmerische Nachwuchs zu dieser Zeit meist aus Familien, die entweder bereits kaufmännisch tätig waren oder als Beamte und Bildungsbürger für eine gute Ausbildung sorgten.

Der am 10. Juli 1883 in Ernsdorf bei Kreuztal im Siegerland geborene Friedrich Flick genoss neben der Unterstützung durch seine Familie vor allem den Rückhalt eines regionalen Milieus, das seine Entfaltung nachhaltig begünstigte. Der Vater Ernst Flick betrieb die karge Ernsdorfer Landwirtschaft längst nur noch im Nebenerwerb und betätigte sich in dem alten Industrierevier vor allem als Holzhändler. Er muss recht erfolgreich gewesen sein, denn über die Jahre hatte der alte Flick Anteile an einer Reihe Siegerländer Erzgruben erworben. Noch viele Jahrzehnte später sprach Flicks Vetter Konrad Kaletsch mit Hochachtung von seinem Patenonkel, der ein »harter und mit seinen stahlblauen, durchdringenden, beinahe beherrschenden Augen auch hartköpfiger Mann« gewesen sei. Ernst Flick hatte die Namen seiner drei Söhne ganz im Geist des jungen Kaiserreichs gewählt: Der Erstgeborene hieß Wilhelm, der Jüngste Otto. Den protestantischen Kaufmannshaushalt regierten »Bescheidenheit« und »eiserner Fleiß«. Ganz ähnlich lagen die Verhältnisse in der Verwandtschaft, etwa bei den Eltern Konrad Kaletschs, dessen Mutter aus der Familie Flick stammte. Sie hatte in eine Kreuztaler Kaufmannsfamilie eingeheiratet, die nicht nur eine Gastwirtschaft betrieb, sondern sich auch im Eisenhandel betätigte.[3]

Friedrich Flicks Ausbildung entsprach diesem bürgerlichen Familienhintergrund: Als »Fahrschüler« pendelte er mit der Bahn zum Siegener Realgymnasium, dem er 1901 nach der elften Klasse mit leidlichen Noten den Rücken kehrte. Dank väterlicher Protektion konnte der »Einjährige« eine kaufmännische Lehre bei der Actien-Gesellschaft Bremerhütte in Kirchen an der Sieg beginnen. Es folgte der einjährig-freiwillige Militärdienst beim 167. Infanterie-Regiment in Kassel. 1905 ging Flick zum Studium an die kurz zuvor gegründete Handelshochschule in Köln, wo er im Sommer 1907 mit durchweg vorzüglichen Noten seinen Abschluss als Diplomkaufmann machte. In Köln studierte Flick unter anderem bei Eugen Schmalenbach, einem frühen Verfechter der modernen Bilanztheorie und einer systematischen Kostenrechnung im Unternehmen. Aufgrund seiner 1919 publizierten »Grundlagen dynamischer Bilanzlehre« gilt Schmalenbach als einer der Gründerväter der Betriebswirtschaftslehre in Deutschland. Flick hat später zwar betont, dass die Ausbildung in Köln für seinen »Werdegang von außerordentlicher Bedeutung« war; dem Kreis der wesentlich jüngeren so genannten »Schmalenbach-Schüler« kann er gleichwohl nicht zugerechnet werden. Zwar ist belegt, dass Flick die Kölner Universität 1925 mit 100 000 Mark unterstützte. Aber Grund für diese Stiftung waren weder sentimentale Studienerinnerungen noch dauerhafte Verbundenheit mit seinem akademischen Lehrer. Die Spende war ein Mittel zum Zweck und diente dem Erwerb der Ehrendoktorwürde.[4]

Die Ausbildung an der Kölner Handelshochschule zeichnete sich weniger durch ihren akademischen Charakter aus als vielmehr durch

Praxisnähe: Es wurde nicht nur in Volks- und Betriebswirtschaftslehre, sondern auch in Französisch, Rechtslehre und »mechanischer Technologie« geprüft. Daneben standen Schreibmaschinenschreiben und Stenografie auf dem Lehrplan. Die praxisorientierte Ausbildung dürfte Flick gefallen haben, denn er hielt engen Kontakt zu seinem Lehrbetrieb, über dessen Buchhaltung und Selbstkostenrechnung er dann seine betriebswirtschaftliche Abschlussarbeit schrieb. Seine volkswirtschaftliche Arbeit über »Neuere Geschichte und gegenwärtige Lage des Siegerländer Eisensteinbergbaues« befasste sich ebenfalls mit der Wirtschaft des heimischen Reviers. Die »recht tüchtige Arbeit« zeigte, dass Flick sich ein fundiertes eigenes Urteil über die Strukturprobleme des Siegerlandes gebildet hatte. Noch bevor er die letzten Prüfungen absolviert und am Ende mit Auszeichnung bestanden hatte, konnte er einen ersten Arbeitsvertrag unterschreiben – als kaufmännischer Bürovorsteher der Bremerhütte, die ihm schon wenig später Prokura erteilte.[5]

Im Siegerland

Die gesellschaftliche und politische Bedeutung der Eisen- und Stahlbranche in den Jahren vor dem Ersten Weltkrieg ist am ehesten mit der Bedeutung der Automobilindustrie gegen Ende des 20. Jahrhunderts zu vergleichen. In diesem Wirtschaftszweig trat Friedrich Flick im Alter von 24 Jahren seine erste Führungsposition an. Er blieb fünf Jahre bei der Bremerhütte, die sich während dieser Zeit zwar auf Modernisierungskurs befand, deren finanzielle Lage aber so angespannt blieb, dass keine Gewinne ausgeschüttet werden konnten. Flick hat in der Rückschau wiederholt betont, seine Lehrjahre bei Unternehmen mit knapper Kasse seien für ihn besonders prägend gewesen. Ein solches Unternehmen war zweifellos auch seine nächste Station, die Eisenindustrie zu Menden und Schwerte AG, die am Nordrand des Sauerlandes ein Stahl- und Walzwerk betrieb. Menden und Schwerte war zwar ein Sanierungsfall, aber Flick bot sich hier die Chance auf einen Vorstandsposten, und so wechselte er im Frühjahr 1913 von der Sieg an den Rand des Ruhrreviers. Die neue Position als kaufmännischer Direktor versetzte den

Der junge Hüttendirektor Friedrich Flick heiratet 1913 Marie Schuss, Tochter
aus gutem Siegener Haus.

29-Jährigen in die Lage, um die Hand von Marie Schuss anzuhalten, der
Tochter eines angesehenen Siegener Textilhändlers und Stadtrats. Einen
Monat nach dem Aufstieg in den Vorstand fand die Hochzeit statt: Der
Holzhändlersohn und frischgebackene Hüttendirektor hielt Einzug im
Establishment des Siegerlandes.[6]
  Weniger erfreulich war die geschäftliche Lage von Menden und
Schwerte, denn das Unternehmen war dringend auf frisches Geld angewiesen. Flick veranlasste zunächst einmal einen Kapitalschnitt und
akquirierte neue Mittel von über drei Millionen Mark. So konnten die
Verluste der Vorjahre gedeckt, neue Rücklagen gebildet und dringend
erforderliche Sonderabschreibungen vorgenommen werden. Flick dürfte froh gewesen sein, als sich ihm zwei Jahre später die Gelegenheit bot,
ins Siegerland zurückzukehren. Die Aktiengesellschaft Charlottenhütte
in Niederschelden an der Sieg war auf der Suche nach einem Nachfolger
für den kaufmännischen Vorstand Ernst Schleifenbaum, der die Leitung
der Dillinger Hütte an der Saar übernommen hatte. Flicks Berufung bedeutete nicht nur einen weiteren Karriereschritt, sondern war vor allem
auch ein Beleg für das Ansehen, das er sich im Siegerland inzwischen
erworben hatte; im Aufsichtsrat der Charlottenhütte waren neben den
Schleifenbaums mit Heinrich Macco, Adolf Oechelhäuser und Viktor

Weidtmann maßgebliche Vertreter der regionalen Wirtschaftselite versammelt.[7]

Die Charlottenhütte war eines von vier großen Montanunternehmen
im Siegerland und galt als finanziell solide. Von der Kohle abgesehen,
verfügte das Unternehmen über sämtliche Einrichtungen der Stahlproduktion einschließlich eigener Erz- und Kalkgruben. In ihren beiden
Hochöfen stellte die Charlottenhütte zunächst Roheisen her, wobei zu-
gekaufter Koks als Energieträger diente. Das Roheisen war nur ein Zwi-
schenprodukt, ein stark kohlenstoffhaltiges, sprödes Metall, das weder
geschmiedet noch gewalzt werden konnte. Erst im Stahlwerk reduzierte
die Charlottenhütte den Kohlenstoffgehalt. Dazu setzte man das sogenannte Siemens-Martin-Verfahren ein, bei dem Roheisen gemeinsam
mit Schrott zu Stahl gekocht wird. Der Rohstahl wurde dann zu Brammen vergossen und anschließend im Walzwerk weiterverarbeitet. Dort
erst entstanden echte Handelsprodukte wie Bleche, Schienen, Träger
und Stabstahl. Daneben unterhielt die Charlottenhütte aber auch eine
Schmiede und eine Gießerei, deren Fertigprodukte vor allem bei der
Eisenbahn sowie im Schiff- und Maschinenbau Abnehmer fanden.[8]

Im Gegensatz zu den vielen kleinen Konkurrenten im Siegerland
war die Charlottenhütte zwar ein integrierter Betrieb. Aber der Vergleich mit der Konkurrenz in den Montanrevieren an Ruhr und Saar,
in Oberschlesien und Lothringen fiel gleichwohl ernüchternd aus. Flick
war kaufmännischer Direktor eines Unternehmens, das nicht einmal
ein Prozent des deutschen Stahls herstellte. Ein einziges Stahlwerk an
der Ruhr übertraf die Erzeugung der Charlottenhütte mühelos um
das Zehnfache. Krupp beispielsweise fabrizierte zwanzig Mal so viel
Rohstahl, und der Ausstoß der Essener Gussstahlfabrik lag fast doppelt so hoch wie die Gesamtproduktion sämtlicher Unternehmen des
Siegerlandes. Zudem fehlte der Charlottenhütte die eigene Kohle, was
im deutschen System der über Kartelle und Syndikate organisierten
Produktion erhebliche Mehrkosten zur Folge hatte. Während die integrierten Werke an der Ruhr ihre Kokskohle selbst förderten, hatte die
Charlottenhütte neben den deutlich höheren Einkaufspreisen auch die
Transportgebühren zu tragen.[9]

Diese strukturellen Nachteile der Siegerländer Industrie waren
seit vielen Jahren bekannt und durch Subventionen – vergünstigte

Bahntarife, Kohlenbezug von staatlichen Zechen außerhalb des Syndikats – etwas abgemildert worden. Der Krieg jedoch schuf völlig neue
Bedingungen. Genau an diesem Punkt setzte der junge kaufmännische
Direktor an: Nur wenige Monate nach seinem Amtsantritt präsentierte Flick seinem Aufsichtsrat einen ersten ambitionierten Fusionsplan.
Nach Überwindung einigen Widerstands übernahm die Charlottenhütte Anfang 1916 den »in Normalzeiten in ewigen Nöten gewesenen«
Cöln-Müsener Bergwerks-Actienverein, der in Kreuztal drei Hochöfen
betrieb und bei Müsen über ein eigenes Erzbergwerk verfügte. Noch im
gleichen Jahr gliederte sich die Charlottenhütte zwei zusätzliche Eisen-
steinzechen an, die Gewerkschaft Knappschaftsglück im benachbarten
Neunkirchen sowie, etwas weiter entfernt, die Gewerkschaft Louise im
oberhessischen Nieder-Ohmen. Mit der Eichener Walzwerk und Ver-
zinkerei AG in Kreuztal kam anschließend ein reiner Verarbeitungsbetrieb hinzu. Im letzten Kriegsjahr kulminierte die Einkaufstour in
vier Übernahmen. Neben der Brachbacher Erzgrube Wernsberg waren
das drei weitere Verarbeitungsbetriebe: die beiden Feinblechstraßen der
Siegener Ax, Schleifenbaum & Mattner GmbH, das Walzwerk der
Siegener Eisenindustrie AG, vormals Hesse & Schulte in Weidenau,
sowie die Siegener Eisenbahnbedarf AG. Während die Charlottenhütte
die kleineren Betriebe mit flüssigen Mitteln einfach aufkaufte, wickelte
sie die größeren Geschäfte stets nach demselben Muster ab; sie erhöhte
ihr Kapital und entschädigte die Eigentümer der Übernahmebetriebe
teils mit eigenen Aktien, teils mit zusätzlichen Barzahlungen. Zwischen
Kriegsbeginn und Sommer 1919 vervierfachte sich die Bilanzsumme der
Charlottenhütte, während sich ihr Aktienkapital lediglich von 5 auf 12,5
Millionen Mark erhöhte.[10]

Später ist dieses vom »Neuerer und Gestalter« Friedrich Flick ange-
stoßene Fusionsfieber als weitsichtige strukturpolitische Tat beschrieben
worden, die nur wegen der Trägheit und des Egoismus alteingesessener
Unternehmerfamilien nicht zum erwünschten Erfolg, zu den angeblich
angestrebten »Vereinigten Siegerländer Werken« geführt habe. Richtig
daran ist, dass die unter Flicks Federführung von der Charlottenhütte
umgesetzte Strategie einem bereits seit Längerem anhaltenden Trend
folgte. Schon die in der Vorkriegszeit zwischen Ruhr und Sieg ausgetragenen Konflikte um die Roheisen- und Stahlwerksverbände hatten ge-

zeigt, dass ein Zusammenschluss der kleinen Werke im Siegerland auf mittlere Sicht unumgänglich war. Um die Rationalisierung der Branche voranzutreiben, wollte die Ruhrindustrie dem Siegerland in den Syndikaten nur noch eine Gesamtquote zugestehen, die dann innerhalb der Region auf die einzelnen Werke aufzuteilen war. Ziel dieser Politik waren integrierte Großbetriebe, in denen die einzelnen Produktionsstufen vom Bergbau über die Eisen- und Stahlproduktion bis hin zur Weiterverarbeitung zusammengefasst waren. Mit der Angliederung kleinerer Werke konnten deren Verbandsquoten auf die wenigen zukunftsfähigen Betriebe übertragen werden.

Integrierte Betriebe profitierten besonders von den Syndikaten, die den Markt regelten. Sie vermieden einen ruinösen Wettbewerb, sprachen ihre Preise ab und einigten sich auf Produktionsquoten. Ein reines Hüttenwerk hatte beispielsweise hohe Syndikatspreise für Kokskohle zu bezahlen; indem es eigene Bergwerke erwarb und Kohle künftig im Selbstverbrauch bezog, konnte es seine Kosten senken. Ein reines Walzwerk zahlte Verbandspreise für Stahlblöcke oder Halbzeug; sobald es sich einem Hütten- und Stahlwerk anschloss, konnte es zum Selbstkostenpreis mit Rohmaterial beliefert werden. Gemischte Werke profitierten auf jeder Produktionsstufe von den beträchtlichen Zwischengewinnen. Räumlich integrierte Betriebe konnten zudem sparsamere Techniken einsetzen. Standen die Hochöfen ununterbrochen im Feuer, diente ihr Gichtgas als wichtige Energie- und Kraftquelle für den gesamten Betrieb.[11]

Die entscheidenden Voraussetzungen für den aggressiven Wachstumskurs der Charlottenhütte schuf der Krieg. Zwar stellte diese kaum direkten Heeresbedarf her, aber sie profitierte, wie die gesamte Branche, von der gewaltigen und bis dahin unvorstellbaren Nachfrage nach Stahl – Stahl für Waffen, Munition und Ausrüstungsgegenstände. Im Laufe der ersten beiden Kriegsjahre wurde immer deutlicher, dass der Waffengang nicht länger ein rein militärisches, sondern mehr noch ein industrielles Kräftemessen war, das die Mobilisierung der gesamten Gesellschaft erforderte. In den großen Abnutzungsschlachten des Jahres 1916 wurde mitunter an einem einzigen Tag mehr Munition verschossen als im gesamten Deutsch-Französischen Krieg von 1870/71. Mit dem im Spätsommer 1916 von der Obersten Heeresleitung aufgelegten

Flick nutzt seit 1915 die Chancen, die der Erste Weltkrieg einem kleinen Stahlproduzenten wie der Charlottenhütte bietet.

Hindenburgprogramm sollte die Rüstungsproduktion durch zusätzliche Arbeitskräfte, die Beseitigung von Rohstoffengpässen und mittels einer verbesserten Organisation deutlich gesteigert werden. Zu diesem Zweck wurden die Unternehmen stärker als bisher in die Kriegswirtschaftsverwaltung einbezogen. In einem unübersichtlichen und leicht korrumpierbaren System aus privat-öffentlichen Kriegsgesellschaften, Selbstverwaltungskörperschaften, Zwangssyndikaten und staatlichen Behörden dominierten nun die Repräsentanten der Industrie die Rohstoffbewirtschaftung.[12]

Die Rüstungsanstrengungen des Hindenburgprogramms waren die eigentliche Grundlage für den Erfolg der Charlottenhütte, deren Direktor Friedrich Flick sich mit Bravour im politischen Geflecht der Bewirtschaftungsgremien bewegte. Hier erst fand er zum selbständigen Unternehmertum. Flicks Erfolg war eng mit der Kenntnis technischer Prozesse verknüpft, die ihm eine ausgezeichnete Verhandlungsposition verschaffte. Vor allem setzte er auf die Förderung von Manganerz, einen für die Legierung hochfesten Waffenstahls unverzichtbaren Rohstoff, der bis zum Beginn der Seeblockade in geringem Umfang zwar auch im Inland gefördert, in viel größeren Mengen aber aus Nordafrika und

Südamerika bezogen wurde. Im Krieg fielen diese Importe aus, während der Bedarf enorm anstieg. Plötzlich rückte die Charlottenhütte mit ihrer Manganerzförderung in eine kriegswichtige Position, und Flick verstand es, sie für sein Unternehmen zu nutzen.

Der Erfolg der Charlottenhütte verdankte sich letztlich einem Zufall. Unter der Leitung des technischen Vorstandes Wilhelm Petersen hatte man auf der Hütte in Niederschelden seit geraumer Zeit an einem Verfahren getüftelt, bei dem Stahlspäne und manganhaltige Schlacken im Hochofen eingesetzt werden sollten. Die Schlacke wurde seit Jahrzehnten ungenutzt auf Halde geschüttet, und auch die bei der Weiterverarbeitung in den Drehereien anfallenden Stahlspäne galten als Abfall. Die technischen Versuche zur Weiterverwertung dieser Rohstoffe konnten auf der Charlottenhütte bis Ende 1916 erfolgreich abgeschlossen werden. Flick hatte sie nach Kräften gefördert, bot das Verfahren doch Aussicht auf stark sinkende Selbstkosten. Während die Schlacken praktisch zum Nulltarif vor der Hütte lagerten, lieferten die Drehspäne einen höheren Eisengehalt als jedes Erz. Im Krieg bot sich deshalb ein Tauschgeschäft an, das unter regulären Marktverhältnissen undenkbar gewesen wäre: Während die Charlottenhütte große Teile ihrer Manganerzförderung an die Konkurrenz abgab, wurde sie von dieser mit Drehspänen versorgt, die bei der Waffen- und Munitionsproduktion verstärkt anfielen.[13]

Die im Herbst 1916 neu gegründeten halbstaatlichen Kriegsgesellschaften waren das Einfallstor für diese Strategie. Binnen kurzer Frist entstand hier ein System neuer Syndikate. So koordinierte die Eisenzentrale in mehreren Untergesellschaften nicht nur die Verteilung der knappen Manganerze, sondern auch die Interessen der Schrotthändler und -verbraucher. Den Händlern wurde eine feste Gewinnmarge zugestanden, wenn die anfallenden Schrottmengen in vollem Umfang wiederverwertet wurden – in Friedenszeiten sorgten die Schrotthändler bei sinkenden Profiten immer wieder für künstliche Angebotsverknappungen, um auf diese Weise den Preis nach oben zu treiben. Im Krieg war das politisch unerwünscht. Für den Handel mit Stahlspänen wurde sogar eine eigene Gesellschaft errichtet, um den wertvollen Rohstoff vollständig erfassen und innerhalb des Bewirtschaftungssystems vom gewöhnlichen Schrott trennen zu können. Zugleich sorgte die

Eisenzentrale dafür, dass Schrott und Späne aus den besetzten Gebieten abtransportiert und für die deutsche Kriegswirtschaft nutzbar gemacht wurden. Darunter fiel auch der Kriegsschrott von der Front – für die Unternehmen ein besonders effektiver Verwertungskreislauf. Allerdings lud das Bewirtschaftungssystem zur Selbstbedienung förmlich ein, da die von den Gremien beschlossenen Kontingente mit den tatsächlichen Lieferungen häufig nicht übereinstimmten und auch beim Bahntransport immer wieder Engpässe auftraten.[14]

Flick repräsentierte die Charlottenhütte persönlich in den Beiräten von Eisenzentrale und Spänehandelsgesellschaft. Dort knüpfte er zum ersten Mal Kontakte außerhalb seines heimischen Reviers. Es gelang dem jungen Hüttendirektor, die mangelnde Transparenz des Systems für sich zu nutzen und die Interessen seines Werkes äußerst wirkungsvoll zu vertreten. Beim Kommissariat der Eisenzentrale baute er auf die Unterstützung durch Rittmeister Walter Tag – ein Geschäftskontakt, der, wie andere Kontakte aus dieser Zeit auch, in Flicks späterer Karriere noch eine wichtige Rolle spielen sollte. Die Eisenzentrale sorgte dafür, dass die Charlottenhütte, neben der Siegener Rolandshütte, unter den westdeutschen Werken vorrangig mit Spänen beliefert wurde. Diese Vorzugsbehandlung galt selbst dann, wenn der Konkurrenz dadurch Schaden entstand. Die einzigartige Position der Charlottenhütte lässt sich daran ablesen, dass dem kleinen Werk im ersten Halbjahr 1917 fast 17 Prozent aller im Reich verfügbaren Drehspäne zugeteilt wurden.[15]

Die Bilanz für das Geschäftsjahr 1917/18 fiel entsprechend großartig aus. Trotz der zahlreichen Unternehmensübernahmen schwamm die Charlottenhütte förmlich im Geld. Allein die flüssigen Mittel in Höhe von rund 20 Millionen Mark übertrafen das Aktienkapital um mehr als das Doppelte. Binnen drei Jahren hatten sich die Bankguthaben um das Neunfache, der Wertpapierbesitz sogar um das Zwanzigfache vergrößert. Dabei verschleierte die Handelsbilanz das wahre Ausmaß der Gewinne noch, obwohl die Charlottenhütte inzwischen eine Dividende von 24 Prozent an ihre Aktionäre ausschüttete – dreimal so viel wie im ersten Kriegsjahr. Die Abschreibungen lagen fünfmal so hoch wie 1915, und im Bilanzposten »Vorräte« dürften gegenüber den ausgewiesenen 1,8 Millionen Mark noch erhebliche stille Reserven geschlummert haben. Trotz der offenkundig glänzenden Geschäftslage beklagte der

Vorstand in seinen alljährlichen Berichten rituell die kriegsbedingten
»Hemmnisse und Erschwerungen des Betriebes«, den Mangel an geeigneten Betriebsstoffen und geschulten Arbeitern sowie die »außergewöhnliche Entwertung der Werksanlagen«.[16]

Das war eine gezielte Täuschung der Öffentlichkeit, denn beim Volk
kamen die hohen Kriegsprofite nicht gut an. Während die Lebensmit-
telversorgung zusammenbrach, die Bevölkerung im »Steckrübenwinter«
hungerte und fror, profitierten die Unternehmen von den verstärkten
Rüstungsanstrengungen. Sie provozierten Unruhe an der »Heimatfront«
und fanden sich in einer Reihe mit dubiosen »Schiebern« und »Kriegs-
gewinnlern«. Im Dezember 1916 war bereits eine Reichstagskommis-
sion eingesetzt worden, in der die Kriegslieferungen und vor allem die
dabei erzielten Gewinne genauer unter die Lupe genommen werden
sollten. Dieser Hintergrund erklärt, warum die Charlottenhütte in den
von Flick verantworteten Geschäftsberichten immer knappere Angaben
über die Gewinnverwendung machte und stattdessen lieber die verhältnismäßig geringen Einzahlungen in den Arbeiterversorgungsfonds
hervorhob. Auch gegenüber den Behörden war es nicht opportun, die
Gewinnentwicklung offenzulegen. In der Eisenzentrale kam man jedenfalls nach einem gründlichen Bilanzvergleich zu dem Schluss, dass es gar
»keinen erhebenden Eindruck« mache, »wenn von einzelnen Werken
auch jetzt noch immer die üblichen Klagen über zu niedrige Preise sich
in ihren Geschäftsberichten finden«.

Auf die Sicherung des »Burgfriedens« zielte auch das 1916 erlassene
Kriegssteuergesetz, das die »Mehrgewinne« der Kapitalgesellschaften
zusätzlich besteuerte. Als Berechnungsbasis diente dabei der in den
letzten Friedensjahren erzielte Durchschnittsgewinn. Allerdings hatte
das Gesetz unbeabsichtigte Folgen – im Fall der Charlottenhütte trug
es jedenfalls mit zum Expansionskurs bei. Das preußische Handelsministerium lag durchaus richtig mit seiner Einschätzung, dass bei
Flicks Firmenkäufen mitunter sehr hohe Kaufpreisforderungen akzeptiert wurden, nur um »alsdann hierauf beträchtliche Abschreibungen
zu machen und so die Höhe der Betriebsgewinne zu verdecken«. Das
Kriegssteuergesetz schuf gegenüber diesem Steuersparmodell noch einen zusätzlichen Anreiz zur Expansion: Die Charlottenhütte übernahm
nicht nur kleinere Unternehmen, sondern gleichzeitig auch deren steu-

erlichen Friedensgewinn, so dass auf diesem Wege Kriegssteuern gespart
werden konnten.[17]

Flick dachte über das Kriegsende hinaus. Üblicherweise ließ sich
kräftiges Wachstum in der Kriegswirtschaft durch Produktionssteigerung und den Bau neuer Fertigungswerkstätten für den Heeresbedarf
bewerkstelligen. Allerdings folgten aus solchen Investitionen auf mittlere Sicht große Risiken, denn ob die neuen Anlagen auch in Friedenszeiten rentabel arbeiteten, war schwer abzuschätzen. Die Charlottenhütte hingegen machte ihre Gewinne vor allem im Einkauf, dank
preiswerter Rohstoffe und sinkender Selbstkosten, und schuf sich damit den Spielraum für die Übernahme kleinerer Verarbeitungsbetriebe,
deren Produktion zumindest während des Krieges weiterlief. So baute
die Charlottenhütte ihre Position innerhalb des Siegerlandes aus und
sicherte sich zugleich für die Zeit nach dem Krieg ein großes Rationali-
sierungspotential. Sollten dann die regionalen Standortnachteile wieder
wirksam werden, war es jederzeit möglich, die Neuerwerbungen stillzulegen, ihre Syndikatsquoten auf das Stammwerk zu übertragen und
dessen Kapazität nach Bedarf auszubauen. Die steuerlichen Vorteile
rundeten diese Strategie ab.

Flick nutzte die ihm sich bietenden Chancen nicht nur zur Vermeh-
rung des Vermögens der Charlottenhütte, sondern auch für sich selbst.
Bis heute ist ungeklärt, wie es dem kaufmännischen Direktor gelang,
binnen kürzester Zeit zum Hauptaktionär seines Unternehmens auf-
zusteigen – fest steht nur, dass er die Kapitalmehrheit spätestens 1921
unter seine Kontrolle gebracht hatte. Sobald ein Vorstand einer Aktiengesellschaft in großem Stil deren Aktien privat erwirbt, bewegt er sich
grundsätzlich in einer Grauzone. Der Vorstand hat ausschließlich zum
Wohle des Unternehmens zu handeln. Falls er im Namen der Gesellschaft Geschäfte macht, bei denen ein unmittelbar privater Nutzen
abfällt und das Unternehmen womöglich sogar geschädigt wird, ist die
Grenze zur Untreue überschritten. Friedrich Flick hat sich nie selbst
dazu geäußert, auf welche Weise er die für seine Karriere entscheidende
Hürde vom angestellten Manager zum Mehrheitsaktionär genommen
hat. Da die wenigen greifbaren Indizien dafür sprechen, dass sich seine
Methoden hart am Rande der Legalität bewegten, schwieg er wohl aus
gutem Grund.

Flick begann zunächst heimlich, Aktien der Charlottenhütte zu erwerben. Die Voraussetzungen dafür waren günstig, da die Gesellschaft
traditionell einen weit gestreuten Aktionärskreis, aber keinen dominie-
renden Großaktionär hatte. Hinzu kam, dass Friedrich Flick mit seiner
Expansionspolitik selbst entscheidend dazu beitrug, dass sich die Besitzverhältnisse immer wieder wandelten – bei jeder Kapitalerhöhung
und bei jedem Aktientausch traten neue Eigentümer auf den Plan.
Die vielen Unternehmensübernahmen, bei denen Aktien der Charlottenhütte gegen Anteile der aufgekauften Gesellschaften ausgetauscht
wurden, boten besonders günstige Gelegenheiten, um in den Kreis der
Charlottenhütte-Aktionäre einzudringen. Flick suchte die Übernahmekandidaten ja selbst aus und führte die Verhandlungen mit den Eigentümern persönlich. Deshalb hatte er es auch in der Hand, sich schon
weit vor Abschluss der Fusionsverträge günstig an einem aufzukaufen-
den Unternehmen zu beteiligen und die so erworbenen Aktien dann
in neue Charlottenhütte-Papiere einzutauschen. Dass er so verfuhr, ist
freilich durch Quellen nicht belegt. Außerdem lässt diese Erklärung eine
entscheidende Frage offen: Woher hatte der aufstrebende Direktor die
Mittel, um die Aktien überhaupt erwerben zu können?

Die innerhalb der Familie kursierenden und später auch in mehreren
Veröffentlichungen aufgegriffenen Erzählungen, die vor allem auf Flicks
eiserne Sparsamkeit und die Mitgift seiner Ehefrau verweisen, geben
darauf keine befriedigende Antwort. Die erforderlichen Summen überstiegen diese Ressourcen beträchtlich, belief sich das Aktienkapital der
Charlottenhütte am Ende des Krieges doch auf 12,5 Millionen Mark.
Plausibler ist die Vermutung, Flicks Familienvermögen habe anfangs
eine wichtige Rolle gespielt. Der Grundbesitz in Kreuztal und auch die
von seinem Vater über Jahrzehnte hinweg aufgekauften Anteile an einzelnen Erzgruben könnten als Sicherheit für entsprechende Bankkredite
hinterlegt worden sein. Mehr noch spricht allerdings dafür, dass Flick
tatsächlich hart an der Grenze zur Untreue agierte. Der Unternehmer
selbst berichtete später stolz, dass seine Erfolge bei der Charlottenhütte
vor allem darauf beruhten, dass er »die Bedeutung des Schrottes richtig
erkannte«. Daher wurde vermutet, dass er seine Aktienkäufe aus privaten Erlösen im Schrotthandel bestritten habe, wobei die 1913 in Kreuztal gegründete Flick & Trippe oHG eine entscheidende Rolle spielte.

Diese Firma war im Industrieabbruch tätig und unterhielt die im Schrottgeschäft üblichen Einrichtungen. Neben einem Fallwerks- und Scherenbetrieb verfügte sie über zwei Lagerplätze mit eigenem Bahnanschluss in Kreuztal und Finnentrop. Sie zählte im Spätsommer 1916 zu den Gründungsmitgliedern der halböffentlichen Syndikate, und bereits im Frühjahr 1917 trat ihr »ehrenhafter und im Alteisengeschäft durchaus erfahrener« Gesellschafter Anton Trippe vollständig in den Dienst der Eisenzentrale – unter anderem mit einem von Friedrich Flick ausgestellten Leumundszeugnis. Zum 15. März wurde Trippe der Düsseldorfer Manganversorgungsstelle unterstellt und nahm dort den aus den besetzten Gebieten ankommenden Schrott in Empfang, den er zu bewerten und an die Händler zu verteilen hatte: eine Schlüsselposition par exellence.[18]

Der zweite Teilhaber an dem Kreuztaler Unternehmen Flick & Trippe war Flicks älterer Bruder Wilhelm, der möglicherweise nur als Strohmann diente. Wilhelm Flick vertrat sein Unternehmen zwar persönlich in den Bewirtschaftungsgremien, schied aber bald nach Kriegsende aus; die Gesellschaft verlegte ihren Sitz daraufhin an Trippes neuen Arbeitsplatz in Düsseldorf, wo sie neutraler als Rheinisches Eisenkontor firmierte. 1922 kaufte Friedrich Flick das Rheinische Eisenkontor auf. Wilhelm Flick übernahm ein landwirtschaftliches Gut bei Lübeck und trat nie wieder im Schrottgeschäft in Erscheinung. Der Händler Anton Trippe hingegen blieb Flick bis in die späten fünfziger Jahre zumindest geschäftlich verbunden.[19]

Es gibt keinen Beleg dafür, dass Flick & Trippe die Charlottenhütte tatsächlich mit Spänen oder Schrott belieferte. Sicher ist nur, dass Flick mit einem besonders feinen Gespür für die Zeitumstände damit begann, Schrott und Rohstoffe in großen Mengen zu horten. Die in der Bilanz ausgewiesenen Lagerbestände hatten sich allein im letzten Kriegsjahr verdreifacht, während das Effektenkonto rapide zusammenschmolz. Flick rühmte sich später, bei Ausbruch der Revolution sofort mit dem Verkauf von Kriegsanleihen begonnen zu haben, bevor deren Wert ins Bodenlose fiel. Die Erlöse investierte er in wertbeständige Rohstoffe. Dies war ein besonders gutes Geschäft, weil die Einkaufspreise stabil blieben, solange die Kriegsbewirtschaftung andauerte. Das war bis zum Juli 1919 der Fall. Dass die Preise danach explodieren würden, war absehbar. Ihren auf dem Gelände der früheren Brachbacher Hütte eigens angelegten Lagerplatz lastete die Charlottenhütte mit 40 000 Tonnen Schrott, 30 000 Tonnen Koks und 30 000 Tonnen Eisenerz voll aus. Die Stahlspäne lagen so lange auf Halde, dass sie festrosteten und am Ende gesprengt werden mussten.[20]

Falls Flick & Trippe beim Schrotteinkauf tatsächlich als Zwischenhändler eingeschaltet gewesen sein sollte, müssen große Gewinne abgefallen sein, die vom Gesellschafter Wilhelm Flick womöglich als Kredit an den jüngeren Bruder weitergereicht wurden. Mit diesen Mitteln hätte Friedrich Flick dann Aktien der Charlottenhütte aufkaufen oder eintauschen können. Auch wenn all dies im Ungefähren bleibt, wird man doch davon ausgehen dürfen, dass derartige Formen der »Familienhilfe« wesentlich zu Flicks Aufstieg zum Großaktionär beitrugen.

Besonders anschaulich wird dies bei der Übernahme der Siegener Eisenbahnbedarf AG im Sommer 1918, die im preußischen Handelsministerium noch Jahre später unter dem Verdacht der Vetternwirtschaft stand. Die 1908 gegründete Eisenbahnbedarf war aus der Maschinenfabrik Weiss hervorgegangen und zu einem kleinen Mischkonzern herangewachsen, der jährlich rund 1200 Waggons produzierte. Er unterhielt ein Stanz- und Hammerwerk, ein Presswerk und eine kleine Röhrenfabrikation. Am Aktienkapital von 2,3 Millionen Mark waren die Brüder Carl und Heinrich Weiss mit einer einfachen Mehrheit beteiligt. Die Familien Flick und Weiss waren verschwägert; eine Schwester von Marie Flick war mit Heinrich Weiss verheiratet. Dass die Charlottenhütte den Eisenbahnbedarf-Aktionären einen phänomenalen Kurs von 400 Prozent zahlte, rückte Flick deshalb in ein schlechtes Licht. Allerdings waren die Konditionen durchaus gerechtfertigt: Nach der Übernahme wollten die Gebrüder Weiss ihre Maschinenfabrik aus der Eisenbahnbedarf herauslösen und privat zurückkaufen, so dass die Charlottenhütte mit der Eisenbahnbedarf auch liquide Mittel in Höhe von 5,1 Millionen Mark garantiert übernehmen konnte. Einzelne Betriebe sollten zudem bald stillgelegt und die lukrative Syndikatsquote des Röhrenwerks baldmöglichst verkauft werden. Unter diesen Gesichtspunkten schien der Übernahmepreis also nicht übertrieben hoch.[21]

Dennoch profitierte Flick zweifellos von seinen verwandtschaftlichen Beziehungen. Es kann nicht ausgeschlossen werden, dass Teile des Verkaufserlöses von der Familie Weiss an den jungen Hüttendirektor zurückflossen. Entscheidend ist jedoch etwas anderes. Gegenüber seinem Aufsichtsrat führte Flick an, dass die Eisenbahnbedarf zwar ein gutes Objekt sei, um überschüssige Mittel der Charlottenhütte anzulegen und auf diese Weise Kriegssteuern zu sparen. Mit Blick auf die Unternehmensstrategie äußerte er sich jedoch zurückhaltend; lediglich der Waggonbau sei für die Hütte interessant, so dass man mit dem Kauf des Betriebes insgesamt wohl »keinen großen Fehlschlag tun« könne.

In Wirklichkeit hatte die Übernahme einen mehrfachen instrumentellen Nutzen. Erneut würde die Charlottenhütte ihr Kapital anheben, was inzwischen vom Staat genehmigt werden musste. Gegenüber dem preußischen Handelsministerium sollte der Erwerb der Eisenbahnbedarf die Ausgabe neuer Charlottenhütte-Aktien rechtfertigen und so für die Genehmigung sorgen. Auch den eigenen Aktionären hatte der Vorstand die Kapitalerhöhung zu erklären, denn anders als in den Vorjahren sollten die meisten von ihnen diesmal leer ausgehen. Flick plante nämlich die Ausgabe von Vorzugsaktien mit einfachem Stimmrecht, die ausschließlich an ein Konsortium aus dem Kreis des Vorstands und des Aufsichtsrates gehen sollten. Auf diese Weise konnten die Hauptaktionäre ihren Kapitalanteil nachhaltig steigern, und Flick selbst durfte nun auch offiziell weitere Aktien der Gesellschaft übernehmen.[22]

Die neuen Vorzugsaktien sollten in der Hauptversammlung ebenso wie in den Verhandlungen mit dem Ministerium als Vorsichtsmaßnahme präsentiert werden. Seinem Aufsichtsrat hatte Flick schon Monate vorher mitgeteilt, dass in die Aktionärsstruktur der Charlottenhütte Bewegung gekommen sei – ob er bei dieser Gelegenheit seine eigenen Käufe publik machte, ist allerdings fraglich. Im Juni 1918 sorgte er sich jedenfalls noch nicht, dass »Interessenten … der Verwaltung gefährlich werden könnten«. Allerdings mache es der bevorstehende Bilanzstichtag unumgänglich, sich für diese Gefahr zu wappnen, da die vorzüglichen Zahlen womöglich Begehrlichkeiten bei der Ruhrindustrie weckten. Wenige Wochen später segnete die Generalversammlung den Plan ab und beschloss die Schaffung von nominell drei Millionen Mark Vorzugsaktien. Gegenüber dem Ministerium, das sich zunächst strikt gegen das Vorhaben wandte, strich Flick nun heraus, dass »bereits ein außerordentlich großer Besitzwechsel in den Aktien unseres Unternehmens stattgefun-

den« habe. Er warnte vor einem Angriff August Thyssens auf die Charlottenhütte, die ihre Selbständigkeit zu verlieren drohe und unweigerlich
zu einem reinen Zulieferbetrieb der Ruhrindustrie herabsinken werde.
Nachdem die Charlottenhütte einige Zugeständnisse gemacht hatte,
lenkte das Ministerium ein und genehmigte die Kapitalerhöhung.[23]

Das Manöver markiert eine wichtige Etappe auf Flicks Weg zum
Großaktionär bei der Charlottenhütte, weil auf den Generalversamm-
lungen nun 25 Prozent neue Stimmen auftraten, die dem engsten Führungszirkel sicher waren. Aber auch als Vorstand war er inzwischen
in einer komfortablen Position. Dass er seinen Aufsichtsrat im Fall
der Eisenbahnbedarf praktisch vor vollendete Tatsachen stellen und
es wagen konnte, das Kontrollgremium bei der Übernahme von Ax,
Schleifenbaum und Mattner sogar erst nach dem Kauf um Genehmigung zu bitten, bedeutete zwar nicht, dass der Direktor bereits völlig frei
über die Charlottenhütte verfügte. Aber seine Führungsrolle war unbestritten. Neben dem Aufsichtsratsvorsitzenden Heinrich Macco und
dem Siegerländer Industriellenspross Fritz Schleifenbaum hatte sich der
aufstrebende Direktor vor allem die Unterstützung durch den Kölner
Bankier Heinrich von Stein erarbeitet, den er zeitlebens als väterlichen
Freund betrachtete. Dieser engste Kreis muss in Flicks Pläne eingeweiht
gewesen sein. Deshalb spricht viel dafür, dass er auch den Ausbau seiner
eigenen Aktionärsposition bei der Charlottenhütte spätestens seit dem
Sommer 1918 mit deren Billigung betrieb. Was als feindliche Übernahme von innen begonnen hatte, wurde nun offenbar als legitimer Besitzanspruch eines überaus erfolgreichen Unternehmers empfunden.[24]

Am Ende blieb Flicks Expansionsstrategie im Siegerland freilich un-
vollendet. Der Zusammenschluss mit einem der modernen integrierten
Werke innerhalb des heimischen Reviers gelang ebenso wenig wie der
Aufbau einer eigenen Versorgung mit Steinkohle. Zu Zeiten der Kriegswirtschaft wäre dies möglich gewesen, danach aber verschlechterten sich
die Erfolgsaussichten rapide, weil mit der deutschen Niederlage auch
die Produktionsstrukturen und Machtverhältnisse innerhalb der Montanindustrie kräftig durcheinandergewirbelt wurden. Angesichts der
von der Ruhrindustrie während der Kriegszieldebatten vehement ver-
fochtenen Annexionspläne, die praktisch auf die gesamte Montanregion
zwischen Lothringen und Pas-de-Calais gezielt hatten, musste damit

gerechnet werden, dass das Pendel nun in die Gegenrichtung ausschlug. Mit Sicherheit würde die lothringische Industrie wieder an Frankreich fallen. Das aber hieß, dass die Ruhrkonzerne, die im Kaiserreich einen lukrativen Produktionsverbund zwischen lothringischem Minette-Erz und Ruhrkohle aufgebaut hatten – allen voran Stinnes, Thyssen und Klöckner –, zu den strukturellen Verlierern des Krieges gehörten. Sie würden sich verstärkt den verbliebenen deutschen Lagerstätten und vor allem dem Siegerland zuwenden.[25]

Das von Flick im Spätsommer 1918 gegenüber dem preußischen Handelsministerium noch dramatisch überzeichnete Szenario trat nun wirklich ein und verengte den Spielraum der Charlottenhütte. Mehr noch: Diese wurde nun selbst zu einem höchst attraktiven Übernahmekandidaten für die Ruhrkonzerne. Im wirtschaftlichen Krisenjahr 1919 zeigte sich jedenfalls sehr schnell, dass Fusionsmanöver im Siegerland ungleich schwieriger geworden waren. Flick interessierte sich für die Geisweider Eisenwerk AG – neben der Charlottenhütte das modernste integrierte Werk im Siegerland, das zudem Anteile an einer der wenigen ertragreichen Eisensteingruben hielt. Allerdings kaufte sich nicht nur die Charlottenhütte bei Geisweid ein, sondern auch der Klöckner-Konzern. Auf die gleiche Weise hatte sich Thyssen bei der Friedrichshütte und gemeinsam mit Otto Wolff bei der Vereinigte Stahlwerke van der Zypen und Wissener Eisenhütten AG beteiligt. Flicks Fusionsverhandlungen mit den Mehrheitsaktionären von Geisweid zogen sich zwar hin, schienen aber auf dem gewohnt guten Weg zu sein. Dann allerdings machte Peter Klöckner das Geschäft mit Geisweid.

Spätestens im Herbst 1919 wurde offenbar, dass August Thyssen tatsächlich begonnen hatte, Aktien der Charlottenhütte aufzukaufen. Die Lage war damit denkbar unübersichtlich und für Flick bedrohlich geworden. Erschwerend kam hinzu, dass er sich eine naheliegende Verteidigungsstrategie selbst verbaut hatte: Die nun dringend erforderliche Ausgabe von Vorzugsaktien mit Mehrfachstimmrecht, mit denen Thyssens Angriff hätte abgewehrt werden können, erforderte eine erneute staatliche Genehmigung, aber gegenüber dem Ministerium konnte die Charlottenhütte knapp ein Jahr nach ihrem ersten Antrag nicht noch einmal mit der Bedrohung durch ein »großes Werk am Niederrhein« argumentieren.[26]

Die Zukunft der Charlottenhütte lag jetzt in der Hand des preußischen Handelsministeriums. Dies erklärt, warum Flick im Dezember 1919 »Gefahr im Verzuge« nach Berlin meldete. Anders als im Vorjahr stellte er seinen Antrag schon vor der auf Anfang Januar angesetzten außerordentlichen Hauptversammlung, in der die Ausgabe von Vorzugsaktien beschlossen werden sollte. Seit dem Sommer hatten Thyssens Aktienkäufe den Kurs der Charlottenhütte von 210 auf 380 Prozent emporschnellen lassen. In seiner Not behauptete Flick, Manganerz sei international gerade besonders gefragt – deshalb drohten »Majorisierungsbestrebungen vom Auslande her«. Auch müsse die Existenz der »ansässigen staaterhaltenden Arbeiterschaft von 4500 Köpfen« gesichert werden. Die Lage war so ernst, dass Flick gegenüber dem Ministerium sogar seine weiteren Pläne offenbarte. Die Vorzugsaktien müssten auch deshalb genehmigt werden, weil er »wegen der Brennstoffversorgung unserer Werke eine Fusion mit einem Kohlenbergwerk angebahnt« habe. Offenbar hatte der Unternehmer den richtigen Ton angeschlagen, denn der Antrag ging diesmal glatt durch. Die Vermischung von unternehmerischen Interessen mit der vermeintlich nationalen Sache war zwar nicht gerade subtil – aber offenbar verfing sie bei den Behörden, und Flick sollte in seiner Laufbahn noch häufig davon Gebrauch machen.[27]

Trotz der politischen Rückendeckung war die Lage verfahren. Die Fusion mit Geisweid stockte, und die geplante Übernahme der Zeche Königsborn in Unna war ebenfalls noch nicht gesichert. Die Ministererlaubnis versetzte Flick aber immerhin in die Lage, selbst wieder aktiv in das Geschehen eingreifen zu können. Nüchtern hatte er anzuerkennen, dass die Charlottenhütte bei Geisweid so oder so den Kürzeren zog. Allerdings war die bereits zusammengekaufte Beteiligung ein Unterpfand, mit dem man die eigene Unabhängigkeit sichern konnte. Flick bot Thyssen deshalb ein Tauschgeschäft an: Wenn Thyssen seinen Angriff einstellte und die bereits erworbenen Charlottenhütte-Aktien herausgab, sollte er von Flick die für die Mehrheit bei Geisweid erforderlichen Aktien erhalten. Dort würde Klöckner dann den Kürzeren ziehen. Genauso geschah es. Allerdings kam Klöckner der Charlottenhütte danach bei der Zeche Königsborn zuvor. Er versperrte Flick auf diese Weise nicht nur den Zugang zur preiswerten Energieversorgung, sondern errang auch einen Prestigeerfolg.[28]

Gleichwohl konnte Friedrich Flick nicht unzufrieden Bilanz ziehen. Sein Aufstieg innerhalb der Charlottenhütte kam durch den Aktientausch mit Thyssen zu einem ausgesprochen harmonischen Ende. Die Vereinbarung mit dem Ruhrindustriellen wurde von der Generalversammlung im Januar 1920 wunschgemäß genehmigt. Damit entfiel die Notwendigkeit, die vom Ministerium bereits genehmigten Vorzugsaktien auszugeben. Aber Flick nutzte die abgewendete feindliche Übernahme, um die bereits vorhandenen Vorzugsaktien mit fünffachem Stimmrecht ausstatten zu lassen. Damit hatten sich die Machtverhältnisse innerhalb des Unternehmens endgültig zu seinen Gunsten verschoben. Zwar ist unklar, ob Flick persönlich die Charlottenhütte-Aktien von Thyssen übernahm, und auch der Umfang seiner bereits bestehenden Kapitalbeteiligung ist nicht bekannt. Aber der Schlüssel für die vollständige Kontrolle über die Gesellschaft lag nun bei den nominell drei Millionen Mark Vorzugsaktien: Sie allein waren für die einfache Hauptversammlungsmehrheit hinreichend.

Selbst wenn die von Flick gehaltenen Stamm- und Vorzugsaktien zu dieser Zeit noch nicht für die Mehrheit ausgereicht haben sollten, war ihm der Weg zur Kontrolle durch den Beschluss vom Januar 1920 doch erleichtert worden. Wer im engen und vertrauten Kreis der Vorzugsaktionäre lediglich an einer einträglichen Kapitalbeteiligung, nicht aber an der Leitung des Unternehmens interessiert war, dem konnte Flick nun ein attraktives Angebot machen. Für beide Seiten war ein Austausch von Stamm- gegen Vorzugsaktien vorteilhaft. Flick kam damit nur knapp fünf Jahre nach seinem Dienstantritt ans Ziel: Er übernahm die Macht bei der Charlottenhütte. Spätestens im Jahr darauf stieg er endgültig zum Mehrheitsaktionär auf, denn im Sommer 1921 sanktionierte die Hauptversammlung seine starke Position offiziell. Als Generaldirektor mit voller Handlungsvollmacht war der 38-jährige Friedrich Flick künftig berechtigt, das Unternehmen allein zu vertreten.[29]

Inflation und Spekulation

Unternehmen sind, um erfolgreich wirtschaften zu können, auf verlässliche gesellschaftliche Rahmenbedingungen angewiesen. Das ist ein Gemeinplatz, aber er muss dringend in Erinnerung gerufen werden, wenn man Flicks atemlosen Expansionskurs der Jahre 1920 bis 1923 betrachtet. In dieser Phase schien nichts berechenbar zu sein: Die junge Republik war politisch fragil, es herrschten zum Teil bürgerkriegsartige Zustände. Zwar trat der Versailler Vertrag Anfang 1920 in Kraft, doch blieb die ökonomisch bedrohliche Reparationsfrage ebenso offen wie die Regelung der deutschen Ostgrenze. All dies hatte unmittelbare wirtschaftliche Auswirkungen, da sich unter diesen Bedingungen ein allgemeiner »Inflationskonsens« herausbildete. Der schon im Krieg begonnene Verfall der Währung schritt weiter voran, weil die Regierung die Offenlegung der zerrütteten Staatsfinanzen scheute.

Auf der anderen Seite gestattete der Geldwertschwund nicht nur die stille Liquidation der Kriegsschulden, er förderte auch den Export und stützte auf diese Weise die Wirtschaft. Durch die Inflation koppelte sich die deutsche Wirtschaft von den Konjunkturkrisen in den Siegernationen ab und vermied nicht nur einen Anstieg der Arbeitslosigkeit, sondern auch die damit zwangsläufig verbundene Zuspitzung der gesellschaftlichen Konflikte. Die Reparationsleistungen konnten unter diesen Bedingungen leichter aufgebracht, gleichzeitig aber für die Misere politisch verantwortlich gemacht werden.

Für risikofreudige und nervenstarke Unternehmer eröffneten sich hier beträchtliche Gewinnchancen. Zwar erforderte der Geldwertschwund immer häufigere Anpassungen. In einem Klima allgemeiner Preissteigerungen ließen sich die Preise jedoch schneller erhöhen als Löhne und Gehälter, die stets mit einigem Abstand hinterherhinkten. Für die Unternehmen war diese Konstellation äußerst lukrativ, solange sie die Gewinne umgehend wieder investierten. Hinzu kam, dass die Gerichte die Gültigkeit des Nominalwertprinzips bestätigten: Eine Mark blieb eine Mark. Wer Schulden hatte oder neue aufnahm, konnte sie in entwerteter Währung faktisch zum Nulltarif begleichen. Unter diesem Rechtsprinzip litten nicht nur die Gläubiger, sondern besonders der breite Rentiersmittelstand, der sein Einkommen aus Vermögenserträgen bestritt. Sofern diese Klientel über keine anderen Einnahmen verfügte, konnte sie von Zinsen und Dividenden nicht mehr leben, sondern musste an die Substanz und Wertpapiere Stück für Stück verkaufen. Auf diese Weise kamen kleinere Aktienpakete auf den Markt, die sonst niemals gehandelt worden wären. Hinzu traten die beträchtlichen politischen Risiken, die viele zur Kapitalflucht animierten und selbst wohlhabende Großaktionäre über einen Verkauf ihrer Beteiligungen nachdenken ließen.

Die Inflation warf die bestehenden Verhältnisse über den Haufen. Sie bestrafte das Festhalten an alten Positionen und belohnte alle, die ihre Dynamik durchschauten und die Mittel besaßen, sich anzupassen. Sie erschien den meisten wie ein großes Durcheinander, schuf zunächst aber durchaus berechenbare Verhältnisse. So war die Kaufkraft der Mark bis Anfang 1920 auf ein Zehntel des Vorkriegswertes gesunken, und nach weiteren zweieinhalb Jahren betrug sie nur noch ein Hundertstel. Aber erst danach steigerte sich der Wertverfall ins Absurde.[30]

Flick war sich wie viele Unternehmer über die Funktionsweise der Inflation im Klaren, stand er doch schon seit Jahren vor dem praktischen Problem, die Gewinne seines Unternehmens vor Wertverlust schützen zu müssen. Daher beteiligte sich die Charlottenhütte an der allgemeinen Flucht in die Sachwerte. Nach den gescheiterten Expansionsprojekten Geisweid und Königsborn strebte Flick eine Fusion mit der Vereinigte Stahlwerke van der Zypen und Wissener Eisenhütten AG an. Die Verhandlungen scheiterten am Dissens mit dem Großaktionär Otto Wolff. Zwar verkörperte der lebensfrohe Rheinländer das genaue Gegenteil des asketischen Siegerländers Flick, aber beide wandten ähnliche Methoden an.

Das Kölner Handelshaus hatte sich vorgenommen, in die Stahlindustrie einzudringen, und wollte van der Zypen an die Ruhrunternehmen Phoenix AG für Bergbau und Hüttenbetrieb und Rheinische Stahlwerke AG angliedern, an denen es sich ebenfalls beteiligte. Flick hingegen interessierte sich vornehmlich für die Wissener Anlagen und sah sich von Wolff getäuscht, der eine mündliche Absprache brach und mit Thyssen abschloss. Das persönliche Verhältnis zwischen Flick und Wolff, ohnehin von vorsichtigem Respekt und gegenseitigem Misstrauen zweier konkurrierender Aufsteiger geprägt, war durch den Streit um van der Zypen auf Jahre hin belastet. Für Flick fiel damit das letzte große Übernahmeobjekt innerhalb des Siegerlandes fort. Die integrierten Werke waren nun ebenso in Konzernbesitz wie die wichtigsten Erzgruben. Die restlichen Betriebe mochten zwar als Geldanlage dienlich sein, boten jedoch keine Aussicht auf ein langfristig erfolgreiches Engagement. Besonders abschätzig äußerte sich Flick über seinen einstigen Lehrbetrieb Bremerhütte, bei dem in jüngster Zeit eine »große Kapitalverwässerung« eingetreten sei.[31]

In dieser Situation regte Friedrich Schleifenbaum ein Alternativprojekt an, das den Rahmen der bisherigen Pläne und Geschäfte der Charlottenhütte in jeder Hinsicht sprengte. Seine Familie zählte nicht nur zu den Hauptaktionären des Unternehmens, sondern war auch an einer der ergiebigsten Erzgruben des Reviers beteiligt, der Gewerkschaft Neue Haardt in Weidenau. Schleifenbaum leitete dieses Unternehmen, dessen Kapitalmehrheit seit 1917 bei der Bismarckhütte lag. Über die oberschlesische Muttergesellschaft gut informiert, machte er Flick den Vorschlag, die feindliche Übernahme der Bismarckhütte zu wagen. Mit Schleifenbaums Hilfe konnte Flick seinem Aufsichtsrat im Mai 1920 einen ambitionierten Plan vorstellen: ein über 900 Kilometer entfernt tätiges Unternehmen zu majorisieren, das mit rund 15 000 Beschäftigten doppelt so groß war wie das eigene.

Als besonderes Risiko kam hinzu, dass die Bismarckhütte in umkämpftem Gebiet lag. Seit Kriegsende wurde in internationalen Verhandlungen über die Zugehörigkeit des oberschlesischen Industriereviers zum Deutschen Reich gerungen. Der neu gegründete polnische Staat beanspruchte den wichtigsten Teil des Territoriums für sich. Zwar hatte man sich 1919 auf eine Volksabstimmung verständigt; sie sollte aber erst 1921 stattfinden. In der Zwischenzeit tobte in der Region ein Kampf zwischen Deutschen und Polen, der immer wieder zu Streiks führte. Gleichzeitig fürchteten die deutschen Behörden, dass Oberschlesien in die Hände der »Bolschewisten« fallen könnte. Polizeieinheiten und Freikorps schlugen deshalb nicht nur mehrere polnische Volksaufstände blutig nieder, sondern griffen immer wieder auch mit Waffengewalt in betriebliche Auseinandersetzungen ein. Die militärisch aussichtslosen Erhebungen sensibilisierten die europäische Öffentlichkeit zunehmend für das Problem Oberschlesien. Eine Einigung war nicht in Sicht.[32]

Um sich über die vor diesem politischen Hintergrund höchst unsicheren Perspektiven für die Industrie Oberschlesiens zu informieren, wandte sich Flick an Jakob Reichert, den Geschäftsführer des Vereins Deutscher Eisen- und Stahlindustrieller, und regte eine Denkschrift an. Ausgearbeitet wurde sie von Otto Steinbrinck, dem intelligenten und energischen Kapitänleutnant a. D., der es als U-Boot-Kommandant auf 202 versenkte Handelsschiffe gebracht hatte und als Träger des Ordens Pour le mérite zu den gefeierten Helden des Ersten Weltkrieges zählte. Seine zivile Laufbahn, die in Reicherts Büro gerade erst begonnen hatte, führte ihn bald darauf an die Seite von Friedrich Flick.

Durch Steinbrincks Denkschrift dürfte Flick deutlich geworden sein, dass ein Engagement in Oberschlesien enorme Risiken barg. Aus denselben Gründen aber standen die Chancen für den Erwerb von Aktienpaketen besonders günstig: Die angespannte wirtschaftliche Lage im Industrierevier, die sozialen Konflikte und die höchst unsicheren politischen Verhältnisse würden zwangsläufig dazu führen, dass Bewegung in den oberschlesischen Industriebesitz kam. Anders als im industriellen Westen des Reiches befand sich ein Teil der oberschlesischen Betriebe noch immer in der Hand adliger Familien, die über großen Grundbesitz verfügten und während des 19. Jahrhunderts erfolgreich in die Industrie investiert hatten. Es bedurfte keiner besonderen politischen Weitsicht, um zu erkennen, dass die Magnaten vom Schlage der Henckel von Donnersmarck, Pless, Schaffgotsch, Ballestrem oder Tiele-Winkler Mühe haben würden, ihren Besitz zu halten, sobald dieser auf polnischem Territorium lag.[33]

Im Mai 1920 entschied sich die Führung der Charlottenhütte auf einer Sitzung beim Kölner Bankier Stein zum Angriff. Paul Bergmann vom Berliner Privatbankhaus Carl Cahn, das über ausgezeichnete geschäftliche Beziehungen nach Oberschlesien verfügte, sollte zunächst den Markt für Bismarckhütte-Aktien sondieren und diskret erste Anteile zum Nominalwert von einer Million Mark aufkaufen. Dies gelang so zügig, dass Flick bereits im Juni den Auftrag erteilte, die feindliche Übernahme zu starten. Schon einen Monat später kam die Charlottenhütte auf über 40 Prozent des Kapitals der Bismarckhütte von 22 Millionen Mark und damit auf die faktische Mehrheit in der Hauptversammlung.

Der steil ansteigende Börsenkurs zeigte allerdings an, dass Aktien des oberschlesischen Unternehmens im großen Stil aufgekauft wurden, so dass der Vorstand eine Gegenaktion startete. Zur Verteidigung schaltete er ein Berliner Bankenkonsortium ein, das seinerseits mit dem Aufkauf von Bismarckhütte-Aktien begann. Der Machtkampf zog sich bis Ende des Jahres hin; dann gelang es Flick, ein vorteilhaftes Abkommen mit Nationalbank-Direktor Hjalmar Schacht zu schließen. Die Nationalbank gab ihr Paket an die Charlottenhütte ab. Diese brachte die Mehrheit bei der Bismarckhütte damit endgültig unter ihre Kontrolle und konnte ihre Vertreter am 30. Dezember 1920 in die Schlüsselpositionen des Unternehmens wählen lassen. Es war ein typisches Inflationsgeschäft, denn die feindliche Übernahme wurde durch Schulden finanziert. Zunächst nahm die Charlottenhütte vermutlich kurzfristige Bankkredite in Anspruch, die dann im Laufe des Jahres in 20 Millionen Mark Teilschuldverschreibungen umgewandelt wurden – die später wiederum in wertloser Papiermark zurückgekauft worden sein dürften.[34]

Die Bismarckhütte wurde jetzt regelrecht ausgeplündert und musste ihre eigene Übernahme finanzieren. Als Vehikel dafür diente die Westfälische Stahlwerke AG. In diese Bochumer Tochtergesellschaft hatte die Bismarckhütte nicht nur die Zeche Neue Haardt, durch die der Stein ins Rollen gekommen war, sondern auch ihre Harzer Erzgrube in Elbingerode einzubringen. Anschließend musste die Bismarckhütte ein Drittel ihrer eigenen Aktien kaufen, und zwar von der Charlottenhütte, die dafür sämtliche Westfalenstahl-Papiere erhielt. Schon im Juni 1921 konnte das Geschäft erfolgreich beendet werden: Die Charlottenhütte verkaufte Westfalenstahl an den Koblenzer Industriellen Carl Spaeter, ließ sich aber nicht nur in bar, sondern auch mit den beiden Erzgruben bezahlen. Danach hielt Flicks Unternehmen 53 Prozent der Bismarckhütte-Aktien, was für die absolute Kontrolle völlig ausreichte, da sich weitere 33 Prozent des Kapitals im Eigenbesitz der oberschlesischen Gesellschaft befanden.

Für Flick war das Ganze ein riesiger Erfolg. Sein Unternehmen hatte nicht nur die bedeutend größere Bismarckhütte übernommen, sondern auch seinen Erzbesitz deutlich ausbauen können. Derartige Fusionen weckten überdies das geschäftliche Interesse der Großbanken, die an den Provisionen verdienten. Aus dem ersten Abkommen mit Schacht entwickelte sich bald eine enge Kooperation mit der Nationalbank, die sich unter dem Aufsteiger Jakob Goldschmidt ihrerseits auf spekulativem Wachstumskurs befand und sich – neben der Dresdner Bank und der Privatbank Carl Cahn – auf Jahre hinaus immer wieder an Flicks Geschäften beteiligen sollte.[35]

Das Westfalenstahl-Geschäft hatte viel Geld in die Kassen der Charlottenhütte gespült, und die Logik der Inflation erforderte es, dieses sofort in neuen Werten anzulegen. Aus Sicht der Bismarckhütte, die ihren Schwerpunkt in der Eisen- und Stahlproduktion hatte, bot sich als Kooperationspartner vor allem die Kattowitzer AG für Bergbau und Eisenhüttenbetrieb an, die über eine umfangreiche Steinkohleförderung verfügte. Zudem war der Kattowitzer Mehrheitsaktionär verkaufsbereit, da die meisten Betriebe des Unternehmens in Ostoberschlesien lagen.

Über die nationale Zugehörigkeit der Provinz war am 20. März 1921 abgestimmt worden; eine klare Mehrheit hatte sich für den Verbleib im Deutschen Reich ausgesprochen. Kurz darauf entlud sich der Nationalitätenkonflikt im dritten oberschlesischen Volksaufstand, der mit dazu beitrug, dass sich die Siegermächte des Weltkrieges endgültig auf die Seite Polens stellten. Nach langen Verhandlungen wurde daraufhin in Genf eine Teilung Oberschlesiens vereinbart. Dabei fiel Ostoberschlesien an Polen, was zur Folge hatte, dass mitten durch das Industrierevier nach einer Übergangszeit eine Zollgrenze verlaufen würde, welche die bestehenden Konzernstrukturen hinfällig werden ließ. Vor diesem Hintergrund muss die Bereitschaft des Grafen von Tiele-Winkler gesehen werden, seine Kattowitz-Mehrheit an den risikofreudigeren Friedrich Flick abzugeben. Die Nationalbank übernahm dabei erneut eine Vermittlerrolle, so dass der Kauf des Aktienpaketes keine größeren Anstrengungen erforderte.

Nach diesem Geschäft zeigte Flick nicht das geringste Interesse daran, die Liquidität seiner Neuerwerbungen zu schonen und in Oberschlesien eine nachhaltige Unternehmenspolitik zu betreiben – im Gegenteil. Ihn interessierten vor allem »die nicht unerheblichen flüssigen Mittel der Bismarckhütte«, darunter ein beträchtlicher Anteil wertbeständiger Devisen. Die Bismarckhütte musste der Charlottenhütte ihre Beteiligung an Kattowitz für 300 000 Pfund abkaufen. Auf diese Weise konnte die Charlottenhütte »erhebliche Geldbeträge in die Hände« bekommen, ohne ihre Verfügungsgewalt über die oberschlesischen Unternehmen einzuschränken. Sie behielt die Mehrheit bei der Bismarckhütte, die wiederum die Majorität des Kattowitz-Kapitals beherrschte. Doch damit nicht genug. Auch das Vermögen der Kattowitzer AG wurde für eine neue Akquisition eingesetzt, die Oberschlesische Eisenindustrie AG, ein Unternehmen, das sich als Übernahmekandidat besonders anbot. Obereisen befand sich selbst auf Wachstumskurs und hatte sich in hoher Geschwindigkeit neue Betriebe angegliedert. Deshalb war das Aktienkapital immer wieder erhöht und umgeschichtet worden, so dass es Flick leichtfiel, seine Position bei Obereisen bis auf eine Beteiligung von 20 Prozent auszubauen.

Da auf den Hauptversammlungen nie alle Aktionäre ihren Besitz anmeldeten, verfügte Flick über die Sperrminorität und konnte künftig alle wichtigen Entscheidungen der Gesellschaft blockieren. Genau darum ging es, denn Obereisen bereitete eine Kapitalerhöhung vor, der Flick nur unter der Bedingung zustimmte, dass Obereisen Kattowitz die Preußengrube abnahm. In dieser Gesellschaft waren die deutsch-oberschlesischen Bergwerksbetriebe der Kattowitzer AG zusammengefasst und kurz zuvor ausgegründet worden. Als Gegenwert für die Preußengrube sollte Kattowitz junge Obereisen-Aktien erhalten. Damit war Flick zwar noch nicht zum Mehrheitsaktionär bei Obereisen geworden, doch gemeinsam mit seiner älteren Beteiligung kam er auf etwa 46 Prozent, was als faktische Hauptversammlungsmehrheit genügte. Diese starke Position hatte Flick dem Vermögen der Kattowitzer AG zu verdanken, das über eine Schachtelbeteiligung unter seiner Kontrolle blieb.[36]

Binnen zwei Jahren eroberte Friedrich Flick mit der Charlottenhütte eine dominierende Stellung in der oberschlesischen Montanindustrie und prägte dabei zugleich seine unternehmerische Handschrift aus. All diese Geschäfte liefen im Stillen ab. Möglich waren sie nur unter den Bedingungen der Inflation und angesichts der chaotischen politischen Verhältnisse; ob sich die hierbei verbundenen Werke industriepolitisch sinnvoll ineinanderfügten, ob sie eine auch nur mittelfristig befriedigende Rentabilität hatten, spielte zunächst überhaupt keine Rolle. Flick handelte lediglich mit Aktienpaketen, Industriebeteiligungen und einzelnen Werken, an deren Betriebsführung er wenig Interesse zeigte.

Trotz aller Spekulationsgeschäfte war Flick jedoch kein Hasardeur. Dies zeigte sich zunächst in der Holding-Konstruktion, die im September 1921 – also im unmittelbaren Kontext der Genfer Verhandlungen über die Zukunft Oberschlesiens – aufgebaut wurde. Um die Eigentumsrechte auf jeden Fall vor polnischem Zugriff schützen zu können, gründete die Charlottenhütte mehrere Tochtergesellschaften in den Niederlanden, welche die oberschlesischen Aktien übernehmen sollten. Auch dort sorgte Flick für eine Verschachtelung, damit das Beteiligungskonto in der Charlottenhütte-Bilanz nicht auffällig anwuchs. Im vollständigen Besitz des Niederscheidener Unternehmens befand sich nur die Commerce als Spitzengesellschaft. Sie hielt 100 Prozent an der Nedahand, die wiederum alleinige Eigentümerin der Metafina war. Über die anfänglichen Kapitalverhältnisse ist nichts bekannt, später kamen die drei Gesellschaften gemeinsam auf ein Kapital von sieben Millionen Gulden. In Holland parkte die Charlottenhütte auch ihre Mehrheitsbeteiligung an der Bismarckhütte.

Die Gründung von Tochtergesellschaften im Ausland entsprach zu dieser Zeit den Usancen der Branche. Die Inflation hatte eine enorme Kapitalflucht zur Folge, und Amsterdam wurde rasch zum wichtigsten deutschen Bankenplatz. Bis 1924 war deutschen Unternehmen der Zugang zum einstmals wichtigsten Finanzzentrum London wegen einer Kriegsverordnung versperrt, und die westdeutsche Schwerindustrie verfügte traditionell über gute Geschäftskontakte in die Niederlande. Nach der Währungsstabilisierung entwickelten sich die holländischen Tochtergesellschaften der Charlottenhütte zu einem äußerst wichtigen Finanzierungsinstrument.[37]

Mit der Besitzverlagerung ins Ausland waren die Risiken des ostoberschlesischen Besitzes allerdings noch nicht vollständig unter Kontrolle gebracht. Gegenüber dem Aufsichtsrat der Charlottenhütte machte Flick deshalb deutlich, dass er die polnischen Mehrheitspositionen bei Bismarckhütte und Kattowitz nach Möglichkeit in »sicheren« deutschen Besitz einzutauschen gedenke – selbst wenn er dafür nur Minderheitsbeteiligungen erhalten sollte. Dies sei auch deshalb kein schwerer Verlust, weil die Charlottenhütte mit ihren ostoberschlesischen Mehrheitspositionen ohnehin »nicht viel anfangen« könne. Eine »industrielle Ausnutzung« verbiete sich »im wesentlichen schon wegen der Frachtverhältnisse«. Flick selbst brachte damit zum Ausdruck, dass zwischen der industriellen Tätigkeit im Siegerland und den Finanztransaktionen in Oberschlesien nicht der geringste produktive Zusammenhang bestand.

Das eigentliche Ziel Flicks war nach wie vor die Ruhrindustrie. Als er im Dezember 1921 erstmals persönlich an Hugo Stinnes herantrat und diesem seinen gesamten oberschlesischen Besitz anbot, hoffte er, zwei Fliegen mit einer Klappe zu schlagen. Zum einen sollten die politischen und wirtschaftlichen Risiken von Bismarckhütte, Kattowitz und Obereisen mit einem größeren Partner geteilt und damit für die Charlottenhütte deutlich verringert werden. Zum anderen wollte Flick auf diesem Weg endlich an der Ruhr Fuß fassen.[38]

Während der Übernahmeschlacht zwischen Thyssen und Charlottenhütte hatte Flick erstmals Kontakt zum Stinnes-Konzern aufgenommen und bei dieser Gelegenheit in dem sechs Jahre älteren Albert Vögler einen Verbündeten gefunden, mit dem er in vielen Punkten übereinstimmte. Der wendige Ingenieur war während des Krieges zur wichtigsten Führungskraft bei Stinnes aufgestiegen und hatte kurz darauf auch zahlreiche öffentliche Ämter übernommen. So leitete er den Verein Deutscher Eisenhüttenleute und gehörte als Mitbegründer der nationalliberalen Deutschen Volkspartei dem Reichstag an. Er galt als kongenialer Partner des unumstrittenen Gewinners der Inflation – Hugo Stinnes.

Dieser hatte 1920 seine Deutsch-Luxemburgische Bergwerks- und Hütten AG mit der Gelsenkirchener Bergwerks-Aktiengesellschaft zusammengeführt, da beide Unternehmen bedeutende Teile ihrer Produktion in Frankreich und Luxemburg verloren hatten. Mit dem Bochumer Verein für Gussstahlproduktion kam noch ein Qualitätsstahl- und Verarbeitungsbetrieb hinzu. Der als Interessengemeinschaft organisierte Inflationskonzern firmierte zunächst unter der Bezeichnung Rheinelbe-Union. Noch im selben Jahr wuchs das unübersichtliche Konglomerat weiter an, weil nun auch der Brückenschlag zur Elektroindustrie gelang. Mit Siemens-Halske und Siemens-Schuckert traten nicht nur bedeutende Stahlverbraucher der Interessengemeinschaft bei, sondern zugleich zwei Zulieferer der Rheinisch-Westfälischen Elektrizitätswerke, an denen Stinnes ebenfalls maßgeblich beteiligt war. Unter der sperrigen Bezeichnung Siemens-Rheinelbe-Schuckert-Union entstand ein gewaltiger Industriekomplex, der allein durch die Logik der Inflation

»Stinnes kauft alles«: Der Ruhrindustrielle Hugo Stinnes gilt als Prototyp des Inflationsgewinnlers mit politischen Ambitionen.

zusammengehalten wurde. Stinnes verknüpfte mit seiner Unternehmer-
tätigkeit allerdings auch politische Absichten. Was ihm vorschwebte,
war eine »vertikale Sozialisierung«, die Schaffung einer starken privatwirtschaftlichen Bastion im Kampf gegen Verstaatlichungsabsichten.
Allerdings war von einer stringenten industriellen Konzeption bei Stinnes ebenso wenig zu sehen wie bei Flicks oberschlesischen Geschäften.
Bereits im Sommer 1920 hieß es: »Stinnes kauft alles«, Industrieunternehmen ebenso wie Zeitungsverlage oder Hotels.[39]

Für Flick war Stinnes ein idealer Partner. Allerdings schlug der Mül-
heimer Kaufmann das Angebot der Charlottenhütte im Januar 1922
zunächst aus, nachdem er sich mit Vögler und seinen Partnern Emil
Kirdorf und Carl Friedrich von Siemens beraten hatte; zu groß schien
die Gefahr einer Enteignung durch den polnischen Staat zu sein. Da
der gesamte oberschlesische Charlottenhütte-Besitz mittlerweile einen
Nominalwert von etwa 74 Millionen Mark hatte, war die Stinnes-Füh-
rung auch nicht bereit, eigene Aktien herauszugeben oder einer entsprechenden Kapitalerhöhung zuzustimmen. Allerdings war das Projekt
damit nur »bis auf weiteres« vertagt.

Im Sommer 1922 stießen die beiden Unternehmer erneut aufeinander, nachdem es Flick gelungen war, sich mit 35 Prozent an Schweitzer
& Oppler zu beteiligen. Am größten deutschen Schrotthandelshaus
hatte auch Stinnes Interesse. Er zog jedoch den Kürzeren, weil Flick in
diesem Fall die besseren Kontakte hatte; zu den Teilhabern des Übernahmeobjekts gehörte jener Walter Tag, den er noch aus der Eisenzentrale bestens kannte. Später stellte Flick fest, dass er von Vögler um den
»sehr billigen Erwerb dieser Firma ... einigermaßen beneidet« wurde.
Deshalb erforderte der Konflikt wohl eigene Friedensverhandlungen
mit Stinnes, bei denen erneut über das Oberschlesien-Geschäft gesprochen wurde. Bis zum Jahresende kam dann eine erste vorläufige
Einigung zustande, wonach die Charlottenhütte die Hälfte ihres oberschlesischen Besitzes gegen Aktien von Deutschlux und Bochumer Verein eintauschen sollte.[40]

Jetzt aber spielte Flick auf Zeit, da ihm mittlerweile ein Alternativ-
angebot für den polnisch-oberschlesischen Besitz vorlag. Die deutsch-
böhmischen Unternehmer Fritz Weinmann und Sigmund Bosel waren
bereit, die von ihnen kontrollierte Vereinigte Königs- und Laurahütte

mit der Bismarckhütte und der Kattowitzer AG zu verbinden. Am Ende entschied Flick sich dennoch für Stinnes, weil er davon überzeugt war, dass »ein industrieller Besitz an der Ruhr einem solchen in Polen unter allen Umständen vorzuziehen ist«. Zudem wäre der Verkauf an Weinmann und Bosel ein schwerer politisch-taktischer Fehler gewesen, da die Eigentumsverhältnisse in der ostoberschlesischen Montanindustrie mittlerweile unter aufmerksamer politischer Beobachtung standen. Die Politik der Reichsbehörden zielte klar darauf ab, die Grenzfrage trotz der Genfer Vereinbarungen offenzuhalten. Damit rückten die Industrieunternehmen im polnischen Teil Oberschlesiens in den Mittelpunkt des Interesses; sie sollten sich nicht nur der »Polonisierung« widersetzen, sondern vor allem ausreichend Arbeitsplätze für die deutsche Bevölkerung anbieten. Deren Abwanderung musste um jeden Preis verhindert werden, da der deutsche Gebietsanspruch nur auf diese Weise überhaupt aufrechterhalten werden konnte. Flick schätzte diese Konstellation richtig ein und war bereit, Stinnes den Vorzug vor dem finanziell attraktiveren Angebot von Weinmann und Bosel zu geben – mit dem klaren Kalkül, diesen »patriotischen« Verzicht gegenüber staatlichen Stellen besonders betonen zu können.[41]

Zwischen Mitte April und Anfang Mai 1923 gingen Stinnes und Flick dann endgültig zusammen. Der Stinnes-Konzern erhielt mit nominell 11,5 Millionen Mark Bismarckhütte-Aktien genau die Hälfte von Flicks bisheriger Beteiligung und damit auch die halbe Kontrolle über die von der Bismarckhütte beherrschte Kattowitzer AG. Als Käuferin trat die Österreichisch-Alpine Montangesellschaft auf, da Polen vertraglich zugesichert hatte, österreichisches Eigentum nicht zu konfiszieren. Zwischen den beiden Eigentümergruppen wurden Aufsichtsratsmandate getauscht und die üblichen Abmachungen getroffen. So kamen die Aktien der Bismarckhütte in einen Pool, der auch ein gegenseitiges Vorkaufsrecht beinhaltete. Als Entschädigung erhielt die Charlottenhütte 250 000 Pfund in bar sowie zwei Kapitalbeteiligungen an den wichtigsten Rheinelbe-Gesellschaften: Aktien des Bochumer Vereins im Nominalwert von zehn Millionen und zwei Millionen Mark Gelsenberg-Aktien. Erstmals seit 1918 konnte die Charlottenhütte auch industriepolitisch wieder von einem Geschäft ihres Generaldirektors profitieren. Geplant war, zwischen den Werken der Fusionspartner wechselseitige Selbstverbrauchslieferungen aufzunehmen. Ob dieses Vorhaben umgesetzt wurde, ist ungewiss. Dennoch: Die Charlottenhütte war erstmals in die Ruhrindustrie eingedrungen. Flick hatte sich auch in diesem Fall von politischen Risiken nicht schrecken lassen. Das Geschäft kam während des passiven Widerstands gegen die französisch-belgische Ruhrbesetzung und auf dem Höhepunkt der Inflation zustande.[42]

Unter den Bedingungen der Hyperinflation – Ende Januar 1923 kostete der Dollar 49 000 Papiermark – erhielten die von Flick erzielten Devisenerlöse ein besonderes Gewicht. Durch die Verschiebung der Kattowitzer AG innerhalb des oberschlesischen Konzerns und dank des Stinnes-Geschäfts standen der Charlottenhütte 550 000 Pfund als liquide Mittel zur Verfügung. Gemessen an den Vorkriegsrelationen der Goldwährung entsprach dies einem Betrag von elf Millionen Goldmark. Der tatsächliche Wert lag zu dieser Zeit noch höher. Angesichts der täglich rascher voranschreitenden Geldentwertung waren derartige Valutabeträge ein starker Hebel, um die Expansion der Charlottenhütte weiter voranzutreiben. Flick versuchte sein Glück zunächst an der Ruhr und trat an den Krupp-Direktor Bruno Bruhn heran. Das Essener Unternehmen machte zu dieser Zeit einen schmerzlichen Strukturwandel durch. Flick suchte »enge Fühlung« mit Bruhn und regte die »verschiedenartigsten Finanztransaktionen« an, auf die Krupp jedoch wegen der »mißlichen Geldlage« nicht eingehen konnte – das Unternehmen litt besonders stark unter der Einstellung der Rüstungsproduktion und den während des Krieges aufgebauten Überkapazitäten. Offenbar war Flick darauf aus, diese Notlage für sich zu nutzen und dem Essener Unternehmen seine zwölfprozentige Beteiligung an den Mannesmann-röhren-Werken abzukaufen. Ihm schwebte erneut ein geräuschloses Geschäft vor; deshalb bot er sogar an, dass sich nach außen nichts verändern müsse, Krupp also auch nach dem Verkauf seine Interessen weiter im Mannesmann-Aufsichtsrat vertreten könne. Aus dem Plan wurde nichts, weil Krupp an den Aktien festhielt.[43]

Parallel dazu geriet ein Expansionsziel in Mitteldeutschland und Niederschlesien in den Blick, das sich besonders für eine Kombination mit dem deutsch-oberschlesischen Obereisen-Besitz anbot, der wohl auch deshalb von der Stinnes-Transaktion ausgenommen worden war: die

Linke-Hofmann-Lauchhammer AG. Dabei handelte es sich um einen typischen Inflationskonzern, der rund um die Lokomotiv- und Waggonfabrik Linke-Hofmann-Werke gewuchert war. Die Breslauer Bahnlieferanten hatten 1920 zunächst die Lauchhammer-Werke als Zulieferer übernommen, einen traditionsreichen Stahlwerks-, Maschinenbau- und Braunkohlebetrieb in Sachsen. An der Fusion beteiligte sich dann auch die AEG, mit der ein gemeinsames Stahl- und Walzwerk in Hennigsdorf bei Berlin aufgebaut wurde. Wie beim Zusammenschluss zwischen Stinnes und Siemens entstand somit ein zweiter »Elektro-Montan-Trust«. Die feindliche Übernahme des Berliner Lokomotivproduzenten Borsig schlug allerdings fehl. Wichtigster Motor dieses ehrgeizigen Wachstums- und Fusionskurses war der Generaldirektor Friedrich Eichberg, ein Elektroingenieur, der aus Wien stammte und bei der AEG bereits vor dem Krieg maßgeblich an der Entwicklung von Elektrolokomotiven beteiligt gewesen war.[44]

Flick selbst hat sein Engagement bei Linke später als reinen Freundschaftsdienst hingestellt. Demnach rief ihn der Lauchhammer-Vorstand rund um den Direktor Friedrich Möller im Konflikt mit Eichberg zur Hilfe. Im Hintergrund dürften Auseinandersetzungen um den kostspieligen Aufbau des Hennigsdorfer Stahl- und Walzwerks gestanden haben. Dieses nutzte ausschließlich der AEG und musste in Riesa als konzerninterne Konkurrenz betrachtet werden, da sich die Produktionsprogramme der technisch ähnlich aufgebauten Werke überschnitten. Der vierschrötige Westfale Möller war mit Flick bereits seit der Vorkriegszeit näher bekannt, und während des Krieges müssen sich die beiden im Beirat der Spänehandelsorganisation regelmäßig begegnet sein. Zudem war Jakob Goldschmidt mit seiner inzwischen zur Darmstädter und Nationalbank (Danatbank) fusionierten Gesellschaft, die mit Flick seit 1920 gute Geschäfte gemacht hatte, ebenfalls stark bei Linke beteiligt. Jedenfalls wagte Flick den Angriff, nachdem er gemeinsam mit Möller, jedoch ohne Wissen Eichbergs, die Werke in Lauchhammer und Riesa besichtigt hatte.

Als Unterpfand nutzte er zunächst seine Beteiligung bei Obereisen, die in Linke eingebracht werden sollte. Der Plan folgte dem Vorgehen, das schon bei Obereisen zum Erfolg geführt hatte. So wie dort die Preußengrube eingebracht und gegen Obereisen-Aktien getauscht worden war, sollte jetzt Obereisen von dem mitteldeutschen Konzern übernommen und Flick dafür mit Linke-Aktien entschädigt werden. Auf diesem Weg erhielt die Charlottenhütte ein Paket von nominell 80 Millionen Mark. Weitere 15 Millionen erwarb sie von der Danatbank, und 20 Millionen kamen aus unbekannter Quelle hinzu – schon von den Zeitgenossen wurden Mutmaßungen darüber angestellt, ob diese von Otto Wolff stammten oder von Fürst Donnersmarck. Sicher ist nur, dass Flick sich für diese Aktienkäufe die Genehmigung bei seinem Aufsichtsrat holte. Da ein Teil des Linke-Stammkapitals von 500 Millionen Mark nicht umlief, sondern in einer Tochtergesellschaft geparkt war, kam Flick im Frühsommer 1923 bereits auf eine reale Beteiligung von etwa 28 Prozent. Mit dieser Sperrminorität und der Rückendeckung durch Teile des Linke-Vorstandes war ein weiterer Ausbau seiner Position leicht möglich. Am Jahresende soll er bereits rund 35 Prozent besessen haben.[45]

Mit der Einführung der Rentenmark am 15. November 1923 war der Rausch vorüber. Das Ende der Hyperinflation entzog dem spekulativen Expansionsmodell die Geschäftsgrundlage. Flick konnte zufrieden Bilanz ziehen: Binnen drei Jahren war er vom angestellten und formell weisungsgebundenen Vorstandsmitglied zum Hauptaktionär der Charlottenhütte aufgestiegen. Seit 1921 war er als deren Generaldirektor faktisch sein eigener Angestellter, und in dieser Funktion hatte er die Bedingungen der Inflationsjahre zu einer bemerkenswerten Steigerung des Unternehmensvermögens genutzt. Die Niederscheldener Hütte zog dabei in erster Linie Nutzen aus dem Ausbau ihrer Erzversorgung; zudem bestand die Hoffnung auf einen Produktionsverbund mit den Bergbaubetrieben des Stinnes-Konzerns. Dies war freilich der einzige greifbare produktive Nutzen für die Charlottenhütte.

Alle übrigen Geschäfte waren Finanztransaktionen, von denen vor allem der Privatmann Friedrich Flick profitierte. Die von ihm selbst besonders herausgestellten industriepolitischen Vorteile seiner Manöver sind zwar nicht von der Hand zu weisen. So hatte die Verbindung zwischen Preußengrube und Obereisen fraglos eine technische Logik, die sich aus traditionellen Lieferbeziehungen ableitete. Gleiches gilt für die Kombination von Obereisen und Linke, fehlte dem mitteldeutschen Konzern bis dahin doch ein eigenes Hüttenwerk. Aber all diese Kom-

Das klassizistische Bankgebäude in der Berliner Bellevuestraße 12/12a erwirbt Flick während der Inflation 1923 zu günstigen Bedingungen; aus dem ursprünglichen Privatsekretariat wird bald die eigentliche Konzernzentrale.

binationen ließen Fragen der langfristigen Rentabilität oder der Fracht- und Selbstkosten unberücksichtigt – dies war unter den Bedingungen der Inflationswirtschaft auch gar nicht nötig. So hatte die Charlottenhütte dank der erworbenen Aktienpakete ihren Einfluss zwar weit über das Siegerland hinaus ausdehnen können, sie kam aber nirgends über den Status einer Minderheitsaktionärin hinaus. Bei Linke verfügte sie über eine komfortable und ausbaufähige Sperrminorität, die ursprüngliche Mehrheitsbeteiligung an Bismarckhütte und Kattowitz hatte Flick freiwillig halbiert und mit Stinnes geteilt. Im Gegenzug war die Charlottenhütte an Gelsenberg und Bochumer Verein beteiligt worden – in beiden Fällen kam sie allerdings nicht einmal auf die Sperrminorität.

Dem Siegener Direktionsbüro war der Unternehmer längst entwachsen. Ende 1923 verlegte er seinen Wohnsitz nach Berlin. Dort gab sich Friedrich Flick nun als arrivierter Industrieller und erwarb in Grunewald eine repräsentative Villa auf einem parkähnlichen Grundstück. In der Taubertstraße 23 führte seine Frau Marie fortan ein großbürgerliches Haus, koordinierte die Arbeit der Hausangestellten und zog die Söhne groß. Besonders der 1916 geborene, inzwischen siebenjährige Sohn Otto-

Ernst wuchs in dem Bewusstsein auf, Stammhalter einer Industriellenfamilie zu sein. Dem Vater muss die Familientradition besonders wichtig gewesen sein, trug der Erstgeborene doch einen doppelt symbolträchtigen Namen: Otto hieß er nach dem jüngeren Bruder des Vaters, der 1914 im Krieg gefallen war, Ernst nach dem Großvater, der den Grundstein für den Wohlstand der Familie gelegt hatte. Der zweite Sohn Rudolf, mittlerweile vier Jahre alt, war ebenfalls noch in Siegen auf die Welt gekommen. Vollständig war die Familie aber erst vier Jahre später, als am 3. Februar 1927 der Nachzügler Friedrich Karl geboren wurde.[46]

Auch beruflich richtete Flick sich jetzt auf Dauer in Berlin ein. Von der Kattowitzer Agrar- und Commerzbank hatte er ein großes Bürogebäude in sehr guter Geschäftslage gekauft, nur wenige Meter vom Potsdamer Platz entfernt, in der Bellevuestraße 12/12a. Dort entstand die Berliner Dependance seiner Charlottenhütte, die in Wirklichkeit ein reines Sekretariat Flick war. Seit 1920 lag das Tagesgeschäft im Siegerland in der Hand von Emilio Sylvester und Fritz Tegtmeyer. Die räumliche Trennung unterstrich somit die Doppelfunktion der Charlottenhütte, deren Betrieb sich nach wie vor auf das Siegerland beschränkte, während sie gleichzeitig als Holding für ein umfassendes Beteiligungsvermögen fungierte, das von den Niederlanden bis nach Polen reichte und über das Flick autonom verfügen konnte. Auch wenn sich erst noch erweisen musste, dass die Aktienpakete gehalten werden und die industriellen Kombinationen am Markt bestehen konnten, war eines unbestreitbar: Im Alter von 40 Jahren war der Unternehmer Friedrich Flick in der deutschen Wirtschaftselite angekommen. Äußeres Zeichen dafür waren Aufsichtsratsmandate bei Dresdner Bank, AEG, Gelsenberg, Bochumer Verein, Linke und bei den oberschlesischen Unternehmen.[47]

Den Respekt seiner Branchenkollegen hatte sich der Aufsteiger längst erarbeitet. In der Öffentlichkeit, aber auch in konservativen Industriellenkreisen stießen die Parvenüs der Inflationszeit jedoch auf allergrößte Vorbehalte. So scheiterte das Mannesmann-Geschäft nicht zuletzt daran, dass Gustav Krupp von Bohlen und Halbach den Siegerländer nicht mochte. In der traditionsbewussten Essener Konzernzentrale stellte man ihn in eine Reihe mit den schlecht angesehenen Schrotthändlern, denen man den »Eintritt in die Schwerindustrie überhaupt nicht erleichtern« wollte.

Diese demonstrative Geringschätzung des Handels war ein Kern des industriellen Selbstverständnisses der Ruhrbarone, das mitunter auch von antisemitischen Zügen durchsetzt war. Friedrich Flick spielte später selbst darauf an, dass Schrott »kein sehr vornehmer Artikel« gewesen sei, »solange er von Juden gehandelt« wurde. Diese Bemerkung fiel zwar 1940. Aber dass es sich dabei um eine gängige Stereotype handelte, zeigen Äußerungen von Wirtschaftsjournalisten Anfang der zwanziger Jahre, die Flicks Aufstieg als Beleg dafür nahmen, dass »sich Produkte und Symptome dieser wertumwälzenden, inflationstollen Zeit in allen Lagern unbeschadet der Rasse und Konfession zeigen«. Prominenten jüdischen Inflationsgewinnlern wie Hugo Herzfeld, Camillo Castiglioni oder Jakob Goldschmidt wurde derselbe Vorwurf gemacht wie dem protestantischen Siegerländer: Ihnen allen mangele es an einer »wirtschaftsproduktiven Idee«. Mit den Erlösen seiner Finanzgeschäfte habe Flick »noch keinen neuen Hochofen, kein neues Walzwerk oder sonst irgendetwas« errichtet, sondern lediglich »Aktien, Besitz und Werke hin- und hergeschoben«.[48]

Stabilisierung und Rationalisierung

Friedrich Flicks Geschäfte brachten deutlich zum Ausdruck, dass er seine Zukunft schon lange nicht mehr im Siegerland sah. Die entscheidende Frage blieb jedoch unbeantwortet: Konnte er die von ihm eroberte Position unter den neuen wirtschaftlichen Verhältnissen überhaupt halten? Im Laufe des Jahres 1924 zeichnete sich ab, dass die Währungsstabilisierung für die Montanindustrie ungeahnt schwere Folgen hatte. Mit einem Schlag kam die Eigenlogik der Inflationsjahre an ihr Ende. Sie hatte zu immer neuen Produktionsrekorden geführt und den Neubau von Anlagen prämiert, die als Sachwerte zudem ein sicherer Hafen für die Inflationserlöse zu sein schienen. Außerdem strebten die vom Versailler Vertrag unmittelbar betroffenen Unternehmen danach, ihre lothringischen Produktionsverluste durch staatlich subventionierte Neubauten auszugleichen. Aus der Sicht jedes einzelnen Unternehmens war dies eine sinnvolle Strategie; insgesamt führte es aber zu gewaltigen

Überkapazitäten. Deren wirklicher Umfang blieb zunächst verdeckt, weil die Geldentwertung wie ein Schutzzoll gewirkt und der deutschen Industrie ein Exportdumping ermöglicht hatte, mit dem auch noch die letzte neue Anlage voll ausgelastet werden konnte. Mit all dem war nun Schluss. Im Frühjahr 1924 geriet die Montanindustrie in eine schwere Absatzkrise, die durch internationale Konkurrenz verschärft wurde. Fallende Preise, sinkende Nachfrage und allgemeine Kapitalknappheit setzten die wild gewucherten Konzerne unter Druck. Unrentables Wirtschaften ließ sich nun nicht mehr hinter einem inflationären Geldschleier verbergen.[49]

Flick setzte seinen Kurs zunächst unbeirrt fort, obwohl die Industrie mit dem Ende der Inflation in eine schwere Stabilisierungskrise schlitterte. Trotz der ungleich schwierigeren Verhältnisse gelang es ihm bis 1926, die beiden wichtigsten Projekte der Inflationsphase zu vollenden. Zum einen konnte er seine polnisch-oberschlesischen Risiken weiter minimieren. Im Spätsommer 1924 fädelte er ein zweites Tauschgeschäft mit Vögler und Stinnes ein, bei dem er weitere Aktien der Bismarckhütte abgab und dafür seine Minderheitspositionen an der Ruhr ausbaute. Zum anderen stieg Flick zum Mehrheitsaktionär der Linke-Hofmann-Lauchhammer AG auf. Dabei spielte erneut die Schrotthandlung Schweitzer & Oppler eine wichtige Rolle. Im Juni 1924 kaufte die Charlottenhütte den Gründer Paul Oppler aus der Gesellschaft heraus und hielt von da an mindestens 80 Prozent des Kapitals. Danach verkaufte die Charlottenhütte ihre Beteiligung an dem Handelshaus an Linke, wo Schweitzer & Oppler künftig die Funktion eines gemeinschaftlichen Schrotteinkäufers für die mitteldeutschen und westoberschlesischen Betriebe erfüllen sollte. Im Laufe der nächsten anderthalb Jahre gab die Charlottenhütte nach diesem Muster weitere Tochtergesellschaften und Betriebe an Linke ab: Neben der Erzgrube in Elbingerode etwa 50 Prozent an der Siegener Eisenindustrie, in die unter anderem das alte Müsener Hochofenwerk eingebracht worden war. Da sich ein beträchtlicher Posten der Linke-Aktien im Eigenbesitz der Gesellschaft befand, dürften Flick auf diese Weise jene Aktienpakete in die Hände gefallen sein, die ihm bis 1926 zu seiner Mehrheitsposition verhalfen.[50]

Die Fortsetzung seines Aufstiegs war für Flick nun viel riskanter als in den Jahren zuvor, da die Stabilisierungskrise ein unfreundliches Um-

feld schuf. Besonders hart traf es den Ruhrbergbau. Während die Förderung insgesamt stagnierte, wuchsen die Halden um das Vierfache,
und bereits im Mai 1924 begann eine Welle von Zechenstilllegungen,
der binnen zwei Jahren 45 Betriebe mit rund 53 000 Beschäftigten zum
Opfer fielen. Aber auch die Stahlindustrie lag am Boden. Bis Ende
1925 entließen die Unternehmen gut ein Drittel ihrer Arbeiter und
Angestellten. Noch schlechter stand es um die Finanzen der Konzerne.
In der Krise kollabierte nicht nur der saarländische Stumm-Konzern,
auch das prominenteste Inflationsgebilde brach zusammen: Nach dem
plötzlichen Tod von Hugo Stinnes stand dessen Imperium vor der
Insolvenz und musste abgewickelt werden. Der Mangel an Aufträgen
und Betriebskapital löste eine regelrechte Pleitewelle aus; die Zahl der
Konkurse verdreifachte sich im Laufe des Jahres 1925, und selbst ein
Vorzeigeunternehmen wie der Krupp-Konzern operierte am Rande der
Zahlungsunfähigkeit.[51]

Auch die Charlottenhütte geriet jetzt unter Druck; in Flicks Berliner
Büro häuften sich die Hiobsbotschaften. Das Siegerland galt nun wieder
als wirtschaftliches Notstandsgebiet, dessen Erzförderung gegen ausländische Konkurrenz nicht bestehen konnte – preislich nicht und qualitativ schon gar nicht. Wie im Ruhrbergbau setzte auch hier eine Still-
legungswelle ein, die durch staatliche Subventionen nur kurz aufgehalten
werden konnte. Aber auch die Fertigprodukte der Stahl- und Walzwerke
waren wegen hoher Bahnfrachten kaum noch konkurrenzfähig. Dies
zwang die Charlottenhütte zu Entlassungen.[52]

Noch weitaus schlimmer war die Lage im polnischen Teil Oberschlesiens. Da die dortigen Montanunternehmer drastische Lohnkürzungen
und längere Arbeitszeiten durchsetzen wollten, erschütterten heftige
Arbeitskämpfe die Region. Sie führten über Monate zum völligen Still-
stand der Betriebe und überlagerten sich mit dem in unverminderter
Härte ausgetragenen Nationalitätenkonflikt. 1924 war die Kattowitzer
AG kaum noch in der Lage, ihre Lieferanten pünktlich zu bezahlen. Im
Jahr darauf wurde aus der deutsch-polnischen Demarkationslinie eine
reguläre Zollgrenze. Sie zerschnitt die überkommenen Lieferbeziehun-
gen und stürzte die ostoberschlesische Industrie in eine schwere Krise.
Die dortigen Betriebe arbeiteten völlig unrentabel; die Selbstkosten der
Hüttenwerke lagen weit über den in Deutschland zu erzielenden Ver-

kaufspreisen. Auch hier waren Massenentlassungen und Stilllegungen die Folge.[53]

Flick konnte sich glücklich schätzen, seine Beteiligungen in Oberschlesien größtenteils abgestoßen zu haben. Gleichwohl war er nach wie vor involviert, da er seine Mandate in den Kontrollgremien von Kattowitz und Bismarckhütte behielt. Nach außen trat er noch immer kaum in Erscheinung. So konnte der Oberpräsident in Oppeln über die Absichten des »russischen Kriegsgewinnlers« Friedrich Flick spekulieren, der womöglich »ein Strohmann oder Beauftragter von Stinnes« sei. Zwar war Flick in grundlegende Entscheidungen wie Massenentlassungen, Bilanzgestaltung oder Kapitalveränderungen der polnischen Unternehmen durchaus mit einbezogen. Die örtlichen Vorstände scheinen aber keine regelmäßigen Rapporte über Produktion, Selbstkosten und Erlöse vorgelegt zu haben; mitunter ging ein halbes Jahr ins Land, bis sie zumindest die wichtigsten Eckdaten nach Berlin sandten – mehr Kontrolle und direktere Führung waren angesichts des relativ geringen Kapitalrisikos für die Charlottenhütte wohl auch nicht erforderlich.[54]

In Mitteldeutschland, bei Linke-Hofmann-Lauchhammer, war das direkte Risiko für die Charlottenhütte viel größer, und deshalb zeigte Flick hier auch starkes persönliches Engagement. Die Lage des Konglomerats war ernst und machte besonders deutlich, wie wenig die Fusions- und Finanztransaktionen der Inflationsjahre die langfristige Rentabilität berücksichtigt hatten. Gleich drei Kernpunkte der industriellen Konzeption bereiteten nun Probleme: Erstens war die Idee des Elektro-Montan-Trusts gescheitert, weil der tatsächliche Stahlbedarf der Elektrosparte weit hinter den Phantasien der Inflationsjahre zurückblieb. Zweitens brach mit dem Lokomotiv- und Waggonbau der wichtigste Stützpfeiler der Zusammenarbeit weg. Das Exportgeschäft fiel in sich zusammen, und der Heimatmarkt hatte schwer darunter zu leiden, dass die Reichsbahn kaum noch Fahrzeuge bestellte. Drittens gestaltete sich die technische Verknüpfung zwischen den mitteldeutschen Stahlwerken und der Roheisenproduktion von Obereisen weitaus schwieriger als erhofft. Zwischen Hochofen und Stahlwerk lag selbst im günstigsten Fall der Riesaer Anlagen eine Distanz von 450 Kilometern. Die damit verbundenen Frachtkosten machten einen Produktionsverbund zwischen beiden Gesellschaften unrentabel, zumal sich die Martin-Öfen in Sachsen und bei Berlin viel leichter mit günstigem und reichlich vorhandenem Schrott betreiben ließen.

Obereisen war keine produktive Ergänzung für Linke-Hofmann-Lauchhammer, sondern erwies sich als eine schwere Last. Die Roheisen- und Stahlproduktion im westlichen Oberschlesien ging weit über die Kapazitäten der eigenen Verarbeitungsbetriebe hinaus, und die wichtigsten Walzwerke (Baildonhütte und Silesia) lagen jenseits der Zollgrenze im polnischen Teil des Industriereviers. Daher war die finanzielle Lage des gesamten Verbundes Linke-Obereisen höchst bedrohlich; bereits im Herbst 1924 konnte der Betrieb von Obereisen nur noch mit einem 23-Millionen-Mark-Kredit der Preußischen Staatsbank aufrechterhalten werden. Bei der Konzernmutter Linke sah es kaum besser aus. Sie arbeitete so verlustreich, dass dem Aktienkapital von 70 Millionen Mark kaum zwei Jahre nach der Währungsstabilisierung bereits neue Bankschulden von rund 60 Millionen gegenüberstanden.[55]

Im Frühjahr 1925 nahm Flick die Geschäfte selbst in die Hand. Er ließ sich zum »Delegierten des Aufsichtsrates« ernennen und bezog ein Büro bei der Berliner Linke-Verwaltung in der Knesebeckstraße, einer Seitenstraße des Kurfürstendamms. Das war ein beispielloser Akt des Misstrauens gegenüber dem Vorstandsvorsitzenden Friedrich Eichberg, der immerhin an der Spitze einer Führungsmannschaft von mittlerweile 19 regulären Vorstandsmitgliedern stand. Darin spiegelte sich freilich nur das schnelle Wachstum des Konglomerats, war doch mit jeder Fusion auch der Verwaltungsapparat angewachsen – und immer schwerfälliger geworden.

Demgegenüber war das Berliner Büro der Charlottenhütte klein und überschaubar. Neben einigen Schreibkräften ließ Flick sich zunächst nur von Walter Tomalla unterstützen. Doch schon im Krisenjahr 1924 fiel so viel Arbeit an, dass ein Finanzexperte eingestellt werden musste – eine heikle Personalie, da Flick bei seinen Finanzgeschäften auf absolute Verschwiegenheit angewiesen war. Dies mag erklären, warum erneut die Familie zum Zuge kam und der 25-jährige Konrad Kaletsch in das Geschäft seines Vetters eintrat. Er hatte seine Ausbildung ganz in die Hände Friedrich Flicks gelegt und nach der kaufmännischen Lehre bei Buderus in Wetzlar zunächst einige Semester an der Kölner Universität studiert. Während der Semesterferien arbeitete Kaletsch bei der Charlottenhütte, um die Hochschule dann ohne Abschluss zu verlassen. Statt sich mit Diplomprüfungen und wissenschaftlichen Traktaten zu quälen, sollte er lieber praktische Erfahrungen in Amsterdamer Handels- und Bankhäusern sammeln.[56]

Im Februar 1925 holte Flick noch eine weitere Person seines Vertrauens in die Bellevuestraße: Otto Steinbrinck. Flick hatte ihn seit dem Oberschlesien-Gutachten nicht mehr aus den Augen verloren; schon 1923 war er kurz für den Posten im Gespräch gewesen, den dann Tomalla erhielt. Nachdem Steinbrinck sich zwei Jahre als Vorstandsassistent bei Friedrich Möller in Riesa bewährt hatte, holte ihn Flick nun nach Berlin. Steinbrinck sollte ihm, während er selbst sich in der Knesebeckstraße um Linke kümmerte, den Rücken bei der Charlottenhütte freihalten. Das muss dem ehemaligen Kapitänleutnant mit Bravour gelungen sein, denn er stieg schnell zum engsten Vertrauten seines neuen Chefs auf, während Tomalla bald auf einen Vorstandsposten in Ostoberschlesien wechselte. Neben Tomalla, Steinbrinck und Kaletsch beschäftigte Flick noch einen Syndikus sowie mindestens einen Buchhalter. Außerdem zog er regelmäßig seinen Siegener Anwalt Siegfried Frey hinzu, mit dem er bereits seit längerer Zeit vertrauensvoll zusammenarbeitete. So entstand im Laufe zweier Jahre ein kleiner und verschwiegener Verwaltungsapparat, der eher die Züge eines Privatsekretariats trug und jedenfalls weit entfernt war von den Dimensionen einer Konzernzentrale, wie sie Linke in der Knesebeckstraße unterhielt.[57]

Dass Eichberg die Kränkung durch seinen Aufsichtsrat überhaupt hinnahm und pragmatisch mit Flick zusammenarbeitete, dürfte einzig der Notlage des Unternehmens geschuldet gewesen sein. Es geriet laufend mit den Lohn- und Gehaltszahlungen in Verzug und stand kurz vor dem finanziellen Kollaps. Ein Konkurs hätte wohl auch die Charlottenhütte mit in den Abgrund gerissen, da deren Position ebenfalls nur über Kredite zu halten war. Der Zusammenbruch von Linke hätte Flicks Ansehen bei den Banken arg in Mitleidenschaft gezogen und seine unternehmerische Karriere wohl beendet. Sein Sanierungskonzept richtete sich zunächst auf eine »neue Organisation« in Westoberschlesien, durch die der größte Krisenherd unter Kontrolle gebracht werden sollte. Unter der neuen politischen Grenzziehung hatte insbesondere die Oberschlesische Eisenbahn-Bedarfs-AG zu leiden, die zum Ballestrem-Konzern gehörte. Sie hatte ihre Rohstoffe an Polen verloren, verfügte jedoch über jene Verarbeitungsbetriebe, die der Linke-Tochter Obereisen fehlten. Ein Zusammenschluss der beiden »Rumpfgebilde« lag auf der Hand. Allerdings waren beide Partner derart überschuldet, dass durch ein Zusammengehen noch kein gesundes Unternehmen entstehen konnte. Erneut sollte deshalb der Staat einspringen – darüber waren sich beide Seiten frühzeitig einig. Sie rechneten mit einem Finanzbedarf von 46 Millionen Mark, mit dem alte Schulden abgedeckt, frische Betriebsmittel beschafft und dringend nötige Investitionen bezahlt werden sollten. Die Fusionsverhandlungen hingen freilich nicht allein vom politischen Wohlwollen ab, sondern waren auch eine Machtprobe zwischen Flick und Ballestrem: Beide wollten die Mehrheit im fusionierten Unternehmen. Es war mit sehr mühsamen und langwierigen Verhandlungen zu rechnen.[58]

Für Linke und Obereisen dauerten sie zu lange. Beide Gesellschaften begannen im Laufe des Frühjahrs 1925 mit Notverkäufen. So flossen ihnen aus der Abgabe des Bergwerks Glückhilf-Friedenshoffnung an die Stadt Breslau im Juli rund neun Millionen Mark zu. Zur selben Zeit kam Obereisen mit dem böhmischen Industriellen Ignaz Petschek ins Geschäft, der die Preußengrube übernahm. Im Herbst verkaufte Linke die Beteiligung an der Werdohler Dampf-Stanz-Hammerwerke AG, und wenige Monate später stieß man auch das stillgelegte Stahlwerk Torgau ab. Daneben holte das Konglomerat aus den wenigen gewinnbringenden Betrieben das Letzte heraus, so etwa aus dem Braunkohletagebau Koyne. Ursprünglich sollten die dortigen Kohlevorräte geschont werden, um sie dem Lauchhammerwerk möglichst lange als günstigen Energielieferanten zu erhalten. Für solche Nachhaltigkeit war nun aber kein Platz mehr; die Gewinne aus dem Brikettverkauf sollten die Verluste der Stahl- und Lokomotivwerke abmildern. All dies verschaffte Linke zwar keine Sicherheit, wendete aber zumindest den Konkurs ab.

Unterdessen kamen die Verhandlungen mit Ballestrem wieder in Gang. Flick, Eichberg und der Ballestrem-Vertreter Franz Pieler verständigten sich nach mühsamem Ringen auf eine gemeinsame Linie. Im Spätsommer 1925 stand fest, dass Obereisen, Oberbedarf und die Donnersmarckhütte zur Oberschlesischen Hüttenwerke AG vereinigt werden sollten. Linke-Hofmann-Lauchhammer und Ballestrem würden

Der frühere Stinnes-Vertraute Albert Vögler setzt auf den Zusammenschluss der großen Montankonzerne.

Schacht 12 der Essener Zeche Zollverein symbolisiert das zentrale Anliegen des Stahlvereins: Rationalisierung.

mit jeweils 50 Prozent gleichberechtigt am Kapital der neuen Gesellschaft beteiligt werden, Pieler den Aufsichtsratsvorsitz übernehmen und Flick sein Stellvertreter werden. Voraussetzung für ein Gelingen war die finanzielle Unterstützung des preußischen Staates, die dann tatsächlich gewährt wurde. Zwar zogen sich die Verhandlungen noch bis in den Frühsommer 1926 hin; aber im Juli konnte Oberhütten rückwirkend zum 1. Oktober 1925 gegründet werden.[59]

Der von Flick eingeschlagene Weg zeigte deutlich, wie sehr die Montanunternehmen unter Druck geraten und zur Kooperation gezwungen waren. Die neue Strategie lag ganz auf der industriepolitischen Linie, die aktive Verbandspolitiker wie Albert Vögler seit der Währungsstabilisierung energisch verfolgten. Erstens sollten die kostenträchtigen sozialpolitischen Errungenschaften aus der Frühphase der Republik zurückgenommen und die Erträge der Unternehmen entlastet werden. Zweitens galt es, den aus der Währungsreform herrührenden Kapitalmangel zu überwinden. Dafür schuf der Dawes-Plan im Sommer 1924 günstige Voraussetzungen. Er regelte nicht nur die deutschen Reparationszahlungen, sondern verhalf den Unternehmen auch zu einem leichteren Zugang zum amerikanischen Kapitalmarkt. Unter dem Druck der Überproduktion kehrten die Montanunternehmen drittens zu jenen Kartellen und Syndikaten zurück, mit denen Produktion und Absatz bereits vor dem Krieg einvernehmlich geregelt worden waren.

Nach erbittertem Kampf gelang am 3. November 1924 die Gründung der Rohstahlgemeinschaft. Sie kontingentierte die deutsche Produktion und schuf die Voraussetzung für einen europäischen Akkord der Stahlhersteller zwei Jahre später. Auch den Stahlwerksverband, der den Absatz für die wichtigsten Fertigproduktgruppen regelte, erweckten die Produzenten wieder zum Leben. Mit 87 Prozent wurde ein viel größerer Anteil der Produktion von den Syndikaten erfasst als vor dem Krieg – ein deutliches Indiz für die allgemeine Krisenstimmung. Angesichts des internationalen Wettbewerbs konnten die Kartelle die Preise allerdings nicht wie gewünscht anheben. So war die Rohstahlgemeinschaft bald gezwungen, die vereinbarten Produktionsquoten um mehr als ein Drittel herabzusetzen.[60]

Eine Überwindung der Absatzkrise war nicht in Sicht, weil die Syndikate keinen Einfluss auf den Abbau von Überkapazitäten nehmen konnten. Dies war eine industriepolitische Aufgabe, die genau der Gründungsidee von Oberhütten entsprach: Durch den Zusammenschluss konkurrierender Unternehmen konnten benachbarte Anlagen besser genutzt und überflüssige, veraltete Betriebe stillgelegt werden. Zudem vertrauten potentielle Gläubiger in den USA ihr Kapital lieber großen, zukunftsträchtigen Unternehmen an. Entsprechende Überlegungen hatte Vögler 1918 erstmals zu Papier gebracht, und 1925 bekam die Idee eines Trusts, zu dem sich die größten Unternehmen der Montanindustrie zusammenschließen sollten, neuen Auftrieb. Als Vorbild diente neben amerikanischen Unternehmen vor allem die deutsche Chemieindustrie, wo bereits 1916 mit einem Kooperationsvorhaben begonnen worden war, das nun in die Gründung der IG Farben mündete. Im Juli 1925 kamen die Gespräche über einen »Stahlbund« an der Ruhr in Gang: Hoesch, Krupp, Phoenix, Rheinstahl, Rheinelbe und Thyssen sprachen über eine engere Kooperation; Mannesmann, Gutehoffnungshütte, Klöckner und Flick blieben außen vor. Bis in den Herbst hinein konkretisierte sich das Vorhaben, obwohl Hoesch und Krupp ausschieden. Eigentlich war die Idee eines branchenweiten Zusammenschlusses damit von vornherein infrage gestellt, da sich wichtige Produzenten nicht am Trust-Projekt beteiligten. Dennoch entstand am 5. Mai 1926 die Vereinigte Stahlwerke AG.[61]

Der Stahlverein sollte sich als ein Glücksfall für Friedrich Flick erweisen. Ihn mochte zwar schmerzen, dass man ihn nicht von Anfang an in die Gründungsverhandlungen einbezogen hatte. Letztlich aber war das eine unerhebliche Prestigefrage, über die der Unternehmer schon im Herbst 1925 leicht hinwegsehen konnte. Ende September unterhielt er sich erstmals mit Vögler über eine Mitwirkung am Stahlverein und bot an, den gesamten Werksbesitz der Charlottenhütte sowie Linke-Hofmann-Lauchhammer mit allen Beteiligungen in den Trust einzubringen. Ob dabei bereits eine Einigung erzielt wurde, ist unklar. Da Vögler erst im Februar 1926 vertrauliche Verhandlungen mit Flick aufnahm, dürfte der ehemalige Stinnes-Vertraute zunächst die Bewertungsverhandlungen der Gründergesellschaften abgewartet haben. Danach war der Weg für die Zusammenarbeit mit Flick frei, so dass dieser Ende März einen ersten Vertragsentwurf vorlegen konnte. Allerdings kam es zum Streit um die Einbringung von Linke. Otto Wolff stellte sich quer und verlangte eine neuerliche Prüfung des Geschäfts; Flick zog daraufhin die Notbremse und gab sich desinteressiert – einstweilen gelang somit nur die Einbringung der Siegerländer Werke. Die Charlottenhütte verlor ihre gesamte industrielle Substanz und wurde zur reinen Holding. Dafür erhielt sie nominell 20 Millionen Mark Stahlverein-Aktien und zusätzlich 7,5 Millionen Mark in Genussscheinen sowie einen Kredit über 10 Millionen Mark.[62]

Dass bis zum Sommer dann auch eine grundsätzliche Einigung über die Sanierung und Einbringung von Linke erzielt werden konnte, war vor allem auf industriepolitische Erwägungen zurückzuführen. Durch die Beteiligung würde der Stahlverein seine Funktion als Rationalisierungsgemeinschaft über das Ruhrgebiet hinaus bis auf den mittel- und ostdeutschen Markt ausdehnen können. Hier dürfte auch die eigentliche Ursache für Otto Wolffs Einspruch gelegen haben, da der Kölner Unternehmer wohl die Chance witterte, seinem Handelshaus einen neuen Markt zu erschließen. Er erhoffte sich entsprechende Zugeständnisse von der Führung des Stahlvereins. Albert Vögler, Fritz Thyssen und Friedrich Flick verhandelten deswegen zunächst im kleinen Kreis und kamen ohne Wolff auch schnell zu einem Ergebnis. Unter dem Strich erhielt die Charlottenhütte für ihren mittel- und ostdeutschen Besitz weitere 20 Millionen Mark Stahlverein-Aktien und profitierte sogar von Wolffs Quertreibereien. Die Verzögerung fiel in eine Phase, in der sich die deutsche Montankonjunktur wegen eines monatelangen Streiks der englischen Bergarbeiter schnell besserte, so dass Flick für seinen konkursgefährdeten Besitz einen höheren Preis aushandeln konnte als zu Beginn des Jahres.[63]

Auf die Rettung von Linke-Hofmann-Lauchhammer war Flick noch Jahrzehnte später besonders stolz. Als die höchst komplizierten Transaktionen zum Abschluss gebracht waren, habe ihn ein Kollege verwundert gefragt, wo denn »die ganzen Schulden geblieben« seien. Die wundersame Sanierung erfolgte in drei Schritten. Die subventionsgestützte Ordnung der westoberschlesischen Beteiligungen war die Voraussetzung dafür, dass sie überhaupt Aussicht auf Erfolg hatte. Danach stand die Zerschlagung des Inflationskonglomerats auf dem Programm. Die niederschlesischen Waggon- und Lokomotivbauer wurden als Linke-Hofmann-Werke AG von den Stahlwerken an Havel und Elbe getrennt. Letztere bildeten den Grundstein für eine neu gegründete Betriebsgesellschaft des Stahlvereins, die Mitteldeutsche Stahlwerke AG. Aus seinem Besitz brachte der Trust das Weberwerk in Brandenburg an der Havel ein, das nun mit den früheren Konkurrenzbetrieben der alten Lauchhammer AG und dem Hennigsdorfer Stahlwerk unter ein gemeinsames Konzerndach kam.

Zuletzt konnten dann die Kapitalverhältnisse bereinigt werden. Kernstück war die Neugründung von Mittelstahl mit einem Anlage- und Kapitalvermögen, das ein rentables Wirtschaften erlaubte. Das Gros der Verschuldung blieb hingegen bei der alten Linke-Hofmann-Lauchhammer stehen, die nur noch die Waggonfabriken besaß. Für die Einbringung ihrer Stahlwerksbetriebe erhielt sie einen Teil der neuen Mittelstahl-Aktien. Ihr Kapital konnte danach zusammengelegt werden: 21 Millionen Mark wurden auf Abschreibungen und zur Bildung neuer Rücklagen verwendet; weitere 28 Millionen Mark des Kapitals sollten in Form von Mittelstahl-Papieren an die Aktionäre zurückgezahlt werden. Ähnlich mussten Verluste der Vorjahre beim Stahl- und Walzwerk Hennigsdorf ausgeglichen werden. Die finanziellen Lasten der Sanierung verteilten sich also sehr ungleich: Flick und seine Charlottenhütte gaben ihr gesamtes Eigentum an Linke und Oberhütten auf und erhielten dafür 20 Millionen Mark Stahlverein-Aktien. Das Gros der Sanierungskosten übernahm hingegen der Stahltrust. Entscheidend für das Gelingen dieser Transaktionen war der direkte Zugang zum amerikanischen Kapitalmarkt. Das neue Einheitsunternehmen der deutschen Stahlindustrie nahm in den USA mehrere große Anleihen auf, so dass die auf den Gründergesellschaften lastenden, meist kurzfristigen Bankschulden in deutlich zinsgünstigere, vor allem aber langfristige Verpflichtungen umgewandelt werden konnten.[64]

Friedrich Flick hatte den Kopf noch einmal aus der Schlinge gezogen. Binnen einem Jahrzehnt hatte er seinen Weg gemacht – vom angestellten Vorstandsmitglied eines unbedeutenden Unternehmens im Siegerland zur Partnerschaft mit den Größen seiner Branche. Durch geschicktes Taktieren gelang es ihm, seine Position zu verteidigen, während Inflationsgebilde wie die von Sigmund Bosel oder Hugo Stinnes gleich reihenweise kollabierten und selbst alteingesessene Industrieunternehmen in finanzielle Bedrängnis gerieten. Das war keine geringe Leistung. Sie gründete in erster Linie darauf, dass Friedrich Flick bei aller Risikobereitschaft kühl kalkulierte und sich keine emotionale Bindung an seinen Besitz leistete. Sentimentalität gestattete er sich nicht einmal gegenüber den Werken seines Stammunternehmens Charlottenhütte, von denen er sich im Winter 1925/26 ohne Zögern trennte.

Hinzu kam ein feines Gespür für die Zeitumstände. Bei aller Kreativität und Skrupellosigkeit in den Jahren der Inflation wusste Flick doch sehr gut einzuschätzen, was ihm politisch nutzte – innerhalb der Rüstungswirtschaft, bei der Berliner Ministerialbürokratie, aber auch innerhalb seiner Branche. Am deutlichsten zeigte sich dies wohl bei der Rettung seines überschuldeten Inflationskonglomerats, die ohne staatliche Subventionierung des westoberschlesischen Trusts niemals gelungen wäre. Gleichwohl: Zu den Größen seiner Branche zählte Friedrich Flick noch lange nicht. Dafür war der Einfluss seiner Charlottenhütte auf den gerade gegründeten Trust viel zu gering. Aber seine Position war ausbaufähig.

Auf dem Gipfel

Drei Jahre nach dem Einstieg bei den Vereinigten Stahlwerken plante Flick, sich auch privat an der Ruhr niederzulassen und den Wohnsitz seiner Familie in Berlin aufzugeben. Bei Kettwig an der Ruhr, in »sturm-überbrauster Höhe«, ließ er sich ein schlossartiges Anwesen bauen, das der Schriftsteller Erik Reger spöttisch »das Palais eines Imperators von glanzvoller Lebensstellung und welthistorischem Beruf« nannte. Zwar konnte der auftrumpfende Bau im Stil »eines amerikanisch-babyloni-schen Barock« mit den 269 Zimmern der Kruppschen Villa Hügel nicht mithalten. Aber jeder verstand, dass dem Flickschen »Charlottenhof« auf halber Strecke zwischen den Wohnsitzen der Familien Krupp und Thyssen – Reger sprach von einer »bedrohlichen Nähe« – symbolische Bedeutung zukam. Mit 54 Zimmern, einem 155 Quadratmeter großen Salon und einer riesigen Gartenterrasse ließ sich das Haus bedenkenlos vorzeigen.

Auf den repräsentativen Charakter kam es dem Bauherrn offenbar besonders an, da zwischen seiner wirtschaftlichen Macht und der gesell-schaftlichen Anerkennung immer noch eine von ihm als schmerzlich empfundene Lücke klaffte. Trotz aller geschäftlichen Erfolge blieb ihm nach wie vor der Zutritt zur »Ruhrlade« versperrt, jenem elitären Kreis von Kohle- und Stahlunternehmern, der regelmäßig auf den reprä-sentativen Landsitzen am Rande des Ruhrgebiets zusammenkam. Mit dem »Charlottenhof« machte Flick seine Ansprüche unmissverständlich geltend.[65]

Den Bau hatte Paul Schultze-Naumburg entworfen, der herausragen-de Protagonist des Heimatschutzstils, der sich lange vor dem Ersten Weltkrieg einen guten Namen bei einer betuchten Klientel gemacht hatte. Sein bekanntestes Werk war das Potsdamer Kronprinzenschloss

Cäcilienhof. Zwei Häuser des Architekten kannte Flick von regelmäßigen Besuchen: das Kölner Privathaus Heinrich von Steins und Heinrich Weiss' Siegener Wohnsitz. Dass die Wahl des Bauherrn ausgerechnet auf Schultze-Naumburg fiel, dürfte vor allem pragmatische Gründe gehabt haben; der Architekt hatte mit Aufgaben dieser Dimension viel Erfahrung, was zunächst einmal Gewähr dafür bot, dass die Kosten nicht aus dem Ruder liefen. An der Person des Architekten störte sich Flick offenbar weniger. Der lupenreine Antidemokrat und Antisemit meldete sich im Laufe der zwanziger Jahre immer häufiger als schriller Kritiker der Moderne zu Wort und räsonierte bereits 1927 über »Kunst und Rasse«.[66]

Dass Schultze-Naumburg als früher Parteigänger der Nationalsozialisten einen regelrechten Bildersturm gegen das Weimarer Bauhaus anzettelte, kann nicht in Flicks Interesse gelegen haben. Zum »Stein des Anstoßes« wurde der Bau jedoch vor allem, weil die Familie Flick das Anwesen niemals bezog. Noch vor seiner Fertigstellung löste sich der Bauherr in höchster finanzieller Not vom Stahlverein und zog sich auf seinen neuen industriellen Besitz in Mitteldeutschland und Bayern zurück. Über viele Jahre hatte Flick einen großen Teil seiner Energie darauf verwendet, eine starke Position an der Ruhr zu erobern und sich Anerkennung zu erwerben. Kurz bevor der »Charlottenhof« vollendet war, musste er, um den finanziellen Ruin abzuwenden, seine Strategie von Grund auf ändern.[67]

An der Ruhr und in Polen

Eine halbe Stunde Autofahrt von der Baustelle des »Charlottenhofes« entfernt entstand zur selben Zeit der Schacht 12 des Bergwerks Zollverein. Das Vorhaben im ärmlichen Essener Arbeiterstadtteil Katernberg kennzeichnete die Aufbruchstimmung im Stahlverein. Die Anlage sollte vorführen, wie rationell durch Zentralisierung und Arbeitsteilung produziert werden konnte. Bis dahin förderten vier Schachtanlagen im Feld Zollverein täglich rund 8000 Tonnen Steinkohle. Drei von ihnen blieben bestehen, sollten den Grubenverbund künftig aber nur noch mit Material, frischer Luft und Arbeitskräften versorgen. Mit Schacht 12

Mit dem ab 1929 errichteten »Charlottenhof« auf halber Strecke zwischen den Wohnsitzen der Krupps und Thyssens unterstreicht Flick seine Ambitionen.

entstand in vierjähriger Bauzeit eine neue Zentraleinrichtung, die Förderung und Aufbereitung an einer Stelle konzentrierte. Durch den Bau der neuen Zentralanlage stieg die Förderung um 50 Prozent auf täglich 12 000 Tonnen, bei reduzierter Belegschaft und effizienterer Energieversorgung. Von Anfang an war den Bauherren die öffentliche Wirkung wichtig. In Katernberg sollte nicht nur die modernste, sondern zugleich auch die schönste Zeche der Welt entstehen. Darum hatten die Architekten Fritz Schupp und Martin Kremmer freie Hand, eine völlig neue Anlage aus einem Guss zu entwerfen. Zollverein sollte die Modernität und Stärke des Trusts in einem repräsentativen Objekt vorführen und den Besucher beeindrucken.[68]

Ein derartiges Vorhaben passte in die Gründungseuphorie des Stahlvereins. Nach Bilanzsumme und Kapital war er das größte deutsche Unternehmen; weltweit übertraf ihn in seiner Branche nur die US Steel Corporation. Auch mit seinen bald 200 000 Beschäftigten sprengte er alle Dimensionen eines Privatunternehmens. Er vereinigte die Hälfte der deutschen Roheisen- und Walzstahlproduktion auf sich, förderte ein Fünftel der deutschen Steinkohle und war an einer ganzen Reihe von Syndikaten mit Quoten von nahezu 50 Prozent beteiligt. Neben diese Marktmacht trat das schnell eingelöste Versprechen einer umfassenden Rationalisierung. Nur die rentabelsten Werke sollten erhalten und ausgebaut, benachbarte Betriebe zusammengefasst, Produktionsprogramme auf die modernen und ausbaufähigen Anlagen konzentriert werden. Bis Ende 1926 legte der Trust von rund 240 Werken und Betrieben 57 still. Von 33 Hochöfen standen bald nur noch 23 im Feuer; 7 Martin-Stahlwerke und 15 Walzwerke wurden geschlossen. Bis 1930 stellten 16 Zechen ihren Betrieb ein. Kohle sollte vorrangig in modernen Groß-schachtanlagen nach dem Vorbild Zollverein gefördert werden. Parallel zur Stilllegung alter Werke investierte der Stahlverein gewaltige Summen, um die Produktivität zu steigern. Die dazu erforderlichen Mittel stammten aus den USA. Bis 1927 gelang es dem Trust, dort Anleihen über 85 Millionen Dollar (rund 360 Millionen Mark) zu platzieren. Dieses Kapital diente dazu, alte Verpflichtungen langfristig umzuschulden und das Modernisierungsprogramm zu finanzieren.[69]

Es gab jedoch zahlreiche Geburtsfehler. So gelang zwar die Rationalisierung der Produktion; aber von der steigenden Produktivität konnte der Trust finanziell kaum profitieren, weil das Angebot die Nachfrage noch immer übertraf und die modernen Anlagen nicht auszulasten waren. Hinzu kamen finanzielle Belastungen, die längst nicht nur von den enormen Anleiheverpflichtungen herrührten. Ebenso schwer wog das viel zu hohe Grundkapital von 800 Millionen Mark, das erst einmal verzinst sein wollte. Hierin lag die schwerste finanzielle Bürde des Gründungskompromisses. Alle am Stahlverein beteiligten Unternehmen blieben weiter bestehen und brachten lediglich ihre Betriebe ein. Dafür wurden sie mit Aktien und Genussscheinen entschädigt. In dieser Konstellation hatte jeder der Gründerkonzerne seine Anlagen möglichst hoch bewertet. Nur aus Angst vor dem Scheitern hatte man sich schließlich verständigt und die Überkapitalisierung notgedrungen in Kauf genommen. Weil schon der leiseste Zweifel an seiner Leistungs-kraft das Vertrauen der amerikanischen Gläubiger untergraben hätte, war der Stahlverein genötigt, auf das überhöhte Kapital regelmäßig hohe Dividenden auszuschütten.[70]

Trotz des kleinen Pakets von gerade fünf Prozent der Stahlverein-Aktien war Friedrich Flicks Position beim Start des Trusts keineswegs ungünstig. Zum einen hatte er seine Holding von den enormen Risiken befreit, die auf Linke-Hofmann-Lauchhammer gelegen hatten. Zum anderen war er dank seiner beiden Tauschgeschäfte mit Hugo Stinnes auch mit starken Minderheitspaketen bei Gelsenberg und Bochumer

Verein beteiligt. Nachdem der Block der ehemaligen Stinnes-Gesellschaften mit rund 40 Prozent als stärkste Aktionärsgruppe aus den Bewertungsverhandlungen hervorgegangen war, lag dort der eigentliche Schlüssel zur Macht über den Stahlverein. Die taktischen Positionen, von denen der Kampf um den beherrschenden Einfluss auf den Trust in den nächsten Jahren bestimmt werden sollte, traten bereits im Herbst 1926 deutlich zutage. Den Anlass lieferten die Auflösung des Elektromontantrusts und die Verschmelzung der drei ehemaligen Stinnes-Gesellschaften Deutschlux, Bochumer Verein und Gelsenberg. Bis auf Letztere, die noch die Zechen des Grubenfeldes Monopol betrieb, hatten alle Unternehmen ihren Werksbesitz in den Stahlverein eingebracht und dafür dessen Aktien und Genussscheine erhalten. Sie alle sollten nun auf Gelsenberg fusioniert, die Stahlverein-Aktien dort gebündelt und die Bergwerksgesellschaft auf diese Weise zum wichtigsten Hauptaktionär des Trusts werden.[71]

Dahinter stand das klare Kalkül von Gelsenberg, nach und nach weitere Aktien aufzukaufen und sich auf diese Weise »allmählich eine ausschlaggebende Stellung« beim Stahlverein zu verschaffen. Gelsenberg-Generaldirektor Willy Huber verständigte sich mit dem Chef der Disconto-Gesellschaft Arthur Salomonsohn darauf, dazu größere Aktienpakete aus einer Hand zu erwerben. Diese Position billigte auch Albert Vögler, der nicht nur den Vorstand des Trusts leitete, sondern auch dem Aufsichtsrat bei Gelsenberg vorsaß. Freilich kam als Paketverkäufer zu dieser Zeit neben Heinrich Thyssen eigentlich nur ein Großaktionär infrage: Friedrich Flick. Der aber hielt auch rund 20 Prozent an der fusionierten Gelsenberg und plante offensichtlich, diese Position weiter auszubauen. Notgedrungen gingen Huber und Salomonsohn auf Flicks Angebot ein und kauften ihm zunächst zehn Millionen Mark Stahlverein-Aktien ab, fest davon überzeugt, dass Flick den Erlös für den Erwerb zusätzlicher Gelsenberg-Aktien verwenden würde. Genauso kam es. Als die Danatbank im Dezember 1926 damit begann, an der Börse im großen Stil Gelsenberg-Aktien aufzukaufen, war allen Beteiligten klar: Flick ging in die Offensive.[72]

Das für Friedrich Flick typische Börsenmanöver verhalf ihm zu einem schnellen Akkord mit Albert Vögler und Fritz Thyssen. Bald zog er in die höchsten Führungsgremien des Stahlvereins ein, und von Februar

1927 an nahm er auch an den Sitzungen des Aufsichtsratspräsidiums bei Gelsenberg teil. Vögler wiederum amtierte als Aufsichtsratsvorsitzender bei der Charlottenhütte. Offenbar sah der Chef des Stahlvereins in Flicks Angriff eine günstige Gelegenheit, um dem Stinnes-Block doch noch die Vorherrschaft über den Trust zu verschaffen. So ergänzten sich die Interessen Vöglers vortrefflich mit dem Machtstreben Flicks. Rührte dessen Einfluss allein vom Kapitaleigentum her, vertraute der angestellte Manager Albert Vögler ganz auf Amt und Mandat. Deshalb genügte ihm die Schlüsselposition des Aufsichtsratsvorsitzenden bei der Charlottenhütte, um seinen Einfluss auf allen Ebenen der verschachtelten Konstruktion abzusichern. Fritz Thyssen, der das nach Gelsenberg zweitgrößte Paket Stahlverein-Aktien kontrollierte, war möglicherweise von Beginn an in dieses Bündnis einbezogen, schließlich hatte er Vögler zum Aufsichtsratsvorsitz bei der Charlottenhütte geraten.[73]

Die Kontrolle über Gelsenberg war also frühzeitig abgestimmt – wenn auch nicht mit dem Vorstand des Unternehmens. Flick gab sich weiterhin alle Mühe, seine Machtposition still auszubauen. Im April 1927 meldete er auf der Gelsenberg-Hauptversammlung lediglich Aktien im Nennwert von 22,3 Millionen Mark an; das entsprach einem bescheidenen Anteil von knapp zehn Prozent der Stammaktien. Auch in den nächsten Jahren hielt er sich weiter bedeckt. Bis heute ist unklar, wie hoch seine Beteiligung bei Gelsenberg wirklich war. Beim Stahlverein stand er jedenfalls im Verdacht, seine Aktien von acht verschiedenen Banken anmelden zu lassen. Vermutlich hatte Flick seine Beteiligung bereits im Sommer 1927 auf etwa 40 Prozent gebracht, was für eine knappe Hauptversammlungsmehrheit ausreichte. Flick begnügte sich jedoch damit, seinen Einfluss hinter den Kulissen geltend zu machen. An der Übernahme offizieller Ämter oder an der Leitung einer Werksgruppe war ihm offensichtlich weniger gelegen als an industriepolitischen Projekten, die er in enger Kooperation mit Vögler und Thyssen voranzutreiben hoffte.[74]

Auf welche praktischen Probleme solche Vorhaben stießen, wurde im Laufe des Sommers deutlich, als das Triumvirat über eine Ausdehnung des Gelsenberg-Zechenbesitzes verhandelte. Dahinter stand die Überlegung, der wichtigsten Stahlverein-Holding neben den Dividendeneinnahmen zusätzliche Erträge zu verschaffen. Objekt der Begierde war die

Harpener Bergbau AG, eine selbständige Zechengesellschaft, an der die Thyssens schon seit geraumer Zeit mit einem kleineren Paket beteiligt waren. Erst kürzlich war die Rheinische Aktiengesellschaft für Braunkohlenbergbau- und Brikettproduktion bei Harpen eingestiegen. Deshalb verständigte sich der Rheinbraun-Chef Paul Silverberg mit Flick, Vögler und Thyssen auf das »bekannte große Projekt« einer Fusion zwischen Harpen und Gelsenberg. Allerdings hing das Vorhaben von der Unterstützung durch den Gelsenberg-Vorstand ab. Daran aber mangelte es, weil dieser aus Sorge um die Finanzen nichts von Flicks gewagten Transaktionen hielt und sich darin von seiner Hausbank bestärkt sah. Als das Projekt trotz günstiger Verhältnisse auf dem Finanzmarkt nicht vorankam, beschwerte sich Flick genervt bei Vögler. Gelsenberg werde von der Disconto-Gesellschaft »schlecht beraten«; dabei habe die Hausbank das Unternehmen zwei Jahre zuvor noch hängen lassen. Von einer solchen Abhängigkeit hielt Flick nichts. Er verwies auf das Beispiel Harpen, wo die Zusage über eine 25-Millionen-Gulden-Anleihe »das Ergebnis einer viertelstündigen Besprechung« gewesen sei.[75]

Gegen den Widerstand des Gelsenberg-Vorstandes konnte Flick sich nicht durchsetzen, obwohl er die Beschaffung einer US-Anleihe im Herbst 1927 sogar selbst in die Hand nahm. Doch die Verhandlungen mit Dillon, Reed & Co. gerieten bald ins Stocken. Weil sich die New Yorker Investmentbank schon prominent an der Finanzierung des Stahlvereins beteiligt hatte, verlangte sie von Gelsenberg zusätzliche Sicherheiten. Der Wert der Bergwerke reichte dafür jedoch nicht aus, so dass Gelsenberg zusätzlich seine Stahlverein-Beteiligung hinterlegen musste. Überdies sollte der Trust eine verbindliche Erklärung über die erwartete Gewinnausschüttung vorlegen. Am Ende brachten die »Gelsen-Notes« der Gesellschaft zwar 63 Millionen Mark auf zehn Jahre ein. Aber die Verwendung des Kapitals war weithin vorgezeichnet, das Gros diente der Umschuldung alter Verpflichtungen. Nur 4,5 Millionen Mark flossen in die Modernisierung der Zechen, und lediglich 5,5 Millionen standen für industriepolitische Projekte zur Verfügung. So erklären vor allem die knappen Gelsenberg-Finanzen, warum aus dem Harpen-Projekt nichts wurde.[76]

Im Herbst 1927 zeichnete sich ein Weg ab, doch noch die Macht über den Stahlverein zu erringen. Den Stein ins Rollen brachte Otto

Wolff. Er war mit etwa 30 Prozent am Phoenix beteiligt, einem weiteren Gründerunternehmen des Stahlvereins, das nur noch als Holding
fungierte. Dieses Aktienpaket hatte für den wendigen Händler an Wert
verloren, weil er seine Industriebeteiligungen als Instrument einsetzte,
um bei den Produzenten günstige Konditionen durchzusetzen. Deshalb
wollte Wolff seine direkte Beteiligung am Produktionsunternehmen
Stahlverein verstärken und war bereit, seine Phoenix-Aktien abzugeben.
Für Flick war Phoenix der Schlüssel zur Macht, weil dort eine Stahlverein-Beteiligung von rund 24 Prozent lag. Brachte er diese via Gelsenberg
unter seine Kontrolle, würde er den gesamten Konzern majorisieren
können. Als Wolff an Flick herantrat, war von den alten Differenzen
zwischen den beiden Aufsteigern nichts mehr zu spüren.

Während das Kölner Handelshaus im Sommer 1928 die Zusage über
einen Teil der gewünschten Lieferverträge mit dem Stahlverein erhielt,
ließ sich der geplante Aktientausch jedoch nicht sofort umsetzen. Wolff
war noch bis Ende 1929 vertraglich an die übrigen Phoenix-Aktionäre
gebunden und hatte sich verpflichtet, seinen Partnern die Papiere bei einer eventuellen Verkaufsabsicht zuerst anzubieten. Darum konnte Flick
die eigentliche Majorisierung des Stahlvereins erst im Spätsommer 1929
einleiten. Gemeinsam mit Fritz Thyssen unterbreitete er dem holländischen Industriellen Frederick Fentener van Vlissingen dann ebenso
ein Übernahmeangebot für seine Phoenix-Aktien wie der von Werner
Carp vertretenen Familie Haniel. Beide Gruppen schlugen ein, so dass
Gelsenberg Anfang 1930 etwa 40 Prozent des Phoenix direkt kontrollierte. Dank der engen Abstimmung mit dem Phoenix-Aktionär Fritz
Thyssen genügte diese Position für Flicks Herrschaft über den Trust:
Über Gelsenberg und Phoenix kontrollierte er mittelbar etwas über 60
Prozent des Stahlverein-Kapitals.[77]

Bei derartigen Finanztransaktionen war Friedrich Flick ganz in seinem Element. Er tätigte sie zwar innerhalb des Stahlvereins und seiner
komplizierten Holdingstrukturen, aber durchaus nach seiner eigenen
Methode. Wie schon in Oberschlesien basierte auch sein Einfluss auf
den Stahlverein aus einer mehrstufig verschachtelten Eigentumskon-
struktion, die den Vorteil hatte, Flicks persönliches Risiko zu minimieren – die größten finanziellen Lasten lud er diesmal Gelsenberg
auf. Anders als ein Manager wie Albert Vögler ließ Flick zu keiner

Zeit erkennen, dass hinter seinem Machtstreben ein industrielles Projekt oder ein operativer Gestaltungsanspruch stand, dass er womöglich direkt in die Geschicke einzelner Werksgruppen, in ihre Investitions- oder Geschäftspolitik einzugreifen gedachte. Nein, Flicks Metier blieb es, mit Aktienpaketen zu handeln und bestenfalls industriepolitisch in Erscheinung zu treten. Die von ihm ausgetüftelten industriellen Kombinationen dienten zuallererst ihm selbst.

Allerdings hatte sich beim Ausbau seiner Machtposition deutlich gezeigt, dass Flick zwar hervorragend mit Vögler und Thyssen harmonierte und in diesem Terzett seine Ideen auch weitgehend umsetzen konnte. Bei Gelsenberg aber traf er trotz seiner formalen Machtfülle nach wie vor auf Widerstand, der noch immer vom Vorstandsvorsitzenden Huber angeführt wurde. Es verwundert daher nicht, dass Flick die nächste Gelegenheit ergriff, um Huber wegzuloben. Als Gelsenberg vom Kasseler Lokomotivbauer Henschel die Zechen der Essener Steinkohlenbergwerke AG übernahm, stieg deren Chef Ernst Tengelmann zum neuen starken Mann im Gelsenberg-Vorstand auf; Huber zog den Kürzeren und wechselte kurz darauf in den Aufsichtsrat. Die gemeinsam mit Silverberg zusammengekaufte Harpen-Beteiligung übernahm Rheinbraun und gab dafür eigene Aktien an Gelsenberg heraus. Die freundschaftliche Verbindung zwischen Ruhr- und Braunkohle, zwischen Flick und Silverberg blieb einstweilen intakt.[78]

Auch in Oberschlesien war Flick an klaren Verhältnissen interessiert. Seine dortigen Ambitionen hatte er mit der Gründung des Stahlvereins keineswegs aufgegeben. Noch immer spiegelte sich sein Einfluss im oberschlesischen Industriegebiet in einer Reihe von Aufsichtsratsmandaten, und als Mittelstahl-Aufsichtsratsvorsitzender betreute Flick überdies die 50-prozentige Beteiligung am westoberschlesischen Oberhütten-Trust. Um seine Position auszubauen, muss er zunächst von der Bismarckhütte die Beteiligung an der Kattowitzer AG zurückgekauft haben; Anfang 1927 kontrollierte die Charlottenhütte jedenfalls wieder rund 80 Prozent des Kattowitzer Kapitals. Hintergrund dieser Volte dürften die finanziellen Schwierigkeiten gewesen sein, in denen sich die Eigentümer der Vereinigten Königs- und Laurahütte AG befanden. Die Königslaura war in einer »verzweifelten Lage«, die nicht nur vom unrentablen Betrieb und den hohen Steuerforderungen des polnischen Staates herrührte.

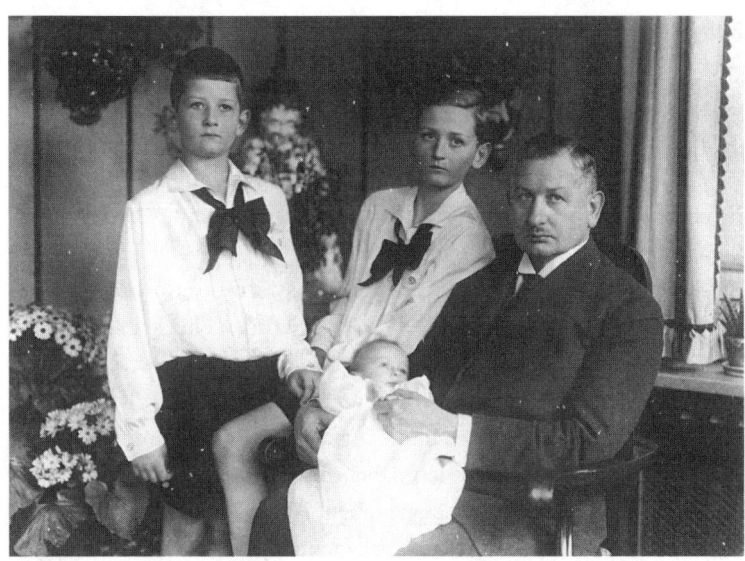

Die Begründung einer Unternehmerdynastie: Flick mit seinen Söhnen
Otto-Ernst und Rudolf sowie dem 1927 geborenen Friedrich Karl.

Auch einer ihrer Großaktionäre befand sich mittlerweile in Schwierigkeiten: Der Wiener Bankier Sigmund Bosel, dessen Inflationskonzern
die Währungsstabilisierung nicht überlebt hatte, musste seinen 35-Pro-
zent-Anteil verkaufen. In dieser Situation wollte Flick an die schon früher diskutierten Kombinationsmöglichkeiten zwischen Kattowitzer AG
und Königslaura anknüpfen, und dazu musste er die Kattowitz-Aktien
wieder in seine unmittelbare Verfügungsgewalt bringen.[79]

Bald allerdings wurde deutlich, dass Friedrich Flick vor dem Hintergrund der politischen Entwicklung in Polen auf Zeit spielte, um
die Chancen für ein Geschäft mit dem deutschen Staat auszuloten.
Nach Józef Piłsudskis Staatsstreich im Mai 1926 verschärften sich die
Bemühungen um eine »Polonisierung« der ostoberschlesischen Industrie, was die Königslaura schlagartig in den Mittelpunkt des politischen
Interesses rückte. Dem deutschen Generalkonsulat in Kattowitz galt
der böhmische Großaktionär Fritz Weinmann seit je als volkstums-
politisch unzuverlässig, und die Zahlungsunfähigkeit Sigmund Bosels
ließ berechtigte Befürchtungen aufkommen, dass Weinmann nun auch
noch dessen Königslaura-Aktien übernehmen werde. Entsprechende

Gerüchte schossen ab Juni ins Kraut. Während der nächsten Monate erreichten das Auswärtige Amt in der Berliner Wilhelmstraße immer schrillere Warnungen aus Polen, wobei sich der Kattowitzer Generalkonsul Werner Freiherr von Grünau besonders hervortat. Er forderte staatliche Subventionen für die vom Ausverkauf bedrohte Industrie, die er als »wirtschaftliche Kraftquelle des Deutschtums in Ostoberschlesien« ansah. Dass hinter seinen Eingaben die geschickte Interessenpolitik Flicks stand, ging nicht nur aus seiner Warnung vor einem angeblich drohenden Verkauf der Kattowitzer AG an Weinmann hervor. Grünau riet auch dazu, deutsche Industrielle für ein Engagement bei der Königslaura zu gewinnen – als »geschickter Vertrauensmann« käme dafür besonders Friedrich Flick infrage.

Die Aussicht auf staatliche Subventionen erklärt, warum Flick seinen Mitbewerber bluffen konnte. In den »recht unerfreulichen Verhandlungen« hielt er mit seinen Absichten hinterm Berg. Weinmann brachte das in Rage: »Nun sprechen Sie aber immer, wenn Sie von sich selbst sprechen, von ›wir‹. … Wer ist denn eigentlich unter dem ›wir‹ zu verstehen?« Flick schwieg sich mit gutem Grund darüber aus, denn in Wirklichkeit stand zu dieser Zeit bereits der Fiskus hinter ihm. Noch im Dezember signalisierte die Reichsregierung ihre Bereitschaft, sich maßgeblich am Erwerb der Königslaura zu beteiligen. Im Januar 1927 bewilligte das Kabinett 15 Millionen Mark, mit denen Flick die Bosel-Aktien aufkaufen sollte.[80]

Wenige Tage nach dem Kabinettsbeschluss brachte Steinbrinck die Planungen der Bellevuestraße in einer internen Notiz zu Papier. Flick wollte Weinmann und Bosel bei der Königslaura herauskaufen und die Gesellschaft danach in Teilen an den Stahlverein abgeben. Auch die Aktien der Kattowitzer AG sollten zum Stahlverein kommen. Dafür wollte Flick ein Paket von 35 Millionen Mark Gelsenberg-Aktien verlangen. Wie bereits am Beginn des Jahrzehnts versuchte er also erneut, die oberschlesischen Beteiligungen als Unterpfand für seinen persönlichen Positionsgewinn innerhalb der Ruhrindustrie einzusetzen – nun jedoch mit direkter Unterstützung des Staates. Im Februar verlor er jedoch die politische Rückendeckung. Nach dem Sturz der ersten Regierung Marx kam ein neuer Finanzminister ins Amt, der sich nicht an den alten Kabinettsbeschluss gebunden fühlte, obwohl Flick ultimativ damit drohte, das ganze Geschäft aufzugeben. Allerdings führte auch das neue Kabinett die »Deutschtumspolitik« in Polen fort.[81]

Deshalb konnte Flick im März den Druck auf die Berliner Ministerien erhöhen, indem er gegenüber Reichswirtschaftsminister Julius Curtius mit großem Aplomb seinen Rücktritt erklärte: Nicht er sei an das Reich mit der Bitte um Unterstützung herangetreten, sondern umgekehrt. Im Ministerium hinterließ das keinen großen Eindruck. Gegenüber dem Auswärtigen Amt betonte Curtius' Ministerialdirektor Hans Schäffer kühl, dass Flick schon »bei der Stange bleiben« werde. In dieser Auffassung sah sich der politische Beamte von Samuel Ritscher bestätigt, der als Chef der Reichs-Kredit-Gesellschaft eine wichtige Mittlerrolle zwischen Industrie und Politik innehatte. Ritscher hatte von Flick erfahren, dass er die Verhandlungen wahrscheinlich wieder aufnehmen werde, wenn ein »überwiegendes staatspolitisches Interesse« an seiner Mitwirkung bestehe. Der Unternehmer ließ sich bitten.

Gleichzeitig erhöhten seine oberschlesischen Lobbyisten den Druck; man dürfe mit dem »ressortmäßigen Stolpern über Zwirnsfäden« keine Zeit verlieren. Flicks Leute wandten sich vornehmlich an das Auswärtige Amt, wo man anders als im Wirtschafts- oder Finanzressort viel eher bereit war, Unternehmer im Interesse der »Deutschtumspolitik« großzügig zu unterstützen. Erneut tat sich dabei von Grünau hervor. Seine Eingaben stimmten mitunter wörtlich mit den Formulierungen Flicks überein. Auch der nationalliberale Reichstagsabgeordnete Hartmann von Richthofen griff in das Geschehen ein. Der ehemalige Diplomat gehörte zu den Gründungsmitgliedern der Deutschen Demokratischen Partei und hatte sich bereits im Kaiserreich als Lobbyist betätigt. Er vertrat nicht nur einen oberschlesischen Wahlkreis, sondern verfügte auch über vorzügliche politische Kontakte, die Flick auf Jahre in Anspruch nahm. Mit Erfolg: Anfang Mai hatte er sich mit Reichsaußenminister Stresemann über die Grundzüge des Geschäfts verständigt.[82]

Geplant war, dass sich der Fiskus an der Übernahme der Königslaura beteiligen und dies über einen Kredit finanzieren würde. Außerdem wollte sich das Reich zur Hälfte an einer gemeinsamen Holding beteiligen, die ihren Sitz zur Tarnung im neutralen Ausland haben sollte. Für Friedrich Flick war diese Zusage ein beachtlicher politischer Erfolg. Allerdings hatten sich seine Prioritäten in der Zwischenzeit grundlegend verschoben. Die ostoberschlesischen Gesellschaften waren als Unterpfand für den Ausbau seiner Position beim Stahlverein nicht mehr erforderlich. Stattdessen musste nun das in der Kattowitz-Beteiligung angelegte Kapital so schnell wie möglich frei werden, um die Beteiligung bei Gelsenberg vergrößern zu können. Ende Mai trat in den Verhandlungen mit den Reichsbehörden deshalb Albert Vögler auf den Plan. Das Subventionsvolumen müsse insgesamt deutlich erhöht werden, weil die gemeinsam zu gründende Holding nun auch die Weinmann-Beteiligung an der Königslaura übernehmen sollte. Überdies wolle der Stahlverein angesichts der unsicheren Verhältnisse in Polen »seine« Beteiligung an der Kattowitzer AG verkaufen. In Wirklichkeit gehörten die fraglichen Aktien einer Tochtergesellschaft der Charlottenhütte – Vögler trug also dazu bei, Flicks eigenes finanzielles Interesse an dem Geschäft zu verschleiern.[83]

Das war kein Draufsatteln, sondern offene Erpressung. Nachdem die Politiker ihre Bereitschaft erklärt hatten, sich am Kauf der Königslaura zu beteiligen, konnten sie einen drohenden Verkauf der Kattowitzer AG unmöglich hinnehmen. Flick und Vögler muss diese Zwangslage bewusst gewesen sein, und sie nutzten sie gnadenlos aus. Nach wochenlangem Verhandlungsmarathon kam es im Juni 1927 zu einer Einigung. Die Charlottenhütte verständigte sich mit dem Fiskus auf ein großes Gemeinschaftsprojekt, dessen Grundzüge im »Salzburger Abkommen« festgelegt wurden – die Verhandlungsdelegation reiste eigens nach Österreich, weil sich Vögler, schwer angeschlagen, zur Kur nach Bad Gastein zurückgezogen hatte. In Basel errichteten die ungleichen Partner eine gemeinsame Holding. Die Fiduciaire Industrielle S.A., an der sich beide je zur Hälfte mit 10 Millionen Mark beteiligten, sollte 80 Prozent der Kattowitzer AG kaufen und daneben die fraglichen Königslaura-Pakete von Weinmann und Bosel erwerben. Dazu stattete der Fiskus die Holding mit einem sehr günstigen und in den ersten 15 Jahren unkündbaren Darlehen über 25 Millionen Mark aus, das die Reichs-Kredit-Gesellschaft vergab. Auf Flicks ausdrücklichen Wunsch räumte man sich auch eine gegenseitige Kaufoption ein. Bis zum Herbst gelang es, die Aktientransaktionen abzuwickeln.[84]

Nach dem dreisten Kattowitz-Coup stieß die Partnerschaft mit Flick bei den Beamten im Wirtschafts- und Finanzministerium auf wenig

Begeisterung. Zu deutlich war die Niederlage, die er ihnen beigebracht hatte. Besonders misstrauisch war Hans Schäffer, der gegenüber Vögler andeutete, dass der Staat die riskanten polnischen Aktienpakete wohl vorübergehend »auf Eis legen« sollte. Kämen wieder bessere Zeiten, werde die Industrie sicher ihre Option auf die Staatsbeteiligung ausüben. Vögler verwahrte sich energisch gegen den Eindruck, es gehe um eine »Stützungsaktion«. Flick hatte sogar die Stirn, sich über »Art und Geist der Verhandlungsmethoden« mit den Ministerien zu beschweren. Immer wieder würden die Beamten die »bereits erledigten Punkte« erneut aufwerfen, ständig fühle er ein völlig unberechtigtes »Mißtrauen und eine Kritik« bei seinen Partnern. Tatsächlich verlangten die Ministerialbeamten Sicherheiten für die ordnungsgemäße Verwendung der Steuergelder. So hatten Flick und Vögler persönlich für die politischen Ziele des Salzburger Abkommens einzustehen; mit der Haftung der Charlottenhütte gab sich die staatliche Seite nicht zufrieden, sie bestand auf selbstschuldnerischen Bürgschaften der beiden Unternehmer. Die Verhandlungen zogen sich auf diese Weise bis Ende 1927 hin.[85]

Solche Winkelzüge mochten den Beamten vielleicht etwas Genugtuung verschaffen, doch war es kameralistische Sorgfalt am falschen Ende des Geschäfts. Die nackten Zahlen offenbaren das ganze Ausmaß ihrer Niederlage: Für den Kredit und die Kapitaleinzahlung der Fiduciaire brachten das Reich 27,5 Millionen und Preußen weitere 10 Millionen Mark auf. Auch die Charlottenhütte musste 10 Millionen einzahlen. Aber aus dem Verkauf ihrer Kattowitz-Aktien an die neue Holding nahm sie zugleich 30,4 Millionen Mark ein. Vermutlich floss diese Summe direkt in den Kauf von Gelsenberg-Papieren, oder sie diente dazu, die dabei entstandenen kurzfristigen Bankkredite abzulösen.[86]

Das staatliche Engagement in Ostoberschlesien hatte ausschließlich politische Motive und sollte der Stärkung des »Deutschtums« in der umstrittenen Grenzregion dienen. Friedrich Flick gelang es im Verein mit Albert Vögler, das Subventionsvolumen gegenüber dem ursprünglichen Kabinettsbeschluss durch geschicktes Taktieren zu verdoppeln und einen beträchtlichen Teil davon in die Kassen seiner Gesellschaft umzuleiten. Letztlich unterstützte ihn also der Fiskus bei seinem ehrgeizigen Projekt, die Kontrollmehrheit über den Stahlverein zu erlangen.

Ein derartiger politischer und wirtschaftlicher Erfolg dürfte Flick innerhalb des Stahlvereins beträchtlichen Respekt verschafft haben.
Auch Fritz Thyssen begann sich nun für das Oberschlesien-Geschäft
zu interessieren. Angesichts einer nachhaltigen Belebung der polnischen
Industrie schien die Zeit gekommen zu sein, um wieder in die Modernisierung der Betriebe zu investieren. Thyssen schwebte eine große Reorganisation der beim Stahlverein und von der Fiduciaire gehaltenen
Beteiligungen vor: Der Trust sollte die Bismarckhütte mit der Königslaura und der Kattowitzer AG zusammenschließen. Auf diese Weise
würde man das Fundament für eine große Anleihe schaffen. Thyssen
dachte dabei an den amerikanischen Investmentbanker und Eisenbahn-
unternehmer William Averell Harriman, der sich bereits kräftig in Ostoberschlesien engagiert hatte und bei der polnischen Regierung gut
gelitten war, seit er dem Steinkohle- und Zink-Konzern Georg von
Giesches Erben 15 Millionen Dollar verschafft hatte. Ein vergleichbares Geschäft mit den polnischen Stahlbetrieben von Charlottenhütte
und Stahlverein stand jedoch vor einem entscheidenden Problem: der
50-prozentigen Staatsbeteiligung an der Fiduciaire.[87]

Dieses Kalkül erklärt, warum Flick und Steinbrinck im Januar 1928
bei Hans Schäffer zu sondieren begannen, zu welchen Bedingungen sich
der Staat aus dem Gemeinschaftsprojekt zurückziehen würde. Zwar hatte die festgeschriebene Option eine Trennung verbindlich geregelt, aber
Flick hoffte, günstigere Konditionen auszuhandeln. Schäffer beharrte
auf dem Wortlaut des Vertrages und ließ sich auch nicht davon beirren,
dass Flick auf politische Risiken hinwies: Die polnischen Behörden hätten längst Wind von der staatlichen Beteiligung bekommen, was für die
dortigen Unternehmen zwangsläufig unangenehme Folgen haben müsse. Am Monatsende erklärte Flick seinen Rücktritt von Verhandlungen
über einen Gegenstand, über den es eigentlich nichts zu verhandeln gab.

Wenn er mit seinem Vorhaben bei dem renitenten Ministerialdirektor nicht durchdrang, dann musste eben die politische Führungsebene
»bearbeitet« werden. Erneut wählte Flick den Umweg über das Auswärtige Amt und bediente sich dazu seiner Lobbyisten Richthofen und
Grünau. Darüber hinaus wandte er sich direkt an den Staatssekretär
des preußischen Ministerpräsidenten, um ein Spitzengespräch der besonderen Art vorzubereiten. Das Wirtschaftsressort sollte umgangen

werden, damit Flick die »schwerwiegenden Missverständnisse und Un-
klarheiten« im persönlichen Gespräch mit Außenminister Stresemann
ausräumen konnte; den Finanzminister wollte er gleich dazubestellen.
Doch daraus wurde nichts, weil sich die Ressorts untereinander auf die
Linie des Wirtschaftsministeriums verständigten. Nachdem alles nichts
gefruchtet hatte, legten Flick und Vögler ihre Position Ende April noch
einmal in einem langen Brief an das Wirtschaftsministerium dar. Die
Unternehmer schlugen den gewohnten Ton an und gerierten sich als
Opfer staatlicher Willkür. Nur unter schweren finanziellen Verlusten
und größten Bedenken habe man sich überhaupt auf das Geschäft in
Polen eingelassen – während der Fiskus offenbar die finanziellen Risiken
scheue. Das selbstgerechte Dokument enthielt nicht einmal die Andeutung eines Kompromissvorschlags.[88]

Von dieser Hartnäckigkeit war Hans Schäffer derart überrascht, dass
er sich einen für Ministerialbeamte unverzeihlichen Fehler gestattete:
Emotionen. Seine Befürchtungen vom Vorjahr hatten sich vollauf bestätigt; offensichtlich begrüßte die Schwerindustrie in der Person von
Friedrich Flick zwar eine Verstaatlichung von Risiken und Verlusten.
In besseren Zeiten strebte sie jedoch sofort wieder nach der Privatisierung der Chancen und Gewinne. Weil Flick und Vögler gegen die
vertragliche Optionsregelung verstoßen wollten und obendrein nach
zusätzlichen Vergünstigungen riefen, ließ Schäffer sich in einem langen
Schreiben an die beiden zu unbedachten Formulierungen hinreißen. So
leitete er eine Eskalation ein, von der am Ende die Industriellen profitierten. In ihrer Antwort zahlten sie mit gleicher Münze zurück, und
nur wenige Tage später erklärte sich das Wirtschaftsministerium mit
dem Verkauf grundsätzlich einverstanden – Schäffer war offenbar von
ganz oben kaltgestellt worden.[89]

Die Übernahme der Reichsbeteiligung an der Fiduciaire durch den
Stahlverein war nur der erste Schritt beim großen Umbau des ost-
oberschlesischen Montankomplexes. Obwohl die Initiative von Fritz
Thyssen ausgegangen war, hatte Flick eindeutig die Federführung. Sein
Vertrauter Steinbrinck legte die Grundzüge der Operation bereits im
Mai 1928 in einer umfassenden Denkschrift für die Entscheidungsträger
des Stahlvereins nieder. Die konkreten Vorbereitungen begannen nach
der grundsätzlichen Zusage Harrimans im Sommer 1928, Herzstück der

Transaktion war die im Mai 1929 errichtete Consolidated Silesian Steel Corporation. Sie residierte im amerikanischen Bundesstaat Delaware, wo ähnlich lasche Publizitäts- und Steuerpflichten galten wie in einigen Kantonen der Schweiz. Die amerikanische Holding übernahm die Beteiligungen an Kattowitz, Königslaura und Bismarckhütte.[90]

Die Consolidated erfüllte gleich drei Funktionen. Nach außen schien es so, als seien die drei polnischen Gesellschaften in amerikanisches Eigentum übergegangen. Dieser Effekt war erwünscht, um die Unwägbarkeiten der »Polonisierung« auszuschalten. Um die Tarnung glaubwürdig zu machen, vertraten namhafte amerikanische Industrielle die Gesellschaft. Die eigentliche Kontrolle hatte allerdings das »European Supervisory Board«, dem neben Harriman nur Friedrich Flick und der Berliner Stahlverein-Repräsentant Oscar Sempell angehörten – in dem Dreiergremium galt selbstverständlich das Mehrheitsprinzip. Zum anderen folgte das gesamte Vorhaben der industriepolitischen Logik, die bereits bei der Gründung von Stahlverein und Oberhütten bestimmend gewesen war. Die Bismarckhütte fusionierte mit der Kattowitzer AG, die danach eine Interessengemeinschaft mit der Vereinigten Königs- und Laurahütte einging. Dahinter standen dieselben Absichten und Hoffnungen wie beim Stahlverein: Rationalisierung und Modernisierung der Produktion, vor allem aber ein dominierender Einfluss auf dem Binnenmarkt sowie in dessen Syndikaten und Kartellen. Zuletzt galt es, die mit dem Dawes-Plan etablierte finanzielle Verflechtung zwischen den USA und Europa produktiv zu machen. Die Consolidated sollte sogenannte »preferred shares« im Wert von 30 Millionen Dollar ausgeben. Tatsächlich gelangten diese stimmrechtlosen Anteile jedoch nicht auf den nordamerikanischen Finanzmarkt. Vielmehr hatten Kattowitz und Königslaura einen Teil der Vorzüge zu kaufen und auf diese Weise zur Finanzierung ihrer eigenen Übernahme beizutragen.[91]

Die deutschen Eigentümer luden den polnischen Werken hemmungslos finanzielle Verpflichtungen auf – unabhängig davon, ob die Geschäftslage Dividendenausschüttungen gestattete oder nicht. Diese »Steigerung der finanziellen Einnahmen« war von vornherein geplant, um die Rendite auf deutscher Seite zu verbessern. Schon bei Gründung der Consolidated langten die Eigentümer kräftig zu und bewerteten die Aktien der oberschlesischen Gesellschaften bei der Einbringung in die

US-Holding sehr hoch. Allein dem Stahlverein brachte das einen Buchgewinn von 13 Millionen Mark ein, während Kattowitz und Königslaura wegen der hohen Wertansätze für ihre eigenen Aktien nur wenige Consolidated-Vorzüge erhielten. Weil die Bilanzen der polnischen Unternehmen aber für die amerikanischen Investoren attraktiv bleiben sollten, wuchsen die Lasten immer weiter an. So entwarf Flicks Adlatus Steinbrinck unterschiedliche finanzielle Szenarien, die alle eine möglichst zehnprozentige Dividende zum Ziel hatten – obwohl die Gesellschaften solche Gewinne gar nicht erwirtschafteten und ihnen die erforderlichen Mittel erst »zugeführt« werden mussten. Von einer nachhaltig soliden Finanzpolitik konnte jedenfalls nicht die Rede sein, und hinter dem ganzen Vorhaben stand wohl die Überzeugung, sich bei wirtschaftlichen Schwierigkeiten jederzeit am deutschen Fiskus schadlos halten zu können.[92]

Viel zu optimistische Erwartungen, nationalistische »Deutschtumspolitik« und schnöde Bereicherung an den ostoberschlesischen Unternehmen ließen ein Interessengeflecht entstehen, das immer undurchsichtiger wurde. Zwischen die deutschen Eigentümer und die beiden ostoberschlesischen Unternehmen wurden bis 1931 neun Holdinggesellschaften geschaltet, die in den Niederlanden, der Schweiz und in den USA saßen. Dahinter stand weniger die Absicht, sich von den Regierungen in Berlin und Warschau nicht in die Karten blicken zu lassen – die zuständigen Berliner Ministerialbeamten kapitulierten ohnehin recht schnell und sprachen offen aus, dass sie sich in den Details nicht mehr zurechtfanden. Mehr noch ging es darum, die polnischen Beteiligungen nicht in den Büchern des Stahlvereins erscheinen zu lassen. Die Manager gingen selbst davon aus, dass die kreativen Bewertungsansätze und unklaren Finanzströme von den amerikanischen Gläubigern und ihren Wirtschaftsprüfern beanstandet würden; sie verstießen offensichtlich gegen geltende Bilanzierungsregeln und waren damit zumindest in Teilen illegal.[93]

Friedrich Flick blieb sich treu und begann bereits im Zuge der Consolidated-Gründung damit, sein persönliches Risiko herunterzufahren. In zwei Etappen verkaufte die Charlottenhütte 1929 und 1931 ihre Fiduciaire-Beteiligung an den Stahlverein und war nach diesem Rückzug nur noch mit einer symbolischen Quote von weniger als zwei Prozent in Ostoberschlesien engagiert. Die enormen Risiken lud der Unternehmer lieber den Vereinigten Stahlwerken auf – ein Manöver, das ihm später viel Kritik einbrachte und in dieser Weise nur durchsetzbar war, weil er inzwischen die Kontrolle über den Trust ausübte. Dadurch änderte sich freilich nichts an seiner Position als »Ostbeauftragter« des Stahlvereins. An den entscheidenden Stellen der verschachtelten Holdingkonstruktion war Flick nach wie vor in der Lage, die maßgeblichen Entscheidungen zu treffen. Diese Schlüsselposition spiegelte sich auch in der sogenannten »politischen Verpflichtung«, die er gemeinsam mit Vögler nach dem Rückzug des Staates aus der Fiduciaire einging. Nach langwierigen Verhandlungen legten sich die beiden Unternehmer gegenüber den Ministerien auf einen ganzen Katalog politischer Ziele fest: In den von Flick kontrollierten polnischen Unternehmen sollte weiter deutsch gesprochen und das »Deutschtum« generell mit unternehmerischen Mitteln gefördert werden, etwa im Rahmen der betrieblichen Sozialpolitik.[94]

Angesichts der finanziellen Förderung durch Preußen und das Reich, die inzwischen über die Bücher der Reichs-Kredit-Gesellschaft lief, schaltete die staatliche Seite zwei »Vertrauensleute« ein. Da die Staatsbank wie ein privates Institut geführt wurde, sollten diese nicht nur über die geschäftliche Lage wachen, sondern zugleich auf die Einhaltung der politischen Verpflichtung dringen. Diese Mittlerfunktion zwischen Industrie und Politik übernahmen – nicht nur in diesem Fall – der mit den Oberschlesien-Transaktionen bereits vertraute Staatsbankier Samuel Ritscher und der vorzüglich vernetzte Max von der Porten, dessen Wort viel Gewicht in der Ministerialbürokratie hatte. Am Anfang seiner Karriere hatte Porten, damals noch für die Metallgesellschaft, koloniale Infrastrukturpolitik in Afrika betrieben und danach als Staatskommissar eine wichtige Rolle in der Rüstungsverwaltung des Weltkrieges gespielt. Ihn zeichneten Kompetenz und diplomatische Verbindlichkeit aus – und die Neigung zum großen Auftritt, die ihn gern mit einem Monokel kokettieren ließ. Seit 1920 dirigierte er nicht nur die Staatsholding Viag und über sie die gesamte deutsche Aluminiumpolitik, er galt den Berliner Behörden auch als wichtigster Gutachter, sobald Entscheidungen über Industriesubventionen anstanden.[95]

Mitte Oktober 1929 entzog der Zusammenbruch der New Yorker Börse allen Consolidated-Plänen die Grundlage. Auch in Deutschland stürzten die Aktienkurse sofort ab, hier traf die Finanzkrise überdies mit einer sich bereits abzeichnenden Stagnation der Industrieproduktion zusammen. Die modernen Produktionskapazitäten – häufig auf Kredit errichtet – waren der Nachfrage davongelaufen, konnten nicht mehr voll ausgelastet werden und belasteten die Gewinne der Unternehmen. Der Absturz in Deutschland war daher besonders dramatisch: Binnen zwei Jahren halbierte sich die Industrieproduktion, während die Börsenkurse zwei Drittel an Wert verloren und die Arbeitslosigkeit immer neue Rekordstände erreichte. Am Ende des zweiten Krisenjahres hatte die Stahlindustrie an Rhein und Ruhr bereits 40 Prozent ihrer Beschäftigten entlassen. Die Kaufkraft sank und mit ihr die Steuereinnahmen des Staates. Dies ließ der Politik nur die Wahl zwischen höheren Schulden oder Ausgabenkürzungen – Heinrich Brünings Präsidialkabinett entschied sich für die zweite Alternative und betrieb eine strikte Deflationspolitik. Diese verschärfte die Krise ebenso wie der international auflebende Protektionismus. Auf den starken Wettbewerb reagierten die Industrienationen mit Zollbarrieren, die den Welthandel abwürgten. Weitere Folgen: Zahlungsbilanzprobleme und eine allgemeine Abkehr vom Golddevisenstandard, die in einen regelrechten Abwertungswettlauf mündete. Weil Deutschland die Golddeckung der Reichsmark aufrechterhielt und deren Außenwert auf diese Weise unfreiwillig steigerte, brach der Export vollends zusammen.[96]

Nicht alle Stahlunternehmen traf die Krise sofort und mit der gleichen Wucht. Vor allem die ostoberschlesischen Unternehmen waren anfangs dank sowjetischer Aufträge noch in der Lage, ihre Beschäftigung weiter hochzuhalten. Trotzdem befand sich Friedrich Flick 1930 in permanenten Subventionsverhandlungen mit dem Reich, nun jedoch nicht mehr aus freien Stücken, sondern aus purer Not. Gleichzeitig verschärfte sich der polnische Druck auf die Werke: In Vorstand und Aufsichtsrat, aber auch in wichtige Betriebsführerpositionen sollten verstärkt Polen berufen werden. Die polnische Politik hatte leichtes Spiel, weil die Gesellschaften kurz vor der Zahlungsunfähigkeit standen und vom Wechseldiskont der polnischen Banken abhingen. Diese Entwicklung gefiel Flicks Verbündeten im Auswärtigen Amt ganz und gar nicht; sie wandten sich von ihm ab, weil sie ihm einen Bruch der »politischen Verpflichtung« unterstellten. Ein offenes Ohr fand er dagegen beim Wirtschafts- und Finanzressort, wo man bereit war, weiter finanzielle

»Osthilfe« zu leisten, auch aus Angst vor einem vollständigen Verlust des eigenen finanziellen Engagements. Die Subventionsverhandlungen rissen nicht mehr ab.

Fraglos entsprach es von Anfang an Flicks Intention, Politik in Ostoberschlesien als »produktive Kraft« einzusetzen. Aber die dabei eingegangenen Verpflichtungen zwangen ihn nun, in den Berliner Ministerien einen äußerst aufwändigen Lobbyismus für zwei polnische Unternehmen zu betreiben, an denen er selbst kaum noch beteiligt war. Unternehmerische Entscheidungen wurden dabei immer wieder zum Politikum, sei es, dass die Diplomaten des Auswärtigen Amtes betriebswirtschaftlich notwendige Entlassungen rundheraus untersagten, sei es, dass sie Flick zwangen, die Auswahl von Führungskräften zu rechtfertigen, wenn sie den Eindruck hatten, er beuge sich der »Polonisierung«. Das damit verbundene Antichambrieren kostete viel Zeit und Kraft, verhalf Friedrich Flick aber zu einem umfassenden Netz politischer Kontakte und Loyalitäten, das er später mit Gewinn aktivieren konnte.[97]

Im Stahlverein

Albert Vögler, Fritz Thyssen und Friedrich Flick: Bestimmten tatsächlich drei Männer allein die Geschicke des größten deutschen Unternehmens, jenes gewaltigen Konzerns, dessen Werke geleitet, dessen Buchhaltung organisiert, dessen Investitionen koordiniert werden mussten? An der Spitze des Stahlvereins stand ein Vorstand, der 40 ordentliche und 12 stellvertretende Mitglieder hatte. Der Aufsichtsrat umfasste 23 Personen. Obwohl die Leitung des Trusts von Anfang an kleinere Kreise etablierte, um entscheidungsfähig zu werden, blieb es bei einem mühsamen »Management by Committee«. Weil der Stahlverein das Ergebnis einer Großfusion war, versuchten die einzelnen Werksgruppen immer aufs Neue, die eigene Hausmacht zu verteidigen und partikulare Interessen durchzusetzen. Gegen diesen Eigensinn kämpfte wiederum die Düsseldorfer Hauptverwaltung, die rasch auf fast 900 Mitarbeiter anwuchs. Sie verschaffte sich die notwendigen Informationen über die einzelnen Werke und Abteilungen, etablierte einheitliche Kontenrahmen und Buchungsmethoden, wertete das Material aus und verarbeitete es zu statistischen Berichten und Beschlussvorlagen. Düsseldorfer Abteilungsleiter wie Carl Rabes, Heinrich Dinkelbach (beide kamen von Thyssen), Adalbert Flaccus oder Walter Fahrenhorst (beide zuvor beim Phoenix) wurden deshalb zu einem eigenständigen Machtfaktor innerhalb des Trusts; wo sie ihre Interessen nicht berücksichtigt fanden, streuten sie Sand in das bürokratische Getriebe.[98]

Friedrich Flick hatte sich auf komplizierte Entscheidungswege und die schwierige Moderation unterschiedlicher Interessengruppen einzustellen. Wie groß die Widerstände innerhalb der Organisation tatsächlich sein konnten und wie sehr sie ihn zwangen, auch innerhalb des Trusts zu taktieren, zeigen die Auseinandersetzungen um das mitteldeutsche Montanrevier. Seit der Gründung von Mittelstahl waren alle Bemühungen um eine Ordnung des mitteldeutschen Marktes auf halbem Wege stecken geblieben. Fraglos verfügte die Betriebsgesellschaft des Stahlvereins mit ihren Werken in Brandenburg, Hennigsdorf, Riesa, Gröditz und Lauchhammer über die wichtigsten Produktionsstätten der Region. Aber ähnlich wie an der Ruhr war der Trust auch dort noch weit davon entfernt, den Markt vollständig zu beherrschen. Wichtige Außenseiter wie die Sächsischen Gußstahlwerke Döhlen, die Ilseder Hütte und die Standorte der Maximilianshütte in Zwickau und im thüringischen Unterwellenborn sorgten nach wie vor für Konkurrenz. Außerdem fehlte Mittelstahl ein eigenes Hüttenwerk. In Zeiten hoher Schrottpreise stiegen die Selbstkosten der Siemens-Martin-Stahlwerke deshalb immer wieder sprunghaft an.

Wie sollte das Unternehmen dieser Abhängigkeit vom Schrottmarkt ausweichen? Obwohl Flick das Gros der Betriebe selbst in den Stahlverein eingebracht und auch den Aufsichtsratsvorsitz bei Mittelstahl übernommen hatte, konnte er nicht eigenständig agieren, da alle wichtigen Entscheidungen einvernehmlich im Präsidium des Mittelstahl-Aufsichtsrates abgestimmt werden mussten; dort vertraten Albert Vögler und Fritz Thyssen die Interessen des Stahlvereins. Auch im Vorstand der Gesellschaft bildete sich dessen Prärogative ab: Friedrich Möller, Heinrich Koppenberg und Arthur Hennecke waren zwar für das operative Geschäft zuständig. Den Vorstandsvorsitz hatte aber Oscar Sempell von der Berliner Niederlassung des Stahlvereins übernommen.[99]

Wie konfliktträchtig diese Konstellation war, zeigte sich bei den ersten Anläufen, die zur Lösung der strukturellen Probleme von Mittelstahl unternommen wurden. Um Friedrich Möller bildete sich eine Fraktion, die den Plan eines neuen Hüttenwerks in Riesa vorantrieb, mit dem die Abhängigkeit vom Schrottmarkt verringert werden sollte. Ein technisch voll integrierter Betrieb – neben dem Hüttenwerk war auch eine eigene Kokerei geplant – sollte eine moderne Energie- und Wärmewirtschaft ermöglichen. Erhebliche strukturelle Probleme blieben jedoch bestehen. So fehlte der Hütte eine eigene Erzversorgung; auch der Bezug von Ruhrkohle erschien auf mittlere Sicht unrentabel, da sich der Bau des Mittellandkanals immer wieder verzögerte. Angesichts der hohen Investitionen sprachen die vielen Unwägbarkeiten eindeutig gegen das Vorhaben.[100]

Flicks Lösungsvorschlag sah eine Zusammenarbeit mit dem Hochofenwerk Lübeck vor. Das Stahlroheisen sollte von dem reinen Hüttenwerk an der Travemündung bezogen werden, was gleich drei Vorteile hatte. Erstens war dort die Versorgung mit schwedischem Erz gesichert. Zweitens konnte der Lübecker Betrieb die meisten Mittelstahl-Werke preiswert per Schiff beliefern. Drittens schließlich führte eine Kapitalbeteiligung an dem Hochofenwerk schneller und günstiger zum Erfolg als der langwierige Bau einer eigenen Hütte. Hinzu kam noch, dass die Eigentümer der Lübecker Gesellschaft bereit waren, 50 Prozent des Aktienkapitals an Mittelstahl zu verkaufen. Im Frühjahr 1928 lagen die Forderungen der Verkäufer und Flicks Gebot zwar noch um drei Millionen Mark auseinander. Dass Flick die Verhandlungen am 26. Mai platzen ließ, lag aber keineswegs am geforderten Preis von 22 Millionen Mark.

Am Vortag hatten bei Mittelstahl Vorstand und Aufsichtsrat gemeinsam über Flicks Plan beraten. Die Führung des Stahlvereins war nicht begeistert, schließlich hätte der geplante Produktionsverbund Mittelstahl vom Stahlverein unabhängig gemacht. Einen Wegfall von Stahlroheisenlieferungen mochte der Trust noch hinnehmen, nicht aber die Lübecker Energieversorgung, wo traditionell mit englischer Kohle gearbeitet wurde. Jedenfalls konnte Flick sich am 25. Mai nicht gegen Vögler, Thyssen und Sempell durchsetzen. Dabei gaben nicht einmal die formalen Machtverhältnisse den Ausschlag. Vielmehr hatte Flick sich verkalkuliert und auch seine Verbündeten im Mittelstahl-Vorstand gegen sich aufgebracht. Um den Kauf der Lübeck-Aktien überhaupt finanzieren zu können, sollte Mittelstahl seine Braunkohlegruben an die Konkurrenz verkaufen. Dass Flick auch darüber bereits verhandelte, rief blankes Entsetzen hervor. Die handfesten Vorteile einer preiswerten Energieversorgung waren dem Mittelstahl-Vorstand lieber als die Zukunftshoffnungen des Lübeck-Projekts. Deshalb stand Flick in der entscheidenden Sitzung auf verlorenem Posten.[101]

Die Bedeutung solcher Niederlagen darf nicht unterschätzt werden. Sie müssen Flick schmerzlich vor Augen geführt haben, dass er selbst in einem Unternehmen wie Mittelstahl, dessen Aufsichtsrat er vorsaß und an dem er immerhin alte Rechte hatte, keine eigenständigen und freien Entscheidungen treffen konnte. Auch dort war er darauf angewiesen, sich mit Vögler und Thyssen zu arrangieren und immer wieder Kompromisse einzugehen. Schon ein Jahr nach dem Scheitern der Lübeck-Verhandlungen zeigte sich dies erneut.

Die Industriellendynastie Röchling war ins Straucheln geraten. Sie hatte im Laufe der zwanziger Jahre nicht nur ihren Besitz an der Saar ausgedehnt, sondern auch die Mehrheit an der Eisenwerk-Gesellschaft Maximilianshütte AG mit Werken in der Oberpfalz und in Thüringen erworben. Röchling profitierte dabei von staatlicher Unterstützung. Ähnlich wie in Ostoberschlesien waren die Behörden auch an der Saar großzügig bereit, malade Industrieunternehmen im Interesse des »Deutschtums« zu subventionieren. So erhielt Röchling 1925 einen günstigen Kredit der Preußischen Staatsbank über 25 Millionen Mark. Unter der Leitung von Robert Röchling begann die Maxhütte daraufhin mit einem ehrgeizigen Investitionsprogramm, das viel Geld verschlang. Neben dem großzügigen Ausbau ihrer Werksanlagen forcierte sie vor allem die Stickstoffsynthese auf der Zeche Mont Cenis bei Herne. Über das damit verbundene gewaltige Risiko kam es zwischen dem Familienoberhaupt Hermann Röchling und seinem jüngeren Bruder Robert zu erbitterten Auseinandersetzungen. Sie blockierten alle wichtigen Entscheidungen bei der Maxhütte und bedrohten die Existenz des gesamten Konzerns. Am Ende musste die Maxhütte verkauft werden, um die Stammwerke im Saarland zu retten.[102]

Die Maxhütte besaß ergiebige Erzvorkommen, mit denen neun Hochöfen im bayerischen Sulzbach-Rosenberg und im thüringischen

Unterwellenborn beschickt wurden. Auf dem süddeutschen Markt stand die Maxhütte fast konkurrenzlos da und konnte traditionell auf bayerische Staatsaufträge vertrauen. Deshalb bot eine Übernahme durch Mittelstahl einige industriepolitische Anreize. Nicht nur, dass der Stahlverein mit Macht in den süddeutschen Eisen- und Stahlmarkt eindringen konnte. Auch der ambitionierte und noch längst nicht beendete Ausbau des thüringischen Werkes erschien plötzlich in anderem Licht. Das dortige Hütten- und Stahlwerk mit eigener Erzförderung empfand man schon seit längerer Zeit als bedrohliche Konkurrenz für Mittelstahl. Nach einer Übernahme sähe das anders aus: Die Werke in Unterwellenborn und Riesa ergänzten sich bestens und lagen nicht allzu weit voneinander entfernt.

Zwischen Maxhütte und Mittelstahl würden außerdem Syndikatsquoten getauscht werden können; auch konnten Walzprogramme konzentriert und vielleicht sogar Standorte stillgelegt werden. Ähnliche Überlegungen hatten bereits 1926 bei der Gründung von Mittelstahl eine Rolle gespielt als Heinrich Koppenberg die Werke der Maxhütte in Augenschein nahm und besonders vom modernen Martin-Stahlwerk im oberpfälzischen Haidhof angetan war. Die Anlagen in Sulzbach-Rosenberg entsprachen zwar nicht mehr dem allerneusten Stand, aber »es herrscht eiserne Ökonomie ... pure Zweckmäßigkeit, Bescheidenheit, Sparsamkeit in allem!«[103]

Diesmal wusste Flick den Mittelstahl-Vorstand von vornherein auf seiner Seite. Die Führungsriege des Stahlvereins gab grünes Licht für die Gründung eines Aufkaufkonsortiums, an dem neben der Charlottenhütte Fritz Thyssen, Otto Wolff und Jakob Goldschmidt beteiligt werden sollten. Allem Anschein nach war es Wolff, der dann mit Hilfe des Münchner Privatbankiers Martin Aufhäuser die Verhandlungen maßgeblich vorantrieb. Die Röchlings hatten keine guten Karten: Sie befanden sich in finanzieller Not, und das Mittelstahl-Konsortium war der natürliche Käufer für die bayerischen und thüringischen Werke. Deshalb willigten sie Anfang August notgedrungen in den Verkauf für 20 Millionen Mark ein – fast ein Drittel weniger als ursprünglich gefordert.

Anschließend begann ein für die Auseinandersetzungen innerhalb des Stahlvereins typischer Machtkampf. Albert Vögler sah in dem Geschäft lediglich einen Auftakt für die Neuordnung des mittel- und süd-

Die Maxhütte in der Oberpfalz: lohnendes Übernahmeobjekt für Mittelstahl und auf Jahrzehnte hinaus eine Schaltstelle des Flick-Konzerns.

deutschen Marktes. Daher sollte das Konsortium nach seinem Willen auch noch die Mehrheit an den Sächsischen Gußstahlwerken Döhlen übernehmen. Nur wenn Döhlen stillgelegt würde, seien die Anlagen der Maxhütte überhaupt auszulasten. Als Fernziel strebte er eine Fusion zwischen Maxhütte und Mittelstahl an, die mit einer Kapitalerhöhung bei Mittelstahl und über den Verkauf der Zeche Mont Cenis finanziert werden sollte. Vögler befand sich in Hochstimmung: Mittelstahl würde bald zum drittgrößten deutschen Stahlproduzenten werden, die gute Rohstoffversorgung bei starker regionaler Marktmacht zehnprozentige Dividenden »jahrein, jahraus« garantieren.[104]

Andere Führungskräfte des Stahlvereins teilten diese Euphorie nicht. Dem Rohstoffmanager Hermann Wenzel erschien eine Fusion von Maxhütte und Mittelstahl viel zu riskant, weil zwischen den Betrieben kein echter Zusammenhang hergestellt werden konnte. Außerdem werde die Fusion die bayerische Staatsregierung brüskieren, die größten Wert auf die Selbständigkeit der Maxhütte legte. Sogar Vöglers Vertrauter im Mittelstahl-Vorstand zierte sich. Oscar Sempell wollte vermeiden, Mittelstahl bei dem Geschäft mit zusätzlichen Schulden zu belasten. Gemeinsam mit Flick war er der Ansicht, dass sich für die Zeche Mont Cenis kein Käufer finden werde und Mittelstahl deshalb für Schulden und Verluste des Bergwerks aufzukommen habe. Auch Döhlen war hoch verschuldet und schrieb rote Zahlen. Die Mehrheitsaktionäre Otto Wolff und Paul Rohde waren zwar grundsätzlich zum Verkauf bereit, mochten dem von Vögler verlangten Kapitalschnitt jedoch nicht zustimmen. Überdies brachte Walther Fahrenhorst zusätzliche Schärfe in die Auseinandersetzung, als er den Konsorten Anfang September vorwarf, sich auf Kosten des Stahlvereins bereichern zu wollen. Dem Vorstandsvorsitzenden des Phoenix leuchtete nicht ein, warum Mittelstahl das Geschäft mit Röchling nicht direkt gemacht hatte.[105]

Auf diese Kritik reagierten Friedrich Flick und Otto Wolff mit Empörung. Am 14. September ließ Flick das Geschäft platzen und teilte Vögler in knappen Worten mit, dass er von der »Weiterverfolgung der erwogenen Kombinations-Ideen Abstand nehmen« wolle. Auch Wolff zeigte sich »ungewöhnlich verärgert« und reagierte trotzig: Ein Verkauf von Döhlen komme überhaupt nicht mehr infrage. Innerhalb weniger Wochen kaufte Flick seine Partner aus dem Konsortium heraus, so dass die Maxhütte-Mehrheit nun allein von der Charlottenhütte gehalten wurde.

Ob Flick dieses Ergebnis von vornherein angestrebt hat, ist heute nicht mehr zu klären. Gut möglich, dass Flick und Wolff im Hintergrund die Fäden zogen und den Obstruktionskurs von Sempell und Fahrenhorst wenn schon nicht förderten, so doch für ihre eigenen Interessen zu nutzen verstanden; immerhin hatte Wolff der Charlottenhütte noch vor Abschluss des Röchling-Geschäftes ein Vorkaufsrecht eingeräumt. Mehr spricht aber dafür, dass Flick sich alle Möglichkeiten offenhielt und erst Mitte September, als sich der Konflikt innerhalb des Stahlvereins zuspitzte, zum Alleingang entschloss. Noch im Laufe des Sommers suchte er nach Lösungen für die Strukturprobleme von Mittelstahl. Wenige Tage vor dem endgültigen Scheitern der Verhandlungen hatte Steinbrink in einem internen Papier die auch von Vögler favorisierten Kombinationsmöglichkeiten kalkuliert und Lösungsvorschläge gemacht – sie scheiterten an den Preisvorstellungen Otto Wolffs und Paul Rohdes.

Friedrich Flick konnte abwarten. Der Weg zur Kontrollmehrheit über den Stahlverein war längst geebnet. Deshalb würde er das mitteldeutsche Problem schon bald in einer Position der Stärke erneut aufwerfen können. Den Aufschub konnte er sich leisten, weil die erforderlichen Mittel größtenteils aus dem Verkauf seiner Fiduciaire-Beteiligung stammten, die ihm der Stahlverein abgenommen hatte. Flick hatte somit nicht nur sein finanzielles Engagement in Ostoberschlesien reduzieren, sondern seine Einnahmen auch sofort in der Maxhütte anlegen können. Ironischerweise hatte Fahrenhorsts Kritik den Sachverhalt verfehlt, denn anrüchig war nicht die Provision der Konsorten. Tatsächlich machte Friedrich Flick ein Geschäft, das ausschließlich seiner Charlottenhütte diente, mit Mitteln des Stahlvereins.[106]

Im Frühjahr 1930 deutete sich an, wohin Flicks Pläne mit der Maxhütte gingen. Erneut spielten dabei Werner Carp und die Familie Haniel eine wichtige Rolle, in deren Hand sich die Kapitalmehrheit der Gutehoffnungshütte befand. Diese hatte sich bei der Gründung des Stahlvereins von Beginn an abseits gehalten; doch Carp war nun bereit, für Flick eine feindliche Übernahme anzubahnen. Dabei ging es nicht nur um die Barreserven der Gutehoffnungshütte. Deren Maschinenfabriken in Esslingen, Augsburg und Nürnberg wären auch gute Abnehmer für die Maxhütte gewesen. So würde der Stahlverein einen süddeutschen Ableger ganz nach dem Vorbild von Mittelstahl auf- und seine Marktposition weiter ausbauen können. Wegen einer Indiskretion kam das Geschäft allerdings nicht zustande.[107]

Erst nach diesem Misserfolg griff Friedrich Flick die Kombinationsmöglichkeiten zwischen Maxhütte und Mittelstahl wieder auf. Anfang 1930 starb Alfons Neef, die Führungsfigur eines belgischen Konsortiums, das an der Maxhütte seit ihrer Gründung beteiligt war. Flick kaufte den Belgiern im Herbst ihr Aktienpaket von vier Millionen Mark ab und verschaffte der Charlottenhütte damit die Dreiviertelmehrheit. Jetzt kam der Produktionsverbund zwischen Maxhütte und Mittelstahl binnen weniger Monate und ohne jede Widerrede zustande – jedoch anders, als ursprünglich geplant. Der Stahlverein sollte seine mitteldeutsche Position bis auf eine Sperrminorität aufgeben und die Mittelstahl-Mehrheit an die Maxhütte verkaufen. Im Dezember 1930 willigte Vögler in das Geschäft ein. Ohne die von Flick zu Beginn des Jahres errungene Vorherrschaft über den Trust wäre dies wohl undenkbar gewesen.[108]

Der Unternehmer ordnete seinen Besitz jetzt völlig neu: Zum Jahresende lief das Abkommen zwischen Mittelstahl und Ballestrem aus, so dass eine Altlast abgewickelt und die 50-prozentige Beteiligung bei Oberhütten an den Ballestrem-Konzern verkauft werden konnte. Der westoberschlesische Montantrust erwirtschaftete große Verluste und drohte spätestens im Herbst 1931 insolvent zu werden; dann nämlich würde das Unternehmen den 1926 gewährten Kredit der Preußischen Staatsbank verzinsen und tilgen müssen. Flick zog es vor, sich bei der erstbesten Gelegenheit aus der Verantwortung zu stehlen und ließ Ballestrem mit dem Problem allein.

Die schwer kalkulierbaren Risiken bei der Maxhütte bereiteten ihm Sorgen genug. Der kostspielige Ausbau des Werks Unterwellenborn konnte nicht einfach gestoppt werden. Schon kurz nach der Übernahme durch die Charlottenhütte hatte Flick festgestellt, dass in Thüringen bereits 21 Millionen Mark investiert worden waren. Eine Fortsetzung hielt er angesichts ausbleibender Aufträge für widersinnig – technische Zwänge erforderten jedoch weitere Bauten, die rund 4,5 Millionen Mark kosten sollten. Allein in Unterwellenborn habe die Maxhütte am Ende 120 Prozent ihres Aktienkapitals in neue Anlagen gesteckt.[109]

Die größten Probleme bereitete aber die Zeche Mont Cenis, die das Maxhütte-Konsortium schon immer als finanzielles Risiko angesehen hatte. In Wirklichkeit stand es um das Bergwerk bei Herne viel schlechter als angenommen. Dreh- und Angelpunkt aller Probleme war die Stickstoffproduktion. Mit dem technischen Großprojekt sollten zwei Ziele verfolgt werden: aus Kokereigas wertvolle Rohstoffe für Düngemittel und Sprengstoffe zu gewinnen und das technologische Monopol der IG Farben zu brechen. Weil dies auch politisch erwünscht war, subventionierte der preußische Staat die Gründung der Gasverarbeitungsgesellschaft. Die Gaveg errichtete gemeinsam mit dem preußischen Staatsunternehmen Hibernia zwei Großanlagen in Herne und Scholven: 45 Millionen Mark flossen in den Bau der beiden Stickstofffabriken, finanziert durch einen günstigen Kredit der Preußischen Staatsbank.

Doch als die beiden Werke nach langer Bauzeit ihren Betrieb endlich aufnahmen, waren die Stickstoffpreise längst dramatisch gefallen. Hinzu kamen schwere organisatorische Fehler. Nicht alle Investitionen, die für die Stickstoffproduktion in Herne erforderlich waren, liefen auch über die Bücher der Gaveg. Zusätzliche Lasten trug die Muttergesellschaft Mont Cenis, die für über sechs Millionen Mark ein neues Kraftwerk errichtete. Das Geld wäre besser im Bergbau angelegt worden, denn dort fiel Mont Cenis im Laufe der zwanziger Jahre immer weiter zurück, weil in die technische Rationalisierung der Kohleförderung zu wenig Kapital floss. Aus Sicht der Maxhütte war das besonders ärgerlich, weil Mont Cenis zwar die Hochöfen in Sulzbach-Rosenberg versorgen, aber nicht die zusätzliche Nachfrage des Hüttenwerks in Unterwellenborn decken konnte.[110]

Anfang 1930 wurde Flick mit diesen Altlasten einer verfehlten staatlichen Subventionspolitik konfrontiert. Mont Cenis schrieb rote Zahlen, und die Gaveg stand kurz vor der Zahlungsunfähigkeit. Flick wollte das Gemeinschaftsprojekt mit der Hibernia beenden und die Gaveg aufspalten. Allerdings dachten die Vorstände des preußischen Staatsunternehmens gar nicht daran, ihm entgegenzukommen. Flick hielt sich daraufhin an die Berliner Ministerien, doch alle Bemühungen um politische Rückendeckung blieben ohne Erfolg. Im Gegenteil: Der preußische Finanzminister Hermann Höpker-Aschoff äußerte seinen unverhohlenen Unmut über die grassierende Subventionsmentalität. Er hielt die Drohung mit dem Konkurs für eine Finte und verwies auf Flicks Geschäfte in Oberschlesien: »Die Brüder kennen wir!« In diesem Fall lag er daneben, denn die Lage war so ernst, dass Maxhütte-Chef Eugen Böhringer im internen Schriftwechsel sogar den gemeinsamen Konkurs von Gaveg und Mont Cenis in Betracht zog, um die Maxhütte von dem finanziellen Risiko zu befreien.[111]

Eine Einigung kam erst nach einem abendlichen Spitzengespräch Flicks mit dem preußischen Ministerpräsidenten am 15. April 1930 zustande. Danach löste die Hibernia die Anlage in Scholven aus der Gaveg heraus und übernahm auch die entsprechende Schuldenlast bei der Preußischen Staatsbank. So konnte die Maxhütte ihre Stickstofffabrik an die IG Farben verkaufen. Diese legte das nagelneue Konkurrenzwerk sofort still und übernahm nur die Syndikatsquote. Mit dem Verkaufserlös und einigen Lizenzeinnahmen konnte die Gaveg zwar ihre Schulden tilgen. Weil das Geschäft mit der IG Farben aber nur schrittweise abzuwickeln war, belastete es die Liquidität der Maxhütte noch bis weit in das Jahr 1932 hinein – in mehreren Etappen mussten

Kredite zur Zwischenfinanzierung aufgenommen werden, deren Zinsen der Gaveg weitere Verluste bereiteten. Flick hatte das Millionengrab zwar endgültig schließen können, aber der Preis war hoch: Die Zeche in Herne stand mit unrentablen, veralteten Anlagen da – abgesehen von einem überdimensionierten Kraftwerk. Bis ins Jahr 1933 musste die Maxhütte immer wieder zuschießen und dem Bergwerk Verluste von 6.3 Millionen Mark ausgleichen. Einziger Aktivposten war wohl der Justitiar Fritz Streese, der für Gaveg und Mont Cenis die komplizierte Auseinandersetzung mit der IG Farben durchgefochten hatte und bald darauf in Flicks Berliner Büro wechselte.[112]

Zumindest konnten durch diesen schmerzlichen Einschnitt die finanziellen Verhältnisse bei der Maxhütte geordnet werden – die wohl wichtigste Voraussetzung für die von Flick bei seinen »privaten« Gesellschaften verfolgte Strategie. In den ersten Monaten des Jahres 1931 zeigte sich deutlich, dass er die mit der Weltwirtschaftskrise verbundenen Risiken in den Griff bekommen wollte. Seine wirtschaftliche Machtposition beruhte auf dem Prinzip, Aktienpakete und Beteiligungen zu verschachteln und diese zugleich für Finanzierungszwecke einzuspannen. Als im Winter 1930/31 absehbar war, dass die Krise keineswegs rasch vorübergehen würde, stand dieses Finanzierungsmodell auf der Kippe: Dividenden würden ausbleiben und die bei den Banken verpfändeten Aktienpakete an Wert verlieren, so dass die Gläubiger zusätzliche Sicherheiten verlangen mussten. Von dieser Gefahr war die Charlottenhütte besonders stark bedroht. Als reine Holding ohne Werksbesitz blieben Dividenden ihre einzigen Einnahmen, die nun auszufallen drohten. Erst dieser Hintergrund erklärt jene Verflechtung zwischen Charlottenhütte, Maxhütte und Mittelstahl, die Flick Anfang 1931 in Angriff nahm. Zwar erschien eine Fusion zwischen »Max und Charlotte« grundsätzlich wünschenswert. Aber ihr standen, abgesehen von den politischen Vorbehalten der bayerischen Regierung, vor allem die steuerlichen Nachteile einer Verschmelzung im Weg. Deshalb wurden die drei Gesellschaften nur durch Interessengemeinschafts- und Gewinnabführungsverträge miteinander verflochten.[113]

Den Auftakt machte die Interessengemeinschaft zwischen Max- und Charlottenhütte. In einem zweiten Schritt trafen Maxhütte und Mittelstahl eine ähnliche Vereinbarung. Zudem legten die beiden Gesellschaften in Süd- und Mitteldeutschland nicht nur ihre Verbandsquoten zusammen, sondern tauschten auch Vorstandsmandate untereinander aus. Dabei besaß die Charlottenhütte ein klares Weisungsrecht, um die formalen Besitzverhältnisse auch administrativ absichern zu können. Erst im September 1931 war das komplizierte Regelwerk vollendet. Besonders undurchsichtig schienen die Vereinbarungen über Dividendengarantien und die Gewinnabführung. Dabei hatten sie nur einen Zweck: der Charlottenhütte eine neue Einnahmequelle zu verschaffen. Mittelstahl lieferte seine Überschüsse bei der Maxhütte ab, die ihre Gewinne wiederum an die Charlottenhütte ausschüttete. Die ganze Konstruktion hatte also eine defensive Komponente. Doch schnelle Hilfe versprach sie in der Krise nicht; im ersten Jahr überwies Mittelstahl lediglich 1,5 Millionen Mark an die Maxhütte.[114]

Im Frühjahr 1931 war Friedrich Flick unbestreitbar auf dem Höhepunkt seiner Macht angelangt. Er beherrschte nicht nur den Stahlverein, sondern konnte daneben noch einen veritablen Privatkonzern sein Eigen nennen. Die Kombination von Mittelstahl und Maxhütte brauchte den Produktions- und Größenvergleich mit Ruhrkonzernen wie der Gutehoffnungshütte oder Hoesch nicht zu scheuen. Freilich kostete allein die Mittelstahl-Mehrheit fast 33 Millionen Mark. Warum ging Flick zur Zeit der Weltwirtschaftskrise überhaupt ein derart hohes finanzielles Risiko ein, das ihm die unumwundene Bewunderung seiner Branchenkollegen eintrug? Wenn man seiner späteren Darstellung Glauben schenken darf, sehnte er sich nach einer »eigenen Werksbasis« zurück. Das mag Legendenbildung gewesen sein. Allerdings zeigen zwei Geschäfte, die Flick im Frühjahr 1931 anzubahnen versuchte, dass er seine unternehmerische Zukunft nicht mehr an der Ruhr, sondern in Mittel- und Süddeutschland sah. Die Verhandlungen kamen über das Stadium von unverbindlichen Gesprächen allerdings nicht hinaus.[115]

Im Mai startete Flick einen mit Vögler abgestimmten Versuch, die Kontrolle über den mitteldeutschen Absatzmarkt noch weiter auszubauen. Mindestens dreimal traf er sich mit Vertretern der Ilseder Hütte. Das niedersächsische Unternehmen befand sich mehrheitlich im Besitz der von Max von der Porten gelenkten Staatsholding Viag und bot sich als weitere Ergänzung für den Konzern Maxhütte-Mittelstahl an. Die Herren aus Peine zeigten sich zwar rundum zufrieden mit ihrem

Großaktionär und waren wenig geneigt, ihn durch Flick zu ersetzen. Dennoch nahm man Verhandlungen über eine Interessengemeinschaft auf, dachte über eine gemeinsame Betriebsführung nach und wollte bis Ende Mai erste Vertragsentwürfe ausarbeiten. Danach brachen die Verhandlungen unvermittelt ab.

Zur selben Zeit endeten auch Gespräche, die Flick mit Werner Kehl von der Deutschen Bank führte; begonnen hatten sie wenige Tage, nachdem die Gremien des Stahlvereins das Mittelstahl-Geschäft im März 1931 offiziell gebilligt hatten. Bei Kehl machte Flick Werbung für ein Umschuldungs- und Anleiheprojekt, aus dessen Erlös er ein »erstklassiges Kohlenbergwerk« kaufen wollte, das »halb so groß wie Harpen« sei, aber wesentlich rentabler. Die Koksversorgung war die Schwachstelle von Maxhütte-Mittelstahl. Kehl versprach zunächst nur, die Idee einer Anleihe mit anderen Bankiers zu besprechen. Mitte April war dann auch klar, um welches Bergwerksunternehmen es ging, die Essener Steinkohle. Kehl war sofort im Bilde, hatte er deren Übernahme durch Gelsenberg seinerzeit doch selbst eingefädelt. Aus Flicks Plänen, diese Übernahme rückgängig zu machen und die Essener Steinkohle anschließend der Maxhütte zuzuschlagen, wurde nichts. Bemerkenswert war vor allem sein Finanzierungskonzept: Im Tausch für die Essener Steinkohle wollte er unter anderem ein Paket von 16 Millionen Mark Gelsenberg-Aktien abgeben.[116]

Im Frühjahr 1931 fand sich Friedrich Flick aus freien Stücken bereit, seine Herrschaft über den Stahlverein endgültig aufzugeben, sofern die Koksversorgung für Maxhütte und Mittelstahl dauerhaft gesichert werden konnte. Dies zeigt, wie stark er seine unternehmerische Strategie inzwischen verändert hatte. Der Plan beruhte auf einer realistischen Einschätzung seiner Möglichkeiten, denn zusammen konnte er Maxhütte, Mittelstahl und die Mehrheit beim Stahlverein auf Dauer kaum halten. Die Konzentration auf den Privatkonzern in Mittel- und Süddeutschland war längst keine Option mehr, die er nur intern in Erwägung zog. Vielmehr vertraute er sich einem Vertreter der Großbanken an, was auf eine weit fortgeschrittene Planung hindeutet, auch wenn er explizit darum bat, die Idee vor Jakob Goldschmidt und Albert Vögler vorerst geheim zu halten. Dabei dürfte ihm eine einvernehmliche Trennung der Interessensphären vorgeschwebt haben, ähnlich wie im Fall

Mittelstahl: Beide Parteien würden über Minderheitsbeteiligungen miteinander verbunden bleiben, sollten jedoch unter eindeutiger persönlicher Führung auf räumlich klar voneinander getrennten Märkten agieren und sich dort keine Konkurrenz machen. Gelingen konnten diese Manöver freilich nur, wenn sich die wirtschaftliche Lage in Deutschland nicht weiter verschlechterte – und die Banken bereit waren, einen Teil der Finanzierung zu tragen. Davon aber konnte schon bald keine Rede mehr sein.

Gelsenberg-Affäre

Am 15. Juni 1931 schrieb Otto Steinbrinck seinem Chef einen langen Brief. Friedrich Flicks engster Vertrauter hatte sich in den Monaten davor völlig verausgabt und war unter der mörderischen Arbeitsbelastung zusammengebrochen. Während einer Kur im österreichischen Bad Gastein konnte er sich regenerieren, doch die Ärzte rieten ihm dringend, seine Nerven künftig zu schonen. Am Ende fiel er fast zwei Monate lang aus, und aus seinen Zeilen sprach eine tiefe Erschütterung. Mit schlechtem Gewissen entschuldigte Steinbrinck sich für den »vielen Kummer« und die »überflüssige Arbeit«, die seine plötzliche Krankheit bereitet habe. Flick solle sein Beispiel als ernste Warnung sehen und sich im Sommer unbedingt »einige Wochen der völligen Entspannung« nehmen. Steinbrinck verwies warnend auf die im Spätherbst zu erwartenden »sehr ernsten Zeiten«, für die es sich auch körperlich zu rüsten gelte. Doch diese Erholung war Flick nicht vergönnt, denn die wirtschaftliche Lage spitzte sich viel schneller zu als erwartet.[117]

Zwei Tage nachdem Steinbrinck seinen Brief abgeschickt hatte, begann in der deutschen Finanzwirtschaft eine unheilvolle Kettenreaktion, die alle optimistischen Pläne der vorhergehenden Monate über den Haufen warf. Alarmierend war die Entwicklung in Österreich. Dort hatte die größte Geschäftsbank des Landes am 11. Mai einen Verlust verkünden müssen, der ihr Aktienkapital überstieg. Privatkunden und internationale Gläubiger zogen ihr Geld daraufhin in Panik ab und brachten so das gesamte Bankensystem zum Einsturz. Keine vier

Wochen später wiederholte sich das Gleiche in Deutschland, wo die Großbanken finanziell kaum besser dastanden: Sie waren ebenfalls von den Kapitalverlusten der Inflationsjahre geschwächt und deshalb von ausländischen Krediten, häufig mit kurzen Laufzeiten, abhängig. Diese reichten die Banken zu ähnlich kurzfristigen Konditionen an ihre Industriekunden weiter, die das Kapital jedoch langfristig einsetzten. Ein Vertrauensverlust bei den internationalen Finanziers wog also besonders schwer, weil er die Existenz der deutschen Geldhäuser bedrohte. Ihren Schuldnern gegenüber konnten die Banken zwar auf pünktliche Tilgung drängen oder den Kredit kündigen – aber angesichts der prekären wirtschaftlichen Lage würde die Industrie kaum zahlen können.

Der allgemeine Vertrauensverlust trat am 17. Juni 1931 ein, als die Norddeutsche Wollkämmerei in Bremen einen gewaltigen Verlust publik machte. Der Vorstand der Nordwolle hatte seine Gläubiger längere Zeit getäuscht und ihnen die bei gescheiterten Spekulationsgeschäften angefallenen Verluste verheimlicht. Wichtigster Geldgeber der Nordwolle war Jakob Goldschmidts Danatbank, die sofort in ernste Bedrängnis geriet. Die Folge war eine allgemeine Panik: Die internationalen Kapitalgeber zogen ihre Mittel ebenso schnell ab wie die deutsche Privatkundschaft; das gesamte Bankensystem drohte zu kollabieren. Nur noch staatliche Hilfe konnte die Großbanken retten. Die Danatbank war insolvent und wurde später mit der Dresdner Bank zusammengeschlossen, beide Häuser wurden faktisch verstaatlicht. Aber auch an der Commerzbank und der Deutschen Bank beteiligte sich der Fiskus in einer Rettungsaktion.[118]

Zur selben Zeit wie die Nordwolle kollabierte das Schrotthandelshaus Schweitzer & Oppler, und auch dort tat sich eine gewaltige Kluft zwischen den letzten veröffentlichten Bilanzen und der wirklichen Lage auf. In den Jahren zuvor schien sich Deutschlands größter Schrotthändler mit seinen 600 Mitarbeitern prächtig entwickelt zu haben. Etwas mehr als die Hälfte der Aktien lag inzwischen bei Mittelstahl, während sich der Rest auf Oberhütten, Kattowitz und die Borsigwerke verteilte. Die Handelsfirma belieferte die Werke ihrer Eigentümer mit Schrott, der aus ganz Europa stammte. Bis zuletzt schüttete Schweitzer & Oppler zweistellige Dividenden aus und präsentierte der Öffentlichkeit vorbildliche, wenn auch nicht besonders aussagekräftige Bilanzen.

Friedrich Flick saß dem Aufsichtsrat vor und hatte in dieser Funktion über die Rechtmäßigkeit der Geschäfte zu wachen.

Bei Schweitzer & Oppler genoss der Vorstand viel Vertrauen und noch mehr Handlungsspielraum, den er für spekulative Geschäfte nutzte. Als dabei unerwartet hohe Verluste entstanden, entwickelte sich ein gewaltiger Betrug. Mit beträchtlicher krimineller Energie fälschte der Vorstand die Bilanzen, führte Konten außerhalb der regulären Bücher und verschaffte sich Bankkredite mit fingierten Sicherheiten. Das ganze Ausmaß der Verluste kam im Frühsommer 1931 ans Licht. In den Büchern standen Forderungen von rund 180 Millionen Mark, an denen manipuliert worden war. Am Ende der Sonderprüfungen und der damit verbundenen Ordnung der Finanzen beliefen sich die Verluste auf 12 Millionen, die Bankschulden auf über 20 Millionen Mark – dem stand ein bescheidenes Aktienkapital von 2 Millionen gegenüber.[119]

Schweitzer & Oppler hatte seit jeher öffentliche Kritik provoziert, weil sich die kleinen Händler von dem übermächtigen Konkurrenten mit unfeinen Methoden an die Wand gedrückt fühlten. Sie warfen seiner Führung vor, sich zur Zeit der Revolution einen Startvorteil verschafft zu haben – mit Heeresgeschäften und Rohstoffschiebereien im großen Stil. Solange die Geschäfte gut liefen, hatten solche Vorwürfe wenig Gewicht. Der Betrug rückte sie aber in ein völlig anderes Licht. Offenbar ließ das Verhalten des Führungspersonals tatsächlich zu wünschen übrig, und dass die Vorstände eine ganze Reihe von Verwandten und Freunden im Unternehmen untergebracht, zudem das Spesenkonto für private Zwecke ungebührlich beansprucht hatten, machte die Sache nicht besser. Zur Unzeit holte Friedrich Flick seine eigene Vergangenheit ein: Neben Ernst Wohlgemuth führte der ihm aus der Eisenzentrale vertraute Walter Tag die Geschäfte von Schweitzer & Oppler. Als stellvertretendes Vorstandsmitglied war dann auch noch Anton Trippe zum Kreis der Weltkriegsveteranen gestoßen. Der frühere Kompagnon Wilhelm Flicks hatte die Duisburger Firma Hoffmann & Ständer in die Gesellschaft eingebracht und auf diese Weise kräftig zu den Verlusten beigetragen.[120]

Nicht zuletzt aufgrund dieser persönlichen Beziehungen hatte Friedrich Flick kein Interesse an einem öffentlichen Skandal, und so verständigten sich die Eigentümer auf eine stille Liquidation, obwohl Schweitzer & Oppler reif für den Konkurs war. Die Hauptaktionäre sollten den größeren Teil der Schulden übernehmen und das Unternehmen mit frischen Betriebsmitteln ausstatten. So konnte es sein Vermögen verwerten, Verbindlichkeiten mit den Verkaufserlösen abtragen und sich dann später in aller Stille auflösen. Dieser Plan sollte die Aktionäre viel Geld kosten, obwohl sie zur Übernahme der Schulden gesetzlich gar nicht verpflichtet waren. Anzeigen wollte die Betrüger aber niemand. Dass bis Mitte August 1931 nichts an die Öffentlichkeit drang, hatte nur einen Grund: Es ging nicht um Flick allein. Zur gleichen Zeit fanden sich nämlich die deutschen Montanindustriellen zu einer gemeinsamen, staatlich flankierten Stützungsaktion für die Danatbank bereit, um auf diese Weise zur Stabilisierung des Finanzsystems beizutragen. Ende Juli unterbreiteten Vögler und Flick dem Reichstreuhänder für die kollabierte Bank das Angebot der Montanindustrie. Alle Beteiligten, die Schwerindustriellen und die Bankiers, die Reichsregierung und die Presse – niemand konnte zu diesem Zeitpunkt ein Interesse an einem öffentlichen Skandal rund um Schweitzer & Oppler haben, der das Ansehen der Montanindustrie fraglos schwer in Mitleidenschaft gezogen hätte.[121]

Flick profitierte von dieser besonderen Konstellation und tat alles, seine eigene Rolle vor der Öffentlichkeit zusätzlich zu verschleiern. So gab er sein Amt als Aufsichtsratsvorsitzender bei Schweitzer & Oppler noch im Juni an Rudolf Brennecke ab. Als die Aktionäre mit ihrem Liquidierungsplan für die Schrotthandelsfirma einige Wochen später dann doch an die Öffentlichkeit gingen, stand deshalb ein Vertreter von Oberhütten als oberster Verantwortlicher da – ein Unternehmen, an dem Flick seit Anfang des Jahres nicht mehr beteiligt war. Ironischerweise kam ihm die Bankenkrise bei dieser neuerlichen Flucht aus der Verantwortung zu Hilfe: Erst am 20. August ging eine Pressemitteilung heraus, die das Ausmaß des Betruges und der finanziellen Belastungen eingestand. Der Zeitpunkt war geschickt gewählt, denn am Vortag hatten die Regierungen von Deutschland, den USA, Großbritannien, den Niederlanden und der Schweiz in Basel ein Stillhalteabkommen unterzeichnet, das den Kapitalabzug aus Deutschland endlich stoppte. Nun konnte die patriotische Sorge um den deutschen Kredit als Legitimation für das wochenlange Schweigen herhalten. Die Presse prangerte zwar das offenkundige Versagen der Aufsichtsgremien an und fragte, warum die Strafverfolgungsbehörden nicht tätig würden. Die finanziellen Verhältnisse von Schweitzer & Oppler waren da aber längst geordnet.

Das Ermittlungsverfahren, das im September in Gang kam, verlief schon bald im Sande. Flick war danach überzeugt, dass von den Vorwürfen gegen ihn »nicht das Schwarze unter dem Nagel« übrig bleibe. Erst nach der nationalsozialistischen Machtübernahme sorgte ein Zufall dafür, dass sich die Schrotthändler doch noch verantworten mussten: Ein deutschnationaler Parlamentarier untersuchte als Reichskommissar die Verhältnisse bei Oberhütten und stieß dabei auch auf den Betrugsfall bei Schweitzer & Oppler. Das Gericht verurteilte die angeklagten Vorstände wegen Untreue zu hohen Geld- und rund einjährigen Haftstrafen; einer der Angeklagten nahm sich noch in der Untersuchungshaft das Leben. Friedrich Flick hingegen trat nur als Zeuge auf und kam durch das Verfahren sogar zu einem neuen Mitarbeiter: Der tüchtige Ermittlungsrichter Hugo Dietrich weckte das Interesse des Unternehmers und kehrte der Beamtenlaufbahn schon bald nach dem Urteil den Rücken. Er machte sich als Anwalt selbständig und wurde von Flick regelmäßig mit Aufträgen bedacht.[122]

Der Fall Schweitzer & Oppler lässt viele Fragen offen. Hatte Flick von den »Schweinereien« – so drückte sich ein Beamter im Reichswirtschaftsministerium aus – wirklich nichts gewusst? Oder hatte er sie geduldet und sich erst von ihnen distanziert, als ihr Scheitern nicht mehr zu verheimlichen war? Selbst im günstigsten Fall ging der Unternehmer beschädigt aus der Affäre hervor. Dann nämlich wäre Schweitzer & Oppler tatsächlich das Opfer eines groß angelegten Betruges gewesen, den der Aufsichtsrat jahrelang nicht entdeckt hatte – ein entscheidender Schwachpunkt der von Flick gewählten Organisationsform. Offenbar reichte der Einfluss des Mehrheitsaktionärs zwar aus, um die Finanzen der von ihm beherrschten Gesellschaften immer wieder für neue Transaktionen einzuspannen. Aber eine wirksame Kontrolle übte er nicht aus, denn eine penible Aufsicht über alle Geschäftsvorfälle hätte den kleinen und notorisch überlasteten Mitarbeiterstab in der Bellevuestraße fraglos überfordert. Kurzum: Der Zusammenbruch von Schweitzer & Oppler enthüllte, dass Flick sich mit Mittelstahl und Maxhütte zwar jenseits des Stahlvereins selbständig gemacht hatte. Dabei mangelte es jedoch an geordneten Berichts- und Prüfungsstrukturen, die in einem solchen Konzern zu erwarten gewesen wären.[123]

Der öffentliche Skandal blieb im Sommer 1931 zwar aus. Aber das war nicht umsonst zu haben; die Hauptaktionäre ließen sich die diskrete Abwicklung von Schweitzer & Oppler insgesamt rund 14 Millionen Mark kosten. Davon trugen allein die bereits schwer angeschlagenen oberschlesischen Gesellschaften 7,6 Millionen. Weil diese nur noch dank staatlicher Stützung überlebten, lasteten die Folgen des Betrugs dort am Ende auf dem Fiskus. Anders sah es bei den 6,4 Millionen Mark aus, mit denen Mittelstahl zur stillen Liquidation beitrug: Sie belasteten eine Gesellschaft, deren Mehrheit bei Maxhütte/Charlottenhütte lag. In den Büchern musste Mittelstahl überdies seine Kapitalbeteiligung an Schweitzer & Oppler vollständig abschreiben. All das ging zu Lasten der Liquidität und ließ sich nur mit Unterstützung der Banken bewerkstelligen. Lediglich die Berliner Handels-Gesellschaft war überhaupt bereit und in der Lage, Mittelstahl in der Krise mit einem kurzfristigen Kredit über rund 1,5 Millionen Mark auszuhelfen – zu äußerst ungünstigen Konditionen und gegen eine Bürgschaft der selbst nicht eben soliden Kattowitzer AG.[124]

Flicks ambitionierten Neuordnungsplänen rund um Maxhütte, Mittelstahl und Essener Steinkohle entzog das den Boden. Bereits die Bilanzstichtage im Juni zeigten: Kaum ein Unternehmen, an dem Flick unmittelbar beteiligt war, konnte noch Dividende ausschütten. Die einzigen Ausnahmen waren Phoenix und Rheinbraun, die 4,5 bzw. 10 Prozent an ihre Aktionäre verteilten. Doch diese Einnahmen blieben bei Gelsenberg und kamen der Charlottenhütte nicht zugute. Diese Entwicklung war angesichts mangelnder Aufträge und weiterlaufender Finanzverpflichtungen zu erwarten gewesen. Völlig unerwartet kamen nun aber noch die Folgen der Finanz- und Vertrauenskrise hinzu. Zur selben Zeit fielen die Börsenkurse ins Bodenlose. Das war deshalb bedrohlich, weil Flick die Aktienpakete auf allen Beteiligungsstufen seines Schachtelkonzerns als Sicherheit für Kredite und Anleihen hinterlegt hatte. Schon vor der Bankenkrise und bevor die deutschen Wertpapierbörsen ihre Tore für sieben Wochen schließen mussten, waren die Kursverluste so groß gewesen, dass die Darlehensbeträge nicht mehr gedeckt waren und den Gläubigern zusätzliche Sicherheiten zustanden.

Bei Gelsenberg, wo im Sommer 1931 bereits Aktien im Nennwert von
126 Millionen Mark als Sicherheiten hinterlegt waren, konnte man sich
immerhin noch an der Substanz der Betriebe schadlos halten; Bergwerke und Grubenfelder dienten nun als hypothekarische Sicherheiten.
Flicks reinen Holdinggesellschaften hingegen war dieser Ausweg versperrt. Die Charlottenhütte, das Rheinische Eisenkontor und die Siegener Eisenindustrie besaßen keine Sachwerte. Ihr Vermögen bestand
lediglich aus Aktienpaketen, die bei den Banken bereits als Sicherheit
eingetragen waren und deren Wert nun immer weiter sank. Im Gegensatz zu Gelsenberg, Maxhütte oder Mittelstahl fehlten ihnen nicht nur
die Werke, sondern auch die mit dem Geschäftsbetrieb verbundenen
Bilanzierungsspielräume – etwa bei der Bewertung von Vorräten und
der Auflösung von stillen Reserven.[125]

Es war schon schwierig genug, ohne laufende Einnahmen die bestehende Verschuldung überhaupt weiter zu bedienen, ausreichend Sicherheiten zu stellen und so zumindest den Status quo abzusichern. Sobald
aber größere Kreditbeträge fällig wurden, drohte die Rückzahlung das
gesamte Finanzierungsgebäude zum Einsturz zu bringen. Genau vor
diesem Problem stand Flick im Winter: Die Banken drängten energisch
auf pünktliche Rückzahlung, wobei sich die Berliner Handels-Gesellschaft besonders hervortat – sie war eine der kleineren Gläubigerbanken
und wegen ihrer vorsichtigen Politik relativ unbeschadet durch die Krise
gekommen. Bereits im November 1931 verlangte sie frühere und höhere
Tilgungen von Flick. Dessen finanzielle Lage war in der Tat bedrohlich.
Von den rund 110 Millionen Mark Bankschulden, die auf Gelsenberg
lasteten, waren etwa 48 Millionen bereits im nächsten Frühjahr fällig.
Noch dramatischer war die Lage seiner Holdinggesellschaften. Rund
60 Millionen Mark Schulden hatte allein die Charlottenhütte mit ihren
Unterholdings bei den deutschen Banken angehäuft. Obwohl Flick diese Verbindlichkeiten während des Winters mit größter Mühe auf etwas
weniger als 50 Millionen Mark abbauen konnte, stand er vor dem Aus:
Fast 30 Millionen Mark waren innerhalb kürzester Frist fällig; weitere
5 Millionen Mark konnten die Banken jederzeit zurückfordern – solche
Summen ließen sich auf dem ausgetrockneten Kapitalmarkt aber nicht
mehr umschulden, und deshalb schien die Zahlungsunfähigkeit nur
noch eine Frage der Zeit zu sein.[126]

Flick setzte seine Reorganisationsplanungen mit immer defensiveren Zügen fort, wobei das Vermögen von Gelsenberg die entscheidende Rolle spielte. Aber die Suche nach Alternativen gestaltete sich immer hektischer. Pläne Oscar Sempells, Phoenix und Stahlverein mit Gelsenberg zu fusionieren, scheiterten ebenso wie ein Verkauf von 50 Millionen Mark Gelsenberg-Aktien an Mittelstahl, mit dem sich Thyssen und Vögler wohl grundsätzlich einverstanden erklärt hätten, nicht aber die Deutsche Bank. Gegen eine Fusion von Mittelstahl und Charlottenhütte erhob Vögler Einwände; der Stahlverein sah sich als Minderheitsaktionär durch das von Flick vorgeschlagene Tauschverhältnis übervorteilt. Anfang März kam dann Fritz Thyssen noch einmal auf das alte Programm rund um die Essener Steinkohle zurück und schlug vor, Flick die Gelsenberg-Aktien im Tausch gegen die Essener Zechen abzunehmen. Damit wäre die Macht über den Stahlverein von Flick auf Thyssen übergegangen, und dieser war offenbar bereit, zu diesem Zweck auch eine Kooperation mit Geldgebern aus Frankreich und Luxemburg einzugehen.[127]

Von allen Optionen scheint Flick zuletzt nur den Verkauf der Gelsenberg-Aktien an Mittelstahl ernsthaft betrieben zu haben. Obwohl die Aktien als Kreditsicherheit dienten, waren sie Flicks letzter Aktivposten, weil an ihnen die Macht über den Stahlverein hing. Ein Verkauf von Maxhütte oder Mittelstahl kam demgegenüber nicht in Betracht. So ist wohl auch die Empfehlung zu verstehen, die Steinbrinck seinem Chef bereits zum Jahreswechsel gab: Angesichts der finanziellen Nöte müsse man »unbedingt freiwerden für die Durchführung der Umgruppierung«. Dies lasse sich nur mit der »nötigen Rücksichtslosigkeit« erreichen, und so rief er »Egoismus« als Motto für das neue Jahr aus. Die »Zukunft der eigenen Gesellschaft« habe nun ganz im Mittelpunkt zu stehen, selbst wenn sich »einige Freunde« dadurch »zurückgesetzt« fühlen sollten. Steinbrincks Bemerkung enthüllt die in der Bellevuestraße diskutierten strategischen Optionen. Eine einvernehmliche Lösung der finanziellen Probleme war zwar wünschenswert. Falls sich im engsten Führungskreis des Stahlvereins und bei den Banken dafür keine Unterstützung mehr mobilisieren ließ, erwog man aber offenbar schon im Dezember einen Alleingang beim Verkauf der Gelsenberg-Beteiligung. Angesichts der schweren Wirtschaftskrise kam eigentlich nur ein Käufer in Betracht – der Staat.[128]

Dass Friedrich Flick mit dieser Option kalkulierte, ist angesichts seiner von staatlichen Aufträgen und Subventionen begleiteten Laufbahn wenig verwunderlich. Im späten Kaiserreich hatte er sein Geschäft bei Unternehmen des Siegerlandes gelernt, die ohne Subventionen nicht überlebensfähig waren. Während des Krieges hatte die Rüstungskonjunktur den Grundstein für seinen Aufstieg gelegt, und selbst die Gründung des Stahlvereins war erst durch großzügige Steuergeschenke ermöglicht worden. Hinzu kam sein Oberschlesiengeschäft, das seit der Gründung von Oberhütten nichts anderes war als eine anhaltende Akquisition staatlicher Subventionen – selbst in wirtschaftlich guten Zeiten.

Als Flick Anfang 1932 in ernste Bedrängnis geriet, verhandelte er folglich nicht nur mit Vögler und Thyssen. Parallel dazu richtete er neue Subventionsforderungen an den Fiskus, weil die polnische Interessengemeinschaft Kattowitz-Laura ihre Arbeiter nicht mehr bezahlen konnte. Erneut übernahm es Max von der Porten, die Anträge der Industrie »fachmännisch« zu begutachten und prompt zu befürworten. Als stellvertretender Aufsichtsratsvorsitzender der Maxhütte erfuhr er in diesen Tagen auch von Flicks Sanierungsbemühungen in eigener Sache und trug entscheidend zur staatlichen Stützungsaktion für Flick und die Charlottenhütte bei. Anfang März 1932 unterrichtete er Reichsfinanzminister Hermann Dietrich über den Thyssen-Plan: Die Mehrheit am Stahlverein drohte angeblich unter französische Kontrolle zu geraten. Der Minister reagierte erwartungsgemäß und beauftragte den Emissär, mit Flick über einen Aufkauf der Gelsenberg-Mehrheit zu verhandeln. Nur wenige Tage später hatten sich die Beteiligten über die Grundzüge des Geschäfts verständigt, so dass der Abschluss am 17. und 18. März 1932 zwar noch nicht in Vertragsform, aber immerhin schriftlich bestätigt werden konnte.[129]

Das Reich erklärte sich bereit, von Flick dessen 100 Millionen Mark Gelsenberg-Aktien zu übernehmen. Im Ergebnis sollte der Staat dem Unternehmer dafür 90 Millionen Mark zahlen. Der Betrag setzte sich aus folgenden Positionen zusammen: Der Staat würde der Charlottenhütte 38,8 Millionen Mark Schulden abnehmen. Daneben erhielt sie weitere 25 Millionen Mark in Schatzanweisungen des Reiches ausbezahlt, die leicht zu Geld gemacht werden konnten. Gelsenberg übertrug außerdem seine Beteiligung an Rheinbraun auf die Charlottenhütte. Diese Aktien im Nominalwert von 13,1 Millionen Mark wurden mit 200 Prozent bewertet. Auf diese Weise sollten beide Seiten von dem Geschäft profitieren: Die Charlottenhütte erhielt eine ertragreiche Kapitalbeteiligung und damit neue laufende Einnahmen, während Gelsenberg seine Finanzlage beträchtlich verbesserte. Im Tausch für die Aktien konnte die Bergwerksgesellschaft 26,2 Millionen Mark ihrer Bankschulden ebenfalls an den Fiskus abgeben.

Außerdem sollte Flick dem Staat – auf dessen Kosten – noch weitere 10 Millionen Mark Gelsenberg-Aktien beschaffen. Erst danach und dank einer schon vorhandenen Beteiligung, die bei der verstaatlichten Dresdner Bank lag, würde das Reich überhaupt die volle Kontrolle über den Stahlverein ausüben können, denn Flick hatte sich bis zuletzt mit der faktischen Hauptversammlungsmehrheit begnügt. Diese Nebenabsprache erklärt die plötzliche »Gelsenberg-Hausse« an den Börsen, die bereits am 23. März 1932 mit einiger Verwunderung registriert wurde. Der Kurs des Papiers stieg binnen weniger Tage um die Hälfte. Offenbar begann Flick unmittelbar nach der Einigung mit Dietrich, weitere Aktien aufzukaufen. Die Kurspflege hatte den positiven Nebeneffekt, dass sich die beträchtliche Lücke zwischen der Börsennotierung und dem von Dietrich gewährten Übernahmekurs von 90 Prozent ein wenig verringerte.

Anfang Mai geriet der Abschluss noch einmal ins Stocken, so dass sich Flick gezwungen sah, den zögernden Minister auf dessen Landgut aufzusuchen. Über den Ablauf dieses Gesprächs ist zwar nichts bekannt, aber der Unternehmer hielt danach eine weitere schriftliche Bestätigung in der Hand. Beinahe hätten die sich überschlagenden politischen Ereignisse das Geschäft im letzten Moment zunichte gemacht. Nach Hindenburgs Wiederwahl am 10. April hatten sich die Vorbehalte des Reichspräsidenten gegenüber der Regierung Brüning dramatisch vertieft, Ende Mai entzog er Brüning das Vertrauen. Eine der letzten Amtshandlungen der Regierung war das Gelsenberg-Geschäft: Am 31. Mai 1932 erteilte Dietrich, nur noch kommissarisch im Amt, dem Vertragswerk seine Zustimmung. Friedrich Flick unterzeichnete die Verträge am Tag darauf. Am selben Tag wurde Franz von Papen zum neuen Reichskanzler ernannt.[130]

Es war ein durch und durch anrüchiges Geschäft, nach seiner Konzeption ebenso wie in der Umsetzung. In Zeiten äußerster wirtschaftlicher Not hatte die Regierung Brüning trotz einer Arbeitslosigkeit von über sechs Millionen an ihrer Deflationspolitik festgehalten – auf verminderte Staatseinnahmen folgten Ausgabenkürzungen, allgemeine Lohn- und Einkommenssenkungen und ein harter Sparkurs bei der Arbeitslosenversicherung. Gleichzeitig konnte sich das Kabinett bis zuletzt nicht auf ein großzügiges Arbeitsbeschaffungsprogramm verständigen, für das sich besonders Finanzminister Dietrich stark machte. Wenn der Staat in dieser Situation einen einzelnen Unternehmer stützte, war das mehr als skandalös. Dies dürfte allen Beteiligten von Anfang an klar gewesen sein. Nur so erklärt sich, dass Dietrich weder das Kabinett noch die Spitzenbeamten seines Ministeriums ins Vertrauen zog. Reichskanzler Brüning immerhin war in groben Zügen unterrichtet und muss dem Vorhaben zugestimmt haben. Die Einwände des fachlich zuständigen Wirtschaftsministers wischte Dietrich mit Unterstützung von der Portens entschlossen vom Tisch; Hermann Warmbold war mit der Stützung des Stahlvereins grundsätzlich einverstanden, stellte jedoch die berechtigte Frage, warum die staatliche Hilfe ausgerechnet an Flick oder die Charlottenhütte fließen solle.[131]

In der Bellevuestraße nahm man seit Ende April eine Verteidigungshaltung ein, die jedoch voller Widersprüche war. Gegenüber Carl Goetz von der Dresdner Bank und Samuel Ritscher von der Reichs-Kredit-Gesellschaft betonte Flick, dass die Charlottenhütte gar nicht vom Konkurs bedroht gewesen sei – aber warum rief sie den Staat dann zur Hilfe? Anfang Mai arbeitete von der Porten einen Vermerk aus, der die Hintergründe des Geschäfts zusammenfasste. Er sprach ganz offen davon, dass die Charlottenhütte keine Bilanz mehr machen konnte. Steinbrinck mochte die Behauptung, dass dem Geschäft »eine akute Finanzkalamität« bei Flick vorausging, nur deshalb hinnehmen, weil von der Porten eine »Verteidigungsschrift« schrieb, die man vielleicht später einmal dem Reichstag vorzulegen habe. Notgedrungen komme dabei wohl keine »objektive und historisch richtige Darstellung« heraus. Dennoch sah er den klaren Hinweis auf die Konkursgefahr nur sehr ungern. Er war jedoch nötig, damit Porten die gewünschten Legenden pflegen konnte: Das Reich habe im nationalen Interesse rasch handeln müssen, weil Flicks einzige Alternative ein Verkauf ins französische Ausland gewesen sei.[132]

Beim Gelsenberg-Geschäft agierte nicht nur dasselbe Personal wie bei den Ostoberschlesien-Subventionen. Es griff auch auf die dort seit Jahren erprobten Argumente zurück. In dieser Hinsicht waren Steinbrincks Notizen tatsächlich entlarvend, denn er sprach nicht von einem Verkauf an den Staat. Das Gelsenberg-Paket sollte an die »Gruppe B« gehen. Seit 1927 war das die bei allen Ostoberschlesien-Geschäften übliche Tarnbezeichnung für die öffentliche Hand. Freilich stand das Ganze auf sehr wackligen Beinen und erhielt durch den Abschluss in den Tagen des Regierungswechsels noch eine zusätzliche peinliche Note. Es dauerte keine drei Wochen, bis die Presse Wind von der Sache bekam. Am 19. Juni berichteten die ersten Zeitungen in ihren Sonntagsausgaben über einen möglichen Einstieg des Staates bei Gelsenberg. Sie stützten sich dabei offenbar auf Informationen aus Banken- und Börsenkreisen. Da die Gerüchte nun ins Kraut schossen, rang sich die Regierung zwei Tage später zu einer ersten offiziellen Stellungnahme durch. Sie sorgte nicht eben für umfassende Informationen, stellte aber die Rolle Hermann Dietrichs besonders heraus und betonte, dass die Beamten der zuständigen Ministerien – diese waren weiterhin im Amt, Dietrichs ehemaliger Spitzenbeamter Lutz Graf Schwerin von Krosigk wurde sogar dessen Nachfolger – niemals in die Verhandlungen eingebunden gewesen seien.[133]

Aus den Presseberichten dieser Tage sind auch die gezielten Fehlinformationen, die wohl von Flicks Mitarbeitern gestreut wurden, deutlich herauszulesen. So hieß es, die Regierung sei gar nicht von Seiten Flicks über die Verkaufsverhandlungen mit ausländischen Interessenten unterrichtet worden, sondern habe davon über ausländische Vertretungen des Reiches erfahren. Dies entsprach einem Leitmotiv der Flickschen Subventionsverhandlungen: Wenn er sich schon mit dem Staat einließ, dann sollte es doch immerhin so aussehen, als sei die Initiative nicht von ihm ausgegangen. Außerdem seien die Schulden der Charlottenhütte bis Anfang 1934 konsolidiert gewesen, so dass nicht von einer akuten finanziellen Notlage gesprochen werden könne. Zur selben Zeit dementierte das Bankhaus Mendelssohn allerdings bereits entschieden, die angeblich von Thyssen eingefädelte Übernahme durch ein französisches Konsortium unterstützt zu haben.[134]

Die Informationen waren höchst widersprüchlich, und die Ministerien trugen wenig zur Aufklärung bei. Doch selbst die wenigen sicheren
Anhaltspunkte genügten vollauf für ein politisches Beben, das die Presse
zunächst als »Gelsenkirchen-Affäre« bezeichnete: Die Kritik zielte zwar
auch auf die Rettungsaktion an sich und ebenso auf ihre klandestine
Abwicklung. Aber zum Stein des Anstoßes wurde vor allem der hohe
Übernahmekurs von 90 Prozent. Angesichts einer Börsennotierung,
die Anfang März noch bei mageren 22 Prozent gelegen hatte, schien
das Reich ein besonders schlechtes Geschäft gemacht zu haben. Deshalb sprach die sozialdemokratische Presse immer häufiger von einem
»Flick-Skandal« und rückte auf diese Weise einen Protagonisten in den
Mittelpunkt der Kritik, dessen Geräuschlosigkeit bis dahin sprichwörtlich war. Erstmals kamen nun auch Details über die komplizierten
finanziellen Verflechtungen der Charlottenhütte ans Licht. Auf Flicks
niederländische Tochtergesellschaften stürzten sich die Zeitungen ebenso wie auf die Verschleierung der großen Rheinbraun-Beteiligung vor
der Öffentlichkeit. Am weitesten ging die jungkonservative *Tat*. Dort
kümmerte sich mit Giselher Wirsing bezeichnenderweise der »Außen-
politiker« des Blattes um den Fall. Er sprach Flick das Recht auf die
Bezeichnung »Unternehmer« ab und stellte ihn als skrupellosen Spekulanten dar. Flick sei der eigentliche Gewinner des Geschäfts, das kaum
den Namen einer Verstaatlichung verdiene, denn die »Sozialisierung der
Verluste ist keine wirkliche Sozialisierung. Es fehlt ihr nicht nur jede
Konsequenz, sondern sie rückt hart an die Grenze der Sozialisierung
der Korruption.«[135]

Am Pranger zu stehen – das mochte für Friedrich Flick ungewohnt
sein, doch unvorbereitet traf es ihn sicher nicht. Immerhin befand sich
die Republik in einem kurzen, heftigen Wahlkampf. Am 31. Juli sollte
ein neuer Reichstag gewählt werden, und bis dahin half nur Abwarten. Leider versuchte der ehemalige Finanzminister bei verschiedenen
Wahlkampfauftritten, seine Entscheidung mit einer Vielzahl teils wider-
sprüchlicher Argumente zu legitimieren. Im Hausorgan der Ruhrindustrie, der *Deutschen Allgemeinen Zeitung*, stieß er damit auf vehemente
Kritik. Angesichts der »Fülle der angeblichen Motive« müsse gefragt
werden, »wieviel Prozent der zahllosen Argumente primär gewesen sein
mögen und wieviel Prozent nachträglich hinzukonstruiert wurden«.[136]

Geheimnisse des Flick-Skandals.

Die holländischen Tochtergesellschaften „Metafina" und „Redahand".

Die Reichsregierung hat amtlich versprochen, nach der Rückkehr der Minister aus Lausanne über den Fall Gelsenkirchen-Friedrich Flick Aufklärung zu geben. Das wird noch einige Tage dauern, denn Herr von Papen fährt nach knapp 24stündigem Aufenthalt in Berlin ja heute noch nach Lausanne zurück. Die Fachminister sind dort geblieben. Bis zu dieser amtlichen Aufklärung werden also noch einige Tage vergehen. Inzwischen hat sich das Dunkel noch etwas geklärt.

Daß kein ausländischer Ueberfremdungsdruck vorlag, scheint jetzt endgültig festzustehen.

Der Erklärung des Berliner Bankhauses Mendelssohn u. Co. für sich und seine ausländischen Kommanditisten, daß es in keiner Weise an Ankaufs- oder Verkaufsverhandlungen der Gelsenkirchener Aktien beteiligt war, ist jetzt von der Niederländischen Hochofen- und Stahlfabriken Matschappij, deren Direktor Stöker dem Aufsichtsrat der Gelsenkirchener Bergwerks A.-G. angehört, ebenfalls ein Dementi gefolgt. Aus Veröffentlichungen der „Kölnischen Zeitung" ergibt sich aber auch, daß die immer angeführten holländischen Kredite bzw. Anleihen noch nicht fällig geworfen sind und daß die erste Fälligkeit erst Ende nächsten Jahres gegeben war. Der Eindruck, daß Friedrich Flick nur rechtzeitig vor jedem Eingriff ausländischer Gläubiger in seine eigene industrielle Konzernmacht sichern wollte, daß er allein deshalb das Herrschaftspaket über den Stahlverein erdufern wollte, und daß hier die einzige Grundlage für das bedeutende Subventionsgeschäft gegeben ist, wird immer zweifelsfreier. Was jetzt über die

holländischen Tochtergesellschaften Flicks

und deren Transaktion bekannt geworden ist, macht auch klar, wie es zu dem vom Reich gezahlten Kurs von 90 Proz. kam, und daß Friedrich Flick durch den Verkauf der Gelsenkirchener Aktien zu 90 Proz. die volle Entlastung aus seinen Verpflichtungen gesucht hat. Die Charlottenhütte, d. h. Friedrich Flick, hatte in Amsterdam die beiden Tochtergesellschaften „Metafina" und „Redahand"; deren Aktienmehrheit befand sich bei der Charlottenhütte. „Metafina" hat im Juni 1930 unter der Bürgschaft der Charlottenhütte eine Anleihe von 3 Millionen Dollar begeben, die durch nominell 10 Millionen Mark Gelsen-Aktien und nominell 5 Millionen Mark Maximilianshütte-Aktien besonders gesichert wurde. Diese Anleihe ist am 30. Juni 1940 zum Rennwert rückzahlbar, wobei vorherige Kündigung vorgesehen ist.

Die „Redahand" hat eine Anleihe von 2 Millionen Dollar zu 7 Proz. und eine zweite Zwei-Millionen-Dollar-Anleihe zu 6 Proz.

begeben, von denen die erste zum 31. Dezember 1933 zum Rennwert fällig war. Hier erfolgte die Sicherung durch nominell 5 Millionen Stahlvereins-Aktien und nominell 5 Millionen Gelsen-Aktien. Ein Gesamtbetrag von 7 Millionen Dollar-Anleihe — rund 30 Millionen Mark — war also durch nominell 25 Millionen Mark verschiedener Montanaktien noch besonders gesichert. Die Fälligkeiten lassen deutlich erkennen, daß ein Druck zum Verkauf der Gelsen-Aktien nicht vorlag.

Die „Frankfurter Zeitung" bringt im übrigen die Mitteilung, daß der Vertrag mit Flick durch Herrn von den Porten (Biog) abgeschlossen sei. Sehr bemerkenswert ist eine Mitteilung der „Rheinisch-Westfälischen Zeitung", die auf

die Absichten der gegenwärtigen Reichsregierung hinsichtlich des Flick-Geschäfts

einige Rückschlüsse erlaubt. Danach werde Reichskanzler von Papen sich eingehend mit dem Flick-Geschäft befassen, und die Möglichkeit einer Revision des Vertrages werde von der jetzigen Reichsregierung untersucht. Interessant ist die Begründung dafür. Die Regierung vertrete den Standpunkt, daß die Freiheit der Wirtschaft allmählich niedergerungen werde, wenn der Staat heute die moralische Verpflichtung, wenigstens einen Teil der durch die falsche Wirtschaftspolitik entstandenen Schäden wieder gutzumachen, dann würde es aber widersprechen, wenn der Staat die entstandene Zollage dazu benutze, entscheidende Schlüsselpositionen an sich zu bringen. Es handele sich darum, eine Bereinigung des Komplexes zu erreichen, ohne Ueberführung wesentlicher Teile der Rohindustrie in den Besitz der öffentlichen Hand.

Diese in der „Rheinisch-Westfälischen Zeitung" geäußerte Auffassung ist außerordentlich interessant. Wenn sie mit den Auffassungen der Regierung übereinstimmt, dann wird die Bereinigung des Flick-Geschäfts ein niedriger neuer Fall des Staates als Wohlfahrtsanstalt des Großkapitals werden. Denn dann wird der Staat nun zahlen und auf eine Kontrolle überhaupt verzichten. Jedenfalls zeigt die „Rheinisch-Westfälische Zeitung" die Richtung, in der die Oeffentlichkeit aufmerksam zu sein hat.

Wie zu erwarten war, ist übrigens der Kurs der Gelsen-Aktien seit dem Bekanntwerden des Geschäftes wieder rapid zurückgegangen. Stand er am vergangenen Montag zum Börsenschluß noch auf 42% und Dienstag noch auf 41 Prog., so zeigte der Donnerstag schon einen Kurs von nur noch 31%, der sich bis gestern auf 32½% wieder leicht erhöht hat. Man vermutet, daß die Dresdner Bank wieder ein bißchen stütze, um die Künstlichkeit des Montagskurses von jetzt 48 Prog. wieder etwas zu verdecken.

Aus der Gelsenberg-Affäre wird schon bald ein Flick-Skandal: Bericht des sozialdemokratischen »Vorwärts« vom 26. Juni 1932.

Keine Angriffe hatte Friedrich Flick hingegen von Papens Kabinett zu fürchten. Die Minister waren von den Skandalnachrichten gänzlich überrascht worden und zunächst damit beschäftigt, sich über den genauen Ablauf der Transaktion zu informieren. Erst am 29. Juni suchte Reichswehrminister Kurt von Schleicher das Gespräch mit Flick. Dieser hatte die Stirn, sich beim Strippenzieher in Papens Kabinett über die Pressemitteilung der Regierung zu beschweren; dem Vertragsabschluss vom 31. Mai werde eine viel zu hohe symbolische Bedeutung beigemessen. Dies schade dem öffentlichen Ansehen Dietrichs, denn der rechtlich verbindliche Vertrag sei doch bereits am 4. Mai geschlossen worden. Flick behauptete dreist, die Initiative sei von Dietrich ausgegangen. Gern werde er sich dem vom Kabinett beschlossenen Untersuchungsausschuss stellen. Doch vor dem »Aufdecken verschiedenster Momente« wolle er ausdrücklich warnen. Sie könnten für die Regierung in Wahlkampfzeiten »mittelbar recht fatale Folgen« haben. Flick konkretisierte seine Drohung mit einem einzigen Wort, das offenbar genügte: Ostoberschlesien. Eine offizielle Untersuchung kam danach nicht mehr in Gang, sie scheiterte unter anderem am Widerstand Schleichers. Flick bot im Gegenzug an, seine Akten zur diskreten Prüfung durch einen Vertreter der Regierung offenzulegen; ob es dazu kam, ist unklar. Flick behauptete später, er habe Vertreter der Sozialdemokraten zur Überprüfung des Geschäfts eingeladen; für die Nationalsozialisten habe es Hermann Göring gebilligt.[137]

Über das ganze Ausmaß der Korruption im Zusammenhang mit dem Gelsenberg-Geschäft können heute nur noch Mutmaßungen angestellt werden. Sicher belegt ist, dass Flick 1932 beträchtliche Parteispenden machte. Als die Transaktion noch in der Schwebe war, gab er allein für die Hindenburg-Wahl 950 000 Mark. Allerdings ist diese Praxis, von der das gesamte politische Spektrum – von der SPD bis hin zur NSDAP – profitierte, mit äußerster Vorsicht zu interpretieren. Im Nürnberger Prozess wies er selber auf diese Spenden hin, um sein rein instrumentelles und unideologisches Verhältnis zur Politik unter Beweis zu stellen: Wenn alle Parteien öffentliche Kritik am Gelsenberg-Geschäft übten, dann erhielten eben auch alle, die Kommunisten ausgenommen, Spenden. Dass Flick die Akten in seinem Sinne ordnen ließ, liegt auf der Hand – anders ist kaum erklärlich, dass zur Spendenpraxis vor dem Gelsenberg-Geschäft keine Unterlagen erhalten geblieben sind.[138]

Ein anderes Problem ließ sich weniger leicht lösen. Viel schwerer als der öffentliche Ansehensverlust wogen für Flick die neuen Vorbehalte im Unternehmerlager. Paul Reusch, der prinzipienfeste Chef der Gutehoffnungshütte, brachte sie am 6. Juli in der *Kölnischen Zeitung* auf den Punkt: »Über die Gründe, die den Verkäufer beim Abschluß des Geschäfts leiteten, soll hier nicht gesprochen werden. Entgegengetreten werden aber muß der Auffassung, daß durch den Verkauf des Aktienpaketes an das Reich Schlimmeres verhütet worden wäre.« Reusch empfand die Verstaatlichung als Katastrophe: Mit diesem »Schritt auf dem Weg zum Staatssozialismus« werde »ein Weg beschritten, dessen Ende nicht abzusehen ist«. Aber nicht nur die Montanindustriellen betrachteten das Geschäft mit Empörung. Im gesamten industriellen

Verbandswesen brodelte es, denn eine staatliche Mehrheitsbeteiligung am größten deutschen Montankonzern brachte auch die komplizierte Machtbalance zwischen der Schwerindustrie und dem verarbeitenden Gewerbe aus dem Gleichgewicht. Dies erklärt, warum Gustav Krupp von Bohlen und Halbach in seiner Funktion als Präsident des Reichsverbands der Deutschen Industrie Flick zur Rede stellen wollte. Er war an einer einheitlichen Linie interessiert und vertrat den zweitgrößten Montankonzern nach dem Stahlverein, aus dem nun unvermittelt das größte Privatunternehmen seiner Branche geworden war.

Am 26. Juni besprach sich Krupp zunächst im Kreis der Ruhrlade mit Peter Klöckner, Paul Reusch, Fritz Springorum und Albert Vögler. Krupp berichtete von der starken Unruhe im Reichsverband und ließ sich von Vögler die offizielle Vorgeschichte des Gelsenberg-Geschäfts darlegen. In der Runde muss es hitzig zugegangen sein. In Vöglers Bericht an Flick klangen die schweren Vorwürfe durch: »Man stellte fest, dass Sie sich ihre mitteldeutsche und süddeutsche Position gesichert hätten und sich der schweren Belastung, die gerade auf der westlichen Industrie zur Zeit laste, im richtigen Augenblick entzogen hätten.« Flick wäre verpflichtet gewesen, nicht Gelsenberg, sondern die Charlottenhütte zum Kauf anzubieten – und zwar zunächst innerhalb der Industrie. Nur weil er egoistisch gehandelt habe, hätte jener »peinliche Eindruck« entstehen können, der für die Stellung der gesamten westdeutschen Industrie innerhalb der Interessenverbände wie gegenüber der Politik so fatal sei.[139]

So sehr Flick sich in der öffentlichen Debatte zurückgehalten hatte, so energisch reagierte er auf Krupps Vorwürfe. Welcher deutsche Montankonzern denn überhaupt in der Lage gewesen wäre, ihm die Charlottenhütte abzukaufen? Eine öffentliche Erörterung in den Gremien des Reichsverbandes wollte er um jeden Preis verhindern. Zwar erklärte er sich konziliant zur Diskussion bereit – aber nur unter der Voraussetzung, dass »auch alle anderen Fälle von Geschäften mit der öffentlichen Hand (Verkäufe an den Staat, Subventionen, Darlehen usw.) in den Kreis der Erörterung einbezogen werden. Ich habe zu keiner Zeit vom Staate ein Darlehen oder eine Subvention weder bekommen noch beantragt; auch keine Stützung ist in irgendeiner Form zu irgendeinem Zeitpunkte von mir beantragt worden.« Dieser Gegenangriff zeigte

Wirkung: Bei Krupp trat man sofort an die Berliner Ministerien heran und stellte Material über die beträchtliche Subventionierung des eigenen Unternehmens zusammen. Danach blies Krupp seinen Angriff ab. Die Erörterung im Reichsverband wurde vertagt, und nach einem privaten Gespräch mit Flick setzte er ganz auf Deeskalation.[140]

Aber auch Vögler befand sich in einer brenzligen Lage. Dies zeigte sich schon am 1. Juli, als er dem Aufsichtsrat von Gelsenberg Rede und Antwort stehen musste. Auch hier war es nicht Flick, sondern Vögler, der die Vorgeschichte der »verteufelten Situation« schilderte und die Verstaatlichung damit indirekt rechtfertigte. Erneut sagte er wenig über die finanzielle Lage der Charlottenhütte, dafür aber umso mehr über die umfassenden Bemühungen um eine rein privatwirtschaftliche Lösung, die am Ende wegen des Widerstands der Banken nicht zustande gekommen sei. Vögler schob Flick die Verantwortung zu: Er selbst sei erst Anfang April über das Geschäft mit dem Reich unterrichtet worden, also zu einem Zeitpunkt, als schon die Vorverträge unterzeichnet waren. Danach habe er alles getan, um einer schnellen Reprivatisierung den Weg zu ebnen – ohne Ergebnis, weil es dann zum Regierungswechsel kam.

Der Unmut konzentrierte sich jetzt ganz auf Flick, zu dessen Gunsten die »Schiebung« ja gemacht worden sei. Trotzdem deutete Vögler an, auf seine Ämter womöglich verzichten zu wollen. Es ließ sich aber niemand zu einer klaren Rücktrittsforderung hinreißen. Dennoch war der Manager angeschlagen: Seine Beteuerungen, von Flick nicht rechtzeitig informiert worden zu sein, klangen wenig glaubhaft. Trafen sie aber zu, stand er als schlecht informierter Vorstandsvorsitzender kaum besser da. In der Ruhrlade ging ihn der taktisch wenig geschickte Paul Silverberg offen an: Er warf die Frage auf, ob die »leitenden Herren des Stahlvereins überhaupt noch in der Lage seien, die verschiedenen Verbandsposten einzunehmen«. Mit anderen Worten: Als Vorstandschef eines Staatsunternehmens könne Vögler doch gar nicht mehr für die Privatwirtschaft sprechen.[141]

Solche Vorwürfe waren aus der Sicht Silverbergs oder Reuschs zwar berechtigt, zumal sie von Managern geäußert wurden, die langfristig agierende und finanziell sehr solide Unternehmen leiteten – Rheinbraun und Gutehoffnungshütte waren auf staatliche Subventionen tatsächlich nicht angewiesen. Mit ihrer Kritik verfehlten sie aber die wirtschaftliche und politische Realität auf dem Tiefpunkt der Weltwirtschaftskrise. Flicks zornige Replik auf die Vorhaltungen Krupps hatte ja einen wahren Kern: Im Sommer 1932 konnte die Industrie auf eine lange Reihe staatlicher Stützungsaktionen zurückblicken. Sie hatte mit der Entschädigung für die Gebietsverluste des Versailler Vertrages begonnen, schloss das staatliche Engagement an der Saar und in Ostoberschlesien mit ein und kulminierte während der Wirtschaftskrise in staatlichen Hilfen, die beileibe nicht nur Flick erhielt. So war die Stützung der Großbanken ein ebenso klarer staatlicher Sanierungsfall wie die Rettung der Großreedereien Hapag und Norddeutscher Lloyd. Allerdings unterschied sich Flicks Gelsenberg-Geschäft von ihnen in einem zentralen Punkt. Ging es dort jeweils um die Rettung finanziell angeschlagener Unternehmen, an denen die Stabilität des Finanzsystems, zahlreiche Arbeitsplätze und mittelbar die wirtschaftlichen Verhältnisse ganzer Gewerberegionen hingen, handelte es sich hier lediglich um Hilfe für eine private Holdinggesellschaft. Es ist fraglich, ob ein Konkurs der Charlottenhütte tatsächlich eine mit der Bankenkrise vergleichbare Panik ausgelöst hätte. Die finanziellen Verhältnisse bei Gelsenberg und Stahlverein waren zwar äußerst angespannt. Aber zu deren Entspannung hätte der Fiskus mit weitaus weniger Geld beitragen können. Der eigentliche Skandal lag also in der Konzeption des Gelsenberg-Geschäfts: Die Erlöse aus dem Verkauf seines Aktienpakets brachten Flick weit mehr Geld ein, als selbst für die Rettung der Charlottenhütte notwendig gewesen wäre. Der Staat machte einen bankrotten Einzelunternehmer nicht nur wieder flott, sondern verschaffte ihm mit frischem Geld einen Vorteil gegenüber der Konkurrenz.

Dass Flick ein solcher Abschluss gelang, kann mit der mangelnden Transparenz des Präsidialregimes allein nicht hinreichend erklärt werden. Auch stand Flick mit seinem rein instrumentellen Verhältnis zur Politik und seiner seit vielen Jahren aktiv betriebenen Kooperation mit dem Staat keineswegs allein. Ähnliche Karrieren hatten auch andere Unternehmer vorzuweisen; man denke nur an das Beispiel der Krupps, die vergleichbares Verhalten über Generationen kultiviert hatten. Den Ausschlag dürfte Friedrich Flicks geschicktes Taktieren gegeben haben. Mochte in anderen Subventionsfällen die Sorge um die Belegschaften, um Wirtschaftsregionen oder um den deutschen Kredit bedeutsam gewesen sein – Flick hatte vor dem endgültigen finanziellen Kollaps seiner überschuldeten Holding noch immer eine der stärksten Machtpositionen der deutschen Wirtschaft zum Verkauf anzubieten. Der Unternehmer spielte förmlich mit seinen Verhandlungspartnern, mit dem eitlen Max von der Porten, dem er das Gefühl gab, das Geschäft selbst eingefädelt zu haben, ebenso wie mit dem naiven Hermann Dietrich, der auf die Erpressung mit den angeblichen französischen Kaufinteressenten tatsächlich einging. Überdies setzte sich Flick innerhalb seiner Branche über alle Loyalitäten hinweg. Als Eigentümer war er dazu in der Lage.

Den von Steinbrinck beschworenen Egoismus, der im Gelsenberg-Geschäft besonders deutlich hervortrat, musste man sich aber nicht nur leisten können, man musste ihn auch wollen und bereit sein, die unangenehmen Folgen zu tragen. Flick nahm sie auf sich und fürchtete sie offenbar weit weniger als das Eingeständnis des unternehmerischen Scheiterns, den ein Konkurs der Charlottenhütte fraglos bedeutet hätte. Der öffentliche Schaden ließ sich immerhin begrenzen: Schon in den ersten Wochen nach den Reichstagswahlen vom Juli 1932, aus denen die NSDAP als stärkste Partei hervorging, erlahmte das journalistische Interesse an der Gelsenberg-Affäre.

Auch innerhalb der eigenen Branche ebbte die Aufregung rasch ab. Hier wog der persönliche Ansehensverlust sicher am schwersten. Aber wie angesehen war er tatsächlich gewesen? Trotz seiner Machtposition beim Stahlverein und der vertrauensvollen Zusammenarbeit mit Thyssen und Vögler war Friedrich Flick im industriellen Westen bis zum Gelsenberg-Geschäft doch immer demonstrativ als Homo novus behandelt worden. Seine eigenen Ambitionen hatten sich niemals auf die Interessenverbände der Region oder der Branche gerichtet, und der Weg in die elitäre Ruhrlade blieb ihm versperrt. Kurzum: Er war lediglich seiner Machtposition wegen respektiert worden. Was die Banken anging, war Flicks Kredit eher noch gewachsen; ihnen war er nichts schuldig geblieben, und aus ihrer Sicht zählte allein die Gesundung seiner Finanzen.

Mit der Gelsenberg-Affäre endete ein ehrgeiziges industriepolitisches Projekt, die Idee des umfassenden Montantrusts. Ihr Scheitern hatte Flick gewiss nicht allein zu verantworten. Mitte der zwanziger Jahre waren die Prognosen zu optimistisch, die Werksegoismen zu hartnäckig und die beteiligten Interessen zu disparat gewesen. Aber Flick hatte eben auch nichts dazu beigetragen, das Scheitern des Stahlvereins aufzuhalten. Seine Manöver dienten nicht den Interessen des Trusts, sondern seinen eigenen Ambitionen. Insofern war die mit der Gelsenberg-Verstaatlichung vollzogene klare räumliche Trennung der Einfluss- und Interessensphären zwischen dem Ruhrgebiet und dem mittel- und süddeutschen Raum sogar eine wichtige Voraussetzung für den späteren Umbau des Stahlvereins.

Für Friedrich Flick waren die sechs Jahre im Trust eine große Erfolgsgeschichte. Was hatte er zu seiner Gründung beigesteuert? Die altindustriellen Relikte des Siegerlandes, eine Beteiligung am überschuldeten westoberschlesischen Regionalverbund Oberhütten, schließlich einige Reste seiner ostoberschlesischen Beteiligungen und den Mischkonzern Linke-Hofmann-Lauchhammer, der schon seit Jahren gegen den finanziellen Kollaps ankämpfte. Als sich die Wege im Sommer 1932 wieder trennten, war Mittelstahl selbst in der Krise ein lebensfähiges Gebilde, das durch die Verbindung zur modernisierten Maxhütte eine hervorragende Marktposition hatte. Schon kurz darauf verbesserten sich die Aussichten, weil die Machtübernahme der Nationalsozialisten den Beginn eines Rüstungsaufschwungs einläutete. Der entscheidende Vorteil verdankte sich dem Staat: Als der Tiefpunkt der Weltwirtschaftskrise durchschritten war, verfügte Flick über reichlich Liquidität und eine überaus wertvolle Beteiligung an Rheinbraun – dies verschaffte ihm einen Vorteil gegenüber der Konkurrenz, den er zum Nutzen seines Konzerns Maxhütte-Mittelstahl einzusetzen gedachte.

Eigene Wege

Sechs Jahre später, Anfang November 1938, traf Friedrich Flick eine Reihe seiner Branchenkollegen bei einer Besprechung unter der Leitung Oberst Hermann von Hannekens. Obwohl Görings Generalbevollmächtigter für die Eisen- und Stahlindustrie um strikte Geheimhaltung bat, notierte Flick danach, dass der Rüstungsoffizier einen Überblick über die Schrottversorgung der deutschen Stahlwerke gegeben habe. Überall kam es im Zuge der massiven Aufrüstung zu Engpässen. Nur Mittelstahl in Riesa hatte es sich leisten können, seine Schrott-Bestellungen wegen der hohen Preise vorübergehend einzustellen. Mit sichtlichem Vergnügen berichtete Flick: »Bei den Anwesenden entstand darauf eine außerordentlich lebhafte Szene, teils mit Gelächter, teils mit lebhaften Rufen: ›Hört! Hört!‹ begleitet.«

Am Abend nach der Besprechung saßen die Stahlindustriellen in geselliger Runde beisammen, und ein aufgeräumter Albert Vögler sprach Flick noch einmal auf den Fall Riesa an. Wenn er beim obersten Rohstoffmanager des Stahlvereins über die komfortable Versorgungslage von Mittelstahl berichte, so Vögler, bekomme Hermann Wenzel »einen Gallenanfall«. Anders als Wenzel haderte Vögler offensichtlich nicht damit, dass Friedrich Flick die Vorteile des mitteldeutschen Konzernverbundes, der Ende der zwanziger Jahre mit Hilfe des Trusts zustande gekommen war, allein für sich verbuchte.[142]

Die Episode zeigt nicht nur, dass Flick zu dieser Zeit bereits wieder auf die freundschaftliche Unterstützung Vöglers bauen konnte. Sie wirft auch ein bezeichnendes Licht auf die besonderen Vorteile des von Flick schrittweise zusammengekauften Konzerns. Dieser basierte ausschließlich auf heimischen Rohstoffen – Ruhrkohle, mitteldeutsche Braunkohle und Eisenerz, das in Thüringen und Bayern gefördert wurde – und hatte das Potential für einen dauerhaften Familienbesitz. Insofern ging Friedrich Flick eigene Wege, als er sich vom westdeutschen Montantrust trennte und erstmals nach festem Besitz strebte, dessen Kern nicht so bald wieder durch Aktiengeschäfte infrage gestellt werden sollte.

Energie

Im Frühjahr 1932 begann Flick einen ungleichen Machtkampf mit Paul Silverberg, bei dem es um die Zukunft der Maxhütte ging. In diesem Konflikt trafen zwei Unternehmer aufeinander, die unterschiedlicher kaum sein konnten: Auf der einen Seite der Braunkohleindustrielle Silverberg, intellektuell, auf öffentliche Wirkung bedacht und verbandspolitisch besonders aktiv, dabei als Manager ausschließlich von Amt und Mandat abhängig. Auf der anderen Seite Friedrich Flick, der nichts auf öffentliche Würden gab, dafür aber bereit war, die mit seinen Kapitalbeteiligungen verbundene Macht rücksichtslos zum eigenen Vorteil einzusetzen.

Ursache für die Konfrontation waren technische Probleme. Flicks Trennung vom Stahlverein erschwerte die Energieversorgung seines Konzerns. Die Maxhütte konnte ihre neun Hochöfen nur rentabel betreiben, wenn Hüttenkoks in ausreichenden Mengen zur Verfügung stand. Nach Unterwellenborn und Sulzbach-Rosenberg gelangten aber ausschließlich die Selbstverbrauchslieferungen der maladen Zeche Mont Cenis. Am Tiefpunkt der Weltwirtschaftskrise mochte deren Förderung noch für den eingeschränkten Betrieb der beiden Hüttenwerke hinreichen. Doch sobald sich die Konjunktur wieder belebte, würde die Zeche den jährlichen Energiebedarf von mindestens 350 000 Tonnen Koks nicht mehr decken können. Selbst in den Krisenjahren arbeiteten ihre Bergleute an der Leistungsgrenze, konnten in Herne aber nur 270 000 Tonnen Koks gewinnen und an die Hüttenwerke versenden. Unter beträchtlichen Opfern schöpfte man damit die Selbstverbrauchsquote bis zur letzten Tonne aus. Der Betrieb an der Auslastungsgrenze ging wohl auch auf Kosten der Sicherheit, wie das schwere Grubenunglück von 1931 zeigte, bei dem 17 Bergleute ums Leben kamen.[143]

Die Lösung des Problems befand sich zwar nicht im direkten Zugriff Friedrich Flicks, aber immerhin in Reichweite: Die von Paul Silverberg kontrollierte Harpener Bergbau AG. Nach der 1929 eingestellten Kooperation zwischen Gelsenberg und Harpen hielt Rheinbraun etwa 40 Prozent des auf viele Kleinaktionäre verstreuten Harpen-Kapitals; umgekehrt waren Gelsenberg und die Charlottenhütte an Rheinbraun beteiligt. Flick kontrollierte etwa 26 Prozent des Braunkohleunternehmens, tastete den Führungsanspruch Paul Silverbergs trotz dieser Sperrminorität aber nicht an. Der technische Nutzen einer engen Verbindung zwischen rheinischer Braunkohle und der Harpener Ruhrkohle war indes überaus fraglich. Vermutlich gaben vor allem persönliche Motive Silverbergs den Ausschlag: Der ehrgeizige Verbandspolitiker setze die Gewinne von Rheinbraun faktisch dazu ein, sich einen gleichberechtigten Platz unter den Ruhrindustriellen zu erkaufen, obwohl er an dem Unternehmen mit weniger als einem Prozent beteiligt war.[144]

Schon die genauen Modalitäten des Gelsenberg-Geschäfts deuteten darauf hin, dass Flick ein konkretes Interesse an Harpen hatte. Von Anfang an bestand er gegenüber dem Reich darauf, die Rheinbraun-Beteiligung von Gelsenberg mitzunehmen. So wurde die Charlottenhütte zur größten Einzelaktionärin bei dem Braunkohlekonzern. Eine Mehrheitsposition war damit jedoch nicht verbunden, und freiwillig, so viel war klar, würde Silverberg seine Harpen-Beteiligung nicht verkaufen. Deshalb entwarf Flick Anfang April 1932 – während das Gelsenberg-Geschäft noch in der Schwebe war – einen kühnen Plan: Seine Rheinbraun-Beteiligung wollte er an das Rheinisch-Westfälische Elektrizitätswerk abtreten und diesem so die Kapitalmehrheit bei dem Konkurrenzunternehmen verschaffen. Danach sollte das RWE dafür sorgen, die Harpen-Beteiligung aus Rheinbraun herauszulösen und an die Charlottenhütte abzutreten. Auf den ersten Blick schien dies eines der für Friedrich Flick typischen machiavellistischen Tauschmanöver zu sein. Das RWE war mit seiner Tochtergesellschaft Roddergrube selbst in der rheinischen Braunkohleförderung tätig und konkurrierte mit Rheinbraun auch auf dem Strommarkt. Hinzu kam, dass dem RWE auch die beträchtlichen finanziellen Reserven von Rheinbraun zufließen würden – sie beliefen sich auf fast 30 Millionen Mark. Im Verein mit einem Verkauf der Harpen-Beteiligung an Flick würde der Stromkonzern das Geschäft also faktisch zum Nulltarif machen können.[145]

Auf den zweiten Blick fiel die Transaktion jedoch aus dem Rahmen, weil sie auf die völlige Entmachtung Silverbergs hinauslief. Deshalb war von Beginn an klar, dass dem RWE die Hauptversammlungsmehrheit bei Rheinbraun verschafft werden musste – Flicks Aktien reichten dafür aber nicht aus. Zudem würde Silverberg als Mitglied des RWE-Aufsichtsratspräsidiums schon früh von dem Manöver erfahren. Gegen dessen Widerstand konnte Flick nicht einmal über seine eigene Rheinbraun-Beteiligung verfügen, weil er sich 1930 vertraglich an Silverberg gebunden und seinem Partner die üblichen Mitbestimmungs- und Vorkaufsrechte zugesichert hatte. Gelingen konnte das Geschäft also nur, wenn dieser Vertrag gelöst wurde und das RWE den von Flick geplanten Vertrauensbruch billigte. Nach einer Besprechung Flicks mit den RWE-Vorständen Arthur Koepchen und Ernst Henke sowie dem Aufsichtsratsvorsitzenden Albert Vögler zeigte sich rasch, dass daran nicht zu denken war. Besonders Vögler konnte nicht das geringste Interesse daran haben, parallel zum anrüchigen Gelsenberg-Geschäft auch noch in eine zweite spektakuläre Verletzung des industriellen Komments hineingezogen zu werden. Friedrich Flick war deshalb gezwungen, den Plan einstweilen zurückzustellen. Allerdings zeichnete sich da bereits eine Stärkung seiner Verhandlungsposition ab, zu der Silverberg unfreiwillig beitrug.[146]

Ohne eigenes Zutun sollte sich die Machtposition der Charlottenhütte bei Rheinbraun bereits im Sommer 1932 von 26 auf rund 29 Prozent erhöhen, weil die Gesellschaft ihr Kapital um zehn Prozent reduzierte, indem sie eigene Vorratsaktien einzog. Vorratsaktien waren Anteile, die sich im Besitz der Gesellschaft befanden; eine im Herbst des Vorjahres erlassene Notverordnung setzte deren Stimmrecht außer Kraft, weil der Aufkauf eigener Aktien wesentlich zu den Pleiten während der Bankenkrise beigetragen hatte. Überdies war im Frühjahr 1932 eine zusätzliche Verschärfung der Bestimmungen im Gespräch, wonach auch vertraglich gebundene Aktien ihr Stimmrecht verlieren sollten. Beides war für Silverberg äußerst bedrohlich. Seine Unabhängigkeit beruhte darauf, dass es bis dato keinem Großaktionär gelungen war, eine Mehrheitsposition zusammenzukaufen, und solange Rheinbraun gut verdiente und hohe

Dividenden zahlte, hielt die Mehrheit der Kleinaktionäre an ihren Beteiligungen fest. Die Vorratsaktien hatten Silverbergs Position zusätzlich gestärkt. Mit dem neuen Aktienrecht drohte sich das aber zu ändern. Obwohl das Stimmrecht gebundener Aktien gesetzlich noch gar nicht angetastet worden war, fürchtete sich der politisch hervorragend vernetzte Silverberg vor den möglichen Folgen. Deshalb bat er Flick nun um die Auflösung des Vertrages vom Frühjahr 1930.

Silverberg konnte kaum ahnen, dass er damit ein entscheidendes Hindernis für Flicks RWE-Plan selbst aus dem Weg räumte und mit seinen Verteidigungsmanövern dessen Position erheblich stärkte. An die Stelle des ursprünglichen Vertrages trat eine ganze Reihe von Vereinbarungen, die jetzt nur noch in rechtlich unverbindlichen Absichtserklärungen niedergelegt wurden. Auf diese Weise sollten nominell neun Millionen Mark ehemaliger Vorratsaktien wieder stimmrechtsfähig gemacht werden, indem Flick und Vögler sie künftig – in enger Abstimmung mit Silverberg – auf den Hauptversammlungen anmeldeten. Silverberg trachtete in einer fatalen Fehleinschätzung der Lage danach, seinen wichtigsten Großaktionär enger in die Rheinbraun-Führung einzubinden und ihn so auf eine loyale Haltung zum Unternehmen zu verpflichten. Deshalb drängte er Flick auch noch ein Aufsichtsratsmandat auf. Diesem war eine solche Denkweise völlig fremd, und nur widerwillig erklärte er sich bereit, überhaupt in den Rheinbraun-Aufsichtsrat einzutreten. Sein Entgegenkommen ließ er sich zudem mit einem Vorkaufsrecht auf das Neun-Millionen-Paket vergüten.[147]

Nachdem sich der öffentliche Skandal um den Gelsenberg-Verkauf im Laufe des Sommers 1932 gelegt hatte, griff Flick die Planungen vom April wieder auf und trieb die feindliche Übernahme von Rheinbraun energisch voran. Mitte Oktober besprach er sich zunächst mit Vögler, danach mit Koepchen und Henke. Dank des Vorkaufsrechts war Flick in der Lage, dem RWE nominell etwa 30 Millionen Mark Rheinbraun-Aktien zum Tausch anzubieten. Weitere drei bis vier Millionen sollte Fritz Thyssen beisteuern, den mit Silverberg eine gegenseitige Antipathie verband. Zur Mehrheit fehlten dann nur noch zwei Millionen, die Flick im Auftrag des RWE an der Börse zusammenkaufen wollte. Die Kapitalmehrheit war notwendig, um den Aktionären einen Dividendengarantievertrag zwischen Rheinbraun und der RWE-Tochter

Roddergrube diktieren zu können – er sollte dem RWE den direkten Zugriff auf die finanziellen Reserven von Rheinbraun sichern. Diese Lösung ging auf einen Vorschlag zurück, den Flicks Anwalt Siegfried Frey bereits im April ausgearbeitet hatte: Anders als im Fall einer echten Interessengemeinschaft genügte für ein derartiges Abkommen die einfache Hauptversammlungsmehrheit. Flick sollte für seine Rheinbraun-Aktien teils bar, teils mit RWE- und Roddergrube-Papieren bezahlt werden; er ließ in den Verhandlungen aber niemals Zweifel daran aufkommen, dass es ihm ausschließlich um die Harpen-Beteiligung ging. Sie sollte in einem zweiten Geschäft gegen die Aktien der Roddergrube und einen Teil der RWE-Anteile eingetauscht werden.[148]

Als Flick Anfang November erste Vertragsentwürfe vorlegte, stellte sich plötzlich sein langjähriger Verbündeter Albert Vögler quer. Er bestand darauf, Silverberg vorher einzuweihen. Flick protestierte energisch, dass »dann das Geschäft für das RWE erledigt sei«. Nicht nur wegen der zu erwartenden »Gegenpropaganda« Silverbergs, der die kommunalen Eigentümer des RWE gegen das Geschäft aufbringen werde, sondern mehr noch, weil Silverberg seinerseits dann wohl »Angebote an die Charlottenhütte macht, die so verlockend sind, dass wir selbst wieder schwankend werden könnten«. Flicks Drohung zeigte sofort Wirkung. Ob Vögler tatsächlich ernsthafte Skrupel plagten oder ob sein Widerstand rein taktischer Natur war, es muss ihm bewusst gewesen sein, dass Flick ihn kaum ein halbes Jahr nach dem Gelsenberg-Skandal erneut in eine äußerst unangenehme Situation brachte. Während der RWE-Aufsichtsratsvorsitzende die Intrige geheim hielt, bekräftigte Silverberg bei jedem Treffen mit ihm die gemeinsame Vereinbarung vom Sommer, wonach Flick seine Rheinbraun-Aktien bei etwaiger Verkaufsabsicht zuerst ihm anzudienen habe. Vögler musste sich nicht nur an einem Wortbruch beteiligen, sondern auch noch die Verantwortung für die gewagten Pläne des RWE-Vorstandes übernehmen. Diese sahen vor, die Zustimmung des Aufsichtsratspräsidiums in einer inoffiziellen Vorbesprechung einzuholen, die hinter Silverbergs Rücken stattfinden sollte.[149]

Andererseits konnte Vögler den Verlockungen eines derart günstigen Geschäfts für das RWE nicht widerstehen, und so beschränkte er sich auf eine Absicherung mit symbolischen Gesten. Nachdem die Verhandlungen über die Verträge im Dezember 1932 abgeschlossen waren, standen die entscheidenden Sitzungen an. Zuerst traf sich das Präsidium des RWE-Aufsichtsrats zu einer »zwanglosen Vorbesprechung« ohne Silverberg, der von dem Geschäft offenbar wenige Tage zuvor »Wind bekommen« hatte. Das Gremium sprach sich einmütig für den Tausch aus, nachdem Vögler eine allerletzte Bedingung gestellt hatte: der Charlottenhütte die vertragliche Zusicherung über das Harpen-Geschäft zu verweigern. Wollte Flick nicht die gesamte Transaktion gefährden, konnte er gegen diese Volte nichts ausrichten. Die bereits unterzeichneten Verträge wurden entsprechend geändert, und wenige Tage später traten Präsidium und Aufsichtsrat offiziell zusammen. Hier stand Silverberg auf verlorenem Posten, da er selbst eingestehen musste, dass die Transaktion aus Sicht des RWE ausschließlich Vorteile hatte. Sein Widerstand beschränkte sich notgedrungen auf die Ausgestaltung des künftigen Verhältnisses zu seinem neuen Mehrheitsaktionär.

Danach entstand ein etwa sechswöchiges Machtvakuum, das der zögerliche Vögler verursachte. Während Silverberg seinen energischen Widerstand zu organisieren begann, arbeitete der RWE-Vorstand zunächst nur zaghaft auf den Dividendengarantievertrag mit Rheinbraun hin. Und Friedrich Flick hing in der Luft. Nicht nur, dass Vögler ihm die Harpen-Aktien »unter keinen Umständen geben« wollte. Nein, das RWE hatte dies sogar in einer Pressemitteilung publik gemacht. In einem internen Vermerk hielt Flick fest, dass sich das RWE »in Wirklichkeit jetzt bereits durch eine öffentliche Erklärung praktisch dem Standpunkt des Herrn Silverberg unterworfen und uns damit die Arbeit fast unmöglich gemacht« hat.[150]

Diese Misshelligkeiten blieben auch Silverberg nicht verborgen, und deshalb startete er einen Gegenangriff. Ende Januar 1933 begann ein mehrtägiger Verhandlungsmarathon, in dem Silverberg mit viel Geld versuchte, Flick auf seine Seite zu ziehen. Zum einen sollte Rheinbraun selbständig bleiben, wozu dem RWE ein Teil seiner Mehrheitsbeteiligung wieder abgenommen und die Verträge vom Dezember gelöst werden mussten. Zum anderen sollte Flick seine industriepolitischen Pläne dennoch umsetzen und Maxhütte-Mittelstahl mit Harpen fusionieren können. Für sein Entgegenkommen sollte Flick eine großzügige Entschädigung erhalten. Silverberg bot ihm nicht nur eine exorbitant hohe Gewinnmöglichkeit von rund 30 Millionen Mark, sondern lockte auch mit größeren Devisenbeträgen, die er der Charlottenhütte zuführen wollte. Anfangs stand ein Betrag im Wert von 25 Millionen Mark zur Debatte, mit dem Flick seine nach wie vor beträchtliche Auslandsverschuldung abbauen sollte.

Doch daraus wurde nichts. Bereits am 5. Februar 1933 war für Flick absehbar, dass Silverberg den Machtkampf verlieren würde. In Gesprächen mit Ernst Henke und dem Oppenheim-Bankier Robert Pferdmenges stellte sich heraus, dass der Rheinbraun-Vorstand seinem Aufsichtsratsvorsitzenden nicht mehr folgte und ihm jede Unterstützung bei seiner Abwehraktion verweigerte. Den Anlass dazu gab das RWE, indem es den Rheinbraun-Vertretern bei der Ausgestaltung des Dividendengarantievertrages entgegenkam. Silverberg war nun auch innerhalb seines eigenen Unternehmens isoliert. Alle weiteren Abwehrbemühungen, bei denen er vom Kölner Oberbürgermeister Konrad Adenauer ebenso unterstützt wurde wie von Bruno Heck, dem Chef der Dessauer Gas, liefen deshalb ins Leere. Rheinbraun willigte in den Vertrag mit der Roddergrube ein, so dass Silverberg auf der Generalversammlung vom 30. März 1933 nur noch seinen Rücktritt erklären und sich mit einem wehmütigen Rückblick auf eine 30-jährige Tätigkeit zum Wohle Rheinbrauns verabschieden konnte.[151]

Bald darauf legte Silverberg auch alle anderen Ämter nieder und emigrierte tief verbittert in die Schweiz. Unter der neuen nationalsozialistischen Regierung wäre es dazu wohl so oder so gekommen – Silverberg war jüdisch –, aber Flicks Intrige hatte seine Position so geschwächt, dass er gegen seine gesellschaftliche Demontage keinen Widerstand leistete. Doch selbst in der Niederlage stand Silverberg zu seinem Credo, dass ein Aufsichtsratsmitglied private Interessen stets zurückzustellen und sich gegenüber der jeweiligen Gesellschaft loyal zu verhalten habe. Diese prinzipienfeste Haltung ließ Flicks Vorgehensweise noch viel anrüchiger erscheinen. Dieser hatte zwar keinen Vertrag gebrochen und war juristisch auf der sicheren Seite. Moralisch wog der Vertrauensbruch jedoch schwer. Deshalb musste er sich auch energisch gegen Anschuldigungen, »die man bei Dritten offenbar erhebt und mir selbst gegenüber zu erheben anscheinend noch nicht den Mut gefunden hat«, verwahren. Vertreter der Deutschen Bank – Silverbergs Hausbank – hatten das Geschäft heftig kritisiert. Flick reagierte darauf jedoch genauso selbstbewusst wie in der Gelsenberg-Affäre: Gerne stelle er sich einer unabhängigen Untersuchung – die ausgerechnet Albert Vögler durchführen sollte. Trotz mehrerer Gespräche kam ein solches Schiedsgericht am Ende aber nicht zustande, weil es die Deutsche Bank nicht auf eine offene Konfrontation ankommen lassen wollte.[152]

Größere Ausdauer zeigte hingegen Albert Vögler in der Frage der Harpen-Aktien, deren Verkauf er »in aller Schärfe« ablehnte: Flick solle sich diesen Gedanken ein für allemal »aus dem Kopf schlagen«. Wenn die Aktien überhaupt verkauft würden, dann vielleicht an ein Konsortium aus Thyssen und Essener Steinkohle, an dem sich Flick gerne beteiligen könne. Vögler spielte auf Zeit, weil die Börsenkurse in der Zwischenzeit kräftig anzogen. Jede Verzögerung kostete Flick bares Geld. Als die Sache im Mai 1933 noch immer nicht vorangekommen war, setzte Flick den RWE-Vorstand in einem Brandbrief unter Druck. Trotz der im Dezember veränderten Verträge habe er doch einen »100%igen moralischen Anspruch« auf die Harpen-Aktien. Eine Barzahlung käme für ihn ebenso wenig infrage wie ein Tausch gegen RWE-Aktien. Flick machte deutlich, dass er die Anteile des Stromkonzerns sofort abstoßen werde – entweder im Paket an einen für das RWE unerwünschten Großaktionär oder stückweise über die Börse, was auf Jahre hinaus eine »völlige Deroute« des Kurses nach sich ziehen müsse. Letztlich waren diese Drohungen überflüssig, weil Vögler seine Position nicht durchhalten konnte; die kommunalen Eigentümer sträubten sich gegen eine Kapitalerhöhung beim RWE, so dass diesem die Möglichkeit genommen war, Flick überhaupt vollständig in eigenen Aktien zu entschädigen. Fritz Thyssen regte dann einen Kompromiss an, wonach Flick dem RWE beim Preis entgegenkommen sollte. Genauso wurde im Laufe des Sommers 1933 dann auch verfahren.[153]

Zwar zog sich die Abwicklung des Tauschmanövers noch bis Ende 1934 hin. Faktisch konnte Flick jedoch bereits im August 1933 zufrieden Bilanz ziehen. Ohne eigene Mittel aufwenden zu müssen, hatte er seine 29-prozentige Rheinbraun-Beteiligung gegen rund 40 Prozent an der Harpener Bergbau AG eingetauscht. Nachdem alle Verpflichtungen verrechnet waren, blieb ihm zusätzlich noch eine Barzahlung von sieben Millionen Mark und ein ansehnliches Paket von nominell rund 15

Millionen Mark RWE-Aktien. Sie standen ihm als Manövriermasse zur Verfügung und erhöhten damit seine Aktionsfähigkeit. Als offizielle Eigentümerin der Harpen-Beteiligung trat die Maxhütte auf, die damit zusätzlich in den Genuss des steuerlichen Schachtelprivilegs kam. Das eigentliche Ziel des Geschäfts war damit aber noch immer nicht erreicht, weil die Harpen-Zechen keine Selbstverbrauchslieferungen aufnehmen konnten. Dazu hätte die Maxhütte die Kapitalmehrheit halten müssen.[154]

Zunächst genügte aber auch die 40-prozentige Beteiligung, um Harpen schrittweise in den entstehenden Flick-Konzern einzubinden. Der schwer herzkranke Dortmunder Generaldirektor Erich Fickler blieb zwar im Amt, sein neuer Großaktionär gab aber nicht viel auf ihn. Schon in den Vorjahren hatte Flick die ehrgeizigen und teuren Modernisierungspläne misstrauisch betrachtet, mit denen sich Fickler und Silverberg an der Rationalisierungsbewegung im Ruhrbergbau beteiligten. Er musste zwar anerkennen, dass Harpen inzwischen die vielleicht modernste Zechengesellschaft an der Ruhr war. Aber als Kaufmann und Stahlunternehmer schätzte er die mit rund 100 Millionen Mark teuer erkauften technischen Meisterleistungen gering. Für ihn wog es schwerer, dass Fickler sein Modernisierungsprogramm nicht mit einer entsprechenden Steigerung des Absatzes verbunden hatte. Obwohl der Bergassessor seit 1927 dem Aufsichtsrat des Rheinisch-Westfälischen Kohlensyndikats vorsaß, hatte er diese Schlüsselposition nicht für sein eigenes Unternehmen genutzt. Harpens Syndikatsquote stagnierte, weil der überkorrekte und ordnungsliebende Fickler Konflikten innerhalb seiner Branche aus dem Weg ging und alles tat, um gar nicht erst den Verdacht aufkommen zu lassen, er habe das Amt für die Interessen seiner Gesellschaft missbraucht.[155]

Für Friedrich Flick war diese Haltung unverständlich, weil sie die Finanzen von Harpen belastete. So erklärt sich auch eine seiner ersten Amtshandlungen als Aufsichtsratsvorsitzender: Er strich die Reste des Modernisierungsprogramms kurzerhand zusammen. Obwohl Harpen 1934 wieder rentabel arbeitete und ausreichend Überschüsse für eine kleine Dividende erwirtschaftete, verweigerte er den übrigen Aktionären die Gewinnbeteiligung. Flick strebte nach der Kapitalmehrheit und gedachte dafür keine zusätzlichen Mittel aufzuwenden. Die

Harpen-Aktie sollte für Kleinanleger möglichst unattraktiv sein. Dies war die Grundlage für ein Börsenmanöver, das der neue Großaktionär gemeinsam mit Deutscher Bank und Berliner Handels-Gesellschaft entwickelte. Das Harpener Aktienkapital von 90 Millionen Mark sollte um ein Drittel reduziert werden. Allerdings war dafür kein regulärer Kapitalschnitt vorgesehen. Vielmehr sollten 30 Millionen Mark Aktienkapital in »Harpen-Bonds« umgewandelt werden. Der Hintergedanke des Manövers war von bestechender Einfachheit: Die festverzinslichen Schuldverschreibungen sollten als die attraktivere Geldanlage verkauft werden. Weil alle Aktionäre entsprechend ihrer Beteiligung Bonds erhalten würden, dienten diese zugleich als Hebel, mit dem die Maxhütte ihre Beteiligung kostenlos über die 50-Prozent-Hürde bringen sollte. Waren die Kleinaktionäre vornehmlich an einer Verzinsung ihres Kapitals interessiert, konnten sie ihre verbliebenen Aktien in zusätzliche Harpen-Bonds aus dem Besitz der Maxhütte eintauschen. Flick wollte auf diese Weise die erforderlichen Stimmrechte zum Nulltarif einsammeln und die Aktionäre mit einer garantierten Verzinsung ihres Kapitals locken.[156]

Das Vorhaben war zwar aus Sicht Flicks – und der Banken, die dabei beträchtliche Provisionen kassieren würden – überzeugend, ließ sich jedoch weder dem Syndikat noch den Aktionären glaubhaft vermitteln. Schließlich sollten aus ehemaligen Eigentümern Gläubiger des Unternehmens werden. Und warum sollten die Aktionäre überhaupt auf ihre vollen Eigentumsrechte am Unternehmen verzichten und sich auf die Bonds einlassen? Da Flick zur Durchsetzung seines Planes auf eine Dreiviertelmehrheit angewiesen war, bereitete er sich umso sorgfältiger auf die nächste Generalversammlung im August vor, die er als Aufsichtsratsvorsitzender leitete.

Der von seinen Mitarbeitern entwickelte Leitfaden enthielt vorsichtshalber Musterantworten auf kritische Aktionärsfragen. Dabei wurde nichts dem Zufall überlassen. Während sich Kaletsch von einer Detektei über oppositionelle Kleinaktionäre unterrichten ließ, diktierte Flick den Wirtschaftsredakteuren der regionalen und überregionalen Blätter seine Interpretation des Geschäfts persönlich in die Blöcke – beim gemütlichen Bierabend. Obwohl lediglich der Börsenkommissar dem Umwandlungsplan zuzustimmen hatte, zog man auch die Reichsbank und das Berliner Wirtschaftsministerium frühzeitig ins Vertrauen. Diese Strategie hatte den gewünschten Erfolg. Auf der außerordentlichen Generalversammlung der Harpener Bergbau AG vom 13. August 1935 blieb die Opposition stumm, und die erforderliche Mehrheit der Aktionäre sprach sich für den Bonds-Plan aus. Auch die Journalisten spielten wunschgemäß mit. Die meisten Blätter brachten lediglich die offizielle Presseerklärung im Wortlaut, während die wenigen redaktionellen Beiträge mit sichtlichem Vergnügen auf »gewisse Dispositionsfehler der alten Harpener Verwaltung« hinwiesen. Diese müssten nun vom neuen Hauptaktionär tatkräftig korrigiert werden.[157]

So fiel Friedrich Flick die Macht bei Harpen endgültig in die Hände. Auch die Führung konnte er in seinem Sinne regeln, da der ehemalige Silverberg-Intimus Erich Fickler im Mai verstarb. Als Nachfolger installierte Flick den konzilianten Ernst Buskühl, einen ausgewiesenen Techniker, der zuvor die Mannesmann-Zechen geleitet und sich innerhalb des Verbandswesens hohes Ansehen erworben hatte. Bei Mannesmann galt Buskühl lange als natürlicher Nachfolger des Vorstandsvorsitzenden Heinrich Bierwes, der im Vorjahr in den Aufsichtsrat gewechselt war. Dass der Vorstand stattdessen aber ohne Sprecher bleiben sollte und in der Person des alerten Demag-Direktors Wilhelm Zangen ein Außenstehender neu berufen wurde, musste Buskühl als persönliche Zurücksetzung empfinden. Flicks Angebot löste mithin ein Führungsproblem bei der Konkurrenz: Buskühl stieg zum Vorstandchef bei Harpen auf, Zangen wurde Generaldirektor bei Mannesmann.[158]

Im Laufe des Winters 1935/36 konnte die Eingliederung der Dortmunder Gesellschaft dann zügig abgeschlossen werden. Schon Ende 1935 war der Umtausch Bonds gegen Aktien beendet, so dass die Maxhütte nun auf eine Eigentumsquote von rund 60 Prozent kam und das Selbstverbrauchsrecht für den Harpener Koks anmelden konnte. Doch damit nicht genug: Harpen sollte auch die Betriebsführung bei Mont Cenis übernehmen. Die Zeche wechselte für stolze 18 Millionen Mark den Besitzer, wobei Harpen und Maxhütte den Kaufpreis untereinander über kostenlose Kokslieferungen verrechneten. Dies war technisch und betriebswirtschaftlich von Vorteil. Sofort reduzierte der Dortmunder Vorstand die Förderung auf Mont Cenis, um sie auf die viel preiswerter arbeitenden Harpen-Zechen zu verlagern. Auf lange Sicht, daran

bestand kein Zweifel, war Harpen lediglich an der Syndikatsquote interessiert. Vier Jahre später wurde die Zeche an den Krupp-Konzern
verkauft. Das Beispiel verdeutlicht, wie leicht der neu geschaffene Konzernverbund verdeckte Gewinnausschüttungen machte – und zu nichts
anderem war das Geschäft ja da. Während Flick den Aktionären die
Dividende verweigerte, bescherten die großzügige Bewertung von Mont
Cenis und die daraus folgenden Kokslieferungen der Maxhütte zusätzliche Einnahmen, die an sich bei Harpen erwirtschaftet worden waren.
Die Presse spekulierte sogar darüber, dass auf diese Weise vor allem die
Haldenbestände aus der Zeit der Weltwirtschaftskrise abgebaut und an
die Maxhütte geliefert werden sollten.[159]

In dieser Politik spiegelte sich die Machtposition, die Friedrich Flick
seit der Intrige gegen Paul Silverberg binnen zwei Jahren bei Harpen
erobert hatte. Sie beruhte zum weiteren Mal auf der vollen Verfügungsgewalt über die Kapitalmehrheit, die er jetzt zum Nutzen der Maxhütte
einsetzte. Angestellte Manager wie Albert Vögler oder Paul Silverberg
konnten gegen diese bewegliche Position des Kapitaleigentümers wenig
ausrichten. Deren Vorteile traten Anfang 1936 noch einmal deutlich
hervor, als erneut um die Zukunft der Essener Steinkohlenbergwerke
gerungen wurde. Der Stahlverein hatte die Gesellschaft im Rahmen
einer umfassenden Reorganisation 1933 neu errichtet. Neben den Magerkohlenzechen im Essener Süden und dem Bergwerk Dorstfeld aus
traditionellem Besitz der Essener Steinkohle umfasste das Unternehmen danach auch die früheren Gelsenberg-Zechen Grillo/Grimberg
mit ihren hochmodernen Förderanlagen und Kokereien im Grubenfeld
Monopol. Die Neugründung kalkulierte einen späteren Verkauf von
vornherein ein: Falls das Flick-Geschäft von 1932 wieder rückgängig
gemacht würde, sollte die Essener Steinkohle verkauft und aus dem Erlös die Reprivatisierung des Stahlvereins bezahlt werden.[160]

Auch dabei trafen die Interessen von Kapitaleigentümern und angestellten Managern frontal aufeinander. Die Leitung der Essener Steinkohle lag seit 1906 in den Händen von Ernst Tengelmann. Der 1870
geborene Bergwerksdirektor galt als unumschränkter Alleinherrscher
auf seinen Anlagen und hatte darüber längst dynastische Ambitionen
entwickelt. Selbst Sohn eines Grubenverwalters, stach er unter seinen
Branchenkollegen schon deshalb hervor, weil er seine Position ohne das

Rheinbraun-Chef Paul Silverberg
erfährt zu spät von Flicks Intrige und
verliert den ungleichen Machtkampf.

Ernst Tengelmann gelingt es nicht,
seiner Familie eine Beteiligung an der
Essener Steinkohle zu sichern.

obligatorische Bergassessorexamen erreicht hatte. Über die Jahre hatte er die Essener Steinkohle praktisch zum Familienunternehmen gemacht. So unterstand die Zeche Dorstfeld bereits seit Vorkriegszeiten seinem jüngeren Bruder Fritz. Die Söhne Walter und Wilhelm durchliefen während der zwanziger Jahre im Eiltempo alle Stationen der bergmännischen Ausbildung. Nach dem Examen als Bergassessoren sammelten sie zunächst praktische Erfahrungen auf verschiedenen Gruben des väterlichen Unternehmens. Walter Tengelmann trat 1930 in den Vorstand der Essener Steinkohle ein und galt als natürlicher Nachfolger seines Vaters. Wilhelm Tengelmann, wie sein älterer Bruder ein früher Verehrer und Förderer Hermann Görings, avancierte 1933 zum Wirtschaftsberater des preußischen Ministerpräsidenten und wechselte kurz danach in den Vorstand der preußischen Bergwerksgesellschaft Hibernia.[161]

Bemerkenswert ist die Stellung des Tengelmann-Clans deshalb, weil die Erbfolge nicht durch eine Kapitalbeteiligung abgesichert war. Allerdings waren die Eigentumsverhältnisse bei der Essener Steinkohle über Jahrzehnte hinweg stabil und überschaubar geblieben, weil die

Aktien vor allem bei alteingesessenen Familien lagen. Erst in den Inflationsjahren war die Kapitalmehrheit zunächst an Henschel gekommen, danach von Gelsenberg und schließlich vom Stahlverein übernommen worden. Angesichts eines absehbaren vierten Eigentümerwechsels fürchtete Tengelmann nun, dass die Gesellschaft endgültig in »unrechte Hände« kommen und die Leitungsposition seiner Familie angegriffen würde – ähnlich wie im Fall Paul Silverbergs. Deshalb arbeitete er auf ein Konsortium hin, das zumindest eine starke Sperrminorität unter die Kontrolle der Familie bringen sollte. Obwohl sein jüngerer Sohn Wilhelm dafür auch die finanziellen Mittel der Hibernia einsetzen wollte, stand das gesamte Vorhaben auf schwachen Füßen. Es hing von der Unterstützung der Stahlverein-Führung ab, die sämtliche Aktien der Essener Steinkohle kontrollierte und sich bereitfinden musste, diese an das geplante Konsortium zu verkaufen. Wie aber sollte der Kaufpreis aufgebracht werden? Trotz einer möglichen Beteiligung des Staatsunternehmens blieb die Finanzierung fraglich und konnte angesichts eines Aktienkapitals von 70 Millionen Mark nur mit dem Kredit der Großbanken gelingen. Anfang 1936 wurde jedoch rasch deutlich, dass weder der Stahlverein noch die Banken dazu bereit waren, die privaten Ambitionen der Tengelmanns zu unterstützen. Am Anfang und Ende ihrer dreijährigen Zitterpartie stand niemand anderes als Friedrich Flick.[162]

Da war zunächst Ostoberschlesien. Obwohl Flick 1932 aus dem Kreis der Stahlverein-Aktionäre ausgeschieden und deshalb auch in Ostoberschlesien finanziell nur noch gering beteiligt war, behielt er seine Funktion als Repräsentant der industriellen Ostinteressen bei. Nach einer schnellen Folge von Finanzkrisen und unsystematischen Rettungsaktionen waren die Zukunftsaussichten der ostoberschlesischen Gesellschaften seit 1933 immer unsicherer geworden. An eine rentable Produktion war gar nicht zu denken, während gleichzeitig der Druck des polnischen Staates zunahm. Die Industriellen begannen deshalb, sich aus der Verantwortung zu stehlen.

Vögler war vor allem daran interessiert, die rechtlich fragwürdige Holdingkonstruktion mit ihrer enormen Schuldenlast zu beseitigen und auf diese Weise die Bücher des neu geordneten Stahlvereins zu bereinigen. Er ließ nur noch wenig Neigung erkennen, den polnischen Besitz überhaupt weiter aufrechtzuerhalten. Auch Flick zeigte sich in den

Verhandlungen immer reservierter. Bereits im März 1933 brachte Vögler erstmals eine Verstaatlichung der ostoberschlesischen Industriebeteiligung ins Spiel. In Form eines »Andienungsrechtes« sollte der Fiskus gegen Zahlung von 35 Millionen Mark endgültig die alleinige Eigentümerposition von der Industriegruppe übernehmen – obwohl das Reich zu dieser Zeit noch die absolute Mehrheit der Stahlverein-Aktien hielt. Der Vorschlag lief auf eine gut bezahlte Verstaatlichung einer Beteiligung hinaus, die sich bereits im mittelbaren Zugriff des Fiskus befand; eigentlich ging es um eine allerletzte Subvention in Form einer Ablöse. Zunächst stieß Vögler auf positive Resonanz, doch verbrieft wurde die Zusage nicht, weil Hitler das Problem in mehreren Kabinettssitzungen vertagte, um seine deutsch-polnische Annäherungspolitik nicht zu gefährden.[163]

Deshalb blockierten sich die beteiligten Parteien gegenseitig. Während der Fiskus und die Banken weitere Mittel für Ostoberschlesien nur dann zur Verfügung stellen wollten, wenn die Industriegruppe einen Sanierungsplan aufstellte, bestand diese auf dem Andienungsrecht. Diese Uneinigkeit schwächte nicht nur die Finanzen der ostoberschlesischen Unternehmen, sondern eröffnete dem polnischen Staat auch die Möglichkeit zum Angriff. Nachdem Flicks Direktoren Walter Tomalla und Alfred Rohde bereits im Winter 1933/34 vor der drohenden Verhaftung nach Deutschland fliehen mussten, stellte die polnische Regierung die Kattowitz-Laura im März 1934 unter Geschäftsaufsicht. Als Vorwand diente die amerikanische Holdingkonstruktion. Sie habe nicht nur den Gesellschaften zusätzliche Mittel, sondern auch dem Staat die entsprechenden Gewinnsteuern entzogen. Aus diesen Forderungen leitete Polen seinen Besitzanspruch auf die Werke ab. Faktisch verlor die deutsche Seite Anfang 1934 die operative Kontrolle über die ostoberschlesische Interessengemeinschaft.

Die neue Lage erleichterte es wiederum den Berliner Ministerien, eine einheitliche Linie zu finden. Wenn eine Kontrolle der Unternehmensleitung nicht mehr gesichert war, kam es überhaupt nicht infrage, die Gesellschaften weiterhin mit Subventionen zu unterstützen – nur das »volkstumspolitische« Interesse hatte die enormen Verluste bis zuletzt überhaupt noch rechtfertigen können. Weil diese Geschäftsgrundlage nun endgültig verloren ging, unterlag das Auswärtige Amt im Machtkampf mit dem Wirtschafts- und Finanzressort. Flick brachte die Konsequenzen der neuen Situation bündig auf den Punkt: Die Beteiligung müsse nun an Polen verkauft werden. Zwar kam es erneut zum Streit über das Andienungsrecht, das den Ministerien plötzlich als freche Zumutung gescheiterter Spekulanten galt, die ihre Verluste dem Staat aufbürden wollten. Aus der nachweislich gemachten Zusage leiteten die Industriellen jedoch einen moralischen Anspruch ab, den die Ministerien nicht so leicht vom Tisch wischen konnten. Am Ende stimmten sie einem Verkauf der Beteiligung grundsätzlich zu und stellten der Industriegruppe dabei einen »angemessenen Ausgleich« in Aussicht.[164]

Erst im Winter 1935/36 begann Flick sich wieder verstärkt in Sachen Ostoberschlesien zu engagieren. Die polnische Seite wollte in konkrete Kaufverhandlungen eintreten, die bis zum Sommer 1936 auch abgeschlossen werden konnten. Der polnische Fiskus nahm den deutschen Eigentümern ihre Beteiligung für 80 Millionen Złoty ab und entrichtete den Kaufpreis in Form langfristiger Schuldverschreibungen. Das Gros des Erlöses fiel an die zahlreichen deutschen Bankgläubiger, während sich die Industrie auf einen Austausch von Schuldverschreibungen gegen Kohlelieferungen einließ. Mittelstahl ging dabei lieber eigene Wege und tauschte mehr als die Hälfte seiner Złoty-Obligationen gegen die wesentlich handfestere Quote der Kattowitzer AG beim Kölner Feinblechverband. Bei diesem Teil des Geschäftes handelte es sich letztlich um eine technische Angelegenheit, die Flick weitgehend seinem Vertrauten Alfred Rohde überlassen konnte, der seit seiner Flucht aus Polen in der Bellevuestraße tätig war.[165]

Wichtiger für Flick war ein zweiter Aspekt, denn der endgültige Verkauf der Ost-Position verlangte zugleich nach einer Klärung der Ansprüche auf deutscher Seite. Diese erstreckten sich nicht nur auf die Gläubigerbanken und die industriellen Forderungen aus dem Andienungsrecht, sondern auch auf die 1929 vereinbarte Gewinnbeteiligung und das von der Reichs-Kredit-Gesellschaft gegebene Darlehen. Ein weiterer Punkt kam hinzu. Wenn ohnehin eine komplizierte Flurbereinigung zwischen Stahlverein und Staat anstand, dann ergab sich daraus womöglich eine günstige Gelegenheit, auch gleich ein weiteres Problem zu lösen: die seit Längerem diskutierte und von beiden Seiten angestrebte Reprivatisierung der Reichsbeteiligung am deutschen Montantrust.

Bereits wenige Wochen nach dem ersten polnischen Angebot wurde die Kombination beider Probleme erstmals in den Ministerien diskutiert. Im Januar 1936 verständigte sich das Triumvirat Flick-Thyssen-Vögler auf ein gemeinsames Vorgehen, und Flick nahm »sogleich einmal mit einer maßgebenden Stelle Fühlung«. Seit der Reorganisation des Trusts, die unmittelbar nach dem Gelsenberg-Geschäft begonnen hatte, hielt der Staat zwar nicht mehr die Kapitalmehrheit, aber immer noch eine Beteiligung von nominell 130 Millionen Mark. Um dem Reich dieses Paket abkaufen zu können, musste die Industriegruppe also einen gewaltigen Barbetrag aufbringen.

Wichtigste finanzielle Manövriermasse wurde die Essener Steinkohle. Der Stahlverein wollte sie für etwa 70 Millionen Mark verkaufen. Auf weitere 35 Millionen Mark des Kaufpreises – so der Plan – würde der Fiskus verzichten und damit den »moralischen Anspruch« aus dem oberschlesischen Andienungsrecht abgelten. Kleinere Aktienpakete würden vom Reich beziehungsweise von staatlichen Banken gehalten werden können, während Fritz Thyssen dem Staat ein weiteres kleineres Paket abnehmen wollte. Thyssen und Vögler verständigten sich darauf, die Aktien des Stahlvereins anschließend einzuziehen, um den Trust mit diesem Kapitalschnitt von seiner hohen Dividendenlast zu befreien. Durch dieses Manöver sollte Fritz Thyssen zum größten Einzelaktionär aufsteigen und über die Sperrminorität von 25 Prozent verfügen. Friedrich Flick sah sich wohl in der Pflicht, an der Rückabwicklung des Gelsenberg-Geschäfts mitzuwirken. Ordnungspolitische Motive waren ihm dabei fremd; vielmehr ging es ihm um sein Ansehen innerhalb der Ruhrindustrie – und um die Essener Steinkohle, die er seinem Konzern einverleiben wollte.[166]

Erst durch die Verknüpfung der Stahlverein-Reprivatisierung mit dem Problem Ostoberschlesien rückte Friedrich Flick in die Position eines wichtigen Unterhändlers. Jetzt ging es darum, eine Einigung mit dem Finanz- und Wirtschaftsministerium zu erzielen und die Ansprüche aus dem Andienungsrecht möglichst hoch anzusetzen. Dies gelang freilich nur mit einigen Zugeständnissen: Weil das Reich auf einer Bewertung mit 100 Prozent bestand, reduzierte sich das Gesamtvolumen der Reprivatisierung auf 115 Millionen Mark Aktien des Stahlvereins – ein größerer Barbetrag war nicht aufzubringen. Gleichzeitig musste Flick eine Reduzierung des ostoberschlesischen Entschädigungsanspruchs von 35 auf 20 Millionen Mark hinnehmen. Das allerdings war noch immer ein großer Erfolg, weil das Reich auf seine Ansprüche aus dem 25-Millionen-Darlehen an die Fiduciaire vollständig verzichtete.[167]

Für den Kauf der Essener Steinkohle musste Flick 70 Millionen Mark aufbringen, was die Möglichkeiten seiner Konzernfinanzen bei Weitem überstieg. In bewährter Manier wollte er einen Teil des Übernahmepreises aus dem Vermögen des Kaufobjekts bestreiten und die Zeche Dorstfeld an die Konkurrenz verkaufen. Den anderen Teil des Kaufpreises hatte Harpen aufzubringen, Mittelstahl sollte finanziell weitgehend geschont werden. Aber selbst bei großzügiger Unterstützung durch die Deutsche Bank klaffte noch immer eine Finanzierungslücke. Um sie schließen zu können, wollte Flick auf die Hilfe des niederländischen Industriellen Fentener van Vlissingen zurückgreifen, der auch zu den Minderheitsaktionären von Harpen gehörte. Er sollte etwa 40 Prozent des Essener-Steinkohle-Kapitals übernehmen – als Zwischenlösung. Flick zog van Vlissingen den Tengelmanns vor, weil dieser ihm eine Kaufoption einräumte. Die Direktorenfamilie wollte er von einer größeren Kapitalbeteiligung ausschließen, da diese seinen Führungsanspruch bedroht hätte.[168]

Das Ringen um die Finanzierung des Geschäfts verdeutlicht nicht nur die taktischen Erwägungen der Bellevuestraße. Es zeigt auch, welche Handlungsspielräume der Vorstand einer Konzerngesellschaft wie der Harpener Bergbau AG besaß. Als er am 18. Februar 1936 ins Vertrauen gezogen wurde, war er »nach kurzer Zeit entschlossen, auf alle Fälle zuzugreifen«. Nur die Vorstellung, das Bergwerk Dorstfeld sofort verkaufen zu müssen, rief blankes Entsetzen bei den Bergassessoren hervor, weil die Zeche »ausgezeichnete Verhältnisse, einen sehr großen Überschuss und gute Leistungen« hatte. Trotz mancher Kritik äußerte der Harpen-Vorstand jedoch keinerlei Bedenken dagegen, das Vermögen der Gesellschaft für den Kauf der Essener Steinkohle einzusetzen. Im Gegenteil: Er zeigte sich viel optimistischer, als Steinbrinck erwartet hatte, und erklärte sich sofort bereit, seine Reserven so weit wie irgend möglich auf das Geschäft zu verwenden. Harpen wollte insgesamt eine finanzielle Belastung auf sich nehmen, die fast doppelt so hoch war wie ursprünglich in Berlin geplant.[169]

Anfang April 1936 konnten die Verträge unterzeichnet und das Geschäft so rasch abgewickelt werden, dass die Essener Steinkohle ihre Dividende für das Geschäftsjahr 1935/36 bereits in die Finanzierung ihres eigenen Erwerbs fließen lassen konnte. Weil das Aktienkapital der Gesellschaft mit 100 Prozent bewertet wurde, entsprachen die Finanzierungsbeiträge in etwa der neuen Aktionärsstruktur: Harpen brachte mit rund 34 Millionen Mark das Gros der Mittel auf und war zunächst mit 50 Prozent an der Essener Steinkohle beteiligt. An der Finanzierung wirkten daneben Mittelstahl, die Allianz-Versicherung und die Deutsche Bank mit. Auf diese Weise konnte der Devisenanteil gering gehalten werden, so dass nur noch Aktien für rund zwölf Millionen Mark an Fentener van Vlissingen kamen. Die Essener Steinkohle übernahm eigene Aktien für sieben Millionen Mark, um diese einzuziehen, damit der niederländische Partner tatsächlich die vereinbarte Beteiligungsquote von 20 Prozent erreichte. Unter dem Strich beherrschte Flick über Mittelstahl und Harpen mindestens 60 Prozent des Kapitals – eine ausbaufähige Position, da sich die übrigen Anteile ja durchweg in der Hand befreundeter Banken und Unternehmen befanden.[170]

Mit dem Erwerb von Harpen und Essener Steinkohle stieg Friedrich Flick zum zweitgrößten deutschen Steinkohleproduzenten auf. Als er 1932 damit begann, nach der Macht bei Harpen zu greifen, war es ihm in erster Linie um die Rentabilität seines Stahlkonzerns gegangen. Die Bergwerksgesellschaft konnte diesen Bedarf mühelos decken; 1936 produzierten die Harpener Kokereien 1,81 Millionen Tonnen Koks, weit mehr, als die Hochöfen der Maxhütte benötigten. Mit der Essener Steinkohle übernahm Harpen auch deren Koksproduktion, so dass der gemeinsame Ausstoß nun 2,3 Millionen Tonnen betrug. Flicks Zechen förderten etwa zwölf Prozent der Ruhrkohle – nur der Stahlverein war noch leistungsfähiger. Verglichen mit einem Unternehmen wie Krupp, dessen Stahlproduktion etwas größer war als der Ausstoß von Maxhütte und Mittelstahl, verfügte Flicks Konzern über eine doppelt so große Kohleförderung. Die überschüssigen Mengen konnte er über das Syndikat absetzen und damit den Einfluss innerhalb seiner Branche weiter steigern.

Aber nach welchem Plan, mit welcher Strategie ging Friedrich Flick dabei vor? Jedenfalls kann die Überversorgung mit Kohle nicht als

Ergebnis langfristiger Planung gelten. Der Kauf der Essener Steinkohle war in erster Linie für Flicks persönliches Ansehen an der Ruhr wichtig. Nicht nur, dass er seine Finanzkraft eindrucksvoll unter Beweis stellen konnte. Er trug auch selbst aktiv dazu bei, die von ihm unter skandalösen Umständen verursachte, ungeliebte Staatsbeteiligung am größten deutschen Montankonzern zu reprivatisieren. Alle Beteiligten profitierten von dem Geschäft: Albert Vögler konnte die Reorganisation des Stahlvereins erfolgreich abschließen und sich in den Aufsichtsrat zurückziehen; Fritz Thyssen sah seine Position als Großaktionär gestärkt; das Reich hatte endlich einen Schlussstrich unter das leidige Ostengagement ziehen können und nahm außerdem bares Geld ein, das in die Rüstung gesteckt werden konnte. Auf diesen Prestigeerfolg kam es Flick diesmal vor allem an. Dass er dabei auch ein gutes Geschäft machte, stand ausnahmsweise nicht im Vordergrund.[171]

Der mitteldeutsche Konzern

Die Charlottenhütte kam 1934 an ihr Ende. Friedrich Flick hatte die Gesellschaft in nur 18 Jahren von kleinsten Anfängen zu enormer Größe entwickelt, dabei ihre alten Betriebe in der Siegerländer Provinz abgestoßen, sie zur reinen Finanzholding ausgebaut, mit ihr eine außergewöhnliche wirtschaftliche Machtposition erobert und diese 1932 wieder eingebüßt. Die Trennung von seinem Stammunternehmen ist ihm nicht leichtgefallen, doch seit der Gelsenberg-Affäre war mit der Charlottenhütte kein Staat mehr zu machen; zu sehr haftete ihr der Ruch des Skandals an. Sie taugte auch nicht mehr zur diskreten Finanzholding, weil durch das Geschäft mit dem Reich zu viele Details an die Öffentlichkeit gekommen waren. Überdies hatte sich Flicks eigentliche unternehmerische Aktivität bereits von der Ruhr in den mitteldeutschen Raum verlagert. Die Charlottenhütte aufzugeben bedeutete also nicht nur, das Beteiligungsgeflecht organisatorisch und finanziell ein weiteres Mal umzubauen. Tatsächlich entstand in Mitteldeutschland etwas ganz Neues, nämlich ein Verbund von Unternehmen, die Flick auf Dauer im Besitz seiner Familie halten wollte.[172]

Das Erlöschen der Charlottenhütte im Januar 1934 markierte das Ende einer fast zweijährigen Reorganisation von Beteiligungen, die nach der Trennung vom Stahlverein notwendig geworden war. Das aufgeblähte Netz der Holdinggesellschaften war durch den Verkauf der Gelsenberg-Aktien weitgehend seiner Funktion beraubt worden. Bis dahin umfasste es neben der Charlottenhütte das Rheinische Eisenkontor, die Siegener Eisenindustrie sowie drei niederländische Finanzierungsgesellschaften. Zum einen ging es darum, das Firmengeflecht an die neuen Verhältnisse anzupassen. Zum anderen lasteten auf den unterschiedlichen Holdings auch nach dem Gelsenberg-Geschäft noch immer beträchtliche Zahlungsverpflichtungen, die sich Ende 1932 auf etwa 80 Millionen Mark beliefen. Von ihnen ging zwar keine akute Gefahr mehr aus, weil die Tilgung überwiegend erst Mitte der dreißiger Jahre einsetzte. Das Beteiligungsgeflecht sollte aber so gestrafft werden, dass die Erträge von Mittelstahl und Maxhütte direkt in den Schuldendienst fließen konnten.[173]

1932 hielt die Charlottenhütte etwas über 80 Prozent der Maxhütte, die wiederum mit 51 Prozent an Mittelstahl beteiligt war. Das Harpen-Geschäft erleichterte die Auflösung dieser verschachtelten Konstruktion: Die Charlottenhütte tauschte ihre Harpen-Aktien gegen die Mittelstahl-Beteiligung der Maxhütte ein und hielt nach diesem Manöver die Mehrheit an beiden Industrieunternehmen. Zudem gelang es Flick, seine Beteiligung an Mittelstahl auf rund 94 Prozent auszubauen. Flick finanzierte seine faktische Alleineigentümerposition mit den RWE-Aktien, die ihm das Tauschgeschäft rund um Rheinbraun und Harpen zusätzlich eingebracht hatte. Diese Umschichtungen gestatteten im zweiten Schritt die vollständige Fusion der Charlottenhütte auf Mittelstahl. Das Stammunternehmen wurde aus dem Handelsregister getilgt, die Funktion der Spitzenholding übernahm fortan die Siegener Eisenindustrie. Kurz nach der Fusion hielt sie rund 98 Prozent der Mittelstahl-Aktien, während alle übrigen Unternehmen teils direkt an die mitteldeutsche Gesellschaft angehängt waren (wie im Fall der Maxhütte oder der niederländischen Töchter) oder über syndikatsrechtlich notwendige Schachtelbeteiligungen gehalten wurden (so befanden sich die Harpen-Aktien vollständig im Besitz der Maxhütte).[174]

Mittelstahl bildete nun den Kern des Industriekonzerns, ergänzt um die über 80-prozentige Beteiligung an der Maxhütte. Die neue Kon-

struktion der Interessengemeinschafts- und Gewinnabführungsverträge
gestattete eine wesentlich einfachere Lösung als bisher. Das Abkommen,
das der Maxhütte die Herrschaft über Mittelstahl sicherte, wurde aufgelöst, der Vertrag, mit dem die Charlottenhütte die Maxhütte beherrschte, abgeändert. Mittelstahl trat in die Vereinbarung mit der
Maxhütte ein und übernahm mit dem Vermögen der Charlottenhütte
zugleich die Führungsrolle. Dies drehte auch die finanzielle Hierarchie
zwischen den beiden Gesellschaften um: In den drei Geschäftsjahren
der alten Interessengemeinschaft hatte Mittelstahl jedes Jahr einen Ge-
winnausgleich von durchschnittlich zwei Millionen Mark an die Maxhütte überwiesen. Ab 1934 lieferte nun die Maxhütte einen Teil ihrer
Überschüsse bei Mittelstahl ab, im Durchschnitt etwa 3,6 Millionen
Mark. Auf die Leitung der beiden Unternehmen wirkten sich diese
Veränderungen freilich nicht aus: Schon im Winter 1931/32 gehörten
die Vorstandsmitglieder der Maxhütte auch dem Leitungsgremium bei
Mittelstahl an – und umgekehrt. Beiden Aufsichtsräten saß Friedrich
Flick vor, der seinen Vertrauten Otto Steinbrinck als Statthalter in beide
Vorstände entsandte. Die Maxhütte stand weiterhin unter der unbe-
strittenen Leitung Eugen Böhringers, Mittelstahl unter der Führung
Friedrich Möllers. Zugleich aber diente der gegenseitige Austausch von
Vorstandsmandaten dazu, eine einheitliche Führung zu sichern.[175]
   Der Begriff Konzern wird häufig metaphorisch verwendet, um ein
großes Unternehmen und seine Beteiligungen zu bezeichnen. Eigentlich handelt es sich dabei um einen klar definierten Rechtsbegriff, der
immer dann angebracht ist, wenn mehrere formell selbständige Unternehmen eine wirtschaftliche Einheit bilden und vor allem einheitlich
geleitet werden. In der Praxis ist mit dieser dehnbaren Definition wenig
gewonnen. Schon während des Ersten Weltkriegs trafen die formalen
Kriterien beispielsweise auf die Charlottenhütte zu, die mehrere Erzgruben und Rohstoffbetriebe als rechtlich selbständige Tochtergesellschaften führte. Aber was ist mit den von Friedrich Flick während der
zwanziger Jahre zusammengekauften Beteiligungen? Trotz der Machtposition beim Stahlverein konnte von einem »Flick-Konzern« unter
einheitlicher Leitung nicht ernsthaft gesprochen werden.
   Klare Eigentumsverhältnisse und eine einheitliche Leitung rechtlich
selbständiger Gesellschaften gab es hingegen seit 1932/33 bei Mittel-

stahl und Maxhütte. Erst nachdem Friedrich Flick dem Stahlverein seine Sperrminorität abgekauft hatte, stand der Konzern unter seiner einheitlichen Leitung. Besonders deutlich wird der damit verbundene Einschnitt, nimmt man die syndikatsrechtlichen Beziehungen zwischen den Gesellschaften in den Blick. Maxhütte und Mittelstahl belieferten sich nicht nur im Konzernselbstverbrauch, sondern tauschten Verbands- und Syndikatsquoten auch untereinander aus. Überdies war der Rohstoffbezug von den Harpener Zechen seit Anfang 1936 ebenfalls als syndikatsrechtlicher Selbstverbrauch organisiert. Deshalb kann erst seit 1932/33 überhaupt von einem »Flick-Konzern« gesprochen werden. Dies ist keine Frage der Etikettierung. Tatsächlich markiert der Begriff »Konzern« einen tiefen Einschnitt in Friedrich Flicks unternehmerischer Karriere. Seit er die regionalen Grenzen des Siegerlandes überwunden hatte, gab es nun erstmals wieder technische Beziehungen zwischen den von ihm beherrschten Unternehmen, die tatsächlich dauerhafte Bindungen nach sich zogen.

Da war zunächst die Maxhütte mit ihren drei Standorten in Bayern und Thüringen. Technisch waren ihre Werke im oberpfälzischen Sulzbach-Rosenberg und im thüringischen Unterwellenborn ähnlich aufgebaut. Beide verhütteten Eisenerz, das in unmittelbarer Nachbarschaft gefördert wurde. In Rosenberg betrieb die Maxhütte sechs, in Unterwellenborn zunächst drei, ab 1936 dann vier Hochöfen. Stahlwerke verarbeiteten das dort hergestellte Roheisen weiter zu Rohstahl, und an beiden Standorten schlossen sich Walzwerke mit je einer Block- und zwei Fertigstraßen an, die den Stahl vornehmlich zu Eisenbahnschienen und schweren Trägern auswalzten. Ein Teil der Rosenberger Produktion gelangte als Halbzeug zum dritten Standort der Maxhütte, dem etwa 60 Kilometer südlich von Rosenberg gelegenen Siemens-Martin-Stahlwerk in Haidhof. Das dort eingesetzte Verfahren arbeitete mit Schrott und preiswerter Braunkohle. Dabei war der Martinstahl hochwertiger als der Rosenberger Thomasstahl und eignete sich besser für die verarbeitende Industrie. Feinere Stabprofile und Bleche walzte die Maxhütte deshalb ausschließlich in Haidhof, wo sie auch eine Gießerei betrieb.[176]

Mit dieser räumlich zersplitterten Produktion unterschied sich die Maxhütte deutlich von den integrierten Werken an der Ruhr und hatte deshalb drei finanzielle Nachteile in Kauf zu nehmen. Erstens erhöhte

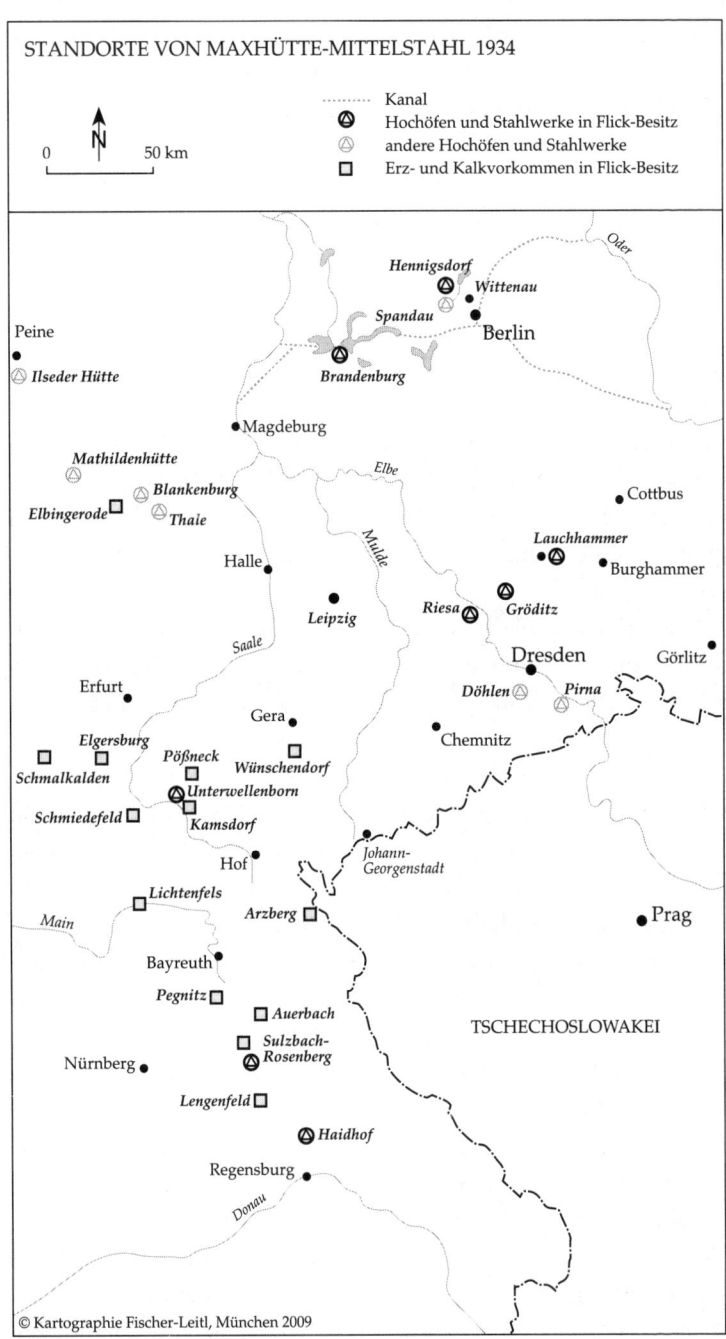

STANDORTE VON MAXHÜTTE-MITTELSTAHL 1934

.... Kanal
Hochöfen und Stahlwerke in Flick-Besitz
andere Hochöfen und Stahlwerke
Erz- und Kalkvorkommen in Flick-Besitz

0   50 km

© Kartographie Fischer-Leitl, München 2009

der relativ geringe Eisengehalt des heimischen Erzes die Selbstkosten. Zweitens war der Halbzeug-Transport zwischen Rosenberg und Haidhof teuer – nicht nur wegen der Bahntarife, sondern auch weil er ein zusätzliches Erhitzen der Stahlblöcke erforderte. Drittens wies die Gas- und Wärmewirtschaft eine empfindliche Lücke auf. Die Hüttenwerke in Rosenberg und Unterwellenborn bezogen ihren Brennstoff von den Kokereien des Ruhrgebiets und mussten wegen der großen Distanz auf das besonders wertvolle Kokereigas verzichten.

Aber die Maxhütte hatte gegenüber den Werken in den Montan-revieren auch einige klare Vorzüge. Die sichere Rohstoffversorgung war spätestens seit 1931 ein Wettbewerbsvorteil, da sie das Unternehmen unabhängig von Wechselkursänderungen, bürokratischen Devisenkon-trollen und Importkontingentierungen machte. Zudem profitierte die Maxhütte von ihrer geografischen Lage. Sie war der größte Arbeitgeber in einer ländlichen Region, deren Arbeitsmarkt sich grundlegend von industriellen Ballungsräumen wie dem Ruhrgebiet, Sachsen oder Ber-lin unterschied. Große Teile der Stammbelegschaften betätigten sich als Nebenerwerbslandwirte und akzeptierten verhältnismäßig niedrige Löhne. Auch die räumliche Nähe zu den süddeutschen Stahlverbrau-chern war ein Vorzug der Maxhütte, da sie gegenüber den Ruhrwerken deutlich geringere Frachtkosten hatte.[177]

Mittelstahl unterhielt ebenfalls eine ganze Reihe räumlich voneinan-der getrennter Standorte. Damit gingen weniger Nachteile einher als bei der Maxhütte, weil die Werke technisch anders aufgebaut waren. Die Maxhütte stand auf dem eigenen Erz – das bedeutete billige Rohstoffe und teure Energie. Mittelstahl hingegen betrieb mehrere mittelgroße Werke nah an der Kundschaft. In einer Region mit starker verarbeiten-der Industrie hatte das nicht nur den Vorzug geringer Transportkosten. Gleichzeitig war damit auch die Rohstoffversorgung für die Siemens-Martin-Stahlwerke gesichert, denn diese verarbeiteten größtenteils den in der Industrie anfallenden Schrott zu neuem Stahl. Hinzu kam eine preiswerte Energieversorgung, weil alle Stahlwerke mit Braunkohlefeue-rung arbeiteten. In der Niederlausitz betrieb Mittelstahl mit der Grube Koyne einen eigenen Tagebau, dessen Förderung innerhalb des Un-ternehmens eingesetzt wurde. Die Abteilung Berg/Kraft presste einen Teil der Rohkohle zu Briketts, die an die unterschiedlichen Standorte geliefert wurden. Den anderen Teil verarbeitete das zentrale Kraftwerk zu Strom, der über ein eigenes Leitungsnetz in die Werke in Lauchhammer, Gröditz und Riesa gelangte. Auch beim Austausch von Halbzeug konnte Mittelstahl preiswerter als die Maxhütte arbeiten, weil Schiffe den Transport zwischen Riesa und den Werken der brandenburgischen Havelgruppe übernahmen.

Den Schwerpunkt der Stahlproduktion bildeten die Werke in Riesa und Brandenburg mit sieben beziehungsweise vier Siemens-Martin-Öfen. Sie stellten vorwiegend Stahlbleche her, wobei das Walzprogramm in Riesa neben Röhren auch noch feinere Form- und Stabeisen umfasste. In Gröditz wurde zusätzlich zum Martin-Stahlwerk auch noch ein Elektroofen betrieben. Gießerei, Schmiede, Presswerk und mechanische Werkstatt verarbeiteten die besonders hochwertigen Stahlqualitäten zu fertigen Produkten wie Radsätzen oder Rohrbögen. Ebenso das Hennigsdorfer Werk: Ursprünglich als Zulieferer für die benachbarte Produktion der AEG konzipiert, verfügte es ebenfalls über ein Martin- und Elektrostahlwerk, dessen Ausstoß entweder ins Feinblech- und Platinenwalzwerk oder in die Stahlformgießerei mit eigener mechanischer Werkstatt gelangte. Ein reiner Verarbeitungsbetrieb war schließlich das Lauchhammerwerk, das neben der Eisen- und Bronzegießerei eine Abteilung für Eisenhoch- und Brückenbau sowie eine Maschinenfabrik unterhielt. Im Vergleich zur Maxhütte schlug sich die Nähe zum Absatzmarkt bei Mittelstahl also in einer wesentlich breiteren Produktpalette aus besseren Stahlqualitäten und einer größeren Fertigungstiefe nieder.

Wichtigstes Bindeglied zwischen Maxhütte und Mittelstahl war das Werk in Unterwellenborn. Seit dem Zusammenschluss der beiden Unternehmen im Jahr 1931 stand es nicht mehr als Solitär da, sondern lieferte einen erheblichen Teil seiner Produktion an das Mittelstahl-Werk in Riesa. Die Weltwirtschaftskrise hatte den thüringischen Betrieb besonders hart getroffen; seine Hochofenkapazität war nur zu etwa 20 Prozent ausgelastet, während das Stahlwerk über zwei Jahre sogar komplett stillstand. In dieser Zeit verarbeitete Mittelstahl-Riesa das anfallende Roheisen weiter. Von 1933 an konnte Unterwellenborn seinen Hochofenbetrieb wieder ausweiten und lieferte erneut in hohem Umfang nach Riesa.[178]

Diese enge Zusammenarbeit macht den industriepolitischen Aufbau des Flick-Konzerns besonders deutlich. Er folgte nach wie vor der syndikatsrechtlichen Logik, die bereits seit dem Kaiserreich bekannt war. Friedrich Flick war ihr schon mit seinen ersten Fusionsmanövern während des Ersten Weltkrieges gefolgt, und sie hatte nichts von ihrer Aktualität eingebüßt. Nach wie vor prämierten die Syndikate eine vertikale Integration der verschiedenen Produktionsstufen. Sie war Anfang 1936 in Reinform vollendet. Die Harpener Zechen förderten Steinkohle, die zu Hüttenkoks weiterverarbeitet und dann beispielsweise nach Unterwellenborn geliefert wurde. Das dortige Werk förderte sein Eisenerz selbst, und auch den nötigen Kalk holte es aus eigenen Gruben. So gewann das Werk Roheisen, Thomasstahl, Halbzeug und grobe Walzprodukte. Teile der Erzeugnisse lieferte die Maxhütte an das Riesaer Werk. Bei Mittelstahl endete der Veredelungsprozess beim Fertigprodukt.

Dieser Materialfluss vollzog sich innerhalb eines Konzerns, aber zwischen drei rechtlich selbständigen Unternehmen. Nur weil unter diesen drei Gesellschaften klare Mehrheitsbeteiligungen bestanden, konnten die Lieferungen überhaupt zu internen Selbstkostenpreisen abgewickelt werden. Seine volle Wirkung entfaltete das Selbstverbrauchsrecht jedoch dadurch, dass der Konzern auch beim Absatz von der Marktordnung profitierte – allein auf der Stahlseite gehörte er 26 Syndikaten an, vom Stahlwerksverband über das Gussemaille-Syndikat bis zur Plettenberger Klemmplattengemeinschaft.

Maxhütte und Mittelstahl waren in einer besonders komfortablen Situation, weil die revierfernen Produzenten über die Jahre ein System der Quersubventionierung durchgesetzt hatten, das den teuren Transport der Brennstoffe ausgleichen sollte. Die Syndikate stellten den Abnehmern einheitliche Preise und Frachtraten für ihre Produkte in Rechnung. So galt beispielsweise für alle Walzwerkerzeugnisse die Frachtbasis Oberhausen. Ein Riesaer Kunde bezog seinen Stahl zwangsläufig beim Syndikat, das den Auftrag zwar an das direkt benachbarte Mittelstahl-Werk weiterleitete, aber die Fracht trotzdem so berechnete, als sei die Ware von Oberhausen nach Riesa geliefert worden. Das Geschäft mit der regionalen Kundschaft war für Mittelstahl und Maxhütte also besonders lukrativ. Der Einkauf war ähnlich geregelt: Lieferte ein Berliner Schrotthändler seine Ware an das benachbarte Mittelstahlwerk in Brandenburg, galt die Frachtbasis Essen, und der Einkaufspreis reduzierte sich um die entsprechenden Transportkosten.[179]

Derartige syndikatsrechtliche Vorteile erklären auch, warum Friedrich Flick an den Betrieben der Linke-Hofmann-Busch AG festhielt, obwohl das während der zwanziger Jahre vehement vorangetriebene Projekt eines Waggon-Trusts in der Weltwirtschaftskrise grandios gescheitert war. Die Breslauer Unternehmensleitung hatte einen aggressiven Expansionskurs verfolgt, der von den mehrfachen Beteiligungswechseln zwischen Mittelstahl und Stahlverein nicht tangiert wurde. Die LHB übernahm eine ganze Reihe kleinerer Konkurrenzwerke, die sie nach Übertragung der Syndikatsquoten sofort schloss. Auf diese Weise gelang eine Bereinigung des Marktes, zumal ein Abkommen mit der Konkurrenz dafür sorgte, dass sich Krupp und Henschel aus dem Waggonbau, LHB aus der Lokomotivfertigung zurückzogen. Durch diese Rationalisierung des Absatzes kam die Gesellschaft zwar auf einen rund 30-prozentigen Marktanteil. Aber wegen der schwierigen Wirtschaftslage konnte sie daraus keinen Nutzen ziehen, weil mit der Reichsbahn der wichtigste Abnehmer seine Bestellungen drastisch reduzierte und zugleich der Auslandsabsatz wegbrach. Fehlende Aufträge und hohe Schulden von rund 35 Millionen Mark brachten den Waggontrust bald an den Rand der Zahlungsunfähigkeit.[180]

Seit dem Sommer 1932 rangen die Aktionäre Stahlverein und Mittelstahl mit den Gläubigerbanken um eine Sanierung des angeschlagenen Unternehmens. Unter größter Mühe kam zum Jahreswechsel 1933/34 eine Einigung zustande, die das Scheitern der bisherigen Strategie eindrucksvoll bestätigte: Der Trust wurde zerschlagen. Die neu gegründete Linke-Hofmann-Werke AG übernahm die Breslauer Anlagen, die ebenfalls neu errichtete Waggon- und Maschinenfabrik AG vorm. Busch den Bautzener Betrieb. Die ausgegründeten Gesellschaften trugen auch das Gros der Schulden und mussten in den nächsten Jahren einen Teil ihrer Werke verkaufen und Beteiligungen abstoßen.[181]

Vom integrierten Maschinen- und Waggonbautrust blieben Ende 1935 also nur zwei Gesellschaften in Breslau und Bautzen übrig, die ausschließlich Eisenbahnwagen produzierten. Die Kapitalmehrheit lag allerdings nur übergangsweise bei den Gläubigerbanken. Friedrich Flick ließ nicht den geringsten Zweifel daran aufkommen, dass er die sanierten Waggonfabriken seinem mitteldeutschen Konzern wieder als Großabnehmer anschließen wollte; die Banken hatten dagegen keine Einwände und griffen in die Geschäftsführung durch den Minderheitsaktionär auch nicht ein. Beide Gesellschaften erreichten dank der Sanierung und wegen der sich rasch bessernden Auftragslage schnell wieder die Gewinnzone. Im Frühjahr 1935 begann Flick damit, zunächst die Gläubigerbanken bei dem Bautzener Unternehmen auszulösen, so dass Mittelstahl bald auf eine 90-prozentige Beteiligung kam. Im folgenden Jahr verstärkte das Stahlunternehmen seine Position auch bei Linke-Hofmann; dort kam die Eigentumsquote freilich nicht über eine knappe Dreiviertelmehrheit hinaus.[182]

Die vollständige Wiedereingliederung der Waggonfabriken lag ganz auf der strategischen Linie des mitteldeutschen Konzerns, weil sie der Lauchhammergruppe zusätzliche Abnehmer für ihre Stahlprodukte verschaffte, die zudem im Selbstverbrauch beliefert werden konnten. Letztlich kehrte Mittelstahl damit freilich nur zu den Zuständen der frühen zwanziger Jahre zurück, als dieser Produktionsverbund in Form der Linke-Hofmann-Lauchhammer AG schon einmal etabliert worden war. Darüber hinaus hatte Friedrich Flick offenbar keine Ambitionen, seinen Konzern tiefer in die Weiterverarbeitung auszudehnen. Er blieb überwiegend auf die Herstellung von Stahl und Walzwerkprodukten fokussiert, folgte also nicht dem Beispiel der stärker in den Maschinenbau diversifizierten Konkurrenten Krupp oder Gutehoffnungshütte. Einzige Ausnahme war der Kauf der Allgemeinen Transportanlagen GmbH (ATG) in Leipzig. Doch dabei ging es vornehmlich um den Schutz des Lauchhammerwerks vor unliebsamer Konkurrenz. Gemeinsam hatten ATG und Lauchhammer ein faktisches Monopol auf dem mitteldeutschen Markt für Förderbrücken und Abraumgerät. Durch eine Übernahme des Leipziger Anlagenbauers sollte Mittelstahl zum alleinigen Zulieferer der Braunkohleindustrie aufsteigen. Als der Kauf zum Jahreswechsel 1932/33 tatsächlich gelang, bedeutete dies das sofortige Ende für die Leipziger Produktionsbetriebe der ATG. Das Lauchhammerwerk übernahm nicht nur sämtliche Aufträge, sondern auch die besonders interessanten Patente des technisch überlegenen Konkurrenten.[183]

Drei Überlegungen begleiteten den Aufbau des Flick-Konzerns. Erstens galt es, die von den Syndikaten ausgehenden Verbundvorteile einer mehrstufigen Produktion vom Rohstoff bis zum Eisenbahnwagen zu nutzen. Zweitens war der Konzern rund um die Stahlwerke konzipiert und auf deren Rohstoff- und Energiebedarf orientiert. Damit verband sich drittens die strategische Ausrichtung auf einen regionalen Markt in Mittel- und Süddeutschland. Mit dieser Struktur knüpfte der Flick-Konzern an die Planungen der späten zwanziger Jahre an, als die Möglichkeiten einer umfassenden Ordnung des mitteldeutschen Marktes noch Albert Vöglers Phantasie beflügelt hatten. Unter eigener Regie setzte Friedrich Flick dieses Programm nun fort.

Deshalb erhielten auch die alten Kombinationsideen im Herbst 1932 neuen Schwung. In einer Strategiebesprechung mit Maxhütte-Chef Eugen Böhringer begeisterte sich Flick für die industriepolitische Idee eines starken »mitteldeutschen Blocks«. Es gelte, ein politisches Gegengewicht zu den vereinten Interessen von Preußen und dem Reich an der Ruhr zu schaffen – durch Übernahme der Luitpoldhütte vom bayerischen Fiskus, der Ilseder Hütte von der reichseigenen Viag und durch Kauf der Sächsischen Gußstahlwerke Döhlen, an denen inzwischen der sächsische Staat beteiligt war. Dieses Wachstum hätte dem mitteldeutschen Konzern eine Monopolstellung eingebracht. Deshalb waren sich Böhringer und Flick darüber im Klaren, dass eine solche Position politisch nur dann gebilligt würde, wenn sich die Länder Sachsen und Bayern direkt an dem Unternehmen beteiligen konnten. Auf diese Unterredung folgten zwar zunächst keine konkreten Schritte – einzig in Sachen Döhlen ist ein erster zaghafter Vorstoß vom Mai 1934 belegt. Aber die ambitionierten Pläne machten doch deutlich, welche strategischen Ziele Friedrich Flick seit seiner Trennung vom Stahlverein verfolgte. Der mitteldeutsche Konzern sollte sich die letzten frachtgünstig gelegenen Konkurrenten einverleiben und auf diese Weise eine starke regionale Machtposition auf dem Stahlmarkt erobern.[184]

Wesentlicher Bestandteil dieser Strategie war die Überzeugung, für einen von staatlicher Nachfrage dominierten Markt zu produzieren. So orientierte sich das Walzprogramm der Maxhütte traditionell auf den Eisenbahnbedarf in Bayern und Thüringen. Und in Sachsen war Mittelstahl der wichtigste Zulieferer für eine mittelständische Weiterverarbeitungsindustrie, deren Sorgen und Nöte unter aufmerksamer politischer Beobachtung standen. Im Dresdner Wirtschaftsministerium, wo man dem Stahltrust stets mit größtem Misstrauen begegnet war, hatte Friedrich Flick deshalb von vornherein viel Anerkennung erfahren, weil er wieder stärker auf die sächsischen Interessen einzugehen versprach. Das auf absehbare Zeit größte politische Plus war aus Sicht der Konzernspitze aber der aggressive Nationalismus der NSDAP. Zwar betrachtete die Mehrheit der Montanindustriellen das Erstarken der Partei zunächst mit einiger Skepsis, weil sie einen starken antikapitalistischen Flügel hatte. Aber gleichzeitig bestand Hoffnung auf militärische Aufträge. Tatsächlich setzte Hitler die Rüstungsmaschinerie bereits wenige Wochen nach seiner Machtübernahme in Gang und entmachtete die Gewerkschaften – Fakten, die schwerer wogen als die Äußerungen der Mittelstandsideologen.[185]

Blickt man auf die Methoden des politischen Lobbyismus und auf die Art seiner Geschäfte, etwa auf die Abwicklung der ostoberschlesischen Beteiligung oder die Reprivatisierung des Stahlvereins, bedeutete die Errichtung der NS-Diktatur für die Geschäftspolitik Friedrich Flicks keinen sonderlich tiefen Einschnitt. Zwar war der Unternehmer während der Weimarer Jahre in die nationalliberale Deutsche Volkspartei eingetreten. Doch anders als Manager wie Silverberg oder Vögler tat er sich nie mit eigenen ordnungspolitischen Standpunkten oder gar mit einem Engagement jenseits seiner privaten wirtschaftlichen Interessen hervor. Für einen Opportunisten wie Friedrich Flick bedeutete Hitlers Amtsantritt zunächst nur, dass alte Informationskanäle wertlos wurden und neue geschaffen werden mussten. Das geringste Problem bereiteten dabei die Berliner Fachressorts, denn die Kontinuität innerhalb des Beamtenapparates von Wirtschafts- und Finanzministerium, aber auch bei der Reichsbank war überraschend groß. Letztlich blieben jene Seilschaften bestehen, die sich für Flick bereits in den Ostoberschlesien-Verhandlungen ausgezahlt hatten.

Wichtig waren sie vor allem deshalb, weil Flick nach wie vor größte Sorgfalt darauf verwendete, als verlässlicher Schuldner zu gelten. Die niederländischen und britischen Kreditverpflichtungen konnten unter den Bedingungen der Devisenbewirtschaftung nur mit Unterstützung der Behörden abgelöst werden; da der Konzern selbst kaum exportierte und deshalb auch keine Deviseneinnahmen hatte, war dies ein ausgesprochen mühsamer Prozess. Die Abwicklung lag vor allem in den

Händen von Konrad Kaletsch, der ein Talent für komplizierte Tausch-geschäfte hatte. Im Mittelpunkt standen Kapitalbeteiligungen oder gan-ze Unternehmen, für die ausländische Geschäftspartner als potentielle Käufer infrage kamen; mitunter erwarb der Konzern entsprechende Objekte eigens, um sie ins westliche Ausland verkaufen zu können, wie im Fall der Chemische Industrie Dr. Blasberg & Co. KG.[186]

Mit noch größerer Sorgfalt freilich pflegte der Unternehmer sein Ansehen bei den neuen Machthabern. In der Sache unterschied er sich damit nicht von jenem offenen Opportunismus, den die meisten Un-ternehmer an den Tag legten, indem sie zumindest einen überzeugten Nationalsozialisten in den Vorstand hievten. Damit wollten sie ihre Bereitschaft zur politischen Anpassung signalisieren und den Druck ableiten, den die SA häufig im Verein mit Gauleitern und anderen ört-lichen Parteigliederungen aufbaute. Bei Flick stellte sich dieses Problem nicht, weil Otto Steinbrinck, der die Funktion des Verbindungsmannes zur NSDAP übernahm, politisch besonders glaubwürdig erschien. Ob-wohl Steinbrinck erst im März 1933 in die Partei eintrat, unterschied er sich deutlich von gewöhnlichen »Märzgefallenen«. Flicks rechte Hand beantragte auch gleich noch die Mitgliedschaft in der SS – Heinrich Himmler bürgte persönlich für ihn.

Spätestens seit 1931 hatte sich der Kapitänleutnant a. D. in völkischen Kreisen getummelt und erste Kontakte zu NSDAP-Funktionären ge-knüpft. Was davon eigene politische Überzeugung, was vorausschauen-de Kontaktpflege war, lässt sich heute nicht mehr rekonstruieren. Fest steht, dass Steinbrinck die Weimarer Demokratie längst abgeschrieben hatte. Er verfügte nach wie vor über ausgezeichnete Verbindungen ins aktive Offizierkorps, aber auch zu ehemaligen Kameraden, und dürf-te in seinen politischen Ansichten mit seinem Gemeindepfarrer im Berliner Villenvorort Dahlem übereingestimmt haben. Auch Martin Niemöller, mit Steinbrinck seit gemeinsamen Jugendtagen in Lippstadt bekannt und im Weltkrieg ebenfalls U-Boot-Kommandant, sehnte sich nach dem Führerstaat.[187]

Den von der Konzernspitze bald am höchsten geschätzten Kon-taktmann kannte Steinbrinck ebenfalls schon seit der Ära Brüning: Wil-helm Keppler. Der kurpfälzische Mittelständler war 1927 in die NSDAP eingetreten und mühte sich in den nächsten Jahren, die »Bewegung«

in Wirtschaftskreisen salonfähig zu machen – zunächst mit mäßigem Erfolg. Dazu gründete er den »Studienausschuss für Wirtschaftsfragen«, aus dem im Vorfeld der Reichstagswahlen vom Juli 1932 ein Zirkel hervorging, der als »Keppler-Kreis« bekannt wurde. Ihm gehörten zunächst elf Industrielle, Großagrarier und Bankiers an, darunter Hjalmar Schacht, Albert Vögler und Otto Steinbrinck. Der »Keppler-Kreis« sollte vor allem das wirtschaftspolitische Profil der NSDAP schärfen. Nach 1933 zahlte sich die frühe Mitgliedschaft gewiss aus, zumal Steinbrinck den direkten Kontakt umso sorgfältiger pflegte, seit Keppler zum Wirtschaftsbeauftragten Hitlers aufgestiegen war.

Nach 1945 haben die alliierten Ermittler viel Mühe darauf verwendet, Friedrich Flick nachzuweisen, dass er sich besonders früh auf Hitler eingelassen und seine politischen Kontakte außergewöhnlich intensiv gepflegt habe. Mit großer Akribie durchkämmten sie die Akten der Konzernverwaltungen und trugen bergeweise Material zusammen, das diesen Lobbyismus eindeutig belegt. Deshalb sind wir heute genau darüber unterrichtet, wie die Führungsmannschaft des Konzerns bis hinein in die tiefste Provinz Entscheidungs- und Würdenträger auf sämtlichen Ebenen der Hierarchie mit Geburtstagsglückwünschen umschmeichelte oder ihnen großzügige Geschenke machte und wie umgekehrt alle möglichen lokalen Parteigliederungen immer wieder mit großer Hartnäckigkeit an die Werksleitungen herantraten und um Kleinspenden baten. Friedrich Flick selbst suchte immer wieder den persönlichen Kontakt zur Spitze des Regimes.[188]

Aber was daran war neu? Weil er die Alliierten nicht interessierte, ist der Lobbyismus der Weimarer Jahre weitaus schlechter dokumentiert. Nichts spricht dafür, dass Flick seine Kontaktpflege nach 1933 intensiviert hat. Wenn der Nationalsozialismus eine entscheidende Veränderung mit sich brachte, dann eine, die dem Unternehmer eher Sorgen bereiten musste. Verlässliche bürokratische Strukturen verloren an Gewicht, während die Rivalität neu geschaffener Dienststellen und die persönliche Autorität von Akteuren wie Keppler, Schacht, Göring oder Himmler immer wichtiger wurden. Damit verbanden sich Unsicherheiten.

1934 trat Flick aus der komfortablen Deckung heraus, die Steinbrinck ihm zunächst verschafft hatte. Der Keppler-Kreis war inzwischen zum

»Freundeskreis Reichsführer SS« umfunktioniert worden, und diesem schloss Flick sich jetzt an. Zwar konnte er der NSDAP erst am 1. Mai 1937 im Zuge einer Lockerung des Aufnahmestopps beitreten. Aber schon sein Engagement im »Freundeskreis« ist ein deutlicher Beleg für Flicks Überzeugung, dass es vorwiegend auf demonstrative Nähe zur NS-Führung ankam; die ließ sich der Konzern durch Spenden an die SS jährlich etwa 100 000 Mark kosten, also ungefähr einen Betrag, den ein Manager wie Steinbrinck verdiente. In der Bellevuestraße war bekannt, dass Himmler mit dem Geld die fragwürdigen Forschungen des »Ahnenerbes« finanzierte. Später ging Flick ähnlich direkt auf Hermann Göring zu, mit dem er die Jagdleidenschaft teilte und der stets mit großzügigen Geburtstagsgeschenken rechnen konnte.

Anfangs mochte bei diesem Kurs auch die Überzeugung eine Rolle gespielt haben, die eigene politische Zuverlässigkeit belegen zu müssen, weil die NS-Ideologen aus ihren Vorbehalten gegen die Großkapitalisten keinen Hehl machten. Flick, Kaletsch und Steinbrinck hoben diese Ängste nach dem Krieg besonders hervor und wiesen auf die Nachwirkungen der Gelsenberg-Affäre hin. Glaubhaft klang das nicht, denn letztlich pflegte Friedrich Flick sein persönliches Ansehen, sei es bei den Banken, sei es bei der NS-Führung, ausschließlich im Interesse seines Konzerns und seiner unternehmerischen Handlungsfähigkeit. Furcht ließ er dabei niemals erkennen, wohl aber Bereitschaft zur Anpassung und die für ihn typische Zielstrebigkeit.[189]

Organisation und Entscheidung

Im Juni 1932, als Steinbrinck dem Keppler-Kreis beitrat, bekam er in der Bellevuestraße einen neuen Kollegen. Dieser nahm seine Arbeit ausgerechnet in jenen Wochen auf, als die Zeitungen fast täglich neue Details über die Gelsenberg-Affäre ans Licht brachten und die Wogen der öffentlichen Empörung über Flick zusammenschlugen. Seine neue Stellung verdankte der 42-jährige Theodor Kurre genau diesen Ereignissen, die nun dafür sorgten, dass der Prokurist seinen Chef erst einmal kaum zu Gesicht bekommen haben wird.

Als enger Mitarbeiter Heinrich Dinkelbachs hatte Kurre im vorangegangenen Krisenwinter Sanierungsvorschläge für die Charlottenhütte ausgearbeitet, um deren Zusammenbruch abzuwenden. Sie ließen sich am Ende zwar nicht umsetzen, doch Flick war bei dieser Gelegenheit auf Kurre aufmerksam geworden und hatte ihn kurzerhand abgeworben. Der Bilanz- und Organisationsexperte war ein klassischer Quereinsteiger. Ursprünglich Gymnasiallehrer für Griechisch, Latein und Geschichte, wechselte Kurre nach Fronterlebnis, Verwundung und Kriegsgefangenschaft ins Buchhalterfach zu Stinnes. Nach der Gründung des Stahlvereins landete er schließlich in Dinkelbachs Düsseldorfer Abteilung. Dort setzte er sich mit diplomatischem Geschick und der ihm eigenen Zähigkeit durch und war zuletzt als Abteilungsleiter für die Bilanzbuchhaltung zuständig.[190]

Sollte Kurre seinen Wechsel nach Berlin tatsächlich mit der Hoffnung verbunden haben, bei Flick eine moderne Finanzabteilung nach Düsseldorfer Vorbild aufbauen zu können, so wurde er bald enttäuscht. Dennoch markiert die Personalie einen Wendepunkt in der Organisation des Flick-Konzerns. Nach der Trennung vom Stahlverein mochte Flick im eigenen Haus auf das gewohnte Niveau der statistischen Entscheidungsvorbereitung und auf jene betriebswirtschaftlichen Führungsinstrumente, die von Dinkelbachs Truppe selbstverständlich auch bei Mittelstahl eingerichtet worden waren, nicht mehr verzichten. Mehr noch: Im Sommer 1932 begann in der Bellevuestraße eine Einstellungswelle, die das bis dato bestehende Berliner Sekretariat Flicks überhaupt erst zu einer kleinen Konzernzentrale anwachsen ließ. Dass Flicks Engagement bei Mittelstahl und Maxhütte tatsächlich auf Dauer angelegt war, spiegelte sich zuvorderst in den nun aufgebauten Mechanismen der systematischen Informationsbeschaffung. Der Aufbau des Berliner Büros, die Führungs- und Organisationsstruktur des Konzerns und die damit verknüpften Entscheidungswege müssen deshalb aufmerksam betrachtet werden, will man die Arbeitsweise des Flick-Konzerns erfassen.

Ohne Frage handelte es sich um einen großen Konzern, der allein bei Mittelstahl und Maxhütte 1934/35 rund 26 000 Personen, nach der Expansion in die Stein- und Braunkohle Ende 1939 knapp 100 000 Arbeiter und Angestellte beschäftigte. Betrachtet man aber ausschließlich die Berliner Zentrale, glaubt man es mit einem mittelständischen

Unternehmen zu tun zu haben. Dort waren niemals mehr als 90 Mitarbeiter tätig. Wie bei vielen Unternehmen dieser Größe waren auch in der Bellevuestraße die Zuständigkeiten und Organisationsformen langsam gewachsen und keineswegs planmäßig angelegt worden. Die frühesten überlieferten Stellenbeschreibungen datieren von 1942. Verbindliche Berichtsstrukturen entwickelten sich spät, vermochten die große Bedeutung persönlicher Bindungen und Loyalitäten jedoch nie zu relativieren. Die Frage nach Organisation und Führung des Konzerns ist deshalb ausgesprochen schwierig zu beantworten und mündet immer wieder in eine Paradoxie: Der Flick-Konzern war zentral gelenkt und eröffnete der Peripherie doch zugleich eine bemerkenswerte Autonomie. Er nutzte formalisierte Berichtsstrukturen und funktionierte doch nur auf der Basis informeller persönlicher Bindungen.[191]

An dieser Paradoxie bissen sich bereits die alliierten Vernehmungsbeamten die Zähne aus, da die Frage nach dem Konnex zwischen Zentrum und Peripherie für die Nürnberger Anklage von entscheidender Bedeutung war. Was konnte man in der Bellevuestraße etwa über die Lage der Zwangsarbeiter gewusst haben, und wie weit reichte die Handlungsautonomie der Werksleitungen? Ausführliche Reflexionen über die Form der Organisation und die Art der Führung finden sich deshalb überhaupt erst in Aussagen, die 1946/47 gemacht wurden. So betonte Steinbrinck in Nürnberg, Flick habe sich »alle Entscheidungen wichtiger Art« vorbehalten, dabei aber eine sorgfältige Vorbereitung erwartet. »Auf der einen Seite hatten daher die Werksleiter eine weitgehende Selbständigkeit und restlose Verantwortlichkeit für ihre Maßnahmen, auf der anderen Seite waren sie gezwungen, die Berliner Zentrale über alle möglichen kleineren interessanten Betriebs- und Wirtschaftsvorgänge auf dem Laufenden zu halten, damit sich die Zentrale aus diesen Mosaiksteinen ein möglichst genaues Bild über das Getriebe des Gesamtunternehmens machen konnte.« Aufgabe der Zentrale sei es gewesen, »laufenden Kontakt mit den Werksleitungen zu halten, um Flick über alle möglichen auftauchenden Fragen unterrichten zu können, gleichgültig ob es sich hierbei um wesentliche Fragen des Verbandswesens, Betriebsvorgänge, Produktionsziffern und dergleichen handelte«. Der »sehr kleine Berliner Apparat« fasste »die allgemeine Verbandspolitik, die Neubautätigkeit, ferner das Steuerwesen, Bilanz- und Geldwesen«

zusammen, während die Werksleitungen in allen anderen Bereichen weitgehend selbständig agieren konnten.

Flicks Neffe Bernhard Weiss unterstützte diese Interpretation in Nürnberg, indem er vier Funktionen der Konzernzentrale besonders betonte: Erstens habe man dort große Sorgfalt auf die Auswahl der Führungskräfte verwendet, wozu eine »genaue Kenntnis der Branche, der Verhältnisse bei der Konkurrenz, eine gewisse Fühlung mit den Persönlichkeiten, die innerhalb der Branche eine Rolle spielen«, erforderlich war. Zweitens galt es, die Tätigkeit der Vorstandsmitglieder, drittens die Lage der von ihnen geführten Unternehmen in technischer und kaufmännischer Hinsicht zu überwachen, und zwar durch die vergleichende Beobachtung von Selbstkosten und Erlösen. Viertens nahm die Zentrale direkten Einfluss auf die Gestaltung von Jahresabschlüssen und Geschäftsberichten.[192]

Eine einzige Quelle gewährt umfassenden und direkten Einblick in die Struktur der Konzernzentrale vor dem Krieg: Eine Aufstellung Kurres aus dem Juni 1937, als der Ausbau der Zentrale weitgehend abgeschlossen war. Kurre rechtfertigte gegenüber Flick die Größe des Apparates, den zu verkleinern er angesichts des Umfangs der »laufenden und periodisch auftretenden besonderen Aufgaben« für völlig ausgeschlossen hielt. Die Zahl der Mitarbeiter war zu diesem Zeitpunkt auf 75 angewachsen – was für einen Konzern dieser Größe bemerkenswert gering war. Mit der Konzernverwaltung im engeren Sinne waren aber nur 33 Personen befasst. Die restlichen 42 Mitarbeiterinnen und Mitarbeiter verrichteten Hilfsdienste, die für einen reibungslosen Geschäftsbetrieb der gehobenen Art erforderlich waren: sechs Chauffeure, zwei Telefonistinnen und ein Botendienst mit acht Beschäftigten. Hinzu kam die Hausverwaltung für das Bürohaus in der Bellevuestraße einschließlich Reinigungspersonal, Pförtnern und Sicherheitskräften (insgesamt 16 Beschäftigte). Außerdem rechnete Flick auch privaten Aufwand wie den Sekretär Karl Schröer, die Verwaltung seines Gutes Spreeau südöstlich von Berlin (drei Angestellte) oder die von ihm in Grunewald beschäftigten sechs Hausangestellten über die Bellevuestraße ab.[193]

Die Struktur der Konzernleitung war denkbar übersichtlich. An der Spitze stand Flick mit zwei Sekretärinnen. Steinbrincks Ressort waren

die Betriebs- und Kartellangelegenheiten, allgemeine Werksstatistik
sowie die Registratur. Ihm war ein Prokurist untergeordnet, der sich
um Selbstkosten und Ergebnisse bei den Stahlbetrieben kümmerte (bis
1936 Hermann Terberger, nach dessen Wechsel zur Maxhütte Odilo
Burkart). Beide hatten die Unterstützung von drei Sekretärinnen und
vier Angestellten. Etwas mehr Personal benötigte Kaletsch. Ihm unterstand die Abteilung für Finanzen, Devisen, Beteiligungen und Wertpapiere, die drei Angestellte und zwei Sekretärinnen beschäftigte. In sein
Ressort fielen auch die vom Prokuristen Kurre geleitete Abteilung für
Konzernbilanzen und »Finanzstände« (zwei Angestellte, eine Sekretärin) sowie die Geschäftsbuchhaltung nebst Kasse (vier Angestellte, eine
Sekretärin). Neben dieser Hierarchie ressortierte mit Fritz Streese der
hauseigene Syndikus, der auf einen Mitarbeiter sowie eine Sekretärin
zurückgreifen konnte. Hinzu kam noch eine kleine Presseabteilung mit
zwei Beschäftigten, die von Hans-Otto Philipp geleitet wurde. Obwohl
der Pressechef in der Bellevuestraße arbeitete, stand er nicht auf der Ge-
haltsliste der Zentralverwaltung. Dies traf auch auf Julius Brurein zu, der
bereits seit den zwanziger Jahren das Berliner Büro von Maxhütte/Röch-
ling geführt hatte und in der Hauptstadt bestens vernetzt war. Seit 1935
bündelte er als Mitarbeiter Burkarts die Verbindungen zum Heereswaffenamt und betreute die kaufmännische Seite der Wehrmachtaufträge.

In Berlin residierte mit Alfred Rohde aber auch ein formell freiberuflich tätiger Konzernmanager. Er hatte sich bei der Abwicklung der oberschlesischen Beteiligungen längst für Führungsaufgaben empfohlen und
sollte eigentlich die Nachfolge Möllers als Vorstandschef bei Mittelstahl
antreten. Allerdings hatte Rohde bei einem Autounfall eine Netzhaut-
ablösung erlitten, die ihn über mehrere Jahre hinweg immer wieder zu
monatelangen Arbeitspausen zwang; er arbeitete daher nur auf »Pro-
jektbasis« für den Konzern. Zum engeren Kreis der Zentrale zählte
schließlich noch eine Reihe von Freiberuflern, die formell unabhängig
waren: Im Feld der juristischen und steuerlichen Beratung galt das für
den langjährigen Siegener Flick-Vertrauten Siegfried Frey ebenso wie
für die Anwälte Hugo Dietrich und Hugo Solbrig, aber auch für den
Wirtschaftsprüfer Fritz Lang.[194]

Auch nach Alter und Dienstjahren bildete die Belegschaft der Bellevuestraße den Ausbau der Konzernzentrale mustergültig ab. So waren

von den 33 tatsächlich mit der Verwaltung des Konzerns befassten Mitarbeiterinnen und Mitarbeitern seit 1932 insgesamt 20 neu eingestellt worden. Die mittlere Beschäftigungsdauer lag deshalb nur bei fünf Jahren, das Durchschnittsalter bei 35 Jahren. Obwohl ältere Aufstellungen über das Personal nicht überliefert sind, wird man davon ausgehen können, dass sich in der Altersstruktur nicht nur die Vorliebe Flicks für belastbare junge Mitarbeiter spiegelte, sondern vor allem das rasante Anwachsen der Belegschaft, das dem Strategiewechsel dieser Jahre geschuldet war.[195]

Trotz seines Wachstums blieb der Verwaltungsapparat so überschaubar, dass Flick den Informationsfluss in der Bellevuestraße persönlich regulierte. Auf regelmäßigen »Postkonferenzen« konnten die anfallenden Arbeiten im größeren Kreis besprochen und auf die einzelnen Abteilungen verteilt werden. Dass dabei ein »Teil der wichtigeren Post vorher ausgesondert« und nur dem engsten Kreis um Flick bekannt wurde, verstand sich von selbst. Umgekehrt vermittelten die Sitzungen dem Eigentümer ein detailliertes Bild von der Arbeit seiner Mitarbeiter. Letztlich gab Flick wenig auf geordnete Dienstwege, sondern schätzte die Möglichkeit, sich jederzeit nach Belieben persönlich einschalten zu können. So beklagte Steinbrinck später Flicks »Schnüffelei hintenherum«, die im gesamten Konzern eine Rückversicherungsmentalität gefördert habe; manche hätten »wegen 50 Mittagessen à RM −,75« in Berlin angerufen. Flick sei eben »in vielen Dingen großzügig«, aber dann doch »in vielen Dingen nicht großzügig und vertrauensvoll genug« gewesen. Auch Robert Tillmanns, der seinen Dienst in der Bellevuestraße nach dem Ausscheiden Steinbrincks antrat, kam in der Rückschau zu der Einschätzung, dass es an einer formal »straffen Organisation« gemangelt habe. »Man kann nicht sagen, daß ein Büro selbständiger gewesen wäre als das andere. In dieser Beziehung war die ganze Bellevuestraße 12 ein Sekretariat Flick.«[196]

Die geringe Größe der Zentralverwaltung und ihr voll auf die Person des Eigentümers ausgerichteter Arbeitsstil waren nur möglich, weil Flick Kontrollmethoden ablehnte, die in anderen Konzernen vergleichbarer Größe üblich waren. So verzichtete er auf ein zentralisiertes Rechnungswesen und eine darauf aufbauende Finanzabteilung. Auch eine systematische Investitionsplanung für den gesamten Konzern fehlte, obwohl neue Anlagen selbstverständlich unter dem Genehmigungsvorbehalt durch den Eigentümer standen. All diese Aufgaben verblieben bei den Tochtergesellschaften, so dass dem kleinen Apparat der Bellevuestraße äußerst umfangreiche und komplexe Verwaltungen in den Betrieben des Konzerns gegenüberstanden.

Deren Ausmaß zeigt beispielhaft das Rechnungswesen bei Mittelstahl. Die einzelnen Werke und Verwaltungsstellen besaßen jeweils selbständige Buchhaltungen und stellten auch eigene Abschlussbilanzen auf; sie lieferten ihre Daten in der Riesaer Zentralbuchhaltung ab, die wiederum nach Berlin berichtete. Zwischen Werken, Verwaltungsstellen und der Riesaer Zentrale wurden die Buchungen nach einem komplizierten System fester Verrechnungskonten und über einheitliche Rechnungsverfahren abgewickelt. Aus diesem System resultierte die Binnengliederung des Mittelstahl-Konzerns in »Havelgruppe« und »Lauchhammergruppe«; beide stellten beim Jahresabschluss eigene Gruppenbilanzen auf. Die Riesaer Verwaltung überwachte diesen Ablauf mit einer eigenen Revisionsabteilung, und erst am Geschäftsjahresende übernahm sie dann die Bilanzen aller Gruppen und Betriebe und vereinigte sie zur Mittelstahl-Zentralbilanz. Ob es um die Bilanzpolitik, Monatsergebnisse oder Liquiditätslage ging: In der von Flick favorisierten Konzernorganisation fand ein regulärer Informationsfluss also nur zwischen Berlin und der Mittelstahl-Zentrale in Riesa, nicht aber mit den einzelnen Werken statt.[197]

Dies verringerte den personellen Aufwand in der Zentrale, erhöhte jedoch gleichzeitig die dezentrale Autonomie. Dass damit ein ernst zu nehmendes Kontrollproblem verbunden war, hatte Flick in der Weltwirtschaftskrise schmerzlich erfahren müssen; der Zusammenbruch von Schweitzer & Oppler und die daraus folgenden finanziellen Belastungen wären bei einer sorgfältigeren Aufsicht durch die Konzernzentrale fraglos vermeidbar gewesen. Daher sind die nach 1932 vorgenommenen Veränderungen der Konzernorganisation auch als Reaktion auf diese negativen Erfahrungen zu interpretieren. Erst 1934 sei es gelungen, so Kaletsch später, in Berlin regelmäßige Meldungen über die Liquiditätslage sämtlicher Tochtergesellschaften zu sammeln und auszuwerten. Diese Mitteilungen, eindeutig Kurres Werk, wurden nun zu einem Bestandteil der bereits erprobten Monatsberichte und rückten diese fort-

an ganz in den Mittelpunkt der geordneten Kommunikation zwischen
Zentrale und Peripherie.

Alle Reporte enthielten einen kurzen Betriebsbericht über besondere
Ereignisse. Aber so umfangreich die Konvolute mit summarischen Bilanzen, Aufstellungen über Neubauten und Investitionen, Auftragslage,
Produktion, Selbstkosten, Erlöse, Liquidität und Personal auch waren –
Flicks ältester Sohn Otto-Ernst sprach ironisch von »Büchelchen« –, sie
blieben doch deutlich hinter dem zurück, was Kurre beim Stahlverein
mit aufgebaut hatte. Eine Vereinheitlichung der Buchhaltungen, eine
systematische Durchdringung des Rechnungswesens im gesamten Konzern oder gar eine darauf aufbauende langfristige Investitionsplanung,
wie sie die IG Farben oder der Stahlverein bereits in den zwanziger
Jahren praktiziert hatten, waren jedenfalls nicht angestrebt. Erst 1940
machte sich Kaletschs Abteilung zum ersten – und einzigen – Mal
daran, tatsächlich eine konsolidierte Bilanz aufzustellen. Auf die Frage,
wie hoch die Verschuldung seines Konzerns war und welchen Anteil
sein Eigenkapital hatte, konnte Flick bis dahin also gar keine Antwort
geben.[198]

In der Art der Berichterstattung schlugen sich die Prioritäten des
Unternehmers klar nieder. Diese lagen eindeutig auf der Stahlseite,
denn nur Mittelstahl und Maxhütte lieferten ihre Berichte in allen Abteilungen der Zentrale ab. Nur sie tauschten die Daten auch intern aus,
um ihre Selbstkosten miteinander vergleichen zu können. Die Waggonfabriken, Harpen und Essener Steinkohle berichteten ausschließlich an
Steinbrinck. Die ATG war ganz von der Berichterstattung ausgeschlossen, und alle Handelsaktivitäten blieben ohnehin außen vor, so dass
schon aus diesem Grund schwerlich von einem einheitlichen Berichtswesen gesprochen werden kann.

Die Berliner Zentrale verwaltete den gesamten Konzern aus rein
kaufmännischer Perspektive, und dies spiegelte sich auch in der Qualifikation des Führungspersonals; in der Bellevuestraße arbeiteten ausschließlich Kaufleute und Juristen. In den Werksleitungen sah es etwas
anders aus. So standen bei der Maxhütte mit Eugen Böhringer und
dessen Nachfolger Karl Raabe traditionell die Hütteningenieure an der
Spitze, und auch bei den Waggonfabriken, der Essener Steinkohle und
bei Harpen dominierten die Techniker in den Vorständen. Dies führ-

Im Sommer 1937 versammelt sich die engste Leitung des Konzerns, um Maxhütte-Chef Eugen Böhringer in den Ruhestand zu verabschieden.

te zu mancher Nachlässigkeit; so fiel erst Anfang 1939 auf, dass in der Konzernzentrale gar keine technischen Spezifikationen der Harpener Steinkohlebetriebe vorlagen. Auf der Suche nach rasch verfügbaren Angaben über die Leistungsfähigkeit der einzelnen Schachtanlagen behalf Flick sich notgedrungen mit einem Blick in die Sekundärliteratur. Lediglich in der Leitung von Mittelstahl war eine ähnliche Dominanz der Kaufleute zu erkennen wie in der Zentrale. Dies hatte historische Ursachen, war Mittelstahl als Weiterentwicklung von Linke-Hofmann-Lauchhammer doch ein Konglomerat neu gruppierter Produktions-betriebe, bei dem mit Friedrich Möller in Riesa und Arthur Hennecke in Brandenburg die Kaufleute den Ton angaben.[199]

Nach außen schottete sich der Konzern systematisch ab. Bezeichnend ist der Umgang mit der aktienrechtlichen Pflichtprüfung, die ab 1932 ein fester Bestandteil der von der Bellevuestraße betriebenen kaufmännischen Kontrolle war. Als unmittelbare Reaktion auf die Konkurse und Bilanzskandale der Weltwirtschaftskrise hatte die Regierung Brüning Mitte Dezember 1931 die obligatorische Prüfung der Jahresabschlüsse durch unabhängige, staatlich vereidigte Wirtschaftsprüfer angeordnet. Die Mehrzahl der deutschen Großunternehmen ging daraufhin dazu über, eine der großen Treuhandgesellschaften mit der Prüfung ihrer Jahresabschlüsse zu beauftragen. Einzelprüfer waren von einer derart aufwendigen Aufgabe überfordert. Faktisch führte dies dazu, dass die Großbanken über die finanziellen Verhältnisse ihrer Kundschaft besser informiert waren: Die Hausbank des zu prüfenden Unternehmens wirkte häufig darauf hin, dass eine von ihr kontrollierte Treuhandgesellschaft auch die Prüfung übernahm – von einer tatsächlich unabhängigen Prüfung konnte also nur in Ansätzen gesprochen werden.[200]

Eine solche Transparenz gegenüber den Banken war für Flick jedoch grundsätzlich nicht akzeptabel. Seine Handlungsfähigkeit beruhte ja gerade darauf, dass die Banken nicht allzu genau über die finanzielle Lage seines Konzerns informiert waren. In der konkreten Situation der Weltwirtschaftskrise drohte eine solche externe Prüfung das prekäre Ausmaß seiner Verschuldung aufzudecken. Daher ist es nur zu verständlich, dass die Pflichtprüfung bei der Charlottenhütte 1932 zunächst an einen Einzelprüfer vergeben wurde, der von den Banken unabhängig war – den 30-jährigen, im Februar 1932 frisch vereidigten Wirtschaftsprüfer Fritz Lang. Dieser hatte zunächst als Buchprüfer im Dienst der staatlichen Finanzverwaltung gestanden. Während dieser Tätigkeit hatte er Otto Wolff kennengelernt, der sich persönlich für ihn einsetzte und damit den Grundstein für eine bemerkenswert steile Karriere legte. Lang machte sich 1929 als Steuerberater selbständig und wurde nach Fürsprache durch Wolff sofort von der Charlottenhütte in Anspruch genommen. Neben Flick beriet er bald auch Mannesmann und das Bankhaus Carl Cahn. Später kam die Bilanzprüfung für einige Hoesch-Gesellschaften hinzu. Tatsächlich stieg Lang schnell zum »Hausprüfer« für den gesamten Flick-Konzern auf. Er stellte sicher, dass die Details der Konzernabschlüsse nicht nach außen drangen.

Beispielhaft ist der Fall Harpen: Flick hatte die Mehrheit bei der Bergwerksgesellschaft nur durch tatkräftige Unterstützung der Deutschen Bank überhaupt erlangen können. Nachdem das Geschäft über die Bühne gegangen war und die Vorbereitungen für die erste Harpen-Bilanz unter alleiniger Regie des Flick-Konzerns anstanden, drängten Flick und Steinbrinck die Wirtschaftsprüfer der Bank sofort aus dem Unternehmen. Eduard Mosler notierte pikiert, dass seine Bedenken, wonach »der Übergang von einer Treuhandgesellschaft zu einem Einzelprüfer, der einem gewissen Konzern nahestehe, in der Öffentlichkeit Kritik hervorrufen könne«, von Steinbrinck glatt vom Tisch gewischt worden seien. Für Lang war die Bindung an Flick lukrativ, und nach ein paar Jahren konnte er es sich leisten, beruflich kürzer zu treten, um sich der Verwaltung seines Landgutes zuzuwenden. Von 1939 an arbeitete er dann nur noch für Flick. Formal war Lang zwar selbständig und freiberuflich tätig. Faktisch aber war der vorgeblich unabhängige Wirtschaftsprüfer, der mit Finanzchef Kaletsch per Du war, ein fester Mitarbeiter des Konzerns. Später übernahm er als Geschäftsführer der Nordischen Holzhandelsgesellschaft, unmittelbar nach Kriegsende dann als Generalbevollmächtigter exekutive Funktionen im Konzern.[201]

Die persönlichen Beziehungen zu den Werksleitungen waren für Friedrich Flick von allergrößter Bedeutung. Dies erklärt auch, warum der Eigentümer viel reiste und eine vorsichtige Personalpolitik betrieb. Bis 1937 kam es bei keinem Beteiligungserwerb zu einem sofortigen Austausch des vorhandenen Führungspersonals. Im Gegenteil: Misstrauen in die Fähigkeiten von Vorständen war für Flick ein Grund, Unternehmen nicht zu erwerben. Die starke Stellung von Möller bei Mittelstahl, Böhringer bei der Maxhütte und Tengelmann bei der Essener Steinkohle tastete Flick niemals an – vielmehr entwickelte sich rasch ein Vertrauensverhältnis zwischen der Berliner Zentrale und den Provinzfürsten, das zum Funktionieren des Konzerns besonders beitrug. Um die Loyalität seiner Führungskräfte zu fördern, war Flick durchaus zu diplomatischen Zugeständnissen bereit. Im Fall der Essener Steinkohle galt es etwa, die persönliche Eitelkeit Tengelmanns hinzunehmen; bei der Maxhütte sah er Böhringer selbst die gravierenden unternehmerischen Fehler bei Gaveg und Mont Cenis nach, und nach dem plötzlichen Tod Ficklers nahm er in Kauf, dass Harpen von seinem Wunschkandidaten Buskühl eher präsidial geführt wurde, weil das verbands- und syndikatspolitische Engagement des Vorstandschefs viel Zeit in Anspruch nahm.[202]

Will man die paradoxen Führungs-, Kontroll- und Entscheidungsstrukturen des Flick-Konzerns auf den Punkt bringen, drängt sich tatsächlich jene Analogie auf, die Steinbrinck in Nürnberg wählte: »Das Berliner Büro war wie der kleine große Generalstab, wobei die Divisionen selbständige Kommandeure haben, die auf ihrem Gefechtsplatz vollkommen verantwortlich sind, die alle Mißerfolge selber ausbaden müssen, sich aber entscheidende Direktive von oben holen müssen.« Man sollte diesen militärischen Vergleich nicht unterschätzen. Er deutet auf eines der beiden wichtigsten Vorbilder für Organisation und Leitung hin, die besonders die montanindustriellen Großbetriebe prägten. Neben der staatlichen Verwaltung als Muster für die sich bürokratisierenden Unternehmen stand immer das Vorbild militärischer Führung. Dieses ist auch im Flick-Konzern bis in die Wortwahl hinein jederzeit greifbar, so etwa, wenn von »Kommandoverhältnissen« die Rede ist. Hier mischten sich persönliche Erfahrungen aus Militärdienst und Weltkrieg – nicht nur des Leitungspersonals – mit dem Ideal einer autoritären und strikt hierarchischen Führung, deren militärischer Charakter gerade von den Bergassessoren bewusst gepflegt wurde. Die damit verbundene Organisationskultur prägte vor allem die Verwaltungen und Betriebe jenseits der Bellevuestraße, die jeweils mehrere Hundert kaufmännische und technische Angestellte und oft viele Tausend Arbeiter umfassten.[203]

Bei aller Widersprüchlichkeit der formalen und personalen Führungs-, Kontroll- und Entscheidungsstrukturen besteht kein Zweifel, dass Flick den Kern seines Konzerns inzwischen als dauerhaft ansah. Dafür spricht auch der umfassende gesellschaftsrechtliche Umbau der Jahre 1935 bis 1937. In erster Linie ging es darum, die Verfügungsrechte im stahlindustriellen Kern des Konzerns straffer zu bündeln. 1934, während der Fusion von Mittelstahl und Charlottenhütte, hatte Flick gegenüber den Banken erstmals angedeutet, dass ihm auf Dauer ein »Familienunternehmen« vorschwebe und ein Abschied von der Rechtsform der Aktiengesellschaft denkbar sei. Ein solches Vorhaben stand zu dieser Zeit jedoch vor einigen Hürden, war Mittelstahl doch noch auf absehbare Zeit darauf angewiesen, den Kapitalmarkt in Anspruch zu nehmen. Dies war einer Aktiengesellschaft leichter möglich als einer Personengesellschaft. Zudem wären bei einer Umwandlung hohe Steuern angefallen. Zunächst begleiteten Flicks Andeutungen lediglich den Versuch, die freien Aktionäre aus den zentralen Konzernunternehmen herauszudrängen. Bereits Anfang 1934 hatte Flick im Rahmen der Fusion von Charlottenhütte auf Mittelstahl deren freien Aktionären ein Umtauschangebot unterbreitet. Sie konnten ihre Aktien zu einem günstigen Kurs in RWE-Papiere tauschen, und da Mittelstahl ankündigte, künftig keine Gewinne mehr auszuschütten, war dieser Tausch für Anleger nicht unattraktiv. Der Umtausch lief dennoch nur schleppend an. Flick rief deshalb die Großbanken dazu auf, Mittelstahl-Aktionären, die ihre Dividendenkupons einlösen wollten, das Umtauschangebot künftig regelrecht aufzunötigen – obwohl er zu dieser Zeit bereits 99 Prozent des Mittelstahl-Kapitals besaß.[204]

Warum drängte ein Unternehmer, der es in seiner bisherigen Karriere mit großer Meisterschaft verstanden hatte, mit Sperrminoritäten und knappen Hauptversammlungsmehrheiten zu agieren, plötzlich auf das alleinige Eigentum? Zunächst stand dahinter eine finanzielle Logik, die beim Vergleich zwischen Mittelstahl und Maxhütte deutlich wird. Seit Herbst 1930 besaß Flick rund 80 Prozent der Maxhütte, was für die Durchsetzung seiner Eigentumsrechte mehr als ausreichend war. Dennoch ließ er im Dezember 1936 seinen ganzen Charme spielen und fragte den Münchner Bankier August von Finck, ob dieser nicht den Kontakt zu Bankkunden herstellen könne, die früher einmal Aktien der Maxhütte erworben hätten. Flick deutete seine Motive zwar nur an. Daraus ging aber hervor, dass nach der Privatisierung des Stahlvereins und dem Erwerb der Essener Steinkohle im Konzern noch liquide Mittel frei waren. Diese mochte er nun »schon aus allgemein politischen Gesichtspunkten heraus« so kurz nach der neuerlichen Ausdehnung seines Besitzes »nicht in einer neuen Expansion nach außen, sondern lieber innerhalb der heute gegebenen Konzernkonstellation anlegen«. Finck konnte ihm den Kauf von Maxhütte-Aktien im Nennwert von lediglich 300 000 Mark vermitteln, die Flick sich fast 700 000 Mark kosten ließ.

Hier wird deutlich, dass die Anlage liquider Mittel innerhalb des eigenen Konzerns eine konsequent verfolgte strategische Option war. Blickt man auf den Gesamtkonzern, werden die Vorteile einer solchen Strategie möglichst hoher Eigentumsquoten deutlich. Im Juli 1938 stellte Flick befriedigt fest, dass mit 1,9 Millionen Mark »nur ein verhältnismäßig geringer Geldbetrag an Dividenden herausgeht«. Alle übrigen Erträge waren bei den einzelnen Gesellschaften frei verfügbar und konnten neben dem Schuldendienst zur Selbstfinanzierung eingesetzt werden.[205]

Hinzu kam, dass Flick die kleinen Minderheiten freier Aktionäre schlicht als lästige Störenfriede empfand und von jeher mit dem Recht des Stärkeren argumentierte. Im Sommer 1929 hatte er erstmals ein »akutes Interesse« artikuliert, Aktionäre in Geld abzufinden und aus dem Unternehmen zu drängen. Dies bezog sich noch auf die Charlottenhütte, aber auch innerhalb des Stahlvereins war es zu mehreren Fällen gekommen, in denen kleine Minderheitsaktionärsgruppen an ihrem Besitz festgehalten und damit die Konzernorganisation behindert hatten. Das hatte »unbequeme und rechtlich wohl auf schwachen Füßen stehende Interessengemeinschaftsverträge« erzwungen. Flick hatte bereits zu dieser Zeit die politischen Möglichkeiten für eine gesetzliche Regelung ausgelotet. Deren Chancen schwanden während der Weltwirtschaftskrise – nach den großen Bilanzskandalen legte die Politik ihr Augenmerk zunächst auf verbesserte Kontroll- und Prüfungsvorschriften. Erst nach 1933 kam es im Zuge der Bestrebungen, eine nationalsozialistische Betriebsverfassung aufzubauen, auch zu einer grundlegenden Novellierung des Unternehmens- und Aktienrechts.[206]

Im Kontext dieser rechtlichen Neuordnung äußerte der Flick-Konzern freimütig seine Vorbehalte gegenüber den Kleinaktionären. Ein Großaktionär, der über 90 Prozent des Aktienkapitals verfügte, stand demnach vor der ärgerlichen Situation, trotz seines maßgeblichen Einflusses alle rechtlichen und organisatorischen Maßstäbe anwenden zu müssen, die für die Verwaltung fremden Vermögens galten: »Die Bewegungsfreiheit ist eingeengt, die Verantwortung eine ganz andere.« Ein Aufkauf der restlichen freien Aktien stand jedoch vor großen Schwierigkeiten, sei es, dass die Inhaber der Aktien nicht bekannt waren, sei es, dass sie »unerschwingliche Bedingungen« stellten. Minderheitsaktionäre hätten im Interesse eines hohen Verkaufspreises nur zu oft von ihren Eigentumsrechten einen »sachlich nicht gerechtfertigten Gebrauch gemacht, Generalversammlungsbeschlüsse beanstandet und Anfechtungsklagen gegen solche Beschlüsse erhoben, ein Verhalten, das öfter einen geradezu erpresserischen Charakter gehabt hat«. Daher sei es erstrebenswert, eine gesetzliche Regelung zu finden, die es dem Mehrheitsaktionär gestatte, die lästigen Minderheitsaktionäre legal und geordnet aus dem Unternehmen zu drängen und finanziell abzufinden – dies müsse selbstverständlich von einem »staatlichen Organ« beaufsichtigt und genehmigt werden. Die Denkschrift stellte die Frage der »verantwortlichen Führung« ganz besonders heraus und kam zu dem Schluss, dass diese in

Aktiengesellschaften am besten dadurch gewährleistet werden könne, wenn »Führer und Besitzer sich decken«.[207]

Mit diesen Äußerungen schaltete Friedrich Flick sich direkt in die nationalsozialistische Reform der Unternehmensverfassung ein. Otto Steinbrinck hatte bereits im Oktober 1933 die Lage sondiert und sich bei Keppler regelrecht angebiedert. Bei Hitlers Wirtschaftsberater räsonierte er über die »Auflockerung der Konzerne« und eine aus seiner Sicht erforderliche »Stärkung des selbständigen Unternehmers«. Kapitalgesellschaften hatten einen schweren Stand, und bald machten Gerüchte die Runde, dass die neue Regierung die Rechtsform der GmbH vollständig abschaffen werde. Personengesellschaften hingegen sollten absoluten Vorrang erhalten. Dies entsprach nicht nur der diffusen Mittelstandsideologie, die in dieser Phase des Nationalsozialismus noch eine große Rolle spielte. Anders als in den komplizierten Lenkungs- und Kontrollstrukturen der Kapitalgesellschaften sahen die NS-Ideologen in den Personengesellschaften auch das »Führerprinzip« am besten verwirklicht. Das erste konkrete Ergebnis dieser Debatten war zunächst das Umwandlungsgesetz vom 5. Juli 1934. Es gewährte Kapitalgesellschaften hohe Steuervergünstigungen für den Fall, dass sie sich in Personengesellschaften umwandelten. Zur Freude der Unternehmen enthielt die Durchführungsverordnung auch einen Passus, der erstmals die Verdrängung und Entschädigung von Minderheitsaktionären regelte.

Die Diskussionen über die Aktienrechtsreform wurden in einem Ausschuss der neu gegründeten »Akademie für Deutsches Recht« geführt, in dem die NS-Ideologen auf mehrere einflussreiche Unternehmer trafen – darunter auch Maxhütte-Chef Böhringer. Dem Unternehmerlager gelang es mit Rückendeckung Schachts, die Debatte im weiteren Verlauf weitgehend zu entideologisieren. Vom angestrebten Führerprinzip blieb im neuen Aktiengesetz vom 30. Januar 1937 dann vor allem eine Stärkung des Vorstandes übrig. Die Funktionen des Aufsichtsrates wurden stärker auf die Überwachung des Vorstandes begrenzt, die Aktionärsrechte insgesamt deutlich beschnitten. Damit knüpfte das Gesetz sehr viel stärker, als seine nationalsozialistische Terminologie suggerierte, an ältere Reformkonzepte an. Beim Flick-Konzern hatte man sich zwar laufend über den Stand des Gesetzgebungsverfahrens informiert. Als jedoch im Frühsommer 1934 das lang ersehnte Umwandlungsgesetz tatsächlich erlassen und überdies deutlich wurde, dass kein Generalangriff auf die Aktiengesellschaften zu befürchten war, brach das Interesse an diesem Thema sofort ab.[208]

Beim großen Konzernumbau der Jahre 1935 bis 1937 griff Flick nur zwei Mal auf die neuen rechtlichen Möglichkeiten zurück. Den Auftakt machte der vollständige Erwerb der Stahl- und Walzwerk Hennigsdorf AG. Hennigsdorf bildete gemeinsam mit dem Brandenburger Weberwerk bei Mittelstahl die so genannte »Havelgruppe«. Von Beginn an als Zulieferbetrieb für den benachbarten Hennigsdorfer Lokomotivbau der AEG konzipiert, war das Werk im Nordwesten Berlins über Linke-Hofmann-Lauchhammer in den Besitz von Mittelstahl gekommen – freilich nur zu rund 63 Prozent. Die AEG hielt nach wie vor eine Sperrminorität von 31 Prozent, während sich die restlichen Anteile im Eigentum freier Aktionäre befanden. In der Weltwirtschaftskrise hatte die AEG sich den Lokomotivbau des bankrotten Borsig-Konzerns einverleibt und daraufhin die Produktion in Hennigsdorf konzentriert. An dem dazu eigens gegründeten Gemeinschaftsunternehmen, den Borsig-Lokomotiv-Werken, hatte die AEG zwar die Kapitalmehrheit. Auf Dauer war ihr die nach wie vor bestehende Borsigsche Minderheitsbeteiligung aber unangenehm. Faktisch hatte damit nämlich der Fiskus ein Wort mitzureden, denn Borsig war am Ende von Rheinmetall übernommen worden, wo wiederum die Staatsholding Viag die Mehrheit besaß. Diese Konstellation erleichterte Anfang 1935 eine Übereinkunft zwischen Mittelstahl und dem Elektrokonzern: Die AEG trat ihren 31-prozentigen Anteil am Hennigsdorfer Stahl- und Walzwerk an Flick ab. Mit dem Erlös konnte sie die unerwünschte Borsig-Minderheit erwerben und wieder alleinige Eigentümerin ihres deutlich erweiterten Lokomotivwerks werden.

Flick war durch diesen Ringtausch in der Lage, seinen Hennigsdorfer Besitz, der nach dieser Transaktion insgesamt rund 94 Prozent umfasste, in der Siegener Eisenindustrie zu bündeln. Dies war erforderlich, um das Umwandlungsgesetz in Anspruch nehmen und so die freien Aktionäre verdrängen zu können. Dadurch gelang es, die Hennigsdorfer Aktiengesellschaft aufzulösen und ihr Eigentum vollständig auf die Siegener Eisenindustrie zu übertragen, deren Aktien sich wiederum zu hundert Prozent in Flicks privatem Besitz befanden. Am Betrieb des

Hennigsdorfer Werkes änderte sich hingegen nichts; es wurde an Mittelstahl verpachtet. Zugleich war das Umwandlungsmanöver auch eine günstige Gelegenheit, um den Aufsichtsrat der Spitzenholding zu verkleinern und auf diese Weise die allerletzten Bande zu den Siegerländer Honoratioren zu kappen. Macco, Schleifenbaum und Tegtmeyer legten ihre Mandate nieder.[209]

Die Transaktion hatte also zwei unmittelbare Ergebnisse. Zum einen gelang es, das Hennigsdorfer Werk endlich vollständig in den Mittelstahl-Konzern zu integrieren und neben der Sperrminorität der AEG auch die freien Aktionäre hinauszukaufen. Zum anderen schottete Flick seine Spitzenholding weiter ab – fortan war es ausgeschlossen, dass über den Aufsichtsrat der Siegener Eisenindustrie vertrauliche Informationen nach außen dringen konnten. Dennoch erschien dieses Manöver 1935 nur als Zwischenschritt; auf lange Sicht schwebte Flick eine Fusion zwischen Siegener Eisenindustrie und Mittelstahl vor. Ein entscheidendes Hindernis dabei waren die freien Mittelstahl-Aktionäre: Im Zuge einer Fusion hätte es keine rechtliche Handhabe gegeben, sie endgültig herauszukaufen. Die Alternative, eine Umwandlung von Mittelstahl analog zum Fall Hennigsdorf, schied angesichts der Bedeutung von Mittelstahl für die Konzernfinanzierung aus. Das Unternehmen hatte per Anleihe 22,4 Millionen Mark am Kapitalmarkt aufgenommen und war wertvoll genug, um gegebenenfalls weitere Mittel beschaffen zu können.[210]

Flick musste den freien Mittelstahl-Aktionären notgedrungen Tauschangebote unterbreiten und die Aktie gleichzeitig möglichst unattraktiv machen. Am 22. März 1937 verabschiedete die Mittelstahl-Hauptversammlung ein ganzes Paket von Zumutungen, das den Druck auf die Aktionäre weiter erhöhte. Im Mittelpunkt stand die Umwandlung der bisherigen Inhaberaktien in Namensaktien, mit der auch eine veränderte Stückelung verbunden war. Die Wertpapiere würden künftig auf 1000 statt auf 100 Mark lauten. Zunächst sollten die freien Aktionäre durch diesen Schritt namentlich bekannt und Kleinanleger durch den verzehnfachten Nennwert abgeschreckt werden. Außerdem verlor die Mittelstahl-Aktie ihren Status als jederzeit leicht mobilisierbare Kapitalanlage, da mit der Einführung von Namensaktien die amtliche Börsennotierung endete. All das war jedoch nur im Zuge eines freiwilligen Tausches umzusetzen. Gingen die Aktionäre nicht auf das Angebot ein, blieben sie zwar weiter dividendenberechtigt, verloren jedoch ihr Stimmrecht.

In der Begründung für diese Zumutungen wird erkennbar, wie geschickt der Konzern sich der neuen politischen Terminologie bediente. Demnach ging es lediglich um eine Umsetzung des neuen Aktiengesetzes, das die kleinen Stückelungen für unerwünscht erklärt habe. Bei einer »Familiengesellschaft« müssten nun für den gesamten Aktienbesitz »stabile Verhältnisse herbeigeführt« und auch der »letzte Schein der Anonymität« beseitigt werden. Dies diene letztlich der »inneren Kräftigung« von Mittelstahl.[211]

Dass es um genau diese »Kräftigung« von Mittelstahl nicht ging, wurde schnell deutlich. Am 17. Juni 1937 machte Flick seine Absichten erstmals einem erweiterten Kreis seiner Spitzenmanager bekannt. Die Siegener Eisenindustrie besaß nach wie vor 99 Prozent der Mittelstahl-Aktien und war alleinige Eigentümerin des an Mittelstahl verpachteten Stahl- und Walzwerks Hennigsdorf. Nun sollte auch das technisch mit Hennigsdorf eng verbundene Weberwerk in Brandenburg von Mittelstahl an die Siegener Eisenindustrie abgegeben werden. Damit die Havelgruppe beieinander blieb, würde die Verpachtung von Hennigsdorf an Mittelstahl auslaufen. Kurzum: Mittelstahl sollte formell Eigentum und Verfügungsrechte an der gesamten Havelguppe verlieren und an die Siegener Eisenindustrie abtreten.

Friedrich Möller, der offenbar von Beginn an eingeweiht war, stellte wenige Tage später erste Überlegungen zur Bewertung des Weberwerks an. Er kam zu dem Ergebnis, dass 85 Prozent des Mittelstahl-Wertes auf die Lauchhammergruppe, aber nur 15 Prozent auf das Werk Brandenburg entfielen. Als autonom agierender Vorstandschef hätte Möller eigentlich jedes nur denkbare Interesse daran haben müssen, das zu verkaufende Werk möglichst hoch zu bewerten. Doch er tat genau das Gegenteil; hätte er die Rohstahlproduktion als Maßstab genommen, wäre das moderne Brandenburger Werk auf einen Anteil von 43 Prozent gekommen, zu den Rohergebnissen trug es immerhin 25 Prozent bei. Am Ende einigte man sich zwischen Berlin und Riesa darauf, Brandenburg mit 23 Prozent von Mittelstahl zu bewerten.

Die Siegener Eisenindustrie bezahlte ihr neues Werk, indem sie nominell 12 Millionen Mark Mittelstahl-Aktien an Mittelstahl abgab, wo diese dann eingezogen werden sollten. Um den Kapitalschnitt möglichst gering halten zu können, akzeptierte Möller den extrem niedrigen Wertansatz für Brandenburg. Die Siegener Eisenindustrie bewertete die getauschten Mittelstahl-Aktien mit 150 Prozent. Dies hätte einem Kaufpreis von 18 Millionen Mark entsprochen; bei den Finanzbehörden kam Flick damit nicht durch und musste auf 21 Millionen Mark erhöhen. Formell hatte Mittelstahl damit zwei Werke verloren: das Brandenburger Weberwerk aus eigenem Besitz und das zuvor gepachtete Hennigsdorf. Am tatsächlichen Betrieb der Anlagen änderte diese Transaktion nichts. Die entscheidende Wende fand vielmehr bei der Holding Siegener Eisenindustrie als Eigentümerin der beiden Werke statt. Diese wurde im Sommer 1937 von einer Aktiengesellschaft in die Friedrich Flick Kommanditgesellschaft (FKG) umgewandelt.[212]

Mit der Gründung der FKG kam die seit 1932 andauernde Reorganisation des Konzerns zu einem vorläufigen Abschluss. Auf die besondere Bedeutung dieses Einschnitts weist bereits der neue Name hin. Flick verband die Gründung der FKG mit einer regelrechten Charmeoffensive. War es ihm sonst am liebsten, möglichst gar kein öffentliches Aufsehen zu erregen, nahm er die ausführliche Presseberichterstattung diesmal ausnahmsweise in Kauf. Er hatte der Öffentlichkeit aber auch eine herzzerreißende Geschichte anzubieten: Friedrich Flick, der Jongleur wechselnder Unternehmensbeteiligungen, hatte sich grundlegend gewandelt. Als großer Gewinner der »allgemeinen Besitzauflockerung durch Krieg, Inflation und Stabilisierungskrise« hatte er endlich seine wahre unternehmerische Bestimmung und die »bodenständige Grundlage eines ›industriellen Erbhofes‹ in Mitteldeutschland« gefunden. Seit vielen Jahren bemühte er sich, seinen Besitz zu »entschachteln«, um endlich zu einer »Konzernvereinfachung« zu kommen. Aus dem Konzernbaumeister wurde wieder ein persönlich »unmittelbar verantwortlicher Unternehmer«. Die Reorganisation des »privaten Familienkonzerns« habe eben immer nur das Ziel gehabt, den »Unternehmer als Produzenten herauszustellen und ihn nicht, wie es früher oft der Fall war, als einen Herrscher über eine Holdinggesellschaft Aktienpakete lediglich portefeuillemäßig verwalten zu lassen«. Ja, Flicks neueste Transaktionen sollten gar unter dem Motto »zurück zum Werksunternehmen« zusammengefasst werden.[213]

Diese Legende vom »Heraustreten aus der Anonymität« war bestens vorbereitet, und sie spielte auf ähnlich geschickte Weise mit Versatzstücken nationalsozialistischer Ideologie wie die Denkschrift zum Umwandlungsgesetz. Angesichts der inzwischen auch gesetzlich verankerten Diskriminierung anonymer Kapitalgesellschaften fehlte es nicht an gezielten Hinweisen auf die persönliche Haftung Flicks in der neuen Kommanditgesellschaft. Die Bezeichnung als »Familienkonzern« passte zur nationalsozialistischen Präferenz für die von klarer Führung strukturierte »Betriebsgemeinschaft«. Schließlich weckten Begriffe wie »Entschachtelung« und »Vereinfachung« in all ihrer Unschärfe durchaus Assoziationen mit einem wichtigen Thema der Aktienrechtsnovelle, nämlich verbesserter Transparenz und Kontrolle. In der Bellevuestraße war man jedenfalls ausgesprochen erleichtert, dass die »Behandlung der Umgründung durch die Presse sehr günstig abgelaufen ist«.[214]

Immerhin: Die Inszenierung als »Familienkonzern« hatte einen sachlich zutreffenden Kern. Flick beteiligte seinen ältesten Sohn Otto-Ernst an der FKG. Dieser wurde mit 300 000 Mark Kommanditist, während sein Vater als Komplementär nach wie vor 99,2 Prozent des gesamten Kapitals behielt (37,5 Millionen Mark). Es handelte sich zunächst also nur um eine rein symbolische Beteiligung des Sohnes. Aber jenseits aller Propaganda muss Flick gerade diese Beteiligung der nächsten Generation doch besonders wichtig gewesen sein. Andere Schlüsse lässt der genaue zeitliche Ablauf jedenfalls schwerlich zu: Die Umwandlung auf die FKG wurde von der Generalversammlung der Siegener Eisenindustrie formell am 28. Juni 1937 beschlossen. Otto-Ernst Flick erhielt am selben Tage ein kleines Aktienpaket, das dann später in seinen Anteil an der FKG umgewandelt wurde. Erst am Tag zuvor, einem Sonntag, hatte Otto-Ernst seinen 21. Geburtstag gefeiert und war damit volljährig und geschäftsfähig geworden.[215]

Flick befand sich mit dieser ersten Vorsorge für den Erbgang in bester Gesellschaft. Das grundlegende Problem bestand darin, das Eigentum an den Konzerngesellschaften auch über den Tod des Eigentümers hinaus für die Familie zu sichern. Dabei mussten komplizierte Probleme des Erbschaft- und Steuerrechts bewältigt werden. Wie konnte das Vermögen vererbt und die dabei anfallende, hohe Steuer bestritten werden, ohne die Substanz der Unternehmen zu schädigen? Auch in der nächsten Generation sollte der Konzern einheitlich geleitet und gleichzeitig das Interesse der Erben und ihrer Familien gewahrt werden. Überdies mussten die Unternehmen vor zu großen Kapital- und Gewinnentnahmen durch die Erben geschützt werden.

Die Suche nach passenden Lösungen für diese klassischen Probleme der Unternehmernachfolge verstärkte sich Mitte der dreißiger Jahre nicht nur bei Flick. Die gut laufenden Geschäfte und kräftige Gewinne schufen überall günstige Gelegenheiten für eine Nachfolgeregelung. Hinzu kamen die neuen Möglichkeiten des Umwandlungsgesetzes. Zur selben Zeit intensivierte beispielsweise auch der Krupp-Konzern seine Bemühungen, um die seit den zwanziger Jahren ungeklärten und nach wie vor bedrohlichen Steuerfragen des Erbganges zu regeln. Ein sicher auch von Flick beobachtetes negatives Beispiel gab der Klöckner-Konzern. Peter Klöckners Privatvermögen verwaltete seit 1931 eine Familienstiftung, die der Aufsicht durch die Justizverwaltung unterstand. Nachdem es zwischen Familie und Unternehmen zu einem Streit über den Umfang der Kapitalentnahmen gekommen war, nahm die Gauleitung über die Stiftungsaufsicht wachsenden politischen Einfluss.[216]

Der eigentliche Erbgang war mit Gründung der FKG zwar noch keineswegs geregelt. Die Kommanditgesellschaft war jedoch ein wichtiges Instrument, mit dem die dafür nötige Voraussetzung geschaffen werden konnte: ein liquides Privatvermögen, das groß genug war, um daraus die später einmal fällig werdenden Erbschaft- oder Schenkungssteuern aufbringen zu können. Aber auch jenseits dieses dynastischen Motivs sprach einiges für einen privaten Vermögensaufbau. Bis zur Gründung der Kommanditgesellschaft hatte Flick zwar sehr große Werte in seine Verfügungsgewalt gebracht. Deren Erträge flossen jedoch überwiegend in den Schuldendienst, in die Selbstfinanzierung der Unternehmen und in neue Akquisitionen. Flick litt sicher keine Not; doch seine direkten privaten Einkünfte waren angesichts der Ausmaße des Konzerns ausgesprochen gering. So versteuerte er 1935 lediglich 172 300 Mark, im Jahr darauf immerhin 535 500 Mark als persönliches Einkommen, das sich vorwiegend aus Aufsichtsratstantiemen und Dividenden zusammensetzte. Bedenkt man, dass Steinbrinck auf rund 120 000 Mark Jahresgehalt kam und der Krupp-Direktor Ewald Löser zur selben Zeit ein Spitzengehalt von 413 000 Mark erzielte, waren dies keine großen

Friedrich Flick mit seinen drei Söhnen Anfang der dreißiger Jahre im Park
seiner Villa in Berlin-Grunewald.

Summen – jedenfalls nicht für einen Konzerneigentümer. Beschäftigte
in der Metallerzeugung kamen auf ein durchschnittliches Jahresein-
kommen von 2200 Mark.[217]

Nach mehreren Jahren guter Gewinne schien 1937 die Zeit gekommen, die privaten Einkünfte zu steigern. In der alten Konzernkonstruk-
tion wäre dies ausschließlich per Dividendenausschüttung möglich gewesen, und zwar von Mittelstahl an die Siegener Eisenindustrie und von
dieser dann an Flick persönlich. Angesichts der seit 1934 auf maximal
sechs Prozent begrenzten Dividenden war dieser Finanzstrom für üppi-
ge Gewinnentnahmen ungeeignet. Auch steuerlich war er unattraktiv,
wenngleich die Doppelbesteuerung der Gewinne auf den unterschiedlichen Stufen des Konzerns dank des Schachtelprivilegs weitgehend ausgeschlossen werden konnte. Gegenüber den alliierten Ermittlern stellte
Kaletsch später genau diese steuerlichen Aspekte in den Vordergrund,
um von der eigentlichen Intention gewaltiger Gewinnentnahmen ab-
zulenken.[218]

Immerhin hatte die propagandistische Außendarstellung vom »Familienkonzern« einen wahren Kern: Die Kommanditgesellschaft verwal-

tete nicht nur das Beteiligungsvermögen des Konzerns, sondern Flick wurde 1937 auch direkter, mit seinem privaten Vermögen haftender Eigentümer der Stahlwerke in Hennigsdorf und Brandenburg. Damit beschäftigte er persönlich knapp 4000 Arbeiter und Angestellte in den beiden Werken. Er entschloss sich zu diesem Schritt freilich nicht, weil er »zurück zum Werksunternehmen« wollte, sondern weil die Gewinne der beiden Werke damit steuerlich als sein Privateinkommen behandelt wurden. Nach den mäßigen Einkünften der Vorjahre versteuerte der Eigentümer nun 16 Millionen (1938) und 17,9 Millionen Mark (1939). Der direkte Werksbesitz hatte überdies den Vorteil, ausreichende Bilanzierungsspielräume zu schaffen, um privates Vermögen steuerlich begünstigt in stillen Reserven »parken« zu können. Hinzu kam, dass sich die Spitzengesellschaft des Konzerns endgültig von der Öffentlichkeit abschotten konnte: Während die Charlottenhütte und auch die Siegener Eisenindustrie als Aktiengesellschaften der Publizitätspflicht unterlagen, fiel die Notwendigkeit öffentlicher Bilanzierung bei der Kommanditgesellschaft fort, was ein Grundbedürfnis des Eigentümers befriedigte.[219]

Fraglos hatte Friedrich Flick dynastische Ambitionen und ging fest davon aus, dass der Konzern über seinen Tod hinaus nicht nur im Familienbesitz blieb, sondern auch von seinen Söhnen geleitet würde. Dennoch kann kaum von einem »Familienunternehmen« gesprochen werden, sofern man dabei eine dauerhafte Bindung, ein hohes Verantwortungsgefühl und eine Identifikation der Belegschaften mit der Eigentümerfamilie im Sinn hat. Selbst bei den beiden Stahlwerken, die Flick ab 1937 sein unmittelbares Privatvermögen nennen konnte, trat er kaum als Identifikationsfigur in Erscheinung. Ob beispielsweise der Hauer auf der Essener Zeche Pörtingssiepen oder der Dreher bei der ATG überhaupt wusste, wer sein Arbeitgeber war, ist durchaus fraglich. Deshalb war das »Familienunternehmen« wohl nur eine Momentaufnahme, die sich in erster Linie dem nationalsozialistischen Rüstungsboom verdankte. In diesem wirtschaftlichen Umfeld war es für Flicks Betriebe schlechterdings unmöglich, kein Geld zu verdienen. So erklärt sich auch die von ihm gewählte Konzernorganisation; sie genügte, um das persönliche Regime in den grundlegenden Fragen immer zu gewährleisten. Es ist fraglich, ob die kleine Mannschaft in der Bellevuestraße auch in wirtschaftlich schlechteren Zeiten in der Lage gewesen wäre, einen Konzern dieses Ausmaßes dauerhaft zu steuern. Einstweilen bot dessen Struktur beste Voraussetzungen für ein überdurchschnittliches Wachstum, und Friedrich Flick setzte alles daran, durch eine massive Verbreiterung der Rohstoffversorgung seine Ausgangsbedingungen noch zusätzlich zu verbessern.

Nach neuen Regeln

Ende 1939 verlor Flick einen seiner engsten und wichtigsten Mitarbeiter. Otto Steinbrinck kündigte seine Vertrauensstellung, um endlich eigene unternehmerische Ambitionen verwirklichen zu können. Kurz darauf zog er in den Aufsichtsrat des Stahlvereins ein. Dort übernahm er die Position Fritz Thyssens, der bei Kriegsbeginn offen mit dem Nationalsozialismus gebrochen hatte und ins schweizerische Exil gegangen war. In einem handschriftlichen »Trennungsbrief« an Flick bedauerte Steinbrinck, dass die »Loslösung von einer Tätigkeit, die ich mit warmem Herzen und pflichtgetreuer Einstellung bisher ausgeübt habe, wegen dieses Krieges erfolgen« müsse.

Wie zerrüttet das Verhältnis war, zeigten gegenseitige Vorwürfe und Beleidigungen. So beendete Steinbrinck sein Kündigungsschreiben mit der Bekräftigung, er werde das »weitere Schicksal« der Werke »mit Interesse verfolgen« und wünsche ihnen eine »glückliche Entwicklung« – wohlgemerkt den Werken, nicht Flick oder seiner Familie. Zornig diktierte Flick seiner Sekretärin daraufhin eine lange Antwort. Darin machte er Steinbrinck Vorhaltungen über sein Doppelspiel, schickte den Brief dann aber doch nicht ab. Seit geraumer Zeit war es immer wieder zu Spannungen zwischen den beiden gekommen, an denen auch Eifersüchteleien zwischen den Ehefrauen nicht ganz unschuldig waren. Auch mit Flicks ältestem Sohn Otto-Ernst hatte Steinbrinck sich überworfen, und schon seit Jahren litt er unter dem enormen Arbeitspensum in der Bellevuestraße.[220]

Nach dem Krieg griffen Flick und Kaletsch diese unfeine Trennung dankbar auf. Sie stellten den ehemaligen Kapitänleutnant Steinbrinck als »überzeugten Nationalsozialisten« dar, der sich nach 1933 wieder ganz in einen Offizier zurückverwandelt und immer mehr »von der inneren

Einstellung des Kaufmanns entfernt« habe. Dafür hatte der SS-Mann mit seiner soldatischen Stilisierung im Kündigungsschreiben selbst die Vorlage geliefert. Flick deutete in Nürnberg an, dass Steinbrinck »immer mehr in die Richtung marschiert« sei, »mich etwas in seine politische Abhängigkeit zu bringen«. Er habe Steinbrincks Wirkungskreis jedoch bereits Mitte der dreißiger Jahre immer weiter beschnitten und lieber jüngeren Managern wie Burkart oder Rohde den Vorzug gegeben. Kaletsch betonte in diesem Zusammenhang erneut die geplante familiäre Erbfolge: Spätestens bei Gründung der Kommanditgesellschaft müsse Steinbrinck klar geworden sein, dass über kurz oder lang die Söhne die Nachfolge antreten würden und alle Hoffnungen auf eine unabhängige Machtstellung im Konzern vergebens waren.

Die Quellen sprechen eine andere Sprache. Von einer Zurücksetzung, gar von einer »allmählichen Ausschaltung« Steinbrincks kann keine Rede sein. Ebenso ist eine Unterscheidung zwischen dem Kaufmann Flick und einem politisch-ideologisch handelnden Steinbrinck reine Fiktion. Mit diesem Mythos sollte die Verantwortung für geschäftliche Erfolge, die erst der Nationalsozialismus ermöglicht hatte, auf eine einzige Person abgeladen werden. Diese wenig subtile Entlastungsstrategie bezog sich auf drei zentrale Bereiche der Geschäftspolitik, mit denen nach 1945 kein Renommee mehr zu machen war.[221]

Als Produzent von Stein- und Braunkohle, vor allem aber als Stahlhersteller mit eigener inländischer Erzbasis war der Konzern seit der Machtübernahme der Nationalsozialisten erstens in deren Autarkiepolitik eingebunden. Zweitens lag in der gleich 1933 beginnenden massiven Aufrüstung eine besondere Chance für den Stahlkonzern; die direkte oder indirekte Produktion von Munition und Waffen war ein lukratives Geschäft, das der Konzern von Beginn an aktiv vorantrieb, um die Folgen der Weltwirtschaftskrise überwinden und danach weiter wachsen zu können. Drittens verfolgte Flick zwischen 1937 und 1939 eine Expansionsstrategie, die sich im vollen Unrechtsbewusstsein die rassistische Diskriminierung der Juden zu Nutze machte. Im Zuge der »Arisierung« eignete Flick sich jüdisches Eigentum an und verfolgte gegenüber der Konkurrenz, aber auch bei Partei- und Regierungsstellen eine systematische Interessenpolitik in eigener Sache. Deshalb waren die Jahre zwischen 1933 und 1939 für den Konzern eine Phase anhaltender

Expansion und großer geschäftlicher Erfolge, die mit der nationalsozialistischen Politik in engstem Zusammenhang standen.

Autarkie

Nirgendwo vermengten sich völkische Träumerei und eigennützige industrielle Interessenpolitik so stark wie im Autarkiekonzept. Dieses
verknüpfte die von Hitler in »Mein Kampf« formulierten Leitlinien
der nationalsozialistischen Ideologie mit militärisch-strategischem Kalkül und wirtschaftlicher Notwendigkeit. Die NS-Ideologen erhofften
sich eine »autarke« und damit »wehrhafte« nationale Wirtschaft und
begriffen politische Handlungsfähigkeit auch als Unabhängigkeit von
Rohstoffimporten. Damit waren sie nicht weit von der auch im Militär
verbreiteten Einsicht entfernt, dass die Seeblockade des Ersten Weltkrieges entscheidend zur deutschen Niederlage beigetragen habe und alle
künftigen militärischen Operationen auf Lösungen dieses Versorgungs-
problems aufzubauen hätten.

Die ökonomische Konstellation der Weltwirtschaftskrise gab dieser
Anschauung weiteren Auftrieb. Im internationalen Abwertungswettlauf hatte Deutschland am Außenwert der Reichsmark festgehalten: aus
Angst vor einer neuerlichen Inflation und weil die deutschen Auslandsschulden damit an Wert verloren. Die negative Folge waren anhaltende Zahlungsbilanzprobleme, weil deutsche Exporte durch den hohen
Reichsmarkkurs im internationalen Wettbewerb nicht mehr bestehen
konnten. Geringe Ausfuhren brachten nur noch wenig Devisen ins Land
und beschränkten deshalb die Möglichkeiten, wichtige Rohstoffe oder
Lebensmittel zu importieren. Einfuhren durch eigene Produktion im
Inland zu ersetzen, war also auch jenseits aller völkischer Autarkiephan-
tasien eine rationale Option. Diese Motive überlagerten sich zu Beginn
der nationalsozialistischen Machtübernahme, und es wurde rasch deutlich, dass Hitler gewillt war, gewaltige staatliche Mittel für die Autarkiepolitik aufzuwenden. Diese richtete sich neben der chemischen Synthese
von Kautschuk und Benzin auch auf die Förderung minderwertiger
einheimischer Eisenerze – und betraf damit den Flick-Konzern direkt.

In der Montanindustrie kam das Autarkieprogramm erst im Laufe des Jahres 1934 in Schwung. Zwar hatte die Regierung bereits Ende 1933 den »Benzinvertrag« mit der IG Farben geschlossen, der die industrielle Benzinproduktion auf Kohlebasis subventionierte. Doch Anfang 1934 drängte Hitler persönlich auf eine größere inländische Treibstoffproduktion. Aus wirtschaftlicher Notwendigkeit, gepaart mit dem ihm eigenen Opportunismus, sprang Hjalmar Schacht auf diesen Zug auf. Er zielte dabei vor allem auf die Braunkohleindustrie; ähnlich hohe Subventionen wie im Fall der IG Farben mochte er dem Staat allerdings nicht erneut aufladen. Die höchst rentablen Braunkohleunternehmen sollten sich vielmehr aus freien Stücken an der Kohlehydrierung beteiligen. Für die Unternehmen war das eine Zumutung, da sie sich zu Investitionen in einem für sie ökonomisch widersinnigen Metier gedrängt sahen. Nachdem keine freiwillige Übereinkunft erzielt werden konnte, nötigte Schacht zunächst zehn Unternehmen, sich an der Braunkohlenbenzin AG (Brabag) zu beteiligen und bis 1936 drei Hydrierwerke zu errichten. In einer ungewöhnlichen Allianz konnten Keppler und Schacht das notwendige finanzielle Engagement kurzerhand staatlich verordnen.[222]

Mittelstahl war zwar nur ein kleinerer Akteur in der Braunkohleindustrie, zählte aber zu den unfreiwilligen Gründungsmitgliedern der Brabag. In der entscheidenden Sitzung ließ sich Flick von Heinrich Koppenberg vertreten, der kurz zuvor von Mittelstahl beurlaubt worden war, um die Leitung des verstaatlichten Junkers-Konzerns zu übernehmen. Mit raschen Erfolgen empfahl er sich dort als Experte für die »Durchführung industrieller Großprojekte«; jetzt übernahm Koppenberg die Baudirektion bei der Brabag. Dort trafen sich die wichtigsten Protagonisten der Autarkiebewegung: Während Wilhelm Keppler dem Aufsichtsrat vorsaß, bürgte Carl Krauch von der IG Farben für technische Kompetenz, Schachts Staatssekretär Hellmuth Wohlthat für bürokratische Verlässlichkeit. Keppler scheute sich nicht, seinen gerade erst 34-jährigen Neffen Fritz Kranefuß als eigentlichen Leiter der Brabag zu installieren. Für den Flick-Konzern war die Brabag weder ein finanzielles noch ein Wettbewerbsproblem, zumal sich die Maxhütte im Frühsommer von der mitteldeutschen Braunkohle lösen und seit längerer Zeit schwebende Verkaufsverhandlungen über ihren Tagebau im Bornaer Revier hatte abschließen können.[223]

Seit Gründung der Brabag bestand kein Zweifel mehr an der Ernsthaftigkeit des Autarkieprogramms, und als Keppler nach der Benzinsynthese sein Augenmerk auf die einheimische Erzversorgung zu richten begann, brach in der Bellevuestraße sofort hektische Aktivität aus. Allerdings verliefen die Fronten hier nicht so klar zwischen Unternehmen und Staat wie bei der Brabag. Anders als die Ruhrwerke, die vom Erzimport abhängig waren und auch einen größeren Anteil ihrer Fertigprodukte exportierten, arbeitete die Maxhütte in ihren beiden Hüttenwerken fast ausschließlich für den regionalen Markt und auf der Basis heimischer Erzvorkommen. Sie besaß zudem große unerschlossene Reservefelder in Oberfranken, wo minderwertige Qualitäten vorkamen, die man nach dem Erdzeitalter ihrer Lagerstätte als Doggererz bezeichnete. Ihr Abbau rentierte sich bislang nicht. Aber auch im Besitz von Mittelstahl befand sich rund um Elbingerode im Nordharz ein Erzvorkommen, das lediglich als Reserve betrachtet wurde. Während die Ruhrindustrie also überhaupt kein Interesse am kostspieligen inländischen Erz hatte, lag für den Flick-Konzern im Autarkieprogramm eine doppelte Chance: Die Maxhütte konnte zum einen ihren Erzbesitz mit staatlicher Hilfe aufschließen und die Aufbereitungstechnik weiterentwickeln. Der Konzern war damit zum anderen in der Position, seine Kooperationsbereitschaft in der Rohstoff- und Autarkiepolitik mit relativ geringem Aufwand demonstrativ herauszustellen. Möglichen staatlichen Zwangsmaßnahmen sollte so von vornherein entgegengewirkt werden.[224]

Dies war das Programm, das Maxhütte-Vorstand Eugen Böhringer Ende Oktober 1934, nur wenige Tage nach der Brabag-Gründung, vorbereitete. In einer Denkschrift schilderte er die autarkiewirtschaftlichen Möglichkeiten seiner Gesellschaft. Er hielt fest, dass die Hüttenwerke »zur Verwendung von niedrigprozentigen Eisenerzen« übergehen müssten, um die Zahlungsbilanz zu entlasten. Dazu solle das oberfränkische Doggererzrevier erschlossen werden, wo neben der Maxhütte und dem bayerischen Fiskus auch die Gutehoffnungshütte sowie der Stahlverein Erzfelder besaßen. Böhringer forderte einen technischen Großversuch und die Wiederaufnahme der Erzförderung bei der Gewerkschaft Kleiner Johannes. Bis 1937 könne die Jahresförderung auf 1,4 Millionen Tonnen gebracht werden. Dies gelinge allerdings nur dann, wenn die

Ruhr die Erze auch tatsächlich abnehme und das Reich sich an der Finanzierung beteilige. Böhringer war zwar besorgt, da Keppler mit dem Wirtschaftsstaatssekretär Ernst Trendelenburg einen Mann mit der Erzfrage betraut hatte, der »dem Westen nahesteht«. Doch bereits Anfang Dezember erbat Trendelenburg von allen Unternehmen eine Aufstellung über die Nutzung inländischer Erze nach dem Vorbild der Maxhütte.

Während Böhringer den Kontakt zu Trendelenburg suchte und deshalb eigens eine Reise zum Berliner »Bierabend« des Generalmajors Kurt Liese vom Heereswaffenamt auf sich nahm, trieb Flick in eigenen Gesprächen das oberfränkische Subventionsprojekt voran. Er hatte erfahren, dass Schacht ein Gesetz über Reichsgarantien auf dem Gebiet der Rohstoffwirtschaft beantragen werde. Für den Erzbergbau, die Erschließung neuer Lagerstätten und die Aufbereitung seien insgesamt 45 Millionen Mark vorgesehen, und auch das Projekt Kleiner Johannes werde in der Kabinettsvorlage enthalten sein. Dieses belief sich inzwischen auf 4,2 Millionen Mark. Flick zweifelte nicht daran, »dass die Abnahmeverpflichtung der westlichen Werke nur durch Verfügung zu erreichen sein wird«. Wenige Tage später vertrat Steinbrinck dieselbe Position in Verhandlungen mit Trendelenburg. Der Staatssekretär verwies zwar auf Gespräche, die er mit einigen Herren aus dem Westen geführt habe. Demnach hätten die Ruhrkonzerne großes Interesse daran, der Regierung ihr autarkiewirtschaftliches Engagement zu demonstrieren. Flick werde dort eine »ganz sachliche und freundliche Stimmung« finden. Am Ende sollten Flick und Steinbrinck mit ihrer Einschätzung, wonach die Ruhr »freiwillig und ohne staatlichen Druck … jedenfalls keine Doggererze abnehmen« werde, aber Recht behalten.[225]

Obwohl das Reichswirtschaftsministerium grundsätzlich zusicherte, die Ruhrkonzerne zur Erzabnahme zu verpflichten, fehlte es diesmal an einer mit dem Fall der Brabag vergleichbaren staatlichen Drohkulisse. Der Maxhütte-Vorstand beschränkte das Subventionspaket deshalb auf die Inbetriebnahme von Kleiner Johannes. Die Entscheidung über eine Aufbereitungsanlage stellte er zurück. Böhringer nahm dann ein halbes Jahr später tatsächlich Verhandlungen mit der Ruhrindustrie auf. Von einer »freundlichen Stimmung« konnte allerdings überhaupt keine Rede sein, da die Verhüttung der Pegnitzer Erze unwirtschaftlich war. Die Ruhrkonzerne importierten hochwertige Rohstoffe mit einem Eisengehalt von etwa 60 Prozent, die bis Duisburg preiswert per See- und Binnenschiff transportiert wurden. Hingegen wies das Doggererz auch nach der teuren Aufbereitung nur einen Eisengehalt von 42 bis 45 Prozent auf und erforderte zudem einen kostspieligen Bahntransport. Deshalb kam es trotz mehrfacher Intervention des Büros Keppler bis Anfang 1937 nur zu einer vorläufigen Einigung.[226]

Die Maxhütte stand auch deshalb auf verlorenem Posten, weil es der Autarkiefraktion zu dieser Zeit noch an politischer Durchsetzungskraft fehlte. Allerdings verschoben sich im Laufe des Jahres 1936 die Gewichte. Die von der beschleunigten Aufrüstung verschärften Haushalts- und Zahlungsbilanzprobleme des Reiches führten zu einer immer weiter eskalierenden Auseinandersetzung zwischen Keppler und Schacht, die Anfang 1936 darin gipfelte, dass der Wirtschaftsminister das von Keppler propagierte Inlandserzprogramm ausbremste. Die Brabag-Allianz war damit endgültig Geschichte. Das politische Patt löste Hitler im April 1936 auf, indem er Hermann Göring zum Beauftragten für Rohstoff- und Devisenfragen ernannte. Bis zum Herbst arbeitete Hitler eine Denkschrift aus, die keinen Zweifel an seinen Zielen ließ: Mit der Verkündigung des Vierjahresplanes verlor Schacht die Auseinandersetzung, während der militärische Bedarf und mit ihm die Autarkieprojekte höchsten politischen Vorrang erhielten. Göring hatte gegenüber einer Reihe von Industriellen bereits kurz nach seiner Ernennung die neuen Prioritäten eindeutig benannt: Bei einer verstärkten Verhüttung inländischer Erze komme es gar nicht darauf an, »was rentabel und bequem sei, sondern was unsere Devisenlage erleichtere«. Flick hatte in der prominent besetzten Runde zwar noch vorsichtig widersprochen und betont, dass eine Devisenersparnis durch ein derartiges Programm allenfalls auf mittlere Frist zu erwarten sei. Zudem handele es sich für die Unternehmen in erster Linie um »eine Kostenfrage«. Doch im Laufe des Sommers wurde deutlich, dass der politische Druck in Richtung Autarkie nun eine neue Qualität hatte. Er richtete sich zunächst auf die Treibstoffsynthese, wovon der Flick-Konzern diesmal wesentlich direkter betroffen war als zuvor.[227]

Neben der Mittelstahl-Beteiligung an der Brabag hatten Harpen und Essener Steinkohle schon im Vorjahr kleinere Anteile an der von 22 Montanunternehmen gegründeten »Ruhrbenzin AG« übernommen.

Nun sollten die Bergbaugesellschaften eigene Anlagen zur Kohleverflüssigung errichten. Ernst Tengelmann ging dabei mit der Essener Steinkohle bereits im Frühsommer 1936, also nur wenige Monate nach der Eingliederung in den Flick-Konzern, eilfertig voran. Ihm schwebte eine Anlage auf der Zeche Grimberg mit 30 000 Tonnen jährlicher Leistung vor. Auch wenn direkte Belege fehlen, ist davon auszugehen, dass dabei die engen persönlichen Kontakte des Tengelmann-Clans zu Göring den Ausschlag gaben.

Als der Beauftragte für den Vierjahresplan wenig später den Steinkohlebergbau des Ruhrgebiets um ein verstärktes Engagement in der Kohlehydrierung anging, gelang es Flick, die Forderung nach einem von Harpen eigens zu errichtenden zweiten Hydrierwerk abzuwehren. Stattdessen sollte die Kapazität auf Grimberg von 30 000 auf 50 000 Tonnen im Jahr erhöht werden. Diese Regelung hatte zwei wichtige Vorzüge: Zum einen war die Produktion in einer großen Anlage grundsätzlich rentabler als in zwei kleineren Werken. Zweitens schonte das Modell die Liquidität von Harpen, die ja erst kurz zuvor in Anspruch genommen worden war, um die Essener Steinkohle überhaupt erwerben zu können. Bei der Finanzierung der Anlage, die am Ende fast 30 Millionen Mark verschlingen sollte, zeigte sich dann schnell, dass ein Engagement in der Autarkiewirtschaft die Reichsbank von der Öffnung des Kapitalmarktes überzeugte – die Essener Steinkohle erhielt die Genehmigung für eine Anleihe über zehn Millionen Mark. Den restlichen Betrag brachte sie selbst auf, was angesichts einer zehnjährigen Absatzgarantie bei gleichzeitig gesicherter Amortisierung und Verzinsung des eingesetzten Kapitals keine schlechte Geldanlage war.[228]

Anfang 1937 forcierte die Vierjahresplanbehörde dann auch das Inlandserzprogramm. Es war Paul Pleiger, der es im »Amt für deutsche Roh- und Wertstoffe« übernahm, nach längeren Verhandlungen die neuen Ansprüche an den Konzern Maxhütte-Mittelstahl auszuformulieren. Er forderte den beschleunigten Erzabbau in den Stammgruben der Maxhütte in der Oberpfalz und in Thüringen. Daneben ordnete er den beschleunigten Ausbau des Mittelstahl-Erzbergwerks in Elbingerode an, und schließlich wurde »der Maxhütte nahegelegt, einen Ausbau ihrer Hochofeneinheiten zur Verhüttung der zusätzlich anfallenden Erzmengen vorzunehmen«. Inwiefern diese »Anordnung« das Ergebnis eines zuvor ausgehandelten Kompromisses war, ist unklar. In späteren Fällen gingen ähnliche Schreiben immer auf eine solche Vorarbeit zurück. Obwohl ein solches Einvernehmen also nicht grundsätzlich ausgeschlossen werden kann, wurde doch deutlich, dass der Ton auf staatlicher Seite rauer wurde. So ließ der Rüstungsoffizier Fritz Löb die von der Maxhütte wenige Tage später formulierten Einwände gegen einen raubbauartigen Aufschluss der Erzgrube im thüringischen Schmiedefeld nicht mehr gelten und bestand auf dem ursprünglichen Programm. Dieses ging weit über die Projekte hinaus, welche dem Maxhütte-Vorstand 1934 ursprünglich vorgeschwebt hatten. Auch wenn der unmittelbare Zusammenhang ebenfalls nicht nachweisbar ist, fällt doch auf, dass der 64-jährige Eugen Böhringer nur wenige Tage nach der Anordnung seine Flucht in den Ruhestand verkündete. Die Geschäfte in Sulzbach-Rosenberg übernahm im Juli 1937 Karl Raabe – ein erfahrener Techniker, der als ehemaliges Vorstandsmitglied der Ilseder Hütte ein ausgewiesener Fachmann für die Verhüttung einheimischer Erze war.[229]

Flick hingegen war entschlossen, die Pleigersche »Anordnung« als Finanzierungsinstrument einzusetzen. So dienten die Investitionen im Erzbergbau als Begründung für eine Anleihe über 7,6 Millionen Mark, die Mittelstahl beim Reichswirtschaftsministerium beantragte. Obwohl sich Flick persönlich bei zahlreichen Ämtern und Dienststellen für das Vorhaben einsetzte, lehnte Schacht überraschend ab. Der Wirtschaftsminister ließ sich auch nicht vom Hinweis auf die Verpflichtungen des Konzerns im Zuge des Vierjahresplanes umstimmen, sondern betonte, dass die Industrie so viel Geld verdiene, »dass es ihr ein Leichtes sei, die ihr übertragenen Aufgaben selbst zu finanzieren« – eine Einschätzung, die absolut zutreffend war. Aber Flick ließ nicht locker. Während des Sommers stockte er das Projekt auf zehn Millionen auf, und Steinbrinck setzte die Lobbyarbeit beständig fort. Am Ende zahlte sich diese Hartnäckigkeit aus, denn trotz einer neuerlichen Ablehnung willigte Schacht am Ende doch ein: Er genehmigte einen Anleihebetrag von sieben Millionen, was Steinbrinck als »eine große Enttäuschung« empfand. Der thüringische Maxhütte-Besitz taugte als Sicherheit für einen viel größeren Betrag, so dass man sich in der Bellevuestraße lieber darauf verständigte, die bereits auf dem Markt befindliche Mittelstahl-Anleihe mit einer zweiten Tranche auf 30 Millionen aufzustocken.[230]

Empfindlicher traf den Konzern der heftige Gegenwind, den Pleiger während des Sommers 1937 entfachte. Im Laufe des Frühjahrs hatte sich der Ton zwischen Göring und der Ruhrindustrie in der Erzfrage immer weiter verschärft. Neben Flick waren nun auch der Stahlverein, Krupp und die Gutehoffnungshütte auf einen Kurs demonstrativen Entgegenkommens umgeschwenkt. Dieser Kurswechsel hatte freilich keinen Erfolg, da Pleiger längst zu der Einsicht gelangt war, das Problem nur durch die Errichtung eines Staatsunternehmens lösen zu können – mit dem er überdies seine eigene Karriere verknüpfte. Bereits im Mai warf Göring der Industrie vor, sie habe sich »gesträubt, aus deutschen Erzen Eisen zu gewinnen«, und drohte, dass bald mit diesem »privatkapitalistischen Egoismus« Schluss gemacht werde. Es müsse ein »ganz großes Werk« unter seinem persönlichen Einfluss gebaut werden. Dies war die Geburtsstunde der am 15. Juli 1937 gegründeten Reichswerke AG für Erzbergbau und Eisenhütten »Hermann Göring«. Zum 23. Juli lud Göring die Besitzer von Inlandserzfeldern zu einer Besprechung nach Berlin. Zu verhandeln gab es da kaum noch etwas. Göring verkündete, dass die Reichswerke insgesamt drei Hüttenwerke errichten würden. Sollten die Eigentümer der dazu erforderlichen Erzfelder Widerstand leisten, werde ihr Besitz enteignet; die dazu notwendige Verordnung wurde noch am selben Tag erlassen und zielte vor allem auf den Felderbesitz des Stahlvereins bei Salzgitter.[231]

Der Termin für den Vorstoß war gut gewählt, denn mit Poensgen und Vögler befanden sich die beiden zentralen Führungspersonen des Stahlvereins im Urlaub, was in Görings Büro bekannt war. Vögler verbrachte seinen Urlaub im Engadiner Kurort Vulpera, wo sich etwa zur gleichen Zeit auch Flick aufhielt. Gut denkbar, dass Flick und Vögler dort ihre Verteidigungsstrategie miteinander besprachen. Immerhin war Flick trotz seines taktischen Entgegenkommens auf dem Erzgebiet nun genauso vom Reichswerke-Coup betroffen wie der Stahlverein, obwohl er die Enteignung der Doggererze offenbar nicht als bedrohlich empfand. Vielmehr alarmierten ihn Pleigers Pläne, in Oberfranken ein Hüttenwerk zu errichten. Ein Konkurrenzwerk im angestammten Revier der Maxhütte hätte katastrophale Folgen gehabt.

Die ersten Verhandlungen über den Doggererzbesitz führte Steinbrinck, der sich eng mit Hermann Kellermann von der ebenfalls direkt betroffenen Gutehoffnungshütte abstimmte. Sechs Stunden lang verhandelte Flicks Beauftragter – ohne Ergebnis. Pleiger bestand darauf, dass der gesamte fränkische Erzbesitz der Maxhütte an die Reichswerke abzugeben sei. Steinbrinck blieb hartnäckig: Notfalls müsse man es eben auf eine Enteignung ankommen lassen. Aber schon nach dem zweiten Verhandlungstag klagte Flicks Vertrauter, dass er kaum noch Hoffnungen habe, mit seiner Linie durchzukommen. Es bleibe nur, immer wieder das Argument des großen eigenen Autarkieengagements im Unterschied zu den anderen Werken zu betonen. Am Ende ging die Strategie dann doch auf, und einige Tage später gelang es Flick, einen Kompromiss auszuhandeln. Die Maxhütte sollte die Gewerkschaft Kleiner Johannes an die Reichswerke abgeben, erhielt dafür aber ihren Erzbedarf auf 60 Jahre garantiert. Flick verpflichtete sich, eines der beiden Maxhütte-Hochofenwerke wesentlich auszubauen, während die Reichswerke auf ein eigenes Werk in Franken verzichteten. Damit war die unmittelbare Bedrohung für den Flick-Konzern aus dem Weg geräumt. Die Preisgabe des Eigentums am Doggererz und das Zugeständnis größerer Investitionen waren zwar keine billigen Konzessionen; aber die Bedrohung durch ein neues Konkurrenzwerk hatte immerhin verhindert werden können.[232]

Mit diesem Arrangement hatte der Flick-Konzern die »Reichswerke-Krise« eigentlich bereits überstanden. Allerdings lösten der Aufbau eines montanindustriellen Staats- oder Parteiunternehmens und die Verstaatlichung der dazu erforderlichen Erzfelder ein industriepolitisches Beben aus. Zugleich gipfelte in dem Konflikt der politische Machtkampf um die wirtschafts- und rüstungswirtschaftliche Entscheidungskompetenz. Diesen konnte Göring schließlich für sich entscheiden und auf diese Weise das Ende der Karriere Hjalmar Schachts einläuten.

Im Laufe des August entbrannte deshalb ein erbitterter Krieg der Denkschriften und Memoranden zwischen drei Fraktionen: Die Leitung des Stahlvereins zielte darauf, eine gemeinsame industrielle Abwehrfront gegen den Angriff von Göring und Pleiger aufzubauen und wurde dabei besonders stark von Paul Reusch (Gutehoffnungshütte) unterstützt. Auch Schacht schloss sich dem an und unterstrich seinen Standpunkt mit Rücktrittsdrohungen, weil er seine industriepolitische Linie von Göring durchkreuzt sah. Die zweite Fraktion sammelte sich

Kapitänleutnant a. D. Otto Steinbrinck pflegt seine militärischen Kontakte und tritt im März 1933 der SS bei.

Die Autarkiepolitiker setzen die Montanindustrie unter Druck: Hermann Göring, Paul Pleiger und Paul Körner.

rund um den Vierjahresplanapparat und versuchte, die Bemühungen der Industrie, sich auf eine gemeinsame Opposition zu verständigen, zu hintertreiben. Pleigers Strategie war darauf ausgerichtet, einzelne Industrielle, deren Unternehmen selbst ein Interesse an der Autarkiewirtschaft hatten – wie etwa den Röchling-Konzern, Otto Wolff oder die Ilseder Hütte –, aus der vom Stahlverein angeführten Phalanx herauszulösen. Als dritte Fraktion lavierte dazwischen eine Gruppe von Konzernchefs, die ebenfalls eigene Interessen verfolgten. Den Angriff auf die Privatwirtschaft lehnten sie zwar aus ordnungspolitischen Gründen strikt ab. Aber ihre Solidarität mit dem Stahlverein ging auch nicht so weit, dass sie für dessen Verteidigung ihre eigene Stellung gegenüber der NS-Führung gefährden mochten. Dieser Gruppe gehörte neben Mannesmann, Krupp und Hoesch auch Flick an. Sie drängte pragmatisch darauf, keine von vornherein verlorenen Schlachten zu schlagen: Die Gründung der Reichswerke sei als Faktum hinzunehmen; die staatliche Zwangsmaßnahme interpretierten sie vor allem als Ergebnis des vom Stahlverein über Jahre verschleppten Engagements in der deutschen Erzförderung.[233]

Die Auseinandersetzung gipfelte am 24. August 1937 in dem Versuch des Stahlvereins, eine von allen Montankonzernen getragene Denkschrift gegen die Reichswerke zu verabschieden. Göring, der von Röchling unterrichtet worden war, schickte ein Telegramm, in dem er die »Machenschaften des Stahlvereins« in die Nähe der »Sabotage« rückte und dringend vor einer Unterzeichnung warnte. Tatsächlich verhinderten jedoch Egoismus und Opportunismus der Montanindustriellen eine Einigung. Beispielhaft dafür ist die Haltung Flicks. Nach Berliner Vorverhandlungen am 19. und 20. August hielt er es für klüger, nicht persönlich an der Düsseldorfer Besprechung teilzunehmen, sondern sich von Terberger, Möller und Raabe vertreten zu lassen. Flicks Vorgaben waren eindeutig. Gemeinsam mit Wilhelm Zangen (Mannesmann) lehnte er eine Fundamentalopposition ab und verlangte, dass die Denkschrift unbedingt einen »positiven Vorschlag« für eine künftige Zusammenarbeit mit den Reichswerken enthalten müsse. Als im Verlauf der Verhandlungen immer deutlicher wurde, dass auf Betreiben Poensgens und Reuschs genau dies verhindert werden sollte, profitierte Flick von der Intervention Görings.

Poensgen brach die Abstimmung über die Denkschrift ab, nachdem lediglich Klöckner und die Gutehoffnungshütte Zustimmung signalisiert, Ilseder Hütte, Röchling, Mannesmann, Hoesch und Otto Wolff jedoch abgelehnt hatten. Möller hielt später erleichtert fest, dass die Flick-Vertreter sich deshalb gar nicht mehr »zu demaskieren brauchten« – sie hätten ebenfalls abgelehnt, obwohl sie noch am Vormittag den gegenteiligen Eindruck erweckt hatten. So gelang Flick das Kunststück, plötzlich bei allen Beteiligten des Konfliktes als loyal zu gelten. Nur wenige Tage nach der Düsseldorfer Sitzung bot Flick Pleiger eine vertragliche Vereinbarung über die Abnahme von Stahlblöcken und Brammen an – zu verlockend schien die Möglichkeit, mit Hilfe der Reichswerke die eigenen Kapazitätsengpässe bei Mittelstahl zu beheben.[234]

Am Ende war Flick der eigentliche Gewinner der Reichswerke-Krise. Zwar hatte er wie gewohnt seine eigenen Interessen rücksichtslos verfolgt, um Pleigers fränkisches Hüttenwerk zu verhindern; der Konzern verlor darüber sein Doggererz, und die Maxhütte musste ihre Hochöfen ausbauen. Aber politisch hatte Flick einen großen Erfolg errungen. Seit der Gelsenberg-Affäre war er im Westen als unsicherer Kantonist angesehen worden. Schon seine Beteiligung an der Reprivatisierung des Stahlvereins hatte dieses Bild erstmals relativiert. Nun aber änderte es sich schlagartig. Als Peter Klöckner im Oktober eine Neuauflage der Ruhrlade anregte, in der man sich künftig wieder untereinander abstimmen wollte, war Flick mit von der Partie. Gemeinsam mit Klöckner, Vögler, Poensgen, Thyssen, Reusch und Tgahrt (Hoesch) bildete er den »Kleinen Kreis«, der sich bewusst von den Quertreibern der Reichswerke-Krise abgrenzte. Flick war auch deshalb rehabilitiert, weil sich die von ihm bereits im August vertretene pragmatische Position durchsetzte: An einer Kooperation mit den Reichswerken führte kein Weg vorbei. Deshalb rückte Flick unmittelbar nach Gründung des Kleinen Kreises in eine Vermittlerrolle. Gemeinsam mit Peter Klöckner und Karl Kimmich (Deutsche Bank) sollte er dazu beitragen, den Konflikt mit den Reichswerken beizulegen. Er überbrachte Pleiger am 21. Oktober das Friedensangebot der Ruhrkonzerne. Die Eisen- und Stahlindustrie erklärte sich bereit, 25 bis 30 Millionen Mark vom Kapital der Reichswerke zu übernehmen und an deren Entwicklung »in vertrauensvoller Zusammenarbeit mitzuwirken«.[235]

Anders als einigen seiner Kollegen muss Friedrich Flick die große symbolische Wirkung, die ein Engagement für die Autarkiepolitik hatte, von Anfang an bewusst gewesen sein. Aber zum einen machte es ihm die Produktionsstruktur seines Konzerns leicht, diese Haltung einzunehmen. Lässt man die politische Rhetorik beiseite, handelte es sich bei dem Inlandserzprogramm nämlich lediglich um das reguläre Geschäft der Maxhütte. Seit ihrer Gründung arbeitete sie mit eigenen Erzen, und trotz des politischen Drucks stagnierte ihre Erzförderung ab 1937. Zum anderen hielten sich die Investitionskosten in Grenzen. Im Geschäftsjahr 1937/38 trug allein die Maxhütte mit einem Drittel zu den Rohergebnissen des gesamten Stahlkonzerns von rund 61 Millionen Mark bei. Vermutlich lag ihr Profit sogar noch höher. Zehn Prozent seines Umsatzes machte der Stahlkonzern intern: Da die Maxhütte noch immer über viele freie Aktionäre verfügte, dürfte ein Teil der Gewinne auf Mittelstahl verschoben worden sein. Instrument dafür waren die Halbzeuglieferungen zwischen Riesa und Unterwellenborn. Demgegenüber verbaute die Maxhütte in dieser Phase nur ein Viertel der jährlichen Investitionen, stellte aber immerhin 40 Prozent des Rohstahls her.

Auf diese Weise profitierte Friedrich Flick doppelt von der nationalsozialistischen Autarkiepolitik: Die Kosten waren gering, während es ihm mit diplomatischem Geschick gelang, sein persönliches Ansehen innerhalb der Montanindustrie aufzubessern und zugleich das Stammgeschäft der Maxhütte als Dienst an der nationalen Sache hinzustellen.[236]

Aufrüstung

Anfang Juni 1933 verständigten sich Göring, Blomberg und Schacht über die finanziellen Grundzüge eines auf acht Jahre angelegten Rüstungsprogramms. Gewaltige 4,4 Milliarden Mark sollten fortan jährlich für die Rüstung mobilisiert werden. Das entsprach etwa einem Zehntel des Volkseinkommens. Für die Eisen- und Stahlindustrie war dies ein staatliches Konjunkturprogramm, das eine rasche Überwindung der Wirtschaftskrise versprach. Den im Spätsommer 1933 konkreter werdenden Plänen maß Flick aus zwei Gründen allergrößte Bedeutung bei. Erstens versprachen staatliche Aufträge eine bessere Auslastung der brachliegenden Stahlkapazitäten. Zweitens erforderten die militärischen Planungen eine frühzeitige Positionierung von Maxhütte-Mittelstahl auf einem bürokratischen Markt, den Flick bereits aus dem Ersten Weltkrieg bestens kannte.[237]

Diesem Zweck diente eine Ende September 1933 in der Bellevuestraße entstandene Denkschrift, die über weite Strecken einem rüstungswirtschaftlichen Werbekatalog glich. Sie pries die technische Ausstattung der Konzernwerke und sparte nicht mit Hinweisen auf das jeweilige Fertigungsprogramm während des letzten Krieges. Flicks Autoren wiesen geschickt auf die heimische Rohstoffbasis hin und hoben den militärisch-strategischen Standortvorteil verstreuter Werksanlagen jenseits des Ruhrgebiets besonders hervor. Sie stellten apodiktisch fest: »Der Rohstahlbedarf des Heeres und der Marine muss … in Mitteldeutschland aufgebracht werden.«

Beim Flick-Konzern war man über die von den militärischen Planern favorisierte Strategie gut informiert: Die Rüstungsindustrie sollte möglichst fern der Reichsgrenze und gut geschützt vor feindlichen

Luftangriffen ausgebaut werden. Diese Überlegungen wollte Flick zu seinem Vorteil nutzen. Mit großer Energie führte er eine Reihe von persönlichen Gesprächen und lud die Rüstungsbürokraten zu ausführlichen Werksbesichtigungen ein. Vor allem in den Mittelstahl-Betrieben begann daraufhin ein regelrechter Werkstourismus. Zu einem ersten, wohl etwas vorschnellen Abschluss hatten bereits im Sommer 1933 die vorzüglichen Kontakte des ehemaligen Seeoffiziers Steinbrinck beigetragen: Die Marine finanzierte im Werk Gröditz drei neue Pressen mit einer Kapazität von monatlich etwa 100 000 Geschosshüllen. Anschlussaufträge freilich blieben aus.[238]

Als im Frühjahr 1934 noch immer kein einziger staatlicher Auftrag vorlag, wurde Flick nervös. Misstrauisch machten ihn einige Äußerungen des Rüstungsoffiziers Georg Thomas, dass das Heer aus Gründen der Kapazität zwangsläufig auf die Werke an der Ruhr zurückgreifen müsse. Offensichtlich war der Standort Mitteldeutschland allein noch kein Garant für schnelle Aufträge. Als zentrale Dienststelle im Reichswehrministerium koordinierte das Heereswaffenamt die technische Entwicklung und Beschaffung von Waffen, Gerät und Munition. Die Leitung des Amtes bestätigte Flick in seinem Verdacht, dass »wir als Mitteldeutsche Stahlwerke etwas zwischen zwei Stühlen säßen, weil wir mit der Marine abgeschlossen hätten ... und das Heer uns unter Hinweis auf unseren Vertrag mit der Marine stiefmütterlich behandele«.

Zwei Monate später düpierte Flick das Amt, indem er direkt mit dem zuständigen Minister sprach. Werner von Blomberg, der erst kurz zuvor in den Genuss einer Werksbesichtigung bei Mittelstahl gekommen war, zeigte sich über die fehlenden Aufträge »außerordentlich erregt« und schaltete sich wunschgemäß direkt ein. Im Heereswaffenamt war man über diesen Schritt ganz und gar nicht begeistert, hatte sich nun aber darauf einzustellen, dass Flick die Rückendeckung des Ministers besaß. Der erste Beschaffungsauftrag wurde kurz darauf erteilt, und am 20. August 1934 signalisierte General Kurt Liese, dass Mittelstahl sich »unbedenklich für eine Reihe von Jahren« auf erhebliche Aufträge einstellen könne.[239]

Aber nicht nur der Heeresbedarf interessierte den Stahlindustriellen. Es war absehbar, dass in künftigen Kriegen eine dritte Truppengattung gleichberechtigt neben Heer und Marine treten würde – die Luftwaffe.

Bis dato befand sich der deutsche Flugzeugbau in der Hand eigenwilliger Erfinder-Unternehmer wie Ernst Heinkel, Hugo Junkers oder Claude Dornier. Aber waren diese Unternehmen der Rüstungsnachfrage überhaupt gewachsen? Deshalb drängte die Stahlindustrie in den künftigen Wachstumsmarkt – ohne allerdings Erfahrung in der technisch anspruchsvollen Flugzeugfabrikation vorweisen zu können. Anders lag der Fall bei Mittelstahl, wo die Allgemeine Transportanlagen-Gesellschaft in Leipzig nicht nur über ungenutzte Fertigungshallen, sondern auch über eine qualifizierte Belegschaft verfügte. Überdies hatte die ATG während des Krieges schon einmal Flugzeuge fabriziert, nach 1918 aber den technologischen Anschluss verpasst. Im Mittelstahl-Vorstand nahm sich der Techniker Heinrich Koppenberg der Sache an und sondierte im Frühjahr 1933 zunächst, ob Heinkel, Junkers oder Dornier zu einer Kooperation bereit waren – mit negativer Resonanz.[240]

Eine rasche Lösung des Problems kam unverhofft. Im Frühherbst 1933 ging Görings Reichsluftfahrtministerium gegen den Dessauer Flugzeugunternehmer Hugo Junkers vor, dessen politische Zuverlässigkeit im Rahmen örtlicher Auseinandersetzungen mit der NSDAP in Zweifel gezogen wurde. Weil seine Werke in der Weltwirtschaftskrise beinahe untergegangen wären, als technisch veraltet und schlecht organisiert galten, war der Unternehmer angreifbar geworden. Im Oktober wurde Junkers faktisch enteignet. Zur gleichen Zeit brachte Hitlers Wirtschaftsberater Wilhelm Keppler Mittelstahl beim Luftfahrtministerium als möglichen Käufer ins Spiel. Zu einer finanziellen Beteiligung Flicks kam es zwar nicht. Aber er stellte Koppenberg im Herbst 1933 als neuen Leiter der Junkers-Werke ab. Mittelstahl hatte damit, so Koppenberg nach dem Krieg nicht ohne Stolz, bei Junkers einen »Fuß in der Tür«.[241]

Die neue Position des Mittelstahl-Mannes hatte für den Konzern allergrößte Bedeutung. Zunächst kam die gewünschte Produktion bei der ATG im Eiltempo in Gang. Seit Anfang 1934 arbeitete das Leipziger Unternehmen als Zulieferer und Lizenz-Fertigungsbetrieb für Junkers. Wenige Monate später startete Steinbrinck eine Initiative beim Reichsluftfahrtministerium, wonach die ATG entweder zur eigenständigen Flugzeugfabrik heranwachsen oder an Junkers verkauft werden sollte. Es kam zu keiner Einigung, und so lief die Leipziger Lizenzfertigung weiter.

Auch bei der Sanierung der Breslauer Waggonfabriken handelte Koppenberg ganz im Sinne von Mittelstahl. In einem anrüchigen Geschäft übernahm Junkers im November 1935 die Fahrzeug- und Motorenwerke GmbH. Die sogenannte Famo war eine Ausgründung aus dem Breslauer Waggonbauer Linke-Hofmann. Koppenberg sollte später seine liebe Mühe haben, den Kauf der maroden Maschinenbauabteilung mit ihren knapp 2000 Beschäftigten zu rechtfertigen. Zwar übertrug er der Famo eine ganze Reihe von Konstruktions- und Bauaufträgen für die mitteldeutsche Syntheseproduktion, die im Zusammenhang mit seiner Tätigkeit bei der Brabag standen. Aber dass Junkers eigentlich nur am Breslauer Schlepperbau interessiert gewesen sei, der als ziviler Abnehmer von Dessauer Dieselmotoren fungieren sollte, klang doch äußerst unglaubwürdig. Tatsächlich handelte es sich wohl um einen Freundschaftsdienst bei der Sanierung der Waggongesellschaften: Die Famo nahm Linke-Hofmann mindestens 5,2 Millionen Mark Schulden ab – bei einem Stammkapital von gerade 2 Millionen Mark ächzte die Gesellschaft danach unter den Zinszahlungen und war schon zwei Jahre später, inzwischen mit 10,2 Millionen Mark Fremdkapital beladen, akut von der Insolvenz bedroht.[242]

Besser erging es der ATG, deren Umsätze sich ab 1933/34 binnen drei Jahren verfünffachten. Zugleich stieg die Beschäftigung von 2580 auf 5774 Mitarbeiter. Das Werk fertigte Tragflächen für die Ju 52, die nach Dessau geliefert wurden, montierte aber auch ganze Flugzeuge unterschiedlicher Baureihen. Weil die alten Hallen der ATG nicht ausreichten, übernahm das Reichsluftfahrtministerium die Finanzierung neuer Fertigungsstätten. Bis 1937 stellte der Fiskus für den Ausbau 17,16 Millionen Mark per Darlehen zur Verfügung und leistete überdies großzügige Abschlagszahlungen auf die erteilten Aufträge. So wurde die Luftrüstung für Mittelstahl ein einträgliches und risikofreies Geschäft. Die staatliche Auftragsvergabe räumte dem Unternehmen eine feste Gewinnmarge ein; umgekehrt achtete die Leitung des Leipziger Betriebes bei allen Investitionen penibel darauf, dass die mit staatlichen Mitteln beschafften Werkzeugmaschinen neben den Aluminiumteilen der Flugzeugproduktion auch Stahl bearbeiten konnten. Sie sollten jederzeit auch für zivile Zwecke innerhalb des Stahlkonzerns eingesetzt werden können.[243]

Die Verlagerung des langfristigen Investitionsrisikos auf den Staat lag generell im Interesse aller Unternehmen, die an der Aufrüstung partizipieren wollten. Das dahinter stehende Kalkül trat noch viel deutlicher bei der Maxhütte hervor, wo Eugen Böhringer als bestens vernetzter Vorstandschef die Kooperation mit dem Heereswaffenamt suchte. Sein Vorgehen stimmte er zwar jederzeit mit Flick ab. Dieser ließ ihm jedoch genügend Spielraum, um die aus Sicht der Maxhütte und des gesamten Konzerns erforderlichen Projekte weitgehend eigenständig forcieren zu können. Anlass für Böhringers Kooperation mit dem Waffenamt war die Enteignung der Werkzeug- und Maschinenfabrik Donauwörth GmbH des Emil Loeffellad, die dem radikalen Vorgehen gegen Junkers glich. In den zwanziger Jahren war dort unter konspirativen Umständen für die deutsche Rüstung produziert worden. Über Ausschussquoten und Berichtspflichten kam es jedoch zum Streit zwischen Loeffellad und dem Reichswehrministerium, das daraufhin alle Aufträge stornierte. Der Unternehmer musste sein Werk schließen. Für das NS-Rüstungsprogramm war Donauwörth aber eine unverzichtbare Produktionsstätte. Im Heereswaffenamt entschied man deshalb im Frühjahr 1934, dass die Fabrik ihre Arbeit wieder aufnehmen müsse. Den Eigentümer erklärte man kurzerhand zum »Staatsschädling«, ließ ihn durch die Gestapo verhaften und einem Notar vorführen, vor dem er am 16. Mai 1934 in den Verkauf einzuwilligen hatte. Den Großteil des Kaufpreises behielt das Heereswaffenamt als »Sühnesumme« für die angeblich unzulässige Verwendung von Reichsmitteln ein.[244]

Wichtigster Akteur dieser rücksichtslosen Aktion war Max Zeidelhack, der erst wenige Monate zuvor in den Dienst des Heereswaffenamtes getreten war. Davor hatte er für die Süddeutsche Treuhandgesellschaft AG als Wirtschaftsprüfer gearbeitet und war zwischen 1931 und Ende 1933 als Rechnungsprüfer bei der Maxhütte tätig gewesen. Neben seiner wirtschaftlichen Kompetenz dürfte ihn bereits zu dieser Zeit sein Status als »alter Kämpfer« empfohlen haben, denn Zeidelhack war NSDAP-Mitglied Nr. 17. Beim »Kauf« von Donauwörth stand er vor dem Problem, eine geeignete rechtliche Konstruktion für die widersprüchlichen Ziele des Heereswaffenamtes finden zu müssen. Dessen Strategie zielte einerseits darauf, das Eigentum an Donauwörth zu erwerben, um auf diese Weise jederzeit direkt auf die Produktion einwirken zu können. Andererseits hatte das Amt in der Vergangenheit genügend schlechte Erfahrungen mit uneffektiven staatlichen Regiebetrieben gemacht und wünschte sich deshalb eine privatwirtschaftliche Unternehmensleitung.

Zeidelhack tat sich mit Böhringer zusammen, und im April 1934 stellten sie die Weichen für eine Verstaatlichung von Donauwörth und die anschließende Verpachtung an die Maxhütte. Letztere gab dazu den Firmenmantel der Verwertungsgesellschaft für Montanindustrie GmbH kostenlos an Zeidelhack ab, und diese erwarb dann die Werksanlagen der Werkzeug- und Maschinenfabrik für den Fiskus. Später erteilte das Oberkommando des Heeres der Maxhütte einen Auftrag, der den Ausbau von Anlagen auf Rechnung des Reiches beinhaltete. Danach vereinbarten Heer und Maxhütte einen Mantelvertrag über das Objekt, und die Maxhütte gründete eine Betriebsgesellschaft für die Anlagen in Donauwörth. Diese trug nun den Namen Maschinenfabrik Donauwörth GmbH, hatte ein Kapital von einer Million Mark und pachtete die Werksanlagen von der Montan.[245]

Diese Regelung war für das Heereswaffenamt ebenso von Vorteil wie für die Maxhütte. Während das Amt einen Betrieb der Waffenproduktion erwerben, dort investieren und seine unternehmerische Leitung gewährleisten konnte, sicherte sich die Maxhütte mit sehr geringem finanziellen Aufwand einen wichtigen Stahlabnehmer. Sie führte den Betrieb selbst, vermied aber die Risiken langfristiger Investitionen in ein Werk ohne zivile Zukunftschancen. Die hier gefundene Lösung für ein strategisches Dilemma, vor dem alle Unternehmen der Rüstungsproduktion standen, war so elegant, dass Zeidelhack bereits im April 1934 grünes Licht dafür erhielt, die ehemalige Maxhütte-Tochter Montan zur Holding für alle künftig zu errichtenden heereseigenen Rüstungsbetriebe auszubauen. Allein 1935 kamen 17 weitere Betriebe hinzu. Bei Kriegsbeginn beschäftigte das Staatsunternehmen 35 000 Personen, und bis März 1941 stieg die Zahl der Montan-Betriebe auf 1156[246]

Erst das Donauwörth-Geschäft macht eine zweite Initiative des Heereswaffenamtes nachvollziehbar, die häufig als »Generalprobe« für die vom Flick-Konzern später betriebenen »Arisierungen« beschrieben wird. Im thüringischen Suhl, nur 70 Kilometer vom Maxhütte-Standort Unterwellenborn entfernt, produzierten die Werke der jüdischen

Unternehmerfamilie Simson seit 1925 mit alliierter Billigung den gesamten Bedarf an militärischen Handfeuerwaffen. Dazu hatte das Heereswaffenamt bei Simson zwischen 1925 und 1933 rund 21 Millionen Mark investiert. Seit der Weltwirtschaftskrise führte das lukrative Monopol der Simsons zu Denunziationen durch Konkurrenten, die von der nationalsozialistischen Propaganda in Thüringen unter der Führung Fritz Sauckels gezielt aufgegriffen wurden. Angeblich bereicherten sich die jüdischen Unternehmer durch »Übergewinne« an der Landesverteidigung. Bereits seit September 1933 standen die Suhler Werke unter der Verwaltung eines Treuhänders der Partei, der seiner Aufgabe aber weder technisch noch unternehmerisch gewachsen war. Im Laufe des Sommers 1934 wurde dann immer deutlicher, dass die Weimarer Gauleitung nicht nur auf eine Enteignung der Simsons hinarbeitete, sondern auf diese Weise ein Parteiunternehmen schaffen wollte. Damit beschwor Sauckel freilich den Widerstand des Heereswaffenamtes herauf. Dieses hatte zwar gegen eine »Arisierung« keine Bedenken, bestand angesichts seiner großen Investitionen aber auf einer kompetenten Betriebsführung in Suhl – und wollte den Aufbau eines reinen Parteibetriebes deshalb um jeden Preis verhindern.[247]

In dieser Situation wandte sich General Kurt Liese an Flick: Dieser solle doch die Simsonwerke erwerben und als Abnehmer für seine Unterwellenborner Stahlproduktion in den Konzern eingliedern. In einem Gespräch mit Steinbrinck betonten die Rüstungsoffiziere am 6. Oktober 1934, dass es dem Heereswaffenamt ähnlich wie bei Donauwörth ausschließlich um die »reibungslose Zusammenarbeit« mit Simson ging. Allerdings müsse Flick privatwirtschaftlich mit den Simsons über einen Kauf verhandeln. Der ehemalige Krupp-Direktor Bruno Bruhn vermittelte erste Gespräche, die aber ergebnislos blieben. Erst Anfang Mai 1935 kam wieder Bewegung in die Angelegenheit: Sauckel strebte nun die Überführung der Simsonwerke in eine Industriestiftung an. Arthur Simson hatte er verhaften lassen, um die Eigentümerfamilie in die entscheidenden Verhandlungen zu zwingen. Unter Mitwirkung Kepplers trat das Heereswaffenamt deshalb erneut an Flick heran, um die Stiftungslösung zu verhindern. Die Situation war unübersichtlich, da die Fronten im Fall Simson zwischen der Gauleitung, den Reichsstellen der NSDAP und den Berliner Ministerien verliefen und nun auch noch

Klöckner und Röchling als Kaufinteressenten auf den Plan traten. Zeidelhack versuchte Flick den Kauf mit Hinweisen auf die denkbar günstige Verhandlungsposition, vor allem aber mit einem Vertrauensbeweis der politischen Führung schmackhaft zu machen. Flick werde vom Heereswaffenamt offiziell mit den Verhandlungen betraut, von Reichenau, Göring, Keppler und Himmler hätten das gebilligt. Flick bedankte sich artig, verhielt sich aber weiter abwartend. Am Ende setzte sich Sauckel durch: Die Simsons gaben ihr Eigentum faktisch entschädigungslos ab, während ihre Werke die Keimzelle der späteren »Wilhelm-Gustloff-Stiftung« bildeten.[248]

Politisch-taktische Gründe allein können Flicks Zurückhaltung nicht erklären. Sicher waren »Arisierungen« zu dieser Zeit noch relativ selten, zumal beide Verhandlungsrunden mit dem Heereswaffenamt noch vor Erlass der Nürnberger Rassengesetze im September 1935 stattfanden. Auch konnte die Maxhütte kein Interesse an einem dauerhaften Konflikt mit der Weimarer Gauleitung haben. Überdies hatte der Konzern 1935 noch ganz erhebliche finanzielle Verpflichtungen gegenüber dem Ausland, so dass ein internationaler Ansehensverlust unangenehme Folgen haben konnte. Entscheidend ist aber die Frage, ob Simson überhaupt in den Konzern Maxhütte-Mittelstahl gepasst hätte – und wie Flicks Handlungsoptionen zu dieser Zeit aussahen. Der Unternehmer griff auch sonst nicht wahllos zu, nur weil die politische Führung dies wünschte oder die Umstände gerade günstig waren. Beispielhaft zeigen dies zwei Fälle, in denen sich Flick in vergleichbarer Weise Zurückhaltung auferlegte.

Nur wenige Monate nach dem von Flick ausgeschlagenen Simson-Geschäft trug ihm Otto Wolff im Oktober 1935 eine gemeinsame Beteiligung an der Deutschen Schiffs- und Maschinenbau AG an. In der Deschimag hatten sich acht Weser-Werften zusammengeschlossen, die auf der Suche nach kapitalstarken Eigentümern waren. 1933 hatte der gewaltige Investitionsbedarf Flick (und Krupp) schon einmal zurückschrecken lassen. Trotz einer anfänglichen Zusage an Wolff zog Flick sich 1935 erneut zurück, weil es ihm an Vertrauen in das Bremer Leitungspersonal mangelte. Auch eine zweite Gelegenheit zur Expansion in den Schiffbau nutzte er trotz politischer Unterstützung nicht. Im Sommer 1937 bot die Kieler Staatswerft Deutsche Werke AG die Hamburger Vulkan-Werft zum Kauf an. Dabei gaben einmal mehr Steinbrincks

Marinekontakte den Ausschlag. Neben Hamburgs Bürgermeister Carl Vincent Krogmann, der Steinbrinck bereits im Keppler-Kreis begegnet war, setzte sich auch Marinechef Erich Raeder für Flick ein. Dennoch winkte der Mittelstahl-Vorstand sofort ab: Der Absatz von Schiffsblechen sei wegen der niedrigen Preise in Friedenszeiten für die Werke der Havelgruppe generell unattraktiv, und angesichts der augenblicklichen Rüstungskonjunktur stehe der »Kundenkauf« ohnehin nicht im »Vordergrund des Interesses«.[249]

Auch im Fall Simson ging es um Kundenkauf. Eine Eingliederung in den Konzern wäre nur dann sinnvoll gewesen, wenn man in Unterwellenborn ein Stabwalzwerk gebaut und die Herstellung von qualitativ hochwertigem Stahl aufgenommen hätte. Dies war ein lang gehegter Plan, dessen Investitionsvolumen 1931 auf rund zehn Millionen Mark veranschlagt wurde. Steinbrinck hatte bereits in seinem ersten Gespräch über Simson mit dem Heereswaffenamt eben dieses Projekt angesprochen. In der Perspektive der Bellevuestraße ging es also weniger um einen »Fall Simson« als vielmehr um ein produktionstechnisches Problem des Verbunds Maxhütte-Mittelstahl. Eine Lösung durch den Kauf der Simson-Mehrheit, von Steinbrinck mit neun Millionen Mark veranschlagt, hätte entsprechende Investitionen in Unterwellenborn erfordert und damit ein Gesamtvolumen von rund 20 Millionen Mark zur Folge gehabt.[250]

Tatsächlich war Flick keineswegs bereit, bei der Maxhütte derart hohe Investitionsrisiken in der Rüstungsendfertigung einzugehen. An diesem Punkt kamen erneut Zeidelhack und die Montan ins Spiel. Bereits am 15. September 1934, also noch während der ersten Verhandlungsrunde über den Simson-Erwerb, signalisierte Flick gegenüber dem Heereswaffenamt, dass in Unterwellenborn der Bau eines Elektroofens mit rund 18 000 Tonnen jährlicher Kapazität in die Wege geleitet werde und dort jederzeit eine Produktionsstätte für Geschosshüllen errichtet werden könne. Im Sommer 1935 trat die Maxhütte die erforderlichen Grundstücke an die Montan ab, die den Bau finanzierte und das Presswerk an die Maschinenfabrik Donauwörth verpachtete. Als das Oberkommando des Heeres der Maxhütte im März 1937 einen weiteren Großauftrag erteilte, musste das Presswerk in Unterwellenborn erweitert werden. Diese Fertigungsstätte errichtete die Maxhütte selbst; allerdings bezahlte sie nur 1,2 Millionen Mark, der Fiskus beteiligte sich mit 4,5 Millionen Mark. Das Ergebnis war von bestechender Logik: Während der Staat die Investitionen in den Maschinenpark übernahm, entfiel zugleich der Bau des teuren Stabwalzwerks, weil große Stahlmengen in die Produktion von Bomben und Granaten flossen. Nur für den großzügigen Ausbau des Elektrostahlwerks, das bis 1938/39 auf eine jährliche Produktion von 70 000 Tonnen gebracht wurde, musste die Maxhütte selbst aufkommen. Weil dessen Ausstoß den eigenen Bedarf deutlich übertraf, wurde ein Teil der thüringischen Produktion mit der Bahn nach Riesa verschickt. Damit verbesserten sich auch die Selbstkosten dieser eingespielten Kooperation; der hochwertige Waffenstahl ließ den Frachtanteil je Tonne sinken.[251]

Das Beispiel zeigt: Die Maxhütte investierte nur dort, wo die Produktionskapazitäten grundsätzlich eine zivile Nutzungschance hatten. Die guten Gewinne stammten zum einen aus der vollen Auslastung der vorhandenen Kapazitäten. Zum anderen war das Vertragssystem für die Muttergesellschaften der Montan-Pächter besonders lukrativ. Die Maxhütte beeinflusste die Höhe der Pachtzinsen, weil sie den Preis für das Rohmaterial festlegte. Dagegen war die staatliche Preisprüfung machtlos, weil diese lediglich Donauwörth überwachte, wo die Buchführung aber keine Aussagen über das Verhältnis zwischen Material-, Lohn- und Gemeinkosten zuließ. So blieb den Prüfern unklar, »wie sich im einzelnen die aktivierten Selbstkosten für die verschiedenen Fabrikate« überhaupt zusammensetzten. Weil sich die von Donauwörth zu entrichtende Pacht aber ausschließlich am Betriebsüberschuss orientierte, war der Montan-Betrieb für das Reich ein erhebliches Verlustgeschäft, während die Maxhütte mit der Geschossproduktion garantierten Gewinn machte.[252]

Wie viele andere Unternehmer hatte Flick seine Lehren aus dem Ersten Weltkrieg gezogen und setzte alles daran, die unmittelbaren Risiken der Rüstungsinvestitionen zu minimieren. Allerdings wurde spätestens 1937 deutlich, dass die strategischen Entscheidungen des Konzerns nicht mehr frei getroffen werden konnten, sondern immer stärker von der forcierten Aufrüstung beeinflusst wurden. Mit der Einführung der Stahlkontingentierung im Februar 1937 schuf der NS-Staat neue Rahmenbedingungen, die sich zudem rasch wandelten. In der

Bellevuestraße trafen zu dieser Zeit laufend neue Hiobsbotschaften über Schrottmangel und Roheisennot bei den Stahlwerken der Lauchhammer- und Havel-Gruppe ein. Zwischen den Werksleitungen entbrannte daraufhin ein zermürbender Kleinkrieg um Schrottversorgung, Roheisen- und Halbzeuglieferungen. Die Militäraufträge beanspruchten so viel Stahl, dass der Konzern mit seinen Lieferungen an die Syndikate unter Druck geriet. Wenn publik werde, dass »unsere Verbandsquoten zu groß sind«, warnte Mittelstahl-Chef Möller, könne die Position in den Syndikaten auf mittlere Sicht Schaden nehmen.

Zwei Lösungen waren denkbar und wurden im Laufe des Jahres 1937 auch parallel zueinander umgesetzt: Zusätzliche Militäraufträge abzulehnen und gleichzeitig die Stahlproduktion zu steigern, wobei Letzteres die lukrativere Alternative zu sein schien. Am 1. Dezember 1937 sorgte die Umstellung der Kontingentierungsmethode jedoch für eine völlig neue Geschäftsgrundlage. Nun legte der Reichsbeauftragte für Eisen und Stahl jeden Monat die zulässige Erzeugung nach Fertigprodukten fest. Die eigentliche Kontingentierung delegierte er an die Industrie. Fortan teilten die Syndikate ihren Mitgliedern eine entsprechende Produktion zu, wobei Militäraufträge absoluten Vorrang erhielten. Um die Rüstungsnachfrage überhaupt noch decken zu können, erfasste die Kontingentierung nicht nur die Verbandsproduktion, sondern auch die Selbstverbrauchsquoten der Werke, die auf diese Weise immer weniger zivile Aufträge erhielten.[253]

Zur gleichen Zeit ergaben sich für Flick neue Anreize, auch in die Waffenfertigung einzusteigen. Zum Jahreswechsel 1937/38 stellte das Heereswaffenamt seine Beschaffungsmodalitäten um. Unmittelbar davon betroffen war das Werk in Gröditz, wo die Marine neben einer Produktionsstätte für Granaten auch den Ausbau der Schmiede und der Bearbeitungswerkstatt mitfinanziert hatte. Daneben expandierte die Vergüterei, in der die Werkstücke auf eine höhere Zähigkeit gebracht wurden. So konnte das Werk fortan auch Geschützrohre herstellen. Von den verbauten 7,5 Millionen Mark trug die Marine zwar 4,6 Millionen. Aber die Erfahrungen mit dem staatlichen Auftraggeber waren alles andere als ermutigend, da Gröditz von der Marine nach wie vor nur in »ganz geringem Umfange mit Aufträgen bedacht« wurde. Stattdessen bat die Marineleitung seit 1936 immer wieder darum, in Gröditz den

Bau von kompletten Geschützen und Lafetten aufzunehmen. Flick spielte jedoch auf Zeit und behauptete, dass die »den Mitteldeutschen Stahlwerken angetragenen Leistungen doch etwas über die Grenzen der heutigen Finanzierungsmöglichkeiten hinausgingen«. Auch in Gröditz war man keineswegs begeistert. Die Befürchtungen bezogen sich vor allem auf das »Arbeitermaterial«, erforderte die Fertigbearbeitung der Rohrblöcke doch »eine außerordentlich penible Präzisionsarbeit«.[254]

Trotzdem nahm Gröditz am Ende die Geschützproduktion auf. Den Sinneswandel führte das Heereswaffenamt herbei, indem es von 1938 an Geschütze nur noch beim Fertiglieferanten bestellte. Dieser sollte sich fortan seine Zulieferer selbst aussuchen können. Julius Brurein war als Koordinator der Rüstungsprojekte sofort äußerst besorgt, da die staatliche Preisprüfung dem Gröditzer Werk in der Vergangenheit besondere Konditionen gewährt hatte. Er bemerkte trocken, dass Gröditz künftig bei »Privataufträgen« wohl »andere Preise machen« müsse; das Werk produziere viel teurer als die Konkurrenz. Es gelang zwar noch einmal, beim Heereswaffenamt für eine Übergangszeit Sonderkonditionen herauszuholen. Auf lange Frist war jedoch absehbar, dass Gröditz entweder in die Fertigproduktion einsteigen oder die Herstellung von Rohrhalbzeug einstellen musste. Im Juni 1938 waren die technischen Vorarbeiten so weit gediehen, dass Steinbrinck Verhandlungen mit der Marine aufnehmen konnte. Schnell war klar, dass in Gröditz über zehn Millionen Mark investiert werden mussten. Im Laufe des Jahres 1939 wurden die Planungen mehrfach erweitert, und am Ende sagte die Marine ein zinsloses Darlehen über 14,25 Millionen Mark zu, das sich über Aufträge amortisieren sollte. Mittelstahl hatte lediglich die Kosten für die erforderlichen 500 Werkswohnungen zu tragen, ohne die keine Aussicht bestand, überhaupt qualifizierte Fachkräfte in die Provinz zu locken. Steinbrinck veranschlagte dafür vier Millionen Mark, die zum größten Teil über Hypotheken finanziert werden sollten. Gegen den Widerstand der Marine setzte der Konzern am Ende auch die Gründung einer eigenständigen Betriebsgesellschaft durch. Euphemistisch hieß die Kanonenwerkstatt künftig nur noch »Maschinenbau Gröditz«, betrieben von der eigens gegründeten Eisenwerk Sachsen GmbH.[255]

Wie in diesem Fall griff der Flick-Konzern bei allen reinen Rüstungsbetrieben auf das erstmals von der Maxhütte in Donauwörth angewandte System zurück. Selbst wenn die Montan nicht direkt beteiligt war und kein Pachtmodell zur Anwendung kam, bestand die Berliner Zentrale darauf, dass die Rüstungsbetriebe in eigenständige Gesellschaften ausgelagert wurden. Im Laufe des Jahres 1938 nahm der Umfang der militärischen Investitionen gleichwohl rasant zu. Den symbolischen Auftakt machten die Rüstungsbürokraten bereits am 30. Januar, als sie Friedrich Flick zum Wehrwirtschaftsführer ernannten. In den Monaten danach leitete der Konzern den Bau großer Rüstungswerkstätten rund um Berlin in die Wege. Voraussetzung dafür war eine gewaltige Steigerung der Stahlkapazität, so dass in Hennigsdorf, Brandenburg und Gröditz fünf neue Elektrostahl- und drei Siemens-Martin-Öfen errichtet wurden. Wiederum war die Montan bei der Brandenburger Eisenwerke GmbH direkt beteiligt.

Alle Neubauten bewegten sich jedoch in völlig anderen Dimensionen als noch in Donauwörth. Nun ging es nicht mehr um die Herstellung von Munition mit einigen hundert Beschäftigten, sondern um Fertigungsstätten für Panzer und Geschütze, die Tausende beschäftigen sollten. Um auf dem leergefegten Arbeitsmarkt überhaupt die nötigen Arbeitskräfte anwerben zu können, war der Bau neuer Wohnungen erforderlich – dies war jedenfalls vor Beginn des Krieges geplant. Mit der Größe der Rüstungsprojekte stieg auch das langfristige Risiko, mit den erweiterten Anlagen Überkapazitäten aufzubauen, die in einem künftigen zivilen Markt nicht mehr rentabel ausgelastet werden konnten. Dass Flick dieses Risiko jetzt in Kauf nahm, lag nicht nur an den Gewinnmöglichkeiten, sondern mehr noch an den ebenfalls steil ansteigenden staatlichen Subventionen. Die neuen Betriebe der Havel-Gruppe erforderten gigantische Investitionen; bei Kriegsende wiesen allein die Gesellschaften in Spandau und Brandenburg ein Anlagevermögen von fast 170 Millionen Mark aus.[256]

Aber auch im Rüstungsboom und bei voll ausgelasteten Kapazitäten war noch ein Wachstum möglich, das langfristige Perspektiven bot. Zwar schloss das System der Rohstoff- und Materialkontingentierung seit 1937/38 alle Erweiterungsinvestitionen, die nicht dem unmittelbar militärischen Bedarf dienten, weithin aus. Eine Alternative bestand indes im Erwerb bestehender Anlagen. So erklärt sich das besondere Interesse, das Flick im Herbst 1938 an der Sächsische Gußstahlwerke

Döhlen AG entwickelte. Mangels freier eigener Kapazitäten hatte Mittelstahl-Riesa bereits seit Jahren Stahlblöcke zum Walzen an die etwa 70 Kilometer entfernte Pirnaer Grobblechstraße abgegeben. Auch in Gröditz fehlte ein eigenes Walzwerk für Friedenszeiten. Bei Döhlen waren genau die gewünschten Kapazitäten vorhanden. Und auch der Aufbau der Reichswerke legte es nahe, die alten Pläne aufzunehmen und mit Döhlen den letzten sächsischen Konkurrenten in den Konzern einzugliedern.[257]

Seit Jahren war Friedrich Flick über die Lage bei Döhlen gut informiert, da sich alle großen Mitglieder der Rohstahlgemeinschaft im Herbst 1929 unter der Führung des Stahlvereins zusammengeschlossen hatten, um gemeinsam Werke von Kartellaußenseitern aufzukaufen und stillzulegen. Dies sollte die Verlängerung des Syndikatsvertrages vereinfachen. Aber nachdem die Stahlkonsortium GmbH Döhlen gekauft hatte, scheiterte der ursprünglich vorgesehene Abriss des Werkes. Dafür war neben dem Widerstand des sächsischen Staates vor allem der Egoismus der Stahlkonsorten verantwortlich. Jeder wollte für sich die »außerordentlich interessante Kundschaft von Döhlen ... in die Hand bekommen« und das Werk später womöglich selbst erwerben. Also wurde die Entscheidung vertagt und Döhlen von der Düsseldorfer Verwaltungsstelle des Stahlkonsortiums (»Büro Osterloh«) weiterbetrieben. Das Patt der Konsorten hielt bis 1939, da alle Beteiligten die Tilgung des Kaufpreises in zehn Jahresraten vereinbart hatten. Das Land Sachsen hingegen erleichterte in der Weltwirtschaftskrise die Sanierung von Döhlen, indem es große Bankbürgschaften und eine maßgebliche Kapitalbeteiligung übernahm.[258]

Im Rüstungsboom hatte Döhlen seine Krise so schnell überwunden, dass eine Stilllegung endgültig vom Tisch war. Sehr gute Gewinne und eine Eigenkapitalrendite von über 30 Prozent machten den Betrieb zu einem besonders lohnenden Übernahmekandidaten, dessen »innerer Wert« weitaus höher war, als es das niedrige Aktienkapital von sechs Millionen Mark suggerierte. Zudem lag in der eigentümlichen Vertragskonstellation zwischen Sachsen und dem Stahlkonsortium die Chance auf ein gutes Geschäft. Im Oktober 1938 wandte sich Flick zunächst an den sächsischen Wirtschaftsminister, da das Land ein Vorkaufsrecht besaß: Sollten die übrigen Konsorten nicht an ihn verkaufen, müsse

Sachsen seine Option ausüben und die Aktien danach an Mittelstahl weitergeben. Als Gegenleistung bot Flick eine finanzielle »Entschädigung« für die dividendenlosen Jahre.

Wenige Tage später trat er auch gegenüber dem Syndikatschef Ernst Poensgen erstmals offen als Kaufinteressent auf; Poensgen legte erwartungsgemäß besonderen Wert auf die »Bilanzwahrheit« und verlangte 300 Prozent. Sofort spielte Flick Sachsen gegen das Stahlkonsortium aus. Das Land könne die Aktien 1940 zum Optionskurs von 120 bis 125 Prozent erwerben. Es war ein riskantes Spiel, denn Flick gelang es erst einige Tage später, seine Absprache mit dem sächsischen Gauleiter wasserdicht zu machen. Wegen komplizierter Kartell- und Steuerfragen zogen sich die Verhandlungen bis in den Sommer 1939. Gleichzeitig wurde deutlich, dass die Erträge des Rüstungsgeschäftes bei Döhlen künftig sogar steigen würden; Vorstandschef Gerhard Bruns berichtete seinem Eigentümer in spe über ein zehn Millionen Mark schweres Investitionsprogramm, dessen Hauptlast das Heereswaffenamt tragen werde.[259]

Schließlich kam es zu einer Einigung mit dem Konsortium: Es verkaufte seine offizielle Döhlen-Beteiligung für 161,5 Prozent. Unter der Hand hatte es in den Jahren zuvor etwa die Hälfte der ungebundenen Aktien aufgekauft; diese gab es jetzt ebenfalls an Mittelstahl ab. Flick beauftragte daraufhin seinen Rechtsanwalt Hugo Solbrig damit, die wenigen für die Majorität bei Döhlen noch erforderlichen Aktien als Strohmann zu erwerben. Am Ende schlug der Kauf, die »Entschädigung« an Sachsen eingerechnet, mit sieben Millionen Mark zu Buche, was angesichts der hervorragenden Rentabilität, großer stiller Reserven und der Möglichkeiten einer technischen Integration in den Konzern ausgesprochen günstig war. Am Land Sachsen kam jedoch auch Mittelstahl nicht vorbei. Gerade im Kerngebiet seines Konzerns mochte Flick seinen politischen Rückhalt nicht gefährden. Deshalb trat er nicht als Mehrheitseigentümer auf, sondern holte sich zunächst die Erlaubnis, die Schlüsselposition des Aufsichtsratsvorsitzenden zwei Jahre lang übernehmen zu dürfen.

Im Hintergrund stand das Ziel, das sächsische Aktienpaket zu einem späteren Zeitpunkt zu erwerben und Döhlen damit vollständig in den Konzern einzugliedern – was nur im Einvernehmen mit Sachsen Aussicht auf Erfolg hatte. Diese Harmonie zahlte sich bereits Ende 1939 aus, als das Land jenen Teil seines Aktienpaketes treuhänderisch auf Mittelstahl übertrug, der kartellrechtlich erforderlich war, um zwischen Döhlen und Mittelstahl Selbstverbrauchslieferungen aufnehmen zu können. Sachsen erklärte sich überdies damit einverstanden, die neuen Betriebe der Waffenfertigung nach bekanntem Muster in eine GmbH auszulagern, die spätere Freitaler Stahlindustrie.[260]

Während die Autarkiepolitik für den Flick-Konzern vor allem von propagandistisch-politischem Interesse war, ging es bei der Rüstungsproduktion schlicht um den Gewinn der Unternehmen. Hitlers aggressive Rüstungspolitik wirkte zunächst wie ein staatliches Konjunkturprogramm für die Schwerindustrie. Dies erklärt, warum der Flick-Konzern für seine Fertigungsstätten warb und ein regelrechter Wettlauf um Militäraufträge entbrannte. In dieser Phase war die Rüstungskonjunktur tatsächlich der wichtigste »Motor« für den Ausbau des Flick-Konzerns. Spätestens mit der Versorgungs- und Devisenkrise des Jahres 1936 kam es jedoch zu einer Wende in der Unternehmenspolitik. Inzwischen produzierte der Konzern an der Auslastungsgrenze und hatte kein Interesse, eigene Mittel in Produktionsbereichen zu investieren, die mittelfristig keine zivilen Nutzungschancen hatten. Dieses Kalkül betraf letztlich alle Unternehmen, die bereits im Ersten Weltkrieg schmerzlich erfahren hatten, wie stark die staatlich gelenkte Rüstungswirtschaft die Produktionsstrukturen verzerrte. Eine derartige Scheinblüte sollte um jeden Preis verhindert werden, und dank Böhringer fand der Flick-Konzern zu einer befriedigenden Lösung dieses Interessenkonflikts. Mit dem Montan-Pachtsystem übernahm der Fiskus den Großteil der Investitionsrisiken, subventionierte den Ausbau der Rüstungsfertigung und trug damit seinen Teil zur steigenden Produktion und zum wachsenden Gewinn des gesamten Konzerns bei.[261]

Insgesamt wirkten rüstungswirtschaftliche Übernachfrage, Produktionsregulierung und Montan-System in eine Richtung: Die Produktion wuchs, so dass bei hoher Auslastung die während der zwanziger Jahre häufig beschworenen Effekte der Rationalisierung nun erstmals voll zur Geltung kamen – in Form gewaltiger Gewinne, die eben nur mittelbar auf die Produktion reiner Rüstungsgüter zurückgingen. Dass Flick auch hier dazu tendierte, langfristige Risiken auf den Staat abzuwälzen und selbst die Rendite einzustreichen, war keinesfalls ungewöhnlich. Es ent-

sprach dem bei allen Industriebetrieben zu beobachtenden Verhaltensmuster. Auffällig war hingegen, dass der Flick-Konzern eine günstige
Produktionsstruktur hatte, da er sich selbständig mit Erz und Koks versorgen konnte. Eigentlicher Engpass war die Schrottzufuhr. Dieses Problem konnte durch die Belieferung mit Lübecker Stahlroheisen dauerhaft gelöst werden. Es waren ökonomische und mehr noch technische
Gründe, die 1937 den Ausschlag für den Erwerb des Lübecker Hütten-
werkes gaben – im Zuge der »Arisierung«.

»Arisierung«

In drei großen Geschäften eignete sich Friedrich Flick gigantische
Vermögenswerte an, die sich zuvor hauptsächlich in jüdischem Besitz befunden hatten. Hier lag der wichtigste Antrieb für das schnelle
Wachstum seines Konzerns ab 1937. War diese Partizipation an der »Arisierung« von vornherein politisch, so unterschied sie sich doch grundlegend von der Betätigung in der Autarkie- oder Rüstungswirtschaft –
weil sie ein selbstgewähltes Geschäft war, frei von politischem Druck
und den für die Rüstungsproduktion so typischen »Sachzwängen«. Warum beteiligte sich Flick an der Ausplünderung der Juden? Es war dieser
Punkt, an dem sich die nach dem Krieg einsetzende, jahrzehntelange
Auseinandersetzung immer wieder entzündete.

Der Streit um die Bewertung des Flickschen Verhaltens im »Dritten Reich« war von jeher ein politischer, und die Weichen wurden im
Nürnberger Verfahren gestellt. Während die amerikanische Anklage es
darauf anlegte, dem Unternehmer das Motiv der persönlichen und von
Anfang an völlig skrupellosen Bereicherung nachzuweisen, beförderten
die dabei vorgelegten Beweisstücke zugleich die marxistische Kritik, die
den systembedingten Zusammenhang zwischen dem antisemitischen
Vorgehen des faschistischen Staates und den sich dabei schamlos be-
reichernden Kapitalisten herausstellte. Tatsächlich handelte es sich um
eine allmähliche Radikalisierung, auf Seiten des Staates ebenso wie auf
Unternehmensseite. Erschwert wurde – und wird – die Diskussion dadurch, dass der Begriff »Arisierung« zunächst ein zeitgenössischer Ter-

minus ist, der von seinem »ideologisch-rassistischen Hintergrund« nicht gelöst werden kann. Er bezeichnet die gewaltige Verschiebung jüdischen Eigentums an Unternehmen und Immobilien, zudem die Verdrängung jüdischer Mitarbeiter von ihren Posten. Heute dient der Begriff zugleich als analytische Kategorie.[262]

Als Eigentümer schwerindustrieller Unternehmen waren Juden bemerkenswert unterrepräsentiert, die Zahl möglicher Opfer der »Arisierung« in Bergbau, Eisen- und Stahlindustrie war also von vornherein begrenzt. Traditionell betätigten sie sich in der Braunkohleindustrie und in Oberschlesien, nach dem Ersten Weltkrieg hatten sich einige wenige auch in mittelgroßen Unternehmen der Eisen- und Stahlproduktion engagiert. Zunächst war die Montanindustrie von der antisemitischen Politik daher kaum betroffen. Allerdings dürfte es auch in den Belegschaften des Flick-Konzerns jüdische Mitarbeiter gegeben haben, die in vorauseilendem Gehorsam von ihren Posten verdrängt und entlassen wurden. Da keine Personalakten erhalten geblieben sind, kann mit Sicherheit nur gesagt werden, dass es in den Vorständen des Konzerns keine so begründeten Entlassungen gab. Gut dokumentiert sind hingegen die Veränderungen in den Flickschen Aufsichtsräten. Hier begann der große Personalwechsel bereits 1933. Allerdings spielten dabei auch die Spätfolgen der Bankenkrise eine Rolle; die jüdischen Bankiers Jakob Goldschmidt, Herbert M. Gutmann und Curt Sobernheim hatten deswegen bereits alle Ämter verloren. An ihrer Stelle rückten 1933 »arische« Bankiers in die Aufsichtsräte des Konzerns ein.[263]

Neben Goldschmidt schieden zwei weitere enge Geschäftspartner Flicks aus: Max von der Porten legte seine Ämter zum Ende des Jahres 1933 nieder und emigrierte in die Türkei, wo er als industriepolitischer Berater des Ministerpräsidenten tätig wurde. Samuel Ritscher konnte sich zwar noch bis 1936 in der Führung der Dresdner Bank halten, gab dann jedoch ebenfalls auf und ging ins Exil. Gegenüber ihren amerikanischen Vernehmungsbeamten behaupteten Flick und Kaletsch später mehrfach, den 1943 in Amerika verstorbenen von der Porten bei der Auswanderung unterstützt und auch Jakob Goldschmidt finanzielle Hilfe geleistet zu haben. Fest steht, dass Goldschmidt nach Hitlers Amtsantritt bei zwei größeren Geschäften von Flick eingeschaltet wurde. Ob dies tatsächlich Hilfsaktionen waren oder ob der Industrielle nicht einfach auf die vorzüglichen internationalen Kontakte des emigrierten Bankiers zurückgriff, muss im Dunkeln bleiben. Auch zu von der Porten riss der Kontakt nach der Emigration zunächst nicht ab. Weil die Türkei den Bau eines Stahlwerkes plante, reiste Flick im Sommer 1935 persönlich nach Ankara, um das Lauchhammerwerk und die Siegener Maschinenbau AG (Siemag) seines Neffen Bernhard Weiss als Anlagenbauer ins Gespräch zu bringen. In diesem Fall stand wohl das Geschäftliche im Vordergrund, auch wenn Flick aus alter Loyalität von der Porten gern einen Freundschaftsdienst geleistet haben mag.[264]

Exemplarisch für die in dieser frühen Phase übliche Mischung aus staatlichem Druck und politischem Opportunismus ist der Fall der Deutschen Schrott-Vereinigung. Wegen der im Schrotthandel zahlreich vertretenen Juden wurde das Einkaufskartell nach der nationalsozialistischen Machtübernahme sofort politisch angreifbar. Im Frühjahr sistierte mit der Reichsbahn einer der größten Schrottlieferanten kurzerhand seine Bestellungen, um politischen Druck auszuüben. Die Leitung des Kartells entledigte sich, vom Mittelstahl-Vorstand Arthur Hennecke tatkräftig unterstützt, bereits im Mai 1933 ihres jüdischen Geschäftsführers. Dieser hatte »freiwillig« auszuscheiden, da sich der Vorstand um den »arischen Charakter« der Gesellschaft sorgte. Mit Erfolg: Kaum war der Nachfolger im Amt, nahm die Reichsbahn ihre Schrottlieferungen wieder auf. Zudem sollte fortan in jedem Gebiet »je eine zweite christliche Vertragsfirma« eingesetzt werden, um den Vorwurf »jüdischer« Regionalmonopole zu entkräften. Diese zügige Ausgrenzung von jüdischen Geschäftspartnern wurde von einem »Radauantisemitismus« begleitet, mit dem Parteiaktivisten häufig gewaltsam gegen jüdische Geschäftsleute vorgingen. Die ersten prominenten Objekte der »Arisierung« waren Großunternehmen der Medienbranche und des Einzelhandels. Zwar nahm der unmittelbare Druck solcher Gewaltaktionen mit der politischen Ausschaltung der SA 1934 zunächst etwas ab, aber die systematische Ausgrenzung jüdischer Unternehmer und Angestellter war in Gang gesetzt.[265]

Wie viele andere hatte auch Flick keine Hemmungen, jüdische Geschäftspartner, mit denen er bis dahin eng und reibungslos zusammengearbeitet hatte, fallen zu lassen. Es gibt jedoch keinen Hinweis darauf, dass antisemitisches Gedankengut für Flick oder seine engsten Mitarbeiter zuvor irgendeine Relevanz gehabt hätte. In ihrem Verhalten ist vielmehr jener unternehmerische Opportunismus zu erkennen, der die »Arisierungswelle« der folgenden Jahre überhaupt erst ermöglichte. Allerdings fällt auf, dass Flick bis ins Jahr 1937 hinein vorsichtig abwartete und zunächst keine der sich zahlreich bietenden Gelegenheiten zum Erwerb jüdischen Besitzes wahrnahm. Obwohl das NS-Regime am 15. September 1935 mit den Nürnberger Gesetzen ein klares Signal setzte und dem praktizierten Antisemitismus nun auch eine umfassende »rechtliche« Grundlage verschaffte, änderte sich an dieser abwartenden Haltung zunächst nichts.

Das zeigte sich im Sommer 1936, als die Kapitalmehrheit an der Eisenhüttenwerk Thale AG auf den Markt kam. Dabei handelte es sich um eine typische »Arisierung«, die von Deutscher und Dresdner Bank gemeinsam betrieben wurde. Das Werk im Nordharz lag im Interessengebiet von Mittelstahl und befand sich im Besitz zweier Hauptaktionäre; neben der Frankfurter Unternehmensgruppe Adler-Aquila des Albert Rothschild war Albert Ottenheimer aus Köln maßgeblich beteiligt. Dass die beiden jüdischen Eigentümer in immer größere Bedrängnis gerieten, hatte man bei Mittelstahl schon anderthalb Jahre zuvor registriert. Möller wies da ein privates Vermittlungsangebot noch unwirsch zurück. Als im Sommer 1936 mit Otto Wolff ein direkter Konkurrent Interesse an Thale zeigte, war Flick jedoch sofort alarmiert. Nach längeren Verhandlungen folgte am 17. August eine Werksbesichtigung, an der neben Flick und Rudolf Hennecke auch die gesamte Führungsmannschaft des Wolff-Konzerns teilnahm – einschließlich des gerade 18-jährigen Otto Wolff von Amerongen. Nach Durchsicht der Bilanzunterlagen war man sich einig, dass in Thale »eine längere Reihe von Jahren bei Weitem zu wenig investiert worden ist«.

Flick wartete erneut ab. Zwar sicherte er zu, gemeinsam mit Wolff die Rothschildsche Aktienmehrheit übernehmen zu wollen. Ottenheimer müsse jedoch abgefunden und aus dem Unternehmen gedrängt werden – ein schmutziges Geschäft, das Flick besser bei den Banken aufgehoben sah. Das Übernahmeobjekt schien den Aufwand im Übrigen kaum zu lohnen; Henneckes Urteil über Thale fiel durchweg negativ aus, und er riet seinem Chef dringend von einer Beteiligung ab. Am Ende übernahm Wolff das Harzer Werk allein.[266]

Damit war die »Arisierung« aber noch nicht abgeschlossen, da auch die Frankfurter Muttergesellschaft von der Deutschen Bank feilgeboten wurde. Die Schrotthandelsfirma J. Adler jr. war zuvor nach bekanntem Muster in wirtschaftliche Schwierigkeiten gebracht worden. Neben den Rüsselsheimer Opelwerken hatte auch die Reichsbahn ihre Lieferungen eingestellt und Albert Rothschild auf diese Weise zum Verkauf genötigt. Als sich Eduard Mosler von der Deutschen Bank im Februar 1937 direkt an Flick wandte, lehnte dieser trotz hartnäckiger Nachfrage durch den Bankier erneut ab.

Noch im selben Jahr sondierten die Wiener und Londoner Rothschilds, ob Flick eine 50-prozentige Beteiligung am Witkowitzer Eisenwerk im schlesisch-mährischen Kohlenrevier übernehmen wolle, das sich zu rund 70 Prozent im Besitz der Bankiersfamilie befand. Steinbrinck nahm daraufhin sofort Fühlung mit dem Reichswirtschaftsministerium und den zuständigen Parteistellen auf. Allerdings stellte sich schnell heraus, dass Pleiger bereits ein Auge auf den Betrieb in der Tschechoslowakei geworfen hatte und diesen für die Reichswerke reserviert wissen wollte. Das politische Kalkül lief offenbar darauf hinaus, abzuwarten, bis Witkowitz »früher oder später dem deutschen Volksvermögen« von selbst »zufallen« würde, wie Steinbrinck in einer internen Notiz vermerkte.[267]

Die hier geschilderten Fälle sind für den Kontext der später von Flick betriebenen »Arisierungen« aus zwei Gründen besonderes wichtig. Erstens machen sie deutlich, nach welchen Präferenzen in der Bellevuestraße entschieden wurde. Das Angebot von »preiswerten« Unternehmensbeteiligungen aus jüdischem Besitz mochte groß sein – entscheidend blieb, ob die Objekte überhaupt als ökonomisch sinnvolle Ergänzung des Konzerns betrachtet werden konnten. Zweitens wird sichtbar, in welchem Umfang und aus welch unterschiedlichen Richtungen derartige Geschäfte an den Konzern herangetragen wurden. Die »Arisierung« bedeutete eine gewaltige Verschiebung der Eigentumsverhältnisse, und so waren nicht nur die Großbanken auf der Suche nach »arischen« Investoren. Neben den jüdischen Eigentümern schalteten sich auch windige Geschäftemacher ein, die auf Provisionen aus waren. Ähnliche Vermittlerdienste leisteten auch die Banken, denen es allerdings weniger um die Vergütung als um Kundenbindung ging.

Parallel zur erzwungenen jüdischen Emigration nahm die Zahl der geschäftlichen »Okkasionen« im Laufe des Jahres 1937 immer weiter zu, und bald setzte ein allgemeiner Wettlauf der Bereicherung ein. Keppler habe ihm bestätigt, schrieb Steinbrinck in einer Aktennotiz im Herbst, dass »seit einiger Zeit der jüdische Besitz in Deutschland von einer neuen Verkaufswelle ergriffen« worden sei. Selbst Unternehmer, »von denen man es bisher nicht erwartet hätte«, strebten nun danach, ihren »Besitz in Deutschland los zu werden«. Mit anderen Worten: Nun kamen auch attraktive Objekte auf den »Markt«, und Flicks Haltung zur »Arisierung« begann sich zu ändern.[268]

Zunächst hatte eine ganze Reihe privater Erwerbungen im Jahr 1937 ihren Ausgangspunkt. Den Anfang machte der »Erholungssitz« Hof Sauersberg bei Bad Tölz, den Flick von Ignatz Nacher erwarb, einem Berliner Brauereibesitzer, dessen Unternehmen bereits »arisiert« worden war. Im Jahr darauf kamen die Steirische Hochgebirgsjagd Rottenmann aus dem Besitz der Bankiers- und Industriellenfamilie Gutmann sowie das Gut Bärfelde in der Neumark hinzu, das der Familie Friedheim gehört hatte. Mit Hermann Terberger war ein langjähriger Flick-Vertrauter ebenfalls in das Geschäft mit der »Arisierung« eingestiegen. Die Familie des Maxhütte-Vorstandes übernahm gemeinsam mit zwei weiteren Partnern den Bielefelder Textilgroßhändler Katz & Michel. Für die allgemeine Konzernpolitik war das Jahr 1937 insofern von Bedeutung, als die Bemühungen um eine Liquidierung der Auslandsverschuldung erfolgreich zum Abschluss kamen. Kaletsch gelang es im Laufe des Sommers 1937, die letzten Kredite abzulösen, so dass zum 30. September mit der Metafina die letzte Finanzierungsgesellschaft in den Niederlanden ihr Geschäft einstellen konnte. Bis dahin war der Konzern bei der vorzeitigen Ordnung seiner Finanzverpflichtungen dringend auf das Entgegenkommen seiner internationalen Gläubiger angewiesen. Diese Rücksichtnahme auf ausländische Befindlichkeiten fiel im Spätsommer 1937 endgültig fort, was Flick jene Bewegungsfreiheit verschaffte, die eine aktive Beteiligung an den »Arisierungen« ermöglichte.[269]

Flicks Sinneswandel wurde erstmals im Fall der Hochofenwerk Lübeck AG erkennbar, eines Unternehmens, das in mehrfacher Hinsicht eine Außenseiterposition innerhalb der deutschen Montanindustrie einnahm. Schon bei seiner Gründung im Jahr 1905 hatten vor allem die

1938 erwirbt Flick aus jüdischem Besitz das Gut Bärfelde in der Neumark und firmiert beim Finanzamt künftig als »Industrieller und Landwirt«.

Handelsinteressen der Lübecker Kaufmannschaft den Ausschlag gegeben: In Herrenwyk an der Travemündung errichtet, basierte der Betrieb auf dem preiswerten Import skandinavischer Erze und englischer Kohle. Die Gründung stieß auf den erbitterten Widerstand der Ruhrindustrie und der mit ihr eng verbundenen Großbanken. Daraus folgten Finanzierungsprobleme, die nur gelöst werden konnten, indem die Kommune eine Beteiligung an der Hütte übernahm. Auch Peter Klöckner, damals noch ein junger Außenseiter, stieg in Lübeck ein. Auf Dauer konnte das Werk aber nur bei einer sorgfältigen Trennung der Interessensphären existieren: Lübeck machte der Ruhr auf dem Stahlmarkt keine Konkurrenz, obwohl der Verzicht auf eine vertikal integrierte Produktion die Rentabilität des Werkes belastete. Abhilfe schuf neben der frachtgünstigen Rohstoffversorgung vor allem die geschickte Nebenproduktverwertung. Das Hochofenwerk importierte minderwertige Schwefelkiesabbrände und setzte das bei der Aufbereitung gewonnene Eisenerz im Hochofen ein, während die gleichzeitig anfallenden Nichteisenbestandteile (vor allem Kupfer, aber auch Zink, Blei, Gold, Silber und Platin) in einer eigenen Hütte verarbeitet wurden. Zudem fungierte die Kokerei des Werkes als alleiniger Gasversorger für die Stadt Lübeck.[270]

In den Wirren der Hyperinflation schloss sich das Unternehmen nicht nur ein technisch ähnlich aufgebautes Küstenwerk in Stettin an, sondern bekam auch neue Besitzer. Bis auf den nach wie vor geringfügig beteiligten Klöckner-Konzern galten die wichtigsten Eigentümer nach 1933 als »nichtarische« Unternehmen. Das Hochofenwerk Lübeck befand sich zu 26,5 Prozent im Besitz des Erzhandelshauses Rawack & Grünfeld, der Hahnschen Werke (40 Prozent), die vor allem als Röhrenproduzenten tätig waren, der Frankfurter Metallgesellschaft (12,5 Prozent) sowie des Hamburger Bankhauses Warburg (zunächst 2,5 Prozent). Die weit verzweigten Eigentümerfamilien Hahn und Warburg waren auch verwandtschaftlich eng verbunden und standen für herausragendes kulturelles, wissenschaftliches und soziales Engagement – genannt seien der Kunsthistoriker Aby Warburg und der Reformpädagoge Kurt Hahn, der Gründer der Internatsschulen Salem und Birklehof. Gegenüber solchen Familien war Flick kaum mehr als ein Parvenü.[271]

Lübeck war für den mitteldeutschen Stahlkonzern von jeher ein natürlicher Übernahmekandidat. Dies hatte sich bereits 1928 gezeigt, als Flick auf der Suche nach einer eigenen Roheisenbasis für Mittelstahl über eine 50-prozentige Beteiligung an dem Lübecker Werk verhandelte. Nachdem er sich innerhalb der Vereinigten Stahlwerke nicht hatte durchsetzen können, ließ die Übernahme der Maxhütte den Plan vorläufig obsolet werden. Im Sommer 1937 hatten sich die Verhältnisse jedoch grundlegend gewandelt. Die seit dem Vorjahr anhaltende Roheisennot zwang ebenso zum Handeln wie die Gründung der Reichswerke, in denen dem Flick-Konzern mittelfristig eine scharfe Konkurrenz auf seinem angestammten Markt erwuchs. Womöglich würde Pleiger bald selbst Interesse an dem Ostseewerk als Roheisenlieferant der Reichswerke entwickeln.

In dieser Konstellation wurde die Übernahme für Mittelstahl akut: Das Lübecker Roheisen eröffnete die Möglichkeit, bei der Lauchhammergruppe die Stahlproduktion kurzfristig zu steigern und gleichzeitig einen weiteren Ausbau der Hütten in Thüringen und der Oberpfalz zu vermeiden, der fraglos an allen zivilen Marktchancen vorbeigegangen wäre und einen weiteren Raubbau an den Erzreserven verursacht hätte. Daher war das Hochofenwerk Lübeck in der besonderen Situation des Jahres 1937 für Flick genau das, was es knapp zehn Jahre zuvor schon einmal gewesen war: ein Übernahmekandidat – jetzt allerdings unter den vom Nationalsozialismus geschaffenen Bedingungen der »Arisierung«.[272]

Die von Flick im Spätsommer 1937 gefällte Entscheidung, nunmehr den Angriff auf Lübeck zu wagen und sich erstmals aktiv an der »Arisierung« jüdischen Eigentums zu beteiligen, beruhte auf der genauen Kenntnis einer komplizierten Vorgeschichte. Bei der Auseinandersetzung um die Zukunft des Hochofenwerks hatten zunächst lokale Akteure in Lübeck die Initiative. Ein entsprechendes Bündnis bildete sich bereits im Frühjahr 1933, um den jüdischen Generaldirektor des Werkes, Moritz Neumark, aus seinen Ämtern zu drängen. Neumark hatte nicht nur auf der Herrenwyker Hütte seit 1906 den Ton angegeben, sondern sich in bester hanseatischer Tradition auch im sozialen und politischen Leben der Stadt engagiert. Zunächst verlor er seine öffentlichen Ämter, unter anderem in der Handelskammer. Im Frühjahr 1934 gab er den Widerstand auf und willigte auch in seinen Rücktritt vom Vorstandsvorsitz des Hochofenwerks ein. Neumarks »Ausschaltung« wurde von zwei Männern maßgeblich vorangetrieben: Hermann Fabry und Werner Daitz. Innerhalb des Hochofenwerks nutzte der bisherige kaufmännische Vorstand Fabry skrupellos die sich ihm bietende Karrierechance. Nach Neumarks erzwungenem Abgang avancierte er selbst zum neuen Vorstandsvorsitzenden, später sogar zum Präsidenten der Lübecker Handelskammer.

Daitz hingegen stand bis zum Dezember 1934, als er in den Aufsichtsrat gewählt wurde, in keiner direkten Beziehung zum Hochofenwerk. Als Lübecker Gesandter bei der Reichsregierung und nationalsozialistischer Multifunktionär verfügte der Unternehmer, der seit 1931 in der NSDAP-Reichsleitung tätig war, allerdings über beste politische Beziehungen. Sein Ziel war die vollständige »Arisierung« des Hochofenwerks. In diesem Zusammenhang hatte er bereits Ende November 1933 Kontakt zu Flick aufgenommen, der ihn jedoch kühl abwies und die Lübecker Hütte als »tatsächlich überflüssiges Werk« bezeichnete. Daitz trat vor allem als Lobbyist ehrgeiziger industriepolitischer Projekte in Erscheinung. Er drängte darauf, die Hütte um ein Stahl- und Walzwerk zu ergänzen, was die Ansiedlung von weiterverarbeitenden Betrieben in der Stadt ermöglichen sollte.[273]

Trotz des 1934 erreichten Revirements in Vorstand und Aufsichtsrat ließ der Druck auf die jüdischen Eigentümer nicht nach, so dass die Hahns sich schließlich gezwungen sahen, Peter Klöckner den Aufsichtsratsvorsitz bei Lübeck zu übertragen. Anfang November 1934 sandten die Hauptaktionäre erstmals vorsichtige Verkaufssignale in Richtung Flick. Der Bankier Paul Bergmann vermittelte, und Neumark stattete die Bellevuestraße mit vertraulichen Informationen über seinen ehemaligen Arbeitgeber aus. Das Lübecker Stahlwerksprojekt war in seinen Augen reine Träumerei. In der Anlehnung des Hochofenwerks an einen Stahlproduzenten wie den Flick-Konzern sah er die bessere Alternative – deshalb lieferte er genaue Aufstellungen über Abschreibungen und Produktionsdaten zwischen 1929 und 1933 und zeichnete ein rosiges Bild seines Lebenswerks. Dank dieses Materials konnte Hermann Terberger einen genauen Betriebsvergleich zwischen Lübeck und Maxhütte ausarbeiten, der die Grundlage für Flicks Angebot bildete. Beim Blick in die Bilanzen überkamen Steinbrinck jedoch erste Zweifel, ob die Lübecker Anlagen angesichts der sehr geringen Investitionen der vergangenen Jahre »noch auf der Höhe« waren.

Später kamen neue Informationen über Selbstkosten, Finanzlage, Frachttarife, Immobilienbesitz, Gaswirtschaft und Erzversorgung hinzu. Am Ende hatten die Mitarbeiter in der Bellevuestraße den Lübecker Betrieb praktisch vollständig durchleuchtet, was ohne örtliche Unterstützung undenkbar gewesen wäre. Nach Flicks Einschätzung war das Kapital des Hochofenwerks »zweifellos zu hoch, insbesondere verglichen mit der Maxhütte«. Daher begannen die Gespräche mit den jüdischen Eigentümern, an denen sich neben dem Warburg-Teilhaber Ernst Spiegelberg auch Felix Benjamin von Rawack & Grünfeld beteiligte, mit einem provozierend mageren Angebot Flicks: Mit mehr als 80 Prozent mochte er die Lübeck-Aktien angesichts der angeblichen Überkapitalisierung der Gesellschaft nicht bewerten. Über das Stadium von Vorverhandlungen kamen diese Gespräche nicht hinaus, da Flick sich weigerte, für einen Erwerb der Lübeck-Mehrheit Bargeld aufzuwenden. Er bot den Eigentümern lediglich einen Tausch in Maxhütte- und RWE-Aktien an, woran diese jedoch kein Interesse hatten. Im Februar 1935 hielt Flick abschließend fest, dass Mittelstahl auch weiterhin nicht abgeneigt sei, »die durchaus natürliche Verbindung der beiden

Hermann Fabry betreibt die »Arisierung« des von ihm geleiteten Hochofenwerks Lübeck durch den Flick-Konzern.

Die Hochöfen an der Ostsee sollen Stahlroheisen liefern und weiteres Wachstum bei der Havelgruppe ermöglichen.

in Betracht stehenden Unternehmungen in irgendeiner Form herbeizuführen«.[274]

Selbst diese noch weitgehend unverbindlichen Gespräche wurden sofort zum Politikum und riefen erneut den ehrgeizigen Lobbyisten Daitz auf den Plan. Bei General Kurt Liese im Heereswaffenamt präsentierte der Gesandte aus Lübeck das Vorhaben, aus dem Hochofenwerk ein »wichtiges Glied der Landesverteidigung« zu machen. Voraussetzung dafür sei dessen »Arisierung«, wobei Flick 60 Prozent der nötigen Mittel aufbringen werde, sofern das Heereswaffenamt die fünf Millionen Mark betragende Deckungslücke schließe. Am Tag darauf empfing Flick den umtriebigen Parteifunktionär. Nach wie vor schwebte Daitz eine eigene Stahlproduktion in Lübeck vor; der Quandt-Konzern solle mit Unterstützung des Heereswaffenamtes für 22 Millionen Mark eine Rüstungsfabrik errichten. In seiner Gesprächsnotiz kommentierte Flick diese Pläne mit einem sardonischen »sofern ich das richtig verstanden habe« und beklagte die »sehr weitschweifigen Ausführungen über die Bedeutung

von Lübeck«. Daitz hatte ihn mit der Ankündigung, Quandt mit ins
Boot holen zu wollen, offenbar bluffen wollen. Aus der Finanzierung
jedenfalls wurde nichts, und so blieb das »Problem Lübeck« weiter ungelöst.[275]

Erst anderthalb Jahre später kam neuer Schwung in die Angelegenheit. Im September 1936 ergriff Hermann Fabry die Initiative und fand
in Friedrich Möller einen wichtigen Fürsprecher. Der Mittelstahl-Chef
informierte Flick über ein zufälliges Zusammentreffen mit seinem alten Freund Fabry, der bei dieser Gelegenheit »ganz vertraulich« darauf
hingewiesen habe, dass nun »Krupp eifrig am Verhandeln sei, um Lübeck zu kaufen, zum mindesten die Aktienmehrheit zu erwerben«. Ob
der Hinweis auf Krupp nur eine Finte war, lässt sich nicht mehr mit
Gewissheit klären. Aber der Zeitpunkt für den Vorstoß war gut gewählt.
Bei Mittelstahl wuchs das Interesse an einem zusätzlichen Lieferanten
für Stahlroheisen, und der nun auch von Flick gepflegte Kontakt zu
Fabry riss nicht mehr ab. Den Anfang machte eine Vereinbarung vom
Dezember 1936, mit der die Maxhütte ihre kleine Roheisenverkaufs-
quote (2140 Tonnen monatlich) an das Lübecker Werk verpachtete.

Intern argumentierte Odilo Burkart zu dieser Zeit noch klar gegen
den Kauf des Lübecker Werkes. Es sei zwar richtig, dass die Havelgruppe mit Lübecker Roheisen derzeit rund 20 Mark je Tonne gegenüber den Lieferungen aus Unterwellenborn sparen könnte, was einem
Selbstkostenvorteil von fast 30 Prozent entsprach. Doch es gebe zu
viele Unwägbarkeiten, vor allem ungelöste kartellrechtliche Fragen. Als
konzernfreies, reines Hüttenwerk kam das Hochofenwerk Lübeck bisher in den Genuss einer Sonderquote, die ihm eine um fast ein Drittel
erhöhte Produktion gestattete. Diese drohte nach einer Eingliederung
in den Flick-Konzern ersatzlos wegzufallen. Einen ähnlich fatalen Effekt
hätte auch eine Abwertung der Reichsmark gehabt, die 1936 mehrfach
diskutiert wurde. In diesem Fall hätten sich die Preise des importierten
schwedischen Erzes erhöht. In beiden Fällen wäre der Lübecker Selbst-
kostenvorsprung dahingeschmolzen. Burkart wollte auch keine lange
Dauer des Rüstungsbooms einkalkulieren: »Sollten aber wieder normale
Wirtschaftsverhältnisse eintreten, dann dürften auch die Verhältnisse
am Schrottmarkt vermutlich wieder in normale Bahnen kommen.« In
diesem Fall hätte die Havelgruppe kein Interesse am Lübecker Stahlroh-

eisen mehr gehabt. Darum könne der Flick-Konzern »auf lange Sicht an dem Erwerb von Lübeck kein wesentliches Interesse« haben. Diese Einschätzung stand auch unter dem Eindruck einer gerade erst vereinbarten Produktionskürzung: 1937 sollte in Deutschland 15 Prozent weniger Stahl hergestellt, die Inlandsversorgung gar um 25 Prozent gekappt werden.[276]

Flick entschied, sich alle Optionen offenzuhalten. Daher vertiefte Burkart den Kontakt zu Fabry. Im Januar 1937 erkundigte er sich, ob man in Lübeck Interesse an Eisenerz aus Elbingerode habe. Fabry war sofort hellauf begeistert, weil er keine zusätzlichen Devisenkontingente für den Erzimport mehr erhielt. Damit bot sich für den Verbund Maxhütte-Mittelstahl die Chance, das Lübecker Werk bei der Umsetzung der Autarkiepolitik einzuspannen: Mittelstahl nahm im Rahmen des Vierjahresplanes die Grube in Elbingerode wieder in Betrieb. In einem Tauschgeschäft verhüttete das gegenüber Unterwellenborn deutlich frachtgünstigere Lübecker Werk die dort geförderten Erze und lieferte im Gegenzug Stahlroheisen als preiswerte Schiffsfracht an die Havelgruppe. Auch Möller reagierte enthusiastisch auf Burkarts Idee, die im Laufe des Sommers in Form eines Veredelungsabkommens vertraglich niedergelegt wurde. Angesichts des Roheisen- und Schrottmangels im Konzern wirkten die Roheisenlieferungen aus Lübeck entlastend, obwohl sie mit jährlich 24 000 Tonnen zunächst relativ gering ausfallen sollten.[277]

Zwischen Mittelstahl und dem Hochofenwerk entwickelten sich so erste Ansätze eines Produktionsverbundes, den Flick offenbar mit einer Kapitalbeteiligung abzusichern gedachte. Um die wirtschaftliche und politische Entwicklung weiter abwarten, gleichzeitig aber den Einfluss auf das Hochofenwerk sichern zu können, genügte ja auch eine preiswerte Schachtelbeteiligung über einen der Großaktionäre, wofür sich Rawack & Grünfeld besonders anbot. Der Berliner Erzhändler hatte nur 3,5 Millionen Mark Aktienkapital – deutlich weniger als die 16 Millionen von Lübeck. Eine Mehrheitsposition bei Rawack hatte also den taktischen Vorteil, mit geringem Aufwand von nominell 1,76 Millionen Mark trotzdem eine Sperrminorität bei Lübeck erwerben zu können.

Rawack & Grünfeld galt ebenfalls als »jüdisches Unternehmen«, dessen Aktien auf mehrere Gruppen verteilt waren. Hauptaktionär war

Felix Benjamin, den man bereits vom Posten des Generaldirektors verdrängt hatte. Er war als stellvertretender Vorstandsvorsitzender nur noch mit einem Beratervertrag ausgestattet und lag sowohl mit seinen Vorstandskollegen als auch mit den Großbanken im Streit. Flick entschloss sich daher, Alfred Rohde auf Benjamin anzusetzen. Dieser kannte den Erzhändler noch aus seiner Zeit bei der Bismarckhütte, die von der ursprünglich im oberschlesischen Beuthen gegründeten Rawack & Grünfeld beliefert worden war.[278]

Anfang 1937 hielt Benjamin es für ratsam, bei Rawack auszusteigen. Nach kurzen Verhandlungen verkaufte er zunächst ein kleines Aktienpaket (3,5 Prozent) an Mittelstahl und versprach, Flick demnächst bis zu 40 Prozent der Aktien »geräuschlos« zu verschaffen. Dies scheiterte jedoch auf ganzer Linie: Benjamins Aktivitäten flogen auf und brachten ihn auch noch um seinen Beratervertrag. Bis zum Juli 1937 hörte Rohde gar nichts mehr von ihm – dann jedoch war klar, dass er einen Teil seiner Aktien (fast 11 Prozent) an den Rotterdamer Erzhändler und Reeder Wm. H. Müller & Co. verkauft hatte. Für die übrigen Eigentümer war dies ein Affront, handelte es sich dabei doch um einen direkten Konkurrenten von Rawack, der traditionell über besonders enge Geschäftsbeziehungen zur Stahlindustrie an Rhein und Ruhr verfügte. Während sich Rohde über diesen »echt jüdischen Dreh« empörte, warf Flick seinem potentiellen Geschäftspartner vor, sich über Monate allen Verhandlungen entzogen zu haben. Seine Verärgerung rührte vor allem daher, dass Benjamin eine Übernahme von Rawack & Grünfeld deutlich erschwert hatte: Mittlerweile lagen 68,1 Prozent des Kapitals in Schweden, Frankreich, den Niederlanden und der Schweiz. Unter den Bedingungen der Devisenbewirtschaftung war ein Erwerb dieser Aktien ohne staatliche Rückendeckung nicht mehr möglich. Darüber hinaus wollte der Rawack-Vorstand eine holländische Holdinggesellschaft als Verteidigungsbollwerk errichten, während sich der Warburg-Bankier Spiegelberg darum bemühte, ein Abkommen zwischen den Eigentümern zu Stande zu bringen. Er wollte Flick die Möglichkeit nehmen, die verschiedenen Aktionärsgruppen gegeneinander auszuspielen. Kurzum: Der Rawack-Vorstand leistete einen sehr gut organisierten Widerstand.[279]

Die Entscheidung Flicks, nunmehr mit voller Konsequenz die »Arisierung« des Lübecker Hochofenwerks selbst in die Hand zu nehmen, muss im Spätsommer 1937 getroffen worden sein. Zu dieser Zeit war klar, dass der am Jahresbeginn gemeinsam mit Benjamin gestartete Übernahmeversuch gescheitert war. Vierjahresplan und Devisennot, Reichswerke-Krise und Abwicklung der letzten holländischen Finanzierungsgesellschaft – in diesem Kontext brachte Kaletsch den Fall Rawack & Grünfeld nun erstmals gegenüber offiziellen Stellen zur Sprache. Alfred Rohde sollte ein Exportkontor für den Flick-Konzern aufbauen und dabei die holländische Tochter von Rawack & Grünfeld mit einbeziehen. Die geradezu aufreizende Langsamkeit, mit der diese Pläne realisiert wurden, spricht dafür, dass es zunächst vor allem darum ging, gegenüber der Politik »Tam-Tam zu machen«. Gleichzeitig begann Flick damit, die Eigentümer mit einer höchst eigenwilligen Interpretation der vorangegangenen Verhandlungen über die Exportgesellschaft einzuschüchtern: Spiegelbergs Abwehrstrategie grenze an Sabotage und werde zwangsläufig staatliche Sanktionen provozieren. Der Widerstand falle bei jenen »hohen Stellen« negativ auf, die Flick zum Erwerb von Rawack & Grünfeld direkt aufgefordert hätten. Das war zwar ein dreister Bluff, aber er entsprach genau jenem staatlichen Druck auf die jüdischen Eigentümer, den der Flick-Konzern nun selbst zu organisieren begann.[280]

Zunächst sicherte sich Rohde eine Option auf die Rawack-Aktien aus dem Besitz von Benjamin und dessen Züricher Verwandten, so dass Mittelstahl Zugriff auf knapp 31 Prozent des Rawack-Kapitals hatte. Er konnte dabei auf doppelte Unterstützung bauen. So durchkreuzte das Reichswirtschaftsministerium die Verteidigungsstrategie von Rawack & Grünfeld, indem es Devisengenehmigungen verweigerte und damit das niederländische Holdingprojekt platzen ließ. Entscheidend war aber die Rückendeckung durch die Vierjahresplanbehörde. Mit Walther Oldewage, dem Referenten für Erz-, Roheisen- und Stahleinfuhr beim Generalbevollmächtigten für die Eisen- und Stahlbewirtschaftung, hatte Flick eine korrupte Schlüsselperson ausfindig gemacht und für sich gewonnen. Jedenfalls wechselte Oldewage nur wenige Monate später auf einen bedeutungslosen, aber gut dotierten Posten im Flick-Konzern. Der Referent wollte die Geschäftsgrundlage von Rawack & Grünfeld endgültig zerstören und plante eine Verordnung, die den deutschen Erzeinkauf bei fünf Konkurrenzunternehmen konzentrieren sollte.

Erst dieses Betätigungsverbot brach den Widerstand der Erzhändler von Rawack & Grünfeld. Wenige Tage darauf schlossen sich Mittelstahl und Possehl zusammen, wobei das Lübecker Handelshaus die nötigen Devisen beschaffen sollte. Zur selben Zeit ließen die Großbanken Rawack fallen und erklärten sich bereit, ihre Aktien an Mittelstahl zu verkaufen; lediglich Warburg stand den Erzhändlern noch treu zur Seite. Die entscheidende Besprechung fand dann am 1. Dezember 1937 unter Leitung Oldewages statt – wohlgemerkt in den Büroräumen der Bellevuestraße. Flick ließ sich von Rohde vertreten, um gegenüber den internationalen Geschäftspartnern nicht persönlich in Erscheinung zu treten. Die Besprechung brachte ihm den mittelbaren Zugriff auf über 90 Prozent des Rawack-Kapitals, weil Warburg und die ausländische Aktionärsgruppe nun in den Verkauf ihrer Papiere einwilligten. Damit war klar, dass die feindliche Übernahme erfolgreich abgeschlossen werden konnte.[281]

Nachdem er in die Großaktionärsriege des Lübecker Hochofenwerks eingedrungen war, wollte sich Flick nicht mehr mit der Sperrminorität zufriedengeben – anders als noch zu Beginn des Jahres. Auch gegenüber der Familie Hahn hatte Oldewage eine Aufforderung zum Verkauf ausgesprochen, und so sollte jetzt der eben noch von Rohde bedrängte Spiegelberg sondieren, ob sich nicht auch die Hahnschen Werke von einem Teil ihres 40-prozentigen Lübeck-Pakets trennen wollten. Die beiden Unternehmen waren direkte, wenn auch keine sonderlich guten Nachbarn: Das Berliner Büro Georg Hahns befand sich in der Bellevuestraße 14. Aus Sicht von Mittelstahl musste »auf jeden Fall« verhindert werden, dass die Hahnsche Beteiligung in die Hände von Krupp oder Mannesmann kam. »Möglicherweise wird man sich, wenn Hahns überhaupt abgeben wollen, schnell entscheiden müssen.« Genauso kam es: Bereits am 7. Dezember, also nur eine Woche nach dem Durchbruch bei Rawack & Grünfeld, verhandelten Flick und Spiegelberg über das Hahnsche Aktienpaket. Um ihr eigenes Unternehmen zu schützen, war die Familie bereit, ihre Beteiligung am Lübecker Werk vollständig aufzugeben, während Flick nur den für eine komfortable Majorität unbedingt notwendigen Teil kaufen wollte. Georg Hahn bestand auf einer offiziellen Erklärung, dass diese Transaktion von den Behörden als Zeichen seines guten Willens interpretiert und die Hahnschen Werke deshalb von staatlichen Zwangsmaßnahmen verschont würden; Flick müsse sich für eine solche »Beruhigungserklärung« einsetzen, die von Spiegelberg zur Voraussetzung für ein Gelingen des Geschäfts gemacht wurde.[282]

Die im Eilverfahren geführten Verhandlungen kamen bereits am 10. Dezember 1937 zu einem für Flick recht günstigen Ergebnis: Die Hahns gaben nominell 3,4 Millionen Mark Lübeck-Aktien gegen Zahlung von rund 4,5 Millionen Mark ab (dies entsprach einem Kurs von 132,5 Prozent). Für den Rest des Paketes (nominell 3,1 Millionen Mark) sicherte Flick sich ein Vorkaufsrecht zu 122,5 Prozent. Auch wenn es sich formal um eine freiwillige Vereinbarung handelte, machte die Familie Hahn doch ein schlechtes Geschäft. Ohne behördliche Pressionen hätte sie sich kaum auf eine Aufspaltung ihres Aktienpaketes eingelassen, die dessen Wert erheblich minderte. Zudem versicherte Oldewage nur mündlich, auf die Hahns keinen weiteren Verkaufsdruck auszuüben.

Diese Erklärung war wertlos. Schon kurz nach Weihnachten machten erneut Gerüchte die Runde, wonach Mannesmann und nun auch Klöckner die »Arisierung« der Hahnschen Werke betrieben. Im Februar 1938 erhöhten die Vierjahresplanbehörde und das Reichswirtschaftsministerium den Druck auf die Hahns und strichen ihnen wichtige Produktionskontingente. Die Familie sah nun ein, dass als letzte Option nur noch der Verkauf und die Emigration blieben. Anfang März nahm sie Verhandlungen mit Wilhelm Zangen vom Konkurrenten Mannesmann auf, die bald zu einem Abschluss kamen. Zangen war noch dreißig Jahre später stolz auf seinen Erfolg. In seinen Memoiren verschwieg er zwar die Tatsache der »Arisierung«, brachte die dabei üblichen Usancen jedoch treffend auf den Punkt, denn »mit Briefen und Muße macht man solche einmaligen Geschäfte nicht. Für keine Aufgabe darf man sich für [zu] vornehm oder zu schade halten.«[283]

Flick, der wohl ähnlich formuliert hätte, kam auch bei dieser »Arisierung« mit ins Spiel. Am 30. März offenbarte Rudolf Hahn gegenüber Rohde, dass die Familie ihren Besitz in Deutschland nicht mehr länger halten könne. Nach kurzer Rücksprache mit Steinbrinck sagte Rohde sofort zu, dass man den Hahns auch die restlichen 3,1 Millionen Lübeck-Aktien vereinbarungsgemäß abnehmen werde. Die »Arisierung« des Hochofenwerks war damit, abgesehen von der komplizierten, bis in den Krieg sich hinziehenden Abwicklung von Rawack & Grünfeld, abgeschlossen.[284]

Flick hatte rund 74 Prozent des Lübecker Aktienkapitals formalrechtlich korrekt erworben. Aber der Unrechtscharakter der Transaktion lag doch klar zutage: Erst unter politischem Druck waren die jüdischen Eigentümer überhaupt zum Verkauf bereit gewesen. Rohde rechnete zufrieden vor, dass man rund vier Millionen Mark gespart und die bis Ende 1937 unter Kontrolle gebrachten Aktien zu einem Durchschnittskurs von lediglich 76 Prozent gekauft habe. Auch wenn sich die Konditionen durch die bis 1940 andauernden Verhandlungen noch mehrmals veränderten, blieb es dabei, dass Flick den Preis dank des »Umwegs« über Rawack & Grünfeld stark gedrückt und vor allem den Paketaufschlag für die Aktien der Hahnschen Werke gespart hatte. Angesichts dieser profitablen Erfahrungen mit seiner ersten ernsthaft betriebenen »Arisierung« verwundert es nicht, dass Lübeck lediglich den Auftakt für weitere Übernahmen bildete. Vor diesem Hintergrund muss die überaus diskrete Eingliederung des Werkes in den Konzern gesehen werden, denn Flick setzte zunächst alles daran, seine Aktivitäten vor der Öffentlichkeit zu verbergen. So bat er Peter Klöckner, weiter als Aufsichtsratsvorsitzender zu amtieren, und erst nach der Hauptversammlung vom Dezember 1938 trat der neue Eigentümer nach außen in Erscheinung, indem Flick, Rohde und Tengelmann in das Kontrollgremium einzogen.

Um die Jahreswende 1937/38 hatten erste Gerüchte über eine Beteiligung Flicks an dem Hochofenwerk die Runde gemacht. Steinbrinck sah sich deshalb genötigt, eine offizielle Sprachregelung auszuarbeiten. Wie schon in Oberschlesien hätten Flick und Rohde auch diesmal im politischen Auftrag gehandelt, um die Verhältnisse bei Rawack & Grünfeld und Lübeck zu »bereinigen«. Gegenüber Adolf Ratjen vom Bankhaus Delbrück, Schickler & Co. behauptete Kaletsch, seines Wissens habe lediglich eine »Umgruppierung im Aktienbesitz von Rawack & Grünfeld, die im Sinne der Regierung durchgeführt wurde«, stattgefunden. Als Flick Ende Januar 1938 zufällig Rudolf Siedersleben vom Otto-Wolff-Konzern in der Reichsbank traf, stritt er sein Engagement rundweg ab. Er habe auch keineswegs »die Absicht, sich für das Hochofenwerk Lübeck zu interessieren«.[285]

Erste Details waren da jedoch bereits durchgesickert. Ein eifriger Pressevertreter hatte zu recherchieren begonnen, und die von Hans-Otto Philipp geleitete Presseabteilung des Konzerns sah sich zu einer Stellungnahme gezwungen. Sie versorgte den Journalisten mit einigen vagen Andeutungen über die angebliche staatspolitische Bedeutung des Vorgangs und verbat sich jede Berichterstattung. Erst die Übernahme der Hahnschen Werke durch Mannesmann brachte Flick dazu, einer öffentlichen Verlautbarung zuzustimmen, und dies auch nur, weil Zangen seine Erfolge auf der Mannesmann-Hauptversammlung publik machen musste. Mit Zangen verständigte er sich darauf, dass die »Angelegenheit« Rawack & Grünfeld in der Presse weiterhin »mit Stillschweigen übergangen werden« sollte. Als Philipp dann im Vorfeld der Hauptversammlung die Wirtschaftsredakteure der großen Blätter »bearbeitete«, fand er lobende Worte für jenen Journalisten, der seine Kenntnisse nicht verwertet habe; das sei »außerordentlich anzuerkennen« – eine Formulierung, die Bestechung vermuten lässt. Die vom Flick-Konzern herausgegebene, denkbar knappe Pressemitteilung fasste zusammen, was ohnehin längst bekannt war: »Im Zusammenhang mit dem Übergang der Hahnschen Werke an Mannesmann, ist deren Besitz an Aktien des Hochofenwerkes Lübeck auf die Gruppe Mittelstahl übergegangen.« Philipp berichtete hochzufrieden, dass sich alle Blätter an seine Vorgaben hielten. Nur die *Frankfurter Zeitung* hatte sich Spekulationen darüber erlaubt, ob Mittelstahl mit dieser Transaktion Mehrheitsaktionär beim Hochofenwerk geworden sei.[286]

In dieses Muster äußerster Diskretion passte es, dass sich am Betrieb des Hochofenwerks kaum etwas änderte. Flick ließ Fabry an der langen Leine und hielt sich besonders in strittigen Kartellfragen auffällig zurück. Dies zeigte sich 1938, als Fabry mit dem Rheinisch-Westfälischen Kohlensyndikat über die Konditionen eines neuen Liefervertrages verhandelte. Da Tengelmann und Buskühl wenig Interesse an einem zusätzlichen Kohleabnehmer gezeigt hatten, verzichtete Flick wohlweislich darauf, Lübeck in den Genuss des Selbstverbrauchsrechts kommen zu lassen. Mehr noch: Der Konzerneigentümer vermied es sogar, Fabry in der Frage des Lübecker Kohlenvertrages offen zu unterstützen oder über Buskühl gar die Preisgestaltung des Syndikats zu Gunsten des Hochofenwerks beeinflussen zu lassen. Auch das mit Mittelstahl geschlossene

Veredelungsabkommen von 1937 blieb unverändert in Kraft. Lübeck lieferte jährlich nur rund 24 000 Tonnen Roheisen an die Havelgruppe – offenbar, um einem Konflikt mit den Syndikaten aus dem Weg zu gehen und dem Werk seine Sonderquote zunächst erhalten zu können. Erst zwei Jahre nach der »Arisierung« signalisierte Fabry im März 1939, dass Lübeck künftig auf sein Verbandsprivileg verzichten und in vollem Umfang Selbstverbrauchslieferungen an Mittelstahl aufnehmen wolle. Wie groß der Roheisenmangel im Konzern da bereits war, zeigten die Bedarfsanmeldungen, die daraufhin sofort bei Burkart eingingen: Havel- und Lauchhammergruppe benötigten jährlich 152 000 Tonnen Lübecker Stahlroheisen; durch den Ausbau der dortigen Stahlwerke würde der Bedarf bald noch weiter wachsen. Selbst für das Maxhütte-Stahlwerk im rund 700 Kilometer von Lübeck entfernten Haidhof wurden trotz der sehr ungünstigen Frachtlage Lieferungen in Betracht gezogen, so dass sich das jährliche Volumen praktisch aus dem Stand von 24 000 auf über 200 000 Tonnen steigern sollte. Erst zwei Jahre nach dem Erwerb der Aktienmehrheit wurde das Werk also vollständig in den Konzern integriert. Diese Manöver hatten nur ein Ziel: Die nächsten vom Flick-Konzern energisch betriebenen und wesentlich umfangreicheren »Arisierungen« nicht durch Konflikte in den Verbänden oder durch unliebsame öffentliche Erörterungen des Lübecker Falls zu stören.[287]

Seit November 1937 richtete sich Flicks Interesse auf den mitteldeutschen Braunkohlebesitz der Konzerne Julius und Ignaz Petschek. Ursprünglich von zwei Brüdern in Böhmen gegründet, befanden sich beide Unternehmensgruppen längst im Besitz der Erbengeneration. Weil sich die beiden Familienzweige spinnefeind waren, bestand zwischen den Konzernen keine Verbindung mehr. Die Gruppe Julius Petschek hatte ihren Tätigkeitsschwerpunkt in der Tschechoslowakei und betrieb daneben auch einige Braunkohlegruben im mitteldeutschen Revier. Demgegenüber trat der Ignaz-Petschek-Konzern in Deutschland stärker hervor und verfügte über eine beherrschende Stellung in der mittel- und ostdeutschen Braunkohleindustrie. Gemeinsam kamen beide Gruppen im Ostelbischen Braunkohlensyndikat auf eine Brikettquote von knapp 60 Prozent, im mitteldeutschen Syndikat auf fast 35 Prozent – damit produzierten sie im Geschäftsjahr 1936/37 insgesamt 23-mal mehr Briketts als Mittelstahl.

Dieses Größenverhältnis unterstreicht, dass sich Flicks Bemühungen um den Petschek-Besitz grundlegend von der Lübecker »Arisierung« unterschieden. War dort zumindest noch eine produktionstechnische Logik erkennbar gewesen, die bereits 1928 zu ersten Kaufverhandlungen geführt hatte, handelte es sich hier um die Expansion in ein neues, eigenständiges Geschäftsfeld, welche ohne die antisemitische Politik des Nationalsozialismus undenkbar gewesen wäre. Die Argumentation der Bellevuestraße sah anders aus. Anfang November 1937 betonte Steinbrinck in ersten Sondierungsgesprächen mit Keppler, dass es Mittelstahl in den zwanziger Jahren nicht gelungen sei, die für den Tagebau Koyne bei Lauchhammer langfristig benötigten Reservefelder zu erwerben. Darum habe der eigene Braunkohlebetrieb nur noch eine Lebensdauer von 30 Jahren und sei von anderen Unternehmen regelrecht eingekreist. Zusätzlicher Felderbesitz sei für Mittelstahl nicht weniger als eine »Lebensfrage«.[288]

Daran war zumindest ein Körnchen Wahrheit, weil die Grube Koyne seit Mitte der dreißiger Jahre immer wieder an Kapazitätsgrenzen stieß. Traten beim Abbau geologische Störungen auf oder war der Winter besonders frostig, mussten die Stahlwerke ihre Briketts teuer beim Syndikat kaufen. Bei derartigen Engpässen hatte die gleichmäßige Belieferung des Lauchhammer-Kraftwerks Priorität. Allerdings sollten die weiteren Verhandlungen schnell zeigen, dass es Flick kaum um die sichere Versorgung seiner Stahlwerke oder um den Erwerb einiger Reservefelder zu tun war. Die Beteiligung an den Petschek-»Arisierungen« folgte vielmehr einer industriepolitischen Logik: Flicks Strategie zielte darauf, die drei Säulen seines Konzerns (Steinkohlebergbau, Eisen- und Stahlproduktion, Weiterverarbeitung) um eine vierte zu ergänzen. Dazu sollte die Braunkohleförderung nachhaltig ausgebaut und auf diese Weise die regionale Bedeutung des Konzerns in Ost- und Mitteldeutschland weiter gestärkt werden.

Immerhin verfügte die Braunkohleindustrie gegenüber dem Ruhrbergbau über einige strukturelle Vorteile, die sie besonders attraktiv machten. War der Steinkohlebergbau durch den sehr hohen Anteil industrieller Großkunden extrem konjunkturabhängig, verlief das Geschäft der Braunkohleindustrie viel gleichmäßiger – der größte Teil der preisgünstig im Tagebau geförderten Kohle wurde in Kraftwerken zur

Stromproduktion eingesetzt oder mit großem Gewinn an den Endverbraucher verkauft. Daher hatten auch die Petschek-Unternehmen selbst in der Weltwirtschaftskrise hohe Dividenden ausschütten können und waren trotz aller Investitionen kaum mit Anleihen oder Bankschulden belastet. Jenseits allen ökonomischen Kalküls radikalisierte sich im Verlauf der Jahre 1938 und 1939 die Dynamik von industriellem Freibeutertum und antisemitischer Politik. Flick warf sich jetzt mit voller Wucht in den Wettlauf der Bereicherung an jüdischem Eigentum. Immer noch ging es ihm um eine »Arrondierung« seines Konzerns, nun aber von vornherein mit der festen Absicht, die rassistische Politik konsequent für sich zu nutzen.[289]

Während die im böhmischen Aussig an der Elbe residierenden Eigentümer des Ignaz-Petschek-Konzerns an ihrem Eigentum festhalten wollten, lagen, wie man in der Bellevuestraße gerüchteweise vernommen hatte, die Verhältnisse bei der Prager Gruppe Julius Petschek anders. Nach einer späteren Aussage Flicks hatte er zum ersten Mal 1935 von deren Verkaufsabsicht gehört, und bereits 1936 sei ihm zu Ohren gekommen, dass August Rosterg vom Kalikonzern Wintershall – traditionell einer der größten Industriekunden der Petscheks und ein frühes Mitglied des Keppler-Kreises – ein besonderes Interesse an den mitteldeutschen Braunkohlebetrieben habe. Im November 1937 erfuhr Steinbrinck dann von Keppler, dass Wintershall und auch die IG Farben mittlerweile in Kaufverhandlungen über Petscheks Beteiligungen an der Anhaltischen Kohlenwerke AG (rund 67 Prozent) und der Werschen-Weissenfelser Braunkohlen AG (rund 88 Prozent) eingetreten waren. Der aufgerufene Preis war laut Keppler »gar nicht so übertrieben hoch«.[290]

Diese Konstellation bildete den Ausgangspunkt des Flickschen Manövers. Für ihn kam eine Beteiligung an der »Arisierung« zunächst nur im Fall der wesentlich kleineren Gruppe Julius Petschek infrage – und hier drohte ihm die Konkurrenz zuvorzukommen. Der Widerstand der Gruppe Ignaz Petschek hingegen war allenfalls durch eine staatliche »Gewaltaktion« zu brechen, die laut Steinbrinck als »rein politische Frage« ausschließlich vom »politischen Machtwillen« abhängig und deshalb von entsprechenden Unwägbarkeiten begleitet war. Aber auch das Geschäft mit Julius Petschek stand vor einigen Problemen. Dessen

Führung hatte den Besitz in einer Holdingstruktur verflochten, die in ihrer Komplexität dem Flick-Konzern in nichts nachstand. Haupteigentümerin war die New Yorker United Continental Corporation. Was bei Rawack & Grünfeld durch Eingreifen der Behörden verhindert worden war, hatten die Petscheks vollständig umgesetzt: die Verlagerung der Eigentumsrechte ins Ausland – ein wirksames Verteidigungsbollwerk, das die Verhandlungsposition der Verkäufer wesentlich stärkte, da sie auf Bezahlung in Devisen bestehen konnten. Zudem bauten sie darauf, dass die NS-Führung aus Sorge um das deutsche Auslandsvermögen davor zurückschrecken würde, die amerikanischen Eigentümer unter direkten Druck zu setzen oder gar zu enteignen.

Flicks Verhandlungsposition war deshalb alles andere als gut. Ihm fehlten die nötigen Devisen, um den Eigentümern von Julius Petschek überhaupt ein Angebot unterbreiten zu können. Die Reichsbehörden lehnten die Verwendung von Valuta für den Kauf deutschen Bergwerksbesitzes rundheraus ab. Überdies hatte Hermann Göring als Vierjahresplanbeauftragter die politische Federführung im Fall Petschek längst an sich gerissen; er bestand darauf, das »Problem« möglichst »zentral und nach einheitlichen Gesichtspunkten« zu behandeln. Anders als im Fall des Lübecker Hochofenwerks war diesmal also von vornherein klar, dass Verhandlungen ohne massive politische Rückendeckung aussichtslos waren.[291]

Um die Jahreswende 1937/38 nahm Flick gleich mehrere Lobbyisten in Anspruch, deren Unterstützung die »Arisierung« von Anhaltischer Kohle und Werschen-Weissenfels vorantreiben sollte. Ihr Beispiel illustriert, wie die »Arisierungen« zu einem »Kristallisationspunkt der Korruption« werden konnten. Die langjährige Kooperation mit Hartmann von Richthofen, mit dem Flick bereits im Oberschlesien-Geschäft zusammengearbeitet hatte und der auch mit den Petscheks gut vertraut war, mündete in einen Beratervertrag über 24 000 Mark. Vergleichbar mit der Rolle Fabrys im Fall des Lübecker Hochofenwerks fand sich auch diesmal ein kooperationswilliger Karrierist im Vorstand des Übernahmeobjekts: Carlos Wetzell. Der geltungsbedürftige Deutsch-Argentinier war als Vorstand bei der Schering-Kahlbaum AG mit dem tschechischen Geschäft betraut gewesen, bevor er Ende 1937 von den Petscheks in den Vorstand der Anhaltischen Kohle berufen wurde. Er verfügte über ausgezeichnete politische Kontakte und war ein windiger Geschäftemacher.

Nach dem erfolgreichen Abschluss der »Arisierung« kam heraus, dass Wetzell keineswegs nur im Dienste Flicks stand – mit den Petscheks hatte er eine »fantastische« Vermittlerprovision von drei Prozent vereinbart. Steinbrinck ereiferte sich daraufhin, dass Wetzell seine Arbeitszeit und das Spesenkonto im Vorstand vor allem für private Geschäfte eingesetzt und dienstliche Unterlagen für eigene Zwecke beiseite geschafft hatte; im Interesse von »Moral und Disziplin« musste er sein Amt niederlegen. Flick reagierte weniger emotional als Steinbrinck und gewährte dem Intriganten bei seinem Abschied vom Konzern ein günstiges Darlehen über 200 000 Mark.[292]

Der wertvollste – und teuerste – von Flick verpflichtete Interessenvertreter in Sachen Petschek war der mit Wetzell gut befreundete Herbert Göring. Dieser hatte sich im Dritten Reich eine geradezu parasitäre Stellung geschaffen, indem er den Immediatzugang zu seinem mächtigen Halbbruder in bares Geld verwandelte. Als Referent im Reichswirtschaftsministerium und nomineller Mitarbeiter des Berliner Stahlvereinsbüros in der Bellevuestraße hatte er zwei Posten inne, die mit wenig Arbeit verbunden, dafür aber sehr gut dotiert waren. Flick und Steinbrinck kannten ihn aus dem »Freundeskreis Himmler«, und für »den Fall einer Lösung des P.-Problems« versprachen sie ihm ein großzügiges Honorar. Dessen Höhe ist zwar nicht überliefert. Fest steht aber, dass Mittelstahl dem Verwandten des Reichsmarschalls Ende 1938 vorübergehend das Eigentum an einem Paket von nominell einer Million Mark Lübeck-Aktien übertrug – offenbar so lange, bis diesem die darauf fällige Dividende von 60 000 Mark gutgeschrieben worden war. Außerdem half man ihm mit einem Darlehen aus, mit dem er sich bei der Deschimag einkaufte. Flick erinnerte sich nach dem Krieg nur noch vage an einen Betrag zwischen 500 000 und 800 000 Mark, mit dem Herbert Göring beim Verkauf seiner Aktien an Krupp dann ein »ganz gutes Geschäft« gemacht habe.[293]

Die Dienste dieser feinen Herren trugen wesentlich dazu bei, dass in der Bellevuestraße bis Mitte Januar 1938 die wichtigsten Grundzüge der »Arisierungs«-Strategie ausgearbeitet werden konnten. In einem Gespräch mit Wetzell deutete Flick an, dass er das Geschäft mit Julius

Petschek unbedingt allein machen wolle. Die Reflektanten Wintershall und IG Farben sollten später mit dem Verkauf von Grubenfeldern aus dem Besitz von Anhaltischer Kohle und Werschen-Weissenfels abgefunden und der Kaufpreis somit zu wesentlichen Teilen aus dem Vermögen des Übernahmeobjekts bestritten werden – ein Finanzierungsmodell, das Flick schon Anfang der zwanziger Jahre während seiner Expansion nach Oberschlesien erfolgreich angewendet hatte. Wenige Tage später wurde deutlich, dass der Unternehmer voll und ganz auf Hermann Göring setzte. Am 19. Januar arbeitete Friedrich Flick ein umfassendes Papier aus, das er dem Vierjahresplanbeauftragen kurz darauf selbst vortragen wollte. Seine Argumentation war von bestechender Einfachheit: Das gesamte »Petschek-Problem« könne nur schrittweise gelöst werden, und da die Eigentümer von Julius Petschek verkaufsbereit seien, könnten zweistufige Verhandlungen am ehesten zum Erfolg führen. Die »taktische Position gegenüber der bedeutenden Ignaz-Gruppe« werde jedenfalls wesentlich verbessert, »wenn einer von beiden erst einmal freiwillig abgegeben haben würde«. In der Frage der Devisen müsse daher ein pragmatischer Kompromiss gefunden werden. Nur wenn er als alleiniger Verhandlungsführer auftrete, könne ein Bieterwettstreit, der unweigerlich höhere Preise zur Folge hätte, verhindert werden. Bereits zwei Tage später berichteten Wetzell und Richthofen vom Erfolg ihrer Vermittlertätigkeit: Die Petscheks würden eine Verhandlungsdelegation nach Berlin schicken, die dort am 22. Januar eintreffen sollte.[294]

Wieder einmal beabsichtigte Flick also, eine aus seinen unternehmerischen Interessen abgeleitete Strategie als sachlich gebotene und daher von staatlicher Seite unbedingt zu sanktionierende Lösung auszugeben. Allerdings unterschied sich sein Ansinnen diesmal in einem entscheidenden Punkt von allen vorherigen Verhandlungen mit staatlichen Stellen, in denen er ähnlich argumentiert hatte: Göring sollte die private Konkurrenz von Wintershall und IG Farben per Erlass von allen Verhandlungen ausschließen. Ein solcher politischer Eingriff in die Vertragsfreiheit markierte eine neue Stufe der Eskalation im Verhältnis zwischen NS-Staat und Industrie, und die Initiative ging eindeutig vom Flick-Konzern aus.

Dass Göring sich die Argumentation Flicks am 21. Januar 1938 zu eigen machte und diesen tatsächlich mit der gewünschten Ermächtigung ausstattete, ist gar nicht so bemerkenswert, genoss Flick doch seit der Reichswerke-Krise gerade bei Göring ein hohes Ansehen. Verwunderlich ist vielmehr, dass der staatliche Eingriff in die privatwirtschaftliche Autonomie, der mit der IG Farben immerhin den größten deutschen Industriekonzern gängelte, keinen grundsätzlichen Protest mehr hervorrief. In der Frankfurter Zentrale der IG Farben tröstete man sich wohl damit, dass Görings Erlass vor allem die jüdischen Eigentümer des Julius-Petschek-Konzerns benachteiligte: Sie verloren jede Möglichkeit, mit rivalisierenden Kaufinteressenten einen angemessenen Preis auszuhandeln. Flick war fortan ihr alleiniger Verhandlungspartner. Dass die im politischen Ränkespiel unterlegenen Konzerne auf ordnungspolitisch motivierten Protest verzichteten, unterstreicht daher vor allem, wie korrupt das Wirtschaftssystem und wie selbstverständlich die Diskriminierung jüdischer Unternehmer Anfang 1938 bereits geworden war.[295]

Freilich zeigte sich in den nächsten Tagen rasch, dass Flick nur einen ersten Teilerfolg errungen hatte. Schließlich führte seine alleinige Verhandlungsvollmacht keineswegs dazu, dass er der Gegenseite überhaupt ein Angebot machen konnte. Zwar bemühte sich Steinbrinck unmittelbar vor Beginn der Verhandlungen mit der Petschek-Delegation noch einmal in die Reichsbank. Aber Schacht war nicht dazu bereit, Devisen für den Petschek-Erwerb freizugeben. In die am 28. Januar beginnenden Verhandlungen ging Flick deshalb mit leeren Händen – und er traf auf einen ebenbürtigen Gegner. Die Petscheks ließen sich von George Murnane vertreten, den sie als Geschäftsführer ihrer amerikanischen Holding eingesetzt hatten. Der hervorragend vernetzte Investmentbanker war ein Schwergewicht auf dem Parkett europäisch-amerikanischer Finanzdiplomatie. Er hatte für das Bankhaus Lee Higginson & Co. mehrfach mit der Regierung Brüning verhandelt und stand auch in engem geschäftlichem Kontakt mit den Industriellendynastien Bosch, Wallenberg und Solvay.

Murnane gab sich konziliant; er zeigte Verständnis für das »deutsche Problem, nämlich die Aufrüstungsfrage und Judenfrage«, und wollte eine »beruhigende Atmosphäre« für die Gespräche schaffen. Die Petscheks seien bereit, Anhaltische Kohle und Werschen-Weissenfels für 15 bis 16 Millionen Dollar zu verkaufen. Flick hatte dem nichts entgegenzusetzen. Sein Hinweis, die amerikanische Holding sei reine Tarnung, da mache ihm mit seinen Erfahrungen aus Oberschlesien niemand etwas vor, verfing genau so wenig wie seine Drohung, eine Lösung müsse »einfach, unkompliziert und schnell gefunden werden«. Ein Angebot konnte er mangels Devisen nicht machen. Murnane ließ Flick auflaufen, lehnte jede »übermäßige Eile« ab und stellte demonstrativ heraus, dass er keineswegs in »Panikstimmung« sei. Auch ein zweites Gespräch brachte keinen Fortschritt. Friedrich Flick verstieg sich nun sogar zu der Behauptung, dass sein Verhandlungsauftrag bis zum Monatsende befristet sei – eine glatte Lüge, mit der er Murnane offenbar unter Zugzwang setzen wollte. Wie so oft spielte er sein eigenes Interesse herunter: Er sei keineswegs in »erheblicher Besorgnis«, und noch weniger müsse er sich »Tag und Nacht den Kopf zerbrechen«, um für Julius Petschek »eine Lösung zu finden«.[296]

Die internen Quellen sprechen eine andere Sprache. In diesen Monaten war in der Bellevuestraße für das Tagesgeschäft kaum noch Zeit, weil die Konzernspitze praktisch ausschließlich in »Arisierungsfragen« unterwegs war. Flicks bezahlte Zuträger meldeten sogar, was man in Kreisen der Berliner Gesellschaft über Murnane hörte – dieser stand offenbar unter Dauerbeobachtung. Dem Amerikaner entging Flicks schwache Position keineswegs. Das Scheitern der Verhandlungen kommentierte er mit zwei geschickt platzierten Spitzen. Eigentlich sei man sich mit August Rosterg von Wintershall ja bereits fast einig gewesen – dieser habe bis zu elf Millionen Dollar geboten. Zudem sei nicht auszuschließen, dass deutsche Unternehmen in den USA künftig vor »die gleichen Probleme, wie sie ihn in Deutschland jetzt beschäftigt hätten«, gestellt sein könnten.

Unmittelbar nach dem unbefriedigenden Zusammentreffen sorgte Flick erst einmal dafür, dass Göring ihm seine Vollmacht trotz der gescheiterten Verhandlungen nochmals bestätigte, vor allem aber ein direktes Verhandlungsverbot über die Konkurrenz verhängte. Rosterg war damit endgültig kaltgestellt. In den Tagen darauf folgten Gespräche mit den wichtigsten politischen Akteuren beim Vierjahresplan und im Reichswirtschaftsministerium. Diese reagierten alle höchst alarmiert auf Murnanes dunkle Andeutung über deutsche Unternehmen in den USA; sie sorgten sich besonders um die dortigen Tochtergesellschaften der IG Farben. Auch eine politische Gefahr für deutsche Firmen in der

Tschechoslowakei lag auf der Hand, sofern gegen die Petscheks mit Gewalt vorgegangen würde. Am Ende spielte Murnanes Drohung dem Flick-Konzern in die Karten, weil die Politik nun doch ihren Widerstand gegen eine Devisenzahlung aufgab – angesichts einer möglichen Gefährdung von deutschem Auslandsbesitz erschien dies als das kleinere Übel. In der Bellevuestraße konkretisierte sich daraufhin Ende Februar die Überlegung, neben Wintershall und der IG Farben auch noch den Kaliproduzenten Salzdetfurth AG zur Beschaffung von Devisen einzuspannen und als Gegenleistung mit Grubenfeldern aus dem Petschek-Besitz abzufinden.[297]

In den folgenden Wochen traten Flick und seine Mitstreiter »in der Weiterverfolgung der ganzen Angelegenheit« etwas kürzer – eine höfliche Umschreibung dafür, dass der Unternehmer die politischen Umwälzungen des Frühjahrs abwartete. Mit dem am 13. März 1938 vollzogenen »Anschluss« Österreichs und den bereits kurz darauf beginnenden Angriffen auf die territoriale Integrität der Tschechoslowakei machte Hitler unmissverständlich deutlich, dass er seinen expansionistischen Kurs fortsetzen wollte. Auch nach innen war eine weitere Radikalisierung unübersehbar: Im April bündelte Göring die Zuständigkeiten für die »Arisierung« bei seiner Behörde. Fortan mussten »nichtarische« Unternehmen »angemeldet« werden, und alle Verkäufe waren künftig genehmigungspflichtig. Der im Fall Petschek erprobte Eingriff in die private Vertragsfreiheit wurde also generalisiert.[298]

Die politische Zuspitzung des Frühjahrs schuf günstige Bedingungen für den Valutabedarf der anstehenden »Arisierung«. Immerhin hatte die Reichsbank mit dem »Anschluss« auch die österreichischen Gold- und Devisenreserven im Wert von fast 800 Millionen Mark erbeutet. Die neuen Verhältnisse trieben die Petscheks in eine weitere Verhandlungsrunde, die mit deutlichen Preisabschlägen der Verkäufer begann. Der Widerstand war gebrochen. Die daraufhin mit David Drummond, Murnanes Londoner Partner, aufgenommenen Verhandlungen dauerten zwar noch einmal fast drei Wochen. Die Vertreter der Familie Petschek hatten aber offensichtlich strikte Weisung, auf jeden Fall einen Abschluss gegen Zahlung in Devisen zu Stande zu bringen, so dass bis zum 21. Mai 1938 eine Einigung erzielt werden konnte. Von der ursprünglichen Forderung in Höhe von 15 bis 16 Millionen war nun nicht mehr die Rede, auch nicht von Rostergs Gebot über 10 bis 11 Millionen Dollar. Stattdessen zahlte Flick 4,75 Millionen Dollar und löste zudem eine Kreditschuld der United Continental Corporation in Höhe von knapp sieben Millionen Dollar ab – allerdings zu einem sehr viel geringeren Betrag, so dass die Petscheks am Ende insgesamt rund 6,3 Millionen Dollar erhielten. Noch wenige Tage zuvor hatte Flick seinen Devisenbedarf auf 8 bis 9 Millionen Dollar geschätzt. Mittelstahl erwarb von der amerikanischen Holding 67 Prozent von Anhaltischer Kohle und 87 Prozent der Werschen-Weissenfels – zwei Aktienpakete, deren Nominalwert insgesamt 31 Millionen Mark betrug, zum offiziellen Wechselkurs rund 12,5 Millionen Dollar.

Flicks Verhandlungspartner waren auch damit einverstanden, dass der Kaufvertrag eine politische Rückversicherungsklausel enthielt: Sollte Göring der Vereinbarung widersprechen, besaß Mittelstahl ein Rücktrittsrecht. Zudem war dort sehr vage davon die Rede, dass der Stahlkonzern die Verhandlungen »auf Grund eines besonderen Auftrags« geführt hatte – hiermit beugte Flick möglichen späteren Regressforderungen der Petscheks vor und sicherte sich politisch ab. Die Genehmigung durch Görings Vierjahresplanbehörde war jedoch eine reine Formalität, traf schon wenige Tage später ein und enthielt auch die für alle weiteren Verhandlungen hilfreiche Anordnung, die erforderlichen Devisen von den Chemie- und Kaliunternehmen zu beschaffen.[299]

Im Falle von Wintershall und Salzdetfurth gelang dies reibungslos, so dass entsprechende Abkommen noch in der letzten Maiwoche unterzeichnet werden konnten. Der Vorstand der IG Farben nutzte die Gelegenheit allerdings, um Flick eine Retourkutsche zu verpassen. Er verschleppte die Tauschverhandlungen, indem er die Hergabe von Devisen gegen inländische Braunkohlefelder plötzlich ablehnte. Flick hatte nicht damit gerechnet, dass die Chemiemanager Görings Intervention zu seinen Gunsten nicht einfach hinnehmen würden. Teile des IG-Vorstandes trugen schwer an der Niederlage vom Frühjahr: Man mache sich über den Farbentrust doch bereits lustig, weil dieser sich so »dusselig benommen« habe, nur wegen eines »einfachen Telefonanrufes von Keppler« aus den Verhandlungen mit Murnane auszusteigen. Außerdem war Flick allzu selbstsicher aufgetreten und hatte den Eindruck erweckt, auf die Devisen der IG gar nicht angewiesen zu sein – ein

Bluff, mit dem er günstige Konditionen auszuhandeln gedachte. Dieser Plan ging jedoch nicht auf, denn wegen der vertraglich vereinbarten Zahlungsziele war Mittelstahl dringend auf das Entgegenkommen des Chemietrusts angewiesen. Dessen verstockte Haltung zwang Flick unerwartet hohe Kosten auf. An die United Continental waren demnächst 6,3 Millionen Dollar zu überweisen. Von Wintershall und Salzdetfurth hatte Mittelstahl aber erst die Zusage über 5 Millionen erhalten, so dass eine Finanzierungslücke offenblieb, die dringend geschlossen werden musste. In seiner Not wandte sich der Unternehmer an die Reichsbank, die ihm zwar aushalf, dafür aber ausgesprochen ungünstige Konditionen verlangte. Er zahlte 17,3 Millionen Mark, mit denen die Notenbank 3 Millionen Dollar beschaffte; davon behielt sie 1,4 Millionen ein und reichte lediglich 1,6 Millionen Dollar an Flick weiter.[300]

Die Schlussbilanz der »Arisierung« fiel für Flick gleichwohl glänzend aus. Insgesamt waren von Wintershall, Salzdetfurth und IG Farben rund 8 Millionen Dollar beschafft und gegen Braunkohlefelder aus dem Besitz von Anhaltischer Kohle und Werschen-Weissenfels eingetauscht worden. Weitere 3 Millionen Dollar hatte die Reichsbank mit Mitteln Flicks beschafft. Da die amerikanische Holding 6,3 Millionen erhielt, die Reichsbank 1,4 Millionen einbehielt und Görings Vierjahresplanbehörde für ihre Dienste weitere 2,7 Millionen Dollar beanspruchte, blieben bei Flick am Ende der Transaktion fast 600 000 Dollar übrig. Weil die IG Farben für die Felder aus dem Petschek-Besitz zusätzlich 12,5 Millionen Mark in bar gezahlt hatte und er darüber hinaus eine Ausgleichszahlung von der Reichsbank erhielt, holte Flick die von ihm aufgewendeten 17,3 Millionen Mark leicht wieder herein. Also machte er das Geschäft praktisch zum Nulltarif. Die Substanz der beiden »arisierten« Unternehmen Anhaltische Kohle und Werschen-Weissenfels wurde durch die Abgabe der Felder kaum geschädigt. So bewertete man das Vermögen der beiden Gesellschaften bei Flick anderthalb Jahre später mit etwa 41 Millionen Mark – doch selbst diese Summe beschreibt nur annähernd das Ausmaß der Vermögenswerte, die sich der Konzern durch die »Arisierung« einverleibt hatte.[301]

Mit dieser kaum noch als »Kauf« zu bezeichnenden Aneignung war jedoch nur der kleinere Teil des »Problems« Petschek gelöst. Die Eigentümer des Ignaz-Petschek-Konzerns weigerten sich nach wie vor standhaft, ihre viel größeren mittel- und ostdeutschen Braunkohleunternehmen aufzugeben. An einem Teil dieser Betriebe war Flick ebenfalls lebhaft interessiert, so dass er unmittelbar nach dem Abschluss mit der Gruppe Julius Petschek im Juni 1938 erneut aktiv wurde. Steinbrinck antichambrierte bei den zuständigen Behörden und nahm sich nun auch das Justizministerium vor. Die Gruppe Ignaz Petschek müsse »mit anderen Mitteln behandelt werden«, da diese sich »vollkommen passiv« verhalte. Mit Görings Beauftragtem Helmuth Wohlthat war er sich einig, dass der Staat, wenn er »im Interesse des Vierjahresplanes und der Arisierungsbestrebungen durchgreifen will«, einen Treuhänder für das Petschek-Vermögen einsetzen müsse. Steinbrinck reichte auch gleich entsprechende »Anregungen« ein, da die bislang erlassenen Verordnungen aus seiner Sicht nicht ausreichten.[302]

Verfasser dieser Ausarbeitung war Flicks Syndikus Hugo Dietrich. Er stellte besonders heraus, dass nach geltendem Recht zwar ein Treuhänder eingesetzt werden könne, der »wirtschaftliche Erfolg« aber würde weiterhin den jüdischen Eigentümern zufallen. Daher sei eine zusätzliche Verordnung erforderlich, die es dem Treuhänder gestatte, auch »für und gegen die jüdischen Eigentümer gegen angemessenen Gegenwert« zu verfügen. Mit anderen Worten: Der Treuhänder sollte auch gegen den Willen der Besitzer verkaufen dürfen. Ein halbes Jahr später, nur wenige Wochen nach dem Pogrom vom 9. November 1938, schuf Göring mit der Verordnung über den »Einsatz des jüdischen Vermögens« tatsächlich eine Rechtsgrundlage für die systematische Ausplünderung der jüdischen Gewerbetreibenden. Ihnen konnte der Verkauf fortan kurzerhand befohlen werden. Ließen sie eine dabei gesetzte Frist ungenutzt verstreichen, übernahm ein Treuhänder den Verkauf. Mit dieser Verordnung, dem vorläufigen Höhepunkt der »Arisierungspolitik«, begann eine nunmehr flächendeckende Eigentumsverschiebung. Flick aufgrund des Dictrich-Papiers zu ihrem eigentlichen Urheber zu erklären, wie dies im Nürnberger Verfahren geschah und in der marxistischen Literatur immer wieder aufgenommen wurde, überschätzt die Bedeutung derartiger Ausarbeitungen. Entscheidend war vielmehr das Interesse der Reichsstellen, die ohnehin bereits in vollem Gang befindliche »Arisierung« endlich unter zentrale Kontrolle zu bekommen und künftig »ordnungsgemäß« ablaufen zu lassen.[303]

Auch im Fall der Gruppe Ignaz Petschek lief Flicks Kalkül auf die in Lübeck und bei Anhaltischer Kohle/Werschen-Weissenfels erprobte Arbeitsteilung hinaus. Die Behörden sollten Druck auf die jüdischen Eigentümer ausüben und auf diese Weise den Weg für die »Arisierung« frei machen – so verstand sich ja auch der Verordnungsentwurf aus der Feder Dietrichs. Der Plan ging diesmal aber nicht auf. Ein formell privatwirtschaftlicher Abschluss wie noch bei Julius Petschek, das hatte man in der Bellevuestraße ganz richtig eingeschätzt, würde mit der Gruppe Ignaz Petschek nicht mehr zustandekommen. Die zweite Annahme aber, dass die staatlichen Stellen dem Flick-Konzern erneut entgegenkommen würden, erwies sich als Trugschluss. War der Konzern bisher einer unter vielen Akteuren einer zunehmenden Radikalisierung der antisemitischen Politik gewesen, sah er sich nun mit einem neuen Gegner konfrontiert – dem Staat.

Seit dem Sommer 1938 nahm sich unter der Führung Wohlthats eine Allianz aus Vierjahresplanbehörde, Reichwirtschafts- und Finanzministerium des »Falles« Petschek an. Dabei war von Anfang an unstrittig, dass die Familie enteignet würde. Als Instrument sollten fingierte Steuernachforderungen dienen, die im Reichsfinanzministerium im wahrsten Wortsinne »erdacht« wurden. Im September noch auf rund 30 Millionen Mark veranschlagt, stiegen sie bald ins Unermessliche. Am Tag des deutschen Einmarsches in das Sudetenland wurden Petscheks Konzernverwaltungen in Aussig und Berlin durchsucht, mehrere Mitarbeiter in »Schutzhaft« genommen und sämtliche verbliebenen Akten beschlagnahmt. Unmittelbar danach steigerte das Reichsfinanzministerium seine Steuerforderungen nebst Strafzahlungen auf 68 Millionen Mark. Auch von einer Rücksichtnahme auf das deutsche Ansehen im Ausland war nicht mehr viel zu spüren. Obwohl die Petscheks nachweisen konnten, dass das Eigentum an den Braunkohleunternehmen bei Gesellschaften in der Schweiz und in Großbritannien lag, beharrten die Behörden darauf, dass es sich um »nichtarische« Betriebe handelte. Zudem wurde diesen nun das »Erschleichen von Devisengenehmigungen« zur Last gelegt. Anfang 1939 beliefen sich die Forderungen des Fiskus auf astronomische 300 Millionen Mark. Zum Jahreswechsel griff Wohlthat überdies auf Steinbrincks Anregung vom Sommer zurück und kündigte an, dass für die deutschen Handels-

Ignaz Petschek mit Familie: Die Erben des böhmischen Industriellen weigern sich standhaft, ihren mitteldeutschen Braunkohlebesitz aufzugeben.

und Bergbaubetriebe der Petscheks jeweils ein Treuhänder eingesetzt werden solle. Diese hatten die »Arisierung« unter Leitung von Oskar Gabel, dem Chef der Bergbauabteilung im Reichswirtschaftsministerium, voranzutreiben.[304]

Das Verfahren sah vor, dass sich Interessenten am Petschek-Besitz beim Ministerium bewerben sollten. Danach wollte Gabel einen Verteilungsplan ausarbeiten, mit dem er zugleich eine bergtechnisch dringend erforderliche Flurbereinigung der Reservefelder anstrebte. Das war ein plausibles Verfahren, welches die Rationalisierung durch Großtagebaue fördern sollte. Das Ministerium sah sich schon bald mit zwanzig Bewerbern und einem nur schwer zu entwirrenden Knäuel von Interessen konfrontiert. Neben den staatlich beherrschten Konzernen Viag, Preußag und Reichswerke bewarben sich faktisch alle Unternehmen der Braunkohleindustrie um Teile des Petschek-Besitzes. Mittelstahl bekundete Interesse an der Eintracht Braunkohlenwerke und Brikett-Fabriken AG sowie an der Niederlausitzer Kohlenwerke AG. Damit war Flick ein Bieter unter vielen geworden. Um Teile der von ihm beanspruchten Objekte bewarben sich die Braunkohlen- und Brikett-Industrie AG, die Neusser Bankiersfamilie Werhahn sowie die Sächsischen Werke, Schering und Salzdetfurth.

Selbstverständlich hatten alle Interessenten Maximalforderungen gestellt. So hielt Steinbrinck Ende Februar in einem internen Strategiepapier fest, dass man zwar die gesamte Eintracht erwerben wolle, aber nur mit Teilen der Niederlausitzer Kohlenwerke rechnen könne. Bereits damit wäre fast die Hälfte des gesamten deutschen Braunkohlebesitzes beider Petschek-Gruppen in Flicks Eigentum übergegangen, so dass »ein weiteres Eindringen in die Braunkohle … einer gewissen Vormachtstellung gleichkommen« würde. Dies aber entzöge der bisherigen Legitimationsstrategie eines »organischen Zusammenhanges« mit dem bestehenden Flick-Konzern den Boden. Von den übrigen Braunkohleunternehmen ebenso wie von Seiten des Ministeriums und der NSDAP würde eine solche Expansion wohl »bekämpft werden«. Auch die von Gabel angestrebte große Felderbereinigung erweise sich als Hindernis, weil die Eintracht in diesem Fall zwangsläufig auf mehrere Interessenten aufgeteilt werden müsste. In der Bellevuestraße konnte man also entweder darauf hoffen, mit verstärktem Lobbyismus bei den Behörden doch noch allein zum Zuge zu kommen, was höchst unsicher war – oder die eigene Vorgehensweise ändern.[305]

Flick entschied sich Anfang 1939 für den zweiten Weg, und sein rascher Strategiewechsel stellt erneut die Fähigkeit des Konzerneigentümers unter Beweis, komplexe politische und wirtschaftliche Interessenkonflikte abzuschätzen und für das eigene Handeln nutzbar zu machen. Flick gab die Hoffnung auf, aus eigener Kraft in den Besitz der Eintracht zu kommen, und deshalb verbündete er sich mit Pleiger. Im Juni des Vorjahres hatte dieser sich äußerst »mißvergnügt« darüber gezeigt, dass er bei der »Arisierung« von Anhaltischer Kohle und Werschen-Weissenfels nicht beteiligt worden war. Auf Flicks überraschte Bemerkung, dass die Reichswerke »doch an Braunkohle überhaupt kein Interesse« haben könnten, hatte Pleiger nur erwidert, dass er sich einen »Tausch von Braunkohle gegen Steinkohle vorstellen könne, – offenbar so gemeint, daß er Braunkohlen erwirbt und sie im Austausch gegen einen Steinkohlenbesitz abgibt«. Dieses Angebot, auf das Pleiger seither wiederholt zurückgekommen war, griff Flick nun dankbar auf und profitierte damit erneut von seinem in der Reichswerke-Krise erworbenen Ruf.[306]

Seit der Auseinandersetzung vom Spätsommer 1937 war das Verhältnis zwischen Ruhrkonzernen und Reichswerken – trotz des von Flick mitarrangierten Friedensgipfels – äußerst gespannt. Pleiger war es zwar gelungen, die Salzgitter-Erze mit staatlicher Gewalt in seine Verfügung zu bringen. Bei der Energieversorgung für den neuen Hüttenkomplex war er jedoch auf das Entgegenkommen der Ruhrindustriellen angewiesen. Die Führung des Stahlvereins dachte hingegen überhaupt nicht daran, mit den Reichswerken zu kooperieren. Sie verweigerte den Verkauf von Steinkohlefeldern an der Ruhr und sorgte dafür, dass sich das Rheinisch-Westfälische Kohlensyndikat gegen das Abteufen neuer Schächte aussprach. Daraufhin versuchte Pleiger, die vom preußischen Fiskus beherrschte Bergwerksgesellschaft Hibernia unter seine Kontrolle zu bringen, scheiterte damit aber am erbitterten Widerstand des Wirtschaftsstaatssekretärs Friedrich Landfried und des preußischen Finanzministers Johannes Popitz. Da das Kohlensyndikat zudem kaum bereit gewesen wäre, den Reichswerken beim Einkauf Sonderkonditionen zu gewähren, stand eines der autarkiewirtschaftlichen Prestigeprojekte vor dem Scheitern. Dessen Rentabilität war angesichts der inländischen Erzqualität schon höchst fragwürdig. Sollte keine preiswerte Versorgung mit Steinkohle gelingen, drohten den Reichswerken gewaltige Verluste. Für Pleiger hätte dies vermutlich das Ende seiner Karriere bedeutet.[307]

Die neue Allianz kam also allen zugute. Pleiger hatte ein persönliches Interesse an einer Kooperation mit dem Flick-Konzern, dessen Steinkohleförderung den direkten Bedarf der Maxhütte-Hochöfen ja deutlich übertraf; Harpen und Essener Steinkohle sollten die Reichswerke mit Energie versorgen. Flick wiederum baute darauf, dass es Pleigers politische Position ermöglichen würde, den Reichswerken einen ersten Zugriff auf die zur Verteilung vorgesehenen Petschek-Betriebe zu sichern. In einem zweiten Schritt würde er dann mit Pleiger allein über die genauen Modalitäten eines Austausches von Steinkohle- gegen Braunkohlebetriebe verhandeln können. Mit dieser Einschätzung lag er genau richtig, denn Pleiger gelang es schon Anfang März, mit der Rückendeckung von Wirtschaftsminister Funk das Eigentum der Petscheks für die Reichswerke und das mit Flick beabsichtigte Tauschgeschäft zu reservieren. Flick hatte seine Aktionsfähigkeit zurückgewonnen.[308]

Nachdem die Kooperation mit den Reichswerken auf den Weg gebracht war, galt es, sich für die bevorstehenden Bewertungsverhandlungen abzusichern. Zwar war Flick bereit, einen Teil seines Bergwerks- und
Felderbesitzes an die Reichswerke abzugeben. Die modernen und ausbaufähigen Großschachtanlagen mussten vor den Forderungen Pleigers
jedoch unbedingt geschützt werden. Besonders die Essener Steinkohle
war vor der Zerschlagung zu bewahren; dass sie besonders gefährdet war,
zeigte ihre bergtechnische Struktur. Neben dem Bergwerk Dorstfeld
förderten nur die hochmodernen Zechen der Monopol-Gruppe die für
Pleiger interessanten Fett- und Gasflammkohlen in ausreichenden Mengen. Eine Abgabe von Monopol ließ sich aber nur verhindern, wenn die
Essener Steinkohle insgesamt als Tauschobjekt kategorisch ausgeschlossen würde. Flick legte sich deshalb schon im März darauf fest, dass vor
allem Harpen Schachtanlagen und Reservefelder abzugeben hatte. Die
Substanz des Unternehmens konnte am besten geschont werden, wenn
Pleiger weitere Zechen aus dem Besitz von Dritten erwarb.

Rund um die an Monopol angrenzenden und für den Tausch vorgesehenen Felder Prinz Schönaich, Maximilian und Bayern wollte Flick
den Reichswerken deshalb als Makler zusätzlich das Bergwerk Robert
Heinrich aus dem Besitz der französischen Industriellendynastie de
Wendel sowie die Zeche Sachsen von Salzdetfurth verschaffen. Für
Robert Heinrich hatte man sich bei Harpen bereits zwei Jahre zuvor
interessiert; seinerzeit war das Geschäft an der Abwertung des Franc
gescheitert. Der Salzdetfurth-Konzern war damit einverstanden, seine
Zeche Sachsen gegen zusätzlichen Braunkohlebesitz einzutauschen. Seit
der »Arisierung« der Julius-Petschek-Gruppe bestand zwischen Flick
und dem Generaldirektor des Kaliunternehmens, Rudolf Stahl, ein
freundschaftliches Verhältnis sowie eine unverbindliche Absprache,
auch bei Ignaz Petschek wieder zusammenzuarbeiten. Beide vereinbarten nun, sich bei der Braunkohle »nicht gegenseitig ins Gehege zu
kommen« und ihre Interessengebiete untereinander abzugrenzen. Ein
später unterzeichneter Kooperationsvertrag wurde am Ende zwar nicht
umgesetzt, da Salzdetfurth lieber eigenständig mit den Reichswerken
verhandeln wollte. Stahl und Flick tauschten sich jedoch intensiv aus
und stimmten ihre gemeinsamen Verhandlungspositionen über Monate
hinweg immer wieder aufeinander ab. Im Hintergrund dieser Harmo-

nie stand eine Kapitalbeteiligung an Salzdetfurth, die sich immerhin auf knapp zwölf Prozent belief, von Flick zunächst aber als rein »private Vermögensanlage« betrachtet wurde.[309]

So vorteilhaft sich die Idee eines Austausches von Betrieben und Feldern der mittel- und ostdeutschen Braunkohle gegen Steinkohle an der Ruhr auch ausnahm, so kompliziert war ihre Umsetzung. Obwohl die Verhandlungen schon im April 1939 begannen, konnten die Verträge erst ein Jahr später notariell beglaubigt werden. Aber selbst danach blieben einige Detailprobleme umstritten und bis Kriegsende ungelöst. Selbst wenn man die komplizierten Einzelheiten der Vermögensbewertung und der damit verbundenen Tauschrelationen ausblendet, macht der fast einjährige Vertragspoker noch einmal sämtliche Elemente Flickscher Verhandlungs- und Führungsmethoden deutlich. Anfangs wies nichts darauf hin, dass ein derartiger Verhandlungsmarathon bevorstand, begannen die Gespräche zwischen Pleiger und Flick doch in großer Harmonie. Mehrere Treffen in privatem Rahmen dauerten bis in die frühen Morgenstunden; Flick lud den Parteibuchmanager auch »ganz unter uns« zum gemeinsamen Abendessen nach Hause ein, um ihn seiner Gattin vorzustellen. Dies entsprach an sich den bürgerlichen Konventionen. Doch in Industriellenkreisen wurde Pleiger als besonders ungehobelter Parteikarrierist empfunden und galt deshalb vielen nicht als satisfaktionsfähig. Dieser Dünkel war Flick offensichtlich fremd: Wenn es dem Geschäft diente, kannte er keine Berührungsängste.[310]

Die anfängliche Harmonie hielt allerdings nicht lange vor. Während Flick sich im Frühsommer bereits hoffnungsvoll daran machte, die bis dahin getroffenen Vereinbarungen in einem ersten Vertragsentwurf niederzulegen, tauchte Pleiger ab und entzog sich jeder weiteren Festlegung. Dies hatte zum einen politische Gründe, da die Modalitäten für die Enteignung der Petscheks noch nicht endgültig geregelt waren. Zum anderen versuchte Pleiger mit dieser Verzögerung, seinem Kontrahenten weitere Zugeständnisse abzutrotzen. Mit demselben Ziel erhöhte er hinter den Kulissen den Druck auf den Flick-Konzern: So lancierten die Reichswerke in der *Rundschau Deutscher Technik* einen Artikel, der unter der programmatischen Überschrift »Kohlenbasis für die Hermann-Göring-Werke« die Privatwirtschaft scharf angriff. Zur gleichen Zeit traten Pleigers Bergwerksdirektoren an die Maxhütte heran und

forderten diese plötzlich zur kostenlosen Abgabe weiterer Doggererz-
felder auf. Flick registrierte beides aufmerksam und erkannte, dass Pleiger ihn in die Defensive zwingen wollte. Er drohte nun seinerseits mit
dem Scheitern der Verhandlungen, und so bezichtigten sich die Kontrahenten gegenüber den Behörden gegenseitig der Obstruktion.

Flick lehnte es kategorisch ab, noch irgendetwas zu unternehmen,
»ehe nicht die von uns gefertigten Vertragsentwürfe von Herrn Pleiger durchgelesen und mit uns durchgesprochen und ehe nicht unsere
bisherigen Abmachungen protokollarisch festgelegt seien«. Bisher, so
Flick in einer internen Notiz, habe er »in der ganzen Sache noch kein
schriftliches Wort von Herrn Pleiger erhalten, während wir uns hier
die Finger wund schrieben, immer neue Entwürfe fertigten«. Pleiger
formulierte daraufhin tatsächlich ein Protokoll, das jedoch eine einzige
Provokation war. Flick ereiferte sich darüber, dass es lediglich »angeblich von uns gemachte Angebote oder von uns eingegangene Verpflichtungen« enthielt. Die Reichswerke hingegen seien »nach diesem Schreiben zu nichts verpflichtet«. Mehr noch: Nach Lektüre von Pleigers
Darstellung könne man »den Eindruck haben, als wenn die ganze
Transaktion von unserer Seite entriert sei, und das sei nicht der Fall«. In
dieser Empörung spiegelte sich ein Leitmotiv des Flickschen Lobbyismus seit den zwanziger Jahren: Stets ging es ihm darum, den Eindruck
zu erwecken, von öffentlichen Stellen um sein Engagement gebeten
worden zu sein.[311]

Mit Beginn des Krieges gerieten die Gespräche endgültig ins Stocken. Görings Stahlbevollmächtigter Hanneken signalisierte zwar, dass
Fortschritte politisch dringend erwünscht seien. Flick ließ sich jedoch
erst einmal bitten, nachdem er sich bei dem Oberst über seinen großen Arbeitsaufwand, die langen und gesundheitsschädlichen Nachtver-
handlungen und viele andere Zumutungen beschwert hatte. Es ging
bei dem Kräftemessen zwischen Flick und Pleiger nur noch darum,
wer am Ende die Nerven behielt und die größere Ausdauer hatte. Die
Gespräche kamen Ende September zwar wieder in Gang. Nun forderte
Stahl aber eine größere Gegenleistung für die Zeche Sachsen – kein
Wunder, fiel durch den Krieg doch das Tauschobjekt Robert Heinrich
fort. Dieses war im französischen Besitz, und bei dem »großen politischen Einfluß der Herren de Wendel« kam eine Sequestrierung der

Zeche nicht infrage. Pleiger »brauste kolossal auf und tobte gegen die Gruppe Salzdetfurth/Sachsen«, verlangte zudem die Zeche Dorstfeld aus dem Besitz der Essener Steinkohle als Ersatz für Robert Heinrich. Er verlor nun immer häufiger die Contenance und war kaum noch ein verlässlicher Verhandlungspartner. So widerrief er sein Interesse an Dorstfeld schon kurze Zeit später, was wiederum Flick in Verlegenheit brachte. Dieser hatte bereits den Essener Steinkohle-Chef Ernst Tengelmann nach Berlin einbestellt und mit größter Mühe dazu überredet, das von dessen Bruder Fritz seit Jahrzehnten geleitete Bergwerk abzugeben.[312]

Flick registrierte sorgfältig, dass Pleiger mittlerweile doch »sehr abgespannt«, »abgekämpft« und überaus »nervös« wirkte und immer wieder darüber klagte, »daß er physisch am Ende seiner Kraft sei und die Verhandlungen nicht weiterführen könne«. Schon eine Uneinigkeit in kleinen Details provozierte den Reichswerke-Chef zu Wutausbrüchen und abstrusen Drohungen. Auch Flicks Partner Rudolf Stahl zeigte sich über die »neuerdings beliebten Verhandlungsmethoden« verärgert und empfahl, sich bis auf Weiteres »vollkommen desinteressiert« zu zeigen. Andernfalls arte »die ursprünglich großzügig angelegte Transaktion … in kleinliches Feilschen« aus, »bei dem uns nachher noch der Vorwurf gemacht wird, wir hätten auf dem Rücken … des Staates ein ›Geschäftchen‹ machen wollen«.

Ende Oktober wurden dann allgemeine Ermüdungserscheinungen sichtbar. Flick war nun »zu weiteren Konzessionen nicht mehr bereit« und griff eine Anregung Stahls auf: Falls Pleiger einverstanden sei, solle Göring über die Sache entscheiden. Die Gelegenheit dafür schien günstig, weil ein Zufall dem Chef der Reichswerke immerhin die Chance gab, das Gesicht zu wahren. Nachdem sich Fritz Thyssen zu Kriegsbeginn unter Protest in die Schweiz abgesetzt hatte, kam sein Vermögen unter staatliche Aufsicht, was Pleiger die Gelegenheit gab, mit den Thyssen-Zechen der Gruppe Ewald/König-Ludwig zusätzliche Steinkohle in die Verfügungsgewalt der Reichswerke zu bringen. Dies erleichterte einen Kompromiss mit Flick und Stahl.[313]

Fraglos wusste Flick recht genau, worauf er sich einließ. Anders ist nicht erklärlich, warum er in seinen Aktennotizen die körperliche und psychische Konstitution seines Verhandlungspartners festhielt – dies war bei ihm absolut unüblich. Bereits im August hatte er genüsslich darauf hingewiesen, dass sich Pleiger ihm gegenüber schon vor längerer Zeit mit seinem Verhandlungsgeschick bei »großen Transaktionen« gerühmt habe. Es gebe nur zwei Möglichkeiten: »Entweder den Gegner im ersten Ritt zu überrumpeln oder die Verhandlungen unendlich in die Länge zu ziehen, damit sich die Leute im Laufe der Monate an seine Gedankengänge gewöhnten«. Flick wusste, dass in seinem Fall »die letztere Methode« angewandt wurde, und zog daraus seine Schlüsse. Pleiger äußerte sich nach dem Krieg voller Anerkennung über Flicks Ausdauer: »Ich kann sagen, daß ich selten einen Partner gehabt habe, der so zäh war. Bei Stahl war das viel leichter. Da hat eine Verhandlung 7 oder 14 Tage gedauert, während es bei Flick Monate gedauert hat.« Aus seinen Worten sprach durchaus Bewunderung für einen »tüchtigen Kerl«, der sich eben immer wieder durchgebissen habe und dem es nur zu oft gelungen sei, »die anderen an der Nase herumzuführen«.[314]

Von zwei zentralen Punkten wich Flick in den Verhandlungen mit Pleiger niemals ab. Beide waren für den Konzern von existenzieller Bedeutung, denn an der Unrechtmäßigkeit der gesamten Enteignung konnte ja nicht der geringste Zweifel bestehen. Der erste Punkt betraf den genauen rechtlichen Modus der Vermögensübertragung. Mehrfach stellten Flick und Steinbrinck heraus, dass »es nicht unsere Sache ist, in welcher Weise und mit welchen Mitteln Sie die Braunkohlenbetriebe erwerben«. Die gesamte Konstruktion des Tauschgeschäftes war darauf angelegt, den Erwerb der Betriebe von der eigentlichen Enteignung abzukoppeln und mit einer zu gründenden Auffanggesellschaft sowie den Reichswerken möglichst viele Instanzen dazwischenzuschalten. Daher bestand Flick darauf, dass Steinkohle- gegen Braunkohlebetriebe getauscht wurden, nicht aber Gesellschaften oder Aktienpakete. Diese Konstruktion brachte den zusätzlichen Vorteil, dass der Staat die nichtjüdischen Aktionärsgruppen finanziell zu entschädigen hatte, um die Betriebe für die Tauschoperation freizubekommen. Zweitens legte Friedrich Flick wie immer großen Wert darauf, dass die Initiative nicht von ihm selbst ausgegangen war. So betonte Steinbrinck, dass es sich nicht um ein »Privatgeschäft«, sondern um einen »Staatsakt« handelte. »Infolgedessen wären auch durch eine staatliche Anordnung die Braunkohleunternehmungen uns zu verschaffen, ebenso wie die Steinkohlenunternehmungen durch staatliche Anordnung« an die Reichswerke kommen müssten.

Beide Positionen waren für Flick nicht verhandelbar. Die Behörden stimmten der geplanten Vorgehensweise bei der Enteignung der Petscheks bereits im August 1939 zu: Die offensichtlich völlig flexiblen Steuerforderungen und Strafzahlungen – nun war von 500 Millionen Mark die Rede – sollten gegen das Vermögen der jüdischen Industriellen verrechnet werden. Der Treuhänder hatte den »Kauf« über eine eigens gegründete Auffanggesellschaft abzuwickeln und anschließend die von Pleiger reklamierten Vermögensteile an die Reichswerke abzustoßen. Zwischen Flick und dem Staatsbetrieb konnten dann die reinen Betriebe getauscht werden.[315]

Diese Konstruktion sollte dazu dienen, die aus dem Geschäft folgenden rechtlichen Risiken zu begrenzen. So wollte Steinbrinck von den Justitiaren Streese und Dietrich unbedingt geklärt wissen, welche Ansprüche die Petscheks vor ausländischen Gerichten gegen den Konzern geltend machen konnten. Kurzfristig drohte zwar keine Gefahr, da Flick über keinen ausländischen Besitz verfügte, der womöglich in Regress genommen werden konnte. Auf lange Frist sollte jedoch zumindest ein Teil des Prozessrisikos auf die zwischengeschalteten Instanzen der Enteignung verlagert werden. Um das Risiko zu begrenzen, beharrte Flick auch hartnäckig auf einer formellen und schriftlich fixierten staatlichen Anordnung. Angesichts der gigantischen Ausmaße der »Arisierung« ist es kaum verwunderlich, dass über die Formulierung dieser Anordnung nicht weniger heftig gestritten wurde als über die finanziell bedeutende Frage der Steuerfreiheit für die Transaktion. Die Fixierung angeblichen staatlichen Zwangs war Flick so wichtig, dass daraus nachgerade absurde Verwicklungen folgten. Als die erschöpften Verhandlungspartner im November Göring zu Hilfe riefen, forderte dessen Stellvertreter Paul Körner schriftlich dazu auf, endlich zu einer Einigung zu kommen. Steinbrinck hatte diese Drohkulisse bestellt, Kaletsch den Brief entworfen. Der zwischen Flick und Pleiger daraufhin am 9. Dezember geschlossene Vorvertrag enthielt eine Präambel, wonach Göring und Funk das Tauschgeschäft »zur Schaffung einer ausreichenden Steinkohlenbasis für die Reichswerke« angeordnet hätten. Monatelanger Streit entbrannte danach um den zweiten Teil der in der Bellevuestraße vorformulierten Anordnung. Pleiger opponierte vehement gegen einen bigotten Passus, in dem Flick festgehalten wissen wollte, dass die Transaktion im »staatspolitischen Interesse« gelegen habe. Am Ende verständigte man sich darauf, dass diese Zusicherung dem Unternehmer in gesonderten Schreiben gegeben werden sollte; die Verträge wurden Anfang März 1940 notariell beglaubigt.[316]

Die Penetranz, mit der Flick darauf beharrte, zum Abschluss gezwungen worden zu sein, ist nur teilweise auf die langfristige juristische Absicherung des Geschäfts zurückzuführen. Ebenso wichtig war sie für die Durchsetzung des Verhandlungsergebnisses innerhalb des eigenen Konzerns und für seine Rechtfertigung gegenüber den Ruhrindustriellen. Das Tauschgeschäft brachte dem Flick-Konzern mit der gesamten Eintracht und dem ostelbischen Teil der Niederlausitzer Kohlenwerke nochmals einen gewaltigen Vermögenszuwachs – er stieg damit zum wichtigsten Akteur in der mitteldeutschen Braunkohleindustrie auf. Während die Essener Steinkohle das Grubenfeld Prinz Schönaich und die Maxhütte die Felder Maximilian und Bayern abzugeben hatten, musste Harpen für dieses Geschäft herbe Produktionsverluste hinnehmen. Die Gesellschaft hatte ihre gesamte Zechengruppe Herne mit den Bergwerken Recklinghausen 1/2, Julia und von der Heydt, die Zeche Victoria-Lünen sowie die Reservefelder der Victoria-Fortsetzung abzugeben. Harpen verlor damit etwa ein Drittel seiner Kohleförderung und -vorräte sowie ein Viertel seiner Syndikatsquote. Auch wenn Flick sich von allen Beteiligten zusichern ließ, dass Harpen beim möglichst raschen Ausbau seiner verbleibenden Schachtanlagen unterstützt und die Förderung somit bald wieder auf den alten Stand gebracht werden sollte, war dies insgesamt doch ein herber Rückschlag für die Bergwerksgesellschaft, da der Neuaufbau der alten Kapazitäten erhebliche Investitionen erforderte.[317]

Die Durchsetzung dieses Verhandlungsergebnisses wurde zur Machtprobe, die Flicks Herrschaftstechniken sowohl innerhalb der Branche als auch innerhalb des Konzerns noch einmal deutlich sichtbar machten. Bereits im Laufe des Frühjahrs hatte der Unternehmer im Kreis der Ruhrindustriellen und auch bei den Banken sondiert, ob die Abgabe von zwei Zechen auf Widerstände stoßen könnte – zu groß war das Risiko, den gerade erst zurückgewonnenen Kredit bei den Branchenkollegen gleich wieder zu verspielen. Das Tauschgeschäft mit den Reichswerken trug dieses Risiko durchaus in sich, weil die Montanindustrie ein direktes unternehmerisches Engagement des Staates an Rhein und Ruhr traditionell missbilligte. Gerade im Bergbau gehörte die strikte Ablehnung staatlicher Gruben zum Kern der Branchenidentität. Dies war weniger ordnungspolitische Überzeugung als Reflex auf das erst wenige Generationen zuvor beendete fiskalische Bergmonopol. Der Flick-Konzern als Türöffner für die Reichswerke im Ruhrkohlebergbau: Daraus hätte ein mit dem Gelsenberg-Deal oder der Reichswerke-Krise durchaus vergleichbarer Skandal entstehen können. Dem wollte Flick diplomatisch vorbeugen, und so holte er sich zuvor das Plazet seiner Kollegen. Dabei spielte er offenbar auf Pleigers schlechten Ruf an und malte die Gefahr einer drohenden Enteignung an die Wand. Bei den »prominenten Persönlichkeiten« gab es »keine Einwendungen«; politisch reichlich naive Manager wie der oberste Bergwerksdirektor des Stahlvereins, Gustav Knepper, waren Flick sogar dankbar, dass er den »rheinisch-westfälischen Kohlenbergbau vor der Enteignung« bewahrte.[318]

Die Legende vom staatlichen Zwang erfüllte aber auch im eigenen Haus ihre Funktion. Die Details des Tauschgeschäftes waren vom engsten Führungszirkel in Berlin bis weit in den November hinein geheim gehalten worden. Lediglich die Vorstandschefs der beiden Bergbaugesellschaften, Tengelmann und Buskühl, hatte Flick im Frühjahr persönlich eingeweiht. Beide waren von dem Geschäft nicht angetan, leisteten jedoch keinen Widerstand. Dies ist auch nicht überraschend, da der Konzernchef sogar gegenüber seinen beiden Generaldirektoren den Eindruck erweckte, dass »gewaltsame Eingriffe« nur durch Verhandlungen mit Pleiger vermieden werden könnten. Im Laufe des Sommers machten dann dazu gut passende Gerüchte die Runde, dass Flick demnächst Harpen vollständig abzugeben habe. Dennoch ließ Buskühl seine Vorstandskollegen bis weit in den November hinein über die genauen Pläne Flicks im Unklaren. Als dann aber Pleigers Bergassessoren damit begannen, die fraglichen Gruben gründlich zu inspizieren, konnte nicht mehr verheimlicht werden, dass ein Geschäft mit den Reichswerken unmittelbar bevorstand. Am 23. November offenbarte Buskühl sich gegenüber seinen Kollegen, die das Geschäft rundheraus ablehnten. Harpen sei in 85 Jahren organisch gewachsen, da könne man

nicht einfach einzelne Bestandteile ausgliedern. Die traditionsbewussten Bergwerksdirektoren fühlten sich von Flick überrumpelt, zumal sie
den aus ihrer Sicht technisch wenig anspruchsvollen Braunkohlebergbau ohnehin gering schätzten. So beauftragte der gesamte Vorstand
Buskühl damit, gegenüber Flick den ablehnenden Standpunkt in »un-
eingeschränkter Weise« zu vertreten. Mit Rüdiger Schmidt, Buskühls
Stellvertreter, führte ausgerechnet ein ehemaliger Silverberg-Intimus
die Opposition des Harpen-Vorstands an. Dies wurde in Berlin aufmerksam registriert. Dass Schmidt kein Blatt vor den Mund nahm und
sich Flicks Anordnungen nicht einfach fügen wollte, begriff man in der
Bellevuestraße als illoyal und anmaßend; wenige Jahre später verließ
Schmidt den Harpen-Vorstand und wechselte als Generaldirektor zum
Rheinisch-Westfälischen Kohlensyndikat.[319]

Angesichts der eindeutigen Besitzverhältnisse bei Harpen hatte dieser
Protest nicht die geringste Erfolgsaussicht. Schmidt muss dies ebenso
klar gewesen sein wie seinen Vorstandskollegen, zumal sich Buskühl –
wie bereits in den Monaten zuvor – absolut loyal gegenüber seinem
Mehrheitsaktionär verhielt. Selbst der wichtigste Minderheitsaktionär
Fentener van Vlissingen leistete keinen Widerstand. Vor der entscheidenden Sitzung des Harpen-Gesamtvorstandes am 6. Dezember nahm
Flick sich daher zunächst den Wortführer der Opposition vor und
schaffte die »Meinungsverschiedenheiten« unter vier Augen aus der
Welt. Freilich wollte der Eigentümer die Bergwerksdirektoren nicht da-
vonkommen lassen, ohne ihnen die Leviten zu lesen. Seine Ansprache
war eine bemerkenswerte Mischung aus Anekdoten, Drohungen und
schlichten Lügen. Zwar muss Flick deutlich vom Redemanuskript abge-
wichen sein, nachdem Schmidt zuvor den Rückzug angetreten hatte.
Aber das Manuskript ließ keinen Zweifel aufkommen, wer Herr im
Hause war; es illustriert Flicks Machtanspruch ebenso wie seine mitunter brachiale Rhetorik.[320]

Leider gebe es bei der »Durchführung großer Transaktionen« stets
eine Anzahl von Kritikern, Querulanten, Neidern« – und das auch »in
höheren Kreisen«. Immerhin gehe es doch darum, den Ruhrbergbau vor
der Enteignung zu bewahren. Angesehene Unternehmer des Reviers wie
Knepper, Vögler, Klöckner und Stinnes junior hätten ihn in seiner Auffassung bestärkt. Pleiger habe doch lange versucht, ihm Harpen und Es-

sener Steinkohle vollständig aus der Hand zu nehmen. Schließlich hätte er sogar den gesamten Petschek-Besitz gegen Harpen tauschen können: »Wenn ich auf dieses Angebot eingegangen wäre, so wäre es das fantastischste Geschäft meines Lebens gewesen!« In diesem Fall stünde jetzt bereits »am Verwaltungsgebäude von Harpen ›Reichswerke Hermann Göring‹, Abteilung Steinkohlenbergbau«. Leider werde ihm das von seinen Direktoren ebenso wenig gedankt wie der harte persönliche Einsatz in den langen, nervenaufreibenden Verhandlungen.

Danach schaltete Flick sofort wieder auf Angriff. Sollten die Vorstandsmitglieder »vielleicht eine völlig laue, innerlich ablehnende Haltung« einnehmen, womöglich gar »mit dem Ziel und der Hoffnung, die Durchführung der ganzen Transaktion verhindern zu können«, so habe er keine andere Wahl als »Entschließungen zu treffen, für die ich eine Mitwirkung von dritter Seite nicht brauche. Es ist einfacher ein Aktienpaket zu verkaufen als zwei Steinkohlenzechen mit Braunkohlenbetrieben zu tauschen.« Aber zum Verkauf von Harpen als Ultima ratio müsse es doch gar nicht kommen. Die Herren sollten sich bitte ein Beispiel an der überaus einsichtigen und loyalen Haltung Buskühls nehmen. Am Schluss konnte es Flick sich nicht verkneifen, den Bergassessoren ihren Dünkel vorzuhalten. Vergleiche er die mickrigen Harpen-Dividenden der vergangenen zwanzig Jahre mit den enormen Gewinnausschüttungen der mitteldeutschen Braunkohle, könne er ihre Haltung nicht nachvollziehen. »Wenn jemand zum alten Petschek gekommen wäre und hätte ihm für seine Braunkohle Harpen angeboten, so hätte er den Betreffenden kurzerhand die Treppe heruntergeschmissen.«[321]

Natürlich beugte sich der Harpen-Vorstand den Wünschen seines Großaktionärs. Immerhin nötigte die Opposition Flick dazu, seine Tauschverhandlungen mit den Reichswerken zu rechtfertigen. Jenseits aller Drohungen ließ der Unternehmer keinen Zweifel daran aufkommen, dass cr cin gutes Geschäft auf dem Rücken der vom Staat enteigneten Petscheks machte. Den von Harpen und Essener Steinkohle abzugebenden Vermögenswerten standen beträchtliche Vorteile gegenüber, die freilich nur schwer zu beziffern sind. Abgesehen davon, dass die neu erworbenen Braunkohlebetriebe gegenüber der Ruhrkohle deutlich bessere Erträge erzielten, baute der Flick-Konzern seine Position im mitteldeutschen Wirtschaftsraum aus. Binnen zwei Jahren konnte der Stahl- und Weiterverarbeitungskonzern um eine eigenständige Energiesparte ergänzt werden, deren Zukunftsaussichten wegen des Investitionsbooms, den der Vierjahresplan gerade in dieser Region ausgelöst hatte, langfristig überaus positiv eingeschätzt wurden.

Als der Konzern 1940 sein Braunkohlegeschäft in den Anhaltischen Kohlenwerken bündelte, ließ Flick die von Julius und Ignaz Petschek übernommenen Betriebe mit 83,5 Millionen Mark bewerten. Tatsächlich gibt dieser Betrag aber nur einen groben Anhaltspunkt für die »arisierten« Werte. Besonders über den Tausch von Braun- gegen Steinkohle können angesichts gewaltiger Bewertungsspielräume nur Vermutungen angestellt werden. Nach dem Krieg bot sich das bemerkenswerte Schauspiel, dass Flick die Steinkohle mit 165 und die Braunkohle mit 61 Millionen Mark bewertete. Die Vertreter der Petscheks kamen hingegen auf eine Relation von 30 zu 200 Millionen Mark. Ein Gutachter berechnete schließlich ein Tauschverhältnis von etwa 157 zu 90 Millionen Mark.[322]

Obwohl Flick beim Steinkohle-Braunkohle-Tausch einen stattlichen Preis bezahlte, unterschied sich das Geschäft grundlegend von den vorangegangenen »Arisierungen«. Denn während die Familie Hahn, die Eigentümer von Rawack & Grünfeld und auch die Erben von Julius Petschek formal in privatrechtliche Verträge eingewilligt hatten, finanziell abgefunden wurden und deshalb in der Emigration zumindest Mittel für einen Neuanfang besaßen, gingen die Erben von Ignaz Petschek leer aus. Sie wurden staatlich enteignet. Der von Flick bezahlte, vielleicht sogar angemessene Preis wurde eben nicht an die jüdischen Eigentümer, sondern an die Reichswerke entrichtet. Sie hatten sich die Betriebe zuvor angeeignet – von Beginn an mit Wissen Flicks und im Hinblick auf den späteren Tausch. Überdies waren wesentliche Anregungen für die Enteignung aus der Bellevuestraße gekommen.

Betrachtet man die Motive, die Flick in diesem Umfang an der »Arisierung« partizipieren ließen, muss unzweifelhaft von einem Prozess der Radikalisierung gesprochen werden. Folgte seine anfängliche Zurückhaltung noch dem opportunistischen Kalkül, den Kredit bei den internationalen Gläubigern nicht zu verspielen, fiel diese Rücksichtnahme nach der Ablösung sämtlicher Auslandsschulden im Spätsommer 1937 fort. Zwar waren am Anfang noch technische Zwänge der Rüstungswirtschaft nachweisbar – im Fall des Lübecker Hochofenwerks gaben

Roheisenmangel und letztlich die Rüstungskonjunktur den Ausschlag. Bei der »Arisierung« der Petschek-Unternehmen aber waren moralische Skrupel an keiner Stelle mehr zu beobachten; die Geschäfte wurden im vollen Bewusstsein ihrer Unrechtmäßigkeit abgeschlossen. Friedrich Flicks Vorsprung gegenüber der Konkurrenz erklärt sich aus seiner Bereitschaft, die Dienste fragwürdiger Vermittler bedenkenlos in Anspruch zu nehmen, den Kontakt zu hochrangigen politischen Funktionären persönlich herzustellen und auch das eigene »Image« sorgsamer zu pflegen als andere – jedenfalls sofern dies von taktischem Nutzen war.

Wie wichtig Flick die guten Kontakte zur Politik waren, zeigte 1938 das Beispiel Hirschland. Auf der Suche nach Teilhabern für die Nachfolgegesellschaft des alteingesessenen Essener Bankhauses hatte der Gauleiter Josef Terboven vergeblich beim Krupp-Konzern angeklopft, einem engen Geschäftspartner der Familie Hirschland. Flick sagte zu, die Essener Steinkohle eine Beteiligung übernehmen zu lassen, obwohl sein Interesse an dem Bankhaus an sich gering war. Den Ausschlag gaben allein die guten Beziehungen zu Terboven und die Annahme, diese könnten sich später einmal auszahlen. Im Kleinen wird hier jene für Flick typische Mischung aus Opportunismus und geschickter Interessenpolitik sichtbar, die sein Agieren auch während der großen »Arisierungen« bestimmte.[323]

Die Friedensjahre des Dritten Reiches waren für Friedrich Flick eine Phase enormer geschäftlicher Erfolge. So stieg die Zahl der Beschäftigten von rund 20 000 im Jahr 1933 auf etwa 100 000 Mitarbeiter sechs Jahre später. Dieses Wachstum ist vor dem Hintergrund der Weltwirtschaftskrise allerdings mit Vorsicht zu interpretieren. Auch der Vergleich mit den Jahren 1927/28 führt nicht weiter, da sich die späteren Unternehmen des Flick-Konzerns da noch in der Hand anderer Eigentümer und überdies in der Endphase eines kräftigen Investitionsschubs befanden. Nimmt man die Rohstahlproduktion als entscheidenden Maßstab, scheint die Position des Konzerns zwischen 1933 und 1939 auf den ersten Blick unverändert geblieben zu sein: Flick trug konstant mit etwa acht Prozent zur deutschen Stahlproduktion bei. Trotz der Lübeck-»Arisierung« und trotz des Einstiegs bei Döhlen hielt der Konzern lediglich Schritt mit der allgemeinen Expansion seiner Branche. In sechs Jahren verdreifachte sich die Stahlproduktion; Flick wurde zum drittgrößten deutschen Stahlproduzenten, was in etwa dem Wachstum beim Branchenprimus Stahlverein entsprach. In Wirklichkeit war die Verteidigung des achtprozentigen Marktanteils eine gewaltige Leistung, denn durch die territoriale Expansion des Reiches erweiterte sich der Kreis der Produzenten um die Stahlwerke an der Saar und in Österreich.

Noch bemerkenswerter war das Wachstum des Flick-Konzerns in der Kohlewirtschaft. In diesem Metier war Maxhütte-Mittelstahl 1933 noch eindeutig unterversorgt gewesen. Dies galt gleichermaßen für Stein- und Braunkohle: Mit der Zeche Mont Cenis kam Flick nicht einmal auf ein Prozent, mit den beiden Tagebauen bei Lauchhammer und Löbstedt auf anderthalb Prozent der deutschen Förderung. Fünf Jahre später, nach dem Kauf von Harpen und Essen, lag sein Anteil bei 8,2 Prozent der Steinkohleförderung. Durch das Tauschgeschäft mit Pleiger sank diese Quote zwar wieder ab. Doch auf der anderen Seite kam der Konzern nun auf stattliche 11,5 Prozent der Braunkohleförderung.[324]

Ab 1935 entstand ein »rohstofforientierter Mischkonzern«, dessen enorme Ausdehnung in die Kohlewirtschaft das Ergebnis von Geschäften war, die so erst der Nationalsozialismus ermöglicht hatte – wie der eng mit den Regierungsstellen koordinierte Kauf der Essener Steinkohle, mehr noch aber die Ausplünderung der Familie Petschek zeigten. Aber auch jenseits der »Arisierung« war die nationalsozialistische Politik der eigentliche Motor für die Ausdehnung des Konzerns. Die nötigen finanziellen Mittel stammten aus den Erträgen der Rüstungsproduktion. Wie stark der Flick-Konzern an der Aufrüstung partizipierte, wird beim Blick auf den qualitativ hochwertigen Elektrostahl deutlich. Er floss überwiegend in den militärischen Bedarf; hier stieg der Ausstoß binnen sechs Jahren um das 35-fache. Auf diese Weise trug Flick mit rund 17 Prozent zur gesamten deutschen Elektrostahlproduktion bei – 1933 waren es nur knapp 4 Prozent gewesen. Dies führte zu ungewöhnlich hohen Erträgen, beispielsweise bei Mittelstahl. Zwischen 1933 und 1939 lag die Eigenkapitalrendite des Unternehmens bei 18,8 Prozent und damit rund 6 Prozentpunkte über dem Branchendurchschnitt der Produktionsgüter- und Metallindustrie. Allein im Jahr 1939 erwirtschaftete Mittelstahl auf 100 Mark eigenen Kapitals Gewinne von 33 Mark.[325]

Kurzum: Friedrich Flick machte im Nationalsozialismus glänzende Geschäfte. Allerdings hatte das nicht ausschließlich mit aktiver Interessenpolitik in eigener Sache und mit dem skrupellosen Vorgehen bei der »Arisierung« zu tun. Am Vorabend des Krieges zeigte sich auch, dass sein Konzern geografisch besonders günstig lag. Generell profitierte der mitteldeutsche Wirtschaftsraum ungewöhnlich stark von den staatlichen Investitionen in die Rüstungs- und Autarkiewirtschaft. Demgegenüber fiel das Ruhrgebiet in den dreißiger Jahren zurück. Überdies war die Produktion bei Flick tatsächlich vollkommen autark, weil die inländische Rohstoffversorgung mit Erz, Koks und Braunkohle innerhalb des Konzerns gesichert war. Daran hatte sich seit 1932 nichts Grundsätzliches geändert. Aber Flick hatte diese Position ausgebaut, so dass seine Unternehmen inzwischen weitaus mehr Kohle förderten, als der Stahlkonzern selbst verbrauchen konnte. Dahinter stand sicher keine Strategie, die den Krieg von Anfang an fest ins Kalkül zog. Doch spätestens bei der Expansion in die Braunkohle dürfte er mit einem Waffengang gerechnet haben. Aufgrund der Erfahrungen, die er im Ersten Weltkrieg bei der Charlottenhütte gemacht hatte, wusste er, dass die Fertigung von Waffen und Munition riskant ist, weil sie Kapital in Betriebsstätten mit wenig Zukunftsaussichten bindet, Rohstoffe dagegen ein sicherer Hafen sind. Und in Kriegszeiten der eigentliche Schlüssel zur Macht.[326]

II. Krieg und Prozess

Ein saturierter Konzern?

Als Redner ist Friedrich Flick nicht gerade berühmt geworden. Schon gar nicht vertrat er, wie Paul Silverberg oder Albert Vögler, seine unternehmerischen Glaubenssätze in der politischen Arena. Das ist einer der Gründe dafür, dass über die Person Flick im Grunde wenig bekannt ist; umso mehr Legenden ranken sich um sie. Die Legendenbildung betrieb Flick freilich auch selbst, und zwar nicht nur durch Beeinflussung der Presse, sondern auch innerhalb seines Unternehmens. Ein prägnantes Beispiel seiner Selbstdarstellung ist die Rede, die er am 1. April 1940 im Kreise der »bewährten Mitarbeiter von Mittelstahl/Maxhütte« hielt, um das fünfundzwanzigste Jubiläum seines Eintritts in den Vorstand der Charlottenhütte zu begehen.

In der Ansprache vor den Vorstandsmitgliedern ließ Flick etwa eine Stunde lang die Konzerngeschichte Revue passieren. Da war von widerspenstigen Aktionären die Rede, die dem Konzernbaumeister schon bei seinen ersten Gehversuchen nur Schwierigkeiten gemacht hätten; ihre restlose Verdrängung aus seinen Unternehmen wurde in den Kriegsjahren eines seiner zentralen Anliegen. Energisch verwahrte Flick sich dagegen, »lediglich Finanztransaktionen gemacht zu haben«; vielmehr habe er in mühsamem Tagwerk als Industrieller »etwas Logisches und Organisches« geschaffen. Deutlich wurde die Arbeit am eigenen Mythos vor allem in der rührseligen Behauptung, sich oftmals »nach der eigentlichen Werkstätigkeit zurückgesehnt« zu haben. Fast ein wenig verschämt kommentierte Flick schließlich das rasante Wachstum des Konzerns mit den Worten, er »vergesse dabei nicht die Tatsache, dass es eine Entwicklung war, der die allgemeinen Zeitverhältnisse sehr zustatten gekommen sind«. Alle Anwesenden wussten natürlich, dass hier von Kriegsvorbereitung und »Arisierungen« die Rede war. Angesichts des aggressiven Wachstumskurses in den vorangegangenen Jahren erstaunt es auf den ersten Blick, dass Flick gegen Ende seiner Ansprache verkündete, ausgerechnet in der militärischen Erfolgsphase des NS-Regimes seien die »Zeiten der Expansion« vorbei, mit dem Ausbau des Konzerns solle jetzt »Schluss sein«.[1]

Diese Ankündigung war von sehr begrenzter Haltbarkeit. Schon knapp drei Monate später setzte Flick seine Manager auf die Rombacher Hüttenwerke im besetzten Lothringen an, um dem Konzern langfristig ein weiteres Stahlstandbein zu verschaffen. Die letzten großen Transaktionen auf Reichsgebiet, der Mehrheitserwerb der Sächsischen Gußstahlwerke Döhlen und der Feldertausch mit den Reichswerken, waren indes noch vor Kriegsbeginn auf den Weg gebracht worden. Erste Schritte in Richtung eines Familienkonzerns hatte man 1937 mit der Gründung der Friedrich Flick KG und der symbolischen Beteiligung des ältesten Sohnes Otto-Ernst eingeleitet. Eine mehrfache Reorganisation der Beteiligungsverhältnisse, die mit der Schaffung eines eigenständigen Braunkohlekomplexes nach den »Arisierungen« der Petschek-Unternehmen begann, führte nun die Tochtergesellschaften sukzessive näher an die Familienholding und an den Konzernchef persönlich heran.

Es war nicht zuletzt diese Konstruktion, die Flick später für die Ankläger der Nürnberger Prozesse interessant machte: Einem der reichsten Männer des Reiches ließen sich anscheinend ganz persönlich wirtschaftliche Kriegsvorbereitung und »Arisierungen«, die Ausplünderung der besetzten Gebiete und der menschenverachtende Einsatz von Zwangsarbeitern anlasten. Wie weit das zutraf, unter wessen Verantwortung, in welchen Formen und mit welchen Interessen der Flick-Konzern die militärische Aggression des NS-Regimes zur Beschaffung neuer Arbeitskräfte und Produktionsstätten nutzte, wird später zu zeigen sein. Zunächst soll der Blick darauf gerichtet werden, wer eigentlich diesen Konzern kontrollierte und wie sich seine Struktur in den ersten Kriegsjahren veränderte.

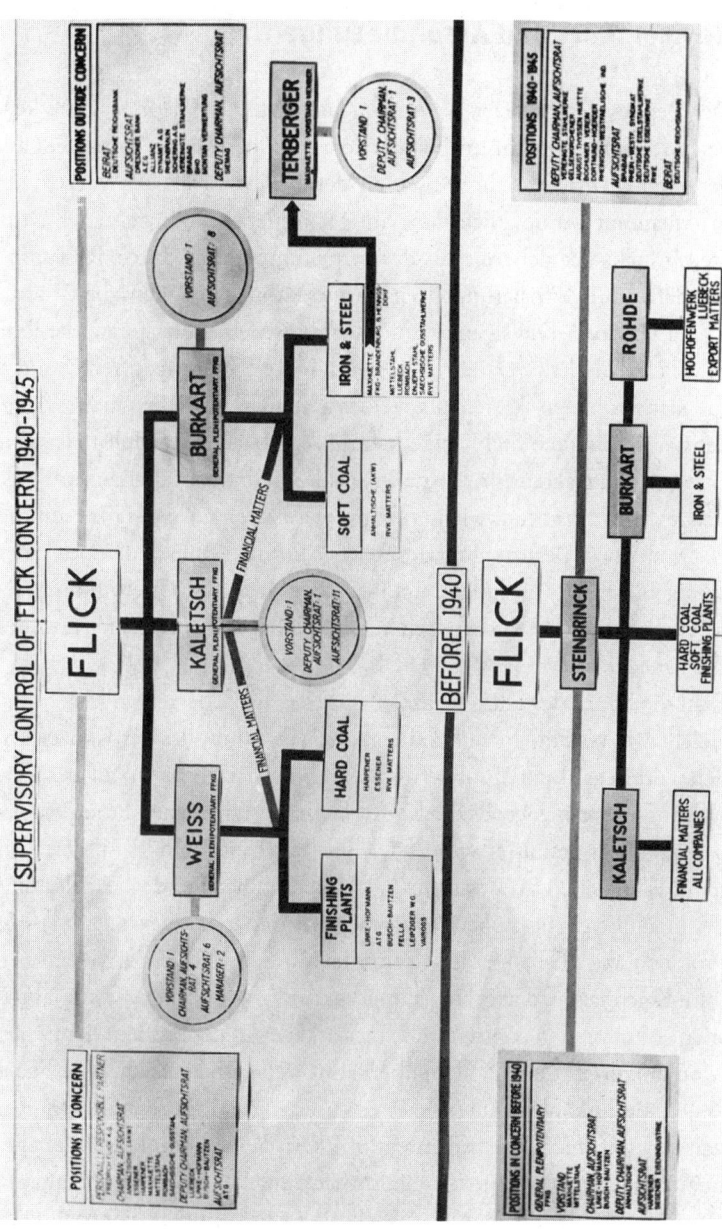

Wie lässt sich die Macht personifizieren?
Die Anklage im Nürnberger Flick-Prozess demonstriert den Aufbau
der Konzernspitze.

Revirements und Arrondierungen

Der Beginn des Zweiten Weltkriegs markierte für Friedrich Flick keinen wirklichen Einschnitt. Folgenreicher für ihn war die Tatsache, dass der zweitwichtigste Schreibtisch in der Bellevuestraße im Dezember 1939 geräumt wurde. Flicks langjähriger Generalbevollmächtigter Otto Steinbrinck, der den Ausbau des Firmenimperiums durch Rüstungsgeschäfte und »Arisierungen« ganz wesentlich vorangetrieben hatte, schied im Zorn. Die eigenen unternehmerischen Ambitionen, die ihm bei Flick dauerhaft verwehrt blieben, konnte Steinbrinck freilich auch auf seinem neuen Posten als stellvertretender Aufsichtsratsvorsitzender der Vereinigten Stahlwerke kaum verwirklichen. Im Juli 1940 zum Generalbeauftragten für die Eisen- und Stahlindustrie in Luxemburg, Belgien und Nordfrankreich ernannt, wechselte er Anfang 1942 auf die Position eines »Beauftragten des Reiches für die Kohle in den besetzten Westgebieten«. 1944 endete Steinbrincks Karriere als »Verbindungsoffizier« zwischen dem Rheinisch-Westfälischen Industriegebiet und der Wehrmacht.[2]

In die Spitze des Flick-Konzerns rückten als Generalbevollmächtigte gleich zwei Nachfolger auf. Das rapide Wachstum, das der Konzern in den Vorkriegsjahren absolviert hatte, schlug sich insofern auf der Verwaltungsebene nieder, als die Kontrolle der verschiedenen Produktionsbereiche jetzt gesplittet wurde. Dr. jur. et rer. pol. Odilo Burkart, der seine Fähigkeiten als Stratege und Unterhändler bei der »Arisierung« des Hochofenwerks Lübeck unter Beweis gestellt hatte, war seit 1936 als Prokurist vor allem für die Kontrolle von Selbstkosten, Investitionen und Ergebnissen der Stahlgruppe zuständig gewesen. Mit 41 Jahren stieg er nun in den engsten Führungszirkel eines der größten deutschen Montankonzerne auf. Zudem übernahm er die Oberaufsicht über Flicks neuen Braunkohlegiganten, die erweiterten und reorganisierten Anhaltischen Kohlenwerke. Während Burkarts Kontrollfunktion hier eher unauffällig blieb, war sie für die Entwicklung des Eisen- und Stahlsektors von zentraler Bedeutung. Gleichzeitig wurde Burkart der nach Flick wichtigste Konzernvertreter in den Verhandlungen mit politischen und militärischen Stellen über Rüstungsprojekte und die Expansion in die vom Dritten Reich besetzten Gebiete. Der dekorative Ehrentitel eines

Flicks Neffe Bernhard Weiss wird 1940 Generalbevollmächtigter für den Verarbeitungssektor.

Odilo Burkart folgt Otto Steinbrinck als Generalbevollmächtigter für Eisen und Stahl.

Wehrwirtschaftsführers, den der ursprünglich dem katholischen Zentrum nahestehende und niemals in die NSDAP eingetretene Burkart 1940 erhielt, kam nicht von ungefähr.[3]

Noch fünf Jahre jünger als Burkart war Flicks Neffe Bernhard Weiss, der im März 1940 auf Wunsch seines Onkels in die Konzernleitung eintrat und im Jahr darauf ebenfalls zum Wehrwirtschaftsführer ernannt wurde. Mit Vetternwirtschaft oder gar mit der mildtätigen Unterstützung eines armen Verwandten hatte dieser Aufstieg nichts zu tun, auch wenn Flicks Vertrauensverhältnis zu Weiss zweifellos in der familiären Beziehung wurzelte. Weiss hatte 1923/24 kurze Zeit in Berlin für Linke-Hofmann-Lauchhammer gearbeitet, 1927 seine Arbeit im väterlichen Unternehmen Siemag im westfälischen Dahlbrück aufgenommen und sich nach dem Tod des Vaters 1932 in jungen Jahren als Unternehmer bewiesen. Formal war Weiss »freier Mitarbeiter ohne zivilrechtliche Bindung« und bezog sein Einkommen größtenteils aus dem eigenen Unternehmen, das in den Berliner Räumen der FKG ein kleines Büro unterhielt. Die Siemag, die unter anderem Walzwerkanlagen und Maschinen für den Bergbau produzierte, funktionierte aber praktisch ohne Weiss' Intervention; geschäftliche Beziehungen zum Flick-Konzern waren zwar vorhanden, aber beiderseits nur von nachrangiger Bedeutung. Weiss war formal für die Kontrolle der Ruhrunternehmen Harpener Bergbau und Essener Steinkohlenbergwerke zuständig, konzentrierte sich aber vor allem auf den Waggonbausektor des Konzerns.[4]

Von einer umfassenden Reorganisation der Konzernzentrale konnte trotz des Revirements an der Spitze keine Rede sein. Für Kontinuität sorgte vor allem der dritte Generalbevollmächtigte Konrad Kaletsch, der sich nach der komplizierten Abwicklung der niederländischen Finanzierungsgesellschaften und der »Arisierungen« des Petschek-Besitzes offenbar etwas zu langweilen begann. Der Finanzexperte arbeitete nun in rascher Folge komplizierte Strategiepapiere für die Umschichtung des Konzernbesitzes aus. Kaletsch, das einzige Parteimitglied unter den drei Bevollmächtigten, fungierte zugleich als »Betriebsführer« im Sinne des Reichsarbeitsgesetzes; ihm nachgeordnet waren der Chefbuchhalter Theodor Kurre und der Steuerexperte Rudolf Basler.

Für Kaletsch und Flick arbeiteten in einem nicht genauer definierten Verhältnis der hauseigene Wirtschaftsprüfer Fritz Lang sowie die Juristen Fritz Streese und Hugo Solbrig, denen als »juristische Berater« gelegentlich Hugo Dietrich und der betagte Siegener Justizrat Siegfried Frey zur Seite standen. Robert Tillmanns, der 1938 aus den Anhaltischen Kohlenwerken in den Flick-Konzern gewechselt war, arbeitete Flick zu, der außerdem den Privatsekretär Karl Schröer beschäftigte. An Burkarts ursprüngliche Stelle rückten als dessen Assistenten nacheinander Hans Hahl und Carl Küttner. Auch in diesem Bereich waren zwei wichtige Akteure der Konzernleitung nur »büromäßig verbunden«, was sie aber keineswegs unabhängig machte: Alfred Rohde wickelte hier die Reste des ostoberschlesischen Engagements ab; Julius Brurein akquirierte von der Bellevuestraße aus unter anderem Wehrmachtsaufträge für die Maxhütte und die Mitteldeutschen Stahlwerke.

Kontinuität blieb auch im Tagesgeschäft gewahrt, wo Burkart, Kaletsch und Weiss die Koordinierung in gemeinsamen vormittäglichen »Postbesprechungen« fortsetzten. Friedrich Flick aber hatte nach dem Ausscheiden Steinbrincks weniger denn je mit Widerspruch zu rechnen, weder auf der Führungsebene noch gar aus den einzelnen Unternehmen. Die Konzernzentrale war und blieb eine Art persönlicher Stab oder, wie Tillmanns formulierte, »das Beratungs- und Hilfsorgan des Konzernchefs«. Bei einem Konzern dieser Größenordnung konnte das zwar nicht bedeuten, dass Flick alle Geschäfte persönlich kontrollierte, und dasselbe galt für seine drei Generalbevollmächtigten. Es implizierte aber auch keineswegs jene weitgehende Autonomie der einzelnen Unternehmensvorstände, die Tillmanns später suggerierte.

Die Kontrolle der Beteiligungen geschah nicht bloß durch die kritische Lektüre von Selbstkostenberichten, Monats- und Jahresbilanzen, sondern auch durch direkten Kontakt. Dazu dienten zum einen sporadische Besuche der Konzernführung in den Werken, zum anderen regelmäßige »Arbeitsbesprechungen« in Berlin, vor allem mit den Vorständen der Stahlunternehmen. Flick kontrollierte jedoch nicht nur die laufende Arbeit der Unternehmensvorstände, er regulierte auch deren Vernetzung mit den Banken – indem er sie aus »prinzipiellen Gründen« schlicht verbot. Da er nun einmal »nicht den Wunsch« habe, verweigerte er Hermann Terberger von der Maxhütte ebenso wie Franz Hellberg und Friedrich Brockhues von den Anhaltischen Kohlenwerken den Eintritt in die Landesausschüsse der Dresdner Bank. Diese Ausschüsse hatten zwar keinen konkreten Einfluss auf die Geschäftspolitik der Banken, sie waren aber als Honoratiorengremien nicht unwichtig für die Netzwerke regionaler Wirtschaftseliten. Auch der Harpen-Vorstand musste einen Sitz im Aufsichtsrat der Berliner Handels-Gesellschaft ablehnen. Das Verbot galt selbst für Konrad Kaletsch, weil Flick um die »völlige Unabhängigkeit« seines Finanzchefs fürchtete.[5]

Im Tagesgeschäft, und teils auch darüber hinaus, genossen die Vorstände der einzelnen Konzernunternehmen relativ große Freiräume, solange die Zahlen stimmten. Die Beteiligungen bildeten aber kein wahllos zusammengekauftes Firmenkonglomerat, sondern einen Konzern auch im engeren Sinne: einen Komplex zentral koordinierter und teilweise durch Lieferbeziehungen verflochtener Unternehmen, die sich letzten Endes mehrheitlich im Eigentum Friedrich Flicks befanden. Dieser hatte sich nach seinem Ausstieg aus den Vereinigten Stahlwerken ganz auf die Eisen- und Stahlerzeugung in Regionen konzentriert, wo er die Konkurrenz der Ruhrkonzerne nicht zu fürchten brauchte. Mit der Maxhütte, Mittelstahl sowie den beiden unmittelbar in die FKG eingebundenen Stahlwerken in Hennigsdorf und Brandenburg an der Havel hatte er sich binnen weniger Jahre marktbeherrschende Positionen in Süd- und Mitteldeutschland erobert. Während die Mittelstahl-Werke von jeher über eine eigene Braunkohlegrundlage am Standort Lauchhammer verfügten, hatte der Kauf von Harpen und Essener Steinkohle der Maxhütte eine konzerneigene Steinkohlebasis verschafft.

Flicks Stahlwerke profitierten auf diese Weise durchweg von einer preiswerten Brennstoffversorgung, weil sie die Kohle zu Selbstverbrauchspreisen beziehen durften und nicht die höheren, von den jeweiligen Syndikaten festgelegten Marktpreise bezahlen mussten. Die Maxhütte hatte zudem eigene Erzvorkommen, während die Mittelstahl-Werke Schrott verarbeiteten und das Hochofenwerk Lübeck auf die Mittelstahl-Erzgrube in Elbingerode zurückgreifen konnte; der Konzern war damit weitgehend unabhängig vom Import ausländischer Erze. Ein Teil des Flick-Stahls ging an die eigenen Verarbeitungsbetriebe, also an den Maschinen- und Förderanlagenbau in Lauchhammer sowie die beiden Waggonhersteller Linke-Hofmann und Busch-Bautzen. Flick versuchte zwar während des Krieges, den Waggonsektor weiter auszubauen, doch verglichen mit Krupp oder Gutehoffnungshütte blieb der Verarbeitungsbereich im Konzern klein.[6]

Ungewöhnlich war die starke Konzentration auf Kohle und Stahl für einen deutschen Montankonzern nicht, und in der nationalsozialistischen Rüstungskonjunktur war sie schlüssiger denn je. Warum unternehmerische Risiken auf relativ freien und anspruchsvollen Märkten eingehen, wenn sich der Stahl ebenso gut an staatlich finanzierte Rüstungsfabriken verkaufen ließ, die durch Flicks Verhandlungsgeschick gleich auf oder neben dem eigenen Werksgelände hochgezogen wurden? Nicht nur deshalb war es naheliegend, dass Flick sich weiter um die Arrondierung seines mitteldeutschen Stahlkomplexes bemühte. Die Sächsischen Gußstahlwerke Döhlen produzierten vorzugsweise hochwertige Qualitäten, die auch nach dem Ende des Rüstungsbooms höhere Erträge versprachen als das Massensortiment in Riesa. Die knappe Mehrheit bei Döhlen hatte Mittelstahl Lieferbeziehungen zum günstigen Selbstverbrauchspreis verschafft. Strategisch galt es jedoch, auf einen vollständigen Erwerb des Unternehmens hinzuarbeiten, weil ein Mitbestimmungsrecht des sächsischen Staates nach dem Ende der Rüstungskonjunktur ein strikt unternehmerisches Gewinnkalkül hätte gefährden können. Die sächsischen Politiker, die im paritätisch besetzten Aufsichtsrat den Anspruch auf politische Einflussnahme stets aufrechterhielten, hatten Döhlen schon einmal vor der Stilllegung aus kommerziellen Interessen bewahrt.

Die bewährte Taktik des möglichst unauffälligen Aufkaufs größerer Aktienpakete war in diesem Fall jedoch ebenso ungeeignet wie die Herausdrängung konzernfremder Aktionäre durch Auskauf oder Umwandlung des Unternehmens. Auch die knappe, weiterhin geheim gehaltene Aktienmehrheit half da nichts. Eine vollständige Übernahme war nur in Kooperation mit dem sächsischen Staat denkbar, dessen Wirtschaftsministerium aber in den Verhandlungen vor Kriegsbeginn nachdrücklich darauf hingewiesen hatte, dass es eine Majorisierung durch einen privaten Montankonzern nicht hinnehmen werde. Der um die Jahreswende 1939/40 unterzeichnete Poolvertrag über das Stimmrecht in der Hauptversammlung schrieb deshalb ausdrücklich vor, dass die beiden Eigentümerparteien dieses nur nach vorheriger Verständigung ausüben konnten, und garantierte wechselseitige Einspruchsrechte bei jeglichen Verkaufsabsichten.

Dabei blieb es bis zum Kriegsende. Angesichts der vollständigen Auslastung der Döhlen-Werke in Freital und Pirna, des gesicherten Produktionsverbunds mit Mittelstahl und des bereits im Poolvertrag festgelegten Aktienkurses für den Fall eines sächsischen Kaufangebots bestand auch kein dringlicher Anlass zur kompletten Übernahme. Grundsätzlich zogen beide Eigentümer an einem Strang, zumal vertraglich geregelt war, dass mit dem Einstieg von Mittelstahl das Ziel »des planmäßigen weiteren Ausbaues Döhlens als sächsisches Qualitätsstahlwerk« verbunden sein sollte. Eine engere strategische Abstimmung der Produktionsprofile war eindeutig eine Perspektive für die Nachkriegszeit. Da die Konzernleitung nach Kriegsende offenbar einen verschärften Wettbewerb der großen Stahlkonzerne einschließlich der Reichswerke erwartete, lag es jedoch nahe, kontinuierlich auf das seit 1929 anvisierte vollständige Monopol Flicks auf dem mitteldeutschen Stahlmarkt hinzuarbeiten. Im Oktober 1941 unternahm daher Mittelstahl-Vorstand Konrad Gehlofen einen neuerlichen Vorstoß beim sächsischen Gauleiter Mutschmann, der sich auch zu einer Besprechung mit Flick bereit erklärte, dabei aber offenbar weiterhin reserviert blieb. Bis Kriegsende, als die Sächsischen Gußstahlwerke Flick ebenso entglitten wie sein übriger mitteldeutscher Besitz, blieb die Angelegenheit unentschieden.[7]

Während also im Eisen- und Stahlsektor die besitzrechtliche Integration eines weiteren großen Unternehmens an den politischen Machtverhältnissen scheiterte, wurde im Frühjahr 1940 die wesentlich kompliziertere Organisation eines ganz neuen Konzernpfeilers bewerkstelligt. Dabei handelte es sich um nichts Geringeres als um die Verschmelzung von bislang eigenständigen Unternehmen in Mitteldeutschland und der Lausitz zum größten deutschen Braunkohleproduzenten. Flick war durch die ebenso offensive wie taktisch geschickte Partizipation an den »Arisierungen« an zwei annähernd gleich große Braunkohlekomplexe gelangt: die Anhaltischen Kohlenwerke und die Werschen-Weissenfelser Braunkohlen AG der Julius-Petschek-Gruppe einerseits, die von den Reichswerken aus dem enteigneten Ignaz-Petschek-Vermögen eingetauschten Betriebe der »Eintracht« und der östlichen Niederlausitzer Kohlenwerke andererseits. Die beiden Gruppen förderten 1939 jeweils etwa 11 Millionen Tonnen Rohkohle und erzeugten etwa 3,5 Millionen Tonnen Briketts.[8]

Anhaltische Kohle und Werschen waren nach ihrer Aneignung durch Flick vorläufig eigenständige Gesellschaften geblieben, zwischen denen lediglich eine »Zusammenarbeit« ohne vertragliche Grundlage bestand. Materiell sichergestellt war die Kooperation dadurch, dass Werschen rund 70 Prozent des Kapitals der Anhaltischen Kohlenwerke besaß und seinerseits wiederum zu 91 Prozent (direkt oder über die ehemals Petscheksche Holdinggesellschaft Montanwerte-Verwaltungs-GmbH) im Eigentum von Mittelstahl war. Faktisch garantiert wurde die abgestimmte Geschäftspolitik durch die identische Besetzung der Vorstände und größtenteils auch der Aufsichtsräte. Neben Flick als Vorsitzendem und Steinbrinck als Stellvertreter zogen auch Kaletsch sowie Konrad Gehlofen und Ernst Wiegand vom Riesaer Mittelstahl-Vorstand in die beiden Aufsichtsräte ein.[9]

Eintracht und Niederlausitz-Ost hingegen sollten nicht als eigenständige Unternehmen, sondern als reine Produktionsstätten nebst Verwaltung übernommen werden; dies machte eine umfassende Reorganisation notwendig. Während sich die Tauschverhandlungen mit den

Reichswerken im Herbst 1939 konkretisierten, erarbeitete Steinbrinck, der bezeichnenderweise schon von einem künftigen eigenen »Braunkohlenkonzern« sprach, die ersten Konzepte. Zu dieser Zeit war noch völlig offen, bei welchen Konzernunternehmen und in welcher Form der neue Besitz zu bündeln war. Grundsätzlich mussten dabei zwei Probleme gleichzeitig gelöst werden: Einerseits sollte Harpen für die Felderabgabe in irgendeiner Weise entschädigt werden; andererseits war der neue Komplex möglichst eng an die Mitteldeutschen Stahlwerke anzubinden, die trotz der 1937 erfolgten Gründung der FKG faktisch immer noch als zentrale Konzernholding fungierten.[10]

Parallel zu den letzten Verhandlungen über die Vertragsgestaltung mit den Reichswerken begann im Dezember 1939 die eigentliche Ausarbeitung des Reorganisationskonzepts mit der Einrichtung von »Arbeitskreisen« in den Steinkohle- und Braunkohleunternehmen. Federführend für die beiden Braunkohlegruppen agierten Franz Hellberg von den Anhaltischen und Friedrich Brockhues von den Niederlausitzer Kohlenwerken. Im Januar 1940 brachte Flick selbst die kontrovers diskutierte Idee ins Spiel, den gesamten neu erworbenen Braunkohlebesitz zu fusionieren, dabei aber ausgerechnet Mittelstahls Förderung in Lauchhammer auszuklammern. Wie schon Steinbrincks Überlegungen zeigten, ging es bei dem ganzen Projekt also keineswegs primär um die Sicherung der Brennstoff- und Elektrizitätsversorgung der sächsischen Stahlstandorte.[11]

Neben Steuerfragen und der Liquiditätsversorgung Harpens tauchte in den anschließenden Überlegungen aber noch ein weiteres Argument für eine Großfusion auf, das bereits während der »Arisierungen« Flicks Taktik bestimmt hatte. Bei der Umschreibung der Grundstücke und Kohlefelder wurde Anfang Februar plötzlich der Wunsch laut, »alles zu vermeiden, was die Herleitung einer Gesamt-Rechtsnachfolge aus den alten Petschek-Gesellschaften begünstigen könnte«. Eine alleinige Einbringung der Eintracht- und Niederlausitz-Betriebe in ein neues Unternehmen könne, so Brockhues in einer Besprechungsnotiz, »bei böswilliger Auslegung« dazu führen, dass Harpen als dessen Alleininhaber zugleich als Rechtsnachfolger der Familie Ignaz Petschek betrachtet würde. Die Formulierung, eine solche Außenwirkung sei »politisch und juristisch unerwünscht«, zielte klar darauf, das Risiko von Schadensersatzforderungen unter gewandelten politischen Bedingungen zu begrenzen. Der Flick-Konzern sollte öffentlich nicht als »Arisierer« des Petschek-Vermögens dastehen und sich dadurch eventuellen Wiedergutmachungsforderungen aussetzen. Auch Flick selbst wollte unbedingt verhindern, dass die Rolle seines Konzerns bei der Enteignung jüdischer Unternehmer »in einer ungünstigen allgemeinen Situation wieder aufgerollt werden« könnte. Erst daraus entstand der Gedanke, die ehemaligen Julius-Petschek-Unternehmen in eine neue Aktiengesellschaft einzubringen, zu der die Reichswerke als weiterer Aktionär die Eintracht- und Niederlausitzbetriebe beisteuern sollten. Anschließend würden die Reichswerke aus dieser Gesellschaft wieder aussteigen, indem sie ihre Aktien als Gegenwert für die abzutretenden Steinkohlezechen an Harpen, Essen und die Maxhütte abgaben.[12]

Im Februar 1940 legte Kaletsch in rascher Folge Alternativszenarien einer solchen Lösung vor. Dabei kristallisierte sich heraus, dass die Anhaltischen Kohlenwerke die übrigen »Braunkohleninteressen« aufnehmen würden; selbst jetzt wurde aber noch darüber nachgedacht, dem Unternehmen zu Tarnzwecken einen neuen Namen zu geben. Ganz wie bei der Aushandlung des Tauschgeschäfts mit Pleiger ließ man auch diesmal jenes Flick-Unternehmen so lange wie möglich im Unklaren, auf dessen Kosten der Aufbau des neuen Braunkohlekomplexes ging. Harpen-Vorstandsmitglied Schmidt erfuhr Anfang Februar rein zufällig von den mittlerweile recht weit gediehenen Fusionsplanungen. Diese hatten für sein Unternehmen gravierende Konsequenzen, weil an die Stelle einer eigenen Übernahme des Felderbesitzes von den Reichswerken nun lediglich die Minderheitsbeteiligung an einem größeren Unternehmen trat. Kaletsch suchte mit einer glatten Lüge abzuwiegeln: Es handle sich nur um vage Ideen im Zusammenhang mit einer nebensächlichen Steuerfrage. Drei Wochen später erhielt Schmidt aus Berlin das vollständig ausgearbeitete Fusionsprogramm nebst einer sehr engen Terminplanung – und das nicht etwa mit der Bitte um Stellungnahme.[13]

Der auf Konzernebene abgesegnete Reorganisationsplan fasste die neuen »Braunkohleninteressen« unter einem Dach zusammen und sicherte zugleich den direkten Zugriff durch die Konzernspitze. Werschen wurde auf die Anhaltischen Kohlenwerke fusioniert; die Reichswerke brachten die Eintracht- und Niederlausitz-Betriebe in dasselbe Unternehmen ein und erhielten dafür Aktien im Nominalwert von 37 Millionen Mark; anschließend kauften sie gegen diese Aktien die vereinbarten Steinkohlefelder von Harpen (30 Millionen), Essener Steinkohle (2 Millionen) und Maxhütte (5 Millionen). Im März 1940 traten die Aufsichtsräte von Harpen, Anhaltischer Kohle und Werschen binnen weniger Tage zusammen, um die Entscheidungen der Konzernspitze abzusegnen; die Unterzeichnung der Verschmelzungsverträge sollte am Wochenende zwischen den Hauptversammlungen stattfinden, die formal das letzte Wort hatten. Nur zwei Wochen später waren die Verträge über die Fusion und die Einbringung der Lausitzer Betriebe notariell protokolliert.[14]

Gemessen am Grundkapital von 83,5 Millionen Mark (von denen bis auf Weiteres 10 Millionen bei anderen Aktionären lagen), waren die Anhaltischen Kohlenwerke nach der Fusion das bei Weitem größte Unternehmen des Flick-Konzerns – deutlich vor den beiden Steinkohleförderern Harpen und Essen, mit großem Abstand zu Mittelstahl und Maxhütte, um ein Vielfaches größer als die Verarbeitungsunternehmen Linke-Hofmann, Busch-Bautzen und ATG. Durch »Arisierung«, Feldertausch und Fusion hatte Flick sich in weniger als zweieinhalb Jahren nicht nur das größte Braunkohlegebiet in Mitteldeutschland angeeignet, sondern war vor dem Rheinisch-Westfälischen Elektrizitätswerk und weit vor der IG Farben der größte Braunkohleproduzent im Reichsgebiet geworden. Hinzu kam noch der lukrative, von der Thüringischen Kohlen- und Brikett-Verkaufsgesellschaft betriebene Brikett-handel. Die Thüko, deren vollständige Integration ebenfalls zu den Vorzügen der Fusionslösung gehörte, war zwar formal ein eigenständiges Unternehmen. Laut den drastischen Formulierungen eines Organvertrags war sie aber »finanziell, wirtschaftlich und organisatorisch nach Art einer Betriebsabteilung vollständig abhängig« von der Alleineigentümerin Anhaltische Kohlenwerke und agierte geschäftspolitisch »ohne eigene Willensbildung«.[15]

Der Braunkohleriese war vorläufig ein Solitär in der Flickschen Unternehmenslandschaft. Langfristig mochte die Konzernführung durchaus Verbundeffekte erwarten. Die während des Krieges notierten Konzepte aber sahen eben keine Verschmelzung mit dem älteren Braunkohlebesitz vor, der Grube Koyne bei Lauchhammer, von der aus die Mittelstahl-Werke mit Brennstoff versorgt wurden. Gewisse Synergien waren zunächst nur daraus zu erwarten, dass das Lauchhammerwerk »als Maschinenbauanstalt des gesamten Konzerns« fungieren, also auch die ehemaligen Petschek-Gruben mit Förderbrücken und anderen Bergbaumaschinen versorgen sollte. Bezahlt hatten letzten Endes die früheren jüdischen Eigentümer und Harpen. Das Ruhrunternehmen hatte für die Abgabe etwa eines Drittels seiner Förderkapazität an die Reichswerke ein gutes Drittel der Aktien eines Braunkohleunternehmens erhalten, mit dem es schlicht gar nichts verband – und diese Aktien konnte Harpen natürlich gegen den Willen der Konzernleitung nirgends zu Geld machen. Von der Bellevuestraße aus betrachtet, war das Ergebnis einigermaßen beeindruckend. Ganz ähnlich wie beim Einstieg in die Steinkohle 1932/33 hatte sich die Kombination von Verhandlungsgeschick, pragmatischer und schneller Anpassung von Strategien sowie schlichter Skrupellosigkeit rentiert.[16]

Wichtig für die Integration der »neuen« Anhaltischen Kohlenwerke in den Konzern wurde eine neue Vertrauensperson Flicks. Mit Franz Hellberg, seit 1932 Vorstandsmitglied der ursprünglichen Anhaltischen Kohlenwerke, seit der Fusion 1940 faktisch und seit April 1945 auch formal Vorstandsvorsitzender des neuen Unternehmens, tauchte eine weitere Führungsfigur im Konzern auf, die teils unmittelbar unter, teils wohl auch neben den drei Generalbevollmächtigten agierte. Hellberg war bereits in die Finanzierungsüberlegungen zur Übernahme von Eintracht und Niederlausitz-Ost einbezogen gewesen, und dank seines Expertenwissens wurde er jetzt die zentrale Schaltstelle für alle weiteren Maßnahmen. Kaletsch konsultierte ihn anlässlich der endgültigen Fusion im März 1940 betont höflich, zumal Hellberg ihm an Sachkenntnis offensichtlich weit überlegen war. Ähnlich wie im Fall von Ernst Buskühl verschaffte technisches Knowhow einem Bergbauexperten tendenziell eine größere Autonomie als den Vorstandsmitgliedern des Stahlsektors, in dem Friedrich Flick einst selbst groß geworden war.[17]

Es war Hellberg, der in Flicks Auftrag die Organisation des Lausitzer Besitzes in den drei »Gruppen« Welzow, Schipkau und Senftenberg vorbereitete, während als Zentralstandort für die alten Betriebe der Anhaltischen Kohlenwerke weiterhin Halle bestehen blieb. Bezeichnend an seinem von Flick inspirierten Konzept war, dass die neue Braunkohletochter in Berlin zwar über eine kleine Verwaltungsstelle verfügen sollte, wo die »zentrale Steuerung und Planung der Betriebe« und die Ausübung des Stimmrechts in Syndikaten und Fachverbänden koordiniert wurde (im August 1940 wurde auch der Rechtssitz des Unternehmens nach Berlin verlegt). Aber dabei sollte es sich eben um ein »möglichst kleines Büro« handeln, weil im Interesse der betriebswirtschaftlichen Effizienz eine »weitgehende Dezentralisierung vorgesehen« war.[18]

Erst im allerletzten Moment, auf der konstituierenden Hauptversammlung des fusionierten Unternehmens im April 1940, wurden die Mitglieder des neuen Vorstands benannt. Ebenso bezeichnend und sicher keineswegs bloß Ausdruck von Hellbergs persönlichem Führungsanspruch war es, dass er – und nicht etwa Flick selbst – Friedrich Brockhues erst kurz vor Abschluss der Reorganisation mitteilte, dass die Konzernleitung einen Aufpasser in den Vorstand delegieren werde. Der Steuerexperte Rudolf Basler übernahm den Arbeitsbereich Bilanzen und Steuern sowie Rechts- und Syndikatsfragen, also jene Gebiete, auf denen traditionell die Kontrolle der Konzernspitze über die Beteiligungen ausgeübt wurde. Eine direkte Kontrolle schien schon deshalb unabdingbar, weil die in anderen Produktionsbereichen seit Längerem eingespielten Beherrschungsmechanismen schnellstmöglich auch bei den Anhaltischen Kohlenwerken umgesetzt werden sollten. Die Reorganisation, nur scheinbar ein rein technisches Problem, verwies auf einen für das Funktionieren des Konzerns wesentlichen Punkt, nämlich die mehrstufige Hierarchie. Flick und seine unmittelbare Entourage benötigten in den großen Beteiligungen, die wiederum komplexe Subkonzerne darstellten, jeweils »starke Männer«, die ihrerseits mit einer Immediatbeziehung zum Konzernherrn und mit Informationsvorsprüngen in beide Richtungen ausgestattet waren. Besitz war die grundlegende Voraussetzung, aber nicht die Garantie für die Ausübung von Kontrolle.[19]

Verträge und Verfügungsmacht

Im Frühjahr 1940 bestand Anlass, Bilanz zu ziehen. Dies galt nicht nur mit Blick auf das »Dienstjubiläum« Friedrich Flicks, sondern auch wörtlich. Kurz nach der Integration der Anhaltischen Kohlenwerke, die eine gewisse Konsolidierung des in den zurückliegenden Jahren akquirierten Beteiligungsbesitzes markierte, entstand die erste – und leider auch einzige – Gesamtkonzernbilanz. Im Mai 1940 wurde erstmals überhaupt eine solide Zusammenfassung der Finanzstände und Vorräte aller Konzernunternehmen erstellt; in diesem Zusammenhang machte sich Kaletschs Stab die Mühe, für Ende März 1940 auch »ein weit umfassenderes Bild über den kapitalmäßigen und finanziellen Aufbau des Gesamtkonzerns zu geben«.

Die Buchwerte der Beteiligungen waren, wie bei anderen Unternehmen auch, in den Bilanzen der jeweiligen Muttergesellschaft aus steuerlichen Gründen weit unterhalb des realen Werts angesetzt. Um ein realistisches Bild des Konzernwerts zu ermitteln, wurde der »bilanzmäßige Substanzwert« aus Kapital, Reserven, Gewinn und »intern als frei angesehenen Rückstellungen« über die diversen Beteiligungsstufen hinweg konsolidiert, also an der Konzernspitze FKG gesammelt. Es blieb freilich ein erheblicher nicht konsolidierter Rest von 85 Millionen Mark; vor allem aber blieben die in den einzelnen Unternehmen steckenden stillen Reserven aus der Unterbewertung von Wertpapiervermögen und Vorräten ausgeblendet. Die entsprechenden Zahlen boten also kein wirklich realistisches Bild des Konzernvermögens, sondern nur die bestmögliche Annäherung. Danach ergab sich eine Summe des Anlage- und Umlaufvermögens von 820 Millionen Mark, von denen nach dem Abzug der kurz- und langfristigen Schulden ein faktisches Eigenkapital von 293 Millionen übrig blieb; gut ein Drittel dieser Summe aus Kapital und Reserven war im Besitz von Aktionären außerhalb des Konzerns. Im Endeffekt errechnete sich ein im Eigentum der Friedrich Flick KG befindliches Reinvermögen von 193 Millionen Mark. Dies entsprach, wie Kaletsch und Kurre resümierten, einem »Substanzkurswert« von 510 Prozent des Nominalkapitals der FKG, das gerade einmal 37,5 Millionen betrug. Acht Jahre zuvor war Friedrich Flick beinahe bankrott gewesen.[20]

Dass in den Bilanzen noch enorme Reserven steckten, die »Substanz-werte« des Frühjahrs 1940 also keineswegs den realen Wert der großen Konzernunternehmen abbildeten, zeigte 1941/42 eine Welle von Kapitalberichtigungen. Hintergrund war die Dividendenabgabeverordnung vom 12. Juni 1941, die einerseits aus ideologisch-propagandistischen Gründen die Höhe der Dividendensätze weiter limitierte, andererseits durch Erhöhungen des Grundkapitals die Bemessungsgrundlage für Dividendenausschüttungen vergrößern und dadurch die Aktionäre angemessen am realen Wertzuwachs von Aktiengesellschaften beteiligen sollte. Gegen eine geringe Pauschalbesteuerung erhielten die Unternehmen Gelegenheit, stille Reserven aufzudecken und dem Grundkapital zuzuführen. Das diente nicht nur den Aktionären, sondern schuf auch neue Abschreibungsspielräume für künftige Gewinne. Es handelte sich also nicht um echte Kapitalerhöhungen, sondern teils um eine Umverteilung von Bilanzposten, teils um eine Offenlegung versteckter Bilanzwerte, die aus überhöhten Abschreibungen und aus Unterbewertungen von Wertpapierbesitz resultierten.[21]

Die entsprechenden Erhöhungen im Flick-Konzern zeigten freilich nur tendenziell den Umfang der während der Rüstungskonjunktur in den dreißiger Jahren entstandenen Reserven an. Am deutlichsten wurde das bei den Mitteldeutschen Stahlwerken, wo das Grundkapital von 28 Millionen Mark zunächst um 52 Millionen erhöht werden sollte. Schließlich wurden daraus – auf »Wunsch« Friedrich Flicks, der natürlich das letzte Wort hatte – »nur« 47 Millionen oder ein Zuwachs um 168 Prozent, weil eine weitere Erhöhung die steuerliche Behandlung deutlich verschlechtert hätte. Von der ursprünglich geplanten Erhöhung sollten allein 22 Millionen Mark aus einer Neubewertung des Anlagevermögens kommen, 21 Millionen aus der Berichtigung von Beteiligungen. Da Mittelstahl zu dieser Zeit noch die Funktion der eigentlichen Konzernholding innehatte, in der die einzelnen Beteiligungen größtenteils gebündelt waren, gab es bei der Neubewertung der Tochtergesellschaften nach wie vor erheblichen Ermessensspielraum. Die enormen Unterbewertungen in den bisherigen Handelsbilanzen spiegelte auch die Erhöhung bei der Maxhütte wider, bei der ebenfalls erheblicher Beteiligungsbesitz an Konzernunternehmen versammelt war; ihr Grundkapital wurde um 17,5 auf 43,75 Millionen Mark erhöht.

In den Relationen deutlich bescheidener waren die Kapitalberichtigungen bei Harpen (von 60 auf 69 Millionen Mark), Essener Steinkohle (von 63 auf 75,6 Millionen) und Anhaltischer Kohle (von 83,5 auf 100 Millionen). Die generell schwächere Ertragslage des Bergbaus gegenüber den unmittelbar rüstungsrelevanten Eisen- und Stahlunternehmen eröffnete weniger große Abschreibungsspielräume. In den Verarbeitungsunternehmen hatte sich die Rüstungskonjunktur umso deutlicher niedergeschlagen: Die Faguma schlug auf ihr altes Grundkapital von 6 Millionen Mark gleich 3 Millionen auf, die Linke-Hofmann-Werke erhöhten ebenfalls um 50 Prozent auf 8,25 Millionen, und Busch-Bautzen stärkte das Grundkapital von 3,5 Millionen Mark im März 1942 um 1,4 Millionen, von denen allein 900 000 Mark aus der Neubewertung des Anlagevermögens kamen. Die Erhöhung bei der ATG von 4 auf 5,2 Millionen fiel dagegen fast bescheiden aus.[22]

Da die Kapitalerhöhungen für die Aktionäre lediglich die anteilige Ausgabe zusätzlicher Aktien zur Folge hatten, blieben sie für die Besitzverhältnisse grundsätzlich folgenlos. Der Anteil des Konzerns an den größeren Unternehmen schwankte im Frühjahr 1940 zwischen 50,15 Prozent im Sonderfall Döhlen und fast 100 Prozent bei Mittelstahl; theoretische Sperrminoritäten fremder Aktionäre gab es außer bei Döhlen jedoch nur noch beim Hochofenwerk Lübeck mit einem Konzernanteil von 73 Prozent und bei Harpen mit 61 Prozent.[23]

Unabhängig vom Anteil des Fremdkapitals bot der Flick-Konzern im Frühjahr 1940, als mit den reorganisierten Anhaltischen Kohlenwerken die Integration des letzten großen Konzernbausteins bewerkstelligt war, ein recht unübersichtliches Bild. Die seit 1929 gewachsenen Strukturen der Besitzverteilung resultierten aus teils komplizierten Finanzierungsgeschäften bei der Übernahme der Gesellschaften, nicht zuletzt waren sie Folge der »Arisierung« Lübecks und des Braunkohlebereichs. Die Unübersichtlichkeit bleibt, selbst wenn man die zahlreichen kleineren Handels- und sonstigen Gesellschaften außer Betracht lässt, die vor allem den Kohleunternehmen angegliedert waren. Sie spielten in den strategischen Konzepten der Konzernführung keine Rolle, weil eine direkte Kontrolle dieser weit verzweigten Unterbeteiligungen aus der Berliner Zentrale heraus auch mit dem erprobten Instrumentarium der Monatsbilanzen und Selbstkostenberichte unmöglich gewesen wäre.

Selbst der hauseigene Wirtschaftsprüfer Lang war wenige Monate nach Kriegsende außerstande, aus dem Gedächtnis einen halbwegs vollständigen Konzernplan niederzulegen.[24]

Das war nicht unbedingt erstaunlich, zumal sich die Besitzverhältnisse während des Krieges fortwährend änderten und man an der Konzernspitze regelmäßig mit Überlegungen zur Umstrukturierung der Beteiligungen befasst war. Vordringlich schien eine Neuaufstellung vor allem bei Harpen, wo zum einen ein großer Teil der Aktien außerhalb des Konzerns in Streubesitz lag, der auf den Hauptversammlungen durch die Banken vertreten wurde, und zum anderen durch die Felderabgabe an die Reichswerke enormer Investitionsbedarf herrschte. Da die Abgabe der Zechen die Ertragskraft des Unternehmens deutlich geschmälert hatte, konnte der Neuaufbau nicht aus eigenen Erträgen finanziert werden; Kreditaufnahmen fielen wegen des relativ hohen Verschuldungsstands ebenfalls aus.

Umso glücklicher schien es sich zu fügen, dass die größtenteils in Harpen-Besitz befindlichen Essener Steinkohlenbergwerke mittlerweile ein umfangreiches Investitionsprogramm absolviert hatten. Durch die ohnehin stets angestrebte Fusion der beiden Unternehmen konnten die Essener Erträge ohne Umwege für das Harpener Neubauprogramm eingesetzt werden. Mit den Harpen-Verantwortlichen Buskühl und Schmidt stellte Flick daher unmittelbar nach dem Feldertausch das »Einverständnis« her, im Hinblick auf eine »zukünftige Gesamtplanung« schnellstmöglich zu fusionieren. Den Essener Vorstand gedachte man hier offenbar erneut, wie schon beim Feldertausch, vor vollendete Tatsachen zu stellen.[25]

Als sich die Planungen 1941 konkretisierten, wurde allerdings deutlich, dass Harpen durch eine Fusion eine enorm hohe Steuerbelastung entstehen würde, weil dabei eine Aufwertung der bislang deutlich unter Wert in der eigenen Bilanz verbuchten Essen-Aktien anstand. Zudem lagen noch 6,6 Millionen Mark des Essener Nominalkapitals, deren Erwerb einen Aufwand von etwa 10 Millionen erwarten ließ, bei der Gruppe Unitas/Sophia Jacoba des niederländischen Industriellen Fentener van Vlissingen. Nicht zuletzt schien sich zu diesem Zeitpunkt für Harpen die mittelfristige Option einer umfangreichen, entsprechend teuren Beteiligung an den Rombacher Hüttenwerken in Lothringen zu ergeben. Der zur Lösung der Liquiditätsklemme erwogene vollständige Verkauf der bei Harpen liegenden Braunkohleaktien an Mittelstahl oder an die Anhaltischen Kohlenwerke selbst wäre wiederum für diese Unternehmen zu teuer geworden.[26]

Unterdessen begann sich Harpens Geldknappheit im Ruhrgebiet und auch unter den Banken herumzusprechen. Flick trug sich deshalb vorübergehend mit dem Plan, Harpens Braunkohleaktien in eine neue Holding oder eine Fusion von Mittelstahl und Anhaltischer Kohle einzubringen, aber beide Lösungen waren wegen der dabei anfallenden Steuern nicht finanzierbar. Zudem waren Großfusionen bei nationalsozialistischen Wirtschaftspolitikern aus ideologischen Gründen nicht sonderlich erwünscht. Es war Flicks Rechtsberater Hugo Dietrich, der als Experte für die rechtlichen Konsequenzen der Dividendenabgabeverordnung eine Lösung parat hatte. Um die »unproduktiven Aufwendungen« einer Fusion oder Holding-Neugründung zu vermeiden (also die Zahlung regulärer Steuern und Abgaben), zugleich aber »weitestgehend den wirtschaftlichen Erfolg einer Verschmelzung erreichen« zu können, sei die rechtliche Fixierung von Mittelstahls Beherrschungsanspruch durch einen Organvertrag die ideale Lösung. Dietrichs Stellungnahme war insofern delikat, als der Jurist kurz zuvor in der Zeitschrift *Deutsches Recht* einen Aufsatz zu den Folgen einer Durchführungsverordnung zur Dividendenabgabeverordnung veröffentlicht hatte. Dabei war er zu dem ausgesprochen passenden Ergebnis gekommen, dass Gewinnabführungen im Rahmen von Organverträgen – im Gegensatz zu Dividendenausschüttungen auf reinen Aktienbesitz – durch die Verordnung nicht beschränkt waren. Dies wiederum war ihm vom zuständigen Referenten im Reichsfinanzministerium bestätigt worden, den Dietrich daraufhin gleich ermutigte, seinerseits einen kleinen Aufsatz in diesem Sinne zu veröffentlichen.[27]

Mit dem kostengünstigen Organvertrag ließ sich im Übrigen ein Problem aufschieben, das durch eine Fusion oder die Einbringung der Anhaltischen Kohlenwerke in eine neue Holding nicht zu lösen war. Der Braunkohleriese hatte immer noch einen erheblichen Anteil fremder Aktionäre, und deren vollständige Ausschließung von der Kontrolle des Unternehmens wurde jetzt zunehmend zu einem zentralen Ziel der Organisationspolitik. Der Organvertrag kombinierte also den unmittelbaren Vorteil einer strikteren Beherrschung der Konzerntochter mit der Aussicht, bei besserer Liquiditätslage im Komplex von Harpen, Anhaltischer Kohle und Mittelstahl die fremden Aktionäre gegen Bezahlung aus dem Unternehmen zu drängen. Noch während des Krieges sollte sich diese Prognose Kaletschs als richtig erweisen.[28]

Auf höchster Ebene abgesichert durch eine Besprechung Flicks mit Wirtschaftsminister Funk sowie durch persönliche Vorsprache von Flick und Kaletsch im Reichswirtschaftsministerium, wurde das steuergünstige Straffungsprogramm bis Mai 1942 umgesetzt. Rückwirkend zum 1. Januar 1942 galt das Großunternehmen Anhaltische Kohle nunmehr offiziell als »Organ« der Mitteldeutschen Stahlwerke, in die es angeblich »wirtschaftlich und organisatorisch nach Art einer Betriebsabteilung eingegliedert« werden sollte; demnach handelte es fortan »ausschließlich nach den Weisungen der Obergesellschaft« Mittelstahl. Als formal weiterhin selbständige juristische Person mit eigener Bilanzierung, eigenen Hauptversammlungen und allen Institutionen einer Aktiengesellschaft führten die Anhaltischen Kohlenwerke »im Innenverhältnis ihre Geschäfte für Rechnung« Mittelstahls. Den außenstehenden Minderheitsaktionären garantierte Mittelstahl die Auszahlung einer für fünf Jahre im Voraus festgelegten Dividende; Harpen erhielt im Gegenzug für die Zustimmung zum Organvertrag eine »Zusatzdividende« von einem Prozent auf die verbleibenden Aktien und behielt gleichzeitig das Schachtelprivileg. Den steuerlich überflüssigen Bestand von nominell 6 Millionen Mark Braunkohle-Aktien verkaufte Harpen zur Linderung seiner Liquiditätsprobleme an Mittelstahl, die kleineren Pakete der Maxhütte und der Essener Steinkohlenbergwerke wurden ebenfalls dorthin abgegeben.[29]

Für die konkrete Unternehmensführung hatte der Vertrag keine Konsequenzen, aber das war auch nicht das Ziel gewesen. Da sich das Organschaftsmodell organisationspolitisch als zweckmäßig erwies, wandte man es gleich noch auf das Verhältnis zwischen Mittelstahl und Maxhütte an, die in den Konzernplanungen ohnehin als »finanzielle Einheit« betrachtet wurden. Der seit 1931 gültige Vertrag über eine Interessengemeinschaft zwischen den beiden Stahlunternehmen, durch den bislang der Transfer von Gewinnen der Maxhütte an Mittelstahl erfolgte, hatte hinsichtlich der steuerlichen Behandlung immer wieder zu Reibereien mit den Finanzbehörden geführt. Ähnlich wie die Anhaltischen Kohlenwerke wurde deshalb die Maxhütte zum »Organ« der Mitteldeutschen Stahlwerke, obwohl deren Aktienbesitz sich nur auf 85 Prozent belief. Der Gewinn der Maxhütte, im Geschäftsjahr 1941/42 immerhin gut 15 Millionen Mark, wurde komplett bei Mittelstahl zur Körperschaftsteuer herangezogen, während die außenstehenden Aktionäre für die fünfjährige Laufzeit des Vertrags eine fünfprozentige Dividendengarantie erhielten.[30]

Wenige Monate zuvor, im Februar 1942, war bereits der Entwurf für eine engere Anbindung der beiden wichtigsten Verarbeitungsbetriebe Linke-Hofmann und Busch-Bautzen an Mittelstahl durch einen ähnlichen Organvertrag formuliert worden, obwohl es auch hier noch außenstehende Aktionäre gab. Im Interesse einer rationalisierten Finanz- und Investitionspolitik sollten, so der mit reichlich Rhetorik für die Genehmigungsstellen ausgestattete Vertragsentwurf, die formal weiterhin selbständigen Unternehmen »finanziell, wirtschaftlich und organisatorisch nach Art von Betriebsabteilungen in die Mitteldeutsche Stahlwerke AG eingegliedert werden und deren Weisungen zu folgen haben«. Kernstück war auch hier die unmittelbare Übernahme von Gewinnen und Verlusten durch Mittelstahl, während den übrigen Aktionären eine auf fünf Jahre gesicherte Dividende ausbezahlt werden sollte. Anders als zwischen Anhaltischer Kohle und Mittelstahl gab es hier tatsächlich enge Lieferbeziehungen, denn die beiden Waggonbauer wurden von Flicks Stahlwerken in Brandenburg und Sachsen mit Vorprodukten beliefert.

Gerade in diesem Fall aber kam kein Vertrag zustande, weil das Reichswirtschaftsministerium Organverträgen und Fusionen grundsätzlich kritisch gegenüberstand und Flick den Eindruck einer »Konzentration der Organisation des Gesamtkonzerns« vermeiden wollte. Gegenüber den Behörden erläuterte Kaletsch den Verzicht mit dem Argument, eine von oben betriebene engere Zusammenarbeit der Unternehmen sei wirtschaftlich »keine Notwendigkeit«, denn die bisherige Entwicklung »eines natürlichen und gesunden Lieferungsverhältnisses« gehe allein zurück auf »die industrielle Führung durch die Konzernleitung der FKG unter der verantwortlichen Führung von Herrn Dr. Flick persönlich«. Das galt freilich für die anderen Organverträge genauso. Unerwähnt blieb auch, dass Flick die wesentlich kleinere Verarbeitungsgruppe über die Zwischenholding Faguma ohnehin auch formalrechtlich im Griff hatte, insofern also kein Grund für ein ähnliches Engagement auf höchster politischer Ebene bestand wie in den Fällen Anhaltische Kohle und Maxhütte.[31]

Harpen und Essener Steinkohle schlossen wegen der ungelösten Finanzierungsfragen 1942 nur einen »Arbeitsgemeinschaftsvertrag in loserer Form« ab, den Kaletsch vage als »Vorstufe« eines Organvertrags oder einer Fusion umschrieb. Angesichts großer benachbarter Kohlenfelder war das im Hinblick auf eine koordinierte Investitionspolitik betriebswirtschaftlich sinnvoll. Das Abkommen hatte aber wohl vor allem symbolische Bedeutung, weil damit der Harpener Führungsanspruch über die Essener Tochter bekräftigt wurde. Verstärkte Produktions- und Absatzbeziehungen zwischen den betroffenen Unternehmen mussten nicht eigens durch Verträge sichergestellt werden, wie Flick selbst ein Jahr später am Beispiel der direkt an die FKG angebundenen brandenburgischen Stahlwerke darlegte: Die »Zusammenarbeit« zwischen den drei Stahlkomplexen sei ohnehin »stets eine freundschaftliche und in jeder Beziehung aufeinander abgestellt« gewesen.[32]

Die steuerlichen Effekte der Verträge waren vernachlässigbar. Einer Doppelbesteuerung der Erträge auf Unternehmens- und Holdingebene war bereits durch das Schachtelprivileg vorgebeugt (das sich allerdings just zu dieser Zeit in der Diskussion befand), während Umsatz- und Gewerbesteuerlasten lediglich auf die Obergesellschaft verlagert wurden. Die Umsatzsteuer, von der die Lieferungen und Leistungen zwischen den drei Unternehmen und ihren Töchtern nunmehr befreit blieben, war marginal: Die Anhaltischen Kohlenwerke und die Maxhütte tätigten mit Mittelstahl im gesamten Jahr 1941 lediglich Umsätze von 1,2 Millionen Mark, auf die gerade einmal 2 Prozent Umsatzsteuer anfielen. Solange alle beteiligten Unternehmen Gewinne erwirtschafteten, was angesichts der Rüstungskonjunktur kaum zu vermeiden war, gab es auch keine steuersenkenden Effekte durch die Verrechnung mit anderswo auftretenden Verlusten. Intern wurden die anteilig auf die Gewinne der Organgesellschaften entfallende Körperschaftsteuer und die Umsatzsteuer von den Reingewinnen abgesetzt, die an Mittelstahl abzuführen waren.[33]

Der entscheidende Vorzug für die Konzernspitze war der erleichterte zentrale Zugriff auf die Unternehmensführung und vor allem auf die Erträge der Beteiligungen. In dieser Hinsicht waren die Organverträge gegenüber einer Fusion allerdings nur die zweitbeste Lösung, mit der man sich in der Bellevuestraße aus Kostengründen vorläufig zufriedengeben musste. Sehr bald schon sollte Flick eine weitere, umfassende Reorganisation der Konzernstruktur in Gang setzen, die noch ein weiteres Ziel zu berücksichtigen hatte: Sein 60. Geburtstag war nicht mehr allzu fern, und auch die erreichte Arrondierung des Konzerns bot Anlass, über eine Erbregelung nachzudenken. Bereits der Kassensturz im Frühjahr 1940 könnte damit zu tun gehabt haben. Die Gründung der FKG hatte 1937 die institutionellen Voraussetzungen geschaffen, um ein schnell gewachsenes Privatvermögen und das Mehrheitseigentum an einem weitverzweigten Konzern unter das gemeinsame Dach einer Personengesellschaft zu bringen. Dadurch wurden nicht nur steuerliche Bewertungsspielräume eröffnet, es wurde auch der kurzfristigen Zerschlagung des Konzerns durch Aktienverkäufe einzelner Erben ein Riegel vorgeschoben.

Nachdem seine beiden älteren Söhne im geschäftsfähigen Alter waren, schien es Flick offenbar an der Zeit, konkret für den Ernstfall vorzusorgen. Otto-Ernst war 1937, unmittelbar nach Erreichen der Volljährigkeit, mit einem eher symbolischen Anteil an der Holding beteiligt worden, der Ende 1939 auf 25 Prozent aufgestockt wurde. Im Oktober 1940 wurde auch der 1919 geborene zweite Sohn Rudolf volljährig. Folgt man Bernhard Weiss, gab es zumindest vage Pläne Flicks, wonach sich Otto-Ernst für den Eisen- und Stahlbereich, Rudolf hingegen »für die Kohlenseite interessieren sollte«. Es war kaum ein Zufall, dass parallel zu den Restrukturierungen auch die steuermindernde Schenkung von Teilen des Konzernbesitzes an die prospektiven Erben, also eine Art Vorwegnahme der höher besteuerten Erbschaft, vorangetrieben wurde. Dabei ging es nicht nur um die komfortable Absicherung der Familie durch die Weitergabe von Vermögen, sondern zugleich um die Bestandssicherung des Flick-Konzerns. In den Überlegungen über Fusionen oder Organverträge im Herbst 1941 tauchte – inhaltlich zwar eher am Rande, aber per Anstreichung durch Flick besonders hervorgehoben – auch die Frage der Erbschaftsteuer auf.[34]

Nicht anders als bei geschäftlichen Transaktionen – und im Grunde war auch die Erbregelung ein langfristig angelegtes Geschäft – wurde aus diesem Anlass ausgiebig mit den Steuerbehörden geschachert. Ende Juni 1941 ließ Flick seinen Wirtschaftsprüfer Fritz Lang an das Reichsfinanzministerium schreiben, er gedenke Rudolf und den als Nachzügler 1927 geborenen Friedrich Karl ebenfalls mit einem Anteil von jeweils 25 Prozent per Schenkung als Kommanditisten aufzunehmen. Dass der minderjährige Friedrich Karl bei dieser Gelegenheit gleich mitbedacht werden sollte, verweist auf den langfristigen Charakter des Vorhabens. Zwei Tage später machte der Krieg den Plan zur Makulatur: Rudolf fiel am 28. Juni 1941 beim Vormarsch seines Regiments durch die ukrainische Kleinstadt Dubno einem Artilleriegeschoss zum Opfer.[35]

Flick verfügte daraufhin, dass Rudolfs Anteil an den Ältesten, Otto-Ernst, gehen sollte, dem er mithin 50 Prozent der FKG zu überschreiben gedachte. Die anschließenden Verhandlungen über die Höhe der Schenkungsteuer demonstrieren, welche Bedeutung die Bilanzierungsspielräume nicht nur für die Steuerlast der einzelnen Konzernunternehmen, sondern auch für das Privatvermögen des Inhabers hatten. Der entscheidende Punkt bei der steuerlichen Festsetzung des FKG-Vermögens war die Bewertung der Mittelstahl-Aktien. Der höchste Satz in den Alternativberechnungen der Steuerbehörde, eine Pauschalsteuer von 11 Millionen Mark, basierte auf einer Einschätzung des realen Unternehmenswerts nach einer offiziellen Betriebsprüfung Anfang 1941; aus der niedrigsten Bewertung Mittelstahls ergaben sich immerhin noch 6 Millionen. Flicks »Pauschangebot« blieb jedoch mit 5 Millionen deutlich unter dieser Minimalschätzung der Finanzbehörden. Der Referent beim Oberfinanzpräsidenten schlug als Kompromiss 9,5 Millionen vor, die sich aus einer von Flick selbst für realistisch gehaltenen Bewertung der Mittelstahl-Aktien ergaben; festgesetzt wurden vom Reichsfinanzministerium schließlich 8 Millionen Mark.

Am 20. November 1941, nur einen Monat nach dieser Entscheidung, sprach Hugo Dietrich beim zuständigen Berliner Oberfinanzpräsidenten vor, um geänderte Schenkungsverträge vorzulegen: Otto-Ernsts Anteil sollte jetzt nur noch 42,5 Prozent betragen, der von Friedrich Karl dafür 32,5 Prozent. Obwohl dies eigentlich die Schenkungsteuer erhöht hätte, blieb es laut Entscheidung des Reichsfinanzministeriums bei den pauschalen 8 Millionen. Was genau in der Zwischenzeit Flicks Urteil über seinen Ältesten beeinflusst hatte, ist nicht dokumentiert. Es dürfte aber unter anderem die Enttäuschung über die bisherigen Leistungen Otto-Ernsts gewesen sein. Dieser war bereits Anfang 1939 nach Unterwellenborn delegiert worden, um dort die Leitung des neuen Granatenpresswerks zu übernehmen. In den Augen des Vaters ließ er es offenbar an Führungskompetenz fehlen, geriet in heftigen Streit mit dem Leiter des benachbarten Unterwellenborner Hüttenwerks und wurde kurz nach der Schenkung von dem thüringischen Außenposten abgezogen. Die Ausgestaltung der Schenkungsurkunden zeugt aber auch von einem generellen Misstrauen Friedrich Flicks selbst gegenüber den eigenen Söhnen, behielt er sich doch »bis zu einem von ihm zu bestimmenden Zeitpunkt das alleinige Recht« vor, das »geschenkte Gut und seine Erträgnisse für die Beschenkten zu verwalten und darüber zu verfügen«.[36]

Noch deutlicher formulierte der Gesellschaftsvertrag der Friedrich Flick KG, der anlässlich der Schenkung einer Revision unterzogen wurde, die enge Verknüpfung von Konzernorganisation und persönlichem Führungsanspruch. Die FKG sollte demnach »eine Familiengesellschaft der Familie Friedrich Flick sein mit dem Ziele, die Unternehmen der Gesellschaft und die von dieser beherrschten oder mit ihr unter einheitlicher Leitung zusammengefassten Unternehmen (Flick-Konzern) dauernd, d. h. solange wie irgend möglich, aufrecht zu erhalten und dauernd im Besitze der Familie Flick zu erhalten«. Vorläufig war »Familie Flick« freilich nur durch eine Person definiert, nämlich durch den Konzerngründer selbst, der alleiniger persönlich haftender Gesellschafter war und unabhängig von der Höhe seiner Einlage stets über ein Mehrheitsstimmrecht verfügte.

Der bereits geschäftsfähige Otto-Ernst musste seinen Vater zur Ausübung seines Stimmrechts bevollmächtigen. In seinen Anmerkungen zu dem vorläufig auf 17 Jahre befristeten Vertrag fand Dietrich dafür die schöne Formulierung, dass »die beschenkten Gesellschafter selbst sich keinen besseren Verwalter des Vermögens der K. G. denken können als dessen Schöpfer, Dr. Friedrich Flick«. Dessen weiterhin ungeschmälerte Entscheidungsbefugnis sei deshalb auch der eigene »Wunsch« der Söhne. Zudem konnte Flick jederzeit wieder zum Mehrheitsgesellschafter werden, weil nur er das Eigenkapital der Holding aufstocken konnte.

Selbst für den Fall, dass durch Erbgang oder sonstige Unwägbarkeiten jemand in den Gesellschafterkreis geraten sollte, der »nicht zu den Abkömmlingen von Friedrich Flick gehört«, war vorgesorgt: Die übrigen Gesellschafter waren in diesem Fall befugt, die betreffende Person gegen eine Abfindung »aus der Gesellschaft auszuschließen«.[37]

Klarer konnte kaum zum Ausdruck gebracht werden, dass hier nicht einfach ein cleverer Aktienspekulant steuergünstig für den eigenen Todesfall vorsorgte. Es ging nicht bloß um die Bestandssicherung und den Transfer von Vermögen an Angehörige, sondern um die Fortexistenz einer unternehmerischen Idee, um die auf Dauer gestellte Gründung einer Dynastie. Friedrich Flick, der sich längst als industriellen Patriarchen im Stile eines Alfred Krupp oder August Thyssen sah, wollte sich selbst ein Denkmal setzen. Dieser absolute Beherrschungsanspruch kollidierte keineswegs mit der »dezentralen« Ausübung unternehmerischer Kontrolle im Konzern; weitgehende Freiräume besaßen die einzelnen produzierenden Unternehmen nur dort, wo sie ihre Informations- und Erfahrungsvorsprünge im Konzerninteresse ausspielten. Es war dieses charakteristische Verhältnis von Zentrale und Beteiligungen, das die Voraussetzungen schuf sowohl für die Expansion des Flick-Konzerns im besetzten Europa als auch für die Partizipation an Rüstungswirtschaft und Zwangsarbeitereinsatz.

Grenzüberschreitungen

Es wäre erstaunlich gewesen, wenn sich ausgerechnet der akquisitionsfreudige Friedrich Flick nicht am Wettrennen der deutschen Montankonzerne um preiswerte zusätzliche Standorte in den vom Dritten Reich besetzten oder annektierten Gebieten beteiligt hätte. Die deutsche Wirtschaft insgesamt folgte weitgehend hemmungslos der nationalsozialistischen Expansion und suchte sich den Zugriff auf west- und osteuropäische Unternehmen zu sichern, achtete dabei aber sehr genau auf betriebswirtschaftliche Risiken und längerfristige Ertragsaussichten.[38]

Auch den Flick-Konzern musste niemand nötigen; die Quellen lassen keinerlei Bedenken der Unternehmensführung gegen die Einverleibung fremden Eigentums erkennen. Das gleiche taktische Geschick und die gleiche Konsequenz wie bei den »Arisierungen« der späten dreißiger Jahre zeigte Flick bei der Übernahme der Rombacher Hüttenwerke im ehemaligen Deutsch-Lothringen, der Rigaer Waggonfabrik Vairogs sowie eines Komplexes von Hütten- und Verarbeitungswerken in der Ukraine, der gemeinsam mit den Reichswerken durch die Dnjepr-Stahl GmbH betrieben wurde. Die konkreten Interessen und Ziele, die Flicks einzelnen Expansionsschritten zugrunde lagen, waren durchaus unterschiedlich. Dennoch lassen sich gewisse Verhaltensmuster im Umgang mit der Kriegsbeute aufzeigen, und dasselbe gilt für die Methoden der Einflussnahme auf die politischen oder militärischen Instanzen, bei denen die Entscheidungsgewalt über die Verteilung dieser Werke lag. Das bei Weitem wichtigste Ziel der Expansion lag in Lothringen. Der Kampf um die Rombacher Hüttenwerke begann jedoch an der entgegengesetzten Reichsgrenze.

Oberschlesien

Schon nach der Annexion des Sudetenlands und des »Protektorats Böhmen und Mähren« 1938/39 waren Flick und Steinbrinck auf den Plan getreten, um dem Konzern Teile der zur Ausplünderung anstehenden tschechischen Industrie einzuverleiben. Sie hatten freilich schnell feststellen müssen, dass an den Monopolansprüchen der Vierjahresplanbehörde und der Reichswerke nicht vorbeizukommen war. Ernsthaft stellte sich die Frage einer Expansion über die Reichsgrenzen hinaus erst mit dem Beginn des Zweiten Weltkriegs. Durch den deutschen Überfall auf Polen und den schnellen Sieg der Wehrmacht im September 1939 wurde die oberschlesische Montanregion plötzlich wieder ein geschlossener Teil des deutschen Machtbereichs.

Drei Jahre zuvor hatte die Abwicklung des deutschen Eigentums an einem der größten Montankonglomerate Ostoberschlesiens, der IG Kattowitz/Laura, federführend bei Friedrich Flick und Alfred Rohde gelegen. Auf den ersten Blick erstaunt es deshalb, dass Flick nicht in der vordersten Front der deutschen Industriellen zu finden war, die sich nach der Kapitulation Polens um den ostoberschlesischen Montanbesitz bewarben, zumal für die notwendigen Verhandlungen ein vertrauter Ansprechpartner zur Verfügung stand: Hermann von Hanneken. Dieser blieb als Generalbevollmächtigter für die Eisen- und Stahlbewirtschaftung eine politische Schlüsselfigur und hatte im Zuge des von Göring betriebenen Revirements im Reichswirtschaftsministerium 1938 darüber hinaus die Leitung der dortigen Hauptabteilung II und damit die Überwachung des gesamten Produktionsbereichs übernommen.[39]

Zwar wurde Friedrich Flick schon am 11. September 1939 bei Hanneken vorstellig, um »über die früheren Besitzverhältnisse bei den ostoberschlesischen Werken Kattowitz und Laura« zu plaudern, und auch Alfred Rohde erörterte zu dieser Zeit in den Berliner Ministerien die Lage. Vorsichtshalber wies Flick im Poolausschuss für die Tilgung der Kattowitz/Laura-Obligationen darauf hin, dass man den seinerzeitigen Verlust der ostoberschlesischen Hüttenwerke und Gruben »als einen Raub von polnischer Seite bezeichnen müsse«. Doch schon die Tatsache, dass die Besprechung mit Hanneken in der Bellevuestraße nicht schriftlich festgehalten wurde und Flick diesen ein knappes Jahr später um eine Bestätigung bitten musste, lässt eher auf präventive Sondierungen als auf ernsthaftes strategisches Interesse schließen.[40]

Nicht nur Flick, auch die anderen deutschen Eisen- und Stahlkonzerne mit Ausnahme von Krupp und Röchling hielten sich auffällig bedeckt. Ein Großteil der oberschlesischen Hüttenwerke war technisch veraltet, hätte also hohe Modernisierungsinvestitionen erfordert. Als Ausnahme galten vor allem die Werke der Bismarckhütte, die sich in den zwanziger Jahren mehrheitlich in Flicks Besitz befunden hatte; dort war im Zuge umfassender Rationalisierungsmaßnahmen die ost-oberschlesische Stahlproduktion konzentriert worden. Die Bismarck-hütte teilte Göring jedoch Krupp als »Treuhänder« zu, Röchling erhielt die gleiche Funktion in der ehemals Flickschen Königs- und Laurahütte. Auch diese Hüttenwerke blieben freilich ohne eigene Kohlebasis. Die Gruben in polnischem Staatseigentum übernahm die reichseigene Preußag, während die großen Steinkohle- und Eisenstein-zechen der Interessengemeinschaft für Bergbau und Hüttenbetriebe an die Reichswerke fielen. Pleiger schlug hier einen ähnlich aggressiven Expansionskurs ein wie zuvor in Österreich, im Sudetenland und im Protektorat.[41]

Für den Flick-Konzern gab es allerdings noch einen weiteren Grund, sich mit der Suche nach neuen Akquisitionsmöglichkeiten im besetz-ten Polen zurückzuhalten, waren doch die Verhandlungen um den Steinkohle-Braunkohle-Tausch mit den Reichswerken noch nicht abge-schlossen. Vierjahresplan-Staatssekretär Paul Körner vermutete später, dass Flick zu dieser Zeit keine Ansprüche auf polnische Werke er-hob, weil er sich nach seinen »Arisierungs«-Erfolgen wohl »saturiert gefühlt« habe. Davon konnte natürlich keine Rede sein. Bei den Felder-tausch-Verhandlungen im Oktober 1939 hatte Flick sich zumindest vage eine Option in der gerade virulent werdenden »Ostfrage« offengehalten, indem eine »freundschaftliche Zusammenarbeit zwischen den Reichs-werken und der Mittelstahl-Gruppe und die Einschaltung der letzte-ren« in die Plünderung der polnischen Montanindustrie vorgemerkt wurde.[42]

Konkrete Verhandlungen Flicks über die ostoberschlesischen Hüt-tenwerke sind erst aus dem Sommer 1940 überliefert. Da aber hatte sich die Lage fundamental verändert. Nach dem Waffenstillstand mit Frankreich begann der Wettlauf der deutschen Schwerindustrie um die qualitativ höherwertigen Montankomplexe im besetzten Westeuropa. Eine Konzernarrondierung in Oberschlesien verlor dadurch zusätzlich an Reiz. Das hinderte Flick freilich nicht daran, die ehemals polnischen Hüttenwerke im Poker um Lothringen einzusetzen und einen Verzicht im Osten frühzeitig als Argument für eine Zuteilung in Lothringen zu nutzen. Es ist nicht auszuschließen, dass das neuerliche Interesse durch einen weiteren Faktor angestachelt wurde, nämlich die alte Rivalität zu den Ruhrkonzernen. Krupp-Direktoriumsmitglied Ewald Löser hatte bereits im Oktober 1939, nachdem der Regierungsbezirk Kattowitz wieder in preußische Zuständigkeit gefallen war, beim preußischen Finanzminister Johannes Popitz den Anspruch auf die Bismarckhütte und vielleicht noch weitere Werke angemeldet, »damit uns nachher nicht jemand anders zuvorkommt«. Göring drängte Krupp sogar dazu, umgehend konkrete Vorschläge für die Übernahme der Bismarck- sowie der Laura- und Falvahütte zu machen, verweigerte zugleich aber die Übergabe von Kohlezechen. Konzernchef Gustav Krupp von Bohlen und Halbach bot daraufhin im April 1940 die »treuhänderische Übernahme« der Bismarckhütte an, solange ihm hinreichende Kohlelieferungen zugesichert wurden.[43]

Drei Monate später, als Krupp ernsthaftes Interesse an der dauerhaften Übernahme zu zeigen schien und überdies auch der oberschlesischen Ballestrem-Gruppe ehemaliger Besitz »zurückgegeben« werden sollte, meldete auch Flick Ansprüche an. Er wandte sich allerdings nicht an Hanneken, sondern an eine neue Verteilungsinstanz: Im Herbst 1939 hatte Göring die Haupttreuhandstelle Ost einrichten lassen, die entgegen ihrer Bezeichnung schlicht eine Spezialagentur für den Raub polnischen Eigentums darstellte. Flick griff auf seine Behauptung zurück, die IG Kattowitz/Laura sei ihm seinerzeit »von den polnischen Behörden systematisch geraubt worden«, und verlangte die Übergabe einer Werksgruppe mit der Bismarckhütte als Kern und einer gesicherten Kohlebasis. Es ging also um das Filetstück der Region. Flick stellte es freilich so dar, als sei seine Forderung angesichts der enormen Opfer, die er seinerzeit »im Interesse des Deutschtums« gebracht habe, »eine außerordentlich große Mäßigung«.[44]

Das klang nach ernstlichem Engagement. Doch bereits in den ersten Augusttagen fanden in Berlin zwei Besprechungen statt, die das eigentliche Ziel der Initiative offenlegten. Das erste Gespräch führte Flick mit Hermann von Hanneken, von dem er sich die Unterstützung seines »moralischen Anspruchs« versprechen ließ. So gestärkt, besuchte er am folgenden Tag Körner, der ihm »vertraulich« bestätigte, dieser Anspruch bestehe »ohne Zweifel«. Auf Flicks Frage, ob die Bismarckhütte bereits an Krupp »verloren sei«, antwortete der Staatssekretär aber nur ausweichend. Es drohte also die Gefahr, dass kurzfristig vollendete Tatsachen geschaffen wurden. Flick nutzte die Gelegenheit, den Essener Traditionskonzern in ein politisch schlechtes Licht zu rücken. So kolportierte er dem empörten Körner angebliche Verlautbarungen des Krupp-Direktoriums »im Kreise westlicher Industrieller«, man sei zur Treuhänderschaft über die Bismarckhütte regelrecht »gezwungen« worden. Auch habe er gehört, dass Krupp Ansprüche auf die in französischem Eigentum befindliche Zeche Friedrich Heinrich am Niederrhein erhebe.[45]

Drei Tage später schrieb Reichswirtschaftsminister Funk einen Brief an Max Winkler, den Chef der Haupttreuhandstelle Ost. Darin wurde nicht nur »der moralische Anspruch der Flick-Gruppe aufgrund ihrer früheren Leistungen in Ostoberschlesien festgestellt«. Funk verlangte darüber hinaus, dass die »Verteilungsfragen« in Polen einerseits, in Lothringen und Luxemburg andererseits »gemeinsam geregelt werden« sollten. Diese Anweisung ging auf niemand anderen als Friedrich Flick zurück. Damit war eine Koppelung der Verteilungsmassen eingeführt, die Winkler ganz und gar nicht recht sein konnte, weil die Verwertung überalterter, investitionsbedürftiger Hüttenwerke ohne Kohlegrundlage im zerschlagenen Polen dadurch zusätzlich erschwert wurde. Für Flick aber wurde die angebliche Benachteiligung in Oberschlesien zum wichtigsten »moralischen« Argument im inzwischen angelaufenen Wettbewerb um die Zuteilung der lothringischen Montanindustrie.

Winkler wollte Flick weiter für die Übernahme der schwer loszuschlagenden Hüttenwerke unter seiner Aufsicht interessieren und verwies in einer Besprechung Anfang September 1940 darauf, dass die Verhandlungen mit Krupp über die Bismarckhütte weit vorangeschritten seien. Überdies bestehe eine politische Präferenz für den Essener Konzern, dem das Heereswaffenamt »ein ausgedehntes Rüstungspro-

Hermann von Hanneken, eine Schlüsselfigur in Flicks Lobbysystem, wird später Zeuge der Verteidigung im Nürnberger Flick-Prozess.

Reichswirtschaftsminister Walther Funk mischt zu Flicks Gunsten im Verhandlungspoker um die besetzten Gebiete mit.

gramm im Osten« übertragen wolle, dessen Erfüllung man Flick nicht zutraue. Dieser widersprach: Auf »dem Gebiete des Rüstungsmaterials habe die Flick-Gruppe ganz außerordentliches geleistet«, Krupp könne bestenfalls mehr Erfahrung vorweisen. Die Besprechung endete damit, dass Winkler statt der Bismarckhütte die Gruppe Königshütte oder das Werk Trzynietz im Olsa-Gebiet sowie die Carlshütte im Protektorat anbot und Flick zur Besichtigung dieser Werke einlud.[46]

Flick sagte Winkler zwar eine Prüfung der Vorschläge zu, eröffnete Hanneken aber schon wenige Tage später, dass er sich darauf nicht einlassen werde. Dieser verteidigte zwar Winklers Interessen, indem er betonte, »dass derjenige, der im Osten von dem Trümmerhaufen etwas übernimmt, im Westen bevorzugt berücksichtigt werden müsste«. Aber Flick ließ keinen Zweifel daran, dass er ein mögliches Engagement in Oberschlesien nicht als ein wirtschaftliches Geschäft, sondern als Gefälligkeit betrachte. Nichtsdestoweniger demonstrierte er weiter Diskussionsbereitschaft, und im September 1940 ging er gemeinsam mit Burkart, Weiss und Rudolf Hennecke auf eine Exkursion nach Ostoberschlesien und ins Olsa-Gebiet, um sich dort ausführlich über Kostenstrukturen, Rohstofflage und Investitionsbedarf zu informieren. Anschließend präsentierte er Hanneken eine äußerst kritische Einschätzung und verwies auf den enormen Investitionsbedarf einzelner Werke. Odilo Burkart hielt intern fest, dass eine Übernahme der bislang von Röchling verwalteten Königs- und Laurahütte ohne Bismarckhütte und Kohlegrundlage »eigentlich ein wirtschaftlicher Wahnsinn« sei; womöglich versuche die Haupttreuhandstelle Ost nur, durch das Anfachen von Konkurrenzkämpfen die Preise zu treiben. Für ihn war die Schlesienreise nur ein Grund mehr, sich auf die Expansion des Flick-Konzerns nach Lothringen zu konzentrieren.[47]

In einer Besprechung mit Ministerialrat Schmitt vom Reichswirtschaftsministerium, der dem Flick-Konzern die Übernahme ehemals polnischer Hüttenwerke geradezu aufdrängte, fasste Burkart noch einmal seine Argumente zusammen. Bei allen noch greifbaren Objekten sei ein erheblicher Investitionsbedarf zu konstatieren; gleichzeitig bestehe das Risiko, dass die regionale Kohlebasis von den Reichswerken beansprucht würde. Schmitt erkannte Flicks »moralischen Anspruch« auf die Bismarckhütte zwar an, Görings Entscheidung zugunsten Krupps sei aber nicht mehr rückgängig zu machen. Die Besprechung endete mit dem Hinweis auf die Priorität der Interessen in Lothringen.[48]

Im Sommer 1941 wurde das Thema noch einmal akut, als auch Röchlings »Kandidatur« für die Gruppe Königs- und Laurahütte sich zerschlug. Der Saarkonzern wollte die beiden ehemals Flickschen Hüttenwerke, ähnlich wie Krupp, nur mit einer hinreichenden Kohlebasis übernehmen. Stattdessen tauchte noch einmal die bereits von Hanneken ventilierte Idee auf, dass Alfred Rohde über die Deutsch-Laura den Komplex Bismarck-, Königs- und Laurahütte übernehmen könnte. Rohde betrieb die Abwicklung des oberschlesischen Engagements zwar von seinem Büro in der Berliner Flick-Zentrale aus. Nach Bekanntwerden entsprechender Gerüchte bot Flick jedoch umgehend die Abgabe seiner Mehrheit an der Deutsch-Laura an, »um ja nicht den Verdacht aufkommen zu lassen, als ob die Flick-Gruppe sich nunmehr auch im Osten besonders aktiv betätigen wolle«. Rohde wurde zwei Jahre später tatsächlich in den Aufsichtsrat der neu gegründeten Königs- und

Bismarckhütte AG delegiert, doch dieses Unternehmen hatte mit dem Flick-Konzern endgültig nichts mehr zu tun; Krupp hatte sich zu diesem Zeitpunkt ebenfalls längst zurückgezogen. Am Ende blieb die Lösung des Problems einem Konsortium unter Führung der Deutschen Bank und der Dresdner Bank überlassen; die lange umkämpften oberschlesischen Werke gingen im staatlich kontrollierten Berghütte-Konzern auf, dessen Aktien im Herbst 1942 über die Börse verkauft wurden.[49]

Flick und seine Führungscrew hatten durchaus einigen Aufwand in die Verhandlungen um die ostoberschlesischen Hüttenwerke und ihre Kohlebasis investiert, wie schon die hochkarätige Besetzung der Reisegruppe im September 1940 zeigt. Dass dieses Engagement am Ende nicht zu einer Übernahme führte, war jedoch keineswegs ein Misserfolg, sondern ein taktischer Verzicht zugunsten einer Beteiligung im Westen. Flicks scheinbar erfolgloses Taktieren im Verteilungskampf um die ostoberschlesische Montanindustrie hatte am Ende einen ganz anderen Zweck erfüllt: Die Rombacher Hüttenwerke, die 1940 als eigentlicher Einsatz in den Verhandlungspoker eingebracht worden waren, befanden sich zwei Jahre später längst unter seiner Kontrolle.

Rombach

Anders als bei seinem Taktieren im besetzten Polen zögerte Flick im besiegten Frankreich nicht lange. Genau einen Tag nach der Unterzeichnung des deutsch-französischen Waffenstillstands, am 23. Juni 1940, unterbreitete er dem Harpen-Vorstandschef Ernst Buskühl vertrauliche Überlegungen zu den »großen Veränderungen, die sich in der deutschen Montanindustrie im Westen vorbereiten«. Gemeint war die voraussichtliche Angliederung Lothringens und Luxemburgs ans Reich. Daraus ergab sich die Chance, unmittelbar auf Werke in einem hochentwickelten Industriegebiet zugreifen zu können, das bis zum Ersten Weltkrieg teilweise eine deutsche montanindustrielle Kernregion gewesen war. Zwar war frühzeitig abzusehen, dass die nach dem Krieg enteigneten deutschen Stahlhersteller ihr früheres Eigentum »zurückerhalten« würden, und Flick war in den betroffenen Regionen nie engagiert gewesen. Das hinderte ihn aber nicht daran, ganz selbstverständlich und vor allem »rechtzeitig« nach passenden Annexionsobjekten zu suchen.

Ähnlich wie in Ostoberschlesien, aber mit viel klarerem Interesse, konstruierte Flick »einen moralischen Anspruch« Harpens auf einen Anteil an der Kriegsbeute. Dieser Anspruch sollte zum einen aus der erheblichen Substanzabgabe an die Reichswerke durch den Feldertausch resultieren. Zum anderen sollte eine angemessene Beteiligung an der lothringischen Verteilungsmasse durch die nationalsozialistische Raubwirtschaft industriepolitisch legitimiert werden. Flicks deutsche Wettbewerber litten schon bei der Versorgung ihrer inländischen Hüttenwerke unter Koksknappheit; dementsprechend schwer würde ihnen die Belieferung zusätzlicher Werke in Lothringen fallen, die keine eigene Kohlebasis besaßen. Über größere freie Kapazitäten außerhalb eigener Konzernbeziehungen verfügte nur der Komplex von Harpen und Essener Steinkohle.

Wenn man von den älteren Ansprüchen anderer privater Konzerne sowie den sich abzeichnenden Interessen der Reichswerke absah, blieben als lukrative Zielobjekte nur der luxemburgische Arbed-Konzern und die Rombacher Hüttenwerke in Lothringen. Flick hatte die Rombacher Unternehmensgeschichte hinreichend recherchiert, um zu wissen, dass zumindest auf deutscher Seite kein »Rechtsnachfolger« mehr existierte, weil die ursprünglich von dem Koblenzer Industriellen Carl Spaeter gegründete deutsche Trägergesellschaft längst liquidiert worden war. Ein französischer Eigentümer existierte natürlich sehr wohl, doch das spielte im Kalkül Flicks ebenso wenig eine Rolle wie bei den zuständigen politischen Instanzen. Flick beauftragte Karl Raabe mit der Beschaffung von Informationen über den Zustand von Rombach sowie des Hüttenwerks Kneuttingen, das später an Klöckner ging. Anscheinend war der Vorstandsvorsitzende der Maxhütte für diese Aufgabe hervorragend qualifiziert, hatte er doch etwa zehn Jahre in lothringischen Hüttenwerken gearbeitet, darunter auch in jenen beiden Werken, auf die Flick ein Auge geworfen hatte. Raabe kam zu dem Ergebnis, das Rombacher Werk sei »hüttenmännisch gut« und könne »leicht auf die Höhe gebracht werden«, während er Kneuttingen teils als »zweitklassig« einordnete. Später sollte sich zeigen, dass er wohl allzu sehr auf seine eigenen Erinnerungen vertraut hatte.[50]

Dass Flick gerade Raabe und Buskühl einspannte, war natürlich kein Zufall. Durch die Expansion nach Lothringen und Luxemburg bedrohten Ruhr- und Reichswerke tendenziell die Vormachtstellung der Maxhütte auf dem süddeutschen Stahlmarkt; zugleich war das Unternehmen der einzige konzerninterne Großabnehmer von Harpen. Im Gegensatz zu den Ruhrkonzernen, deren Zechenbesitz bestenfalls zur Versorgung ihrer eigenen Hüttenwerke ausreichte, verfügte Flick auch nach der Abgabe an die Reichswerke noch über weit mehr Steinkohle, als innerhalb des Konzerns benötigt wurde. Harpens Anteil an der Kohleerzeugung für den freien Verkauf, den das Rheinisch-Westfälische Kohlensyndikat den Ruhrzechen gemäß ihrer Größe maximal zugestand (die so genannte Verkaufsbeteiligung), war deutlich höher als die Verbrauchsbeteiligung, also der Anteil an den konzernintern möglichen Lieferungen zum günstigen Selbstverbrauchspreis. Dieser Überhang nährte offenbar ernste Befürchtungen, dass Pleiger weitere Forderungen auf die Zechen von Harpen anmelden könnte.

Schon deshalb hielt der Konzernchef eine Ergänzung des Verbunds Harpen-Maxhütte um ein weiteres Hüttenwerk für sinnvoll. Es konnte zum günstigen Selbstverbrauchspreis mit Kokskohle beliefert werden, seine Brennstoffsicherung aber war zugleich ein handfestes Argument gegen eventuelle weitere Forderungen der Reichswerke. Darüber hinaus schienen in Lothringen – eine Sicherung der dortigen Erzbasis vorausgesetzt – die »billigsten Selbstkosten der Welt gesichert«. Flick kalkulierte einen Kaufpreis von etwa 30 Millionen Mark. Zwei Drittel dieser auch für seine Verhältnisse nicht eben kleinen Investition sollten durch eine langfristige Anleihe finanziert werden; der Rest war durch einen Verkauf von Harpens Beteiligung an den Anhaltischen Kohlenwerken innerhalb des Konzerns aufzubringen.[51]

Doch nicht nur Flick sondierte zu dieser Zeit seine Aussichten auf die Verteilungsmasse in Lothringen und Luxemburg, die schnell in den Fokus der reichsdeutschen Industrie geraten war. Anfang Juni 1940 hatte Wilhelm Zangen den Kleinen Kreis noch auf den Wunsch von Wirtschaftsminister Funk eingeschworen, jegliche »Annexionsgelüste etc.« vorläufig hinter die politisch-militärischen Plänen in Frankreich zurückzustellen. In einem Schreiben an das Reichswirtschaftsministerium vom 24. Juni versicherten die Ruhrkonzerne denn auch, nicht

»auf Grund früherer Rechte irgendwelche Ansprüche auf Übertragung von Eigentums- oder Bezugsrechten« an Erzgruben oder Hüttenwerken in Luxemburg und Lothringen zu erheben. Die Zurückhaltung sollte freilich nur bis zu einem endgültigen Friedensvertrag mit Frankreich und unter der Voraussetzung gelten, dass auch den Reichswerken keine diesbezüglichen Zusagen gemacht würden. Flick unterzeichnete diesen Brief nicht mit; seine grundsätzliche Zustimmung stellte er unter den ausdrücklichen Vorbehalt, »gegebenenfalls Ansprüche im Osten zu erheben«. Die Koppelung der Verhandlungen um Werke im Osten und im Westen wurde also auch dem engeren Kreis der expansionswilligen Montanindustriellen offen vorgeführt. Dies könnte durchaus auf Verständnis gestoßen sein, denn Flick war der Einzige im Kleinen Kreis, der keine »früheren Rechte« geltend machen konnte.[52]

Übergeben wurde das Schreiben an Hermann von Hanneken; die letztentscheidende Instanz für die Verteilung der Hüttenwerke blieb jedoch auch im Westen der »Wirtschaftsdiktator« Hermann Göring. Das Amt eines Generalbeauftragten für die Eisen- und Stahlindustrie in Lothringen, Meurthe-Moselle und Longwy erhielt der Saarindustrielle Hermann Röchling; Flick sollte bald mit Röchling in Konflikt geraten, nachdem er mit seinem Vorstoß gescheitert war, das frühere Oberhütten-Vorstandsmitglied Rudolf Brennecke auf diesem Posten zu installieren. In eine weitere strategische Position rückte Paul Raabe, Direktor der Reichswerke und jüngerer Bruder des Maxhütte-Chefs, den Göring zum Generalbeauftragten für die Eisenerzbewirtschaftung in Luxemburg und Lothringen bestellen ließ. Der »Generalerzbischof« machte schon vor der Ernennung seine Bereitschaft zum Konflikt mit der privaten Montanindustrie deutlich, indem er für die Reichswerke die Gruben und Hütten des französischen Konzerns de Wendel beanspruchte. 1941 geriet Raabe in einen Dauerkonflikt mit den Stahlindustriellen um die Zuteilung der Erzgruben an die Hüttenwerke; ähnlich wie beim Streit um die Kohlebasis der ostoberschlesischen Hüttenwerke bahnte sich hier eine Auseinandersetzung der Privatindustrie mit dem NS-Staat und den Reichswerken um eine eigene Rohstoffbasis an, die bis Kriegsende ungelöst blieb.[53]

Nicht nur Flick, sondern mehr oder minder die gesamte deutsche Stahlindustrie saß in den Startlöchern und suchte sich Informationsvorsprünge für den Wettlauf um die Kriegsbeute zu verschaffen. Legitimiert sahen sich viele; Ernst Poensgen erhob für den Kleinen Kreis zwar keine juristischen, »wohl aber moralische« Ansprüche der Altbesitzer auf die lothringischen Werke. Die Vorschläge der Reichsstelle für Eisen und Stahl vom Juli 1940 orientierten sich jedoch keineswegs allein an den Besitzverhältnissen vor dem Ersten Weltkrieg. Weder in der Branche noch auf politischer Ebene bestand ein Interesse daran, das Übergewicht des Marktführers Vereinigte Stahlwerke durch eine bevorzugte Zuteilung von Besatzungsbeute noch zu verstärken. Wichtiger als vermeintliche historische Rechte war ein strukturpolitischer Gesichtspunkt, nämlich das Verhältnis von Roheisenerzeugung und Kohlebasis innerhalb der einzelnen Konzerne, damit diese auch nach der Übernahme weiterer Hüttenwerke deren Brennstoffversorgung garantieren konnten. Nach diesem Kriterium lag der Flick-Konzern mit weitem Abstand an der Spitze der Aspiranten. Eine Zuteilung Rombachs an Flick – fadenscheinig begründet mit dem Hinweis auf eine 1913/14 angebahnte »Anlehnung« des Werks an Harpen – schien der Reichsstelle auch in den Größenordnungen durchaus angemessen.[54]

Solchermaßen bestärkt, entschied sich die Konzernführung Mitte August endgültig für die Konzentration auf Rombach; wohl eher als Verhandlungsmasse wurde gleich noch das nahe gelegene Hüttenwerk Homécourt auf den Wunschzettel gesetzt. Ein Rundschreiben der Wirtschaftsgruppe Eisen schaffende Industrie machte wenige Wochen später deutlich, dass die Konkretisierung der Expansionspläne zur rechten Zeit kam; Hanneken hatte Poensgen die Freigabe erteilt, nunmehr die Ansprüche der Montankonzerne auf Erzgruben und Hüttenwerke in Lothringen und Luxemburg entgegenzunehmen. Zugleich ließ er allerdings darauf hinweisen, »dass die Erwerbungen nur gegen eine angemessene Bezahlung gemacht werden« könnten und zudem mit massiven Kostensteigerungen der Werke zu rechnen sei. Dieser Hinweis bezog sich auf die Abwanderung von französischen Arbeitskräften nach dem deutschen Einmarsch und auf die zu erwartende Angleichung des Lohn- und Preisniveaus in Elsass-Lothringen nach einer Annexion. Flicks Interesse ließ das keineswegs erkalten. Vielmehr ließ er Kaletsch umgehend die Auswirkungen eines Rombach-Kaufs auf die finanziellen Verpflichtungen des Konzerns im kommenden Jahrzehnt prüfen.[55]

Zur Absicherung seiner Forderungen zog Flick jetzt die oberschle-sische Karte: Weil er dort leer ausgegangen sei, stehe ihm ein »freies« Hüttenwerk in Lothringen zu. Bereits Ende August hatte Burkart bei Hanneken unter Verweis auf die inakzeptablen Angebote im besetzten Polen nicht nur Rombach, sondern auch Homécourt gefordert, das in den Planspielen der Reichsstelle für Eisen und Stahl noch als reine Ver-schiebemasse fungierte. Flick sattelte im September noch drauf: Trotz seiner »moralischen Ansprüche« aus dem »Volkstumskampf« in Polen und der Abgabe der Harpener Steinkohle an die Reichswerke habe er im Osten bisher kein Objekt bekommen, obwohl er gemäß dem bishe-rigen Anteil des Konzerns an der deutschen Rohstahlproduktion einen »Anspruch« von etwa einer Million Tonnen Rohstahlkapazität aus der deutschen Kriegsbeute habe.

Hanneken akzeptierte tatsächlich Flicks Legende, beim Felder-tausch mit den Reichswerken »ein großes Opfer« gebracht zu haben. Das Argument, für einen Einstieg bei Rombach spreche die gesicher-te Selbstversorgung mit Kohle durch Harpen, lehnte er hingegen ab; volkswirtschaftlich gesehen, handele es sich dabei lediglich um die Um-verteilung von Syndikatskohle in einen geschlossenen Konzernkreislauf. Flick gab daraufhin »dem General das Versprechen, alles zu tun, um diejenigen Kohle- und Koksmengen, die die Gruppe Rombach benö-tige, in absehbarer Zeit bei Harpen oder Essener Steinkohle zusätzlich herzustellen«. Diese Zusage dürfte ihm leichtgefallen sein, war doch für Harpen bereits im Frühjahr 1940 ein umfangreiches Neuanlagenpro-gramm konzipiert worden; eine Denkschrift vom Juli kalkulierte einen Ausbau der nach dem Feldertausch verbliebenen Förderkapazitäten von rund 19 000 auf 25 000 Tonnen pro Tag. Umso größer war Flicks Inte-resse, für die wachsende Kapazität einen konzerninternen Abnehmer präsentieren zu können. Kommentarlos akzeptierte er Hannekens Hin-weis, dass die französischen Werke »nicht für ein Butterbrot abgegeben« würden, sondern »zu einem angemessenen Preise erworben werden müssten«.[56]

Es konnte kein Zweifel bestehen, dass der Konzernchef ernsthaft an den Rombacher Hüttenwerken interessiert und auch bereit war, erheb-liche eigene Mittel dafür aufzuwenden. Zwei Wochen später teilte er Hanneken mit, dass er neben Rombach auch Homécourt beanspruchen werde. Allerdings habe er – dies war eine neuerliche Volte – Poensgen bereits signalisiert, »dass er darauf gegen Abfindung mit einem Werk im Osten verzichten würde«. Anfang Oktober stellte Flick bei Poensgen den formellen Antrag auf »Zuteilung« von Rombach und Homécourt, und zwar »mit einer den geologischen Verhältnissen und hüttenmännischen Bedürfnissen entsprechenden Erzgrundlage«. Auch die offizielle Anmeldung seiner Forderungen untermauerte er mit dem moralischen Argument, in Ostoberschlesien kein Werk erhalten zu haben, obwohl er die IG Kattowitz/Laura »jahrelang gegen die Polen verteidigt und der Polonisierung am längsten Widerstand geleistet« habe. Den Anspruch auf Homécourt begründete er mit den benachbarten Erzfeldern der beiden nur wenige Kilometer voneinander entfernten Hüttenkomplexe und mit deren gemeinsamer Zugehörigkeit zum Konzern des französischen Stahlindustriellen Théodore Laurent.[57]

Um sein Begehr verteilungspolitisch zu untermauern, erklärte Flick Hanneken gegenüber seinen Verzicht auf Ansprüche in Oberschlesien, hielt sich indes immer noch eine Hintertür offen: Er wolle »eindeutig klarstellen, dass der westliche Anspruch meiner Gruppe den Vorrang haben soll und dass ich für meine Gruppe im Osten keinerlei Ansprüche stelle, falls dieselben auf die Westansprüche angerechnet oder mit ihnen kompensiert werden sollten«. Dabei war er selber es gewesen, der die Koppelung überhaupt ins Gespräch gebracht hatte. Im Übrigen versprach Flick einen positiven volkswirtschaftlichen Nebeneffekt auf der Kohleseite: Seine »Gruppe« sollte nicht nur binnen eines Jahres Rombach selbst mit Brennstoff versorgen, sondern anschließend auch der unter chronischem Kohlemangel leidenden Kriegswirtschaft jährlich eine zusätzliche Million Tonnen zuführen. Erstmals bediente sich Flick außerdem eines Arguments, das bei späteren Verhandlungen mit politischen Stellen über die Umstrukturierung des Konzerns wieder auftauchen sollte. Ganz im Sinne der nationalsozialistischen Vorbehalte gegen »anonyme« Konzerne suggerierte er, dass er als Inhaber der FKG (gemeinsam mit seinem »Ältesten« als Kommanditisten) letzten Endes persönlich für seinen gesamten Konzern hafte. Das war zwar Unfug, verfolgte aber einen klaren Zweck. Kaletsch war nämlich kurz zuvor von Herbert Göring kolportiert worden, dass Hanneken und der Chef der lothringischen Zivilverwaltung Bürckel in Lothringen und Luxemburg

»keine Konzerne«, sondern nur einzelne »Persönlichkeiten« zulassen wollten.[58]

Nur wenige Tage nach dem Antrag bei Poensgen konnte Flicks Kostenrechner Hans Hahl von einem vorläufigen Verteilungsplan berichten, den Carl Küttner aufgestellt hatte, ein ehemaliger Mitarbeiter der Haupttreuhandstelle Ost, der jetzt im Auftrag Hannekens die Vorarbeiten zur Verteilung der lothringischen Werke betrieb. Danach sollte Flick zwar nicht Homécourt, aber Rombach und das kleinere Werk im Nachbarort Auboué zugeteilt werden. Flicks wiederholten Hinweisen auf die »besondere Leistungsfähigkeit« seiner Gruppe bei der Kohleversorgung der deutschen Wirtschaft wurde ausdrücklich zugestimmt. Dem Konzern fiel damit eine geschätzte jährliche Roheisenkapazität von 930 000 Tonnen aus einer Verteilungsmasse von gut 12 Millionen Tonnen zu. Hahl wurde bei der Gelegenheit übrigens gleich selbst zum Industriellen; gemeinsam mit Erich Faust vom Hochofenwerk Lübeck sollte er ein Hüttenwerk im luxemburgischen Rodingen übernehmen. Irgendein Einfluss Flicks zugunsten der beiden ist nicht nachweisbar; im Gegenteil betonte Hahl später, dass der Konzernherr ihn äußerst ungern in die Selbständigkeit ziehen ließ. Hahls Nachfolger wurde just der rührige Küttner, der bereits 1942 wieder zum Wirtschaftsstab Ost wechselte – und von dort wiederum zu einer der Flickschen Expansionsgesellschaften, der Dnjepr-Stahl GmbH.[59]

Ohne dass über die Verteilung der lothringischen Werke bereits abschließend entschieden war, bereitete sich das Flick-Management konkret auf die Übernahme Rombachs vor. Karl Raabe ging davon aus, dass das Werk zügig eine »Spitzenleistung« erreichen könne, und begann sich schon kurz nach Hahls Auskunft das technische Personal zu sichern. Flick selber, dem die fragwürdige Basis seiner Ansprüche selbst innerhalb der raubwirtschaftlichen Verteilungslogik klar gewesen sein dürfte, suchte sich weiterhin politisch abzusichern. Am 1. November 1940 schrieb er direkt an Hermann Göring, dem er noch einmal seine »moralischen Ansprüche« erläuterte und zugleich in Aussicht stellte, zum Dank für die Zuteilung Rombachs die deutsche Kriegswirtschaft mit einer erheblichen Mehrproduktion an Steinkohle zu unterstützen. Wie Harpens stagnierende Förderleistung der nächsten Jahre zeigen sollte, handelte es sich um eine wohlfeile Ankündigung, deren Einhaltung niemand erzwingen konnte. Weil »dem Herrn Reichsmarschall doch sehr viele Dinge durch den Kopf gehen«, reichte er sicherheitshalber noch eine Abschrift an Staatssekretär Körner weiter.[60]

Möglicherweise verdankte es Flick diesem Schreiben, dass ihm ein Konflikt mit einem anderen industriellen Schutzengel des Grenzdeutschtums erspart blieb. Hermann Röchling, der sich bereits im Ersten Weltkrieg als Annexionist hervorgetan hatte, klagte im Januar 1941 Hanneken sein Leid: Die Übertragung Rombachs an den unproduktiven, industrielle Risiken scheuenden Aktienaufkäufer Flick bedeute eine »ausgesprochene Zurücksetzung« seiner eigenen Person. Röchlings Behauptung, er habe seinerzeit die Maxhütte in der Konsequenz »des schweren Kampfes, den wir hier im Westen gegen die Franzosen zu führen hatten«, an Flick verkaufen müssen, war allerdings nicht unbedingt glaubwürdiger als Flicks permanente moralische Appelle. Der Saarindustrielle hatte sich um die Werke des Wendel-Konzerns und das Hüttenwerk Hagendingen bewerben wollen, war dort aber auf die übermächtige Konkurrenz der Reichswerke gestoßen und drohte jetzt leer auszugehen. Sein Protest blieb erfolglos. Ein Erlass des Reichswirtschaftsministeriums vom 31. Januar 1941 teilte der Friedrich Flick KG das Werk Rombach mit seinem Nebenstandort Machern zu, wenn auch nur in Form von »Treuhänderschaften« mit der Aussicht auf einen Eigentumserwerb nach Kriegsende. Flick war es gelungen, sich ein erhebliches Stück vom lothringischen Kuchen abzuschneiden. Wann genau und warum Göring zu Flicks Gunsten entschied, lässt sich nicht mehr klären.[61]

Nur wenige Wochen später ließ Flick eine deutsche Betriebsgesellschaft gründen, die Rombacher Hüttenwerke GmbH mit dem relativ geringen Eigenkapital von 500 000 Mark. Gesellschafter waren die Maxhütte und die Harpener Bergbau AG. Harpen hielt 51 Prozent des Stammkapitals, um entsprechend den Syndikatsvorschriften das Hüttenwerk im Selbstverbrauch beliefern zu können. Den Einstieg der Maxhütte begründete der Genehmigungsantrag beim Reichswirtschaftsministerium eher vage mit einem ähnlichen »Werksaufbau« und »Berührungspunkten« von Produktion und Absatz. Konkrete Planungen für einen regelrechten Produktionsverbund auf der Stahlseite lagen offenkundig nicht vor, und sie sollten auch in den nächsten Jahren ausbleiben. Die Gründung der Betriebsgesellschaft war formalrechtlich die einzige Zugriffsmöglichkeit Flicks auf das Werk, denn in Paris existierte nach wie vor eine französische Eigentümerin der Hüttenwerke, die Société Lorraine des Aciéries de Rombas. Mit der Respektierung von Eigentumsrechten hatte das freilich nichts zu tun. Im Gegenteil dachte Kaletsch darüber nach, ob und wie man auf die Geldmittel dieser Gesellschaft zugreifen und zu diesem Zweck in sie »eindringen« könnte.[62]

Vorläufig scheiterte das ebenso wie der Versuch, im Vertrag über die Treuhänderschaft bereits einen Anspruch auf späteren Eigentumserwerb durch den Flick-Konzern sowie auf eine eigene Erzgrundlage für Rombach festzuschreiben. Schon deshalb lag es nahe, das Werk zumindest durch die Bestellung von Geschäftsführung und Aufsichtsrat umgehend in die Konzernstrukturen einzubinden. Unter dem Vorsitz von Raabe übernahmen mit Georg Gillitzer, dem Verbandsexperten Heinrich Gisner und dem Betriebsleiter Karl Stein vier Führungskräfte der Maxhütte die Leitung.[63]

Bei der Maxhütte wechselte Raabe vom Vorstandsvorsitz auf den Posten des stellvertretenden Aufsichtsratsvorsitzenden, sein Nachfolger wurde Hermann Terberger. Im Rombacher Aufsichtsrat saßen Burkart, Buskühl, Flick, Kaletsch, Tengelmann, Weiss und Terberger, also die Führungsebene der FKG sowie der Gesellschafter Maxhütte und Harpen. Im Januar 1942 wurde Otto-Ernst Flick zum stellvertretenden Vorsitzenden der Geschäftsführung bestellt. Acht Monate später heiratete der »Kronprinz der Familie«, wie Burkart ihn später bezeichnete, Raabes Tochter Barbara. Im Februar 1943 nahm er auf dem Sessel seines Schwiegervaters Platz. Nachdem Flick junior aus Unterwellenborn abberufen und in die Leitung des lothringischen Werks befördert worden war, hatte er zielstrebig auf die Verdrängung des erfahrenen, aber schon über 60-jährigen Hüttenmanagers Raabe hingearbeitet. Entnervt, aber auch seitens der Metzer Gauleitung wegen allzu »großer Renovierungsarbeiten in seiner Dienstwohnung« unter Beschuss, legte Raabe schließlich die Leitung von Rombach nieder.[64]

Der Streit mit den Reichsministerien und dem Chef der Zivilverwaltung in Lothringen über einen rechtskräftigen Betriebsüberlassungsvertrag dauerte noch weit über den Führungswechsel hinaus. Im Kern drehte er sich stets um die Frage, wie weit in diesem Vertrag bereits ein Kaufrecht sowie die Entscheidungskompetenz über Abschreibungen und Investitionen fixiert werden sollten. Die Treuhänder waren von Göring zunächst ausdrücklich beauftragt worden, die Werke nicht kommissarisch zu leiten, sondern sie »auf eigene Rechnung zu betreiben«. Ebenso wie die anderen Betreiber lothringischer Hüttenwerke wies Flick die von der Besatzungsverwaltung im Dezember 1942 vorgelegten Verträge über Betriebsüberlassung, Pacht und Schiedsverfahren zurück, weil der Konzern darin nicht mehr als prospektiver Eigentümer, sondern nur als Pächter behandelt wurde; dies hätte den bisherigen Zustand festgeschrieben, dass die Treuhänder nicht selbständig Abschreibungen vornehmen konnten, mithin Bilanzierungsspielräume wegfielen. Kaletsch forderte beim Reichsfinanzministerium zudem das Abschreibungsrecht auch auf die alten Werksanlagen, weil Rombach ansonsten unrealistisch hohe Gewinne ausweisen oder Neuinvestitionen verschieben müsse – ein betriebswirtschaftlich durchaus schlüssiges Argument, das er mit der Drohung untermauerte, anderenfalls würde die unternehmerische Initiative des Flick-Konzerns in Lothringen allmählich erlahmen. Die Ministerialbürokraten waren durchaus an einem zügigen »Verkauf« Rombachs interessiert. Göring jedoch verweigerte eine endgültige Eigentumsübertragung, solange der besatzungsrechtliche Status Frankreichs ungeklärt war.[65]

Erst im März 1944 unterzeichnete die FKG den Betriebsüberlassungsvertrag, nachdem der Metzer Regierungspräsident festgestellt hatte, dass die Betriebsgesellschaft als »wirtschaftlicher Eigentümer« mit Abschreibungsrechten fungierte und der Anspruch auf den späteren Erwerb gegeben war. Unabhängig von formalen Rechtsfragen bleibt freilich festzuhalten, dass der Flick-Konzern Rombach von Anfang an als sein künftiges Eigentum betrachtete. Flick wollte das Werk nicht etwa ausschlachten, sondern dort unter Einsatz eigener Geldmittel unternehmerisch tätig werden. Kaletsch rechnete im Februar 1941 immerhin mit einem Kaufpreis von 50 Millionen Mark, von denen die Hälfte sofort und die andere Hälfte in zehn Jahresraten zu bezahlen wäre. 1943 gründeten Harpen und die Maxhütte ein Konsortium, in dem für den späteren Kauf Rombachs 25 Millionen Mark zurückgelegt wurden.[66]

Dass der zunächst kalkulierte Kaufpreis sich binnen zwei Jahren halbiert hatte, war Ausdruck einer deutlichen Ernüchterung, die sich bald nach Flicks Einstieg in Rombach einstellte. Nicht nur fehlte es, wie überall im besetzten Westeuropa, an Arbeitskräften und Transportkapazitäten. Auch die optimistische Einschätzung der Leistungsfähigkeit Rombachs musste erheblich korrigiert werden. Das unter die Kontrolle des Flick-Konzerns geratene Hochofenwerk war zwar auf den ersten Blick ein durchaus beeindruckender Komplex mit acht Hochöfen samt einem Thomas-, einem Siemens-Martin- und einem Elektrostahlwerk sowie diversen Walzstraßen; hinzu kamen das Nebenwerk Machern mit vier weiteren Hochöfen und ein zuvor unternehmerisch unabhängiges Zementwerk, das in den Rombacher Komplex integriert wurde. Die französischen Eigentümer hatten Teile der Anlagen noch im Juni 1940 abtransportiert, mussten sie aber kurz darauf zurückgeben, nachdem die Besatzungsbehörden den Rombach-Generaldirektor Laurent bei einem Besuch des Werks kurzerhand in Geiselhaft genommen hatten.[67]

Einer gründlichen Überprüfung aber hielten die Werke nicht stand. Rombach und Machern seien »in einem unglaublichen Zustand verwahrlost«, urteilte Hugo Klein, Vorstandsmitglied der Hüttenwerke Siegerland und Vorsitzender einer Sachverständigenkommission zur Bewertung der lothringischen Werke, nach einer Besichtigung 1941. Machern falle vorläufig für die Produktion nahezu aus, zwei Hochöfen besäßen »nur noch Schrottwert«. Das Rombacher Thomas-Stahlwerk sei zwar »ganz vorzüglich eingerichtet«, könne aber seine Leistungsfähigkeit mangels Roheisenkapazitäten nicht voll nutzen; Ähnliches gelte für den Großteil der Walzwerke. Der noch von Röchling eingesetzte Interimstreuhänder Otto Jacobs nannte auch das Siemens-Martin-Stahlwerk kurzerhand eine »Murksbude«. Die Walzwerke, die teils schon um die Jahrhundertwende aufgestellt worden waren, schätzte er nach genauerer Betrachtung wesentlich skeptischer ein als Karl Raabe.[68]

Die Zahlen stützten diese kritischen Einschätzungen. Nach den Bilanzen waren in Rombach in den Jahren 1934 bis 1938 lediglich 31 Millionen Francs investiert, dagegen aber 120 Millionen abgeschrieben worden. Vor diesem Hintergrund schätzte Jacobs das in den kommenden Jahren notwendige Neubauprogramm für Rombach auf 30 bis 40 Millionen Mark; 1943 bezifferte Flick die notwendigen Erneuerungsinvestitionen gar auf 50 Millionen Mark oder mehr. Nach späteren Angaben Kaletschs, die freilich bereits der Verteidigung gegen den alliier-

Der Flick-Konzern produziert im besetzten Frankreich: Stahlwerkshalle der Rombacher Hüttenwerke.

ten Vorwurf der »Plünderung« dienten, wurden für die Modernisierung Rombachs zwischen 1941 und 1944 etwa 22 Millionen Mark investiert, von denen immerhin 16 Millionen tatsächlich im Werk ankamen.[69]

Noch im März 1944 plante Otto-Ernst Flick bis zum Ende des folgenden Jahres Investitionen von über 12 Millionen Mark. Angesichts der prekären militärischen Lage erstaunt ein solcher Planungsoptimismus auf den ersten Blick, doch Flick hatte einen starken Partner im Rücken. Der Betriebsüberlassungsvertrag schrieb fest, dass die FKG als Treuhänderin »berechtigt« – zugleich aber auch faktisch verpflichtet – war, »die Werksanlagen auf eigene Rechnung zu erweitern und zu erneuern«. Falls Rombach am Ende doch nicht vom Konzern gekauft werden würde, konnte dieser vom Deutschen Reich die Erstattung des Restwerts verlangen, soweit die Investitionen behördlich genehmigt worden waren. Das Risiko der Rombach-Gesellschafter beschränkte sich also letzten Endes auf den laufenden Betrieb des Werks, weil daraus die Abschreibungen erwirtschaftet werden mussten, doch die Investitionen mussten zunächst einmal von Flick aufgebracht werden. Gleichzeitig sollte Harpen 20 Millionen Mark in den Bau einer neuen Kokerei samt »Bahnhof und Zubehör« für die langfristige Belieferung von Rombach investieren.[70]

Ob sich das Engagement finanziell rechnete, hing entscheidend von der lange ungeklärten Frage ab, ob die Treuhänder auf die übernommenen Anlagen Abschreibungen vornehmen durften. Später erhielten sie Sonderabschreibungsrechte, um die Investitionen für neue Maschinen noch im Anschaffungsjahr und für Neubauten binnen fünf Jahren vom steuerpflichtigen Gewinn absetzen zu können. Zu diesen steuerlichen Investitionsanreizen kamen Spielräume bei der Bewertung übernommener Vorräte hinzu. Die Rombacher Bilanzen sind zwar nur begrenzt aussagekräftig, aber sie zeigen, dass das Werk kurzfristig keine Goldgrube war. Nachdem die Betriebsgesellschaft die Stellung als »wirtschaftlicher Eigentümer« übernommen hatte und über größere Bewertungsspielräume verfügte, bilanzierte sie für die Zeit von März 1941 bis September 1943 einen Gesamtverlust von gut 180 000 Mark in der Handelsbilanz, während für die tendenziell realistischere Steuerbilanz mit einem leichten Gewinn von etwa 130 000 Mark kalkuliert wurde.[71]

Ein Jahr später war Flicks Engagement in Lothringen beendet, weil die Westalliierten Frankreich zurückerobert hatten. Eine vorläufige Liquidationsbilanz endete keineswegs mit einem Verlust, sondern mit einem Aktivsaldo von über 12 Millionen Mark, weil jetzt der reale Wert von bereits abgeschriebenen Maschinen und Neubauten eingesetzt wurde. Der größte Teil dieses Überschusses resultierte allerdings aus Forderungen gegen das Reich für die getätigten Investitionen. Dass der Konzern am Ende solche Entschädigungen erhielt, ist eher unwahrscheinlich. Für Flick ergaben sich aber zumindest keine unmittelbaren Buchverluste, weil nicht der Konzern, sondern die Rombacher Betriebsgesellschaft für ihre Verbindlichkeiten gegenüber Lieferanten und

Behörden haftete. Eben deshalb hatte der Konzern sich vom Reichswirtschaftsministerium die Übergabe der »treuhänderischen Betriebsführung« an die Rombacher GmbH bewilligen lassen – auch im Krieg endete Friedrich Flicks patriotische Gesinnung spätestens beim Geld.[72]

Für den laufenden Betrieb Rombachs war die kurzfristige finanzielle Erfolgsrechnung indes nicht das wichtigste Kriterium. Größere Bedeutung kam den in den Werken steckenden Sachwerten und den Produktionsmöglichkeiten der Nachkriegsära zu. Flick selbst bläute der Rombacher Geschäftsführung noch im Juni 1943 ein, ihre Aufgabe sei »die größtmögliche Produktion mit dem geringstmöglichen Ausschuss«, um die zusehends in die Defensive geratende Wehrmacht nach Kräften zu unterstützen. Der Appell dürfte allerdings weniger mit patriotischem Pflichtbewusstsein zu tun gehabt haben als mit der Hoffnung auf den Kauf des Werks nach Kriegsende.[73]

Vorübergehend schien das Donnerwetter aus Berlin Wirkung zu zeigen. Ungefähr parallel zur Entwicklung der gesamten deutschen Stahlerzeugung stieg die Rohstahlproduktion in Rombach zwar zeitweise erheblich an, ging aber 1944 wieder deutlich zurück. Das Werk bestritt 1943 mit 600 000 Tonnen knapp 2 Prozent der »großdeutschen« Gesamterzeugung; das war mehr als in den Mittelstahl-Werken Riesa und Gröditz zusammen. Zugleich stieg aber die Abnutzung der Werksanlagen, weil man das Möglichste aus ihnen herausholte. Das Werk Machern hingegen, dessen umgehende Inbetriebnahme Karl Raabe im Oktober 1942 angekündigt hatte, lag noch im Mai 1944 wegen Koksmangel still.[74]

Immerhin stieg der Anteil des Qualitätsstahls, allerdings bei deutlichen Kostensteigerungen, bis Anfang 1944 von ursprünglich 16 Prozent auf fast die Hälfte der Rombacher Erzeugung. In diesen Zahlen spiegelten sich die wachsenden Zulieferungen für Rüstungsgüter. Rombach »betreute« als Generalunternehmer von Februar 1943 an im Auftrag des Heereswaffenamts über ein eigenes Pariser Büro 15 französische Fertigungsstätten für Geschosse. Otto-Ernst Flick organisierte nicht nur die Instandsetzung und den Betrieb der Werkstätten, die Munitionsbetriebe erhielten auch ihr Rohmaterial aus Rombach. Die höheren Qualitäten flossen allerdings nicht nur in reine Rüstungsfertigungen, sondern gingen auch an französische Automobilhersteller; diese waren zwar ebenfalls in die Kriegswirtschaft eingebunden, doch tendenziell tat sich hier auch eine zivile Nachkriegsperspektive auf.[75]

Otto-Ernst Flick zeigte also durchaus Initiative, doch als Führungskraft bewies er sich in den Augen des gestrengen Konzernchefs nicht. Nachdem Flick junior die Werksleitung übernommen hatte, beförderte er den technischen Leiter Karl Stein zum Vorstandsmitglied, um ihn wenig später durch einen anderen Cheftechniker zu ersetzen. Nebenbei verärgerte er Hermann Röchling durch üble Nachreden so sehr, dass die Flick-Konzernspitze das Verhältnis mühsam wieder kitten musste. Unter günstigeren Rahmenbedingungen wären ihm solche Ungeschicklichkeiten vielleicht verziehen worden, doch die angespannte Situation in Rombach war nicht danach. Friedrich Flick warnte seinen »Kronprinzen« im September 1943, das regelmäßige Zurückbleiben der Stahlproduktion hinter den Voranschlägen halte sich »nicht mehr innerhalb vertretbarer Grenzen«, und drohte kurz darauf, einen seiner altgedienten Vertrauensmänner aus dem Rombacher Aufsichtsrat als Aufpasser »in die Geschäftsführung zu delegieren«. Otto-Ernst Flick geriet nach der Verdrängung des Schwiegervaters zunehmend in einen Konflikt mit seinem eigenen Vater, der sich nach Kriegsende weiter zuspitzen sollte.[76]

Die strategische Ausrichtung Rombachs auf eine Produktion an der Leistungsgrenze im Interesse der »Kriegswichtigkeit« vertraten Vater und Sohn freilich gleichermaßen. Die Leidtragenden waren letzten Endes die Arbeitskräfte, unter denen der Anteil ausländischer Zwangsarbeiter rasch zunahm. Schon zwei Monate nach Aufnahme seiner Tätigkeit als Cheftechniker, im Juli 1941, wies Stein in einem Lagebericht an Burkart darauf hin, dass angesichts der »negativen Einstellung« der lothringischen Belegschaft eine deutliche Leistungssteigerung »nicht ohne Widerstände abgehen« werde. Stein setzte auf strikte Disziplin und drohte dem Leitungspersonal vom Betriebsleiter bis zum Vorarbeiter mit drastischen Strafen; falls sie nicht energisch gegen die »Bummelei« vorgingen, werde er sie bei den Besatzungsbehörden wegen Nachlässigkeit oder Sabotage anzeigen. Die öffentliche Beschimpfung vermeintlich nachlässiger Meister als »Waschlappen« dürfte indes nur eine weitere Verschlechterung des Betriebsklimas und der Arbeitsmotivation zur Folge gehabt haben. Dass Otto-Ernst Flick sich prompt bei seinem Vater rechtfertigte, er habe Steins Rundschreiben »größtenteils«

nicht gekannt, war in den Augen des Alten mit Sicherheit kein Zeichen von Stärke.[77]

Otto-Ernst Flick wies nach dem Krieg jede Verantwortung für die Arbeitsbedingungen zumal der ausländischen Zwangsarbeiter von sich. Tatsächlich drückte er sich offenbar um Besichtigungen der Zwangsarbeiterlager, obwohl sie den Alltag in Rombach wesentlich bestimmten. Karl Raabe hatte seine optimistischen Erwartungen für den Wiederanlauf der Fertigung 1940 noch auf eine qualifizierte Stammbelegschaft gegründet. Er hatte nicht einkalkuliert, dass die Besatzungsverwaltung aus bevölkerungspolitischen Motiven umgehend mit der Ausweisung von französischen Arbeitskräften aus dem ehemaligen Deutsch-Lothringen oder mit deren Deportation zur Zwangsarbeit ins Altreich beginnen würde. Zudem kehrte ein Teil der Beschäftigten, der zum französischen Militär einberufen worden war, nach dem Waffenstillstand nicht zurück.[78]

Da zusätzliche deutsche oder lothringische Arbeitskräfte nicht zur Verfügung standen, sondern im Gegenteil weitere Stammbeschäftigte zur Wehrmacht einberufen wurden, waren bereits im Dezember 1941 unter den 5089 männlichen Arbeitern 1647 Ausländer. Gegen Ende des Flick-Engagements in Rombach hatte sich das Verhältnis nahezu umgekehrt. Betriebsleiter Franz berichtete im November 1944 von seiner neuen Wirkungsstätte in Unterwellenborn an Friedrich Flick, dass unter den etwa 6200 Arbeitskräften mittlerweile nur noch 2800 Deutsche und Lothringer waren; ihnen standen 200 sowjetische Kriegsgefangene, 1800 so genannte »Ostarbeiter«, also zivile Zwangsarbeiterinnen und Zwangsarbeiter aus den besetzten Gebieten der Sowjetunion, sowie 1400 schon vorher in Frankreich ansässige Ausländer gegenüber. Unter den Ostarbeitern sei im Übrigen »eine beachtliche Anzahl Jungen und Mädchen unter 16 Jahren«.

Auch wenn nicht im Einzelnen bekannt ist, zu welchen Arbeiten diese Jugendlichen herangezogen wurden, so wird doch deutlich, wie weit nach fünf Jahren nationalsozialistischer Zwangsarbeitspolitik unter reger Beteiligung deutscher Unternehmen die Hemmschwellen gesunken waren. Dasselbe gilt für den Zwangseinsatz von Frauen in Hüttenwerken. Ähnlich wie in anderen lothringischen Werken stieg in der letzten Kriegsphase auch in Rombach die Zahl der arbeitenden Frauen drastisch an, nämlich von 350 im September 1943 auf 1799 im August 1944. Das war mehr als ein Viertel der Beschäftigten. Dabei handelte es sich ganz überwiegend um Ostarbeiterinnen, die zu schweren körperlichen Arbeiten vor allem bei der Be- und Entladung von Waggons eingesetzt wurden, aber auch im Stahlwerk selbst.[79]

Die Ukrainerin Evelokia Voytovitch berichtete im Nürnberger Prozess von ihrer Arbeit bei der Ausbesserung von Eisenbahnschienen. Eine Schicht dauerte zwölf Stunden, und die Verpflegung war denkbar schlecht: morgens Ersatzkaffee, mittags ein halber Liter Suppe – nach Aussage einer anderen Arbeiterin »eine Mischung, die man den Schweinen gab« –, abends ein weiterer halber Liter mit Brot und etwas Margarine. In winzigen Räumen wurden 25 bis 30 Frauen zusammengepfercht, durch das Dach der zugigen Baracken drang der Regen. Auch wenn sie krank war, musste Voytovitch Kohle abladen; Schwangere mussten ebenfalls bis unmittelbar vor der Niederkunft arbeiten. Beim geringsten Vergehen drohte Essensentzug, der Werkschutz ohrfeigte sie einmal auf Anordnung des Vorarbeiters, nur weil sie mit einem Kriegsgefangenen gesprochen hatte. Ein junger Ostarbeiter starb an den Folgen der Prügelstrafe; eine Dolmetscherin warf sich vor einen Zug, nachdem ihr mit Prügeln und Konzentrationslager gedroht worden war, weil sie illegal ein Paar Schuhe gekauft hatte. Der Luftschutzkeller stand selbstverständlich nur Deutschen zur Verfügung.[80]

»Das Lager war eigentlich immer im Wachsen begriffen«, rechtfertigte sich Stein, als er nach dem Krieg über die dortigen Zustände verhört wurde. Rombach verfügte 1944 über drei Lager für Ostarbeiter und eines für Kriegsgefangene, hinzu kam ein kleineres Ostarbeiterlager in Machern. Aus dem Kriegsgefangenenlager, das von der Deutschen Arbeitsfront verpflegt wurde, flohen wegen der miserablen Versorgung so viele Insassen, dass das Werk im August 1944 schließlich selbst die Verpflegung übernahm. Der Krankenstand in Rombach war schon deshalb relativ hoch, weil die Arbeitsämter die kräftigeren Arbeiter vorrangig dem Bergbau zuteilten.[81]

Bewacht wurden die Lager von einem Werkschutz, der unter dem Kommando der Metzer Gestapo-Dienststelle stand. Der Leiter des Werkschutzes, SS-Scharführer Franz Degen, prügelte häufiger auf Zwangsarbeiter ein. Den Tiefpunkt erreichte das Lagerregime unter

Degens Nachfolger Aretz, einem ehemaligen Gestapobeamten. In der Auflösungsphase der deutschen Besatzungsherrschaft im August 1944 erstachen russische Dolmetscher einen Wachmann und eine Wachfrau. Drei oder vier angebliche »Rädelsführer« wurden daraufhin »an Ort und Stelle aufgehängt«. Es gibt keine Hinweise darauf, dass die Werksleitung die Lynchjustiz gebilligt oder gar die Initiative ergriffen hätte, aber sie duldete die Zustände in den Lagern als Teil der Lebens- und Arbeitsbedingungen von Tausenden zwangsweise zur Arbeit getriebener Menschen.[82]

Vairogs

Flicks energisch betriebener Einstieg in Rombach war keineswegs ein spontaner Zugriff auf französische Ressourcen, um sich im Verteilungskampf mit Ruhr- und Reichswerken ein beliebiges Stück Beute zu sichern. Konzeptionell handelte es sich vielmehr um ein langfristiges Projekt, das als ein weiterer Schwerpunkt der Eisen- und Stahlerzeugung in den Flick-Konzern integriert werden sollte. Die Abrundung des Konzerns schloss eine gezielte Expansion eben nicht aus. Das gilt auch für die zweite »Eroberung« in den besetzten Gebieten, die Rigaer Waggonfabrik Vairogs. Ein Ausbau des Waggonbereichs eröffnete einem vertikal integrierten, in die zivile Weiterverarbeitung expandierenden Konzern in einem europäischen »Großwirtschaftsraum« unter deutscher Herrschaft lukrative Geschäfte.

Flick versuchte deshalb auch innerhalb des Reichs, durch den Kauf weiterer Waggonbauer zu expandieren, scheiterte jedoch gleich drei Mal. Im Februar 1943 signalisierte zunächst Hellmuth Roehnert, der Chef des Verarbeitungsbereichs der Reichswerke, seine Verhandlungsbereitschaft über eine Flicksche Mehrheitsbeteiligung an dem österreichischen Waggon-, Maschinen- und Kesselbau-Konglomerat Simmering-Graz-Pauker. Flick wurde offenbar dadurch abgeschreckt, dass Roehnert eine Weiterführung aller drei Unternehmensteile erwartete, während für seinen Konzern lediglich ein gewisses Interesse an dem Grazer Waggonwerk bestand. Kurz darauf engagierte er sich wesentlich intensiver für den Mehrheitserwerb der Nürnberger Waggonfabrik Rathgeber, deren wichtigste Lieferantin die Maxhütte war. Flick bemühte sich beim Münchener Gauleiter Paul Giesler um ein Aktienpaket, das einige Zeit zuvor der Kaufmann Kurt Zeller aufgekauft hatte. Giesler engagierte sich durchaus im Interesse Flicks, und auch Zeller war zum Verkauf an die Maxhütte bereit. Die Pläne scheiterten in diesem Fall am Reichswirtschaftsministerium, das Rathgeber nicht an eine »großindustrielle Gruppe« übergeben wollte. Flick stellte seine Bemühungen letztlich auf Bitten des Staatssekretärs Landfried ein. Im März 1944 schließlich drohte ein Kauf der Heidelberger Waggonfabrik Fuchs am Widerstand des Aufsichtsrats zu scheitern; Flick plante stattdessen den weiteren Ausbau der Breslauer Waggonproduktion von Linke-Hofmann.[83]

Die Expansion auf dem Waggonsektor gehörte also zu den längerfristigen Projekten des Konzerns. Es verwundert deshalb nicht, dass schon im Sommer 1941 ein Objekt für Aufmerksamkeit sorgte, das sich trotz seiner geografischen Lage für eine Integration in den Konzernverbund anzubieten schien. Zur gleichen Zeit wurde auch an einem weiteren Ausbau und einer engeren Verzahnung von Busch-Bautzen und Linke-Hofmann gearbeitet, weil man sich von der »Ausdehnung der Aufgaben der Deutschen Reichsbahn auf den großeuropäischen Raum« ein deutliches Auftragswachstum erhoffte. Die Rigaische Vereinigte Metallurgische, Lokomotiv-, Waggon- und Maschinenfabriken AG »Phönix« war 1922 von Linke-Hofmann-Busch mitbegründet worden und 1930 in deren alleinigen Besitz übergegangen. Den wesentlichen Anteil am Wachstum des Unternehmens hatten sowjetische Aufträge für Kühl- und Personenwaggons gehabt. Als diese Aufträge zurückgingen, war das Werk jedoch nicht mehr rentabel, und 1936 hatte Linke-Hofmann deshalb die gesamten Aktien an die Kreditbank Riga verkauft. Das Unternehmen war liquidiert, im Jahr darauf von verschiedenen Rigaer Unternehmen und Politikern neu gegründet und anschließend durch diverse Zukäufe zum Werft- und Rüstungskomplex ausgebaut worden. Nach dem sowjetischen Einmarsch waren die Werke einzeln verstaatlicht worden. Das ursprüngliche Waggonwerk übernahm die Wehrmacht nach der erneuten Änderung der Machtverhältnisse als »Beutegut«.[84]

Unmittelbar nach dem Beginn des Krieges gegen die Sowjetunion begann Bernhard Weiss, der Konzernverantwortliche für den Verarbeitungssektor, die Chancen für einen neuerlichen Einstieg zu eruieren. Nach der späteren Aussage Eduard Boges, des leitenden Ingenieurs beim Waggonbauer Busch-Bautzen, wurde ihm das Interesse von der Bautzener Leitung »direkt aufsuggestiert«. Ende Juli 1941 erhielt Weiss aus Bautzen ein Exposé, das die bisherige Entwicklung des Werks skizzierte und zu dem Schluss kam, dass für einen rentablen Betrieb zusätzliche Aufträge aus den Nachbarländern erforderlich seien. Gleichzeitig wurde darauf hingewiesen, dass derzeit ein zur Wehrmacht eingezogener Oberingenieur des Maschinenbauers MAN für die kommissarische Verwaltung vorgesehen und es bei ernstlichem Interesse angebracht sei, zügig beim Reichswirtschaftsministerium zu antichambrieren. Friedrich Flick regte daraufhin umgehend an, Hannekens unmittelbarem Untergebenen Oberst Richard John »einen geeigneten Herren aus unserem Konzern« für die vorläufige Leitung des Werks anzudienen.[85]

Nur eine Woche später fädelte Weiss bei Ludwig Runte, dem Staatssekretär im Reichsministerium für die besetzten Ostgebiete, die Genehmigung für eine Besichtigungsreise ein. Es dürfte die Verhandlungen beschleunigt haben, dass Weiss mit dem ehemaligen Arnsberger Regierungspräsidenten Runte, in dessen Bezirk sein eigenes Unternehmen Siemag lag, befreundet war. Dies war nicht der einzige Kontakt, der sich für die Expansion des Konzerns ins besetzte Baltikum aktivieren ließ. Parallel wandte sich Hermann Fabry, der Generaldirektor des Hochofenwerks Lübeck, an ein prominentes Aufsichtsratsmitglied des norddeutschen Flick-Außenpostens: den Lübecker Oberbürgermeister und Handelskammerpräsidenten Otto-Heinrich Drechsler, als »alter Kämpfer« und Gauleiter der NSDAP inzwischen zum Generalkommissar für Lettland avanciert. Fabry signalisierte Drechsler sein Interesse am Erwerb einer Drahtfabrik im lettischen Libau (eine Initiative, die schließlich scheiterte) und avisierte nebenbei, der Flick-Konzern werde sich gelegentlich wegen der Rigaer Waggonfabrik melden. Einen Tag später schrieb auch Burkart an Drechsler, der ihm eine vorrangige Berücksichtigung der Konzerninteressen zusicherte.[86]

Im Oktober 1941 ließ Weiss sich vom Stabsleiter für die Wirtschaft im neuen »Reichskommissariat Ostland«, Hans Timm, ausführlich über die Pläne zur allmählichen »Umstellung« der lettischen Industrie aufklären. Zwar war absehbar, dass die Besatzungsverwaltung hier sehr viel stärker das Heft in der Hand behalten wollte als in Westeuropa; Timm eröffnete Weiss aber freimütig, bei einer eventuellen Reprivatisierung würden Drechsler und er die Interessen Lübecks und des Flick-Konzerns »gern im Rahmen der gegebenen Möglichkeiten berücksichtigen«. Der Versuch, den Verwalter aus dem Hause MAN durch einen Bautzener Mitarbeiter zu ersetzen, scheiterte allerdings. Ähnlich wie bei dem erfolglosen Versuch, Rudolf Brennecke gegen Hermann Röchling als kommissarischen Verwalter der lothringischen Hüttenwerke auszutauschen, zeigten sich hier die Grenzen von Flicks politischem Einfluss. Die Konkurrenz schlief nicht, und auch ihr bot das während des Krieges noch zunehmende Ämtergewirr des NS-Staates viele Anlaufstellen für die Lobbyarbeit.[87]

Nachdem Weiss bei Timm die Besichtigungserlaubnis erwirkt hatte, reiste der Bautzen-Chef Johann Reichert nach Riga. Reichert war dafür hervorragend qualifiziert, hatte er doch längere Zeit im Phönix-Vorstand gesessen. Das Objekt genoss aber offenkundig keine allzu hohe Priorität, und Flick empfahl angesichts der unübersichtlichen Lage »Vorsicht in der Sache und Zurückhaltung«. Reicherts Bericht über die Waggonfabrik, die inzwischen unter dem Namen Vairogs (»Schild«) geführt wurde, war zumindest nicht negativ. Die Fabrik hatte etwa 1700 Beschäftigte und vermittelte den Eindruck eines ausbaufähigen, seit dem Verkauf 1936 teilweise modernisierten Gemischtwarenladens: Neben Güterwagen wurden Holzschlitten für die Heeresverwaltung, Schlösser, Hufeisen und Nägel produziert sowie Fahrzeuge der Wehrmacht repariert. Beruhigt konnte Reichert zudem feststellen, dass die MAN, deren ehemaliger Oberingenieur das Werk für die Wehrmacht kontrollierte, keinerlei Ambitionen auf eine Übernahme hegte.[88]

Solange keine konkurrierenden Interessen anderer deutscher Unternehmen erkennbar waren, vergewisserte Weiss sich zwar gelegentlich bei politischen Stellen über die Perspektiven bei Vairogs, unternahm aber angesichts einer anhaltenden Unklarheit über die weiteren Besatzungspläne keine konkreten Schritte. Erst im Juni 1942 wurde das Interesse plötzlich neu entfacht, nachdem Friedrich Flick von Erich Purucker aus dem Heereswaffenamt informiert worden war, dass sich ein alter Flick-Konkurrent erneut anschickte, auf ehemaliges Konzerneigentum zuzugreifen: Das Amt stand kurz davor, Krupp mit dem Aufbau einer Lafettenproduktion in dem Werk zu beauftragen. Daraufhin setzten in der Bellevuestraße hektische Aktivitäten ein. Umgehend trat Odilo Burkart bei Oberst Hans Leyers im Heereswaffenamt auf den Plan, um wieder einmal historische Rechte geltend zu machen. Burkart sicherte zu, dass Bautzen einen Werksleiter abstellen und ebenfalls die Lafettenfertigung aufnehmen könne, die der sächsische Waggonbauer schon während des letzten Krieges betrieben hatte. Leyers, dem die frühere Zugehörigkeit von Vairogs zu Linke-Hofmann nicht bekannt gewesen war, erklärte sich daraufhin tatsächlich bereit, auf eine Verwaltung durch Flick umzuschwenken.[89]

Flick verstand es freilich nicht nur, zweifelhafte historische Anrechte in eine Legitimation aktueller Expansionsgelüste zu verwandeln; er verfügte auch über eine flexible Eingreiftruppe, um kurzfristig vollendete Tatsachen zu schaffen. Weiss und Julius Brurein hatten von Purucker erfahren, dass das Krupp-Management »außerordentlich scharf hinter der Sache her« war und soeben eine Werksbesichtigung begonnen hatte. Nur zehn Tage später gingen Weiss, Brurein und Reichert, unterstützt durch eine Empfehlung von Flick an Drechsler, selbst auf die Reise. Leyers legte währenddessen die unmittelbar bevorstehende Vertragsunterzeichnung mit Krupp auf Eis. Der neu eingesetzte Verwalter empfing die Delegation mit nicht geringem Erstaunen, hatte er doch vom Oberkommando des Heeres bereits die Mitteilung erhalten, dass Krupp die Lafettenfertigung aufnehmen werde.[90]

Er wurde schnell eines Besseren belehrt. Leyers erklärte sich nach der Rückkehr der Flick-Delegation bereit, Krupp die »Betreuung« des Werks vorzuenthalten, nachdem Weiss zudem eine schriftliche Empfehlung des Ostministeriums beibringen konnte. Die – rechtlich natürlich irrelevanten – »älteren Rechte« Flicks an einem ehemaligen Konzernwerk waren ein Grund für den Schwenk; außerdem hatten das Ostministerium und der Wirtschaftsstab Ost (das Koordinierungsgremium von Wehrmacht und Reichsbehörden für die wirtschaftliche Ausbeutung der besetzten sowjetischen Gebiete) ein Interesse daran, neben der Lafetten- auch die Waggonproduktion in Riga fortzuführen. Krupp gegenüber rechtfertigte Leyers die Absage mit dem vagen Argument, dass die »Geschützfertigung auf eine möglichst breite Basis gestellt werden« solle und der Essener Konzern soeben von Rüstungs-

minister Speer mit dem Bau einer anderen Rüstungsfabrik beauftragt
worden war. Das war vermutlich ein Grund dafür, dass Krupp sich
offenbar nicht zur Wehr setzte.[91]

Endgültig war die Angelegenheit damit noch nicht besiegelt. In den
nächsten Wochen arbeitete Bernhard Weiss ohne Unterlass weiter an
der Sache. Zum einen diskutierte er mit dem Heereswaffenamt über
die nächsten Produktionsmaßnahmen und den Umfang der Treuhand-
schaft; vor allem aber klärte er, »dass das Werk zunächst für Rechnung
des Reiches geführt werden solle« und eventuelle Investitionen voraussichtlich über die Reichskreditkasse finanziert würden. Gleichzeitig
wurde den Kontaktmännern Leyers und Purucker zur Belohnung ein
Aufsichtsratsmandat bei Vairogs für den Fall einer endgültigen Übernahme avisiert.[92]

Der im September 1942 unterzeichnete Treuhandvertrag dokumentierte, dass die Kontaktpflege sich gelohnt hatte. Ein unternehmerisches
Risiko war mit dem Einstieg in die baltische Besatzungswirtschaft nicht
verbunden. Bautzen als Treuhänder war lediglich gegen eine von Vairogs abzuzweigende »angemessene Vergütung« verpflichtet, die laufende
Waggonfertigung zu Ende zu führen, die Kapazitäten für eine spätere
Wiederaufnahme bereitzuhalten, Fertigungsaufgaben der Wehrmacht
zu übernehmen und dafür nötigenfalls auch das Werk auszubauen.
1943 wurden zwar im Reichskommissariat Überlegungen für eine Verpachtung des Werks an Bautzen laut, bis zur kriegsbedingten Aufgabe
des Standorts im Herbst 1944 scheint es aber in dieser Frage keine Fortschritte gegeben zu haben.[93]

Theoretisch besaß der Reichskommissar für das Ostland zwar Wei-
sungsrechte, doch gedachte der Flick-Konzern das Werk keineswegs
unabhängig von eigenen Interessen zu führen. Nachdem Weiss die
Treuhänderschaft sichergestellt hatte, wurde bald deutlich, dass man in
Berlin und Bautzen nicht sonderlich daran interessiert war, Vairogs zum
Rüstungsproduzenten um- oder auszubauen. Unter der Leitung des aus
Bautzen delegierten Eduard Boge begannen zwar schon im Herbst 1942
die ersten Vorbereitungen für eine Aufnahme der Lafettenproduktion.
Dabei handelte es sich aber um Umbauten der Fabrik, die nach Boges
Einschätzung »jeder späteren Friedensfertigung zugute« kommen wür-
den. Boge konnte getrost die zivilen Nachkriegsperspektiven des Werks

im Auge behalten, denn die Lieferung der Maschinen für den geplanten Bau von Geschützträgern zog sich hin. Stattdessen produzierte Vairogs weiterhin Waggons, Schlösser und Hufeisen. Etwa 45 Prozent des Umsatzes trug im ersten Geschäftshalbjahr unter Bautzener Verwaltung der Waggonbau bei, knapp ein Viertel die Autoreparaturwerkstatt.[94]

Der Bautzener Prokurist Arthur Oesterhelt, der im Februar 1943 eine erste gründliche Revision des Werks unternahm, kam allerdings zu dem Ergebnis, dass gerade die Rentabilität des Waggonbaus äußerst schwach war. Mittlerweile suchte Boge die Erfolgsrechnung des Werks durch die Hereinnahme von Wehrmachtsaufträgen für Panjewagen aufzubessern. Kommerziell war das jedoch kein lohnendes Unterfangen, zum Jahresende 1943 belief sich der Reingewinn von Vairogs bei einem Umsatz von etwa 6,5 Millionen auf gerade 41 000 Mark. Schon im Oktober des Jahres hatte Boge berichtet, dass infolge der militärischen Entwicklung zunehmend Reparaturaufträge der Wehrmacht die laufende Produktionsplanung beeinträchtigten. Spätestens jetzt fand in Riga keine planmäßige Entwicklung des Unternehmens mehr statt, sondern kriegsbedingte Improvisation – just zu dem Zeitpunkt, als endlich alle Maschinen für die Lafettenherstellung eingetroffen waren, mangels Rohmaterialien aber lediglich eine erste Probefertigung geplant werden konnte.[95]

Im Februar 1944 sollte die Serienfertigung anlaufen, doch tatsächlich kam es nie zu einer nennenswerten Rüstungsproduktion. Stattdessen mehrten sich angesichts des Kriegsverlaufs die Auflösungserscheinungen. Anfang August 1944 wurde »die gesamte männliche Gefolgschaft zum Schanzen von einer SS-Gruppe abgeführt«, bald darauf wurden auch die Frauen für diese letzten Abwehrmaßnahmen gegen die Einnahme Rigas durch die Rote Armee eingesetzt. Boge schrieb nach Bautzen, er habe »alle Mummelgreise zusammen genommen«, um zumindest die Wagenfertigung fortzusetzen, und beklagte sich über die »Einstellung der lettischen Ärzte«, die einen Krankenstand von 20 Prozent zuließen. Die deutschen und teils auch die lettischen Einwohner verließen fluchtartig das Baltikum. Im Herbst 1944 wurde schließlich der Maschinenpark ins Reichsgebiet abtransportiert. Natürlich meldete Weiss sofort Interesse an, aber das Rüstungsministerium konnte die »Rückgüter«, von denen ein erheblicher Teil in Ostpreußen aufgehalten wurde, nur schleppend weiterverteilen. Laut Boge erhielten auch Unternehmen des Konzerns einige wenige Werkzeugmaschinen, die sie ordnungsgemäß bezahlten. Auch bei der Abwicklung des Engagements im Baltikum fungierte Bautzen letztlich nur als Verrechnungsstelle für das Reichskommissariat.[96]

Diese Funktion aber übte Boge in aller Konsequenz aus – den zwangsweisen Arbeitseinsatz von Ghettobewohnern eingeschlossen. Schon im September 1942 war Weiss vom zuständigen Rüstungsinspekteur darauf hingewiesen worden, »dass die Arbeiterfrage in Riga immer größere Schwierigkeiten bereite«. Sehr schnell wurde das auch Boge deutlich, der sich bei der Arbeitsverwaltung intensiv um die Zuweisung von Arbeitskräften bemühte, dabei jedoch mit vielen anderen Unternehmen konkurrierte. Angesichts eines leergefegten Arbeitsmarkts, der noch zusätzlich durch die Anforderungen aus dem Altreich und Zwangsverpflichtungen zur Organisation Todt angespannt war, reduzierte sich das Angebot weitestgehend auf zwei Gruppen von Zwangsarbeitern: sowjetische Kriegsgefangene und die Bewohner des Rigaer Ghettos.[97]

Im Februar 1943 beschäftigte das Werk 150 Juden und Kriegsgefangene. Oesterhelt schätzte, von den übrigen knapp 1600 Arbeitern seien etwa 520 als unproduktiv einzuordnen, also nicht in der eigentlichen Fertigung beschäftigt. Dennoch gehörte Vairogs zu den kriegswichtigen »Bedarfsträgern«, die »vordringlich Kriegsgefangene« anforderten, wie die Arbeitsverwaltung des Gebietskommissars im Oktober 1942 notierte. Boges Kontakte zu den Besatzungsbehörden machten sich jedenfalls bezahlt: Die 300 sowjetischen Kriegsgefangenen etwa, die die Besatzungsinstanzen dem Werk Ende 1943 zuteilten, gehörten zu den größeren Kontingenten. Im Februar 1944 sollten wiederum 300 Kriegsgefangene aus der Landwirtschaft abgezogen und Vairogs zugeteilt werden.[98]

Noch dürftiger als die Beschäftigung sowjetischer Kriegsgefangener ist der Einsatz jüdischer Zwangsarbeiter im Werk dokumentiert. Der Großteil der jüdischen Bevölkerung war bereits im Herbst 1941 systematisch ermordet worden, einige tausend arbeitsfähige Männer und Frauen hatte man vorläufig verschont. Weder dem Vairogs-Führungspersonal noch der Flick-Konzernleitung entging, was sich in der lettischen Hauptstadt abspielte. Weiss berichtete seinem Chef im Juni 1942 nicht nur, dass im Werk Juden und sowjetische Kriegsgefangene arbeiteten. Er notierte auch ganz geschäftsmäßig, dass die nach den blutigen Pogromen verbliebenen Juden in Ghettos eingesperrt und von dort kolonnenweise in den Arbeitseinsatz geschickt wurden. Offenbar beruhigte ihn die Auskunft des Verwalters, wonach es sich um »sehr fleißige Arbeiter« handle, die man allerdings separat einsetzen müsse, »da sonst jederzeit die Gefahr bestehe, dass sie von den Letten totgeschlagen« würden.[99]

Im August 1943 forderte die Werksleitung als Ersatz für abgezogene Kriegsgefangene 200 jüdische Arbeitskräfte an, die man auf dem Werksgelände selbst unterbringen und verpflegen wollte. Diese Initiative zur Einrichtung eines betriebseigenen Konzentrationslagers wurde jedoch nicht mehr umgesetzt. Seit April 1943 vermietete Boge außerdem eine Montagehalle für Autoreparaturen an die Nachschubkommandantur der Waffen-SS für Russland-Nord, die im August 47 jüdische Männer und 3 Frauen beschäftigte. Die Lebens- und Arbeitsbedingungen der bei Vairogs eingesetzten Zwangsarbeiter sind in den Quellen nicht überliefert. Arbeitskräfte wurden in den Berichten Boges und Oesterhelts grundsätzlich nur als Kostenfaktor betrachtet, auch wenn die Bautzener Experten die Zwangsarbeiter am Ende »nur« auf Rechnung des Staates ausbeuteten.[100]

Dnjepr-Stahl

Eine allzu hohe Priorität innerhalb der Konzernentwicklung genoss das Engagement in Riga sicher nicht, und gemessen an den ursprünglichen Plänen war es ohnehin ein Fehlschlag. Beides gilt noch mehr für das dritte Expansionsziel des Flick-Konzerns, eine Reihe von ukrainischen Stahlwerken, die von der Dnjepr-Stahl GmbH verwaltet wurden. Trotzdem, oder gerade deswegen, sind beide Projekte höchst aufschlussreich: Sie demonstrieren beispielhaft Flicks Verhandlungstaktiken, das Funktionieren seines Konzerns und nicht zuletzt die Strategie, bei allem Paktieren mit einer mörderischen Besatzungspolitik in Osteuropa die unternehmerischen Risiken weitestgehend auf den nationalsozialistischen Staat abzuwälzen.

Der Angriff auf die Sowjetunion im Juni 1941 bewirkte in den Reihen der deutschen Montanindustriellen längst nicht denselben Mobilisierungseffekt wie der Einmarsch der Wehrmacht in Frankreich. Die Ausnahme war der Reichswerke-Chef Paul Pleiger, dem Göring im August 1941 die Geschäftsführung der Berg- und Hüttenwerksgesellschaft Ost (BHO) übertrug. Im Verwaltungsrat dieser Gesellschaft, die ein Monopol auf den Betrieb, die Verpachtung oder die Weitergabe von Bergbau-, Eisen- und Stahlbetrieben in den besetzten sowjetischen Gebieten hatte, saß neben anderen Montanindustriellen auch Friedrich Flick. Die Führung aber lag eindeutig bei Pleiger, der seine Monopolansprüche sowohl gegen konkurrierende Besatzungsinstanzen durchsetzen konnte als auch gegenüber der Privatindustrie. Der Kleine Kreis teilte Pleiger im Oktober 1941 offiziell mit, die »alten Werke« der deutschen Montanindustrie seien zwar bereit, »Patenschaften« für Werke in der besetzten UdSSR zu übernehmen und Personal für deren Betrieb abzustellen, verbänden damit aber keineswegs Ansprüche auf einen späteren Erwerb für ihre eigenen Konzerne.[101]

Ganz so uneigennützig war das Engagement der deutschen Schwerindustrie natürlich nicht, zumal Göring den »Paten« nach einem Sieg eine bevorzugte Zuteilung der von ihnen betriebenen Werke in Aussicht stellte. Nach seinem Erlass vom Mai 1942 sollten die Patenschaften zunächst auf die Munitionsfertigung beschränkt bleiben. Erst der akute Personalmangel bei den ukrainischen Hüttenwerken führte dazu, dass dieses System auch auf die Eisen- und Stahlerzeugung ausgedehnt wurde. Im Herbst 1942 begann die Vergabe der Betriebe; beteiligt waren im Frühjahr 1943 schließlich Krupp, die Vereinigten Stahlwerke, Hoesch, Gutehoffnungshütte, Klöckner und Mannesmann. Der größte Pate aber war Flick, dessen Mitteldeutsche Stahlwerke gemeinsam mit Pleigers Reichswerken Anfang 1943 die Dnjepr-Stahl GmbH mit Sitz in Berlin gründeten. Das Gemeinschaftsunternehmen kontrollierte fast alle Hüttenwerke im Dnjepr-Bogen, einem schwerindustriellen Zentrum der Ukraine.

Bei genauerem Hinsehen war für Flicks Erfolg nicht nur die Beziehung zu Pleiger ausschlaggebend, sondern, wie schon beim Zugriff auf Rombach und Vairogs, die Nutzung eines ganzen Netzwerks an politischen Kontakten. Auch in diesem Fall hielt man in der Bellevuestraße natürlich die Augen offen. Burkart berichtete nach einem Gespräch mit John im August 1941 durchaus hoffnungsvoll, Göring habe ausdrücklich erklärt, nach Kriegsende auch die russischen Werke privatisieren zu wollen. Wenn die Spitzen der deutschen Montanindustrie noch irgendwelche ethischen Skrupel besessen hätten, so hätten sie allerdings wenig später vor einem solchen Engagement zurückschrecken müssen. Im November 1941 verschickte nämlich Jakob Wilhelm Reichert, der Hauptgeschäftsführer der Wirtschaftsgruppe Eisen, »einige interessante Berichte« an Flick, Poensgen, Röchling und andere Stahlindustrielle. Sie stammten von Ulrich Faulhaber, zuvor Angestellter der Wirtschaftsgruppe und jetzt Industrieexperte bei der Wirtschaftsinspektion Süd der Wehrmacht. Faulhaber berichtete nicht nur über die Situation der ukrainischen Industrie. Er beschrieb auch, ohne jede Distanzierung, die Erschießung erschöpfter sowjetischer Kriegsgefangener und den Kannibalismus in Gefangenenlagern, und er berichtete von systematischen Mordaktionen an der jüdischen Bevölkerung des Dnjepr-Gebiets; »unvergesslich schön« sei immerhin der Blick von Kiew über den Dnjepr.[102]

In der Bellevuestraße wurde dieser Bericht nachweislich von Kaletsch, Weiss, Tillmanns und Friedrich Flick zur Kenntnis genommen. Flick trat dennoch im Sommer 1942 auf den Plan, auch diesmal erst, nachdem er von vorgesehenen Zuteilungen an Krupp gehört hatte. Pleiger reagierte auf seine Vorsprache positiv und versprach, dass Flick von der Beutemasse »etwas Anständiges« abbekommen sollte. Allmählich begann der Konzern, Initiative zu entwickeln. Im August konnte Carl Küttner, der für den Wirtschaftsstab Ost »eine kleine Ausarbeitung über die Neuregelung in der ukrainischen Montanindustrie« geschrieben hatte, erste Erfolge melden. Küttner hatte der Stabsleitung bereits eine Übertragung des Hüttenwerks Kamenskoje an Mittelstahl schmackhaft gemacht und arbeitete jetzt ganz offen darauf hin, Krupps Ansprüche zu beschneiden. Zudem wollten Küttner, Burkart und Friedrich Wesemann, seit 1941 stellvertretendes Vorstandsmitglied der Maxhütte, die Gelegenheit nutzen, um dem für Dnjepr-Stahl vorgesehenen Hüttenkomplex gleich noch ein Röhrenwerk anzugliedern.[103]

Die Bemühungen waren erfolgreich: Die Liste der Patenfirmen vom November 1942 sah für das Gemeinschaftsunternehmen von Flick und Pleiger nicht nur fünf Hüttenwerke samt Nebenbetrieben in Dnjepro-

petrowsk vor, sondern auch noch zwei Röhrenwerke. Bernhard Weiss'
Maschinenbauunternehmen Siemag erhielt außerdem einen Gebäude-
teil des Hüttenwerks Woroschilow für Reparaturarbeiten und kleinere
Fertigungen. Im Oktober war mit der Reichswerke-Tochter Stahlwerke Braunschweig zudem eine klare Arbeitsteilung getroffen worden,
wonach Letztere sich allein auf die Munitionsfertigung beschränken
würden und Mittelstahl in den betreffenden Werken frei über die Eisen-
und Stahlerzeugung sowie die Verarbeitung in Walz- und Röhrenwer-
ken verfügen konnte.[104]

Ein unternehmerisches Risiko trug Flick dabei ebenso wenig wie
in Riga. Die Finanzierung der Investitionen und des laufenden Betriebs übernahm die BHO, die wiederum über Reichskredite finanziert
wurde; die Paten waren weder an Gewinnen noch an Verlusten beteiligt. Neben der Einzahlung des halben Stammkapitals der Dnjepr-Stahl
GmbH von gerade einmal 25 000 Mark und der Ausstattung der ukrainischen Werke mit Schreibmaschinen, Rechenmaschinen oder Fahr-
rädern durch die Mittelstahl-Werke bestand der wesentliche Beitrag des
Flick-Konzerns in der Abstellung von qualifiziertem Leitungspersonal.
Herbert Monden, den Flick aus seiner Tätigkeit für die Kattowitzer IG
in den zwanziger Jahren kannte, fungierte als technischer Geschäftsführer; Otto Kindel wechselte als kaufmännischer Leiter von Lothringen
an den Dnjepr. Unterhalb dieser Werksleitung war eine Reihe weiterer
Mittelstahl-Mitarbeiter beschäftigt. Das Berliner Büro von Dnjepr-
Stahl leitete der umtriebige Küttner, durch seine abwechslungsreiche
Karriere zwischen dem Büro Burkart und dem Wirtschaftsstab Ost
zweifellos hervorragend qualifiziert.[105]

Die Werke beiderseits des Dnjepr, die sich 1943 unter Mondens Regie
befanden, verfügten zwar über funktionsfähige Gebäude und Einrichtungen, doch Maschinen und Motoren waren fast durchgehend vor dem
Einmarsch der Wehrmacht abtransportiert oder zerstört worden. Insgesamt hatten hier etwa 100 000 Menschen gearbeitet; daran gemessen,
hatten die Werke nahezu das Potenzial des gesamten Flick-Konzerns
im Altreich. Die jährliche Rohstahlerzeugung der Dnjepr-Hüttenwerke
hatte einmal 2,8 Millionen Tonnen betragen. Fast die Hälfte davon
hatte das Werk Kamenskoje produziert, das Monden ebenso wieder in
Gang bringen wollte wie eines der beiden Röhrenwerke.[106]

Der Hüttenexperte nahm den Wiederaufbau ausgesprochen tatkräftig in die Hand: Bereits im März 1943 konstatierte die Hüttenverwaltung der BHO, es sei »ein erfreulicher neuer Geist an dem Dnjepr eingezogen«, der einen baldigen Wiederaufbau erwarten lasse. Im Mai 1943 konnte Flick tatsächlich die ersten Betriebsaufnahmen an Pleiger melden; im Juni diskutierte Monden bereits mit Rüstungsminister Speer über die optimale Aufteilung der geplanten Rohstahlerzeugung und wurde von Edmund Geilenberg, Speers Ausschussleiter für Munition, im Gegensatz zu anderen Werksleitern für seine schnelle Aufbauarbeit gelobt. Im Juli installierte Pleiger ihn zudem als Vorsitzenden eines Planungsausschusses der ukrainischen Patenbetriebe. Kurz darauf beendete der Kriegsverlauf die hochfliegenden Pläne: Im November konnte Monden im Hause Otto Wolff, wo er sich um eine neue Stelle bewarb, nur noch berichten, er habe die Dnjepr-Hüttenwerke wieder auf eine Rohstahlerzeugung von 10 000 Tonnen im Monat gebracht und bis zum kommenden Frühjahr eine Verzehnfachung anvisiert.[107]

Neben Kohle, Energie und Maschinen fehlten den Werken, wie überall im deutschen Machtbereich, Arbeitskräfte. Im Juni 1943 musste Vierjahresplan-Staatssekretär Körner bei einer Reise durch die besetzten Gebiete feststellen, dass sich vor allem im Dnjepr- und Donezgebiet die ukrainischen Arbeiter nicht gerade nach Arbeit unter deutscher Kontrolle drängten, denn ihre Versorgung war deutlich schlechter als unter sowjetischer Herrschaft. Sowjetische Kriegsgefangene waren, sofern sie die mörderischen Lagerbedingungen überlebten, wegen ihres Gesundheitszustands und ihrer miserablen Versorgung kaum zu schwerer Arbeit imstande. Die zur Zwangsarbeit herangezogene Zivilbevölkerung weiter östlich gelegener Regionen nutzte jede Gelegenheit zur Flucht. Forderungen nach einer Rückführung der ehemaligen Belegschaften, die inzwischen zur Zwangsarbeit ins Reich deportiert worden waren, blieben erfolglos. Im Sommer 1942 hatten die Dnjepr-Stahl-Werke gut 14 000, ein Jahr später über 17 000 Beschäftigte; selbst dieser Anstieg weit unterhalb des angemeldeten Bedarfs war nur möglich, indem jede Chance zum zwangsweisen Arbeitseinsatz von Deportierten und Lagerinsassen genutzt wurde.[108]

Die Begeisterung der örtlichen Bevölkerung über das Wiederanlaufen der Produktion bei Dnjepr-Stahl, von der später ein Mitarbeiter der

Einkaufsabteilung in den höchsten Tönen berichtete, wird sich vor diesem Hintergrund wohl in Grenzen gehalten haben (nach Angaben dieses ominösen Zeugen wurde Monden nach dem Anlaufen der ersten Drahtstraße gar von den Arbeitern auf den Schultern durch den Betrieb getragen). Binnen weniger Monate sollte sich gerade in der Ukraine zeigen, dass die hoffnungslose Überdehnung der deutschen Ressourcen durch den Krieg nicht mittels einer Besatzungswirtschaft wettgemacht werden konnte, die zwischen hemmungsloser Ausbeutung und halbherziger Mobilisierung schwankte. Die ursprünglichen Erwartungen an den Beitrag der besetzten Gebiete zur großdeutschen Stahlerzeugung wurden bereits im Winter 1942/43 wegen der militärischen Entwicklung hinfällig. Die Walzstahlerzeugung im industriellen Kern der Ukraine lief zwar noch an, aber schon Ende August 1943 musste das Gebiet östlich des Dnjepr wieder geräumt werden. Die Patenschaft der Siemag in Woroschilow kam überhaupt nicht zum Tragen, weil die Region, kaum waren die ersten Maschinen aus dem heimischen Dahlbruch eingetroffen, bereits wieder verlassen werden musste.[109]

Nur ein halbes Jahr nach Beginn der konkreten Programmplanungen für Dnjepr-Stahl forderte Mittelstahl das Management der Maxhütte auf, sich zügig um einen Anteil an der Ausschlachtung der ukrainischen Werkseinrichtungen zu bewerben. Tatsächlich wurden die verwertbaren Anlagen aber an die BHO übergeben. Erst im Februar 1944 trafen sich Vertreter sämtlicher Hüttenwerke des Flick-Konzerns, um über ihre Anträge auf Zuteilungen aus den abtransportierten Maschinen, Elektromotoren und allerlei Zubehör zu beratschlagen. Danach versuchte der Flick-Konzern mehrfach, »aus den Beständen und Bestellungen der Dnjepr-Stahl-Läger überhaupt noch etwas zu erhalten«. Die Verteilungskompetenz lag mittlerweile bei Speers Rüstungsministerium, und die Reichswerke, aber auch andere Unternehmen hatten bereits darauf zugegriffen.[110]

Es ist nicht dokumentiert, wie erfolgreich diese Versuche waren, wenigstens von der Konkursmasse der ukrainischen Patenschaft zu profitieren. Insgesamt kann man das Engagement des Flick-Konzerns in der besetzten UdSSR aber wohl nur als Fehlschlag einordnen, auch wenn die Expedition an den Dnjepr praktisch nichts kostete. Die Berliner Konzernspitze hatte keineswegs, wie es später dargestellt wurde, auf Forderungen Pleigers reagiert und notgedrungen eine Reihe von Fachkräften bereitgestellt. Wie andere Montankonzerne auch, aber mit größerem Erfolg, hatte Flick sich aktiv bemüht, im Rahmen der größenwahnsinnigen Pläne für einen deutschen Montankomplex im osteuropäischen »Lebensraum« zum Zuge zu kommen und die zugeteilten Werke für die deutsche Kriegsmaschinerie zum Laufen zu bringen. Dass das nicht zum finanziellen Vorteil Flicks geschah, entbindet ihn hier ebenso wenig von der Verantwortung wie im Baltikum oder in Lothringen.

Flicks Zugriffe auf fremdes Eigentum in Ost- und Westeuropa erfolgten weder aus Dienstfertigkeit gegenüber dem NS-Regime, noch lag politischer Zwang vor; es ging auch nicht um bloße Ausbeutung von Kapazitäten im Rahmen eines großindustriellen Wettrennens um die besetzten Gebiete. Das entscheidende Motiv war unternehmerische Rationalität, auch wenn die Ergebnisse betriebswirtschaftlich keine Erfolge darstellten. In Lothringen und Lettland griff die Konzernführung gezielt zu, weil sich Aussichten auf eine mittelfristig rentable Integration in den Flick-Konzern eröffneten; Dnjepr-Stahl mag zumindest vage Hoffnungen in dieser Richtung erweckt haben. In Rombach war Flick bereit, erhebliche eigene Gelder zu investieren, in Riga und in der Ukraine blieb der Einsatz auf die Abstellung von Leitungspersonal reduziert. Mit der Konkurrenz zu Krupp, auf die Flick auch nach dem Krieg verwies, spielte allerdings wohl auch ein betriebswirtschaftlich irrationales Motiv eine Rolle. Ähnlich wie bei der »Arisierung« der Julius-Petschek-Gruppe brachte die Konkurrenz zu Mitbewerbern jedenfalls eine zusätzliche Dynamik in das Verhalten der Konzernspitze.[111]

Die Expansionsversuche über das Altreich hinaus zeigen eine charakteristische Arbeitsteilung zwischen der Berliner Konzernzentrale und den größeren Tochterunternehmen. Die Verhandlungen mit politisch-militärischen Stellen, denen hier noch weit größere Bedeutung zukam als bei der Ausdehnung im Altreich, lagen klar in den Händen Friedrich Flicks und der beiden Produktionsexperten unter seinen Generalbevollmächtigten, Odilo Burkart und Bernhard Weiss; ihre Rolle hatte bei den »Arisierungen« der dreißiger Jahre Otto Steinbrinck eingenommen. Konrad Kaletsch blieb weiterhin der Rechner im Hintergrund. Flick selbst trat eher sporadisch in Erscheinung, um mit besonders herausragenden Regimevertretern wie Pleiger, Hanneken oder Göring persönlich zu verhandeln; seine Präsenz in den drei Akquisitionen spiegelt deren unterschiedlich große Bedeutung für die Konzerninteressen. Dort, wo Sachkompetenz erforderlich war, wurden die Arbeiten an die jeweils zuständigen Produktionsunternehmen delegiert, also an die Maxhütte und teilweise an Harpen, an Busch-Bautzen oder an Mittelstahl. Die personelle Verknüpfung bildeten die Leiter zweier exponierter Konzerntöchter, nämlich Karl Raabe beziehungsweise Otto-Ernst Flick in Rombach und Johann Reichert in Riga, die ihrerseits kompetentes Leitungspersonal für die neuen Werke zur Verfügung stellten. Die Delegierung des Technikers Herbert Monden unterstreicht noch einmal die vorläufig marginale Bedeutung von Dnjepr-Stahl.

Besonders das Beispiel Vairogs demonstriert, in welcher Geschwindigkeit die Berliner Konzernspitze im Bedarfsfall ihre Lobbytätigkeit auf mehreren Ebenen gleichzeitig entfalten und wie schnell das Netzwerk der Kontakte erweitert werden konnte. Dabei lässt sich die Verhandlungsmacht offenkundig nicht auf »harte« Ressourcen, also auf das rüstungswirtschaftliche Gewicht des Flick-Konzerns, reduzieren. Hier stand Krupp dem Komplex Mittelstahl-Bautzen in nichts nach, dennoch konnte Flick die renommierte Essener Waffenschmiede im letzten Augenblick aus Riga verdrängen. Eine keineswegs nebensächliche Funktion hatte dabei, trotz ihrer inhaltlichen Beliebigkeit, die Argumentation mit »moralischen« Ansprüchen und »historischen« Anrechten aus Flicks jahrelanger aufopferungsvoller Tätigkeit in Oberschlesien »im Interesse der Erhaltung des Deutschtums« oder mit den angeblichen Opfern, die der Feldertausch mit den Reichswerken für den Konzern bedeutet haben sollte. Solche »weichen« Argumente verblüffen in einem Kontext, in dem glasklar über die Durchsetzung von Interessen gestritten wurde. Ihre Akzeptanz durch Hanneken, Funk oder Pleiger macht jedoch deutlich, dass es sich dabei durchaus nicht nur um Rhetorik handelte. Weil das NS-Regime hochgradig auf personalen Beziehungen beruhte und auf die aktive Teilhabe der Privatwirtschaft angewiesen war, musste es bis zu einem gewissen Grad auf Kriterien der »Verteilungsgerechtigkeit« Rücksicht nehmen. Diese Kriterien wurden von der Wirtschaft mitdefiniert und mitformuliert; und gerade Friedrich Flick hatte für diese Form der Lobbyarbeit ein bemerkenswertes Talent.[112]

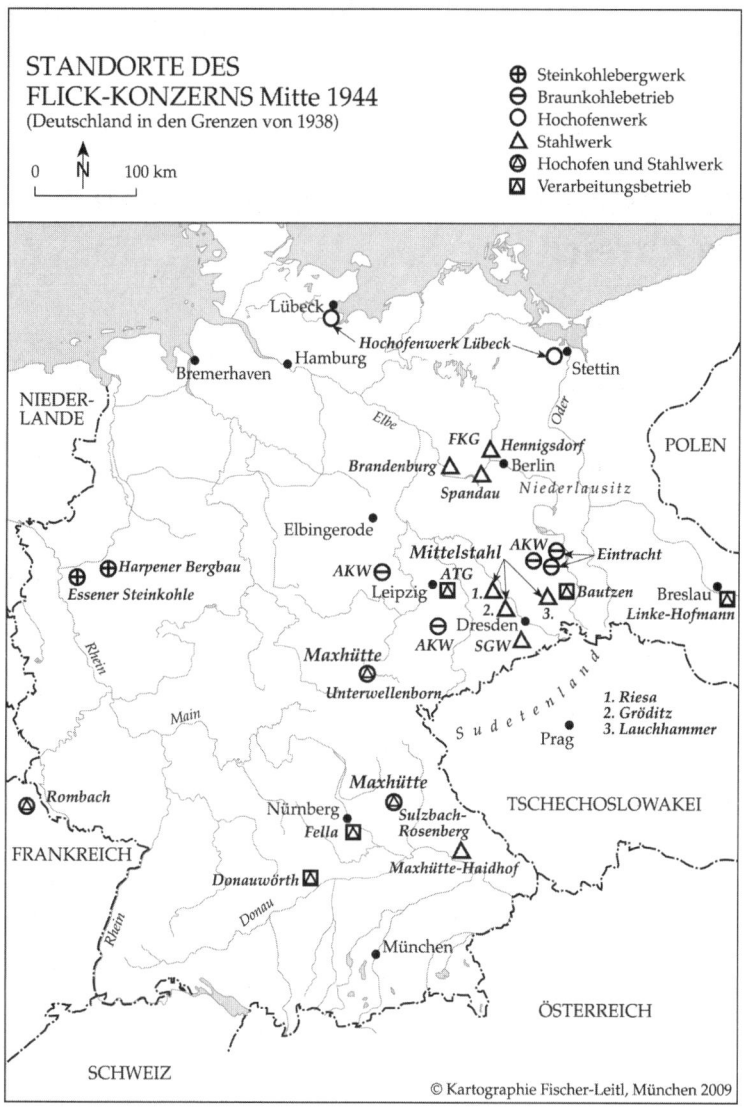

STANDORTE DES
FLICK-KONZERNS Mitte 1944
(Deutschland in den Grenzen von 1938)

⊕ Steinkohlebergwerk
⊖ Braunkohlebetrieb
○ Hochofenwerk
△ Stahlwerk
◉ Hochofen und Stahlwerk
◪ Verarbeitungsbetrieb

0   N   100 km

© Kartographie Fischer-Leitl, München 2009

Kriegswirtschaft und Zwangsarbeit im Altreich

Als Friedrich Christian Flick vor einigen Jahren der Öffentlichkeit seine umfangreiche Kunstsammlung präsentieren wollte, stießen seine Pläne zuerst in Zürich, dann in Berlin auf lautstarken Protest: Die Kunstwerke seien mit »Blutgeld« zusammengekauft, das letzten Endes den »Arisierungen« der dreißiger Jahre und vor allem der massenhaften Ausbeutung von Zwangsarbeitern in den Unternehmen seines Großvaters entstamme. Es passte ins kritische Bild, dass Friedrich Flick die Zahlung von Entschädigungen an jüdische Zwangsarbeiterinnen der Dynamit AG blockiert hatte, die freilich in der NS-Zeit gar nicht Teil seines Konzerns gewesen war. Im Kern knüpften die Vorwürfe gegen Flick an vierzig Jahre alte Thesen an: Der DDR-Historiker Klaus Drobisch war 1964 zu dem Ergebnis gekommen, sein Konzern habe zu den »Monopolen« gehört, »die auf diesem Gebiet der faschistischen Terrorherrschaft am meisten profitierten und sich den Löwenanteil der Menschenjagden in den besetzten Gebieten sicherten«.[113]

Drobischs Studie griff auf die Dokumente der Ankläger im Nürnberger Flick-Prozess zurück und spitzte deren Argumentation in einer simplen Kapitalismuskritik zu, deren ideologische Voreingenommenheit offen zu Tage lag. Die Argumente der Verteidigung und die generellen unternehmerischen Schutzbehauptungen sind ebenfalls seit Nürnberg bekannt: Flick und seine Manager plädierten einerseits auf Unwissenheit und politischen Zwang; andererseits beteuerten sie, für die Verbesserung der erbärmlichen Lebensumstände von zivilen ausländischen Arbeitskräften, Kriegsgefangenen und KZ-Häftlingen alles Erdenkliche getan zu haben. Drobischs Thesen zur persönlichen Verantwortung Friedrich Flicks für den umfassenden Zwangsarbeitereinsatz in den einzelnen Unternehmen basierten auf drei wesentlichen Punkten:

der Eigentümerstellung des Konzernchefs, seiner Präsenz in Branchenorganisationen und der Kenntnis der konkreten Vorgänge. Die Aktivitäten einzelner Werksleiter, der Unternehmensvorstände und der Berliner Generalbevollmächtigten ließen sich in dieser Sichtweise letztlich unmittelbar Friedrich Flick zurechnen. Die persönliche Verantwortung Flicks und seiner unmittelbaren Umgebung in der Bellevuestraße für den Einsatz und die Lebensbedingungen von »Fremdarbeitern« in Bayern oder Schleswig-Holstein, im Ruhrbergbau oder im mitteldeutschen Braunkohlegebiet lässt sich jedoch nur nachweisen, wenn man die unternehmerischen Tätigkeiten auf den verschiedenen Ebenen des Konzerns zu ihrem kriegswirtschaftlichen Umfeld in Beziehung setzt.

Über Löhne und Arbeitsbelastung, Ernährung und Unterkunft, buchstäblich über Leben und Tod von etwa 12 Millionen Zwangsarbeitern im Reichsgebiet entschied an erster Stelle der Staat. Geprägt waren die politischen Rahmenbedingungen vor allem von einer rassistischen Kategorisierung. Arbeitskräften aus den besetzten westeuropäischen Ländern wurde grundsätzlich ein höherer Lebensstandard zugebilligt als Osteuropäern. Noch weniger galten sowjetische Kriegsgefangene und, nach dem Zusammenbruch des Mussolini-Regimes, italienische »Militärinternierte«, denen selbst der Status von Kriegsgefangenen verwehrt blieb. Auf der untersten Stufe standen jüdische Häftlinge aus Konzentrationslagern. Die Regelung des Arbeitseinsatzes von Ausländern folgte jedoch keinem starren Schema, sondern passte sich der schwankenden militärischen Entwicklung und den sich daraus ergebenden Konsequenzen für die deutsche Kriegswirtschaft an. Dies führte zu unterschiedlichen Graden von Nötigung und Freiheitsberaubung der Arbeitskräfte, die den Begriff »Zwangsarbeit« zu einer unscharfen, aber unverzichtbaren Sammelkategorie machen.

Die Unternehmen und Branchenverbände besaßen innerhalb dieses Rahmens erhebliche Handlungsspielräume. Der Zwangseinsatz ausländischer Arbeitskräfte war das Ergebnis unternehmerischer Rationalität unter den besonderen Bedingungen der nationalsozialistischen Kriegswirtschaft; darin unterschied sich der Flick-Konzern nicht von seinen Wettbewerbern. Es wäre zwar eine weltfremde Vorstellung, dass die deutsche Industrie insgesamt die Beschäftigung von Zwangsarbeitern hätte verweigern können. Dazu genötigt waren die einzelnen Unternehmen aber lediglich in einem betriebswirtschaftlichen Sinn, das heißt, wenn sie trotz steigender Einberufungen ihrer Stammbelegschaften die Produktion fortsetzen oder gar ausbauen wollten. Im Einzelfall konnten Vertreter des NS-Regimes auf regionaler oder lokaler Ebene die Betriebe unter Druck setzen, kriegswichtige Fertigungen durch Zwangsarbeit aufrechtzuerhalten. Grundsätzlich aber war es Sache der Unternehmen, sich um die Zuteilung von Arbeitskräften zu bemühen, und dies taten sie mehr oder weniger aktiv. Vorwiegend in die Kompetenz der Unternehmen fiel auch die Behandlung der Beschäftigten am Arbeitsplatz, die Zuweisung mehr oder minder schwerer und gefährlicher Tätigkeiten.[114]

Die Gesamtzahl der Arbeiter des Flick-Konzerns lässt sich für Mitte 1944 noch relativ genau auf etwa 120 000 schätzen. Verlässliche Daten über die insgesamt im Konzern eingesetzten Ausländer fehlen jedoch; auch für die einzelnen Unternehmen lassen sich meist nur Annäherungswerte ermitteln. Anhand durchschnittlicher Ausländerquoten in den größeren Flick-Unternehmen kann man die Zahl der Zwangsarbeiter im Konzern sehr grob auf 40 000 bis 60 000 Menschen schätzen. Dabei handelt es sich jedoch stets um Momentaufnahmen, die die hohe Fluktuation nicht berücksichtigen. Die meisten Ausländer hatten gute Gründe, »willkürlich abzukehren« oder aus dem Urlaub nicht zurückzukommen, und viele wurden buchstäblich verschlissen.[115]

Angesichts der unterschiedlichen Entlohnung und Produktivität ist es unmöglich, Gewinne oder Verluste des Konzerns aus dem Einsatz von Zwangsarbeitern ermitteln zu wollen. Solide Daten dazu liegen auch für einzelne Flick-Betriebe nicht vor. Beispiele aus anderen Unternehmen und Branchen belegen, dass Ostarbeiter durch bessere Versorgung und Schulungen durchaus die Produktivität deutscher Industriearbeiter erreichen konnten, während ihre Bezahlung deutlich niedriger war; bei westeuropäischen Zivilkräften war das Kosten-Nutzen-Verhältnis hingegen ungünstiger als bei Deutschen. Während sowjetische Kriegsgefangene die Unternehmen unter Berücksichtigung ihrer Leistung etwa so teuer kamen wie deutsche Arbeiter, konnte die Beschäftigung polnischer und westeuropäischer Kriegsgefangener ein gutes Geschäft sein. Dasselbe galt für einen Teil jener KZ-Häftlinge, die von der SS in der letzten Kriegsphase systematisch »vermietet« wurden.

Das Verhältnis von Lohn und Produktivität war indes nicht das entscheidende Motiv für den Ausländereinsatz. Jede Gruppe von Arbeitskräften gewährleistete die Aufrechterhaltung oder sogar die Erhöhung eines Produktionsausstoßes, der angesichts des Nachfrageüberhangs nach Rüstungsgütern und ihren Vorprodukten stets abgesetzt werden konnte. Es war deshalb rational für die deutschen Unternehmen, trotz aller Klagen über deren ungenügende Produktivität möglichst viele ausländische Arbeitskräfte anzufordern, je mehr deutsche Stammkräfte zur Wehrmacht einberufen wurden. All dies galt für den Flick-Konzern genauso wie für die übrige deutsche Industrie. Mit seinen Kohle-, Stahl- und Verarbeitungsbetrieben erstreckte er sich jedoch über Branchen, in denen durchaus unterschiedliche Voraussetzungen für den Einsatz von Zwangsarbeitern herrschten und in denen die Konzernleitung in unterschiedlichem Maße eingriff.[116]

Kohle für den Krieg

Kohle war für die NS-Wirtschaft vielleicht der wichtigste Rohstoff. Sie war nicht nur unerlässlich als Brennstoff und Grundlage der Stromversorgung, insbesondere für Eisen- und Stahlwerke. Die nationalsozialistische Autarkiepolitik hatte auch frühzeitig auf die Erzeugung synthetischer Treib- und Kunststoffe auf Kohlebasis gesetzt. Auf die beiden Kohlekomplexe des Flick-Konzerns, den westdeutschen Steinkohlebergbau von Harpen und Essener Steinkohle einerseits, den mitteldeutschen Braunkohletagebau der Anhaltischen Kohlenwerke andererseits, wirkten sich diese Rahmenbedingungen aber unterschiedlich aus.

Mit den reorganisierten Anhaltischen Kohlenwerken verfügte Friedrich Flick seit 1940 über den mit Abstand größten deutschen Braunkohleerzeuger. Der riesige Komplex war von Flick zwar auch im Hinblick auf die langfristige Brennstoffversorgung seiner Stahlunternehmen »arisiert« und zusammengefügt worden; grundsätzlich aber handelte es sich um eine eigenständige Säule des Konzerns. Die Mittelstahl-Werke wurden zwar mit Braunkohle befeuert, doch der Brennstoffbedarf wurde zum größten Teil von ihrer eigenen Brikettfabrik in Lauchhammer befriedigt. Die Anhaltischen Kohlenwerke verfolgten daher eine ähnlich eigenständige Geschäftspolitik wie der Steinkohleblock im Ruhrgebiet. Vorstandschef Hellberg sagte nach dem Krieg aus, selten habe ihm ein Großaktionär »so viel Freiheit gelassen« wie Flick. Die Aussage passt auf den ersten Blick schwer zu dem notorischen Kostenkontrolleur Flick, der nach der Reorganisation des Unternehmens persönlich die Referatseinteilung des Vorstands festgelegt hatte. Nach Aussage von Tillmanns führte der Konzernchef mindestens einmal im Monat Besprechungen mit dem Vorstand durch und legte wie bei allen anderen Tochterunternehmen großen Wert darauf, sämtliche wichtigen Investitionen persönlich zu genehmigen.[117]

Doch in der konkreten Geschäftspolitik vertraute Flick offenbar auf das Expertenwissen Hellbergs und seiner Vorstandskollegen. Im Bedarfsfall, und das hieß vor allem bei Verhandlungen im politischen Raum, konzentrierte der Konzernchef freilich auch hier die Macht in seiner eigenen Person. Das zeigte sich deutlich bei seinem mit beträchtlicher Initiative betriebenen Versuch, weitere große Braunkohlefelder zu erwerben. Im Zuge der Verhandlungen um den Feldertausch mit den Reichswerken war Flick ein Vorkaufsrecht auf die Niederlausitzer Braunkohlebetriebe Phönix und Leonhard eingeräumt worden. Die vage Formulierung des Reichswirtschaftsministeriums war juristisch indes kaum belastbar; auch hatte Pleiger sich über die Festlegungen der Ministerialbürokratie hinweggesetzt und dem Salzdetfurth-Chef Rudolf Stahl dasselbe Vorkaufsrecht eingeräumt. Des Weiteren war Flick vom Reichswirtschaftsministerium der Anspruch auf einen Kauf von Reservefeldern der Ilse Bergbau verbrieft worden, einer ursprünglich überwiegend in Petschek-Eigentum befindlichen Tochter der Reichsholding Viag, hinter der wiederum das Reichsfinanzministerium stand. Flicks »Anspruch« resultierte aus einem typischen Austausch konstruierter »Rechte«; er hatte im Zuge der Petschek-»Arisierung« ursprünglich größere Anteile an der Ilse erwerben wollen und darauf schließlich gegen die Zusicherung einer Option verzichtet.[118]

Das Kaufrecht war in zweierlei Hinsicht von Bedeutung: Erstens war es die Voraussetzung für ein substanzielles Wachstum des Felderbesitzes, also für eine langfristige Entwicklungsperspektive der Anhaltischen Kohlenwerke. Zweitens verfügte das Unternehmen über erhebliche

Geldmittel, die den Liquiditätsbedarf bei Weitem überstiegen. Die Ilse war jedoch nicht bereit, über einen gewöhnlichen Tausch hinaus, wie er häufiger zur geografischen Bereinigung der Braunkohleareale stattfand, Felder gegen Bargeld abzugeben. Viag-Vorstandschef Alfred Olscher stellte sich namens der Ilse quer und verlangte einen Tausch von »Substanz«, also von Kohlefeldern, statt einer Geldabfindung.[119]

Wieder einmal konstruierte Flick einen »moralischen Anspruch«, der ihm freilich nur zu begrenztem Erfolg verhalf. Seine Interventionen bei Pleiger, Göring und Funk verpufften. Der taktische Verzicht auf die Phönix- und Leonhard-Felder zugunsten der Brabag, mit dem Flick bei den Protagonisten der nationalsozialistischen Autarkiepolitik punkten wollte, brachte ebenfalls keine Fortschritte. Mangels Alternativen einigte er sich schließlich gütlich mit Olscher. Erst im Frühjahr 1944 war die Angelegenheit weitgehend geklärt, und die Lösung stellte für Flick keineswegs einen Erfolg dar. Ursprünglich hatten Hellberg und er rund 600 Millionen Tonnen Kohlensubstanz zukaufen wollen, am Ende blieb es bei gut 50 Millionen Tonnen, und selbst auf einen Teil des angeblich »lebenswichtigen« Feldes Pritzen-Dörrwalde mussten die Anhaltischen Kohlenwerke verzichten. Weiteren Expansionsabsichten war damit ein Riegel vorgeschoben, nachdem Flick und Hellberg zeitweise sogar auf eine Fusion mit der Ilse spekuliert hatten.[120]

Friedrich Flick verstand es zwar meisterhaft, »Politik als produktive Kraft« zu instrumentalisieren, doch in der direkten Konfrontation mit nationalsozialistischen Staatsmanagern wie Alfred Olscher stieß er an die Grenzen der Manipulation. Der Staatskonzern Viag war, ähnlich wie die Reichswerke, mittels der üblichen politischen Ränkespiele nicht so einfach auszubooten. Immerhin ließ sich das Abkommen, das in den Wirren des Kriegsendes ohnehin nicht mehr rechtskräftig wurde, bald nach dem Ende des NS-Regimes als angeblicher Beweis dafür anführen, dass Flick letztlich kein Profiteur, sondern ein Opfer der Petschek-»Arisierung« gewesen sei.[121]

Der Anspruch auf den Kauf zusätzlicher Felder hatte formal stets bei Harpen gelegen. Tatsächlich betrieben wurden die Verhandlungen aber vor allem von Flick persönlich und von Hellberg, der ihm die notwendigen Fakten über die Braunkohlefelder vermittelte, während der Harpen-Generaldirektor Ernst Buskühl nur gelegentlich auftrat. Hellbergs

Gestaltungsmacht endete freilich bei der Finanzhoheit des Eigentümers. Flick kontrollierte die Anhaltischen Kohlenwerke über einen Ausschuss des Aufsichtsrats, dem außer ihm nur Burkart und Kaletsch sowie Konrad Gehlofen und Ernst Wiegand vom Riesaer Mittelstahl-Vorstand angehörten. Substanzielle Entscheidungen über die strategische Unternehmensentwicklung blieben dadurch der Konzernspitze vorbehalten, Flick selbst entschied in letzter Instanz über die Bewilligung von Investitionen.[122]

Angesichts der umfangreichen Investitionsvorhaben des Braunkohleunternehmens war die Aufmerksamkeit des Eigentümers begreiflich. Mitte 1941 belief sich das bereits bewilligte Programm für die kommenden vier Jahre auf gut 51 Millionen Mark zuzüglich 6 Millionen für den Erwerb von Kohlefeldern und Grundstücken; weitere 35 Millionen standen noch zur Bewilligung an, und darin war ein geplantes neues Kraftwerk im Wert von etwa 20 Millionen noch nicht enthalten. Auch wenn die Anhaltischen Kohlenwerke über große Liquiditätsreserven verfügten, waren das im Verhältnis zum Anlagevermögen, das sich zum Jahresende 1941 auf rund 122 Millionen Mark belief, erhebliche Summen.[123]

Ein Teil dieser Aufwendungen ließ sich freilich auf den Staat abwälzen, denn eine neue Teerschwelerei und die Erweiterung einer Mineralölfabrik lagen im Interesse der nationalsozialistischen Autarkiepolitik. Die für den Gesamtkomplex erforderlichen Investitionen beliefen sich auf 19,4 Millionen Mark. Die gesamte Diesel- und Heizölproduktion sollte gemäß einem auf zehn Jahre abzuschließenden Vertrag an die Marine verkauft werden, so dass die Amortisation der Anlagen weitgehend im Voraus gesichert war. Das Projekt zielte keineswegs auf einen kurzfristigen Mitnahmeeffekt aus der Rüstungskonjunktur, sondern folgte langfristigem unternehmerischen Kalkül, in dem die Reichsmarine als neuer Dauerkunde eingeplant war. Trotzdem nahmen die Anhaltischen Kohlenwerke bei diesem Geschäft nur formal das unternehmerische Risiko auf sich. Auf die Preise für den Dieselkraftstoff erhielten sie von der Marine nämlich eine Wirtschaftlichkeitsgarantie, die eine vollständige Abschreibung der notwendigen Anlagen binnen zehn Jahren sicherte; durch eine geschickte Investitionsplanung konnte das gesamte Amortisationsrisiko weitgehend auf dieses Produkt »abgeladen« werden.[124]

Um den Ausbau kriegswichtiger Kapazitäten zu sichern, war das Regime bereit, den Unternehmen das kaufmännische Risiko abzunehmen. Die nationalsozialistische Autarkiepolitik wiederum ließ sich für eine bessere Auslastung bestehender oder im Ausbau befindlicher Kapazitäten nutzen. Als die Brabag 1941 auf Geheiß Görings die Erzeugung von synthetischem Treibstoff ausbaute, stellte Pleiger aus den noch bei den Reichswerken liegenden Gruben Phönix und Leonhard die benötigte Brikettmenge unter dem Vorbehalt zur Verfügung, dass die mitteldeutschen Braunkohlewerke den entsprechenden Ausfall ausgleichen müssten. Von den dafür ab 1942/43 geforderten 1,3 Millionen Tonnen Briketts bot allein Flicks Unternehmen 300 000 Tonnen an – einfacher ließ sich der Absatz der eigenen Produktion nicht sicherstellen.[125]

Gewisse Steigerungen der Fördermenge waren auf diesem Wege durchaus möglich, doch resümierte bereits der Entwurf für den Geschäftsbericht 1941, dass die allerorten spürbare Anspannung der volkswirtschaftlichen Ressourcen ein substanzielles Wachstum der Anhaltischen Kohlenwerke verhinderte. Angesichts der zunehmenden Knappheit an Arbeitskräften, aber auch an Investitionsgütern und sonstigen Zulieferungen wird sich daran in den folgenden Jahren nichts Wesentliches geändert haben. 1944 setzte dann selbst in der laufenden Produktion ein merklicher Rückgang ein, weil die Kriegsentwicklung den Mangel an Arbeitskräften verschärfte und vor allem der Transport mangels Bahnwaggons immer schwieriger wurde. Förderleistung und Brikettproduktion dürften sich insgesamt ähnlich entwickelt haben wie im Braunkohlebergbau insgesamt: Einem erheblichen Zuwachs bis 1940 folgten deutlich nachlassende Wachstumsraten, bis die Förderung 1944 effektiv zurückging. Die veröffentlichten Bilanzen der Anhaltischen Kohlenwerke deuten in eine ähnliche Richtung, das Anlagevermögen erhöhte sich trotz des umfangreichen Investitionsprogramms bis Ende 1943 nur um rund 7 Millionen Mark.[126]

Um zumindest die laufende Kohleförderung und Brikettherstellung aufrechtzuerhalten, musste je länger, desto mehr auf ausländische Arbeitskräfte zurückgegriffen werden. Der mitteldeutsche Braunkohletagebau war zwar, anders als der Steinkohlebergbau an der Ruhr, hochgradig mechanisiert und insofern tendenziell weniger abhängig von der Lage am Arbeitsmarkt. Aber schon bei Kriegsbeginn herrschte in den

Revieren chronischer Arbeitskräftemangel, der durch die Einberufungen noch verschärft wurde. Vor allem bei Bau- und Verladearbeiten wurde eine große Zahl unqualifizierter Arbeitskräfte eingesetzt, und hier waren auch Zwangsarbeiter relativ leicht einzuarbeiten und zu überwachen. Für die Rekrutierung dieser »Fremdarbeiter« waren grundsätzlich nicht die Braunkohleunternehmen selbst, sondern ihre Interessenvertretungen zuständig. Die Anwerbungen, die im Verlauf des Krieges zu regelrechten Menschenjagden ausarteten, fielen, soweit es sich nicht um Kriegsgefangene oder Konzentrationslagerhäftlinge handelte, zunächst in die Kompetenz des Reichsarbeitsministeriums; ab März 1942 unterstanden sie dem Generalbevollmächtigten für den Arbeitseinsatz Fritz Sauckel. Über die Zuweisung von Arbeitskräften an die Branche entschied auf Reichsebene Görings »Beauftragter für die Leistungssteigerung im Bergbau«, der spätere »Reichskohlenkommissar« Paul Walter, und nach dessen Absetzung im Februar 1941 die Reichsvereinigung Kohle. Deren Vorsitzender war Reichswerke-Chef Pleiger, der auf Wunsch führender privater Montanindustrieller die Interessen der Kohlunternehmen gegenüber dem Staat vertreten sollte; im Präsidium dominierte klar die Privatindustrie. Als die eigentliche Branchenvertretung fungierte weiterhin die Wirtschaftsgruppe Bergbau mit ihren nachgeordneten Bezirksgruppen. Diese vertraten die Interessen der regionalen Unternehmen bei der Zuweisung von Arbeitskräften und waren zugleich die zentralen Anlaufstellen in allen lohn- und sozialpolitischen Fragen. Die Verteilung der zur Verfügung stehenden Arbeitskräfte schließlich lag bei den Arbeitsämtern auf Landes- und Kommunalebene.[127]

Punktuell ist die Beschäftigung von polnischen Kriegsgefangenen und Zivilarbeitern in den Anhaltischen Kohlenwerken schon für die Jahre 1939/40 belegt. 1941 verschärfte sich der Arbeitskräftemangel rapide; am Jahresende waren rund 10 Prozent der Stammbelegschaft zur Wehrmacht einberufen, und der inländische Arbeitsmarkt bot keinen Ersatz. Die Anhaltischen Kohlenwerke beschäftigten zu diesem Zeitpunkt 9632 deutsche und 1025 polnische Arbeiter. Zu diesen zivilen Arbeitskräften kamen noch 1263 Kriegsgefangene hinzu, bei denen es sich überwiegend um Franzosen handelte.[128]

Auch ein Jahr später überstieg die Zahl der Kriegsgefangenen noch die der übrigen ausländischen Arbeiter. Unter diesen stellten nun nach den Polen die »Ostarbeiter« aus den besetzten Gebieten der Sowjetunion das größte Kontingent. Auch der Anteil sowjetischer Kriegsgefangener nahm schnell zu (587 gegenüber 1172 Franzosen). Während Sauckels Behörde in den besetzten sowjetischen Gebieten zivile Arbeitskräfte zusammentrieb und ins Reich verschleppte, unterstanden die sowjetischen Kriegsgefangenen der Wehrmacht. Allein bis Anfang September 1941 starben fast anderthalb Millionen von ihnen durch Hunger und Seuchen. Erst nachdem der deutsche Vormarsch stecken geblieben war – und nicht zuletzt auf Druck der Reichsvereinigung Kohle –, wurde im Herbst 1941 ihr massenhafter Arbeitseinsatz in Angriff genommen. Für die Russen galten beim Einsatz in Industrie und Landwirtschaft besonders diskriminierende Vorschriften, die ihrem Status am unteren Ende der nationalsozialistischen »Rassen«-Hierarchie entsprachen.[129]

Die Kohleindustrie genoss infolge einer Initiative Pleigers bei der Zuteilung sowjetischer Zwangsarbeiter oberste Priorität. Dadurch stieg der Ausländeranteil auch bei den Anhaltischen Kohlenwerken weiter an, aber die regionalen Gruppen des Flick-Unternehmens profitierten von der behördlichen Zuteilung dieser Arbeitskräfte keineswegs überdurchschnittlich; noch weniger galt dies für den Braunkohlebergbau von Mittelstahl in Lauchhammer. Der Anteil ausländischer Arbeitskräfte schwankte im Januar 1944 zwischen 26,6 Prozent (Lauchhammer) und 36,6 Prozent (Gruppe Senftenberg). Bei den Anhaltischen Kohlenwerken insgesamt betrug er 31,4 Prozent und war damit gegenüber 41 Prozent bei der Ilse oder 36 Prozent bei der Bubiag ausgesprochen niedrig. Die Zuteilung von Zwangsarbeitern entsprach also weder der wirtschaftlichen Größe noch den guten politischen Beziehungen des Flick-Konzerns.[130]

Das gilt auch für den überproportional hohen Anteil von Kriegsgefangenen, den die Anhaltische Kohle innerhalb der Branche aufwies. Der größte Teil von ihnen wurde offenbar in der Gruppe Welzow beschäftigt, wo sie zumindest bis Ende 1942 gut ein Viertel der Beschäftigten stellten. Auch in Lauchhammer hatte man frühzeitig auf den Einsatz von Kriegsgefangenen gesetzt. Die Westeuropäer unter ihnen hatten eigentlich Anspruch auf Verpflegungssätze wie die deutsche Zivilbevölkerung zuzüglich Schwerarbeiterzulagen, doch selbst hier gab es Beschwerden militärischer Stellen über viel zu dürftige Mahlzeiten.

Das Ernährungsniveau der sowjetischen Kriegsgefangenen, die völlig entkräftet aus den Wehrmachtslagern zur Schwerarbeit überstellt wurden, bewegte sich deutlich darunter. Anfang 1942 verlangte das Oberkommando der Wehrmacht von den Unternehmen die – so der übliche Jargon – »Aufpäppelung« der sowjetischen Gefangenen, denen zur Arbeitsaufnahme jegliche Kräfte fehlten. Ihre Lebensmittelrationen wurden bei den Anhaltischen Kohlenwerken daraufhin teilweise der »Normalzuteilung« angepasst, auf Fleisch und Fett hatten sie allerdings nur den halben Anspruch.[131]

Bald darauf setzte sich das Unternehmen seinerseits für höhere Zuteilungen an die »Zivilrussen« ein. Um deren Arbeitsleistung zu steigern, bot man jetzt sogar Aufstiegschancen an; ab 1943 wurden sowjetische Zwangsarbeiter auch zu handwerklichen Hilfstätigkeiten ausgebildet. Der Ausschuss für Leistungssteigerung der Bezirksgruppe, dem mit Karl Fritzsche ein Vorstandsmitglied der Anhaltischen Kohle vorsaß, konstatierte nach einer gemeinsamen Sitzung mit Vertretern der Deutschen Arbeitsfront Mitte Juni 1944, dass die Braunkohleunternehmen seit einigen Monaten »ihr Augenmerk auf die Ausschöpfung der im Menschen noch ruhenden Leistungsreserve gerichtet« hätten. Umschulungs- und Anlernmaßnahmen bezogen nun auch Kriegsgefangene ein – »nach der Devise: Der richtige Mann am richtigen Platz.« Hier schien allerdings bereits eine »gewisse Leistungsgrenze erreicht«.[132]

Seit die Wehrmacht an allen Fronten auf dem Rückzug war, schmolzen die Territorien, aus denen das Regime noch Arbeitskräfte zwangsrekrutieren konnte, immer mehr zusammen. Eine Beschwerde der Gruppe Klettwitz der Anhaltischen Kohlenwerke über die im Jahr 1944 zugewiesenen Kontingente von Ostarbeitern macht deutlich, dass bei der Rekrutierung von Zivilarbeitern nicht mehr nur völkerrechtliche, sondern auch ökonomische Kriterien ignoriert wurden. Die Transporte setzten sich mittlerweile zum großen Teil aus Frauen zusammen, die Männer waren oft über 65 Jahre; in einem Transport vom Dezember 1944 befand sich ein 80-jähriger Blinder. Viele Frauen waren krank, schwanger oder führten Kleinkinder bei sich. Russische Kinder zwischen 13 und 15 Jahren wurden von Sauckels Menschenjagdbehörde als arbeitsfähig eingestuft und zum Arbeitsdienst im Tagebau abtransportiert. In Klettwitz bat man dringend, »von weiteren solchen Transporten verschont zu bleiben«; selbst die grundsätzlich arbeitsfähigen Männer seien »krank oder mit Leiden behaftet«. Reichsvereinigung und Arbeitsamt ignorierten diesen Protest und suchten das Problem offenkundig auf das Unternehmen abzuwälzen, das sich jedoch schwertat, ganze Familien, »wo überhaupt niemand arbeitet und damit nicht einmal den Lebensunterhalt verdient«, unterzubringen und zu verpflegen.[133]

Abgesehen davon, dass die Ostarbeiter lediglich als Kostenproblem wahrgenommen wurden, ist vor allem aufschlussreich, dass die Beschwerde von der Gruppe Klettwitz und nicht von der Unternehmensleitung verfasst wurde. Die Verantwortung für den Einsatz der »Fremdarbeiter« lag primär bei den einzelnen Gruppenleitungen. Selbst innerhalb der Anhaltischen Kohlenwerke verlief die Planung des »Arbeitseinsatzes« unterhalb der Vorstandsebene. Nachdem sich regionale Gruppen über die mangelnde Koordination der Personalpolitik beschwert hatten, wurde im Februar 1942 immerhin eine Abteilung der Hauptverwaltung in Halle damit beauftragt, monatlich über »die Gesamtsituation im Arbeitseinsatz zu unterrichten«.[134]

Schon weil der Einsatz von Zwangsarbeitern Geld kostete, war auch die Konzernspitze involviert. So sandte die Gruppe Welzow im November 1940 eine Erläuterung der Kostenaufschlüsselung in den Monatsbilanzen nach Berlin, in der die »Kosten für Gefangenenlager, Baracken und Einrichtung« erläutert wurden. Weil gleichzeitig »Rekordziffern für Förderung, Produktion und Absatz« mitgeteilt wurden, gab es für Burkart keinen Anlass nachzufragen. Eine Zusammenstellung für den Aufsichtsratsausschuss vom Mai 1943 verzeichnete unter anderem Kosten für die Errichtung von Barackenlagern für 200 sowjetische Kriegsgefangene bei der Grube Elisabeth und der Gruppe Zeitz. Das zitierte Beschwerdeschreiben der Gruppe Klettwitz wurde als Umlaufkopie auch von Flick gegengezeichnet. Dass der Unternehmer und sein Berliner Stab über die Beschäftigung ausländischer Arbeitskräfte, insbesondere von Kriegsgefangenen, unterrichtet waren, steht außer Frage. Von ihren Lebensbedingungen hätte Flick ebenfalls Kenntnis nehmen können, wenn er gewollt hätte. Aber das hätte seinem unternehmerischen Selbstverständnis und der Arbeitsteilung im Konzern wohl widersprochen; auch für die Arbeitsbedingungen deutscher Arbeitskräfte interessierte sich in der Konzernspitze niemand.[135]

Das war bei den westdeutschen Steinkohlezechen nicht anders. Doch im Gegensatz zum mitteldeutschen Braunkohletagebau verhielt sich der Ruhrbergbau anfangs durchaus zurückhaltend in der Frage des Ausländereinsatzes. Angebote der Arbeitsverwaltung oder des Reichskohlenkommissars, polnische Zivilarbeiter oder Kriegsgefangene zur Verfügung zu stellen, wurden zunächst abgelehnt. Der Vorstandsvorsitzende der Essener Steinkohle Ernst Tengelmann wies im August 1940 darauf hin, »dass der Bergbau keine Ostpolen wünsche, da sie minderwertig seien und nur unter schärfstem Zugreifen zur Disziplin gebracht werden könnten«. Angesichts des wachsenden Arbeitskräftemangels und unter zunehmendem politischen Druck begannen sich die Zechen bald an den Einsatz von »minderwertigen« Arbeitern zu gewöhnen. Bei deren Verteilung auf die einzelnen Zechen hatten die Unternehmen zwar gewisse Spielräume, grundsätzlich aber wurde die Bedarfsermittlung und Zuteilung von der Bezirksgruppe Steinkohlenbergbau Ruhr kontrolliert und entsprach den jeweiligen Förderkapazitäten. Wie in der Braunkohleindustrie stellten ab Sommer 1942 auch im Steinkohlebergbau sowjetische Zivilarbeiter und Kriegsgefangene den größten Anteil an Ausländern. Ende 1941 waren gut zehn Prozent der Zechenbeschäftigten Ausländer, zwischen Ende 1942 und Sommer 1944 stieg ihr Anteil von etwa einem Viertel auf knapp 40 Prozent.[136]

Der Ausländereinsatz in Flicks Steinkohleunternehmen folgte im Großen und Ganzen diesem Trend. Noch im zweiten Quartal 1940 waren unter den etwa 15 500 Arbeitern der Harpener Bergwerksbetriebe nur 300 polnische Zivilarbeiter, vom ersten auf das zweite Quartal 1941 stieg der Anteil der Ausländer jedoch bereits von 7 auf 12 Prozent. Ende März 1943 hatte die »fremdvölkische Durchsetzung«, wie die Terminologie jetzt lautete, auf ein Viertel der Beschäftigten zugenommen, ein Jahr später 40 Prozent überschritten; damit lag sie über dem Branchendurchschnitt. Das Jahr 1942 markierte auch bei der Essener Steinkohle den Übergang zum umfassenden Zwangsarbeitereinsatz. Stellten die Ausländer am Jahresende 1941 etwa 11 Prozent der Arbeiterschaft, so betrug ihr Anteil durch den schnell gewachsenen Einsatz von Ostarbeitern und Kriegsgefangenen Mitte 1943 bereits 26 Prozent. Im Mai 1944 schließlich waren mit 5919 von 16 970 Arbeitern mehr als ein Drittel Ausländer.[137]

 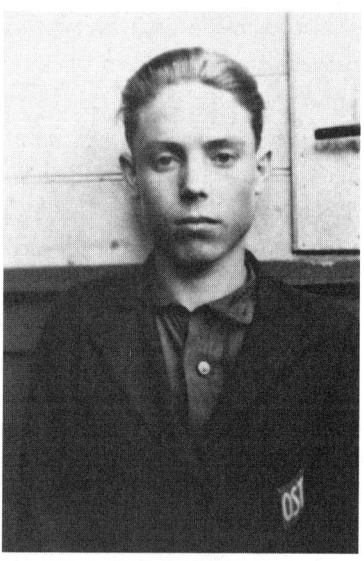

Ernst Buskühl, Harpen-General-direktor und Leiter der Bezirksgruppe Steinkohlenbergbau Ruhr.

Ausländereinsatz im Ruhrgebiet: Russischer Zwangsarbeiter der Harpen-Zeche Robert Müser.

Anders als bei den Anhaltischen Kohlenwerken, deren Ausländeranteil deutlich geringer war als bei anderen Braunkohleunternehmen, ist bei Harpen und Essener Steinkohle, die ungefähr im Branchendurchschnitt oder etwas darunter lagen, die direkte Beteiligung an »Anwerbungskommissionen« im besetzten Polen 1940 und 1941 nachweisbar. Die Vertreter der Flick-Unternehmen betrieben die Musterungen polnischer Arbeiter gemeinsam mit den Beauftragten diverser anderer Zechengruppen. Obwohl der Konzern mit dem hervorragend vernetzten Harpen-Generaldirektor Ernst Buskühl die Spitze der Bezirksgruppe besetzte, konnte er daraus keinen unmittelbaren Vorteil ziehen. Wenn Buskühl wirklich politischen Einfluss gehabt hätte, so hätte er diesen wohl zuallererst dafür genutzt, seine Stammbelegschaft vor der Einziehung zur Wehrmacht zu bewahren. Der Einsatz von Zwangsarbeitern war in jedem Fall nur die zweitbeste Alternative. In seiner Eigenschaft als Branchenvertreter bat Buskühl im September 1939 den Reichskohlenkommissar zunächst nur, dem Ruhrbergbau keine polnischen Kriegsgefangenen zuzuweisen.[138]

Nachdem die Branche 1942 zum massenhaften Einsatz von sowjetischen Zwangsarbeitern übergegangen war, engagierte Buskühl sich umso mehr für ihre möglichst effektive Ausbeutung. In den Rundschreiben der Bezirksgruppe empfahl er den Bergwerksdirektoren etwa den Übertageeinsatz sowjetischer Zivilarbeiterinnen mit dem Hinweis, dass für diese keine Arbeitsschutzbestimmungen gälten und schließlich »die Frau in Sowjetrussland auch schwerste Arbeiten« verrichte. Den Zechengesellschaften bläute er ein, »dass ohne Rücksicht jedes Mittel angewandt« werden müsse, um die Ostarbeiter im Bergbau »so rasch wie möglich auf Leistung zu bringen«. Dieses Rundschreiben vom Juli 1942 endete mit dem Hinweis, er müsse es »der Verantwortung eines jeden einzelnen überlassen, welche Mittel hierbei zu ergreifen« seien. Aus rein praktischen Erwägungen sprach sich Buskühl gegen Prügelstrafen aus, weil er fürchtete, dass entsprechende Nachrichten in die Heimatländer dringen und den weiteren Nachschub an Arbeitskräften gefährden könnten. Ansonsten aber vermittelte er den Bergwerksmanagern vor allem »die Auffassung, dass es etwas ganz Untunliches ist, wenn der Deutsche sich dazu hergibt, den Russen zu prügeln. Wenn der Russe bestraft werden muss mit Prügeln, dann ist es nicht unsere Angelegenheit, sondern Angelegenheit der Wachmannschaften und des Militärs. Solche Leute, die sich renitent verhalten, sollte man beschleunigt wieder an die Stalags abgeben, damit sie dort erzogen werden; das kann nicht unsere Aufgabe sein.«[139]

Es war Buskühl nicht verborgen geblieben, dass deutsche Arbeiter, deren Bezahlung von der Leistung der ausländischen Arbeitskräfte mit abhing, sich immer häufiger untertage an diesen vergriffen. Die Ruhrindustrie behandelte den Ausländereinsatz in den gewohnten korporativen Formen als betriebswirtschaftliches Problem. Zugleich war sie offenkundig in wachsendem Maße bereit, den Zwangsapparat des NS-Staates als Mittel zur Disziplinierung ihrer Beschäftigten zu nutzen. Das galt auch für die Verhinderung von Flucht; die »willkürliche Abkehr« von Zivilausländern wurde in den Harpener Quartalsberichten frühzeitig und regelmäßig moniert. Hier lag ein wesentlicher Grund dafür, dass die Zechenleitungen dem Einsatz sowjetischer Zivilarbeiter positiv gegenüberstanden, unterlagen diese Arbeitskräfte doch strikterer Überwachung als Westeuropäer.[140]

Die staatlichen Instanzen suchten ihrerseits der Industrie größtmögliche Verantwortung zuzuweisen. Als im Herbst 1942 die Zahl der während der Arbeit geflohenen Kriegsgefangenen massiv zunahm, forderten die Behörden die Zechen auf, für »schärfste Bewachung« zu sorgen. Man drohte damit, dass für geflohene Gefangene künftig keine Ersatzkräfte mehr gestellt würden; im Grunde sollte damit ein Teil der Disziplinargewalt über die Kriegsgefangenen, die eigentlich bei der Wehrmacht lag, auf die Unternehmen abgewälzt werden. Gegenüber Zivilausländern war die schärfste Disziplinarmaßnahme, zu der die Unternehmen greifen konnten, eine Anzeige bei der Gestapo, um die Einweisung in ein Arbeitserziehungslager zu erreichen. Davon waren zwar zunehmend auch deutsche Arbeiter betroffen, die häufiger nicht zur Arbeit erschienen, aber renitente Ausländer stellten in den Augen der Zechenleitungen offenkundig eine weit größere Bedrohung der Arbeitsdisziplin oder der Autorität der deutschen Vorgesetzten dar. Bisweilen konnte es für eine Anzeige ausreichen, dass das »Krankfeiern« eines Zwangsarbeiters »auf die anderen Barackeninsassen ungünstig« wirkte.[141]

Entsprechenden Wert legten die Zechenleitungen darauf, Kontakte von Deutschen mit Arbeitern aus der Sowjetunion oder Italien zu unterbinden. Ein Direktor der Harpen-Zeche Hugo empörte sich regelrecht darüber, dass die Russen frisch ausgegebene Ersatzarbeitskleidung gegen Butterbrote eintauschten oder zu Fußlappen zerrissen, und bekundete sein Missfallen darüber, dass italienische Militärinternierte beim Außeneinsatz »ohne jede Gegenleistung« von der umliegenden Bevölkerung Butterbrote zugesteckt bekamen. Kritik der Arbeitsbehörden an den hygienischen Zuständen in einigen Ostarbeiterlagern wurde dagegen brüsk zurückgewiesen, der Bau neuer Baracken als übertriebene »Fürsorge« abgelehnt. Zwar nahm der Leistungsdruck auch für die deutschen Bergarbeiter in der zweiten Kriegshälfte drastisch zu. Doch für die sowjetischen Kriegsgefangenen und »Fremdarbeiter« bedeuteten ungenügende Ernährung und Bekleidung, Krankheit und fehlende medizinische Versorgung, hohe Unfallrisiken und exzessive Gewalt durch deutsche Berg- und Wachleute stete Lebensgefahr. Allein von den bis Ende 1943 dem Ruhrbergbau zugeteilten 133 000 Kriegsgefangenen (inklusive der Westeuropäer, deren Todesrate weit niedriger lag) verstarben bis Mitte 1942 etwa 5 Prozent; darin sind die nicht mehr arbeitsfähigen »Todeskandidaten«, die zum Sterben an die Kriegsgefangenenlager abgeschoben wurden, nicht enthalten.[142]

Auch die maximale Ausbeutung menschlicher Arbeitskraft hatte betriebswirtschaftlich nur begrenzten Erfolg. Die Bezirksgruppe Steinkohlenbergbau Ruhr bezifferte im Oktober 1942 die Leistung eines Russen mit etwa 40 Prozent derjenigen eines deutschen Gedingearbeiters. Zusatzrationen als Prämie oder Kürzungen der Ration bei ungenügender Arbeitsleistung dürften die Effizienz zwar im Sinne der Unternehmen verbessert haben. Insgesamt ist jedoch nicht davon auszugehen, dass der Einsatz der billigen osteuropäischen und italienischen Arbeitskräfte für die Unternehmen rentabler war als die Arbeit der deutschen Stammbelegschaften, deren Arbeitsproduktivität deutlich höher lag. Das wesentliche Motiv für den Ausländereinsatz war ohnehin nicht die Steigerung der Rentabilität durch niedrige Löhne. In dieser Beziehung profitierte vor allem der Staat, der Kriegsgefangene vermietete und insbesondere die Ostarbeiter durch diverse Abschöpfungen schlicht um ihren Lohn betrog. Den Unternehmen ging es um maximale Fördermengen. Der Verlust der Stammbelegschaften durch Einberufungen konnte indes durch den Einsatz von Zwangsarbeitern nicht wirklich kompensiert werden. Der Schichtförderanteil der Untertagebelegschaft, also die verwertbare Förderung pro Schicht und Arbeitskraft, sank bei Harpen zwischen Ende 1941 und Mitte 1944 um etwa ein Fünftel. Die Fördermenge stagnierte 1942 und sank anschließend leicht; ähnlich verlief die Entwicklung in den Zechen der Essener Steinkohle.[143]

Zumindest kurzfristig verfehlte Harpen damit das zentrale Unternehmensziel dieser Jahre, nämlich den Ersatz der an die Reichswerke verloren gegangenen Zechengruppen. Der Geschäftsbericht für das Jahr 1940 verkündete noch das Ziel, den Verlust von etwa einem Drittel der Förderkapazitäten durch zügigen Ausbau der verbliebenen Zechen zu kompensieren. Aufgrund älterer Investitionen war mit diesen Anlagen zwar kurzfristig eine Fördersteigerung möglich, und der Abbau von Haldenbeständen konnte vorübergehend auch den Absatz stabilisieren. Harpens Quote an den maximalen Fördermengen, die im Rheinisch-Westfälischen Kohlensyndikat unter die Mitgliedszechen aufgeteilt wurden, war jedoch durch die Felderabgabe von 7,3 auf 5,4 Prozent gesunken. Ohne neue Förderkapazitäten war eine Erhöhung der Quote nicht möglich. Im Mai 1940 fixierte Flick deshalb mit den Harpen-Vorstandsmitgliedern Buskühl und Schmidt die »Durchführung eines verstärkten und beschleunigt durchzuführenden Neubau-Programms« mit Gesamtinvestitionen von 46 Millionen Mark, von denen allein 30 Millionen »für teilweise Wiedererrichtung der Kapazitäten« benötigt wurden. Da Harpen seit der Zechenabgabe weniger Gewinne erwirtschaftete, sollten zur Finanzierung teilweise die Erträge der Tochtergesellschaft Essener Steinkohle herangezogen werden, wo in den vorangegangenen Jahren ein größeres Investitionsprogramm durchgeführt worden war. Die Zustimmung des Essener Vorstands unter Führung des Tengelmann-Clans wurde dabei stillschweigend vorausgesetzt.[144]

Bevor das langfristig angelegte Investitionsprogramm sich in Fördersteigerungen niederschlagen konnte, bekam Harpen die Auswirkungen des Bombenkriegs zu spüren. Vom Herbst 1944 an verzeichneten große Teile der Anlagen massive Bombenschäden, am 6. Oktober wurde die Dortmunder Hauptverwaltung völlig zerstört, im Januar hatten die Luftangriffe nahezu einen Totalausfall der Zeche Robert Müser zur Folge. Im April 1945 kam der Betrieb fast zum Stillstand: Die Kohleförderung, die 1944 noch 5,2 Millionen Tonnen betragen hatte, fiel auf ganze 134 000 Tonnen. Glimpflicher kamen die Zechen der Essener Tochtergesellschaft davon, die trotz schwerer Luftangriffe im Februar und März 1945 noch erhebliche Mengen Kohle förderten. Die Syntheseanlagen ihrer Tochtergesellschaft Chemische Werke hatten nach schweren Bombenschäden bereits im September 1944 den Betrieb eingestellt; die umfassenden Wiederaufbaumaßnahmen wurden durch neuerliche Angriffe im Frühjahr 1945 zunichtegemacht. Bis dahin war das Syntheseprojekt, auf Drängen des NS-Regimes und mit staatlicher Amortisationsgarantie aufgebaut, ein glänzendes Geschäft; 1943 notierte das Aufsichtsratsmitglied Johannes Kiehl von der Deutschen Bank, die über 30 Millionen Mark teure Anlage werfe »erhebliche Gewinne« ab und sei bereits zur Hälfte abgeschrieben. Der Einstieg des Flick-Konzerns in die nationalsozialistische Autarkie- und Rüstungswirtschaft rentierte sich also bis in den Untergang.[145]

Stahl, Geschütze und Granaten

Die Eisen- und Stahlerzeugung bildete den industriellen Kern des Flick-Konzerns. Zwar hatte Flicks Selbststilisierung zum »Eisenhüttenmann« mit seiner persönlichen Tätigkeit wenig zu tun, aber von seinen Anfängen bei der Charlottenhütte über die ostoberschlesischen Engagements bis zur Übernahme der Maxhütte und der Mitteldeutschen Stahlwerke stand dieser Industriebereich doch stets im Zentrum seines Interesses und seiner finanziellen Transaktionen.

Nach dem Ausstieg aus den Vereinigten Stahlwerken in den frühen dreißiger Jahren bildete der Komplex Mittelstahl-Maxhütte den Ausgangspunkt eines eigenständigen, vertikal integrierten Konzerns. Im Rahmen der nationalsozialistischen Aufrüstungs- und Autarkiepolitik waren ihm zielsicher genuine Rüstungskapazitäten in der Zwischen- und Endfertigung angegliedert worden, so dass die Grenzen zum Verarbeitungsbereich fließend wurden. Abgerundet wurde dieser Konzernbereich durch das »arisierte« Hochofenwerk Lübeck als Eisenzulieferer und schließlich durch die von Flick beherrschten Sächsischen Gußstahlwerke Döhlen.

Anders als im Bergbau intervenierte Friedrich Flick des Öfteren bei den Vorständen dieser Unternehmen, insbesondere bei Kostensteigerungen. Die Kostenkontrolle markierte offenkundig ein zentrales Element seines unternehmerischen Selbstverständnisses. So wies Flick noch im Angesicht des totalen Zusammenbruchs im April 1945 die Leitung der Maxhütte scharf zurecht, weil sie es in der notgedrungen eingeschränkten Berichterstattung ausgerechnet an der Spezifizierung des Selbstkostenberichts hatte fehlen lassen. Schon wegen der Sachkompetenz Flicks und seines Generalbevollmächtigten Burkart stellt sich die Frage nach dem Verhältnis von zentraler und dezentraler Kontroll- und Entscheidungsmacht im Stahlsektor anders als im Bergbau, wo Leute wie Buskühl oder Hellberg der Zentrale ein deutlich größeres Fachwissen voraushatten. Schon der Einstieg in die Rüstungsproduktion in Donauwörth, Gröditz oder Brandenburg war nicht im Alleingang von den jeweiligen Unternehmensvorständen betrieben worden, sondern ein ganz wesentlich von Flick und dem mittlerweile ausgeschiedenen Otto Steinbrinck verantwortetes Projekt gewesen.[146]

Der Staat als wichtigster Kunde: Stahl aus Brandenburg an der Havel für die benachbarte, vom Reich finanzierte Panzerproduktion.

Anders als der Bergbau wuchs der Eisen- und Stahlsektor des Konzerns bis ins letzte Kriegsjahr. Vor allem in der Phase des Vierjahresplans und der »Blitzkriege« verzeichnete der Stahlkern ein enormes Wachstum: Die Rohstahlerzeugung wuchs zwischen den Geschäftsjahren 1937/38 und 1940/41 um mehr als die Hälfte, von 1,5 auf 2,3 Millionen Tonnen. Dieses Wachstum fand allerdings nur zum Teil in den eigentlichen Konzernwerken Mittelstahls (Riesa, Gröditz und in geringem Umfang Lauchhammer), der FKG (Brandenburg und Hennigsdorf) und der Maxhütte (Rosenberg, Haidhof und Unterwellenborn) statt. Die Erzeugung stieg hier lediglich bis auf eine Spitze von 1,66 Millionen Tonnen. Innerhalb des Konzerns verschob sich das Schwergewicht nach Gröditz und Brandenburg an der Havel, wo ein Großteil des Stahls für die unmittelbar benachbarte Weiterverarbeitung zu Rüstungsgütern geschmolzen wurde; der Anteil der beiden Werke an der Gesamterzeugung machte 1942 schon rund ein Drittel aus.

Flicks Expansion in die Rüstungszulieferung zahlte sich also aus, während die seit Längerem betriebenen Stahlwerke an Wachstumsgrenzen stießen. Die Roheisenerzeugung ging sogar wegen der besonders problematischen Rohstoffzufuhr seit Kriegsbeginn in Lübeck und Kratzwieck ebenso deutlich zurück wie in Unterwellenborn. Erst in diesem Zusammenhang wird die volle Bedeutung der Akquisitionen kurz vor Kriegsbeginn und während des Krieges deutlich: Döhlen erhöhte die Jahresproduktion des Flick-Konzerns an Rohstahl seit 1939/40 schlagartig um rund 200 000 Tonnen, Rombach schon im ersten Geschäftsjahr 1940/41 um über 440 000 Tonnen bei steigender Tendenz. 1941 zog Flick deshalb in der Rangfolge der größten Stahlerzeuger an Krupp vorbei und rückte durch die neuen Angliederungen auf Platz drei hinter den Vereinigten Stahlwerken und den Reichswerken. Der Umsatz von Mittelstahl, den beiden Brandenburger Werken und der Maxhütte hatte sich zwischen den Geschäftsjahren 1928/29 und 1940/41, bei einer Erhöhung der Beschäftigtenzahl von 18 739 auf 27 393, von 180 auf 332 Millionen Mark nahezu verdoppelt. Die Kapazität der alten Werke war damit allerdings nahezu ausgereizt, ihre Stahlproduktion nur noch marginal zu steigern. [147]

Größere Investitionen waren jenseits der reinen Rüstungsbetriebe kaum möglich, weil dafür weder Maschinen oder Baumaterialien noch die erforderlichen Arbeitskräfte zugeteilt wurden. Anpassungen in der staatlichen Produktionslenkung und eine massive Rationalisierung zugunsten von Großunternehmen konnten zwar das grundsätzliche Dilemma der überdehnten gesamtwirtschaftlichen Kapazitäten nicht lösen, ermöglichten aber vielerorts kurzfristige Produktionserhöhungen. Während den Aufsichtsratsmitgliedern von Mittelstahl und Maxhütte am Ende des Geschäftsjahres 1941/42 noch ein Erzeugungsrückgang um 5 Prozent mitgeteilt werden musste, der vor allem aus der mangelhaften Kohle- und Schrottversorgung resultierte, war dieser Einbruch am Ende des folgenden Geschäftsjahrs zumindest bei Mittelstahl mehr als ausgeglichen. [148]

Erst im September 1944 erreichten die sächsischen Flick-Werke ihren maximalen Ausstoß. Auch bei der Maxhütte stieg die Leistung der Walzwerke noch bis 1944 an, wobei vor allem die unmittelbare Rüstungszulieferung wuchs. Diese Verschiebung der Absatzstruktur verstärkte sich gegen Kriegsende weiter. Als im Februar 1945 die Kapazitäten in Rosenberg und Unterwellenborn mangels Brennstoff nur noch zu etwa einem Drittel ausgelastet werden konnten, gingen schließlich 80

Prozent des Rohstahls in die Weiterverarbeitung zu Munitionshülsen. Kriegsschäden, Rohstoffmangel und fehlende Transportkapazitäten bewirkten jetzt auch in den Werken der »Havelgruppe« drastische Produktionseinbrüche. Die Stahlerzeugung ging zwischen Oktober 1944 und Januar 1945 um etwa ein Drittel zurück, nachdem sie auch hier gerade erst ihren Höhepunkt erreicht hatte.[149]

Die allgegenwärtige Knappheit an Produktionsfaktoren führte keineswegs zum völligen Verzicht auf Modernisierungen. Ein prägnantes Kennzeichen der Konzernentwicklung war vielmehr der gezielte Ausbau des besonders hochwertigen Elektrostahlsegments, das für die Rüstung, aber auch im Hinblick auf zivile Nachkriegsmärkte von zentraler Bedeutung war. Der Anteil von Mittelstahl, Maxhütte und Döhlen an der deutschen Elektrostahlproduktion stieg in dem kurzen Zeitraum zwischen 1938 und 1941 von knapp 9 auf 19 Prozent. Flick begab sich also gerade im ertragsträchtigen Qualitätsstahlbereich verstärkt in die Konkurrenz zu den Ruhrwerken. Noch deutlicher zu erkennen ist dies am Anteil der Elektrostahlerzeugung an der gesamten Rohstahlproduktion des Konzerns, der sich zwischen den Geschäftsjahren 1937/38 und 1940/41 nahezu verdreifachte und auf knapp 12 Prozent anstieg.[150]

Diese Ausrichtung wurde offenbar nicht nur von den einzelnen Werken, sondern auch von der Konzernspitze vorangetrieben. Nur in Hennigsdorf war schon vor Flicks Einstieg Elektrostahl erzeugt worden; in Gröditz begann man damit 1929/30, in Sulzbach-Rosenberg 1934/35, in Brandenburg/Havel und Unterwellenborn 1937/38, in Lauchhammer 1939/40. Der bei Weitem größte Produzent von Elektrostahl im Konzern wurde binnen kürzester Zeit das Maxhütte-Werk im thüringischen Unterwellenborn, wo der Anteil bis 1943 auf 21 Prozent stieg. Auch die massive Produktionssteigerung in Gröditz erfolgte auf der Grundlage einer umfassenden Modernisierung, in deren Verlauf zwei der sechs alten Siemens-Martin-Öfen durch Elektroöfen ersetzt worden waren.[151]

Die wachsende Bedeutung der eigentlichen Rüstungsfertigung kann angesichts der militärischen Entwicklung nicht erstaunen. 1942 standen die Flick-Werke bei der Fertigung von Gehäusen und Aufbauten für Panzerwagen »an der Spitze sämtlicher deutschen Fabriken«, wie eine Selbstdarstellung mit einigem Stolz vermerkte; bei der Geschossherstellung lag der Konzern hinter den Vereinigten Stahlwerken an zwei-

ter Stelle. Die Mittelstahl- und Maxhütte-Werke fertigten ebenso wie
Rombach Granaten und Geschossknüppel, Riesa außerdem Torpedos
und Teile für U-Boote; in Brandenburg, Hennigsdorf und Spandau
wurden Panzerteile und Stahlbleche für den Flugzeugbau gefertigt, in
Freital Granaten und Gewehrläufe. Flick erklärte nach dem Krieg, die
wesentlichen Rüstungslieferungen der Stahlwerke hätten »erst im Kriege
eingesetzt«. Dabei handelte es sich um eine bewusste Verschleierung des
gezielten Einstiegs in die Rüstung seit 1933. Kaum weniger fragwürdig
waren seine Angaben zum Konzernumsatz in den Kriegsjahren, der sich
einschließlich der vom Reich gepachteten Betriebe und Rombachs auf
1,12 Milliarden Mark belaufen haben sollte. Den Anteil von »Kriegs-
materiallieferungen« bezifferte er immerhin auf 28 Prozent; sie hätten
zum Bruttogewinn des Konzerns in Höhe von 190 Millionen Mark aber
nur 9 Prozent beigetragen.[152]

Das war zweifellos eine starke Untertreibung. Zwar versuchte die
Rüstungsbürokratie während des Krieges verstärkt, die Gewinnmargen
der Unternehmen zu kontrollieren und durch höhere Abgaben ab-
zuschöpfen. Aber auch unter diesen Bedingungen eröffneten sich erhebliche Gewinnmöglichkeiten, und gleichzeitig konnte man durch kriegswichtige Investitionen die Rationalisierung der Werke vorantreiben.
Allein die Werke des alten Stahlkerns von Mittelstahl, Maxhütte und
FKG, die allemal rentabler gearbeitet haben dürften als der notorisch
ertragsschwache Steinkohlebergbau, erwirtschafteten in den Geschäftsjahren 1939/40 bis 1943/44 regelmäßig steigende Bruttoüberschüsse von
zusammen 422 Millionen Mark. Nach Abzug der drastisch ansteigenden
Gewinnsteuern und unter Berücksichtigung von Zinsen, Verwaltungs-
kosten und Abschreibungen blieben davon allerdings nur 112 Millionen
übrig.[153]

Die reinen Rüstungsbetriebe, die der Konzern von der staatlichen
Verwertungsgesellschaft für Montanindustrie gepachtet hatte, warfen
laut Flick »keine Überschüsse von Bedeutung« ab. Das war im Vergleich
mit den Gewinnen der Stahlwerke durchaus nicht falsch. Die Maschinenfabrik Donauwörth überwies der Maxhütte beispielsweise als Ertrag
des Geschäftsjahres 1943/44 gut eine halbe Million Mark, nachdem fast
drei Viertel des Gewinns durch den Staat abgeschöpft worden waren.
Die nicht eben kleinen Brandenburger Eisenwerke, denen 1943 noch ein

Werk zur Fertigung von Panzerjägern im nahe gelegenen Kirchmöser angegliedert wurde, erwirtschafteten in den Geschäftsjahren 1939/40 bis 1942/43 einen Reingewinn von etwa 2,7 Millionen Mark; auch davon gelangte nur ein Teil zur Ausschüttung. Die Spandauer Stahlindustrie wies, nachdem sie 1943 die Anlaufphase überwunden hatte, einen bescheidenen Reingewinn aus, der gar nicht erst ausgeschüttet wurde und hinter dem sich zudem ein Verlust aus dem laufenden Geschäft versteckte.[154]

Aus den gepachteten Werken flossen dem Konzern also tatsächlich keine Unsummen zu. Wichtiger war ihr indirekter Beitrag zum Konzernerfolg, denn ihr Betrieb war frei von unternehmerischen Risiken, und sie waren sichere Abnehmer für die Stahl- und Blecherzeugung der Flick-Unternehmen. Schon die parallele Geschäftsführung in Brandenburg und Spandau widerlegt die spätere Schutzbehauptung Burkarts, »die Einstellung der Flick-Gruppe bei der Frage der Aufrüstung« sei eher vorsichtig abwartend gewesen und man habe immer Wert gelegt auf eine klare Trennung der Stahl- und Blecherzeugung von der Endfertigung. Überdies konnten Erweiterungen konzerneigener Werke, die den Montanunternehmen als Zulieferer dienten, zumindest teilweise aus öffentlichen Mitteln finanziert werden. Und sofern hier Produktionslinien errichtet wurden, die später für den Nachkriegsmarkt umzurüsten waren, konnte der Konzern bereits auf den Kauf der gepachteten Betriebe nach Kriegsende hinarbeiten. Deshalb – und nicht aus politischen Motiven – bot es sich an, weiter in diesem Bereich zu expandieren.[155]

Das galt insbesondere für die Spandauer Stahlindustrie, die mitten im Krieg zu einem hochmodernen Stahlwerk ausgebaut wurde. Ursprünglich hatte das Heereswaffenamt den Bochumer Verein mit dem Aufbau eines solchen Werks beauftragt. Aus ungeklärten Gründen stieg das Ruhrunternehmen aus, nachdem die Bauten nahezu fertiggestellt waren. Im März 1941 erfolgte die »treuhänderische Übernahme« durch Mittelstahl Brandenburg, kurz darauf wurde Rudolf Hennecke zum Spandauer Geschäftsführer bestellt. Hennecke wiederum beförderte mit dem Ingenieur Karl Schilcher einen engen Mitarbeiter in die operative Leitung, der sich zuvor beim Ausbau von Brandenburg Verdienste erworben hatte. Die Personalunion in der Geschäftsführung war Ausdruck eines konzerninternen Lieferzusammenhangs: Spandau produzierte unmittelbar für die Brandenburger Panzerproduktion sowie für Hennigsdorf und die Sächsischen Gußstahlwerke; für die Spandauer Stahlgießerei wurde gleich die ganze Stammbelegschaft der bisherigen Gießerei der Brandenburger Eisenwerke samt Einrichtungen übernommen. Offenkundig war Flick ernsthaft an einem späteren Erwerb der modernen Anlagen für den Konzern interessiert.[156]

Spandau stand beispielhaft für die immer intensivere Kooperation mit der staatlichen Rüstungswirtschaft. Die Betriebsgesellschaft Spandauer Stahlindustrie trat nicht nur als Pächterin der reichseigenen, von der Montan verwalteten Anlagen auf, sie unterhielt auch Liefer- und Verarbeitungsbeziehungen mit dem benachbarten Spreewerk, einer Tochtergesellschaft der Montan und der Viag-Tochter Deutsche Industrie-Werke. Flick trieb die Ausdehnung seines Konzerns in das Berliner Rüstungszentrum zielstrebig voran: Das Spreewerk wurde schließlich mitsamt dem vom Heereswaffenamt entsandten Geschäftsführer Erich Purucker von der Spandauer Stahlindustrie übernommen. Das unternehmerische Risiko lag freilich weiterhin beim Staat. Die Spandauer Stahlindustrie blieb eine reine Betriebsgesellschaft, die zu 51 Prozent Mittelstahl und zu 49 Prozent der Montan gehörte; die Produktionsanlagen aber, die im Sommer 1945 von den Alliierten beschlagnahmt wurden, verblieben im Reichseigentum.[157]

Ebenfalls mit Blick auf langfristige Verbundeffekte betrieb der Flick-Konzern die Übernahme des Granatenpresswerks II der Maschinenfabrik Donauwörth in Unterwellenborn. Das Werk stand nicht zufällig in der Nähe eines konzerneigenen Stahlwerks. Die Maxhütte hatte sich 1938 bereit erklärt, neben dem Montanbetrieb eigene Anlagen zum Pressen und Bearbeiten von Granathülsen zu erstellen, die als »Abteilung Presswerke Thüringen« firmierten; die Investitionen sollten sich über Aufschläge auf den Lieferpreis amortisieren. Das Montanpresswerk war zunächst nach dem üblichen Schema an Donauwörth verpachtet worden. Schon 1941 bemängelte der Reichsrechnungshof, die von der Maxhütte betriebene enge Verzahnung der Infrastruktur ziele offensichtlich auf eine dauerhafte Übernahme des heereseigenen Werks durch den Flick-Konzern. Dieses Ziel erreichte Flick allerdings nicht, die Maxhütte konnte nur das Umlaufvermögen des Werks aufkaufen, während die Produktionsanlagen Heereseigentum blieben. Man darf davon ausgehen, dass diese Teilübernahme nur eine vorläufige Lösung darstellte, plante die Konzernleitung doch just zu dieser Zeit auch den Kauf Donauwörths nach Kriegsende.[158]

In beiden Fällen, Spandau und Unterwellenborn, lässt sich heute nicht mehr nachvollziehen, ob die Vorstände in Brandenburg beziehungsweise Sulzbach-Rosenberg oder die Berliner Konzernleitung die Verschmelzung eigener Werke mit Montanbetrieben forcierten, um diese später aufkaufen zu können. Deutlicher wird das Zusammenspiel zwischen Zentrale und Unternehmensleitung bei der Freitaler Stahl-Industrie (FSI), einer vollständig auf die Herstellung von Munition spezialisierten Tochter der Sächsischen Gußstahlwerke Döhlen. Der umtriebige Döhlen-Chef Gerhard Bruns war als Vorsitzender des Munitionsausschusses für Sachsen, später des entsprechenden Reichsausschusses, in die Rüstungsplanung integriert; möglicherweise wollte der ehrgeizige Manager diese Position nutzen, um sein unternehmerisches Standing auszubauen. Jedenfalls war es Bruns, der zunächst mit dem Oberkommando des Heeres und dann mit dem sächsischen Wirtschaftsministerium über die Gründung eines reinen Munitionsbetriebs als Tochterunternehmen Döhlens verhandelte.

Bruns' Verhandlungen wurden von Flick und Burkart lediglich abgesegnet und mit guten Ratschlägen unterstützt. Schon während der Verhandlungen über Flicks Teilübernahme der Sächsischen Gußstahlwerke war klar gewesen, dass Bruns deren Rüstungskapazitäten massiv ausbauen wollte. Im April 1939 empfahl Burkart dem Vorsitzenden des Döhlen-Vorstands, bei der Finanzierung auf die Erfahrungen von Mittelstahl in Gröditz zurückzugreifen, und dies legte er ihm auch für die Verhandlungen über die Gründung einer neuen Rüstungstochter nahe. Das Grundkapital der im Dezember 1939 gegründeten Freitaler Stahl-Industrie GmbH lag schließlich vollständig bei den Sächsischen Gußstahlwerken, die ersten Anlagen wurden durch Darlehen des Heeres finanziert.[159]

Nach vorübergehendem Zögern des Militärs angesichts der erfolgreichen »Blitzkriegs«-Feldzüge begann 1941 der zügige Ausbau des Rüstungsunternehmens. Das Heer beauftragte die FSI zunächst mit der monatlichen Produktion von 25 000 Granaten und 4000 Bomben. Die

von Bruns veranschlagten Ausbaukosten von immerhin 18 Millionen
Mark wurden teils über ein zinsloses Darlehen und eine staatliche Beihilfe, teils durch Übereignung der angeschafften Maschinen an das
Reich finanziert; auch die erhebliche Überschreitung der Baukosten
wurde knapp zur Hälfte vom Staat getragen. Als im Frühjahr 1944 infolge des wachsenden Munitionsbedarfs weitere Ausbauten anstanden,
beliefen sich die voraussichtlichen Kosten auf 29 Millionen Mark, von
denen die FSI nur knapp 1,8 Millionen selbst zu finanzieren hatte. Für
dieses Restrisiko galt jedoch die »Kriegswagnisklausel«: Sollten die von
diesem Geld angeschafften Maschinen überflüssig werden, weil die
Wehrmachtsaufträge ausblieben, mussten sie dem Unternehmen vom
Reich abgekauft werden.[160]

Großartige Erträge warf das Unternehmen nicht ab, in den Geschäftsjahren 1942/43 und 1943/44 fielen Reingewinne von gerade
60 000 Mark an. Schon deshalb lag es nahe, dass der Aufsichtsrat den
Vorschlag der militärischen Stellen ablehnte, die reichseigenen Anlagen
in eigenen Besitz zu übernehmen. Vor allem stellten diese aber »einen
reinen Einzweckbetrieb für die Geschossfertigung« dar, über dessen In-
tegrationsfähigkeit in einen Flick-Konzern der Nachkriegsära beträchtliche Zweifel bestanden. Erledigt hatte sich mittlerweile die Überlegung
einer späteren Fusion mit Döhlen, die 1939 noch im Raum gestanden
hatte. Bruns leitete die FSI gemeinsam mit dem Döhlener Hüttendirektor Max Lobe; der Aufsichtsrat setzte sich aus Vertretern der beiden
Döhlen-Anteilseigner Mittelstahl und Sachsen zusammen. Zu Interventionen der Konzernleitung kam es offenbar nur, wenn der verlässliche Bruns die Finanzen nicht ganz im Griff zu haben schien. So gab
Kaletsch 1943 Ratschläge für die steuergünstige Gestaltung der Gewinn-
und Verlustrechnung. Es war bezeichnend für das rüstungswirtschaftliche Kalkül des Konzerns, dass Odilo Burkart sich im Frühjahr 1945 bei
Bruns darüber beschwerte, dass der Freitaler Jahresabschluss überhaupt
einen steuerlichen Gewinn und eine Ausschüttung auswies, obwohl die
Anlagen »nach Beendigung des Krieges noch nicht einmal Schrottwert«
hätten. Die Bilanzierung des Munitionsunternehmens berührte die ur-
eigene Domäne der Bellevuestraße.[161]

Ansonsten konnte Bruns seiner Eigeninitiative freien Lauf lassen,
wie die Gründung eines weiteren Tochterunternehmens mit der Chem-

nitzer Auto Union zeigt. Gemeinsam mit deren Vorstandsvorsitzendem Richard Bruhn, ebenfalls einer prominenten Figur der sächsischen Wirtschaft und Mitglied des Döhlen-Aufsichtsrats, errichtete Bruns im März 1944 die Schmiedewerk Pirna GmbH. Auf einem zuvor als Bombenlagerplatz genutzten Gelände des Pirnaer Stahlwerks wurde eine Gesenkschmiede aufgebaut, die vor allem Schmiedestücke für die Luftwaffe liefern sollte. Die mittelfristigen Ausbaukosten sollten sich auf 9,5 Millionen Mark belaufen; die erste Bauphase wurde durch eine Beihilfe des Reichsluftfahrtministeriums finanziert, und auch hier wurden eventuelle Fehlinvestitionen durch die Kriegswagnisklausel abgefedert.[162]

Der Kapazitätsausbau im Rüstungsbereich bedurfte also nicht unbedingt einer koordinierten Wachstumsstrategie des Konzerns, er konnte ebenso dem Eigeninteresse der einzelnen Unternehmen folgen. Dabei war es natürlich Augenwischerei, wenn Flick gegenüber Otto-Wolff-Chef Siersleben behauptete, in seinem Konzern würden alle »kriegswichtigen Aufträge ohne jede Rücksicht darauf gebucht und schnellstens ausgeführt, ob die Preise günstig oder ungünstig« seien, ja es gelte, aus Vaterlandsliebe »die Preise und Spannenmöglichkeiten in allen Fällen kriegsmäßig gering« zu halten. Seine patriotische Rhetorik, »die kriegswichtige Leistung« müsse »der Punkt sein und bleiben, auf den es ankommt«, hatte jedoch einen handfesten Hintergrund: Rüstungsaufträge rechtfertigten Investitionen, und in der Mangelwirtschaft kam es darauf an, Kapazitäten zu horten, die auch unter den erhofften Marktbedingungen der Nachkriegszeit ertragreich sein würden – wie eben die Elektrostahlherstellung in Spandau oder Gröditz.[163]

Flick und Burkart waren schon deshalb in die Produktionsprogramme der einzelnen Unternehmen involviert, weil daraus Investitionskosten resultierten. Einen Einblick in die konzerninterne Arbeitsteilung bieten die Überlegungen zur Aufnahme der Produktion von Flugzeugstählen Anfang 1941. Ernst Wiegand fasste in einer gemeinsamen Sitzung des Mittelstahl-Vorstands mit Flick, Burkart und Hahl die bisherigen Überlegungen zusammen und stellte die potenziellen Kosten vor. Nicht zuletzt weil ein entsprechender Kapazitätsausbau zugleich die Gröditzer Ausrichtung auf Qualitätsstähle vorantrieb, erteilte Flick dem Vorstand die Genehmigung, die Verhandlungen mit den Instanzen der Luftrüstung fortzusetzen. Gutgeheißen wurde auch die Ausarbeitung weiterer Investitionsprogramme für den Bau von Radsätzen und U-Boot-Körpern.[164]

Erstellt wurden solche konkreten Entwicklungskonzepte regelmäßig in den Vorständen vor Ort, wo man auch entsprechende politisch-militärische Kontakte pflegte. Diese Netzwerke ließen sich bei Bedarf mit Berliner Hilfestellung ausbauen, indem Burkart etwa Gerhard Bruns wegen der geplanten Erweiterung einer Drahtzieherei den nötigen Kontakt in die Reichsstelle für Wirtschaftsausbau vermittelte. Umgekehrt ließen sich Bruns' Informationsvorsprünge nutzen, um die Granatenproduktion in Gröditz beizeiten auf künftige Anforderungen auszurichten und die Bewerbung um entsprechende Aufträge vorzubereiten. Die konzerntypische Kombination von dezentraler Initiative und zentraler Koordinierung erwies sich als ein wirksames Instrument zur parallelen Interessenvertretung auf verschiedenen Ebenen. Die Konzernspitze war zwar stets auf Expertenwissen und Initiative der einzelnen Vorstände angewiesen, die jeweils ihre eigenen politischen Kontakte unterhielten, doch schalteten Flick und Burkart sich in strategisch wichtige Verhandlungen etwa mit dem Heereswaffenamt ein. Das war nicht zuletzt Ausdruck von Flicks Kontrollanspruch; so verschickte der Konzernchef im November 1942 persönlich den energischen Aufruf an alle Stahlwerke des Konzerns, es sei im Interesse der Kriegswirtschaft »dringend notwendig, die Rohstahlerzeugung mit allen Mitteln zu steigern« und die Rohstahlbestände auch auszuwalzen. Offenbar aufgeschreckt durch die Tatsache, dass das Rüstungsministerium sich mittlerweile laufend von den einzelnen Werken die Lagerbestände berichten ließ, verlangte Flick umgehend Bericht von den Werksleitungen.[165]

Eine Produktionssteigerung »mit allen Mitteln« musste den verstärkten Einsatz ausländischer Zwangsarbeiter einschließen, der zu dieser Zeit auch in anderen Eisen- und Stahlunternehmen die Arbeitswelt prägte. Unter den Stahlunternehmen des Flick-Konzerns gab es, anders als im Bergbau, gelegentliche Versuche einer koordinierten Beschaffung von Arbeitskräften. Der umtriebige Bruns hatte schon im September 1940 den Dresdner Wehrwirtschaftsinspekteur Walter Witting als Lobbyisten für die Sächsischen Gußstahlwerke und Mittelstahl angeheuert. Mit einiger Verspätung gegenüber anderen Unternehmen (allen voran den Vereinigten Stahlwerken) schickte der Flick-Konzern den Generalmajor a. D. im Herbst 1942 nach Paris, um seine Interessen bei den Arbeitseinsatzbehörden zu vertreten und die Aussichten für eine direkte Anwerbung französischer Arbeitskräfte zu sondieren. Da Witting selbst keine Initiative entwickelte, aber zu verstärkter Präsenz riet, entsandte man den Gröditzer Ingenieur Alfred Klaar als »Werber« für den Konzern nach Paris und von dort Anfang 1944 mit gleichem Auftrag nach Italien. Sowohl Klaar als auch zwei Abgesandte der Maxhütte blieben jedoch in beiden Ländern erfolglos.[166]

Obwohl das Zusammenspiel zwischen Burkart und Bruns bei diesen koordinierten Anwerbungsversuchen reibungslos verlief, blieben sie die Ausnahme. Gerade bei der Beschaffung von Arbeitskräften war die lokale oder regionale Vernetzung der einzelnen Unternehmen von entscheidender Bedeutung; ein herausragendes Beispiel dafür waren wiederum Bruns' gute Beziehungen zu den sächsischen Arbeitsbehörden. Allein durch den Einsatz von Zwangsarbeitern waren die Grundprobleme der Kriegswirtschaft freilich nicht zu beseitigen. Engpässe in der Zulieferung oder die Verschlechterung der Schrottqualität ließen sich durch zusätzliche Arbeitskräfte nicht kompensieren. Hinzu kam, dass die Zwangsarbeiter – falls sie für die schwere körperliche Arbeit in den Stahl- und Walzwerken überhaupt hinreichend bei Kräften waren – oft nicht für die anfallenden Tätigkeiten ausgebildet waren. Mitte 1942 wurde in der Konzernzentrale bilanziert, dass in den Stahlwerken »ein zur Wehrmacht einberufener deutscher Facharbeiter nur in den allerseltensten Fällen durch einen ausländischen Arbeiter vollwertig ersetzt werden« konnte. Häufig müsse für den Ersatz der Arbeitsleistung eher mit zwei Ausländern kalkuliert werden.[167]

Solche Berechnungen ähnelten den Beschwerden der Zechenleitungen im Ruhrbergbau, wo sich die Leistungsfähigkeit der Zwangsarbeiter unmittelbar auf die Förderleistung auswirkte. Zwischen der Produktivität der Eisen- und Stahlwerke und dem Umfang des Ausländereinsatzes bestand jedoch kein unmittelbarer Zusammenhang. In Gröditz etwa, wo der Ausländeranteil besonders hoch war, stieg die Stundenleistung der Siemens-Martin-Werke zwischen 1938/39 und 1942 um ein Viertel, während sie in Döhlen und Riesa deutlich sank. In gewissem Umfang ließ sich der mangelnden Qualifikation außerdem durch werksinterne Anlern- und Umschulungsmaßnahmen begegnen, die angesichts der

immer knapper werdenden Arbeitskraftreserven in den späteren Kriegsjahren zunahmen. Bei den Sächsischen Gußstahlwerken, wo das Arbeitsamt »gründliche Umschulungsmaßnahmen« forderte statt passende
Arbeitskräfte anzubieten, ließ der Arbeitseinsatzingenieur noch Ende
1944 die Ausländer »kurzfristig für ihre Neuarbeit abrichten«.[168]

Dazu gab es umso weniger Alternativen, je weiter der Ausländeranteil
stieg. Bei den Sächsischen Gußstahlwerken schnellte er zwischen dem
ersten und dem zweiten Halbjahr 1942 von 11,4 auf 28,7 Prozent hoch,
in den Mittelstahl-Betrieben zwischen Oktober 1941 und Oktober 1942
von 12,8 auf 26,3 Prozent. Bei der Maxhütte, die sich relativ früh um
größere Kontingente an sowjetischen Kriegsgefangenen bemüht hatte,
waren im August 1942 bereits 33,6 Prozent erreicht. Bis 1943/44 stiegen
die Ausländeranteile dann teils auf mehr als die Hälfte der effektiven
Arbeiterschaft an. Im Elbingeroder Erzbergbau der Mittelstahl-Gruppe
wurde sogar zeitweise ein Anteil von über 70 Prozent erreicht. Aber
auch die Quoten von Flicks Stahlwerken lagen zum Teil deutlich über
dem Durchschnitt der Branche und erheblich über den Ausländer-
anteilen in Krupps Essener Gußstahlfabrik oder den Hüttenbetrieben
der Oberhausener Gutehoffnungshütte.[169]

Das lässt sich insgesamt wohl nur darauf zurückführen, dass die
Eisen- und Stahlunternehmen des Flick-Konzerns sich besonders aktiv um die Zuweisung ausländischer Arbeitskräfte bemühten. Deutlich über dem Durchschnitt der Konzernunternehmen lagen vor allem
diejenigen Werke, die während des Krieges für Rüstungszwecke und
unter den Bedingungen eines weitgehend geräumten deutschen Arbeitsmarkts auf- oder ausgebaut wurden. Während der Anteil ausländischer
Arbeiter und Arbeiterinnen in der Donauwörther Granatenfertigung
noch 1943/44 etwa im Rahmen der älteren Stahlwerke lag, zeigten die
Brandenburger Eisenwerke, wie stark die Auslastung größerer Kapa-
zitätserweiterungen vom Ausländereinsatz abhing: Im November 1941
waren unter den 2117 Arbeitern nur 267 Ausländer, darunter vor allem
Polen und Italiener. Gut zwei Jahre später, nach einem massiven Ausbau
des Panzerwerks und der Inbetriebnahme des Zweigwerks Kirchmöser,
betrug der Anteil ausländischer Zivilarbeiter und Kriegsgefangener hingegen 56 Prozent, im Februar 1945 gar zwei Drittel. Ähnlich spiegelte
sich unter den Werken der Lauchhammergruppe die rasche Expansion

von Gröditz, dem am stärksten rüstungsorientierten Betrieb, in einem deutlich überdurchschnittlichen Ausländeranteil, der sich Ende 1944 auf 56 Prozent belief.[170]

In Spandau wurden schon die Probleme beim Anlaufen der Produktion 1942/43 wesentlich auf einen »hohen Anteil ungelernter, insbesondere ausländischer Arbeitskräfte« zurückgeführt. Im November 1943 waren unter den 2562 Arbeitern und Angestellten nur 654 Deutsche, und bei ähnlichen Größenordnungen blieb es bis gegen Kriegsende; ohne Berücksichtigung der Angestellten, die ganz überwiegend Deutsche waren, belief sich der Anteil der Ausländer Anfang 1945 gar auf 85 Prozent. Ebenso augenfällig wie in Spandau war der enge Zusammenhang zwischen Zwangsarbeitereinsatz und Ausbau der Rüstungskapazitäten bei den beiden während des Krieges gegründeten Tochtergesellschaften der Sächsischen Gußstahlwerke. Die Freitaler Stahl-Industrie beschäftigte im August 1944 immerhin noch 1098 deutsche Arbeiter und Angestellte gegenüber 1800 Ausländern. Das eben erst gegründete Schmiedewerk hingegen hatte zu dieser Zeit nur einen deutschen Beschäftigtenanteil von gut 16 Prozent. In der Aufbauphase, Ende März 1944, standen gar einem einzigen deutschen Facharbeiter 321 italienische Militärinternierte gegenüber. Allerdings gab es auch eine klare Ausnahme von der Regel, dass für die Ausländerquote vor allem der Anteil der Rüstungsfertigung maßgeblich war: Beim mittelständischen Landmaschinenhersteller Fella im bayerischen Feucht, dem einzigen größeren Flick-Unternehmen mit rein zivilem Programm, waren bereits 1942 fast zwei Drittel der gut 1000 Arbeiter Kriegsgefangene.[171]

Schon die massive Zunahme der Ausländeranteile im Laufe des Jahres 1942 macht deutlich, dass auch in der Eisen- und Stahlindustrie Ostarbeiter und sowjetische Kriegsgefangene in der zweiten Kriegshälfte den wesentlichen Teil der neu hinzukommenden Zwangsarbeiter stellten. Wegen der mangelnden Ausbildung und des Gesundheitszustands verschärfte das nicht nur die betriebswirtschaftlichen Effizienzprobleme, es veränderte auch drastisch den Alltag in den Werken. Als etwa im August 1942 ein Vertreter des regionalen Rüstungskommandos die Maxhütte besuchte und dabei eine »Überfremdung« durch eine Ausländerquote von mehr als 30 Prozent feststellte, forderte er eine sofortige Aufstockung des unternehmenseigenen Werkschutzes von 28 auf 40 Mann. Der Beitrag der Wehrmacht zur Erhöhung der Werkssicherheit bestand in zusätzlichen Gewehren samt Munition für Schießübungen. In den Lagern der Sächsischen Gußstahlwerke für ausländische Zivilarbeiter und Kriegsgefangene lebten Ende 1944 gut 4000 »arbeitsfähige Leute«, für deren Bewachung und Versorgung allein 244 weitere Kräfte benötigt wurden. Im Februar 1945 eskalierte die Situation bis zur Erschießung von Ostarbeitern durch die Gestapo; eine Untersuchung nach Kriegsende sprach die Unternehmensleitung allerdings von der Mitverantwortung frei.[172]

Körperliche Gewalt war nicht nur in den Lagern, sondern zum Teil auch an den Arbeitsplätzen eine ständige Begleiterscheinung der Zwangsarbeit. Dabei gab es allerdings erhebliche Unterschiede zwischen den Einsatzorten und nach der Herkunft der Ausländer. Während Ostarbeiter in Spandau offenbar regelmäßig von Vorarbeitern geprügelt wurden, gibt es aus dem Brandenburger Stahlwerk durchaus Berichte über die freundliche Behandlung polnischer Zwangsarbeiter durch deutsche Kollegen, die während des Krieges selbst wachsendem Druck und verschärfter Disziplinierung ausgesetzt waren. Die härteste Behandlung hatten auch in der Stahlindustrie die sowjetischen Kriegsgefangenen zu erleiden. »Der Russe isst viel, und soviel haben die nicht bekommen«, beschrieb ein Mitarbeiter der Maxhütte-Tochter Fella später lakonisch die Ernährungslage der sowjetischen Kriegsgefangenen. Wenn man ihnen schon Rationserhöhungen zur Stärkung der Arbeitskraft zubilligte, dann sollten diese ausdrücklich nicht an arbeitsunfähige Kranke ausgeteilt werden. Leitung und Wachpersonal der Lager nahmen den Tod der Insassen ohnehin billigend in Kauf, doch auch die Werksleitungen der Maxhütte in Sulzbach-Rosenberg und Unterwellenborn waren bereit, eigentlich arbeitsunfähige Kriegsgefangene und Ostarbeiter an die Arbeit zu zwingen und angeblichen »Simulanten« die Essensrationen zu kürzen. Im betriebswirtschaftlichen Kalkül war eine geringe Leistung von Ausländern, die man selbst als »nicht voll arbeitsfähig« einschätzte, immer noch besser als die Überfüllung der Krankenreviere.[173]

Es gab nur eine Gruppe von Zwangsarbeitern, die in der Hierarchie des Elends noch unter den sowjetischen Kriegsgefangenen angesiedelt war. Anders als im Bergbau wurden in einigen Werken des Stahl- und Verarbeitungsbereichs auch Häftlinge aus Konzentrationslagern eingesetzt. Bereits im Mai 1940 vereinbarte der Hennigsdorfer Betriebsleiter

Karl Moll mit der SS die Beschäftigung von etwa 30 Häftlingen aus dem nahe gelegenen Konzentrationslager Sachsenhausen bei Oranienburg. Seit Herbst 1940 wurden regelmäßig bis zu 45 Häftlinge eingesetzt, nach dem Fluchtversuch eines Häftlings Mitte 1942 wurde die Zusammenarbeit mit dem Lager beendet. Als im Herbst 1944 der massenhafte Arbeitseinsatz von KZ-Häftlingen in der deutschen Industrie begann, griff die Hennigsdorfer Werksleitung offenbar nicht noch einmal auf die Beziehungen zur SS zurück. Anders als die ebenfalls in Hennigsdorf ansässige AEG unterhielt Flicks Stahlwerk wohl auch nie ein eigenes KZ-Außenlager auf dem Werksgelände. 1940 dürfte Moll kaum von der Konzernleitung beauftragt worden sein, mit der SS Kontakt aufzunehmen, denn betriebswirtschaftlich waren diese wenigen Arbeitskräfte eine marginale Größe. Umso weniger Gründe gab es, sich mit den Sachsenhausener Menschenschindern einzulassen. Die Gebrüder Hennecke, die die Geschäfte der beiden Brandenburger Werke leiteten, wussten höchstwahrscheinlich von dem Häftlingseinsatz und ließen dem Werksleiter offenbar freie Hand. Moll zeichnete sich auch gegenüber deutschen Arbeitern nicht gerade durch Rücksichtnahme aus; schon im Sommer 1941 verlangte er vom Werksarzt, »etwas Raubbau an der Gesundheit unserer Leute zu treiben«, denen er großenteils Simulantentum unterstellte.[174]

An anderen Stahlstandorten des Konzerns bestanden ebenfalls keine Hemmungen vor dem Einsatz von Arbeitskräften, die für eine an die SS gezahlte Miete buchstäblich um ihr Leben schufteten. Die Sächsischen Gußstahlwerke reagierten 1942 immerhin zurückhaltend, aber keineswegs gänzlich ablehnend auf das Angebot, »ausländische Juden« einzusetzen. Während diese Gespräche aus unklaren Gründen scheiterten, verhandelte der Döhlen-Vorstand 1944 aktiv, aber ebenfalls erfolglos mit der Gestapo; die Aktivitäten scheinen nur mangels eines verfügbaren Lagergeländes im Sande verlaufen zu sein.[175]

Zum umfangreichen Häftlingseinsatz kam es im Gröditzer »Maschinenbau«. Unter diesem Decknamen fand auf dem Gelände des größten Werks der Lauchhammergruppe die Produktion von Kanonen statt. Betrieben wurde die Fertigung von einer formal eigenständigen, jedoch von den Riesaer Mittelstahl-Vorstandsmitgliedern geführten Pachtgesellschaft, der Eisenwerk Sachsen GmbH. Unter den gut 5000

Gröditzer Zwangsarbeitern befanden sich im Dezember 1944 bereits 495 Häftlinge aus Konzentrationslagern. Insgesamt wurden im »Maschinenbau« vermutlich über 1000 Häftlinge eingesetzt. Formal unterstanden sie der SS, die auch für ihre Bekleidung und Verpflegung verantwortlich war. Untergebracht waren sie jedoch im Dachgeschoss der Werkshalle, in der sie ihre Arbeit zu verrichten hatten. Bei minimaler Verpflegung, praktisch ohne medizinische Versorgung und unter der ständigen Gefahr, zum Sterben an die SS »zurückgegeben« zu werden, geriet ihr Arbeitseinsatz zum Wettlauf mit dem Tod.[176]

Da die Gröditzer Verhältnisse im Nürnberger Flick-Prozess untersucht wurden, sind sie durch Zeugenaussagen besser dokumentiert als der Häftlingseinsatz an den anderen Standorten. Die KZ-Häftlinge wurden dem Unternehmen nicht aufgenötigt, sondern vielmehr in Eigeninitiative herangeholt. Wie der Assistent des »Maschinenbau«-Leiters Erich Weisser später berichtete, suchten Weisser und der Gröditzer Cheftechniker Anton Heger zunächst persönlich Insassen des bayerischen Konzentrationslagers Flossenbürg aus, deren körperlicher Zustand einigermaßen tauglich schien. Das daraufhin eingerichtete Gröditzer Lager wurde von einem Kommando aus SS und Marineartillerie bewacht. Später wurden dann Häftlinge aus den Konzentrationslagern Dachau, Gusen und Mauthausen in geschlossenen Waggons über den eigenen Gleisanschluss bis zum Arbeitsort gefahren: Menschen, die an Stöcken und in Lumpen gingen, ohne Strümpfe und Schuhe, mit offenen Wunden. Die Mehrzahl wurde nach einer Woche »Aufpäppelung« in zwölfstündigen Schichten eingesetzt. Ein kleinerer Teil, der zum Arbeiten zu krank schien, wurde wieder in die Lager zurückgeschickt. Nachdem eine im März 1945 ausgebrochene Fleckfieberepidemie bereits zahlreiche Todesopfer gefordert hatte, setzten Mitte April hektische Versuche ein, die Häftlinge auf Lastwagen vor den heranrückenden amerikanischen und sowjetischen Truppen fortzuschaffen. Ein nicht transportfähiger Teil wurde ausgesondert; SS-Leute erschossen in einer Sandgrube in der Nähe des Werks 186 Menschen. Dass die Ermordung tatsächlich »auf Geheiß der Gröditzer Betriebsführung« stattfand, wie später einer der beteiligten SS-Leute aussagte, lässt sich nicht beweisen; Weisser hatte außergewöhnliche Vollmachten gegenüber dem Riesaer Vorstand und leitete den Geschützbau praktisch eigenständig.[177]

In der Endphase des Krieges wird die Fabrik zum Konzentrationslager:
Geschützbau in Gröditz.

Häftlinge aus Konzentrationslagern mussten den Flick-Unternehmen ebenso wenig von den Behörden aufgedrängt werden wie andere Gruppen von Zwangsarbeitern. Die Leitung der Maxhütte hatte auch keine Hemmungen, ukrainische Häftlinge aus einem in Werksnähe geplanten Arbeitserziehungslager der Gestapo zu beschäftigen. Vielmehr signalisierte sie auf das Angebot hin sofort Interesse an etwa 200 Mann, nachdem der Chef der Nürnberger Gestapo-Leitstelle versprochen hatte, durch seinen Terrorapparat würde »mit allen Mitteln dafür gesorgt werden, dass die Leute gut arbeiten und zwar durchschnittlich ca. 12 Stunden pro Tag.« Zwangsarbeiter waren ein Produktivitäts- und Kostenproblem; für Gefühlsduselei war da, zumal nach Jahren der Gewöhnung an ihren massenhaften Einsatz, wenig Platz. Folgerichtig war dasselbe Unternehmen im Angesicht des militärischen Zusammenbruchs vor allem damit beschäftigt, sich die nicht mehr benötigten Ausländer vom Hals zu schaffen. Flicks Unternehmen nahmen die Arbeitskräfte, die das NS-Regime wie auch immer herbeischaffte, je länger desto dankbarer an – und sahen allein den Staat in der Pflicht, sich um sie zu kümmern, sobald sie nicht mehr gebraucht wurden.[178]

Räder müssen rollen ...

Abgesehen von den an die Stahlwerke angegliederten reinen Rüstungsbetrieben war die Weiterverarbeitung im Maschinen- und Flugzeugbau der kleinste und zugleich, jedenfalls in der ersten Kriegshälfte,
der dynamischste Sektor des Flick-Konzerns. Er umfasste neben den
beiden Waggonbauern Linke-Hofmann in Breslau und Busch in Bautzen sowie dem Flugzeugbauer ATG in Leipzig noch die wesentlich
kleinere Leipziger Werkzeug- und Gerätefabrik. Die drei großen Verarbeitungsunternehmen wurden im Laufe des Krieges ebenfalls zunehmend in die Rüstungsfertigung eingespannt. Beim Flugzeugbauer ATG
war das kaum überraschend; Linke-Hofmann arbeitete unter anderem
für den Panzerbau, während Busch-Bautzen mit der Herstellung von
Tiefladeanhängern und Krankentransportwagen offenbar am stärksten
an Fertigungslinien festhielt, die sich leicht wieder auf zivilen Bedarf
umstellen ließen. Aber auch in Bautzen profitierte man von der Nachfrage der Wehrmacht. Im Frühjahr 1943 fertigte das Werk täglich 18
»Leichtkriegsgüterwagen« und war damit als erste Waggonfabrik in die
Serienfertigung eingestiegen; hinzu kamen Lazarettwagen. Insgesamt
stammten die Aufträge aber immer noch zu mehr als der Hälfte von der
Reichsbahn und nur zu einem Viertel von der Wehrmacht.[179]

Anders als der Stahl-Verantwortliche Burkart wurde Bernhard Weiss,
der für den Verarbeitungssektor zuständige Generalbevollmächtigte der
FKG, in Nürnberg wegen der Beschäftigung von Zwangsarbeitern verurteilt. In gewisser Weise ging das an den historischen Gegebenheiten
vorbei, weil Weiss in den Unternehmen seines Bereichs deutlich weniger
präsent war als Burkart in der Eisen- und Stahlindustrie. Auch an den
einschlägigen Verhandlungen im politischen Raum war er nur gelegentlich beteiligt. Dafür waren seine Aktivitäten, wie schon bei der gemeinsam mit dem Vorstand von Busch-Bautzen betriebenen Expansion nach
Riga, so konkret wie nachdrücklich, und sie schlossen eben auch die
Beschaffung von Zwangsarbeitern ein.[180]

Angesichts der erwarteten Ausdehnung der Deutschen Reichsbahn
im europäischen »Großwirtschaftsraum« strebte der Flick-Konzern mittelfristig an, die Investitionspolitik und Betriebsführung von Bautzen
und Linke-Hofmann zu vereinheitlichen. Linke-Hofmann, nach eige-

ner Darstellung bereits der größte europäische Waggonbauer, arbeitete zielstrebig auf einen weiteren Ausbau hin. Schon im November 1941 forderte das Unternehmen die ersten sowjetischen Kriegsgefangenen an. Die Produktionserhöhung durch massiven Ausländereinsatz war in diesem Fall eine bewusste Entscheidung von Weiss, der darüber auch Flick informierte. Über die Zuweisung von Gefangenen verhandelte der Breslauer Generaldirektor Oswald Putze, unter laufender Berichterstattung an den Generalbevollmächtigten, mit dem Hauptausschuss Maschinenfahrzeuge.[181]

Weiss selbst war nach seinen späteren Angaben nur an Besprechungen über »Rationalisierungsmaßnahmen« im Waggonbau beteiligt. Tatsächlich ging es dabei um die Akquisition größerer Aufträge für Linke-Hofmann; kleinere Waggonbauer sollten durch die »Rationalisierung« auf reine Rüstungsfertigung verpflichtet werden. Durch einen weiter wachsenden Marktanteil bei Güterwagen hoffte man dem Breslauer Flick-Unternehmen eine beherrschende Stellung in der Nachkriegszeit zu sichern. Im Frühjahr 1942 war Putze damit beschäftigt, die monatliche Fertigung von 300 auf 400 Güterwagen zu steigern; nach dem zu dieser Zeit erarbeiteten »Kriegsprogramm« des Speer-Ministeriums sollte die Produktion kurzfristig sogar auf 900 Stück verdreifacht werden. Weiss schaltete sich aktiv in Putzes Verhandlungen beim Hauptausschuss Schienenfahrzeuge des Speer-Ministeriums ein, wo der Linke-Hofmann-Chef im Oktober 1942 rund 2000 zusätzliche Arbeitskräfte forderte. Dabei konnte es sich nur um Zwangsarbeiter handeln, und dies wurde auch offen ausgesprochen. Weiss bewarb sich sogar ausdrücklich mit dem Argument um sowjetische Kriegsgefangene, durch Produktionserhöhungen bei Linke-Hofmann könnten deutsche Facharbeiter bei anderen Waggonbauern freigestellt werden. Flick wurde über die Verhandlungen auf dem Laufenden gehalten.[182]

Bei Linke-Hofmann waren 1942/43 rund 30 Prozent der Arbeiter sowjetische Kriegsgefangene, zivile ausländische Arbeitskräfte trieben den Ausländeranteil auf über 40 Prozent. Nachdem das Breslauer Unternehmen schon zwischen dem letzten Vorkriegsjahr und dem Geschäftsjahr 1941/42 ein rasantes Umsatzwachstum von 26 auf 45 Millionen Mark absolviert hatte, scheinen auch die Ausbaupläne umgesetzt worden zu sein. Nach Weiss' späteren Angaben stieg die Produktion auf 500 bis

800 Güterwagen monatlich. Neben speziellen Schienenfahrzeugen für den Braunkohlebergbau oder den städtischen Nahverkehr baute Linke-Hofmann Panzerteile und schließlich auch Teile der »Wunderwaffe« V2. Dass Weiss die Beschaffung von Zwangsarbeitern mit Engagement und ohne Skrupel betrieb, zeigt sein Schreiben an Ernst Buskühl vom Februar 1942, wonach man bei Linke-Hofmann mit dem Einsatz sowjetischer Kriegsgefangener »die allerbesten Erfahrungen« gemacht habe. Mit der richtigen Mischung aus »Aufpäppelung«, der »gebotenen Strenge« und zusätzlichen Rationen als Belohnung sei aus den halb verhungerten Gefangenen der Wehrmacht »eine entsprechende Leistung herauszuholen«, und im Gegensatz zu Zivilarbeitern müsse man sie nicht »wie ein rohes Ei behandeln«.[183]

Für Busch-Bautzen sind ähnliche Interventionen des Generalbevollmächtigten nicht überliefert. Das Unternehmen produzierte 1944 monatlich etwa 100 bis 200 Güterwagen für die Reichsbahn, daneben diverse Spezialerzeugnisse für den zivilen Bedarf. Wachstumschancen boten auch diese Marktsegmente, der Umsatz stieg in den ersten beiden Kriegsjahren von 16 auf 29 Millionen Mark, der Wert des Anlagevermögens zwischen 1940 und 1943 um etwa 50 Prozent. Dem höheren Anteil ziviler Fertigungslinien entsprach ein vergleichsweise niedriger Anteil ausländischer Arbeiter. Noch im Sommer 1944 waren unter den 1945 Beschäftigten in Bautzen nur 86 Zivilausländer – zum Teil untergebracht in einem Lager mit dem sinnigen Namen »Heiterer Blick« – und 379 Kriegsgefangene.[184]

Als Kontrollinstanz der Konzernspitze genehmigte Weiss Anfang 1942 den Bau von Baracken für 100 sowjetische Kriegsgefangene, die der Vorstand angefordert hatte; auch darüber war Friedrich Flick unterrichtet. Ob er und Weiss erfuhren, dass die in Bautzen eintreffenden sowjetischen Kriegsgefangenen »in stark unterernährtem Zustande übergeben« wurden – das Werk forderte bei der Wehrmacht eine offizielle Bestätigung an, um Sonderzuteilungen an Kartoffeln beantragen zu können –, ist nicht bekannt. Jedenfalls wusste Flick aus dem regulären Quartalsbericht sehr wohl, dass in Bautzen gegen Kriegsende Insassen des Konzentrationslagers Groß-Rosen zur Arbeit gezwungen wurden. Anfang Dezember trafen die ersten 100 von insgesamt 800 Häftlingen ein, die der Bautzener Vorstand erwartete.[185]

Zu den Unternehmen, die von der nationalsozialistischen Rüstungspolitik besonders profitierten, gehörte die Leipziger ATG. Schon Mitte 1939 war das Unternehmen, das seine nebenher betriebenen Entwicklungsarbeiten an rein zivilen Produktlinien wie Rohrpflügen und Dränbaggern fast völlig eingestellt hatte, mit Aufträgen für die kommenden drei Jahre ausgelastet. Bis 1941 stieg der Umsatz von 40 auf 107 Millionen Mark. Die Perspektive eines langfristigen zivilen Nachkriegsprogramms wurde aber durchaus aufrechterhalten, indem die Dachgesellschaft Faguma Mitte 1940 an den Flugzeugbauer ein Viertel des Grundkapitals von Linke-Hofmann abtrat und ihm eine 35-prozentige Beteiligung am Landmaschinenhersteller Fellawerk aus dem Besitz der Maxhütte verschaffte. Beides sollte die ATG in die Lage versetzen, »ihren Betrieb nach Friedensschluss in das Arbeitsprogramm der beiden Beteiligungen einzuschalten«, mithin langfristig die Risiken der rüstungswirtschaftlichen Monostruktur durch Diversifizierung zu verringern. In diese langfristige Zielsetzung passte es, dass der Leipziger Vorstand gemeinsam mit Weiss und Flick den Kauf des Werks III, das für die Rüstungsendfertigung vom Reich nur gepachtet war, ablehnte.[186]

Das Hauptprogramm des Unternehmens war zu dieser Zeit der Nachbau von Junkers-Flugzeugen in Zusammenarbeit mit den Siebel-Flugzeugwerken in Halle (die nach dem Krieg in Bayern eine Fortsetzung finden sollte). Nach Kriegsbeginn wurde das Fertigungsprogramm deutlich erhöht; mittlerweile verfügte die ATG einschließlich der zum Militär einberufenen Arbeitskräfte über gut 9000 Beschäftigte in sechs Werken. Bis 1941, als die Aufträge der Luftwaffe nochmals deutlich zunahmen, konnte man die Einberufungen durch Dienstverpflichtungen deutscher Arbeitskräfte ausgleichen. Zwischen Dezember 1941 und April 1942 verdreifachte sich dann die Zahl der einberufenen Deutschen von 500 auf 1500; jetzt setzte die Geschäftsführung die ersten etwa 500 Ausländer ein und begann mit der Anlernung von 125 Russinnen. Die Forderungen an die Arbeitseinsatzbehörden beliefen sich bereits auf doppelt so viele Zwangsarbeiter. Zudem lagerte man Teile der Produktion an andere Unternehmen aus, darunter an die bekannten Flugzeugbauer Letov in Prag und Fokker in Amsterdam, die nun für deutsche Rüstungszwecke in Anspruch genommen wurden.[187]

Mitte 1942 erzeugte die ATG mit etwa 8500 Beschäftigten monatlich 30 Maschinen vom Typ Ju 88 und 15 Ju 52, bei steigender Tendenz. Bis Anfang 1943 stieg das Volumen der Aufträge des Luftfahrtministeriums auf über 200 Millionen Mark. Vorläufig war an die Aufnahme ziviler Fertigungslinien nicht zu denken, zudem verfuhr das Luftfahrtministerium bei der Vorfinanzierung der für die Rüstungsaufträge notwendigen Investitionen inzwischen restriktiver. Da die eigenen Ressourcen also stärker beansprucht wurden, verkaufte die ATG ihr Fella-Paket schließlich an die Maxhütte zurück. Die Beschäftigtenzahl blieb trotz des rasanten Umsatzwachstums erstaunlich stabil und sank zeitweise sogar leicht. Mitte 1943 standen den 4873 deutschen Arbeiterinnen und Arbeitern 1340 Ausländer gegenüber; hinzu kamen 1504 deutsche Angestellte und 334 Lehrlinge. Ungewöhnlich im Vergleich zu den übrigen Flick-Unternehmen war der hohe Anteil weiblicher Beschäftigter.[188]

Auch in Leipzig war die Verpflegung dürftig, auch hier waren Schläge sowohl durch deutsche Vorarbeiter in den Fabriken als auch durch den Werkschutz in den Baracken offenbar an der Tagesordnung. Ende 1944 wurde einem der Werke vom »Jägerstab« des Rüstungsministeriums eine unbekannte Anzahl ungarischer Jüdinnen zugewiesen. Diese Frauen tauchen in den Quellen nicht einmal mehr als statistische Personen auf, sondern nur noch in Form abgerechneter Arbeitsstunden. Es dürfte sich um etwa 500 weibliche Häftlinge gehandelt haben. Abgerechnet wurde ihre Arbeitsleistung mit dem Konzentrationslager Buchenwald. Es ist nicht bekannt, ob das Management der ATG sich selbst um die Frauen bemüht hatte; der tageweise Einsatz gemieteter SS-Gefangener war zweifellos ein Rückgriff auf die letzten verfügbaren Arbeitskraftreserven. Aber auf perfide Weise entsprach er genau den personalpolitischen Bedürfnissen der letzten Kriegsmonate. Als die Fertigung wenige Monate später eingestellt werden musste, versuchte das Leipziger Unternehmen nur noch, möglichst viele Beschäftigte – vor allem Frauen und Ausländer – loszuwerden.[189]

Bis dahin hatten alle produzierenden Unternehmen des Flick-Konzerns – notgedrungen, aber freiwillig – auf ein stetig wachsendes Heer an ausländischen Zwangsarbeitern zurückgegriffen. Das war die Konsequenz einer Geschäftspolitik, die die kriegswirtschaftlich begrenzten Wachstumsmöglichkeiten im Altreich gezielt und mit Blick auf langfris-

tige Marktaussichten wahrzunehmen suchte. Das kurzfristige Rüstungsgeschäft wurde teilweise als Vehikel für den Ausbau von Marktposi-
tionen und Verbundvorteilen genutzt, die unternehmerischen Risiken
suchte man dabei möglichst auf den Staat abzuwälzen. Bei ihrem Bemühen, von der nationalsozialistischen Kriegswirtschaft ebenso zu profitieren wie zuvor von Aufrüstung und Autarkiepolitik, konnte sich die
Konzernleitung zum guten Teil auf die Eigendynamik der einzelnen
Unternehmen verlassen.

Die Personalpolitik der Werke wurde unter diesen Bedingungen fast
zwangsläufig eine Politik des Ausländereinsatzes. Die »Fremdarbeiter«
wurden den Unternehmensleitungen keineswegs von staatlicher Seite
aufgezwungen. Arbeit war für die Werke des Flick-Konzerns, wie für
jedes Unternehmen, ein Produktionsfaktor. Einstellungen und Entlassungen, Löhne und betriebliche Sozialpolitik folgten betriebswirtschaftlichen Kriterien. Da deutsche Arbeitskräfte im Verlauf des Krieges
immer knapper wurden, ergriffen die Unternehmen offensiv die Gelegenheit, sich von den Behörden zivile Zwangsarbeiter, Kriegsgefangene und Häftlinge zuweisen zu lassen. In begrenztem Maße ging man
sogar selbst zu koordinierten Beschaffungsversuchen im Ausland über.
Diese konzernübergreifende Zusammenarbeit beim Ausländereinsatz
beschränkte sich aber auf den Eisen- und Stahlbereich mit den angegliederten Rüstungsbetrieben, und sie blieb ohne nennenswertes Ergebnis.
Die weitgehende Autonomie der Unternehmensleitungen in Produktionsfragen – besonders deutlich bei Managern wie Bruns, Fabry und
Hellberg, den führenden Köpfen der spät in den Konzern gekommenen
Unternehmen – galt auch für den Ausländereinsatz. Schon die Organi-
sation des Konzerns verhinderte eine weitergehende Koordinierung der
Unternehmenspolitik. Hinzu kamen die ganz unterschiedlichen Anfor-
derungen der jeweiligen Branche. Harpen-Chef Buskühl etwa fungierte
zwar als Koordinierungsinstanz für den Arbeitseinsatz im gesamten
Ruhrbergbau, hatte aber mit der Beschaffung von Arbeitskräften für die
Eisen- und Stahlwerke in Süd- und Mitteldeutschland nichts zu tun.

Flicks Manager handelten in einem Umfeld, das den Zwangsarbeitereinsatz im Laufe des Krieges zur Gewohnheit werden ließ, betriebswirtschaftlich rational. Für die politischen Rahmenbedingungen waren sie
ebenso wenig verantwortlich wie die Vorstände anderer deutscher Un-

ternehmen, die sich ebenfalls in wachsendem Maße auf die Beschäftigung von Zwangsarbeitern einließen. Aber es lag in ihrer Entscheidung, ob sie sich mit Nachdruck um diese Arbeitskräfte bemühten und sie bewusst in ihre unternehmerischen Wachstumsstrategien einbezogen. Genau dies geschah bei einigen Unternehmen des Stahl- und Verarbeitungsbereichs. In Einzelfällen bestanden auch vor der Ausbeutung von KZ-Häftlingen keine Hemmungen.

In einzelnen Werken lassen sich Verantwortliche für eine besonders brutale Behandlung der Ausländer benennen. Doch sind dies angesichts der Quellenlage eher zufällige Befunde. Vor allem aber handelt es sich bei diesen Personen fast immer um Werksleiter oder diesen nachgeordnete Personen, die unmittelbar mit der Organisation des Arbeitseinsatzes im Werk beschäftigt waren. Die Frage nach der Verantwortung ist damit nicht hinreichend beantwortet. Je weiter man in der Konzernhierarchie nach oben blickt, desto schwieriger wird freilich die konkrete Zuordnung; nur im Zusammenspiel der verschiedenen Ebenen sowohl untereinander als auch mit den politischen, administrativen und militärischen Instanzen konnte das System der Zwangsarbeit funktionieren.

Der Konzernchef und seine Generalbevollmächtigten waren schon durch die laufenden Selbstkostenberichte der Werke und durch Arbeitskräftestatistiken über den wachsenden Anteil von Ausländern informiert. Sie bewilligten auch Investitionen, die Lagerbaracken für Zwangsarbeiter umfassten. Vor allem aber trieben sie das Wachstum des Konzerns in dem klaren Bewusstsein voran, dass der Ausbau von Rüstungskapazitäten und die Gründung neuer Tochterfirmen nur mittels erzwungener Arbeit möglich waren. Keine politische oder militärische Stelle zwang Flick und die Vorstände seiner Unternehmen dazu; bis 1943 konnte die Eisen- und Stahlindustrie sogar die Annahme kriegswichtiger Wehrmachtsaufträge ablehnen. Insofern lag die Verantwortung für den Einsatz zehntausender Zwangsarbeiter in letzter Instanz tatsächlich bei Friedrich Flick.[190]

Der Familienkonzern

»Ein Unternehmer« überschrieb die *Frankfurter Zeitung* ihren prominent platzierten Artikel zum 60. Geburtstag Friedrich Flicks am 10. Juli
1943. Das Blatt dürfte dem Geburtstagskind einen Herzenswunsch
erfüllt haben, als es ihn einen »echten Unternehmer« nannte, »der
heute einen der größten deutschen Montankonzerne nicht nur besitzt
oder beherrscht, sondern bis in die Einzelheiten hinein leitet«. Hervorgehoben wurde Flicks prognostische Begabung in kaufmännischer
wie technischer Hinsicht, vor allem aber seine »Fähigkeit, klug und
gewandt und geräuschlos die Menschen und die Dinge zu lenken«.
Obwohl, vom Aufstieg der Charlottenhütte im Ersten Weltkrieg abgesehen, konkrete unternehmerische Leistungen kaum zur Sprache kamen, galt der Konzernchef als »Schöpfer«. Eine genauere Beleuchtung
der Konzerngeschichte hätte mit Sicherheit ein paar Schatten geworfen,
und das wäre an diesem Tag zweifellos schlecht aufgenommen worden.

Die Geburtstagsgrüße waren natürlich von der Bellevuestraße lanciert worden. Noch näher an der dort erwünschten Sicht lag vermutlich die *Deutsche Allgemeine Zeitung*: Flick habe zwar »nie Wert darauf
gelegt, von sich reden zu machen«; aber nach allem, was man wisse,
verkörpere er regelrecht das nationalsozialistische Unternehmerideal,
habe man es bei ihm doch »mit persönlichem Eigentum zu tun, mit der
Identität von Besitz und Unternehmensführung, zugleich aber auch mit
der heute fast einzigartig dastehenden Tatsache, dass ein Konzern dieses
Ausmaßes von einem Manne aufgerichtet und ausgebaut worden ist,
der nicht der Erbe von den Vätern gestalteten Eigentums ist, sondern
der sich alles selbst erarbeitet hat«. Der Multimillionär Friedrich Flick
war als Mitglied der Aufsichtsräte von Dresdner Bank, Allianz, AEG
und Vereinigten Stahlwerken längst in der Spitze der deutschen Unter-

Friedrich Flick 60 Jahre

DAZ Berlin, 9. 7.

Friedrich Flick, der Schöpfer und Leiter eines der größten deutschen Industriekonzerne, ist kein Mann des Rampenlichts. Es mag auch heute noch viele Leute geben, die seinen Namen selten gehört haben und sich jedenfalls keinen Begriff von seiner Bedeutung machen können; Flick hat nie Wert darauf gelegt, von sich reden zu machen. Aber nachdem der Mann mit seinem Konzern im Laufe der letzten fünfundzwanzig Jahre zu Größenordnungen aufgestiegen ist, die ihn unmittelbar neben unsere größten und bedeutendsten Industriegruppen rücken lassen, darf man doch wohl den Anlaß seines 60. Geburtstages benutzen, um auch der breiteren Oeffentlichkeit ein paar Worte über Friedrich Flick zu sagen. Dies um so mehr, als Flick in einem wesentlichen Punkte sich von so mancher andern großen Unternehmerfigur unserer Zeit unterscheidet: wir haben es hier mit persönlichem Eigentum zu tun, mit der Identität von Besitz und Unternehmungsführung, zugleich aber auch mit der heute fast einzigartig dastehenden Tatsache, daß ein Konzern dieses Ausmaßes von einem Manne aufgerichtet und ausgebaut worden ist, der nicht der Erbe von den Vätern gestalteten Eigentums ist, sondern der sich alles selbst erarbeitet hat.

Geboren am 10. Juli 1883 in Ernsdorf-Kreuztal im Siegerland, kam Flick schon als junger Mensch in Berührung mit der Eisenwirtschaft: sein Vater, von Haus aus Landwirt, stand in Beziehungen zum Eisenerzbergbau des Siegerlandes, da ja eines unserer ältesten Eisenreviere ist. Diesem Siegerland und seinem Eisen und Stahl galten die Anfänge der Flickschen Lebensarbeit, aber nachdem er im ersten Weltkrieg und unmittelbar danach — erstaunlich rasch avancierend vom Buchhalter zum Prokuristen, fast ebenso rasch zum Generaldirektor und Großaktionär bedeutender Industriewerke — seine Konzentrationspläne in der Siegerländer Industrie nicht in vollem Umfang hatte verwirklichen können, wandte sein unternehmungslustiger Geist sich größeren Betätigungsfeldern zu: dem oberschlesischen Revier zunächst, sodann dem Ruhrgebiet. Es würde zu weit führen, wollten wir hier noch einmal alle Stationen, Etappen, Rückschläge und Umwege dieser konzerngestaltenden Arbeit nachzeichnen, die sich über mehrere Jahrzehnte hinzog und im Laufe deren Friedrich Flick schließlich die Formen schuf, die der Konzern nach allen Erwerbungen, Ausgestaltungen und Ausbauleistungen heute hat: als Zentrum der Kommanditgesellschaft Friedrich Flick und die Mitteldeutschen Stahlwerke, mit diesem Zentrum eng verbunden die Maximilianshütte und die Anhaltischen Kohlenwerke, ferner als starke Beteiligungen die Harpener Bergbau AG, und bedeutende Interessen an weiteren Kohlenunternehmen und an der Fahrzeugindustrie. So ist ein streng auf die Grundstoffindustrien und verwandte Gebiete beschränktes Gebilde entstanden, das an Größe und Bedeutung manch einen unserer altbekannten schwerindustriellen Konzerne heute sogar wohl noch übertrifft und das in der deutschen Volkswirtschaft einen wichtigen Platz einnimmt.

Wie ist eine solche Leistung eines einzelnen Mannes, der im Anfang ganz auf sich selbst gestellt war, möglich gewesen? Es treffen sich in

Friedrich Flick offenbar eine Vielzahl von Eigenschaften, die ihn zum Erfolg prädestinierten. Da ist zunächst ein standhafter Realismus von einer unbestechlichen Nüchternheit: Flick sieht immer das Wesentliche, läßt sich nicht durch Beiwerk ablenken. Aber zu diesem Realismus tritt ein Gegenstück, ein Pendant von besonderem Reiz: die außergewöhnliche kaufmännische, geschäftliche Phantasie, ein Zug, der sich hier gerade im Finanziellen häufig auf eine überraschende und interessante Art und Weise bewährt hat. Weiter: Flick verfügt offenbar in einem weit überdurchschnittlichen Maße über die Gabe, Technisches und Wirtschaftliches

Weltbild

in einer glücklichen Weise zu kombinieren, in sich selbst den Ingenieur und den Kaufmann zu verschmelzen, und da er zugleich die Kunst beherrscht, sich die richtigen Mitarbeiter zu suchen und sie an der richtigen Stelle anzusetzen — eine Kunst, die in einem Konzern von diesen Dimensionen besonders wichtig ist —, so hat er sich aus allen diesen Elementen die Basis zu konstruieren vermocht, auf der er sein Lebenswerk errichtet hat.

Es ist also eine höchst persönliche Leistung, mit der man es hier zu tun hat, ein Leben voller Fleiß, voller Geschick, voller Erfolge. Ideeller Lohn wurde dieser Arbeit beschert durch manche Ehrung: Wehrwirtschaftsführer, Ehrendoktor zweier Hochschulen ist Flick, und die Welt des Stahls und der Kohle, die Welt der schweren Industrien sieht in ihm einen ihrer markantesten und interessantesten Köpfe. Nicht nur diese Welt, sondern darüber hinaus die ganze Wirtschaft wünschen dem Geburtstagskind heute einen frohen Tag und noch viele weitere gute Jahre erfolgreicher Arbeit zum Wohle des Ganzen.

M.

Der Multimillionär als Unternehmerideal: Die Deutsche Allgemeine Zeitung gratuliert ihrem Förderer Friedrich Flick zum 60. Geburtstag am 10. Juli 1943.

nehmerelite etabliert. Dennoch hatte er das Kunststück fertiggebracht, sich in einer Person als das genaue Gegenteil sowohl der bürgerlich-konservativen Ruhrdynastien als auch des ideologisch verhassten »anonymen Kapitals« zu verkaufen.[191]

Im Sommer 1943 erreichte sein Konzern den Höhepunkt seiner Ausdehnung. Das Dritte Reich befand sich bereits auf dem Rückzug und suchte sein Heil im »totalen Krieg«. Die imperiale Überdehnung der NS-Wirtschaft begann sich in eine Ressourcenverknappung umzukehren, die auch bei massivem Einsatz von Zwangsarbeitern kaum noch Wachstumschancen bot. Im November 1942, drei Monate vor Goebbels' berüchtigter Sportpalast-Rede, hatte Friedrich Flick die Leitungen seiner Hüttenwerke aufgerufen, sich rücksichtslos für die maximale kriegswirtschaftliche Leistung einzusetzen. Parallel dazu trieb er in den folgenden Jahren die Konzentration seines Konzerns voran, die im Moment des politischen Zusammenbruchs seinen persönlichen Zugriff auf den weit gefächerten Unternehmensbesitz sicherstellen sollte.

Entschachtelung

Die 1942 abgeschlossenen Organverträge zwischen Mittelstahl, Maxhütte und den Anhaltischen Kohlenwerken hatten zwar zu einer engeren Verbindung der Unternehmen geführt, ein zentrales Anliegen Flicks jedoch nicht erfüllt. In mehreren großen Konzernunternehmen gab es weiterhin eine Anzahl außenstehender, konzernfremder Aktionäre, die als lästige Störfaktoren empfunden wurden, obwohl sie auf die Unternehmensführung keinerlei Einfluss hatten. Bei Mittelstahl betraf dies nur noch etwa ein Prozent des Grundkapitals. Das Hauptärgernis in dieser Hinsicht war die Maxhütte, wo seit Anfang der dreißiger Jahre rund 85 Prozent der Aktien im Besitz Mittelstahls waren. Der Rest verteilte sich auf etwa 1500 Kleinaktionäre. Auch wenn das Unternehmen seit 1931 mithilfe der Verträge mit Mittelstahl »praktisch wie eine Familiengesellschaft durch die Gruppe Flick geführt« wurde, wollte man sie loswerden.[192]

Auch bei den Anhaltischen Kohlenwerken war Flick äußerst interessiert, die noch von »freien« Kleinaktionären gehaltenen Aktien aufzukaufen. Zwar waren das Ende 1941 nur noch etwa 5 Prozent des stimmberechtigten Stammkapitals. Trotzdem wurden Kleinaktionäre auch hier als potenzielle Störenfriede gesehen; überdies erschwerten sie die Einberufung von Universalversammlungen, die weniger Rücksicht auf Fristen und Formalien nehmen mussten. Nicht zuletzt hatten sie eigene Dividendeninteressen, die bei strategischen Entscheidungen über den Konzernumbau komplizierte Sonderregelungen notwendig machen konnten. Hinzu kam Flicks Wunsch, als unumschränkter Herrscher über seine Unternehmen auch den Erbgang zu regeln.[193]

Beim Hochofenwerk Lübeck wurde seit der »Arisierung« etwas mehr als ein Viertel der Aktien von anderen Aktionären gehalten. Noch ungünstiger lagen die Dinge bei Harpen: Die Maxhütte hielt nur rund zwei Drittel des Kapitals an dem Steinkohleunternehmen, an dem wiederum die Essener Steinkohlenbergwerke aufgehängt waren. Eine Aufstockung auf mindestens 75 Prozent war erforderlich, um auch den Steinkohlekomplex durch einen Organvertrag oder eine Fusion an den Großkunden Maxhütte zu binden. Mehr als der Tausch eines größeren Pakets mit der Neusser Werhahn-Gruppe und die Beschaffung einiger kleinerer Posten über die Deutsche Bank wurde bis Ende 1942 nicht erreicht. Der Versuch, Aktien in Streubesitz aufzukaufen, gestaltete sich schwierig, da angesichts der verdeckten Inflation kaum ein Aktionär Interesse an Bargeld hatte; der angebotene Tausch gegen Aktien anderer Unternehmen stieß letztlich auf dasselbe Hindernis: einen angespannten und immer strikter regulierten Kapitalmarkt. Anders verhielt es sich bei der Harpen-Tochter Essener Steinkohle, wo sich rund 10 Prozent des Grundkapitals im Besitz des niederländischen Industriellen Fentener van Vlissingen befanden. Spätestens seit 1941 hatte Flick den Kauf dieser Aktien betrieben, der vorläufig allerdings am Geldmangel bei Harpen gescheitert war. Harpen wiederum verfügte nach wie vor über ein Viertel des Kapitals der Anhaltischen Kohlenwerke; die Aktien konnten zwar zu diesem Zweck zu Geld gemacht werden, sollten aber innerhalb des Konzerns bleiben.[194]

Parallel zur Ausschaltung fremder Aktionäre schien es an der Zeit, die zum Teil kompliziert verschachtelten Besitzverhältnisse neu zu ordnen; dafür wiederum mussten Aktienpakete die Besitzer wechseln, teils musste auch Bargeld mobilisiert werden. Die »Entschachtelung«, wie Kaletsch die Umstrukturierung in der ersten Jahreshälfte 1943 nannte, zielte nicht nur auf eine Neuordnung der Unternehmen nach produktionstechnischen Zusammenhängen. Zwar wurde in der Außendarstellung des Projekts die klarere »organische Gliederung« des Konzerns in drei Gruppen herausgestellt: den Braunkohle-Stahl-Komplex von Mittelstahl und Anhaltischer Kohle, den Bereich Maxhütte-Harpen auf Steinkohlebasis und die bereits seit Längerem in der Faguma zusammengefasste Weiterverarbeitung. Abgesehen davon, dass die Besitzverhältnisse bei Mittelstahl, Harpen und Faguma tendenziell längst entsprechend geordnet waren, ging es primär aber um etwas ganz anderes, nämlich eine nähere Heranführung der Beteiligungen an »Familie Friedrich Flick«, also an den Konzerninhaber selbst, mit der Perspektive eines möglichst reibungslosen, die Fortexistenz des Unternehmens sichernden Erbgangs. Die »organische Gliederung« sollte mit Blick auf die »spätere Aufgabenteilung der Söhne« erfolgen und zugleich einer »Vorbereitung stärkerer persönlicher Einschaltung« Flicks dienen. Anders als 1941/42 war Flick nunmehr bereit, für eine grundlegende Umstrukturierung auch erhebliche Steuerzahlungen aufzuwenden – und zwar ohne dafür steuerliche Vorteile in der Zukunft einzutauschen.[195]

Trotzdem war es auch finanziell sinnvoll, den Umbau gerade jetzt vorzunehmen. Einem Finanzexperten wie Kaletsch dürfte nicht entgangen sein, dass angesichts der verdeckten Inflation die einmalige Zahlung von Steuern sich langfristig lohnen könnte. Die Kapitalberichtigungen hatten die Bewertung von Aktienpaketen der Tochterunternehmen in den Bilanzen der Muttergesellschaften erhöht, so dass bei Besitzwechseln geringere Aufwertungsgewinne zu versteuern waren. Zudem fürchteten Flick und Kaletsch, irgendwann könnte das Schachtelprivileg fallen, weil es als unerwünschte Bevorzugung von Großkapitalisten galt; dies hätte die Stellung von Mittelstahl als Zwischenholding vor der FKG auch finanziell unattraktiv gemacht.

Gegenüber den Unternehmensvorständen führte Flick außerdem das Argument an, jetzt sei der letztmögliche Zeitpunkt, um angesichts kurz bevorstehender Steuererhöhungen mit der Finanzverwaltung noch einen Deal über eine günstige steuerliche Behandlung der ohnehin anstehenden Transaktionen auszuhandeln; dies erklärt zumindest die sehr kurzfristige Neukonzeption der Konzernstruktur und ihre rasche Umsetzung. Anders als bei den früheren Fusionsplanungen war auch nicht mit Widerstand nationalsozialistischer Wirtschaftspolitiker zu rechnen, weil Kaletsch mit der direkteren Anbindung der einzelnen Unternehmen an den Unternehmer Flick scheinbar das Gegenteil anstrebte. Nicht umsonst wucherte man bei politischen Stellen mit dem Pfund, es gehe hier um die Neuaufstellung eines Familienunternehmens; Hitlers persönliches Engagement für die Umwandlung der Fried. Krupp AG in eine Personengesellschaft hatte kurz zuvor gezeigt, dass solche Maßnahmen ideologisch willkommen waren.[196]

Das finanzielle Kernproblem jeglicher Umstrukturierung blieb die angespannte Finanzlage bei Harpen, die substanziell nur durch einen Verkauf der Beteiligung an den Anhaltischen Kohlenwerken verbessert werden konnte. Als Käufer kamen nach Lage der Dinge nur die Mitteldeutschen Stahlwerke infrage, die bereits die Mehrheit an dem Braunkohleriesen besaßen. Die Liquiditätszufuhr schien umso dringlicher, als Harpen nicht nur das niederländische Restpaket an den Essener Steinkohlenbergwerken erwerben sollte. Im Hintergrund drohten außerdem hohe Kosten für den dauerhaften Mehrheitserwerb der Rombacher Hüttenwerke. Harpens produktionstechnisch sinnloser Braunkohlebesitz diente denn auch als eines der beiden »Beispiele« für den umfassenden Reorganisationsbedarf, den Kaletsch im Reichsfinanzministerium anmeldete, um vorab eine möglichst steuergünstige Behandlung des geplanten Transferpakets sicherzustellen. Das zweite Beispiel war die Aufhängung des Verarbeitungsbereichs an Mittelstahl.[197]

Weitere »Beispiele« gab es überhaupt nicht. In einer ausführlichen internen Denkschrift nannte Kaletsch das eigentliche Anliegen beim Namen: Friedrich Flick sei durch die Gründung der FKG »aus der Anonymität« herausgetreten; seine »Führung« beschränke sich keineswegs auf die Konzernspitze, sondern umfasse auch »einen wesentlichen Teil der Produktionsbetriebe«. Im Grunde sei auch die Aktiengesellschaft Mittelstahl längst eine »Familiengesellschaft«. Um aber die unbekannten Kleinaktionäre, die sich anlässlich der Kapitalberichtigung 1942 nicht gemeldet hatten, endlich loszuwerden, sei es nun Zeit für deren zwangsweisen Ausschluss durch die aktienrechtlich mögliche Umwandlung auf den Hauptgesellschafter. Zugleich sollte Mittelstahl in eine GmbH umgewandelt werden, damit die Geschicke des Unternehmens künftig diskreter gelenkt werden könnten. Der zweite Vorzug einer solchen Umwandlung bestand darin, dass die beabsichtigten Umstrukturierungen des Beteiligungsbesitzes wesentlich leichter durchführbar wurden. Für die weitreichenden Tauschgeschäfte war in diesem Fall nicht einmal eine Gesellschafterversammlung notwendig.

Wirtschaftliche Argumente im Interesse des Unternehmens Mittelstahl waren das offenkundig nicht – wohl aber klare Vorschläge in Richtung eines geschlossenen Familienkonzerns, der jetzt langsam Gestalt annahm. Noch deutlicher zeigten dies Kaletschs Überlegungen zur Zukunft der Maxhütte. Für den süddeutschen Stahlpfeiler des Konzerns wollte er angeblich eine »Verselbständigung« im Produktionsverbund mit Harpen-Essen und Rombach erreichen; dazu sollte der konzerneigene Besitz an Maxhütte-Aktien von Mittelstahl auf die FKG übertragen werden. Die Vorstände von Maxhütte und Harpen waren angeblich »gewillt«, die jeweilige Geschäftsführung »wie in einem einheitlichen Unternehmen« zu betreiben – wie das jemals hätte funktionieren sollen, blieb offen. Neben Rombach sollte die Maxhütte auch noch, offenbar unmittelbar nach Kriegsende, das Montanunternehmen Donauwörth kaufen. Das Oberpfälzer Stahlunternehmen sollte insgesamt zu einem »zweiten Kernstück des Gesamtkonzerns« neben den Mitteldeutschen Stahlwerken werden. Investitionen und Erzeugungsprogramme aber sollten selbstverständlich weiterhin mit Mittelstahl abgestimmt werden – ein weiterer Beweis, dass all die komplizierten Vertragsverhältnisse letztlich nur begrenzte unternehmenspolitische Bedeutung hatten.

Die engere Anbindung des Unternehmens an den Konzerninhaber Flick machte den eigentlichen Reiz des Konzepts aus. Der Organvertrag der Maxhütte mit Mittelstahl wurde durch die »Verselbständigung« natürlich obsolet. Damit die Maxhütte aber weiterhin »als Familienunternehmen« geführt werden konnte, sollten die bisherigen Inhaberaktien in Namensaktien umgewandelt werden. Der einzige Zweck dieser eigentumsrechtlich irrelevanten Operation war die namentliche Feststellung der außenstehenden Aktionäre, um sich für den späteren Aufkauf der Aktien einen Überblick zu verschaffen. Eigentliches Ziel war es, das Unternehmen »voll in Familienbesitz unter die volle eigenverantwortliche Führung der Gruppe Flick zu bringen, wozu die Ausschaltung des fremden Einflusses erforderlich« schien. Der genaue Weg dorthin war vorerst noch unklar.

Konkreter waren die Überlegungen für die Verarbeitungsholding Faguma. Auch hier konstatierte Kaletsch, dass der geschäftspolitische Zusammenhang unabhängig von Beherrschungsverträgen funktionierte, zumal die »industrielle Führung« des Verarbeitungsbereichs durch Bernhard Weiss in der Berliner Konzernzentrale erfolgte. Trotzdem sollte auch hier eine »Entschachtelung« erfolgen, hinter der sich aber nichts anderes verbarg als die Herauslösung der Beteiligung aus Mittelstahl und ihre direkte Anbindung an die FKG. Offen blieb vorläufig nur die Zuordnung der Anteile am Hochofenwerk Lübeck, die bislang auf die während der »Arisierung« entstandene, je zur Hälfte im Besitz von Mittelstahl und Maxhütte befindliche Aktiengesellschaft für Montaninteressen sowie auf die Anhaltischen Kohlenwerke und die Essener Steinkohlenbergwerke verteilt waren. Lübeck gehörte von der Rohstoffseite her eher in den Verbund Harpen-Maxhütte, war aber gleichzeitig ein wichtiger Lieferant für Mittelstahl.[198]

Für das Gesamtprojekt sprach nach Kaletschs Meinung nicht zuletzt, dass durch eine ideologisch geschickte Präsentation eine »wirtschaftlich vernünftige Verständigung« mit den Finanzbehörden getroffen werden könne, um die anfallenden Steuern zu reduzieren. Dabei ging es um erhebliche Summen, denn die Mitteldeutschen Stahlwerke sollten von der FKG im Austausch für die bei ihnen liegenden Maxhütte- und Faguma-Aktien kein Bargeld, sondern eigene Aktien erhalten. Letztere waren jedoch in der FKG-Bilanz wesentlich niedriger verbucht als die einzutauschenden Aktien bei Mittelstahl. Daher drohte bei einer schematischen Anwendung des geltenden Steuerrechts eine hohe Belastung durch Aufwertungsgewinne. Um das zu vermeiden, suchte Flick zur regionalpolitischen Absicherung zunächst den Münchener Gauleiter Paul Giesler zu mobilisieren. Diesem wurde der Plan für die Maxhütte mit einem Argument schmackhaft gemacht, das sich angesichts der Eigentumsverlagerung auf eine Berlin-Düsseldorfer Kommanditgesellschaft selbst widerlegte: Zentrales Ziel war angeblich eine »Verselbständigung« des oberpfälzischen Unternehmens, die insbesondere dessen regionale »Bodenständigkeit« garantieren sollte.[199]

Gieslers Unterstützung war freilich gar nicht mehr nötig. Bereits am 20. April 1943 konnte Flick auf einer Vorstandssitzung der Maxhütte erklären, dass »die maßgebenden Persönlichkeiten in der Reichsfinanzverwaltung wie auch im Reichswirtschaftsministerium« die Reorganisation des Konzerns »für unbedingt unterstützungswürdig« befunden und ihm steuerlich »alle Unterstützung« gewährt hatten, die rechtlich überhaupt möglich war. Im Finanzministerium war man offenbar Kaletschs Argumentation gefolgt, dass es lediglich darum gehe, »den Konzernaufbau den tatsächlichen Verhältnissen anzupassen und dadurch auch für die Zukunft die aus der Praxis heraus entwickelte richtige Lenkung und Führung der Konzerngruppe zu gewährleisten«. Ohnehin liege die »industrielle Führung« der verschiedenen Konzernbereiche ausschließlich bei Friedrich Flick selbst und nicht beim Mittelstahl-Vorstand in Riesa; durch eine Aufgliederung in drei große, inhaltlich zusammenhängende und zugleich voneinander unabhängige Bereiche solle »eine Aufteilung der Führung bei der Erbnachfolge« erleichtert werden. Um eine erbrechtliche Aufspaltung zu verhindern, könne am besten gleich auch die »Anonymität« der außenstehenden Aktionäre beseitigt werden. Dies war eine ebenso originelle wie durchtriebene Volte: Kleinaktionäre wurden als Vertreter »anonymen«, verantwortungslosen Kapitals verunglimpft, der Multimillionär Flick hingegen stand als treu sorgender »Führer« seiner Konzerntöchter da.[200]

Kaletschs mündlicher Vortrag im Reichsfinanzministerium diente wohl nur noch der Klärung letzter Details. Obwohl der endgültige Bescheid des Ministeriums erst Ende Mai an die Oberfinanzpräsidenten der betroffenen Finanzbezirke ging, wurden die geplanten Maßnahmen schon Anfang April in die Wege geleitet. Entsprechend der Vereinbarung mit dem Finanzministerium waren auf die Übertragung der Braunkohle-Aktien von Harpen an Mittelstahl Körperschaftsteuern zu zahlen, die sich in Flicks Worten »auch bei wohlwollendster Betrachtung seitens der Finanzverwaltung in gewissem Umfange nicht vermeiden« ließen. Die Übertragung der Maxhütte- und Faguma-Anteile blieb hingegen von der Körperschaftsteuer befreit. Die aus der Umstrukturierung resultierende Steuerlast für den Konzern belief sich auf insgesamt knapp 8 Millionen Mark, von denen der größte Teil auf Körperschaft- und Grunderwerbsteuern entfiel. Das war selbst für Flick ein erheblicher Posten, und diesem Aufwand stand kein unmittelbarer Ertrag gegenüber.[201]

Ihren finanziellen Reiz hatten die in kurzer Zeit vollzogenen Transaktionen für Flick trotzdem, denn Kosten und Nutzen verteilten sich innerhalb des Konzerns höchst ungleich. Steuergünstig blieb zunächst die von Kaletsch angeregte Lösung für die Maxhütte-Dividenden, die nach der Auflösung des Organvertrags mit Mittelstahl wieder auf sämtliche Aktien gezahlt werden mussten. Da die FKG als Personengesellschaft kein Schachtelprivileg geltend machen konnte, wurde einer Doppelbesteuerung der Maxhütte-Erträge durch die Einschaltung einer Holding-GmbH vorgebeugt. Man griff dazu auf den Mantel einer bereits bestehenden Gesellschaft zurück, um Formalien und öffentliche Aufmerksamkeit so gering wie möglich zu halten. Eine kleine Werkshandels- und Tochtergesellschaft der Maxhütte, die Eisenkontor GmbH, wurde dadurch formal zu deren Mutterunternehmen. Die Eisenkontor erhielt von der Maxhütte eine Kapitalaufstockung auf 20 Millionen Mark, um dafür von der FKG Mittelstahl-Aktien im Nominalwert von 25 Millionen zu kaufen; der Preis entsprach dem steuerlichen Buchkurs der Aktien, lag aber natürlich weit unter deren tatsächlichem Wert. Die Maxhütte verkaufte ihre Beteiligung an der Eisenkontor gegen bar an die FKG, blieb also von der ganzen Transaktion finanziell unberührt. Die Eisenkontor wiederum tauschte die gerade gekauften Mittelstahl-Aktien, die durch die Umwandlung zur GmbH mittlerweile Geschäftsanteile geworden waren, gegen die bislang bei Mittelstahl liegenden Maxhütte-Aktien, während Mittelstahl die dafür erhaltenen eigenen Anteile einstweilen im Eigenbesitz behielt.

Faktisch erhielt die FKG also den direkten Zugriff auf die im Konzern liegenden Maxhütte-Aktien, da die Eisenkontor eine unselbständige Zwischenholding ohne außenstehende Aktionäre war. Die vom Reichsfinanzministerium gewährte weitgehende Steuerfreiheit für den Ringtausch als »wohlwollend« zu bezeichnen, war deutlich untertrieben: Der steuerliche Buchwert des Maxhütte-Pakets, das an die FKG gewandert war, betrug satte 52,6 Millionen Mark, die dafür abgegebenen Mittelstahl-Anteile hatten einen steuerlichen Schätzwert von knapp 20 Millionen. Die Differenz hätte bei einem Geschäft zwischen rechtlich selbständigen Unternehmen prinzipiell als Gewinn versteuert werden müssen. Eingefordert wurde von den Finanzämtern jedoch nur eine knappe Million Mark an Gesellschaft- und Börsenumsatzsteuern, während die erheblichen buchmäßigen Gewinne und Verluste bei Mittelstahl und FKG für die Körperschaftsteuer verrechnet werden durften. Ebenso blieb die direkte Anbindung der Verarbeitungsholding Faguma (und damit des gesamten, zukunftsträchtigen Waggonbaus) von der Körperschaftsteuer befreit, obwohl der Buchwert der von Mittelstahl an die FKG abgegebenen GmbH-Anteile den Wert der dafür erhaltenen Mittelstahl-Anteile um rund 10 Millionen Mark überstieg. Flicks Drohung, anderenfalls den ganzen Konzernumbau nicht durchzuführen, hatte gefruchtet.[202]

Auf der Holdingebene, mithin für Flick selbst, lohnte sich die Transaktion allemal. Für die Maxhütte waren hingegen keinerlei Vorteile erkennbar. Dass die entscheidende Sitzung des Maxhütte-Vorstands mit dem Konzernchef und dessen Finanzexperten nicht in Sulzbach-Rosenberg, sondern in der Berliner Bellevuestraße stattfand, war wohl kein Zufall. Und mehr als ungewöhnlich war es auch, dass sich Flick vom Maxhütte-Vorstand eigens eine Erklärung unterschreiben ließ, wonach dieser »die Neuregelung, durch die die Maximilianshütte sowohl organisatorisch wie auch im Beteiligungsverhältnis in die direkte Verbindung« zur FKG gebracht wurde, ausdrücklich begrüßte. Offenkundig sah Flick einigen Legitimationsbedarf für die damit in die Wege geleitete persönliche Aneignung des Konzernunternehmens, das durch die vordergründige Verselbständigung eben keineswegs größere Unabhängigkeit gewann. Zu erkennen war das auch daran, dass Maxhütte-Vorstandsmitglied Hans Krugmann die notwendigen juristischen und buchhalterischen Schritte ausdrücklich »im Einvernehmen« mit Kaletsch zu unternehmen hatte.[203]

Gleichzeitig wurde die Umwandlung der Inhaber- in Namensaktien beschlossen, so dass in absehbarer Zeit die Besitzer der nicht im Konzern liegenden Aktien bekannt sein würden und konkret über die Form ihrer Verdrängung nachgedacht werden konnte. Ein weiteres Tauschgeschäft, das bei dieser Gelegenheit gleich miterledigt wurde, war auf den ersten Blick eine simple Bereinigung der Beteiligungsverhältnisse: Mittelstahl verfügte noch über einen kleineren Posten von nominell 1,6 Millionen Mark an Harpen-Aktien, die an die Maxhütte übergeben wurden. Im Gegenzug erhielt Mittelstahl die zweite Hälfte des Eigentums an der Aktiengesellschaft für Montaninteressen, wodurch zugleich die indirekte Lübeck-Beteiligung der Maxhütte nach Riesa wanderte. Die vordergründig produktionstechnische Ratio der Entschachtelung war hier also ebenfalls ein Schritt zur Konzentration.[204]

Den Vorständen der betroffenen Unternehmen wurden die Umbaumaßnahmen offenbar nur häppchenweise vermittelt. Mitte April erläuterte Flick den versammelten Vorständen von Mittelstahl und Maxhütte lediglich den Übergang der Braunkohlebeteiligung von Harpen an Mittelstahl. Offiziell klärte er die Führung der Maxhütte eine Woche, den Mittelstahl-Vorstand erst einen Monat später in separaten Sitzungen über die Umbaupläne für ihre eigenen Unternehmen auf. Der für den Produktionsbereich zuständige Riesaer Teil des Mittelstahl-Vorstands wurde darüber in Kenntnis gesetzt, dass ihm die ertragreiche Maxhütte-Beteiligung entzogen würde; die am selben Tag durch die Hauptversammlung beschlossene Umwandlung des Unternehmens aus einer Aktiengesellschaft in eine GmbH war vom Vorstand ebenfalls hinzunehmen. Die wenigen Kleinaktionäre hatten sich schließlich darein zu fügen, dass ihre Aktien angekauft oder, falls sie sich nicht meldeten, für kraftlos erklärt und durch die FKG ersteigert wurden.

Für Mittelstahl bedeutete die Herauslösung der Maxhütte-Aktien den Verzicht auf die Gewinne des früheren Tochterunternehmens, deren Transfer erst ein Jahr zuvor durch den Organvertrag geregelt worden war. Flick, der dem Mittelstahl-Vorstand den Konzernumbau zum Teil mit den gleichen Worten erläuterte wie den Sulzbacher Managern, gab sich keine Mühe, daraus irgendwelche Vorzüge für den sächsischen Stahlkomplex abzuleiten. Er argumentierte rein im Sinne des Konzerns: Während Mittelstahl infolge der vollständigen Übernahme der Anhaltischen Kohlenwerke und angesichts der voll ausgelasteten Kapazitäten auf die Erträge der Maxhütte nicht mehr angewiesen sei, könne deren engere Verbindung mit Harpen (unter eventuellem Einschluss Rombachs) dazu beitragen, die »besonders auf Seiten der Steinkohlegruppe vorliegenden großen Aufgaben« zu lösen.

Besonders plausibel war das nicht, denn schließlich war Harpen im Mehrheitsbesitz der Maxhütte und nicht umgekehrt. Abgesehen von dem vagen Hinweis auf einen denkbaren Organvertrag, der freilich die bisherigen Besitzverhältnisse schlicht umgekehrt hätte, blieb denn auch unerläutert, wie der entsprechende Ertragstransfer vonstatten gehen sollte. Finanztechnisch wäre dies nach der direkten Anbindung beider Unternehmen an die FKG zwar möglich, dem Maxhütte-Vorstand aber kaum vermittelbar gewesen. Organisatorisch notwendig für den Stahlbereich – etwa im Hinblick auf die Koordination von Investitionsprogrammen, Produktionslinien oder das Verhalten in den Verbänden – war die Umschachtelung ohnehin kaum. Flick selbst verwies gleich zweimal darauf, dass die Zusammenhänge auch weiterhin über die Konzernleitung garantiert würden – und eben nicht über Verträge der einzelnen Unternehmen miteinander.[205]

Gleichzeitig war Flick aber der disziplinierende Wert schriftlich fixierter Abkommen bewusst. Die beiden Kernunternehmen seines Stahlsektors vereinbarten statt des bisherigen Organvertrags nun eine Arbeitsgemeinschaft, die eine »Aufrechterhaltung der bisherigen engen Zusammenarbeit zwecks Förderung der gemeinsamen Interessen« gewährleisten und »die einheitliche Ausrichtung der Geschäftsführung, insbesondere auf dem Gebiet der Investitionen, der Erzeugung und des Absatzes«, umfassen sollte. Die Geschäftsführung von Mittelstahl und der Vorstand der Maxhütte bildeten ein »Kollegium«. Der bei »Meinungsverschiedenheiten« entscheidende Vorsitzende des Kollegiums war kalenderjährlich wechselnd der Beiratsvorsitzende von Mittelstahl oder der Aufsichtsratsvorsitzende der Maxhütte – also beide Male Friedrich Flick.[206]

Die größte Steuerlast aus der Umstrukturierung des Konzerns entstand ausgerechnet Harpen. Das Dortmunder Steinkohleunternehmen erhielt für die Abgabe der überflüssigen Beteiligung an den Anhaltischen Kohlenwerken, für das es allein im Interesse von Flicks Expansion in die Braunkohle eigene Substanz abgegeben hatte, von Mittelstahl insgesamt 39 Millionen Mark. Davon mussten 11,5 Millionen für den Ankauf der restlichen Essen-Aktien ausgegeben werden, die Fentener van Vlissingen nun doch gegen Bargeld abzugeben bereit war; andere deutsche Aktien konnte er nicht an der niederländischen Börse handeln, Harpen aber konnte, wenn er nicht verkauft hätte, mit einer Zwangsumwandlung Essens auf den Hauptgesellschafter drohen. Für 8,5 Millionen übernahm Mittelstahl ein laufendes Versicherungsdarlehen, das Harpen seinerzeit für den Ankauf der Essen-Mehrheit hatte aufnehmen müssen. Die verbleibenden 19 Millionen waren keineswegs freie Verfügungsmasse, vielmehr wurden davon 12,5 Millionen für den eventuellen Kauf der Rombach-Mehrheit zurückgestellt, also eindeutig im Interesse des Konzerns und vermutlich nicht allein auf Initiative des Harpen-Vorstands verplant. Die verbleibenden 6,5 Millionen wurden zwar von Mittelstahl in bar gezahlt, aber von Harpen versteuert. Nebenbei verkaufte Harpen an Essen noch die Viertelbeteiligung an den Chemischen Werken Essener Steinkohle, die mit ihrem Mutterunternehmen einen Organvertrag schließen sollten, zum Einstandspreis von 3 Millionen Mark zurück. Angesichts des florierenden Hydriergeschäfts war das wohl ein Verkauf deutlich unter Wert.[207]

Unter dem Strich ergab sich für das Steinkohleunternehmen, neben der vollständigen Kontrolle über Essen, eine finanzielle Verbesserung von 30,5 Millionen Mark (einschließlich der Rombach-Rücklage, über die bis Kriegsende nicht verfügt werden konnte). Verglichen mit den 157 Millionen Mark, die in einem Gutachten nach dem Krieg als Wert der an die Reichswerke abgegebenen Kohlefelder aus dem Ignaz-Petschek-Besitz ermittelt wurden, war das ein ausgesprochen schlechtes Geschäft. Nicht einmal die von Flick, Buskühl und Schmidt nach dem Feldertausch schriftlich fixierten 30 Millionen an Investitionsmitteln für eine teilweise Wiedererrichtung der verlorenen Förderkapazität waren, wenn man die für Rombach blockierten Gelder von der Gesamtsumme abrechnete, an die Ruhr zurückgeflossen. Kein Wunder, dass Buskühl vor dem Harpen-Aufsichtsrat noch einmal das abgedroschene Argument strapazierte, sein Unternehmen sei zur Abgabe des Felderbesitzes von politischer Seite praktisch gezwungen worden. Die gesamten Braunkohle-Aktien, die Harpen damals als Kompensation erhalten hatte, lagen jetzt bei Mittelstahl und standen zur unmittelbaren Verfügung Friedrich Flicks.[208]

Finale Konzentration

Die »Neuregelung im Konzernaufbau«, die mit der Entschachtelung des Frühjahrs 1943 keineswegs abgeschlossen war, lag zuallererst im Interesse des Konzernchefs und wurde von der Berliner Konzernspitze mehr oder weniger diktiert. Natürlich wurden dabei rohstoff- und absatzseitige Zusammenhänge zwischen den einzelnen Beteiligungen berücksichtigt, und selbstverständlich waren Flick und Kaletsch, die beiden zentralen Akteure, an einer »klaren organisatorisch richtigen Gliederung« des Konzerns interessiert. Dennoch handelte es sich hier nur um einen sekundären Aspekt, das Kernanliegen war ein anderes. Besonders deutlich wurde das bei der zweiten Welle von Umstrukturierungsmaßnahmen, die Anfang 1944 begannen und sich bis in die letzten Wochen des Krieges erstreckten. Laut einer von Kaletsch im Januar 1944 vorgelegten »Denkschrift betr. Konzernentschachtelung und weitergehende Beseitigung der Anonymität« sollte die Maxhütte, deren »Verselbständigung« angeblich ein zentrales Ziel des bisherigen Umbaus gewesen war, nunmehr »zur Familiengesellschaft entwickelt« werden – und gleichzeitig das Eigentum an Harpen verlieren, das kurz zuvor noch als integraler Ausgangspunkt der künftigen Konzernentwicklung ausgegeben worden war. Intern wurde das Hauptziel der vorangegangenen Transaktionen längst beim Namen genannt: Sie hatten dazu gedient, Flicks »direkten Einfluss auf die Konzernglieder und damit die Konzernführung« zu stärken und vor allem »für die Zukunft zu sichern«.

»Familiengesellschaft« bedeutete nichts anderes als den zwangsweisen Ausschluss der übrigen rund 1500 Aktionäre der Maxhütte. Weil diese an der Abgabe lukrativer, bis vor Kurzem sogar mit einer Dividendengarantie versehener Unternehmensanteile wenig Interesse zeigten, waren die Aussichten auf einen schnellen Erwerb über die Banken oder die Börse denkbar schlecht. Die einfache Umwandlung in eine GmbH war bei einer solchen Menge an Gesellschaftern eine abwegige Vorstellung. Flicks Beteiligung an der Maxhütte war aber groß genug, um eine Umwandlung auf den Hauptgesellschafter Eisenkontor vorzunehmen, die außenstehenden Aktionäre also gegen eine Abfindung notfalls zwangsweise auszuschließen. Die Eisenkontor sollte anschließend den Namen

der Maxhütte übernehmen. Dieser Umweg machte aus der Aktiengesellschaft eine GmbH mit nur einem Gesellschafter, eben der Friedrich Flick KG. Die neue Rechtsform des Unternehmens ermöglichte zudem, ähnlich wie im Vorjahr bei Mittelstahl, eine wesentlich einfachere
und unauffälligere Abgabe der Harpen-Beteiligung, die Flicks Neigung
zu leisen Geschäften entgegenkam; die Ausgliederung der Maxhütte aus
Mittelstahl im Frühjahr 1943 war, wie Kaletsch zufrieden konstatierte,
der Öffentlichkeit gar nicht bekannt geworden.

Auch diesmal war Flicks Finanzchef bereit, für die anfallenden Steuern tief in die Tasche zu greifen. Die wirtschaftlichen Argumente für
die Transaktion waren eher dürftig. Kaletsch warnte vage vor einem
politischen »Zugriff auf den Stahl«, also einer Verstaatlichung; bislang
hatte diese Gefahr angeblich eher im Kohlesektor gedroht. Nach dem
Krieg sollte Kaletschs Aussage, man habe sich eben auf beiden Seiten
vom NS-Staat bedroht gefühlt und deshalb Kohle und Stahl separiert,
die Beliebigkeit dieses Arguments demonstrieren. Dass es nicht um eine
wirtschaftlich sinnvollere Anordnung der Beteiligungen ging, sondern
um den direkten Zugriff, zeigten insbesondere die Pläne für den mitteldeutschen Konzernbesitz: Die Anhaltischen Kohlenwerke, eben erst
wegen des angeblichen Erzeugungszusammenhangs bei Mittelstahl konzentriert, sollten dort ausgegliedert und ebenfalls direkt an die FKG an-
geschlossen werden.[209]

Bereits im Februar 1944 wurde der Maxhütte-Vorstand darüber in
Kenntnis gesetzt, dass Rechtsform und Eigentumsverhältnisse des Unternehmens grundlegend verändert würden. Nachdem der Aktienbesitz
des Konzerns durch ein befristetes Umtauschangebot auf 96 Prozent angewachsen war, beschloss die Hauptversammlung Mitte April 1944 die
Umwandlung in eine GmbH und zugleich auf den Hauptgesellschafter
Eisenkontor, der wiederum bald darauf den Namen in Eisenwerk-Gesellschaft Maximilianshütte GmbH änderte. Damit war die Maxhütte
innerhalb eines Jahres vom indirekten, mehrheitlichen Holdingbesitz
zur alleinigen, unmittelbaren Verfügungsmasse Flicks geworden. Ähnliches geschah mit der Maxhütte-Tochter Fella-Werk, deren außenstehende Restaktionäre (bis auf den bei der Reichsbank gesperrten Bestand
eines jüdischen Aktionärs) abgefunden wurden, während das Unternehmen ebenfalls die Rechtsform einer GmbH annahm.[210]

Die Konsequenzen der Transaktion zeigten sich wenige Monate später, als mit der Herauslösung der Harpen-Beteiligung aus der Maxhütte das zweite Ziel der Umwandlung angegangen wurde. Im Juli 1944 schrieb Kaletsch an Rohde, dass nunmehr auch die Steinkohlegruppe »in eine direkte Verbindung mit der FKG gebracht werden« solle. Analog zur Maxhütte bediente man sich dabei eines eher zufällig vorhandenen Firmenmantels und machte aus der kleinen Nordischen Holzhandels-GmbH im Oktober 1944 die Verwaltungsgesellschaft für Steinkohlenbergbau und Hüttenbetrieb mit einem Stammkapital von 50 Millionen Mark, das allein von der FKG gehalten wurde. Gleichzeitig berief Kaletsch eine »Gesellschafterversammlung« der Maxhütte ein, an der nur er allein teilnahm, und erhöhte deren Stammkapital um 10 auf nunmehr 30 Millionen. Die Hälfte davon wurde wiederum an die neue Steinkohle-Holding abgetreten.[211]

Ende Dezember 1944 erhielt die Geschäftsführung der Maxhütte sodann die Order, die gesamten bei ihr vorhandenen Harpen-Aktien von nominell 48,3 Millionen Mark zu »tauschen« – gegen die bei der Verwaltungsgesellschaft liegenden Anteile am eigenen Unternehmen von lediglich 15 Millionen. Ende Januar wurde das Geschäft juristisch vollzogen. Nach ebenfalls bewährtem Muster wurden gleichzeitig die Steinkohle-Holding und die Maxhütte per Interessengemeinschaftsvertrag darauf verpflichtet, Investitionen, Geschäftspolitik und Bilanzierung so abzustimmen, »als ob sie ein einheitliches Unternehmen wären«. Sicherstellen sollte dies ein »Gemeinschaftsausschuss« zur »einheitlichen Führung und Überwachung der Verwaltung«.[212]

Kurze Zeit besaß die Maxhütte selbst die Mehrheit ihrer eigenen Geschäftsanteile. Diese wurden allerdings zügig in den Büchern abgeschrieben, um sie anschließend einzuziehen. Der Gegenwert, den das Unternehmen für die Abgabe des gesamten Steinkohlebesitzes erhalten hatte, war mithin praktisch gleich null. Vollkommen zu Recht notierte ein von der Geschäftsführung nach dem Krieg beauftragter Gutachter, die Abstoßung der Beteiligungen im Januar 1945 habe »offenbar allein im Interesse des Konzerns und seines Inhabers, niemals aber im Interesse der Maxhütte« gelegen. Neben der Harpen-Beteiligung und den Handelsgesellschaften musste die Maxhütte auch noch das Fella-Werk an die Faguma abgeben, und zwar ebenfalls gegen eigene Geschäftsanteile. Kurz vor Ende des Krieges ging damit ausgerechnet das einzige rein zivile Produktionsunternehmen des Konzerns verloren. Der Landmaschinenbetrieb war nicht nur ein wichtiger Abnehmer der Hüttenwerke (erneut wurde also durch den Konzernumbau gerade nicht den Produktionszusammenhängen Rechnung getragen), er hatte vor allem glänzende Nachkriegsperspektiven.

Nach Darstellung des Gutachters griff Friedrich Flick zur Durchsetzung dieser Maßnahmen stärker denn je auf schlichte Drohungen zurück. Demnach wurden die »reisefähigen Mitglieder« der Maxhütte-Geschäftsführung »Ende Januar nach Berlin befohlen, wo eine eingehende Aussprache stattfand, die in erster Linie darin bestanden zu haben scheint, dass Herr Dr. Flick als Konzernleiter der Geschäftsführung ankündigte, dass seinen Weisungen bedingungslos zu folgen sei. Die Entlassung der Mitglieder der Geschäftsleitung scheint ernsthaft erwogen worden zu sein; sie wäre sicherlich verfügt worden, wenn sie den Abschluss der Geschäfte verweigert hätten.« Der Gutachter wies freilich auch darauf hin, dass »innerhalb des gesamten Konzerns durch die Transaktionen kein Verlust entstanden« war. Profitiert hatte von der Ausplünderung der Maxhütte die Holdingebene, also Flick selbst.[213]

Gleichzeitig wurde zum 1. Februar 1945 ein neuer Vorsitzender der Geschäftsführung ernannt: Otto-Ernst Flick, der durch den Abzug des Konzerns aus Rombach im August 1944 arbeitslos geworden war. Flicks Ältester war daraufhin in Riesa untergebracht worden, wo er – so die spätere Darstellung Burkarts – nach wenigen Wochen erneut zwei bewährte Manager, die Mittelstahl-Vorstandsmitglieder Konrad Gehlofen und Ernst Wiegand, aus dem Amt zu drängen versucht hatte. Während Flick junior bei Mittelstahl scheiterte, konnte er sich bei der Maxhütte durchsetzen. Offiziell schieden sein Schwiegervater Karl Raabe und Hans Krugmann altersbedingt und »mit Rücksicht auf ihren Gesundheitszustand« aus der Unternehmensleitung aus. Tatsächlich bedurfte es wohl eines gewissen Drucks auf die beiden, den letzten Endes nur Friedrich Flick ausüben konnte. Trotz der Spannungen, die sich in den vorangegangenen Jahren zwischen Vater und Sohn aufgebaut hatten, hoffte Flick möglicherweise, durch die Installation von Otto-Ernst seinen direkten Zugriff auf die Maxhütte zusätzlich abzusichern.[214]

In Mitteldeutschland wurden unterdessen die Anhaltischen Kohlenwerke ebenfalls von außenstehenden Aktionären befreit. Dazu nahm
die Aktiengesellschaft für Montaninteressen die gesamten bislang bei
ihrer Muttergesellschaft Mittelstahl liegenden Aktien auf und änderte
anschließend ihren Namen in Mitteldeutsche Braunkohlenwerke. Auf
diesen Hauptgesellschafter wurden Ende September 1944 die Anhaltischen Kohlenwerke umgewandelt. Nach dem Ausschluss der lästigen
Kleinaktionäre per Abfindung wurde der nunmehr vollständig in Mit-
telstahl-Besitz liegende Braunkohleriese wieder auf den alten Namen
Anhaltische Kohlenwerke umgetauft. [215]

52 Prozent der Braunkohle-Aktien wurden anschließend an die FKG
übertragen. Der Rest verblieb bei Mittelstahl, um einen Hinterausgang
aus den Risiken der »Arisierung« offenzuhalten. Harpen besaß nämlich
bereits eine Kaufoption auf Aktien der Anhaltischen Kohlenwerke von
Mittelstahl. Diese Option sollte jetzt auf fast die Hälfte des Grundkapitals ausgeweitet werden, um bei eventuellen Restitutionsforderungen
der Petschek-Erben nach Kriegsende den Feldertausch mit den Reichswerken anfechten und die 1940 abgegebenen Steinkohlezechen wegen
Wegfalls der Geschäftsgrundlage zurückfordern zu können. Genau hier
sollte in der Tat einige Jahre später der erfolgreiche Versuch des Konzerns ansetzen, auf Staatskosten glimpflich aus der Wiedergutmachung
der Ignaz-Petschek-Enteignung herauszukommen. Im selben Aufwasch
wurden in eine neu gegründete GmbH unter dem alten Namen Gesellschaft für Montaninteressen das Roheisen-Handelsgeschäft sowie die
bislang bei der alten Aktiengesellschaft für Montaninteressen und bei
den Anhaltischen Kohlenwerken liegenden Lübeck-Pakete eingebracht.
Die neue Gesellschaft für Montaninteressen aber war kein Tochterunternehmen Mittelstahls mehr, sondern ebenfalls hundertprozentiges
Eigentum der Friedrich Flick KG. [216]

Auf den ersten Blick markierte die neuerliche Reorganisation einen
Bruch mit dem 1942/43 immer wieder herausgekehrten Organisations-
prinzip der »Säulenbildung« nach produktions- und liefertechnischen
Zusammenhängen. Bei genauerem Hinsehen ließen alle Maßnahmen
jedoch das eigentliche Ziel des Konzernumbaus näherrücken: Friedrich
Flick seinen industriellen Patriarchentraum zu erfüllen. Schon die Statuten der neuen Steinkohle-Holding und der Maxhütte garantierten,

wie es eine konzerninterne Notiz auf den Punkt brachte, »die Unterwerfung der Geschäftsführung« unter die Konzernleitung. Ähnlich wie bereits 1942 griff die Konzernführung im März 1945 überdies erneut auf das Instrument des Organvertrags zurück, um produzierende Unternehmen an die Kandare zu nehmen. Sowohl Mittelstahl als auch der Maxhütte wurde oktroyiert, dass die FKG diese Unternehmen als »Betriebsabteilungen« führen konnte und rückwirkend ab 1944 vollständig ihre Gewinne oder Verluste zu übernehmen hatte. Das galt jedoch ausdrücklich nicht für solche Verluste, die auf »außerordentliche Ereignisse oder höhere Gewalt, insbesondere auf Eingriffe von hoher Hand oder auf Feindeinwirkungen zurückzuführen« waren.[217]

Im Klartext hieß das, dass die Familienholding von jeglichen finanziellen Belastungen aus Kriegs- und Besatzungsschäden der beiden Stahltöchter freigestellt werden sollte; aus dem laufenden Geschäft hingegen, wie stark dieses inzwischen auch eingeschränkt sein mochte, war weiterhin mit Gewinnen zu rechnen. Flick wälzte im Ernstfall sämtliche Risiken auf die einzelnen Unternehmen ab und schuf sich zugleich die Möglichkeit, nach Gutdünken und im persönlichen Interesse auf deren Erträge zuzugreifen. Im Hause Krupp, wo man selbst das familiäre Privatvermögen notfalls zur Sicherung des Unternehmens und auch zur Unterstützung seiner Mitarbeiter einzusetzen bereit war, dürfte ein solches Verhalten kaum denkbar gewesen sein. Bei Flick hatte es Methode.[218]

Ganz offenkundig bereitete der Konzernchef sich mit diesen Verträgen bereits auf den Untergang des Dritten Reichs und die absehbare Aufteilung Deutschlands in Besatzungszonen vor. Eine ergänzende Notiz hielt fest, dass auch Enteignungen und politisch angeordnete Zwangsverkäufe von Unternehmen nicht zu Lasten der FKG gingen; vom rapide zerfallenden NS-Regime waren solche Bedrohungen nicht mehr zu erwarten. Flick raffte zusammen, was sich greifen ließ. Überdeutlich wurde das an den letzten Überlegungen zur Umstrukturierung des Konzerns, die er wenige Wochen vor der Kapitulation der Wehrmacht anstellte. Flick dachte ernsthaft daran, die Maxhütte wiederum aus der FKG herauszulösen und zu seinem Privateigentum zu machen. Nachdem Kaletsch aus steuerlichen und syndikatsrechtlichen Gründen davon abgeraten hatte, wurde stattdessen der rückdatierte Organvertrag zwischen FKG und Maxhütte aufgesetzt. Weiterhin sollten nicht nur die bislang bei der Faguma geparkten Fella-Geschäftsanteile auf Friedrich Flick persönlich übergehen. Der Konzernchef verfolgte außerdem das Ziel, sich die bei den Stahltöchtern und den Anhaltischen Kohlenwerken im Portfolio liegenden, finanziell verwertbaren Aktien fremder Unternehmen persönlich übertragen zu lassen. Er wollte seine eigenen Tochterunternehmen also schlicht eines relativ wertbeständigen und zugleich hochflexiblen Teils ihrer Vermögen berauben. Der Kaufpreis sollte teils aus Flicks Gesellschafterkonto bei der FKG gezahlt, teils von der Kommanditgesellschaft ihrem Inhaber gestundet werden; die Übertragung hätte Flick also realiter nichts gekostet.[219]

Als »Tölzer Programm« – benannt nach der Adresse seines Landsitzes Sauersberg, auf dem Flick zwei Monate später verhaftet werden sollte – wurden dann von Chefbuchhalter Theodor Kurre die Ergebnisse einer abschließenden Besprechung mit dem Konzernchef am 13. April 1945 bezeichnet. Rechtsverbindlich umgesetzt wurde allerdings nur noch die Fella-Übertragung auf Flick, während die übrigen Vereinbarungen wegen der chaotischen Kommunikations- und Verkehrsverhältnisse kurz vor Kriegsende auf halbem Wege stecken blieben. Sie wären wohl auch eher kontraproduktiv gewesen: Einige Monate später, nach Flicks Verhaftung und der alliierten Blockade seines Vermögens, konnte Kurre nur mit Bedauern konstatieren, dass der Fella-Deal nicht mehr rückgängig zu machen war.[220]

Das Tölzer Programm sollte dem Konzernchef einen industriellen Notgroschen für die unmittelbar bevorstehende Nachkriegszeit verschaffen. Die langfristige Vorsorge hatte Flick schon ein Jahr zuvor neu geregelt. Die im März 1944 beurkundete Änderung des Gesellschaftsvertrags reduzierte zwar seinen Anteil an der Kommanditgesellschaft auf 10 Prozent des Kapitals. Dass die beiden Söhne jetzt jeweils 45 Prozent besaßen, bedeutete aber auch diesmal keineswegs, dass der Konzernchef Macht abzugeben gedachte. Eine leichte Abänderung des einleitenden Paragrafen verstärkte eher noch die Intention des Gesellschaftsvertrags: Die »Familiengesellschaft der Familie Friedrich Flick« sollte nunmehr »unter weiterer Konsolidierung und Ausgestaltung dauernd, d. h. solange wie irgend möglich«, den Flickschen Unternehmensbesitz erhalten. Die unscharfe und doch keineswegs bloß dekorative Formulierung verwies auf weitere Umgestaltungspläne, vielleicht aber auch schon auf die Unwägbarkeiten des Kriegsendes.

Zugleich erhielt Flick das bedingungslose Recht, jederzeit »einen persönlich haftenden Gesellschafter von der Geschäftsführung auszuschließen« und nach Belieben einen Geschäftsführer mit Generalvollmacht zu bestellen. Möglicherweise war diese Klausel Ausdruck gewachsenen Misstrauens gegen den ältesten Sohn Otto-Ernst nach den Reibereien um Rombach. Als alleinige Erbin von Flicks Anteil an der FKG, und zwar einschließlich der daran gekoppelten Funktionen, wurde seine Ehefrau Marie benannt. Flicks Alleinvertretungsanspruch wurde unterstrichen durch eine Vertragsergänzung, nach der er jederzeit berechtigt war, von der Kommanditgesellschaft (also von seinen eigenen Söhnen) gegen Zahlung des Kapitals von 37,5 Millionen Mark etwa die Hälfte des Konzerns als persönliches Eigentum zu übernehmen. Er konnte wahlweise die Herausgabe der Mitteldeutschen Stahlwerke (inklusive ihres Anteils an den Anhaltischen Kohlenwerken), sämtlicher bei der FKG liegenden Maxhütte-Anteile (inklusive ihrer zu dieser Zeit noch bestehenden Beteiligung an Harpen und Essener Steinkohle) oder die Übertragung von jeweils 51 Prozent an beiden Unternehmen nebst den genannten Beteiligungen verlangen. Flick sicherte sich damit nicht nur gegen etwaige Majorisierungsversuche seiner Söhne ab; diese Regelung bot auch die rechtliche Handhabe, sich bei Beschlagnahmen einzelner Konzernteile oder der Holding durch die Alliierten wenigstens den Rest der Beteiligungen zu sichern. Die Umschachtelung des Konzerns fand also ihre konsequente Ergänzung in der Konzentration aller Verfügungsrechte beim Konzernchef, der seine vollkommene Handlungsfreiheit wiederum durch Generalvollmachten der Söhne absichern ließ.[221]

Ein Jahr später herrschten in Deutschland Zustände, auf die sich selbst Friedrich Flick nebst juristischen Beiständen nur begrenzt hatte vorbereiten können. Das Dritte Reich begann sich aufzulösen, und auch im Flick-Konzern mehrten sich die Anzeichen der bevorstehenden totalen Niederlage. Es gibt allerdings keine Hinweise darauf, dass Flick, wie später kolportiert wurde, bereits ein Jahr vor Kriegsende von einem »Agenten« seines »privaten Nachrichtendienstes« so konkrete Informationen über die von den Alliierten beabsichtigte Aufteilung Deutschlands in Besatzungszonen erhalten hätte, dass er bereits Bevollmächtigte für die vier Zonen ernannte.[222]

Dass Flick ausgerechnet im exponierten Breslau noch im Frühjahr 1944 rund 10 Millionen Mark investieren wollte, passt schlecht in das Bild vom genialen Prognostiker. Die Linke-Hofmann-Werke fielen im Januar 1945 als erstes großes Konzernwerk (abgesehen von den längst aufgegebenen Standorten am Dnjepr und in Riga) in sowjetische Hände. Das kaufmännische Leitungspersonal konnte vorläufig zur ATG nach Leipzig verlagert werden, während die technischen Angestellten beim Fella-Werk im bayerischen Feucht aufgenommen wurden. Der Bombenkrieg bedrohte inzwischen fast alle Standorte des Konzerns. Schon im Mai 1944 hatte die ATG beim Luftfahrtministerium zwei Anträge auf die Finanzierung von Verlagerungen in unterirdische Anlagen gestellt, die Maschinenbaufabrik Donauwörth hatte im August 1944 einen großen Teil der Fertigung in einen nahe gelegenen Tunnel verlegt.[223]

Für den größten Teil der Konzernunternehmen waren solche Verlagerungen jedoch keine Option. In unterirdischen Stollensystemen konnte man weder Stahl kochen noch Braunkohlebriketts herstellen. Während allerorten die Luftangriffe zunahmen und die Front näher rückte, ließ sich umfassende Vorsorge für die Zeit danach nur in organisatorischer und finanzieller Hinsicht treffen. Flick und seine Führungsmannschaft verhielten sich dabei in einer Zeit täglich wachsender Unsicherheit nicht grundsätzlich anders als die Führungsstäbe anderer Konzerne. Seit der Kriegswende 1943 und verstärkt 1944 war auch in der Bellevuestraße über eine Aufteilung der Konzernleitung »für den Zeitpunkt des Zusammenbruchs« gesprochen worden.[224]

Tatsächlich waren die Verlagerungen von Teilen des Berliner Konzernstabs eher improvisierte Reaktionen auf den eskalierenden Bombenkrieg. Die große Flucht begann im Übrigen nicht in Berlin, sondern in Düsseldorf, wo von jeher der Rechtssitz der Friedrich Flick KG und ein Stützpunkt für die Verbandsbeziehungen in der Eisen- und Stahlindustrie angesiedelt waren. Der »Schreibtisch des Ruhrgebiets« wurde seit 1942 von schweren Bomberangriffen heimgesucht. Nachdem im Sommer 1943 das Flicksche Verwaltungsgebäude in der Hofgartenstraße völlig zerstört worden war, verlegte die FKG ihren Sitz offiziell nach

Sulzbach-Rosenberg; in den weniger luftkriegsgefährdeten Räumen der Maxhütte wurden ab November vor allem Buchhaltung, Personal- und Bankangelegenheiten erledigt.[225]

Noch ein Jahr später ging Kaletsch jedoch ganz selbstverständlich davon aus, »dass die Industrie im großen und ganzen intakt bleibt und uns der europäische Wirtschaftsraum zum großen Teil als Absatzgebiet bleibt«, mithin auch die alten Verbands- und Kartellstrukturen mit dem Rhein-Ruhr-Gebiet als Zentrum überdauern würden. Vermutlich betrieb man deshalb trotz der drohenden alliierten Einkesselung der westdeutschen Montanregion eine Rückverlegung des Sitzes nach Düsseldorf. Die vier Räume in der Tonhallenstraße, die der FKG-Prokurist Walter Budde im Herbst 1944 für einen improvisierten Bürobetrieb einrichtete, sollten bald nach dem Ende des Krieges die Keimzelle des Wiederaufstiegs bilden, zumal dort mit dem Wirtschaftsprüfer Fritz Lang ein erfahrener Experte aus dem Kontrollzentrum des Konzerns angesiedelt wurde.[226]

Die seit Februar 1945 von Theodor Kurre geleitete Sulzbacher »Ausweichstelle« sollte ebenfalls zu einem wichtigen Stützpunkt in den Auseinandersetzungen um die Zerschlagung des Flick-Konzerns werden. Vorläufig blieb der zentrale Schauplatz des Auflösungsdramas jedoch Berlin, wo der Geschäftsbetrieb so lange wie möglich aufrechterhalten wurde. Die Reichshauptstadt hatte Ende 1943 verheerende Luftangriffe zu verkraften. Während die Bellevuestraße relativ glimpflich davonkam, brannte Flicks Haus in der Taubertstraße im Dezember bis auf die Grundmauern nieder. Ein kurzfristig angekauftes »Ersatzhaus« in der Auguste-Viktoria-Straße brannte zwei Monate später ebenfalls restlos ab; danach residierte Flick bei seinen Berliner Aufenthalten im Hotel Adlon, weil dort »ein guter Bunker vorhanden« war. Die Berliner Büros der Anhaltischen Kohlenwerke in der Lietzenburger Straße hatten schon im August 1943 schwere Schäden davongetragen.[227]

Etwa zu dieser Zeit begannen Tillmanns und Kaletsch, für den Ernstfall einen Umzug der kompletten Konzernverwaltung von rund einhundert Personen nach Lauchhammer vorzubereiten. Dort standen, nicht allzu weit von Berlin entfernt, hinreichende Unterbringungsmöglichkeiten zur Verfügung. Im November 1944 – der Großteil der freigehaltenen Unterkünfte war inzwischen mit Ausgebombten aus dem Rheinland belegt – entschloss die Berliner Spitze sich schließlich zur Verlegung von etwa 30 »Gefolgschaftsmitgliedern«, aber erst als die Bellevuestraße Anfang Februar 1945 schwere Treffer abbekam, zog man tatsächlich nach Lauchhammer um. Unter Führung von Kaletsch und Burkart ging die Gruppe wenig später wieder nach Berlin zurück; die Hauptregistratur verblieb in Lauchhammer, die Steuerakten des Konzerns wurden bei den Anhaltischen Kohlenwerken in Halle zwischengelagert.[228]

Die Führungsriege der Generalbevollmächtigten verteilte sich jetzt über das ganze Land. Bernhard Weiss hielt sich überwiegend im heimischen Dahlbruch auf, wo er sich mit Zustimmung Flicks in erster Linie um das eigene Familienunternehmen kümmerte. Burkart ging von Lauchhammer ins sächsische Riesa, um dort den kaufmännischen Vorstandsbereich zu übernehmen. Beim Vormarsch der Roten Armee ließ er sich in der Nähe »von den Russen überrollen« und machte sich anschließend daran, das während der Kampfhandlungen stillgelegte Werk wieder in Betrieb zu setzen. Kaletsch bezog Quartier im notdürftig wiederhergestellten Berliner Haus der Anhaltischen Kohlenwerke, um Kontakt zur Berliner Leitung des Braunkohlesektors unter Hellberg und zu den Berlin-Brandenburger Stahlwerken zu halten.[229]

Neben Tillmanns stand ihm dabei ein junger Mann zur Seite, der sich in den kommenden Monaten als äußerst tatkräftige Verstärkung erwies. Der dynamische Willy H. Schlieker, Jahrgang 1914 und zuvor bei den Vereinigten Stahlwerken beschäftigt, war seit 1942 unter Speers »Panzerdiktator« Walter Rohland rasch aufgestiegen und kontrollierte zuletzt im Rüstungslieferamt die Auftragssteuerung für den Eisen- und Stahlsektor. Das war eine Position, die ihn für den Flick-Konzern interessant machte. Im Februar 1945 hatte Burkart noch mit Schlieker über die Zuteilung von Rohstoffkontingenten verhandelt und ihn des allzu engen Kontakts zu den Reichswerken verdächtigt, einige Wochen vor Kriegsende wurde er wie nebenbei in den Führungszirkel des Flick-Konzerns kooptiert. In der Stunde der Not blitzte hier eine der traditionellen Stärken des Flick-Managements auf. Während der dramatischen Monate im Sommer und Herbst 1945 gab Schlieker ein kurzes, aber eindrucksvolles Gastspiel. Der spätere Eisen- und Schiffbauindustrielle, der in den sechziger Jahren eine der spektakulärsten Unternehmenspleiten der Bundesrepublik hinlegen sollte, erwarb sich in kurzer Zeit

Am Ende nur Trümmer? Blick auf die zerstörte Bellevuestraße vom kahl geschlagenen Berliner Tiergarten aus.

so großes Vertrauen, dass er im Oktober 1945 gemeinsam mit Rohde gar als Ersatz-Testamentsvollstrecker Friedrich Flicks (nach Kaletsch und Burkart) eingesetzt wurde.[230]

Geld und Macht

Sind schon die wenigen vorliegenden Zahlen zum Gesamtwert des Konzernvermögens kurz nach Kriegsbeginn mit großer Vorsicht zu lesen, so gilt dies noch viel mehr für die dürftigen Angaben zu den späteren Jahren. Eine mit der Konzernbilanz vom Frühjahr 1940 vergleichbare Zusammenstellung wurde danach nie mehr angefertigt. Die Frage nach den »Kriegsgewinnen« im weiteren Sinn ist daher kaum seriös zu beantworten. Die politischen Lenkungsmaßnahmen der Ära Speer reduzierten zwar die Rüstungsgewinne der Unternehmen, doch in den Bilanzen konnte weiterhin vieles versteckt werden; die Kapitalberichtigungen des

Jahres 1942 erhöhten diese Spielräume noch. Angesichts der schärferen Preiskontrollmaßnahmen wird man insgesamt aber von leicht sinkenden Gewinnen aus dem laufenden Geschäft ausgehen müssen.[231]

Aus den teilweise als Anhang zu den Geschäftsberichten der größeren Konzernunternehmen veröffentlichten Handelsbilanzen lassen sich keine zuverlässigen Ausgangswerte für eine solide Schätzung gewinnen, weil die hier ausgewiesenen Gewinne bereits auf die Dividendenzahlung abgestimmt und vorher mit Abschreibungen verrechnet wurden. Steuerbilanzen liegen für die Kriegsjahre kaum noch vor. So gibt es nur punktuelle Einblicke in die tatsächlichen Größenordnungen der Gewinne. Während der noch zu versteuernde Gewinn der Konzernunternehmen sich am Ende des Geschäftsjahres 1938/39 auf rund 109 Millionen Mark belief, wurde er für das Geschäftsjahr 1940/41 auf 133 Millionen geschätzt; dabei ist allerdings zu berücksichtigen, dass die Steigerung teilweise aus der Integration der Sächsischen Gußstahlwerke und der Anhaltischen Kohlenwerke resultierte.[232]

Über das Vermögen des Konzerns und seines Inhabers kursierten nach dem Krieg teils absurde Vermutungen. Ein 1959 vorgelegter Bericht des in Ost-Berlin angesiedelten Deutschen Wirtschaftsinstituts behauptete ohne weitere Nachweise, Friedrich Flicks »Eigenvermögen« habe sich am Ende des Zweiten Weltkriegs auf 3 Milliarden Mark belaufen, das von ihm »kontrollierte Vermögen« – ein schwammiger Terminus, mit dem offenbar der Gesamtwert der Konzernunternehmen bezeichnet werden sollte – habe »etwa das Dreifache« betragen. Neuere Schätzungen, nach denen das konsolidierte Vermögen der einzelnen Konzernunternehmen von den 820 Millionen Mark, die die Bilanz vom Frühjahr 1940 auswies, bis in die letzte Kriegsphase auf die Summe von einer Milliarde Mark oder mehr angewachsen sein könnte, erscheinen hingegen durchaus plausibel. Im Vergleich mit dem sprunghaften Wachstum zwischen 1932 und Frühjahr 1940 verlangsamte sich der Wertzuwachs während der Kriegsjahre allerdings deutlich. Die Summe bezeichnet im Übrigen nur das Rohvermögen, dem Bankschulden, Pensionsrückstellungen oder Anleihen gegenüberstanden. Rechtlich gehörte ein erheblicher Vermögensanteil des Flick-Konzerns, ganz wie bei anderen Unternehmen, seinen Hausbanken, Anleihegläubigern und Lieferanten. Bei einer überschlägigen Berechnung des tatsächlich in

Flicks Eigentum befindlichen Konzernsubstanzwerts zum Jahresbeginn 1943, die in etwa mit den Ergebnissen der Konzernbilanz vom Frühjahr 1940 vergleichbar sein dürfte, kam Kurre auf »nur« 365 Millionen Mark.[233]

Diese auf den ersten Blick relativ bescheidene Summe erweist sich beim Vergleich mit dem Frühjahr 1940 als durchaus spektakulär. Während das Rohvermögen in den Kriegsjahren um etwa 20 Prozent zunahm, wuchs das in FKG-Händen befindliche, konsolidierte Reinvermögen allein bis Anfang 1943 um rund 172 Millionen Mark oder fast 90 Prozent. Dieser Wert ist zwar insofern deutlich zu relativieren, als der größere Teil aus den Kapitalberichtigungen des Jahres 1942 resultierte; diese spiegelten sicherlich stärker die Gewinnentwicklung der sechs Vorkriegs- als die der ersten Kriegsjahre wider. Doch auch wenn man diesen Effekt mit etwa 102 Millionen in Abzug bringt, bleibt ein Wachstum des konzerneigenen Substanzwerts um gut ein Drittel in weniger als drei Jahren.[234]

Bei den genannten Zahlen handelt es sich allerdings um aktuelle Buchwerte, die weit unter dem realen Wert von Anlagen und Wertpapierportfolios liegen konnten. Eine noch während des Krieges angefertigte Berechnung des Vermögensteuerwerts, in dem das Anlagevermögen deutlich höher angesetzt wurde, als es in den Büchern stand, kam zum gleichen Stichtermin Anfang 1943 auf einen Gesamtwert der Konzernunternehmen von 738 Millionen, wobei man den Flick-Anteil mit 593 Millionen bemaß. Kaletschs spätere Behauptung, damit sei der reale Wert der Anlagen deutlich überschätzt worden, weil die Finanzbehörden deren zunehmenden Verschleiß während des Krieges nicht durch angemessen hohe Abschreibungen berücksichtigt hätten, mag stimmen oder auch nicht – sie macht vor allem deutlich, dass die enormen Vermögenswerte eben auch mit enormen Bewertungsspielräumen verbunden waren und es eine »echte« Wertangabe in absoluten Zahlen kaum geben konnte. Kaletschs Behauptung, in den Jahren 1943 bis 1945 habe sich der Konzernwert nicht zuletzt wegen der Kosten für die Ausschließung fremder Aktionäre nicht mehr wesentlich erhöht, hat ebenfalls einiges für sich. Zentrales Ziel der Konzernpolitik in diesen Jahren war jedenfalls nicht die weitere Anhäufung von Vermögen, sondern die vollständige Kontrolle der vorhandenen Unternehmen und die Konzentration des Besitzes bei Friedrich Flick und seiner Kommanditgesellschaft.[235]

Mit der absehbaren Niederlage verlor ein Teil der Finanzanlagen drastisch an Wert. Man wird davon ausgehen dürfen, dass nicht nur die Sächsischen Gußstahlwerke sich gegen Kriegsende von fragwürdigen Vermögensanlagen trennten; Bruns begann bereits im April 1943, sukzessive die zuvor zwecks Liquiditätshortung angekauften Reichsschatzanweisungen, die nach der deutschen Kapitulation schlagartig wertlos werden mussten, zu verkaufen. Im Herbst 1944 drängte Kaletsch den Lübeck-Chef Fabry, wertbeständigere Industrieobligationen anzukaufen. Zuletzt ist zu berücksichtigen, dass ein Teil der im Krieg aufgebauten Kapazitäten für die zivile Nachkriegsproduktion kaum zu nutzen war. Wieviel Vermögen bald nach Kriegsende durch die Demontagen und Enteignungen in der Sowjetischen Besatzungszone verloren ging, lässt sich mit den vorliegenden Daten nur vorsichtig schätzen; der Verlust dürfte gut 50 bis 60 Prozent des Konzernwerts betragen haben.[236]

Während sein Konzern stetig wuchs, pendelte Friedrich Flicks steuerpflichtiges Einkommen seit 1938 zwischen 11 und 18 Millionen Mark jährlich. Sein steuerpflichtiges Privatvermögen erreichte 1941 an die 90 Millionen Mark, um im Jahr darauf, nach der Schenkung eines größeren Teils der Kommanditgesellschaft an die beiden Söhne, auf 71 Millionen zu sinken; dabei wurde der Grundbesitz um einige Millionen unterhalb der Anschaffungskosten bewertet. Diese Zahlen sind nicht eben niedrig, und doch spiegeln sie Flicks eigentliches Vermögen nicht hinreichend wider; gegen Kriegsende führen Steuerdaten diesbezüglich sogar in die Irre. Obwohl ihm nur noch ein Zehntel der Spitzenholding gehörte, gebot Flick nahezu unumschränkt über einen weitverzweigten Unternehmensverbund, der auch unter den schwierigen Bedingungen der Kriegswirtschaft kräftig zulegte.[237]

Das bescheidene Wort »Familienunternehmen« scheint auf diese Machtfülle nicht recht passen zu wollen. Und doch war »Familie« keineswegs bloß eine Legitimationsfigur in den politischen Verhandlungen um Form und Kosten des Konzernumbaus. Sucht man nach einer übergreifenden unternehmerischen Strategie der Konzernspitze während des Krieges, findet man sie am ehesten in der Ausgestaltung des vorhandenen Besitzes. Friedrich Flick war immer wieder damit beschäftigt, seinen Konzern auf Dauer zu stellen, und das hieß früher oder später, ihn an seine Erben weiterzugeben – auch wenn das Familienoberhaupt vorläufig nicht beabsichtigte, seine gern zitierte »industrielle Führung« abzugeben.

Das Klischee von Friedrich Flick als reinem Aktienspekulanten greift für diese Phase endgültig zu kurz; nicht zuletzt zeigt sich das an der Bereitschaft, schlimmstenfalls auch erhebliche Steuerzahlungen für den Konzernumbau aufzuwenden. Auch die Herausdrängung außenstehender Aktionäre aus der Maxhütte und den Anhaltischen Kohlenwerken spricht dagegen, im Flick-Konzern dieser Jahre primär ein Konglomerat von Finanzbeteiligungen zu sehen. Die kleinen Aktionäre konnten keinen wirklichen Einfluss auf die Geschäftspolitik ausüben, wohl aber standen sie der vollständigen Integration der meisten Beteiligungen im Wege. Die Umwandlung von Aktiengesellschaften in Gesellschaften mit beschränkter Haftung kam überdies dem Bedürfnis entgegen, bei wichtigen unternehmerischen Entscheidungen schneller handeln zu können und weniger Informationen darüber an die Öffentlichkeit dringen zu lassen. Während des Krieges war die Veröffentlichung von Unternehmensdaten allerdings ohnehin stark eingeschränkt.[238]

In einer längerfristigen Perspektive lassen sich die Umstrukturierungen der Besitzverhältnisse als Zuspitzung einer Strategie interpretieren, die bereits die Entstehungsphase des Flick-Konzerns prägte: die weitestgehende Ausschaltung externer Eingriffs- und Zugriffsmöglichkeiten. Die grundlegenden Maßnahmen – von der Reorganisation der Anhaltischen Kohlenwerke 1940 über Kapitalberichtigungen und Organverträge 1942 bis zur Entschachtelung 1943 und der strikteren Zuordnung der Beteiligungen zur Kommanditgesellschaft 1944/45 – wurden aktiv von der Spitze des Konzerns betrieben. Die Unternehmenskontrolle im engeren Sinn veränderte sich dadurch aber nicht. Einfluss und Handlungsspielraum der Unternehmensleitungen in Riesa, Sulzbach-Rosenberg oder Dortmund beschränkten sich auf das operative Geschäft. In der Bellevuestraße wurden diejenigen Aufgaben wahrgenommen, die sich letztlich aus der direkten oder indirekten Eigentümerstellung Friedrich Flicks ergaben: zum einen Beteiligungs-, Finanzierungs- und Kreditangelegenheiten, Werkserweiterungen und größere Investitionen, zum anderen die Präsenz in Verbänden und die Kontakte zur Politik.

Das schloss nicht zuletzt den »Freundeskreis Himmler« ein: Während die einzelnen Unternehmen und Werke die Beziehungen zu lokalen NS-Instanzen pflegten, ließ Flick durch Mittelstahl jährlich 100 000 Mark an den Unternehmerzirkel des Reichsführers SS überweisen.[239]

Die Abfolge der verschiedenen Restrukturierungen lässt zwar vermuten, dass schon früh die vage Vorstellung eines Familienkonzerns bestand, die einzelnen Schritte sprechen aber nicht für eine präzise langfristige Planung. Steuerliche Fragen wurden natürlich stets mitbedacht und schlossen bestimmte Lösungen zeitweise aus, sie waren jedoch keineswegs Anlass der verschiedenen Umstrukturierungen. Die während des Krieges betriebenen Änderungen der formalen Corporate Governance, etwa Umwandlungen von Aktiengesellschaften und Umschichtungen der Besitzverhältnisse, änderten nichts an den faktischen Steuerungsverhältnissen. Das zentrale Ziel der Umstrukturierungen war letztlich die persönliche Kontrolle über einen hochkomplexen, diversifizierten Konzern, die gleichzeitig Risiken für das persönliche Vermögen des Konzernchefs begrenzen sollte. Es ging, mit anderen Worten, um die Sicherung der Einheit von Geld und Macht.

Die angebliche, von Tillmanns bis Brauchitsch beschworene Dezentralität war zumindest bis 1945 zum guten Teil ein Mythos, der weit über Friedrich Flicks Tod hinaus als dessen »Erfolgsgeheimnis« gepflegt wurde. Zwar legte Flick großen Wert darauf, in den Pressekommuniqués der einzelnen Unternehmen den Terminus »Flick-Gruppe« zu vermeiden; Kaletsch wies Tillmanns sogar an, eine gleichzeitige Veröffentlichung der Bilanzdaten beider Steinkohle- oder beider Waggonbauunternehmen zu verhindern, damit die Wirtschaftspresse diese nicht kurzerhand unter dem Namen des Konzernchefs subsumierte. Doch das bedeutete keineswegs, dass die Bellevuestraße den Konzern als bloßes Konglomerat voneinander unabhängiger Unternehmen betrachtete. Ganz im Gegenteil wurden deren funktionaler Zusammenhang und die strategische Ausrichtung erst durch die zentrale Kontrolle und durch Friedrich Flick selbst garantiert, der zugleich die letzte Instanz bei politischen Verhandlungen darstellte.[240]

Die drastische Einschränkung der Kommunikations- und Kontrollmöglichkeiten in den letzten Kriegs- und den ersten Besatzungsmonaten musste deshalb keineswegs auf einen Zusammenbruch des

Konzerngefüges hinauslaufen, solange der Übergang in ein neues politisches System nur als vorübergehende Störung wahrgenommen wurde. Flexibilität und schnelle Anpassung waren schließlich stets ein Charakteristikum Flicks und seiner Konzernführung gewesen. Bis zum Zusammenbruch des Dritten Reichs hatte sich die eigentümliche, historisch gewachsene Kombination aus personaler Autorität, vertraglich kodifizierten Unternehmensbeziehungen und zentraler Finanzkontrolle als äußerst effektives, ebenso stabiles wie flexibles Steuerungsmodell erwiesen. Es blieb abzuwarten, ob sich dieser Lenkungsmodus bewähren würde, als die oberste Autorität des Konzerns für fünf Jahre aus dem Verkehr gezogen wurde.

Nürnberg

Nichts hat Friedrich Flicks Bild in der Öffentlichkeit mehr geprägt als seine Verurteilung im ersten der drei Nürnberger Industriellenprozesse. Erst durch dieses Verfahren wurde er zu jener Symbolfigur des skrupellosen, mit den Nationalsozialisten paktierenden Kapitalisten, als die er bis heute vielfach wahrgenommen wird. Flick selbst hat seine Verurteilung als »Kriegsverbrecher« nie akzeptiert, sie vielmehr als Besatzungsunrecht und wohl auch als öffentliche Demütigung wahrgenommen. In seinem Nürnberger Schlusswort betonte er, dass nichts und niemand ihn und seine Manager davon überzeugen werde, »dass wir Kriegsverbrecher waren«, und bei dieser Haltung blieb er bis zu seinem Tod. Eine kleine, vom Konzernchef sicher gründlich redigierte Festschrift zu seinem 80. Geburtstag behauptete gut 15 Jahre nach dem Prozess, Flick sei in Nürnberg trotz ärgster Beweisnöte verurteilt worden, weil gerade »der erste mit großem Aufwand gegen deutsche Wirtschaftsführer vor dem amerikanischen Militärtribunal in Nürnberg geführte Prozess nicht mit einem völligen Freispruch enden durfte«. Die Rechtsbeugung erkläre sich schlicht daraus, dass der Siegerländer Multimillionär als »Symbol« einer gründlichen Abrechnung der Besatzer mit der gesamten deutschen Industrie habe herhalten müssen.[241]

Richtig daran war, dass Nürnberg tatsächlich Symbole schaffen sollte. Das Anliegen der Amerikaner, die nach dem Viermächteprozess gegen die »Hauptkriegsverbrecher« aus Staat, Militär und Partei in alleiniger Regie zwölf Nachfolgeprozesse durchführten, war nicht die flächendeckende Strafverfolgung sämtlicher gravierenden NS-Verbrechen. Vielmehr ging es bei diesen Tribunalen darum, Repräsentanten der deutschen Funktionseliten stellvertretend für ihren jeweiligen Berufsstand zur Rechenschaft zu ziehen. Der Weltöffentlichkeit wie der deutschen Bevölkerung sollte demonstriert werden, dass die Verbrechen des Dritten Reichs nur unter tätiger Mithilfe von Spitzen der deutschen Gesellschaft möglich gewesen waren. Neben der Militärführung nahm dabei die Wirtschaftselite offenkundig einen herausragenden Stellenwert ein, denn gleich drei der zwölf Prozesse richteten sich gegen prominente Industrielle.

Noch bevor die Führungsriegen der IG Farben und des Krupp-Konzerns zur Rechenschaft gezogen wurden, stand Friedrich Flick im April 1947 gemeinsam mit Steinbrinck, Kaletsch, Burkart, Weiss und dem Maxhütte-Vorstandsmitglied Hermann Terberger vor einem Nürnberger Tribunal. Dort ging es nicht nur um persönliche Verfehlungen, sondern auch um die Struktur des Konzerns und dessen politische Vernetzung; die amerikanischen Ankläger versuchten Flick nicht nur individuelle Schuld nachzuweisen, sondern auch die aktive Beteiligung an der verbrecherischen Politik des Regimes. Die Verteidigung lief fast zwangsläufig darauf hinaus, zusammen mit den konkreten Tatvorwürfen auch das Gesamtbild zu widerlegen, das die Anklage von der deutschen Industrie und ihrer Rolle im NS-Staat zeichnete. Mit Friedrich Flick sollte zugleich die Ehre des deutschen Unternehmertums verteidigt werden.[242]

Ermittlungen

Flick dürfte nicht wirklich überrascht gewesen sein, als im Juni 1945 Ermittler des amerikanischen Militärgeheimdienstes CIC auf seinem Landsitz Sauersberg erschienen. Dass die Alliierten, und speziell die amerikanische Besatzungsmacht, die seit Längerem angedrohte Strafverfolgung nationalsozialistischer Führungsfiguren auch auf die Wirtschaftseliten des Dritten Reichs ausdehnen würden, hatte sich schon in den letzten Kriegswochen angedeutet. Alfried Krupp wurde im Zuge der amerikanischen Besetzung des Ruhrgebiets kurzzeitig interniert, dann unter Hausarrest gestellt und Mitte Juni endgültig verhaftet. Zu den ersten festgenommenen Industriellen gehörten auch einige Vorstandsmitglieder der IG Farben.[243]

Diese Verhaftungen wurden erst allmählich systematisiert, die amerikanischen Stellen standen sich teils unkoordiniert im Wege. Flicks Hausarrest sollte vom CIC gerade aufgehoben werden, als ein Ermittler der Finanzabteilung der vorläufigen amerikanischen Militärregierung USGCC in Sauersberg auftauchte und veranlasste, dass er zu weiteren Befragungen nach Frankfurt am Main überstellt wurde. Flick war nicht nur einer der wichtigsten deutschen Industriellen, er war zugleich Aufsichtsratsmitglied der Dresdner Bank. Das machte ihn doppelt interessant für die »trust busters« der Finanzabteilung, die aus Morgenthaus Finanzministerium in die Besatzungsverwaltung entsandt worden waren, um die vermeintlichen Bastionen deutscher Konzernmacht zu zerschlagen. Nach Frankfurt schafften die Ermittler auch die von Kurre in Sulzbach-Rosenberg verwahrten Konzernakten.[244]

Nur wenige Wochen später fand sich Flicks Name auf einer kurzen Liste prominenter Industrieller, die potenzielle Angeklagte für Prozesse gegen die deutsche Wirtschaftselite benannte. Vertreten waren dort der Vorstandsvorsitzende der IG Farben Hermann Schmitz, Flicks alter Rivale Hermann Röchling, Alfried Krupp von Bohlen und Halbach sowie der Privatbankier Kurt von Schröder. Zusammengestellt hatte die Liste Francis Shea, ein leitender Mitarbeiter von Chief Justice Robert H. Jackson, der zu dieser Zeit das Internationale Militärtribunal (IMT) gegen die »Hauptkriegsverbrecher« vorbereitete und zu dessen prägender Figur werden sollte.

Der Kern von Jacksons Anklagekonzept war eine angloamerikanische Rechtsfigur, die dem kontinentalen Rechtsdenken in dieser Form unbekannt war. Der zentrale Punkt zur Aburteilung von konkreten »Kriegsverbrechen und Verbrechen gegen die Menschlichkeit« – viele nationalsozialistische Verbrechen waren mit den Begriffen des herkömmlichen Kriegsvölkerrechts kaum zu erfassen – war die Vorstellung einer umfassenden nationalsozialistischen »Verschwörung« (conspiracy) gegen Zivilisation und Weltfrieden.

Sheas Memorandum vom Juli 1945 basierte auf einer Annahme, die an der Realität der NS-Wirtschaft weitgehend vorbeiging. Die Unternehmer erschienen hier als »Komplizen« einer »economic gang«, die gemeinsam mit Vertretern der Wirtschaftsbürokratie – Hjalmar Schacht, Walther Funk, Albert Speer, Fritz Sauckel und Paul Körner –

die deutsche Wirtschaft gezielt auf einen verbrecherischen Eroberungs-
krieg vorbereitet und sodann die Ausbeutung der besetzten Gebiete
mitgeplant haben sollte. Shea wollte die Anklage deshalb stark auf die
finanzielle und ideelle Unterstützung des Nationalsozialismus sowie auf
die Rüstungs- und Autarkieproduktion der Großunternehmen fokus-
sieren. Die Ausbeutung von Zwangsarbeitern und die Okkupation von
Industrieanlagen in den besetzten Gebieten tauchten in seinem Papier
vor allem im Sinne von Beweisen auf; damit habe das Regime seine industriellen Unterstützer belohnt. Shea hielt Flick für »Germany's most
powerful industrialist«, und dieses frühe Urteil sollte sich als zählebig
erweisen. Auch für die Finanzabteilung der USGCC stand schnell fest,
dass Flick als einer der einflussreichsten deutschen Industriellen ein früher Unterstützer Hitlers gewesen sei. Seine »Belohnung« sei es gewesen,
ehemals in jüdischem Besitz befindliche Aktien unter Wert aufkaufen
zu können, als »Partner« Görings »andere jüdische Konzerne« übernommen, viele tausend »Sklavenarbeiter« ausgebeutet und nebenbei den
Titel eines Wehrwirtschaftsführers erhalten zu haben.[245]

Die zügige Ausarbeitung von Gegenargumenten lässt vermuten, dass
man im Konzern von Flicks Verhaftung nicht allzu sehr überrascht
war. Zugleich zeigen diese Memoranden, dass Kaletsch und andere
Konzernmanager sehr wohl ahnten, in welchen Punkten man ihnen of-
fensives Paktieren mit dem Nationalsozialismus vorwerfen konnte; die
verfolgte Unschuld, die bald zum Leitmotiv der Verteidigung wurde,
entsprach keineswegs der eigenen Wahrnehmung. Schon im Sommer
1944 hatte Weiss sich in Flicks Namen von seinem früheren Berliner
Nachbarn, dem ehemaligen Reichsfinanzminister Hermann Dietrich,
versichern lassen, dass der Konzernchef 1932 die Reichspräsidenten-
Kandidatur Hindenburgs gegen Hitler finanziell unterstützt hatte.
Während sich Kaletsch im Sommer 1945, assistiert von Schlieker und
Kurre, an eine umfassende Apologie seines Chefs machte, wurden zu
einzelnen Themen wie Rombach und den Petschek-»Arisierungen« gesonderte Darstellungen ausgearbeitet – letztere auch schon im Hinblick
auf anstehende Wiedergutmachungsforderungen. Im August 1945 lag
ein 30-seitiges Fragment für einen Lebenslauf Flicks vor, das in einigen
Punkten bereits die Grundlinien der späteren Verteidigungsstrategie
erkennen ließ.

Flick erschien hier als tadelloser, staatsferner Unternehmer: Er habe es »grundsätzlich abgelehnt«, in den Verhandlungen um oberschlesische Hüttenwerke mitzupokern; Rombach sei auf seine ausdrückliche Anweisung keine Rüstungsproduktion angegliedert worden; bei der Maxhütte habe er bewusst auf den Ausbau der Edelstahlfertigung verzichtet, um nicht in die Rüstungsproduktion einsteigen zu müssen. »Wie kaum jemand anders in Deutschland« hatte Flick angeblich »jede besitzmäßige Verbindung mit typischen Rüstungsbetrieben abgelehnt«; und natürlich war auch die politische Nötigung zur Übernahme der Ignaz-Petschek-Betriebe zu finden, die für Flick ohnehin ein ungeheures Verlustgeschäft dargestellt habe. Diese Bausteine einer Unternehmerlegende fügten sich mühelos in eine große Opfer-Erzählung von der »Ohnmacht« der deutschen Gesellschaft. So kaltblütig wie schamlos führte Flick die Gräuel der Konzentrationslager als Beweis dafür an, dass man ja gar nichts gegen das Regime habe tun können: »Die Aufdeckung der Verbrechen in deutschen Konzentrationslagern« werde »vor der Welt vielleicht diese damalige Situation, wie sie für jeden Deutschen bestand, offenbaren und muss zu einer gerechteren Beurteilung der Haltung des deutschen Volkes führen«.[246]

Neben solchen Selbststilisierungen wurden handfeste juristische Vorkehrungen getroffen. Im August 1945 erstellte der zeitweilige »Kronjurist des Dritten Reiches«, der Staatsrechtler Carl Schmitt, ein von Flick in Auftrag gegebenes Gutachten über »Das internationalrechtliche Verbrechen des Angriffskrieges«. Schmitts Fazit, der »ordinary businessman« habe den im völkerrechtlichen Sinn verbrecherischen Charakter des nationalsozialistischen Angriffskrieges 1939 nicht erkennen können, dürfte Flick gefallen haben. Um die gleiche Zeit verpflichtete Kaletsch den renommierten Berliner Strafverteidiger Rudolf Dix für einen eventuellen Prozess.[247]

Flick war in Wiesbaden interniert, schmachtete freilich nicht in einem Kerker, sondern war, wie Bernhard Weiss bei einem Besuch feststellte, »für einige Wochen mit vielen anderen interessanten Leuten in einer Villa untergebracht«; die Behandlung durch die Amerikaner sei »sehr gut«. Weiss erwartete sogar eine vorläufige Entlassung Flicks. In diesem Punkt irrte er; stattdessen wurde der Konzernchef Anfang August in die Haftanstalt Frankfurt-Preungesheim überstellt. Bald darauf

machten die westlichen Besatzer ernst mit der systematischen Internierung der Rhein-Ruhr-Industriellen. Otto Steinbrinck stellte sich selbst
und wurde Ende August verhaftet. Als die britischen Besatzungsoffiziere
Anfang September 1945 zum großen Schlag gegen Vorstand und Aufsichtsrat des Rheinisch-Westfälischen Kohlensyndikats ausholten, wollten sie – so jedenfalls die Darstellung von Fritz Lang, in dessen Düsseldorfer Zentrale die Fäden zusammenliefen – den schwerkranken Ernst
Buskühl »noch auf dem Sterbebette« verhaften, verzichteten darauf aber
angesichts der offenkundigen Vernehmungsunfähigkeit des Harpen-
Generaldirektors. Als Lang wenig später selbst verhaftet wurde, scheute
er sich nicht, dem seinerzeitigen »Betriebsführer« Kaletsch nachzusagen,
er habe als NSDAP-Mitglied »jeden Parteigenossen« im Betrieb unterstützt – im Zweifelsfall war die Rettung der eigenen Haut eben doch
wichtiger als die Loyalität zum Dienstherrn.[248]

Im Oktober veröffentlichte ein amerikanischer Senatsausschuss unter
Leitung des Senators Harley Kilgore eine Liste, die 42 deutsche Industrielle und Bankiers als »Mitschuldige an den Kriegsvorbereitungen
des Nationalsozialismus« brandmarkte. Den vor allem in der DDR-
Literatur gern herausgestellten dritten Platz auf der Liste hatte Flick
nicht besonders schwerwiegenden Vorwürfen zu verdanken, sondern
schlicht der alphabetischen Ordnung. Die vielzitierte Kilgore-Liste, die
etliche sachliche Fehler enthielt und einen reichlich wahllosen Eindruck
machte, hatte zwar keinen nachweisbaren Einfluss auf die Vorbereitung
der Nürnberger Nachfolgeprozesse. Gleichwohl war es natürlich kein
Zufall, dass gerade Friedrich Flick und fünf seiner leitenden Mitarbeiter
schließlich auf der Anklagebank saßen.[249]

Am Anfang der Industriellenprozesse stand eine Panne, die Jackson zu
verantworten hatte. Unter die Angeklagten des im Oktober eröffneten
Prozesses gegen die Hauptkriegsverbrecher hatte er als einzigen Vertreter der Industrie Gustav Krupp von Bohlen und Halbach eingereiht.
Krupp war senil, seine Verhandlungsunfähigkeit wurde jedoch erst kurz
vor Prozessbeginn erkannt. Weil man ihn nicht unter Anklage stellen
konnte, erhielt der bis dahin eher vage erörterte Plan eines zweiten internationalen Prozesses allein gegen Vertreter der deutschen Wirtschaft
Auftrieb. Bei Jackson selbst und in amerikanischen Regierungskreisen
bestanden jedoch erhebliche Zweifel; man war skeptisch gegenüber der

Lauterkeit der sowjetischen Ankläger, hatte Bedenken hinsichtlich der Beweislage, sah aber auch logistische und organisatorische Probleme. Im Frühjahr 1946 konzentrierten sich die Amerikaner darauf, Repräsentanten mehrerer Konzerne in »zonalen« Verfahren anzuklagen.[250]

Aber auch das Projekt eines internationalen Prozesses wurde noch einige Monate weiterverfolgt. Im Mai 1946 notierte Telford Taylor, Jacksons Stellvertreter und designierter Nachfolger als amerikanischer Chefankläger, dass die amerikanische Seite für den Fall eines zweiten Viermächteprozesses – der generell möglichst kurz ausfallen und sich auf wenige prominente Vertreter der Privatwirtschaft beschränken sollte – Anklage gegen Alfried Krupp (den Sohn von Gustav) und einige Spitzen der IG Farben erheben werde. Die Briten interessierten sich primär für Kurt von Schröder, die Franzosen insbesondere für Hermann Röchling. Der Name Flick tauchte nirgends auf und fiel auch nicht in den einschlägigen Besprechungen der alliierten Ankläger. Taylor verwies nur darauf, dass die Sowjets – deren besonderes Interesse an Flick bislang nicht zu erkennen gewesen war – sich um »one more name« kümmern würden.[251]

Gleichzeitig hatte Taylor jedoch gerade Flick vage als Kandidaten eines amerikanischen Industriellenprozesses im Visier und bemühte sich erfolgreich, seine zwischenzeitige Freilassung zu verhindern. Dass die amerikanischen Prozesspläne immer noch sehr vorläufig waren, lag nicht zuletzt am Fortgang der Ermittlungen. Der Flick-Konzern war zwar wie andere deutsche Großunternehmen schon während des Krieges ins Fadenkreuz diverser amerikanischer Militär- und Regierungsstellen geraten, doch hatten sich diese nicht primär für Zwangsarbeit und »Arisierungen« interessiert. Die deutschen Konzerne, zumal die hochkonzentrierte Montanindustrie, galten als Stützpfeiler des NS-Regimes und als integraler Bestandteil der deutschen Kriegsmaschinerie. Die auf der Potsdamer Konferenz im August 1945 angekündigte Zerschlagung und Dekartellierung von Teilen der Industrie stand insofern in unmittelbarem Zusammenhang mit der Strafverfolgung herausragender Industrieller. Wirtschaftliche Konzernanalysen und strafrechtliche Ermittlungen verliefen aber keineswegs analog. Hinzu kamen handfeste besatzungspolitische Interessen. So konnte ein britisch-amerikanisches Untersuchungsteam bereits im Februar 1946 einen umfassenden Be-

Der amerikanische Chefankläger Telford Taylor führt gegen Flick den ersten der drei Nürnberger Industriellenprozesse.

richt über die Vereinigten Stahlwerke vorlegen, die sowohl wegen ihrer Größe als auch wegen ihrer starken Konzentration im Ruhrgebiet wichtiger waren als der überwiegend in der Sowjetzone gelegene Flick-Konzern.[252]

Der im November 1945 von der Dekartellierungsabteilung der amerikanischen Militärregierung OMGUS eingesetzte Flick-Ermittler Josif Marcu brachte es hingegen nie auf mehr als ein paar Seiten, und die zeugten nicht unbedingt von großer Sachkenntnis. Immerhin beschlagnahmte sein Team zahlreiche Akten an etlichen Konzernstandorten und bei politischen Stellen in Düsseldorf, Essen, Bad Tölz, Sulzbach-Rosenberg, Saarbrücken, Metz, Rombach und Berlin – die Überreste dieser Sammlung stellen bis heute einen zentralen Quellenfundus zur Geschichte des Konzerns bis 1945 dar. Die Ermittler internierten nicht nur Otto-Ernst Flick und Konrad Kaletsch, sie sperrten im Frühjahr 1946 auch Lang und Kurre mit zwei seiner Mitarbeiter in Frankfurt zusammen, wo die Bilanzexperten einen Überblick über die Grundzüge der finanziellen Konzernentwicklung erstellen mussten. Da die Vorgaben für die Ermittlungen mehrfach geändert wurden, kam es jedoch nie zu einem abschließenden Gesamtbericht des OMGUS-Teams.[253]

Die einzige umfassende und zugleich einigermaßen solide Datensammlung der Besatzungsmächte über den Flick-Konzern war am Ende nicht etwa amerikanischer, sondern britischer Provenienz. Schon seit Sommer 1945 hatte Fritz Lang in Düsseldorf an einer Konzernübersicht für das örtliche Financial Detachment gearbeitet. Das Interesse der Briten war wohl auch deshalb groß, weil mit den Steinkohlezechen und dem Hochofenwerk Lübeck der größere Teil des zur Dekartellierung anstehenden Konzernrestes in ihrer Zone lag. Die Amerikaner hingegen konzentrierten sich mehr auf den Konzernchef und stellten das persönliche Engagement des Eigentümers heraus, das den Konzern gerade in der NS-Zeit so exorbitant habe wachsen lassen. Josif Marcu brachte es einigermaßen drastisch auf den Punkt: »Flick, the man, was characterized by a perverse desire for absolute power.«[254]

Angesichts des begrenzten Faktenwissens trat der OMGUS-Ermittler erstaunlich selbstsicher auf. Anfang März 1946 teilte er der Presse die offizielle Verhaftung Friedrich Flicks mit und empfahl, ihn unbedingt auf die Liste der Angeklagten in einem Industriellenprozess zu setzen. Flick, bei dieser Gelegenheit als »greatest single power behind the Nazi war machine« vorgestellt, galt Marcu gleichzeitig als die größte Gefahr für die alliierte Zerschlagung der deutschen Rüstungsindustrie, deren Potenzial immer noch als latente Bedrohung einer weltpolitischen Neuordnung wahrgenommen wurde.[255]

Der dramatische Appell ergab natürlich noch keine belastungsfähige Anklage in einem Strafprozess. Doch er verfestigte das Bild der Amerikaner und fügte sich bestens in das allgemeine verschwörungstheoretische Anklagekonzept, das bis heute seine Spuren in der Wahrnehmung Flicks hinterlassen hat. Die konkreten Ermittlungen konzentrierten sich zunehmend auf Flicks »Arisierungen« des Petschek-Besitzes, die sich wiederum hervorragend mit einem zweiten Schwerpunkt der Anklage verknüpfen ließen, nämlich seinen Beziehungen zu NS-Größen. Um diese Komplexe kreisten, zumal vor dem Hintergrund des gleichzeitig stattfindenden Internationalen Militärtribunals, im Winter 1945/46 auch die Verhöre Flicks und Kaletschs.[256]

Diese Verhöre gaben aber auch dem Aufbau der Verteidigung weiteren Schub. In einer schriftlichen Ausarbeitung Flicks vom Dezember 1945 wurde die angebliche Dezentralität des Konzerns zum zentralen Topos der Verteidigung aufgebaut. Die Konzernspitze in der Bellevuestraße mit den Zentralen Krupps, der IG Farben oder der Vereinigten Stahlwerke zu vergleichen, sei, so Flick, völlig »abwegig«. Seine Argumentation während der Kriegsjahre gleichsam umkehrend schrieb Flick nun über seinen Konzern, »dass es sich bei der Vielzahl der in Betracht kommenden Unternehmungen nicht um einen einheitlich entwickelten Gesamtaufbau« handle, sondern »vielmehr ein erheblicher Teil derselben aufgekauft« worden sei. Beim Betrieb der Unternehmen habe der »Hauptgrundsatz« der Dezentralisation gegolten – »jedem Werk sein eigener Vorstand mit eigener Verantwortung am Sitz der Gesellschaft«. Die scharfe Abgrenzung von den genannten Unternehmen, die sich allesamt ebenfalls im Visier der Alliierten befanden, hatte einen ganz konkreten Zweck: Viele der Werke hatte Flick angeblich »jahrelang nicht besucht«, und mit der dortigen Beschäftigung von Zwangsarbeitern hatte er schon gar nichts zu tun gehabt. Der Konzernchef, der in den vergangenen Jahren die Unternehmen möglichst nah an seine Spitzenholding herangeführt und sich am Ende den persönlichen Zugriff auf ihr Vermögen zu sichern versucht hatte, stahl sich aus der Verantwortung.[257]

Wo sich die Schuld nicht Subalternen zuweisen ließ, stand vorläufig ein anderer Sündenbock zur Verfügung. Kaletsch erklärte im März 1946 seinem amerikanischen Vernehmer ausführlich, die Verbindung zu Fritz Kranefuß, dem Organisator des »Freundeskreises Reichsführer SS«, sei allein durch Otto Steinbrinck zu Stande gekommen. Zu dieser Zeit konnte Flicks Finanzexperte noch nicht ahnen, dass er einige Zeit später mit Steinbrinck die Anklagebank teilen und an einer gemeinsamen Verteidigung interessiert sein musste.[258]

Gleichzeitig erneuerte Flicks Familie den Kontakt zu Rudolf Dix. Als der Strafverteidiger im August 1946 seine Zusage bestätigte, hatte er soeben die Verteidigung Hjalmar Schachts im Hauptkriegsverbrecherprozess hinter sich gebracht, die bald darauf in einen Freispruch münden sollte. Mittlerweile war er von verschiedenen Unternehmen um die Übernahme eines Mandats gebeten worden, wegen der frühzeitigen Kontaktaufnahme gab er Flick jedoch den Vorzug. Zusammen mit seinem Hamburger Kollegen Walter Siemers arbeitete Dix in dieser Zeit an der »Zusammenstellung eines qualitativ guten und geschlossenen Verteidigerkorps« für die deutsche Wirtschaftselite. Das Management der Großindustrie befürchtete mangels klarer amerikanischer Aussagen, in Nürnberg mehr oder weniger flächendeckend zur Rechenschaft gezogen zu werden. Siemers wiederum betrieb gemeinsam mit dem Mannesmann-Vorstandsmitglied Wolfgang Pohle in Nürnberg den Aufbau eines von der westdeutschen Schwerindustrie und den Großbanken finanzierten »Industriebüros«, das ab Herbst 1946 Quellenmaterial für die juristische wie publizistische Verteidigung der Unternehmer sammelte und aufbereitete.[259]

Sobald sich abzeichnete, dass die Beschäftigung von Zwangsarbeitern einen zentralen Anklagepunkt der Industriellenprozesse darstellen würde und deshalb »auch andere Herren aus dem sog. Konzern« mit ihm zusammen vor Gericht stehen könnten, bat Flick seinen Anwalt um die Übernahme der »Oberleitung« bei der Verteidigung des Konzernmanagements. Gleichzeitig sammelte er die ersten entlastenden Zeugenaussagen ein. Dix fungierte als Mittler zu dem im IMT angeklagten Ex-Wirtschaftsminister Walther Funk, von dem Flick sich bestätigen ließ, dass seine Partizipation an der »Arisierung« des Ignaz-Petschek-Konzerns via Feldertausch unter politischem Druck stattgefunden habe und er wegen der rechtlich nicht mehr durchgeführten Übernahme der Ilse-Reservefelder für sein Steinkohleopfer letztlich nicht angemessen entschädigt worden sei. Was Flick zu dieser Initiative veranlasste, war ganz einfach die Tatsache, dass für Funk inzwischen die Todesstrafe beantragt worden war.[260]

Ähnlich unsentimental instruierte der internierte Konzernchef die eigene Verwandtschaft: Otto-Ernsts Schwiegervater Karl Raabe drängte er mit der ungeschminkten Begründung, dass dessen »Gesundheitszustand seit langer Zeit bei vorgeschrittenem Lebensalter kein guter« sei, zu einer umgehenden schriftlichen Erklärung. Flick legte großen Wert auf die Bestätigung des früheren Maxhütte-Vorstandschefs, dass »die Arbeiterfrage als eine spezifische Vorstandsangelegenheit« zwar außerhalb der Kompetenzen des Konzernchefs gelegen, er sich aber sehr wohl um eine bessere Versorgung der Zwangsarbeiter bemüht habe. Ob sich Raabe damit selbst belastete, interessierte Flick offenkundig nicht.[261]

Während sich Organisation und Argumentation der Verteidigung allmählich konkretisierten, wurden Friedrich und Otto-Ernst Flick sowie Kaletsch und Werner von Hoven, der Maxhütte-Verantwortliche für Arbeiterfragen, im November 1946 von Frankfurt nach Nürnberg überstellt. Die Bearbeiterin des Aktenmaterials hielt es bereits für »fast sicher«, dass Flick dort als Kriegsverbrecher verurteilt würde. Mittlerweile hatte sich der Anklagefokus deutlich verschoben: Konzentrieren würden sich die Ankläger auf die »Arisierung« der Petschek-Unternehmen und die Ausbeutung von »Sklavenarbeit«. Josif Marcu wechselte ebenfalls nach Nürnberg, um das Anklageteam zu unterstützen.[262]

Ob es überhaupt zu einem Prozess gegen Flick kommen würde, stand zu diesem Zeitpunkt allerdings noch immer nicht definitiv fest. Noch Anfang November 1946 sprach Taylor auch intern nur davon, dass gegen Flick »sehr wahrscheinlich« der erste Industriellenprozess geführt werde. Der Chefankläger zögerte angesichts der Vielzahl an potenziellen Angeklagten. Priorität hatten für ihn stets die besonders symbolträchtigen Fälle Krupp und IG Farben, zu denen eine der sechs seit Mai operierenden Arbeitsgruppen seiner »Subsequent Proceedings Division« Beweismaterial aufbereitete. Eine weitere Arbeitsgruppe beschäftigte sich mit Flick und diversen anderen Industriekonzernen. Im September 1946 konnte Taylor sich noch einen Prozess »gegen Friedrich Flick und die Vereinigten Stahlwerke« vorstellen.[263]

Wann und warum sich die Amerikaner schließlich allein für Flick und sein Topmanagement entschieden, geht aus den Akten nicht hervor. In Taylors Abschlussbericht für die amerikanische Regierung konnte man 1949 nachlesen, dass der Chefankläger bedauerte, die Spitzen von Krupp und Flick nicht zusammen mit dem Management anderer Ruhrkonzerne wie der Vereinigten Stahlwerke, der Gutehoffnungshütte oder Mannesmann in einem einzigen großen Industriellenprozess angeklagt zu haben. Die Vorbereitungen dafür wären aber einfach zu aufwendig gewesen; zudem waren bis zum Frühjahr 1947 noch Prozesse der britischen Militärregierung gegen die Ruhrelite denkbar. Flick bot sich nicht nur wegen der fortgeschrittenen Beweiserhebung an. Er war einerseits, ebenso wie Alfried Krupp, Alleininhaber eines der größten deutschen Montankonzerne, so dass sich die Geschäftspolitik der Konzernunternehmen anscheinend leichter einer konkreten Person zurechnen ließ. Andererseits erschien es Taylor als »interessanter Kontrast«, mit Flick nicht einen Erben aus einer der großen Ruhrdynastien vorführen zu können, sondern einen »Manipulator« anderer Herkunft: einen offensiven Förderer des NS-Regimes, der sich finanziell wie politisch auf »dünnerem Eis« bewegt und sich sowohl Göring als auch Himmler offen angedient habe.[264]

Die Entscheidung für den Flick-Prozess, vor allem für die einzelnen Angeklagten, wurde am Ende schnell und pragmatisch getroffen. Noch in einem Entwurf der Anklageschrift, der Taylor im Dezember 1946 von seinem »Flick Team« vorgelegt wurde, tauchte neben Friedrich Flick und den vier Generalbevollmächtigten auch Otto-Ernst Flick als Angeklagter auf; daneben waren Walter Laermann und Werner von Hoven aus der Maxhütte sowie Fella-Chef Albert Löffler in der Diskussion. Fest standen zu dieser Zeit nur Flick, Steinbrinck und Kaletsch. Erst am 8. Februar 1947 meldeten die Presseagenturen, dass neben ihnen auch Bernhard Weiss und Hermann Terberger angeklagt würden.[265]

Besonders Weiss bekam zu spüren, wie kurz entschlossen die Amerikaner handeln konnten. Im November 1945 von der Führung seines eigenen Unternehmens suspendiert, zur Jahreswende 1946/47 einige Wochen lang als freiwilliger Zeuge vernommen und entlassen, wurde Flicks Neffe nach einer neuerlichen Anforderung am 3. Februar 1947 bei Nürnberger Freunden »aus dem Bett heraus verhaftet und ins Gefängnis gebracht«. Vierzehn Tage später wurde Flick, Kaletsch, Steinbrinck, Terberger und Weiss die Anklageschrift überstellt. Der letzte Beschuldigte wurde einige Wochen später nachgemeldet, nachdem die erste Fassung der Anklageschrift bereits vor Gericht verlesen war. Odilo Burkart hatte sich nach anfänglichen Wiederaufbauversuchen in Sachsen von Dezember 1945 bis September 1946 in der sowjetischen Zone in Untersuchungshaft befunden. Anfang Februar 1947 ging er nach Berlin, um Kontakt mit Dix aufzunehmen, dem er zuvor schon mehrfach Argumente für die Verteidigung geliefert hatte. Ende Februar wurde Burkart nach Nürnberg bestellt – ob als Zeuge oder potenzieller Angeklagter, blieb offen. Am 18. März 1947 war zumindest diese Unsicherheit beseitigt: Die Angeklagtenriege des ersten Nürnberger Industriellenprozesses war komplett.[266]

Verhandlungen

Die Anklageschrift, die Taylor und seine Assistenten am 15. März dem Gericht vortrugen, hob sich auf den ersten Blick deutlich vom Konstrukt einer politisch-unternehmerischen Verschwörung ab, indem sie sorgfältig zwischen den sechs Beschuldigten differenzierte. Alle Angeklagten galten, erstens, als »Haupttäter, Teilnehmer, Anstifter, Vorschubleistende« in Sachen Zwangsarbeit. Schuldig gemacht hatten sie sich in den Worten der Anklage »der Versklavung und Deportation zu Sklavenarbeit in gigantischem Umfang von Angehörigen der Zivilbevölkerung von Ländern und Gebieten, die unter deutscher Kriegsbesetzung standen, oder auf andere Weise von Konzentrationslagerinsassen, einschließlich deutscher Staatsbürger; und Verwendung von Kriegsgefangenen für Kriegshandlungen und für Arbeiten, die in unmittelbarem Zusammenhang mit Kriegshandlungen standen«. Flick, Burkart, Kaletsch und Weiss wurden zweitens die »Plünderung öffentlichen und privaten Eigentums, Raub und andere Vergehen gegen das Eigentum« in Lothringen, Lettland und der Ukraine vorgeworfen, Steinbrinck dasselbe wegen seiner Aufsichtsfunktionen in den besetzten Westgebieten.

Diese beiden Anklagepunkte konnten mit dem Kriegsvölkerrecht der Haager Landkriegsordnung von 1907 begründet werden. Rechtliches Neuland betrat Taylors Team hingegen mit dem Versuch, im dritten Punkt die »Arisierungen« der Vorkriegsjahre als Verbrechen gegen die Menschlichkeit anzuklagen. Dieser Vorwurf gegen Flick, Steinbrinck und Kaletsch knüpfte an Statut und Entscheidungen des IMT an, wonach vor Kriegsbeginn verübte Verbrechen justiziabel waren, wenn sie unmittelbar der Kriegsvorbereitung gedient hatten. Bislang war diese Argumentation nicht auf den formalrechtlich legalen Entzug jüdischen Eigentums durch Kaufverträge angewendet worden, es gab also keinen regelrechten Präzedenzfall. Unmittelbar an das Urteil gegen die »Hauptkriegsverbrecher« schlossen hingegen die Anklagepunkte vier und fünf an. Flick und Steinbrinck wurden beschuldigt, durch ihre Beziehungen zur SS und die Spendenzahlungen an den »Freundeskreis Himmler« die nationalsozialistische Vernichtungspolitik unterstützt zu haben. Da die SS zur verbrecherischen Organisation erklärt worden war, musste sich ihr Ehrenmitglied Otto Steinbrinck darüber hinaus wegen eines »Organisationsverbrechens« verantworten.[267]

Anders als später den Krupp- und IG-Farben-Managern warfen die Ankläger Flick und seiner Führungsmannschaft nicht die Verschwörung zur Vorbereitung eines Angriffskriegs vor. Taylor war lange vor Prozessbeginn darauf hingewiesen worden, dass dieses abstrakte Konstrukt schwer zu beweisen und angesichts der übrigen Beweislage für eine Verurteilung auch unnötig war. Latent blieb der ursprüngliche Kernvorwurf gegen die deutschen Eliten in der Anklageschrift und im Prozessverlauf allemal, indem die einzelnen inkriminierten Tatbestände als bewusste und gezielte Teilnahme an einem »Programm« oder an »Plänen« des NS-Regimes interpretiert wurden; besonders augenfällig war der verschwörungstheoretische Hintergrund beim Thema Spenden. Sowohl was die Mittäterschaft von Reichsvereinigungen und Wirtschaftsverbänden anging als auch hinsichtlich der »Arisierungen« sollte der Flick-Prozess offenkundig als Musterverfahren dienen. Viele der von der Anklage vorgelegten Dokumente zeigten eine enge Verquickung vor allem Friedrich Flicks und Otto Steinbrincks mit dem NS-Regime. Um plausible Beweise in einem Strafprozess handelte es sich freilich nur bedingt, denn eine konkrete Mittäterschaft war allein über die mehr oder minder aktive Mitgliedschaft in Wirtschaftsverbänden oder in den Reichsvereinigungen nicht zu belegen.[268]

Zumindest Teile der Anklage boten damit eine willkommene Angriffsfläche für das Team der Verteidiger, das sich um die sechs Beschuldigten gruppierte. Es bestand durchweg aus Anwälten, die bereits im Hauptkriegsverbrecherprozess zusammen aufgetreten waren; die einzige Ausnahme war Kaletschs Rechtsbeistand Herbert Nath. Steinbrincks Vertretung übernahm, unterstützt durch Franz von Papen junior, Hans Flächsner, der Albert Speer eine vergleichsweise günstige Haftstrafe verschafft hatte. Terberger vertraute sich Horst Pelckmann an, dem Advokaten der SS und des SD. Rudolf Dix wurde durch Flicks langjährigen Hausjuristen Fritz Streese (der während des Prozesses verstarb) und seine persönliche Sekretärin Margarete Klichowicz unterstützt. Zwei weitere Schlüsselfiguren des Nürnberger Verteidigernetzwerks komplettierten das Team. Walter Siemers, vor dem IMT der Rechtsbeistand des Marine-Oberbefehlshabers Erich Raeder, übernahm mit »Rücksicht auf

Flick, Steinbrinck und Burkart (von rechts) auf der Nürnberger Anklagebank; in der Reihe vor ihnen Verteidiger Rudolf Dix und Flicks langjährige Sekretärin Margarete Klichowicz.

die generelle Bedeutung des Prozesses« die Vertretung von Bernhard Weiss. Für den »Nachzügler« Burkart heuerte der gut vernetzte Siemers kurzfristig Otto Kranzbühler an; der ehemalige Flottenrichter hatte sich durch die Verteidigung von Dönitz im Hauptkriegsverbrecherprozess einen Namen gemacht und dabei engen Kontakt zu Siemers gehabt.[269]

Siemers und Kranzbühler erhielten Verstärkung durch zwei namhafte Experten, die das Interesse der gesamten deutschen Montanindustrie am ersten Industriellenprozess demonstrierten. Die Vereinigten Stahlwerke, die über die Person ihres stellvertretenden Aufsichtsratsvorsitzenden Steinbrinck in die Anklage involviert waren, stellten vorübergehend ihren Syndikus Fritz Wecker als Assistenten für Siemers ab. Als eigentlicher Verbindungsmann zur westdeutschen Stahlindustrie fungierte jedoch Wolfgang Pohle, Mitglied des Mannesmann-Vorstands. Der gelernte Jurist, der offiziell als Assistent Kranzbühlers fungierte, wurde viele Jahre später Flicks Generalbevollmächtigter. Er übernahm die Assistenzverteidigung auf Bitten von Hermann Reusch, dem Chef

Netzwerker der Industriellenprozesse: Walter Siemers.

Vom Flottenrichter zum Rechtsanwalt
der Industrie: Otto Kranzbühler.

der Gutehoffnungshütte, der auch die Finanzierung des von Siemers
aufgebauten »Industriebüros« in Nürnberg sicherstellte. Pohles Einstieg
in die Verteidigung entsprach »einem allgemeinen Wunsche« der Ruhrindustrie; neben Flick stand vor allem Kranzbühlers Mandant Burkart
stellvertretend für die engen Beziehungen der Eisen- und Stahlkonzerne
zum NS-Regime.[270]

Unter den Angeklagten war es besonders Bernhard Weiss, der nach
Entlastungszeugen suchte und sich um die Formulierung überein-
stimmender Aussagen kümmerte. Weiss entwickelte die im Dezember
1945 von Flick initiierte Mär von der völlig dezentralen Struktur des
Konzerns zu einem griffigen Verteidigungsargument. Das Zentrum des
Familienkonzerns, von dem aus der Eigentümer-Unternehmer unmittelbaren Einfluss auf die Investitionen und teilweise auf die Geschäftspolitik genommen hatte, mutierte zur harmlosen »Verwaltungsstelle
für industrielle Beteiligungen«, zu einer »Vermögensverwaltung«, die
anders als die Zentralen von Krupp, Mannesmann und Vereinigten
Stahlwerken eben keinen Einfluss auf den laufenden Betrieb genommen
hatte. Scheinbare Nebensachen wie die Verteilung der Hauspost in der

Bellevuestraße und ihre bloß routinemäßige Abzeichnung durch die Generalbevollmächtigten wurden plötzlich zu zentralen Argumenten für deren Ahnungslosigkeit.[271]

Während Weiss sich auf Organisationsfragen des Konzerns konzentrierte, sah Otto Steinbrinck seine Aufgabe wohl darin, den Schulterschluss mit den potenziellen Angeklagten weiterer Prozesse herzustellen. Die Taktik, den Prozess »allgemeiner« anzugehen, um dadurch möglichst viele Verbündete auch unter den internierten Vertretern von Politik, Militär und Staatswirtschaft zu gewinnen, schien aus Flicks Perspektive jedoch wenig erfolgversprechend; es lag für ihn näher, sich als Repräsentanten der privaten Wirtschaft darzustellen und eine möglichst scharfe Abgrenzung gegenüber dem NS-Regime zu vollziehen. Auf die dadurch zu erwartenden Solidarisierungseffekte anderer Unternehmer hoffte wiederum auch Steinbrinck. Im April 1947 begründete er einen Hilferuf um finanzielle Unterstützung an die westdeutsche Schwerindustrie damit, in Nürnberg gehe es »nicht um einen ›Privatprozess Flick und Mitarbeiter‹, sondern um *den* Industrieprozess, von dessen erfolgreicher Abwehr und dessen Ausgang mit uns das Schicksal zahlloser anderer Industrieführer vorgezeichnet ist«. Ob Steinbrincks Hinweis, »jeder« andere Industrielle habe schließlich ebenfalls am Zwangsarbeitereinsatz und an der Ausbeutung der besetzten Gebiete partizipiert, die Spendenbereitschaft der Industrie hob, darf bezweifelt werden.[272]

Inzwischen hatte Reusch aber unter Hinweis auf den allgemeinen Präzedenzcharakter »des Industriellenprozesses« zumindest bei Mannesmann und den Vereinigten Stahlwerken erhebliche Summen lockergemacht. Nachdem sich der Stahlverein zunächst recht zugeknöpft gezeigt hatte, trat nach Prozessbeginn ein abrupter Sinneswandel ein, war doch mit Steinbrinck auch das größte private Stahlunternehmen des Dritten Reichs namentlich in der Anklageschrift vertreten. Im Zusammenhang mit den »Arisierungen« tauchte neben den Reichswerken, der IG Farben und Wintershall auch Mannesmann auf, andere Unternehmen wurden wegen Spenden an den Himmler-Kreis erwähnt. Zumindest ein Teil der alteingesessenen Ruhrindustriellen sah ein, dass man trotz erheblicher Aversionen gegen den regimenahen Aufsteiger Flick im selben Boot mit ihm saß. In gewissem Umfang gelang Flick also zum weiteren Mal eine Sozialisierung der Folgekosten seiner unternehmerischen Alleingänge.[273]

Das Eröffnungsplädoyer von Dix widmete sich denn auch in längeren Abschnitten einer Ehrenrettung der Ruhrelite. Am 2. Juli 1947, nach der umfangreichen Beweisvorlage der Anklage und der Vernehmung ihrer Zeugen, blies Flicks Rechtsbeistand zum Gegenangriff. Dix mühte sich heftig um die Widerlegung von Taylors Generalthese, die deutsche Schwerindustrie sei Teil einer »unheiligen Dreieinigkeit des Nationalsozialismus, Militarismus und Wirtschaftsimperialismus« gewesen. Unbeirrt schrieb er weiter am Rührstück von der »Ohnmacht« einer zutiefst kriegsunwilligen Industrie; vorzuwerfen sei der Wirtschaft nur, dass sie ebenso wenig rechtzeitig Widerstand geleistet habe wie der Rest der deutschen Gesellschaft.

Dix sprach wenig über Flick, aber viel über Hitlers Rede im Düsseldorfer Industrieclub 1932 und über die angebliche nationalsozialistische »Planwirtschaft«, die »die Unternehmer« jeglicher Initiative beraubt und sie »zu Ausführungsorganen und Befehlsempfängern einer verbürokratisierten staatlichen Wirtschaftsplanung« degradiert habe. Aus diesen allgemeinen Betrachtungen ergab sich eine Argumentation zugunsten seines Mandanten, die noch viel weniger vom konkreten Fall ausging als die Anklage: Für »das sogenannte Sklavenarbeiter-Programm« seien allein »staatliche Organe« verantwortlich gewesen, eine unternehmerische Verweigerung würde zwangsläufig zum »Märtyrertod« geführt haben. Der »verantwortliche Täter« in allen drei »Arisierungs«-Fällen sei »der Staat« gewesen, Flick hingegen habe sich als »Anwalt« der Petscheks betätigt. Dann kündigte er feierlich an, nunmehr werde ein Zeuge namens Friedrich Flick sprechen, der »keine Taktik« verfolge, sondern nur das Ziel, »dem Hohen Gericht die Erkenntnis der Wahrheit zu erleichtern«.[274]

Flicks gut 700 Protokollseiten füllende Zeugenvernehmung bot ausgiebig Gelegenheit, die Legende vom unschuldigen und vielfach unwissenden Unternehmer noch einmal auszubreiten und am konkreten Fall zu belegen. Die länglichen Erörterungen über die Frühgeschichte der Konzernbildung, mit denen Flicks Selbstdarstellung begann, waren keine unüberlegten Abschweifungen. Sie sollten vielmehr dem Gericht darlegen, dass schon seine unternehmerischen Anfänge eine »organische, produktive, wirtschaftliche Entwicklung« und eben keine »Finanzkünstelei« gewesen seien. Eine wohlbedachte strategische Funktion hatten auch die Ausführungen zur Gelsenberg-Affäre. Dann leitete Flick mit Dix' Hilfestellung von seiner finanziellen Unterstützung Hindenburgs und Brünings allmählich auf den Nationalsozialismus über, zu dem er sich von Anfang an in Distanz befunden habe. Am Ende der Legende stand ein ängstlicher, in sich gekehrter Unternehmer praktisch schutzlos den finsteren Mächten der Diktatur gegenüber: »Ich war froh, wenn man mir meine Ruhe ließ und meine Sicherheit, mehr habe ich nicht gewollt, um in Ruhe und Frieden mein Lebenswerk weiterführen zu können. Dafür habe ich eine gewisse Abdeckung und Abschützung nötig gehabt, angesichts meiner politischen Vorbelastung.«

Aus Sorge ums Vaterland habe Flick gelegentlich auf Göring und Himmler einzuwirken versucht, um den Krieg abzuwenden. Das sei umso gefahrvoller gewesen, als die politische Polizei ihn »stets mit dem größten Misstrauen beobachtet; ich könnte sagen, verfolgt« habe. Dix integrierte den solchermaßen Verfolgten mit beträchtlichem rhetorischen Geschick in die Opfergemeinschaft mit den Inhabern der »arisierten« Petschek-Unternehmen: »Druck des Staates von allen Seiten, Druck auf die Petscheks, Druck auf Sie.« Aber trotz dieses mächtigen, allgegenwärtigen Drucks habe Flick seine »starke soziale Einstellung« bewahrt und sich »nur aus rein menschlichen Gründen« für eine bessere Ernährung der Zwangsarbeiter engagiert. Die elftägige, jeweils sechs Stunden dauernde Befragung durch Dix und das anschließende Kreuzverhör absolvierte Flick stehend.[275]

Während Steinbrinck kaum weniger Zeit im Zeugenstand verbrachte, durchliefen die übrigen Angeklagten deutlich kürzere Vernehmungen. Die meiste Zeit beanspruchten nicht die kritischen Nachfragen der Ankläger. Vielmehr gaben die Verteidiger ihren Mandanten viel Raum zur Selbstdarstellung und machten damit aus der Not eine Tugend. Sie mussten ihre Beweisvorträge in erster Linie auf Zeugenaussagen stützen, während die Ankläger aus einem reichen Fundus an schriftlichen Beweisstücken schöpfen konnten, die aufgrund der Anordnung ihrer Dokumentenbücher allerdings nur begrenzt zur Wirkung kamen. Entlastende Dokumente gab es nicht viele; gelegentlich ließ sich dies freilich auch als Ausdruck der besonderen Gefahrensituation verkaufen.

Wie schnell aus einem erfolgreichen Spitzenmanager mit besten politischen Kontakten ein Regimegegner wurde, demonstrierte als Erster

Bernhard Weiss. Kurz vor Prozessbeginn war ihm plötzlich eingefallen, dass er eigentlich Widerständler gewesen war. Anlass war ein Zeitungsartikel über den Freispruch Hjalmar Schachts im Hauptkriegsverbrecherprozess; der ehemalige Reichswirtschaftsminister hatte sich erfolgreich als Oppositioneller inszeniert. Weiss erinnerte sich daraufhin an einen vertrauensvollen Kontakt zu einem der Verschwörer des 20. Juli 1944. Artilleriegeneral Lindemann – dessen Vorname Fritz ihm trotz »enger brieflicher und persönlicher Verbindung« offenbar nicht einfiel – hatte Weiss angeblich in die Attentatspläne eingeweiht. Weiss habe ihn darin bestärkt und auch Flick, Kaletsch und Burkart informiert. Es sei dann auch zu einer Besprechung Lindemanns mit Flick gekommen, in der dieser den General nicht nur ebenfalls ermutigt, sondern ihm im Fall des Misslingens auch die Unterstützung seiner Familie versprochen habe. Nach dem Scheitern des Attentats habe Lindemann sich nur deshalb nicht bei Flick versteckt, weil er gewarnt worden sei, dass dieser unter polizeilicher Beobachtung stand. Lindemann konnte die Geschichte nicht mehr bestätigen, er war nach Schussverletzungen durch die Gestapo verstorben. Gestützt auf diese Geschichte, antwortete Flick auf Dix' Frage nach seiner Beteiligung am 20. Juli ernstlich mit »Ja«. Die Richter nahmen es ihm ab und vermuteten sogar, er habe Lindemann »beherbergt«.[276]

Wichtiger war indes die Etablierung einer anderen Legende, nämlich der Mär von der Passivität und Machtlosigkeit sämtlicher Konzernmanager gegenüber der nationalsozialistischen Zwangsarbeiterpolitik. In Flächsners Formulierung ging es um den Nachweis, »dass der Industrie, und insbesondere dem Industrieleiter eine Einwirkung irgendwelcher Art auf die Verschaffung und die Gestellung von Arbeitskräften nicht, oder nur in ganz geringem Maße, möglich war«. Zu den im Vorfeld des Prozesses angestellten Erwägungen der Verteidiger gehörte nicht zufällig die Frage, »ob und von wann ab bei der Einlassung der Angeklagten die Kenntnis von den Zwangsverpflichtungen der fremdländischen Arbeitskräfte zugegeben werden« solle.[277]

Zu kämpfen hatte die Verteidigung dabei nicht nur mit einer beeindruckend dichten Dokumentation der oft unsäglichen Lebens- und Arbeitsbedingungen. Die Ankläger ließen gleich zu Beginn ihres Beweisvortrags auch eine Reihe von Zwangsarbeitern und Zwangsarbeiterinnen über ihre Situation in diversen Flick-Unternehmen berichten. Entsprechend frontal wurden diese Zeugen von den Verteidigern angegangen. Die regelmäßigen Versuche, ihre Aussagen unglaubwürdig zu machen, führten zum Gezerre um Details bis hin zur Größe von Broten und Margarinestücken oder zu der Frage, ob nicht doch gelegentlich Kartoffeln in die wässrige Rombacher Suppe hineingemengt worden waren. Die große Opfererzählung ließ sich auch hier einflechten: Herbert Nath wies Evelokia Voytovich in zackigem Oberlehrerstil zurecht, dass der Durchschnittsdeutsche gegenwärtig noch viel weniger zu essen habe als sie seinerzeit im Rombacher Zwangsarbeiterlager.[278]

Zeugen, die belegten, dass die Situation der Zwangsarbeiter bei Flick geradezu komfortabel war, fanden die Verteidiger vor allem unter dem früheren Leitungspersonal. In hellsten Farben schilderte Otto-Ernst Flick die Situation in Rombach, wo er »spazierengehenderweise« die geradezu behaglichen Lebensbedingungen beobachtet habe; nicht ausgelasteten Ostarbeiterinnen habe er Gelegenheit geboten, sonntags in seinem Garten zu arbeiten, damit sie »etwas besonders Gutes zu essen bekämen«. Einen weiteren Höhepunkt der Entlastungsprosa bot die eidesstattliche Erklärung Anton Hegers, der noch die Lebensbedingungen der KZ-Häftlinge im Gröditzer Geschützbau als regelrechtes Idyll ausmalte: luxuriöse Waschräume und Küchengarten, »viel Luft und Sonne« inklusive »freien Blick in die schöne Landschaft«. Solche Erklärungen, von den Verteidigern in Auftrag gegeben und sorgfältig redigiert, mussten auf manche wie eine Verhöhnung der Opfer wirken. Sie waren jedoch eine Konsequenz der Prozessführung nach angelsächsischem Recht, in dem das Prinzip der »parteilichen Beweisführung« herrschte. Das Kreuzverhör hatte dabei zentrale strategische Bedeutung – nicht zuletzt zur Diskreditierung der Glaubwürdigkeit von Zeugen.[279]

Die Lebensumstände der Zwangsarbeiter stellten zwar aus ethischer Sicht den skandalösesten Aspekt dar und wurden von den Anklägern in den Zeugenvernehmungen immer wieder herausgearbeitet; doch Flick und seine Manager waren nicht wegen Misshandlungen angeklagt, sondern wegen der aktiven Teilnahme an einem staatlichen »Programm«. Die zentrale Argumentationslinie der Verteidigung zielte folgerichtig gegen »den Staat«, dem auch die alleinige Verantwortung für die »Arisierungen« zugewiesen wurde. Das galt besonders für die angeblich erzwungene Übernahme des Ignaz-Petschek-Besitzes; die Schutzbehauptung war ja bereits vor 1945 bis zum Überdruss strapaziert worden. Der später selbst in Nürnberg verurteilte Pleiger erwies sich dabei wieder einmal als brauchbarer Partner des Hauptangeklagten. In einer für das Verteidigungskonzept geradezu idealen Kombination zollte der einst mächtige Chef der Reichswerke dem Verhandlungspartner und Unternehmer Flick zwar großen Respekt, ebenso gern gab er aber »schwere Meinungsverschiedenheiten« und politischen Druck in den Tauschverhandlungen zu Protokoll.[280]

Weniger glücklich waren Flicks Anwälte über die Aussagen Hermann von Hannekens, den sie eigentlich als Entlastungszeugen vorgeladen hatten – »schwierig, hartnäckig und wegen seiner Ausweichtendenzen so verbitternd [sic], dass uns schließlich nichts anderes übrig blieb, als ihn auf dem persönlichen Wege in die Enge zu treiben«, notierte Pohle hinterher. Hanneken hatte in einer eidesstattlichen Erklärung nicht nur den Feldertausch mit den Reichswerken als freiwilliges »glattes Geschäft« für Flick bezeichnet; nach seiner Auskunft waren die deutschen Schwerindustriellen insgesamt auch aktive Akquisiteure von Rüstungsgeschäften gewesen. Damit stellte er sich zentralen Argumenten der Verteidiger in den Weg und wurde von ihnen daraufhin bis zur Peinlichkeit vorgeführt. Dix fragte Hanneken, ob er bei Abgabe der Erklärung geistig eigentlich »ganz im Klaren gewesen« sei; indem sie an eine Verurteilung wegen Wehrkraftzersetzung erinnerten, die sich der General nach der angeblich illegalen Beschaffung französischer Luxusartikel eingehandelt hatte, stampften Dix und Flächsner seine Glaubwürdigkeit in Grund und Boden.[281]

Nach fast siebenmonatigem Vortrag von Beweisen und Gegenbeweisen trat Telford Taylor am 24. November 1947 zum Schlussplädoyer ans Rednerpult; die Verhandlungsführung selbst hatte er vor allem seinem Stellvertreter Thomas Ervin sowie dem Chef des »Flick Trial Team« Charles Lyon überlassen. Nahezu trotzig verteidigte die Anklage noch einmal ihren Standpunkt, Flick nicht nur als Unternehmer, sondern zugleich als führenden Kopf der Reichsvereinigungen Eisen und Kohle zur Verantwortung zu ziehen. Nachdem sie dieselben Vorwürfe gegen Burkart und Terberger bereits im Juni zurückgezogen und auch die Anklage gegen Steinbrinck wegen der Beschäftigung von Zwangsarbeitern

in den Vereinigten Stahlwerken fallengelassen hatten, war die Verschwörungstheorie nur noch schwer aufrechtzuerhalten. Natürlich hatte die
Verteidigung eine überscharfe, historisch falsche Trennung zwischen
Politik und Privatwirtschaft gezeichnet und dem Publikum eine recht
unglaubwürdige Vorführung von »Industrielöwen mit Hasenherzen«
geboten. Aber wo waren die strafrechtlich relevanten Beweise?[282]

Die Verteidiger bestritten zunächst einmal sämtliche Tatvorwürfe.
Da die Unternehmen und ihre Verbände bestenfalls administrative
Aufgaben im Rahmen der Produktionsauflagen und der Arbeitskräftepolitik des NS-Regimes hätten übernehmen können, sei von einem
generellen Befehlsnotstand auszugehen. Vereinzelte Übergriffe gegen
Zwangsarbeiter seien primär von SS und Wehrmacht, ansonsten von
niederen Chargen der diversen Konzernunternehmen zu verantworten
gewesen. Am allerwenigsten aber habe die Leitungsebene des dezentral
organisierten Konzerns die Behandlung der Arbeitskräfte beeinflusst.
Die treuhänderischen Übernahmen von Rombach, Vairogs und der
Stahlwerke am Dnjepr seien völkerrechtlich irrelevante »Nachfolgeakte«
der deutschen Besatzungspolitik gewesen; ganz im Gegensatz zum Vorwurf der »Plünderung« habe der Flick-Konzern in alle drei Unternehmen investiert, statt sie auszuschlachten. Die drei »Arisierungen« wurden als gewöhnliche privatwirtschaftliche Geschäfte hingestellt, deren
politische Umstände nicht Flick und seinen Managern zur Last gelegt
werden könnten. Die Unterstützung von Partei und SS schließlich sei
faktisch unter Zwang erfolgt und geradezu die »Lebensversicherung«
des verfolgten Konzernchefs gewesen.[283]

Darüber hinaus aber nutzten die Anwälte ihre Auftritte für einen umfassenden Gegenentwurf zum übergreifenden Konstrukt der Anklage,
dem angeblichen gemeinsamen »Programm« von Nationalsozialismus
und Unternehmerschaft. Kranzbühler fasste das Verhältnis in die Metapher, die sechs Angeklagten seien in Sachen Zwangsarbeit »nicht Hammer, sondern Amboss« gewesen, innerhalb der Betriebe stets besorgt,
»dass kein Unrecht geschah«. Die deutschen Industriellen erschienen
hier nicht einmal mehr als Werkzeuge der Politik, sondern als wehrlose
Opfer, die zu ihren Handlungen faktisch gezwungen worden waren und
sich dabei bemüht hatten, wenigstens Restbestände von Freiheit und
Anständigkeit zu retten.[284]

Die Verteidigung arbeitete – in entgegengesetzter Richtung – nicht weniger als die Anklage daran, den ersten Industriellenprozess zu einer großen Erzählung über das deutsche Unternehmertum unter der Diktatur zu nutzen. Während der feinsinnige Dix zum Abschluss noch einmal Augustinus bemühte und von der »Tragik« der hilflosen Industriellen unter einem Regime sprach, das »die Regierten auch zu Gottlosem und Ungerechtem« gezwungen habe, ging Siemers in die Offensive. Er behauptete mit Blick auf die große Menge an Beweismaterial, das die Angeklagten gar nicht unmittelbar betraf, der Prozess sei »kein Angriff gegen Dr. Flick und seine Mitarbeiter, sondern ein Angriff gegen die ganze deutsche Wirtschaft, gegen den deutschen Kapitalismus und gegen seine Industriellen«.[285]

Dagegen nahm sich Friedrich Flicks knappes persönliches Schlusswort schon fast bescheiden aus. Sein Auftritt scheint einigermaßen eindrucksvoll gewesen zu sein. In der Wahrnehmung Pohles wuchs der öffentlichkeitsscheue Konzernchef »über sich selbst hinaus, als er im völlig überfüllten Saal in großer Haltung vor Gericht noch einmal feierlichst dagegen protestierte, zum Kriegsverbrecher gestempelt zu werden«. Flick inszenierte sich bei dieser Gelegenheit konsequent als Repräsentant der Unternehmerschaft, an dem die Ankläger exemplarisch ihre Auffassung beweisen wollten, »die deutsche Industrie habe Hitler in den Sattel gehoben, ihn zu Angriffskriegen ermuntert und zur rücksichtslosen Ausnutzung der Menschenkraft und der Wirtschaftskraft in den besetzten Gebieten angestachelt«. Folgerichtig pochte er darauf, alles Menschenmögliche gegen die nationalsozialistische Machtübernahme und den Kriegsausbruch getan, anschließend aber seine »Pflicht gegen das Vaterland« erfüllt zu haben. Wohldurchdacht war auch die Verwahrung »dagegen, dass in meiner Person die deutschen Industriellen zu Sklavenhaltern und Plünderern vor der Weltöffentlichkeit gestempelt werden sollen«.[286]

Dass von den Angeklagten und ihren Verteidigern alle irgendwie verwerflichen Handlungen auf »den Staat« abgewälzt wurden, entging auch der kritischen Presse nicht. Der Berliner *Tagesspiegel* vermerkte mit einiger Empörung, dass sich »die Angeklagten geradezu als Opfer des Nationalsozialismus hinstellen« wollten. Insgesamt fand der Prozess allerdings, von seiner propagandistischen Ausschlachtung in der Sowjetischen Be-

Flick inszeniert sich in Nürnberg als Repräsentant der deutschen Unternehmerschaft, an dem ein Exempel statuiert werden soll.

satzungszone einmal abgesehen, wenig öffentlichen Widerhall. Die national gesinnte *Zeit* beklagte das gegen Prozessende, seien doch die Vorwürfe in puncto Zwangsarbeit im Grunde »gegen einen großen Teil des deutschen Volkes gerichtet«. Bedauerlich, so das Hamburger Wochenblatt, sei die mangelnde Aufmerksamkeit vor allem, weil »hier um die Wiederherstellung des Ansehens der ganzen deutschen Industrie und damit um die Geltung Deutschlands in der Welt gerungen« werde.[287]

Die drei amerikanischen Richter ließen sich von der Beweisvorlage der Verteidigung (der auch Taylor abschließend Respekt zollte) ebenso beeindrucken wie von deren ständigen Einsprüchen gegen die Vorträge der Anklage. Charles Sears, Frank Richman und William Christianson hatten aus ihrer Arbeit an amerikanischen Bundesgerichten keine besondere Sachkompetenz in das Verfahren eingebracht, und den Vernehmungen hatten sie mitunter nur schwer folgen können. Das Urteil, das sie am 22. Dezember 1947 verkündeten, ließ erkennen, dass sie im Wesentlichen der Beweisführung der Verteidigung gefolgt waren. Unter Flick, dem Verteidiger des privaten Unternehmertums schlechthin, seien »bis zum Ende des Krieges die Vorstände der einzelnen Gesellschaften in einem erheblichen Ausmaß autonom« geblieben, während der Konzernchef sich auf die Finanzkontrolle im Aufsichtsrat beschränkt habe. Zugleich sei das »Sklavenarbeitsprogramm« allein vom nationalsozialistischen Staat ausgegangen (eine grundsätzlich korrekte, bereits vom IMT getroffene Feststellung). Auch die Durchführung des Programms sei »streng kontrolliert« worden, so dass den Betrieben praktisch jeglicher Einfluss auf Arbeits- und Lebensbedingungen genommen, die Zuweisung von Arbeitskräften gar ein reiner Zwangsakt gegen die »Bedenken« der Unternehmer gewesen sei. Der ganze Duktus des Urteils in diesem Punkt zeigte, wie sehr die Richter der großen Unternehmer-Apologie auf den Leim gegangen waren. Insbesondere galt das für jene Zeugenaussagen, die belegen sollten, dass sich die wehrlosen Manager erfolgreich um erträgliche Zustände bemüht hatten. Verurteilt wurden Flick und Weiss allein für den Einsatz von Zwangsarbeitern bei Linke-Hofmann, wo die Anklage zweifelsfrei ihre aktiven, freiwilligen Bemühungen um die Zuweisung von KZ-Häftlingen und Kriegsgefangenen im Unternehmensinteresse nachgewiesen hatte.

Ähnlich schnurrte der zweite Anklagepunkt zusammen: Der Versuch, Flick der Teilnahme an einem großangelegten nationalsozialistischen Programm zu überführen, scheiterte auch hinsichtlich seiner Expansion über die Reichsgrenzen. Schon im abschließenden Schriftsatz der Anklagebehörde war der Vorwurf auf Verletzungen der Haager Landkriegsordnung reduziert worden. Vairogs und die von Dnjepr-Stahl betriebenen Werke waren vor dem Einmarsch der Wehrmacht sowjetisches Staatseigentum gewesen, dessen Beschlagnahme und Nutzung während des Krieges ebenso als erlaubt galt wie die Treuhänderschaft durch Flicks Unternehmen; überdies hatte die Anklage ihre Behauptung nicht beweisen können, dass in Riga tatsächlich Geschützlafetten produziert worden waren. Im Fall Rombach folgten die Richter zwar Flicks Behauptung, »die Anlagen in besserem Zustande hinterlassen« zu haben, »als sie seinerzeit übernommen worden waren«. Sie verurteilten ihn dennoch wegen »Vorenthaltung« des Werks gegenüber dem privaten französischen Eigentümer. Otto Steinbrinck, der sich fünf Jahre lang als Industrieverwalter der besetzten Gebiete am Schnittpunkt von Privatwirtschaft und Besatzungspolitik bewegt hatte, wurde von der Anklage der »Plünderung« vollständig freigesprochen.

Das eigentliche Debakel aber erlebte Taylors Stab mit dem Anklagepunkt »Arisierung«. Der Versuch, Flicks Beteiligung an der wirtschaftlichen Existenzvernichtung jüdischer Unternehmer als Verbrechen
gegen die Menschlichkeit zu bestrafen, scheiterte bereits an der Rechtsprechung im Prozess gegen die Hauptkriegsverbrecher. Das internationale Gericht hatte seine Zuständigkeit ausdrücklich auf Verbrechen
beschränkt, die während des Krieges geschehen waren oder unmittelbar
damit in Verbindung standen. Flicks Richter weigerten sich aus durchaus nachvollziehbaren Gründen, darüber hinauszugehen, und stellten
das Verfahren in diesem Punkt ein. Ein ergänzender Kommentar verdeutlichte freilich, dass ihnen der Charakter der »Arisierungen« grundsätzlich verborgen geblieben war: Geschäfte »unter Druck« könnten
bestenfalls zivilrechtlich angefochten werden, Eigentumsverletzungen
aber stellten grundsätzlich keine Verbrechen gegen die Menschlichkeit
dar.

Was die umfangreichen Spenden an Himmlers »Freundeskreis« anging, stieß die Mär vom aufrechten, aber politisch naiven Unternehmer
immerhin an Grenzen. Flick und Steinbrinck, die beide in diesem
Punkt verurteilt wurden, müsse klar gewesen sein, dass die eingewor-
benen Spenden nicht allein für Himmlers kulturelle »Liebhabereien«
bestimmt gewesen seien, sondern auch für die allgemeine Finanzierung
der SS und damit letztlich für den Massenmord an den europäischen
Juden. Als strafmildernd galt Flicks unwiderlegbare Behauptung, sein
Verkehr in Himmlers illustrem Kulturkreis sei lediglich seine »Lebensversicherung« gegen das wachsende Misstrauen des Regimes gewesen.
Die Zubilligung akuter Lebensgefahr wurde gleich noch auf Otto Steinbrinck ausgedehnt. Sein SS-Rang bescherte Steinbrinck allerdings einen
weiteren Schuldspruch wegen der »Ehrenmitgliedschaft« in einer verbrecherischen Organisation.

Das Verteidigungskonzept war also im Wesentlichen aufgegangen.
Gemessen an den Ambitionen der Anklage und der entsprechend bedrohlichen Ausgangslage fiel das Urteil ausgesprochen maßvoll aus.
Flick erhielt sieben, Steinbrinck fünf und Weiss zweieinhalb Jahre Haft,
auf die jeweils die Internierungen seit 1945/46 anzurechnen waren.
Kaletsch, Burkart und Terberger, die als ausführende Organe Flicks
wahrgenommen wurden, erhielten Freisprüche. Prozessverlauf und Ur-

teilsbegründung straften die Behauptung Flicks und seiner Verteidiger Lügen, hier sei um der politischen Symbolwirkung willen das Völkerrecht gebeugt worden. Ganz im Gegenteil suchten die Richter konventionelles Recht zu sprechen, ohne sich durch die außergewöhnlichen Umstände der verhandelten Taten irritieren zu lassen. Das Paradigma der Verschwörung, das unausgesprochen die Prozessführung der Ankläger geprägt hatte, war gescheitert; am allerdeutlichsten demonstrierte das die Niederschlagung des Anklagepunkts »Arisierung«. Flick, Weiss und Steinbrinck waren gemäß der Präzedenzwirkung des IMT-Urteils und nach der Haager Landkriegsordnung in einigen konkreten Punkten verurteilt worden, die auch der wohlwollendste Richter nicht hinreichend schönreden konnte. Das hinderte die Verurteilten freilich nicht daran, umgehend eine Revision in Angriff zu nehmen.[288]

Revisionen

Telford Taylor bezeichnete das Urteil später als »äußerst, um nicht zu sagen übertrieben milde und versöhnlich«. Insbesondere der Vergleich mit den deutlich höheren Strafen des Krupp-Prozesses belegt, dass Flick und seine Manager mit ihren Richtern in der Tat Glück gehabt hatten. Otto Kranzbühler, der anschließend das Krupp-Verteidigerteam anführte, nannte die Flick-Richter hingegen »außerordentlich fair«; nach dem Urteilsspruch suchten er und die anderen Verteidiger sie sogar auf, um ihnen für die korrekte Prozessführung zu danken. Auch Wolfgang Pohle war keineswegs unzufrieden mit dem Urteil, weil er gleich ein Dutzend Punkte zitieren konnte, die vor allem die Notstandsbehauptung hinsichtlich des staatlichen »Fremdarbeiterprogramms« stützten und zum guten Teil die gesamte deutsche Industrie entlasteten. Über den Nürnberger Anwaltskreis hinaus galt der Richterspruch allgemein als »schöner Erfolg der Verteidigung«, die inzwischen weitere Industriemandate übernommen hatte. Ähnlich wie Kranzbühler nutzte Siemers das im Flick-Prozess erworbene Know-how in den Verfahren gegen die Krupp- und IG-Farben-Manager, die er gegen den Vorwurf der »Plünderung« in den besetzten Gebieten verteidigte.[289]

Dass neben rechtlichen Überlegungen und historischem Unwissen auch der beginnende Kalte Krieg mit all seinen Konsequenzen für die amerikanische Deutschlandpolitik das relativ milde Flick-Urteil mitprägte, ist zwar nicht auszuschließen; konkrete Hinweise gibt es jedoch nicht. Den Verteidigern jedenfalls, die sich nun auf verschiedenen Wegen um die Aufhebung oder Abmilderung des Urteils bemühten, kam der internationale Wandel des politischen Klimas ebenso entgegen wie die rasch wachsende Abneigung der Deutschen gegen die juristische Aufarbeitung der NS-Vergangenheit. Diese Stimmungslage der späten Besatzungsjahre und der jungen Bundesrepublik wurde ganz wesentlich durch einen Kreis von Nürnberger Anwälten geprägt, die über den Einzelfall hinaus öffentlich für eine Revision der alliierten Verurteilungen eintraten. Zu ihren prominentesten und agilsten Köpfen gehörte Otto Kranzbühler. Der schneidige Ex-Flottenrichter hatte schon während des Flick-Prozesses seine strategischen Qualitäten bewiesen. Burkart lobte ihn als mit »Abstand das beste Pferd im Stalle der Verteidigung«. Kranzbühler hatte während des Verfahrens offenbar auch Flicks Respekt gewonnen. Weil sich Dix nach dem Urteil in seinen Augen zu wenig um eine Revision bemühte, übertrug Flick das Mandat schließlich an Kranzbühler. Hinter den Kulissen blieb auch Wolfgang Pohle aktiv – als Rechtsvertreter Flicks, als Verbindungsmann zur westdeutschen Industrie und nicht zuletzt als Mittler zwischen den verschiedenen Verteidigern.[290]

Noch während der Beweisaufnahme ließ Flick außerdem Kontakt zu dem amerikanischen Anwalt Earl J. Carroll aufnehmen. Dieser ehemalige »juristische Berater im Oberstrang« bei der amerikanischen Militärregierung war mit dem amerikanischen Rechtssystem vertraut, und Flick war bereit, ein geradezu astronomisches Erfolgshonorar von bis zu 500 000 Dollar für den Fall zu zahlen, dass Carroll nach einer Verurteilung Flicks oder seiner Mitangeklagten eine endgültige Aufhebung des Schuldspruchs durch ein amerikanisches Gericht erreichen sollte. Flick wollte das Honorar für alle unter der Bedingung übernehmen, dass mindestens 2 Millionen Dollar aus seinem blockiertem Vermögen freigegeben würden. Um die Kontenentsperrung sollte sich Carroll ebenfalls kümmern und hierfür ein zusätzliches Erfolgshonorar erhalten.[291]

Am 8. November 1947, dem letzten Tag der Beweisaufnahme, reichte Dix zur Überraschung von Anklägern und Richtern fünf verfahrensrechtliche Anträge ein, die von Carroll und seinem Team ausgearbeitet worden waren. Die Anträge, in denen die Zuständigkeit des Gerichts in Zweifel gezogen wurde, dienten bereits der Vorbereitung auf Revisionsverfahren vor amerikanischen Gerichten. Das zentrale Argument lautete, das Flick-Tribunal sei keineswegs ein internationales Gericht in der Nachfolge des Hauptkriegsverbrecherprozesses, sondern eine rein amerikanische Einrichtung. Flicks Richter verwahrten sich energisch gegen diese Sichtweise; ihr Urteil sei allein nach dem Völkerrecht und ohne Bindung an amerikanisches Recht gefällt worden. Nachdem die Verhandlungen täglich mit dem Satz »Gott schütze die Vereinigten Staaten von Amerika und diesen Hohen Gerichtshof« eröffnet worden waren, musste man das nicht unbedingt überzeugend finden. Für die Revision war der Punkt von entscheidender Bedeutung, weil es für die Nürnberger Militärgerichtshöfe keine eigene Berufungsinstanz gab, amerikanische Berufungsgerichte wegen des internationalen Status aber nicht zuständig waren. Gegen diese unter rechtsstaatlichen Aspekten in der Tat problematische Konstruktion hatte sich mittlerweile auch in den USA deutliche Kritik breitgemacht, die sich mit antikommunistischer und zum Teil auch antisemitischer Polemik vermischte.[292]

Es lag nahe, hier den Hebel für die Aufhebung des Flick-Urteils anzusetzen. Carrolls Hauptaufgabe wurde deshalb die Durchsetzung eines »Writ of Habeas Corpus«, eines gerichtlichen Befehls zur Kassation des Urteils wegen der Verletzung grundlegender Prozessrechte der Angeklagten. Damit scheiterte Flicks amerikanischer Rechtsbeistand jedoch auf ganzer Linie. Im April 1948 lehnte das Distriktgericht in Washington D.C., dem Rechtssitz der amerikanischen Regierung, seine Petition mit der Begründung ab, Flick falle als Nichtbürger des Distrikts nicht unter seine territoriale Zuständigkeit. Gut ein Jahr später bestätigte das Washingtoner Berufungsgericht, dass das Nürnberger Tribunal ein internationales Gericht auf der Basis souveräner alliierter Kontrollratsbeschlüsse sei, also nicht unter amerikanische Rechtsprechung falle. Im November 1949 lehnte schließlich der Supreme Court der Vereinigten Staaten den Antrag auf Revision dieser Entscheidung kommentarlos ab.[293]

Flick war »zwar nicht deprimiert«, beschloss aber, dass Carroll seine Arbeit einstellen sollte, und zitierte ihn umgehend in seine Landsberger Zelle. Bei der nunmehr anstehenden Schlussabrechnung des Honorars lernte der Amerikaner Flicks ganzes Verhandlungsgeschick kennen. Carroll hatte vertraglich Anspruch auf ein Garantiehonorar von 100 000 Dollar, davon die Hälfte – soweit devisenrechtlich möglich – in bar. Da Flicks Vermögen in erster Linie aus Industriebeteiligungen in nicht konvertiblen Reichsmark bestand, war für den Rest der Garantiesumme und die eventuellen Erfolgshonorare vereinbart worden, dass Carroll »in natura« entlohnt werden sollte, das hieß, mit Harpen- oder Lübeck-Aktien, für die der 1947 geschlossene Vertrag einen festen Dollar-Stückwert festschrieb. Carroll versuchte nun, sein gesamtes Garantiehonorar in bar zu erhalten, denn die Aktienkurse der vermeintlich von Sozialisierung bedrohten Unternehmen bewegten sich mittlerweile auf einem Niveau, das weit unter den vereinbarten Nominalwerten lag. Flick hingegen war nicht bereit, dem erfolglosen Anwalt »auch noch den allerletzten Pfennig zu opfern«. Am Ende wurde die Hälfte des Gesamthonorars vertragsgemäß mit Aktien zu Nominalwerten beglichen, die weit über dem tatsächlichen Wert lagen; nur ein Drittel seines Anspruchs bekam der Anwalt bar ausgezahlt.[294]

Abgefunden waren damit auch die Aktivitäten von Carrolls Kompagnon George Davis. Kranzbühler hatte diesen weiteren »amerikanischen Freund« Anfang 1949 angeheuert, damit er sich parallel zu den Anträgen bei Gericht um Gnadenerweise in den USA bemühe. Davis trat in der »Kampfgruppe Carroll« (Kranzbühler) auch vor den amerikanischen Gerichten auf, führte aber vor allem Gespräche mit amerikanischen Regierungsstellen und, entgegen seinem Mandat, auch mit John McCloy, dem amerikanischen Hohen Kommissar in Deutschland, bei dem mittlerweile das Recht zur Begnadigung lag. Nach der Niederlage vor dem Supreme Court war Flick nur noch der Gnadenweg verblieben. Verfahrensrechtliche Fragen traten dabei in den Hintergrund, das Märtyrerimage des Konzernchefs hingegen gewann auf politischem Parkett an Bedeutung. Das erste Ersuchen um Gnade vor Recht war im Januar 1948 beim Militärgouverneur Lucius D. Clay eingereicht worden. Es scheiterte ebenso wie Kranzbühlers anschließender Versuch, den milden Vorsitzenden Richter Sears zur Unterstützung eines weiteren Gnadengesuchs zu bewegen.[295]

Während in Washington die Rechtsbeschwerden liefen, stellten Flicks Anwälte zwar keine weiteren formellen Gnadenanträge, betrieben aber die argumentative Aufrüstung. Eine von Rolf Rüdiger Stroth, einem deutschen Mitarbeiter Carrolls, im August 1948 vorgelegte »zusammenfassende Darstellung« des Prozesses verschob durch geschickte Formulierungen den Inhalt des Urteils. Kern der Argumentation war die Behauptung, Weiss und Flick seien in Sachen Zwangsarbeit nur verurteilt worden, weil die Beschäftigung von Kriegsgefangenen im Waggonbau gegen die Haager Landkriegsordnung verstoße. Das Gericht hatte so nie argumentiert, aber ein Gutachten des Internationalen Komitees vom Roten Kreuz, das die amerikanischen Anwälte einholten, bestätigte Stroths irreführende Darstellung.[296]

In den amerikanischen Gerichtsverfahren kam Stroths Ausarbeitung, die die Forderung nach einer Berufungsinstanz unterstützen sollte, nie zum Einsatz. Kaletsch verbreitete sie jedoch über Hermann Reusch in westdeutschen Industriekreisen, die inzwischen über Schritte zur Revision des Urteils gegen Alfried Krupp berieten. Nachdem die Industriellenprozesse vorübergehend zum Schulterschluss über alte Rivalitäten hinweg geführt hatten, brach jetzt wieder das altbekannte Spannungsverhältnis auf. Flick und Weiss betrachteten es mit einiger Skepsis, dass »die Flick-Angelegenheit mit Krupp verkoppelt« werden sollte. Der Grund lag auf der Hand. Gegen Alfried Krupp von Bohlen und Halbach, allein aufgrund seines Namens die eigentliche Symbolfigur der deutschen Rüstungsindustrie, war ein deutlich drastischeres Urteil ergangen, das neben zwölf Jahren Haft auch noch die Beschlagnahme des gesamten Vermögens umfasste. Eine Großkampagne der Wirtschaftsverbände auf publizistisch-politischer Ebene schien da durchaus angebracht. Flick aber drohte jene Solidargemeinschaft, die er bei seinem Nürnberger Schlussauftritt unterschwellig eingefordert hatte, jetzt eher zu belasten. Seine vergleichsweise milde Strafe schien eher revidierbar als die von Krupp. Und was mit Flicks industriellem Vermögen geschehen würde, war angesichts der britisch-amerikanischen Entflechtungspolitik noch längst nicht ausgemacht. Es gab jedenfalls keinen Anlass für ihn, die Alliierten öffentlich zu provozieren.[297]

Umgekehrt hielt sich auch an Rhein und Ruhr die Solidarität mit Flick in Grenzen. Nach seinem Prozess hatte es aus den Branchenverbänden keine Initiativen gegen das Urteil gegeben. Nach der Verurteilung Alfried Krupps hingegen formulierte der Verein Deutscher Eisenhüttenleute eine Entschließung, die Militärgouverneur Clay vorgelegt werden sollte; andere Wirtschafts- und Arbeitgeberverbände bereiteten, nicht zuletzt munitioniert von Kranzbühler, eigenständige Erklärungen vor. Am Ende erschien auch Flicks Name in der Forderung des traditionsreichen Eisenverbands nach einer Modifizierung der Nürnberger Urteile. Clay lehnte es freundlich ab, die Strafen noch einmal zu überprüfen. Das Potenzial gemeinsamer Aktionen mit anderen Unternehmen war damit erschöpft, und das wurde wohl auch von den Ruhrkonzernen so gesehen; noch 1951 verbaten sich die Vereinigten Stahlwerke eine Erwähnung der einst so engen Beziehungen zu Flick in einer Festschrift, weil sie dadurch einen Imageschaden befürchteten.[298]

Friedrich Flick blieb der Einzelgänger, der er stets gewesen war, und musste notgedrungen nach eigenen Wegen suchen. Er beauftragte mit George Radin einen weiteren amerikanischen Rechtsbeistand, der im November 1949 eine ausführlich begründete Petition an McCloy richtete, die Flick durch ein paralleles Schreiben unterstützte. Der Hinweis auf Flicks »moral character throughout life« und das Rotkreuz-Gutachten reichten freilich nicht für einen Gnadenakt. Erfolglos blieben auch Initiativen Kranzbühlers bei dem bekanntermaßen um die Freilassung der Landsberger Häftlinge bemühten Bundesjustizminister Thomas Dehler. Für den CDU-Politiker Otto Lenz war Flick »einer der krassesten Fälle« amerikanischer Symboljustiz. Lenz, der Flick seit einiger Zeit in Rechtsfragen beriet und später Staatssekretär bei Adenauer wurde, stellte für Dehler so hanebüchene »Tatsachen über den Flick-Fall« zusammen, dass Kranzbühler redigierend eingreifen musste. Die Behauptung, dass Flick »einer der wenigen deutschen Großindustriellen« gewesen sei, die Hitler und sein Regime »nicht unterstützt« hätten, ging selbst ihm zu weit.[299]

Am Ende blieb Flick nur der Weg vor das amerikanische Clemency Board, das McCloy inzwischen eingerichtet hatte. Flick bezeichnete sich in seiner Eingabe nicht mehr nur als »Gegner« des Regimes, sondern auch als Kriegsopfer, denn die Folgen der deutschen Niederlage seien für sein »Lebenswerk fast vernichtend«. Das Landratsamt Sulzbach-Rosenberg sekundierte mit dem Hinweis, der für seine sozialen Verdienste bekannte Flick werde nach der Entlassung aus Altersgründen ohnehin nicht mehr als Unternehmer tätig werden. Während die Prüfung durch das Board offenbar noch lief, wurde der Gnadenerweis ad personam indes überflüssig. Flick war einer von 19 Häftlingen, die nach einer zweiten pauschalen Strafminderung wegen guter Führung nach zwei Dritteln ihrer Haftzeit das Landsberger Gefängnis verlassen konnten. Am 25. August 1950 war er wieder ein freier Mann.[300]

Die oberbayerische Festung Landsberg, in der 1924 schon Adolf Hitler eingesessen hatte, hatte seit 1947 der amerikanischen Besatzungsmacht als zentrales Kriegsverbrechergefängnis gedient, in dem auch Todesurteile vollstreckt wurden. Anfang September 1948, lange nach dem Urteil, war Flick aus Nürnberg hierher überstellt worden. Mit welchen der zahlreichen prominenten Mithäftlinge aus Wirtschaft und Politik er hier regelmäßigen Umgang pflegte, hat er nie kolportiert. In Landsberg herrschten vergleichsweise komfortable Haftbedingungen. Die Zellen standen tagsüber offen. Nach der täglichen Arbeit, die er laut Führungszeugnis »exzellent« ausführte – nach Flicks eigener Darstellung drückte er sich nach Kräften vor der Verwaltung der Gefängnisbücherei –, hatte der Häftling die Auswahl zwischen Sprachkursen und anderen Fortbildungsangeboten, Musik- und Sportveranstaltungen. Das evangelische Hilfswerk und die Caritas betreuten die Gefangenen seelsorgerisch und auch juristisch; führende Vertreter beider Kirchen engagierten sich massiv für ihre vorzeitige Entlassung.

Flick zeigte sich erkenntlich und trug, wie andere Industrielle, mit kleineren verdeckten Zahlungen zur Finanzierung dieser Aktivitäten bei. Er dürfte das nicht nur aus pragmatischen Gründen, sondern auch aus Überzeugung getan haben. Mochten einige Insassen tatsächlich oder vorgeblich, zumal angesichts der drohenden Hinrichtung, zur inneren Umkehr gelangen: Es entsprach schon seinem kämpferischen Naturell, den Häftlingsstatus nicht zu akzeptieren, sondern alles für seine vorzeitige Entlassung zu tun. Er mischte sich intensiv in die Revisionsbemühungen der Verteidiger ein und versuchte, trotz erzwungener Untätigkeit, die Fäden in der Hand zu behalten. Für Burkart und Kaletsch, die während seiner Inhaftierung die politischen Verhandlungen um die Zukunft des Konzerns zu führen hatten, blieb Flick zweifellos die Autorität, die er in Freiheit gewesen war – auch wenn seine Anweisungen bei ihren Besuchen nicht überliefert sind.[301]

Traditionsreiches Prominentengefängnis: die Festung Landsberg, in der Friedrich Flick knapp zwei Jahre verbringt.

Bernhard Weiss, der seine Haftstrafe bereits im Dezember 1948 verbüßt hatte, konnte anschließend von der »vorzüglichen Pflege« im Landsberger Gefängnishospital berichten, die er nach einer Lungenerkrankung benötigt hatte. Flicks Neffe kehrte nicht mehr in die Konzernführung zurück, sondern konzentrierte sich fortan auf die Leitung seines eigenen Unternehmens. Otto Steinbrinck dagegen erlebte seine Freilassung nicht mehr. Nachdem Papen etwa ein Jahr lang erfolglos versucht hatte, dem unter einem fortgeschrittenen Raynaud-Syndrom leidenden Häftling eine vorzeitige Entlassung beziehungsweise eine Strafaussetzung zu verschaffen, verstarb er nach einer Operation am 16. August 1949.[302]

Nicht nur Flick und Weiss, auch die freigesprochenen Angeklagten des Nürnberger Prozesses hatten noch eine weitere Hürde zu nehmen: die Entnazifizierung. Die massenhafte Durchleuchtung der Deutschen auf ihre nationalsozialistische Kontaminierung war zwar vielerorts längst zu einer Formsache geworden, bei der großzügig Pardon gewährt wurde. Schon aus beruflichen Gründen blieb die Prozedur aber notwendig. Friedrich Flick betrieb seine Entnazifizierung bereits vom Gefängnis aus, um seine volle Entlastung, die im Juli 1949 ausgesprochen wurde, in den diversen Gnadenersuchen anbringen zu können. Anders als die schnelle Bearbeitung seines Fragebogens vermuten lassen könnte, nahm der Entnazifizierungs-Hauptausschuss Siegen-Olpe-Wittgenstein die Angelegenheit durchaus ernst: Der sechsköpfige Ausschuss reiste eigens nach Landsberg am Lech und ließ sich von Flick ausgiebig darüber aufklären, wie er den Zweiten Weltkrieg zu verhindern versucht hatte.

Vermutlich weil man sich im entnazifizierungsfreudigen Nordrhein-Westfalen großzügiger zeigte als in der amerikanischen Zone, meldete sich Odilo Burkart in Düsseldorf statt am Sitz der Maxhütte und durchlief ein reibungsloses Verfahren. Bernhard Weiss, der neben zahlreichen »Persilscheinen« gleich eine ganze Unterschriftenliste der Dahlbrucher Bevölkerung zu seinen Gunsten vorzuweisen hatte, konnte im Februar 1949, nur Wochen nach der Entlassung aus Landsberg, offiziell wieder die Leitung des eigenen Familienunternehmens antreten. Konrad Kaletsch musste 1949 erst eine Wiederaufnahme seines Verfahrens betreiben, um schließlich vollkommen entlastet zu werden. Otto Steinbrinck wurde postum als Mitläufer eingestuft. Ein etwas aufwendigeres Verfahren durchlief Gerhard Bruns, der sich zeitig aus der Sowjetischen Besatzungszone ins Ruhrgebiet abgesetzt hatte, dort aber eine massive Kampagne durchstehen musste, die vom Betriebsrat seiner alten Wirkungsstätte Döhlen munitioniert wurde. 1947 ebenfalls vollständig entlastet, konnte Bruns eine neue Karriere bei den Hüttenwerken Oberhausen starten.[303]

So schnell die Betroffenen wieder in den Berufsalltag zurückfanden, so dauerhaft waren die Nachwirkungen der Nürnberger Anklage in den Selbst- und Fremdbeschreibungen der Akteure. In der Sowjetischen Besatzungszone und der DDR entwickelte sich aus der Prozessbeobachtung des *Neuen Deutschland* der argumentative Kern einer jahrzehntelangen Anti-Flick-Propaganda. In der westdeutschen Presse wurden Flicks Nürnberger und Landsberger Jahre zwar durch distanziert-bewundernde Kommentare seines neuerlichen Aufstiegs überlagert, doch gehörten sie auch hier zum festen Inventar jedes längeren Berichts über ihn. Was die Selbstwahrnehmung der Angeklagten betraf, so hatte der Prozess offenkundig nicht den gewünschten Lern- und Läuterungseffekt. Sie betrachteten sich schlicht als Opfer einer Siegerjustiz.[304]

Auf Dauer verunsicherte Nürnberg niemanden; Inhaftierung und Anklage wurden vielmehr zu einer gemeinsamen Schicksalserfahrung, die das Band der Loyalität zwischen Flick und seiner Führungsmannschaft noch enger knüpfte. Flick hatte deren bedingungslose Unterstützung von Anfang an vorausgesetzt. Als alles vorüber war, zeigte er sich dankbar, dass seine Mitangeklagten ihn »weitgehend durch Beratung und Denkschriften« unterstützt und nach der Verurteilung sein Los nach Kräften erleichtert hatten, und er revanchierte sich mit Schenkungen aus seinem Privatvermögen. 1952 legte Burkart, inzwischen Vorstandsvorsitzender der Maxhütte, diese Form der Loyalitätsbindung ausführlich dem Finanzamt Amberg dar, das eine Schenkung Flicks als Gehaltszahlung besteuern wollte. Seine Worte zeigten, wie tief die Kränkung von Nürnberg saß: Er und Kaletsch hätten lediglich »die Staffage« für einen Prozess darstellen müssen, »welcher ausschließlich den Zweck hatte, die Persönlichkeit von Herrn Flick in ihrem Ansehen zu diffamieren und Herrn Flick in seiner Vermögenssubstanz zu vernichten«. Immerhin sei Flicks Verurteilung zu sieben Jahren Haft angesichts der Todesurteile in anderen Prozessen »praktisch einem Freispruch« gleichgekommen.[305]

Anfang der fünfziger Jahre ließ Burkart ein sehr persönliches Erinnerungsstück an den Prozess anfertigen, das offenbar in geringer Stückzahl unter Nürnberger Schicksalsgefährten kursierte. Es handelte sich um ein Fotoalbum mit Aufnahmen aus dem Prozess, die Burkart mit kurzen Untertiteln versah. Mit teils sarkastischen, teils hasserfüllten Sottisen porträtierte er die Nürnberger Ankläger und Zeugen. Telford Taylor wünschte er kaum verklausuliert einen gewaltsamen Tod, zumal die USA seiner Ansicht nach mit dem militärischen Eingreifen in Korea die Verlogenheit ihrer Nürnberger Ansprüche demonstriert hatten: »Der Weg von Nürnberg nach Korea bedeutet den Strang für Taylor und den Heiligenschein über einzelne Gräber in Landsberg.« Den Richtern hingegen attestierte Burkart großzügig den persönlichen Mut, »das Lügennetz der Staatsanwaltschaft zu zerreißen«.

Hjalmar Schacht figurierte schlicht als »Ratte«, obwohl der wendige Ex-Wirtschaftsminister ein Charakterbild Flicks gezeichnet hatte, an dem es aus Sicht der Verteidigung eigentlich nichts zu bemängeln gab. Schacht hatte den Konzernchef allerdings auch als politischen Opportunisten dargestellt und damit an dem mittlerweile internalisierten Widerständlermythos gekratzt. Rudolf Hahn erschien als der geldgierige Jude, der nach einem guten Geschäft mit fairen »Arisierern« zurückkehrte, um gleich noch einmal die Hand aufzuhalten. Eine ehemalige Zwangsarbeiterin wurde als »Zeugin, die in Rombach täglich in Tränen badete«, verhöhnt. Andererseits hatte Burkart gerade in der Nürnberger »Zeit der Not, des Elends und der Entbehrung« wahre Kameradschaft erlebt; der Kriegsverbrecherprozess mutierte in der Wahrnehmung eines Repräsentanten der deutschen Wirtschaftselite beinahe zum Kriegserlebnis. Sein Chef war in der Erinnerung das »Symbol der angeklagten deutschen Schwerindustrie«, als das ihn etwa zur gleichen Zeit auch eine Festschrift aus dem eigenen Haus zum 70. Geburtstag würdigte.[306]

Bleibt nachzutragen, dass die Jahre in Landsberg dem Konzern zwei neue Führungskräfte bescherten, mit denen sich Flick während der Haft offenbar besonders gut verstand. Der eine war Günther Joël, ehemaliger Referent im Reichsjustizministerium, der im Nürnberger Juristenprozess wegen der Mitwirkung an völkerrechtswidrigen Urteilen gegen verschleppte belgische Staatsbürger (»Nacht-und-Nebel-Erlass«) zu zehn Jahren Haft verurteilt und 1951 vorzeitig entlassen worden war. Es dürfte Flick gefallen haben, dass Joël während seiner Haft ein Pamphlet unter dem Titel »Was wird aus Landsberg« entworfen hatte, mit dem er Druck auf Justizminister Dehler ausüben wollte. Wenn Flick mit »seinen Leuten in der Strafanstalt« die Aussichten einer Urteilsrevision diskutierte, gehörte vermutlich auch Joël dazu.[307]

Die wichtigste fachliche Voraussetzung für Joëls Anstellung war wohl eine gewisse Flexibilität, denn der ehemalige Generalstaatsanwalt am Oberlandesgericht Hamm wirkte in den folgenden Jahren vor allem an den zähen Verhandlungen um die Entflechtung des Flick-Konzerns mit. Sporadisch fungierte er auch als juristischer Sachwalter der Flickschen Vergangenheitspolitik. 1961 etwa montierte Joël in einem Kommentar zum Flick-Urteil geschickt die Halb- und Unwahrheiten der späten vierziger Jahre. 1968 schließlich wurde eine interne Darstellung der Konzerngeschichte vorbereitet, die der drei Jahre zuvor in der DDR unter dem Titel »Fall 5« erschienenen tendenziösen Dokumentation des Prozesses entgegengesetzt werden sollte. Joël, mittlerweile im Rentenalter, bot erneut seine Dienste an, um »sämtliche unzutreffenden Vorwürfe gegen Herrn Flick« zu widerlegen.[308]

Der zweite Mithäftling, der in Flicks reorganisierten Konzern Aufnahme fand, war Otto Ambros, der als Vorstandsmitglied der IG Farben für die Verbrechen im Konzentrationslager Auschwitz-Monowitz verurteilt und 1952 vorzeitig entlassen worden war. Er erinnerte sich später dankbar daran, dass Flick ihn als Berater und Aufsichtsratsmitglied in die neue Chemiesparte des Konzerns aufgenommen hatte. Von einem anderen »Landsberger« verabschiedete sich Flick in aller Form. Ein Jahr nach ihrer gemeinsamen Entlassung, im September 1951, wurde Karl Rasche zu Grabe getragen, der als ehemaliger Vorstandssprecher der Dresdner Bank und als einziger Vertreter des privaten Bankgewerbes ebenfalls in Nürnberg verurteilt worden war. Nicht viele prominente Unternehmer gaben Rasche die letzte Ehre, aber Flick ließ sich die Teilnahme an der Beerdigung nicht nehmen; in diesem Punkt war er konsequent und machte eben nicht die feinen Unterschiede anderer Wirtschaftsgrößen. An Rasches Grab trafen Flick und Kaletsch einige prominente »Landsberger«, die mittlerweile ebenfalls in den Genuss von Begnadigungen gekommen waren: neben Fritz ter Meer aus dem Vorstand der IG Farben die alten Bekannten Paul Pleiger und Hans Kehrl.[309]

Beide waren 1949 zu jeweils 15 Jahren verurteilt worden. Ihre Begnadigung nach zwei Jahren verdeutlicht zum weiteren Mal, dass die Amerikaner mit ihrem Versuch, durch die Nürnberger Prozesse nachhaltig in die Zusammensetzung der deutschen Funktionseliten einzugreifen, gescheitert waren. Anfangs war der erste Nürnberger Industriellenprozess durchaus als eine existenzielle Bedrohung nicht nur für Flick, sondern für die gesamte Elite der deutschen Unternehmerschaft erschienen. Das spannungsgeladene Verhältnis zur Ruhrindustrie, insbesondere zu Krupp, trat bei dieser Herausforderung ebenso wieder zutage wie das Sonderverhältnis zum früheren Reichswerke-Chef Pleiger. Mit ihm allerdings entwickelte sich in Landsberg zugleich eine ganz neue Form der Zusammenarbeit: Wenige Wochen vor Flicks Entlassung fand in der Haftanstalt die erste Besprechung über die Abwehr von Wiedergutmachungsansprüchen der Ignaz-Petschek-Erben statt – unter Beteiligung Pleigers und der Bundesregierung.[310]

Die Organisation des Flick-Konzerns bewährte sich in Nürnberg in doppelter Weise. Nicht nur akzeptierten die Richter das Deutungsmodell der hochgradig dezentralisierten Unternehmensführung als Entlastungsmoment. Auch Friedrich Flicks persönliche Autorität gegenüber seinen Generalbevollmächtigten, unabdingbar für das Funktionieren des Konzerns, blieb ungebrochen; und selbstverständlich belastete ihn niemand aus den Führungsetagen der Beteiligungsunternehmen. Die Loyalität innerhalb der Konzernspitze wurde durch die amerikanische Herausforderung eher noch gefördert, und mit Wolfgang Pohle erarbeitete sich eine spätere Führungsfigur des Konzerns im Verlauf des Prozesses ein enges Vertrauensverhältnis zu Flick und dessen unmittelbarem Umfeld. In gewissem Maße galt das auch für Otto Kranzbühler, der noch lange Zeit als Anwalt für den Konzern arbeitete. Erhalten blieb auch der herzliche Kontakt zu Carl Schmitt, der gelegentlich als Berater in allgemeinen Rechtsfragen wirkte. Kaletsch bedachte Schmitt regelmäßig mit Geburtstagsgaben – darunter, ganz in Anknüpfung an alte Lauchhammer-Traditionen, zum 65. Geburtstag 1953 mit einer Eisengussstatue aus einem der Werke des Konzerns. Friedrich Flick, der 1947 als Repräsentant der deutschen Industrie angeklagt worden war und sich zu Verteidigungszwecken selbst als deren Stellvertreter inszeniert hatte, ging zu dieser Zeit längst wieder eigene Wege.[311]

III. Rückkehr und Auflösung

Unter alliierter Kontrolle

Am 25. August 1950 öffneten sich die Gefängnistore für Friedrich Flick. Die Reporter und Fotografen warteten schon. Flick versteckte sich hinter einem Regenschirm und flüchtete sich in den Fond einer bereitstehenden Limousine neben seine Frau Marie. Eine Woche später brachte die Coburger *Neue Presse* das vielsagende Bild des hinter einem Regenschirm Schutz Suchenden. Es war ein nervenaufreibender Empfang für den 67-Jährigen, der die Öffentlichkeit immer gescheut hatte.

Gemeinsam mit Flick wurde eine Reihe weiterer Häftlinge aus Landsberg entlassen, darunter Reichsbauernführer Walter Darré und Reichspressechef Otto Dietrich. Wegen guter Führung war allen ein Drittel der Haftstrafe erlassen worden. Flick machte nach mehr als fünf Haftjahren zunächst einmal einige Tage Urlaub in Garmisch-Partenkirchen, reiste anschließend kurz ins Rheinland, um sich am 8. September mit seiner ganzen Familie in der Villa der Schwiegereltern seines Sohnes Otto-Ernst, Karl und Margarete Raabe, in Rosenberg einzufinden. Während unmittelbar nach Bekanntwerden der Freilassung die Leitung der Maxhütte ihrem Chef telegrafierte, dass man hoffe, ihn möglichst bald zu einem »ersten Werksbesuch in Rosenberg begrüssen zu können«, entfachte ein Brandbrief aus der DDR erhebliche Unruhe. Am 18. August 1950 hatte die Belegschaft des ehemaligen Maxhütte-Werks in Unterwellenborn eine Protestresolution wegen der »Haftentlassung Flicks und Konsorten« nach Rosenberg gesandt. Die Wellen schlugen hoch, und es kam zu einer außerordentlichen Betriebsräteversammlung. Dies sollte nicht der einzige Angriff aus der DDR auf Friedrich Flick bleiben.[1]

Schon bald konnte Flick zu seiner Beruhigung feststellen, dass das Interesse an einem weiteren haftentlassenen »Kriegsverbrecher« in West-

Entlassen aus Landsberg

Die Photographen hatten es nicht leicht, machten aber trotzdem gute Bilder

Friedrich Flick, einmal der führende deutsche Stahlindustrielle, wird von seiner Gattin mit einem Kraftwagen abgeholt. Schützend spannt sie ihren Regenschirm vor ihm auf. Um ganz sicher zu gehen, zieht Flick auch noch seine Mütze ins Gesicht. Der „Schuß" in den Fond ergibt ein amüsantes Bild.

Landsberg, 25. August 1950: Nach fünf Jahren wieder frei.

deutschland nicht allzu groß war. 1950/51 sprachen die Amerikaner in rascher Folge zahlreiche Begnadigungen in Nürnberg Verurteilter aus, aber die Presse nahm in nüchternen Meldungen nur kurz von den Freilassungen Notiz. In den Jahren, die Flick hinter Gittern verbracht hatte, war die Welt eine andere geworden: Zwei deutsche, einander feindlich gesinnte Staaten standen sich gegenüber, deren Integration in die beiden politischen Machtblöcke in vollem Gange war.

Auf mehreren Konferenzen hatten die Siegermächte über die Behandlung Deutschlands nach dem Krieg verhandelt. In Jalta hatten die »Großen Drei«, Roosevelt, Churchill und Stalin, Anfang Februar 1945 bereits die Reparationssumme besprochen, die Deutschland auferlegt werden sollte. Stalin brachte eine Gesamtsumme von 20 Milliarden Dollar ins Spiel, von denen er zehn Milliarden für die verwüstete Sowjetunion reklamierte. Als wichtigstes Ziel aber galt die vollständige Entwaffnung und Entmilitarisierung Deutschlands. Nach der bedingungslosen Kapitulation des Deutschen Reiches trafen sich die Sieger zu ihrer letzten Kriegskonferenz vom 17. Juli bis 2. August 1945 in Potsdam; die USA wurden dort durch ihren neuen Präsidenten Harry S. Truman vertreten, die Engländer nach dem Labour-Wahlsieg ab 27. Juli von Clement Attlee.

In Potsdam wurden die politischen und wirtschaftlichen Grundsätze für die Besatzungsherrschaft in Deutschland festgelegt. Das besetzte Land sollte entnazifiziert und demokratisiert, die Waffenproduktion verboten und die Industriekapazität beschränkt werden; alle Kriegsverbrecher waren zu verhaften. Für Stalin stand nach wie vor die Frage der Reparationen im Mittelpunkt; mit seiner Forderung nach Teilhabe an den Demontagen im Ruhrgebiet konnte er sich jedoch nicht duchsetzen, die Sowjetunion musste ihre Ansprüche aus der eigenen Besatzungszone befriedigen. Die Demontagen, die von Anfang an im Widerspruch zu den Wiederaufbaubemühungen der Besatzungsmächte standen, wurden in den vier Besatzungszonen in unterschiedlichem Maß umgesetzt. Wie die deutsche Wirtschaft wieder Fuß fassen und wie eine wirtschaftliche Neuordnung des Landes aussehen könnte, war im August 1950, als Flick aus der Haft entlassen wurde, nicht absehbar. Erst einmal schien alles gegen ihn zu laufen.

Auf verlorenem Posten

In der Sowjetischen Besatzungszone (SBZ) lag 1945 der industrielle Schwerpunkt des Flick-Konzerns. Dort befanden sich unter anderem die Mitteldeutschen Stahlwerke, die Gruben der Anhaltischen Kohlenwerke, die ATG, die Waggonfabrik vorm. Busch in Bautzen, die Sächsischen Gußstahlwerke Döhlen und die Maxhütte in Unterwellenborn. Nachdem die amerikanischen Truppen, die weite Teile des späteren sowjetischen Besatzungsgebiets eingenommen hatten, zwischen dem 30. Juni und 5. Juli bis zur vereinbarten Demarkationslinie zurückgezogen worden waren, hatte hier die Rote Armee das Sagen.

Bereits bei ihrer Gründung am 11. Juni 1945 hatte die KPD die »Enteignung des gesamten Vermögens der Nazibonzen und Kriegsverbrecher« und dessen Übergabe »in die Hände des Volkes« gefordert. Auch die vier Tage später zugelassene SPD sprach sich für die Verstaatlichung der Bodenschätze, Bergwerke und Energieunternehmen aus und forderte, die Großindustrie, die vom Krieg profitiert habe, »für die Zwecke des Wiederaufbaus« besonders heranzuziehen. Selbst die CDU reklamierte in ihrem Gründungsaufruf vom 26. Juni den Schutz des Staates vor wirtschaftlichen Machtzusammenballungen sowie eine staatliche Kontrolle des Bergbaus und weiterer monopolartig organisierter Schlüsselunternehmen.[2]

Das Bundesland Sachsen (der heutige Freistaat) und die Provinz Sachsen (das spätere Land Sachsen-Anhalt) standen für die sowjetische Besatzungsmacht und die KPD zunächst im Mittelpunkt des Interesses: Dem wirtschaftlichen Wiederaufbau und der Umverteilung der Eigentumsverhältnisse maßen sie dort besondere Bedeutung bei. Auch deshalb rückte Friedrich Flick früh ins Visier der Kommunisten. Am 25. Juni erklärte Walter Ulbricht, dass man keinen Grund habe, »den Herren Krupp, Flick, Vögler, Hugenberg und Kompanie nachzutrauern, die jetzt ihre Konzernbetriebe verlieren. Diesen Herren mußte die materielle Basis genommen werden, die es ihnen früher ermöglichte, den Nazismus zu finanzieren und Deutschland in die Kriegskatastrophe zu führen.«[3] Konrad Kaletsch rechnete aufgrund solcher Forderungen damit, dass in der Sowjetischen Besatzungszone eine entschädigungslose Enteignung beschlossen werden könnte. Er hoffte aber, dass darüber letzten Endes »der deutsche Reichstag (oder zumindest die Gesamtheit der Alliierten) zu bestimmen« habe.[4]

Nach dem Abzug der amerikanischen Truppen begannen Anfang Juli 1945 umfangreiche »Trophäenaktionen« sowie erste Demontagen, hauptsächlich in der Metallurgie und Metallverarbeitung. Am Ende beliefen sich die Reparationsleistungen der SBZ/DDR auf mindestens 14 Milliarden Dollar. Zwar hatte der Osten Deutschlands geringere Kriegsschäden als der Westen zu verzeichnen, aber nachdem die Sowjets mindestens 2000 Industriebetriebe abgebaut hatten, umfasste die Gesamtkapazität der Industrie der SBZ 1948 nur noch etwa 50 bis 70 Prozent des Vorkriegsstandes.

Die Demontagen hatten auch die Betriebsstätten des Flick-Konzerns in der Substanz bedroht. Eine Ausnahme bildeten die kaum beschädigten westelbischen Gruben der Anhaltischen Kohlenwerke, die noch unter amerikanischer Besatzung die Förderung und Verarbeitung der dringend benötigten Kohle unmittelbar nach Beendigung der Kampfhandlungen wieder hatten aufnehmen können und innerhalb weniger Wochen bereits 50 bis 60 Prozent ihrer Leistungsfähigkeit erreichten. Hingegen kam der Betrieb in den ostelbischen Tagebauen unter sowjetischer Verwaltung erst allmählich in Gang.[5]

Die Führung der in Berlin-Brandenburg liegenden Stahlwerke hatte Konrad Kaletsch übernommen. Er arbeitete mit einem kleinen Stab von rund 25 Personen in der Lietzenburgerstraße 36 in Berlin-Charlottenburg. Als sein »Hauptaktivum« betrachtete er Willy Schlieker, »der sich wirklich ins Zeug legt, der Kerl kann was und hat auch Energie«. Der Konzern lebte sprichwörtlich von der Hand in den Mund, Kaletsch verfügte ausschließlich über Barbestände. Wo sich die Werksleitungen aus dem Staub gemacht hatten, musste er erst einmal die Führung des Betriebs sicherstellen. Franz Hellberg und Herbert Dorendorf kümmerten sich um die Anhaltischen Kohlenwerke; Ende Mai und Anfang Juni reiste Hellberg zweimal mit einer sowjetischen Kommission in die Niederlausitz. Eine zentrale Rolle beim Versuch der Neuorganisation der Betriebsstätten in der SBZ spielte auch Odilo Burkart, der im Mai 1945 nach Riesa gegangen war und dort versuchte, die Demontage der Mittelstahl-Werke abzuwenden. Für Burkart war Kaletsch in Berlin der natürliche »Platzhalter« für Friedrich Flick, so wie er sich selbst im Vorstand von Mittelstahl als Vertreter Otto-Ernst Flicks einstufte.[6] Die Konzernleitung war sichtlich geschrumpft, aber die Struktur des Unternehmens, die auf eine weitgehende Selbstständigkeit der Betriebsleitungen im Tagesgeschäft zielte, erwies sich in dieser Situation als klarer Vorteil.

Kaletschs Hauptaugenmerk galt zunächst dem drohenden Abbau aller Werke durch sowjetische Demontagekommandos. Bereits Ende Mai fühlte er daher beim Leiter der Wirtschaftsabteilung des neu gebildeten Berliner Magistrats wegen eines Verbleibs von Werksanlagen in Hennigsdorf vor. Dieser lehnte es strikt ab, irgendetwas zu unternehmen, was »von russischer Seite als Interessennahme an der deutschen Industrie ausgelegt werden konnte«. Der am 18. Mai 1945 von der sowjetischen Militärkommandantur als Werksleiter in Brandenburg eingesetzte Fritz Olbrich musste zur Kenntnis nehmen, dass alle zunächst im Einvernehmen mit den Behörden vorgenommenen Planungen zur Wiederaufnahme des Betriebes Makulatur waren, als eine sowjetische Technische Kommission kurz darauf die Demontage anordnete.[7]

In Kenntnis dieser bedrohlichen Entwicklung in Brandenburg reiste Burkart Anfang Juli mit Vertretern des Riesaer Betriebsrates nach Berlin. Dort versuchte er mit Unterstützung von Gustav Dahrendorf, der dem neu gebildeten Parteivorstand der SPD angehörte, über Walter Ulbricht Kontakt zu den Besatzungsbehörden herzustellen. Für die am 6. Juni 1945 ins Leben gerufene Sowjetische Militäradministration in Deutschland hatte er eine Denkschrift vorbereitet, in der er für alle Mittelstahl-Werke Demontagevorschläge unterbreitete: Die nach 1933 errichteten Anlagen bot er zum Abbau an, alle älteren sollten in den Werken verbleiben. Eine Antwort auf sein »Angebot« erhielt Burkart von den sowjetischen Besatzungsbehörden nicht.[8]

Nachdem die Militäradministration am 4. Juli 1945 die Einsetzung einer Landesverwaltung Sachsen unter Leitung von Präsident Rudolf Friedrichs verfügt hatte, konnten nun auch auf regionaler Ebene Gespräche geführt werden. Als Glücksfall für Burkart sollte sich die Ernennung des CDU-Politikers Gerhard Rohner zum Vizepräsidenten für Finanzen erweisen. Rohner war von 1925 bis 1944 als kaufmännischer Vertreter für Mittelstahl tätig gewesen und hatte 1944/45 das Dresdner Büro des Unternehmens geleitet. Die KPD hatte Rohner als »Mann ohne jegliches Format, als Jurist unter dem Durchschnitt stehend, harmlos« eingestuft, als einen Mann, der sich »gut lenken« lassen würde; tatsächlich aber zeigte sich Rohner bald schon recht »anpassungsunwillig«. Sein erster Weg hatte ihn wie von selbst nach Riesa geführt, wo er Burkart traf, der mit »sichtlicher Befriedigung davon Kenntnis« genommen habe, dass »ein Mittelstahlmann in der Regierung sitzt«. In den folgenden Tagen und Wochen ebnete Rohner Burkart den Weg zu Gesprächen mit der Landesverwaltung, insbesondere mit dem zu diesem Zeitpunkt noch von Richard Woldt (SPD) geleiteten Wirtschaftsressort.[9]

Obgleich insbesondere die KPD eine Vergesellschaftung der Großindustrie anstrebte, war für Kaletsch und Burkart klar, dass die Politik daran interessiert sein musste, Demontagen abzuwenden. Mitte Juli zeigte sich Burkart hoffnungsvoll; er habe in Dresden durchsetzen können, ließ er Kaletsch wissen, dass das Kabinett eine Liste mit fünf Betrieben der Schlüsselindustrien aufstelle, die unter allen Umständen bewahrt werden sollten; auf der Liste stünden die Mittelstahl-Werke in Riesa und Gröditz und die Sächsischen Gußstahlwerke Döhlen. Gegenüber den Behörden entwickelte Burkart seine Vorstellungen von der Zukunft der sächsischen Betriebsstätten des Flick-Konzerns und fühlte vor, wie die Landesverwaltung eine Fusion von Mittelstahl und Döhlen aufnehmen würde. Er schlug vor, dass Döhlen zunächst von Mittelstahl übernommen werden und anschließend der sächsische Staat eine Beteiligung an Mittelstahl entsprechend seiner bisherigen Beteiligung an Döhlen erhalten sollte. Sowohl Rohner als auch der Präsident der Landeswirtschaftskammer begrüßten diesen Vorschlag. Rohners Stellvertreter Bernhard Spangenberg zeigte sich zwar grundsätzlich mit der Idee einverstanden, forderte für den Staat aber eine qualifizierte Minderheitsbeteiligung von 25 bis 26 Prozent. Während der Verhandlungen machte Burkart, der zu diesem Zeitpunkt mit einer baldigen Haftentlassung Flicks rechnete und daher die Fusionspläne erst einmal ruhen ließ, die unangenehme Erfahrung, dass »eine erhebliche Animosität gegen die Großindustrie« bestand und der Name Flick sich immer wieder als immense Hypothek erwies. Aus diesem Grund setzte sich Hellberg Anfang August vehement dagegen zur Wehr, Konrad Kaletsch in den Aufsichtsrat der Anhaltischen Kohlenwerke zu berufen, da seiner

Ansicht nach allein der Name des Vetters sich zu einer Belastung für das Unternehmen auswachsen könnte.[10]

Nachdem sich der Postverkehr normalisiert hatte, stand Burkart wieder in ständigem Kontakt mit Kaletsch und hielt ihn über die Situation in den Ländern und Provinzen der SBZ auf dem Laufenden. Mitte August 1945 zeichnete er ein deprimierendes Bild. Infolge der Potsdamer Beschlüsse hatte die sowjetische Besatzungsmacht die Demontagen weiter intensiviert. Bei den Stahlwerken in Brandenburg stand mittlerweile kaum noch ein Turm: Die Demontage des Werkes Hennigsdorf war beendet, im Werk Brandenburg (Havel) stand sie kurz vor dem Abschluss. Kaum besser war es um die Lauchhammer-Gruppe bestellt, das Eisenwerk war ebenso wie die Maschinenfabrik restlos demontiert. Auf der Grube Koyne bereiteten Abbautrupps die Zerlegung der Abraumförderbrücke vor. In Riesa war die Demontage des Stahlwerks zu etwa 95 Prozent vollendet, auch die Waggonfabrik Busch-Bautzen war bereits weitgehend abgebaut. Bei den westelbischen Gruben der Anhaltischen Kohlenwerke und in Gröditz waren die ersten Demontagetrupps gerade angerückt. Zu den wenigen Lichtblicken zählte, dass die Gruppe Welzow in der Lausitz keine größeren Schäden zu verzeichnen hatte und auch die Betriebsstätten der ATG in Leipzig überraschenderweise schadensfrei geblieben waren.

Ernüchternd erwies sich auch die Bilanz beim Führungspersonal. Von den »leitenden Herren« waren die meisten geflohen, verhaftet oder in den Wirren der letzten Kriegsphase ums Leben gekommen. Die Werke in Brandenburg und Hennigsdorf standen seit Mai unter kommissarischer Verwaltung. Arthur Hennecke befand sich angeblich im Sauerland, sein Bruder Rudolf war Gerüchten zufolge – die sich später nicht bestätigen sollten – mitsamt Frau und Sohn von sowjetischen Soldaten auf der Flucht erschossen worden. Auch die ATG in Leipzig stand nach dem Weggang von Bernhard Weinhardt unter kommissarischer Leitung. Bei den Anhaltischen Kohlenwerken war ebenfalls nur ein Teil des Leitungspersonals verblieben. Bei den Sächsischen Gußstahlwerken in Döhlen konnte man immerhin auf Gerhard Bruns zählen, der sich aber schon bald nach Berlin absetzte, in Bautzen war auf Johann Reichert Verlass.[11]

Burkart war nicht der Typ, der sich von schlechten Nachrichten unterkriegen ließ, er glaubte aufgrund der Signale aus Dresden an eine Zu-

Nach Abzug der sowjetischen Demontagekommandos ist das Stahl- und Walzwerk Hennigsdorf 1948 leer geräumt.

kunft für Flick in der SBZ. Im September besprach er sich in Dresden fast jeden zweiten Tag mit Vertretern der Landesverwaltung und der Industrieabteilung der Sowjetischen Militäradministration für Sachsen. Den sächsischen Behörden war die Bedeutung des Mittelstahl-Werks in Riesa bewusst: Dort stand das einzige noch funktionstüchtige Walzwerk des Landes, seine endgültige Demontage hätte »jede Bautätigkeit im gesamten sächsischen und angrenzenden Gebieten lahm« gelegt. An einen Wiederaufbau von Dresden, Leipzig, Chemnitz und vor allem auch Berlin war ohne Riesa kaum zu denken.[12]

Aufgrund von Burkarts Lageberichten schrieb Willy Schlieker Anfang September an den in Wiesbaden internierten Friedrich Flick, dass Burkart in Sachsen mit einer Regierung verhandele, »die seinen Bemühungen jede nur mögliche Unterstützung zuteil werden ließ«. Wegen seiner guten Kontakte zu den sächsischen Behörden, namentlich zu Rohner, hatte sich Burkart zu einer naiven Fehleinschätzung verleiten lassen. Er wollte einfach nicht wahrhaben, dass die KPD, die eindeutig auf eine Sozialisierung der Wirtschaft zusteuerte, mit Unterstützung der Besatzungsmacht den Ton angab. Schlieker erfasste die Bedrohung wohl etwas früher, wenn er in seinem Schreiben an Flick darauf hinwies, dass die Russen in Berlin nur »gelegentliche Vergewaltigungen des Eigentums und der Rechtslage« wagten, hingegen »in der Provinz heute schon klar über diese Bedenken hinweg« gehandelt werde.[13] Burkart und Kaletsch aber setzten weiterhin auf den Einfluss von Politikern wie Rohner und Dahrendorf – Nichtkommunisten, die in den Landesverwaltungen ohne politischen Einfluss blieben.

Am 17. September brachte der Wechsel an der Spitze des sächsischen Wirtschaftsressorts eine Wende: Richard Woldt wurde durch Fritz Selbmann abgelöst, einen der führenden Köpfe der sächsischen KPD. Selbmann hatte frühzeitig öffentlich angekündigt, die Situation zur Umwandlung der Eigentumsverhältnisse nutzen zu wollen. Die neue Leitlinie des Wirtschaftsressorts war damit klar. Burkart versuchte umgehend, mit Selbmann ins Gespräch zu kommen, aber es zeichnete sich ab, dass der Spielraum immer enger wurde. Der Leiter der Industrieabteilung der Militäradministration in Dresden, Oberst Blochin, hatte Burkart mitgeteilt, dass aufgrund der Potsdamer Beschlüsse nur eine relativ kleine Stahlproduktion in Sachsen belassen werden könne: »minimum minimorum«. Deshalb, so Blochin, »dürften wohl rein politische Überlegungen dafür sprechen, die neue Gesellschaft nicht ausschliesslich auf privatwirtschaftlicher Grundlage aufzuziehen, sondern zweckmässigerweise unter Beteiligung des sächsischen Staates«. Burkart offerierte der Landesverwaltung daraufhin den Verkauf der sächsischen Gruben der Anhaltischen Kohlenwerke (Gruppe Welzow) an den Staat. Das war insofern pragmatisch gedacht, als die Zeichen zu diesem Zeitpunkt in ganz Deutschland auf eine Sozialisierung des Bergbaus deuteten. Vielleicht ließen sich die Gruben ja vorher noch an den Staat verkaufen.

Inzwischen hatte die KPD jedoch einen Spion in den Mittelstahl-Büros geworben, Heinrich Liebener, der die Parteileitung über die Vorhaben der Unternehmensleitung auf dem Laufenden hielt.[14] So war die KPD-Führung wahrscheinlich auch vorab über Burkarts weitere Pläne für die sächsischen Mittelstahl-Werke informiert. In der Vergangenheit war es meist umgekehrt und der Flick-Konzern durch Informanten in der Regel besser über die der Gegenseite unterrichtet gewesen als diese über ihn. Zum ersten Mal bedrohte jetzt der Informationsfluss aus dem Konzern heraus die eigene Handlungsfähigkeit.

Burkart aber glaubte noch immer an die Zukunft des sächsischen Flick-Besitzes. Ende September kam es zu einem Gespräch Burkarts mit Selbmann, Rohner und dem Präsidenten der Landesverwaltung Friedrichs. Sie signalisierten Zustimmung zu Burkarts Plan, die Werke Riesa, Gröditz, Lauchhammer und Döhlen wieder aufzubauen und in der neu zu gründenden Sächsische Eisenwerke GmbH mit Sitz in Riesa zusammenzufassen. Der sächsische Staat sollte gegen eine 50-prozentige Beteiligung an den Eisenwerken diesen die notwendigen Betriebsmittel bis zu einer Gesamthöhe von 50 Millionen Mark zur Verfügung stellen. Sobald die Genehmigung der Besatzungsbehörden vorlag, sollten die Mitteldeutsche Stahlwerke GmbH und die Sächsische Gußstahlwerke Döhlen AG in Liquidation treten und die noch bestehenden Werksanlagen und Gebäude an die Eisenwerke verpachtet werden. Ein Kauf der Werksanlagen durch die Eisenwerke kam für Burkart aber erst infrage, wenn vorher eine Verständigung mit den Obligationären von Mittelstahl oder eine gesetzliche Regelung erfolgt sei, »weil wir seitens der neuen Gesellschaft grundsätzlich daran festhalten müssen, dass wir Verpflichtungen der alten Gesellschaften nicht übernehmen können«. Zur Finanzierung beabsichtigte Burkart weiterhin, die Gruppe Welzow zu einem »Vorzugspreis« von 30 bis 35 Millionen Mark an den sächsischen Staat zu verkaufen. Dies lehnten Selbmann und Friedrichs ab, da »die Landesregierung bereits die entschädigungslose Enteignung des Kohlenbesitzes beschlossen« hatte.[15]

Kaletsch hatte in die Verhandlungen zunächst nicht eingreifen können; er laborierte zu diesem Zeitpunkt an den Nachwirkungen einer Operation. Er gab aber zu bedenken, ob man dem Land Sachsen mit der Beteiligung an den Eisenwerken tatsächlich »ein weiteres Geschenk« machen solle, nachdem man ihm schon die Gruben der Anhaltischen Kohlenwerke zum halben Tageswert angeboten habe. Auch Kaletsch litt offenbar unter Realitätsverlust und schätzte die Situation völlig falsch ein: Im Sommer 1945 machte nicht die FKG Geschenke, sondern die Machthaber diktierten die Bedingungen.[16]

Im Herbst ging es dann Schlag auf Schlag. Zunächst ordnete am 3. Oktober der Präsident der Provinz Sachsen, Erhard Hübener, »zur

Sicherung der Wirtschaft« an, die Anhaltischen Kohlenwerke in die Verfügungsgewalt der Provinz zu übernehmen. Am 22. Oktober 1945 übertrug die Sowjetische Militäradministration mit Befehl Nr. 110 den Landes- und Provinzialverwaltungen das Recht, Gesetze und Verordnungen zu erlassen, sofern diese nicht den Gesetzen und Befehlen der Besatzungsmacht widersprachen; noch am selben Tag billigte das Präsidium der Landesverwaltung einen von Selbmann vorbereiteten Verordnungsentwurf über die Verstaatlichung des gesamten sächsischen Bergbaus. Am 29. Oktober 1945 schließlich fasste das Präsidium »zur Sicherung der Demokratie und des Friedens« den Beschluss, »die dem Kriegsverbrecher Flick gehörigen und im Bundesland Sachsen gelegenen Unternehmungen mit allen ihren Beteiligungen und Rechten, sowie alle sonstigen im Besitz des Kriegsverbrechers Flick befindlichen Vermögenswerte« zu enteignen und in das Eigentum Sachsens zu überführen.

Die Landesverwaltung in Dresden war die erste, die derart weitreichende Maßnahmen in der Sowjetischen Besatzungszone durchsetzte und auf dem Verordnungsweg massive eigentumsrechtliche Eingriffe in die Wirtschaft vornahm. Enteignet wurden die sächsischen Betriebsstätten der Mitteldeutschen Stahlwerke und der Anhaltischen Kohlenwerke, die Gußstahlwerke Döhlen, die Waggonfabrik vorm. Busch in Bautzen und die ATG in Leipzig. Die Präambel der Verordnung ließ jedoch keinen Zweifel daran, dass es sich bei der Enteignung Flicks nur um den Auftakt handeln sollte: »Die einzige Möglichkeit, zu verhindern, daß der deutsche Monopolkapitalismus ein drittes Mal die Welt in das Unglück eines neuen Krieges stürzt, ist die wirtschaftliche Entmachtung der deutschen Monopolkapitalisten und die Nutzbarmachung der in ihren Händen liegenden Produktionsanlagen für das Wohl und die Interessen des gesamten Volkes.«[17]

Am 30. Oktober, also nur einen Tag später, verfügte die Sowjetische Militäradministration mit Befehl Nr. 124 die Beschlagnahme des gesamten Produktivvermögens von Naziaktivisten, Rüstungsfabrikanten, Kriegsverbrechern und Finanziers der NSDAP. Die betroffenen Betriebe wurden unter »Sequester«, das heißt unter treuhänderische Verwaltung gestellt. Die Militäradministration wollte mit diesem Verfahren dem Eindruck entgegentreten, es handele sich um die endgültige Umgestaltung der Wirtschaftsstruktur in ihrem Besatzungsgebiet; zugleich war sie bestrebt, unter Bezugnahme auf Kontrollratsgesetz Nr. 2 eine ähnliche Rechtsgrundlage zu schaffen, wie sie Briten und Amerikanern seit 1944 mit ihrem Gesetz Nr. 52 zur Verfügung stand. Dennoch trat deutlich die Absicht zu Tage, mit der Sequestration nicht nur die Wirtschaft von Nationalsozialisten zu säubern, sondern gleichzeitig das Netz von gesamtdeutschen Unternehmensbeziehungen zu beseitigen. Zugleich sollten die SMAD-Befehle auch mit Rücksicht auf die angestrebten Reparationsleistungen eine Verlagerung von industriellen Einrichtungen und Betriebsunterlagen in die westlichen Besatzungszonen verhindern. Ob Selbmann mit der Verordnung vom 29. Oktober dem Befehl der Sowjetischen Militäradministration zuvorkommen wollte, ist nicht eindeutig. Sollte dies sein Ziel gewesen sein, hätte er sich bewusst auf eine Konfrontation mit der Besatzungsmacht eingelassen, in der er zwangsläufig den Kürzeren ziehen musste.[18] Auf den ersten Blick schien er sich mit seiner Initiative durchgesetzt zu haben.

Kaletsch, der »die Angelegenheit nicht unwidersprochen lassen« wollte, glaubte allen Ernstes, auf juristischem Wege gegen die Enteignung vorgehen zu können, da es sich bei den betroffenen Werken nicht um Monopolunternehmen handele und Flick kein Kriegsverbrecher sei. Die Ankündigung juristischer Schritte macht die Hilflosigkeit deutlich, mit der er und Burkart inzwischen den neuen Machthabern gegenüberstanden. Einen Hoffnungsschimmer immerhin gab es: Am 9. November 1945 berief das Präsidium der Landesverwaltung Sachsen Vizepräsident Rohner zum bevollmächtigten »Staatskommissar für das enteignete Flick-Vermögen«; sämtliche Rechtsgeschäfte der betroffenen Unternehmen bedurften fortan seiner Zustimmung.

Die nächste Hiobsbotschaft kam aus Halle. Die Verwaltung der Provinz Sachsen billigte am 23. November 1945 nach Dresdner Vorbild den Entwurf einer Anordnung über die Enteignung des Vermögens von Kriegsverbrechern. Das Papier zielte insbesondere auf den Besitz von Friedrich Flick und Gustav Krupp. Eine Genehmigung durch die Militäradministration stand freilich noch aus.[19]

Burkart und Kaletsch arbeiteten daran, bei den Behörden jeden Verdacht auszuräumen, dass in ihrem Hause »irgendwelche Bestrebungen im Gange wären, um den angeblich vorhandenen Flick-Konzern, womöglich unter Anwendung von Tarnungsmaßnahmen durch die Zeit hindurch zu retten«. Kaletsch zeigte sich weiter kooperativ und legte den Besatzungsbehörden sogar einen neuen Wiederaufbauplan für das Werk in Riesa vor. Kurz darauf teilte ihm die Deutsche Zentralverwaltung der Industrie – die wie die übrigen seit Juli 1945 geschaffenen Zentralverwaltungen als Vollzugsorgan der Militäradministration wirkte – mit, sie lege keinen Wert mehr auf die von Kaletsch geführte Verbindungsstelle der Mittelstahl-Werke in Berlin. Allerdings sei die Entscheidung hierüber Sache der Werke und Belegschaften. Der Riesaer Betriebsratsvorsitzende Erich Pfrötzschner erklärte daraufhin die Verbindungsstelle im Interesse des Werkes für unbedingt erforderlich und schlug Kaletsch sogar als deren Leiter vor. Dieser reiste am 14. November nach Hennigsdorf und Brandenburg zu Besprechungen mit den Betriebsräten. Während sich der Hennigsdorfer Betriebsrat Pfrötzschners Votum anschloss, widersprach der in Brandenburg heftig.[20]

Es ist erstaunlich, dass Kaletsch zu diesem Zeitpunkt noch Fürsprecher in den bereits kommunistisch geprägten Arbeitervertretungen besaß, obwohl er bereits seit geraumer Zeit im Fadenkreuz der Propaganda stand. Als er sich beim Zentralkomitee der KPD über die Hetze in der *Deutschen Volks-Zeitung* gegen die Mittelstahl-Werke und seine Person beschwerte, beschwichtigte man ihn, dies sei ohne Wissen der Parteiführung geschehen. Als die Angriffe nicht abrissen, beteuerte Kaletsch, er versuche lediglich, am Wiederaufbau und der Wiederinbetriebnahme der Werke mitzuarbeiten: »Es gibt hier keine Konzernleitung und auch keine ›Konzernleitungszeitungen‹. Es denkt auch niemand daran, einen Konzern neu zu erstellen oder zu organisieren.«[21]

Die Angriffe auf seine Person und die Gefahr seiner Verhaftung setzten Kaletsch erheblich zu. »Das Schicksal der gesamten Familie F. liegt mir natürlich Tag und Nacht am Herzen«, schrieb er an Kurre; voll handlungsfähig sei er aber erst wieder, wenn »die erforderliche Klarstellung in Bezug auf meine Person erreicht wäre«. Schließlich gab Kaletsch dem Druck nach und erklärte am 27. November das Berliner Büro für aufgelöst. Die Leitung einer neuen Verbindungsstelle wolle er nicht übernehmen, um als Verwandter Flicks die Verhandlungen mit den Behörden nicht weiter zu belasten. Er schlug den Mittelstahl-Direktor Hubert Müller als Leiter des Büros vor – vergebens. Ende

November machten die Behörden deutlich, dass sie auf Gespräche mit Vertretern des Flick-Konzerns keinen Wert mehr legten.[22] Kaletschs Bemühen, über die Arbeitervertretungen in den Werken noch einmal mit den Behörden ins Gespräch zu kommen, erwies sich endgültig als aussichtsloser Aktivismus: Das Heft des Handelns hatte von Anfang an auf Seiten der Besatzungsmacht und der Landesverwaltung gelegen.

Am 4. Dezember holten Mitarbeiter der sowjetischen Geheimpolizei GPU Odilo Burkart ab und verfrachteten ihn zum Verhör in ein Chemnitzer Untersuchungsgefängnis. Vier Tage später verhafteten die Amerikaner Konrad Kaletsch in Berlin. Damit war, wie Hellberg später in Nürnberg konstatierte, »der Mittelstahl-Apparat auseinandergefallen«.[23]

Von Ende November an wurden in der Provinz Sachsen binnen weniger Tage sämtliche Gruben der Anhaltischen Kohlenwerke sequestriert, unter anderem Grube Elisabeth (29. November), Grube Louise (3./19. Dezember) sowie die Betriebsstätten in Profen (18. Dezember). Als die Sowjetische Militäradministration wenige Tage später ihre Zustimmung zur geplanten Enteignung des Flick-Besitzes in der Provinz Sachsen verweigerte, musste die Provinzialverwaltung am 7. Januar 1946 die Anordnung vom 23. November fallen lassen. Daraufhin legten die Anhaltischen Kohlenwerke Mitte Februar 1946 mit dem Argument, man sei keine »Person«, sondern eine Gesellschaft und falle daher nicht unter Befehl 124, Einspruch gegen die Sequestrierung der Gruben ein. Tatsächlich entschied der Landrat von Zeitz am 22. Februar, dass einer Befreiung aus dem Sequester nichts im Wege stehe, da Befehl Nr. 124 nicht zutreffe. Allerdings befinde sich die Gesellschaft laut Anordnung vom 3. Oktober weiter in der treuhänderischen Verfügungsgewalt der Provinz. Die sowjetischen Behörden hielten es nicht einmal für nötig, hierauf zu antworten. Im August erklärten sie schließlich weitere Einsprüche für zwecklos.[24] Nach dem Zerfall der Mitteldeutschen Stahlwerke waren nun auch die Anhaltischen Kohlenwerke in ihre Einzelteile zerschlagen.

Die Zukunft der sequestrierten und treuhänderisch verwalteten Unternehmen war zu diesem Zeitpunkt noch offen. In Sachsen diskutierte die KPD erstmals im Januar 1946 über einen Volksentscheid zur Enteignung »aller Kriegsschuldigen und Kriegsverbrecher«, am 7. April fassten die Delegierten auf dem sächsischen Vereinigungsparteitag von KPD

und SPD einen entsprechenden Beschluss. In den Wochen bis zu dem
auf den 30. Juni festgelegten Referendum rollte eine Propagandawelle
durch Sachsen, die auf Friedrich Flick als Prototyp eines »Monopolkapitalisten« und »Kriegsverbrechers« zielte. Ironischerweise traf das Pro-
pagandamotiv des Monopolkapitalisten ziemlich genau auf die Stellung
zu, die Mittelstahl, Anhaltische Kohlenwerke und Maxhütte bis 1945 in
Mitteldeutschland eingenommen hatten. Flick musste stellvertretend
für alle Industriellen herhalten. Die *Lausitzer Rundschau* stellte noch
am Tag des Volksentscheids fest: »Immerhin wird das deutsche Volk
Sorge dafür tragen müssen, daß Flick und seine Leute nicht wieder in
der Wirtschaft herumbasteln dürfen.«[25]

Für die Ende April 1946 aus der Taufe gehobene SED bedeutete
das Referendum einen politischen und propagandistischen Triumph.
Bei einer Beteiligung von mehr als 93 Prozent der Stimmberechtigten
befürworteten 77,6 Prozent die Enteignung der »Kriegsverbrecher«. Auf
Basis des Gesetzes über die »Übergabe von Betrieben von Kriegs- und
Naziverbrechern in das Eigentum des Volkes« wurden über 1800 so genannte A-Betriebe entschädigungslos enteignet. Weiterhin offen blieb
zunächst das Schicksal von mehr als 600 »C-Betrieben«, darunter die
sächsischen Unternehmen der FKG, die aufgrund der Verordnung vom
29. Oktober als enteignet galten. Hier hatte sich die sowjetische Besatzungsmacht die endgültige Entscheidung vorbehalten. Während die
meisten Flick-Betriebe weiter in der Verfügungsgewalt der deutschen
Behörden blieben, wurde im Juli die Waggonfabrik Busch-Bautzen an
die Sowjetische Aktiengesellschaft für Transportmaschinenbau übergeben. Als Sowjetische Aktiengesellschaften wurden Betriebe geführt, die
in den Besitz der UdSSR übergingen und nicht demontiert wurden. Sie
produzierten fortan unter sowjetischer Verantwortung und auf Rechnung des Reparationskontos der Sowjetunion, wurden von sowjetischen
Direktoren geleitet und zahlten keine Steuern. Rund 200 zumeist größere Unternehmen waren hiervon betroffen, darunter auch das Krupp-
Grusonwerk in Magdeburg.[26]

Die anderen Länder und Provinzen in der SBZ übernahmen kurzerhand das Ergebnis des sächsischen Volksentscheids und erließen in den
folgenden Wochen entsprechende Gesetze. Damit war die Enteignung
der in diesen Ländern gelegenen Unternehmen der FKG ebenfalls besie-

gelt. So gingen am 16. August 1946 die Brikettfabrik Ida und die Grube Herzog Ernst in den Besitz des Landes Thüringen über. In der Provinz Sachsen wurden die Mineralölfabrik Köpsen, der Tagebau Profen, die Brikettfabriken Hedwig, Wählitz und Profen sowie das dortige Schwelwerk auf Befehl der Sowjetischen Militäradministration in russischen Besitz überführt.[27]

Am 7. September 1946 öffneten sich in Chemnitz nach rund neun Monaten die Gefängnistüren für Odilo Burkart. Die genauen Gründe für seine Verhaftung liegen im Dunkeln. Möglicherweise wollten sich die Sowjets nur einen Überblick über den Flick-Konzern in ihrer Zone verschaffen; denkbar ist aber auch, dass Burkart unter anderem über die Zusammenarbeit mit Selbmann vernommen worden war. Zum Zeitpunkt seiner Entlassung war die Eigentumsfrage im sowjetischen Besatzungsgebiet jedenfalls grundsätzlich beantwortet. Burkart reiste dennoch umgehend nach Riesa, wo er Kontakt zum mittlerweile auf Drängen des Betriebsrats zum Werksleiter ernannten Erich Pfrötzschner aufnahm. Am 7. November erlebte er mit, wie die Landesverwaltung endgültig die Enteignung der mittlerweile von der Besatzungsmacht an die deutschen Behörden übergebenen Werke der FKG anordnete; Staatskommissar Rohner teilte den Werksleitungen nüchtern mit, seine Dienststelle werde zum 1. Januar 1947 aufgelöst, fortan übernehme die Hauptverwaltung landeseigener Betriebe Sachsens die Betreuung der ehemaligen Flick-Unternehmen.[28]

Burkart kann nur aus einem Grund nach Riesa gefahren und dort so lange geblieben sein: Um möglichst viele Werte für den Konzern zu retten, vor allem Konstruktionszeichnungen und Patentunterlagen. Wie die Wirtschaftsabteilung der KPD später ermittelte, transportierte der ehemalige Mittelstahl-Direktor Müller bis in den Februar 1947 hinein, als die Partei hiervon Kenntnis erhielt, wöchentlich Aktenmaterial aus einem Lager in der Nähe Riesas nach Berlin. Als die sowjetische Besatzungsmacht Burkart erneut zu Verhören vorladen wollte, wurde ihm der Boden in Riesa zu heiß, und er flüchtete nach Berlin. Dort stellte er sich den Anwälten Dix, Flächsner und Schmidt als Zeuge der Verteidigung für den bevorstehenden Prozess gegen Friedrich Flick in Nürnberg zur Verfügung. Am 28. Februar 1947 verließ er Berlin in Richtung Westen. Seine Kontakte nach Riesa hielt er aber weiter aufrecht. Noch im Feb-

ruar 1949 versuchte er von Sulzbach-Rosenberg aus, vom neuen Kaufmännischen Leiter des Werks in Riesa Abschriften von Patentunterlagen
für ein Thomasstahlverfahren zu bekommen – freilich ohne Erfolg.[29]

1947 gab die UdSSR die ehemaligen Flick-Betriebe, die sich als Sowjetische Aktiengesellschaften in ihrem Besitz befanden, an die deutschen Behörden zurück: Busch-Bautzen im Februar 1947, die Maxhütte
Unterwellenborn im April. Aufgrund des SMAD-Befehls Nr. 64 vom
17. April 1948 wurden die Enteignungen rechtskräftig.[30]

Sachsen hatte 1945 im Ringen um den mitteldeutschen Besitz Friedrich Flicks im Fokus gestanden. Dort war mit der Sequestrierung der
Flickschen Unternehmen die Umgestaltung der Eigentumsverhältnisse in der Sowjetischen Besatzungszone in die Wege geleitet worden.
Sachsen fiel wegen der Bedeutung des dortigen Industriereviers die
Vorreiterrolle beim Umbau der Wirtschaft in der Sowjetischen Besatzungszone zu. Da Flick hier seinen mitteldeutschen Schwerpunkt
hatte, nahm ihn die Landesverwaltung als Erstes ins Visier. Hinzu kam,
dass er als »Monopolkapitalist« direkt greifbar war – im Gegensatz zu
anonymen Kapitalgesellschaften. Kaletsch und Burkart hatten in den
Gesprächen mit der sowjetischen Besatzungsmacht und der Landesverwaltung Sachsen alle Trümpfe auszuspielen versucht, die Verhandlungsposition des Flick-Konzerns letztlich aber eklatant falsch eingeschätzt.
Ihren Gesprächspartnern war an einem Ausgleich mit Flick zu keinem
Zeitpunkt wirklich gelegen. Die übrigen Länder und Provinzen der SBZ
folgten im Herbst 1945 dem sächsischen Vorbild. Am Ende war Flick
in der Sowjetischen Besatzungszone vollständig und entschädigungslos enteignet. Bis weit in die fünfziger Jahre hinein sollte er auf einen
Systemwandel in der SBZ/DDR und auf die Möglichkeit hoffen, seinen
mitteldeutschen Besitz zurückzugewinnen.

Vor dem Nichts?

Im Westen sah Friedrich Flick sich mit Besatzern konfrontiert, von denen er grundsätzlich eine unternehmerfreundlichere Politik erwartete. Tatsächlich aber gab es sowohl in den USA wie auch in Großbritannien unterschiedliche Konzeptionen für den Wiederaufbau der Wirtschaft im besetzten Deutschland. Einen besonders radikalen Plan hatte 1944 der amerikanische Finanzminister Henry M. Morgenthau jr. vorgelegt, der Deutschland zerstückeln und entindustrialisieren wollte. Fest stand, dass die Autarkiepolitik der Deutschen in jedem Fall aufgebrochen werden sollte. Die Briten wollten sich vor allem vor einer künftigen Bedrohung durch das deutsche Rüstungspotenzial sichern. Zugleich beabsichtigten sie aber, die Ressourcen der Ruhrindustrie im Interesse des deutschen und europäischen Wiederaufbaus zu nutzen. Hierin stimmten Briten und Amerikaner überein. Strittig war jedoch, ob das Revier unter internationaler oder unter britischer Verantwortung wiederaufgebaut werden sollte. Weder bei den Amerikanern noch bei den Briten lag zum Zeitpunkt der Besetzung ein ausgearbeiteter Plan vor, wie die Militärverwaltungen mit der Montanindustrie im Ruhrgebiet und anderswo zu verfahren hatten.

Friedrich Flick war in Bad Tölz zunächst unbehelligt geblieben. Als ein erstes Warnzeichen verstand er einen Artikel in der amerikanischen Soldatenzeitung *Stars & Stripes* über die Vorbereitung eines »Anti-Magnaten-Gesetzes« in den USA, demzufolge die Großindustriellen ihren Besitz bis Ende 1945 verkaufen beziehungsweise umtauschen sollten.[31] Der erdrutschartige Wahlsieg der Labour Party bei den britischen Unterhauswahlen am 5. Juli 1945 verschlechterte aus Flicks Sicht die Rahmenbedingungen weiter. Attlee hatte die Sozialisierung der britischen Bergwerksgesellschaften angekündigt, und damit schien die Frage auch für die britische Besatzungszone in Deutschland entschieden.

Flicks Montanbesitz in den westlichen Besatzungszonen umfasste vor allem die Maxhütte in Sulzbach-Rosenberg, das Hochofenwerk Lübeck, die Harpener Bergbau AG und die Essener Steinkohlenbergwerke AG. Viele deutsche Großkonzerne hatten sich im Vorfeld der Besatzung zu einer Dezentralisierung und Übertragung von Verwaltungsaufgaben auf die einzelnen Werke entschlossen. Der Degussa-Vorstand etwa trug den

Werksleitungen auf, in größter Eigenverantwortung zu handeln. Ähnliches veranlassten auch Mannesmann und Krupp. Zugleich begannen die Unternehmen, Geschäftsunterlagen und Spezialgerät in Sicherheit zu bringen. Flick hatte Anfang 1945 einige seiner engsten Mitarbeiter an strategisch wichtige Standorte im Süden und Westen des Reiches beordert und sich selbst im Februar auf sein Landgut bei Bad Tölz in Sicherheit gebracht. In der Maximilianshütte in Rosenberg, deren Geschäftsführung sein ältester Sohn Otto-Ernst zum 1. Februar 1945 von Krugmann übernommen hatte, sollte für die Endphase des Krieges und die erste Phase der Besatzungszeit eine zweite Konzernleitung im Westen neben Düsseldorf etabliert werden. Alle wichtigen Unterlagen waren aus dem von dauernden Luftangriffen gefährdeten Düsseldorf in die Oberpfalz ausgelagert worden. Ende Februar 1945 wurde zudem eine Ausweichstelle der Mittelstahlwerke in Rosenberg eingerichtet, überdies wurde das gesamte Technische Büro der Linke-Hofmann Werke bei den Fella-Werken in Feucht untergebracht. Alfred Rohde und zahlreiche weitere Spitzenmanager des Konzerns flüchteten jetzt nach Bayern.[32]

Die Düsseldorfer Konzernzentrale lag in der britischen Besatzungszone. Als Residenten hatte Flick eigentlich seinen Vetter Kaletsch auserkoren, der jedoch in der Reichshauptstadt blieb. Wichtigster Mann im Rheinland war Flicks Neffe, der Generalbevollmächtigte Bernhard Weiss, der sich am 1. Februar ins Siegerland zurückgezogen hatte und von dort leicht nach Düsseldorf gelangen konnte. Ihm hatte Flick die Aufsicht über den wertvollsten Besitz der FKG im Westen, die Steinkohlegruben, zugedacht. Chefbuchhalter Fritz Lang, den Flick noch am 30. Januar 1945 mit weitgehender Vollmacht ausgestattet hatte, versuchte nach dem Ende der Kampfhandlungen, in Düsseldorf umgehend wieder einen geordneten Geschäftsgang zu organisieren. Weiss und Lang konnten bei den Steinkohlegesellschaften auf erfahrenes Führungspersonal bauen: bei der Essener Steinkohle auf Walter Tengelmann, der allerdings schon bald interniert wurde, und Direktor Adolf Beckmann, bei Harpen auf Ernst Buskühl und fast den gesamten Vorstand.[33]

Die Zechen von Harpen und Essener Steinkohle standen bei Kriegsende wie viele andere faktisch still: Im April 1945 betrug die Förderung rund 1,5 Prozent der durchschnittlichen Vorkriegsleistung. Die britische Militärverwaltung, die Anfang Juli die Kommandogewalt von den ame-

Die Konzernzentrale in Düsseldorf: Flick mietete die beiden obersten Etagen der beiden Gebäude.

Justitiar Wilhelm Bedbur während einer Mittagspause mit Sekretärinnen auf dem Balkon.

rikanischen Truppen übernommen hatte, tat zunächst alles, um den Betrieb in den Bergwerken wieder in Gang zu bringen, da die Ruhrkohle für den Wiederaufbau Deutschlands und Westeuropas von zentraler Bedeutung war. Die noch im April 1945 gegründete Rhine Coal Control, deren Aufgaben im Juli 1945 die North German Coal Control übernahm, sollte für die rasche Betriebsaufnahme sorgen. Der Militärverwaltung war bewusst, dass sie auf das deutsche Management der Zechen angewiesen war, wollte sie eine drohende Versorgungskatastrophe abwenden. Die Chemische Werke Essener Steinkohle AG erhielt nach längeren Bemühungen im Juni 1945 eine Betriebsgenehmigung, zunächst für Aufräumarbeiten auf dem Werksgelände. Im November folgte eine Wiederaufbauerlaubnis, eine Betriebserlaubnis wurde für das nächste Frühjahr in Aussicht gestellt.[34]

Das Hochofenwerk Lübeck stand zunächst nicht im Fokus britischer Interessen. Dort bildeten Fabry und Reichenbach ungeachtet ihrer Mitgliedschaft in der NSDAP vorerst weiter den Vorstand. Die Betriebsanlagen waren so weit intakt, dass die Produktion bis zum 23. Mai aufrechterhalten werden konnte. Noch in der gleichen Woche erteilte die Militärregierung die Genehmigung zur Wiederaufnahme der Produktion von Roheisen, Zement und Leuchtgas. Dennoch stand das Werk zunächst still, da es an Kohle fehlte. Im September konnte immerhin mit der Leuchtgaserzeugung für die Stadt Lübeck begonnen werden.[35]

Als das gravierendste Problem für den Zusammenhalt und die Organisation des Flick-Konzerns erwies sich in den ersten Nachkriegsmonaten der unterbrochene Nachrichten- und Informationsfluss. Zwar waren an den wichtigsten Standorten des Konzerns erfahrene Mitarbeiter zur Stelle, die die Wiederaufnahme der Produktion in die Wege zu leiten versuchten, aber jeder einzelne Betrieb des Konzerns war weitgehend auf sich gestellt. Im April 1945 bestand selbst zwischen den Maxhütte-Werken in Rosenberg und dem nur 60 Kilometer entfernten Haidhof keine Telefon- oder Postverbindung; Otto-Ernst Flick behalf sich mit Fahrradkurieren. Der reguläre Briefverkehr zwischen dem amerikanischen Besatzungsgebiet und den übrigen Zonen wurde erst im Oktober 1945 aufgenommen. Unmittelbare Folge war eine pragmatische Arbeitsteilung: Die FKG in Düsseldorf übernahm die Korrespondenz in der britischen Zone, die Maxhütte beziehungsweise Kurre als Leiter der Ausweichstelle Mittelstahl die in der amerikanischen. Kaletsch musste noch Monate nach Beendigung der Kampfhandlungen mittels Kurieren den Kontakt nach Bayern und an die Ruhr halten. Zahlreiche Briefe erreichten auf diesem Weg ihre Adressaten nicht, was zur Folge hatte, dass man in Berlin nur bruchstückhaft und mit erheblicher Verzögerung über die Entwicklung im Westen informiert war.[36]

Bei einer Besprechung über die Kohleversorgung der Maxhütte im bayerischen Wirtschaftsministerium ventilierte Friedrich Flick erstmals die Möglichkeit, in Sulzbach-Rosenberg den bayerischen Staat als Anteilseigner ins Boot zu holen und sich so einen Verbündeten in den drohenden Auseinandersetzungen mit der Besatzungsmacht zu verschaffen. Sollte er bis zu diesem Zeitpunkt gehofft haben, glimpflich davonzukommen, unterstrich Flicks Verhaftung am 13. Juni 1945 durch amerikanische Soldaten den Ernst der Lage. Als Erstes stornierte man daraufhin das »Tölzer Programm«, das die Rückübertragung von Beteiligungen auf Friedrich Flick persönlich vorgesehen hatte. Dann entschied Kaletsch, dass wegen der prekären Lage Flicks der Sitz der

FKG in der britischen Zone, also in Düsseldorf bleiben müsse. Er selbst konnte von Berlin aus freilich wenig ausrichten, zumal die Briten Fritz Lang als Leiter des Konzerns in Düsseldorf ansahen. Der eigentliche Vertrauensmann von Flick und Kaletsch blieb hingegen Bernhard Weiss, der aber möglichst nicht als »Flick-Mann«, sondern als Vertreter der Siemag auftreten sollte.[37]

Weil die Bergbaugesellschaften des Konzerns besonders gefährdet waren, empfahl Kaletsch, umgehend »in die innenpolitische Diskussion einzusteigen« und »die angloamerikanische Seite mit Material darüber zu versorgen«, dass eine Sozialisierung des Bergbaus nicht im Interesse der Besatzungsmächte liegen könne. In der britischen Zone versuchte die Konzernzentrale, sich zunächst gegen eine Vermögenssperre auf Grundlage des Gesetzes Nr. 52 zu wappnen. Die Militärregierung im Regierungsbezirk Düsseldorf legte diese Bestimmungen besonders rigide aus: Nach ihrer Lesart musste die Sperre auf das gesamte Vermögen einer Gesellschaft ausgedehnt werden, wenn das persönliche Eigentum eines Teilhabers gesperrt war. Die Property Control im britischen Hauptquartier in Berlin war dagegen der Auffassung, dass eine Sperre durch das Gesetz Nr. 52 nur statthaft sei, wenn der betreffende Gesellschafter die Kapitalmehrheit halte. Da Friedrich Flick nominell nur zehn Prozent des Unternehmens besaß, gingen die Juristen der FKG davon aus, dass sie nicht betroffen sei.[38]

In der amerikanischen Besatzungszone war nach der Verhaftung und den ersten Verhören Friedrich Flicks auch Otto-Ernst in das Visier der Militärregierung geraten. Am 4. Juli wurde ihm untersagt, Rosenberg und Umgebung zu verlassen. Ohne auf dieses Warnzeichen zu achten, machte sich der Sohn nach der Inhaftierung des Vaters daran, die Führung der Maxhütte nach seinen Vorstellungen umzubauen. Er entließ am 9. Juli fristlos den Verkaufsleiter Erich Enzmann und suspendierte zwei Tage später den Abteilungsleiter Hans Petersen. Zugleich erstattete er, gestützt auf eine zweifelhafte Zeugenaussage, gegen Petersen Anzeige wegen Diebstahls. Schließlich enthob Otto-Ernst auch noch den Personalreferenten Harald Koch seines Postens. Die vom Vertrauensrat der Maxhütte-Belegschaft und von Enzmann alarmierten Besatzungsbehörden setzten umgehend alle drei wieder in ihre Ämter ein und verhafteten Otto-Ernst mitsamt den von ihm eingesetzten Nachfolgern, die als SS- beziehungsweise SA-Mitglieder belastet waren. Der junge Flick hielt an seiner Linie fest und zeigte sich unbeeindruckt. Nachdem die Militärbehörden ihn nach einigen Tagen wieder entlassen hatten, setzte er sich am 30. Juli 1945 kurzerhand selbst als Geschäftsführer der Maxhütte ein.[39]

Das am 2. August unterzeichnete Potsdamer Abkommen schuf in allen Besatzungszonen eine neue Situation. Zwei Tage später untersagte die Militärregierung Otto-Ernst Flick, die Maxhütte zu betreten. Daraufhin ruderte er kräftig zurück. Er bat Burkart, umgehend nach Rosenberg zu kommen, was dieser ablehnte: Er habe in Sachsen »wichtigste Aufgaben zu erfüllen« und sei »nicht abkömmlich«. Tatsächlich wollte er wohl vor allem nicht in Otto-Ernsts Händel hineingezogen werden. Er schätzte dessen Führungsqualitäten so gering, dass er dem inzwischen auf Wunsch Friedrich Flicks mit der Angelegenheit befassten Bernhard Weiss empfahl, »falls O. E. einen Mentor brauche, solle er sich nur an Dr. Terberger halten, der seine Treue zum Hause F. stets unter Beweis gestellt habe«.[40]

Otto-Ernst Flick hatte den neuen – und ungewohnten – Spielraum nach der Verhaftung des übermächtigen Vaters sofort nutzen wollen und dabei auf ganzer Linie versagt. Weder im Umgang mit der Maxhütte-Belegschaft noch mit den Besatzungsbehörden zeigte er das notwendige Fingerspitzengefühl; in der besonders schwierigen Situation der ersten Nachkriegswochen erwies er sich als unfähig, die Maxhütte mit der nötigen Geräuschlosigkeit zu leiten. Wegen des von ihm angerichteten Chaos musste sein Cousin Bernhard Weiss zweimal die im kriegszerstörten Deutschland überaus beschwerliche Reise vom Siegerland nach Rosenberg antreten. Weiss gelang es zumindest, die aufgebrachten Vorstandsmitglieder Terberger und Wesemann zu beruhigen. Er habe mit Otto-Ernst »sehr ernsthaft gesprochen«, ließ er Kaletsch und Burkart wissen und zugleich durchblicken, dass er es begrüßen würde, wenn Burkart die Zügel bei der Maxhütte bald in die Hand nähme.[41]

Zunächst verständigte sich der Verwaltungsrat der Maxhütte darauf, dass für die Dauer der »Behinderung« Friedrich Flicks und Konrad Kaletschs Bernhard Weiss und Alfred Rohde den Vorsitz übernehmen sollten. Kaletsch stimmte dieser Konstruktion am 6. Oktober unter der Voraussetzung zu, dass er über die Vorgänge laufend unterrichtet und seine Entscheidung in wichtigen Angelegenheiten eingeholt werde. Das ungewisse Schicksal Kaletschs bedeutete nach der Verhaftung Friedrich Flicks eine weitere grundsätzliche Beeinträchtigung der Konzernleitung. Flick selbst ließ keinen Zweifel daran aufkommen, dass er Kaletsch als seinen Statthalter betrachtete: In der gegenwärtigen Lage, schrieb er ihm am 7. Oktober, sei »die Verbindungsmöglichkeit zwischen Dir und mir das Wichtigste«, zumal er in Rosenberg bereits die größten Enttäuschungen erlebt habe – und zwar mit den selbst eingesetzten Leuten. Dies bezog sich natürlich in erster Linie auf Otto-Ernst.[42]

Um Familie und Besitz zu schützen, erwog Flicks Ältester jetzt für seinen am 29. Mai 1943 im lothringischen Rombach geborenen Sohn Gert-Rudolf die französische Staatsbürgerschaft. Wenn ein französischer Vertrauter die Vormundschaft für das Kind übernehme, wäre es vielleicht sogar möglich, so spekulierte er, dass er selbst und seine Frau Barbara »als befreundete Ausländer angesehen werden könnten«. Falls die FKG von den Alliierten zum Verkauf gezwungen werde, könnte er einen Teil des Erlöses in Frankreich und Luxemburg in Brennereien und Landwirtschaften anlegen.[43] Die Pläne waren so durchsichtig wie naiv und wurden denn auch schnell wieder fallen gelassen. Indes zeigen sie, dass Otto-Ernst sich seiner gefährdeten Lage inzwischen bewusst war. Sie legen zudem den Verdacht nahe, dass er vor allem an sich selbst dachte, denn es ist kaum davon auszugehen, dass er Spirituosenfabriken für seinen Vater erwerben wollte.

Inzwischen hatte die amerikanische Militärregierung aufgrund des Potsdamer Abkommens direkt in die Personalpolitik der deutschen Industrieunternehmen eingegriffen. Das Gesetz Nr. 8 vom 26. September 1945 regelte das »Verbot der Beschäftigung von Mitgliedern der NSDAP in geschäftlichen Unternehmen und für andere Zwecke, mit Ausnahme der Beschäftigung als gewöhnliche Arbeiter«. Die Folgen bekam die Maxhütte unmittelbar zu spüren: Der Vorstand wurde komplett abberufen und der bei den Besatzungsbehörden gut beleumundete Erich Enzmann im Oktober mit der Wahrnehmung der Interessen der Maxhütte betraut. Im Dezember untersagte die Militärregierung Otto-Ernst Flick, Terberger, Wesemann, Raabe, Krugmann, Moeller, Kurre und anderen jegliche weitere Tätigkeit für die Maxhütte.[44] Damit war Enzmann endgültig zum starken Mann in der Maxhütte geworden.

Während dort die Machtverhältnisse für Flick unsicherer denn je waren, gelang es immerhin, im September 1945 das Siemens-Martin-Stahlwerk und den Walzwerksbetrieb in Haidhof wieder in Betrieb zu nehmen. Die Hochöfen und das Thomasstahlwerk in Rosenberg nahmen im April 1946 wieder die Produktion auf.[45]

Alles lief nun gegen Friedrich Flick. Das Bayerische Landesamt für Vermögensverwaltung und Wiedergutmachung berief Erich Enzmann zum Treuhänder des Unternehmens; später bildete er gemeinsam mit dem Sudetendeutschen Eduard Czeike-Zentzytzki ein Treuhanddirektorium. Enzmann nutzte die schwache Position der Familie Flick aus und setzte sich ohne Umschweife vom Eigentümer ab. Kurre gelang es zwar, »hier und da noch Fühlung« zu Enzmann aufzunehmen, aber dieser distanzierte sich zunehmend von der FKG. In der Maxhütte besaßen Friedrich Flicks Vertraute damit kaum noch Einflussmöglichkeiten, Kurre rechnete nicht einmal mehr damit, künftig noch Finanz- oder Bilanzzahlen aus Rosenberg zu erhalten. Enzmann stellte die Zahlungen für den Unterhalt der Villa Raabe ein, in der Otto-Ernst Flick mit seiner Frau Barbara, den beiden Kindern Gert-Rudolf und Friedrich Christian, seiner Mutter Marie, seinen Schwiegereltern und zwei evakuierten Familien wohnte. Kurre rettete die Familie aus der finanziellen Klemme, indem er ihre Rechnungen fortan von der FKG begleichen ließ.[46]

Friedrich Flick setzte in dieser Situation aus der Haft heraus zu einem Befreiungsschlag an. Er beauftragte Karl Raabe, der bayerischen Staatsregierung eine Beteiligung an der Maxhütte anzubieten. Durch den »Konjunkturritter« Enzmann würde »eine ersichtliche Misswirtschaft getrieben«. Vorerst freilich änderte sich nichts – weder an den Verhältnissen bei der Maxhütte noch an der Ohnmacht ihres Besitzers.[47]

Das Gesetz Nr. 8 der Militärregierung wurde für den Konzern jetzt auch an anderen Standorten zu einem gravierenden Problem. In Düsseldorf und in Rosenberg versammelten sich immer mehr leitende Mitarbeiter, die aus den Ostgebieten und der SBZ geflohen waren; allein in Düsseldorf hatten sich bis Mitte September die Brüder Hennecke aus Brandenburg, Reichelt, Reussner, Küttner und Schmidt von der Spandauer Stahlindustrie sowie Arnhold, Schleisiek und Lenartz aus Unterwellenborn eingefunden. Die meisten durfte der Flick-Konzern auf Anweisung der amerikanischen Militärregierung nicht weiter in angemessenen Positionen beschäftigen. Einige dachten bereits laut über einen Abschied vom Flick-Konzern nach, so der von Otto-Ernst aus Unterwellenborn nach Rosenberg gerufene Walter Hanemann, der über das trampelhafte Auftreten des Juniorchefs im Fall Petersen zusätzlich verärgert war. Friedrich Wesemann, Vorstandsmitglied der Maxhütte, dem zwei Angebote vorlagen, beschied Kurre, »man muss bald in die bereits fahrenden Omnibusse einsteigen!«

Für die größte Aufregung sorgte indes Kurres Mitteilung, er selber müsse über zwei Angebote aus Frankfurt entscheiden. Kaletsch und Weiss beknieten ihn, bei der FKG zu bleiben und den Abschied wenigstens einige Monate aufzuschieben. Auch in diesem Fall erwies sich Otto-Ernst als Quertreiber: Er gab Kurre den Rat, baldmöglichst Fühlung mit Frankfurt aufzunehmen. Kurres Zukunft regelte sich schließlich in anderer Weise – er wurde im Dezember 1945 in Haft genommen.[48] Die Auflösungserscheinungen waren nicht mehr zu verkennen: Wer eine attraktive Alternative hatte, ergriff die Gelegenheit, das sinkende Schiff des Flick-Konzerns zu verlassen.

Nach der Potsdamer Konferenz hatte sich auch in der britischen Besatzungszone die Gangart der Militärregierung verschärft. Seit sich die Briten nach dem amerikanischen Interregnum an Rhein und Ruhr allmählich etabliert hatten, waren sie nicht mehr gewillt, in der Industrie den Status quo beizubehalten. In der Nacht vom 5. auf den 6. September ließ die Militärregierung zahlreiche Mitglieder des Kohlensyndikats verhaften, darunter auch Walter Tengelmann.

Damit reagierte die Besatzungsmacht auch auf zunehmende Kritik der Belegschaften an der Weiterbeschäftigung von NS-belastetem Führungspersonal. Lang und Weiss waren sich einig, dass die FKG unter diesen Rahmenbedingungen nicht an personelle Fragen rühren dürfe, da man jetzt schon genug Scherereien im Ruhrbergbau habe. Lang regte zudem an, den »Konzern-Begriff« zu vermeiden, weil »das Wort ›Konzern‹ überall verpönt ist, überall wo man hinkam, stieß man auf Schwierigkeiten, wenn man sagte, es handele sich um den Flick-›Konzern‹, überall«. Daher sei es ratsam, nur noch von der Friedrich Flick Kommanditgesellschaft oder den Mitteldeutschen Stahlwerken zu sprechen. »Die Benutzung der Bezeichnung Friedrich Flick Kommanditgesellschaft als Muttergesellschaft wird sich wohl nicht umgehen lassen.«

Damit unterschied sich Flick allerdings nicht von anderen Konzernen; auch der Otto-Wolff-Konzern präsentierte sich als »Gruppe« und betonte die Unabhängigkeit der einzelnen Unternehmen.[49]

Als erste Maßnahme im Eisen- und Stahlsektor ordnete die Militärregierung am 16. November 1945 die Beschlagnahme des Krupp-Besitzes an. Am 1. Dezember 1945 folgte die Verhaftung von 76 Aufsichtsrats- und Vorstandsmitgliedern der Eisen schaffenden Industrie. Was den Flick-Konzern anging, lag im Oktober eine erste, 88-seitige Übersicht vor, die aber noch sehr lückenhaft war. Anfang November bat der von der britischen Militärregierung befragte Fritz Lang Kaletsch um einen Konzernplan: »Du kannst Dir ja denken, dass die Engländer jede Gesellschaft wissen wollen, die zu unserem Konzern gehört.« Im Dezember verfügten die englischen und amerikanischen Behörden schließlich über eine erste gemeinsam erarbeitete Konzernübersicht.[50]

Am 22. Dezember ordnete die britische Besatzungsmacht auf Grundlage von Gesetz Nr. 52, das die Sperre und Beschlagnahme von Vermögen des NS-Staates, belasteter Personen und Körperschaften vorsah, die Beschlagnahme der Kohlebergwerke und deren Verwaltung durch die North German Coal Control an. Von einer Sozialisierung war zunächst nicht die Rede, erst im Frühjahr 1946 begann die neue Labour-Regierung vorsichtig in diese Richtung zu steuern.

Ende 1945 hatte sich die Lage der FKG und ihrer Unternehmen in den westlichen Besatzungszonen dramatisch verschlechtert. Die Führungsstruktur des Konzerns war durch die Verhaftungen Friedrich Flicks und seiner Generalbevollmächtigten Kaletsch und Burkart weitgehend zerschlagen, Flicks Vermögen aufgrund von Gesetz 52 beschlagnahmt, die Konzernunternehmen, namentlich die Maxhütte, Harpen und die Essener Steinkohle, standen unter treuhänderischer Verwaltung. Zudem erwies Fritz Lang Ende Januar 1946 der FKG einen Bärendienst, als er in einem Verhör in Frankfurt berichtete, dass Weiss noch immer für Flick tätig sei (obgleich dieser seit Monaten eine Aufenthaltsbeschränkung beachten musste). Die Militärbehörden demonstrierten Stärke und ließen Weiss daraufhin umgehend verhaften. Es ist davon auszugehen, dass der gewiefte Lang seinen Kollegen Weiss nicht aus Versehen denunzierte; ob er glaubte, seine eigene Karriere dadurch beschleunigen zu können, oder ob er nur von sich selbst ablenken wollte, bleibt Spekulation. Im

März 1946 wechselte Willy Schlieker in das Düsseldorfer Zentralamt für Wirtschaft, Abteilung Stahl und Eisen, wo bereits Friedrich Wesemann nach seinem Betätigungsverbot für die Maxhütte untergekommen war. Mit Schlieker hatte auch der aufsteigende Stern des Konzerns das Weite gesucht.[51]

Der Flick-Konzern war zu diesem Zeitpunkt längst in seine Einzelteile zerfallen, zwischen den einzelnen Konzernunternehmen und der Zentrale bestand keine Verbindung mehr. Zwar war die FKG gegenüber anderen Konzernen insofern im Vorteil, als die Führungskräfte in den einzelnen Betrieben nicht auf eine ständige Kommunikation mit der Zentrale angewiesen waren; diese Überlegung hatte ja Anfang 1945 dazu geführt, dass Flick seine engsten Mitarbeiter auf die Werke verteilte. Dass aber die Führungskräfte einer nach dem anderen verhaftet wurden, kam völlig unerwartet. Internierungen und Aufenthaltsbeschränkungen bewirkten, dass plötzlich nicht mehr Vertraute Flicks, sondern Außenstehende wie der Maxhütte-Treuhänder Enzmann das Sagen hatten. Damit hatte der Flick-Konzern de facto aufgehört zu bestehen – schließlich rechtfertigen, jenseits aller Eigentumsverhältnisse, allein die einheitliche Leitung aller Unternehmen und der enge Informationsfluss den Begriff Konzern, und davon konnte angesichts des Torsos, über den Friedrich Flick und seine engsten Mitarbeiter Anfang 1946 eben gerade nicht mehr geboten, kaum noch die Rede sein.

Am 25. April 1946 nahm die Property Control aufgrund von Gesetz Nr. 52 die Maxhütte unter Kontrolle, da Flick mittlerweile als Kriegsverbrecher in Nürnberg angeklagt worden war. Sofort begann das bayerische Finanzministerium zu prüfen, ob »die Werke aus dem Flick-Konzern herausgenommen und in bayerische Verwaltung überführt werden können«, und bereits am 8. Mai beantragte Ministerpräsident Wilhelm Hoegner (SPD) bei der Militärregierung die Verstaatlichung der Maxhütte und der Luitpoldhütte. Die Militärregierung beschied Hoegner, dass die bayerische Regierung nicht einfach einen Besitz aus Gesetz Nr. 52 in Form einer Sozialisierung übernehmen könne, da unter dem Gesetz keinerlei Besitztransfer möglich sei. Zwar war damit eine Sozialisierung der Maxhütte vorerst abgewendet, die Zukunft des gesamten Konzerns und seiner Bestandteile jedoch blieb unklar. Kurz darauf erklärte die Decartelization Branch, dass sie eine detaillierte

Untersuchung über den Flick-Konzern durchführe und dass noch nicht absehbar sei, was mit dem Flick-Besitz geschehen werde.[52]

Die Stahlindustrie in der britischen Zone wurde durch die Allgemeine Verfügung Nr. 7 zum Gesetz Nr. 52 vom 20. August 1946 beschlagnahmt. Die North German Iron and Steel Control hatte die Aufgabe, die beschlagnahmten Gesellschaften zu kontrollieren und ihre Entflechtung vorzubereiten. Da hierfür deutsche Fachleute unverzichtbar waren, setzte sie Mitte Oktober 1946 in Düsseldorf eine Treuhandverwaltung ein. Zu deren Leiter beriefen die Briten Heinrich Dinkelbach, einen erfahrenen Stahlmanager, der nach einer steilen Karriere bei der August-Thyssen-Hütte an der Bildung der Vereinigten Stahlwerke mitgewirkt hatte und 1936 in den Vorstand des Stahlvereins eingetreten war. Gemäß Gesetz Nr. 52 durften die Besitzer fortan keine Eigentumsrechte ausüben, die Bestellung von Treuhändern blieb ihnen aber freigestellt.

Nach der Zusammenlegung der britischen und amerikanischen Zone zur »Bizone« am 1. Januar 1947 wurden gemeinsame Behörden eingerichtet: die UK-US Coal Control Group und die Combined Steel Group. Unterstützt wurden sie von der Treuhandverwaltung und der im November 1947 gegründeten Deutschen Kohlenbergbauleitung unter Leitung von Heinrich Kost. Ähnlich wie Dinkelbach war auch diese Personalie eine geschickte Wahl der Besatzungsbehörden. Kost war als Bergassessor ein Fachmann, der es 1932 bis zum Generaldirektor der Gewerkschaft Rheinpreußen gebracht hatte. Zugleich galt er als politisch unbelastet, war er doch 1934 und erneut nach dem missglückten Attentat vom 20. Juli 1944 von der Gestapo verhaftet und 1945 noch zum Tode verurteilt worden.

Die Gründung der Kohlenbergbauleitung war der erste Schritt, die Organisation des Bergbaus wieder in deutsche Hände zu legen; 1948 sollte ihr schließlich die Aufgabe zukommen, die Neuordnung des Reviers zu planen. Durch die neu gegründete Bipartite Control Group erlangten die Amerikaner nun aber ein Mitspracherecht über die Zukunft der Ruhrkohle. Fortan verfolgten sie ganz eindeutig das Ziel, eine Sozialisierung zu verhindern.

Die Zahl der Demontagen ging jetzt deutlich zurück. Am 26. März 1946 hatte ein erster Industrieplan der Alliierten den Umfang der deutschen Nachkriegswirtschaft bestimmt. Auf dieser Basis hatten die Besatzungsmächte für die westlichen Besatzungszonen Demontagelisten aufgestellt, die aber schon bald zusammengestrichen wurden. Ein aktualisierter Plan vom 16. Oktober 1947 verzeichnete zwar noch 496 Betriebe im britischen und 186 im amerikanischem Sektor, die für die Demontage vorgesehen waren, unter ihnen befand sich aber kein einziges Werk aus dem Flick-Konzern mehr. Am Ende blieb das Ausmaß der Demontagen im Westen weit hinter den Befürchtungen zurück.[53]

Besonders verfahren war die Lage am dritten wichtigen Standort des Flick-Konzerns in den Westzonen: beim Hochofenwerk Lübeck. Nachdem die von der Militärregierung ausgesprochenen Entlassungen der Direktoren bereits Anfang September durch den deutsch besetzten Entnazifizierungsausschuss wieder aufgehoben worden waren, verfügte die Finanzabteilung der Militärregierung in Hamburg am 7. September die Sperrung des Vermögens nach Gesetz Nr. 52. Nun intensivierten sich die schon seit Sommer 1945 zu beobachtenden Bemühungen des Hochofenwerks, sich von der FKG zu distanzieren. Fabry bestritt vehement, dass das Lübecker Werk jemals zum Flick-Konzern gehört habe, es handele sich lediglich um ein Beteiligungsverhältnis vierten Grades. Anderthalb Jahre später war ihm sehr daran gelegen, dass die in Nürnberg vor Gericht stehenden Flick, Kaletsch und Burkart »im Interesse unserer Gesellschaft schnellstens ihr Amt im Aufsichtsrat niederlegen«. Für seine Beweisführung suchte er sich Verbündete im Konzern und erhielt bereitwillig Unterstützung von Direktor Beckmann von der Essener Steinkohle. Die Direktion des Hochofenwerks stellte damit allerdings keine Ausnahme dar. Der Harpen-Vorstand vertrat in vorauseilendem Gehorsam zu diesem Zeitpunkt bereits die Auffassung, es sei ihm verboten, mit der Maxhütte zu verhandeln oder auch nur einen Schriftwechsel zu führen. Die Verpflichtung, die Maxhütte zu den Bedingungen des Selbstverbrauchs zu beliefern, betrachtete er ebenfalls als aufgehoben.[54]

Diese Zentrifugalkräfte und Absetzbewegungen der örtlichen Treuhänder und Vorstände nach dem Motto »Rette sich, wer kann« unterstreichen hinlänglich, dass es keine zentrale Leitungs- und Kontrollinstanz mehr gab. Die lokalen Akteure standen allerdings unter der permanenten Kontrolle der Behörden, Enzmann und Czeike-Zentzytzki in der Maxhütte etwa unter der Aufsicht des Bayerischen Landesamtes für Vermögensverwaltung und Wiedergutmachung. Nachdem Vertreter des Landesamtes Ende Februar 1947 auf einer Besichtigungsreise festgestellt hatten, dass die Maxhütte mit hohen Verlusten arbeitete, wurde eine Prüfungskommission nach Rosenberg entsandt, welche die Ursachen ermitteln und eine mögliche schuldhafte Verstrickung des kaufmännischen Treuhänders Enzmann überprüfen sollte. Mit Rückendeckung der Militärregierung kam Enzmann durch und konnte am 3. Oktober seine Bestellungsurkunde als Treuhänder der Maxhütte entgegennehmen; er hatte sich um den kaufmännischen Bereich zu kümmern, für den technischen Bereich wurde Czeike-Zentzytzki berufen.[55]

Nach dem Nürnberger Urteil vom 22. Dezember 1947 gingen die freigesprochenen Kaletsch und Burkart sofort in die Offensive und drängten zurück in die Konzernunternehmen. Die Aufgabenstellung war klar: Kaletsch begab sich nach Düsseldorf, Burkart nach Süddeutschland in die Nähe der Maxhütte, deren Leitung ihm Friedrich Flick in Nürnberg mehrfach angetragen hatte. Als Erste machte allerdings Flicks Schwiegertochter Barbara die Ansprüche der Eigentümer deutlich. Sie suchte die Rosenberger Außenstelle des Landesamtes für Vermögensverwaltung und Wiedergutmachung auf und beschwerte sich über die »Misswirtschaft in der Maxhütte«, die früher immer mit gutem Gewinn gearbeitet habe und nun durch zwei unfähige Treuhänder geradewegs »in den Ruin gebracht« werde. Kurz darauf verlangte Burkart in der Maxhütte Einsicht in die Geschäftsunterlagen, die ihm jedoch verwehrt wurde. Dennoch zeigte das zunehmend selbstbewusste Auftreten der Eigentümervertreter Wirkung: Das Landesamt registrierte Anfang Mai bereits eine große Nervosität im Treuhanddirektorium, das sich nun auch gegenüber der Aufsichtsbehörde zu rechtfertigen begann.

Zudem machte in der Maxhütte erneut das Gerücht die Runde, Otto-Ernst Flick wolle seinen Anteil an dem Werk an den bayerischen Staat verkaufen. Tatsächlich hatte zu diesem Zeitpunkt aufgrund einer Initiative des Freistaates vom Mai 1948 eine Reihe von Besprechungen zwischen Vertretern des bayerischen Wirtschaftsministeriums und Otto-Ernst Flick stattgefunden, in denen dieser versuchte, den Freistaat von einer »Interessennahme« nicht nur an der Maxhütte, sondern auch am Ruhrkohlenbesitz der Familie zu überzeugen. Maxhütte, Luitpoldhütte und Harpen sollten sich zu einer Arbeitsgemeinschaft zusammenschließen. Den Plänen zufolge sollte die FKG freilich in der Arbeitsgemeinschaft das Sagen haben: »Sollte der Bayerische Staat es wünschen, dass unsere Firma die Federführung in der Behandlung dieser Fragen übernimmt, so würde die Harpenholding dazu bereit und in der Lage sein.« Er bot den Vertretern des Freistaates den Erwerb von 15 Prozent des Ruhrkohlebesitzes der FKG an.[56]

Hierbei handelte es sich um den bemerkenswerten Versuch Otto-Ernst Flicks, nicht nur die Maxhütte, sondern auch den Ruhrkohlebesitz der FKG staatlich zu binden und damit möglichst vor weiteren Eingriffen in die Eigentumsverhältnisse zu schützen. Das Vorgehen ähnelte dem Versuch Burkarts, die Mittelstahl-Werke in Sachsen vor der Enteignung zu retten. Eine unmittelbare Folge der Verhandlungen war die verbindliche Ankündigung des Landesamts vom 10. August, die Gesellschaftsorgane der Maxhütte sobald wie möglich wieder einzusetzen.[57] Damit musste auch den Treuhändern klar sein, dass die Behörden auf einen Verständigungskurs mit den Eigentümern einzuschwenken begannen.

Die veränderten Rahmenbedingungen zeigten auch beim Hochofenwerk Lübeck Wirkung. Am 21. Mai 1948 teilte Burkart Fabry mit, er sei in seinem Entnazifizierungsverfahren als »nicht-belastet« eingestuft worden; daher dürften nun keine Bedenken mehr bestehen, wenn er seine Funktion im Aufsichtsrat wieder ausübe. Der Lübecker Vorstandschef antwortete gewunden: Aus dem »Gesichtswinkel der Gesamtinteressen« sei es wegen der intensiven kommunistischen Tätigkeit im Werk für einen Wiedereintritt Burkarts und Kaletschs in den Aufsichtsrat noch zu früh. Doch die Zeit für solchen Eigensinn war vorüber. Burkart wies Fabry brüsk zurecht und erklärte, man werde sich nicht »durch Rücksichten auf einen Betriebsrat oder eine Gewerkschaft an die Seite quetschen lassen«. Tatsächlich akzeptierte Fabry schon bald den damit eindeutig formulierten Führungsanspruch der FKG. Mitte Juli 1948 setzte er den Aufsichtsrat davon in Kenntnis, dass »im Einvernehmen mit Düsseldorf« geplant sei, den zweiten Hochofen wieder in Betrieb zu nehmen.[58]

Das Beispiel zeigt, auf wie dünnem Eis sich der Flick-Konzern auch im Westen bewegte. Die treuhänderisch verwalteten Unternehmen mussten selbstständig unter alliierter Aufsicht agieren, während viele loyale Mitarbeiter angesichts der düsteren Zukunftsaussichten dem Konzern den Rücken kehrten. Andere saßen in Haft oder waren in ihrer Bewegungsfreiheit eingeschränkt. Aus Sicht der Werke schien die Stunde der Autonomie gekommen zu sein, selbst in Sulzbach-Rosenberg und Lübeck war man auf Distanz zum Konzern gegangen, ganz zu schweigen von Harpen und Essener Steinkohle, wo die Vorstände auf Flick nicht gut zu sprechen waren. Das Ende des Nürnberger Flick-Prozesses markierte jedoch einen klaren Wendepunkt: Nach den Freisprüchen für Kaletsch und Burkart konnten sich Flicks engste Vertraute wieder in das Tagesgeschäft einschalten. Das bedeutete zuallererst, den Führungsanspruch der Düsseldorfer Zentrale unmissverständlich zu artikulieren und gegen örtliche Widerstände durchzusetzen. Friedrich Flick selbst waren die Hände gebunden – vorerst noch. Er konnte in der Landsberger Haft nur darauf bauen, die Verfügungsrechte über seinen Besitz möglichst bald zurückzuerlangen.

Um den Erhalt des Konzerns

Am 22. Dezember 1948 traf Konrad Kaletsch mit dem Leiter der Liquidationsabteilung der Combined Steel Group, Bartholomew, zusammen, um die Zukunft des Flick-Konzerns, insbesondere der Maxhütte, des Hochofenwerks Lübeck, von Harpen und Essener Steinkohle zu besprechen. Bartholomew gestand Kaletsch unumwunden, sehr schlecht über »die Verhältnisse im Flickkonzern« informiert zu sein. Der Kenntnisstand seiner Behörde war so miserabel, dass er sich sogar erkundigte, wann denn mit dem Ende des Prozesses in Nürnberg zu rechnen sei – auf den Tag genau ein Jahr nach Verlesung der Urteile. Er musste auf die Mitarbeit der Geschäftsführungen der betroffenen Unternehmen bauen, die von den zu berufenden Liquidatoren im Amt bestätigt werden sollten. Zu deren Unterstützung sei daran gedacht, einen Beirat zu bilden, der sich aus den Gesellschaftern und der bisherigen Geschäftsführung zusammensetzen und vor allem die Interessen der Eigentümer vertreten sollte. Dieser habe zwar lediglich eine Beratungsfunktion, allerdings sei der Liquidator verpflichtet, den Beirat über den Gang der

Liquidation zu informieren. Bartholomew entschied schließlich, dass alle anstehenden Fragen zunächst mit Kaletsch besprochen und dann erst der Property Control Vorschläge gemacht werden sollten.[59]

Mit der Unterredung reagierten die Besatzungsbehörden auf eine neue Situation: Am 10. November 1948 war das von Briten und Amerikanern in ihrer jeweiligen Zone nahezu textidentisch erlassene Gesetz Nr. 75 in Kraft getreten. Dessen Ziel war die Umgestaltung der deutschen Eisen- und Stahlindustrie sowie des Kohlenbergbaus; die deutsche Wirtschaft sollte dezentralisiert, das deutsche Rüstungspotenzial beseitigt werden. Die Militärregierungen würden es nicht gestatten, so die Präambel, »daß jemand, von dem bekannt ist oder bekannt wird, daß er die Angriffspläne der nationalsozialistischen Partei gefördert hat, in eine Stellung zurückkehrt, in der ihm Eigentums- und Kontrollrechte zustehen«. Alle in einem Anhang A genannten Unternehmen, darunter die Vereinigten Stahlwerke, Krupp, die Reichswerke, Stinnes, Thyssen, Otto Wolff und der Flick-Konzern, galten als übermäßige Konzentration an Wirtschaftskraft und sollten daher »umgestaltet« und »liquidiert« werden. Die Regelung der Eigentumsverhältnisse blieb indes einer frei gewählten deutschen Regierung vorbehalten.[60]

Die Bergbauunternehmen sollten von ihren Stammunternehmen getrennt und auf neue Gesellschaften übertragen werden. Für jedes neue Unternehmen sollten im Einvernehmen mit den deutschen Eigentümern drei bis fünf deutsche Treuhänder von der Militärregierung eingesetzt werden. Diesen Treuhandplan der britischen und amerikanischen Militärregierungen gab der britische Land Commissioner Generalmajor W. Henry Alexander Bishop noch am 10. November in Düsseldorf bekannt. Die Besatzungsmächte vertrauten auf das bewährte Personal und beriefen Heinrich Dinkelbach in die Leitung der neuen Stahltreuhändervereinigung. Zusammen mit der Deutschen Kohlenbergbauleitung sollte sie Pläne für die Neuordnung der Stahlindustrie beziehungsweise des Kohlenbergbaus ausarbeiten.

Ein erster Neuordnungsplan der Alliierten sah Anfang 1949 die Aufteilung des Kohlereviers an der Ruhr in zehn von Norden nach Süden laufende Streifen und analog hierzu die Gründung von zehn Zechengesellschaften vor, die jeweils neun bis zwölf Prozent der Gesamtförderung erbringen sollten. Weder die deutschen Behörden noch die

Industrie waren mit diesem Plan einverstanden, da er keine Rücksicht auf gewachsene Strukturen nahm – was für die Bergbauunternehmen freilich auch ein willkommenes Argument für ihr wirtschaftliches Eigeninteresse war.

Nach drei langen Jahren wusste die deutsche Montanindustrie endlich, welche Ziele die Alliierten konkret verfolgten, und sie richtete sich entsprechend ein. Im Dezember 1948 kam es zu ersten Gesprächen von Vertretern der Montanindustrie mit den alliierten Behörden. Konrad Kaletsch vertrat hierbei den in Landsberg einsitzenden Friedrich Flick. Neben der FKG als Dachgesellschaft war der montanindustrielle Besitz des Konzerns von den alliierten Bestimmungen betroffen. In den Eröffnungsgesprächen waren zunächst keine Repräsentanten einzelner Konzernunternehmen zugegen, erst einmal galt es, die Voraussetzungen für eine Neuordnung der Konzernstrukturen zu klären. Kaletsch sollte es dabei sehr zugutekommen, dass die Besatzungsbehörden auch nach drei Jahren noch immer nicht das Geflecht der FKG durchschaut hatten und daraus auch keinen Hehl machten. Tatsächlich waren sich die Behörden Anfang 1949 noch nicht einmal einig, welche von ihnen für die Behandlung des »Flick-Komplexes« zuständig war: die Combined Steel Group, das British Zonal Decartelization Office oder die Combined Coal Control Group. Zu diesem Zeitpunkt unterstand das Vermögen Friedrich Flicks noch unmittelbar der Property Control.[61]

Für Kaletsch hätten die Verhandlungen kaum besser beginnen können. Die Behörden waren von Anfang an auf die Mitwirkung von Vertretern des Konzerns angewiesen. Die Briten, in deren Zone die wertvollsten Konzernunternehmen der FKG im westlichen Besatzungsgebiet lagen, erklärten sich sogar bereit, Kaletsch über alle künftigen Schritte zu unterrichten. Während in den ersten Nachkriegsjahren nicht nur von den (britischen) Besatzungsbehörden, sondern auch von den deutschen Landesregierungen ernsthaft eine Sozialisierung der Montanindustrie diskutiert worden war, bestand von dieser Seite vorerst keine Gefahr mehr. Die Besatzungsmächte hatten längst alle von den Ländern geplanten Sozialisierungsgesetze kassiert und damit entsprechenden Bestrebungen eine klare Absage erteilt. Da damit die Entscheidung zugunsten des Privatbesitzes gefallen war, setzten sich die Landesregierungen fortan bei den Besatzungsbehörden nicht nur für den Erhalt der Unternehmen als solche ein, sondern zwangsläufig auch für deren Eigentümer.

Im Fall der Maxhütte zeigte sich dies unmittelbar, als am 11. Dezember 1948 die bayerische Staatsregierung die Folgen des Gesetzes Nr. 75 für den Freistaat besprach. Für Bayern galt der Erhalt der Maxhütte als »lebensnotwendig«, da ohne sie ein Wiederaufbau etwa der MAN nicht möglich gewesen wäre. In München sah man mit Sorge, dass alle wichtigen Entflechtungsgremien im Norden und Westen saßen. Einerseits erwartete die Staatsregierung Beistand aus Niedersachsen und Hessen, denn bei der Ilseder Hütte und bei Buderus lagen die Dinge ähnlich. Andererseits befürchtete man, dass der Maxhütte von Seiten der nordwestdeutschen Industrie Schwierigkeiten bereitet würden. Aus diesem Grund hielt man es in München für unabdingbar, in der noch zu bildenden Stahltreuhändervereinigung einen bayerischen Vertreter zu platzieren. Odilo Burkart nahm im Januar 1949 Kontakt zu Heinrich Emmert (CSU) auf, der bereits seit Oktober 1947 »Staatsbeauftragter für die Durchführung des Art. 160 der Verfassung (Sozialisierung)« war. An frühere Gespräche anknüpfend, einigte man sich rasch: Bereits am 16. Februar 1949 gab Friedrich Flick aus der Haft seine verbindliche Zusage zu einer Beteiligung des Freistaates an der Maxhütte in Höhe von 26 Prozent. Allerdings wollte Flick den Vertrag erst nach seiner Haftentlassung unterzeichnen, die er binnen Kurzem erwartete.[62]

Während Friedrich Flick in Landsberg vorerst vergeblich der Freiheit entgegensah, übernahmen es Kaletsch und Burkart, die Söhne des Konzernchefs über die neueste Entwicklung in Kenntnis zu setzen. Am 2. März 1949 kam es in der vermeintlichen Abgeschiedenheit einer Suite im noblen Münchner Park-Hotel zu einer zweistündigen Unterredung, die in eine lautstarke Auseinandersetzung mündete und das zukünftige Binnenverhältnis auf der Führungsebene des Konzerns nachhaltig beeinflussen sollte. Das Gespräch blieb indes nicht vertraulich, sondern wurde von einem Hotelangestellten durch eine Tapetentür belauscht. Sein Gedächtnisprotokoll ging vermutlich an Sherwyn E. Ehrlich, Mitarbeiter der Property Branch der amerikanischen Militärregierung in Bayern. Dem Rapport zufolge berichteten Burkart und Kaletsch über die Order Friedrich Flicks, rund ein Viertel der Maxhütte-Anteile an den Freistaat zu verkaufen mit dem erklärten Ziel, Gesetz Nr. 75 zu umgehen und sich beim bayerischen Landtag sowie bei den Gewerkschaften beliebt zu machen.

Als Burkart den Flick-Söhnen eröffnete, dass er in Absprache mit ihrem Vater Direktor der Maxhütte werde, kam es zum Eklat: Otto-Ernst tobte und untersagte Burkart die Ausführung der Anweisungen. Wutentbrannt erinnerte er an seine Verhandlungen mit der Staatsregierung, die er Ende Juli 1948 abgebrochen habe, nachdem die Militärregierung ihn aus der Geschäftsführung seines eigenen Schrotthandelshauses entfernt hatte. Burkart konterte nüchtern, dass die Zeiten sich eben geändert hätten. Dann kam es zu einem bemerkenswerten Ausfall Burkarts: »Solche Morgenthau-Juden wie Ehrlich und Genossen« würden mit dem Ende der Property Control – das er noch in diesem Jahr erwarte – aus Deutschland verschwinden. Während seines Prozesses sei er nicht zum Freund der Juden geworden, diese seien »unsere größten Feinde«. Was den Auftrag des Vaters angehe, so werde er ihn auch gegen den Widerstand der Söhne ausführen. In der Tat setzte sich Burkart schon am folgenden Tag mit Ringelmann und Emmert wegen der weiteren Vorbereitung des Geschäfts in Verbindung.[63] Der Grund, warum Friedrich Flick seine Söhne nicht früher hatte einweihen lassen, liegt auf der Hand: Nach den bisherigen Erfahrungen mit seinem Ältesten wollte er diesen aus den kniffligen Verhandlungen mit Ringelmann und Emmert heraushalten.

Die verbindlichen Absprachen Flicks mit der bayerischen Staatsregierung hatten grundlegende Auswirkungen auf die Leitung der Maxhütte. Am 28. Juni 1949 verhandelte der zunächst vom Bayerischen Landesamt für Vermögensverwaltung und Wiedergutmachung berufene Beirat des Unternehmens seine zukünftige Besetzung. Sowohl die Arbeiterschaft als auch die FKG hatten Plätze in dem Gremium beantragt. Treuhänder Enzmann unterstützte jetzt nachdrücklich die Forderungen der FKG – und dies mit Erfolg: Es zogen Rohde als Vertreter des alten Beirats sowie Kaletsch und Burkart in das Gremium ein. Damit hatte Enzmann seinen im Herbst 1948 begonnenen Schwenk vollendet und sich nunmehr vorbehaltlos auf die Eigentümerseite geschlagen. Dies zeigte sich wenige Wochen später erneut, als er beantragte, Burkart aus dem Beirat heraus ständig nach Rosenberg in die Geschäftsführung zu delegieren, damit er bei der Verwaltung des Vermögens mitwirken könne. Auch wollte er vor wichtigen Entscheidungen fortan zuerst die Meinung von Burkart und Kaletsch hören. Enzmanns Meinungsumschwung dürfte daher rühren, dass Burkart und Kaletsch ihm einen Verbleib in der Geschäftsführung in Aussicht gestellt hatten. Der damit längst wieder etablierte Einfluss der Vertreter Friedrich Flicks wurde schließlich am 1. August 1949 durch den Eintritt Odilo Burkarts in die Geschäftsführung institutionalisiert. Enzmann blieb noch bis zum 21. Februar 1950 Treuhänder, am folgenden Tag wurden er und Burkart von einer Gesellschafterversammlung zu ordentlichen Geschäftsführern bestellt. Zu ihnen stieß kurz darauf noch Rudolf Hennecke, der in der FKG zunächst für eine Funktion im Hochofenwerk Lübeck im Gespräch gewesen war, als Geschäftsführer für den technischen Bereich.[64] Die Rollenverteilung im Vorstand war freilich eindeutig: Burkart agierte als Primus inter Pares.

Obgleich der Vertrag mit dem Freistaat noch längst nicht unterzeichnet war, konnten Maxhütte und FKG von nun an auf die Unterstützung der Staatsregierung in München setzen. Mitte September 1949 etwa brachte das bayerische Wirtschaftsministerium gegenüber der Combined Steel Group seine Verwunderung zum Ausdruck, warum »angesichts dieser totalen Zertrümmerung und Zerschlagung des Flick'schen Besitzes« nun der »relativ kleine Besitz, der dem Flick-Konzern verblieben ist, unter die Konzernentflechtung oder Aufspaltung von wirtschaftlichen Großkomplexen fallen soll«. Wenn der Konzern überhaupt noch unter Gesetz Nr. 75 falle, dann könne »es sich höchstens darum handeln, den Flick'schen Kohlenbesitz an der Ruhr insoweit einer Prüfung zu unterziehen«. Dagegen sei es nur recht und billig, den ohnehin dezimierten Stahlkomplex von mittlerer Größe und damit die Maxhütte aus der Neuordnung herauszunehmen.[65] Das Schreiben offenbart ein grundlegendes Dilemma bei der Entflechtung: Regionale Partikularinteressen erschwerten oftmals eine gemeinsame deutsche Linie gegenüber den alliierten Dienststellen.

Auch in Lübeck ließ sich jetzt einiges bewegen. 1949 waren binnen Kurzem die Vorstände Hermann Fabry und Jakob Dreher verstorben, woraufhin der Aufsichtsrat des Hochofenwerks Alfred Rohde in den Vorstand entsandte. Damit hatten sowohl in Rosenberg als auch in Lübeck wieder enge Vertraute Flicks das Ruder übernommen. Ursprünglich war der konzerneigene Führungsnachwuchs aus Oberschlesien beziehungsweise aus der Bellevuestraße zur Führung großer Unternehmen vorgesehen, jetzt musste er in die Leitung einzelner Werke einsteigen. Damit konnte Flick aber sicher ebenso gut leben wie mit der größeren Autonomie der Bergbauunternehmen an der Ruhr: Zwar mochte es noch immer Zweifel an der Loyalität der Bergassessoren geben, die Flick mit seinen Manövern seit den dreißiger Jahren gleich mehrfach verprellt hatte. Aber die Bergwerksdirektoren hatten gegenüber den Stahlunternehmern auch einen viel geringeren Bewegungsspielraum und waren in allen betrieblichen Fragen an die Anordnungen der Deutschen Kohlenbergbauleitung gebunden.[66]

Dass es Kaletsch und Burkart gelang, den direkten Einfluss auf die Maxhütte und das Hochofenwerk wiederherzustellen, darf allerdings nicht darüber hinwegtäuschen, dass die Alliierten noch keine Grundsatzentscheidung über die Zukunft des Flick-Konzerns getroffen hatten. Zudem waren in der ersten Jahreshälfte 1949 die alliierten Bemühungen um die Neuordnung der Montanindustrie, nicht zuletzt wegen der Gründung der Bundesrepublik im Mai, fast gänzlich zum Erliegen gekommen. Seit Juni gab es auf Seiten der westlichen Siegermächte mit der Alliierten Hohen Kommission, die an die Stelle der bisherigen Besatzungsbehörden trat, einen neuen Ansprechpartner.

Eine gewisse Sicherheit gab es insofern, als von Seiten der Alliierten keine Überraschung mehr drohte und das Gesetz Nr. 75 zudem der Bundesregierung die Entscheidungsbefugnis über die Zukunft der Montanindustrie einräumte, soweit die Entscheidungen Bonns mit dem alliierten Recht in Einklang standen. Die FKG konnte nun damit beginnen, eigene Ziele abzustecken. Nachdem Kaletsch den Besatzungsbehörden bereits mehrfach den Standpunkt der FKG vorgetragen hatte, legte er Ende Oktober 1949 ein Memorandum über den »so genannten Flick-Konzern« vor. Die Bedeutung des Papiers ist kaum zu überschätzen, da die FKG hier ihre Leitlinie für die anstehenden Verhandlungen mit den alliierten und deutschen Behörden formulierte: Der Konzern sei im Zuge der Kapitulation praktisch zerschlagen worden. Das Memorandum betonte die Unabhängigkeit der einzelnen Konzernunternehmen, die durch ihre Verwaltungsorgane sowohl in finanzieller als auch in allgemein-kaufmännischer Hinsicht immer selbstständig geführt worden seien: Der Konzern verfügte demzufolge weder über eine zentrale Leitung noch über eine zusammengefasste Finanzverwaltung oder eine Einkaufs- oder Verkaufsorganisation. Im Übrigen könne das Hochofenwerk Lübeck wegen der geringfügigen Beteiligung der FKG nicht als Konzernbeteiligung gesehen werden.[67] Die Konzernzentrale hatte sich die Argumentation Fabrys aus den vergangenen Jahren zu eigen gemacht, mit der sich dieser von der Dachgesellschaft absetzen wollte. Kurzum: Man versuchte in Hinblick auf die anstehenden Verhandlungen die Fortexistenz des Flick-Konzerns zu bestreiten.

1950 änderte sich die politische Großwetterlage entscheidend. Am 9. Mai legte der französische Außenminister Robert Schuman den später nach ihm benannten Plan vor, die gesamte deutsche und französische Kohle- und Stahlproduktion einer gemeinsamen supranationalen Behörde zu unterstellen. Der Zusammenschluss sollte das französische Sicherheitsbedürfnis vor einer deutschen Suprematie auf dem Kohle- und Stahlsektor befriedigen, aber auch anderen europäischen Ländern offen stehen. Zugleich verfolgte er das Ziel, die für die Deutschen demütigende Kontrolle durch die Alliierten zu beenden. Im Juni akzeptierten neben der Bundesrepublik auch Italien und die Benelux-Staaten den Plan. Die Bundesrepublik hatte sich als gleichberechtigter Verhandlungspartner in Westeuropa etabliert.

Auch ein weltpolitisches Ereignis hatte erheblichen Einfluss auf die Neuordnung der westdeutschen Industrie. Am 25. Juni 1950 hatten Truppen des kommunistischen Nordkorea den 36. Breitengrad, die Demarkationslinie zu Südkorea, überschritten. US-geführte UN-Streitkräfte unterstützten daraufhin den Süden. Der Kalte Krieg kulminierte, und besonders in Washington begann der Ruf nach einem westdeutschen Verteidigungsbeitrag lauter zu werden. Zugleich kehrten die USA zur Kriegswirtschaft zurück und begannen Rohstoffe aufzukaufen; auf dem Weltmarkt explodierten die Preise für Kohle und Stahl. In Westdeutschland konnte die Kohleförderung ebenso wenig wie die Stahl- und Eisenproduktion mit der Nachfrage Schritt halten; diktiert wurden Fördermengen und Preise zu diesem Zeitpunkt noch von den Alliierten.

Gut eine Woche nach Schumans Aufsehen erregender Rede erließ die Alliierte Hohe Kommission am 20. Mai 1950 das Gesetz Nr. 27, das alle bisherigen Entflechtungsbestimmungen ablöste. Es brachte einige substantielle Änderungen. Zum einen erstreckten sich die Entflechtungsmaßnahmen nun auch auf das französische Besatzungsgebiet, was zu einer Gleichbehandlung aller Unternehmen in den Westzonen führte. Zum anderen war das Recht der Alliierten Hohen Kommission zur Beschlagnahme, Kontrolle und Übertragung von Vermögenswerten jetzt unmittelbar im Gesetz verankert. Die Unternehmen wurden fortan in fünf Gruppen unterteilt. Anhang A verzeichnete jene Konzerne, die zu liquidieren und umzugestalten waren, um eine übermäßige Konzentration wirtschaftlicher Macht zu beseitigen; zu ihnen zählte die Friedrich Flick KG.

Entscheidungen über die Eigentumsverhältnisse blieben weiterhin der deutschen Regierung vorbehalten. Dabei war aber die alliierte Vorgabe zu beachten, dass jedes Hüttenwerk, das mit einer eigenen Kohlenbasis verbunden war, nicht mehr als 75 Prozent seines Kohlenbedarfs aus eigenen Zechen decken durfte. Als grundlegende Neuerung sah das Gesetz für die Eigentümer der zur Liquidation bestimmten Gesellschaften eine »angemessene« Entschädigung vor, was freilich voraussetzte, die betroffenen Unternehmen mit an den Verhandlungstisch zu holen. Für Friedrich Flick sollte die Präambel des Gesetzes noch reichlich Ärger bringen. Es hieß dort, dass die Alliierten in der Eisen- und Stahlindustrie »die Wiederherstellung von Eigentumsverhältnissen, die eine übermäßige Konzentration wirtschaftlicher Macht darstellen würden«, nicht zuließen und auch nicht gestatteten, dass »jemand, von dem bekannt ist oder bekannt wird, daß er die aggressiven Bestrebungen der nationalsozialistischen Partei gefördert hat, in seine Stellung zurückkehrt«.[68] Damit hatten die Alliierten eine neue, entscheidende Runde bei der Entflechtung und Neuordnung der deutschen Montanindustrie eingeläutet.

Drei Monate später, nach seiner Entlassung aus Landsberg, konnte Friedrich Flick an den Verhandlungen persönlich teilnehmen. Und auch sonst nahm er die Geschäfte sofort wieder selbst in die Hand. Er erneuerte nicht nur seine Zusage zum Verkauf von 26 Prozent der Maxhütte an den bayerischen Staat, sondern sicherte auch zu, die Kokskohleversorgung des Werkes aus seinen Zechen an der Ruhr zu garantieren. Damit verschaffte er sich das Wohlwollen der Staatsregierung. Das Finanzministerium erklärte, es bestehe »im Hinblick auf das beiderseitige vertrauensvolle Zusammenwirken« kein weiteres Interesse »an der Durchführung eines Entnazifizierungsverfahrens hinsichtlich des Herrn Dr. Friedrich Flick in Bayern«. Es gebe keine Bedenken gegen eine Anerkennung der in der britischen Besatzungszone erfolgten Einstufung Flicks in Kategorie V – »entlastet«.[69] Flick musste sich damit keinem zweiten zeitaufwendigen und aus seiner Sicht erniedrigenden Verfahren stellen, sondern konnte sich voll und ganz seinen Unternehmen widmen.

Ende Oktober verhandelte Flick mit Richard Ringelmann über die Modalitäten für die Minderheitsbeteiligung des Freistaats an der Maxhütte. Er machte keinen Hehl daraus, dass er die Maxhütte dadurch vor den Entflechtungswünschen der Alliierten sichern wollte. Ende November legten die Stahltreuhändervereinigung und die Kohlenbergbauleitung ein überarbeitetes Neuordnungskonzept vor, das die Maxhütte und das Hochofenwerk unter den neu zu gründenden Einheitsgesellschaften verzeichnete; ein eigener Zechenbesitz war für beide Unternehmen nicht vorgesehen. Nachdem sich in der Neuordnungsfrage monatelang wenig bewegt hatte, kündigte die Alliierte Hohe Kommission daraufhin den Erlass einer Durchführungsverordnung zum Gesetz Nr. 27 an, die die zügige Liquidation der FKG regeln sollte. Flick hatte die verstrichene Zeit jedoch genutzt, um seine Verteidigung weiter auszubauen.

Bereits am 12. Dezember 1950 ging beim Bundeswirtschaftsministerium ein von Kaletsch gezeichnetes Memorandum der FKG ein. Die FKG sei, hieß es einleitend, aufgrund ihrer großen Verluste in Ost- und Mitteldeutschland eine reine Holdinggesellschaft, die lediglich noch 25 Prozent ihres früheren Vermögens besitze. Die Verluste in der Braunkohleindustrie umfassten demnach 100, die in der Stahlindustrie 80, die in der weiterverarbeitenden Industrie 95 Prozent. Harpen und Essener Steinkohle erreichten zusammen gerade einmal sieben Prozent der Gesamtförderung im Bundesgebiet. Dann wurde ein bisschen neues Selbstbewusstsein demonstriert: Wenn die FKG jetzt in Liquidation trete, sei es Friedrich Flick und seinen Angehörigen unbenommen, eine neue Personalgesellschaft zu gründen.

Diese Argumentation griff das Ministerium erstaunlicherweise auf und teilte der Hohen Kommission mit, die Liquidation der FKG stehe nicht im Einklang mit Gesetz 27. Dort sei festgelegt, die betrof-

fenen Unternehmen seien »zu liquidieren *und* umzugestalten«. Die
Bundesregierung stellte einen engen Zusammenhang mit der bevorstehenden Gründung der Europäischen Gemeinschaft für Kohle und
Stahl (EGKS) her, indem sie auf die Bedeutung der Neuordnung für
die Zukunft des Schuman-Plans hinwies – mit Erfolg. Die Alliierten setzten die Liquidation der FKG aus. Die Bundesregierung hatte
zudem bereitwillig die Daten der FKG übernommen, ohne etwa die
Angaben zu den Verlusten in Ostdeutschland zu überprüfen. Tatsächlich waren mit den Demontagen und Enteignungen im sowjetischen
Besatzungsgebiet etwa 50 bis 60 Prozent des Konzernwerts verloren
gegangen.[70]

Nachdem die unmittelbare Gefahr für den Bestand der Dachgesellschaft damit vorerst abgewendet und die Verhandlungsbereitschaft der
Behörden offenkundig geworden war, ging Flick in die Offensive und
schlug »eine gewisse Reorganisation auf freiwilliger Grundlage« vor. Ge-
zwungenermaßen hatte er inzwischen akzeptiert, dass auch das Hochofenwerk Lübeck in die Neuordnung einbezogen werden würde: »Ich
hatte immer noch gehofft«, schrieb er seinem Vertrauten Rohde mit
ironischem Unterton, »daß es Ihnen als ›chemischer Betrieb‹ gelingen
würde, an dieser Sache vorbeizukommen.« Tatsächlich sahen die Neuordnungspläne weiterhin die Gründung neuer Stahlkerngesellschaften
für die Maximilianshütte und das Hochofenwerk Lübeck vor.[71]

Im Prinzip war klar, dass Flick seinen Kohlebesitz wohl würde preis-
geben müssen, wenn er die Maxhütte und das Hochofenwerk retten
wollte. Daher war es sein erstes Ziel, vor Abgabe von Harpen und Essener Steinkohle die Brennstoffversorgung für Rosenberg und Lübeck
sicherzustellen – auch nach dem politischen Einschnitt von 1945 blieb
die Syndikatslogik also in Kraft. Die Hüttenwerke sollten konzernintern
zu Selbstkostenpreisen mit Kokskohle beliefert werden können. Hier
sollte wieder die Landespolitik für den Flick-Konzern in die Bresche
springen. Am 14. Januar 1951 legte die FKG in München ein Memorandum zum Verbund von Kohle und Eisen im Fall der Maxhütte vor.
Sie argumentierte für eine Verbindung mit der Zeche Hugo, die aus
Kosten-, aber vor allem aus Produktionsgründen »unbedingt erforderlich« sei, da der Hochofen der Maxhütte nur mit Koks der Zeche
Hugo seine höchste Roheisenproduktion erreichen könne – und das

auch nur, »wenn das Hüttenwerk seinen uneingeschränkten Einfluß, also sein Eigentumsrecht an der Zeche Hugo und deren Kokerei hat«. Die FKG berief sich auf vergleichbare Fälle, in denen die Alliierten sich mit einer entsprechenden Verbindung einverstanden erklärt hatten, so bei der Gutehoffnungshütte und der August-Thyssen-Hütte. Zudem seien derartige Verbindungen im Ausland gang und gäbe, zumal in Großbritannien und den USA. Kurz: Flick versuchte, mit der Zeche Hugo eines der Filetstücke aus seinem Kohlebesitz herauszulösen und der Maxhütte zuzuschlagen. Gegen den Rat seiner amerikanischen An-wälte war Flick nicht gewillt, seinen Besitz preiszugeben, im Gegenteil: Er fuhr jetzt mehrmals nach Bonn, um im Bundeskanzleramt für seine Sache zu werben.[72]

Die bayerische Staatsregierung erwies sich bereits als verlässlicher Partner. Ministerpräsident Ehard erklärte Bundeskanzler Adenauer, dass die Maxhütte von den Auswirkungen des Schuman-Planes besonders getroffen würde, da das französisch-luxemburgische Eisenkontingent fortan in Süddeutschland und somit im »natürlichen« Absatzgebiet der Maxhütte untergebracht werden müsse. Hierbei handelte es sich um einen der kniffligsten Punkte bei den Gesprächen der Bundesregierung mit der Alliierten Hohen Kommission über die Neuordnung der Mon-tanindustrie. Am 14. März 1951 legte Bonn schließlich Vorschläge zur Zusammenfassung von Eisen und Kohle vor, die die Alliierten kurz vor Abschluss der Verhandlungen über die EGKS als »vereinbarte Lösung« akzeptierten. Bonn hatte der von der Hohen Kommission verlangten Obergrenze von 75 Prozent Selbstversorgung zugestimmt. Damit war eine Übertragung der Zeche Hugo auf die Maxhütte nicht mehr mög-lich.[73]

Dass der prompte Gegenvorschlag der Combined Coal Control Group eine Retourkutsche für den dreisten Versuch Flicks war, sich mit der Zeche Hugo eine der lukrativsten Zechen zu sichern, ist nicht auszuschließen. Man habe von dem Plan gehört, empörte sich Kaletsch, der Maxhütte die Zeche Oespel zuzugestehen. Diese sei aber als Kohle-basis gar nicht geeignet, zudem handele es sich um die verlustreichste Zeche der Gesamtgruppe Harpen-Essener Steinkohle, die nur im Ver-bund einer stärkeren Kohlegesellschaft betrieben werden könne. Im Gegenzug reklamierte Kaletsch den Zechenverbund Grillo 1/2/3 und

Grimberg 1/2 für die Maxhütte. Der Ertragswert entsprach in etwa dem der Zeche Hugo. Auf die Zechen Grimberg 3/4 erhob Kaletsch keinen Anspruch – vermutlich wegen der Kosten, die die Instandsetzung der bei einem schweren Grubenunglück 1946 verwüsteten Anlagen mit sich gebracht hätte.[74]

Am 18. April 1951 unterzeichneten die Staatschefs von Frankreich, Deutschland, Italien, Belgien, der Niederlande und Luxemburgs den Vertrag über die Europäische Gemeinschaft für Kohle und Stahl und begründeten damit die so genannte Montanunion. Mit Inkrafttreten des Vertrags übernahm die supranationale Hohe Behörde die Lenkung der Montanindustrien der Mitgliedsländer, die dafür bestimmte wirtschaftspolitische Kompetenzen abtraten. Für die Bundesrepublik bedeutete das Vertragswerk das Ende der alliierten Restriktionen für die Montanindustrie und die Rückkehr auf den Weltmarkt. Da die Frage der Vereinbarkeit des alliierten Rechts in Deutschland mit dem neuen europäischen Recht noch ungeklärt war, wuchs der Zeitdruck auf die Alliierte Hohe Kommission, den Neuordnungsprozess endlich abzuschließen. Daher strebte sie nun so rasch wie möglich die Gründung der im März vereinbarten so genannten Einheitsgesellschaften an. Die ersten nahmen bereits im Juli ihre Geschäfte auf.

Alle neuen Einheitsgesellschaften waren verpflichtet, eine einheitliche Mustersatzung anzunehmen, die paritätische Mitbestimmung der Arbeitnehmer einzuführen und bis zur endgültigen Klärung der Eigentumsrechte Treuhänder zur Verwaltung des Vermögens einzusetzen. Die Maxhütte und das Hochofenwerk Lübeck waren als Einheitsgesellschaften Nr. 19 und 21 vorgesehen. Im speziellen Fall der FKG musste auch noch die Frage nach den Eigentumsrechten Friedrich Flicks geklärt werden. Zwar sah Gesetz Nr. 27 Entschädigungsleistungen für die Eigentümer vor, ohne jedoch deren Form und Umfang genau zu benennen. Im April 1951 traf die Alliierte Hohe Kommission die Grundsatzentscheidung, dass von der Neuordnung betroffene Privatpersonen mit Aktien der neuen Gesellschaften entschädigt werden sollten – mit Ausnahme solcher Personen, die unter die Präambel von Gesetz Nr. 27 fielen.[75]

Das vordringliche Ziel der FKG war es, die Gründung der Einheitsgesellschaften 19 und 21 in Rosenberg und Lübeck zu verhindern.

Dies sollte vornehmlich durch den Nachweis erreicht werden, dass sich bei der FKG keinerlei wirtschaftliche Macht mehr konzentrierte. Eine »Stellungnahme zur Frage Hochofenwerk Lübeck« betonte die geringe Werksgröße und rechnete den Anteil der FKG am Unternehmen auf eine Minderheitsbeteiligung herunter. Rabulistisch argumentierte die Konzernzentrale, dass die Gesellschaft für Montaninteressen 25,3 Prozent und die Essener Steinkohle 25,7 Prozent des Aktienkapitals von Lübeck besäßen. Da die FKG aber nur indirekt an der Essener Steinkohle beteiligt sei, betrage Flicks substantielle Beteiligung am Hochofenwerk nur 17,2 Prozent. Vor allem führte man ins Feld, dass es sich beim Hochofenwerk Lübeck nicht um ein Roheisen schaffendes Werk, »sondern ein Werk für Chemie, Nichteisen und Baustoffe« handele. Je nach Rechenart kam Rohde auf bis zu 78 Prozent Chemische und Nichteisenprodukte sowie Zement.[76]

Ähnlich wie die Maxhütte in Bayern konnte die Geschäftsführung in Lübeck auf die Unterstützung der Landespolitik bauen. Am 7. Juni 1951 schrieb der CDU-Politiker Friedrich-Wilhelm Lübke, der wenige Tage später zum Ministerpräsidenten des Landes Schleswig-Holstein gewählt werden sollte, an den Staatssekretär im Bundeskanzleramt Otto Lenz, dass es sich wohl aufgrund des Namens um ein Missverständnis handeln müsse – Lübeck sei vor allem ein Werk der Chemischen und Nichteisenmetallproduktion. Zudem bestünden weder ein Organvertrag noch andere Bindungen an die Flick-Gruppe, die vom Aktienkapital des Hochofenwerks lediglich 34,5 Prozent besitze. Somit sei in Lübeck bereits der Zustand erreicht, den Gesetz Nr. 27 für die Montanindustrie anstrebe.[77]

Die Düsseldorfer Konzernzentrale hatte die Vertuschung der Beteiligungsverhältnisse offensichtlich übertrieben und nicht nur die Behörden falsch informiert. Mitte August zeigte sich Direktor Reichenbach vom Hochofenwerk Lübeck »etwas erschrocken darüber, dass sich die Dinge doch nicht ganz so verhalten, wie wir dieses aufgrund der Mitteilungen aus dem Büro Kaletsch bisher angenommen haben«. Die Essener Steinkohle besaß schlichtweg mehr Anteile am Hochofenwerk, als dies die FKG bislang mitgeteilt hatte. Alfred Rohde dürfte Reichenbach daraufhin über das tatsächliche Beteiligungsverhältnis aufgeklärt haben. Am 6. September stellte das Hochofenwerk jedenfalls Antrag

auf Aussetzung der Gründung einer Einheitsgesellschaft, woraufhin
die Stahltreuhändervereinigung den Gründungstermin für Lübeck bis
Oktober zurückstellte und eine Untersuchung über die Besitzverhältnisse einleitete. Die FKG erklärte vorsorglich, sie sei »bereit, sich dahin-
gehend rechtlich zu binden, soviel Aktien abzustossen, dass, nicht nur
substanziell, sondern auch machtmäßig gesehen, keine Mehrheitsbeteiligung von Flick an Lübeck besteht«.[78]

Unterstützung erhielt die FKG aus Bonn. Das Bundeswirtschaftsministerium beantragte Anfang Oktober, das Stahl- und Röhrenwerk
Reisholz, die Buderus'schen Eisenwerke, das Stahlwerk Röchling-Buderus sowie das Hochofenwerk Lübeck ganz aus dem Gesetz Nr. 27
herauszunehmen. Im Fall des Hochofenwerks hätten die »Dekonzen-
trationsabsichten« der FKG durch Abgabe von Aktien bereits zu einer
Änderung der Besitzverhältnisse geführt. Der verbleibende Einfluss des
Flick-Konzerns auf das Hochofenwerk könne durch die Neuordnung
der Essener Steinkohle geregelt werden. In einem weiteren Schreiben
bat das Bundeswirtschaftsministerium die Stahltreuhändervereinigung,
bei der Gründung der Maxhütte als Einheitsgesellschaft die Interessen
Bayerns zu berücksichtigen. Auch hier sollte die Gründung möglichst
bis nach Abschluss des Kaufvertrages vertagt werden. Vor allem setzte
sich die Bundesregierung für das Hochofenwerk Lübeck ein und machte sich dabei Flicks Sicht zu eigen, dass sein Anteil an dem Unternehmen durch die Befriedigung von Wiedergutmachungsansprüchen von
rund 70 Prozent auf etwa 23 Prozent absinken würde.[79] Damit war die
Bundesregierung einer perfiden Argumentation der FKG gefolgt: Die
drohenden Verluste durch die Restitution »arisierten« jüdischen Besitzes
sollten den Bestand des Flick-Konzerns sichern helfen.

In Bayern nahm der Verkauf von Maxhütte-Anteilen an den Freistaat jetzt konkrete Formen an. Am 22. August 1951 hatten die beteiligten Parteien einen Vorvertrag unterzeichnet, woraufhin das Bayerische
Landesamt für Vermögensverwaltung und Wiedergutmachung einen
neuen Beirat bestimmte, dem unter anderem der an den Verkaufsverhandlungen federführend beteiligte Staatssekretär Richard Ringelmann
als Vorsitzer, Alfred Rohde als Stellvertreter, Friedrich Flick, Konrad
Kaletsch, Heinrich Emmert, Erwin Essl für die IG Metall und Alfons
Wagner als Vertreter der Stahltreuhändervereinigung angehörten. Da-

mit war Friedrich Flick auch offiziell wieder in die Verwaltungsgremien der Maxhütte eingetreten.

Nun fehlte nur noch die alliierte Genehmigung für das von langer Hand geplante Geschäft. Die bayerische Staatsregierung machte zunächst in einem Schreiben an die für den gesamten Flick-Komplex zuständige Combined Coal Control Group darauf aufmerksam, dass die Übernahme von Anteilen an der Maxhütte der Zielsetzung des Artikels 160 der von den Alliierten genehmigten bayerischen Verfassung entspreche, staatlichen Einfluss auf die Grundstoffindustrie zu nehmen. Kurz darauf beantragte die FKG bei der Combined Steel Group offiziell die Genehmigung, für 20 Millionen Mark 26 Prozent der Maxhütte-Anteile an den Freistaat verkaufen zu dürfen, was bei der geplanten Umstellung des Stammkapitals auf 50 Millionen Mark einem Kurswert von 154 Prozent entsprach. Nachdem das Geschäft damit in die Wege geleitet worden war, setzte die bayerische Regierung alle Hebel in Bewegung, um zu verhindern, dass in letzter Minute noch eine neue Gesellschaft gebildet, diese unter Verwaltungstreuhänder gestellt und so der Einfluss des Landes »ausgeschaltet« werde. Nachdem auch die Bundesregierung in diesem Sinne interveniert hatte, setzten die Stahltreuhänder das Neugründungsverfahren in Rosenberg aus. Damit waren zwei wichtige Standorte des Flick-Konzerns vorerst vor weitgehenden Eingriffen geschützt.[80]

Nachdem am 7. Dezember die angekündigte Kapitalerhöhung durchgeführt worden war, trat am 13. Dezember 1951 der Kaufvertrag der Maxhütte mit dem Freistaat Bayern in Kraft. Die Reaktionen waren sehr zwiespältig. Zum einen zeigte sich erneut, dass das Verhältnis zur Belegschaft und zu den Gewerkschaften heikel blieb. Der DGB Bayern beschwerte sich umgehend bei der Staatsregierung darüber, dass ein »Grossindustrieller instand gesetzt wird, seinen Einflussbereich auf weitere Teile der Wirtschaft auszudehnen«, ein bayerischer Flick-Konzern könne doch kaum Ziel der bayerischen Politik sein. Das Maxhütte-Geschäft war auch in der CSU nicht unumstritten: Wirtschaftsminister Hanns Seidel befürchtete, der Freistaat werde Schwierigkeiten haben, die Beteiligung an der Maxhütte finanziell »zu verdauen«. Daher hatte er Ministerpräsident Ehard aufgefordert, dafür zu sorgen, dass der Vertrag mit Flick Kautelen über eine Anlage der 20 Millionen Mark in

bayerischen Projekten enthielt – was auch durchgesetzt wurde. Auch
der Geschäftsführer der Industrie- und Handelskammer München protestierte heftig gegen das Geschäft: Flick erhalte »sehr ›billiges‹ In-
vestitionskapital auf Kosten des bayerischen Steuerzahlers«. Nach Vertragsabschluss legte das Wirtschaftsministerium Flick eine Liste mit
verschiedenen Anlagemöglichkeiten in Bayern vor – darunter die Auto
Union, BMW, MAN und die Süd-Chemie AG.[81] Hier zeichnete sich
bereits eine Interessenkongruenz ab, die im Laufe der Jahre erhebliche
Bedeutung gewinnen sollte. Die Staatsregierung des Agrarlandes war
bestrebt, mit der FKG einen Industriekonzern möglichst stark im Freistaat zu verwurzeln; sie konnte nicht ahnen, dass Kaletsch für Flick bereits das Terrain der Autoindustrie in Bayern sondierte.

Flick hatte sich mit dem Verkauf erhebliche Barmittel gesichert, zunächst aber andere Sorgen als deren Wiederanlage. Bundesregierung
und Alliierte Hohe Kommission drängten einhellig auf eine baldige
Klärung der bei der Neuordnung des »Flick-Komplexes« noch offenen
Fragen. Das Bundeswirtschaftsministerium hatte die FKG aufgefordert,
bis Anfang Dezember einen eigenen Neuordnungsplan vorzulegen. Damit hatte Flick freilich ein wichtiges Teilziel erreicht, nämlich selbst
in die Ausarbeitung der Neuordnungspläne für seinen Konzern eingeschaltet zu werden. Es ist anzunehmen, dass entsprechende Entwürfe
in den Schubladen der Konzernzentrale lagen, denn bereits am 16. November reichte Flicks amerikanischer Anwalt Struve Hensel Vorschläge
für die Maxhütte und das Hochofenwerk Lübeck und nur acht Tage
später entsprechende Unterlagen für Harpen und die Essener Steinkohle ein.

Nach den Plänen Flicks sollte die Maxhütte im Rahmen der bestehenden Gesellschaft neu geordnet und für Lübeck aufgrund der
Produktpalette jegliche Beschränkung aufgehoben werden. Zugleich
sollte die Alliierte Hohe Kommission der FKG das Recht zugestehen,
weiterhin einen kontrollierenden Einfluss auf die Maxhütte auszuüben.
Daher schlug man vor, die Maxhütte in eine AG umzuwandeln und
eine neue Satzung einzuführen, die das Mitbestimmungsrecht berücksichtigen und alle Bestimmungen gemäß Gesetz Nr. 27 enthalten sollte.
Ähnlich sahen die Vorschläge für das Hochofenwerk Lübeck aus. Bei
den beiden Steinkohlegesellschaften sollten die Vermögenswerte neu

geordnet und die beiden Unternehmen getrennt werden: Zu diesem
Zweck sollte die Essener Steinkohle die Zechengruppe Monopol sowie
ihren 100-prozentigen Anteil an der Chemische Werke Essener Steinkohle AG an Harpen und diese ihr im Gegenzug die Zeche Hugo übertragen. Harpen sollte zudem eine neue Zechengesellschaft bilden, in die
die Zechen Grillo 1/2/3 und Grimberg 1/2 eingebracht werden sollten,
die man anschließend zu 50 Prozent an die Maxhütte zu übertragen
gedachte.[82] Entgegen den alliierten Vorgaben versuchte Flick nichts
weniger, als sowohl die Maxhütte und das Hochofenwerk Lübeck wie
auch zumindest einen Teil seines Steinkohlebesitzes unter seiner Kontrolle zu behalten.

Im Januar 1952 klärte die Hohe Kommission zwei entscheidende Fragen, die noch offen waren. Zunächst einmal regelte sie die angekündigte
Entschädigung der Alteigentümer. Sie entschied sich für eine pro-rata-
Regelung, also die Ausschüttung der Anteile an die neuen Gesellschaften entsprechend ihrer jeweiligen Beteiligung an der Altgesellschaft,
hielt aber an den Ausschlussklauseln fest, nach denen Großaktionäre,
deren Betätigung in der Schwerindustrie für unvereinbar mit Gesetz
Nr. 27 galt, ihren gesamten montanindustriellen Besitz veräußern mussten. Damit waren die Eigentumsverhältnisse in der Montanindustrie
endgültig festgeschrieben. Zudem legten die Hohen Kommissare eindeutig fest, dass »keine Person oder Gruppe auf mehr als eine der aus
dem Konzern gebildeten Gesellschaften Einfluß ausüben könne«. Für
Flick bedeutete dies, dass er sich für eines seiner vier Unternehmen hätte
entscheiden und seinen übrigen montanindustriellen Besitz hätte abgeben müssen. Entsprechend groß war der Zündstoff bei den folgenden
Verhandlungen.[83]

Unproblematisch waren die Entschädigungsregelungen bei jenen
Konzernen, die sich im Streubesitz befanden, wie etwa Mannesmann
und Hoesch. Besondere Bestimmungen waren hingegen für Konzerne mit beherrschenden Großaktionären notwendig, wie etwa Krupp,
Klöckner und eben Flick. Die Hohe Kommission verzichtete auf eine
generelle Regelung, setzte vielmehr auf Einzelverhandlungen mit den
betroffenen Konzernen.[84] Für den Fortbestand der FKG und für Friedrich Flicks Verfügungsrechte war es von existenzieller Bedeutung, ob
der Konzernchef aus Sicht der Alliierten unter die Präambel des Ge-

setzes Nr. 27 fiel. Für die anstehenden Debatten suchte der Konzernchef Rückhalt bei der Bundesregierung – insbesondere beim Bundeskanzler selbst.

Konrad Adenauer hatte bereits 1933 erklärt, Flick im persönlichen Umgang sehr angenehm zu finden. Vor allem verließ sich der Bundeskanzler auf das Urteil seines Freundes Robert Pferdmenges, der Flick als »Mensch und als Geschäftsmann anständig und ehrlich« genannt hatte. Flick brachte seine Angelegenheiten bei Adenauer meist mithilfe des Kölner Bankiers zur Sprache, zu dem er in langjähriger Beziehung stand. Der Kanzler zeigte sich in der Regel sehr aufgeschlossen, da es für die Bundesregierung dabei oft auch um grundsätzliche Fragen ging. Am 15. Januar 1952 empfing Adenauer den besorgten Konzernchef und ließ sich über den Stand der Neuordnungsdebatte informieren. Am folgenden Tag machte Pferdmenges Adenauer eigens noch einmal darauf aufmerksam, dass Flick in seinem Entnazifizierungsverfahren in die Gruppe V eingestuft worden war. Es wäre wichtig, so Pferdmenges, wenn Adenauer den drei Hohen Kommissaren übermitteln könnte, dass Flick nach Ansicht der Bundesregierung nicht zu dem von der Präambel des Gesetzes Nr. 27 betroffenen Personenkreis gehöre.[85]

Gleichzeitig rangen Flicks Emissäre in zähen Verhandlungen mit den Neuordnungsgremien über die Auflagen für den Konzern. Als sich Kaletsch am 18. Februar mit Vertretern der Kohlenbergbauleitung und der Combined Coal Control Group in der Villa Hügel besprach, wurde ihm vorgeworfen, dass die FKG in den Verhandlungen immer mehr von ihren eigenen Vorschlägen abweiche.[86] Daraufhin legte die FKG eine Woche später in einem 16-seitigen Schreiben einen aktualisierten Plan für die Neuordnung ihres montanindustriellen Besitzes sowie der Dachgesellschaft vor.

Grundsätzlich behielt man in Düsseldorf die eingeschlagene Linie bei. So betonte das Papier einleitend, dass Friedrich Flick selbst vom Kapital der FKG lediglich zehn Prozent besitze, der Rest hingegen je zur Hälfte bei seinen Söhnen Otto-Ernst und Friedrich Karl liege, die nicht unter die Bestimmungen des Gesetzes Nr. 27 fielen. Während die Maxhütte ein Eisen- und Stahlbetrieb bleibe, werde Lübeck den Nichteisenmetallanteil an der Produktion künftig auf über 50 Prozent steigern. Daher könne der Einfluss der Dachgesellschaft auf die Maxhütte und das Hochofenwerk nicht gleichgesetzt werden. Der Name des Lübecker Unternehmens sollte in »Metallhüttenwerke« abgeändert werden, so dass es aufgrund seines Produktionsprofils nicht weiter unter Gesetz Nr. 27 falle. Der Dachgesellschaft sollte im Gegenzug die Übernahme der bei der Essener Steinkohle liegenden Aktien des Hochofenwerks zugestanden werden. Im Übrigen sei die Maxhütte das kleinste der gemischten Hüttenwerke in der Bundesrepublik; man wolle sie in eine AG umwandeln und die Einheitssatzung einführen. Daher sei es gerechtfertigt, eine endgültige Regelung für das Unternehmen anzustreben und auf eine Zwischenlösung zu verzichten. Nicht zuletzt in Anbetracht des starken Einflusses des bayerischen Staates sollten der FKG möglichst bald die ihr zustehenden 74 Prozent des Kapitals der Maxhütte übertragen werden.

Die Entflechtung des Steinkohlebesitzes war der mit Abstand komplizierteste Bestandteil des »Flick-Plans«. Demnach hatte Harpen ein Aktienkapital von nominell 70 Millionen Mark, von denen sich 45 582 400 Mark (also rund 65 Prozent) im Konzernbesitz befanden. Die Essener Steinkohle wiederum hatte ein Aktienkapital von 72 Millionen Mark, welches zu 100 Prozent von Harpen gehalten wurde. Aus Sicht der FKG war damit eine marktbeherrschende Position von Essener Steinkohle und Harpen selbst dann ausgeschlossen, wenn die Unternehmen im Besitz der Dachgesellschaft verblieben. Dennoch erklärte sie sich bereit, die Harpener Bergbau AG und die Essener Steinkohlenbergwerke AG zu trennen, einen Zechentausch zwischen beiden Gesellschaften durchzuführen und eine Zechensondergesellschaft Grillo/ Grimberg (alle Betriebe im Grubenfeld Monopol) unter Beteiligung der Maxhütte zu bilden. Anschließend sollte binnen vier Jahren jeweils die Hälfte des bei der FKG beziehungsweise der Verwaltungsgesellschaft für Steinkohlenbergbau und Hüttenbetrieb mbH (VG) liegenden Aktienkapitals von Harpen und Essener Steinkohle verkauft werden. Dabei sei es aber notwendig, dass Friedrich Flick selbst zur Führung der Verkaufsverhandlungen berechtigt bleibe.[87] Das Papier machte damit zum weiteren Mal deutlich, dass Friedrich Flick keineswegs bereit war, seinen Kohlebesitz widerspruchslos preiszugeben. Vielmehr war es sein Ziel, die Kohlegesellschaften durch einen Zechentausch nach eigenen Vorstellungen neu zu ordnen und die Kokskohlenversorgung der Maxhütte durch die Übertragung einer der ertragreichsten Zechengruppen sicherzustellen. Nur diese kam mit ihren Fettkohlen für die Koksproduktion infrage, die Magerkohlen der übrigen Zechen eigneten sich hierfür nicht.

Flick wandte sich persönlich an Theobald Keyser von der Kohlenbergbauleitung, um ihn von diesem Neuordnungsplan zu überzeugen. Aber der Vorschlag konnte weder auf die erhoffte Unterstützung der deutschen Entflechtungsgremien noch gar auf die der Bundesregierung bauen. Beide sahen sich durch die Vorgabe der Alliierten Hohen Kommission gebunden, die Beteiligung von Großaktionären auf eine Gesellschaft zu beschränken – und Flick hatte bereits eine beherrschende Stellung bei der Maxhütte. Ohne Rückendeckung aus Bonn war der »Flick-Plan« in der vorliegenden Form hinfällig. Ab Mitte März jagte bei der Kohlenbergbauleitung und der Combined Coal Control Group in Essen, bei der Stahltreuhändervereinigung in Düsseldorf und in den Bundesministerien in Bonn eine Besprechung die andere. Flick überließ die Verhandlungen in der Regel Kaletsch und den juristischen Experten seines Hauses, meistens Hans Schäfer und Wilhelm Bedbur, manchmal auch Günther Joël. Zu den Unterhändlern der Konzernzentrale stießen in den Gesprächen mit den Behörden Vertreter der jeweils betroffenen Konzernunternehmen.

Bei einem vom Bundesjustizministerium einberufenen Treffen wurde festgelegt, dass zunächst Bundesregierung, Kohlenbergbauleitung, Stahltreuhändervereinigung und FKG einen »einheitlichen deutschen Standpunkt über die rechtliche Durchführung der Neuordnungsvorschläge« herstellen sollten. Einig war man sich auch darin, die Alliierten zu einer Erklärung aufzufordern, dass alle Maßnahmen auf ihren Wunsch hin vorgenommen würden und daher für die Neuordnung der Flick-Gruppe eine besondere Durchführungsverordnung zum Gesetz Nr. 27 notwendig sei. Die Bundesregierung und die deutschen Entflechtungsgremien zeigten sich sogar bereit, die konspirativen Methoden Flicks mitzutragen: In der Frage, ob die Zechensondergesellschaft »Monopol« unter dem Dach der Combined Coal Control Group oder unter Einschaltung von Strohmännern gegründet werden sollte, entschied man sich ohne längere Diskussion für den einfacheren, den zweiten Weg.[88]

Für Flick war insbesondere der Erlass einer speziellen Durchführungsverordnung der Alliierten von Bedeutung, denn nur kraft alliierter
Weisung konnte er den Zechentausch zwischen Harpen und der Essener Steinkohle bei den Minderheitsaktionären ohne größere Widerstände durchsetzen. Flicks Anwälte reichten sogar eigene Entwürfe für
die Durchführungsverordnung bei der Combined Coal Control Group
ein, wo man jedoch nicht verstand, wozu eine solche Direktive notwendig sein sollte. Inzwischen spielte der Faktor Zeit eine immer größere
Rolle – vornehmlich allerdings für die Alliierten, die die Neuordnung
endlich zum Abschluss bringen wollten.[89]

Es folgte ein dreimonatiger Verhandlungsmarathon, bei dem verschiedene Kombinationen durchgespielt wurden. Die Gespräche drehten sich nicht zuletzt um die Lösungswege für das langwierige Problem
der Aufteilung der Harpen-Bonds von 1935 auf die Steinkohlegesellschaften: Flicks Plänen zufolge sollten die Bonds-Verpflichtungen zwischen Harpen und Essener Steinkohle aufgeteilt werden. Dies bedeutete
aber zugleich, dass Flick die Zechensondergesellschaft Monopol der
Maxhütte schuldenfrei übergeben und die Altlasten auf Harpen und
Essener Steinkohle abwälzen wollte.[90]

Am 26. Juni 1952 erließ die Hohe Kommission die Durchführungsverordnung zur Neuordnung des Flick-Konzerns und seiner montanindustriellen Unternehmen, und die FKG beeilte sich, sie umzusetzen.
Die Maxhütte wurde in eine AG umgewandelt und das Flick verblie-
bene Aktienpaket in eine neue Holding eingebracht, die Merkur Gesellschaft für Industrie- und Handelsunternehmungen mbH (Merkur)
mit einem Stammkapital von 37 Millionen Mark. Deren Anteile übernahmen zu je 50 Prozent Otto-Ernst und Friedrich Karl Flick (unter
entsprechender Herabsetzung ihrer Kapitalanteile an der FKG). Das
Hochofenwerk Lübeck galt fortan nicht mehr als reiner Eisenproduzent
und verblieb bei der FKG. Die Essener Steinkohle musste nach Bestimmungen des deutschen Aktienrechts bis zum 1. Juli 1952 die Monopol
Bergwerks-Aktiengesellschaft mit einem Grundkapital von 40 Millionen Mark gründen. In die neue Gesellschaft gingen die Zechen Grillo
1/2/3 und Grimberg 1/2 ein. Die Essener Steinkohle übertrug sämtliche
Monopol-Aktien auf die Maxhütte, die ihrerseits Monopol auf fünf
Jahre an Harpen verpachtete. Die Maxhütte schloss einen Organver-

trag mit der Monopol-Bergwerks AG in Kamen, diese wiederum einen Pachtvertrag mit der Harpen. 50 Prozent der Monopol-Erlöse waren Harpen für den Wiederaufbau der Zeche Grimberg 3/4 zugedacht. Die Harpener Bergbau AG durfte 40 Prozent ihrer Verpflichtungen aus den Obligationen von 1935 auf die Essener Steinkohle übertragen. Die Steinkohlegesellschaften musste der Flick-Konzern binnen fünf Jahren verkaufen. Zuvor war allerdings noch die Verteilung der Aktien auf die Aktionäre zu klären. Nach langen Diskussionen fand sich folgende Regelung: Jeder Harpen-Aktionär sollte für eine 1000-Reichsmark-Aktie eine im Verhältnis 1:2,2 umgestellte Harpen- und eine 1:1,5 umgestellte Essener Steinkohle-Aktie erhalten.[91] Damit waren Harpen und die Essener Steinkohle nicht mehr miteinander verflochten und aus Flicks Steinkohlebesitz – einschließlich Monopol – insgesamt drei selbstständige Unternehmen hervorgegangen.

Für die Presse war damit das Ende des Flick-Konzerns und der unternehmerischen Tätigkeit Friedrich Flicks gekommen. »Das Ende eines Montankonzerns«, titelte das *Handelsblatt*. Aus der Perspektive Flicks war das Ergebnis der Entflechtung hingegen durchaus ein Erfolg. Weder war, wie ursprünglich von den Alliierten angestrebt, die FKG liquidiert, noch war die Neuordnung seines Besitzes über seinen Kopf hinweg vorgenommen worden. Er hatte sich in den Verhandlungen mit den Alliierten und den deutschen Behörden hartnäckig Gehör verschafft, das Machbare geschickt ausgelotet und das Ergebnis schließlich pragmatisch akzeptiert. »Er sei gegen Angriffe auf die Leute, welche die Neuordnung des Bergbaus vorgenommen haben«, erklärte er einem SPD-nahen Pressedienst. »Man müsse die Lage anerkennen, wie sie nun einmal geschaffen worden sei.«[92]

Streit gab es noch einmal Ende Juli. Nachdem zwei Anordnungen der Alliierten das Grundkapital der Essener Steinkohle auf 79 Millionen und das von Harpen auf 127,6 Millionen Mark festgesetzt hatten und die Verfügungstreuhänder eingesetzt waren, beantragte die FKG am 30. Juli ihre Entlassung aus dem Gesetz Nr. 27, da alle erforderlichen Maßnahmen durchgeführt seien. Die Combined Coal Control Group stimmte dem Antrag aber nicht zu, da sie unter »Verfügung über die Aktien« nicht die »Zuteilung der Anteilsrechte an die Treuhänder, sondern erst die endgültige Verwaltung« verstand.[93] Die Alliierten bestanden zudem

auf einer Eingrenzung des Käuferkreises und wollten eine Klausel aufnehmen, die nicht nur Familienmitglieder, Konzernunternehmen und
Strohmänner Flicks vom Erwerb der Essener Steinkohle und Harpens
ausschloss, sondern auch die anderen deutschen Montankonzerne.

Dies berührte aus Sicht der Bundesregierung grundsätzliche Fragen
der Neuordnung. Sie befürchtete durch das Verbot der Rückverflechtung einen Fortbestand des alliierten Besatzungsrechts über die Entflechtung hinaus. Daher übernahm sie im Fall Flick die Initiative bei
der Alliierten Hohen Kommission und machte deutlich, dass sie den
Verkaufsbeschränkungen nicht zustimmen könne, da diese dem Geist
des gerade eben unterzeichneten Generalvertrags widersprächen. Ein
Vertreter des Bundeswirtschaftsministeriums betonte, dass Bonn zwar
keine Rückverflechtung der Großaktionäre anstrebe, »aber aus rechtlichen und politischen Gründen darauf bestehen müsse, daß die Frage
der Rückverflechtung nur von der Hohen Behörde auf Grund des Schu-
manplanes geprüft werde«. Die Alliierten malten in den Besprechungen
das Szenario eines Aktientausches zwischen Flick und Krupp aus. Von
Krupp verlangte die Hohe Kommission gar eine Verpflichtungserklärung, dass er seine Veräußerungsgewinne zu keinerlei Aktienerwerb in
der Grundstoffindustrie verwenden und auch auf keine andere Weise
eine beherrschende Stellung an einem Unternehmen der Grundstoffindustrie erwerben werde. Aufgrund des heftigen Widerstands aus Bonn
nahm die Hohe Kommission von ihren Forderungen am Ende weitgehend Abstand. Nach Abschluss der Neuordnung sollten allein die
Bestimmungen des EGKS-Vertrages gelten. Als einzige Konzession an
die Alliierten wurde von der Bundesregierung ein Besitztausch zwischen
Krupp und Flick untersagt.[94]

Während Bonn sich aus grundsätzlichen Erwägungen bei der Alliierten Hohen Kommission für Flick stark machte, diskutierten die
Juristen und Finanzexperten der FKG mit den Bundesbehörden und
der Landesfinanzverwaltung von Nordrhein-Westfalen die steuerlichen
Folgen der Neuordnung. Bereits am 15. August konnte mit dem Bundesfinanzministerium eine Befreiung der Verkaufserlöse von der Einkommensteuer für den Fall vereinbart werden, dass Flick von dem
Geld binnen drei Jahren neue Beteiligungen erwarb. Flicks Antrag auf
Freistellung der Erlöse von der Vermögensteuer wurde zunächst abge-

lehnt. Trotz der grundsätzlichen Übereinkunft gestalteten sich die Verhandlungen mit den Finanzbehörden schwierig, da die Behandlung zwischenzeitlicher Investitionen strittig blieb. Zu groß war in Bonn und Düsseldorf die Befürchtung, Flick, dem sein schlechter Ruf vorauseilte, könnte den Erlös rein spekulativ verwenden. Kaletsch beteuerte, »dass unserer Gruppe jede Spekulationsabsicht fern liegt«, es sei aber einfach nicht möglich, den Erlös sofort endgültig anzulegen. Ende November konnte schließlich eine Einigung erzielt werden: Der zuständige nordrhein-westfälische Finanzminister Adolf Flecken entsprach dem Antrag auf Steuerbefreiung für die anstehenden Veräußerungsgewinne und legte im Einvernehmen mit dem Bundesfinanzministerium fest, dass die Gewinne aus den Zwangsverkäufen einer steuerfreien Rücklage zugeführt werden konnten. Als Frist für die »Ersatzbeschaffung« waren nun fünf Jahre vorgesehen.[95]

Nachdem damit alle strittigen Fragen geklärt schienen, reiste Kaletsch am 5. Dezember nach Essen, um mit den Verantwortlichen bei der Combined Coal Control Group die Herausgabe der endgültigen Entflechtungsverordnung für den »Flick-Komplex« zu besprechen. In der Düsseldorfer Konzernzentrale war man mittlerweile ungehalten über die offenkundige Tatenlosigkeit der Behörde. Die Verzögerung hatte nach Kaletschs Auffassung nur den einen Grund, dass die Briten versuchten, den Abschluss der Flick-Neuordnung mit der Krupp-Entflechtung zu koppeln. Auch die Bundesregierung hielt die Verquickung der beiden Fälle für unfair, bat die FKG aber um einen Protest mit Augenmaß. In Düsseldorf war das Selbstbewusstsein im Umgang mit den alliierten Behörden inzwischen allerdings stark gewachsen. Am 8. Dezember 1952 wurde der Combined Coal Control Group fast ultimativ mitgeteilt, dass man in den langen Verhandlungen Konditionen auf sich genommen habe, die nur akzeptiert werden könnten, wenn der Plan auch unverzüglich rechtswirksam werde. Sollte es in absehbarer Zeit nicht zu einer Vertragsunterzeichnung kommen, sähe sich die FKG »nicht in der Lage«, sich »an den Plan gebunden zu halten«. Fünf Tage später setzte die Alliierte Hohe Kommission – offenbar aus Sorge, den leidigen Fall erneut aufrollen zu müssen – den Flick-Plan in Kraft und entließ die FKG aus der Kontrolle, bat diese allerdings noch für »kurze Zeit« um Vertraulichkeit. Ende Dezember 1952 gaben die Alliierten schließlich die Anordnung Nr. 10 bekannt, die die Neuordnung der FKG abschließend regelte.[96]

Als Flicks Vertreter endlich den versiegelten Umschlag mit dem von den Alliierten unterzeichneten Neuordnungsplan entgegennehmen konnten, verkniff es sich der französische Repräsentant nicht, das Ergebnis süffisant zu kommentieren: »Meine Herren, Ihnen gebührt der Entflechtungsorden – eine goldene Schlange, die sich in den Schwanz beisst.« Mit anderen Worten: Allen Beteiligten war klar, dass »bei Flick im Grunde alles beim alten bleiben würde«. Nicht nur in Deutschland, auch bei den Siegermächten wusste man recht genau einzuschätzen, was die Entflechtung für Flick, bei allen Substanzverlusten, eben auch bedeutete: »Ex-Nazi will get £11m. for Coal mines«, mokierte sich der *Daily Telegraph* am Tag, an dem die Anordnung veröffentlicht wurde.[97]

Im Handeln von Friedrich Flick, Konrad Kaletsch und den an der Neuordnung des Konzerns beteiligten Mitarbeitern der FKG spiegeln sich die in der Vorkriegszeit entwickelten Einstellungen und Verhaltensweisen wider: Konspiration, Desinformation und (oftmals erfolgreiche) Versuche, die Politik zu instrumentalisieren. Flick war es erneut gelungen, ein öffentliches Interesse an seinen Unternehmen herzustellen – wie seinerzeit in Oberschlesien. In den Verhandlungen über die Neuordnung seines Montanbesitzes hatte er nicht nur die Bundesregierung, sondern auch die Landesregierungen von Bayern und Schleswig-Holstein, die großes Interesse am Erhalt der Unternehmen hatten, vor seinen Karren spannen können. Grundsätzlich handelte Flick damit freilich nicht anders als andere Unternehmer auch, indem er den Plänen der Politik ökonomische und betriebswirtschaftliche Argumente entgegensetzte.

Wenn man berücksichtigt, dass die Entflechtung von Flick gemeinhin als einer der schwierigsten Fälle betrachtet wurde, war es verhältnismäßig zügig zu einem Abschluss gekommen, und aus Sicht Friedrich Flicks konnte sich das Ergebnis sehen lassen. Während die Neuordnungsauflagen ursprünglich einen weitgehenden Rückzug der FKG aus dem Kohle- und Stahlsektor vorgesehen hatten, blieb auch nach den Enteignungen in der Sowjetischen Besatzungszone 1945/46 und der Entflechtung im Westen mit dem Werk in Lübeck und der formal auf die Merkur übertragenen Maxhütte letztlich ein starker Montanblock im Familienbesitz. Dieser versprach gute Geschäfte beim Wiederaufbau des weithin zerstörten Deutschland. Und selbstverständlich hatte sich Friedrich Flick auch bei der Merkur – wie bereits im Fall der FKG – die Verfügungsgewalt über die Beteiligungen vorbehalten. Diese befand sich offiziell im Besitz von Otto-Ernst und Friedrich Karl Flick. Aber die Söhne waren nichts als seine Stellvertreter. Genauer gesagt, waren sie seine Strohmänner.

»Neuanfang« im Westen

Am 10. Juli 1953 konnte Friedrich Flick mit sich und der Welt zufrieden sein. Er feierte an diesem Tag seinen 70. Geburtstag. Mehr noch beglückte den asketischen Konzernchef aber, dass er – nachdem sein Konzern siebeneinhalb Jahre unter alliierter Kontrolle gestanden hatte –, seit einigen Monaten wieder frei schalten und walten konnte. Zwar stand fest, dass er um die Veräußerung von Teilen seiner Unternehmen nicht umhinkäme. Aber er konnte die Umstände des Verkaufs seiner Zechen selbst bestimmen. Tatsächlich konnte und wollte er mit den Ergebnissen der Neuordnung nicht leben. Unmittelbar nachdem die Alliierte Hohe Kommission die FKG aus der Kontrolle entlassen hatte, leitete Flick die Rekonstruktion der Verwaltungsstruktur des Konzerns und erste Maßnahmen zur Rückverflechtung seiner Unternehmen ein. Im Zentrum der Überlegungen stand zunächst die Veräußerung der Steinkohlegruben. Nach deren Verkauf, soviel stand von vornherein fest, würde er über größere finanzielle Mittel verfügen als die meisten anderen Unternehmer in Deutschland.

Friedrich Flick musste jetzt grundsätzliche Entscheidungen treffen. Was sollte er tun? Er konnte versuchen, einen neuen, teilweise anders ausgerichteten Konzern aufzubauen, oder er konnte den Verkaufserlös mit möglichst guter Rendite für sich arbeiten lassen, ohne sich mit der Führung einer Unternehmensgruppe zu belasten. Im einen wie im anderen Fall stellte sich die zentrale und schwierige Frage, in welche Branchen er investieren sollte. Ein wirtschaftlicher Strukturwandel zeichnete sich bereits ab: Die verarbeitenden Industrien (Maschinenbau, Automobilbau, Elektrotechnik und andere) würden im Laufe der fünfziger Jahre an Bedeutung gewinnen und zum »Motor der Expansion« werden. Aber Flick, der sich mit Fachleuten durchaus über die Form der Hochofenmöllerung streiten konnte, fehlte etwa im Bereich der Chemischen Industrie die Kompetenz. Was also sollte er tun?

Abschied von der Steinkohle

Das entscheidende Hindernis für den dekretierten Verkauf der Steinkohlezechen war die extreme Kapitalarmut der Wirtschaft in der jungen Bundesrepublik. Wer konnte überhaupt das Geld für den Erwerb von zwei der größten Zechengesellschaften an der Ruhr aufbringen? Im Bundeswirtschaftsministerium machte man sich große Sorgen über die Folgen der Neuordnung. Aufgrund der Fristsetzungen war klar, dass in den folgenden fünf Jahren große Beteiligungen auf den Markt kommen würden, Beteiligungen mit einem geschätzten Nominalwert von rund einer Milliarde Mark, darunter neben der Harpener Bergbau AG und der Essener Steinkohlenbergwerke AG die Hütten- und Bergwerke Rheinhausen AG sowie 51 Prozent der Anteile der Gewerkschaft Constantin der Große aus dem Krupp-Besitz.

Da kapitalkräftige Interessenten aus dem Inland nicht in ausreichender Zahl vorhanden waren, befürchtete Bonn eine »Überfremdung« der Ruhrindustrie – obwohl wechselseitige Kapitalbeteiligungen zur Gründungsidee der Montanunion gehörten. Mitte 1952 verzeichnete das Bundeswirtschaftsministerium bereits eine ausländische Mehrheitsbeteiligung an zwölf Steinkohlegesellschaften, die insgesamt rund 15 Prozent der westdeutschen Steinkohleförderung erbrachten. Krupps Verhandlungen mit französischen Interessenten über einen Verkauf der Zeche Constantin nährten diese Befürchtungen. So zeigte sich etwa der für die Bundesbahn zuständige Bonner Verkehrsminister Hans-Christoph Seebohm (CDU) besorgt, dass weiterer Kokskohlebesitz ins Ausland gehen könnte. Der Vorsitzende des Deutschen Gewerkschaftsbundes Walter Freitag geißelte den Verkauf von Anteilen an deutschen Bergwerksunternehmen nach Frankreich als »Landesverrat« und vermutete hinter den Transaktionen die Absicht, durch den Verkauf ins Ausland eine Sozialisierung endgültig zu verhindern. Auch in der Öffentlichkeit machte sich Sorge breit vor einer drohenden »Über-

fremdung« und dem weiteren Zerreißen der »organischen Zusammenhänge der westdeutschen Verbundwirtschaft«. Diese Haltung, die sich
quer durch alle Parteien zog, widersprach ganz und gar dem Geist der
EGKS. Der vollmundig bekundeten Integrationspolitik, die Deutschland gerade erst den Weg zurück auf die Bühne der europäischen Politik
ermöglicht hatte, stand reflexartig eine nationale Interessenpolitik entgegen. Immerhin sprach sich am 3. Oktober 1952 der Chef des Bundesverbandes der deutschen Industrie, Fritz Berg, gegen den Harpen-Verkauf an den Bund aus und erklärte, es sei besser, das Unternehmen ins
Ausland als an die öffentliche Hand zu verkaufen.[98]

Dass Flick trotz der fünfjährigen Verkaufsfrist gewillt war, möglichst
rasch zu einem Ergebnis zu kommen, deutete sich bereits Ende 1952
an. In den vorangegangenen Jahren waren erhebliche Summen in die
Modernisierung und Kapazitätsausweitung von Harpen und Essener
Steinkohle investiert worden. Als jedoch am 5. Dezember 1952 ein
Antrag der Essener Steinkohle auf Investitionshilfe in Höhe von elf
Millionen Mark zum Ausbau der Kapazitäten im Kreditausschuss des
Bundeswirtschaftsministeriums zur Beratung anstand, platzte in die
entscheidende Sitzung die telefonische Mitteilung Kaletschs, die Essener Steinkohle storniere ihren Antrag. Offenbar war nicht einmal
der Vorstand der Gesellschaft über Kaletschs Intervention informiert
worden. Die Teilnehmer der Sitzung waren sich mit dem Vertreter der
IG Bergbau darin einig, dass Flick den Antrag wohl »im Hinblick auf
evtl. Verkaufsabsichten zurückgezogen habe«.[99] Da Kaletsch am selben
Tag bei den Alliierten vergeblich die Herausgabe der Entflechtungsverordnung für den Flick-Konzern verlangt hatte, ist zu vermuten, dass er
die Aktion stoppte, weil er keine Risiken eingehen und die Gesellschaft
nicht mit weiteren Verbindlichkeiten belasten wollte.

Im Fall der Essener Steinkohlenbergwerke AG waren alle Sorgen
wegen eines möglichen Verkaufs der Aktienmehrheit ins Ausland gegenstandslos. Im Juli 1953 fanden die entscheidenden Gespräche mit Vertretern von Mannesmann statt. Diese Verhandlungen sind ein Paradebei-
spiel für die in der deutschen Industrie weit verbreitete Bereitschaft, die
Ergebnisse und Auflagen der Neuordnung zu unterlaufen. Als Käufer
sollten zwei Nachfolgegesellschaften der von den Alliierten gleichfalls
entflochtenen Mannesmannröhren-Werke AG auftreten, die Consoli-

dation Bergbau AG, Gelsenkirchen, in der die Bergbauinteressen der
Altgesellschaft eingebracht worden waren, sowie die Stahlindustrie und
Maschinenbau AG (Stamag), Düsseldorf, die alle Konzernunternehmen
zusammenfasste, deren Eingliederung in die neue Mannesmann AG die
Alliierten untersagt hatten, darunter die Hahnsche Werke AG in Duisburg-Großenbaum. Die Mannesmann-Nachfolgegesellschaften wollten
nicht das gesamte Aktienpaket von Flick erwerben, ihnen reichte eine
einfache Mehrheitsbeteiligung. Abgesehen hatten sie es vor allem auf
die ertragreiche Zechengruppe Hugo und auf die Zeche Katharina, in
denen Fettkohle gefördert wurde. Für die Magerkohlenzechen Dahl-
hauser Tiefbau, Carl Funke, Gottfried Wilhelm und Pörtingssiepen bekundete Mannesmann kein Interesse.

Nachdem die Unterhändler beider Konzerne – auf Seiten der FKG
Friedrich Flick und Konrad Kaletsch, die Mannesmann-Gesellschaften
wurden in der Regel von Wilhelm Zangen, Hermann Winkhaus und
Wolfgang Pohle vertreten – am 28. Juli 1953 eine grundsätzliche Übereinkunft erzielt hatten, kamen die Verhandlungen am 23. Oktober 1953
zum Abschluss. 51 Prozent des Stammkapitals der Essener Steinkohle in
Höhe von 79 Millionen Mark (= 40,29 Millionen Mark) sollten für insgesamt 65 Millionen Mark zu gleichen Teilen an die Consolidation und
die Stamag gehen. Mannesmann war durch einen Liefervertrag mit der
Consolidation verbunden, mit der Stamag sollte eine ähnliche Vereinbarung noch geschlossen werden.

Nun mussten die beiden Konzerne noch die Alliierte Hohe Kommission dazu bringen, den Vertrag abzusegnen. Mannesmann-Vorstand
Winkhaus setzte sich Ende Oktober 1953 mit Franz Etzel, dem Vizepräsidenten der Hohen Behörde der Montanunion in Luxemburg, in
Verbindung. Winkhaus erklärte, da die Consolidation und die Stamag
bei der Entflechtung entstanden seien, komme man wohl nicht umhin,
eine Genehmigung der Hohen Behörde einzuholen. Am selben Tag
teilte Kaletsch der Combined Coal Control Group mit, es sei gelungen,
zwei Gesellschaften für den Erwerb der Essener Steinkohle zu interessieren, die voneinander völlig unabhängig seien – was in Wahrheit nicht
stimmte.[100]

Wenige Tage später warfen die Verhandlungspartner selbst das Ergebnis über den Haufen. Nun vereinbarten Flick, Kaletsch, Zangen,

Winkhaus und Pohle, dass die Consolidation als alleinige Käuferin des Aktienpaktes der Essener Steinkohle auftreten solle. Hierüber unterrichtete Kaletsch Bundeswirtschaftsminister Erhard: Flick habe in den Verhandlungen mit den Alliierten deren Zugeständnis erringen können, dieses Geschäft als Ausnahme von den im Flick-Plan bis zum Abschluss der Neuordnung vorgesehenen Verkaufsbeschränkungen einzustufen, die Combined Coal Control Group werte den Verkauf nicht als übermäßige Konzentration wirtschaftlicher Macht im Sinne des Gesetzes Nr. 27. Damit, frohlockte Kaletsch, dürfe auch die später bei der Alliierten Hohen Kommission zu erörternde Frage im Sinne der Consolidation »praktisch gegenstandslos sein«.[101]

Eine zügige Beendigung des Schwebezustandes und damit ein rascher Verkauf der Essener Steinkohle lag auch im Sinn des Unternehmens selbst, und dies versuchte Flick zu seinem Vorteil zu nutzen, indem er den Verkauf seiner Anteile mit der noch nicht abschließend gelösten Frage der Bewertung der Harpen-Bonds zu verbinden suchte. Er ließ dem Präsidium der Essener Steinkohle durch Kaletsch ausrichten, falls in der Bonds-Angelegenheit keine Einigung erzielt werde, sei man entschlossen, den Kaufvertrag mit der Consolidation anzufechten. Daraufhin kam es am 12. Dezember 1953 auf einer Präsidialsitzung der Essener Steinkohle fast zum Eklat. Walter Tengelmann war der Auffassung, die Gegenseite – also Flick – müsse durch Härte zu Zugeständnissen gebracht werden. In der heftigen Diskussion bezeugte insbesondere Beckmann wegen seiner »alten Beziehungen zur Flick-KG« Verständnis für Flicks Forderung, woraufhin Tengelmann ihn abkanzelte: Er müsse dann wohl besser seine geschäftliche Tätigkeit aufgeben und seine persönlichen Beziehungen zu Flick pflegen. Freilich waren die Verhandlungen schon zu weit fortgeschritten und zudem kein anderer ernsthafter Interessent für die Essener Steinkohle in Sicht, als dass Flick das Geschäft noch hätte platzen lassen können. Außerdem war der Abschluss des Vertrages bereits in der Presse lanciert worden, wobei die Meldungen endlich einmal einen für Flick freundlichen Tenor hatten, da der Käufer aus Deutschland stammte. Nur drei Tage später zahlte Mannesmann bereits die erste Rate an Flick.[102]

Das Geschäft wurde endgültig perfekt, als die Alliierte Hohe Kommission am 24. Dezember 1953 den Verkauf von 51 Prozent der Aktien der Essener Steinkohle an die Consolidation Bergbau AG absegnete. Sie erteilte die Genehmigung, obgleich die Erwerberin ebenfalls Nachfolgerin einer im Anhang A zu Gesetz Nr. 27 genannten Gesellschaft war; das Aktienpaket hätte nach den Bestimmungen der Flick-Neuordnung nicht an sie verkauft werden dürfen. Allerdings hatte schon ein alliierter Plan von 1949 vorgesehen, die Magerkohlenzechen des südlichen Essener Raums (die im Besitz der Essener Steinkohle waren) mit den Gruben der Mannesmann AG im Essener Norden zusammenzulegen. Das Bundeswirtschaftsministerium wiederum genehmigte das Geschäft, da durch den Verkauf an die Consolidation eine weitere Stärkung ausländischen Einflusses verhindert werden konnte. Flick war es gelungen, nicht nur rasch einen Käufer für den Großteil seiner Essener Steinkohleaktien zu finden und alle rechtlichen Bedenken auszuräumen, sondern auch die direkte Unterstützung der Bundesregierung zu erhalten. Erstaunlich bleibt, dass Mannesmann derart entschlossen bei der Essener Steinkohle zugriff, hatte Flick das Unternehmen durch die Herauslösung der Zechengruppe Monopol doch um seine ertragreichsten Gruben mit der qualitativ hochwertigsten Kohle gebracht.[103]

Schwieriger war der Verkauf des Harpen-Pakets. Bereits im Februar 1952, als Flick mit den alliierten und den deutschen Behörden um die genauen Inhalte des Neuordnungsplans für seinen Konzern rang, hatte er der Bundesbahn seine Harpen-Aktien zum Kauf angeboten. Tatsächlich war die Bundesbahn der einzige Großverbraucher in Deutschland, der infolge des Besatzungsrechts für einen Erwerb infrage kam und dem ein eigener Zechenbesitz auch von Wert sein konnte. Die Bundesregierung war diesem Vorschlag gegenüber aufgeschlossen, da auch diese Zechen dann in deutschem Besitz blieben.[104]

Im Herbst 1952 ließ Flick der Presse die Information zuspielen, die Bundesbahn käme als Käuferin für einen Teil seines Kohlebesitzes infrage. Anschließend versuchte er in einer an Dreistigkeit kaum zu überbietenden Weise, die Indiskretion der Bahn in die Schuhe zu schieben. Er wandte sich nicht nur an den zuständigen Bundesverkehrsminister Seebohm, sondern auch an den Aufsichtsratschef der Bundesbahn, Edmund Friedrich Frohne, und beteuerte, er selbst habe »solange es sachlich gerechtfertigt war, peinlichst vermieden, der Presse auch nur die geringste Information zu geben«. Die vertraulichen Informationen, so

Flick, dürften aus Offenbach stammen – dort saß der Vorstand der Bundesbahn. Da Gefahr im Verzug sei, wenn die »Presse selbständig berichten würde«, habe er in Abstimmung mit Offenbach versucht, die Situation durch gesteuerte Pressemeldungen zu retten. Die meisten Berichte ließen Flick in freundlichem Licht erscheinen, betonten sie doch seinen guten Willen, »in erster Linie für diese Kohlebeteiligungen Interessenten aus deutschen Kreisen zu finden«. Da die alliierten Verkaufsauflagen den potenziellen Käuferkreis stark eingrenzten, so kommentierte etwa *Die Zeit*, könne eine Kombination Harpen-Bundesbahn oder auch Essener Steinkohle-Bundesbahn »als recht glücklich angesprochen werden«.[105] Damit erhöhte sich der Druck auf den Bund und den Aufsichtsrat der Bahn, dem Angebot Flicks zuzustimmen.

Vielfach wurde spekuliert, dass Flicks Gespräche mit der Bundesbahn nur der Vorbereitung des eigentlich anvisierten Geschäftsabschlusses mit einem französischen Interessenten gedient hätten. Allem Anschein nach hatte Flick aber ernsthaft mit dem Staatsunternehmen verhandelt. Angesichts des Drucks, unter dem die Bundesregierung wegen der latenten Überfremdungsängste an Rhein und Ruhr stand, konnte er durchaus hoffen, dass, wie bereits im Fall Gelsenberg, der Staat einspringen würde. Tatsächlich unterstrich Adenauer gegenüber Seebohm, ihm sei aus »nationalpolitischen Gründen« sehr daran gelegen, die Frage »zu einem baldigen und guten Abschluss zu bringen«. Für ernsthafte Verhandlungen spricht noch ein weiteres Indiz: In die Verkaufsverhandlungen mit Seebohm und Frohne hatte sich Friedrich Flick selbst intensiv eingeschaltet. Seebohm äußerte wiederholt – und für Flick vernehmlich – die Befürchtung, es könnten im Zuge der Entflechtung »bedeutende Objekte in die Hände der französischen Eisenindustrie geraten« und damit die »Voraussetzungen geschaffen werden, die die Lebensgrundlage des Ruhrgebietes durch entsprechenden Abzug von Kokskohle gefährden«. Der Verkehrsminister bemühte sich daher sehr, die »Organe der Deutschen Bundesbahn dafür zu gewinnen«, Flicks Harpen-Paket zu erwerben.[106]

Während in Bonn insbesondere die politischen Implikationen bedacht wurden, mussten Aufsichtsrat und Vorstand der Bahn vor allem die betriebswirtschaftlichen Vor- und Nachteile abwägen. Am 22. September 1952 ging der Verwaltungsrat in Klausur. Gegen einen Einstieg bei Harpen sprach, dass die Bundesbahn damit ein Fünftel ihres gesamten Bedarfs auf nur sechs Zechen konzentrieren würde und nur 12 bis 14 Prozent der Harpen-Kohle überhaupt als Lokkohle verwendbar war. Vor allem aber ließ die schlechte Finanzlage des Staatsunternehmens den Erwerb der Zechen nicht zu; auch wenn der Bund das Kapital zur Verfügung gestellt hätte, wäre der Investitionsbedarf bei Harpen eine nicht vertretbare Belastung für die Bahn gewesen.[107]

Die Finanzprobleme der Bundesbahn waren natürlich auch Flick bekannt, und deshalb versuchte er einen Finanzierungsweg aufzuzeigen, was noch einmal die Ernsthaftigkeit seiner Bemühungen unterstreicht. Flick hatte bei einem Bankenkonsortium die Möglichkeit erkundet, der Bundesbahn einen Betrag von 70 bis 90 Millionen Mark auf Basis von Bundesbahnschatzanweisungen im Wege einer mittelfristigen Anleihe für die Transaktion zu verschaffen. Damit griff Flick einen Plan auf, den Paul Silverberg bereits in den zwanziger Jahren als Finanzierungsinstrument für die Reichsbahn entworfen hatte. Die Finanzgruppe verlangte jedoch eine Sicherheit: Die Bahn sollte ihre Schatzanweisungen in Höhe des jeweiligen Schuldbetrags als Depot zur Verfügung stellen, das im Bedarfsfall verpfändet werden konnte. Seebohm signalisierte Zustimmung. Aber die Zeit drängte. Am 16. Januar 1953 informierte Flick den Bahnchef, dass es ihm gelungen sei, die Finanzmittel des Konsortiums »zu reservieren«, dass sie aber nicht mehr lange zur Verfügung gehalten werden könnten. Derart unter Entscheidungsdruck gesetzt, nahm der Bahnvorstand am 19. Januar vom Harpen-Erwerb Abstand. Seebohm setzte Flick von diesem Beschluss allerdings erst am 9. März offiziell in Kenntnis. Seebohm, der sich monatelang für den Kauf stark gemacht hatte, wusste, dass es weitere deutsche Interessenten für Harpen nicht gab und Flick das Aktienpaket jetzt wahrscheinlich nach Frankreich verkaufte. Die möglichen Folgen malte man sich in Bonn mit Grausen aus: Sollten Flick und Krupp, der noch immer über seine Zeche Constantin der Große verhandelte, ihre Aktien tatsächlich ins Ausland verkaufen, würde sich der ausländische Anteil an der deutschen Kohle schlagartig von 14,6 auf 27,6 Prozent erhöhen.[108]

Flick hatte ein Scheitern der Gespräche von Anfang an ins Kalkül gezogen. Alles andere wäre bei der problematischen Finanzlage des Staatsunternehmens und auch des Bundes aus seiner Sicht grob fahrlässig gewesen. Daher hatte er sich frühzeitig nach potenziellen anderen Erwerbern umgesehen, und nur wenige Wochen nach der Absage der Bundesbahn konnte er eine Übereinkunft mit einem französischen Konsortium bekannt geben, der Société Sidérurgique des Participations et d'Approvisionnement en Charbons (Sidéchar) in Paris. Sidéchar, ein Zusammenschluss von neun französischen Montangesellschaften und einem belgischen Unternehmen, sollte nach den vorläufigen Vereinbarungen das Flicksche Harpen-Paket für rund 180 Millionen Mark übernehmen. Bundeskanzler Adenauer zeigte sich mit dem Geschäft nicht einverstanden, äußerte gegenüber Pferdmenges aber, dass man Flick bei diesem hohen Preis keinen Vorwurf machen könne. In der Öffentlichkeit wurde sehr genau registriert, dass in der französischen Eisen- und Stahlindustrie nach dem Zweiten Weltkrieg »Konzentrationsbestrebungen in größtem Ausmaße« eingesetzt hatten, während die heimischen Montankonzerne aufgrund alliierter Bestimmungen zwangsweise entflochten wurden. Hinzu kam, dass der französische Staat das für die Übernahme von Harpen benötigte Geld leihweise zur Verfügung stellen wollte. Sidéchar sollte vom Crédit National (dem Pendant der bundesdeutschen Kreditanstalt für Wiederaufbau) einen Kredit von 15 Milliarden alten Francs erhalten, um den Kaufpreis aufbringen zu können.[109]

Um eine negative Berichterstattung zu verhindern, erklärte Flick der Bundesregierung, er werde sich einmal »die massgebenden Journalisten vorknöpfen«. Vielleicht war es tatsächlich Flickscher Öffentlichkeitsarbeit zu verdanken, dass sich der Ton der Presse in den kommenden Monaten änderte. Es war aber sicher kein Zufall, dass der Harpen-Deal just am 1. Mai 1953 bekannt gegeben wurde, an dem die EGKS-Staaten in Luxemburg die Errichtung eines gemeinsamen Stahlmarktes beschlossen. Die meisten Zeitungen betonten denn auch die Chancen, die in dem Geschäft lagen. Die *Frankfurter Allgemeine* äußerte die Hoffnung, dass nun vielleicht eine grundsätzliche Neuordnung der westeuropäischen Montanwirtschaft erreicht werden könne. Als deren Ergebnis könnten »die Franzosen etwa den westdeutschen Bergbau und die Stahlwerke an der Ruhr als ihr Miteigentum betrachten«; dann sei aber anzustreben, dass »auch das deutsche Interesse an der französischen Montanindustrie eigentumsmäßig verankert« werde.[110]

In den folgenden Monaten verhandelte Flick mit Sidéchar über die Vertragsdetails und mit der Bundesregierung über deren Zustimmung zu diesem Geschäft. Friedrich Flick blieb sich treu: Auch wenn neben Sidéchar kein weiterer Interessent mehr vorhanden und der Verkauf des Harpen-Pakets damit seitens der Bundesregierung kaum zu verhindern war, spielte er im Genehmigungsverfahren den Bundeskanzler und seinen Wirtschaftsminister, die sich bekanntlich nicht immer wohlgesinnt waren, klug gegeneinander aus, um zu einem raschen Abschluss zu kommen. Als Flick und Kaletsch am 25. April mit Ludwig Erhard und Staatssekretär Ludger Westrick im Bundeswirtschaftsministerium verhandelten, behaupteten sie, sowohl der Bundeskanzler als auch die Bank deutscher Länder hätten dem Geschäft bereits zugestimmt. Anschließend teilte Flick dem Kanzler mit, Erhard habe seine Zustimmung gegeben. Als Westrick wenig später Adenauer über Flicks Besuch unterrichtete, musste er klarstellen, dass eine offizielle Zustimmung des Wirtschaftsressorts bislang weder erbeten noch erteilt worden sei. Das Bundeswirtschaftsministerium müsse diesem Eindruck entschieden entgegentreten, auch um zu verhindern, »dass im Zusammenhang damit der Gedanke eines späteren gegen den Bund gerichteten Wiedergutmachungsanspruchs des Herrn Flick oder irgendeines anderen Großaktionärs der entflochtenen Konzerne Fuß fassen« könne.[111]

Flick blieb bei seiner Version des Gesprächs und bekräftigte am 3. Juli 1953 gegenüber Adenauer, der Plan habe Erhards »ausdrückliche Billigung und Anerkennung« gefunden. Wenige Tage später teilte Adenauer Flick mit, dass er gegen einen Verkauf ins Ausland keine Bedenken hege, da Flick ja gleichzeitig Anteile an ausländischen Gruppen erwerben wolle. Schließlich sei es ein »Hauptanliegen der Montan-Union, durch eine allmähliche – auch finanzielle – Verflechtung deutscher und französischer Werke dem Gedanken eines europäischen Marktes zu dienen«.[112]

In der Presse hatte Flick geschickt den Eindruck entstehen lassen, er sei durch die von der Bundesregierung gebilligten Entflechtungsauflagen zum Verkauf des Harpen-Pakets ins Ausland gezwungen worden. Damit allerdings brachte er bei Ludwig Erhard das Fass zum Überlaufen. Der merklich angesäuerte Bundeswirtschaftsminister schrieb ihm zwei lange Briefe. Die Bundesregierung habe in den Verträgen mit den Alliierten

dafür Sorge getragen, dass »kein deutscher Industrieller gezwungen ist,
an dem Eintritt einer Überfremdung bei deutschen Montan-Unternehmen mitzuwirken«. Die ursprünglich vorgesehene Fünfjahresfrist für
die Erfüllung der Verkaufsauflage habe man als unzureichend angesehen
und daher die Möglichkeit einer Fristverlängerung für den Fall erwirkt,
dass der deutsche Kapitalmarkt nicht in der Lage sei, die zu verkau-
fenden Objekte aufzunehmen. Diese Klausel hätte die Alliierte Hohe
Kommission gerade deshalb gebilligt, da sie »den Vorwurf scheute,
eine Überfremdung der betroffenen deutschen Montan-Unternehmen«
sei ein »Ziel der Entflechtungspolitik« gewesen.[113] Tatsächlich sah der
so genannte Überleitungsvertrag als Bestandteil des Generalvertrages
vom 26. Mai 1952 die Möglichkeit einer Fristverlängerung vor, wenn
»die Wertpapiere trotz zumutbarer Bemühungen zu wirtschaftlichen
Bedingungen und auf einer mit dem deutschen Allgemeininteresse zu
vereinbarenden Grundlage nicht veräußert werden konnten«. In einem
weiteren Schreiben stellte Erhard noch einmal klar, dass das Gespräch
vom 25. April keinesfalls als offizieller Antrag auf Genehmigung ge-
wertet werden könne. Erhard äußerte seinen Groll gegen Flick auch im
Kabinett. Flicks Behauptung, er habe unter Zwang gehandelt, sei un-
richtig, da er mit Rücksicht auf die Lage am Kapitalmarkt auf eine Verlängerung der Veräußerungsfrist hätte rechnen können.[114]

In Bonn war man nun vorsichtig geworden. Nicht nur, dass Flick
mehrfach in den Verhandlungen die Unwahrheit gesagt hatte. Er lag zu
diesem Zeitpunkt auch bereits in einem Rechtsstreit mit der Bundesregierung und der staatlichen Reichswerke AG in Salzgitter über den
Kohlenfeldertausch von 1939. Das Ministerium war misstrauisch und
wünschte von Flick eine schriftliche Erklärung, dass der Harpen-Ver-
trag auf einer freien Entscheidung beruhe und Flick hierfür »weder
heute noch später die Bundesregierung verantwortlich« machen werde.
Außerdem wurde Flick um eine schriftliche Zusicherung gebeten, seine
Francs vor allem in der französischen Montanindustrie anzulegen und
hierüber Einvernehmen mit der Bundesregierung herzustellen. Erwäh-
nenswert ist in diesem Zusammenhang, dass auch die Consolidation
Flick inzwischen mehrfach um eine Erklärung gebeten hatte, dass der
Verkauf des Essener Steinkohle-Pakets auf seiner »freien Willensent-
scheidung beruhe«. Früher war es Friedrich Flick gewesen, der bei

seinen Vertragsabschlüssen immer wieder auf derartigen Erklärungen bestand. Wolfgang Pohle, in Nürnberg einer seiner Anwälte, jetzt sein Verhandlungspartner bei Mannesmann, hatte gelernt.[115]

Nachdem die Verhandlungen mit Sidéchar Anfang März 1954 noch einmal ins Stocken geraten waren, da Flick an den ihm angebotenen Beteiligungen an französischen Flugzeugfirmen zur Begleichung des Kaufpreises kein Interesse zeigte, konnte schließlich doch rasche Übereinkunft erzielt werden. Ende April legte die VG der Bundesregierung einen Vertragsentwurf zur Vorabgenehmigung des Geschäfts vor. Die Bundesregierung debattierte in der Kabinettssitzung vom 28. April 1954 über den angekündigten Verkauf des Harpen-Pakets an Sidéchar. Die Ministerrunde verständigte sich darauf, alles zu vermeiden, was in der Öffentlichkeit den Eindruck erwecken könnte, der Verkauf sei »mit ausdrücklicher Billigung der Bundesregierung durchgeführt worden«. Daher sollte die Bundesregierung den Verkauf »offiziell nur zur Kenntnis« nehmen.[116]

Am 30. April 1954 unterzeichneten Konrad Kaletsch namens der VG und Friedrich Flick für die FKG den Kaufvertrag mit Sidéchar. Ein Paket von nominell 95 700 100 Mark Harpen-Aktien ging für einen Gesamtpreis von 180 Millionen Mark nach Frankreich. 76,5 Millionen Mark erhielt Flick dafür in Francs, den Restbetrag zahlte Sidéchar mit 40 Millionen Sperrmark und 63,5 Millionen Mark in frei konvertierbarer Währung. Der VG wurde vertraglich zugesichert, dass ihr bei der Anlage und Verwertungsmöglichkeit der Francs in Frankreich »alle nur möglichen Freiheiten eingeräumt werden«. Ein Ergänzungsvertrag regelte den Selbstverbrauch. Als die FKG den Vertrag den Bundesbehörden zur Genehmigung vorlegte, zeigte sich, dass deren Misstrauen mehr als begründet war, denn er wich in wesentlichen Punkten von dem genehmigten Entwurf ab. Die Bank deutscher Länder hatte vor allem devisenwirtschaftliche Bedenken wegen der 40 Millionen Sperrmark, die nach Ansicht der Banker eine »nicht vertretbare Verschlechterung« darstellten. Sperrmarkguthaben gingen auf die deutsche Devisenbewirtschaftung von 1931 zurück und bezeichneten im Inland geführte Ausländerkonten, die nicht frei konvertierbar waren; sie wurden nach dem Krieg bei zunehmender Liberalisierung zunächst beibehalten. Zudem konstatierten die Banker, dass ein Ergänzungsvertrag über den Selbstverbrauch geschlossen worden sei, der erst geprüft werden müsse. In der vorliegenden Form schien der Vertrag für die Bank jedenfalls nicht genehmigungsfähig.

Auch die Bundesregierung kritisierte die Zahlungen in Sperrmark; ursprünglich sei von 103,5 Millionen Mark in frei konvertierbarer Währung die Rede gewesen. Erneut erwies sich die Unterstützung durch Robert Pferdmenges und der direkte Draht zum Bundeskanzler für Flick als äußerst hilfreich. Pferdmenges versicherte Adenauer am 12. Juni, dass Kaletsch ihn regelmäßig über alle Entwicklungen in Zusammenhang mit dem Harpen-Verkauf informiere. Er habe gehört, dass Flick sich über die in letzter Minute vorgebrachten Forderungen der Franzosen sehr erregt habe, weswegen sein Gesundheitszustand nun etwas angegriffen sei. Flick sei »sehr entrüstet«, zumal er wisse, wie schwierig jetzt die Situation für die deutschen Behörden geworden sei, die ihm womöglich unterstellten, hier sei ein taktisches Spiel getrieben worden.[117]

Aber das dicke Ende kam noch. Im Bundeswirtschaftsministerium staunte man nicht schlecht, als die VG Mitte Oktober überraschend einen Antrag auf Erwerb von nominell 6,5 Millionen Mark Harpen-Aktien in den Niederlanden stellte. Nun erst fiel den zuständigen Referenten auf, dass Flick der Sidéchar vertraglich deutlich mehr Harpen-Aktien zugesagt hatte, als die VG überhaupt in ihrem Portefeuille hatte: Flick besaß nur knapp 70 Prozent der Harpen-Anteile, hatte dem französischen Konsortium aber rund 75 Prozent verkauft. In allen dem Ministerium vorgelegten Vertragsentwürfen hatten Flicks Anwälte durch eine verschleiernde Wortwahl (»die zu liefernden Aktien«, »die verkauften Aktien«) den Eindruck entstehen lassen, dass das an Sidéchar verkaufte Paket mit dem identisch war, für das Flick eine alliierte Verkaufsauflage erhalten hatte.

In den weiteren Verhandlungen mit dem Bundeswirtschaftsministerium vertrat Günter Max Paefgen die VG. Paefgen hatte nach seiner kaufmännischen Ausbildung beim Stahlverein als Mitarbeiter der Stahltreuhändervereinigung an der Entflechtung der westdeutschen Montanindustrie mitgewirkt und war 1951 als Prokurist in den Dienst der FKG getreten. Ihn zu entsenden war ein geschickter Schachzug, da Paefgen sich immer wieder auf Unkenntnis der genauen Inhalte früherer Besprechungen berufen konnte. Vor allem konnte er keine Auskunft darüber geben, warum das Ministerium nicht längst darüber aufgeklärt worden war, dass eine weitere genehmigungspflichtige Transaktion notwendig werden würde. Verkäufer des von Flick zusätzlich benötigten Harpen-Pakets war nämlich kein anderer als sein alter niederländischer Geschäftpartner Fentener van Vlissingen. Auf Paefgens Beteuerung, »dass eine Absicht der Irreführung der Behörden der Antragstellerin ferngelegen habe«, reagierte man im Ministerium äußerst ungehalten und erklärte im schönsten Beamtendeutsch, dass »die objektiv unvollständige Unterrichtung der mit der Genehmigungserteilung befaßten Behörden die Widerruflichkeit der Genehmigung begründe«. Problematisch war für die Bundesregierung vor allem, dass die VG das holländische Harpen-Paket teilweise mit den restlichen bei ihr liegenden Aktien der Essener Steinkohle bezahlen wollte. Somit würden nicht nur nominell 6,5 Millionen Mark Harpen-Aktien von Holland nach Frankreich verlagert, sondern auch ein Teil der unter Verkaufsauflage stehenden Aktien der Essener Steinkohle nach Holland gehen und damit der ausländische Anteil am Ruhrkohlenbergbau weiter wachsen.[118]

Staatssekretär Westrick schaltete Vizekanzler Franz Blücher ein, da ihm die Angelegenheit »mit Rücksicht auf die vielseitige Kritik über den ›Ausverkauf an der Ruhr‹ zumindest einer Prüfung wert« schien. Daraufhin führte die VG zwar Nachverhandlungen mit Mannesmann über die Übernahme des restlichen Essener Steinkohle-Pakets durch die Consolidation, diese dienten aber offensichtlich nur dem Zweck, Bonn zu beruhigen. Ein Abschluss konnte nicht wirklich im Sinne Flicks sein, da er auf die Abwicklung des Geschäfts mit van Vlissingen angewiesen war, um seine Lieferverpflichtungen gegenüber Sidéchar einhalten zu können. Trotz erheblicher Bedenken stimmte das Bundeswirtschaftsministerium dem Geschäft am Ende zu, da aus politischen Gründen ein Widerruf nicht machbar war.[119] Mit dem Verkauf von Harpen kam schließlich eines der komplexesten Probleme der Montan-Neuordnung zum Abschluss.

Flick war am Ziel – und kam in der deutschen Öffentlichkeit glänzend weg. Die Presse nahm es Flick ab, dass er das Harpen-Paket erst nach Frankreich verkauft hatte, als alle Versuche gescheitert waren, die Aktien in Deutschland zu platzieren. In Frankreich hingegen gab es erheblichen Unmut über den Abschluss, da das Geld, das der Crédit National für das Geschäft zur Verfügung gestellt hatte, ursprünglich für neue Kokereien in Lothringen bestimmt gewesen war. Die französische Montanindustrie protestierte lauthals, dass die Mittel jetzt an der Ruhr und nicht in Frankreich investiert wurden.[120]

Mit dem raschen Verkauf seiner Steinkohlebeteiligungen hatte Flick sich für einen grundlegend anderen Weg entschieden als etwa Alfried Krupp, der versuchte, die Entflechtungsanordnungen weitgehend auszusitzen und in den folgenden Jahren mehrfach erfolgreich eine Verlängerung der Verkaufsfristen beantragte. Bei der Anlage des Veräußerungsgewinns stand Flick indes unter einem größeren Zeitdruck als bei der Erfüllung der alliierten Verkaufsauflagen, da ihm seitens der deutschen Behörden Steuerfreiheit nur für den Fall zugesagt worden war, dass er die Gelder binnen fünf Jahren reinvestierte. Anfang 1955 gingen die ersten beiden Raten der Sidéchar auf Flicks Konten ein, ihm standen damit mehr als 5,3 Milliarden alte Francs allein zur Anlage in Frankreich und Belgien zur Verfügung. Flick steckte das Geld zum Schutz vor einer möglichen Abwertung des Franc umgehend in börsennotierte Wertpapiere. Bis zum 31. Januar 1955 hatte er rund 3,8 Milliarden Francs in Montan-, Öl- und Metallwerte in Belgien, Luxemburg, Frankreich, Holland und Kanada sowie in Gold investiert. Zur Verwaltung der Aktienpakete gründete er in Paris eine Tochtergesellschaft, die Société de Gestion et des Participations »Mercure« S. A. R. L. Kaletsch erstattete der Bundesregierung vereinbarungsgemäß regelmäßig Bericht über den Stand der Anlagen, betonte zugleich aber, das Geld sei derzeit nur »geparkt«, da man sich noch nach lukrativen Anlageobjekten umschaue.[121]

Am 6. August 1955 unterrichtete Kaletsch die Bundesregierung, dass es der VG gelungen sei, eine Beteiligung an der Société des Aciéries et Tréfileries de Neuves Maisons-Châtillon (»Neuves Maisons«) in Frankreich zu erwerben. Diese war eine im Zuge der Umgruppierung der Compagnie des Forges des Châtillon-Commentry et Neuves Maisons neu gegründete Gesellschaft, die neben dem Hüttenwerk Neuves-Maisons mit einer Rohstahlkapazität von 450 000 Tonnen im Jahr fünf Drahtziehereien und die Erzmine Marcon-Val-de-Fer umfasste. Zudem besaß die Gesellschaft eine zwölfprozentige Beteiligung an der Sidéchar, eben jener Gesellschaft, an die Flick sein Harpen-Paket verkauft hatte.

Flick hatte nominell 735,48 Millionen Francs Aktien und damit 20 Prozent vom Gesamtkapital der Neuves Maisons übernommen. Zahlen musste er hierfür 1,1 Milliarden Francs. Das Aktienpaket verwaltete die Mercure in Paris. Im Verwaltungsrat von Neuves-Maisons war Flick fortan durch die Mercure und die VG vertreten – das französische Aktienrecht gestattete Besetzungen mit juristischen Personen.[122]

Nur wenige Wochen später konnte Kaletsch nach Bonn berichten, dass die VG eine Beteiligung an der Société Métallurgique Hainaut-Sambre in Belgien erworben habe. Auch hier hatten die Verhandlungen äußerst diskret stattgefunden: Flick hatte eine Bank vorgeschickt, die für ihn die Gespräche führte, ohne den belgischen Unterhändlern zunächst die Identität des potentiellen Käufers preiszugeben. Vom Gesamtkapital der in der belgischen Provinz Hennegau nahe Charleroi beheimateten Gesellschaft übernahm die VG 20 Prozent zum Preis von rund 165 Millionen belgischen Francs. Die Aktien verwaltete wiederum die Mercure in Paris. Da sich die meisten Anteile an Hainaut-Sambre im Streubesitz befanden, avancierte Flick mit einem Schlag zum größten Einzelaktionär. Das Unternehmen erzeugte jährlich 1,1 Millionen Tonnen Rohstahl, immerhin 18 Prozent der belgischen Gesamtproduktion, und war damit die zweitgrößte Montangesellschaft des Landes. In den Verwaltungsrat von Hainaut-Sambre entsandten die VG und die Mercure jeweils einen Vertreter.[123]

Auch in Belgien regte sich massiver Protest gegen den Einstieg Flicks – freilich aus anderen Gründen als in Frankreich. Nicht nur der Metallarbeiterverband und der Gewerkschaftsbund gingen in Stellung gegen den »Kriegsverbrecher Flick«, auch Ministerpräsident Achille van Acker sprach sich öffentlich gegen Flick aus: »Die Regierung glaubt nicht, dass es dem öffentlichen Interesse entspricht, wenn Personen, die als Kriegsverbrecher verurteilt wurden, sich an belgischen Unternehmen beteiligen.« Erregte Debatten im Brüsseler Parlament folgten; der ehemalige Arbeitsminister Oscar Behogne warf der Regierung vor, leichtfertig gehandelt zu haben. Sein Gewissen jedenfalls revoltiere, »wenn solche Komplizen des Hitlerregimes mit ihrem Geld in sein Land kämen, um dort die Rolle eines Herren zu spielen«. Auch die *New York Times* urteilte harsch: »Ex-Nazi invests in Belgian Steel«. Letztlich blieben aber alle Proteste folgenlos. Zum Zeitpunkt der Verkaufsverhandlungen fanden zwischen Bonn und Brüssel gerade Gespräche über den Abschluss eines Vertrages über Grenzfragen und über ein Kulturabkommen statt, die Brüssel zu diesem Zeitpunkt nicht belasten wollte. Auch von alliierter Seite kamen keine offiziellen Einwände gegen das Geschäft. Gründe hätte es reichlich gegeben: Nicht nur, dass Flick mittelbar wieder an Harpen beteiligt war, durch seine Beteiligung an Hainaut-Sambre stieg er auch wieder in die Rüstungsproduktion ein, was den Deutschen – noch – untersagt war.[124]

Bei der Erfüllung der alliierten Verkaufsauflagen war es Flick mehrfach gelungen, politische Entwicklungen geschickt zu seinen Gunsten zu nutzen und Widerspruch aus der Politik weitgehend im Keim zu ersticken. Dabei hatte ihm geholfen, dass die Diskussion um die Harpen-Transaktion und das folgende Genehmigungsverfahren zeitlich sowohl mit den Diskussionen über den Schuman-Plan als auch mit der Erörterung der Saarfrage zusammen fielen. Mit anderen Worten, es überwogen längst andere Interessen die ursprünglichen Intentionen der Neuordnung.

Flicks Verkaufstaktik erinnerte frappierend an das Gelsenberg-Geschäft von 1932 – mit dem Unterschied, dass es dieses Mal tatsächlich einen ausländischen Interessenten gab, an den Flick verkaufte, nachdem seine Versuche, die Bundesbahn (und damit den Staat) in die Pflicht zu nehmen, gescheitert waren. Mit Rücksicht auf die öffentliche Reaktion wälzte er anschließend die Schuld für den Transfer ins Ausland auf Bonn ab. Die Möglichkeit, eine Fristverlängerung beantragen zu können, hatte er gar nicht erst in Erwägung gezogen. Flick war es darum gegangen, einen deutlichen Schnitt zu ziehen. Mit dem Verkauf von Harpen und Essener Steinkohle legte er sich endgültig auf den Eisen- und Stahlbesitz als wichtigsten Pfeiler seines Konzerns fest.

Der »neue« Konzern

Nach dem Verkauf von Harpen und Essener Steinkohle stand Flick rund eine viertel Milliarde Mark zur Neuanlage zur Verfügung. Er war damit in der kapitalarmen jungen Bundesrepublik außerordentlich liquide. Man dürfe gespannt sein, schrieb Ende Dezember 1953 die *Deutsche Zeitung*, »in welcher Richtung Flick nun das Interessengebiet erweitern wird«. Auch nach dem Kauf der Aktienpakete von Neuves-Maisons und Hainaut-Sambre – die eine neue Europäisierung des Konzerns in Friedenszeiten bedeuteten – lagen noch immer mehr als 150 Millionen Mark auf den Konten der FKG, die binnen fünf Jahren angelegt werden mussten.[125]

Flick stieg zunächst in jene Fertigungsbranchen ein, die der Montanindustrie verwandt oder deren unmittelbare Abnehmer waren, vor allem in den Automobilbau, der den Waggonbau ergänzen und gegebenenfalls ersetzen sollte. Darüber hinaus hielt Flick aber auch nach Beteiligungen in anderen Wachstumsbranchen Ausschau.

Früh hatte Friedrich Flick die großartigen Perspektiven der Automobilindustrie erkannt. Im Juni 1950 hatten Erhebungen des Bielefelder Marktforschungsinstituts EMNID den in den vorangegangenen sechs Monaten deutlich gestiegenen Bedarf an Kraftfahrzeugen gezeigt. Die Nachfrage galt insbesondere kleinen und mittleren Autos. Seit der Währungsreform vom Juni 1948 war nicht nur eine rasch steigende Binnennachfrage, sondern auch ein stetig wachsender Exportanteil zu verzeichnen. Schon 1954 nahm die westdeutsche Autofertigung weltweit den dritten Rang ein. Flick hatte die Automobilindustrie schon einmal als Abnehmer für seine Eisen- und Stahlwerkserzeugnisse gewinnen wollen: 1930, als er mit Albert Vögler vom Stahlverein erwog, gemeinsam mit der Deutschen Bank einen Autotrust zu schmieden.[126]

Erste Planungen des Flick-Konzerns über einen Einstieg in die Automobilbranche lassen sich bis in den Juni 1951 zurückverfolgen, als Kaletsch die Maxhütte beauftragte, Informationen über die Auto Union GmbH in Ingolstadt zusammenzutragen. Die Maxhütte hatte mit der Auto Union bereits vor dem Krieg enge Lieferbeziehungen gepflegt, die beiden Unternehmen waren wechselseitig in ihren Aufsichtsräten vertreten gewesen. Das 1948 zunächst als Zweigniederlassung des sächsischen Mutterkonzerns in Ingolstadt gegründete Unternehmen hatte am 11. November 1950 seinen Sitz offiziell von Chemnitz nach Ingolstadt verlegt. Den Wiederaufbau hatte vornehmlich der Kölner Bankier Friedrich Carl Freiherr von Oppenheim finanziert, Teilhaber und Chef des Bankhauses Sal. Oppenheim jr. & Cie. Einziger weiterer Großaktionär war Ernst Göhner, ein Zürcher Holzkaufmann, der vor dem Krieg die Auto Union mit Material für Holzkarosserien beliefert hatte. Generaldirektor Richard Bruhn und Vertriebschef Carl Hahn, die größere Anteile am Unternehmen hielten, hatten in Ingolstadt eine neue Motorradfertigung und ab 1950 in einem ehemaligen Werk der Rheinmetall-Borsig AG in Düsseldorf auch eine Pkw-Produktion aufgebaut. Da Oppenheim, Bruhn und Hahn ein 60-faches Stimmrecht besaßen, war der Einfluss Göhners gering. Zur weiteren Finanzierung des Produktionsaufbaus hatte die Auto Union mehrfach Kredite von Banken und Darlehen der öffentlichen Hand in Anspruch nehmen müssen und das Gesellschaftskapital erhöht. Dennoch hatte das Unternehmen seit der Neugründung unablässig mit Finanzschwierigkeiten zu kämpfen. Die Auto Union war Anfang der fünfziger Jahre selbständig, nicht im Visier eines anderen Großunternehmers und daher ein idealer Kandidat für eine Beteiligung.[127]

Parallel zu seinen Interessen an der Auto Union warf Flick auch ein Auge auf das Flaggschiff der deutschen Automobilindustrie: Daimler-Benz. Das Untertürkheimer Unternehmen lag nach den Produktionsziffern auf dem dritten Rang der deutschen Autobauer und hatte seinen Jahresausstoß von 1950 (33 906) auf 1951 (42 222) um rund 25 Prozent steigern können. Nach dem überraschenden Tod des Vorstandsvorsitzenden Wilhelm Haspel im Januar 1952 etablierte sich eine Doppelspitze im Vorstand: Den Vorsitz übernahm Heinrich Wagner, sein Stellvertreter Fritz Könecke war für Finanz-, Steuer- und Vertriebsfragen zuständig. Könecke, der seine Karriere mit einer kaufmännischen Ausbildung bei Continental in Hannover begonnen hatte, war von der Phoenix Gummiwerke AG in Hamburg-Harburg zu Daimler-Benz gewechselt. Wagner und Könecke legten sich darauf fest, im Pkw-Bereich auf anspruchsvolle Fahrzeuge oberhalb der »Massenklasse« und im Bereich der Nutzfahrzeuge auf ein umfassendes Programm zu setzen. Dies sollte für lange Zeit Philosophie des Unternehmens bleiben.

Daimler-Benz-Chef Wilhelm Könecke vor einem 300 SL, einem der Status-symbole des »Wirtschaftswunders«.

1952 hatte Friedrich Flick begonnen, Daimler-Benz-Aktien zu kaufen. Hierfür verwendete er vermutlich Teile des Erlöses aus dem Verkauf des Maxhütte-Pakets an den Freistaat Bayern und handelte damit gegen die Vereinbarung, das Geld in Bayern anzulegen. Nachdem der Verkauf von Harpen und Essener Steinkohle Flicks Konten weiter gefüllt hatte, intensivierte er 1954 seine Käufe von Daimler-Benz-Aktien. Dabei vermied er es, offen als Käufer aufzutreten – vor allem, um den Kurs der Aktie nicht weiter anzuheizen. Dennoch stieg der Börsenkurs des Papiers unaufhörlich, von 1953 auf 1954 verdoppelte sich der Preis für eine Aktie auf fast 250 Mark. Vermutlich zur Jahreswende 1954/55 erfuhr der Daimler-Benz-Vorstand vom neuen Großaktionär. Als der Aufsichtsrat am 3. Juni 1955 zusammentrat, informierte dessen Vorsitzender Hans Rummel seine Kollegen, dass er auf der kommenden Hauptversammlung die Zuwahl von Friedrich Flick und einem der Söhne Günther Quandts vorschlagen werde. Gleichzeitig gab er bekannt, dass er aus Altersgründen sein Mandat niederlegen werde und als Nachfolger Hermann Josef Abs als Vertreter der Deutschen Bank vorschlage. Von dem anschließend von Könecke vorgestellten Investitionsprogramm für die Jahre 1954 bis 1958, das 182 Millionen Mark umfassen sollte, erhielten Abs und Flick bereits vor ihrer offiziellen Zuwahl in den Aufsichtsrat Kenntnis.[128]

Mit Abs, Quandt und Flick trafen im Aufsichtsrat von Daimler-Benz drei der Großen des westdeutschen Wiederaufbaus zusammen. Der 1901 geborene Hermann Josef Abs war nach einer Bankausbildung und Lehrzeiten in London, Amsterdam, Paris und den USA 1935 Teilhaber des Privatbankhauses Delbrück, Schickler & Co. in Berlin geworden. 1937 wechselte er als Vorstandsmitglied zur Deutschen Bank, wo er für die Auslandsabteilung zuständig war. Während des Zweiten Weltkriegs vertrat Abs die Deutsche Bank in mehr als 40 Aufsichtsräten. Nach dem Krieg wurde Abs, der in seinem Entnazifizierungsverfahren genau wie Flick als »unbelastet« klassifiziert wurde, einer der finanzpolitischen Berater von Adenauer. 1952 trat Abs bei der Süddeutschen Bank ein, einem der Nachfolgeinstitute der Deutschen Bank. In diesem Jahr leitete er die Delegation der Bundesrepublik bei den Verhandlungen zur Regelung der deutschen Auslandsschulden, die zum Londoner Schuldenabkommen vom 27. Februar 1953 führten. Als sich 1957 die Nachfolgeinstitute der Deutschen Bank wieder zusammenschlossen, wurde Abs Vorstandsvorsitzender. Mit dem fast gleichaltrigen Kaletsch verbanden Abs insbesondere die gemeinsamen Jugend- und Lehrjahre in Amsterdam – beide kannten sich aus dieser Zeit gut.

Günther Quandt, Jahrgang 1881, war ein Tuchfabrikantensohn, der in den Jahren vor dem Ersten Weltkrieg aus verschiedenen Betrieben seiner Familie einen kleinen Textilkonzern schuf. Im Ersten Weltkrieg profitierte er vom großen Bedarf an Uniformen und profilierte sich zugleich bei der Organisation der Kriegswirtschaft als ehrenamtlicher Leiter des Referats für Kunstwolle im Reichswirtschaftsministerium. 1918 stieg er in die Kaliindustrie ein und wurde Vorsitzender des Grubenvorstandes der Kaligewerkschaft Wintershall. 1922 kaufte er sich in die Akkumulatoren-Fabrik AG Berlin-Hagen ein, die der Kern seines zukünftigen Industrieimperiums werden sollte. Mit den traditionsreichen Deutschen Waffen- und Munitionsfabriken übernahm er 1928 ein Unternehmen, mit dem er im Dritten Reich unmittelbar vom Rüstungsboom profitierte. Günther Quandt stand in einem komplizierten Verhältnis zu Joseph Goebbels, der 1931 seine Frau Magda geheiratet hatte. Trotz vielfältiger Verbindungen zum NS-Regime stufte ihn nach dem Zweiten Weltkrieg ein Entnazifizierungsausschuss als »Mitläufer« ein. Seine Geschäfte steuerte Quandt nun von Stuttgart aus über eine

Holding, die Aktiengesellschaft für Industriebeteiligungen. Quandt besaß ein vielfältiges Beteiligungsimperium, das sich mit den Schwerpunkten Batterie- und Autoproduktion sinnvoll ergänzte. Über seine Geschäfte wurde in der Öffentlichkeit kaum etwas bekannt, ähnlich wie Flick wirkte er gern im Stillen.

Nach Günther Quandts Tod am 20. Dezember 1954 während einer Urlaubsreise in Ägypten fiel die Leitung des Konzerns vollständig an seine Söhne Harald und Herbert. Mit dem an einem schweren Augenleiden erkrankten Herbert (Jahrgang 1910) und seinem deutlich jüngeren Halbbruder Harald (Jahrgang 1921) traf Flick im Aufsichtsrat der Daimler-Benz AG auf zwei Partner, die einer anderen Generation angehörten.[129]

Flick und Quandt waren sich bereits Ende der dreißiger Jahre bei der »Arisierung« des Besitzes von Julius Petschek ins Gehege gekommen. Nun musste Flick ein Auskommen mit Quandts Söhnen finden. Anfang Juli 1955 machte Flick seine Beteiligung an der Daimler-Benz AG öffentlich: Seine Vermögensverwaltung habe rund 25 Prozent des Grundkapitals von Daimler-Benz erworben, nominell etwas mehr als 18 Millionen Mark. Zu diesem Zeitpunkt war der Börsenkurs der Aktie auf 360 Mark geklettert, nachdem er Anfang des Jahres noch bei 247 Mark gelegen hatte. Damit besaß Flicks Beteiligung einen Wert von rund 65 Millionen Mark. Auf der Hauptversammlung meldete Kaletsch für die FKG schließlich exakt 25 Prozent der Aktien an. Damit hatte Flick die Sperrminorität erreicht. Gegen sein Veto durfte die Satzung des Unternehmens fortan nicht mehr geändert werden. Auf der Versammlung meldete sich aber auch Herbert Quandt als neuer Aktionär mit einer Beteiligung von 3,85 Prozent an. Flick und Herbert Quandt wurden wie geplant in den Aufsichtsrat gewählt.

Herbert und Harald Quandt bauten ihren Anteil an Daimler-Benz weiter aus und besaßen Ende des Jahres 9,06 Prozent. Flick, der auch bei Daimler-Benz kritisch beäugt wurde, da ihm der Ruf eines Spekulanten vorauseilte, beteuerte, »er wolle nicht nur Kasse machen«. Tatsächlich war er bestrebt, einen Mehrheitsanteil am Unternehmen zu erwerben; gleichzeitig wollte aber auch die Familie Quandt ihr Aktienpaket auf 25 Prozent bringen. Als 1956 der Spekulant Hermann Krages ein Paket von rund acht Prozent der Daimler-Benz-Aktien für den doppelten Börsenkurs zum Kauf anbot, stimmten die beiden Großaktionäre, die auf dem Aktienmarkt direkt konkurrierten, ihr Vorgehen sinnvollerweise ab und nahmen Krages damit den Wind aus den Segeln. Flick verhandelte als Erster mit Krages, brach die Gespräche aber ab, da er nicht gewillt war, den geforderten Aufschlag zu zahlen. Hierauf wandte Krages sich an Quandt. Zu diesem Zeitpunkt lag der Börsenkurs des Daimler-Papiers bei 385 Mark, Quandt zahlte 430 Mark, also einen deutlich geringeren Paketzuschlag, als von Krages ursprünglich gefordert. Vereinbarungsgemäß teilten Flick und Quandt das Krages-Paket dann im Verhältnis 3,5 zu 2,5 auf, was für Flick weitere 4,67 Prozent und für Quandt weitere 3,33 Prozent ergab.[130]

Seinem gestiegenen Einfluss entsprechend, beanspruchte Flick 1956 drei Sitze im Aufsichtsrat von Daimler-Benz, wobei er allerdings – obgleich längst größter Einzelaktionär – auf den Vorsitz weiter verzichtete; er begnügte sich mit dem Posten des ersten stellvertretenden Vorsitzenden. Herbert Quandt forderte zwei Mandate und das Amt des zweiten stellvertretenden Vorsitzenden für sich. Die Hauptversammlung vom 25. Juni 1956 beschloss die Bildung eines »Aufsichtsratspräsidiums«, bestehend aus dem Vorsitzenden Abs und seinen beiden Stellvertretern Flick und Quandt, und segnete die Zuwahl von Harald Quandt und Otto-Ernst Flick in den Aufsichtsrat ab. Flicks Wunsch nach einem dritten Sitz wurde für später »in Aussicht genommen«. Fortan stimmten sich Abs, Flick und Quandt in allen wichtigen Angelegenheiten untereinander im Präsidium ab, bevor sie im Aufsichtsrat zur Sprache kamen. Deutsche Bank und Quandt konnten gemeinsam Flicks Stimmgewicht aufwiegen; schon deshalb musste Flick den Ausgleich suchen und war zu einer gewissen Kompromissbereitschaft gezwungen. Daimler-Benz konnte in diesen Jahren einen Umsatz- und Gewinnrekord nach dem anderen vermelden; der Konzern war aus steuerlicher Sicht sogar zu liquide, zum 31. Dezember 1957 lagen 163 Millionen Mark auf den Konten. Diese außerordentlich hohe Liquidität sollte Flick kurz darauf nutzen, als er, gegen Vorbehalte im Daimler-Benz-Vorstand, eine Verbindung mit der Auto Union in die Wege leitete.

Erste Gespräche über einen Einstieg Flicks bei der Auto Union hatten bereits 1953 stattgefunden. Conditio sine qua non war für ihn die Aufgabe des Mehrfachstimmrechts. Unterstützung fand er bei Oppenheim,

Gute Laune, denn im
Konzern läuft alles nach
Wunsch: Konrad Kaletsch
und Otto-Ernst Flick auf der
Weihnachtsfeier 1956.

der sich für eine nennenswerte Beteiligung Flicks einsetzte. An den Verhandlungen nahm neben den Vertretern der FKG und der Auto Union auch Robert Pferdmenges teil, der sich bei Oppenheim für Flick stark gemacht hatte (Pferdmenges hatte das Bankhaus Sal. Oppenheim jr. & Cie. KG unter dem Namen Pferdmenges & Co. während des Dritten Reiches geleitet und damit vor einer »Arisierung« bewahrt). Bruhn und Hahn wollten ihr Stimmprivileg jedoch nicht aufgeben und Flick oder einem anderen Investor keine starke Stellung zugestehen.[131]

Das Hauptproblem des Unternehmens bestand darin, nicht mit den Preisen von Volkswagen konkurrieren zu können; ein neuer Dreizylinderwagen mit der Werksbezeichnung »Sonderklasse 3=6« geriet mit einem Preis von 5750 Mark fast so teuer wie ein Mittelklassewagen und fand kaum zweihundert Käufer pro Monat. Die Kapitalnot der Auto Union ließ Flick schließlich zum Ziel kommen. Am 15. Oktober 1954 beschloss die Gesellschafterversammlung eine Kapitalerhöhung von 5,5 auf zwölf Millionen Mark. Bei der in bar zu leistenden Stammeinlage wurde das Bankhaus Oppenheim zur Übernahme einer Einlage von nominell 3,76 Millionen Mark zu einem Kurs von 123,11 Prozent zugelassen; das Bankhaus fungierte indes nur als Treuhänder der FKG.[132] Die Konzessionen, die Flick gemacht hatte, um Hahn und Bruhn umzustimmen, sollten später noch für erheblichen Ärger sorgen.

Am 5. Juli 1955 verschob Flick das Auto-Union-Paket innerhalb seines Konzerns von der FKG zur VG, die die Aktien ihrerseits zum 31. Dezember an die Maxhütte weitergab. Im November 1956 nahmen erstmals Hans Schäfer und Odilo Burkart an der Hauptversammlung teil, obwohl Flick das Auto-Union-Paket zu diesem Zeitpunkt noch immer vom Bankhaus Oppenheim treuhänderisch verwalten ließ. Während die Öffentlichkeit noch immer nichts von dem neuen Großaktionär wusste, hatte sich Burkart als Vertreter der Maxhütte längst in die Sanierung des angeschlagenen Unternehmens eingeschaltet. Vor allem fehlte es an Geld für die Produktion eines dreisitzigen Kleinwagens aus Kunststoff. Aber keiner der drei Großaktionäre war bereit, die benötigten 50 Millionen Mark zur Verfügung zu stellen, im Gegenteil, mit den Geschäftsergebnissen des Konzerns war man mehr als unzufrieden.

Zu diesem Zeitpunkt hatte Friedrich Flick längst das Sagen im Aufsichtsrat. Als am 15. Mai 1956 eine notwendige Erhöhung des Stammkapitals auf 20 Millionen Mark beschlossen wurde, kam es zum Streit über die künftige Ausrichtung der Geschäftspolitik. Während Oppenheim das frische Geld bevorzugt für die Konsolidierung der Bilanz einsetzen wollte, sollte es nach den Vorstellungen Flicks zu Gunsten des neuen Fertigungsprogramms verwendet werden. Oppenheim legte den Vorsitz des Aufsichtsrats nieder, blieb aber dessen Mitglied. Die Ingenieure des Unternehmens hatten mittlerweile einen neuen Kleinwagen mit Stahlkarosserie entwickelt, den DKW 600. Bruhn und Hahn, die sich weiter für die Produktion des Kunststoffautos stark machten, wurden auf Betreiben Flicks in den Ruhestand verabschiedet. Flick, der sich in der Branche nicht auskannte, hatte sich auf das Urteil von William Werner verlassen, der das Kunststoffmodell »in Grund und Boden kritisiert hatte«. Werner, ein gebürtiger Amerikaner, Ende der zwanziger Jahre naturalisiert, war Konstruktionschef bei den Horch-Werken in Zwickau gewesen; jetzt wurde er der Nachfolger Bruhns. Ihm zur Seite trat Werner Henze, der fortan für den kaufmännischen Bereich im Vorstand zuständig war. Während alle anderen deutschen Autohersteller 1956 ihre Umsätze steigern konnten, schrumpften die Verkäufe der Auto Union um ein Drittel. Aufsichtsrat und Vorstand beschlossen strenge Rationalisierungsmaßnahmen, entließen 2000 Arbeiter und überlegten sogar, das Werk Ingolstadt ganz zu schließen.[133]

Die Gerüchte über die Zukunft der Auto Union schossen jetzt ins Kraut, zumal erste Informationen über die Beteiligung Flicks durchsickerten. Daraufhin trat Burkart Anfang November 1956 an die Öffentlichkeit und erklärte, »daß Flick nicht beabsichtige, einen Automobiltrust zu schaffen«. Dennoch spekulierte die Wirtschaftspresse über Flicks Gestaltungsmöglichkeiten durch seine Beteiligungen sowohl an Daimler-Benz wie auch an der Auto Union, wobei man in der Regel aber davon ausging, dass die Mehrheitsverhältnisse bei den beiden Konzernen einen Zusammenschluss verhindern würden.[134] Ähnlich wie im Fall der Daimler-Benz-Beteiligung war Flick seiner bewährten Taktik, seinen Einstieg in ein Unternehmen so lange wie möglich geheim zu halten, auch bei der Auto Union treu geblieben.

Der Gerüchteküche um seine Beteiligung an der Auto Union bereitete Flick ein Ende, indem sich die Maxhütte auf der nächsten Hauptversammlung am 14. Februar 1957 als neuer Großaktionär zu erkennen gab. Obwohl sie im Zuge der Kapitalerhöhung von zwölf auf 20 Millionen Mark zum 31. Dezember 1956 nominell weitere 3,74 Millionen Mark Aktien der Auto Union übernommen hatte und ihre tatsächliche Beteiligung somit bei 7,51 Millionen Mark oder 37,4 Prozent des Stammkapitals lag, meldete sie auf der Hauptversammlung nur 25 Prozent an, verschleierte also weiterhin das tatsächliche Ausmaß ihres Einflusses. Dies war möglich, da die Maxhütte bei der Kapitalerhöhung selbst nominell nur 1,43 Millionen Mark, das Bankhaus Oppenheim treuhänderisch die restlichen 2,31 Millionen Mark gezeichnet hatte. Burkart erläuterte später hierzu: »Diese Regelung erfolgte auch im Hinblick auf die alljährlich beim Handelsregister einzureichende Gesellschafterliste.« Die Kündigung des Treuhandverhältnisses konnte jederzeit erfolgen, die hierfür notwendige formelle Zustimmung der Auto Union lag der Maxhütte blanko vor.[135]

Flick investierte in ein zu dieser Zeit marodes Unternehmen, wie ihm ein Prüfbericht der Mead Carney International Corporation vom

10. Januar 1957 auch deutlich zu verstehen gab. Die Firma betreibe, so die drastische Einschätzung der Wirtschaftsprüfer, eine »selbstmörderische Geschäftspolitik«. Sie stelle nicht konkurrenzfähige Produkte her, zudem sei die Fertigung leistungsschwach. Auch der rasant gewachsene Umsatz könne darüber nicht hinwegtäuschen. Flick hatte zum ersten Mal eine Unternehmensberatung mit der Analyse eines seiner Unternehmen beauftragt. Mead Carney war eine amerikanische Consulting-Firma, zu deren Klienten in Europa unter anderem General Motors, Shell sowie Siemens & Halske zählten. Die Einschaltung einer Wirtschaftsprüfungsgesellschaft unterstreicht, dass Flick und seine Führung sich in einer ihnen weitgehend fremden Branche wie der Autoindustrie nicht wirklich kompetent fühlten.[136]

Im September 1957 stellte die Auto Union das Modell einer viersitzigen Limousine vor. Weil die Gesellschafter unter Führung von Flick sich weigerten, die benötigten 50 bis 60 Millionen Mark für die Serienfertigung zu bewilligen, wandte sich der Vorstand an den Präsidenten der Bayerischen Staatsbank, der auch Mitglied des Aufsichtsrats war, mit der Bitte um eine Kredithilfe. Die Chancen standen nicht schlecht. Weil alles auf einen Regierungswechsel zugunsten der CSU hindeutete, empfahl Burkart, mit dem Antrag noch zu warten. Er rechnete damit, dass in einer neuen CSU-geführten Landesregierung sein alter Freund Otto Schedl Wirtschaftsminister und Rudolf Eberhardt, mit dem er ebenfalls bekannt war, Finanzminister werden würde; unter dieser Voraussetzung machte er sich große Hoffnungen auf einen Kredit von zumindest 30 Millionen Mark. Friedrich Flick habe aufgrund der großen Konkurrenz auf dem Markt »neuerdings wieder erhebliche Bedenken wegen dieses Wagens«, schrieb Burkart an Göhner, aber er selber sei wie William Werner der Ansicht, dass die Verhandlungen mit den Landesregierungen in München und Düsseldorf unbedingt fortgeführt werden müssten. Wenn von beiden Seiten Zusagen über insgesamt 40 Millionen Mark vorlägen, sollte man sich noch einmal mit Flick besprechen. Burkart konnte sich als Vorstandsvorsitzender der Maxhütte gegenüber Flick eine gewisse Eigenständigkeit leisten. Sein Schreiben macht aber auch deutlich, wer im Aufsichtsrat der Auto Union die Richtung vorgab; Göhner wurde über die weiteren Schritte Burkarts lediglich in Kenntnis gesetzt. Anders als Flick, der nicht einmal einen Führerschein besaß und auf den Rat von Experten wie Werner angewiesen war, hatte sich Odilo Burkart im Rahmen seiner Dissertation mit Fragen der Automobilindustrie auseinandergesetzt – das lag allerdings 35 Jahre zurück.[137]

Am 18. November 1957 trafen Flick, Burkart, Kaletsch, Henze und Werner in Ratingen zusammen, um über das künftige Investitionsprogramm der Auto Union zu beraten. Nachdem Burkart einleitend die bemerkenswerte Verbesserung der Lage seit Herbst 1956 hervorgehoben hatte, kam er zum eigentlichen Grund der Zusammenkunft, nämlich zwischen zwei alternativen Investitionsprogrammen zu entscheiden. Entweder konnte man die Kleinwagenproduktion in Ingolstadt aufnehmen, für die rund 55 Millionen Mark benötigt wurden, oder man konnte die Entwicklung und Fertigung eines Nachfolgers für das 3=6-Modell in Düsseldorf vorantreiben (der Finanzbedarf hierfür betrug etwa 35 bis 40 Millionen Mark). Sicher schien zu diesem Zeitpunkt nur die Finanzierung des Projekts in Bayern: Man erwarte 30 Millionen Mark von der Bayerischen Staatsbank, 24 Millionen sollte die Auto Union selbst erwirtschaften, weitere zehn Millionen eine erneute Erhöhung des Stammkapitals von 20 auf 30 Millionen Mark einbringen. Insgesamt stünden damit 64 Millionen Mark zur Verfügung. Burkart regte eine Überprüfung des Investitionsbedarfs in Ingolstadt an, ohne dass »hiermit eine Kontrolle der Geschäftsführung der Auto Union beabsichtigt sei«, was de facto natürlich die Absicht war. Flick und Kaletsch versuchten die verstimmten Vorstände der Auto Union zu beschwichtigen: Es sei in der Hüttenindustrie, aus der Burkart nun mal käme, gang und gäbe, dass der Aufsichtsrat Investitionsvorlagen überprüfen lasse.[138] Der Disput hielt allen Beteiligten noch einmal deutlich vor Augen, dass hier zwei Unternehmenskulturen und Unternehmermentalitäten aufeinanderprallten, was immer wieder zu Missverständnissen führte und für Ärger sorgte.

Die Bayerische Staatsbank bewilligte letztlich 25 Millionen Mark, der Freistaat knüpfte hieran aber Bedingungen: Der Kleinwagen sollte in Ingolstadt gebaut und die dort entlassenen Arbeiter sollten wieder eingestellt werden. Daraufhin stockte die Auto Union wie geplant das Stammkapital zum 14. Dezember 1958 von 20 auf 30 Millionen Mark auf. Flick und Göhner hatten die Zeichnung der neuen Aktien aber ebenfalls von Bedingungen abhängig gemacht: Die Gründer des Unternehmens mussten ihre Aktienpakete an Flick und Göhner abtreten, die ihren Anteil an der Auto Union damit auf jeweils 41,07 Prozent steigern konnten.[139]

Flick hatte zu diesem Zeitpunkt vermutlich schon begonnen, den Verkauf der Auto Union an Daimler-Benz einzufädeln; erste Gespräche mit Könecke fanden wohl spätestens Ende 1957 statt. Nach Flicks späterer Darstellung war der Anstoß angeblich von der Ford-Werke AG in Köln gekommen, die bei ihm angefragt habe, ob er seine Anteile an der Auto Union nicht verkaufen wolle. Am 14. Januar 1958 habe er sich daraufhin an den Daimler-Chef gewandt, da er, auch mit Blick auf die Öffentlichkeit, die Auto Union nicht an die (amerikanische) Ford-Gruppe habe abgeben wollen, ohne sie vorher Daimler-Benz zum Kauf angeboten zu haben. Flick blieb sich und seinem vielfach erprobten Verhandlungsmuster treu und appellierte auch diesmal wieder an die patriotischen Gefühle. In Wirklichkeit war das Geschäft mit Daimler-Benz im Flick-Konzern längst vorbereitet worden. Am 13. Januar 1958 hatte Kaletsch namens der Gesellschaft für Fahrzeug- und Maschinenwerte, einer weiteren Zwischenholding, der Maxhütte angeboten, dass sie, sofern der Verkauf des Auto-Union-Pakets noch vor dem 30. September 1958 zustandekäme, nominell 4,75 Millionen Mark Aktien der Daimler-Benz AG zu einem Kurs von 400 Prozent übernehmen könne.[140]

Nachdem Flick im Februar 1958 dem Daimler-Benz-Aufsichtsratsvorsitzenden Abs erklärt hatte, die Auto Union solle als selbständiges Unternehmen weiterbestehen und nicht mit Daimler-Benz verschmolzen werden, signalisierte dieser seine Zustimmung. Für die Untertürkheimer rechnete sich das Geschäft, da sie so in den Kleinwagenmarkt einsteigen konnten, ohne eigenen Entwicklungsaufwand leisten zu müssen. Dem Aufsichtsrat der Auto Union wiederum, der das Geschäft ebenfalls befürworten musste, machte Flick klar, das es für ihn nur noch um die Alternative eines Verkaufs an Ford oder an Daimler-Benz gehe, »die AU sei allein zu klein«. Am 24. April 1958 unterzeichneten Odilo Burkart, Fritz Könecke und Fritz Nallinger, der im Daimler-Vorstand für Forschung und Entwicklung zuständig war, den Vertrag über die Abgabe von nominell 12,32 Millionen Mark Aktien der Auto Union von der Maxhütte an Daimler-Benz zu einem Kurs von 156,6 Prozent (also für 19,3 Millionen Mark). Insgesamt übernahm Daimler-Benz nominell 26,35 Millionen Mark des Stammkapitals der Auto Union, da auch Göhner und Oppenheim ihre Anteile zu gleichen Bedingungen abtraten. Mit dem Zusammenschluss von Daimler-Benz und Auto Union war der zu diesem Zeitpunkt größte Autokonzern Europas entstanden. Vor allem in Hinblick auf einen künftig zollfreien europäischen Automarkt schien der Daimler-Benz-Konzern bestens gewappnet, führte er doch als einziger Hersteller sämtliche Fahrzeuge vom Kleinwagen über Luxuskarossen bis zu Nutzfahrzeugen im Angebot.[141]

Vor dem Verkauf hatte Flick noch schnell die Zweiradfertigung aus der Auto Union herauslösen und an Odilo Burkart verkaufen lassen. Gewinne aus Aktiengeschäften mit Flick-Unternehmen hatte dieser in eine eigene Familiengesellschaft eingebracht, die Industriebeteiligungs- und Verwaltungs-GmbH. So hatte er 1954 für 3,15 Millionen Mark aus Bundesvermögen die Alumetall GmbH erworben. 1957 kaufte Burkart schließlich die Victoria AG auf, ein Zweiradwerk, das in jenem Jahr acht Millionen Mark Betriebsverluste geschrieben hatte. Burkart erhielt eine Staatsbürgschaft über vier Millionen Mark, um das Werk wieder flottzumachen und ein Jahr später die DKW-Produktion von der Auto Union zu übernehmen; aus den Traditionsunternehmen Victoria, DKW und Express schmiedete er die Zweirad-Union AG. Die Nürnberger Schicksalsgemeinschaft mit Flick zahlte sich damit auch für ihn aus.[142]

Probleme bereitete Burkart und Kaletsch noch die Bezahlung des Aktienpakets des geschassten Carl Hahn. 1957 bestand zunächst Einvernehmen, dass er seine Anteile von nominell 350 000 Mark (ohne Kapitalerhöhung) zum Nennwert an Flick und Göhner abgeben sollte. Als Ausgleich wurde Hahn nach langwierigen Verhandlungen ein Darlehen von 100 000 Mark zur Verfügung gestellt, dessen Rückzahlung, wie die Maxhütte durchblicken ließ, eventuell nicht notwendig sein würde. Hahn stimmte der Abgabe jedoch nicht zu, nachdem er von dem deutlich höheren Verkaufskurs von 156,6 Prozent erfahren hatte. Kaletsch signalisierte Entgegenkommen, »zumal Herrn Dr. Hahn gegenüber gewisse Zusagen, die Herr Dr. F. seinerzeit, d. h. vor Einlage unserer Beteiligung, Herrn Dr. Hahn gegenüber in Ingolstadt gemacht hat, später nicht realisiert wurden«. Mit anderen Worten: Flick hatte bei den Verhandlungen mit Hahn und Bruhn über die Aufgabe des Mehrfachstimmrechts 1953/54 Versprechungen über die Zukunft der Auto Union gegeben, die er später nicht einhielt. Kaletsch war bereit, Hahn einen Kurs von 180 Prozent auf das nicht erhöhte Kapital zuzugestehen, also eine Nachzahlung zu leisten, um für die Flick-Gruppe »zum endgültigen Abschluss« zu kommen. Da aber die Maxhütte das Auto-Union-Paket an Daimler-Benz verkauft hatte, lag die Entscheidung letztlich bei Burkart. Bemerkenswert an den Nachverhandlungen mit Hahn ist die Arbeitsteilung innerhalb des Flick-Konzerns. Zunächst hatte Hans Schäfer von Düsseldorf aus nicht nur für Burkart, sondern auch für Göhner die Gespräche mit Hahn geführt. Erst später übernahm Burkart auf Kaletschs Bitte die Verhandlungen selbst. Burkart ordnete schließlich eine Nachzahlung von 90 000 Mark an.[143]

Flick, der seinen Einfluss auf die Auto Union fortan über den Daimler-Benz-Konzern ausübte, zeigte sich weiterhin an der Sanierung des Unternehmens interessiert. Vor allem aber brachte der Verkauf des Auto-Union-Pakets an Daimler-Benz erneut frisches Geld in seine Kassen. Bereits einige Tage vor der Unterzeichnung des Kaufvertrages hatten Flick und Burkart in Rosenberg über der künftigen Beteiligung des Flick-Konzerns an Daimler-Benz und der hierbei notwendigen Arbeitsteilung gebrütet. Ihr Plan sah schließlich vor, dass die Maxhütte noch im laufenden Jahr 1958 nominell sechs Millionen Mark Aktien der Daimler-Benz AG kaufen sollte (ein Zwölftel des Stammkapitals von 72 Millionen Mark). Einen Anteil von 4,75 Millionen Mark Aktien sollte die Maxhütte von der Gesellschaft für Fahrzeug- und Maschinenwerte zu einem Kurs von 400 Prozent übernehmen – inklusive aller »Bonbons« wie möglicher Gratisaktien der Daimler-Benz AG oder Aktien zu einem günstigen Bezugsrecht. Zusätzlich sollte die Maxhütte weitere 1,25 Millionen Mark Aktien zu einem Kurs von etwa 500 Prozent über die Börse erwerben.[144] Flicks Ziel war zu diesem Zeitpunkt zweifellos noch der Erwerb der Aktienmehrheit.

Anfang Juni fixierten die Maxhütte und die FKG diese Vereinbarungen vertraglich. Demnach strebte die FKG eine Verstärkung ihrer Beteiligung an Daimler-Benz an, wollte aber alle Aktienkäufe geheim halten, da sich bei einem weiteren unmittelbaren Erwerb durch die FKG »durch Spekulationen von dritter Seite wirtschaftlich unberechtigte Kurssteigerungen usw. ergeben« könnten, die »die von Flick KG angestrebte

Zielsetzung erschweren oder verhindern« würden. Aus diesem Grund erhielt die Maxhütte von der FKG nun den Auftrag, als Treuhänderin Aktien im Wert von nominell bis zu zwei Millionen Mark zu erwerben. Alle Rechte der von der Maxhütte treuhänderisch verwalteten Aktien standen dabei der FKG unmittelbar zu. Die Maxhütte war verpflichtet, alle Dividenden sofort an die FKG weiterzuleiten, alle Rechte, insbesondere Stimmrechte, nach Weisung aus Düsseldorf auszuüben und jederzeit auf Verlangen der FKG die Aktien auszuhändigen. Die Maxhütte sollte die Anteile mit eigenen Mitteln erwerben.[145] Kurz gesagt, die FKG strebte eine Stärkung ihres Anteils an der Daimler-Benz AG an, wälzte die Anschaffungskosten für die Aktien vorerst aber auf die Maxhütte ab.

Zwischen dem 2. Juni und dem 5. November 1958 erwarb die Maxhütte daraufhin 52 kleinere Posten Daimler-Benz-Aktien, insgesamt nominell 1,78 Millionen Mark. Anfang Juni stand der Kurs noch bei 525 Prozent, machte einen erheblichen Sprung im Sommer und stand Anfang November schließlich bei 1068 Prozent. Nicht zuletzt die weit verbreitete Annahme, Flick wolle die Mehrheit bei Daimler erwerben, hatte den Börsenkurs der Aktie unerbittlich nach oben getrieben. Unter dem Strich musste die Maxhütte für das neue Aktienpaket 11 087 732,20 Mark aufbringen und einen Durchschnittskurs von 622,6 Prozent bezahlen. Zur Finanzierung nutzte sie unter anderem ein Aktienpaket der Süd-Chemie AG, das sie einige Jahre zuvor erworben und nun über die Bayerische Hypotheken- und Wechselbank verkauft hatte. Flick ließ sich von Burkart am Rande einer Aufsichtsratssitzung der Maxhütte Ende des Jahres über das Ergebnis der Aktienkäufe in Kenntnis setzen. Burkart verbuchte das neue Daimler-Benz-Aktienpaket der Maxhütte nicht unter den Beteiligungen, sondern unter den Wertpapieren, so dass er jederzeit über diesen Aktienbesitz verfügen konnte, ohne den Aufsichtsrat fragen zu müssen. Kaletsch hatte er eine Option auf Übernahme der Daimler-Benz-Aktien zum Originalanschaffungspreis zuzüglich 7,25 Prozent Zinsen eingeräumt.[146]

Daimler-Benz blieb dank immer neuer Umsatzrekorde eine glänzende Beteiligung für Flick. Ende Oktober 1958 hatte der Umsatz mit 1,77 Milliarden Mark fast schon die Höhe des Jahresumsatzes 1957 erreicht (1,79 Milliarden Mark), insgesamt wurde für 1958 ein Gesamtumsatz in Höhe von 2,1 Milliarden Mark erwartet. Der Reingewinn stieg von 8,6

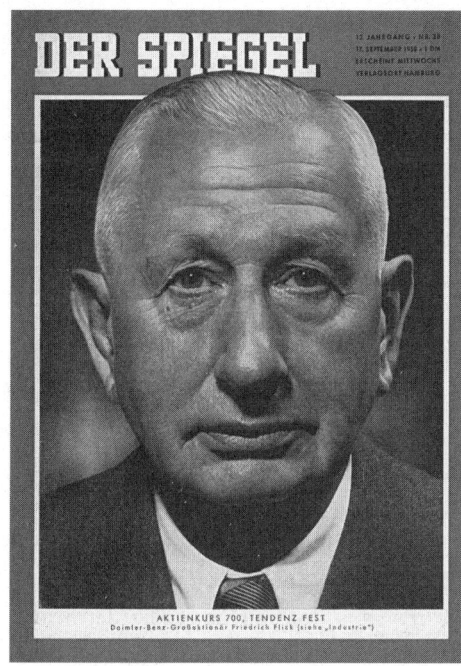

AKTIENKURS 700, TENDENZ FEST
Daimler-Benz-Großaktionär Friedrich Flick (siehe „Industrie")

Großer Auftritt:
1958 schießen die Gerüchte
über Friedrich Flick noch
einmal ins Kraut.

auf 12,9 Millionen Mark. Der Börsenkurs der Daimler-Aktie ereichte
1959 einen Wert von 2650 Prozent, der Umsatz stieg in diesem Jahr um
rund 15 Prozent auf 2,47 Milliarden Mark. Angesichts dieser Entwicklung musste sich Flick eingestehen, dass die Übernahme der Aktienmehrheit bei Daimler-Benz wohl zu teuer werden würde. Pragmatisch
entschied er, sich damit abzufinden, dass er mit Abstand größter Einzelaktionär des Konzerns bleiben würde. »Wegschnappen kann uns Daimler niemand mehr, niemand kann bei diesem Kurs da stärker einsteigen
als wir«, wurde Kaletsch im *Spiegel* zitiert.

Damit konnte Flick sein Finassieren beenden. Anfang September 1959
forderte die FKG die Maxhütte auf, die ihr aus dem Treuhandverhältnis
zustehenden Daimler-Aktien auf das Depot der VG bei der Bayerischen
Hypotheken- und Wechsel-Bank zu legen, zum 30. September wurde
der Treuhandvertrag formal aufgelöst. Die Düsseldorfer Holding erstattete der Maxhütte vereinbarungsgemäß die Anschaffungskosten für das
Aktienpaket (11,1 Millionen Mark) zuzüglich 539 070,90 Mark Zinsen.
Insgesamt verfügte die FKG jetzt über rund 38 Prozent des Stamm-

kapitals der Daimler-Benz AG. Ihr Einfluss spiegelte sich auch im Aufsichtsrat wider, wo Konrad Kaletsch bereits Anfang 1958 den dritten von Flick beanspruchten Sitz hatte einnehmen können.

Die Quandts besaßen inzwischen 15,04 Prozent des Stammkapitals von Daimler-Benz, waren damit aber weit entfernt von der von ihnen angepeilten Schachtelbeteiligung. Durch unmittelbare Beteiligung einer Kapitalgesellschaft in Höhe von mindestens 25 Prozent an einer anderen Kapitalgesellschaft wird das so genannte Schachtelprivileg wirksam, das eine Doppel- oder Mehrfachbesteuerung verhindert. Herbert Quandt hatte seine Daimler-Aktien größtenteils in eine 1956 eigens zu diesem Zweck gegründete Holding namens Induwest eingebracht. 1960 fragte er Flick, ob er bereit sei, mindestens 12,5 Prozent seiner Daimler-Aktien auf die Induwest zu übertragen – den gleichen Posten wie Quandt selbst – und dafür die Hälfte der Anteile an dieser Holding zu übernehmen. Dadurch käme die Induwest in den Genuss des Schachtelprivilegs. Flick willigte unter der Bedingung ein, dass damit keine Poolung der Stimmen bei Daimler-Benz verbunden war und jeder der beiden Großaktionäre weiter frei über seine Stimmen verfügen konnte.[147] Auch wenn ihre Anteile bei der Induwest gleich groß waren, war Quandt der schwächere Teil dieser Partnerschaft, da er zum Erhalt des Schachtelprivilegs von Flicks Beteiligung an der Induwest abhängig blieb.

Eine andere Angelegenheit, in der sie als Kontrahenten auftraten, lag gerade erst hinter ihnen. Unmittelbar nach dem Zusammenschluss von Daimler-Benz mit der Auto Union hatte Herbert Quandt im Mai 1958 bei Könecke ventiliert, ob nicht auch eine Angliederung der Bayerischen Motorenwerke AG (BMW) an den Daimler-Benz-Konzern denkbar wäre. Herbert Quandt besaß einen Anteil von rund acht Prozent an dem schwer angeschlagenen bayerischen Motorrad-, Motoren- und Automobilproduzenten. BMW fuhr seit 1955 Verluste ein, die sich bis 1959 auf 49 Millionen Mark summiert hatten, bei steigender Tendenz. Die Modellpalette, die zwischen dem Kabinenroller Isetta und verschiedenen Modellen der Luxusklasse eine riesige Lücke im Mittelklassebereich aufwies, hatte katastrophale Auswirkungen auf die Marktposition des Unternehmens. Der BMW-Aufsichtsrat beschrieb die Lage ungeschönt: Die Gesellschaft »befindet sich wegen Mangel an flüssigen Mitteln zur Zeit in einer bedrohlichen Lage«.[148]

Das Votum Friedrich Flicks, dem die bayerische Staatsregierung bereits 1951 einen Einstieg bei BMW nahegelegt hatte und der durchaus interessiert gewesen war, bevor er sich für die Auto Union entschied, war von zentraler Bedeutung für die Entscheidung der Daimler-Benz AG. In der Sitzung des Aufsichtsratspräsidiums am 17. November 1958 wiederholte Flick indes »seine bisherige negative Beurteilung« des BMW-Projekts. Er bestand darauf, dass die »Lebensinteressen« der Auto Union vorgingen, zudem sei er »wegen der untragbaren Risiken für Daimler-Benz« vorsichtig. Ihm trat Abs zur Seite, der ebenfalls ein Zusammengehen mit den Bayerischen Motorenwerken »in ihrem heutigen finanziellen und wirtschaftlichen Zustand« nicht für möglich hielt. Das Präsidium entschied schließlich, die Frage BMW als »im negativen Sinne für erledigt zu betrachten«. Daraufhin erklärte Quandt, »die Frage des Zusammengehens mit BMW ad acta zu legen«; in Bezug auf BMW fühle er sich »nunmehr völlig frei« und werde andere Sanierungswege suchen.[149]

Mehr noch als Herbert Quandt war freilich die bayerische Staatsregierung an einer Beteiligung von Daimler-Benz an der BMW-Sanierung interessiert. Daher versuchte das Wirtschaftsministerium den von der Auto Union benötigten Kredit an ein Engagement von Daimler-Benz bei BMW zu koppeln. Auf diesen unverhohlenen Erpressungsversuch der Staatsregierung hin gab Kaletsch sofort Weisung, alle Bauarbeiten in Ingolstadt vorerst einzustellen. Diese wohl nicht erwartete heftige Reaktion führte zu einem Taktikwechsel in München. Man sei bereit, der Auto Union einen Kredit über 50 Millionen Mark zu geben, sofern Daimler-Benz bürge. Aber auch gegen diese Forderung des Freistaats legte Daimler-Aufsichtsrat Kaletsch umgehend sein Veto ein. Schließlich unternahm das bayerische Wirtschaftsministerium einen letzten Versuch, eine Gegenleistung für die Kredithilfe herauszuschlagen, indem sie diese von der vollständigen Durchführung aller in Ingolstadt geplanten Ausbaustufen abhängig machte. Über die Presse ließ das bayerische Finanzministerium zusätzlich lancieren, dass die Auto Union ihre Produktion in Ingolstadt konzentrieren und das Düsseldorfer Werk schließen werde. Wohl mit Rückendeckung aus dem Flick-Konzern entgegnete Auto-Union-Chef Werner, wenn man in Bayern glaube, eine Konzentration der Produktion in Ingolstadt zur Bedingung machen zu können, dann müsse das Land zur Kenntnis nehmen, dass der Ausbau in Bayern nicht durchgeführt werde.[150]

Allein die Kosten für die Übernahme und Sanierung der Auto Union sprachen dagegen, dass sich Daimler-Benz mit BMW noch ein zweites marodes Unternehmen aufbürdete. Mitte 1959 ging man bei Daimler-Benz von 165 bis 175 Millionen Mark aus, die die Ingolstädter Tochter in den kommenden vier Jahren kosten würde, davon entfielen voraussichtlich 105 bis 115 Millionen Mark unmittelbar auf den Mutterkonzern. Treibende Kraft bei den Sanierungsplänen für BMW war Quandt; Flick bremste, und seine Bedenken wurden zu diesem Zeitpunkt sowohl vom Vorstand als auch vom Vorsitzenden des Aufsichtsratspräsidiums, Abs, geteilt. Die Beweggründe Flicks lassen sich indes nicht eindeutig identifizieren. Denkbar ist, dass er vor allem davor zurückschreckte, in einen zweiten Sanierungsfall zu investieren. Jedenfalls trifft die bis heute weit verbreitete Legende, Flick habe aus Daimler-Benz, Auto Union und BMW einen »Super-Autokonzern« schmieden wollen, so nicht zu.[151]

Als Anfang August 1959 die bayerische Staatsregierung noch einmal wegen einer möglichen Beteiligung von Daimler-Benz an BMW bei Flick nachhakte, erklärte dieser gallig, die BMW-Sanierung sei Sache der Aktionäre und Gläubiger. Quandt ließ aber nicht locker und unternahm Mitte September einen weiteren Vorstoß bei Daimler-Vorstandsmitglied Nallinger, den er von der Qualität der neuesten BMW-Entwicklung zu überzeugen suchte. Nallinger, erklärter Gegner einer Verbindung mit BMW, regte indes an, das Unternehmen auf seine alte Bestimmung als Flugzeugmotorenwerk zurückzuführen. Es sei allerdings offen, ob das Aufsichtsratspräsidium von Daimler-Benz es für richtig halte, in das Flugzeugmotorengeschäft einzusteigen.[152]

Nur wenige Wochen später hatte sich die Lage fundamental geändert. Im Oktober 1959 diskutierte der Aufsichtsrat von Daimler-Benz erneut über eine Beteiligung an BMW, da die Produktionskapazitäten in den Daimler-Benz-Werken mittlerweile an ihre Grenzen gestoßen waren. Auf dem nächsten Treffen des Daimler-Präsidiums betonte Flick noch einmal ausdrücklich seine Leitlinie, dass ein Engagement bei BMW nicht zu Lasten der Auto Union gehen dürfe. Auch der weiterhin überaus skeptische Abs konzedierte der Auto Union ein »Erstgeburtsrecht«. Sowohl Flick als auch Abs lehnten eine Beteiligung von Daimler-Benz an der BMW-Sanierung aber nicht mehr grundsätzlich ab. Tatsächlich war inzwischen nach komplizierten Verhandlungen mit der Staatsregierung in München ein Plan zur Sanierung von BMW gereift.[153]

Am 22. Oktober bat die BMW AG offiziell den Vorstand und das Aufsichtsratspräsidium von Daimler-Benz um eine Beteiligung an der Sanierung des Unternehmens. Der Vorstand von Daimler-Benz stimmte dem Vorhaben zu; Könecke wies darauf hin, dass der Bau einer weiteren Produktionsstätte Investitionen in Höhe von 125 Millionen Mark erforderlich machen würde, die Fertigung aber keinesfalls vor Mitte 1962 aufgenommen werden könnte. Hingegen könne bei BMW die Produktion für Daimler-Benz bereits in etwa acht Monaten anlaufen. De facto sollte BMW ein Zulieferbetrieb von Daimler-Benz werden. Da auch Joachim Zahn, der seit Kurzem im Daimler-Vorstand für die Finanzen zuständig war, die Übernahme von BMW als ein kalkulierbares Risiko einstufte, stimmte Flick zu. Er bestand aber darauf, dass BMW unbedingt saniert werden müsse. Skeptisch blieb allein Abs, der noch einmal zu Protokoll gab, die Lage bei BMW sei sehr schlecht.

Am 9. November stimmten nach langwierigen Verhandlungen die Gremien von BMW und Daimler-Benz dem Sanierungskonzept zu. Es wurde vereinbart, dass das Grundkapital von BMW zum Ausgleich aller Verluste zunächst von 30 auf 15 Millionen Mark herabgesetzt, anschließend aber durch Ausgabe neuer Aktien zum Kurs von 100 Prozent auf 85 Millionen Mark erhöht werden sollte. Lediglich die beteiligten Banken – es handelte sich um die Deutsche Bank, die Bayerische Staatsbank und die Bayerische Landesanstalt für Aufbaufinanzierung – und Daimler-Benz sollten ein Bezugsrecht für die neuen Aktien erhalten, die übrigen Aktionäre von BMW unter Ausschluss ihrer Bezugsrechte hingegen leer ausgehen. Gemeinsam setzten sich die bayerische Staatsregierung, Daimler-Benz, BMW und die beteiligten Banken über die von Bundeswirtschaftsminister Erhard geäußerten Bedenken wegen der Missachtung der Rechte von Kleinaktionären hinweg.

Am 9. Dezember 1959 fand schließlich die – nach Einschätzung der *Zeit* – »aufregendste Aktionärsversammlung der deutschen Geschichte« statt, auf der über den Sanierungsplan verhandelt wurde. Die Opposition gruppierte sich um Erich Nold. Der Besitzer einer Darmstädter Kohlen- und Baustoffgroßhandlung hatte von seinem Vater kleine Aktienbeteiligungen an mehreren deutschen Großunternehmen geerbt. Er galt als »Dauer-Opponent« auf Hauptversammlungen und profilierte sich als Sachwalter der Kleinaktionärsrechte. Die Opposition um Nold erreichte schließlich eine Vertagung der Entscheidung, wodurch das Angebot von Daimler-Benz obsolet wurde, da es auf den Tag der Hauptversammlung befristet war. Eine Anfrage aus München, ob eine Verlängerung der vereinbarten Frist möglich sei, lehnte Daimler-Benz ab. Die BMW-Hauptversammlung führte Flick plastisch vor Augen, welch miserablen Ruf er genoss; die Proteste der Kleinaktionäre richteten sich gegen den »Börsenjobber« Flick. Quandt, die eigentlich treibende Kraft hinter der BMW-Sanierung, war fein raus. Indirekt wird damit die Einschätzung bestätigt, dass der angeblich so stille Flick im Vergleich zu Quandt ein lauter »Polterer« war.[154]

Als Anfang 1960 aus dem Vorstand der Bayerischen Motorenwerke zu hören war, »dass die BMW AG nunmehr aus den Schwierigkeiten heraus sei; dass sie selbständig bleiben wolle; dass sie ihre eigene Produktion aufrechterhalten wolle und kein ›Zulieferbetrieb‹ werden wolle«, einigte sich das Daimler-Benz-Präsidium darauf, eine Beteiligung an der BMW-Sanierung endgültig für gegenstandslos zu erklären. Dies wurde kurz darauf BMW und der bayerischen Staatsregierung offiziell mitgeteilt. Mit Sicherheit war Friedrich Flick über den Ausgang der Rettungsaktion für den BMW-Konzern nicht sonderlich betrübt, hatte er doch die Sanierungspläne nur unter Bedenken mitgetragen.[155]

Flicks unternehmerisches Konzept für den Automobilbau war klar umrissen. Er wollte die Autotrust-Idee aus den zwanziger Jahren vor allem deshalb wieder aufleben lassen, um verlässliche Abnehmer insbesondere für die Maxhütte zu gewinnen. Dass die Autoindustrie sich Anfang der fünfziger Jahre als eine kommende Boombranche herauszukristallisieren begann, machte das Konzept umso stichhaltiger: Vorgesehen war eine breite Produktpalette von Daimler-Benz und Auto Union im Pkw- und Lkw-Bau sowie Daimler und Maybach im Motorenbau mit einem vertikalen Zulieferverbund; beim Motorenbauer Maybach war Flick ebenfalls bereits 1952 in aller Heimlichkeit eingestiegen. Wegen der schwierigen Lage bei der Auto Union agierte Flick jedoch vorsichtiger und war am Ende froh, dass es zu keiner Beteiligung von Daimler-Benz am darniederliegenden BMW-Konzern kam. Obgleich Daimler-Benz und Auto Union wichtige Abnehmer für die Erzeugnisse der Maxhütte waren, kamen die Lieferbeziehungen nicht im erhofften Umfang zustande.[156] Daimler-Benz war für Flick eine ständig an Wert steigende Perle, aber eben kein in den Konzernverbund zu integrierendes Unternehmen.

Die Autobranche war jedoch nicht der einzige Industriezweig, dem sich der Flick-Konzern nach dem Zweiten Weltkrieg verstärkt zuwandte. Neben dem Automobilbau setzte Flick vor allem auf die Chemische Industrie. Hierbei handelte es sich um eine Branche, die dem Konzern nicht ganz so fremd war. Während Flick die Entflechtung des eigenen Konzerns als große Ungerechtigkeit empfand, hoffte er, von der von den Alliierten verordneten Neuordnung in anderen Branchen profitieren zu können. Vor allem hielt er Ausschau, welche Nachfolgeunternehmen der in ihre Bestandteile zerlegten IG Farben für ihn von Interesse sein könnten: BASF, Bayer, Hoechst und viele kleinere Unternehmen waren wieder selbstständig geworden. Hier war eine gewisse Eile geboten, da die Anfang der fünfziger Jahre im Umbruch befindliche Chemische Industrie viele Anreize bot. Auch in der Chemiebranche war Flick auf Expertenrat angewiesen. Unterstützt wurde er bei seiner Suche von Otto Ambros, dem ehemaligen IG Farben-Vorstand, den er in der Landsberger Haft kennengelernt und 1951 mit einem Beratervertrag ausgestattet hatte.[157]

Einen ins Auge gefassten Einstieg bei den Chemischen Werken Hüls verhinderte offenbar die Leitung des Unternehmens, die von der Aussicht auf einen neuen Großaktionär Flick wenig angetan war. Kurz darauf konnte Flick als einen der ersten Zukäufe außerhalb der Montanindustrie den Erwerb von 75 Prozent des Stammkapitals (7,5 Millionen Mark) bei der Wolff & Co. GmbH in Walsrode verbuchen, einem der kleineren Nachfolgeunternehmen der IG Farben.

Mit diesem Geschäft bereitete Flick indes nur einen größeren Coup vor. An dem auf die Herstellung von Kunststofffolien spezialisierten Walsroder Unternehmen war nämlich auch die Feldmühle Papier- und Zellstoffwerke AG interessiert, einer der größten europäischen Papierhersteller, der sich zunehmend in der Chemischen Industrie engagierte. Bereits nach kurzer Zeit ergab sich die Gelegenheit zu einem Tausch: Als die Feldmühle 1955 ihr Gesellschaftskapital erhöhte, verkaufte Flick

ihr seine Wolff-Aktien gegen fünf Millionen Mark junger Feldmüh-
le-Aktien. Damit war Flick mit einem Anteil von rund 13 Prozent
zum zweitgrößten Aktionär des Unternehmens nach Hugo Stinnes jr.
avanciert, der 21,4 Prozent kontrollierte. Stinnes hatte – ähnlich wie
Flick – in den ersten Jahren nach dem Krieg ein neues Firmenimperium
aufgebaut, die Hugo Stinnes Industrie und Handel GmbH in Bremen,
die über breit gestreute Beteiligungen verfügte – unter anderem bei
der Feldmühle. Flicks Ambitionen bei der Feldmühle reichten von Anfang an über eine Minderheitsbeteiligung hinaus. Nachdem ihm der
Einstieg geglückt war, verabredete er Ende 1955 mit Stinnes, dass die
FKG eine Mehrheitsbeteiligung anstreben könne, ohne dass sich an der
grundsätzlichen Zielsetzung, die Feldmühle gemeinsam zu leiten, etwas
ändern würde.[158]

Gleichzeitig interessierte sich Flick – vermutlich von Ambros beraten – für die Dynamit Nobel AG in Troisdorf bei Köln. Dynamit war
Mitte der fünfziger Jahre zum bedeutendsten deutschen Kunststoff-
erzeuger aufgestiegen und erzielte 1957 rund 60 Prozent des Konzern-
umsatzes von 444 Millionen Mark mit diesen Produkten. Und ein
weiteres rasantes Wachstum stand zu erwarten, da die deutschen Kunst-
stofferzeuger ihren Umsatz im ersten Halbjahr 1958 um 25 Prozent hatten steigern können. Flick gelang es, Dynamit-Anteile im nominellen
Wert von 7,5 Millionen Mark von Hermann Krages zu erwerben; Ende
Juli 1958 gab sich Flick als neuer Großaktionär auf der Hauptversammlung der Dynamit Nobel AG zu erkennen. Er besaß zu diesem Zeitpunkt rund 16 Prozent vom Gesamtkapital von 47 Millionen Mark,
war damit aber neben der Rheinischen Stahlwerke AG in Essen und
der Werkzeugmaschinenfabrik Oerlikon in Zürich (die jeweils etwa 32
Prozent hielten) nur drittgrößter Aktionär von Dynamit Nobel. Gleichwohl zogen Flick und Kaletsch in den Aufsichtsrat von Dynamit ein,
zu dessen Vorsitzendem Flick sogleich gewählt wurde. Der Schweizer
Fabrikant Dieter Bührle (Oerlikon) und Werner Söhngen (Rheinstahl)
besetzten die beiden Stellvertreterposten. Bei Dynamit saß nach dem
Ausscheiden von Carl Goetz von der Dresdner Bank kein Vertreter
einer Großbank mehr im Aufsichtsrat, geschweige denn ein Vertreter
der Kleinaktionäre, die zu diesem Zeitpunkt immerhin noch rund 20
Prozent des Aktienkapitals hielten.

Flick erklärte seinen Einstieg bei Dynamit, indem er auf die industriellen Zusammenhänge mit seinen übrigen Unternehmen verwies.
Die Wirtschaftspresse griff diese Lesart bereitwillig auf und erklärte, die
Konzerngesellschaften der FKG seien mögliche Abnehmer von Kunst-
stofferzeugnissen, so etwa Daimler-Benz und die Feldmühle. Da nun
allgemein spekuliert wurde, dass Flick sein Engagement noch deutlich
steigern werde, stieg der Kurs der Dynamit-Aktie rapide an. Tatsächlich arrangierte sich Flick zunächst mit Bührle (was auch seine überraschende Wahl zum Vorsitzer des Aufsichtsrats erklärte), übernahm aus
dessen Paket acht Prozent und besaß schlagartig die Sperrminorität, da
er in aller Stille noch zwei Prozent über die Börse hinzugekauft hatte.
Seine Sperrminorität bei Dynamit verkaufte Flick 1959 wiederum an die
Feldmühle, als er bei dem Düsseldorfer Unternehmen anlässlich einer
Kapitalerhöhung ein gleich großes Aktienpaket übernehmen konnte.
Mit dieser Transaktion hatte Flick bei der Feldmühle die Majorität (57
Prozent) erreicht, ohne seinen Einfluss auf Dynamit Nobel aufzugeben,
der ja über die Feldmühle weiter bestand.

Aber auch dort strebte Flick jetzt die Mehrheit an. Da der Aktienkurs
von Dynamit inzwischen auf 620 Prozent gestiegen war und Zukäufe
über die Börse ihm keine Mehrheit gebracht hätten, galt Flicks Augenmerk dem von Rheinstahl gehaltenen Dynamit-Nobel-Paket. Ein erster
Versuch, dieses gegen seine Mehrheitsbeteiligungen an den Stahlwerken
Südwestfalen und am Gußstahlwerk Witten AG (Wittenguß) zu tauschen, scheiterte im Juli 1959 auf der Rheinstahl-Hauptversammlung;
in einem zweiten Anlauf gelang es Flick dann, den 32-prozentigen Anteil an Dynamit Nobel aus dem Portefeuille von Rheinstahl gegen seine
Wittenguß-Aktien und einen Barbetrag einzuhandeln. Bemerkenswert
an diesem Geschäft ist, dass Flick die Wittenguß-Beteiligung wohl vor
allem erworben hatte, um Tauschmasse für den geplanten Einstieg bei
Dynamit Nobel zu haben, obgleich sich das Wittener Werk gut als Zulieferer für Daimler-Benz und die Auto Union geeignet hätte. Hier wird
deutlich, dass Flick sich beim Neuaufbau seines Konzerns nicht vorrangig an Produktionszusammenhängen orientierte.

Im Gegensatz zu seinem Daimler-Benz-Engagement, bei dem er sich
mit einer Stellung als bedeutendster Minderheitsaktionär begnügen
musste, zielte Flick bei der Feldmühle und bei Dynamit Nobel auf

Der Aufbau des Flick-Konzerns als Kreuzworträtsel: Karikatur aus dem Jahr 1959.

einen erheblichen Ausbau seiner Machtposition, im Fall der Feldmühle gar auf den alleinigen Aktienbesitz. Zwei Gesetze wollte er hierfür nutzen. Das Gesetz über die Umwandlung von Kapitalgesellschaften und bergrechtlichen Gewerkschaften vom 12. November 1956, welches das so genannte Umwandlungsgesetz vom 5. Juli 1934 und seine vier Durchführungsverordnungen zusammenfasste, ermöglichte es jedem Großaktionär, der mindestens 75 Prozent des Grundkapitals eines Unternehmens hielt, die anderen Aktionäre durch die Umwandlung der Gesellschaft auf eine andere Gesellschaft herauszudrängen, ohne dass die Kleinaktionäre Einspruch erheben konnten.

Nachdem Flick bereits vor 1945 von dem NS-Gesetz profitiert hatte, plante er nun auch dessen Neufassung für seine Ziele einzusetzen. Während das alte Gesetz seine Entstehung in erster Linie der im Nationalsozialismus vorherrschenden Abneigung gegen anonyme Kapitalgesellschaften verdankte, hatte das neue Gesetz die Interessen der Unternehmen im Blick. Sie sollten die Rechtsform wählen können, die aus wirtschaftlichen Gesichtspunkten am geeignetsten erschien; vor allem steuerliche Erwägungen sprachen zu dieser Zeit für die Umwandlung einer Kapitalgesellschaft in eine Personengesellschaft. Zugleich sah das Gesetz über Steuererleichterungen bei der Umwandlung von Kapitalgesellschaften und bergrechtlichen Gewerkschaften (Umwandlungssteuergesetz) vom 16. Oktober 1957 erhebliche steuerliche Vergünstigungen für entsprechende Transaktionen vor. Dieses Gesetz, das es vor allem kleineren Unternehmen ermöglichen sollte, die für sie günstigere Variante der Personengesellschaft ohne große Steuerbelastung wählen zu können, lief zum 31. Dezember 1959 aus. Flick stand daher unter erheblichem Zeitdruck.[159]

Mit der Umwandlung der Feldmühle wollte Flick beginnen. Stinnes war einverstanden. Weil sich abzeichnete, dass mit erbitterten Protesten der Kleinaktionäre zu rechnen war, bereitete man in der Düsseldorfer Konzernzentrale die entscheidende Hauptversammlung minutiös vor. Als die dort vermutlich vertretenen Stimmen am Vortag zusammengezählt wurden, ergab sich eine auf den ersten Blick beruhigende Mehrheit von 85,96 Prozent für die Umwandlung, bei 3,42 Prozent Gegenstimmen und 1,42 Prozent Enthaltungen. Da der fristgemäße Umwandlungsbeschluss keinesfalls durch eine Anfechtungsklage in Gefahr gebracht werden durfte, spielte eine souveräne Leitung der Hauptversammlung durch den Aufsichtsratsvorsitzenden Stinnes eine wichtige Rolle. Ein vermutlich aus dem Hause Flick stammendes Memorandum bereitete Stinnes auf alle möglichen Störversuche renitenter Kleinaktionäre vor; er sollte alles vermeiden, was Anlass für eine Anfechtungsklage hätte geben können.[160]

Zentraler Streitpunkt war das Übernahmeangebot Flicks an die Kleinaktionäre. Ein Gutachten hatte den Substanzwert der Feldmühle und ihrer Beteiligungen zum 31. Oktober 1959 auf 369,8 Millionen Mark, den Unternehmenswert entsprechend dem errechneten Ertragswert allerdings nur auf 281 Millionen Mark festgelegt. Die Gutachter schlugen einen Ablösekurs von 668 Prozent vor, während der Börsenkurs zu diesem Zeitpunkt bei rund 1200 Prozent lag. Flicks Angebot lautete auf 770 Prozent, was einem Wert der Feldmühle von 320 Millionen Mark entsprach. Das war der Börsenkurs vom Juni; die danach einsetzenden Kurssteigerungen, so eine Pressenotiz, seien als überhöht anzusehen.[161]

Am 22. Dezember 1959 fand die Hauptversammlung der Feldmühle statt. Sie sollte jener BMW-Versammlung, die zwei Wochen zuvor die Gemüter erhitzt hatte, kaum nachstehen und noch für längere Zeit die Justiz beschäftigen. Vom Stammkapital des Unternehmens waren rund

38 der insgesamt 42 Millionen Mark vertreten. Die AG für Papier- und
Zellstoffinteressen, auf die die Feldmühle umgewandelt werden sollte,
hatte 33,9 Millionen Mark (79 Prozent) angemeldet. In der hitzigen
Diskussion war ausgerechnet Hermann Krages einer der Wortführer
der Kleinaktionäre. Er argumentierte, das Umwandlungsgesetz sei verfassungswidrig und verstoße gegen das Grundgesetz, da dieses nur Enteignungen im öffentlichen, nicht aber im privaten Interesse zulasse.
Vehementen Protest rief auch die Weigerung des Feldmühle-Vorstandes
hervor, über die Wertansätze der Umwandlungsbilanz zum 31. Oktober
Auskunft zu geben. Alle Anträge der Opposition auf Verschiebung
der Hauptversammlung und auf Vorlage eines Jahresabschlusses mit
Gewinn- und Verlustrechnung erklärte der protokollführende Notar für
unzulässig, Versammlungsleiter Stinnes stellte sie erst gar nicht zur Abstimmung. Auf die Frage eines Aktionärs, ob man den Kleinaktionären
nicht Anteile an der neuen Gesellschaft zubilligen könne, erklärte der
Vorstandsvorsitzende Herbert Rohrer, »wenn man das gewollt hätte,
hätte man nicht umzuwandeln brauchen«. Damit hatte Rohrer in den
Augen der Kleinaktionäre zugegeben, dass es vor allem darum ging, die
freien Aktionäre auszubooten.

Der Vorstand argumentierte quasi patriarchalisch: In letzter Zeit sei
die Einfuhr von Papier und Pappe vor allem aus Kanada und Skandinavien nach Deutschland stark angestiegen. Der Konkurrenzdruck habe
zu einem Preisrückgang geführt, der wohl langfristig sein werde. Die
Verwaltung müsse daher erhebliche unternehmerische Risiken eingehen, die man den freien Aktionären nicht zumuten könne. Schließlich
beschloss die Hauptversammlung mit den Stimmen der Großaktionäre
wie geplant die Umwandlung der Feldmühle AG auf die AG für Papier-
und Zellstoffinteressen in Düsseldorf. Diese befand sich im alleinigen
Besitz der VG und von Stinnes. Da Hugo Stinnes mit dem Umwandlungsbeschluss zugleich aus der neuen Gesellschaft ausgeschieden war,
war die Flick-Holding nunmehr alleinige Aktionärin der Feldmühle.
Stinnes erhielt als Ausgleich unter anderem die Fella-Werke sowie das
bei der Feldmühle liegende Wolff-Paket, mit dem Flicks Übernahme
der Feldmühle kurz zuvor begonnen hatte. Gegen die Eintragung des
Umwandlungsbeschlusses in das Handelsregister beantragte Krages
umgehend eine einstweilige Verfügung beim Landgericht Düsseldorf,

gegen die die Verwaltung der Feldmühle ihrerseits sofort Widerspruch einlegte.[162]

Nachdem Flick bereits bei der BMW-Hauptversammlung als Buhmann hatte herhalten müssen, bekam er nun erneut vor Augen geführt, dass sich in Deutschland eine aufmerksame Öffentlichkeit zu entwickeln begann. Der Dezember 1959 war für die Außendarstellung des Flick-Konzerns jedenfalls kein guter Monat, denn die Minderheitsaktionäre waren nicht gewillt, Flicks Manöver widerspruchslos hinzunehmen. Der Ablauf der Hauptversammlung und Flicks Umgang mit den Kleinaktionären wurden wiederholt Gegenstand kritischer Berichterstattung. Die *Frankfurter Rundschau* sprach von den »Haifischen Flick und Stinnes«. Die Angelegenheit wurde auch zu einem Politikum in Bonn. Der Gesetzgeber betonte zwar, er habe mit dem Umwandlungsgesetz vor allem die Rückverwandlung von kleinen Unternehmen in persönliche Gesellschaften fördern wollen, am Ende hatten aber vor allem Großkonzerne die Gelegenheit beim Schopf ergriffen, unter anderem das bundeseigene Hüttenwerk in Salzgitter. Da die Bundesregierung zu dieser Zeit den »Volkskapitalismus« propagierte, der den Aktienbesitz breiter streuen sollte, wurde das Vorgehen von Flick, Stinnes und anderen Großaktionären als geradezu kontraproduktiv angesehen; es werde, fürchtete man in Bonn, »das Interesse am Aktiensparen abschwächen und damit der Regierungspolitik einer Streuung von Produktionseigentum auf breite Bevölkerungsschichten zuwiderlaufen«.[163]

Vor diesem Hintergrund fand sechs Tage nach der Hauptversammlung in Düsseldorf im benachbarten Troisdorf die Hauptversammlung der Dynamit Nobel AG statt. Das erklärte Ziel der Großaktionäre Flick und Bührle war auch in diesem Fall eine Umwandlung des Unternehmens auf eine neue Gesellschaft unter Ausschluss sämtlicher Kleinaktionäre. Auf der Hauptversammlung waren 41,3 der 47 Millionen Mark des Stammkapitals (= 87,94 Prozent) vertreten; davon entfielen auf die von Flick gegründete AG für Kunststoffwerte, auf die das Unternehmen umgewandelt werden sollte, 38,4 Millionen Mark (= 81,7 Prozent). Auch hier ging es den Kritikern um die Rechtmäßigkeit der Umwandlung und die Höhe des Abfindungsangebots, und nach einem fast achtstündigen Verhandlungsmarathon konnten die Kleinaktionäre zumindest einen Teilerfolg verbuchen.

Kaletsch, der die Hauptversammlung leitete, signalisierte aufgrund der vehementen Proteste ein vorsichtiges Einlenken. Nach Rücksprache mit Flick erklärte er, die Verwaltung sei bereit, »von sich aus die Spruchstelle zwecks Fortsetzung eines Abfindungsangebotes anzurufen«. Das bisherige Angebot von 735 Prozent bleibe aber bestehen. Komme die Spruchstelle zu einem niedrigeren Angebot, werde den Kleinaktionären nichts abgezogen, komme sie zu einem höheren, werde der Differenzbetrag nachgezahlt. Als ein Vertreter der Schutzvereinigung für privaten Wertpapierbesitz nachhakte, ob eine solche Regelung auch für die Feldmühle denkbar sei, antwortete Kaletsch, dass könne er »beinahe in Aussicht stellen«. Trotz aller weiterer Proteste – Anträge auf Verschiebung der Hauptversammlung sowie Einsetzung einer Sonderprüfung wurden abgelehnt – stellte die Verwaltung ihren Vorschlag zur Abstimmung. Die Umwandlung wurde mit Mehrheit angenommen, aber auch in diesem Fall stellten ausgebootete Kleinaktionäre beim Landgericht Bonn umgehend einen Antrag auf einstweilige Verfügung gegen die entsprechende Eintragung in das Handelsregister. Antragsteller war Georg Wilhelm Engler, der auf der Hauptversammlung neben den eigenen Aktien auch die von Hermann Krages vertrat. Das Bonner Gericht lehnte den Antrag ab.

Ein endgültiger Schlussstrich unter die turbulenten Hauptversammlungen vom Dezember 1959 konnte erst gezogen werden, wenn alle Klagen aufgegeben beziehungsweise letztinstanzlich entschieden waren. Vorsichtshalber schob die VG Anfang Januar 1960 im Fall von Dynamit Nobel noch eine vor allem auf die öffentliche Stimmung gemünzte Begründung für den Umwandlungsbeschluss nach. Hätte man die Kleinaktionäre an einer neuen Gesellschaft beteiligt, wäre es angesichts der dringend notwendigen großen Investitionsaufgaben zu einer Interessenkollision gekommen, so die Argumentation. Während Großaktionäre auf Dividenden verzichten könnten, sei dies bei Kleinaktionären nicht der Fall.[164]

Insbesondere der Nachhall der Feldmühle-Hauptversammlung in der Öffentlichkeit verklang nicht so schnell, wie von Flick erhofft. Im Gegenteil, im Frühjahr 1960 kamen schrille Töne aus einer Ecke, aus der man in Düsseldorf einen derart vehementen Angriff wohl nicht erwartet hatte. Im März-Heft der *Sozialen Ordnung*, des Mitteilungsblattes

der Christdemokratischen Arbeitnehmerschaft, musste Flick lesen, sein
Name sei ein »Begriff für die rücksichtslose Ausweitung persönlicher
wirtschaftlicher Macht geworden – die 16 Jahre nach dem Zusammenbruch größer ist, als sie vorher war«. Der Verfasser des Artikels registrierte, dass die Besitzer der neu entstandenen Wirtschaftsvermögen »nicht in
jedem Fall als Prototyp eines aufrechten Demokraten bezeichnet werden
können«. Als Erster protestierte der hemdsärmelige Präsident des Bundesverbandes der Deutschen Industrie, Fritz Berg, der sich direkt an den
CDU-Vorsitzenden Bundeskanzler Adenauer wandte. Auch Flicks neuer
Generalbevollmächtigter Wolfgang Pohle, der bis 1957 für die CDU im
Bundestag gesessen hatte, bat Adenauer um eine Richtigstellung; Flick
sei zutiefst verletzt. Selbstverständlich wurde auch Robert Pferdmenges
aktiv und verhinderte im letzten Moment eine Kleine Anfrage der CDU/
CSU-Bundestagsfraktion zur Umwandlung der Feldmühle.

Der Herausgeber der *Sozialen Ordnung*, der Bundestagsabgeordnete
und einflussreiche Chef des Arbeitnehmerflügels der CDU Hans Katzer,
war nicht bereit, den Stab über den Verfasser des Artikels zu brechen.
Im Gegenteil, Katzer beklagte sich bei Adenauer, dass die CDU/CSU
zwar seit geraumer Zeit eine breite Streuung von Aktien propagiere, nun
aber bei der »Entlassung« von Kleinaktionären stillhalte. Der für die
Union heikle Streit – in Baden-Württemberg standen Landtagswahlen
vor der Tür – schwelte weiter, zumal das Registergericht des Amts-
gerichts Düsseldorf im Mai 1960 die Eintragung der Feldmühle-Umwandlung aussetzte. Der zuständige Richter wollte die Entscheidung
des Bundesverfassungsgerichts in Karlsruhe abwarten, ob die Ausschaltung der Minderheitsaktionäre auf der Hauptversammlung möglicherweise verfassungswidrig war. Bis dahin lag die endgültige Umwandlung
des Unternehmens auf Eis. Am 28. Juli 1960 fand, sehr zum Missfallen
der Großaktionäre, noch einmal eine Hauptversammlung in alter Ak-
tionärsbesetzung statt. Nachdem die Umwandlungen in Karlsruhe für
rechtens erklärt worden waren, legten 1962 beziehungsweise 1964 das
Oberlandesgericht Köln für Dynamit Nobel (811,50 Mark) und das
Oberlandesgericht Düsseldorf für die Feldmühle (920 Mark) die Höhe
der Abfindungen für die Kleinaktionäre verbindlich fest. Die Feldmühle
musste drei Millionen Mark an die ausgeschiedenen Kleinaktionäre
nachträglich überweisen.[165]

Während die Kosten für die Aktienkäufe zunächst noch weitgehend aus dem Verkaufserlös für Harpen und die Essener Steinkohle bestritten beziehungsweise durch einen geschickten Tausch von Aktienpaketen auf die zu erwerbenden Unternehmen abgewälzt werden konnten, griff Friedrich Flick zur Finanzierung von Investitionen in seinen Unternehmen jetzt immer häufiger auf die Dienste Rudolf Münemanns zurück, mit dem er bereits in den späten dreißiger Jahren zusammengearbeitet hatte. Münemann war eine der schillernden Figuren des Wirtschaftswunders. Mit dem von ihm erfundenen Revolving-Kreditsystem finanzierte er zahlreiche Geschäftsübernahmen und Investitionen; durch stetiges Erneuern kurzfristiger Kredite stellte er seinen Kunden den Gesamtbetrag eines Darlehens für eine Laufzeit von 10 bis 35 Jahren zur Verfügung. Das kurzfristige Geld nahm Münemann vor allem bei Versicherungsgesellschaften und Sparkassen auf. Die Kreditnehmer konnten auf diese Weise die Großbanken umgehen, brauchten keine neuen Aktien oder Obligationen zu emittieren und sparten die hohen Gebühren und Abgaben an Banken und Steuerbehörden, da die Schuldscheine als privatrechtlich ausgestellte Schuldurkunden galten. Sie wurden im Gegensatz zu Aktien oder Obligationen nicht als Börsenpapiere gehandelt und unterlagen damit nicht der Börsen- und der Wertpapiersteuer.

Die Bedeutung Münemanns lässt sich daran ermessen, dass Flick und Kaletsch sich etwa alle zwei bis drei Monate bei ihm zu einem Geschäftsessen einfanden. Mitte 1958 bedankte sich Flick schriftlich bei Münemann, der bei der Finanzierung »meiner Gruppe eine sehr beachtliche Rolle gespielt« habe. Allein 1958 hatte Münemann 35 Millionen Mark für die Monopol und 40 Millionen Mark für die Feldmühle zur Verfügung gestellt. Im folgenden Jahr stellte er jeweils 20 Millionen Mark für die Stahlwerke Südwestfalen und Buderus sowie 70 Millionen Mark für die VG zur Verfügung. Hinzu kamen zwischen 1958 und 1960 noch 25 Millionen Mark für die FKG sowie 18 Millionen für Dynamit Nobel. Insgesamt summierten sich die von Münemann an Flick ausgereichten Darlehen nach der Erinnerung Ernst Balans, der rechten Hand Münemanns, auf rund 328 Millionen Mark.

Im Frühjahr 1959 brachten die Oppenheim-Bankiers Robert Pferdmenges und Harald Kühnen in Bonn eine Kampagne gegen Münemann ins Rollen, da dieser den Banken Kunden abspenstig machte.

Pferdmenges und Kühnen hatten dabei wohl vor allem das Privatbankgeschäft im Auge; Münemanns Kunden waren vom Volumen der Darlehen her auch für sie interessante Geschäftspartner. Pferdmenges und sein CDU-Kollege August Neuburger brachten im Bundestag einen Antrag ein, Schuldscheine auch dann als steuerpflichtige Schuldverschreibungen zu betrachten, wenn sie nur über Teilbeträge des Gesamtdarlehens ausgestellt sind. Nach langwierigen Diskussionen kam das Vorhaben durch einen Stimmungsumschwung in der FDP schließlich zu Fall. Flick gratulierte Münemann, der »einen schweren Kampf sehr erfolgreich bestanden« habe, nahm in den folgenden Jahren aber kaum noch Geld bei ihm auf. Die Gründe liegen im Dunkeln. Immerhin hatte die Verbindung für Flick den Vorteil, dass er Münemann weitaus weniger Einsicht in seine Unternehmen gestatten musste, als dies bei Kreditvergaben von Großbanken der Fall war. Nur bei Daimler-Benz hatte sich Flick von vornherein mit der Deutschen Bank, die selbst Großaktionärin des Autobauers war, arrangieren müssen.[166]

Während Flick vor allem mit seinem Einstieg in die Automobil- und die Chemieindustrie durchaus gestalterische Absichten verfolgte und wohl von Anfang an plante, auf die Form der Gesellschaften Einfluss zu nehmen, hatte er einen Teil seiner Erlöse aus dem Verkauf von Harpen und Essener Steinkohle in Beteiligungen angelegt, bei denen er stiller Teilhaber war. Schon frühzeitig waren hartnäckige Gerüchte aufgekommen, Flick interessiere sich für den Konsumgüterhandel (was stimmte) und speziell für den Horten-Konzern (was nicht richtig war). Auch ein Angebot aus den USA hatte Flick nicht überzeugen können: eine Beteiligung an der Warenhauskette Emil Köster AG, die ihm der 1932 aus Deutschland emigrierte Jakob Michael für einen Preis von kolportierten 40 Millionen Mark angeboten hatte. Flick lehnte die Offerte als zu teuer ab. Statt seiner schlug Helmut Horten zu – für 60 Millionen Mark.

Als wenig später Josef Neckermann, einer der Könige des boomenden Versandhandels, infolge permanenter Liquiditätsengpässe dringend einer Kapitalzufuhr bedurfte, nutzte Flick die Gelegenheit und stieg über eine Tochterfirma der Berliner Handels-Gesellschaft KGaA, die Investierungsgesellschaft für Industrie- und Handelsunternehmungen mbH (Investiha), bei Neckermann ein. Die Investiha beteiligte sich mit einer Kommanditeinlage von zunächst 15 Millionen Mark bei Neckermann, die später angeblich auf 34 Millionen Mark erhöht wurde; Neckermann selbst hielt 19 Millionen Mark (bei einem Gesamtkapital von 55 Millionen Mark). Flicks Einlage wurde mit 9, nach anderen Angaben sogar mit 15 Prozent im Jahr verzinst. »Flick war teuer und manchmal schwierig wie eine Diva«, erinnerte sich Neckermann später. »Dafür hatte er als Partner eine Reihe unschätzbarer Vorzüge. Der für mich wichtigste war, daß ich ›Herr im Haus‹ blieb, darin hielt er sich streng an den Gesellschaftervertrag, der ihm paritätisches Stimmrecht garantierte. Flick verlangte exakte Zahlen, gute Rendite und ein hervorragendes Renommee. Er wollte stets umfassend und gut informiert sein, setzte aber nie einen Fuß in die Firma.«[167] Folgerichtig überdachte Flick sein Engagement bei Neckermann in dem Moment, wo die Renditen nicht mehr seinen Erwartungen entsprachen.

Reine Finanzbeteiligungen wie bei Neckermann – oder auch bei der Filmproduktionsfirma UFA, an der die Maxhütte vorübergehend einen kleinen Aktienposten hielt –, die sich weder in das Konzerngebilde einfügten noch als Tauschobjekt für künftige Geschäfte infrage kamen, blieben die Ausnahme. Bereits bei der Bekanntgabe ihres Einstiegs bei Dynamit Nobel verkündete die FKG in einem Kommuniqué, sie habe sich nach Erfüllung der Verkaufsauflagen in den vergangenen Jahren der verarbeitenden Industrie zugewandt. Infolge der alliierten Vorgaben hatte der Flick-Konzern damit, wenn auch nicht »ein völlig neues Gesicht«, wie die zeitgenössische Presse bewundernd schrieb, so doch eine deutlich andere Struktur erhalten. Zwar bildeten Stahlerzeugung und Eisenverarbeitung weiterhin ein wichtiges Standbein des Konzerns, aber Flick hatte auch neue Schwerpunkte setzen können. Sein Grundsatz lautete nun, sich nicht mehr einseitig auf Kohle und Stahl und die darauf basierende Industrie zu beschränken, sondern »Wachstumswerte« zu suchen, und diese fand das Unternehmen in Branchen, die Aussicht auf Expansion und hohe Rentabilität boten. Die Folge war ein Sammelsurium – allerdings eines mit guter Risikoverteilung, denn Flicks Beteiligungen stützten sich beim internen Liquiditätsausgleich gegenseitig.

Während der Einstieg in den Automobilbau zumindest in Flicks Planungen in einem Produktionszusammenhang mit der Stahlerzeugung der Maxhütte stand, handelte es sich bei der neuen Unternehmensgruppe rund um die Feldmühle und Dynamit Nobel um eine deutliche

Diversifikation. Die Presse, von der Düsseldorfer Zentrale stets wohl versorgt, urteilte über den »neuen« Konzern überwiegend freundlich. Sie griff kritiklos die Verlautbarungen der FKG über die produktionstechnischen Zusammenhänge der einzelnen Unternehmen auf. Diese waren aber kaum für bare Münze zu nehmen. In den Automobilen der fünfziger und sechziger Jahre wurden noch kaum Kunststoffe für die Innenausstattung verwendet, und die Pläne für eine Produktion von Kunststoffkarosserien bei der Auto Union hatte Flick selbst beerdigt. Die *Süddeutsche Zeitung* schrieb anerkennend: »Während die Mehrzahl der Manager an der Ruhr mit phantasieloser Routine bestrebt ist, die deutsche Montan-Industrie möglichst wieder so zusammenzuflicken, wie sie vor der Entflechtung gewesen ist, kombiniert Flick nach den Gesetzen der heutigen Zeit. Er klebt nicht an Vorbildern von gestern und er ist nicht sentimental genug, um Traditionen zu pflegen.« Zweifellos hatte Flick sich bei Dynamit Nobel und der Feldmühle in zwei profitable Wachstumsbranchen eingekauft und war erstmals in großem Maßstab außerhalb der Montanindustrie tätig geworden. Und doch hielt er an Eisen und Stahl fest: an seiner Maxhütte und am früheren Hochofenwerk Lübeck.[168]

Kontinuität und Aufbruch

Am 28. September 1953 feierte die Eisenwerkgesellschaft Maximilianshütte ihr einhundertjähriges Bestehen im Großen Kongresssaal des Deutschen Museums in München. Hans Knappertsbusch und die Münchener Philharmoniker spielten vor 2500 Gästen, auf dem Programm standen das Vorspiel zu Richard Wagners *Meistersingern*, Werke von Bach und Beethoven. Neben 1500 Jubilaren aus der Belegschaft fanden sich unter den Gästen Repräsentanten von Wirtschaftsorganisationen und der Hohen Behörde in Luxemburg, Vertreter der Bundesregierung – unter anderem Kanzleramtsstaatssekretär Otto Lenz sowie die Bundesminister Hans-Christoph Seebohm und Ludwig Erhard –, dazu das gesamte bayerische Kabinett. Ministerpräsident Hans Ehard hob in seiner Festrede die Bedeutung der Maxhütte für den Freistaat hervor. Friedrich

Flick sprach die üblichen Grußworte, nutzte die Gelegenheit aber auch, um die schwierige Lage der Maxhütte nach dem Krieg durch den Verlust des Standortes Unterwellenborn auszumalen. Obgleich er sich im Zuge der alliierten Entflechtungspolitik vom Maxhütte-Besitz offiziell getrennt und ihn seinen beiden Söhnen übertragen hatte, präsentierte er sich vor der versammelten Prominenz ganz als Herr im Haus.[169]

Während Flick in München den Erfolg der Maxhütte feiern konnte, standen im hohen Norden einige wichtige Aufgaben noch immer auf der Agenda. Vor allem galt es, die Folgen der alliierten Entflechtungspolitik auch bei dem Werk in Lübeck zu revidieren. Unmittelbar nachdem die Hohe Kommission die FKG aus der Kontrolle entlassen hatte, begann die Rekonstruktion früherer Konzernstrukturen im Montanbereich. Zugleich galt es, neue Lieferbeziehungen, Geschäftsfelder und auch Unternehmensstandorte zu finden und aufzubauen.

Bei der Maxhütte in Sulzbach-Rosenberg hatte Flick nach der Entlassung aus der alliierten Kontrolle zunächst die Besetzung des Vorstandes regeln lassen. Odilo Burkart blieb Primus inter Pares und entscheidende Instanz bei Kompetenzstreitigkeiten. 1952 verlängerte der Aufsichtsrat auch den Dienstvertrag von Erich Enzmann bis Ende 1958.[170] Damit band das Unternehmen den einstigen Quertreiber und intimen Kenner fast aller Manöver im Umgang mit den deutschen und alliierten Behörden weiter an sich und sicherte sich seine in diesen Jahren gewonnene Erfahrung.

Obgleich die Rückverflechtung längst Ziel der Flickschen Strategie war, musste die Maxhütte noch einer Entflechtungsauflage der Alliierten Folge leisten und eine Einheitsgesellschaft gründen. Am 16. Juni 1953 lösten die Merkur und der Freistaat Bayern die alte Gesellschaft mit beschränkter Haftung auf und gründeten eine gleichnamige Aktiengesellschaft mit einem Stammkapital von 60 Millionen Mark. An der Eisenwerk-Gesellschaft Maximilianshütte AG waren weiterhin die Merkur mit 74 und der Freistaat Bayern mit 26 Prozent – also mit 44,4 beziehungsweise 15,6 Millionen Mark – beteiligt. Zu diesem Zeitpunkt war in der Düsseldorfer Konzernzentrale freilich längst der Entschluss gereift, den beim bayerischen Staat liegenden Anteil zurückzukaufen. Mitte des Jahres begann Friedrich Flick bereits, bei der Politik zu sondieren. Zunächst verbreitete er eine neue Version des Geschäfts mit dem

Unumstrittener Herr im Haus: Friedrich Flick mit Sohn Friedrich Karl und Odilo Burkart auf der Hundertjahrfeier der Maxhütte 1953.

Freistaat Bayern 1952: Dieser habe den Verkauf der Anteile während seiner Landsberger Zeit von ihm verlangt. Keine Rede mehr davon, dass Flick selbst die Verkaufsmöglichkeiten hatte ausloten lassen.

Mit Bundesjustizminister Thomas Dehler hatte sich Flick einen Ansprechpartner gewählt, bei dem er ein offenes Ohr fand. Zum einen wussten sich die bayerischen Liberalen und ihr Vorsitzender dem Hause Flick seit dessen großzügigen Wahlkampfspenden 1950 verbunden, zum anderen war die Partei auf der Suche nach einem schlagkräftigen Thema für den Landtagswahlkampf 1954. Dehler fragte Flick, was er davon halte, wenn der bayerische Staat seine Finanzen teilweise durch den Verkauf seiner Maxhütte-Anteile saniere; natürlich hatte der Konzernchef dagegen nichts einzuwenden, im Gegenteil, aber er riet, das Thema bis nach der Bundestagswahl im Herbst 1953 ruhen zu lassen. Anfang April 1954 besprachen Dehler und Flick schließlich den Rückerwerb. Unverblümt stellte Flick bei dieser Gelegenheit eine erneute großzügige finanzielle Unterstützung für den Landtagswahlkampf der bayerischen FDP in Aussicht.[171]

Seinen Prinzipien treu, verhandelte Flick nicht nur mit der FDP, sondern gleichzeitig auch mit der CSU. Bei einem Treffen in Kreuth offerierte er Wirtschaftsminister Seidel den Rückkauf der Maxhütte-Anteile für einen Aufschlag von fünf Millionen Mark auf den einstigen Kaufpreis und erklärte gewunden, es stehe auch durchaus eine Zusammenfassung seiner bayerischen Interessen »in einer in Bayern domizilierten Dachgesellschaft im Bereich seiner Überlegungen«. Der hochverschuldete Freistaat stand unter erheblichem finanziellem Druck. Das Land wollte ein 50-Millionen-Mark-Programm für den Straßenbau auf den Weg bringen und musste sich zu dessen Finanzierung zwangsläufig von Staatsbesitz trennen; die Staatsregierung dachte an den Verkauf des Schulbuchverlages und der Maxhütte-Anteile. Der plumpe Versuch von Ministerpräsident Ehard, mit dem Hinweis auf angebliche weitere Interessenten den Preis in die Höhe zu treiben, verfing bei Friedrich Flick nicht.

Die Landesregierung wusste natürlich, dass bei Flick »die geschäftsleitenden Entscheidungen vom Standpunkt der Interessen der Werke der gesamten Familie und nicht vom Standpunkt der Interessen der Maxhütte aus getroffen werden«. Der Schwerpunkt des Konzerns lag aber im Westen, wo sich die Mehrzahl der Erzeugungsbetriebe mit einem Umsatz von mehr als 370 Millionen Mark befanden; in Bayern waren neben der Maxhütte vornehmlich die Handelsunternehmen des Konzerns konzentriert (Umsatz: rund 265 Millionen Mark).[172] Die Sorge war groß, nach dem Verkauf der Anteile jeglichen Einfluss auf die Maxhütte zu verlieren.

Aber nicht nur in der Landesregierung gab es Bedenken gegen das sich anbahnende Geschäft. Auch die Arbeitnehmervertreter sprachen sich vehement gegen den Verkauf der Maxhütte-Anteile aus. Im Juni 1954 wandte sich der Betriebsratsvorsitzende der Maxhütte an Ehard und protestierte gegen einen Verkauf der Staatsanteile. Diese Position bekräftigten Ende Juli der Vorsitzende des bayerischen DGB, Lorenz Hagen, und Erwin Essl als Vertreter der IG Metall in einem Gespräch mit dem Ministerpräsidenten. Die Arbeitnehmervertreter befürchteten, dass die FKG ihr Interesse an einer weiteren Erschließung der Oberpfalz verlieren könnte, wenn der Einfluss Bayerns bei der Maxhütte ausgeschaltet sei. Die Arbeitnehmervertreter in der Maxhütte ließen jetzt die Muskeln spielen und provozierten Flick auch gezielt: Als der Betriebsrat des Unternehmens Ende 1954 ankündigte, im Gegenzug zu den Weihnachtsgratifikationen für die Vorstände solche bei den Ak-

tionären auch für die gesamte Belegschaft zu beantragen, reagierte Flick
aufs Äußerste erbost.[173]

Die Maxhütte-Beteiligung hatte dem Land keinen Gewinn gebracht.
Das Unternehmen hatte keine Dividenden ausgeschüttet, da die Investitionen in Höhe von rund 60 Millionen Mark in den Jahren 1952
bis 1954 im Wesentlichen aus eigenen Mitteln bestritten worden waren. Vor diesem Hinterrund brachte die Viererkoalition bestehend aus
CSU, FDP, Bayernpartei sowie dem Bund der Heimatvertriebenen und
Entrechteten im Mai 1954 einen gemeinsamen Antrag ein, die Staatsbeteiligung an der Maxhütte zu veräußern und die Einnahmen für
den Straßenbau zu verwenden. Insbesondere auf die Unterstützung der
FDP konnte sich Flick verlassen; Dehler teilte Kaletsch mit, dass seine
bayerischen Parteifreunde »einmütig die Rückübertragung des Anteiles
an Herrn Flick beantragt haben«.[174]

Nachdem im März 1955 die entscheidenden Verhandlungen zwischen
Flick, Kaletsch, Burkart und den Vertretern der Landesregierung stattgefunden hatten, unterzeichneten am 4./6. April Friedrich Flick für die
FKG und Odilo Burkart für die Merkur den Vertrag über das Rück-
kaufgeschäft. Der Freistaat übertrug seine Anteile an der Maxhütte
für 33 Millionen Mark an die FKG. Der Vertrag legte fest, dass die
Maxhütte auf einem den modernen Industriewerken an der Ruhr entsprechenden Stand zu halten war. Die Sorge der Landesregierung, Flick
könnte das Interesse an seinem bayerischen Produktionsstandort verlieren, war indes unbegründet. Im Gegenteil, Flick stellte unmittelbar
nach Vertragsabschluss die Weichen auf lange Sicht und bot Odilo
Burkart für die Zeit nach dessen Ausscheiden aus dem »aktiven Dienst«
bei der Maxhütte zum 31. Dezember 1959 einen Beratervertrag mit
zehnjähriger Laufzeit an. Vor dem Hintergrund der von ihm kritisch
betrachteten Ambitionen seines ältesten Sohnes Otto-Ernst zur Übernahme der Maxhütte ist der Verdacht naheliegend, dass Friedrich Flick
mit dieser gleich zu den Akten genommenen Vereinbarung nicht nur
Dankbarkeit für treue Dienste artikulierte, sondern mit Burkart einen
Garanten für eine solide Geschäftsführung an das Unternehmen binden
wollte.[175] In die Verhandlungen mit dem Freistaat waren weder Otto-
Ernst noch Friedrich Karl, denen über die Merkur immerhin 74 Prozent
der Maxhütte-Anteile gehörten, einbezogen worden.

Der Flick-Konzern wurde nun vollkommen umstrukturiert, und dabei konnte Konrad Kaletsch wieder einmal sein ganzes Talent für komplizierte Finanz- und Tauschaktionen unter Beweis stellen. Zwei Ziele standen im Mittelpunkt: eine Revision der Entflechtungspolitik und, mehr noch, die Erschließung neuer Finanzquellen für die Expansion. Als alleiniger Eigentümer der Maxhütte konnte der Flick-Konzern erstmals wieder befreit aufspielen. Den Auftakt machte ein Antrag der Maxhütte bei der Oberfinanzdirektion Nürnberg auf »Rückübertragung« der Monopol-Aktien: Seinerzeit habe man im Zuge der Neuordnung das Paket für lediglich 34 Millionen von der VG erworben; dessen Buchwert betrage derzeit aber 42 Millionen und allein das Eigenkapital der Gesellschaft rund 77 Millionen Mark, so dass der tatsächliche Wert von Monopol auf etwa 85 bis 90 Millionen Mark zu taxieren sei. Mit anderen Worten: Unter alliiertem Druck habe die Maxhütte die Aktien zu einem viel zu niedrigen Preis erworben. Dass ein Unternehmen ein Geschäft revidieren wollte, bei dem es nach eigenen Angaben den Vertragspartner übervorteilt hatte, war zwar unlogisch. Aber der Plan ging trotzdem auf. Er fand die volle Sympathie der Behörden, und so blieb die »Rückübertragung« tatsächlich steuerfrei.

Zum Ende des Jahres 1955 konnten VG und Maxhütte einen gewaltigen Vermögenstausch durchführen. Die Maxhütte nahm der Düsseldorfer Holding eine ganze Reihe von Beteiligungen ab, die insgesamt mit 47 Millionen Mark in den Büchern standen. Im Gegenzug gab die Maxhütte ihre Anteile an den Monopol-Bergwerken an die VG ab. Erneut wechselte die Monopol-Beteiligung freilich zum Einstandspreis den Eigentümer, und der eigentliche Zweck des komplizierten Manövers trat erst Anfang 1956 deutlich hervor: Die VG reichte Anfang 1956 die Hälfte ihrer neuen Monopol-Beteiligung an die FKG weiter. Damit war Friedrich Flick entgegen alliierter Anordnung wieder unmittelbarer Eigentümer eines Bergbauunternehmens. Doch dabei ging es nicht um die Dehnung von Besatzungsrecht. Vielmehr verkaufte die FKG die Anteile sofort an die Fränkische Energie GmbH in Nürnberg, und zwar für wenigstens 35 Millionen Mark. Die Gesellschaft war von den Gemeinden Nürnberg und Fürth eigens zur Übernahme des 49-prozentigen Aktienpakets gegründet worden. Erst dieser profitable Verkauf enthüllt das eigentliche Motiv des gesamten Konzernumbaus: Der FKG flossen die kommunalen Millionen zu, die für den Expansionskurs dringend benötigt wurden. Aber auch für die Maxhütte war das Geschäft von Vorteil, denn bekanntlich litt sie von jeher unter den hohen Kosten für den langen Kokstransport von der Ruhr. Gemeinsam mit den kommunalen Strom- und Gaswerken bildete sie nun eine Einkaufsgemeinschaft. Zum einen verschaffte das den Monopolzechen – Maxhütte und Monopol hatten vor dem Verkauf ein langfristiges Lieferabkommen geschlossen – einen sicheren Absatz. Zum anderen senkte der Zusammenschluss die Selbstkosten bei der Maxhütte, weil sich das Transportvolumen vergrößerte und die Bahn deshalb günstigere Konditionen gewährte.[176]

Das Tauschgeschäft zeigt, dass Friedrich Flick die Zügel wieder fest in der Hand hielt. Er griff persönlich in das Kaletsch-Programm ein, das im Übrigen ganz im Geist der dreißiger und frühen vierziger Jahre stand. Erneut waren nur wenige Personen beteiligt, die in unterschiedlichen Funktionen für mehrere Gesellschaften zugleich verantwortlich zeichneten. Nachdem der bayerische Staat bei der Maxhütte ausgeschieden war, konnte deren Vermögen systematisch für die Expansion des Konzerns eingespannt werden – und genau das war der Sinn der Transaktion. Den Millionenerlös aus dem Energiegeschäft mit den Städten Nürnberg und Fürth hätte Burkart sicher gern selbst bei der Maxhütte investiert; schließlich hatte er das Geschäft auch eingefädelt. Aber am Ende kamen die Mittel allein der Kommanditgesellschaft zugute. Neu war, dass Flick erstmals mit dem Denkschema der Kartell- und Syndikatstradition brach. Zwar gab es innerhalb des Konzerns noch immer die Vorzüge von Lieferungen zum Selbstkostenpreis, aber unter den neuen Bedingungen waren sie möglich, ohne eine direkte Mehrheitsbeteiligung nachweisen zu müssen.[177]

Der Konzernumbau hatte eine Reihe von hilfreichen Nebeneffekten. Zunächst konnte Friedrich Flick in der Geschäftsführung der Maxhütte klare Verhältnisse schaffen. Burkart, der formal nur Sprecher des Vorstandes war, wurde vom Aufsichtsrat auf »Vorschlag der Flick-Gruppe« zum Vorstandsvorsitzenden gewählt. Außerdem konnten nun endlich auch dank einer neuen gesetzlichen Regelung die Kapitalien der drei bei der FKG verbliebenen Zwischenholdings geordnet werden: Die Verwaltungsgesellschaft für Steinkohlenbergbau und Hüttenbetrieb mbH stellte ihr Stammkapital von 50 Millionen RM auf 150 Millionen DM um, die Gesellschaft für Montaninteressen mbH nahm eine entsprechende Umstellung von fünf Millionen RM auf acht Millionen DM und die Gesellschaft für Fahrzeug und Maschinenwerte mbH von sieben Millionen RM auf sieben Millionen DM vor.[178]

Der gesamte süddeutsche Eisenhandel des Flick-Konzerns kam unter das Dach der Maxhütte: Neben der Establech Gesellschaft für Eisen-, Stahl- und Blecherzeugnisse mbH und der Eisengroßhandel A. Hannemann GmbH betraf das auch die Deutsche Eisenhandel AG sowie die Hansa-Eisen Trippe & Co. GmbH. Die Handelsgesellschaften waren unmittelbarer Ausdruck der finanziellen Zwänge, denen sich die Familie Flick in den ersten Jahren nach dem Krieg ausgesetzt sah, als sie offiziell nicht über die Werke verfügen durfte. Mit den Handelsunternehmen wich sie den alliierten Vermögenskontrollen aus und sicherte sich ein ordentliches Einkommen. Nach der Entlassung aus der Vermögenskontrolle hatte die Vielzahl der eigenständigen Handelsunternehmen ihren ursprünglichen Zweck eingebüßt. Eine Neuordnung war aber auch erforderlich, weil es an einer sorgfältigen Aufsicht über die Händler mangelte.

Friedrich Flicks Pläne für die weitere »Betreuung« der Eisenhandelsfirmen belegen eindeutig, dass es für ihn keine strikte Trennung zwischen den Zuständigkeitsbereichen Düsseldorfs und der Maxhütte gab. Auf seine Weisung übernahm der Steuerfachmann der Düsseldorfer Holding, Herbert Kummer, die Überwachung der Establech, die bislang ebenso wie die Firma Hannemann in den Zuständigkeitsbereich von Otto-Ernst Flick gefallen war. Dieser hatte wöchentlichen Kontakt zur Geschäftsführung von Hannemann in Nürnberg gehalten und sich selbst um die allgemeine Geschäftspolitik gekümmert. Die Verantwortung für Hannemann wie auch für Hansa-Eisen sollte fortan das Ressort Burkart in der Maxhütte übernehmen. Die Deutsche Eisenhandel, an der die Maxhütte lediglich mit 30 Prozent beteiligt war, sollte nach Flicks Wunsch durch Erich Enzmann und Otto-Ernst Flick im Aufsichtsrat des Unternehmens überwacht werden.[179]

Aufgrund der schlechten Betriebsergebnisse von Hansa-Eisen dachten Burkart und die Düsseldorfer Konzernzentrale schon kurze Zeit später über eine Trennung nach. Friedrich Flick ließ seinem langjährigen Geschäftspartner Anton Trippe ausrichten, er sei mit der Geschäftsführung »nicht restlos zufrieden«. Da aber die Hauptlieferwerke von Hansa-Eisen im Westen und in Niedersachsen lagen, musste Flick sehr vorsichtig agieren; zu groß schien ihm die Gefahr, diese Lieferverträge zu verlieren, falls die Beteiligung der Maxhütte an Hansa-Eisen bekannt würde. Die erste sorgfältige Buchprüfung bei Hansa förderte prompt eine jahrelange Bilanzmanipulation zu Tage. Zunächst hatte Trippe erforderliche Abwertungen nicht vorgenommen, später die Bilanz gefälscht: Von 1954 bis 1956 hatte er fiktive Warenbestände im Wert von fast zwei Millionen Mark in die Bücher aufgenommen und teilweise auch fremde Ware in den Bestand mit einbezogen. Damit war Trippe nach dem Fall Schweitzer & Oppler erneut in eine Bilanzfälschung involviert. Deshalb trennten sich die Wege der beiden Schrotthandelsveteranen aus dem Ersten Weltkrieg nun endgültig.[180]

Hansa-Eisen hatte schwere Verluste erlitten und Bankschulden in Höhe von 5,5 Millionen Mark angehäuft. Flick ließ die Treuhandverträge mit Trippe fristlos kündigen und beauftragte Max Paul Meier, Adolf Thomae und Günther Joël, die Angelegenheit aus der Welt zu schaffen. Sie forderten als Wiedergutmachung die entschädigungslose Übertragung von Trippes Anteilen an Hansa auf die Maxhütte; Trippe sollte »aus Gesundheitsgründen« ausscheiden. Um den Skandal zu vermeiden, sah Flick von einer Strafanzeige und der damit verbundenen öffentlichen Bloßstellung Trippes ab. Die anstehende Sanierung von Hansa-Eisen nutzte die Maxhütte für eine komplette Neustrukturierung ihres Eisenhandels. Am Ende stand eine für Flick typische Schachtelkonstruktion: Die Hansa ging in das volle Eigentum der Establech über; deren Kapital lag ab Sommer 1960 vollständig bei der Maxhütte. Auch hier lud Flick die Lasten allein der Maxhütte auf, die für Erwerb und Sanierung der Handelsgesellschaften insgesamt rund elf Millionen Mark zu zahlen hatte.[181]

Ein anderes Ärgernis konnte Friedrich Flick allerdings weniger leicht unter Kontrolle bringen: die 1948 von seinem Sohn Otto-Ernst gegründete Süd-Ferrum Eisenhandelsgesellschaft mbH. Auch wenn von Anfang an enge Lieferbeziehungen zwischen der Süd-Ferrum und der Maxhütte bestanden hatten, drängte der immens auf Sicherheit bedachte Otto-Ernst im Sommer 1955 auf den Abschluss eines zehnjährigen

Liefervertrages mit der Maxhütte. Gegen den Vertragsentwurf erhob die
Verkaufsleitung der Maxhütte sofort Einspruch, da es nicht einleuch-
tete, dass Otto-Ernst einen langfristigen Vertrag anstrebte, obgleich sich
die Maxhütte mittlerweile wieder ganz im Eigentum der Familie befand und diese ihre »berechtigten Wünsche und Ansprüche ohne Weiteres durchsetzen« konnte. Die Praxis der vergangenen sechs Monate
habe gezeigt, dass Süd-Ferrum »unter allen Umständen seine Wünsche«
durchsetzt, ohne Rücksicht auf die Interessen des Werkes zu nehmen«.
Friedrich Flick selbst bereitete der von ihm aufmerksam verfolgten Diskussion ein Ende, indem er die Maxhütte anwies, alle Direkthändler
gleich zu behandeln und auch bei der Süd-Ferrum keine Ausnahme zu
machen. Damit wurde die Süd-Ferrum zum Spielball im eskalierenden
Vater-Sohn-Konflikt. Odilo Burkart wollte durch einen Verkauf der
Süd-Ferrum an die Maxhütte zur Entspannung der Lage im Hause
Flick beitragen, da er wusste, dass Friedrich Flick Aktionen gegen die
Süd-Ferrum plante, um den Wert des Unternehmens weiter zu drücken.
Als Otto-Ernst, seinerseits verärgert über das Verhalten seines Vaters, die
Süd-Ferrum tatsächlich abstoßen wollte, geschah etwas Seltsames: Der
designierte Käufer Burkart bezeichnete den geforderten Kaufpreis von
2,5 Millionen Mark als zu niedrig und schlug eine Erhöhung um eine
Million Mark vor.[182]

Otto-Ernst Flick konnte sich nicht einmal mehr auf die Mitgesellschafter bei der Süd-Ferrum, Hans Hahl und Walter Hanemann, verlassen, und die sich rapide verschlechternde Beziehung zwischen Vater
und Sohn machte die Verhandlungen immer schwieriger. Odilo Burkart
war der Einzige, der Friedrich Flick noch zum Abschluss des Geschäfts
bewegen konnte. Kurz vor Weihnachten 1958 entschied Friedrich Flick
schließlich, dass die Maxhütte die Süd-Ferrum auf zwei Jahre für eine
jährliche Garantiesumme von 300 000 Mark pachten und anschließend
für 3,5 Millionen Mark kaufen sollte. In den nächsten Monaten geriet
das Handelsunternehmen vollends zwischen die Mühlsteine des Famili-
enzwists. Zum Jahresende 1959 verkauften Barbara Flick (die anstelle ihres Mannes Otto-Ernst offiziell als Gesellschafterin fungierte) und Hans
Hahl ihre sämtlichen Anteile an der Süd-Ferrum Eisenhandelsgesellschaft an die Maxhütte. Nur Walter Hanemann blieb noch geringfügig
beteiligt. Burkart riet Flick allerdings zu einer nochmaligen Anhebung

des Kaufpreises um 1,5 auf 5 Millionen Mark. Bis Mai erhöhte sich der Kaufpreis um weitere 600 000 Mark, im Juni legte Friedrich Flick zum Geburtstag seines Ältesten noch einmal 200 000 Mark dazu, so dass der Kaufpreis am Ende 5,8 Millionen Mark betrug. Dies hatte mit dem zwischenzeitlichen Versuch der Deeskalation im Streit zwischen Vater und Sohn zu tun. Während die Establech gewaltige Verluste schrieb und 1961 an die Dortmund Hörder Hüttenunion verkauft wurde, blieb dem Konzern die Süd-Ferrum als Werkshandelsunternehmen der Maxhütte erhalten.[183]

Trotz aller wirtschaftlichen Erfolge in den Boomjahren der Bundesrepublik litt das Kerngeschäft der Maxhütte unter den erheblichen Standortnachteilen, die sich Ende der fünfziger Jahre noch verschlimmerten. Zwar hatten Bund und Land für das bayerische »Grenznotstandsgebiet« ein umfangreiches Unterstützungsprogramm aufgestellt, zu dem vor allem auch die »Frachthilfe« gehörte. Diese stand aber bei der Hohen Behörde in Luxemburg als möglicherweise unzulässige Subvention auf dem Prüfstand. Unter dem Strich bezifferte Enzmann 1957 die finanziellen Einbußen der Maxhütte auf rund 16 Millionen Mark im Jahr. Bereits frühzeitig hatte Burkart daher den Versuch unternommen, ein weiteres Standbein für die Maxhütte aufzubauen: Seit 1950 bereitete das Unternehmen die Erschließung der Uranvorkommen im Raum Weißenstadt vor. Anfang der fünfziger Jahre erhielt die Maxhütte von der bayerischen Staatsregierung mehr oder weniger ein Konzessionsmonopol. Das Unternehmen engagierte sich auch beim Bau des Versuchsreaktors in Karlsruhe. Burkart setzte seine Hoffnung nicht zuletzt auf die Unterstützung durch den Bundesminister für Atomfragen, Franz Josef Strauß. Das Ziel, vom Kernenergieboom zu profitieren, erfüllte sich wegen der mangelhaften Qualität des Uranerzes allerdings nicht.[184]

Deutlich erfolgreicher als die Teilhabe an Strauß' Atomprogramm gestaltete sich der Einstieg der »Gruppe Maxhütte« in eine weitere Wachstumsbranche jener Jahre. Zwar hatte Konrad Kaletsch noch 1956 kategorisch erklärt: »Flick hat eine tiefe Abneigung vor jeder Art von Rüstung.« Mit dem Inkrafttreten des Deutschlandvertrags am 5. Mai 1955 war aber die – weiterhin heiß umstrittene – Wiederbewaffnung nähergerückt. Die Kosten für die Ausstattung von 150 Garnisonen, für Material und Ausrüstung für zwölf Divisionen wurden auf 60 Milliarden Mark taxiert. Der Bundesverband der deutschen Industrie erklärte im Herbst 1956 doppelzüngig, die deutsche Industrie sei am Aufbau einer Rüstungsproduktion zwar nicht interessiert, sie müsse aber im Sinne der konjunkturellen Entwicklung bei den anstehenden Rüstungsaufträgen starke Berücksichtigung finden. Daher sei die Industrie sogar bereit, »der Bundesregierung die Entwicklung und die Produktion von Panzern und Flugzeugen anzubieten«. Der sich pazifistisch gebende Bundesverband forderte dafür aber langfristige Lieferverträge des Verteidigungsministeriums, damit sich die notwendigen Investitionen rentierten.[185] Hinter den Kulissen rangen die Unternehmen, auch die des Flick-Konzerns, längst um die lukrativen Aufträge.

Die FKG stieg trotz aller Lippenbekenntnisse ihres Chefs bei der ersten sich bietenden Gelegenheit in die Rüstungsproduktion ein. Dies gelang zunächst über die Waggon- und Maschinenbau GmbH, Donauwörth. Das am 1. Januar 1947 gegründete Unternehmen war aus der Maschinenfabrik Donauwörth GmbH hervorgegangen; es produzierte Eisenbahnwaggons und lieferte der Textilmaschinen- sowie der Autoindustrie zu. Zunächst blieb die Donauwörth-Beteiligung für die Maxhütte wenig lukrativ; im Herbst 1953 erreichten den Chef der Waggon- und Maschinenbau GmbH, Bernard Weinhardt, erstmals Gerüchte, die Maxhütte wolle sich von ihrer Tochter trennen. Umgehend intervenierte Weinhardt bei Burkart und beteuerte, Donauwörth sei »ein sehr angenehmer Abnehmer für Ihr Eisen«. Er habe geglaubt, man wolle zusammen den Versuch unternehmen, aus dem Unternehmen »eine erstklassige Maschinen- und Waggonfabrik zu machen«. Tatsächlich schlossen beide Unternehmen einen weitreichenden Organvertrag, nachdem die Maxhütte durch die Flickschen Beteiligungsverschiebungen zum 31. Dezember 1955 alle Donauwörth-Anteile übernommen hatte: Die Maxhütte finanzierte Donauwörth und leitete die »großen finanziellen Geschäftsvorfälle«. Die Tochter arbeitete ausschließlich nach den Weisungen der Maxhütte und unterlag auch vollständig der Kontrolle durch die Obergesellschaft. Noch machte die Tochter Verluste, die 1956 vor allem auf die gedrückten Preise im Waggonbau zurückgingen.[186]

Nachdem die Maxhütte im Zuge einer Kapitalerhöhung bei Donauwörth dort auch alle Geschäftsanteile am 1952 gegründeten Flugzeugbauer Siebelwerke ATG GmbH eingebracht hatte, begannen die beiden

Unternehmen den Flugzeugteile- und Flugzeugbau zu planen. Die Siebelwerke verlegten hierzu ihren Sitz von München nach Donauwörth, unter ihrem Namen firmierte fortan der Flugzeugbau des Unternehmens. Die personelle Klammer beider Unternehmen bildete Bernhard Weinhardt; bei Donauwörth war er nun stellvertretender Vorsitzender des Aufsichtsrats, bei den Siebelwerken Geschäftsführer.[187]

Anlass für den Zusammenschluss der beiden Unternehmen war der Aufbau der Bundesluftwaffe, der entsprechende Ausschreibungen in großem Umfang erwarten ließ. Friedrich Flick schaltete sich in die langwierigen Verhandlungen mit der Bundesregierung und dem Bundesamt für Wehrtechnik und Beschaffung persönlich ein. Zur Vorbereitung forderte er in Donauwörth eine Denkschrift insbesondere über die notwendigen Investitionen an. Schließlich gründeten die Siebelwerke mit der Hamburger Fahrzeugbau GmbH und der Finanz- und Verwaltungsgesellschaft Weser GmbH die Flugzeugbau Nord GmbH in Hamburg. Diese erhielt vom Bundesverteidigungsministerium den Auftrag zur Lieferung von 130 Transportflugzeugen des französischen Typs Nord 2501 (Noratlas). Donauwörth/Siebel übernahm die Fertigung der Außenflügel sowie des Höhen- und Seitenleitwerks. Das Noratlas-Programm beanspruchte in den kommenden Jahren rund 60 Prozent der Werkskapazitäten in Donauwörth. Die Geheimniskrämerei um diesen Rüstungsauftrag überstieg selbst das im Flick-Konzern übliche Maß an Verschwiegenheit bei Weitem. Selbst als schon längst bekannt war, dass Bundesverteidigungsminister Theodor Blank sich für den Lizenzbau des französischen Modells entschieden und den Auftrag an die Flugzeugbau Nord vergeben hatte, dementierte Kaletsch für die Flick-Gruppe weiter jegliches Interesse an der Flugzeugproduktion: »Die Siebel ATG ist nur ein Konstruktionsbüro und verfügt über keine Produktionsanlagen.«

Tatsächlich lastete der erste nennenswerte Rüstungsauftrag Donauwörth nicht nur auf mehrere Jahre hin aus, er war auch ein weitgehend risikofreies Geschäft für das Unternehmen. Einen erheblichen Teil der notwendigen Vorlaufkosten für die Produktionsaufnahme stellte das Bundeswirtschaftsministerium in Form eines Investitionskredits von vier Millionen Mark zur Verfügung. Ende 1956 verzeichnete die Donauwörther Geschäftsführung in den Büchern Aufträge für den Waggonbau in Höhe von 7,19 Millionen, für den Maschinenbau von 1,14 Millionen und für den Flugzeugteilebau von 72 Millionen Mark. Damit hatte sich der Charakter des Unternehmens grundlegend gewandelt. Unter unmittelbarer Beteiligung Flicks hatte es die erste Gelegenheit genutzt, an der Rüstungsfertigung zu partizipieren. Der Jahresabschluss 1957 galt bereits als »nicht ungünstiges Ergebnis«, zumal der Maschinenbau zu 70 Prozent als Zulieferer für die anderen Fertigungsgruppen des Konzerns ausgelastet war und Aufträge unter anderem von Auto Union und Daimler-Benz bediente. Es dominierte aber der Rüstungssektor mit 42 von insgesamt 51 Millionen Mark.[188]

Nach einem gescheiterten Versuch, die staatliche Industrieverwaltungsgesellschaft mbH als Partner zu gewinnen, verhandelten Weinhardt und Burkart ab Mai 1958 mit der Bölkow-Entwicklungen KG in Ottobrunn über einen Einstieg bei Donauwörth. Parallel hierzu fanden in Bonn Gespräche über die Beteiligung an einem weiteren, noch umfangreicheren Luftrüstungsprogramm statt. Seit Oktober 1956 hieß der Bundesverteidigungsminister Franz Josef Strauß. Dieser brütete 1958 auf der Bonner Hardthöhe über die Auswahl der für die Luftwaffe anzuschaffenden Jagdbomber und Abfangjäger. Um für Verhandlungen mit der Bundesregierung gewappnet zu sein, ließ sich Friedrich Flick über die infrage kommenden Modelle informieren, unter anderem die amerikanischen Modelle Lockheed F-104 Starfighter und Grumman F 11 F Tiger sowie die französische Mirage. Anfang November entschied sich das Verteidigungsministerium für den Lizenzbau des Jagdbombers FIAT G 91 und des Abfangjägers F-104 Starfighter. Bei der Entscheidung für den Starfighter spielte vermutlich der Kanzlerberater Abs eine wichtige Rolle. Abs war bis Mitte der fünfziger Jahre an der Deutschlandvertretung des amerikanischen Lockheed-Konzerns beteiligt gewesen. Franz Josef Strauß hatte sich mit der Auftragsvergabe über die Bedenken von Parteifreunden hinweggesetzt, denen die Kosten für den Aufbau einer eigenen Luftfahrtindustrie zu teuer erschienen. Das Gesamtvolumen der Aufträge betrug bis zu 1,8 Milliarden Mark; Weinhardt rechnete bei einer Beteiligung von Donauwörth mit einer Auslastung der Produktionskapazitäten für fünf bis sechs Jahre und einem Jahresumsatz zwischen 20 und 30 Millionen Mark.[189]

Erstaunlicherweise war der Verkauf von Donauwörth trotz der mittlerweile guten Aussichten noch immer nicht vom Tisch. Mitte Novem-

ber 1958 verhandelte die Maxhütte erneut mit der Industrieverwaltungsgesellschaft, nun mit dem Ziel, das gesamte Unternehmen für fünf
Millionen Mark zu veräußern. Vermutlich wollte Burkart sich weiter
alle Optionen offenhalten, insbesondere da die Messerschmitt AG in
Augsburg erheblichen Widerstand gegen eine Beteiligung von Donau-
wörth/Siebel an dem neuen Flugzeugprogramm leistete; die Siebelwerke
wollten sich nach der Beteiligung an der Flugzeugbau Nord nun auch
einem geplanten Süd-Konsortium anschließen. Mitte Dezember vereinbarten die Ernst Heinkel AG, Stuttgart, die Dornier GmbH, München,
die Messerschmitt AG/Flugzeug-Union-Süd GmbH sowie die Siebelwerke die Bildung einer Arbeitsgemeinschaft zum Bau der Lockheed
F-104 (Arge 104). Das Verteidigungsministerium hatte Wert auf eine
derartige Arbeitsgemeinschaft gelegt, da es nur einen Ansprechpartner akzeptieren wollte. Neben dem Starfighter-Auftrag bemühte sich
Weinhardt auch um die Lizenzfertigung der Panzerabwehrraketen SS 10
und SS 11, von denen das Verteidigungsministerium mindestens 35 000
bis 40 000 (zu einem Stückpreis von 4000 Mark) in Auftrag geben
wollte.

Weinhardt versuchte, Donauwörth immer weiter als Rüstungsunter-
nehmen zu profilieren. Die Brisanz war Burkart klar. Er verpflichtete
Weinhardt für alle weiteren Planungen zu strengster Vertraulichkeit.
Anfang November 1959 jagte in München und Bonn eine Starfighter-
Besprechung die andere. Die für die Produktionsausweitung benötigten
Investitionen von 12 bis 14 Millionen Mark waren vom Bund bereits
genehmigt und langfristig finanziert; auf Donauwörth entfielen Investitionen in Höhe von 4 Millionen Mark, von denen der Bund 1,2
Millionen übernahm. Mitte Dezember 1959 unterzeichnete die Arge 104
schließlich den Hauptauftrag für den Bau von 210 F-104-Maschinen,
das Auftragsvolumen für Donauwörth betrug 60 Millionen Mark.[190]
Während der Starfighter später vor allem wegen der vielen Abstürze
traurige Berühmtheit erlangte, führte er bei Donauwörth zu einem anhaltenden Höhenflug.

Nachdem die Verhandlungen mit der staatlichen Industrieverwaltungsgesellschaft zweimal gescheitert waren, fanden Burkart und Weinhardt andere Partner für Donauwörth. Mit Billigung des Bundesverteidigungsministeriums schloss die Maxhütte am 8. Dezember 1959 einen

Kooperationsvertrag mit der Maschinenfabrik Oerlikon AG (Gruppe Bührle) in Zürich und mit Bölkow. Die Zusammenarbeit sollte sich sowohl auf den militärischen als auch zivilen Produktionsbereich von Donauwörth/Siebel erstrecken. Zugleich verkaufte die Maxhütte im Dezember 1959 nach einer Kapitalerhöhung auf 3,6 Millionen Mark jeweils nominell 1,2 Millionen Mark Donauwörth-Anteile an Bölkow und die Maschinenfabrik Oerlikon und erhielt dafür insgesamt 4,2 Millionen Mark. Allen Beteiligten war bewusst, dass Donauwörth dadurch »noch stärker in das Rüstungsgeschäft hineingezogen wird, als das bisher der Fall gewesen ist«. Das Unternehmen musste für »eine laufende Unterrichtung« von Flick sorgen, »der sich ja für die Rüstungsgeschäfte, speziell in Verbindung mit der Gruppe Bührle, sehr interessiert«. Alle anderslautenden öffentlichen Bekundungen Flicks waren nichts als Augenwischerei. Die Maxhütte hatte sich mit Oerlikon gezielt einen Partner mit einem »ausgezeichneten Namen« auf dem Rüstungssektor gesucht. Die Zusammenarbeit brachte allerdings auch Probleme mit sich, da die Schweiz kein NATO-Staat und das Bundesverteidigungsministerium daher bei der Vergabe von Aufträgen an Donauwörth durchaus zurückhaltend war.[191]

Ein weiteres grundsätzliches Problem blieb in Donauwörth bestehen. Sehr zum Ärger von Burkart fielen jährlich weiterhin fast 400 000 Mark Pachtgebühren an die Industrieverwaltungsgesellschaft an, der die Hallen gehörten, in denen Donauwörth/Siebel die Fertigung untergebracht hatte. Umso weniger wollte er die Idee aufgeben, das Staatsunternehmen als vierten Gesellschafter ins Boot zu holen. Im November 1960 schlug Burkart eine Kapitalerhöhung bei Donauwörth auf sechs Millionen Mark unter Einbringung der Produktionsanlagen durch die Industrieverwaltungsgesellschaft vor. Burkart versuchte Strauß ein Engagement des Staatsbetriebs schmackhaft zu machen, indem er erklärte, alle Gesellschafter hätten dann einen Anteil von 25 Prozent an Donauwörth, wodurch der Einfluss der aus Bonn argwöhnisch beäugten Schweizer Bührle-Gruppe weiter zurückginge. Burkart hoffte, Donauwörth könne dann auch »zu den intimsten Programmen herangezogen werden«.[192]

Zu diesem Zeitpunkt betrachtete Odilo Burkart im Aufsichtsrat von Donauwörth die Lage der Gesellschaft mit »einem gedämpften Optimismus«. Zwar zeichnete sich das Auslaufen des Noratlas-Auftrages

zum April 1961 ab, zugleich begann im Dezember 1960 aber die Star-
fighter-Produktion. Zudem lag auch der Waggonbausparte erstmals
wieder ein nennenswerter Auftrag über 134 Schienenfahrzeuge vor. Die
Arbeitnehmervertreter im Aufsichtsrat, insbesondere Erwin Essl, teilten
Burkarts Zuversicht nur bedingt und zeigten sich über den starken Anteil der Rüstungsfertigung besorgt. Burkarts Beschwichtigungsversuch
verdeutlicht den Schwenk Donauwörths zum Rüstungsunternehmen.
Das Unternehmen befinde sich in einer Übergangsphase zur zivilen
Fertigung, und es fänden bereits Verhandlungen mit Konzernfirmen
wie Daimler-Benz statt, um gemeinsame Produktionsprogramme zu
planen. Im gleichen Atemzug gab Burkart aber auch bekannt, dass die
weitere Planung in Kooperation mit Telefunken einen Einstieg in die
Fertigung der HAWK-Flugabwehrraketensysteme vorsehe; auch liefen
bereits Gespräche über die Beteiligung an der Lizenzfertigung von 1000
Turbinen für den Starfighter (Auftragsvolumen 20 Millionen Mark).
Die Maxhütte setzte bei ihrer Tochter Donauwörth jetzt ganz auf die
Rüstungskarte.

Am 16. Oktober 1961 erfolgte auf dem Flugplatz Manching bei Ingolstadt die feierliche Übergabe der ersten in der Bundesrepublik produzierten Flugzeuge des Typs FIAT G 91 und Lockheed F-104 G an die
Bundesluftwaffe.[193] Mit Donauwörth/Siebel war dem Flick-Konzern ein
erfolgreicher Einstieg in den Rüstungsmarkt geglückt – nicht zuletzt
dank der guten Kontakte in das Bundesverteidigungsministerium, in
dem Strauß das Zepter in der Hand hielt. Dass die »bayerische Karte«
auch bei anderer Gelegenheit im Rüstungsgeschäft eine wichtige Rolle
spielte, zeigte sich schon bald.

Während sich die Maxhütte über Donauwörth/Siebel auf dem Rüstungssektor positionierte, plante sie zugleich den Bau eines Kaltwalz-
werks in Haidhof für rund 60 Millionen Mark. Kaltwalzwerke galten zu
dieser Zeit als Garanten eines permanenten Ertragsflusses und wurden
auch von anderen Unternehmen geplant. Die Familie Haniel etwa sondierte eine Kooperation mit Mannesmann, da sie die notwendigen Mittel nicht ohne Partner aufbringen konnte. Im Flick-Konzern stemmte
man hingegen die Investition alleine. Die Maxhütte konnte das Warm-
breitband von der Vereinigte Österreichische Eisen- und Stahlwerke
AG (VÖEST) in Linz viel preiswerter als von der Ruhr beziehen – per

Schiff auf der Donau bis Regensburg, von wo es noch 30 Kilometer bis Haidhof waren. Als Absatzmarkt hatte Flick die süddeutsche Automobilindustrie im Blick. Die Maxhütte besaß gegenüber der Ruhrindustrie einen eindeutigen Vorsprung: Von Haidhof waren es lediglich 100 Kilometer bis Ingolstadt und rund 240 Kilometer bis Stuttgart. Mit dem Bau eines Kaltwalzwerkes suchte Flick auf den industriellen Strukturwandel zu reagieren. Während die Maxhütte früher monopolartiger Eisenbahnzulieferer in Bayern gewesen war, sollte sie diese Funktion nun für die süddeutsche Automobilindustrie übernehmen.

Das Vorhaben sorgte für erhebliche Verstimmungen in der westdeutschen Montanindustrie. Anfang Dezember 1958 versuchte Otto Wolff, Flick auf den Zahn zu fühlen. Dieser erklärte, seine »Herren« hätten ihn zwar immer wieder bedrängt, in Haidhof ein Kaltwalzwerk zu errichten; das Band hierfür müsste aber von der August-Thyssen-Hütte oder aus Österreich von der VÖEST »herausgekarrt« werden. Daher halte er das Projekt aus wirtschaftlichen Gründen für »baren Unsinn«. Als die Gerüchte nicht verstummten, bat Wolff Thyssen-Chef Hans-Günther Sohl, sich einmal unter vier Augen mit Flick zu unterhalten. Ganz richtig nahm Wolff an, Flick wolle eine Selbstversorgung für seine Automobilinteressen aufbauen und die darüber hinausgehende Kapazität im frachtlich günstigen Umkreis auf dem süddeutschen Markt absetzen. Sohl drohte Flick unverhohlen Gegenmaßnahmen an, etwa die Aufgabe der Frachtenausgleichskasse, »was zweifellos eine bittere Pille für die Maxhütte sein würde«. Flick ließ sich von der heftigen Gegenwehr aus dem Revier nicht beeindrucken. Er knickte auch nicht ein, als ihm Sohl für einen Verzicht auf das Kaltwalzwerk Anteile an der Stahl- und Walzwerke Rasselstein/Andernach AG versprach. Im Oktober 1959 resignierte Sohl und teilte Wolff mit, seine Bemühungen, »das Projekt Kaltwalzwerk Haidhof auffliegen zu lassen«, seien gescheitert.[194]

Von größerer Bedeutung für die Entwicklung der Maxhütte war freilich ein Beteiligungserwerb, den Burkart im Herbst 1957 im Auftrag Flicks in die Wege geleitet hatte. Im November 1957 stand ein Aktienpaket der Stahlwerke Südwestfalen AG in Geisweid aus dem Besitz der Opriba Handels- und Verwaltungskommanditgesellschaft, einer Nachfolgegesellschaft des Hugenberg-Konzerns, zum Verkauf. Ziel war es, die Maxhütte durch die Südwestfalen-Beteiligung »über den regionalen

Charakter« hinauswachsen zu lassen. Da auch frühere Produktionsstätten der Charlottenhütte zu den Stahlwerken Südwestfalen gehörten, kehrte Friedrich Flick gewissermaßen zu seinen Wurzeln zurück. Da der Einstieg der Maxhütte bei Südwestfalen vorerst streng geheim bleiben sollte und Burkart nicht als Interessent auftreten wollte, um den Preis nicht in die Höhe zu treiben, wurden erneut die langjährigen Kontakte zum Bankhaus Oppenheim genutzt. Oppenheim erwarb Anteile für die VG (nominell 10,3 Millionen Mark) und die FKG (nominell 1,2 Millionen Mark). Damit übernahm der Flick-Konzern auf einen Schlag ein Paket von 28,8 Prozent des Stammkapitals von Südwestfalen (insgesamt 40 Millionen Mark), welches das Bankhaus Oppenheim zunächst treuhänderisch verwaltete. Entsprechend dem Grundsatz, sich nicht mit einer Minderheitsbeteiligung zufriedenzugeben, erhielt umgehend die Deutsche Bank den Auftrag, weitere Südwestfalen-Aktien aufzukaufen; das hierfür notwendige Geld sollte sie kreditieren.

Auf einer außerordentlichen Hauptversammlung der Maxhütte im September 1959 ließ sich Burkart den Erwerb von weiteren Südwestfalen-Anteilen wie auch den Bau des Kaltwalzwerkes genehmigen. Insgesamt waren hierfür 117 Millionen Mark vorgesehen, davon 65 Millionen Mark für den Einstieg bei Südwestfalen. Abzüglich der erwarteten Erlöse in Höhe von 41 Millionen Mark für den geplanten Verkauf von Beteiligungen (unter anderem 19,3 Millionen Mark für die Auto-Union-Aktien) verblieb damit bei der Maxhütte noch ein Finanzbedarf von rund 76 Millionen Mark.[195]

Nachdem die Maxhütte durch weitere Zukäufe ihre Südwestfalen-Beteiligung ausgebaut hatte, machte sie diese auf Geheiß Friedrich Flicks öffentlich. Zunächst kündigte sie rückwirkend zum 30. September 1959 die Treuhandverträge mit dem Bankhaus Oppenheim und ließ die Südwestfalen-Aktien ihrem eigenen Depot beifügen. Um die Sprachregelung über das genaue Ausmaß des Südwestfalen-Engagements kümmerte sich Friedrich Flick selbst und vereinbarte mit dem Vorstandsvorsitzenden des Unternehmens, Karl Barich, die Beteiligung der Flick-Gruppe »nur als klare Minderheitsbeteiligung« zu bezeichnen. Er regte an, nicht von 49,5 sondern nur von etwa 46 Prozent zu sprechen, sofern nicht der Hohen Behörde schon eine größere Beteiligung gemeldet worden sei. Auch sollte Barich der Presse nur auf Nachfrage

bekannt geben, dass die Beteiligung bei der Maxhütte liege. Die restlichen Aktien wollte Flick auf den Namen einer Bank (Oppenheim) anmelden lassen. Auf diesem verschlungenen Weg wollte er zugleich dem
zweiten Großaktionär bei Südwestfalen, Baron August von Finck, der
ebenso heftig wie erfolglos gegen einen Einstieg Flicks opponiert hatte,
deutlich machen, wie die Mehrheitsverhältnisse tatsächlich lagen. Die
Entscheidung über die genaue Vorgehensweise behielt sich Flick selbst
vor. Am 6. Februar meldete *Die Welt* unter dem Titel »Südwestfalen unter neuen Fittichen«, Friedrich Flick habe sich als neuer Großaktionär
zu erkennen gegeben und Odilo Burkart sei für die Maxhütte in den
Aufsichtsrat von Südwestfalen eingezogen. Zwar spekulierte das Blatt
über eine bereits bestehende Mehrheitsbeteiligung Flicks, erläuterte
seinen Lesern aber zugleich: »Offiziell besitzen darf er sie noch nicht,
der Erwerb einer Mehrheitsbeteiligung an einem Montanunternehmen
bedarf der Zustimmung durch die Hohe Behörde.« In jedem Fall habe
sich die Flick-Gruppe »um eine wertvolle Beteiligung bereichert«.[196]

Zunächst war Flick bestrebt, das Südwestfalen-Paket weiter zu vergrößern. Burkart schlug ihm einen Tausch von Neuves-Maisons-Ak-
tien gegen Südwestfalen-Anteile vor, da die französische Tochter Jahr
für Jahr nur »recht bescheidene Erträgnisse« nach Sulzbach-Rosenberg
überweise. Die Maxhütte habe auf die Beteiligungsdarlehen bei jeder
Franc-Abwertung bereits eine entsprechende steuerliche Abschreibung
vorgenommen. Von den ursprünglich 12,1 Millionen Mark standen zum
31. Dezember 1959 damit lediglich noch knapp 9,6 Millionen Mark in
den Büchern. Tatsächlich gelang es Burkart, Alois Alzheimer von der
Münchner Rückversicherungsgesellschaft für ein Tauschgeschäft zu er-
wärmen. Burkart riet Flick aus zwei Gründen, dieses abzuwickeln: Erstens habe Flicks Gruppe »bei Neuves-Maisons nichts zu melden«; zweitens sei der dortige Wertverlust immens. Der tatsächliche Wert betrage
lediglich noch sieben Millionen Mark. Aber aus dem Tauschgeschäft
wurde nichts.

Auch wenn sich Südwestfalen weder an die Maxhütte noch an Lübeck problemlos angliedern ließ, stellte das Werk eine wichtige Ergänzung des Montanbereichs dar, produzierte es doch Edelstähle und kam
damit als Zulieferbetrieb für Daimler-Benz und andere Unternehmen
infrage. Nicht nur aufgrund des Produktionsprofils war Südwestfalen

ertragreicher als die Maxhütte, einem Bruttoumsatz bei der Maxhütte von 109,05 Millionen Mark (1960) standen 222,27 Millionen Mark bei Südwestfalen gegenüber, das Betriebsergebnis vor Abschreibungen und Steuer betrug in Sulzbach-Rosenberg 13,81 gegenüber 27,82 Millionen Mark in Geisweid, und auch der Umsatz pro Kopf der Belegschaft betrug bei der Maxhütte mit 12 275 Mark kaum mehr als die Hälfte des Ergebnisses von Südwestfalen (25 344 Mark). Die Südwestfalen-Beteiligung erwies sich rasch als wertvoller Dividendenbringer. Insgesamt folgte die Kombination von Maxhütte und Südwestfalen wohl eher der Logik von Finanzverbindungen als einem schlüssigen industriellen Konzept.[197]

Die Beteiligungen der Maxhütte hatten zum Jahresende 1959 ein Gesamtvolumen von mehr als 100 Millionen Mark erreicht. Um den Bilanzausweis der Beteiligungen aus kosmetischen Gründen unter 100 Millionen Mark zu drücken, empfahl Brosch, der Prokurist der Maxhütte, Burkart, einen kleinen Posten UFA-Aktien in der Handelsbilanz – also ohne steuerliche Auswirkungen – auf eine Mark abzuschreiben; damit ginge der Gesamtbilanzwert auf 99,8 Millionen Mark zurück. Unter den Zugängen schlugen insbesondere die inzwischen nominell 20 Millionen Mark Stahlwerke Südwestfalen mit 65,1 Millionen Mark zu Buche.

Flick hatte den »Organkreis Maxhütte« binnen fünf Jahren neu ordnen und durch die Südwestfalen-Beteiligung erheblich stärken lassen. Nun stand auch eine Wachablösung in der Maxhütte-Geschäftsführung an. Mit dem Ausscheiden von Burkart (wie auch Enzmann, dessen Vertrag nicht verlängert werden sollte) schielte Otto-Ernst Flick erneut auf den Chefsessel in Sulzbach-Rosenberg. Gerüchte machten die Runde, »dass OE. nunmehr selbst demnächst die Führung übernehmen« und Hans Hahl in die Geschäftsführung mitbringen werde. Tatsächlich schloss Friedrich Flick am 16. Dezember einen auf fünf Jahre befristeten Dienstvertrag mit Hahl ab.[198]

Bei den Metallhüttenwerken Lübeck hatte bereits seit geraumer Zeit ein langjähriger Vertrauter Friedrich Flicks das Ruder wieder in der Hand – Alfred Rohde. Dieser war seit den dreißiger Jahren Flicks Mann für die heiklen Fälle; er hatte für ihn die Oberschlesienbeteiligung abgewickelt und an den »Arisierungsgeschäften« mitgewirkt. Am 23. Januar

1953 delegierte der Aufsichtsrat Rohde in den Vorstand. Aufgrund dieser rechtlich nicht eindeutigen Regelung, die es ihm beispielsweise verbot, über die weitere Besetzung des Vorstandes offiziell mitzuentscheiden, erhielt er einen Beratervertrag, der ihn mit weitreichenden Kompetenzen ausstattete, die ihm »mehr oder weniger eine Überwachung der Tätigkeit des Vorstandes« ermöglichten. Rohdes Wünsche hatten fortan für die Geschäftsführung verbindliche Wirkung, seine Stellung in der zukünftigen Unternehmensleitung blieb zunächst aber offen. 1954 berief ihn der Aufsichtsrat schließlich auf ausdrücklichen Wunsch Flicks zum Vorstandsvorsitzenden. Auch bei der Maxhütte hatte Flick seinen starken Mann in der Geschäftsführung – Burkart – ebenfalls erst über mehrere Zwischenkonstruktionen in das Amt des Vorstandsvorsitzenden gehievt. Damit wurden die beiden Traditionsunternehmen des Konzerns von erfahrenen Managern geleitet, denen Flick vertraute und denen er auch ein erhebliches Maß an Autonomie einräumte. Allerdings konnte er sich darauf verlassen – und dies darf nicht außer Acht gelassen werden –, dass Rohde und Burkart immer wieder den kurzen und zuweilen recht exklusiven Draht zu Flick nutzten und Rücksprache suchten.

Ebenso wie die Maxhütte hatte das ehemalige Hochofenwerk Lübeck infolge des Krieges mit der Hütte Kraft in Stolzenhagen-Kratzwieck bei Stettin einen wichtigen Produktionsstandort verloren. Darüber hinaus hatte man in Lübeck den Verlust fast sämtlicher angestammten Absatzgebiete im Osten zu beklagen: Sachsen, Thüringen, Brandenburg, Schlesien, Pommern, Ost- und Westpreußen. Nach 1945 hatte sich das Unternehmen ganz neue Märkte erschließen müssen – sie lagen vor allem in West- und Süddeutschland – und dabei erhebliche Frachtaufwendungen in Kauf genommen. Der Aufsichtsrat konstatierte auf seiner Sitzung am 30. Juli 1954 zudem eine starke Beunruhigung des deutschen Marktes für Roheisen durch Dumpingangebote vor allem aus England, Schweden, Österreich, Polen und der Sowjetunion. Die Standortnachteile machten sich immer stärker bemerkbar, daher müsse es nun das Bestreben des Werkes sein, Qualitätsroheisen zu liefern. Lübeck hatte erhebliche Frachtkosten zu tragen: erst für die Heranschaffung der Kohle aus dem Westen (rund 15 Mark pro Tonne), dann für den Transport des Roheisens zurück in die westdeutschen Absatzgebiete (durch-

Alfred Rohde, Flicks Mann in Lübeck, redet vor Arbeitern der Metallhüttenwerke aus Anlass der Inbetriebnahme eines neuen Hochofens.

schnittlich 20 Mark je Tonne, doppelt so viel wie die westdeutschen Mitbewerber).[199]

Um zukunftsfähig zu werden, standen bei den Metallhüttenwerken zahlreiche Investitionen an. Die Genehmigungsverfahren erlauben auch einen Blick auf die Machtverhältnisse im Konzern. Alle wichtigen Angelegenheiten hatten Friedrich Flick und Alfred Rohde in der Regel bereits entschieden, bevor der Aufsichtsrat in Kenntnis gesetzt wurde. Die Aufsichtsratssitzungen waren kaum mehr als Schauveranstaltungen, die nach minutiös vorbereiteten Drehbüchern durchexerziert wurden. Als etwa 1955 Investitionen von etwas mehr als einer Million Mark für die Anschaffung einer Mühle für die Zementfabrik anstanden, holte Rohde erst die Genehmigung von Flick ein, bevor er sich mit Hinweis auf die Entscheidung des Konzernchefs an die übrigen Aufsichtsratsmitglieder wandte. Ähnlich verfuhren die beiden bei der nachträglichen Genehmigung von Investitionsmehrkosten. Rohde gab Beschwerden von Anwohnern und Behörden über die erhebliche Umweltbelastung durch die Metallhüttenwerke ausschließlich Flick zur Kenntnis; in seinem offiziellen Quartalsbericht für den Aufsichtsrat erwähnte er derartige Probleme nicht. Auch als ein Schuldscheindarlehen in Höhe von zehn Millionen Mark zur Finanzierung des Neubaus eines weiteren Hochofens auf den Weg gebracht werden sollte, erbat sich Rohde erst nachträglich die Zustimmung der Aufsichtsratsmitglieder – mit dem Hinweis auf die bereits erfolgte Absegnung des Vorhabens durch Flick. Dass ausgerechnet der Aufsichtsrat Otto-Ernst Flick seine Zustimmung erst nach Rücksprache mit seinem Vater erteilen wollte, dürfte weder diesen noch Rohde begeistert haben. Während Rohde zu Otto-Ernst ein distanziertes Verhältnis hatte, stand er mit Friedrich Karl auf vertrautem Fuß. Flicks Jüngster war in Bad Tölz, wo die Familie Rohde in der Nachbarschaft lebte, zur Schule gegangen, und seither redete »Fritz Karl« Rohde als »Onkel Alfred« an. Dennoch versuchte auch Rohde, ebenso wie Burkart, zwischen Otto-Ernst und seinem Vater zu vermitteln.[200]

Im Zuge der Neuordnung hatten die FKG und Rohde stets darauf gepocht, dass Lübeck kein primär Eisen schaffendes Werk mehr sei. Nach Abschluss der Entflechtung investierten sie freilich umgehend rund 5,5 Millionen Mark in die Hochöfen; die Metallhüttenwerke erhöhten ihre Roheisenproduktion. Neben den Investitionen in die Produktionskapazitäten des Werkes erwarben die Metallhüttenwerke in den fünfziger Jahren aber auch wichtige Beteiligungen. 1954/55 kaufte Lübeck zunächst Anteile an der Hüttenwerke Kayser AG in Lünen (nominell 1,27 Millionen Mark, der Buchwert betrug rund 2,5 Millionen Mark), die Buntmetalle erzeugte und damit die Nichteisenmetallproduktion stärken sollte, sowie an der Maschinenbau Kiel AG (nominell 3,5 Millionen Mark Anteile mit einem Buchwert von 6,1 Millionen Mark). Die Maschinenbau Kiel stellte Dieselmotoren, Lokomotiven, Waggons und Textilmaschinen her, vor allem aber besaß sie eine Eisenmetallgießerei und ergänzte damit das Produktionsprofil der Metallhüttenwerke. Erworben hatte Lübeck den Kieler Betrieb von der FKG, die ihn unmittelbar nach dem Kauf zum gleichen Preis an die Metallhüttenwerke weiterveräußerte. 1957 kam es zu einer erheblichen Abwertung der Beteiligung. Eine Buchprüfung hatte ergeben, dass der Anschaffungskurs von 175 Prozent stark überhöht gewesen war, der Wert der Tochtergesellschaft höchstens mit 115 Prozent angesetzt werden durfte und daher eine Teilwertabschreibung vorgenommen werden musste. Die

Dachgesellschaft hatte damit die (überhöhten) Anschaffungskosten für die Maschinenbau Kiel auf die Metallhüttenwerke abgewälzt, ohne die Beherrschung aufgeben zu müssen.

Waren Maschinenbau Kiel – diese Beteiligung wurde im Rahmen des Tauschgeschäfts mit Stinnes bei der Feldmühle-Umwandlung 1959 wieder abgegeben – und Kayser punktuelle Ergänzungen, so war der Erwerb der Mehrheit bei der Buderus'sche Eisenwerke AG in Wetzlar von weitaus größerer Bedeutung für die Metallhüttenwerke und den Konzern insgesamt. Erste Gespräche über eine Beteiligung an Buderus hatte Friedrich Flick unter größter Geheimhaltung mit Bankenvertretern und dem Buderus-Vorstand 1955 geführt. Über Harpen hatten bereits früher Lieferbeziehungen zum Wetzlarer Unternehmen bestanden; Harpen hatte zudem rund vier Prozent der Buderus-Aktien besessen. Die geringfügige Beteiligung hatte rein syndikatrechtlichen Charakter gehabt: Buderus war damit bis 1935 der einzige Selbstverbrauchskunde von Harpen gewesen. Die FKG hatte das kleine Aktienpaket bei der Entflechtung vermutlich von Harpen übernommen. Mitte Februar 1956 verblüffte Flick den Aufsichtsratsvorsitzenden von Buderus, Hanns Deuss, mit der Mitteilung, dass er bereits über rund ein Drittel des Stammkapitals verfüge.

Daraufhin nahmen Flick und Deuss Gespräche über den Zusammenschluss von Lübeck und Buderus auf. Da es sich bei der geplanten Verflechtung »im Hinblick auf die ausgedehnten Verbindungen von Herrn Flick nicht um eine solche rein kapital- und finanzmässiger Natur handelt, sondern um unternehmerische, sich ergänzende und befruchtende Interessen«, sei es ihr gemeinsames Ziel, »alle gegebenen Möglichkeiten zu einer vernünftigen Verzahnung und Ausnutzung von gegenseitigen Geschäfts-, Liefer- und Absatzsicherungen für Buderus auszunutzen«. Vor allem die Haltung der Ruhr gegenüber Buderus zwinge das Unternehmen, einen Weg zur sicheren Versorgung seiner Gießereien zu suchen. Der Buderus-Vorstandsvorsitzende Franz Grabowski sah eine Fusion mit den Metallhüttenwerken auch wegen der »Möglichkeiten, die Flick bietet (Daimler-Benz, Auto-Union auf der Absatzseite – Roheisen, Kokerei und Bleche für die Rohstoffsicherung)« als Gewähr für eine »kontinuierliche, vernünftige und sichere Entwicklung« von Buderus. Grabowski war sich »durchaus im Klaren, dass Flick bei dieser

Transaktion nichts zuzahlt, es ihm vielmehr darüber hinaus gelingt, dass das ganze Gebilde sein Majoritätsbesitz wird«. Die Bedeutung der Buderus-Beteiligung und die Tragweite des geplanten Zusammenschlusses führten dazu, dass Flick sich persönlich die ihm bislang unbekannten Buderus-Werke ansehen wollte. Grundsätzlich waren sich die Verhandlungspartner einig, dass bei Buderus der Umsatz, bei Lübeck hingegen der Gewinnanteil größer war. Allerdings keimten im Buderus-Aufsichtsrat schon bald Bedenken gegen eine Fusion mit Lübeck, da Buderus die Verbindlichkeiten der Metallhüttenwerke in Höhe von 6,3 Millionen Mark übernehmen sollte. Dem Buderus-Vorstand gelang es, Flick zu überzeugen, die Fusion auf unbestimmte Zeit zu verschieben.

Buderus fügte sich aus mehreren Gründen gut in Flicks Konzernverbund ein. Vor allem öffnete das Wetzlarer Unternehmen den Zugang zu neuen Märkten. Dies galt nicht nur für das klassische Programm von Buderus selbst (Gießereiprodukte, Sanitär-, Heiz- und Kochtechnik), sondern auch für die Beteiligungen: Buderus war zu 50 Prozent an der Stahlwerke Röchling-Buderus AG (Stammkapital neun Millionen Mark) und vor allem zu 58 Prozent an der Krauss-Maffei AG in München (Stammkapital 13 Millionen Mark) beteiligt. Erklärtes Ziel Friedrich Flicks war es, die Metallhüttenwerke durch die neue Tochter krisenfester zu machen.

Am 31. Juli 1956 verkündete Deuss auf der Hauptversammlung, Flick habe die Aktienmehrheit erworben. Flick und Rohde zogen in den Aufsichtsrat ein, Flick übernahm im folgenden Jahr das Amt des stellvertretenden Aufsichtsratsvorsitzenden. Der kaufmännische Vorstand Franz Grabowski, mit dem Flick und Rohde in den Verhandlungen gute Erfahrungen gemacht hatten, blieb im Amt. Buderus expandierte durch Übernahmen weiter. Im Januar 1958 gab der Vorstand die Übernahme von rund 70 Prozent des Stammkapitals der Burger Eisenwerke (6,3 Millionen Mark) bekannt. Das Werk Burg wurde anschließend zum zentralen Blech verarbeitenden Werk des Unternehmens ausgebaut. Gleichzeitig bemühte sich der Vorstand auch um den Rückkauf der im Zuge der Entflechtung ausgegliederten Berghütte. Die Verhandlungen gestalteten sich aber schwierig, da die hessische Landesregierung in dieser Zeit nicht willens war, die Sozialisierung rückgängig zu machen. Die neue Verbindung zu Flick erschwerte das Vorhaben zusätzlich.[201]

Ein typisches Beispiel für die Finanzierungsmethoden innerhalb des Beteiligungsgeflechts der FKG ist die Konzentration der Buderus-Anteile bei den Metallhüttenwerken. Flicks Zwischenholdinggesellschaften, die VG und die Gesellschaft für Montaninteressen, hatten den Kauf der Buderus-Aktien über einen kurzfristigen Bankkredit finanziert; nun sollten sie an die Metallhüttenwerke verkauft werden, um mit dem Erlös die Kredite zurückzuzahlen. Die Planungen hierfür nahm die Düsseldorfer Zentrale im Frühjahr 1959 auf. Zu diesem Zeitpunkt verteilte sich die Buderus-Beteiligung noch auf Lübeck (23,77 Prozent bzw. nominell 8,2 Millionen Mark) und die beiden Holdinggesellschaften, bei denen insgesamt 30,69 Prozent beziehungsweise rund 10,6 Millionen Mark lagen. Der Wert des Aktienpakets, das die Holdings auf die Metallhüttenwerke übertragen sollten, betrug bei einem Kurs von 250 Prozent etwa 26,5 Millionen Mark. Zur Finanzierung der Aktienumschichtung sollte eine Kapitalerhöhung bei den Metallhüttenwerken dienen, über deren Umfang Flick sich die Entscheidung vorbehielt.

Dieser Weg hatte mehrere Vorteile: So musste Lübeck den Gegenwert der Aktien nicht »geldlich« aufbringen, und das Stammkapital der Metallhüttenwerke stand damit in einem besseren Verhältnis zu Buderus. Zudem sollten die Metallhüttenwerke ein Schuldscheindarlehen von zwölf Millionen Mark aufnehmen. Insgesamt hoffte die Konzernzentrale dadurch 23 Millionen Mark aufzubringen, ohne die flüssigen Mittel der Metallhüttenwerke (Ende 1959: 19 Millionen Mark) vollständig in Anspruch nehmen zu müssen. Bei dem Geschäft wurde dennoch ein Teil der Liquidität aus Lübeck abgeschöpft.[202] Und letztlich handelte es sich nur um einen Buchungstrick: Stille Reserven und thesaurierte Gewinne wurden in Lübeck in Aktienkapital umgewandelt. Die Deckungslücke finanzierte man langfristig über ein Darlehen, vermutlich von Münemann. Den Zinsendienst und die Tilgung für den Erwerb hatte fortan Lübeck zu erwirtschaften. Erneut spannte Flick damit ein Tochterunternehmen für die Expansion seines Konzerns ein.

Konrad Kaletsch beauftragte Alfred Rohde, die Buderus-Beteiligung noch weiter auszubauen. Allerdings hatte Flick Sorge, eine Einschaltung der Banken könnte »sehr unangenehme Kurssteigerungen« zur Folge haben. Es gelang aber, von Karl Gustav Ratjen (Sachtleben AG) nominell 345 000 Mark Buderus-Anteile zu einem Kurs von 350 Prozent zu erwerben. Bis zum 1. Juli 1959 hatten die Metallhüttenwerke ihr Buderus-Paket auf rund 60 Prozent vergrößert (nominell 19,3 Millionen Mark). Nach einer Erhöhung des Buderus-Stammkapitals von 32,15 auf 34,5 Millionen Mark betrug der Lübecker Besitz noch immer 55,93 Prozent. Aufgrund der Aufwendungen der vergangenen Jahre standen die Metallhüttenwerke finanziell erheblich unter Druck. Ungeschminkt erklärte Rohde, die Gesellschaft werde »bis auf weiteres sehr schlechte Monatsergebnisse haben«. Die Belastungen durch Zinsen und Tilgung waren auf jährlich vier Millionen Mark angewachsen. Rohde wollte eine detaillierte Aufstellung hierüber Flick aber erst nach Abstimmung mit Kaletsch vorlegen.[203] Dies belegt zugleich, welches Maß an Freiheit Rohde in Lübeck besaß, da er in dieser durchaus prekären Situation in Absprache mit Kaletsch den Zeitpunkt und die Form der Information des Konzernchefs selbst festlegte.

Wie bereits bei der Feldmühle und bei Dynamit Nobel sollte nach dem Willen Friedrich Flicks das zum Jahresende 1959 auslaufende Umwandlungsgesetz auch bei den Metallhüttenwerken Lübeck noch dazu dienen, die AG auf eine GmbH umzuwandeln und die letzten Minderheitsaktionäre aus dem Unternehmen zu verdrängen. Zuvor versuchte Flick aber noch, den verbliebenen Streubesitz an Lübeck-Aktien soweit wie möglich zu verringern. Es gelang, ein kleines Aktienpaket (nominell 672 000 Mark) aus dem Besitz der Lübecker Firma Possehl & Co. zum Kurs von 345 Prozent zu erwerben. Rohde finanzierte das Geschäft hauptsächlich durch den Verkauf von Kayser-Aktien; immerhin verblieb Lübeck noch ein Kayser-Anteil von rund 25,2 Prozent des Stammkapitals. Nach der Kaufvereinbarung mit Possehl befanden sich lediglich noch rund 1,62 Prozent der Metallhüttenwerke-Anteile (nominell 388 000 Mark) im Besitz außenstehender Aktionäre.[204]

Ihnen machte der Vorstand der Metallhüttenwerke ein Abfindungsangebot von 380 Prozent. Vor der Umwandlung wollte Flick nichts mehr am Aufsichtsrat ändern; eine zu 100 Prozent im Besitz der FKG befindliche GmbH konnte jederzeit und ohne Öffentlichkeit Generalgesellschafterversammlungen abhalten und auch Änderungen im Aufsichtsrat vornehmen. Indes war allen Beteiligten in Düsseldorf und Lübeck klar, dass die Umwandlung nicht geräuschlos über die Bühne gehen würde, zumal Erich Nold umgehend seinen Widerstand angekündigt hatte. Umso sorgfältiger bereitete man sich auf die anstehende Hauptversammlung vor. Bei Konrad Kaletsch ging die Warnung eines Mannheimer Rechtsanwalts ein, der bereits bei verschiedenen BASF-Generalversammlungen Erfahrungen mit Nold gemacht hatte: Es sei unbedingt zu vermeiden, dem Opponenten Gelegenheit zu geben, die Beschlüsse wegen einer Gesetzesverletzung anzufechten. Kaletsch und Rohde sahen sich nach versierten Anwälten um, die auf der Hauptversammlung die Interessen der Verwaltung vertreten sollten.[205]

Vor der Hauptversammlung am 19. März 1959 versuchten Kaletsch und Rohde noch einmal, Nolds Forderungen auszuloten. In einem kaum kaschierten Erpressungsversuch verlangte dieser einen Abfindungskurs von eins zu eins zum gegenwärtigen – aus Sicht des Unternehmens maßlos überhöhten – Börsenkurs von rund 900 Prozent. Darauf ließen sich Kaletsch und Rohde nicht ein, auch weil sie fürchteten, einen Präzedenzfall zu schaffen. Auf der mehr als sechsstündigen Hauptversammlung zog Nold dann alle Register, um einen Umwandlungsbeschluss zu verhindern. Nach einem langwierigen Streit darüber, ob es ihm gestattet sei, ein Aufnahmegerät mitlaufen zu lassen, traktierte der Kleinaktionär die Versammlung schließlich mit selbst für seine Verhältnisse ungewöhnlichen 94 Fragen. Um den angebotenen Kurs, der deutlich unter dem Börsenkurs lag, zu rechtfertigen, berief sich Rohde nicht nur auf die entsprechenden, vom Unternehmen in Auftrag gegebenen Wertgutachten, sondern redete auch die Zukunftsaussichten der Gesellschaft systematisch schlecht. Die Produktion sei rückläufig und wegen der zunehmenden ausländischen Konkurrenz habe Lübeck die Preise senken müssen, der Umsatz sei bereits im zweiten Halbjahr 1958 um zwölf Prozent zurückgegangen, Anfang 1959 habe sich die Geschäftslage weiter verschlechtert. Letztlich stimmte die Versammlung, wenig überraschend, allen Anträgen des Vorstandes bei nur wenigen Gegenstimmen zu.[206]

Alfred Rohde, dessen Vertrag als Vorstandsvorsitzender auf Wunsch Flicks bis 30. Juni 1960 verlängert worden war, wechselte anschließend nach dem Willen des Konzernchefs in den Aufsichtsrat der Metallhüttenwerke, wo er Flick – der fortan den Titel eines Ehrenvorsitzenden trug – als Vorsitzenden beerbte. Rohdes Posten im Vorstand nahm Otto-Ernst Flick ein. Rohde erklärte in der Hauptversammlung am

21. Juni 1960, die Verpflichtung von Otto-Ernst Flick, einem bestens ausgebildeten, erfahrenen Eisenhüttenmann, sei ein großer Gewinn und eine Auszeichnung für das Unternehmen. Auf die neue Geschäftsführung kamen schwierige Zeiten zu. So zeichnete eine Festschrift zum zehnjährigen Nachkriegsjubiläum der Gesellschaft – entgegen den sonst üblichen salbungsvollen Worten bei derartigen Gelegenheiten – deren Zukunftsaussichten eher düster. Gründe gab es genug: der Verlust des natürlichen Absatzgebiets durch den Eisernen Vorhang, die Randlage des Unternehmens in der Bundesrepublik und die dadurch bedingten hohen Frachtaufwendungen, die Roheisenimporte und die internationale Konkurrenz. Alle Bemühungen, das Roheisengeschäft von den erheblichen Marktschwankungen unabhängiger zu machen, waren wenig erfolgreich, nicht zuletzt weil Buderus entgegen den Erwartungen nicht nennenswert als Abnehmer in Erscheinung trat und die Metallhüttenwerke weiterhin kein Stahlwerk besaßen. Eine Lösung sah der Vorstand in der Produktion von Stahleisen, Stahl, Spezialstahl und Halbzeug, was aber erhebliche Investitionen erfordert hätte.[207]

Weder bei den Metallhüttenwerken Lübeck noch bei der Maxhütte ließen sich die erheblichen Standortnachteile aufgrund der peripheren Lage übersehen. Dennoch setzte Flick weiterhin auf die Eisen- und Stahlproduktion; beide Unternehmen investierten namhafte Summen in die Modernisierung der Produktionsstätten und den Ausbau ihrer Kapazitäten. Zudem erweiterte Flick das traditionelle Kerngeschäft seines Konzerns durch den Erwerb der Mehrheiten bei den Stahlwerken Südwestfalen und bei Buderus. Obwohl zwischen Buderus und Südwestfalen ein technischer Verbund immerhin räumlich denkbar schien, lassen sich Versuche einer Zusammenarbeit nicht nachweisen; vielmehr knüpfte man Südwestfalen an die Maxhütte. Die Verbindung war damit von vornherein nichts anderes als eine reine Finanzverbindung. Lieferbeziehungen zwischen Lübeck und Buderus entwickelten sich vorerst nur zaghaft; auch hier handelte es sich vor allem um eine finanzielle Verbindung.

Die 1953 nach der Entlassung aus der alliierten Kontrolle umgehend eingeleitete Rückverflechtung des Konzerns kam erst zu einem Abschluss, als Flick im Frühjahr 1960 die beiden Zwischenholding-Gesellschaften der FKG fusionierte. Die Merkur Gesellschaft für Industrie- und Handelsunternehmungen mbH, die zu gleichen Teilen auf die Söhne Flicks eingetragen war, überschrieb ihr Vermögen auf die VG. Vor der Übertragung waren die beiden GmbHs noch in Aktiengesellschaften umgewandelt worden; die VG als aufnehmende Gesellschaft hatte ihr Kapital von 44 auf 200 Millionen Mark erhöht. Die jungen Aktien übernahm die FKG. Nach der Verschmelzung ließ Friedrich Flick die VG dann wieder in eine GmbH umwandeln. Damit lag auch das Kapital der Maxhütte wieder voll bei der VG, was in der öffentlichen Wahrnehmung als »Reparatur des Entflechtungsschadens« verstanden wurde. So sah es wohl auch Flick selbst. Neben der VG, die fortan als die alleinige Zwischenholding des Flick-Konzerns fungierte, bestand noch die Gesellschaft für Fahrzeug- und Maschinenwerte mbH, bei der jedoch nur der lediglich auf dem Papier bestehende mitteldeutsche Besitz Flicks lag.[208]

Während bei anderen Konzernen die Neuordnung durchaus auch zu einer Modernisierung der Strukturen führte, blieb bei der FKG mehr oder weniger alles beim Alten. Auch in den fünfziger Jahren hielt Friedrich Flick an den erprobten Konzepten fest und setzte weiterhin auf personelle und organisatorische Kontinuität. Auffällig ist, dass Flick keinen einzigen Angriff auf eines der Werke an der Ruhr beziehungsweise einen Stahlvereins-Nachfolger unternahm. Er operierte lieber auch in Zukunft »jenseits der Ruhr«.

Die Aktienumschichtungen zum Jahresende 1955 und in den folgenden Jahren waren auch der Versuch, die Beteiligungen in möglichst sinnvollen Gruppen zusammenzufassen. Der Stahlblock spielte weiter eine wichtige Rolle, auch wenn es an innerer Stringenz mangelte. Die Verbindung der Maxhütte mit der süddeutschen Automobilindustrie war immerhin gut nachvollziehbar. Die Feldmühle wurde mit Dynamit Nobel zu einer Papier- und Chemiegruppe zusammengefasst. Die Automobilbeteiligungen wurden bei Daimler-Benz konzentriert. Flick hatte mit dem Verkauf der Auto Union an Daimler-Benz nicht nur das Untertürkheimer Unternehmen gestärkt, sondern zugleich die Kontrolle über das Ingolstädter Unternehmen behalten und erhebliche Barmittel in die Hand bekommen. Diese nutzte er sogleich für seine Einzahlung auf eine Kapitalerhöhung bei Daimler-Benz. Den geringsten Zusammenhalt bot der Block aus Buderus, Lübeck und Krauss-Maffei.

Flick ließ später erklären, die Schwerpunktsetzung auf die »Pfeiler« Montan, Auto und Feldmühle/Dynamit Nobel sei nicht von Anfang an geplant gewesen: »Manches mag sich aus der Gunst der Stunde ergeben haben.« In der Tat mangelte es insbesondere dem Stahlkonzern am inneren technischen Zusammenhang zwischen den Metallhüttenwerken Lübeck, Buderus und der Maxhütte. Gemessen am früheren Konzern Maxhütte-Mittelstahl war hier allenfalls ein Konglomerat von Finanzbeteiligungen entstanden, die eben zufällig Stahlbetriebe waren. Gegen die Legende des in sich schlüssigen Konzepts spricht auch das Tauschgeschäft mit Stinnes: Flick hatte mit der Maschinenbau Kiel und mit Wolff Anteile an zwei Unternehmen abgegeben, die tatsächlich in einem Produktionszusammenhang mit den Metallhüttenwerken Lübeck beziehungsweise der Feldmühle gestanden hatten. Die durch einen Organvertrag eng geknüpfte Verbindung zwischen den Metallhüttenwerken und Buderus sollte vor allem die Querfinanzierung ermöglichen und die Einnahmen aus Wetzlar und München nach Lübeck fließen lassen; auch flossen beträchtliche Mittel von Daimler-Benz, Dynamit Nobel und von der Feldmühle nach Düsseldorf und ermöglichten so die Querfinanzierung anderer Unternehmen. Kurz: Es waren die finanziellen Zahlungsströme, die den neuen Flick-Konzern zusammenhielten.[209]

Auch andere Unternehmen hatten nach der Entflechtung um die richtigen Konzepte für die Zukunft gerungen. Der Krupp-Konzern, in den ersten Nachkriegsjahren ebenso ein Beteiligungssammelsurium mit unterschiedlichen Schwerpunkten und Produkten wie Flick, sollte nach dem erklärten Willen Alfried Krupps als klar konturierter Stahlkonzern neu entstehen. Krupp beantragte mehrfach Fristverlängerung für die Verkaufsauflagen, die nach dem Tod Alfried Krupps 1967 sang- und klanglos fallen gelassen wurden. Alfried Krupp war es um den Fortbestand des ererbten Unternehmens gegangen, das er so hinterlassen wollte, wie er es übernommen hatte.[210] Flick war deutlich weniger sentimental und traditionsbewusst. Zwar verkaufte er der Öffentlichkeit seine Legende vom schlüssigen Konzept zur Neuausrichtung des Konzerns, bei genauerer Betrachtung aber offenbarte sich doch eher das Bild eines Gemischtwarenladens. Dieser war allerdings sehr profitabel, denn Friedrich Flick hatte – wieder einmal – in Branchen mit Perspektive investiert.

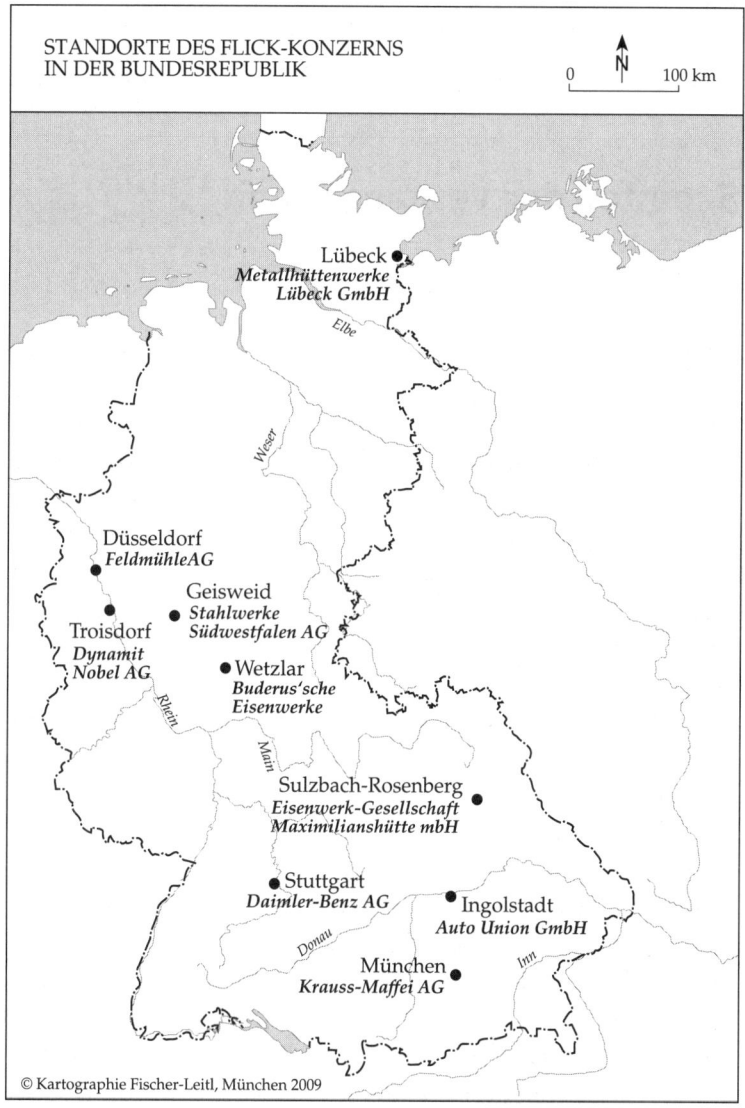

STANDORTE DES FLICK-KONZERNS
IN DER BUNDESREPUBLIK

0   N   100 km

Lübeck
*Metallhüttenwerke
Lübeck GmbH*

Elbe

Weser

Düsseldorf
FeldmühleAG

Geisweid
*Stahlwerke
Südwestfalen AG*

Troisdorf
*Dynamit
Nobel AG*

Rhein

Wetzlar
*Buderus'sche
Eisenwerke*

Main

Sulzbach-Rosenberg
*Eisenwerk-Gesellschaft
Maximilianshütte mbH*

Stuttgart
Daimler-Benz AG

Ingolstadt
Auto Union GmbH

Donau

Inn

München
Krauss-Maffei AG

© Kartographie Fischer-Leitl, München 2009

Schatten der Vergangenheit

Mitte Juli 1950 begrüßte Friedrich Flick in der Festung Landsberg eine Reihe von Gästen: Neben seinen Rechtsberatern Wolfgang Pohle und Otto Lenz den Justitiar Albert Weimar und Rechtsanwalt Justus Koch von den Reichswerken in Salzgitter sowie Ernst Féaux de la Croix, der im Bundesfinanzministerium das Referat für die Gesetzgebung über Reichs- und Staatsvermögen leitete; Flicks Mithäftling Paul Pleiger komplettierte die Runde. Besonders bemerkenswert ist der Besuch von Féaux de la Croix bei dem als Kriegsverbrecher verurteilten Flick. Féaux, der bis 1945 in der völkerrechtlichen Abteilung des Reichsjustizministeriums gearbeitet hatte und nun zum Wiedergutmachungsexperten im Finanzministerium avancierte, verstand die Entschädigungsgesetzgebung als alliiertes Oktroi. Der Grund für die Zusammenkunft in Landsberg: Die Rückerstattungsansprüche der 1939 enteigneten Erben von Ignaz Petschek.[211]

Mit der Verurteilung in Nürnberg und der Inhaftierung in Landsberg konnte Friedrich Flick noch lange keinen Schlusspunkt unter die Vergangenheit setzen. Bis weit in die sechziger Jahre hinein sahen sich die Kommanditgesellschaft, einzelne Konzernunternehmen und Flick selbst mit Forderungen nach Rückerstattung »arisierter« Unternehmen und Entschädigungszahlungen für ehemalige Zwangsarbeiter konfrontiert, die sich teilweise auf die in Nürnberg vorgebrachten Beweise stützten. Zwar war die bundesdeutsche Gesellschaft noch lange bereit, über seine Verurteilung als Kriegsverbrecher hinwegzusehen, oder besser, sie interessierte sich schlicht nicht dafür. Probleme bereitete ihm seine Verurteilung aber immer wieder im Ausland. Zudem erlebte er phasenweise heftige Angriffe aus dem anderen deutschen Teilstaat, der DDR.

Entschädigungsansprüche

Die Amerikaner waren die ersten gewesen, die im November 1947 eine gesetzliche Grundlage zur Rückerstattung »arisierten« jüdischen Eigentums in ihrer Zone schufen; die Briten folgten mit erheblicher Verzögerung im Mai 1949. Zwei Monate später trat eine gemeinsame Restitutionsanordnung der drei Westalliierten für West-Berlin in Kraft. Rückerstattungsanträge waren bei den Wiedergutmachungsämtern einzureichen. Konnte zwischen Alteigentümer und Neueigentümer keine Einigung erzielt werden, kam es zu einem Gerichtsverfahren, in erster Instanz vor den Wiedergutmachungskammern der Landgerichte, dann bei den Zivilsenaten der Oberlandesgerichte und schließlich beim Revisionsgericht der amerikanischen beziehungsweise britischen Besatzungsmacht. 1955 wurden diese durch Oberste Rückerstattungsgerichte ersetzt, die paritätisch mit jeweils zwei deutschen und zwei alliierten Vertretern besetzt waren; der Vorsitzende stammte aus einem neutralen Land.[212]

Im Fall des Hochofenwerks Lübeck zeichnete sich bald nach Kriegsende ab, dass es zu einer Überprüfung der »Arisierung« kommen würde. Im Januar 1948 fragte die North German Iron and Steel Control beim Vorstand des Hochofenwerks an, ob dieses an einer »Unternehmens-arisierung« beteiligt gewesen sei. Hermann Fabry meldete hierauf »Fehlanzeige«: Das Unternehmen habe nach 1933 keinen jüdischen Besitz erworben. Das war formal korrekt, hatte sich die Behörde doch nicht nach der »Arisierung« des eigenen Unternehmens erkundigt.[213]

Ende des Jahres erhob Rudolf Hahn Anspruch auf den früheren Besitz seiner Familie; es ging für die Hahns nicht nur um das Hochofenwerk Lübeck, sondern auch um die Hahnschen Werke sowie um Rawack & Grünfeld. Neben Hahn und Flick kam mit Mannesmann noch eine dritte Verhandlungspartei ins Spiel. Mannesmann hatte 1938 die Werke der Familie Hahn in Duisburg-Großenbaum und Kammerich »arisiert«, zudem konnte Flick die letzte Tranche der Hochofenwerk-Aktien erst nach der Einigung zwischen Mannesmann und den Familien Hahn und Eisner übernehmen. Mannesmann hatte im Gegensatz zu Flick das in der britischen Besatzungszone noch ausstehende Rückerstattungsgesetz gar nicht erst abgewartet, sondern frühzeitig den

Ausgleich mit den Alteigentümern gesucht. So kam es im Oktober 1949 zu einem Vorvertrag mit Rudolf und Peter Hahn. Wolfgang Pohle, der die Verhandlungen für Mannesmann führte, sicherte zu, dass die beiden ehemaligen Betriebe der Hahns als eigenständige Unternehmen neu gegründet und anschließend 55 Prozent der Anteile an die Familien Hahn und Eisner zurückgehen sollten. Flick war über diese Absprache von Pohle sehr erbost: Zum einen schuf Mannesmann damit einen Präzedenzfall, durch den die rechtliche Fragwürdigkeit der »Arisierung« anerkannt wurde; zum anderen richteten sich die Ansprüche der Hahns nach der Einigung mit Mannesmann fortan allein gegen die FKG.[214]

Als die Familie Hahn im Juli 1949 Anspruch auf ihren früheren Aktienbesitz am Hochofenwerk Lübeck (nominell 6,6 Millionen Reichsmark) erhob, setzte Alfred Rohde umgehend Konrad Kaletsch in Kenntnis. Die FKG äußerte sich zunächst nicht, da nicht klar war, wie der in Landsberg einsitzende Friedrich Flick hierauf reagieren würde. Im November tat er seinen Unmut kund: Er bezeichnete den Anspruch der früheren Besitzer schlicht als indiskutabel und beharrte auf dem privatwirtschaftlichen Charakter des Geschäfts; das zweite Paket Hochofenwerk-Aktien sei Mittelstahl von den Hahns selbst angeboten worden. Der Druck, unter dem jüdische Unternehmenseigner 1937/38 standen, war ihm keine Erwähnung wert. Vielmehr deklarierte er das Geschäft als ein Entgegenkommen gegenüber den jüdischen Vorbesitzern – und folgte damit dem Argumentationsmuster vieler »Arisierungsgewinnler« in der Nachkriegszeit. Rudolf Hahn hingegen hielt Friedrich Flick für »persönlich verpflichtet«. Konrad Kaletsch widersprach dem vehement, denn die persönliche Verantwortlichkeit für die »Arisierungsgeschäfte«, die Flick schon bei seinem Prozess stets bestritten hatte, war essentiell für die Selbstwahrnehmung des Unternehmers.[215]

Die FKG beauftragte den Rechtsanwalt Hermann Münch mit der Wahrnehmung ihrer Interessen. Münch hatte während der Weltwirtschaftskrise die Sanierung von Rawack & Grünfeld betrieben; seit 1938 war er persönlich mit nominell 350 000 Mark am Hochofenwerk beteiligt. Als Aufsichtsratsvorsitzender bei Rawack & Grünfeld hatte er den Widerstand gegen Felix Benjamin und dessen Pläne für einen Verkauf an Flick angeführt. Nach Abschluss des Geschäfts war er dennoch bis 1940 Mitglied des Lübecker Aufsichtsrates geblieben und scheint mit

Flick bei der weiteren Abwicklung von Rawack & Grünfeld kooperiert zu haben. Münch unterbreitete den Hahns das Angebot, ihnen nominell 1,8 Millionen Reichsmark Aktien des Hochofenwerks gegen Rückzahlung des Kaufpreises zurückzugeben. Als die Hahns ablehnten, ließ Flick ihnen ein Angebot zum Rückkauf des kompletten Unternehmens offerieren – allerdings zum aktuellen Wert, der erheblich über dem 1937/38 bezahlten Kaufpreis lag.[216] Dies kam für die Hahns ebenfalls nicht infrage. Auf den ersten Blick scheint Flick Entgegenkommen signalisiert zu haben. In Wirklichkeit versuchte er nichts anderes, als den Hahns ihre Anteile an einem unter alliierter Kontrolle stehenden Werk zurückzuverkaufen, das er nach den Plänen der Alliierten im Zuge der Entflechtung der deutschen Schwerindustrie möglicherweise ohnehin aufgeben musste.

Flicks Hausjuristen erwogen, den Fall gerichtlich klären zu lassen und auf eine Abweisung der Ansprüche vor Gericht zu setzen. Dies war freilich mit einem hohen Risiko verbunden. Aber auch die Hahns konnten nicht an einem – womöglich jahrelangen – Rechtsstreit interessiert sein, und so einigte man sich 1951 schließlich auf einen Vergleich. Die Hahns halbierten ihre Forderungen auf ein Paket von nominell 3,3 Millionen Reichsmark Lübeck-Aktien. Peter und Rudolf Hahn sowie die Familie Eisner erhielten nominell 1,67 Millionen DM Aktien aus dem Besitz der Essener Steinkohle (Flick entschädigte die Hahns also aus einem Besitz, der ihm im Zuge der Entflechtung ohnehin verloren zu gehen drohte) und nominell 1,63 Millionen DM Aktien aus dem Besitz der GmbH für Montaninteressen, einer früheren Zwischenholding Flicks. Dies bedeutete zugleich, dass die FKG die absolute Mehrheit am Kapital des Hochofenwerks behielt.

Bemerkenswert ist die Dreistigkeit, mit der Flick und seine Lübecker Vertreter mit dem Restitutionsanspruch der Hahns umgingen. Während den Antragstellern und den zuständigen Rückerstattungsbehörden gegenüber lange Zeit vehement jede Berechtigung der Hahns abgestritten wurde, argumentierte die FKG in den Verhandlungen mit den Entflechtungsgremien wiederum mit der anstehenden Teilrestitution des Hochofenwerkes, um den Anteil Flicks hieran möglichst kleinrechnen zu können. Im Falle von Rawack & Grünfeld kam es zu keinem Restitutionsverfahren; Flick und die Lübecker Firma Possehl zahlten Entschädigungsleistungen an die Familie von Felix Benjamin, dem ehemaligen Generaldirektor und Anteilseigner des Unternehmens.[217] In weniger als zwei Jahren war für Flick damit die Frage nach den Ansprüchen der Familie Hahn beantwortet worden: Er hatte sich ohne Gerichtsverfahren mit den Alteigentümern einigen können, keinerlei Zugeständnisse hinsichtlich einer persönlichen Schuld machen müssen und am Ende die Kontrolle über das Hochofenwerk behalten.

Weitaus schwieriger gestalteten sich für Flick die Auseinandersetzungen mit den Petscheks. Die beiden Familienzweige waren nach wie vor einander spinnefeind; dass ihre Ansprüche teilweise miteinander verwoben waren, verkomplizierte die Sache zusätzlich. Vorzeichen für drohende Restitutionsansprüche hatte es lange vor Eröffnung des Nürnberger Prozesses gegen Friedrich Flick gegeben: Amerikanische Offiziere hatten Odilo Burkart bereits am 17. August 1945 über eine anstehende Überprüfung der beiden Petschek-Transaktionen informiert. Konrad Kaletsch hatte daraufhin begonnen, die verfügbaren Unterlagen über die Geschäfte zusammenstellen zu lassen. Die Brisanz war beiden sofort bewusst, und deshalb erklärten sie sich zu einer Zeugenvernehmung im amerikanischen Sektor in Berlin bereit; Burkart reiste allen Schwierigkeiten zum Trotz eigens nach Berlin. Zur gleichen Zeit versuchten Vertreter des Flick-Konzerns, Kontakt zu den Erben Julius Petscheks aufzunehmen und George Murnane, Flicks wichtigsten Verhandlungspartner 1938, dazu zu bewegen, seine damaligen freundlichen Äußerungen über den Konzernchef noch einmal zu bestätigen – beides vergebens. Erst zum Jahreswechsel 1946/47 gelang es Robert Tillmanns, Kontakt zu Peter Petschek in den USA herzustellen. Tillmanns, früher in der Verwaltung der Anhaltischen Kohlenwerke beschäftigt, berichtete über die katastrophale Lage im Nachkriegsdeutschland und beschwor eine Verantwortung der Amerikaner für die Menschen in Europa. Petschek beschied ihn Wochen später knapp: »Dass alle diese Leiden, die Deutschland über die Menschheit gebracht hat, einmal dorthin zurückfallen müssen, von wo sie ihren Ausgangspunkt nahmen, war wohl von vornherein klar.«[218] Wenige Tage vor Prozessbeginn war dies ein deutliches Signal.

Nach dem Erlass des Rückerstattungsgesetzes für die britische Besatzungszone im Mai 1949 reichten die Erben von Julius Petschek 1951 Antrag auf Restitution ihres früheren Besitzes ein: Es handelte sich

vor allem um 14,7 Millionen Reichsmark Stammaktien der Anhaltischen Kohlenwerke (68 Prozent des Gesamtkapitals) und 15,3 Millionen
Reichsmark Stammaktien der Werschen-Weißenfelser Braunkohlen
AG. Sicherheitshalber schlugen sie eine Doppelstrategie ein: Zum einen
meldeten sie Anfang Mai in Düsseldorf Anspruch auf eine Nachzahlung
auf den Kaufpreis an. Zum anderen stellte die United Continental
Corporation im Auftrag der Petscheks in West-Berlin Antrag auf Restitution ihrer unter politischem Druck veräußerten Anteile an den
Anhaltischen Kohlenwerken. Da das britische Rückerstattungsrecht bei
einer Nachzahlungsforderung einen Verzicht auf eine materielle Restitution vorsah, schlossen Flicks Anwälte hieraus, dass damit der Berliner
Anspruch ungültig sei.[219]

In dem sich über Jahre hinziehenden Rechtsstreit griff Flick zu der
von seinen Verteidigern in Nürnberg verfolgten Argumentation, es habe
sich um freie Rechtsgeschäfte gehandelt; zugleich versuchten seine Anwälte, formaljuristische Einwände gegen die Forderungen der Petscheks
geltend zu machen: Sie stellten es infrage, dass überhaupt eine westdeutsche Instanz für den nach dem Zweiten Weltkrieg in der Sowjetischen
Besatzungszone enteigneten Besitz zuständig sei. Ihrer Ansicht nach
konnte nur der Sitz der Gesellschaft maßgeblich sein – und das war
Halle an der Saale. Flicks Anwälte verzeichneten einen Etappensieg,
als die Düsseldorfer Wiedergutmachungskammer die Ansprüche der
Petscheks am 30. Mai 1953 mit der Begründung abwies, diese beträfen
einen Besitz außerhalb des Geltungsbereichs des britischen Rückerstattungsgesetzes. Auch sei es sachlich zweifelhaft, dass Flick beziehungsweise die FKG rückerstattungspflichtig seien. Die Kammer schloss
sich den Ausführungen der Flick-Anwälte an, wonach Mittelstahl der
richtige Antragsgegner sei – Mittelstahl war aber nur von der United
Continental Corporation in Berlin beklagt worden.

Mit dem Doppelantrag, so die Interpretation der Anwälte, hätten
die Petscheks versucht, aus der Aufteilung Deutschlands Vorteile für
sich herzuleiten. Genüsslich spotteten sie über die »juristischen Purzel-
bäume« der Antragsteller. Flicks Rechtsvertreter bezweifelten ihrerseits
die Antragsberechtigung der United Continental Corporation. Während Flick bei den Kaufverhandlungen 1938 die United Continental
Corporation als bloße Tarnfirma der jüdischen Eigentümer bezeichnet

hatte, drehten seine Anwälte diese Argumentation kurzerhand um und behaupteten, Flick habe 1938 nur mit Vertretern eines amerikanischen Unternehmens zu tun gehabt, welches sich damals selbst als eine »arische« amerikanische Firma bezeichnet habe und das er daher gar nicht habe unter Druck setzen können.[220] Die Richter folgten dieser dreisten Volte zwar nicht – für sie stand eindeutig fest, dass die Petscheks zum Verkauf gezwungen werden sollten –, die Verantwortung für die Verdrängung der jüdischen Unternehmer aus Deutschland aber sahen sie an der Spitze des Dritten Reiches. Dabei stützten sie sich exakt auf die 1938 auf Flicks Wunsch in den Kaufvertrag aufgenommene Klausel, die das Geschäft als Folge »eines besonderen Auftrages« kennzeichnete.

Auch in Berlin erlitten die Vertreter der Petscheks eine Niederlage: Dort hatten sie vorgebracht, dass der Geltungsbereich der Rückerstattungsanordnung für die Berliner Westsektoren unabhängig vom Rückerstattungsrecht in der britischen Zone sei. Die Richter schlossen sich jedoch der Sicht von Flicks Anwälten an, die dies für unerheblich erklärten. Die Wiedergutmachungskammer wies die Ansprüche der Petscheks ab und sprach, wie die Mittelstahl-Anwälte, von einem schlichten Bereicherungsversuch auf Kosten der Bundesrepublik.[221]

Die Petscheks legten in beiden Fällen Widerspruch ein. In Berlin entschied hierüber das ausschließlich mit deutschen Richtern besetzte Kammergericht; in der britischen Zone war der Board of Review in Herford zuständig, der mit deutschen und britischen Richtern besetzt war. Die Entscheidung des Herforder Gerichts war ein herber Rückschlag für Flick: Zum einen sahen die Richter in dem parallel gestellten Berliner Antrag der United Continental Corporation kein Hindernis; zum anderen verneinten sie die Zuständigkeit des britischen Rückerstattungsrechtes für die jetzt in der DDR gelegenen Gruben der Anhaltischen Kohlenwerke nicht grundsätzlich. Vor allem aber folgten sie nicht der Argumentation der Flick-Anwälte, die amerikanische United Continental Corporation habe die jüdischen Eigentümer 1938 ausreichend geschützt. Zudem erteilten die Richter allen Versuchen Flicks eine Absage, sich hinter den Anordnungen von Staat und Partei zu verschanzen. Die Herforder Richter verwiesen das Verfahren zurück an die Wiedergutmachungskammer. Das Berliner Kammergericht hingegen befand Mitte November 1957, die Frage der Petschek-Restitution sei eine Angelegenheit der DDR. Nach mehrjährigen Verhandlungen kam es im März 1962 zu einem Vergleich. Friedrich Flick, die FKG, Mittelstahl und die Anhaltischen Kohlenwerke erklärten sich vor der Wiedergutmachungskammer des Landgerichts Duisburg bereit, den Erben von Julius Petschek 50 Prozent der Aktien der Anhaltischen Kohlenwerke sowie Aktien der Salzdetfurth AG im Wert von nominell 2,5 Millionen Reichsmark zurückzuerstatten.[222]

Bis zum Schluss hatte Flick alle Register gezogen, um die Ansprüche abzuwehren, und ein Schuldeingeständnis konnte ihm auch in diesem Verfahren nicht entlockt werden. Als sich die Parteien endlich auf einen Vergleich einigten, bedeutete die Preisgabe der Aktien der Anhaltischen Kohlenwerke für Flick keine reale Vermögenseinbuße mehr, waren diese doch aufgrund der deutschen Teilung nur mehr ein »virtueller« Posten in seinem Portefeuille.

Parallel zum Streit mit den Nachfahren von Julius Petschek sah sich der Flick-Konzern mit den Forderungen der Erben von Ignaz Petschek konfrontiert. Neben dem Flick-Konzern und den Petscheks waren die nun mehrheitlich im Bundesbesitz befindlichen Reichswerke in Salzgitter-Watenstedt (die spätere Salzgitter AG) in den Fall involviert. Der Fall erwies sich als besonders kompliziert, weil die FKG sich bereits Ende 1948 selbst als Geschädigte deklariert und Kaletsch angekündigt hatte, von dem 1939 geschlossenen Tauschvertrag mit den Reichswerken wegen Nichterfüllung zurückzutreten. Außerdem sei der Vertrag ungültig, da Flick ihn nur unter staatlichem Druck unterzeichnet habe. Dieses Argumentationsmuster war unter Westdeutschlands Unternehmern zu dieser Zeit weit verbreitet. So hatte der Anwalt und frühere stellvertretende Aufsichtsratsvorsitzende von Krupp, Tilo Freiherr von Wilmowsky, in seiner apologetischen Schrift »Warum wurde Krupp verurteilt?« wortreich dargelegt, dass im Dritten Reich der Staat der Wirtschaft befohlen habe. Dem Flick-Konzern ging es allerdings nicht allein darum, mögliche Ansprüche der Petscheks abzuwehren, er hoffte auch selbst einen Zugewinn zu erzielen, indem er sich die Enteignungsverluste in der Sowjetischen Besatzungszone durch ein Stück vom Kuchen seines früheren Steinkohlebesitzes versüßen wollte.

Als sich Flick im Juli 1950 mit Pohle, Lenz, Weimar, Koch, Pleiger und Féaux de la Croix in Landsberg besprach, untermauerte er noch einmal seine Sicht, vom Staat zur Übernahme der Braunkohlegruben aus dem Besitz von Ignaz Petschek gezwungen worden zu sein. Er behauptete, sich vehement gegen das Geschäft gewehrt zu haben. Flick tischte erneut die vielfach erprobte Nürnberger Legende auf und verstieg sich dazu, sich als einen der größten Geldgeber der Hitler-Gegner vor der »Machtergreifung« und als einen von der Gestapo Verfolgten zu bezeichnen. Bei den Vertretern des Staatskonzerns und des Finanzministeriums hinterließ Flick damit einen nachhaltigen Eindruck. Am 15. Dezember 1950 einigte man sich auf eine Lösung durch ein Schiedsgericht.[223]

Der Schwarze Peter lag jetzt bei den Reichswerken, die nach einer Lösung suchten, wie die Ansprüche der Erben von Ignaz Petschek abgewehrt werden konnten. Dabei scheute man in Bonn und Salzgitter nicht einmal davor zurück, Steuerschulden gegen die jüdischen Alteigentümer geltend machen zu wollen, um die Ansprüche der Petscheks auf die bei Flick liegenden Anteile an den Anhaltischen Kohlenwerken pfänden lassen zu können. Dieselben Methoden, mit denen die Petscheks 1939 enteignet worden waren, sollten also erneut zum Einsatz kommen. Das Bundesfinanzministerium unter der Leitung von Fritz Schäffer folgte der Leitlinie, Steuerforderungen gegen jüdische Alteigentümer dazu zu nutzen, Restitutionsforderungen abzuwehren. In Salzgitter verwarf man die Idee allerdings schon bald wieder, vermutlich weil man sich der historischen Parallele bewusst war. Die Reichswerke und die für sie zuständige Bundesvermögensverwaltung zielten zunächst jedoch vor allem darauf, eine direkte Restitution der Aktien von Flick an die Petscheks zu verhindern, da die FKG in diesem Fall das frühere Tauschgeschäft vermutlich mit Erfolg hätte anfechten können.[224]

Daher schlossen die Reichswerke Ende 1952 einen Vorvergleich mit den Petschek-Erben. Das endgültige Abkommen sollte demzufolge zwei Drittel des betroffenen Steinkohlebesitzes dem Staatskonzern sichern, der die Steinkohlezechen und den ehemaligen Braunkohlebesitz der Petscheks dann mit diesen teilen sollte. Die Alteigentümer setzten auf eine Restitution durch Anteile an den westdeutschen Steinkohlezechen, die im Gegensatz zu den jetzt in der DDR befindlichen früheren Anhaltischen Kohlenwerken einen tatsächlichen Wert darstellten. Zudem hofften sie, mit dem Vergleich eine gerichtliche Auseinandersetzung mit ungewissem Ausgang vermeiden zu können. Als sich der Vorstand der Reichswerke und die Vertreter Bonns über die Implikationen des Vorvergleichs verständigten, erklärte Staatssekretär Alfred Hartmann vom Bundesfinanzministerium, für ein Bundesunternehmen sei es aus »politischen Gründen« angemessen, Ansprüche von »Arisierungs«-Opfern nicht außer Acht zu lassen. Jedoch dürften ohne sachliche Begründung keine unnötigen Zugeständnisse gemacht werden.[225]

1953 holte das von Flick und den Reichswerken angerufene Schiedsgericht ein Wertgutachten für die Stein- und Braunkohlezechen ein. Der hiermit beauftragte Otto Heß taxierte die Steinkohlezechen auf etwa 157 Millionen RM, den Wert der Braunkohle hingegen nur auf rund 90 Millionen RM. Die vor den Kopf gestoßenen Vertreter der Reichswerke versuchten das Ergebnis durch Gegengutachten anzuzweifeln. Heß' Wort war indes von Gewicht, da er zunächst von beiden Parteien als Gutachter akzeptiert worden war.[226]

In Salzgitter und Bonn begann man sich jetzt genauer für Flicks Rolle bei der Petschek-»Arisierung« zu interessieren; im Juni 1953 hieß es in der Bundesvermögensverwaltung: »Flick wollte, die Reichswerke mussten.« Dass es sich um ein mehrheitlich in Bundesbesitz befindliches Unternehmen handelte, half den Reichswerken freilich kaum. Flick hatte unter anderem Robert Pferdmenges, Otto Lenz und Wolfgang Pohle damit betraut, ihren Einfluss in Bonn für ihn geltend zu machen. Als Justus Koch hingegen versuchte, Hermann Josef Abs, der die Petscheks in der Auseinandersetzung vertrat, dazu zu bewegen, sich bei Adenauer für die Reichswerke zu verwenden, blieb dieser im Ungefähren und ließ sich zu nichts verpflichten.[227]

In Bonn breitete sich unterdessen eine eindeutig antisemitisch konnotierte Stimmung gegen die Petscheks aus. Hans Limmer, Sekretär der CSU-Landesgruppe im Bundestag, protestierte dagegen, »Bundesvermögen im Werte von 50 Millionen Mark ohne Rechtsgrund an ausländische Juden zu verschenken«. Und Adenauers Staatssekretär Globke erklärte Bundesfinanzminister Schäffer in einer vertraulichen Notiz, es könne nicht sein, dass die Familie Petschek, die in den USA schon wieder über ein Vermögen von 50 Millionen Dollar verfüge, unter Beteiligung deutscher »Persönlichkeiten« (gemeint war vor allem Abs) und »unter Schädigung der finanziellen Interessen der Bundesrepublik größere Millionenbeträge« erhalte. Dies entsprach einer in den Behörden weit verbreiteten Haltung zu den Wiedergutmachungsforderungen jüdischer NS-Opfer: Die Rückerstattungsgesetze galten als Teil alliierter Siegerjustiz, die Deutschen sahen sich in der Rolle von »schuldlosen neuen Opfern der nationalsozialistischen Judenpolitik«.[228]

Im Frühjahr 1954 legte das Schiedsgericht den Streitparteien einen Vergleichsentwurf vor: Stein- und Braunkohle sollten zunächst geteilt werden, anschließend sollten Reichswerke und Flick gemeinsam die Ansprüche der Petscheks erfüllen. Diese Lösung hätte für Flick einen materiellen Zugewinn bedeutet, da er für seinen in Mitteldeutschland verlorenen Besitz einen Teil seiner ehemaligen Steinkohle zurückerhalten hätte. Gleichwohl lehnte er den Vorschlag ab, da er sich standhaft weigerte, die Petscheks gemeinsam mit den Reichswerken zu entschädigen – dies wäre aus seiner Sicht nichts anderes als ein Schuldeingeständnis gewesen. Flick ging es nicht nur ums Geld, sondern auch um sein Selbstverständnis.[229]

Am 29. Juli 1954 erörterten Flick und der Salzgitter-Chef Konrad Ende in Düsseldorf noch einmal die Argumente, die gegen die Forderungen der Petscheks sprachen. Auf Wunsch Endes nahm auch Pleiger an der Unterredung teil. Da inzwischen ein Gutachten vorlag, das den jüdischen Alteigentümern in Westdeutschland und in West-Berlin keinerlei Ansprüche zugestand, beklagten die Anwesenden, dass Koch für die Reichswerke voreilig weitgehende Absprachen mit den Petscheks getroffen habe. Flick erklärte, »aus sachlichen Erwägungen der Prozeßlage käme ein solcher Vergleich für ihn nicht in Frage«. Allerdings, schob er nach, spielten für ihn auch »sein Alter und seine grundsätzliche Prozeßabneigung« eine wichtige Rolle. Er könne schlicht noch nicht sagen, wie er sich entscheiden werde. Mit anderen Worten: Er taktierte und hielt sich alle Optionen offen.[230]

Am 3. August untermauerte Flick gegenüber Ende und Vertretern des Schiedsgerichts noch einmal seinen Standpunkt, dass die Petscheks vom Reich enteignet worden seien. Nach den vorliegenden Gutachten könnten die Reichswerke die Petschek-Ansprüche durch einen Betrag in Aktien der Anhaltischen Kohlenwerke abwehren, der dem früheren Petschek-Besitz entspreche. Flick erklärte sich bereit, die Hälfte der in seinen Besitz gelangten Aktien der Anhaltischen Kohlenwerke den

Reichswerken zur Verfügung zu stellen. Zu allen weiteren Schritten wollte er sich aber erst später äußern. Die Vertreter der Reichswerke trauten ihm freilich nicht über den Weg, zumal sie den Verdacht hegten, dass die FKG den Bundesbehörden Material zugespielt hatte, das dem Staatskonzern unterstellte, Bundesvermögen an die Petscheks »zu verschenken«. Tatsächlich äußerte Friedrich Flick gegenüber Otto Lenz, dass »die Informationen von Watenstedt nicht unbedingt zuverlässig sind«. Im November 1954 teilte auch das Bundesjustizministerium die Ansicht, dass die Gruppe Ignaz Petschek nach der geltenden Gesetzeslage weder gegen die Reichswerke noch gegen die FKG Ansprüche geltend machen könne. Dennoch tendierte der Aufsichtsrat der Reichswerke vor dem Hintergrund der nach wie vor nicht sicheren Prozessaussichten und wegen des undurchsichtigen Taktierens von Flick zu einer Vergleichslösung mit den Petscheks.[231]

Flick bestritt weiterhin die Anspruchsberechtigung der Petscheks, denen er unverhohlen vorwarf, dass er ihnen und ihrer »Hetze« sechs Jahre Haft in Nürnberg und Landsberg zu verdanken habe (tatsächlich hatte er fünf Jahre eingesessen) und dass man ihnen »Millionen nachwürfe«. Gleichzeitig verkündete er, einen Ausgleich mit ihnen suchen zu wollen, falls die Reichswerke sich nicht mit ihm einigten. Flick erklärte, »im übrigen liefen ihm die Petscheks die Tür ein, er brauche bloß die dargebotene Hand zu ergreifen, um sich mit ihnen gegen die Reichswerke zu verbünden«. Dies war eine Drohung an die Reichswerke, die in Salzgitter allerdings nicht besonders ernst genommen wurde, wusste man dort doch, dass die Petscheks nicht bereit waren, »zusammen mit Flick ein Schriftstück zu unterzeichnen«. Das Vorhaben, die Erben von Ignaz Petschek im Zuge der Wiedergutmachung an den Anhaltischen Kohlenwerken zu beteiligen, barg aber eine weitere Schwierigkeit: Sie hätten dann mit ihren Vettern vom Zweig Julius Petschek zu tun bekommen, die zur gleichen Zeit mit Flick um die Rückgabe ihrer Anteile an den Anhaltischen Kohlenwerken rangen. Die Reichswerke hatten die schwierige Aufgabe, die Erben von Ignaz Petschek von einem dreiseitigen Vergleichsmodell zu überzeugen, das sie auch noch schlechter stellen sollte, weil es eine Minderung des an die Petscheks zu restituierenden Steinkohlebesitzes mit sich brachte. Da die Petscheks aber keinen direkten Ausgleich mit Flick suchten und somit nur über die

Reichswerke ein Zugriff auf die westdeutschen Zechen möglich schien, ließen sie im Oktober 1955 über Abs ausrichten, sie wären zu einer Verständigung bereit. Keinesfalls aber wollten sie Friedrich Flick von seiner Verantwortung freisprechen und verlangten daher gesonderte Vereinbarungen zwischen sich und den Reichswerken sowie zwischen den Reichswerken und Flick.[232]

1957 kamen die Verhandlungen zum Abschluss: Die Petscheks versicherten dem Bundesunternehmen, nach der Restitution im Rahmen des Vergleichs den Flick-Konzern und seine Unternehmen von allen weiteren Ansprüchen freizustellen. Hierauf bezogen sich wiederum die Vereinbarungen zwischen der Reichswerke AG und Flick. Ausgehandelt worden war folgender Lösungsweg: Die FKG erhielt ein Drittel der Steinkohle. Im Gegenzug gingen Flicks Aktien der Anhaltischen Kohlenwerke an die Reichswerke. Die Reichswerke sollten nun mit den Aktien der Anhaltischen Kohlenwerke und mit einem Anteil an der Steinkohle die Ansprüche der Petscheks befriedigen. Flick hatte damit sein wichtigstes Ziel erreicht: Er blieb von einer direkten Restitution an die Petscheks frei. Probleme gab es bei der Wertermittlung: Da die Steinkohlezeche Victoria-Lünen, die die FKG zurückerhalten sollte, mehr wert war als das vereinbarte Drittel der Steinkohlebeteiligung und Flick wegen der parallel anhängigen Restitutionsverhandlungen mit den Erben Julius Petschek nicht mehr als 50 Prozent seiner Aktien der Anhaltischen Kohlenwerke an die Reichswerke abgeben konnte, einigte man sich darauf, den Wertunterschied durch den gemeinsam von Flick und den Reichswerken betriebenen Waggonbauer Linke-Hofmann-Busch in Salzgitter zu kompensieren. Konkret bedeutete dies die Abgabe von 47,5 Millionen Reichsmark Aktien der Anhaltischen Kohlenwerke an die Reichswerke, von denen die Petscheks wiederum 60 Prozent erhielten. Für die Aktien der Anhaltischen Kohlenwerke erhielt die FKG die Zeche Victoria-Lünen, die sie umgehend für 45 Millionen Mark an die Harpener Bergbau AG verkaufte (was noch vor dem Verkauf von Harpen an die französische Sidéchar festgelegt worden war).[233]

Für Flick war die Restitution an die Petschek-Erben damit abgeschlossen, während die Reichswerke sich noch längere Zeit über Details ihres Vertrages mit den Petscheks auseinandersetzten. Flick hatte auch in diesem Fall sein Ziel erreicht. Er hatte sich nicht nur erneut kein

Schuldeingeständnis abringen lassen, sondern vielmehr hartnäckig daran festgehalten, er sei selbst Opfer des NS-Regimes gewesen. Materiell hatte der Abschluss für Flick sogar zu einer glänzenden Lösung geführt: Er hatte einen Teil der seinerzeit an die Reichswerke abgegebenen Steinkohle zurückerhalten, die er umgehend an Harpen verkaufte. Das Ergebnis des Restitutionsverfahrens hatte somit erhebliche Barmittel in Flicks Taschen gespült, die dieser Ende der fünfziger Jahre bei seinen Aktienkäufen gut zu nutzen wusste.

Ein dritter »Wiedergutmachungs«-Komplex holte Flick wenig später ein: Die Entschädigungsansprüche ehemaliger Zwangsarbeiter in der Rüstungsindustrie des Dritten Reiches. In Nürnberg hatte der Einsatz von Zwangsarbeitern noch als Staatsprogramm gegolten. Die bundesdeutsche Gesetzgebung sah zunächst keine Entschädigung vor. Daher versuchten ehemalige Zwangsarbeiter auf dem Gerichtswege zu einer Entschädigung zu kommen, ihre Anträge wurden jedoch zumeist als »verfrüht« oder »verspätet« eingestuft. Als verfrühte Anträge galten jene von Zwangsarbeitern aus ehemaligen Feindstaaten des Dritten Reiches beziehungsweise aus ehemaligen besetzten Ländern. Das Londoner Schuldenabkommen von 1953 hatte diese Frage bis zur endgültigen Regelung der Reparationsfrage storniert. Als verspätet galten wiederum Anträge von Zwangsarbeitern, bei denen Verjährungsfristen bereits überschritten waren.

Die Misserfolge vor Gericht führten schließlich zu direkten Verhandlungen von Verfolgtenorganisationen mit einzelnen Firmen, die Zwangsarbeiter beschäftigt hatten. Die Conference on Jewish Material Claims against Germany (kurz: Claims Conference) vertrat seit 1951 die Entschädigungsansprüche von Holocaust-Überlebenden gegen die Bundesrepublik Deutschland und auch gegen einzelne Unternehmen. Zu den ersten Konzernen, mit denen eine Übereinkunft erzielt werden konnte, zählten die IG Farben, Krupp, Telefunken, AEG und Siemens. Die AEG erklärte sich im August 1960 bereit, vier Millionen Mark an ehemalige Zwangsarbeiter zu zahlen; Siemens sicherte im Mai 1962 fünf Millionen Mark sowie eine eventuelle Nachzahlung von bis zu zwei Millionen Mark zu, sollte das Geld nicht ausreichen, um jedem Anspruchsberechtigten einmalig 5000 Mark auszuzahlen; Krupp schließlich sicherte 1962 zehn Millionen Mark zu – nicht ohne zu betonen, man sei zum Einsatz von Zwangsarbeitern gezwungen worden. Bis 1986 wurden 17 500 Antragsteller mit durchschnittlich jeweils rund 3000 Mark von der deutschen Industrie entschädigt.[234]

Ende 1962 sah sich auch Friedrich Flick mit Forderungen der Claims Conference konfrontiert. Sie hatte den Bankier Eric Warburg beauftragt, Kontakt zum Flick-Konzern herzustellen, um über die Entschädigung von ehemaligen Zwangsarbeitern der Dynamit AG zu verhandeln. Ungarische Jüdinnen waren in der Endphase des Krieges in den Werken der GmbH zur Verwertung chemischer Erzeugnisse (»Verwertchemie«) zum Einsatz gekommen und hatten dort unter extremer gesundheitlicher Belastung Sprengstoffe herstellen müssen. Die Verwertchemie wurde von der Dynamit AG betrieben, die sich wiederum mehrheitlich im Besitz der IG Farben befand. Flick war spätestens seit 1937 Mitglied des Dynamit-Aufsichtsrats gewesen, wahrscheinlich ohne von den furchtbaren Arbeitsbedingungen in Allendorf und Hessisch-Lichtenau zu wissen. Die Situation einfacher Arbeitskräfte wurden mit Sicherheit nicht auf Aufsichtsratssitzungen besprochen – schon gar nicht im Sommer 1944, als die Frauen aus Auschwitz eintrafen. Einen Einfluss Flicks auf die Geschäftsführung von Dynamit oder gar auf die einzelnen Werkleitungen darf man jedenfalls ausschließen.[235]

Wichtiger als die Frage nach Flicks Rolle im Aufsichtrat der Dynamit AG war die Frage der Rechtsnachfolge. Die 1952 gegründete Dynamit Nobel AG befand sich Ende der fünfziger Jahre zu rund 83 Prozent in Flicks Besitz. Am 13. Dezember 1962 kam es zu einem ersten Treffen der Unterhändler. Dynamit Nobel hatte sich für Fabian von Schlabrendorff entschieden, einen erfahrenen Juristen und überzeugten Hitler-Gegner, dessen moralische Integrität außer Frage stand, die Claims Conference für ihren Deutschland-Direktor Ernst Katzenstein. Katzenstein erklärte, die Claims Conference erwarte für jede der etwa 1300 noch lebenden ehemaligen Zwangsarbeiterinnen eine Entschädigung von rund 5000 Mark, was Schlabrendorff zu Katzensteins großer Überraschung sofort zusagte. Schlabrendorff arbeitete einen entsprechenden Vertrag aus, den er den Eigentümern von Dynamit Nobel, Flick und Bührle, vorlegen wollte. Nach einem weiteren Treffen im Juni 1963 nannte Katzenstein die Gespräche die befriedigendste Verhandlung, »die er je in der Frage der Zwangsarbeit geführt habe« – vorschnell, wie sich bald erweisen sollte. Nachdem die Verhandlungen wegen gesundheitlicher Probleme Schlabrendorffs mehrere Monate geruht hatten, teilte er Katzenstein schließlich mit, dass Bührle gegen eine Entschädigungszahlung sei.[236]

Die FKG begann nun auf Zeit zu spielen. Sie erbat sich Unterlagen über den Zwangsarbeitereinsatz bei Dynamit. Anfang 1964 überreichte Katzenstein eine Sammlung von Dokumenten, die den Einsatz von KZ-Zwangsarbeitern in Dynamit-Werken belegten. Friedrich Flick hatte die Angelegenheit inzwischen seinem Generalbevollmächtigten Wolfgang Pohle übertragen. Zunächst äußerte dieser keine grundlegenden Einwände gegen Schlabrendorffs Vertragsentwurf, der eine Zahlung von fünf Millionen Mark zum 1. Mai 1964 vorsah. Katzenstein unterzeichnete daraufhin den Vertrag für die Claims Conference und sandte ihn an Schlabrendorff mit der Bitte, das Geld anweisen zu lassen. Noch fehlte aber die Zustimmung des Aufsichtsrates. Schlabrendorff versicherte Katzenstein, Flick sei mit der Übereinkunft einverstanden. Tatsächlich aber hatten Flicks Vertreter bei Dynamit Nobel massive Einwände gegen das Abkommen geäußert, da dieses sich auf die jüdischen Zwangsarbeiter und allein auf das Unternehmen Dynamit Nobel beschränke – als hätte Flick je vorgehabt, sämtliche Zwangsarbeiter in sämtlichen Unternehmen zu entschädigen. Hätte er die ehemaligen Dynamit-Zwangsarbeiterinnen entschädigt, hätte er eine Welle von Forderungen befürchten müssen. Der für die Claims Conference tätige Rechtsanwalt Benjamin Ferencz, früherer Mitarbeiter der War Crimes Branch der US-Armee und Chefankläger im so genannten Einsatzgruppen-Prozess, urteilte später, »dass die jüdischen Organisationen zu einem Katz-und-Maus-Spiel mißbraucht worden« seien. Er wäre gern an die Öffentlichkeit gegangen, um Druck auszuüben, aber die Claims Conference setzte weiter auf Verhandlungen.[237] Ihr ging es um einen außergerichtlichen Vergleich zugunsten der noch Lebenden.

Nachdem auf Wunsch von Flick in zwei Gutachten die rechtlichen Aspekte nochmals überprüft worden waren, beschloss die Unternehmensleitung im Beisein Schlabrendorffs am 27. Januar 1967 die Zahlung. Es gebe allerdings ein Problem, teilte die Gesellschaft Katzenstein anschließend mit: Sie sei nicht liquide. Katzenstein verlangte daraufhin von Schlabrendorff einen rechtsverbindlichen Vertrag, in dem Dynamit Nobel seine Zahlungsverpflichtung anerkennen und die Bereitschaft erklären sollte, die fünf Millionen Mark zu einem späteren Zeitpunkt zu zahlen. Weil Schlabrendorff zum 1. September 1967 an das Bundesverfassungsgericht berufen wurde, schied er aus den Verhandlungen aus. Dynamit Nobel ging auf Tauchstation. Anfang 1968 schaltete sich Nahum Goldmann ein. Der Präsident der Claims Conference wandte sich an Hermann Josef Abs mit der Bitte um Vermittlung. Abs antwortete, dass nach Ansicht von Kaletsch weder eine rechtliche noch eine moralische Verantwortung zur Zahlung einer Entschädigung bestehe, und empfahl, sich in der FKG an Eberhard von Brauchitsch zu wenden. Dieser galt jedoch als rigoroser Gegner jeder Übereinkunft, so dass Ferencz auf eine direkte Kontaktaufnahme zu Friedrich Flick drängte. Aber weder Katzenstein noch Goldmann fanden sich dazu bereit, mit einem verurteilten Kriegsverbrecher persönlich zu verhandeln. Die FKG ihrerseits bestritt nun auch die Rechtsnachfolge: Sie könne nicht für das verantwortlich gemacht werden, was bei der liquidierten Dynamit AG im Dritten Reich geschehen sei.

Die Claims Conference beschloss, den früheren Hohen Kommissar der USA in Deutschland, John McCloy, einzuschalten. Am 9. April 1969 erklärte er gegenüber Abs, er halte die Rechtsposition von Dynamit Nobel für unerträglich legalistisch. Flicks Vertreter wiesen jedoch weiterhin alle Ansprüche gegen die FKG und Dynamit Nobel zurück. Schließlich appellierte McCloy am 13. November 1969 an die moralische Verpflichtung des Konzernchefs und erinnerte an seinen eigenen Einsatz, um die Nürnberger Urteile teilweise abzumildern.[238]

Flick reagierte hierauf nicht; auf Nachfrage erfuhr Katzenstein, dass das Schreiben an Brauchitsch weitergeleitet worden sei, der sich aber im Urlaub befinde. Am 7. Januar 1970 schrieb Brauchitsch, man sehe nicht, »daß im vorliegenden Zusammenhang humanitäre oder moralische Gründe die Dynamit Nobel AG oder das Haus Flick veranlassen könnten, an die Claims Conference irgendwelche Zahlungen zu leisten«. Einen letzten Vorstoß unternahm der deutsche Botschafter in Washington, Rolf Pauls; er setzte darauf, dass Dynamit Nobel eine individuelle Regelung in Betracht ziehen könnte, wenn ehemalige Zwangsarbeiter ihre Bedürftigkeit unter Beweis stellten. Dies empfanden die jüdischen Organisationen als eine Zumutung. Bis zum Tode Friedrich Flicks im Juli 1972 blieben die Verhandlungen ergebnislos. Auch mit seinen Nachfolgern kam kein Abkommen zustande. Erst 1986, nach dem Verkauf des Flick-Konzerns an die Deutsche Bank, rang diese sich zur Zahlung von fünf Millionen Mark durch.[239]

Friedrich Flick hatte diesen Entschädigungsfall ausgesessen – was im Fall der von KZ-Haft und Zwangsarbeit gezeichneten ungarischen Jüdinnen besonders infam war. Empathie mit den Opfern des Rassenwahns lag ihm fern. Auch wenn wohl von Anfang an nicht die Absicht bestanden hatte, eine Entschädigung zu zahlen, drückte sich der Konzern lange Zeit um eine klare Stellungnahme und führte nicht nur die Verhandlungspartner, sondern auch den eigenen Emissär Fabian von Schlabrendorff an der Nase herum. Flick sah sich offenkundig nicht in der Pflicht, da Dynamit während des Zweiten Weltkrieges nicht seinem Konzern angehört hatte. Aber trotz Liquidation der früheren Dynamit AG und Neugründung der Dynamit Nobel AG 1952 handelte es sich letztlich um dasselbe Unternehmen. Vor allem aber ging es um die Frage der historischen Verantwortung, und eben dazu wollte sich Friedrich Flick im Fall der Zwangsarbeiterentschädigung genauso wenig bekennen wie bei den Rückerstattungsfällen. Er ließ keinerlei Läuterung erkennen, sondern hielt unbeirrbar, geradezu bockig an seinem Nürnberger Standpunkt von 1947 fest: »Nichts wird uns davon überzeugen, dass wir Kriegsverbrecher sind.« Dabei blieb er – bis zu seinem Tod.[240]

Friedrich Flick zeigte sich nicht nur aus ökonomischem Kalkül hartherzig. Durch das Nürnberger Urteil tief in seiner Ehre gekränkt, war er unfähig, Schuld einzugestehen. Deshalb konnte und wollte er seine Verstrickung in »Arisierungsgeschäfte« und den Einsatz von Zwangsarbeitern nicht anerkennen. Dahinter stand aber auch Taktik, und die ging in allen Fällen auf: Die FKG hat im Zuge der Restitutionsverhandlungen keinen substanziellen Besitz abgeben müssen, vielmehr zog sie daraus beachtlichen Gewinn.

Im Visier der DDR-Propaganda

Mit dem einen Auge peilt Friedrich Flick durch das Fadenkreuz eines Leopard-Panzers, mit dem anderen durch den Mercedes-Stern: 1962 illustrierte diese Zeichnung einen Leitartikel des SED-Organs *Neues Deutschland*, in dem Flick als »Spekulant mit dem Tode« vorgestellt wurde.[241] Der Karikaturist hatte sich viel Mühe gegeben, den alternden Konzernchef aus dem anderen Deutschland so unvorteilhaft wie möglich aussehen zu lassen.

Die Propaganda der KPD/SED hatte Friedrich Flick seit Kriegsende mehr oder weniger ständig im Visier. Unablässig thematisierte sie seine Rolle im Dritten Reich und in der Bundesrepublik – lange Zeit mit einem alarmistischen Grundtenor. Das Bild, das die Kommunisten von Flick entwarfen, passte vorzüglich in jenes marxistische Gesamtkonzept, das von der historischen Gesetzmäßigkeit der gesellschaftlichen Entwicklung ausging und den Faschismus als letzte Steigerungsstufe des Kapitalismus begriff. Schon der Gründungsaufruf der KPD vom 11. Juni 1945 benannte die Schuldigen für NS-Herrschaft und Zweiten Weltkrieg: Einen Kreis »gewissenloser Abenteurer und Verbrecher«, zu dem neben den Spitzen aus Partei- und Militärführung vor allem die »imperialistischen Auftraggeber der Nazipartei« gehörten, die »Herren der Großbanken und Konzerne«. Der Gründungsaufruf knüpfte an die Formel von Dimitroff an, der zufolge der Faschismus die »offene, terroristische Diktatur der reaktionärsten, chauvinistischsten, am meisten imperialistischen Elemente des Finanzkapitals« sei.[242]

Auch in Walter Ulbrichts Schrift über die »Legende vom deutschen Sozialismus«, die später unter dem Titel »Der faschistische deutsche Imperialismus« erschien, wurde eine enge Verbindung zwischen dem NS-Regime und den führenden deutschen Industriellen hergestellt. Für Ulbricht lag die Verantwortung bei den »dreihundert deutschen Rüstungsindustriellen und Bankherren«, die in der Unterstützung der NSDAP einen Weg aus der Wirtschaftskrise gesehen hätten. Die Bewältigung der NS-Vergangenheit sei daher gleichbedeutend mit der Beseitigung des Kapitalismus.

Die ersten, noch durchaus differenzierten und kritischen Reflexionen von Alexander Abusch über den »Irrweg einer Nation« wichen schon

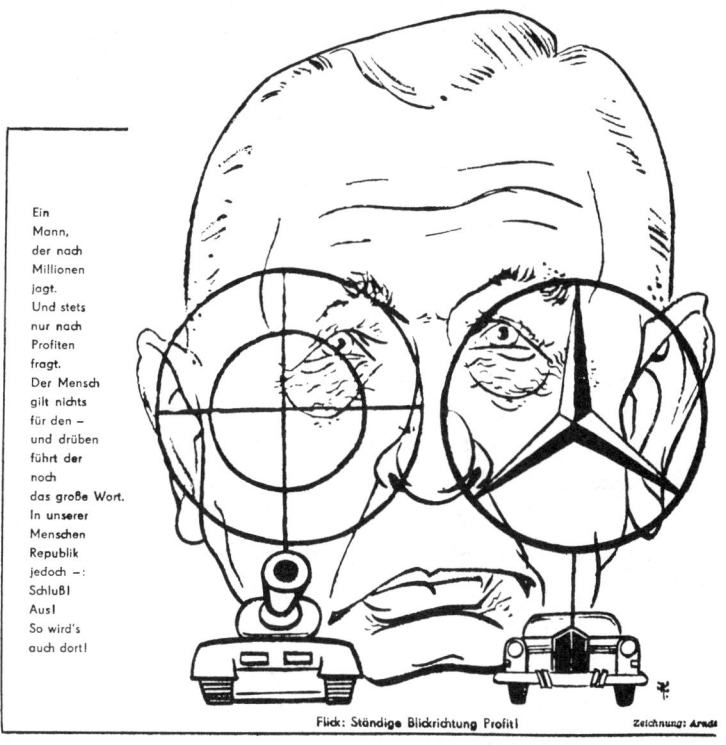

Ein
Mann,
der nach
Millionen
jagt.
Und stets
nur nach
Profiten
fragt.
Der Mensch
gilt nichts
für den –
und drüben
führt der
noch
das große Wort.
In unserer
Menschen
Republik
jedoch –:
Schluß!
Aus!
So wird's
auch dort!

Flick: Ständige Blickrichtung Profit!

Zeichnung: Arndt

Der DDR-Propaganda liebster Klassenfeind: Friedrich Flick am 1. Mai 1962 in einer Karikatur des *Neuen Deutschland*.

bald der Rede vom »Irrweg der herrschenden Klassen«. In einer späteren Auflage seines 1944/45 im mexikanischen Exil geschriebenen Buches spitzte Abusch 1949 seine Argumentation merklich zu und stellte dem Wiederaufbau in der SBZ/DDR das restaurative Wesen der Besatzungsherrschaft in den Westzonen gegenüber. Dadurch, dass die Kommunisten vornehmlich das »Finanz- und Monopolkapital« für diesen Irrweg verantwortlich machten, amnestierten sie nicht nur pauschal die kleinen Leute, sondern legitimierten zugleich auch die im Aufbau befindliche DDR, in der mit der Enteignung der ehemals »herrschenden Klasse« ein Wiederaufleben des Faschismus verhindert werde.[243]

In diesem Klima rückte Flick schon bald in den Fokus der Angriffe auf den »Monopolkapitalismus«. Die IG Farben mit ihrem ausgedehnten Besitz im mitteldeutschen Industrierevier Halle-Leipzig-Bitterfeld war zwar ebenfalls Zielscheibe der Propaganda, als Kapitalgesellschaft indes schwieriger zu greifen; Gustav und Alfried Krupp wiederum hatten ebenso wie andere notorische »Monopolkapitalisten« des Rhein-Ruhr-Gebiets verhältnismäßig wenig Besitz im Osten. Nur Friedrich Flick hatte in allen Ländern und Provinzen der SBZ – mit Ausnahme von Mecklenburg – nennenswerte Produktionsstätten, und so wurde sein Name zu einem Synonym für »Monopolkapitalismus«.

Die Angriffe gegen ihn konnten freilich an eine lange Tradition anknüpfen. Albert Norden, der spätere Chef der Westpropaganda der SED, hatte Flick bereits im April 1936 im Prager Exil als einen jener »Monopolherren« ausgemacht, »die Hitler zur Macht stießen, um durch ihn zu den Rüstungsgewinnen zu kommen«: Flick peitsche den Deutschen gemeinsam mit Thyssen, Krupp und Stinnes den »faschistischen Kriegskurs« ein, weil er von diesem lebe. Friedrich Flick, so das Fazit, sei einer der wahren Herrscher Deutschlands. Im November 1944 erklärte Norden, mittlerweile nach Amerika geflohen und für verschiedene Exilantenzeitungen in den USA und Mexiko tätig, die »westdeutschen Großfürsten der Wirtschaft des Reiches« seien »Herz und Seele des deutschen Imperialismus«. Für ihn war es daher selbstverständlich, dass die Enteignung der Ruhrmagnaten (hierzu zählte er auch Flick) eine der ersten Maßnahmen der Sieger sein werde.[244]

Die Neuordnung der Eigentumsverhältnisse stand auf der Agenda der Kommunisten ganz weit oben, und Friedrich Flick war der erste Großindustrielle, dessen Besitz die Behörden eines Bundeslandes systematisch und umfassend unter Sequester stellten. Nachdem die Landesverwaltung Sachsen am 29. Oktober 1945 ihren Beschluss zu seiner Enteignung veröffentlicht hatte, erreichten die Angriffe auf Flick einen ersten Höhepunkt. Flick stand freilich Pars pro Toto – wie bald darauf auch in Nürnberg. Am seinem Beispiel suchten die Kommentatoren den verbrecherischen Charakter des »Monopolkapitalismus« nachzuweisen. In rascher Folge brachten die Zeitungen erschütternde und – was die Zustände in den Kriegsgefangenen-, KZ- und Arbeitslagern anbelangte – oftmals den Tatsachen entsprechende Berichte. Von Sachsen ausgehend, griff die Propagandawelle auf die anderen Länder über, insbesondere auf die Provinz Sachsen, wo die Zukunft von Flicks Braunkohlegruben zur Diskussion stand. Entsprechend hob das dortige Parteiblatt der

KPD, die *Volks-Zeitung*, den sächsischen Enteignungsbeschluss gleich mehrfach hervor. Im Zentrum der Berichterstattung stand die Auflösung der Montankonzerne, vor allem der Anhaltischen Kohlenwerke. Allein Flicks Braunkohlekonzern, so die *Volks-Zeitung* zum Jahresende 1945, habe 39 Werke umfasst, die IG Farbenindustrie habe durch die A. Riebecksche Montanwerke AG 19 sowie durch die Deutsche Grube AG zehn Werke betrieben. Alle Gruben seien von den Montankonzernen nur nach Machteinflüssen geordnet worden, nicht aber im Sinne einer volkswirtschaftlichen Planung; dies solle sich nunmehr ändern. Die *Tägliche Rundschau*, die Zeitung der Sowjetischen Militäradministration in Deutschland, erläuterte noch einmal die Gefahren des »Monopolkapitalismus«. Das Machtinstrument der Konzerne seien die Kartelle gewesen, die von den Großfirmen beherrscht worden seien. Insbesondere Flick, Thyssen, Krupp, Stinnes, Röchling seien »rücksichtslose Wegbereiter Hitlers und unentwegte Kriegstreiber« gewesen.[245]

Die Berichterstattung über die Enteignung Flicks in Sachsen ging nahtlos über in die propagandistische Vorbereitung des dort seit Januar 1946 diskutierten Volksentscheids zur Enteignung »aller Kriegsschuldigen und Kriegsverbrecher«. In den Wochen unmittelbar vor dem auf den 30. Juni 1946 festgesetzten Referendum rollte eine Propagandawelle durch Sachsen, die den wegweisenden Charakter der Enteignung des »Kriegsverbrechers Flick« betonte. Alle Gegner des Volksentscheids wurden kurzerhand zu Gegnern des Volkes erklärt. Die folgenden Enteignungen in Thüringen und Brandenburg – die Flick ebenfalls massiv betrafen – galten als »weitere Fortschritte der Demokratie«.[246]

Die lärmende und aggressive Klassenkampfpropaganda der SED entwickelte dabei ihre eigene Rhetorik. Obwohl die Enteignung zumindest der Großindustriellen 1947 bereits weit fortgeschritten war, machte die Propaganda unaufhaltsam weiter. In Anlehnung an seine später berühmt gewordene Analyse der Sprache des Nationalsozialismus notierte sich der Dresdner Romanist Victor Klemperer, der aufgrund seines Leidensweges im Dritten Reich den neuen Machthabern in der SBZ zunächst grundsätzlich gewogen war, aber auch für ihre Sprachfloskeln ein zunehmend kritisches Ohr entwickelte, unter dem 29. November 1947 das Stichwort »Monopolherren«.[247] Der Tagebucheintrag belegt, dass der Begriff in die Alltagssprache Einzug gehalten hatte.

Schon vor der Eröffnung des Prozesses gegen Friedrich Flick und seine engsten Mitarbeiter am 12. Februar 1947 stand für das *Neue Deutschland* fest: »Flick, ein Hauptkriegsverbrecher«. Im Text hieß es dann: »Der Prozeß gegen Flick muß dazu beitragen, die verbrecherische Tätigkeit der deutschen Monopolherren zu enthüllen. Er darf nicht der einzige bleiben, denn immer noch befinden sich Leute wie Pferdmenges, Sogemeier, Frowein und Dutzende andere in Freiheit und begnügen sich nicht mit tatenlosem Zusehen.« Während die Industriellenprozesse liefen, forcierte die SED insbesondere in Berlin die »Kriegsverbrecher-Enteignung als Tagesaufgabe«. Bereits vor dem Prozessauftakt in Nürnberg verhandelte die Stadtverordnetenversammlung von Groß-Berlin am 13. Februar 1947 das »Gesetz zur Überführung von Konzernen und sonstigen wirtschaftlichen Unternehmen in Gemeindeeigentum«, das schließlich angenommen wurde.[248]

Die Forderungen des *Neuen Deutschland* an das amerikanische Militärtribunal in Nürnberg waren eindeutig: »Das neue Deutschland und mit ihm alle den Frieden wollenden Menschen in allen Ländern der Erde werden in den nächsten Wochen wieder mit ernster Spannung nach Nürnberg blicken. Sie warten auf den Urteilsspruch gegen Flick und seine Helfershelfer: Schuldig der Verschwörung gegen das deutsche Volk und schuldig des Verbrechens gegen den Frieden der Völker.« Die Taktik der SED war ebenso simpel wie erfolgversprechend. Wurde Flick in Nürnberg verurteilt und hart bestraft, dann hatte man den Charakter Flicks und seine Rolle im Dritten Reich eben schon immer richtig eingeschätzt und mit der Enteignung Flicks in Sachsen nur konsequent gehandelt. Käme es zu einem Freispruch oder einem milden Strafmaß, würde dies lediglich die Laxheit des amerikanischen Militärtribunals und die Kumpanei des amerikanischen mit dem deutschen Monopolkapital bestätigen. Der Propagandalärm nahm an Intensität noch einmal zu, als am 27. August 1947 der Prozess gegen 24 Top-Manager des IG Farbenkonzerns eröffnet und parallel zum Fall Flick verhandelt wurde. Auch hier verknüpfte das *Neue Deutschland* seinen Bericht über den Prozessauftakt mit einer Meldung über das von der Berliner Stadtverordnetenversammlung am 13. Februar 1947 erlassene Gesetz über Enteignungen; denn nach einem Disput zwischen den Alliierten war das Gesetz schließlich am Veto der Amerikaner gescheitert.[249]

Ost-Berlin versuchte aber auch direkt Einfluss zu nehmen und Flicks Nürnberger Ankläger mit Beweisen zu munitionieren. Im Frühjahr 1947 waren alle Mitarbeiter des Stahlwerks Riesa aufgerufen, belastende Dokumente als dringend benötigtes »Beweismaterial gegen den Kriegsverbrecher Friedrich Flick und seine Komplizen« zur Verfügung zu stellen. Ende April 1947 stellte die SED der Anklage vier Zeugen aus ehemaligen Flick-Betrieben »zur protokollarischen Vernehmung in Berlin zur Verfügung«. Ein Genosse Kittelmann, der zur Vernehmung nach Nürnberg angefordert worden war, wurde vor seiner Abreise noch einmal eingehend instruiert.[250]

Nach der Urteilsverkündung gegen Flick tobte das *Neue Deutschland*: »Flick nur mit 7 Jahren Gefängnis bestraft« und »Freispruch für Kriegsverbrecher« – gemeint waren Kaletsch, Burkart und Terberger. Das Parteiorgan der SED interpretierte das Strafmaß als zu milde, schließlich habe Flick wie kaum ein anderer vom Naziregime profitiert und »aus dem Blut des deutschen Volkes goldene Millionen für sich gemacht«. Er gehöre zu den ganz großen Kriegsverbrechern. Daher forderte das Blatt eine Anklageerhebung gegen Flick und seine »Komplizen« für alle »Verbrechen am deutschen Volk, die durch den Nürnberger Urteilsspruch nicht gesühnt werden konnten, die aber doch in der Urteilsbegründung angedeutet werden«. Der Artikel schloss drohend: Das deutsche Volk habe mit Flick noch nicht abgerechnet.[251]

Die SED instrumentalisierte die Nürnberger Prozesse nicht nur innenpolitisch, sie versuchte auch, die politische Entwicklung in den Westzonen zu beeinflussen. Als einer der Ersten geriet der frühere Direktor der Sächsischen Gußstahlwerke Döhlen, Gerhard Bruns, ins Visier Ost-Berlins. Bruns, so hieß es in einem Dossier der Propagandaabteilung der SED, sei einer der Scharfmacher im Flick-Konzern gewesen, Nazi-Aktivist und maßgeblich an der Ausplünderung der besetzten Gebiete sowie der Ausbeutung von Zwangsarbeitern beteiligt. Nachdem über einen längeren Zeitraum Belastungsmaterial zusammengetragen worden war, wartete die SED nur noch den richtigen Zeitpunkt ab, um gegen Bruns loszuschlagen, der inzwischen Direktor der Hüttenwerke Oberhausen AG war. Weil die SED nicht selbst in Erscheinung treten wollte, übergab sie das Material der KPD-Kreisleitung in Oberhausen. Anfang Juli 1947 stand Bruns in der entscheidenden Phase seines Entnazifizierungsverfahrens. Die Oberhausener KPD berief eine Dringlichkeitssitzung ein, zu der auch Vertreter der für Bruns zuständigen Spruchkammer eingeladen waren. Diese beschlossen, den Fall der Militärregierung zu übergeben. Auf einer außerordentlichen Betriebsversammlung der Hüttenwerke forderte ein Vertreter der KPD die sofortige Entlassung und Verhaftung von Bruns. Weil sich dafür keine Mehrheit fand, wandte sich die KPD in einer Pressekonferenz und über Lautsprecherwagen an die Bevölkerung von Oberhausen; Mitte Juli ließ sie ein Flugblatt verteilen, in dem sie alle Betriebe des Ruhrgebiets zu Protesten aufforderte.

Inzwischen hatte die KPD aus Ost-Berlin auch Material über Bruns' Beteiligung an der Petschek-»Arisierung« erhalten; dieses sollte sie an die amerikanische Anklagebehörde in Nürnberg weiterleiten, um dem »Fall Bruns« international zum Thema zu machen. Anfang August nahm die Kampagne ein derartiges Ausmaß an, dass Bruns sich gezwungen sah, selbst mit einem Flugblatt (Auflage: 5000 Exemplare) in die Offensive zu gehen und seine Unschuld zu beteuern. Mitte August beschloss die SED, das vorhandene Material durch eine »fachkundige Hand« ordnen zu lassen. Schließlich handele es sich um Personen, die entweder in Nürnberg bereits auf der Anklagebank säßen oder »in analogen Konzernkomplexen noch auf die Anklagebank kommen werden«. Listen ehemaliger Flick-Direktoren, die sich inzwischen in Westdeutschland befanden, waren bereits an die dortigen KPD-Genossen weitergeleitet worden. Sie waren jedoch dürftig und verzeichneten oft nicht mehr als die früheren Funktionen und die jetzigen Aufenthaltsorte. Dass die Oberhausener Spruchkammer allen vorgelegten Dokumenten zum Trotz Gerhard Bruns am 9. September 1947 in die Kategorie V (»entlastet«) einstufte, war ein herber Rückschlag für die Oberhausener KPD – und für Ost-Berlin.[252]

Am Ende dienten die Industriellenprozesse der SED als Beweis für die Restauration des alten Systems und des »Militarismus« in den Westzonen. Und so stand die Verantwortung der »Monopolherren« für Krieg und Verbrechen weiter im Zentrum der antikapitalistischen Agitation. Gleichwohl markiert das Jahr 1948 in der Auseinandersetzung der SBZ mit der NS-Vergangenheit eine Zäsur. Von nun an prägte die Blockkonfrontation das Denken. Ziel war es, möglichst weite Teile der Bevölkerung für das eigene politische Lager zu motivieren und so die

Perspektive zweier antagonistischer Weltanschauungen zu etablieren. Dem entsprach das Selbstverständnis der DDR bei ihrer Gründung am 7. Oktober 1949: Der neue Staat sollte eine doppelte Alternative bieten, indem er mit der deutschen Vergangenheit radikal brach und zugleich einen positiven Gegenentwurf zur kapitalistischen Bundesrepublik präsentierte. Der antifaschistische Gründungsmythos des sozialistischen Staates erfüllte mithin eine Doppelfunktion. Überdies konnte sich die DDR auf diese Weise von jeglicher Verantwortung für die NS-Verbrechen lossagen. Sie präsentierte sich als das andere, das bessere Deutschland, während die Bundesrepublik als kapitalistisch-imperialistischer Staat in die Kontinuität des NS-Regimes gestellt wurde.[253]

Die gängigen Narrative waren fortan die Darstellung der Bundesrepublik als Kolonie des US-Imperialismus; die Remilitarisierung Westdeutschlands, verbunden mit der Restauration des deutschen Imperialismus und der Rückkehr der alten Konzernherren und Militaristen an die Schalthebel der Macht; die Wiederholung der wirtschaftlichen und politischen Entwicklung der Weimarer Zeit, die einher ging mit der Unterdrückung der Arbeiterklasse; die Darstellung der Bundesrepublik als »klerikal-faschistisches Regime«. In diesem Themenkanon drängten sich der DDR-Propaganda Namen wie Krupp und Flick geradezu auf. Die vorzeitige Entlassung Flicks aus der Landsberger Haft führte zu wütenden Protesten im *Neuen Deutschland*: »USA-Kriegstreiber lassen Nazi-Kriegsverbrecher frei«. Das Parteiorgan veröffentlichte Protestresolutionen des Freien Deutschen Gewerkschaftsbundes und der SED.[254]

Im Mai 1951 griff Ulbricht in einer Rede vor der Volkskammer die Amerikaner direkt an. Sie hätten alles getan, um »das deutsche Monopolkapital und andere Revanchepolitiker« sowie die »reaktionären Kräfte, die Hitler zur Macht gebracht hatten«, wieder in die alten Positionen zu hieven. In einem ausführlichen historischen Exkurs verwies er auf die verhängnisvolle Rolle des deutschen Monopol- und Bankkapitals sowie des Militärs in der deutschen Geschichte. SED-Chefpropagandist Albert Norden stieß kurz darauf in das gleiche Horn: Niemand könne mehr leugnen, dass »die finanzkapitalistischen Kanonenkönige des wilhelminischen Reichs und der Nazidiktatur das Heft der westdeutschen Geschicke unter Washingtons Protektorat fest in die Hände genommen« hätten. Grundsätzlich galt in Ost-Berlin: »Einmal Nazi, immer Nazi«.[255]

Als die SED-Führung Mitte der fünfziger Jahre das westdeutsche Wirtschaftswunder nicht mehr völlig ignorieren konnte, kam eine neue Unterscheidung auf: Die Bundesrepublik sei »nur für Wenige ein Paradies«. Nach der Gesetzmäßigkeit des marxistischen Geschichtsverständnisses musste ein solches System zwangsläufig in Militarismus und Faschismus münden. Neben den »alten Kriegstreibern« wie Abs, Flick, Krupp und Schacht wurde nun auch der Bundeskanzler zur Zielscheibe der Propaganda. Flugblätter verkündeten Mitte der fünfziger Jahre: »Adenauer – der Hitler von heute« werde »von den gleichen Hintermännern auf die gleiche Art finanziert«. In der Bundesrepublik heiße es daher wieder: »Marschieren, defilieren, krepieren – für Rockefeller, Morgan, Krupp und Konsorten!« Als dann in beiden Teilen Deutschlands die Wiederbewaffnung auf die Agenda kam, sah sich die SED angesichts der Riege der westdeutschen Rüstungsindustriellen bestätigt: »Die Rüstungsbarone jubeln«, titelte das *Neue Deutschland*.[256]

Albert Norden machte in der Bundesrepublik »die Herrschaft der Hundertfünfzig« aus – Multimillionäre, zu denen er selbstverständlich auch Krupp und Flick zählte. Diese seien auch die Hauptschuldigen an der deutschen Teilung, erklärte Ulbricht 1955, in einer Rede vor den Arbeitern des Stahl- und Walzwerkes in Riesa – Flicks ehemaligem Besitz. Die Monopolkapitalisten könnten sich im Westen nur an der Macht halten, weil die Arbeiterklasse aufgrund der ablehnenden Haltung der SPD dort noch nicht die »Aktionseinheit« habe herstellen können. Damit betrieben die Monopolkapitalisten eine Spaltung Deutschlands; Flick, der den Militarismus in besonderer Weise vertrete, sei nur wegen seiner engen Zusammenarbeit mit den westlichen Besatzungsmächten wieder an die Macht gekommen. Ganz ähnlich argumentierte auch eine 1959 für das Stahl- und Walzwerk Riesa zusammengestellte Broschüre »10 Jahre arbeiten wir ohne Flick«. Darin wurde dem in leuchtenden Farben geschilderten Leben der Riesaer Stahlwerker in der DDR die düstere Vergangenheit unter Flick gegenübergestellt (»Der große Verdiener Flick«).[257]

Unterdessen wiederholte Propagandachef Norden in zahlreichen Reden und Artikeln unermüdlich den Vorwurf, überall in Westdeutschland, in Adenauers Regierung ebenso wie in Justiz, Militär und Wirtschaft, seien ehemalige Nazis aktiv. Wenn die Antifaschisten in Deutschland zusammenhielten, erklärte er im August 1962, werde kein

Die Arbeiter sind stärker als die Flicks

Das »werktätige Volk« triumphiert über den »Monopolkapitalisten«: Titelbild einer SED-Propagandabroschüre von 1956.

Strauß, kein Globke, kein Flick standhalten, dann werde die »Diktatur der Rüstungsmonopole und Revanchisten schnell abserviert«. Die Enttarnung der »Mörder über Westdeutschland« sei die Pflicht des Ausschusses für Deutsche Einheit.[258] Unermüdlich lieferte die SED-Propagandaabteilung der bundesdeutschen KPD Material zu; die Riesaer Rede Ulbrichts etwa vertrieb die KPD als Broschüre.

Ende der fünfziger Jahre begann die DDR-Führung ihre Interpretation der NS-Vergangenheit in aufwendigen Dauerausstellungen zu institutionalisieren. Den Auftakt machten die 1958 beziehungsweise 1961 jeweils mit einem Staatsakt feierlich eröffneten »Nationalen Mahn- und Gedenkstätten« in Buchenwald und Sachsenhausen, die dem SED-Regime als antifaschistische Widerstands- und Befreiungsdenkmäler dienten. Die ehemaligen Konzentrationslager sollten zu Stätten der DDR-Legitimation werden. Die Regierung prüfte das Ausstellungskonzept auf Herz und Nieren und griff auch in die Präsentation ein; Anfang der sechziger Jahre wurde die Ausstellung in Buchenwald »nach Hinweisen einer Besprechung vom Oktober 1962 im Ministerium für

Kultur« aktualisiert. In beiden Gedenkstätten wurden die Verbindung des NS-Regimes mit der Großindustrie und das Thema Zwangsarbeit besonders hervorgehoben; Buchenwald-Häftlinge hatten unter anderem für Junkers, Krupp, BMW, Borsig und die Gustloff-Werke arbeiten müssen, Sachsenhausen stellte Häftlinge unter anderem für AEG, Daimler-Benz, Henschel und IG Farben. Beim Gang durch die Ausstellung in Buchenwald konnte kein Zweifel aufkommen, wer »die Auftraggeber und ihre Nutznießer« waren: Großformatige Porträts zeigten auch Friedrich Flick: »Ein Konzernherr der deutschen Eisen- und Stahlindustrie, brachte mit anderen Monopolisten Hitler an die Macht, er finanzierte die Nazis mit jährlich 100 000 Reichsmark. Für seine Rüstungsgeschäfte und Kriegsverbrechen 1945 verurteilt, wurde er von den westlichen Besatzungsmächten bald freigelassen und von Bonn wieder in die alte Macht eingesetzt.« Die Bildunterschrift von Buchenwald brachte das offizielle Geschichtsbild der DDR auf den Punkt.[259]

Nach dem Mauerbau suchte sich die DDR mit einem propagandistischen Befreiungsschlag aus ihrer Legitimationskrise zu lösen. Sie nahm die in der Bundesrepublik einsetzenden NS-Prozesse zum Anlass für gezielte publizistische Angriffe gegen westdeutsche Großunternehmen. »Die großen Rüstungskonzerne, die Milliarden am Massenmord« verdienten, hieß es etwa über den Frankfurter Auschwitz-Prozess, beherrschten wieder Staat und Wirtschaft. Selbst der Mauerbau ließ sich auf diese Weise rechtfertigen: Flick träume davon, sich seine ehemaligen Betriebe in der DDR wieder einzuverleiben, aber »dieser Traum wurde spätestens am 13. August 1961 ausgeträumt« – daran könnten auch Flicks Panzer nichts ändern.[260]

Über die Rüstungsindustrie ließ sich geschickt eine Brücke von der Bundesrepublik in die NS-Vergangenheit schlagen. Da der Flick-Konzern an einigen Großprojekten der bundesdeutschen Wiederaufrüstung federführend beteiligt war, rückte sein Name jetzt immer mehr in den Vordergrund. Wie genau Ost-Berlin Friedrich Flick und seinen Konzern beobachtete, zeigte sich, als das *Neue Deutschland* im August 1966 aus einer Stellenanzeige der Dynamit Nobel AG in der *Frankfurter Allgemeinen Zeitung* zitierte (gesucht wurden Physiker, Ingenieure, Mathematiker und andere Fachleute auf dem Gebiet der Raketentechnik). Das Parteiblatt prognostizierte den baldigen Einstieg Flicks in den

Raketenbau, zumal Flick ja schon über Siebel ATG an der Luftrüstung beteiligt sei.[261] Die Liste der einschlägigen Presseveröffentlichungen zu Flick ist lang, und stets finden die gleichen Stereotype Verwendung; in vielen Fällen wurden genüsslich bundesdeutsche Zeitungen und andere öffentlich zugängliche Quellen aus dem Westen zitiert.

Bereits Ende der fünfziger Jahre hatte die historische Forschung in der DDR mit der systematischen Untersuchung der Rolle der deutschen Großunternehmen im Dritten Reich begonnen. Für die DDR-Historiographie waren nicht Hitler und seine Paladine die Motoren der nationalsozialistischen Rüstungspolitik, sondern vor allem die Vertreter der »Monopole«, das heißt der herrschenden Großkonzerne. Ihr Streben nach immer höheren Profiten habe die »Monopolherren« in den Krieg getrieben. Nachdem die SED-Führung Ende Dezember 1959 die Historiker zur gründlichen »Erforschung der Geschichte des deutschen Faschismus und speziell der Geschichte des Zweiten Weltkrieges« aufgefordert hatte, wurde im Juni 1960 am Institut für Geschichte an der Deutschen Akademie der Wissenschaften zu Berlin ein »Arbeitskreis Wirtschaftshistorische Probleme des Faschismus (1933–1945)« konstituiert, an dem sich fast alle einschlägig arbeitenden Institute beteiligten. Es sollten vor allem die »Zusammenhänge zwischen Faschismus und staatsmonopolistischem Kapitalismus und Krieg beziehungsweise Kriegsvorbereitung« herausgearbeitet werden. Das vorrangige Interesse galt den »Verbrechen einzelner Konzerne (IG Farben, Deutsche Bank, Mansfeld, Zeiss, AEG, Siemens)«.[262]

Der führende Kopf der Wirtschaftsgeschichte in der DDR, Jürgen Kuczynski, untermauerte die These der aggressiven Kolonialisierung und Remilitarisierung Westdeutschlands durch das amerikanische »Monopolkapital«. Auch er folgte den »marxistisch-leninistischen Kernthesen« und betonte die führende Rolle des deutschen Großkapitals bei den Verbrechen des NS-Regimes, die Kontinuität des deutschen Imperialismus vom Kaiserreich bis in die Bundesrepublik sowie die Solidarität der deutschen Arbeiter mit ihren ausländischen Kollegen und Genossen. Zur Unterstützung der Historiker legte das Zentrale Parteiarchiv der SED auf Beschluss des ZK vom März 1964 eine Dokumentensammlung an, für die alle NS-Archivalien in ostdeutschem Besitz zur »Erfassung der Nazi- und Kriegsverbrecher« systematisch erschlossen wurden. Der eigentliche Zweck der Sammlung aber war, wie der Direktor des Parteiarchivs intern unverblümt erklärte, »die Ausschaltung der führenden Bonner Leute«. Die Akten waren vor allem für propagandistische Zwecke gedacht.[263]

Im Laufe der sechziger Jahre erlangte das Thema eine immer größere tagespolitische Relevanz für die deutsch-deutsche Systemauseinandersetzung. Flick spielte hierbei von Anfang an eine exponierte Rolle, ja, er wurde zum Synonym des kalt berechnenden, systemangepassten »Monopolkapitalisten« und Ausbeuters, der im Dritten Reich rücksichtslos sein Imperium erweiterte, Arbeiter – und vor allem Zwangsarbeiter – ausbeutete und auch vor dem Raub ausländischen und insbesondere jüdischen Eigentums nicht zurückschreckte. 1965 wurde der Dokumentenband »Fall 5« über den Nürnberger Flick-Prozess veröffentlicht.[264]

Im selben Jahr erschien das »Braunbuch« über die »Kriegs- und Naziverbrecher in der Bundesrepublik und in Westberlin« bereits in zweiter Auflage. Zu den darin porträtierten ehemaligen Nationalsozialisten und Profiteuren des NS-Regimes, die in der Bundesrepublik erneut beherrschenden Einfluss erlangt hatten, gehörte selbstverständlich auch Friedrich Flick. Er stand in einer Reihe mit führenden Repräsentanten von Thyssen, AEG, Siemens, Krupp, Haniel, der IG Farben, der Deutschen Bank, der Dresdner Bank und der Commerzbank. Die DDR kam auf eine Liste von 94 Männern, die zu den »eifrigsten Geldgebern und Förderern der Nazi-Partei« gehört und sich hemmungslos an »Arisierungen« bereichert hatten. Neben Flick fanden sich auch Konrad Kaletsch und Wolfgang Pohle in wenig schmeichelhaften Kurzporträts wieder. Die westdeutsche Linke sah das »Braunbuch« nicht als kommunistische Propagandaschrift, sondern als willkommenen Beitrag zur Debatte um die NS-Vergangenheit der Unternehmereliten.[265] Es war zugleich der Höhepunkt der systematischen Angriffe aus Ost-Berlin auf die westdeutschen Industriellen. Infolge der neuen Ostpolitik der Regierung Brandt nahm die Zahl der Veröffentlichungen Anfang der siebziger Jahre deutlich ab.

Dennoch boten Friedrich Flick und sein Konzern auch weiterhin eine ideale Zielscheibe. So ließ es sich die SED-Propaganda nicht entgehen, bei passender Gelegenheit – etwa zu Bilanzpressekonferenzen – insbesondere auf die Rüstungsaktivitäten des Flick-Konzerns oder seinen hervorragenden Draht zur Politik hinzuweisen.[266] Eine Zäsur brachte die Flick-Spendenaffäre Anfang der achtziger Jahre, sah die SED doch ihr Bild von Westdeutschland durch den Skandal bestätigt. Der von Ost-Berlin finanzierte Kölner Verlag Pahl-Rugenstein begleitete die Affäre mit einer Reihe von Veröffentlichungen, die zum weiteren Mal die Bundesrepublik in die Kontinuität des Dritten Reiches stellten.[267]

Ganz unerwartet kam die Flick-Affäre für Ost-Berlin allerdings nicht. Seit 1972 hatte das Ministerium für Staatssicherheit den Top-Spion Hans Adolf Kanter im Bonner Lobby-Büro der FKG installiert. Kanter, von der Stasi unter dem Decknamen »Fichtel« geführt, war 1974 zum Prokuristen und Stellvertretenden Leiter des Büros aufgestiegen und versorgte seine Auftraggeber in Ost-Berlin laufend mit Berichten über die Geschäfte des Konzerns. Dass die FKG Ziel einer operativen Maßnahme der Stasi war, ahnte in der Düsseldorfer Zentrale niemand. Eberhard von Brauchitsch behauptete später in seinen Memoiren, der *Spiegel* habe sein Material zur Spendenpraxis des Flick-Konzerns aus Ost-Berlin zugespielt bekommen; damit lag er wohl falsch. Der Spionagechef der DDR Markus Wolf, der Kanter als einen seiner wichtigsten Leute bezeichnete, berichtete 1997 zwar stolz, dass die Stasi, »lange bevor die illegale Spendenpraxis des Flick-Konzerns der Öffentlichkeit bekannt wurde... bis in die Details informiert« gewesen sei. Da Kanter aber seit den fünfziger Jahren gute Beziehungen zum Kreis um Helmut Kohl unterhielt und als Quelle geschützt werden musste, »widerstanden wir der Versuchung, das Material der westdeutschen Presse zuzuspielen«.[268]

Während die frühen Angriffe aus Ost-Berlin, als Flick mit den Alliierten noch um den Erhalt seines Besitzes in den Westzonen rang, für ihn durchaus bedrohlichen Charakter haben mussten, konnten ihm die späteren »Enthüllungen« nicht mehr viel anhaben, im Gegenteil. Im aufgeheizten Klima der fünfziger Jahre wurden Vorwürfe aus der DDR im Westen schnell als bloße kommunistische Propaganda abgetan und führten eher zu Solidarisierungseffekten als zu kritischen Nachfragen. Friedrich Flick selbst scheint die permanenten Attacken weitestgehend ignoriert zu haben, zumal die DDR-Propaganda ihn in der Regel »nur« als Symbol der westdeutschen Großindustrie vorführte, aber nicht ein einziges Mal mit Informationen aufwarten konnte, die Flick in der Bundesrepublik hätten in Bedrängnis bringen können.

Krisen und Auflösung

Am 17. Juni 1958 wurde in privatem Kreis die berufliche Zukunft von Otto-Ernst Flick verhandelt. Anwesend waren: Friedrich Flick, Otto-Ernst und seine Frau Barbara, seine Mutter Marie und sein Bruder Friedrich Karl, außerdem Konrad Kaletsch und Konzernjustitiar Wilhelm Bedbur. Es entwickelte sich eine hitzige, für beide Flick-Söhne peinliche Diskussion. Am Vorabend hatte ihr Vater telefonisch zu der Unterredung gebeten. Er wollte einen letzten Anlauf unternehmen, um in einem seit Langem schwelenden, vor der Öffentlichkeit bis dahin sorgfältig verborgenen Streit zu einer Einigung zu kommen. Die Eskalation war da, als sich gleich zu Beginn herausstellte, dass Bedbur private Erbverträge von Otto-Ernst und Barbara Flick, die diese bei ihm hinterlegt hatten, an Friedrich Flick herausgegeben hatte. Flick fasste seinen Sohn nicht mit Glacéhandschuhen an, sein Ton war, so Otto-Ernst, »unhöflich und fast immer drohend, jedoch selten erregt«. Er drohte mit einem Prozess wegen Undanks, das Material hierfür liege bereits bei ihm in der Schublade und Zeugen stünden bereit. Wie blanker Hohn musste es in Otto-Ernsts Ohren klingen, als der Vater ihm riet, keinen externen juristischen Berater hinzuzuziehen, sondern sich an Bedbur zu halten, dessen unbedingte Loyalität – zu Friedrich Flick – gerade erst unter Beweis gestellt worden war.

Otto-Ernst und Barbara Flick, so der Vorwurf des Vaters, hätten auf den Eintritt von Friedrich Karl in die Geschäftsführung unverhältnismäßig reagiert. Überhaupt sei Barbara eine schlechte Schwiegertochter. Als Barbara daraufhin in Tränen ausbrach, bat Otto-Ernst um eine Unterbrechung der Verhandlung, damit sich seine Frau wieder beruhigen konnte. Der Vater lehnte ungerührt ab. Otto-Ernst will ihn daraufhin einen Feigling genannt haben. Er »sei der gutmütigste Mensch auf dem Erdboden, aber kein Feigling«, entgegnete Friedrich Flick, das werde sein Sohn vor Gericht schon noch erleben. Vernichtend für Otto-Ernst war nicht zuletzt das Urteil der Mutter: »Du warst ein Mensch, der zu großen Hoffnungen berechtigte. Deine wenigen schlechten Eigenschaften haben sich aber im Laufe Deines Lebens so verstärkt, dass ich Dir empfehle, diesen Vorschlag anzunehmen; zur Nachfolgeschaft Deines Vaters fehlen Dir die charakterlichen Voraussetzungen und die sachliche Eignung.« Auf Otto-Ernsts Nachfrage, ob sein jüngerer Bruder denn besser geeignet sei, antwortete Marie Flick kurz und bündig »nein«.[269]

Der Konflikt sollte die Familie über Jahre beschäftigen. Er ging einher mit einer sich in den sechziger Jahren rapide wandelnden Welt, die neue Herausforderungen für Politik, Wirtschaft und Gesellschaft mit sich brachte. Es mehrten sich die Anzeichen für ein Ende der besonderen Wachstumsbedingungen der westdeutschen Nachkriegswirtschaft. Presse und Gesellschaft wurden kritischer. Der Konzern aber wurde noch immer nach den paternalistischen Grundsätzen des alten Flick geführt. Während Unternehmen vergleichbarer Größe neue Instrumente zur Steuerung und Überwachung schufen, bestand die Düsseldorfer Konzernzentrale nach wie vor aus einem kleinen Führungsstab von weniger als 100 Leuten einschließlich Büropersonal. Das sei nur möglich, tischte Kaletsch noch 1969 einem verdutzten *Forbes*-Redakteur erneut die erprobte Konzernlegende auf, weil Flick den Verantwortlichen seiner Firmen fast vollständige Freiheit lasse. Er selbst habe in den fast 50 Jahren, die er bei Flick arbeite, noch nie irgendwelche Weisungen erhalten. Eberhard von Brauchitsch assistierte: »Ich sehe nichts, was nach 50 Jahren Flick-Kaletsch Management zu ändern wäre.«[270]

Der Verdacht liegt nah, dass man beim Flick-Konzern die Zeichen der Zeit nicht erkannte.

Erbhofkrieg

Drei Wochen nach dem Eklat vom Juni 1958 konnte man in der westdeutschen Tagespresse lesen: »Unstimmigkeiten im Hause Flick sind nach außen hin nie bekanntgeworden.« Fünf Jahre später resümierte der *Spiegel*: »Deutschlands reichster Mann, 79 Jahre alt und längst eine Figur der Wirtschaftsgeschichte, muß zum zweiten Mal um sein Lebenswerk kämpfen.«[271] Die gerichtliche Auseinandersetzung zerschnitt das Tischtuch zwischen Vater und Sohn endgültig und zerrte den öffentlichkeitsscheuen Friedrich Flick gegen seinen Willen über Jahre ins Rampenlicht. Der Prozess lieferte aber nicht nur einer am Skandal interessierten Öffentlichkeit phasenweise täglich neues Futter, er bot auch tiefe Einsichten in das Innenleben des Konzerns. Diese Durchleuchtung seines Lebenswerkes dürfte den Patriarchen nicht weniger verbittert haben als der Familienzwist.

Seit den frühen dreißiger Jahren, genauer: seit dem Ende der Gelsenberg-Affäre, hatte Friedrich Flick darauf hingearbeitet, seinen Konzern dauerhaft in Familienbesitz zu bringen und seine Söhne auf eine spätere Übernahme vorzubereiten. Von den drei Söhnen Otto-Ernst (geb. 1916), Rudolf (geb. 1919) und Friedrich Karl (geb. 1927) war der mittlere in den ersten Tagen des Russlandfeldzugs gefallen. Der Älteste war nach Stationen in Unterwellenborn, Rombach, bei der Maxhütte sowie bei der von ihm aufgebauten Süd-Ferrum 1953 in die Leitung der Kommanditgesellschaft in Düsseldorf eingetreten und hatte 1956 anlässlich seines 40. Geburtstages Generalvollmacht erhalten. Das Verhältnis zwischen ihm und dem Vater war jedoch getrübt; Friedrich Flick hatte nicht nur die ersten unternehmerischen Schritte des Sohnes äußerst kritisch gesehen, er nahm ihm auch sein selbstherrliches Auftreten in Sulzbach-Rosenberg nach dem Krieg übel.

Friedrich Karl Flick hatte sein Betriebswirtschaftsstudium an der Universität München erfolgreich abgeschlossen. Anschließend war er zunächst in Lübeck und Sulzbach-Rosenberg tätig, bevor er zur weiteren Ausbildung für einige Zeit in die USA ging. Nach seiner Rückkehr wurde er Assistent der Geschäftsführung bei Buderus in Wetzlar und 1957 schließlich Geschäftsführer in der Düsseldorfer Konzernleitung. In der Dachgesellschaft teilte der Vater die Arbeit unter seinen beiden

Söhnen nach Sparten auf: Otto-Ernst war für die Stahlfirmen, Friedrich Karl für den Fahrzeugbau, Papier und Chemie zuständig. Friedrich Karl übernahm zum 4. Juli 1957 auch den wichtigen Aufsichtsratsposten bei Daimler-Benz von seinem älteren Bruder. Dieser erfuhr davon angeblich aus der Presse.[272]

Kaum ein Jahr nachdem er Generalvollmacht erhalten hatte, leistete sich Otto-Ernst Flick – so sah es jedenfalls Konrad Kaletsch – »eine schwere Disziplinlosigkeit gegen Herrn Dr. F.« Als Generalbevollmächtigter, so erklärte er, brauche er keine Weisungen entgegenzunehmen. Anlass war der Streit über die künftige Investitionspolitik und die weitere Betriebsführung der Maxhütte, speziell über die Hochofenmöllerung. Was der Sohn als »sachliche Meinungsverschiedenheiten« auffasste, wurde für den Vater zu einem unüberbrückbaren Konflikt. Daher machte Friedrich Flick seinem Sohn den Vorschlag, die Maxhütte als Vermögensobjekt persönlich zu übernehmen und auf eigene Rechnung zu führen. Otto-Ernst ging darauf ein, stellte jedoch Bedingungen; er forderte eine Sicherstellung der Kohleversorgung, eine Absicherung gegen das Sozialisierungsrisiko, eine Klärung des Gesellschafterverhältnisses bei der FKG und eine genaue Wertfeststellung bei der Maxhütte. Die Verhandlungen scheiterten, weil sich die Parteien nicht auf eine angemessene Bewertung der Maxhütte einigen konnten und Otto-Ernst für den Fall einer späteren Sozialisierung zudem seine alte Beteiligungsquote von 45 Prozent an der FKG, die 1944 festgelegt worden war, einforderte.[273] Otto-Ernst war ein ängstlicher Mensch. 1957 hatte die CDU/CSU die absolute Mehrheit im Bund, und dennoch fürchtete er weiter eine Verstaatlichung der Maxhütte. In den Gesprächen mit dem Vater ging es ihm vor allem um die Sicherung des eigenen Status – eine Haltung, die Friedrich Flick nicht gutheißen konnte.

Den Anfang vom Ende ihrer Beziehung markierte eine Auseinandersetzung am 27. März 1958. Otto-Ernst, der im Aufsichtsrat der Metallhüttenwerke Lübeck saß, erbat an diesem Tag von Friedrich Flick detaillierte Auskünfte zur genaueren Beurteilung der künftigen Entwicklung des Unternehmens. Flick beschied seinen Sohn, als »einfaches Aufsichtsratsmitglied« gingen ihn derartige Details nichts an. Als der Streit eskalierte, räumte Otto-Ernst Flick sein Büro in der Düsseldorfer Konzernzentrale. Der Vater entzog ihm daraufhin die Generalvollmacht.

Otto-Ernst Flick war damit – so der *Spiegel* später spöttisch – »ein sehr stiller Gesellschafter« geworden. Zwar forderte Odilo Burkart noch im April seinen Rosenberger Vorstandskollegen Enzmann auf, Otto-Ernst Flick auch weiterhin alle Unterlagen über die Maxhütte zuzustellen, da Friedrich Flick nicht angeordnet habe, »dass wir unsere Berichterstattung an seinen Sohn abstoppen sollen«. Aber nach dem Familientreffen am 17. Juni nahm die Demontage ihren Lauf, und es wurde bereits über die Möglichkeit einer Auseinandersetzung vor Gericht spekuliert. Adenauer ließ Flick über Robert Pferdmenges bestellen, er wäre sehr enttäuscht, wenn es zum Prozess käme. Pferdmenges drängte daher auf eine stille Bereinigung des Konflikts und schlug die Einschaltung des Bundestagsabgeordneten August Neuburger (CDU) als Vermittler vor. Flick war jedoch nicht bereit, Fragen der Konzernführung oder gar familiäre Probleme mit Außenstehenden zu erörtern. »Der einzige, der mit dem alten Herrn darüber sprechen könne, wäre höchstens noch Pferdmenges«, urteilte Burkart.[274]

In einer Unterredung zwei Wochen vor dem Familientreffen hatte Friedrich Flick seinen Ältesten aufgefordert, sich zu seiner beruflichen Zukunft zu äußern. Er werde sich bei der Konkurrenz nach einem neuen Betätigungsfeld umschauen, meinte Otto-Ernst. Daraufhin drohte ihm Friedrich Flick, wenn er woanders eine Stelle antrete, werde er ihn sofort enterben. »Auf jeden Fall bekämen meine Kinder dann überhaupt nichts von ihm«, notierte Otto-Ernst, »und ich solle als Familienvater an meine Kinder denken.« Alternativ schlug Otto-Ernst vor, dass der Vater ihm ein Landgut kaufe, in der Ile-de-France, in der Provence oder in der Po-Ebene. Es müsse aber ein großes Gut sein, dessen Erträge ein standesgemäßes Leben sicherten. Die Reaktion des Vaters hielt Otto-Ernst in seiner Notiz so fest: »Herr Dr. Flick [sic] macht zunächst den Versuch, meine Ausführungen zu ironisieren, etwa in dem Sinne, er habe mir schon immer empfohlen, spazieren zu gehen, vielleicht sei das Betrachten von Rübenfeldern für mich besser als die Beschäftigung mit geschäftlichen Dingen etc.« Schließlich lenkte der Alte ein, indem er erklärte, der Vorschlag sei ihm durchaus sympathisch und er könne ihn vor dem Hintergrund der Familientradition nachvollziehen.[275]

Zwei Wochen später, als die Kontrahenten unter Beteiligung aller Familienmitglieder in größerer Runde noch einmal zusammen kamen, stimmte Otto-Ernst dem vom Vater diktierten Lösungsvorschlag zu. Er musste seinen Anteil an der FKG auf 19 Prozent reduzieren und die übrigen Anteile auf seine Söhne übertragen, außerdem musste er teilweise auf seine Erbansprüche verzichten. Zukünftig sollte er als Auslandsexperte insbesondere Hainaut-Sambre und Neuves-Maison für die FKG betreuen. Friedrich Flick erklärte sich seinerseits bereit, seinem Sohn das gewünschte Landgut zu kaufen.[276]

Eine besondere Rolle im Vater-Sohn-Konflikt spielte der Familienanwalt und -vertraute Otto Kranzbühler. Otto-Ernst Flick holte bei ihm mehrfach Rat, obwohl Kranzbühler, der sich Friedrich Flick seit dem Nürnberger Prozess besonders verbunden fühlte, ihm unmissverständlich erklärt hatte, dass er weder für ihn Stellung nehmen noch ihn beraten werde, »ohne das ausdrücklich mit Herrn Dr. F. vorher abzustimmen«.[277] Aktennotizen belegen, dass Kranzbühler nach Gesprächen mit Otto-Ernst den Vater beziehungsweise Kaletsch oder Burkart informierte.

Noch bevor das Jahr 1958 um war, gab es neuen Streit. Otto-Ernst wollte die Maxhütte auch weiterhin im Vorstand der Wirtschaftsvereinigung Eisen- und Stahlindustrie vertreten, was Burkart jedoch in eine schwierige Situation gebracht hätte. Anfang Dezember schrieb der Maxhütte-Vorstand an Friedrich Flick, er sei »geradezu erschüttert«, dass Otto-Ernst die Gremien entgegen den Absprachen offenbar doch nicht verlassen wolle. Unter diesen Umständen sei es für ihn »wenig ermutigend, irgendwelche Gespräche mit Ihrem Sohn fortzusetzen«. Burkart, der fürchten musste, in dem Konflikt zwischen Vater und Sohn aufgerieben zu werden, stellte sich endgültig gegen den Juniorchef, den er offenkundig nicht ausstehen konnte. Dennoch versuchte er weiterhin, sich korrekt zu verhalten und zu vermitteln.

Burkart erklärte sich deshalb auch bereit, Otto-Ernst beim geplanten Verkauf der Süd-Ferrum an die Maxhütte behilflich zu sein – »wenn Klarheit darüber besteht, dass ein etwaiger Kaufpreis oder Pachtzins nicht dazu benützt wird, Prozesse gegen die FKG zu führen«.[278] In den vorangegangenen Verhandlungen über Süd-Ferrum hatte Otto-Ernst seine Position bereits so geschwächt, dass sein Mitgesellschafter Hans Hahl erklärte, er verliere »langsam die Lust an einer Zusammenarbeit mit OE«. Er befürchtete, das Verhältnis zwischen Süd-Ferrum und Maxhütte könne durch die Differenzen zwischen Vater und Sohn

Schaden nehmen. Hahl hielt den ausgehandelten Verkaufspreis von 2,5 Millionen Mark für zu gering und schlug stattdessen ein Pachtgeschäft vor. Er habe keine Lust, sich auf neue Geschäftspartner einzustellen, sondern sei an einer gütlichen Regelung »in Richtung Maxhütte interessiert«, ließ er Burkart wissen.[279]

Als Otto-Ernst im Oktober die Ergebnisse des Familientreffens vom Juni in Form eines Gesellschafterbeschlusses vom Vater mitgeteilt wurden, ließ sich Otto-Ernst zwei Monate Zeit, bevor er antwortete. Der Vater möge es ihm nicht »verargen«, dass er sich erst einmal »alle Rechte vorbehalte«. Anfang Februar 1959 suchte er Rat bei dem Bankier Josef Bogner, dem langjährigen Aufsichtsrat der Maxhütte in München. Er verlange seinen Anteil an der FKG zur freien Verfügung und werde seine Forderungen mit Hilfe seiner Anwälte durchsetzen. Auf den Einwand Bogners, dass in diesem Fall der Konzern in die »Brüche« gehe, reagierte Otto-Ernst Flick unwirsch: »Das interessiert mich nicht.« Er stehe andauernd im Schatten seines Vaters: »Wenn ich an einer Sitzung teilnehme und dort sage, dass 2 x 2 gleich 5 ist, hält mich jeder für verrückt. Wenn aber mein Vater in der gleichen Konferenz sagen würde, er wäre der Auffassung, dass 2 x 2 in manchen Fällen auch 5 sein kann, so würden alle Teilnehmer die Ohren spitzen und sich überlegen, welch tiefgründige Ideen der Vater Flick wieder verfolge und sie würden sich zu Hause noch den Kopf zerbrechen, was Flick sen. wieder vorhabe.« Damit hatte Otto-Ernst die eigentliche Triebfeder seines Handelns deutlich gemacht.

Otto-Ernsts Wunsch nach Unabhängigkeit von seinem Vater kam auch darin zum Ausdruck, dass er Bogner beauftragte, ihm eine Beteiligung zu vermitteln – egal in welcher Branche. Es könne ein Betrieb aus der Eisenverarbeitung, eine Brauerei oder »sonst ein rentables Unternehmen« sein, »notfalls auch eine Fabrikation von Lutschbonbons«. Das Objekt dürfe auch durchaus teurer als die 3,5 Millionen Mark sein, die er inzwischen für den Verkauf von Süd-Ferrum erwartete. Wenn er zusätzliches Geld brauche, werde er es sich schon irgendwo beschaffen – nur nicht bei seinem Vater. Bogner half Otto-Ernst nicht nur nicht weiter, er unterrichtete auch umgehend Burkart über das Gespräch.[280] Hier wird ein Grundproblem Otto-Ernst Flicks deutlich: An wen er sich auch wandte, niemand wollte es sich mit dem mächtigen Vater verscherzen. Mehr noch: Die meisten seiner Gesprächspartner hielten es für opportun, Friedrich Flick umgehend zu informieren.

Einen gewissen Rückhalt fand Otto-Ernst Flick immerhin bei Otto Kranzbühler. Dieser versuchte auf redliche Weise, zwischen Vater und Sohn zu vermitteln, und fühlte bei Burkart vor, ob es nicht doch möglich sei, Otto-Ernst die Maxhütte zu übertragen. Burkart meinte, es sei besser, ihn mit einem Betrag von 20 bis 25 Millionen Mark aus der Kommanditgesellschaft herauszukaufen, sodass er sich außerhalb des Konzerns betätigen könne. Auch sei die Ausgliederung der Maxhütte inzwischen nicht mehr so einfach zu bewerkstelligen, da die FKG einige wichtige Beteiligungen auf die Maxhütte übertragen hatte. Im Übrigen genieße Otto-Ernst bei der Maxhütte einen schlechten Ruf. Schon in Rombach und Riesa habe er als streitsüchtig gegolten, und als er zum 1. Februar 1945 in die Maxhütte eingetreten sei, hätten erst Raabe und Krugmann ihren Hut nehmen müssen, dann sei »das Fiasko durch die Entlassung von Enzmann und Petersen« gekommen. »Die meisten Fälle würden doch zeigen, dass er sich mit Leuten von Format nicht vertragen könne.« Otto-Ernst habe sich deshalb immer mit Leuten der zweiten Garnitur umgeben wie Hahl und Hanemann.

Genüsslich verwies Burkart auf die letzte Erwerbung von Otto-Ernst Flick, eine Farm in Mosambik, mit der er erhebliche Verluste eingefahren habe: »Ich habe beim Vater Flick nur Transaktionen erlebt, die technisch, wirtschaftlich und finanziell einen Sinn hatten. Wenn man aber versucht, eine Kaffeeplantage in Ostafrika mit einer Eisengroßhandlung in München zu koppeln, dann ist das keine Transaktion, sondern ein aufgelegter Blödsinn.« Otto-Ernst werde immer im Schatten seines Vaters stehen. Das schlechte Verhältnis sei zum einen durch »die geradezu unglaublichen Äußerungen, die O.-E. wiederholt über seinen Vater unter Alkoholeinfluss gemacht hat«, und durch seine »vollkommen schiefe Einstellung« zu seiner Beteiligung an der FKG entstanden.[281] Deutlicher konnte Odilo Burkart seine Geringschätzung nicht zum Ausdruck bringen.

Im Spätsommer 1959 lehnte Friedrich Flick »die Herausgabe der Maxhütte« endgültig ab. Die umfangreichen Investitionsplanungen, insbesondere das Vorhaben, in Sulzbach-Rosenberg ein Kaltwalzwerk zu errichten, hatten bereits erkennen lassen, dass man weit voraus plante –

ohne Otto-Ernst. Kranzbühler versuchte daraufhin, Otto-Ernst wenigstens die Süd-Ferrum zu sichern, indem er Burkart fragte, ob eventuell der Pachtvertrag der Maxhütte mit Süd-Ferrum vorzeitig gelöst werden könnte. Kaletsch war jedoch der Ansicht, dass »dann O.-E. wieder die alte Tour anfängt«, über die Süd-Ferrum an der Maxhütte »herumzumeckern«.[282]

Anfang 1960 bot der Vorsitzende des Mannesmann-Aufsichtsrats Wilhelm Zangen Otto-Ernst Flick den Posten eines Verkaufsleiters im Mannesmann-Eisenhandel an. Friedrich Flick intervenierte sofort. Merkwürdigerweise bahnte sich dadurch eine Verständigung zwischen Vater und Sohn an. Otto-Ernst Flick werde sich, teilte die FKG Mitte März Odilo Burkart mit, als Gesellschafter der FKG ab sofort um die Maxhütte und die Metallhüttenwerke Lübeck kümmern. Bereits am 21. März 1960 trat Otto-Ernst Flick seine neue Stellung als Vorstandsvorsitzender in Lübeck an. Diese neuerliche und letzte Chance vermasselte der Sohn gründlich, als er zu einer – seit Längerem geplanten – mehrwöchigen Expedition durch Afrika aufbrach. Es ist schwer zu ermessen, was bei Friedrich Flick in diesem Moment überwog: Enttäuschung oder Wut. Jedenfalls unterzeichnete er, um zu einem Friedensschluss mit seinem Sohn zu kommen, am 14. Dezember einen von Otto Kranzbühler entworfenen neuen Gesellschaftsvertrag.

Die Idee war, die drei Kinder von Otto-Ernst, Gert-Rudolf (geb. 1943), Friedrich Christian (geb. 1944) und Dagmar (geb. 1951), in den Gesellschaftsvertrag einzubeziehen und damit die direkte Erbfolge vom Großvater auf die Enkel sicherzustellen. Damit deren Rechte Berücksichtigung finden konnten, musste das Vormundschaftsgericht jeweils einen Pfleger bestimmen. Die Kapitalverhältnisse der FKG wurden neu geregelt: Otto-Ernsts Anteil wurde von 19 Prozent zunächst auf 42,5 Prozent erhöht, von denen er 32,5 Prozent durch Schenkung sofort auf seine Kinder zu übertragen hatte; 2,5 Prozent gingen an die Dr. Friedrich Flick-Stiftung und zehn Prozent an die Friedrich und Marie Flick-Stiftung. Die beiden Stiftungen waren vor allem gegründet worden, weil auf diese Weise die Einkommensteuer entfiel. Die Weitergabe an die dritte Generation sollte den Fortbestand des Familienunternehmens auf Dauer sicherstellen, kostete indes 35 Millionen Mark an Steuern. Friedrich Karl Flick wiederum musste von seinen 45 Prozent für künf-

Für den Fotografen friedlich vereint: Drei Generationen am 70. Geburtstag von Marie Flick im April 1960.

tige Kinder 35 Prozent in eine Stiftung einbringen; solange er keine Kinder hatte, waren die Kinder seines Bruders die Berechtigten. Diese Konstruktion kostete erheblich mehr an Steuern, nämlich 114 Millionen Mark, da Friedrich Karl seine Anteile, solange er ohne eigene Kinder blieb, nicht an Nachkommen in direkter Linie vermachte.

Der neue Gesellschaftsvertrag legte auch fest, dass weder Otto-Ernst noch Friedrich Karl im Alleingang ein Zweigwerk errichten beziehungsweise verkaufen oder Anleihen von mehr als zehn Millionen Mark aufnehmen durften. Zugleich räumte der Kontrakt den beiden Söhnen das Recht ein, nach Friedrich Flicks Tod als Komplementäre in die FKG einzutreten. Friedrich Flick besaß jedoch als Einziger das Recht, jederzeit nach eigenem Ermessen persönlich haftende Gesellschafter zu berufen und abzuberufen. Fortan erhielten beide Söhne für ihre Tätigkeit in der FKG Bezüge in Höhe von 250 000 Mark netto im Jahr. Friedrich Flick selbst ließ sich jedes Jahr fünf Millionen Mark nach Steuern auszahlen.[283]

Der Friedensschluss im Hause Flick hielt nicht lange. Als Odilo Burkart im Herbst 1961 aus dem Vorstand der Maxhütte ausschied, war endlich Otto-Ernsts Wunschposten frei. Er glaubte, die Metallhütten-werke Lübeck und die Maxhütte fortan gleichzeitig führen zu können, aber der Vater forderte ihn auf, sich für eines der beiden Unternehmen zu entscheiden. Otto-Ernst wählte die Maxhütte, obwohl Alfred Rohde ihm geraten hatte, »sich zunächst einmal in Lübeck und in der Zusam-menarbeit innerhalb der Gruppe zu bewähren«. Friedrich Flick stellte seine »erheblichen Bedenken« gegen die Ernennung Otto-Ernsts zum Vorstand der Maxhütte zurück, nachdem Burkart die Sorgen der Ar-beitnehmervertreter hatte zerstreuen können. Doch sogleich traten neue Probleme auf. Burkart hatte Otto-Ernst Flick ein jährliches Gehalt von 180 000 Mark zuzüglich Tantiemen vorgeschlagen; dieser hatte jedoch 300 000 Mark Fixum verlangt, da er »100 extra haben müsse allein schon wegen des Ärgers, den er in Zukunft mit dem Alten haben würde«. Zu-dem verlangte Otto-Ernst einen unkündbaren Fünfjahresvertrag. Am 14. November schienen alle strittigen Fragen geregelt. Als Otto-Ernst je-doch erfuhr, dass Burkart auf Wunsch von Friedrich Flick die Aufsichts-ratsmandate bei Donauwörth und den Stahlwerken Südwestfalen vorläu-fig behalten sollte, weil dort offene Fragen mit Bührle beziehungsweise Pferdmenges zur Klärung anstanden, stellte er neue Forderungen.[284]

Der stets nüchtern kalkulierende und dabei auch gewisse Risiken keineswegs scheuende Friedrich Flick musste konstatieren, dass sich Otto-Ernst mit seinem ausgeprägten Sicherheitsbedürfnis in zeitrau-bende Verhandlungen über die Regelung seiner Pensionsansprüche mit der Maxhütte verstrickte. Immer deutlicher trat zu Tage, dass der Sohn mitnichten der Vorstellung des Vaters vom künftigen Konzernchef ent-sprach. Auch im Konzern hatte Otto-Ernst aufgrund seiner Extratou-ren jeglichen Rückhalt verloren. Die Machtverhältnisse waren ohnehin eindeutig. Friedrich Flick konnte sich nicht nur auf Konrad Kaletsch, sondern auch auf seine Statthalter in den beiden von seinem Sohn begehrten Konzernunternehmen, Alfred Rohde und Odilo Burkart, bedingungslos verlassen. Der Maxhütte-Chef führte eine eigene Ablage zum Streit im Hause Flick.

Die erneuten Streitigkeiten führten dazu, dass Friedrich Flick ein Jahr nach dem ersten Entwurf am 18. Dezember 1961 einen neuen Gesell-schaftsvertrag präsentierte. Dieser brachte das endgültige Zerwürfnis. Der Vater sicherte sich jetzt das Recht zu, 22,5 Prozent der Anteile an der FKG an sich zu ziehen (also neben den 12,5 Prozent aus den beiden Stiftungen auch die 10 Prozent von Otto-Ernst) und auf seinen Sohn Friedrich Karl zu übertragen, sodass dieser mit einem Kapitalanteil von 67,5 Prozent seinen Bruder überstimmen konnte. Gleichzeitig wurde Friedrich Karl Flick, an seinem älteren Bruder vorbei, zum persönlich haftenden Gesellschafter bestellt. Eine weitere Bestimmung regelte, dass fortan die Mehrheit der Gesellschafterversammlung der KG berechtigt sei, einen persönlich haftenden Gesellschafter, der nicht zu Lebzeiten Friedrich Flicks berufen worden war, »aus wichtigen Gründen abzuberufen«. Dieser Passus richtete sich eindeutig gegen Otto-Ernst, dem dieser Status im Gegensatz zu seinem Bruder bislang vorenthalten geblieben war. Otto-Ernst Flick wurde die Neufassung des Gesellschaftsvertrages am 31. Januar 1962 nach Hause zugestellt. Seinem Anwalt zufolge fiel er »aus allen Wolken«. Selbst Otto Kranzbühler hielt Friedrich Flick vor, mit dem Vertrag die rechtliche Gleichstellung der Söhne zerstört und die Auswirkungen nicht bedacht zu haben.

Am 3. Februar 1962 wandte sich Otto-Ernst mit der Bitte an seinen Vater, den alten Vertragszustand wiederherzustellen, da der neue »aufs schwerste die Interessen von mir und meinen Kindern« verletze. Als Friedrich Flick sich weigerte, erklärte Otto-Ernst, sein Vertrauen in Vater und Bruder sei »aufs schwerste erschüttert«, deshalb erbitte er Garantien. Eine Antwort blieb aus. Am 16. April 1962 teilte Otto-Ernst seinem Vater per Einschreiben mit, dass er sich ab sofort jeder weiteren Tätigkeit im Flick-Konzern enthalte;[285] er stellte seine Tätigkeit in Lübeck ein und kündigte Klage an.

Die Klage hatte Otto-Ernst Flick ursprünglich auch im Namen seiner drei Kinder erheben wollen, auf die bereits 32,5 Prozent der FKG übertragen worden waren. Die auf sein Betreiben vom Vormundschaftsgericht Neuss für seine Kinder eingesetzten Pfleger erklärten jedoch, dass sie sich nicht am Rechtsstreit beteiligen würden. Nun widerrief Otto-Ernst Flick alle in Zusammenhang mit den Schenkungen seinem Vater übertragenen Vollmachten, vor allem das Recht zur alleinigen Verfügung über das Unternehmen. Jetzt machte Friedrich Flick von seinem Rückübertragungsrecht für den auf Otto-Ernst übertragenen Anteil von zehn Prozent an der FKG Gebrauch, woraufhin Otto-Ernst seinerseits das Rückübertragungsrecht gegenüber seinen Kindern in Anspruch nahm. Er beanspruchte von ihnen jedoch nur Anteile in Höhe von 100 000 Mark, um den Streitwert mit Blick auf die Prozesskosten gering zu halten. Friedrich Flick widerrief daraufhin »wegen groben Undanks« sämtliche Schenkungen an seinen Sohn und dessen Kinder.[286]

Vor diesem Hintergrund reichten Otto-Ernst Flicks Anwälte am 4. August 1962 ihre Klageschrift beim zuständigen Landgericht Düsseldorf ein; ihr Ziel war die Auflösung der FKG. Der Sohn schilderte ausführlich sein Dilemma. Friedrich Flick habe ihn nach seiner Haftentlassung gedrängt, von München nach Düsseldorf in die Konzernzentrale zu kommen, um dort als Nachfolger eingearbeitet zu werden. Da Otto-Ernst die eigene Firma Süd-Ferrum nicht habe aufgeben wollen, habe Friedrich Flick ihm zugesagt, er könne diese von Düsseldorf aus weiterführen. Schon bald habe sein Vater ihn aber gezwungen, Süd-Ferrum an die Maxhütte zu verkaufen. Friedrich Flicks Antwort ließ nicht lange auf sich warten. Ohne Unterstützung von Konrad Kaletsch, so ließ er dem Gericht mitteilen, hätte Otto-Ernst Süd-Ferrum nicht aufbauen und ohne die Maxhütte hätte das Handelsunternehmen nicht prosperieren können. Zudem sei Süd-Ferrum die Nachfolgerin der früheren Lauchhammer-Weber Eisenhandelsgesellschaft, die zur Gruppe Flick gehört habe.[287]

Am 10. Mai 1963 eröffnete das Düsseldorfer Landgericht unter dem Vorsitz von Hans Thomashoff vor der Ersten Kammer für Handelssachen das Verfahren Flick gegen Flick. Otto-Ernst Flick klagte gegen seine Mitgesellschafter in der FKG, also gegen seinen Vater Friedrich, seine Mutter Marie, seinen Bruder Friedrich Karl und die von Vater und Bruder eingesetzten Familienstiftungen. Otto-Ernst Flick ließ sich von Werner Liertz vertreten, sein Vater und sein Bruder hatten Rechtsanwalt Hans Hengeler das Mandat erteilt. Hengeler versuchte in einem mehrstündigen Plädoyer den Nachweis zu führen, dass die Rechtsstellung Otto-Ernst Flicks in der FKG allein auf den Schenkungen des Vaters beruhe. Diese seien aber mit der lebenslangen Belassung des Verwaltungs- und Verfügungsrechts beim Vater verknüpft gewesen. Friedrich Flick habe niemals beabsichtigt, »im Zuge der Schenkungen die persönliche und verantwortliche Führung des Gesamtunternehmens aus der Hand zu geben«. Dies sei Voraussetzung aller Schenkungen und mit entsprechenden Auflagen verbunden gewesen. Die Beschenkten erteilten Friedrich Flick demnach »unwiderruflich die zur alleinigen Verwaltung und Verfügung erforderlichen Vollmachten« und räumten ihm zugleich Rückübertragungsrechte ein. Seine Gegenklage baute Hengler auf Paragraph 350 des Bürgerlichen Gesetzbuches auf, der im Falle »groben Undanks« die Möglichkeit vorsieht, eine Schenkung zu widerrufen. Otto-Ernst Flick hatte seinerseits vor Gericht vortragen lassen, dass sein Vater gegen den Grundsatz der Familiengesellschaft verstoße, »ein Regime von Managern vorbereite« und seinen Söhnen verantwortliche Positionen vorenthalte.[288]

Am 14. Juni 1963 wies die Erste Kammer für Handelssachen die Klage Otto-Ernst Flicks ab. Nach Auffassung des Gerichts stellte das Urteil den Zustand vom 18. Dezember 1961 wieder her. Das Gericht würdigte in seiner Entscheidung auch das Lebenswerk Friedrich Flicks. Dessen wirtschaftliche Leistung sei höher zu bewerten als die vom Sohn vorgebrachten Verstöße des Vaters gegen den Treuegedanken. Zudem müsse das hohe Alter des Beklagten berücksichtigt werden. Bei der Abwägung der Interessen sei auch der außergewöhnliche Wert des Unternehmens zu beachten. Das Gericht folgte Otto-Ernst Flicks Argumentation nicht, die FKG sei nur »eine Anhäufung von Industriebeteiligungen verschiedenster Art«, deren Einzelunternehmen nichts miteinander zu tun hätten. »Die Zusammenfassung dieser Einzelkörper in einem einzigen wirtschaftlichen Machtblock, der größer ist als die Summe seiner Teile, würde beendet sein«, wenn die FKG, wie von der klagenden Partei gefordert, zerschlagen würde. »Diese Zusammenballung wirtschaftlicher Macht, nicht die bloße Anhäufung von Besitz, war jedoch der eigentliche Antrieb zu den vollbrachten außergewöhnlichen Leistungen« Friedrich Flicks. Im Urteil spiegelte sich die stille Bewunderung für die Tatkraft der Gründerväter des allmählich zu Ende gehenden Wirtschaftswunders.

Otto-Ernst hatte seine Klage auch darauf gegründet, dass die FKG nach dem Prinzip der absoluten Thesaurierung aufgebaut war. Alle Gewinne der Beteiligungsfirmen verblieben zur Wiederanlage bei diesen selbst. Einnahmen der Dachgesellschaft beruhten nicht auf Gewinnausschüttungen, sondern in der Regel auf Provisionen aus Geschäftsabschlüssen, die die Holding vermittelt hatte. Nach den ausgewiesenen Beteiligungserträgen hatte die FKG über viele Jahre nicht einmal die fälligen Steuern verdient. Die buchhalterischen Verluste wurden den Gesellschaftern auf einem Schuldenkonto belastet. Otto-Ernst Flick stand bei der Dachgesellschaft mit 13 Millionen Mark im Soll. Ob er sich wegen dieses Postens wirklich ernsthafte Sorgen machte, wie er vor Gericht behauptete, muss allerdings bezweifelt werden. Schließlich wusste er, dass es sich, wie der Anwalt der Gegenseite darlegte, lediglich um »buchhalterische Verrechnungsgrößen« handelte. Die FKG arbeitete eben nicht, wie Otto-Ernst Glauben machen wollte, unrentabel. Ausdrücklich stellte die Kammer fest, »das Passivsaldo des Ergebnisverteilungskontos könne nicht isoliert als Verschuldung, sondern nur in Zusammenhang mit den freien Rücklagen von mehr als 265 Millionen Mark (Ende 1961) gesehen werden«. Wie ein Gutachten der Beklagten belege, würde eine Aufrechnung mit den Rücklagen die Gesellschafterkonten ausgleichen, dann verblieben ihnen immer noch 221 Millionen Mark.[289] Otto-Ernst Flick hatte den Nachweis, dass die FKG über Jahre Schulden angehäuft habe, vor allem deshalb führen wollen, weil nach dem Gesellschaftsrecht eine Kommanditgesellschaft aufgelöst werden kann, wenn sie mehrere Jahre ohne Ergebnis abschließt.

Aber auch Friedrich Flick kam nicht ungeschoren davon. Die von ihm vorgenommenen Änderungen des Gesellschaftsvertrages verstießen, so der Richter, gegen das »Verbot des Handelns mit sich selbst«, da er die Änderung auch namens des Klägers und seiner Kinder ohne Einhaltung von Fristen durchgeführt habe. Das Gericht sah zudem einen »schweren Verstoß« in der »erwiesenen Verhinderung einer Betätigung des Klägers in der Wirtschaft außerhalb des Konzerns«. Zu guter Letzt habe Friedrich Flick bei der Vereinbarung des Kaufpreises für Süd-Ferrum »seine wirtschaftliche Machtstellung zum Nachteil des Klägers bewusst ausgenutzt«. Mildernd sei allerdings zu berücksichtigen, dass Friedrich Flick Süd-Ferrum als »störendes Element im süddeutschen Raum« gesehen habe und daher alles zum »Schutze seines großen Lebenswerkes« getan habe.

Immerhin erzielte Otto-Ernst Flick einen Teilerfolg. Das Gericht entschied, dass Friedrich Flick nicht länger ermächtigt sei, seinen Sohn und dessen Kinder in allen Geschäftsangelegenheiten und Gesellschafterversammlungen unbeschränkt und unwiderruflich zu vertreten. Damit seien die von ihm am 18. Dezember 1961 vorgenommenen »einseitigen und heimlichen Änderungen des Gesellschaftsvertrages vom 14. Dezember 1960 mangels Vollmacht rechtsunwirksam«.[290]

Otto-Ernst verfolgte seine Klage auf Auflösung des Konzerns nicht weiter. Weil aber Friedrich Flick, erbost über die Klage seines Sohnes, die Schenkungen an ihn und seine Kinder widerrufen hatte, zog der erste Prozess automatisch einen zweiten nach sich. Kaletsch und Burkart machten sich umgehend daran, prominente Zeugen aufzutreiben. Zunächst bekundete General a. D. Hermann von Hanneken, an den man sich plötzlich wieder erinnerte, in mehreren Schreiben an Burkart, ihm sei die Einstellung Otto-Ernsts seit Langem bekannt. Schon in Nürnberg habe sich der Sohn in ständiger Abwehr gegen seinen Vater befunden und sich für all jene interessiert, die keine Sympathie für ihn gehabt hätten. Während der Landsberger Haft habe sich Otto-Ernst so benommen, als ob der Vater tatsächlich ein Kriegsverbrecher sei und nichts mehr in der Firma zu sagen habe. Mitte Dezember 1963 berieten sich Kaletsch und Burkart über die weitere Strategie. Flick selbst hatte Burkart zuvor gebeten, seine Erinnerungen schriftlich zusammenzufassen. Kaletsch betonte ihm gegenüber, »dass Herr Dr. F. sich allergrößte Sorgen machte und dass er etwaigen Kurzschlusshandlungen von O. E. F. im Interesse der Erhaltung der Friedrich Flick KG vorbeugen musste«. Das Ziel stand beiden klar vor Augen: »Wir mussten die berechtigten Sorgen von Herrn Dr. F. respektieren und alles tun, dass Herrn O. E. F. in seinem unglaublichen Vorgehen das Handwerk endgültig gelegt wird.« Der »Stamm O. E. F.« solle dabei nicht vernachlässigt werden, es liege vielmehr im Interesse der Enkel, die Maßnahmen ihres Großvaters zu unterstützen. Am Ende verständigten sich Burkart und Kaletsch darauf, dass bei einer Besprechung mit den Prozessanwälten »das Frage- und Antwortspiel im Detail abgestimmt wird« – nichts sollte dem Zufall überlassen bleiben.[291]

Odilo Burkart hatte zu diesem Zeitpunkt bereits den bayerischen Wirtschaftsminister Otto Schedl sowie den SPD-Landtagsabgeordneten und Vorsitzenden der IG-Metall Bayern, Erwin Essl, um Unterstützung gebeten. Essl schrieb daraufhin an Flick, seitens der Gewerkschaft seien bereits vor zwei Jahren große Bedenken gegen eine Übernahme der Maxhütte durch Otto-Ernst laut geworden. Es sei zu befürchten, »dass nicht nur nach den Vorgängen in den letzten zwei Jahren, sondern mindestens ebenso nach den Vorkommnissen der früheren Jahre mit schwersten Komplikationen gerechnet werden muss«. Die Gewerkschaft würde es begrüßen, wenn Friedrich Flick sich persönlich dafür einsetzte, dass »O. E. F. aus der Geschäftsführung der Maxhütte ausgeschaltet bleibt«. Auch der Wirtschaftsminister sicherte Friedrich Flick seine Unterstützung zu: »Wegen der mir zur Kenntnis gelangten Einstellung Ihres Sohnes O. E. F. zu den wirtschaftlichen und sozialpolitischen Fragen, habe ich die allergrößten Bedenken, wenn die Entwicklung dahin führen würde, dass tatsächlich Ihr Sohn O. E. F. in den Besitz der Maxhütte gelangt.« Es sei der Wunsch der bayerischen Regierung, dass Friedrich Flick dem Begehr seines Sohnes mit allen zur Verfügung stehenden Mitteln entgegentrete. Beide Schreiben waren auf denselben Tag datiert und ähnelten sich in Form und Inhalt – kein Wunder, stammten die Entwürfe doch aus der Feder Konrad Kaletschs.

Während sich beide Parteien auf den Prozess vorbereiteten, liefen parallel Verhandlungen über eine außergerichtliche Einigung. Der auf den 30. Januar 1964 festgesetzte Prozessbeginn wurde auf Wunsch beider Parteien abgesagt, da die Schlichtungsbemühungen weit fortgeschritten waren. Im Sommer scheiterten sie dann doch. Am 11. Januar 1965 wurde das Verfahren vor der Dritten Zivilkammer des Landgerichts Düsseldorf eröffnet. Es ging um die Frage, ob Otto-Ernst Flick die letzten ihm verbliebenen Anteile an der FKG wegen »groben Undanks« an den Vater zurückgeben musste. Bereits in der ersten mündlichen Verhandlung wurde deutlich, dass Friedrich Flick das Ziel verfolgte, seinen Sohn jetzt vollständig aus der FKG zu entfernen. Der Vermögenssteuerwert des Konzerns war von den Finanzbehörden 1960 auf 1,6 Milliarden Mark geschätzt worden, und entsprechend groß war das Publikumsinteresse.[292]

Obwohl aufgrund der gerichtlichen Auseinandersetzung die Nachfolge jetzt auf Friedrich Karl Flick zuzulaufen schien, war allen Beteiligten klar, dass es sich bei dem Jüngsten nicht um den Wunschkandidaten des Vaters handelte. Außerdem musste die Erbfolgeregelung auch die Kinder des ausscheidenden Otto-Ernst berücksichtigen. Vor diesem Hintergrund leitete Friedrich Flick Ende Januar 1965 erst einmal ein Revirement an der Konzernspitze in die Wege: Ein deutliches Signal an die Söhne und an die Öffentlichkeit. Bereits 1963 hatte er seinen

Wolfgang Pohle und Frau
bei einem Empfang der
IHK Düsseldorf im Oktober
1970.

Cousin Kaletsch zum persönlich haftenden Gesellschafter ernannt. Jetzt
verabschiedete er Max Paul Meier mit Erreichen des 65. Lebensjahres
in den Ruhestand und berief am 28. Januar 1965 drei neue persönlich
haftende Gesellschafter für die FKG: Wolfgang Pohle (62 Jahre), Otto
Andreas Friedrich (63 Jahre), der allerdings erst am 1. Januar 1966 seinen
Dienst antrat, und Eberhard von Brauchitsch (38 Jahre). Pohle war
1960 von Mannesmann zu Flick gewechselt; er war unter anderem Vorsitzender des Rechtsausschusses des Bundesverbandes der Deutschen
Industrie und Mitglied des Präsidiums der Industrie- und Handelskammer Düsseldorf. Friedrich war Vorstandsvorsitzender der Phönix-
Gummiwerke AG in Hamburg gewesen und saß unter anderem in
den Präsidien des Bundesverbandes der Deutschen Industrie und der
Bundesvereinigung der Deutschen Arbeitgeberverbände. Eberhard von
Brauchitsch, ein Freund Friedrich Karl Flicks aus gemeinsamen Kind-
heitstagen in Berlin und Bad Tölz, der 1955 in die Rechtsabteilung der
Lufthansa als Vorstandsassistent eingetreten war und im Sommer 1957
die Geschäftsführung der Deutschen Flugdienst GmbH übernommen

hatte, war 1960 als Prokurist zur FKG gewechselt. Die neuen Komplementäre sollten, hieß es in einer Pressemitteilung der FKG, die Kontinuität in der Geschäftsführung und die rechtzeitige Weitergabe von Erfahrung an eine jüngere Generation sicherstellen.[293]

Am 14. April 1965 standen sich der mittlerweile 81-jährige Friedrich Flick und sein 48-jähriger Sohn vor dem Landgericht Düsseldorf gegenüber. Otto-Ernst Flick legte dar, dass er durch den Gesellschaftsvertrag von 1961 schlechter gestellt sei als sein Bruder Friedrich Karl. Er fühlte sich insbesondere dadurch benachteiligt, dass sein Vater die Regelung für die Berufung von Gesellschaftern »heimlich und eigenmächtig« geändert hatte. Alle bereits berufenen persönlich haftenden Gesellschafter konnten demnach nur mit einer Mehrheit von 90 Prozent abgewählt werden, alle zukünftigen mit einfacher Mehrheit; dies sah Otto-Ernst Flick als Spitze gegen sich. Daher müsse er nun seine eigenen Wege gehen.[294]

Auch den zweiten Prozess verlor Otto-Ernst in den wesentlichen Punkten. Das Gericht verurteilte ihn wegen groben Undanks, die restliche Schenkung, jene Beteiligung von 100 000 Mark am Kapital der FKG, die er wieder von seinen Kindern übernommen hatte, an seinen Vater zurückzugeben. Den Streitwert hatte das Gericht auf 5,34 Millionen Mark festgelegt; die Kosten des Verfahrens gingen größtenteils zu Lasten Otto-Ernsts. Undankbar sei der Sohn, weil er versucht habe, das Lebenswerk des Vaters zu zerstören. Die Ursachen für das Zerwürfnis wollte das Gericht allerdings nicht beurteilen; es mutmaßte aber, dass sich Vater und Sohn vielleicht zu ähnlich seien. Friedrich Flick sei ein »vorsichtiger, mißtrauischer und machtempfindlicher Mann«; bereits 1939 habe er in den Gesellschaftsverträgen Sicherungen für sich einbauen lassen, die in einem Familienverhältnis ungewöhnlich seien. Zudem kritisierten die Richter Friedrich Flick wegen der Erweiterung des Komplementärkreises, die »im Widerspruch zu dem von Dr. Flick selbst gesetzten Zweck der Flick-KG als einer Familiengesellschaft« stehe. Dadurch seien die Interessen von Otto-Ernst Flick beeinträchtigt worden.[295]

Obwohl der Anwalt von Otto-Ernst Flick Berufung angekündigt hatte, kam es schließlich doch – wohl aufgrund der Vermittlungen des Familienanwalts Kranzbühler – zu einer außergerichtlichen Einigung zwischen Vater und Sohn. Sie sah vor, dass Otto-Ernst Flick im gegenseitigen Einvernehmen gegen eine Barabfindung (angeblich handelte es sich um einen Betrag von 80 Millionen Mark netto) aus der FKG ausscheidet. Die Kinder von Otto-Ernst Flick waren nun mit 30,30 Prozent an der FKG beteiligt: Gert-Rudolf und Friedrich Christian Flick mit jeweils 12,12 Prozent (bis zur Vollendung ihres 28. Lebensjahres fungierten die beiden Brüder nur formal als Komplementäre, danach konnten sie in die Geschäftsführung eintreten), ihre Schwester Dagmar mit einem Anteil von 6,06 Prozent (als Anteilseignerin ohne Befugnis zur Geschäftsführung). Die übrigen Anteile waren auf Friedrich Karl Flick (12,12 Prozent), die Friedrich Karl Flick-Stiftung (42,43 Prozent), die Friedrich und Marie Flick-Stiftung (12,12 Prozent) und die Dr. Friedrich Flick-Stiftung (3,03 Prozent) verteilt. Konrad Kaletsch, Wolfgang Pohle, Otto A. Friedrich und Eberhard von Brauchitsch waren geschäftsführende Komplementäre ohne eigene Kapitalbeteiligung.

Mit Ausnahme der von Friedrich Karl Flick gehaltenen 12,12 Prozent lagen alle Anteile an der Konzernholding jetzt bereits als versteuerte Schenkungen bei der dritten Generation. Friedrich Flick selbst besaß keine Anteile an der FKG mehr, hatte sich jedoch nicht nur die Konzernleitung, sondern auch die Vollmacht zur alleinigen Verwaltung und Verfügung über seine verschenkten Kapitalanteile vorbehalten. Mit einem einzigen Satz informierten die Parteien die Öffentlichkeit gemeinsam über das Ende des Rechtsstreits: »Durch eine am 9. September getroffene Vereinbarung sind die seit 1962 anliegenden Rechtsstreitigkeiten im Hause Flick beendet worden.« Friedrich Flick ließ es sich nicht nehmen, den Bundeskanzler persönlich über das Ende der Auseinandersetzung zu unterrichten. Adenauer antwortete: »Die von Ihnen getroffene Vereinbarung ist über die Grenzen Ihres Lebenswerkes hinaus von großer Bedeutung m. E. für die ganze deutsche Industrie und ihr Ansehen in der Welt.« Indes erlangte der »Friedensvertrag« im Hause Flick erst Rechtsgültigkeit, als am 16. September auch der Neusser Vormundschaftsrichter für die 15-jährige Tochter Otto-Ernsts, Dagmar, seine Zustimmung gab.[296]

Der Prozess »Flick gegen Flick« war zwar nicht der einzige seiner Art. In der Familie Stinnes war Anfang der fünfziger Jahre ein erbitterter Streit über die Eigentumsrechte an dem in den USA beschlagnahmten Stinnes-Besitz ausgebrochen. Hugo Stinnes hatte keine rechtsverbindlichen Vorkehrungen getroffen, und so suchten seine Witwe und seine Kinder 1952 Klärung vor Gericht. Auch bei Thyssen trug man einen Erbstreit 1957 öffentlich aus. Im Fall Flick ging es aber nicht um einen Zwist unter Erben. Der große Unbekannte der deutschen Industrie, der die Öffentlichkeit immer gescheut hatte, war von seinem eigenen Sohn ins Rampenlicht gezerrt worden und musste Rechenschaft darüber ablegen, wie er diesen Sohn behandelt hatte. Der Boulevard ließ sich die Chance nicht entgehen, den klassischen Vater-Sohn-Konflikt genüsslich auszuweiden. Otto Kranzbühler hatte es vorausgesehen und davor gewarnt, dass »Familie und Firma sich vor einem hämischen Publikum öffentlich zerfleischen«. Schlagzeilen wie »Ödi-Flick« (*Wiesbadener Kurier*) dürften keinem in der Familie gefallen haben.[297]

Otto-Ernst Flick verstand es besser als sein Vater, die Presse vor seinen Karren zu spannen. Dabei war zumindest den Wirtschaftsjournalisten durchaus bewusst, dass der Sohn sie im Kampf gegen den übermächtigen Vater zu instrumentalisieren suchte: »War es nicht Taktik des informationsfreudigen Anwalts des Otto-Ernst Flick, ›die Presse‹ an dem Komplex zu interessieren? Friedrich Flick gehört zu den Personen, die eine fast krankhafte Scheu vor Ehrungen und auch vor Publikationen über sich haben.«[298] Auch wenn Friedrich Flick in diesem Streit weniger gezielte Öffentlichkeitsarbeit betrieb, untätig war er deshalb nicht. Die Familienfehde legte die Düsseldorfer Zentrale der FKG zeitweise lahm – und dies in einer schwierigen Phase der Konzernentwicklung. Erst Mitte der sechziger Jahre, nach der Einigung mit Otto-Ernst, unternahm die FKG neue Anstrengungen, das Unternehmen weiter zu entwickeln und auszubauen.

Die Streitigkeiten im Hause Flick spiegeln ein Problem wider, das bei der Regelung von Nachfolgefragen in Familienunternehmen oft auftritt: Der Vater fordert von den Söhnen einerseits Gefolgschaft, andererseits aber auch, dass sie seinem Vorbild nacheifern und ihre Selbständigkeit unter Beweis stellen. Unterwerfen sie sich, nehmen sie automatisch eine schwache Position ein; folgen sie dem Vorbild des Vaters, geraten sie zwangsläufig in Konflikt mit ihm. In diesem Dilemma steckten auch die beiden Flick-Söhne. Während Otto-Ernst schon bei seinen ersten Auftritten in den väterlichen Unternehmen viel Porzellan zerschlug, nur weil er nicht als der Sohn vom Alten gelten wollte, zog sein jüngerer

Bruder es vor, sich dem Vater vollkommen unterzuordnen. Es half ihm nichts: Der stille Friedrich Karl galt zu Hause als schwache Persönlichkeit und stand in keinem besseren Licht als sein lautstark auftretender Bruder.[299]

Der Rechtsstreit »Flick gegen Flick« war letztlich nur Ausdruck und Folge der nie gelösten inneren Widersprüche eines als Familienkonzern gedachten Unternehmenskonzepts, das ausschließlich auf den Firmengründer zugeschnitten war. Friedrich Flick wollte ein dynastisches, über Generationen von der Familie geführtes Eigentum schaffen – aber er konnte nicht loslassen. Weil sein Ältester in seinen Augen zur Nachfolge nicht taugte und auch Friedrich Karl die notwendigen Führungsqualitäten offenbar fehlten, setzte Friedrich Flick am Ende auf die Enkel. Das im Zuge der Streitigkeiten mit Otto-Ernst etablierte neue Gesellschaftermodell mit Pohle, Friedrich und Brauchitsch in der Konzernspitze war lediglich als Übergangslösung gedacht bis zu dem Tag, an dem Gert-Rudolf und Friedrich Christian Flick in die Leitung der FKG eintraten. Auf ihnen ruhten nun Friedrich Flicks Hoffnungen. Das Problem der Nachfolgeregelung war damit lediglich vertagt. Es sollte den Konzern und die Familie weiterhin schwer belasten.

Probleme im Strukturwandel

Der Wiederaufbau des Flick-Konzerns war Ende 1959 weitgehend abgeschlossen. Nach der Abweisung der Klagen gegen die Umwandlungsbeschlüsse bei der Feldmühle und bei Dynamit Nobel konnte Friedrich Flick 1962 sein zweites Lebenswerk als vollendet betrachten. Von Bundespräsident Lübke wurde ihm das Große Verdienstkreuz mit Stern und Schulterband verliehen, eine Auszeichnung, die ihm Theodor Heuss 1953 noch verweigert hatte. Um sein gemeinnütziges Wirken unter Beweis zu stellen, hatte Flick in die Tasche greifen müssen: Drei Millionen Mark gingen an die Diakonissenanstalt Kaiserswerth bei Düsseldorf zur Errichtung eines Altenheimes sowie an die Friedrich-Flick-Förderungsstiftung, die jährliche Auszeichnungen auf dem Gebiet der Technik, der Forschung und der Wirtschaftswissenschaften vergab.[300]

Legendäre Sparsamkeit: der Patriarch mit dem Stumpen.

Am 10. Juli 1963 feierte Friedrich Flick seinen 80. Geburtstag. Eine Festschrift würdigte ihn als den Mann, der »in weitsichtiger Vorausschau und in sicherer Erkenntnis der großen wirtschaftlichen Zusammenhänge und der in der Zukunft liegenden Chancen« den Konzern neu strukturiert habe. Unter dem Dach der FKG seien Unternehmen vereinigt, die zusammen ein »starkes, elastisch funktionierendes Ganzes« bildeten. »Dr. Flick baute alle diese Beteiligungen nach einem großen unternehmerischen Plan auf und gruppierte sie in einer sinnvollen, dem Wesen der einzelnen Unternehmungen entsprechenden Form.« Während die Einzelunternehmen »unter weitgehender Selbständigkeit den größtmöglichen Nutzeffekt im Interesse des Einzelunternehmens erzielen«, beschränke sich die Aufgabe der Konzernzentrale im Wesentlichen auf Koordination, Information und den Austausch technischer und wirtschaftlicher Erfahrungen. Die Arbeit von Friedrich Flick erstrecke sich vor allem auf die Initiative und Mitwirkung an den für die Gesamtentwicklung der Firmen wesentlichen Entscheidungen. Die Wirtschaftspresse griff diese Darstellung bereitwillig und kritiklos auf.[301] Wie aber sah es in Wirklichkeit aus? Warum ließ Flick immer wieder den »organischen« Zusammenhang seines Firmenimperiums so stark betonen?

Weder konnten die Ehrungen davon ablenken, dass die Führung des Flick-Konzerns durch den peinlichen Prozess zwischen Vater und Sohn in Schwierigkeiten steckte, zumal die Enkelgeneration noch nicht so weit war, das Ruder zu übernehmen. Noch ließ sich der Trend der wirtschaftlichen Entwicklung verheimlichen, dem sich auch der Flick-Konzern nicht entziehen konnte. Bis 1970 verzeichnete die Bundesrepublik zwar ein vergleichsweise hohes Wachstum, die jährlichen Zuwachsraten sanken jedoch. 1966 kam es zu der ersten Nachkriegsrezession. Der durch scharfe ausländische Konkurrenz in den fünfziger Jahren eingeleitete Konzentrationsprozess und der strukturelle Wandel der Wirtschaft stellten neue Anforderungen an die Investitionstätigkeit. Die fünfziger Jahre waren von einem extensiven Wachstum geprägt gewesen, vorhandene Anlagen waren deshalb erweitert und ausgebaut worden. In der kapitalintensiveren zweiten Wachstumsphase den sechziger Jahre konnten Unternehmen nur noch dann wachsen, wenn sie neue Technologien einführten und die Modernisierung der Produktion vorantrieben, um die immer teurer und knapper werdende menschliche Arbeitskraft zu ersetzen. Der Arbeitskräftemangel wurde spätestens mit dem Mauerbau vom August 1961 zum Wachstumsengpass Nr. 1 in der Bundesrepublik. Gleichzeitig wandelten sich die internationalen Wettbewerbsbedingungen, die Rufe nach einer Aufwertung der D-Mark wurden immer lauter. Der Kohlenbergbau steckte seit 1958 in der Krise, und in den sechziger Jahren geriet auch die Stahlindustrie unter immer stärkeren Druck sowohl innerhalb der Europäischen Wirtschaftsgemeinschaft als auch auf dem Weltmarkt. Die neuen Wachstumsbranchen hießen Konsumgüter- und vor allem Investitionsgüterindustrie.

Durch die gerichtliche Auseinandersetzung zwischen Friedrich und Otto-Ernst Flick war unmittelbar zunächst die Leitung der Maxhütte beeinträchtigt. Im November 1961 hatte Friedrich Flick Odilo Burkart gebeten, vorerst im Amt zu bleiben. Nun war in der Presse bereits über einen Wechsel im Vorstand spekuliert worden. Kaletsch, der wusste, dass nichts unangenehmer ist, als von einer Meldung in der Presse überrascht zu werden, die dann dementiert werden muss, empfahl Burkart, als Begründung anzuführen, dass er bei der Zweirad-Union so weit entlastet sei, dass er die Maxhütte weiter lenken könne. Den Besuch eines Wirtschaftsredakteurs der *Welt* in der Düsseldorfer Konzernzentrale nutzte Kaletsch, um ihm das Versprechen abzunehmen, dass in dem Blatt vorerst keinerlei Mitteilung über die Führung der Maxhütte erscheinen werde. Ende März 1963 schließlich ließ Flick den Vorstand der Maxhütte neu bestellen. Burkart sollte das Amt des Vorstandsvorsitzenden noch bis zum 30. September 1966 innehaben und dann als zweiter stellvertretender Vorsitzender in den Aufsichtsrat wechseln.[302] Flick setzte in der für ihn persönlich schwierigen Lage Anfang der sechziger Jahre auf Kontinuität und Erfahrung.

Getreu seinem Selbstverständnis als »Eisenmann« war Friedrich Flick in der Maxhütte aber auch selbst weiterhin präsent. Dies zeigte sich, als das neue, 60 Millionen Mark teure Kaltwalzwerk, das die VÖEST bis Ende 1961 hochgezogen hatte, Probleme bereitete. Da bereits das Feinblechwalzwerk unbefriedigend arbeitete, war Flick misstrauisch: Zusätzliche Schwierigkeiten im Kaltwalzwerk könne man sich nicht leisten. Daimler-Benz und die Auto Union würden zunächst nur Probeaufträge vergeben; wolle man größere Mengen absetzen, müsse die Qualität unbedingt jener der Konkurrenz entsprechen. Um die Probleme in den Griff zu bekommen, versuchte Flick, Rudolf Pichler von der VÖEST abzuwerben; als das fehlschlug, sorgte er zumindest für ein weiterhin gutes Klima, indem er Pichler »für jede Jahreszeit freie Büchse« auf Gut Rottenmann gab.

Flick interessierte sich nach wie vor besonders für das Verhältnis von Investitionen und Gewinnen. Eine Gegenüberstellung der Maxhütte und der Stahlwerke Südwestfalen, an denen die Maxhütte mit 52 Prozent beteiligt war, ergab, dass die Rohstahlproduktion bei der Maxhütte in zehn Jahren um 40 Prozent, bei Südwestfalen hingegen um 95 Prozent gestiegen war; im gleichen Zeitraum waren bei der Maxhütte 247 Millionen, bei Südwestfalen 230 Millionen Mark investiert worden. Der Bruttogewinn über zehn Jahre betrug insgesamt 347 Millionen Mark bei der Maxhütte, 415 Millionen Mark bei Südwestfalen. Flick war über diese Vergleichszahlen und das schlechte Abschneiden der Maxhütte verärgert.[303]

Ähnlich wie die Ergebnisse bei Südwestfalen hatten sich auch die Ergebnisse der Maxhütte-Tochter Donauwörth/Siebel zunächst zur Zufriedenheit Flicks entwickelt. Allerdings blieben die Hauptprobleme bestehen: Im Militärflugzeugbau – der wichtigsten Einnahmequelle des Unternehmens – verschlang die Einführung eines neuen Produkts Millionen. Außerdem war Donauwörth/Siebel von einem einzigen Auftraggeber abhängig, dem Staat. Der Anteil des Flugzeugbaus am Gesamtumsatz betrug 1963 fast 60 Prozent, 43 von 73 Millionen Mark. 1964 kam es im Gesellschafterkreis zu Differenzen mit der Schweizer Bührle-Gruppe. Diese erwartete eine Gewinnausschüttung von drei Millionen Mark, was Burkart für entschieden zu hoch hielt. Schließlich konnte man sich darauf einigen, 2,7 Millionen Mark Gewinn auszuschütten, hiervon aber 1,8 Millionen für eine Kapitalerhöhung zu nutzen. Die Aussichten waren jedoch düster: Die Noratlas- und F 104-Serien liefen aus, einziger aktueller Großauftrag mit einem Volumen von etwa 20 Millionen Mark war der Bau der Breguet 1150 Atlantic, eines Hochseeaufklärers. Wie schon 1958 bei der Gründung der Arbeitsgemeinschaft 104 zur Durchführung des Starfighter-Programms bestand das Verteidigungsministerium auch diesmal auf Gründung eines Konsortiums. Ende 1964 riefen Bölkow, Messerschmitt und Siebel deshalb die BMS-Flugzeugbau GmbH ins Leben; vom Stammkapital in Höhe von 1,5 Millionen Mark lagen 60 Prozent bei Messerschmitt, 30 Prozent bei Siebel und zehn Prozent bei Bölkow. Die BMS sollte Fertigungsaufträge der öffentlichen Hand auf allen Gebieten der Flugtechnik übernehmen, wurde in Bonn indes nur als Vorstufe für eine weitergehende Konzentration gesehen.[304]

Friedrich Flick hatte sich lange Zeit nicht für die Donauwörth/Siebel-Beteiligung interessiert und Odilo Burkart freie Hand gelassen. Als sich das Unternehmen aber nicht wie gewünscht entwickelte, forderte er im März 1965 detaillierte Auskünfte an. Die Düsseldorfer Konzernzentrale war durch ein gut organisiertes Berichtswesen stets über die Lage in den einzelnen Unternehmen im Bilde und konnte jederzeit direkt eingreifen. Burkart, der mit dem Tochterunternehmen selbst nicht mehr glücklich war, packte die Gelegenheit beim Schopf und bat Flick, das Donauwörth-Aktienpaket, das zu diesem Zeitpunkt einen Wert von etwa sechs Millionen Mark besaß, kurzfristig an Bölkow abstoßen zu dürfen. Die Bilanz des Maxhütte-Engagements bei Donauwörth sah eher mager aus: Den für Anschaffung, Kapitalerhöhungen und Kapitalzuschüsse von 1952 bis 1965 aufgelaufenen Kosten von 6,1 Millionen

Mark standen lediglich Erträge von 5,7 Millionen Mark gegenüber (4,2 Millionen Mark durch Verkäufe, 1,5 Millionen Mark Gewinne). Mit Flicks Zustimmung verkaufte Burkart das Donauwörth-Aktienpaket mit einem Nominalwert von 2,1 Millionen Mark für 6,5 Millionen Mark an Bölkow.[305]

Große Schwierigkeiten bereitete inzwischen auch der Standort Lübeck. Die veränderte Wettbewerbslage traf das ohnehin schwächelnde Werk besonders früh und hart. Als Hüttenwerk konnte Lübeck auf dem Markt nicht länger bestehen, weil reines Eisen kaum noch abzusetzen war. Die Kupferproduktion, die das Unternehmen jahrelang mitgetragen hatte, war vom Weltmarktpreis abhängig. Insbesondere die erste Aufwertung der D-Mark im März 1961 setzte dem Exportgeschäft ein jähes Ende; deshalb war aus dem lange Zeit lukrativen Nebengeschäft in den sechziger Jahren ein Verlustbringer geworden. Hinzu kamen Transportprobleme, da die modernen Massengutfrachter den Herrenwyker Hafen nicht mehr anlaufen konnten, der nur für Schiffe bis 30 000 BRT ausgelegt war. Das Werk an der Ostsee musste inzwischen mit der Bahn von den Nordseehäfen aus mit Erz und Kohle beliefert werden. Damit waren die Metallhüttenwerke in den sechziger Jahren einem doppelten Druck ausgesetzt: Während der Absatz sank, stiegen die Kosten beträchtlich.

In dieser Situation ließ Flick 1965 die Beteiligungsverhältnisse bei den Metallhüttenwerken neu ordnen. Lübeck hatte mittlerweile 65 Prozent des Kapitals von Buderus erworben. Da aber alle Pläne, die Metallhüttenwerke auf eine bessere Grundlage zu stellen, gescheitert waren, stellte Flick die gesamte Unternehmenskonstruktion nun auf den Kopf: Lübeck wurde im Rahmen einer Fusion mitsamt allen Vermögenswerten und den stillen Reserven auf Buderus übertragen. Anschließend führte eine neue Gesellschaft das Produktionsprogramm der Metallhüttenwerke Lübeck GmbH mit denselben Betriebsanlagen und derselben Belegschaft fort, auch der Name blieb erhalten. Mit den Lübecker Erträgen war bisher der Schuldendienst für den Erwerb der Buderus-Beteiligung bedient worden; jetzt wurde Buderus zum Eigentümer von Lübeck. Der Buderus-Vorstand hoffte, in Lübeck eine »Ergänzungsproduktion« einrichten zu können; zudem sollte die Fusion die Grundlage für Finanzierungen und Investitionen wesentlich verbessern.[306] Ein weiteres Mal wird an diesem Beispiel deutlich: Auf die Folgen des Strukturwandels wusste Flick nicht anders als mit einem Umbau seines Beteiligungsgeflechts und damit rein finanziell zu reagieren.

Im Januar 1965 hatte Buderus bereits den 50-prozentigen Anteil an der Stahlwerke Röchling-Buderus AG vom bisherigen Partner Röchling übernommen. Auch war es Friedrich Flick gelungen, bei einem Treffen mit dem hessischen Finanzminister Albert Osswald den Rückkauf der nach dem Krieg ins Gemeineigentum überführten Hessischen Berg- und Hüttenwerke AG (Berghütte) in Wetzlar in die Wege zu leiten. Zu diesem Zweck musste die in der hessischen Landesverfassung verankerte Sozialisierung der Grundstoffindustrie durch den Landtag aufgehoben werden. Das Unternehmen, das Eisenerz förderte und verhüttete und Buderus nach wie vor zu seinen wichtigsten Abnehmern zählte, war Anfang der sechziger Jahre in erhebliche wirtschaftliche Schieflage geraten; die Bilanzen wiesen für den Zeitraum von 1959 bis 1962 Verluste von insgesamt 5,3 Millionen Mark aus. Jetzt verkaufte die Landesregierung ihren Anteil an der Berghütte von nominell 18,5 Millionen Mark für 22,5 Millionen Mark an Buderus. Der Buderus-Umbau und der Zusammenschluss mit den Metallhüttenwerken war nicht nur eine Beseitigung von Entflechtungsfolgen (im Fall der Berghütte), sondern auch Ausdruck des allgemeinen Konzentrationsprozesses in der westdeutschen Stahlindustrie.

Am 3. September 1965 unterzeichneten die wiedervereinten Unternehmen einen Gewinnabführungs- und Verlustübernahmevertrag. Die Konstruktion entsprach freilich nicht mehr den industriepolitischen Erfordernissen der Zeit, weil es keine Syndikate mehr gab, die eine vertikale Integration und ein Gebietsmonopol auf der Rohstoffseite hätten belohnen können. Zudem fand das Manöver in einem strukturell schwachen Industrierevier statt, dessen Erzförderung nicht mehr konkurrenzfähig war.[307] Kurz darauf schlossen auch Buderus und Krauss-Maffei einen Organvertrag mit Ergebnisabführung. Die Krauss-Maffei-Gewinne flossen jetzt aus München nach Wetzlar, so dass es sich die neue Muttergesellschaft leisten konnte, die defizitären Töchter Berghütte und Lübeck weiter zu finanzieren. Der Krauss-Maffei-Aufsichtsrat begründete die weit reichende Organschaft mit der zunehmenden wirtschaftlichen Verflechtung beider Unternehmen. Krauss-Maffei hatte – ähnlich wie Donauwörth/Siebel – mit dem Ende des Dampflokbaus seine Produktion neu ausrichten müssen. Im Lokomotivbau hatte das Unternehmen auf Dieselloks umgestellt, das übrige Programm war stark mit Tätigkeitsbereichen von Buderus und anderen Unternehmen der Flick-Gruppe wie dem Kunststoffmaschinenbau und der Trenntechnik verflochten.

Als das Auslaufen des Omnibusbaus bevorstand, ergriff Krauss-Maffei die Chance, in die Rüstungsproduktion einzusteigen. Mehrere Bewerber rangen um den lukrativen Auftrag des Bundesverteidigungsministeriums für die Fertigung des neuen Kampfpanzers für die Bundeswehr. Die ärgsten Konkurrenten von Krauss-Maffei waren Hugo Stinnes jr. und vor allem die Familie Quandt, die den Panzer in Hamburg produzieren lassen wollte. Mit Unterstützung des früheren Bundesverteidigungsministers Franz Josef Strauß machte Krauss-Maffei in München das Rennen. Im Juli 1963 übertrug das Bundesamt für Wehrtechnik und Beschaffung in Koblenz Krauss-Maffei die Fertigung von 1000 bis 1500 Leopard-Panzern. Einzelne Komponenten bestellte Krauss-Maffei im Auftrag des Bundes bei anderen Herstellern, den Motor etwa bei Daimler-Benz. Das Münchner Unternehmen erhielt für die Übernahme der Generalunternehmerschaft eine Managementgebühr von 4,2 Prozent auf den Stückpreis. Das Gesamtvolumen des Auftrags betrug mindestens 1,2 Milliarden Mark, den Auftragswert für das eigene Unternehmen taxierte der Vorstand von Krauss-Maffei auf 408 Millionen Mark. Ende Dezember 1964 wurden die Verträge unterzeichnet.[308]

Im Sommer 1965 trat Buderus-Chef Franz Grabowski in Frankfurt vor die Presse und erläuterte weitere Umstrukturierungen der Unternehmensgruppe. Die FKG hielt mittlerweile direkt oder indirekt die Mehrheit am Buderus-Stammkapital von 34,1 Millionen Mark. Ihren Einfluss machte sie über eine neu gegründete Zwischenholding geltend, die Hessische Gesellschaft für industrielle Unternehmungen Friedrich Flick GmbH (HGI) mit Sitz in Wetzlar. Die HGI hatte ein Kapital von 30 Millionen Mark, von denen 20 Millionen direkt bei der FKG und 10 Millionen Mark bei der VG lagen. Flick hatte der hessischen Landesregierung bei den Verhandlungen über den Rückkauf der Berghütte zusagen müssen, dass die neue Holding ihren Sitz in Hessen nahm, damit dem Land die Steuern erhalten blieben; deshalb war sie auch durch keinen Organvertrag an die FKG gebunden. Flick hatte es auch diesmal wieder verstanden, seine Interessen mit den Interessen der öffentlichen Hand zu verknüpfen und sich das Wohlwollen der Landesregierung zu sichern.

Bei der Neuordnung des Buderus-Komplexes nutzte Flick das zum 1. Januar 1966 in Kraft tretende neue Aktienrecht, das Unternehmenszusammenschlüsse erleichterte. Allerdings schrieb das Gesetz vor, dass beim Abschluss von Organschaftsverträgen den außenstehenden Aktionären sowohl eine »Ausgleichszahlung« in Form einer Dividende als auch eine Abfindung angeboten wird. Bei Buderus waren rund 35 Prozent der Aktien in Streubesitz. Die HGI machte den Kleinaktionären das Angebot, ihre Aktien bis zum 30. September 1965 zu einem Kurs von 555 Prozent zu übernehmen – oder die Aktien zu behalten, bei einer garantierten Dividende von zwölf Prozent. Ähnliche Offerten erhielten die Kleinaktionäre von Krauss-Maffei. *Die Zeit* interpretierte das Angebot so, dass Flick offenbar aus der Vergangenheit gelernt hatte und – anders als bei der Umwandlung der Feldmühle und von Dynamit Nobel Ende 1959 – keinen neuen Ärger mit Kleinaktionären riskieren wollte.[309] Flicks Nachfolgern sollten die weitgehenden Dividendenzusagen später einmal schwer zu schaffen machen.

Bei der Feldmühle und bei Dynamit Nobel hatten die Ende 1959 durchgesetzten Umwandlungsbeschlüsse lange Zeit nicht vollzogen werden können, da noch Klagen von Kleinaktionären anhängig waren. Am 7. Juli 1962 erklärte das Bundesverfassungsgericht das Umwandlungsgesetz für verfassungsgemäß, und bereits am nächsten Tag veranlasste die Feldmühle die Eintragung ins Handelsregister bei gleichzeitiger Namensänderung der AG für Papier- und Zellstoffinteressen in Feldmühle AG. 1964 machte der konsolidierte Umsatz der Feldmühle-Gruppe im Vergleich zum Vorjahr zwar einen Sprung um 8,4 Prozent auf 1,6 Milliarden Mark. Aber der internationale Wettbewerb auf dem Papiermarkt hatte seit Jahren an Schärfe zugenommen, und auch die Feldmühle bekam dies nun zu spüren. Nachdem es dem Unternehmen wegen der begrenzten Niederlassungsfreiheit nicht geglückt war, in Skandinavien Fuß zu fassen und dort eine eigene Zellstoffbasis zu erwerben, orientierte es sich nach Kanada. An der Westküste gründete die Feldmühle gemeinsam mit der Reed Paper Group Ltd. (London) und der Canadian Forrest Products Ltd. (Vancouver) die Intercontinental Pulp Company Ltd.; an der Ostküste war sie mit einer 40-Prozent-Beteiligung größter Aktionär der Rothesay Paper Corp., die Anfang 1965 die größte Papiermaschine der Welt aufstellte. Die höheren Transportkosten insbesondere von der kanadischen Westküste (14 Dollar je t) im Vergleich zu Importen aus Skandinavien (8 Dollar je t) wurden durch die niedrigeren Holzpreise in Kanada ausgeglichen (15 Mark je Kubikmeter in Westkanada im Gegensatz zu 35 Mark in Skandinavien und 45 in Westdeutschland).[310] Damit setzte sich die Feldmühle freilich in noch stärkerem Maß der Entwicklung des Weltmarktes und den damit verbundenen Währungsrisiken aus.

Das Glanzstück im Portefeuille der FKG blieb die Beteiligung an Daimler-Benz. Der Autokonzern wuchs rasant weiter und baute seine Kapazitäten massiv aus. Bereits von 1949 bis 1961 hatte Daimler-Benz rund eine Milliarde Mark investiert, in den Geschäftsjahren 1961/62 und 1962/63, die einen Konjunkturrückgang befürchten ließen, weitere rund 500 Millionen. Die Auto Union verlagerte ihre Produktion, sehr zur Freude des bayerischen Ministerpräsidenten Ehard, ganz nach Ingolstadt; ihre Düsseldorfer Betriebsstätten übernahm Daimler-Benz als Pachtbetrieb. 1959 hatte Flick Daimler-Benz seine 50-Prozent-Beteiligung an der Maybach Motoren GmbH zum Kauf angeboten. Der Daimler-Vorstand beschloss, direkt und ohne Einschaltung des Maybach-Vorstandes mit Flick zu verhandeln. Dieser erklärte, die Offerte sei zeitlich begrenzt, da es noch einen anderen Interessenten gebe. Zudem stellte er unverblümt einen Zusammenhang zwischen diesem Geschäft und seiner Zustimmung zu einer »Interessennahme« von Daimler-Benz an BMW her. Am 27. Juli 1960 beschloss der Daimler-Benz-Aufsichtsrat, in dem drei Vertreter der FKG saßen, insgesamt bis zu 75 Prozent der Maybach-Anteile zu erwerben. Es handelte sich um ein typisches Flick-Geschäft auch insofern, als die übrigen Maybach-Aktionäre von der Beteiligung Flicks an dem Unternehmen erst spät erfuhren – nämlich im Moment des Weiterverkaufs an Daimler-Benz.[311] Flick hatte damit erneut ein Aktienpaket versilbert, ohne die Möglichkeit der Einflussnahme auf das Unternehmen aufgeben zu müssen.

Am 8. Oktober 1960 unterrichtete Daimler-Chef Fritz Könecke den Aufsichtsratsvorsitzenden Abs darüber, dass er zum Jahresende aus-

scheiden wolle; sein einziger Sohn war bei einem Unfall ums Leben gekommen. Der Aufsichtsrat entsprach dem Wunsch Köneckes. Bei der
Neubesetzung des Postens machte Flick seinen Einfluss geltend: Auf seinen Vorschlag wurde im Februar 1961 der Generaldirektor der VÖEST
Walter Hitzinger zum Vorstandsvorsitzenden berufen. Flicks Wunschkandidat zeichnete sich durch ein überbordendes Selbstbewusstsein
aus – und eine, vorsichtig formuliert, hemdsärmelige Art. In der von
ihm verfassten Pressemeldung zu seiner Berufung nannte sich Hitzinger
einen »der geschicktesten internationalen Verhandlungspartner« – eine
Fähigkeit, die ihm im Umgang mit Mitarbeitern und Vorstandskollegen, wie sich bald zeigen sollte, völlig abging.

Während der Konzernumsatz von Daimler-Benz, Auto Union und
Maybach weiter kräftig stieg und 1962 4,5 Milliarden Mark erreichte
(ein Plus von 10,1 Prozent im Vergleich zum Vorjahr), stellten sich zunehmend Probleme bei der Auto Union ein. Deren nicht ausreichend
erprobte Frischölautomatik etwa versagte im Winter 1962/63 und verursachte schwere Motorschäden, worunter der gerade aufpolierte Ruf
sehr litt. Zugleich machte sich die Konkurrenz von Ford und Opel
bemerkbar.[312]

Flick mischte sich jetzt immer häufiger bei Daimler-Benz ein. Er ließ
sich nicht nur über Bilanzangelegenheiten unterrichten (Hitzinger und
Finanzchef Zahn mussten immer wieder die Reise nach Düsseldorf antreten), sondern auch über produktionstechnische Details, etwa über
Probleme mit den Einspritzpumpen von Lkw-Motoren. Bei einem Besuch der Werke in Mannheim und Gaggenau bat Flick um detaillierte
Informationen über Strompreise und die Wirtschaftlichkeit der Elek-
troschmelzöfen. Flick überraschte Hitzinger bei zwei oder drei Telefon-
anrufen pro Woche mit »exakten Zahlen und kniffligen Detailkennt-
nissen«. Aber zum ersten Mal musste es sich der Konzernchef jetzt
gefallen lassen, dass man ihn zu umgehen suchte: Da Flick »mit diesen
Dingen nicht weiter behelligt« werden sollte,[313] besprachen Vertreter
von Daimler-Benz wichtige Fragen fortan mit Günter Max Paefgen.
Ganz offensichtlich wollte man Friedrich Flick aus den Entscheidungen
des operativen Geschäfts heraushalten, jedenfalls trafen seine Manager
Absprachen über den Kopf des Patriarchen hinweg. Dem in der Öffentlichkeit bis zuletzt aufrechterhaltenen Bild eines Konzernchefs, der die

Zügel fest in der Hand hielt, entsprach dies nicht. Über die Gründe lässt sich nur spekulieren. Dass sich der Alte über Produktionsfragen bei Daimler-Benz auf dem Laufenden halten ließ, ohne wirklich etwas vom Autogeschäft zu verstehen, dürfte von den Verantwortlichen als ebenso störend empfunden worden sein wie die ständige intensive Kontrolle, wo doch die Geschäfte – mit Abstrichen bei der Auto Union – insgesamt gut liefen.

Dies spiegelte sich auch im Höhenflug der Daimler-Benz-Aktie. 1963 beschloss der Aufsichtsrat eine Erhöhung des Stammkapitals um 135,3 Millionen Mark. Die Hauptaktionäre erhielten die neuen Aktien zu Vorzugsbedingungen, denn die Hälfte der Einlage zahlte das Unternehmen aus den Rücklagen selbst, der Rest wurde zum Nominalwert abgegeben. Flick, der neue Aktien im Wert von rund 58 Millionen Mark erhielt, musste dafür nur rund 29 Millionen Mark aufbringen. Da der Kurs zu diesem Zeitpunkt bei 1300 Prozent stand, besaßen Flicks neue Aktien einen Marktwert von 754 Millionen Mark. Diesem enormen Wertzuwachs seiner Beteiligung zum Trotz übte Flick kurz darauf massive Kritik: Ihm sei zwar klar, dass die Rentabilitätsberechnung bei einer Autofabrik mit gemischtem Programm nicht einfach sei, aber es erscheine ihm »nicht sehr beeindruckend«, wenn bei einem Investitionsaufwand von insgesamt 587 Millionen Mark das Ergebnis des laufenden Jahres 1964 für das kommende Jahr nicht einmal gesichert werden könne. Flick dachte zu sehr in traditionellen Kategorien, um verstehen zu können, dass unter den neuen Bedingungen generell mehr investiert werden musste, um die Ergebnisse auch nur halten zu können.

Was Flick ernsthafte Sorgen bereitete, war die Auto Union: Das Neuwagengeschäft steckte tief in den roten Zahlen. Er begrüßte es daher ausdrücklich, dass der Daimler-Benz-Vorstand im Herbst 1964 Verhandlungen mit der Volkswagen AG über einen Verkauf der Auto Union aufnahm. Dabei verlor er allerdings die Interessen der Maxhütte nicht aus den Augen. Am 27. Oktober schrieb er Volkswagen-Chef Heinrich Nordhoff, er wolle nicht »vergessen, einen Punkt zu berühren, der ihm besonders am Herzen liegt«, die Lieferungen der Maxhütte an die »in ihrem natürlichen Absatzgebiet liegende Auto Union«. Bei der »freundschaftlichen Einstellung« Nordhoffs gehe er aber davon aus, dass die Lieferverträge wie bisher bestehen blieben. Zwei Jahre zuvor, im Winter 1962/63, hatten Nordhoff und Flick erstmals über eine Zusammenarbeit von VW und Daimler-Benz gesprochen, wobei dem Volkswagen-Chef eine Fusion vorschwebte.

Als Daimler-Benz und Volkswagen jetzt erneut über mögliche Formen der Zusammenarbeit verhandelten, mischte Flick wieder kräftig mit. Am 20. Mai 1965 ließ er Nordhoff wissen, dass seiner Ansicht nach nur eine Interessengemeinschaft infrage komme. Weitergehenden Überlegungen, ein »IG-Vertrag« könne für Volkswagen und Daimler-Benz nur eine Übergangslösung auf dem Wege zu einer Fusion oder zu einer Konzernbildung sein, erteilte er eine entschiedene Absage. Bei einer Vollfusion von Daimler-Benz und Volkswagen wäre Flicks Eigentumsquote am neuen Unternehmen wahrscheinlich unter die 25-Prozent-Marke gesunken. Zudem war der durch das Volkswagen-Gesetz festgeschriebene Einfluss des Landes Niedersachsen für Flick wenig attraktiv. Abs schloss sich der Auffassung von Flick an, und damit war die Frage einer Fusion erledigt. Auf beiden Seiten blieb jedoch das Interesse an einer Intensivierung der Zusammenarbeit bestehen; im Sommer 1966 gründeten Volkswagen und Daimler-Benz die Deutsche Automobil GmbH mit Sitz in Hannover, um künftig bei der Entwicklung, Herstellung und dem Vertrieb von Fahrzeugen sowie im Maschinen- und Motorenbau zu kooperieren.[314] An den Machtverhältnissen bei Daimler-Benz hatte sich nichts geändert: Gegen Flicks Votum konnten keine Grundsatzentscheidungen getroffen werden, er aber blieb auf die Verständigung mit den anderen beiden Großaktionären Quandt und Deutsche Bank angewiesen.

Anfang der sechziger Jahre zog sich Friedrich Flick aus seiner stillen Mehrheitsbeteiligung bei der Neckermann Versand KG zurück, an der er über die Investiha mit 36 Millionen Mark beteiligt war. Josef Neckermann selbst hielt nur 19 Millionen Mark, etwa 35 Prozent des Stammkapitals. Allein im Geschäftsjahr 1962 waren die Verbindlichkeiten des Versandhändlers von 57 auf 85 Millionen Mark gestiegen. Die Beteiligung, auf die Flick kaum Einfluss nehmen konnte, nahm sich in der unternehmerischen Gesamtkonzeption des Flick-Konzerns ohnehin etwas seltsam aus. Weder interessierte sich Flick für Neckermanns Auslandsgeschäfte, noch war er für eine Kapitalerhöhung zu gewinnen. Zunächst hatte er Neckermann mit Helmut Horten zusammenbringen wollen; als Neckermann dies ablehnte, weil Horten sich nicht mit der Rolle des stillen Teilhabers zufriedengeben wollte, verkaufte Flick für einen Kurs von 225 Prozent an die Pariser Filiale von Morgan Guaranty.[315]

Die frühen sechziger Jahre waren für den Flick-Konzern eine Phase der Konsolidierung und in erster Linie dem Ausbau und der Neustrukturierung der Beteiligungen gewidmet. Initiativen zum Erwerb neuer Unternehmen gab es nicht, zumal die Mittel aus dem Verkauf der Steinkohlegesellschaften aufgebraucht waren. Flick selbst erklärte später: »Die Leute meinen oft, ich hätte mir eine Karte von Deutschland genommen und mit dem Bleistift Kreuzchen eingezeichnet, wo ich meine zukünftigen Fabriken stehen haben will. Das ist großer Unsinn.« Er habe vieles ausprobieren müssen, bis die einzelnen Teile endlich zusammenpassten. In Wirklichkeit kam dabei ein »Gemischtwarenladen« heraus, dessen einzelne Abteilungen kaum einen inneren Zusammenhang erkennen ließen – allen gegenteiligen Beteuerungen zum Trotz.

Nach dem endgültigen Abschluss des Rechtsstreits mit Otto-Ernst fand Friedrich Flick es an der Zeit, dem neuen Charakter seines Konzerns Rechnung zu tragen. Am 21. Dezember 1965 beschloss die FKG die Änderung der Verwaltungsgesellschaft für Steinkohlenbergbau und Hüttenbetrieb mbH in Verwaltungsgesellschaft für industrielle Unternehmungen Friedrich Flick GmbH, die ab 1. Januar 1966 als alleinige Zwischenholding der FKG fungierte und in den Organschaftsverhältnissen mit den einzelnen »Gruppen« des Flick-Konzerns die Rolle der Obergesellschaft innehatte. Zum Organkreis zählten die »Gruppe Feldmühle« mit 13 Tochterunternehmen, der wiederum die »Gruppe Dynamit Nobel« mit zwölf Tochterunternehmen untergeordnet war, sowie die »Gruppe Maxhütte« mit neun Tochterunternehmen. Für die »Gruppe Buderus« existierte eine eigene Holding, die HGI, die als Obergesellschaft für die Buderus'schen Eisenwerke mit insgesamt 34 Tochter- und Enkelunternehmen bestand. Unter »Sonstige« verzeichnete der »Organkreis« weitere 14 Unternehmen, darunter alle früheren mitteldeutschen Unternehmen wie Mittelstahl. Damit war der »Organkreis«, der am 3. August 1960 noch 58 Tochter- und Enkelunternehmen umfasst hatte, erheblich ausgebaut worden. Die Organverträge dienten nicht allein der Beherrschung der Tochterunternehmen, sondern auch der Querfinanzierung der Beteiligungen.[316] Ertragreiche Unternehmen wie Südwestfalen und Krauss-Maffei führten ihre Gewinne an die Maxhütte beziehungsweise an Buderus ab.

Ein Symbol des Konzernumbaus war 1967 der Umzug der Friedrich Flick KG. Jahrelang hatte die Konzernspitze in angemieteten Räumen in der Düsseldorfer Friedrichstraße gesessen. Als Eberhard von Brauchitsch 1960 seine Tätigkeit bei der FKG aufnahm, stand ihm als Assistent des Juniorchefs Friedrich Karl Flick ein sechs Quadratmeter großes Büro zur Verfügung; dem nüchternen Bürogebäude der Provinzialversicherung attestierte Brauchitsch Jahre später einen »spießigen Charme«. Erst 1966 konnte Feldmühle-Chef Herbert Rohrer Friedrich Flick davon überzeugen, auf einem Grundstück der Feldmühle an der Mönchenwerther Straße 15 in Düsseldorf-Oberkassel ein dreistöckiges Verwaltungsgebäude zu errichten. Auch hierbei handelte es sich um einen Zweckbau im zeittypischen Stil des »Brutalismus«. Flick ließ das Personal (die Zentrale kam weiterhin mit weniger als 100 Mitarbeitern aus) auf zwei Etagen unterbringen, die dritte Etage wurde zunächst nicht ausgestattet. Es gab einen Verbindungstrakt zum benachbarten Bürohaus der Feldmühle; Kantine und Konferenzräume wurden gemeinsam genutzt. Lediglich Friedrich Flicks Büro war etwas luxuriöser ausgestattet, es verfügte über einen angrenzenden Ruheraum und einen eigenen Wasseranschluss.[317]

Friedrich Flick sollte das neue Büro nicht mehr nutzen. Er lebte zu dieser Zeit wegen einer Bronchialerkrankung bereits in Konstanz beziehungsweise im benachbarten schweizerischen Kreuzlingen, wohin er sich zurückgezogen hatte, nachdem seine Frau am 22. Januar 1966 gestorben war. 1968 legte Flick schließlich auch seine Aufsichtsratsmandate bei wichtigen Beteiligungsgesellschaften nieder, so bei Daimler-Benz, der Maxhütte und Buderus. Dennoch wollte er weiterhin in wichtige Entscheidungen einbezogen werden. Regelmäßiger Besucher am Bodensee war sein Cousin und engster Mitarbeiter Konrad Kaletsch, der immer sonntags an den Bodensee reiste und von dort mit dem Nachtzug zurück nach Düsseldorf. Selbst die Vorstandsvorsitzenden der großen Konzernunternehmen kamen um solche Reisen nicht herum. Auch Gert-Rudolf und Friedrich Christian Flick fanden sich nach ihrem Juraexamen 1968 und 1969 einmal in der Woche bei ihrem Großvater im Kreuzlinger Haus Ebersberg ein, wo dieser ihnen, wie

Zeittypischer Zweckbau auf dem Gelände der Feldmühle: die 1967 bezogene Konzernzentrale in Düsseldorf-Oberkassel.

es später hieß, »den letzten Schliff« für den Eintritt in die Geschäftsführung gab.[318]

Die Diskretion blieb auch weiterhin bestehen; das galt sowohl für den Konzern als auch für den Konzernchef, der Interviews nach wie vor meist ablehnte. Gleichwohl maß Flick der Öffentlichkeitsarbeit große Bedeutung bei. Die Berichterstattung über sich und seine Geschäfte, die er durch gezielte Streuung von Informationen schon früh zu steuern begonnen hatte, blieb notgedrungen auf das vom Konzern zur Verfügung gestellte Material angewiesen. Als 1958 mehrere große Industriekonzerne, unter anderem Krupp, Bayer und Hoechst, die Deutsche Public Relations-Gesellschaft aus der Taufe hoben, war Flick nur indirekt dabei – über Daimler-Benz. Insbesondere bei Krupp verfolgte man eine offensive Strategie, indem man in Zeitschriften und im Rundfunk in Deutschland, Großbritannien und Frankreich um »öffentliches Vertrauen« warb; in den USA kämpfte man gegen den schlechten Ruf des Konzerns mit großen Anzeigenserien in Zeitschriften wie *Life*, *Newsweek* und *Fortune*.

1961 war die FKG über Wolfgang Pohle an der Gründung eines Arbeitskreises Unternehmensführung beteiligt. Hier trafen sich die Spitzen der deutschen Industrie, unter anderem Hermann Winkhaus (Mannesmann), Karl Winnacker (Hoechst) sowie der damals noch bei Phoenix unter Vertrag stehende Otto A. Friedrich. Für die Öffentlichkeitsarbeit war das Büro für Wirtschaftsforschung zuständig, das die angeschlossenen Unternehmen mit jeweils mageren 3000 Mark pro Jahr finanzierten. 1960 stellte Flick einen eigenen Mann für die Medienarbeit ein: Johann Schäfer, der zu diesem Zeitpunkt bereits sechzig Jahre alt war und in der FKG fortan die Abteilung Presse und Public Relations leitete.[319]

1968 ließ Flick die Pforten der Konzernzentrale für einen Journalisten des amerikanischen Magazins *Fortune* öffnen. In der amerikanischen Berichterstattung über den Flick-Konzern war es zu einigen Misstönen gekommen. Nach einem *Fortune*-Artikel vom 15. September 1968, der die Verurteilung Friedrich Flicks als Kriegsverbrecher aufgriff, machte der in New York lebende Sohn von Kaletsch, Otto-Albert, den Vorschlag, das Magazin mit »exakten Unterlagen« auszustatten. Brauchitsch konzedierte in seiner Antwort: »Ohne jeden Zweifel entspricht unsere bisherige Tätigkeit nicht dem, was wir dem Image der Familie Flick und unserem Hause schuldig sind.« Die bescheidene Öffentlichkeitsarbeit des Konzerns in Nordamerika war ursprünglich von dem amerikanischen Ex-General Julius Klein koordiniert worden, dessen Agentur verschiedene deutsche Konzerne vertrat. In den sechziger Jahren war Klein in zahlreiche Affären verstrickt, was die FKG wie die meisten deutschen Unternehmen veranlasste, ihre Beziehungen zu ihm zu kappen. Die Öffentlichkeitsarbeit in den USA sollte fortan über Daimler-Benz gesteuert werden.[320] Eigene Initiativen der FKG zum Auf- und Ausbau einer systematischen Auslands-PR lassen sich nicht belegen.

1968 wartete Flick erstmals mit einer Konzernbilanz auf. Das neue Aktiengesetz von 1965 schrieb Gesellschaften mit beschränkter Haftung vor, Bilanzzahlen zu veröffentlichen, wenn sie Tochterunternehmen in der Rechtsform von Aktiengesellschaften beherrschten. »Freiwillig haben wir das nicht getan«, ließ Friedrich Karl Flick den *Spiegel* wissen. Staunend nahm die Öffentlichkeit zur Kenntnis, dass die konsolidierten, also im Mehrheitsbesitz der FKG befindlichen Unternehmen 1967 mehr als 4,4 Milliarden Mark umgesetzt und einen Jahresüberschuss von 73 Millionen Mark vor Steuern erwirtschaftet hatten. Hierin war freilich die 40-Prozent-Minderheitsbeteiligung bei Daimler-Benz noch nicht eingerechnet.

Die Bilanzpressekonferenzen des Flick-Konzerns stießen den Wirtschaftsjournalisten schon bald sauer auf. Flick ließ in der Regel nämlich drei große Bilanzen miteinander koppeln: Feldmühle, Dynamit Nobel und FKG. Es handele sich um eine stundenlange Fließbandarbeit, klagte die *Süddeutsche Zeitung,* die den Journalisten angeblich die Arbeit erleichtern sollte; tatsächlich aber bestehe bei der Masse der Zahlen kaum eine Chance, das Gesagte zu verarbeiten und zu würdigen. Es entstehe dadurch der Eindruck, dass in der Öffentlichkeitsarbeit bereits wieder der Rückwärtsgang eingelegt worden sei. In dieses Bild passte, dass Friedrich Flick und Konrad Kaletsch den Pressekonferenzen »aus dringenden Termingründen« in der Regel fernblieben. Entsprechend ernüchtert nahmen die Journalisten die auf der Bilanzpressekonferenz 1970 präsentierten Zahlen zur Kenntnis: Der Gesamtkonzernumsatz 1969 betrug 5,4 Milliarden Mark, was ein Plus von 17,3 Prozent im Vergleich zum Vorjahr bedeutete, der Jahresüberschuss betrug 89 Millionen Mark.[321]

Die Zeiten wurden jetzt schlechter. Bei einer sich allmählich abschwächenden Nachfrage, nachlassender Preisstabilität und einem gleichzeitigen allgemeinen Kostenanstieg wuchs das Bruttosozialprodukt 1970 real nur noch um 4,9 Prozent (1969: 8,1 Prozent). Auch bei den Konzerngesellschaften der FKG ließen die erhöhten Aufwendungen für Personal, Fracht, Energie und Material die Kosten überproportional zum Umsatz steigen. Zwar konnte Friedrich Karl Flick für 1970 eine Umsatzsteigerung um 17 Prozent auf 6,3 Milliarden Mark bekannt geben. Dennoch galt das Ergebnis als unbefriedigend, auch wenn der Konzern noch immer über liquide Mittel von 412 Millionen Mark (1969: 498 Millionen Mark) verfügte, davon allein 237 Millionen Mark bei der VG. Gleichwohl war der Konzernspitze klar, dass der finanzielle Spielraum einmal kleiner werden könnte. Man habe sich, so Friedrich Karl Flick, einen strengen Sparplan auferlegt und unwirtschaftliche Zweige wie etwa die Kupferhütte bei den Metallhüttenwerken Lübeck und die Badewannenproduktion bei Buderus stillgelegt. Zudem hatte man die Investitionen heruntergefahren: Für 1971 plante der Konzern nur noch Investitionen von 300 bis 400 Millionen Mark ein, nachdem im Vorjahr noch 585 Millionen Mark ausgegeben worden waren. Zugleich hatte die Konzernzentrale die Feldmühle-Gruppe mit einer Neu-

Endlose Zahlenkolonnen: Friedrich Karl Flick und Eberhard von Brauchitsch auf einer Bilanzpressekonferenz.

strukturierung zukunftsfähig machen wollen: Die Produktionsanlagen und die dazugehörigen Beteiligungen wurden auf eine neue Tochtergesellschaft übertragen, die Feldmühle Anlagen und Produktionsgesellschaft mbH. Dadurch war aus der Feldmühle AG eine reine Holding mit den beiden getrennten Sparten Papier und Chemie geworden. Der FKG stand damit auch die Möglichkeit offen, einen neuen Partner für die Feldmühle suchen zu können, ohne diesen zugleich an Dynamit Nobel beteiligen zu müssen.[322]

Es begann sich abzuzeichnen, dass die wirtschaftliche Entwicklung die gesamte finanzielle und rechtliche Konzernorganisation überfordern könnte. Ende der fünfziger Jahre hatte Flick noch alles dafür getan, die Aktiengesellschaften umzuwandeln und die freien Aktionäre herauszudrängen. Die tatsächliche Entwicklung hätten eigentlich genau die umgekehrte Strategie erfordert – wie etwa die Kapitalerhöhung bei Daimler-Benz in den sechziger Jahre verdeutlichte. Investitionen ließen sich kaum noch ausschließlich über die eigenen Erträge finanzieren, vielmehr musste man verstärkt den Kapitalmarkt in Anspruch nehmen. Dies aber bedeutete, sofern man nicht selbst auf neue Aktien Einzahlungen vornehmen wollte oder konnte, nach Partnern Ausschau zu halten.

Friedrich Flick selbst galt inzwischen als »Konservator des eigenen Lebenswerkes, der keine Experimente mehr wagte« und keinen Raum mehr für »expansive Pläne« ließ.[323] Während er in den dreißiger und erneut in den fünfziger Jahren die Kraft und den Mut aufgebracht hatte, seinem Konzern jeweils ein neues Gesicht zu geben und neue Wege zu gehen, war er dazu nun nicht mehr bereit – oder aufgrund seines Alters nicht mehr in der Lage.

Nicht nur der Seniorchef, auch die Führungsspitze der FKG zeigte sich gegenüber neuen Technologien wenig aufgeschlossen. Während Eberhard von Brauchitsch für zukunftsträchtige Beteiligungen etwa an der Computerfirma Nixdorf plädiert hatte, waren die älteren Gesellschafter hiervon nach einigen Gesprächen rasch wieder abgekommen. Tatsächlich hatte zunächst grundsätzliches Interesse bestanden, in die Rechentechnik einzusteigen. Die bei der FKG mit dem Projekt eines »Mikro-Prozeßrechners« befassten Friedrich und Vogels hielten das Vorhaben jedoch für unausgereift. Ähnlich verhalten reagierte die Konzernzentrale auf einen möglichen Einstieg in den Atomreaktorbau. Weil keines der Konzernunternehmen die notwendigen Voraussetzungen mitbrachte, wurde das Vorhaben beerdigt – in diesem Fall vor allem wegen der Bedenken Brauchitschs.[324] Die Bemühungen, in Zukunftstechnologien Fuß zu fassen, folgten keiner erkennbaren industriellen Konzeption mehr. Der gezielte frühzeitige Einstieg in »Zukunftsbranchen« war, entgegen der Legende, allerdings nie eine auffällige Stärke des Flick-Konzerns gewesen.

Eher schon die guten Kontakte in die Politik. Friedrich Flick, aber auch Konrad Kaletsch und Odilo Burkart hatten in den fünfziger Jahren persönliche Verbindung zu zahlreichen, vor allem bürgerlich-konservativen Spitzenpolitikern gehalten. Die Generalbevollmächtigten Otto A. Friedrich und Wolfgang Pohle waren in wichtigen Unternehmens- und Arbeitgeberverbänden als Spitzenfunktionäre tätig, und auch der immer eloquent und selbstbewusst auftretende Eberhard von Brauchitsch erwies sich als hervorragend geeignet für die Kontaktpflege zur Politik. Als Pohle 1965 nach einer mehrjährigen Pause den Wunsch äußerte, bei den anstehenden Bundestagswahlen wieder kandidieren zu wollen, unterstützte ihn Flick nachdrücklich. Da die nordrhein-west-fälische CDU Pohle nicht mehr auf ihre Landesliste setzen wollte, nahm er Kontakt zu Franz Josef Strauß und zur CSU auf, die ihm einen siche-ren Listenplatz verschaffte. Nach der Wahl musste Pohle, der als Finanz-fachmann der CDU/CSU-Fraktion fortan den Arbeitskreis Haushalt, Steuern und Finanzen leitete, sich vieler Vorwürfe erwehren, er habe sich den Listenplatz gegen Zuwendungen aus dem Hause Flick erkauft. Das Wirtschaftsblatt *Capital* bezeichnete ihn als »Streiter für Friedrich Flick«. Ein Unternehmer wie Flick, schoss Pohle zurück, könne 250 Ab-geordnete auf einmal ansprechen, er brauche keinen eigenen Mann in Bonn. Aber selbst die Unternehmer blieben skeptisch; im Juni 1968 sah sich Pohle genötigt, Herbert Quandt mitzuteilen, dass er »im Bundes-tag nicht als Vertreter einer bestimmten industriellen Gruppe« sitze.[325]

Während Pohle unmittelbar ins politische Tagesgeschäft involviert war, wurde Otto A. Friedrich als Präsident der Bundesvereinigung der Arbeitgeberverbände – und Vertreter des Flick-Konzerns – für Politiker aller Parteien zum gefragten Gesprächspartner. Als zum Beispiel Bun-desverteidigungsminister Helmut Schmidt ihn um Vorschläge für die Neubesetzung des Präsidentenamtes beim Bundesamt für Wehrtechnik und Beschaffung in Koblenz bat, sprach Friedrich umgehend mit Ernst Wolf Mommsen. Entgegen allen Lippenbekenntnissen dachte Friedrich dabei vor allem an den Flick-Konzern. Die FKG hatte immer gut mit Mommsen kooperiert – insbesondere auf dem Rüstungssektor. Der Kontakt reichte zurück in die Zeit, als Mommsen Hauptabteilungsleiter in Speers Reichsministerium für Rüstung und Kriegsproduktion und Friedrich Stellvertretender Reichsbeauftragter für Kautschuk gewesen war. Schmidt bestellte Mommsen schließlich 1970 zum Staatssekretär im Bundesverteidigungsministerium.[326]

In Bonn unterhielt der Flick-Konzern seit Jahren eine »Politische Stabsstelle der Geschäftsführung«, sprich, ein Lobby-Büro. Dessen Auf-gabe war es, Kontakte zu Abgeordneten zu knüpfen, der Konzernzen-trale Spendenvorschläge zu machen und Spendengelder zu übergeben sowie Informationen, insbesondere Informationen vertraulicher Art, aus den Ministerien, Fraktionen und Gremien zu beschaffen. Die in der Hausdorffstraße 137 untergebrachte Stabsstelle leitete zunächst Karl Hermann Friedmann, dann der noch junge Walter Schmitz. Letzterer kam aus dem Bundesjustizministerium und war mit der Bonner politischen Landschaft bestens vertraut. Durch das Bonner Büro war die FKG häufig früher und besser über bevorstehende Veränderungen informiert als die Konkurrenz; noch bevor neue Regelungen im Bundestag verabschiedet wurden, gab die FKG die entsprechenden Informationen an die Beteiligungsgesellschaften weiter und bot gegebenenfalls Seminare für die betroffenen Fachabteilungen an.[327]

Es blieb aber, der Konzerntradition entsprechend, nicht bei Unterredungen mit Politikern. Um ihren Wünschen und Ratschlägen Nachdruck zu verleihen, spendete die FKG weiterhin großzügig. CSU-Schatzmeister Pohle betonte wiederholt, dass sein Arbeitgeber auf der Liste der Spender meist ganz oben stehe. Dass die Spenden vornehmlich an die CDU/CSU flossen, hing auch damit zusammen, dass man dem neuen Zeitgeist ziemlich ratlos gegenüberstand. So wandte sich der Buderus-Vorstand im Sommer 1969 wegen konzerneigener Fortbildungsseminare an Vogels; diese seien notwendig, denn in den Betrieben träten die »Langhaarigen auf und wollen das Establishment, die Massenmedien und die Parteien zertrümmern«.[328]

Flick hatte über alle Systeme hinweg immer enge Kontakte zur Politik unterhalten. Entscheidend war indes, dass die Konzernspitze auch unternehmerisch tätig werden musste – Versäumnisse auf diesem Gebiet ließen sich mit Spenden nur schwer beheben. Zumal der Konzern infolge der neuen Herausforderungen durch den strukturellen Wandel seit Beginn der siebziger Jahre massiv unter Druck geraten war. Obwohl in der Eisen- und Stahlindustrie der Bundesrepublik lediglich die Edelstahlwerke ihre Produktion weiter merklich steigern konnten, betraf die nächste große unternehmerische Entscheidung der Konzernleitung ausgerechnet den Verkauf der Stahlwerke Südwestfalen. Ende April 1968 gab die Maxhütte ihre 52-Prozent-Beteiligung für 110 Millionen Mark an den Mitgesellschafter Merck, Finck & Co. ab. Flicks Rückzug aus dem Edelstahlgeschäft und die damit verbundene erhebliche Schwächung eines der »Pfeiler« seines Konzerns führte zu mancherlei Spekulationen. Warum verkaufte die FKG die lukrative Beteiligung und nicht die schwächelnde Maxhütte selbst? Sicher war es auf Dauer schwierig, zwei Unternehmerpersönlichkeiten wie Flick und den Bankier August von Finck unter einen Hut zu bringen, aber Flick war

Auseinandersetzungen mit anderen Aktionären noch nie aus dem Weg gegangen. War er alt geworden? Hing er möglicherweise aus Sentimentalität an seinem oberpfälzischen Traditionsstandort? Immerhin machte die Maxhütte mit dem Verkauf ein gutes Geschäft; den größten Teil des Geldes steckte sie in den kommenden Jahren in dringend notwendige Investitionen.[329]

Um den Preisdruck zu mindern, schloss sich die Maxhütte im Januar 1971 in einer Rationalisierungsgemeinschaft mit den Klöckner-Werken und der Salzgitter AG zusammen. Die drei Unternehmen wollten sich fortan bei Investitionen, in der Markt- und Preispolitik sowie im Logistikbereich abstimmen. Die Maxhütte hoffte, so die »schweren Abwehrkämpfe gegen Dumping-Importe aus osteuropäischen Ländern und Italien« (Hahl) bestehen zu können: Der Preis für eine Tonne Stahl aus der DDR lag 160 Mark unter den Listenpreisen der Maxhütte. Große Sorgen bereitete der FKG insbesondere die Beteiligung der Maxhütte an der Neuves-Maisons in Frankreich. Bereits zum 30. Juni 1962 hatte Burkart den Wert des 1955 für umgerechnet 13,25 Millionen Mark erworbenen Aktienpakets auf 9,37 Millionen Mark abschreiben müssen. Knapp vier Jahre später bereitete Paefgen Flick darauf vor, dass zum Kassenverlust der Neuves-Maisons bei einer »realisticheren Einschätzung der Bilanzwerte« weitere Verluste hinzukämen. Die Lösung des Problems war schließlich ganz im Sinne Flicks: Die Aktionäre der Neuves-Maisons leiteten eine eigentumsmäßige Verschränkung des Unternehmens mit der belgischen Hainaut-Sambre in die Wege, bei der Flick ebenfalls der größte Aktionär war. Im September 1967 beschloss eine außerordentliche Hauptversammlung von Hainaut-Sambre eine Kapitalerhöhung durch Ausgabe von 30 000 neuen Aktien, die gegen 234 625 Anteile an Neuves-Maisons eingetauscht wurden. Diese sicherten Hainaut-Sambre eine 51-prozentige Beteiligung an Neuves-Maisons. Das Tauschgeschäft erhöhte den Anteil des Flick-Konzerns an dem belgischen Unternehmen auf 22,7 Prozent. Paefgen kommentierte nüchtern: »Damit wäre auch weiterhin die de facto-Kontrolle durch die Gruppe F. gewährleistet.«[330]

In Lübeck ließen sich die Probleme nicht so einfach lösen. Im Herbst 1971 lief das Gerücht um, der Flick-Konzern bereite im Geheimen eine Stilllegung des Unternehmens vor. Der Verlust der Metallhüttenwerke lag in diesem Jahr weit über dem ausgewiesenen Betrag von rund 8 Millionen Mark. Für 1972 wurde ein Verlust von 15 bis 18 Millionen Mark erwartet. Die Metallhüttenwerke hatten zwei Hauptprobleme: Um eine dauerhafte Auslastung sicherzustellen, hätte die Quote des Unternehmens im Rahmen des faktischen Roheisenkartells von 7000 auf mindestens 15 000 Monatstonnen erhöht werden müssen. Der deutsche Inlandsmarkt hatte zu diesem Zeitpunkt allerdings nur eine Aufnahmekapazität von monatlich rund 50 000 Tonnen; der notwendige Quotenkauf hätte etwa 40 Millionen Mark gekostet. Das zweite Problem war die erhebliche Unterkapitalisierung des Unternehmens – und dieses Problem war hausgemacht. Das Stammkapital betrug lediglich fünf Millionen Mark, bei einem Umsatz 1971 von 148,2 Millionen Mark; dies war zu einem erheblichen Teil darauf zurückzuführen, dass die Lübecker Erträge nach Wetzlar flossen. Zudem ließ die mangelnde Ausnutzung der Kapazitäten die Selbstkosten in die Höhe schnellen. Der Produktionsrückgang hatte tiefgreifende Änderungen zur Folge: Die Kupferhütte wurde mit allen Nebenbetrieben stillgelegt, die Zahl der Arbeiter sank innerhalb eines Jahres um 40, die der Angestellten um 30 Prozent.[331]

Auch in Wetzlar mehrten sich die Probleme. Nach Einschätzung von Alfred Rohde, der als Flicks Vertrauter in der Buderus-Gruppe noch immer sehr einflussreich war, gab es bei Buderus Anfang der siebziger Jahre einige Betriebsabteilungen, die nicht mehr rentabel waren; eine Änderung der Unternehmensstruktur wollte er dennoch nicht befürworten. Die besten Ergebnisse lieferte zu dieser Zeit die Buderus-Tochter Krauss-Maffei. Bereits 1966 hatte das Unternehmen einen Umsatzsprung von 194 auf 325 Millionen Mark gemacht. Verkaufsschlager blieb der Leopard: 1845 Panzer hatte allein die Bundeswehr abgenommen, weitere rund 1660 Stück waren an die Armeen der Niederlande, Belgiens, Norwegens und Italiens gegangen. Auch hier funktionierte die Lobby-Arbeit des Konzerns reibungslos. Mitte April 1969 bat Friedrich Karl Flick Bundesfinanzminister Strauß um ein Gespräch und äußerte den Wunsch, »diese Unterhaltung in Anknüpfung an die zwischen Ihnen und meinem Vater bestehende Tradition allein ohne Beteiligung anderer führen« zu wollen. Gesprächsnotizen sind nicht überliefert; um den geplanten – aber schließlich nicht zustandegekommenen – Verkauf von Leopard-Panzern an Franco-Spanien ging es offenbar nicht, den fädelten die CSU-Bundestagsabgeordneten Wolfgang Pohle und Karl Theodor Freiherr von und zu Guttenberg ein.[332] Zum wiederholten Male erwies es sich als hilfreich, dass Flicks Rüstungswerke in Bayern ansässig waren, wo sie eine erhebliche Unterstützung von Seiten der Politik erfuhren.

Am 10. Februar 1966 schied Walter Hitzinger nach fünf Jahren an der Spitze von Daimler-Benz aus. Der Wunschkandidat Flicks hatte sich so unbeliebt gemacht, dass er nicht mehr zu halten war – und auch von Flick nicht mehr gestützt wurde. Flick machten jetzt immer häufiger Alter und Gesundheit zu schaffen, immer wieder fehlte er krankheitsbedingt bei wichtigen Sitzungen. Am 7. August 1968 entsprach der Daimler-Benz-Aufsichtsrat seinem Wunsch, ihn von seinem Amt zu entbinden und berief Konrad Kaletsch an seine Stelle. Drei Monate später, am 15. November 1968, legte Friedrich Flick – »trotz unverminderten Interesses an der weiteren Entwicklung der Daimler-Benz AG« – aus gesundheitlichen Gründen sein Aufsichtsratsmandat mit sofortiger Wirkung nieder, woraufhin ihm das Gremium den Ehrenvorsitz antrug. Allerdings beschäftigte er sich weiter mit Daimler-Benz – besonders die Expansionspläne im Ausland interessierten ihn –, und auch die FKG zeigte beim Stuttgarter Autobauer nach wie vor Präsenz. Als etwa im Februar 1969 bei der Suche nach einem Nachfolger für den Präsidenten der Bundesvereinigung der Deutschen Arbeitgeberverbände der Name Hanns-Martin Schleyer ins Spiel kam, intervenierte Eberhard von Brauchitsch umgehend. Man habe Schleyer gerade mit erheblichen Anstrengungen gegenüber den Mitaktionären für das Planungsressort bei Daimler-Benz »durchdrücken« können. Schleyer wisse, dass man in Düsseldorf enttäuscht sei, wenn er das Amt so rasch wieder im Stich lasse. Auch könne er nicht erwarten, dass ihm binnen zwei bis drei Jahren der Vorstandsvorsitz angeboten werde, wenn er das in ihn gesetzte Vertrauen nicht rechtfertige. In der Frage des Chefpostens bei Daimler-Benz waren Eberhard von Brauchitsch und Friedrich Karl Flick uneins – während der eine auf Hanns-Martin Schleyer setzte, favorisierte der andere Joachim Zahn.[333]

Im Juni 1970 wurde die Öffentlichkeit mit der Nachricht überrascht, dass Eberhard von Brauchitsch den Flick-Konzern zum Jahresende auf

Die Enkel als Hoffnungsträger: Friedrich Christian und Gert-Rudolf Flick.

eigenen Wunsch und im Einvernehmen mit Friedrich Flick verlassen und zum Springer-Konzern wechseln werde. Noch stand nicht fest, wer Brauchitsch beerben würde. Als Geschäftsführer der VG rückte der 59-jährige Ernst Kämpfer nach. In der zweiten Reihe der Konzernhierarchie standen Fritz Welz (55 Jahre), der als persönlicher Mitarbeiter Friedrich Flicks und regelmäßiger Besucher am Bodensee bald zur »grauen Eminenz« des Konzerns wurde, der für Finanzen und Bilanzen zuständige Adolf Thomae (54 Jahre), der Auslandsexperte Günter Max Paefgen (43 Jahre), der Jurist Wolfgang Bernhard (35 Jahre) sowie Hanns Arnt Vogels (44 Jahre), der das neu geschaffene Ressort für Entwicklung und Technik übernahm. Mit seinem 28. Geburtstag im Mai 1971 trat schließlich Gert-Rudolf Flick in die Geschäftsführung der FKG ein; im September 1972 folgte ihm sein Bruder Friedrich Christian. Das große Revirement wurde noch dadurch forciert, dass Anfang der siebziger Jahre gleich mehrere langjährige führende Konzernmitarbeiter verstarben: Wolfgang Pohle 1971, ein Jahr später Fritz Christoffer (seit 1932 in der Hauptverwaltung des Konzerns in der Buchhaltungs-, Finanz- und Personalabteilung tätig, zuletzt als deren Leiter) und Alfred Rohde sowie Johann Schäfer 1973. Am 4. Januar 1974 erlag der im Unfrieden geschiedene Sohn Otto-Ernst einem Herzversagen. Der starke Mann blieb der inzwischen 72-jährige Kaletsch.[334]

Selbst die Feldmühle, lange Zeit der heimliche »Star« unter den Konzerngesellschaften, zeigte nun unübersehbare Schwächen, vor allem im internationalen Wettbewerb. Zwar hatte sich das Unternehmen – wie die Papier- und Zellstoffindustrie 1968 und 1969 allgemein – gut entwickelt, was auch eine Folge der intensiven Modernisierungs- und Rationalisierungsmaßnahmen war. Ende 1969 begannen aber dem allgemeinen Trend entsprechend die Kosten dramatisch zu explodieren. Die Feldmühle als Marktführerin in Deutschland war – auch unter Einschaltung der Konzernzentrale – zugleich Wortführerin der Branche. In Zahlen lasen sich die Kostensteigerungen wie folgt: Im Vergleich zum Vorjahr hatte die Papierindustrie 1969 mit einem Plus von 16 bis 20 Prozent beim Personal, 18 Prozent beim Zellstoff, 20 Prozent beim Holz und 10 Prozent bei der Energieversorgung zu kämpfen. Die Feldmühle geriet in die roten Zahlen. Das Unternehmen reagierte hierauf mit Investitionen von rund 210 Millionen Mark für Sachanlagen und 20 Millionen Mark für den Umweltschutz. Allerdings brach der Ertrag im ersten Halbjahr 1971 gegenüber dem Vorjahreszeitraum noch einmal um 20 Prozent ein. Darauf schraubte die Feldmühle ihre Neuinvestitionen zurück und wollte nun zuerst Überhänge abbauen und die Rationalisierung vorantreiben. Die Branche litt nicht zuletzt infolge der D-Mark-Aufwertung unter einem hohen Importanteil (35 Prozent), während den deutschen Exporten enge Grenzen gesetzt waren (etwa 10 Prozent). Die Feldmühle blieb zwar Marktführerin mit einem Umsatz von rund einer Milliarde Mark im Jahr 1972, nach zwei Jahren mit Verlusten von 37 beziehungsweise 15 Millionen Mark aber auch ein Sorgenkind.[335]

Für den Flick-Konzern war 1972 unter dem Strich ein schwieriges Jahr. Der Konzern hatte in den vorangegangenen drei Jahren 1,35 Milliarden Mark investiert, für 1973 waren weitere 300 Millionen vorgesehen. Allerdings war die FKG mittlerweile am Rande ihrer Verschuldungsfähigkeit angelangt – den langfristigen Schulden in Höhe von rund 1,66 Milliarden Mark stand ein Sachanlagevermögen von etwa 1,74 Milliarden Mark gegenüber. Zwar wies die Konzernbilanz für das Jahr einen Jahresüberschuss von 54 Millionen Mark aus, dieser stammte frei-

Konrad Kaletsch spricht auf der Trauerfeier für Friedrich Flick am 28. Juli 1972.

lich zu einem erheblichen Teil aus dem Daimler-Benz-Engagement. Die Konzernunternehmen galten vom Ergebnis her überwiegend nur als gesunder Durchschnitt. Für die *Stuttgarter Zeitung* zumindest war klar, »daß die Flick-Gruppe ihre überragende Bedeutung vor allem Daimler verdankt«. Immer deutlicher zeigte sich, dass Familiengesellschaften nur in beschränktem Umfang neue finanzielle Mittel für notwendige Investitionen bereitstellen konnten. Zusätzlich rissen die in wirtschaftlich guten Zeiten mit den Minderheitsaktionären etwa bei Buderus vereinbarten Garantiedividenden ein Loch in die Kasse.[336] Der Flick-Konzern steckte weiter in einer strukturell sehr schwierigen Situation – das Organisations- und Finanzierungsmodell der dreißiger und vierziger Jahre war von der Entwicklung überrollt worden.

Am 20. Juli 1972 starb Friedrich Flick. Die Gästeliste der Trauerfeier in Düsseldorf am 28. Juli 1972 las sich wie ein Who's who der bundesdeutschen Politik und Wirtschaft. Nur Otto-Ernst Flick hegte noch immer Groll und blieb den Feierlichkeiten fern. Trauerredner waren Konrad Kaletsch, Ludwig Erhard, Hermann Josef Abs, Hans-Günther Sohl, Rudi Josten für die Arbeitnehmer und Fritz Berg für die Arbeitgeber.

Abs fiel ein wenig aus der Rolle, indem er larmoyant auf die kritische Stimmung im Land verwies und erklärte, die Beurteilung von Flicks Lebenswerk müsse man einer »objektiveren Geschichtsschreibung überlassen, als sie derzeit in unserem so gequälten und geschlagenen Lande üblich« sei.[337]

Die Nachrufe versuchten, Friedrich Flicks Leben und Wirken gerecht zu werden. Max Kruk schrieb in der *Frankfurter Allgemeinen Zeitung*, Flick sei von »anderer Art als die großen Gründerfiguren der deutschen Wirtschaftsgeschichte, Alfred Krupp etwa oder August Thyssen«, gewesen. Kaum eine der zahllosen Firmen in seinem Einflussbereich habe er selbst gegründet; auch habe er, anders als etwa Werner Siemens, sich »nicht einer industriellen Idee verschrieben, die er zum Mittelpunkt seines Lebens und Strebens machte«. Gleichwohl müsse er als einer der großen Industriepioniere des Landes gelten. Mit Flick, so die *Wirtschaftswoche*, sei »das Zeitalter der ›absoluten Fürsten‹ unter den Unternehmern« zu Ende gegangen. In die Würdigungen mischten sich aber auch kritische Betrachtungen. Seit dem Ende der fünfziger Jahre habe im Konzern Stillstand geherrscht, und die großen Entscheidungen in den sechziger Jahren hätten nicht Käufe, sondern Verkäufe betroffen – wie Neckermann oder die Stahlwerke Südwestfalen. Immerhin sei Friedrich Flick – darin waren sich die meisten Kommentatoren einig – mit der »beruhigenden Gewißheit gestorben, dass er sein Erbe bis in eine ferne Zukunft hat sichern können. Seine Vorsorge reicht bis ins zweite und dritte Glied.«[338] Wie sehr dieser Eindruck täuschte, erfuhr die deutsche Öffentlichkeit ziemlich bald.

Das Ende

Während noch in den sechziger Jahren Nettoumsatzrenditen von acht bis neun Prozent zu erzielen gewesen waren, mussten sich selbst Großkonzerne nun mit ein bis drei Prozent begnügen. Die Aufwertungen der D-Mark zwischen 1969 und 1972 um ein Drittel hatten wie für alle exportorientierten Unternehmen auch für zahlreiche Beteiligungen der FKG (namentlich die Feldmühle, Dynamit Nobel und natürlich die

Autoindustrie) Folgen: Die Exporte verteuerten sich drastisch, die Importe verbilligten sich, und jede weitere Änderung der Kursrelationen wurde zum Problem bei einer international integrierten Produktion. Die zunehmende Deindustrialisierung, die dramatisch steigenden Kosten, der immer größer werdende finanzielle Aufwand für immer geringere Erträge: Diese Entwicklung stellte die überalterte Führungsriege des Konzerns vor völlig neue Aufgaben.

1973 zählte die Flick-Gruppe mit ihrer Daimler-Benz-Beteiligung zu den fünf mächtigsten Unternehmen der Welt außerhalb der USA. Von den zwanzig größten Konzernen der Bundesrepublik befand sich nur die FKG unter der absoluten Kontrolle der Gründerfamilie – bei Thyssen (der Anteil der Familie de Zichy betrug elf Prozent), Siemens (die Familie hatte einen Vorstands- und zwei Aufsichtsratsposten) sowie der Gutehoffnungshütte (die Haniels verfügten über ein Drittel des Aktienkapitals) besaßen diese immerhin noch einen nennenswerten Einfluss.[339]

Firmenoffiziell hieß es, dass Friedrich Flick bis zuletzt die Konzernpolitik bestimmt und im Moment seines Todes sein Sohn Friedrich Karl das Ruder übernommen habe. Tatsächlich war Friedrich Flick in einem schleichenden Prozess aus dem Tagesgeschäft ausgeschieden. Friedrich Karl hatte nach und nach gemeinsam mit den anderen persönlich haftenden Gesellschaftern das Geschäft in die Hand genommen. Nun aber regte sich Widerspruch im Familienkreis: Keine zehn Tage nach dem Tod seines Großvaters erklärte Gert-Rudolf Flick in der Presse, dass bei der FKG die Macht künftig nicht mehr in einer Hand allein liegen werde. Onkel Friedrich Karl nahm das zunächst kommentarlos zur Kenntnis.[340]

Der Paukenschlag erfolgte wenige Wochen später bei der Testamentseröffnung am 21. August 1972. Der letzte Wille des verstorbenen Konzernchefs barg solche Fallstricke für seinen Sohn Friedrich Karl, dass dessen Anwälte – er selbst war ebenso wenig zugegen wie sein Bruder Otto-Ernst – die Verlesung des Testaments unterbrechen ließen. Sie wurde schließlich am 29. August abgeschlossen. Das Vermächtnis Friedrich Flicks war ein Affront gegen Friedrich Karl. Der Vater hatte nicht weniger als eine Teilentmachtung seines Sohnes beschlossen, indem er testamentarisch Eberhard von Brauchitsch die Rückkehr in den Konzern als persönlich haftender Gesellschafter anbot. Friedrich Karl Flick beauftragte seine Anwälte umgehend mit einer Prüfung der rechtlichen Haltbarkeit der Bestimmungen und ordnete zugleich Stillschweigen an. Das im Gesellschaftervertrag ihm vorbehaltene Sonderrecht, als einziger Gesellschafter berufen und abberufen zu können, hatte Friedrich Flick in einer letzten Volte noch gegen seinen Jüngsten gekehrt.

Als Otto-Ernst Flick Anfang der sechziger Jahre gegen diese Bestimmung geklagt hatte, war Friedrich Karl noch ganz auf Seiten des Vaters gewesen. Dass der *Spiegel* der Nachrichtensperre zum Trotz vom Testament Kenntnis erlangt hatte, galt der *Süddeutschen Zeitung* als »journalistische Leistung«. Die Konzernspitze musste die Flucht nach vorn antreten. Friedrich Karl Flick ließ offiziell erklären, dass sein Vater in Übereinstimmung mit ihm und Konrad Kaletsch Brauchitsch die Rückkehr angeboten habe. Tatsächlich hatte Friedrich Karl wohl Kontakt zu Brauchitsch gehalten und diesen in den vorangegangenen Monaten bereits intensiviert.

Gesellschafter der FKG waren fortan Friedrich Karl Flick mit einer Beteiligung von 12,12 Prozent, die Friedrich Karl Flick-Stiftung mit 42,43 Prozent, die Friedrich und Marie Flick-Stiftung mit 12,12 Prozent, Gert-Rudolf und Friedrich Christian Flick mit jeweils 12,12 und ihre Schwester Dagmar mit 6,06 Prozent sowie die Dr. Friedrich Flick-Stiftung mit 3,03 Prozent. Gesellschafter ohne Beteiligung am Kapital waren weiterhin Konrad Kaletsch und Otto A. Friedrich sowie, für den Fall seiner Rückkehr, Eberhard von Brauchitsch. Dagmar Flick verfügte in der Gesellschafterversammlung über keine Stimme; in einer Pattsituation gab die Friedrich und Marie Flick-Stiftung den Ausschlag. Diese gehörte ebenso wie die Friedrich Karl Flick-Stiftung zum Einflussbereich Friedrich Karl. Die entscheidende Frage war, ob die Dr. Friedrich Flick-Stiftung dem Einflussbereich von Friedrich Karl Flick oder dem der beiden Neffen zuzuordnen war und ob sie über eine Stimme verfügte.[341]

Die Hiobsbotschaften für den neuen Konzernchef rissen nicht ab: Gert-Rudolf und sein Bruder Friedrich Christian erklärten öffentlich, am 29. August habe der Notar auch eine Urkunde von Friedrich Flick verlesen, die bestimme, dass die Dr. Friedrich Flick-Stiftung in ihren Einflussbereich falle. Damit war Friedrich Karl in der Gesellschafterversammlung bei weit reichenden Beschlüssen auf mindestens eine Stimme seiner Neffen angewiesen. Zudem wäre bei einem Ausscheiden der beiden 70- bzw. 74-jährigen Gesellschafter Otto A. Friedrich und Konrad Kaletsch das Stimmverhältnis zwischen Friedrich Karl und seinen beiden Neffen mit jeweils drei Stimmen ausgeglichen. Dann würde die Stimme von Eberhard von Brauchitsch zum Zünglein an der Waage werden – was möglicherweise die Absicht Friedrich Flicks gewesen war.

Am 11. September 1972 konnte der *Spiegel* mit einem Faksimile der Urkunde aufwarten. Daher liegt der Gedanke nahe, dass Gert-Rudolf und Friedrich Christian Flick – wie wenige Jahre zuvor wohl auch ihr Vater – die Öffentlichkeit auf ihre Seite ziehen wollten, indem sie der Presse (in beiden Fällen dem *Spiegel*) Informationen zuspielten. Mit der Veröffentlichung der Urkunde war freilich ein neuer Familienskandal perfekt. Das Papier war nämlich auf den 13. Mai 1972 ausgestellt, gut zwei Monate vor Flicks Tod. Der Alte hatte jedoch weder Friedrich Karl noch die beiden Gesellschafter Friedrich und Kaletsch über diese Regelung informiert, und so fühlten sie sich mit Recht bloßgestellt. Zusätzlich für böses Blut sorgte der Umstand, dass auch die beiden Enkel die Festlegung geheim gehalten hatten. Gerüchte schossen ins Kraut, dass Friedrich Flick die Führungsqualitäten seines jüngsten Sohnes angezweifelt habe. Durch die Stiftungen hatte Friedrich Flick nicht nur die Unternehmensverfassung, sondern auch die Machtverteilung über seinen Tod hinaus festlegen können.[342]

Während Friedrich Flick die Berichterstattung über seine Person ein Leben lang weitgehend im Griff gehabt hatte, liefen die Meldungen über Friedrich Karl bald aus dem Ruder. So erfuhren die erstaunten Zeitungsleser von seinen zahlreichen luxuriösen Wohnsitzen. Allein sein Haus in der Pienzenauer Straße in München-Bogenhausen soll 600 Quadratmeter Wohnfläche gehabt und 28 Millionen Mark gekostet haben. Vor allem die Schutzvorrichtungen, die ganz im Zeichen des Kalten Krieges und der in den siebziger Jahren allgegenwärtigen Terrorangst standen, sorgten für Aufsehen – das Haus soll sogar mit einem eigenen Atombunker ausgestattet gewesen sein, und es gab eine zwanzig Mann starke Wachtruppe. Daneben besaß Flick unter anderem eine Villa in Düsseldorf-Meerbusch, ein Anwesen in Seeshaupt am Starnberger See, Haus Grüneck in Wildbad Kreuth, das ebenfalls vom Vater übernommene Gut Rottenmann in der Steiermark, eine Villa an der Côte d'Azur und ein Penthouse in New York. Hinzu kam eine 63-Meter Yacht, die »Diana II«, für nicht weniger als 20 Millionen Mark. Seriöse Magazine berichteten ebenso wie der Boulevard ausgiebig und zuweilen spöttisch über Friedrich Karls legendäre Partys in München und anderswo. Betriebsfeste und Weihnachtsfeiern der Holding in den späten siebziger Jahren – es handelte sich um große Veranstaltungen mit bis zu 400 Teilnehmern – konnten erst beginnen, wenn Friedrich Karl erschien und unter lautem Beifall einzog. Bis dahin wartete der gesamte Saal stehend, bis zu anderthalb Stunden lang. Der Kontrast zum Lebenswandel des Vaters war für jeden evident.

Dies traf auch auf seine Art der Unternehmensführung zu: Friedrich Karl Flick pflegte ein »Management by Absence«. Um den zwischen seinen vielen Wohnorten wechselnden Konzernchef auf dem Laufenden zu halten, waren ständig Kuriere mit Unterlagen unterwegs. Er hatte einen Unterschriftenautomaten – mit dem wohl auch wichtige Unterlagen gezeichnet wurden. Mitarbeiter charakterisieren ihn als »hochintelligent«, aber »undiszipliniert« und »faul«. Er sei »nur am Profit interessiert« gewesen und habe starke »Minderwertigkeitskomplexe« gehabt. Friedrich Karl galt als nicht entscheidungsstark, Treffen mit Managern ging er am liebsten aus dem Weg. Juristische Dinge übergab er gleich seinem Anwalt Detlef Wunderlich. Dementsprechend spielte der Konzernchef in den Beteiligungsgesellschaften kaum eine Rolle. Als das *Manager Magazin* über Friedrich Karl Flick und seinen Führungsstil berichtete, fahndete die FKG nach Informanten, um dann in einem Leserbrief an das Blatt festzustellen, im Hause Flick sei niemand befragt worden.[343]

Als Eberhard von Brauchitsch ein halbes Jahr nach Flicks Tod am 1. Januar 1973 in die Düsseldorfer Konzernzentrale zurückkehrte, kommentierte Max Kruk in der *Frankfurter Allgemeinen*: »Der Steuermann kommt auf das Schiff zurück.« Brauchitsch galt nun als die eigentliche Konstante in der Konzernleitung, als der starke Mann; wohin das Unternehmen unter der neuen Führung steuern würde, blieb allerdings offen. Es müsse sich erst einmal erweisen, so das *Handelsblatt*, ob die neue Generation, »auch so rasch bei sich bietenden Gelegenheiten zugreifen wird, wie man es vom großen alten Friedrich Flick gewohnt war«. Friedrich Flick hatte Brauchitsch als eine Art »Korsettstange« zur Disziplinierung des Sohnes vorgesehen. Brauchitschs unbedingte

Loyalität galt seinem Jugendfreund Friedrich Karl, sein Hauptinteresse aber der eigenen Position im Konzern.[344]

Friedrich Karl Flick musste sich zunächst mit seinen Neffen arrangieren, die offenbar die eigentliche Nachfolgehoffnung ihres Großvaters repräsentierten. Gert-Rudolf und Friedrich Christian Flick waren stärker als ihr Onkel am Einstieg in das unternehmerische Tagesgeschäft interessiert. Gert-Rudolf hatte bereits im Sommer 1972 erklärt, er sei mehr an Finanzen und Steuern interessiert, während sein Bruder Friedrich Christian sich mehr mit dem Unternehmerischen an sich befassen wolle. Im März 1973 gaben die beiden Brüder dem *Spiegel* ein ausführliches Interview. Zwar stehe in der Satzung der FKG, dass mindestens 80 Prozent der Gewinne zu reinvestieren seien. Aber Familienkonzerne könnten in Zukunft nur bestehen, wenn sie wie Publikumsgesellschaften geführt würden. Diese könnten sich über Kapitalerhöhungen oder Anleihen leicht Geld beschaffen. Die FKG würde im Falle einer Kapitalknappheit »wie jeder vernünftig denkende Unternehmer zuerst den Weg über die Konsolidierung gehen«, dies schließe auch eine Gesundschrumpfung nicht aus. Die Brüder betonten die Vorläufigkeit ihrer Äußerungen, schließlich gehörten sie erst seit Kurzem der Geschäftsführung an; das Unternehmen werde von einem Team geleitet.[345] Die neue Situation belastete die Konzernführung. Nach dem Donnergrollen der ersten Monate schwenkten die beiden Neffen auf einen versöhnlichen Kurs ein – zumindest öffentlich.

Aber der Führungswechsel fand in wirtschaftlich schwierigen Zeiten statt. Anfang der siebziger Jahre mehrten sich die Anzeichen, dass der Nachkriegsboom endgültig auslaufen würde. Hinzu kam der erste Ölpreisschock: 1973 nahm die OPEC den Yom-Kippur-Krieg zum Anlass, die Preise für Erdöl drastisch zu erhöhen und zugleich die Liefermengen zu verringern. Hinzu kam, dass das westdeutsche Wirtschaftswunder zwanzigjährige strukturelle Fehlentwicklungen verdeckt hatte. Es litten zunächst vor allem die Branchen, die das Herzstück des Wirtschaftswunders gewesen waren – die Eisen- und Stahlindustrie, der Bergbau, die Werftindustrie –, am Ende aber waren fast alle Sektoren der Wirtschaft betroffen. Einerseits war die Nachfrage nach Konsumgütern gesättigt; andererseits hatten bisherige Wachstumsbranchen wie die Bauwirtschaft, die Automobilindustrie und der Maschinenbau mit strukturellen Problemen zu kämpfen. Die Krise fiel mit einem immer rascheren technologischen Wandel zusammen. Robotertechnik, Biotechnologie, Recyclingverfahren, computergestützte Entwicklung und Fertigung sowie Telekommunikationstechnologie und Mikroelektronik spielten eine immer größere Rolle. Die wirtschaftlichen Bedingungen verschlechterten sich auch wegen des permanenten Aufwertungsdruckes auf die Deutsche Mark, die Lohnstückkosten stiegen drastisch. Hinzu kam zuletzt noch die »japanische Herausforderung«, die als massive Gefahr gesehen wurde. Zwar stand die westdeutsche Wirtschaft im internationalen Vergleich relativ gut da; aufgrund der zunehmenden internationalen Verflechtung konnte man der Krise aber nicht mehr mit nationalen Mitteln beikommen.[346]

Krisensymptome zeigten sich auch in den meisten Unternehmen des Flick-Konzerns. In Lübeck war die Rohstoffversorgung langfristig nicht mehr gesichert. Die Umsatzeinbußen nach der Stilllegung der Kupferhütte konnten erst 1973/74 durch eine Ausweitung der Roheisenproduktion ausgeglichen werden; möglich wurde dies durch eine Erweiterung und Modernisierung des Hochofenbetriebes sowie der Kokerei. Brauchitsch befürchtete, dass 1974 das schlechteste Buderus-Jahr werden könnte.[347] Bei der Buderus-Tochter Krauss-Maffei, die zwischen 1970 und 1973 aufgrund der Waffenproduktion einen Boom erlebte, war absehbar, dass das Unternehmen bei Ausbleiben neuer Rüstungsaufträge Probleme bekommen würde. Die Lieferung kompletter Panzer lief Ende 1974 aus, 1975 sollten zwar noch Nachrüstungen stattfinden, aber erst in der zweiten Hälfte des Folgejahres würde die Serienlieferung eines neuen Flakpanzers einsetzen.

Bereits Mitte 1971 hatte die FKG in einer zuvor nicht gekannten Weise bei Krauss-Maffei eingegriffen und den Aufsichtsrat komplett umgebaut. Bis dahin hatte vor allem Alfred Rohde die Interessen Flicks in dem Gremium vertreten. Nun entsandte die FKG mit Ernst Kämpfer, Hanns Arnt Vogels und Adolf Thomae gleich drei Vertreter in den Aufsichtsrat. Dessen Diskussionen drehten sich fortan verstärkt um eine Ertragsverbesserung für die zivile Produktion. Hier erlebte Krauss-Maffei einen herben Rückschlag, als Ende 1974 der Magnetkissenzug Transurban, mit dem der Münchner Panzerbauer sich einen neuen Markt erschließen wollte, nach fünfjähriger Entwicklungszeit faktisch vor dem Aus stand. Das Bundesforschungsministerium hatte das Projekt gestrichen, obwohl zu diesem Zeitpunkt bereits rund 36 Millionen Mark an Steuergeldern geflossen waren.

Auch für die Automobilindustrie verdüsterten sich die Aussichten. Etliche Unternehmen schlossen 1974 mit Verlust ab, der allgemeine Produktionsrückgang betrug nicht weniger als 22 Prozent im Vergleich zum Vorjahr. Primus der Branche blieb weiterhin der Daimler-Benz-Konzern, der entgegen dem allgemeinen Trend einen Produktionszuwachs von 2,4 Prozent verzeichnen konnte. Allerdings war auch bei Daimler-Benz die Pkw-Produktion beträchtlich zurückgegangen. Um Kurzarbeit zu vermeiden, musste das Unternehmen eine erhöhte Lagerhaltung in Kauf nehmen – mit den damit verbundenen Risiken.[348]

Am 14. Januar 1975 platzte dann die Bombe: In einer gemeinsamen Presseerklärung teilten die FKG und die Deutsche Bank mit, dass die Bank 29 Prozent der Daimler-Benz-Aktien mit Wirkung zum 1. Januar 1976 von Flick übernehmen werde. Im November 1974 hatte die Dresdner Bank die im Besitz der Familie Quandt befindlichen Daimler-Benz-Anteile (ein Paket von 14 Prozent) für rund eine Milliarde Mark an Kuwait verkauft. Dieser Deal sorgte für erhebliche Unruhe bei der Deutschen Bank, die selbst einen Anteil von 28,5 Prozent an Daimler-Benz hielt. Sofort fühlte Franz Heinrich Ulrich, der Sprecher der Deutschen Bank, bei Friedrich Karl Flick nach, ob er auch ins Ausland verkaufen wolle. Flick, so wurde kolportiert, verhandele seit Längerem mit dem Schah von Persien über den Verkauf seines gesamten Pakets. Der Schah war kurz zuvor bereits mit 25,4 Prozent bei Krupp eingestiegen.[349] Die Deutschen, die gerade erst den Schock der ersten Ölkrise verdaut hatten, mussten fürchten, dass die erdölexportierenden Länder ihre Petro-Dollars zum Aufkauf von Filetstücken der deutschen Wirtschaft verwendeten.

Am 3. Januar 1975 teilte Flick Ulrich mit, er wolle seine gesamte Daimler-Beteiligung in Höhe von 40 Prozent am liebsten an einen Interessenten verkaufen. Flick und Ulrich verständigten sich schließlich auf ein Paket von 29 Prozent zu einem Preis von rund zwei Milliarden Mark, was einen Paketzuschlag von zehn Prozent bedeutete. Flick konnte sich der Zustimmung der Bundesregierung sicher sein. Mitte Januar 1975 notierte Bundeskanzler Helmut Schmidt am Rande eines Briefes an Otto A. Friedrich: »Ich hätte den Verkauf des Flick'schen Mercedes-Paketes an Persien für einen Fehler gehalten, außenpolitisch wie innenpolitisch.« Dann aber setzte ein großes Verwirrspiel ein. Brauchitsch beteuerte gegenüber der Presse, eine Offerte aus dem Iran habe nicht vorgelegen. Zugleich deutete er erstmals die Möglichkeit einer Trennung der »Flick-Stämme« an. Er könne hierzu nichts sagen, »aber bei der Sorgfalt, die wir bei Dementis anwenden, kann ich es auch nicht dementieren«. Der Flick-General erklärte später, das Schah-Szenario habe vor allem eine mögliche Kritik am steigenden Einfluss der Großbanken auf die Industrie abfedern sollen – immerhin wurde die Deutsche Bank durch das Geschäft vorübergehend mit 57,5 Prozent Mehrheitsaktionärin bei Daimler-Benz. Es sei eine reine Vorsichtsmaßnahme gewesen, den Deal als »nationale Tat« darzustellen.[350] Die Frage, wie ernsthaft das persische Angebot war, ist letztlich nicht entscheidend. Viel wichtiger ist das Motiv des Verkaufs. Und hier schieden sich die Geister.

Der Verkauf der Daimler-Benz-Anteile hatte offensichtlich auch der Beschaffung der für die Auszahlung der Kinder von Otto-Ernst Flick notwendigen Mittel gedient, was Friedrich Karl Flick und Eberhard von Brauchitsch freilich stets abstritten. Schon wenige Wochen nach dem Verkauf trat die FKG an die Öffentlichkeit und gab bekannt, dass Gert-Rudolf und Friedrich Christian Flick sowie deren Schwester Dagmar aus dem Kreis der Gesellschafter ausgeschieden waren und eine Abfindung erhielten. Deren Höhe handelte ihr Onkel Karl Raabe aus, der Bruder von Barbara Flick. Es flossen netto 308,5 Millionen Mark (405 Millionen Mark vor Steuern) an die Kinder von Otto-Ernst Flick. Eberhard von Brauchitsch zufolge hatte man das Geld den liquiden Reserven entnommen. Bei der Festlegung der Abfindung setzte sich die von Friedrich Flick verfügte Ungleichbehandlung seiner Enkelin Dagmar fort, die auch jetzt nur einen halb so großen Anteil erhielt wie ihre Brüder.

Die Gesellschaftsanteile lagen nun zu 42,42 Prozent (drei Stimmen) bei Friedrich Karl Flick, zu 42,43 Prozent bei der Friedrich Karl Flick-Stiftung (eine Stimme), zu 12,12 Prozent bei der Friedrich und Marie Flick-Stiftung (eine Stimme) sowie zu 3,03 Prozent bei der Dr. Friedrich Flick-Stiftung (eine Stimme). Ohne eigene Anteile zu besitzen, verfügten die persönlich haftenden Gesellschafter Konrad Kaletsch, Eberhard von Brauchitsch und Otto A. Friedrich in der Gesellschafterversammlung über jeweils eine Stimme; in den vergangenen Jahren hatten sich die drei Manager stets auf die Seite Friedrich Karls geschlagen. Damit war dieser nun Alleinherrscher im Konzern – entgegen dem letzten Willen seines Vaters. Aber welche strategischen Ziele verfolgte er mit der Alleinherrschaft? Der nachvollziehbare Wunsch, dass mit der Klarstellung der Verfügungsrechte erst einmal Ruhe im Konzern einkehren würde, erwies sich jedenfalls als trügerisch. Es lag auf der Hand, dass zwischen der Daimler-Transaktion und der Abfindung der Enkel ein Zusammenhang bestand, und da die Beträge, um die es ging, die Phantasie der meisten Menschen sprengten, wurde das Ganze jetzt zu einem Politikum erster Ordnung.[351]

Brauchitsch warnte seine Kollegen in der Konzernspitze vor den Risiken, die sich aus der »Richtigstellung der gefälschten Geschichtsschreibung in Sachen Daimler-Verkauf ergeben könnten«. Seine Sorge bezog sich in erster Linie auf das Persien-Angebot; eine exakte Darstellung des Geschehens könnte dazu führen, so Brauchitsch, »daß sich der Kanzler von Ulrich – gelinde gesagt – fehlinformiert fühlt«. Deshalb bat er Friedrich Karl Flick, mit der »Korrektur des gefälschten Geschichtsbildes« mindestens bis zum Herbst 1975 zu warten. Im Übrigen vertraute er auf den Faktor Zeit; »in einigen Jahren fragt uns keiner danach«, wann man Klarheit in die Sache gebracht habe.[352]

Das Hauptproblem der Konzernleitung freilich war die zügige Wiederanlage der Einnahmen aus dem Daimler-Benz-Deal. Nur unter der Voraussetzung, dass der Verkaufserlös weitgehend steuerfrei blieb, war das Geschäft für den Flick-Konzern ökonomisch überhaupt sinnvoll. Sofern der Verkaufsgewinn binnen zwei Jahren in förderungswürdige Anlagen investiert wurde, bot der 1965 eingeführte Paragraph 6b des Einkommensteuergesetzes Flick die Möglichkeit der Steuerbefreiung. Steuerfreiheit bot auch Paragraph 4 des Auslandsinvestitionsgesetzes für Veräußerungsgewinne, die im Ausland »volkswirtschaftlich besonders förderungswürdig« reinvestiert wurden.

Punkt null Uhr in der Silvesternacht 1975/76 überwies die Deutsche Bank rund zwei Milliarden Mark an die FKG. Man hatte sich aus steuerlichen Gründen auf ein so genanntes Mitternachtsgeschäft verständigt. Bis zum 31. Dezember 1975, 24:00 Uhr, blieb Flick Eigentümer des Daimler-Pakets – und zahlte die Vermögenssteuer für das abgelaufene Jahr –, zum 1. Januar 1976 übernahm die Bank die Aktien und war fortan steuerpflichtig. Vor allem aber verlängerte sich durch das Mitternachtsgeschäft die Frist für die Wiederanlage der Gelder um ein Jahr – bis Ende 1978.

Zwar hatte Eberhard von Brauchitsch umgehend beteuert, Friedrich Karl Flick habe das Daimler-Benz-Paket nicht ohne Konzept für die Wiederanlage verkauft. Es sollte dem Konzern in den folgenden Monaten aber nicht gelingen, diese Interpretation plausibel zu machen. Nachvollziehbar waren die Kapitalerhöhungen und Investitionen bei den Konzerntöchtern, mit denen dringend notwendige Modernisierungen in die Wege geleitet werden konnten. Insgesamt finanzierte die FKG Kapitalerhöhungen bei der Feldmühle um 200 Millionen Mark, bei der Buderus-Gruppe um 135 Millionen Mark und bei Dynamit Nobel um 100 Millionen Mark. Daraufhin konnten die Unternehmen Investitionen in einer Größenordnung von 900 Millionen Mark vornehmen. Dynamit Nobel etwa nutzte die Finanzspritze für die Teilfinanzierung der ersten Baustufe des Werkes Steyerberg (Gesamtkosten: 200 Millionen Mark), Buderus für neue Produktionsanlagen unter anderem in Wetzlar.[353]

Die größte Anlage nahm Flick aber in den USA vor. Bereits im September 1975 erwarb die FKG für rund 290 Millionen Mark einen zwölfprozentigen Anteil an der W. R. Grace & Co. Das Geschäft hatte Otto Ambros eingefädelt, der neben seinem Beratervertrag bei Flick seit 1954 in gleicher Weise auch für Grace tätig war. Friedrich Karl Flick hatte dort in den fünfziger Jahren seine ersten Auslandserfahrungen gesammelt, von seiner Freundschaft mit Peter Grace profitierten auch die Beziehungen zwischen den beiden Konzernen. Für die Flick-Gruppe bedeutete der Einstieg nach eigener Darstellung eine Stärkung der Chemie-Basis.[354] Wo aber sollte man das restliche Geld investieren? In Düsseldorf wurde unter Hochdruck nach weiteren Anlagemöglichkeiten für die Milliarden aus dem Daimler-Geschäft gesucht.

In der zweiten Hälfte der siebziger Jahre verschoben sich die Wachstumsregionen in der Bundesrepublik: Während im Nachkriegsboom die Wirtschaft der nord- und westdeutschen Bundesländer mit der Stahl- und Werftenindustrie gewachsen war, strebten jetzt die süddeutschen

Länder mit ihren technologieintensiven Branchen aufwärts. Die FKG trug dieser Entwicklung Rechnung und verkaufte mit Wirkung vom 1. Januar 1975 die Metallhüttenwerke Lübeck an die United States Steel Corporation in Pittsburgh. Es handelte sich um die erste große und daher viel beachtete Direktinvestition der amerikanischen Stahlindustrie auf dem gemeinsamen europäischen Stahlmarkt. Zuvor hatten die Metallhüttenwerke ihre Produktionsanlagen, die im Zuge der Fusion 1965 auf Buderus übertragen worden waren, zurückkaufen müssen: Buderus belastete die Lübeck-Konten mit 80,5 Millionen Mark für die Anlagen sowie rund 21,7 Millionen Mark für die Grundstücke, rechnete auf den Kaufpreis aber die Verbindlichkeiten in Höhe von rund 71,2 Millionen Mark an. Seit der Währungsreform hatte der Flick-Konzern 217 Millionen Mark in Lübeck investiert, dennoch sah man in Düsseldorf keine Zukunft mehr für die Metallhüttenwerke. Stattdessen wollte man neue Schwerpunkte in der Eisen- und Stahlindustrie bei Buderus und bei der Maxhütte setzen.[355] Das Geschäft lässt sich freilich auch anders interpretieren: Nach der Umstrukturierung der Lübeck-Buderus-Gruppe 1965 hatte die FKG abgewartet, ob sich die Lage bei den Metallhüttenwerken besserte. Als dies dauerhaft nicht der Fall war, verkaufte sie das Unternehmen. Im Umkehrschluss heißt das aber auch, dass Lübeck für Buderus keinen industriellen Nutzen mehr besaß, da die hessischen Gießereien nicht mit Lübecker Eisen betrieben wurden.

Ein Jahr später kappte Friedrich Karl Flick die industriellen Wurzeln des Konzerns endgültig. Am 11. August 1976 vereinbarten Flick und Klöckner den Verkauf der Maxhütte. Die Klöckner-Werke AG übernahm zum 1. Januar 1977 für 137 Millionen Mark zunächst 51 Prozent, für die restlichen 49 Prozent bestand eine Option bis zum 1. Januar 1979 bei einem vereinbarten Kaufpreis von 133 Millionen Mark. Flick begründete das Geschäft mit dem großen Konzentrationsprozess in der Stahlindustrie während der letzten Dekade. Der Anteil der Maxhütte an der deutschen Rohstahlerzeugung lag unter zwei Prozent. Sie war auf sich allein gestellt und hatte zuletzt mit erheblichen Schwierigkeiten zu kämpfen gehabt. Insbesondere das ausgesprochen schlechte Stahljahr 1975 hatte sie sehr mitgenommen, der Umsatz war von 1,3 auf 0,9 Milliarden Mark zurückgegangen. Um sie zukunftsfähig zu machen, hätten »nicht unerhebliche Mittel« investiert werden müssen. Dazu war Friedrich Karl Flick nicht bereit. Er reagierte damit nicht anders als andere Unternehmer auf die Stahlkrise. Auch die Haniel-Familie trennte sich von ihrer Beteiligung an der Gutehoffnungshütte. Zugleich versuchten viele Konzerne, weiter zu diversifizieren und ihre Abhängigkeit von der wachstumsschwachen und kapitalintensiven Stahlindustrie zu reduzieren. So stieg etwa Mannesmann in das Kfz-Zuliefergeschäft, die automatisierte Fördertechnik und in die Datenverarbeitung ein; die Haniels kauften sich mit dem Erlös aus dem Verkauf der Rheinpreußen-Tankstellen bei dem Großhandelsdiscounter Metro ein.[356]

In Düsseldorf heulten nun alle Alarmsirenen. Brauchitsch musste wiederholt beteuern, dass es im Hause Flick »weder eine Ausverkaufsstimmung noch eine Ausverkaufsphilosophie« gebe, vielmehr sei Flick auf der Suche nach einem »neuen Kleid für die achtziger Jahre«. Es sollten nicht allein neue Anlagemöglichkeiten ausfindig gemacht, sondern auch strukturelle Schwachstellen im Konzern beseitigt werden. Vor allem die Buderus-Gruppe, nach dem Verkauf der Maxhütte und der Metallhüttenwerke Lübeck der letzte Montanpfeiler des Konzerns, krankte an einer zersplitterten Produktion und einem unattraktiven Programm. 1975 hatte die Konzernzentrale Buderus-Verluste von 18,9 Millionen Mark ausgleichen müssen. Buderus-Chef Hans Werner Kolb versuchte, das Unternehmen durch die Stilllegung von Werken und die Aufgabe ertragsschwacher Erzeugnisse sowie durch Entlassungen gesundzuschrumpfen. Ein erheblicher Teil der Verluste ging indes auf das Konto der Buderus-Tochter Krauss-Maffei, die vom rückläufigen Geschäft mit Kunststoffmaschinen und vom Ausbleiben neuer Rüstungsaufträge schwer gezeichnet war.

Angesichts der vielfältigen Probleme erschien es zunehmend zweifelhaft, ob es Friedrich Karl Flick gelänge, den Konzern neu auszurichten und zukunftsfähig zu machen. Im November 1977 änderte er die Gesellschaftsform der Zwischenholding, der Verwaltungsgesellschaft industrielle Unternehmungen Friedrich Flick GmbH, und ließ zum 1. Januar 1978 deren Umwandlung in die Friedrich Flick Industrieverwaltung Kommanditgesellschaft auf Aktien in das Düsseldorfer Handelsregister eintragen. Die Umwandlung war wohl eine Reaktion auf die von der sozialliberalen Koalition geänderten Gesetze, die die Mitbestimmung für GmbHs verschärften.

Am 22. November stellte die Konzernleitung die Geschäftsführer der KGaA der Presse vor: Neben Friedrich Karl Flick als Vorsitzendem, und den persönlich haftenden Gesellschaftern Eberhard von Brauchitsch, Günter Max Paefgen und Hanns Arnt Vogels waren dies Rudolf Diehl, Harald J. Schröder, Adolf Thomae, Fritz Wacker und Fritz Welz; Vorsitzender des Aufsichtsrats war Reinhold Kreile. Konrad Kaletsch, jahrzehntelang die rechte Hand des Konzerngründers und der Familie treu verbunden, gehörte nicht mehr zum Führungsgremium; sein Gesundheitszustand war stark angegriffen, im September 1978 starb er 80-jährig. Das Kommanditkapital von 700 Millionen Mark (zudem bestanden Rücklagen von 211 Millionen Mark) befand sich zu 100 Prozent im Besitz der Friedrich Flick KG. Nur 25 größere Gesellschaften in Deutschland wurden zu diesem Zeitpunkt in dieser Form geführt – unter anderem der Henkel-Konzern –, während es 2150 Aktiengesellschaften gab. Die KGaA bot dem Aufsichtsrat weniger Mitspracherecht als eine reine Kapitalgesellschaft; zugleich war die Publizitätspflicht geringer.[357]

Was die Wiederanlage der Gelder aus dem Daimler-Benz-Verkauf anging, stockte Flick die Grace-Beteiligung jetzt um 500 Millionen Mark auf 32 Prozent auf. Anfang Juni 1978 gab der Konzern bekannt, dass man 34,5 Prozent stimmberechtigte Aktien der United States Filter Corp., New York, zu einem Preis von 23 Dollar je Aktie erworben hatte. Der Gesamtpreis betrug 100 Millionen Dollar, umgerechnet 220 Millionen Mark. Der Umsatz von US-Filter betrug 1977 423,7 Millionen Dollar, der Nettogewinn nach Steuern 13,9 Millionen. Die US-Filter-Beteiligung rückte das Auslandsengagement des Flick-Konzerns in ein neues Licht, denn hier gab es über die 1973 gegründete Projektierung Chemieverfahrenstechnik GmbH tatsächlich Anknüpfungspunkte für eine Kooperation. Das verstärkte Engagement des Konzerns in den USA hatte freilich auch seine Schattenseiten: Ende 1978 befassten sich Magazine und Tageszeitungen wie *Esquire*, *Newsweek*, *San Francisco Chronicle* und *Washington Post* in langen und wenig freundlichen Beiträgen mit der Rolle des Konzerns im Dritten Reich.[358]

Am spektakulärsten geriet Flicks Einstieg in die Gerling-Konzern Versicherungs-Beteiligungs-AG, die damals größte Industrieversicherungsgesellschaft der Bundesrepublik. Bis 1974 war Hans Gerling, Sohn des Unternehmensgründers Robert Gerling, Alleinherrscher im Konzern.

Durch die Pleite der Herstatt-Bank, an der Gerling zu 95 Prozent beteiligt war, in die Krise geraten, hatte Gerling 51 Prozent der Aktien der Versicherungs-Beteiligungs AG verkaufen müssen; 25,1 Prozent gingen an die Zürich Versicherung und 25,9 Prozent an die von 59 deutschen Industrieunternehmen gegründete Versicherungsholding der Deutschen Industrie. Da die Hoffnung der Schweizer, Gerling ganz übernehmen zu können, sich nicht erfüllte, traten sie bereits 1977 wieder den Rückzug an und verkauften ihr Paket an die Deutsche Bank und an die Westdeutsche Landesbank. Diese planten, ihre Gerling-Anteile breit zu streuen, als Brauchitsch überraschend das Interesse des Flick-Konzerns signalisierte. Parallel verhandelte Flick bereits über eine Übernahme der Gerling-Aktien aus dem Portefeuille der Versicherungsholding: 85 Prozent der Alt-Konsorten (von Siemens über Mannesmann, Bayer, Otto Wolff bis zu Reemtsma und Daimler) erklärten sich bereit, an Flick zu verkaufen.

Als nun auch die Zürich-Versicherung ihre Aktien in den Pool einbringen sollte und Flick auf diesem Wege Mehrheitsgesellschafter geworden wäre, gerieten Brauchitsch und Gerling hart aneinander: Flick plante unter anderem eine Kapitalerhöhung bei Gerling von 50 auf 100 Millionen Mark – ein Betrag, den Gerling wohl nur mit Mühe aufgebracht hätte. Als Brauchitsch auch noch die Besetzung von Vorstands- und Aufsichtsratsposten mit Flick-Vertrauten ankündigte, kam es zum offenen Machtkampf. Auf der Hauptversammlung am 22. Juni 1978 legte Hans Gerling Beschwerde wegen Verletzung von Formalien durch den Flick-Konzern ein. Die Arbeitnehmervertreter versalzten Flick schließlich die Suppe, indem sie sich auf Seiten ihres alten Konzernherrn schlugen. Ohne eine friedliche Einigung wären beide Parteien aus dem Streit als Verlierer hervorgegangen. Zwar hätte Flick vor Gericht vermutlich Recht bekommen – dies aber erst nach Ablauf der Frist für die steuerfreie Wiederanlage der Gelder aus dem Daimler-Verkauf. Bei einem Friedensgipfel in der Kölner Gerling-Zentrale am 2. November einigte man sich nach neunstündigem Ringen auf einen Kompromiss. Hans Gerling sollte für drei Jahre zum Vorstandsvorsitzenden des Konzerns und anschließend zum Aufsichtsratsvorsitzenden berufen werden. Brauchitsch setzte eine Kapitalerhöhung um 60 Millionen Mark zu einem Kurs von 115 Prozent durch. Flick ließ sich den Einstieg bei Gerling insgesamt 208 Millionen Mark kosten.[359]

Die Kompromissbereitschaft im Fall Gerling machte deutlich, unter welchem Druck die FKG bei der Wiederanlage inzwischen stand. Brauchitsch sprach sogar öffentlich davon, »mit hechelnder Zunge« die Ziele gerade noch erreicht zu haben. Ein Masterplan war bei den Anlagegeschäften auch für wohlwollende Betrachter nicht zu erkennen. Insbesondere die Aufstockung des Grace-Pakets erweckte den Eindruck, dass Flick über keine wirklichen Alternativen verfügte. Dennoch erklärte Friedrich Karl Flick am Ende der Einkaufstour, der Konzern gehe jetzt gut aufgestellt in die Zukunft. In einer Pressekonferenz zählte er den anwesenden Wirtschaftsjournalisten scheinbar unbeschwert alle Schwachstellen seiner früheren Unternehmen auf. Man habe das Daimler-Benz-Paket verkauft, da man sich eine milliardenschwere, aber renditeschwache Beteiligung nicht auf Dauer habe leisten können. Die Wiederanlage entspreche einer »zielbewußten, auf Stärkung und Sicherung des Konzerns bedachten Unternehmenspolitik«. Insgesamt waren 670 Millionen Mark im Inland und 1,01 Milliarden Mark im Ausland angelegt worden. Der Restbetrag von rund 200 bis 250 Millionen Mark werde – so Flick – versteuert. Der Konzern hatte die Umstrukturierung gerade noch vor Ablauf der gesetzlichen Frist für die Steuervergünstigung am 31. Dezember 1978 abschließen können.[360]

Die Steuerbefreiung für die Investitionen hatte die FKG natürlich längst beantragt. Eberhard von Brauchitsch sprach die einzelnen Anträge mit dem zuständigen Bundeswirtschaftsminister Hans Friderichs (FDP) ab. Dieser musste gemeinsam mit dem Bundesminister der Finanzen, Hans Apel (SPD), hierüber befinden. Bezeichnend für das Verständnis der FKG vom Charakter der Anträge ist der Name, den Brauchitsch intern verwendete: Er sprach von »Geleitzügen«. Den ersten »Geleitzug« brachte Brauchitsch am 25. Februar 1976 auf den Weg. Er umfasste neben den Kapitalerhöhungen bei Dynamit Nobel und Buderus auch den Erwerb der ersten Tranche der Grace-Aktien für 110,8 Millionen Dollar. Mit Absicht hatte die FKG in die Anträge auch einen »Türken« eingebaut – einen Antrag, von dem von vornherein feststand, dass er auf Ablehnung stoßen würde; so sollten die Gemüter beruhigt werden. Als »Türke« diente der Antrag auf Steuerbefreiung beim Erwerb der letzten zwölf Prozent außenstehender Dynamit-Nobel-Aktien für 80 Millionen Mark, die sich in der Hand der Thesaurus Continentale Effekten-Gesellschaft in Zürich befanden, einer Tochter der Schweizer Bankgesellschaft. Der Thesaurus-Antrag war in Absprache mit Friderichs gestellt worden. Gegen die von der FKG beantragte Steuerbefreiung wetterten vor allem mehrere SPD-Abgeordnete. Rolf Böhme erinnerte daran, dass der Paragraph 6b im Einkommensteuergesetz eingeführt worden war, um Standortverlagerungen oder Rationalisierungen zu begünstigen und Substanzbesteuerungen zu vermeiden.

Die Presse munkelte bereits über die Gespräche zwischen Eberhard von Brauchitsch und Bundeswirtschaftsminister Hans Friderichs. Beide kannten sich seit Jahren privat. Dass die FDP dringend Wahlkampfspenden aus der Industrie benötigte, verlieh diesen Gesprächen zusätzlich ein Hautgout. Unter diesen Bedingungen könne Friderichs doch gar nicht unbefangen entscheiden, kommentierte die *Stuttgarter Zeitung*. Unausgesprochen schwang hier schon der Vorwurf der Korruption und Bestechung mit. Brauchitsch erklärte später, Friderichs habe ihm Entgegenkommen signalisiert, sofern der Flick-Konzern die »Hauptprobleme der Bundesregierung, Rohstoff und Energie«, berücksichtige. Am 8. September 1976 genehmigten das Bundeswirtschafts- und das Bundesfinanzministerium den Antrag, die Steuerbegünstigung des Thesaurusgeschäfts lehnte sie wie erwartet ab. Die Bekanntgabe erfolgte aber erst nach der Bundestagswahl vom 3. Oktober 1976 – eine Steuerbefreiung für die Konzerngeschäfte des reichsten Deutschen schien den beteiligten Politikern doch zu heikel.[361]

Nachfolger von Hans Friderichs als Wirtschaftsminister wurde Otto Graf Lambsdorff. An der Praxis änderte sich nichts. Am 23. November 1977 schickte Brauchitsch den zweiten »Geleitzug« los, den Antrag auf Steuerbefreiung für Kapitalerhöhungen bei der Buderus AG (60 Millionen Mark), den Edelstahlwerken Buderus (25 Millionen Mark) und der Feldmühle (200 Millionen Mark) sowie für den Kauf weiterer Grace-Aktien (500 Millionen Mark). Insbesondere gegen den Feldmühle-Antrag regte sich Widerstand; die 200 Millionen Mark sollten für die Anschaffung einer Spezialdruckerpresse dienen, und die Feldmühle-Konkurrenz sah sich benachteiligt. Um den zweiten Grace-Antrag rechtfertigen zu können, war in letzter Minute noch ein Kooperationsvertrag zwischen Grace und Dynamit Nobel geschlossen worden, der dem deutschen Unternehmen angeblich den Zugang zu amerikanischen

Rohstoffen und amerikanischem Know-how sichern sollte. Dies war notwendig geworden, da zwei Jahre nach Flicks Einstieg bei Grace noch keinerlei Nutzen für die deutsche Volkswirtschaft sichtbar geworden war.

Während in den Ministerien noch über den Anträgen gebrütet wurde, lief bereits der dritte Geleitzug an, der vor allem den Erwerb der Gerling-Aktien betraf (208 Millionen Mark). Schließlich beantragte die FKG Anfang Oktober 1978 die Steuerbefreiung für den Kauf der US-Filter-Beteiligung (210 Millionen Mark). Dies sorgte in den Ministerien endgültig für Verstimmung – war man dort doch davon ausgegangen, dass nach dem zweiten »Geleitzug« Schluss sei. Brauchitsch wollte die Absprachen anders verstanden haben. Kurz vor Jahresende folgte noch ein Antrag auf Steuerbefreiung für die Kapitalerhöhung bei der kurz zuvor gegründeten PCV-Projektierung Chemische Verfahrenstechnik GmbH in Ratingen (25 Millionen Mark). Mit Ausnahme des US-Filter-Antrags wurde allen Anträgen stattgegeben.[362]

Nach der dreijährigen Phase hektischer und nervenaufreibender Anlageaktivitäten rief Friedrich Karl Flick jetzt eine Konsolidierungsphase aus. 1980 erklärte er, es sei zwar noch ausreichend Geld vorhanden, »aber die körperlichen und geistigen Kräfte des Managements müßten mal etwas geschont werden«. Auch wenn sich in Folge des zweiten Öl-preisschocks von 1979 Zeichen einer Abschwächung häuften und die Weltwirtschaft »in einen neuen Abwärtsstrudel« geriet: Noch liefen die Geschäfte für Flick gut. Buderus hatte 1979 4,3 Milliarden Mark umgesetzt, ein Plus von 14 Prozent, rund zwei Milliarden Mark hiervon entfielen auf Krauss-Maffei. Der Umsatz von Dynamit Nobel war sogar um 21,5 Prozent auf 2,5 Milliarden Mark gewachsen, 1980 erwarb das Unternehmen noch zwei Beteiligungen in Italien und den USA für insgesamt 117 Millionen Mark. Auch das Ergebnis der Feldmühle konnte sich 1979 endlich wieder sehen lassen, der Umsatz war um acht Prozent auf 1,9 Milliarden Mark gestiegen. Besonders erfolgreich war das Geschäftsjahr in den USA verlaufen: Grace hatte einen Umsatz-sprung um 18 Prozent auf 5,3 Milliarden Dollar gemacht, US-Filter um 13 Prozent auf 612 Millionen Dollar zugelegt. Weil jedoch der Antrag auf Steuerbefreiung gemäß Paragraph 4 des Auslandsinvestitionsgesetzes abgelehnt wurde, verkaufte Flick 1981 die US-Filter-Anteile an die Ashland Oil Inc. Aufgrund des günstigen Wechselkurses macht die FKG dabei einen glänzenden Schnitt: Die 130 Millionen Dollar Verkaufserlös waren umgerechnet 310 Millionen Mark wert.[363] Mit US-Filter wurde freilich die einzige Auslandsbeteiligung aufgegeben, die sich aufgrund ihres Produktionsprofils in den Konzern einfügte.

Friedrich Karl Flick verstärkte das Management mit dem 47-jährigen Klaus Götte, der zuvor Finanzdirektor bei Krupp und Vorstand bei der Allianz gewesen war.[364] Die Personalie ließ auf Spannungen in der Konzernspitze schließen. Nach Ansicht von Friedrich Karl Flick widmete sich sein Intimus Eberhard von Brauchitsch wieder einmal zu sehr seiner Karriere außerhalb des Konzerns; statt sich mit aller Kraft auf seine Tätigkeit für die FKG zu konzentrieren, peilte er das Präsidentenamt beim Bundesverband der Deutschen Industrie an.

In diese Spannungen hinein platzte die Bombe, die den Flick-Konzern in seinen Grundfesten erschüttern ließ und schließlich sein Ende herbeiführte. Am 4. November 1981 durchsuchten Steuerfahnder das Büro des Chefbuchhalters des Konzerns, Rudolf Diehl, der im Verdacht stand, persönlich Steuern hinterzogen zu haben. Bei ihren Ermittlungen stießen die Beamten bald auf Schließfächer bei einer Düsseldorfer Filiale der Dresdner Bank: Darin fanden sie brisante Unterlagen über die Spendenpraxis des Hauses Flick. Seit 1972 hatte Diehl die Zuwendungen des Konzerns an die Parteien sorgfältig verzeichnet, sowohl die Summen als auch die Empfänger (verklausuliert mit dem später berühmt gewordenen Kürzel »wg.«). Auf Diehls Listen fanden sich die FDP-Bundeswirtschaftsminister Hans Friderichs und Otto Graf Lambsdorff ebenso wie ihr Parteifreund, der nordrhein-westfälische Wirtschaftsminister Horst-Ludwig Riemer. Bei weiteren Durchsuchungen der Konzernzentrale stießen die Ermittler in Brauchitschs Büro auf vertrauliche Tageskopien, die Diehls Unterlagen komplettierten. Rechnete man alle Beträge zusammen, hatte Flick zur »Pflege der Bonner Landschaft« in den siebziger Jahren rund 15 Millionen Mark an die CDU/CSU, 6,5 Millionen Mark an die FDP und 4,3 Millionen Mark an die SPD verteilen lassen.

Ohne Brauchitschs »manische Besessenheit«, alles zu notieren, hätte es vermutlich keine Spendenaffäre gegeben. Die Notizen dienten dazu, Friedrich Flick in Konstanz, Konrad Kaletsch in München und den

häufig abwesenden Friedrich Karl Flick auf dem Laufenden zu halten.
Vertrauliche Notizen waren von jeher ein wesentlicher Bestandteil der
Entscheidungsfindung in der Konzernspitze – zumal ein umfassendes Berichtswesen fehlte – und waren zu einem wichtigen Kommuni-
kationsmittel zwischen Friedrich Flick und dem engsten Kreis seiner
Führungsmannschaft geworden. Das System der vertraulichen Notizen
entsprach dem absoluten Führungsanspruch Friedrich Flicks, über alles
informiert zu sein, wichtige Entscheidungen selbst zu treffen und dabei
niemandem Rechenschaft ablegen zu müssen. Schon in Nürnberg hatten die Amerikaner ihre Anklage unter anderem auf Notizen von Flick,
Kaletsch und Burkart gestützt. Jetzt wurde das »System Flick« erneut bis
in die hintersten Winkel durchleuchtet.[365]

Rasch enthüllten die Ermittler den engen zeitlichen Zusammenhang
zwischen den Steuerbefreiungsanträgen der FKG und namhaften Parteispenden. Die beiden FDP-Wirtschaftsminister Friderichs und Graf
Lambsdorff wurden durch Diehls Listen und Brauchitschs Tageskopien
schwer belastet, beide hatten sich in der Frage der Steuerbefreiung für
Flick stark gemacht. Das Bundeswirtschaftsministerium wurde plötzlich
sehr vorsichtig im Umgang mit dem Flick-Konzern. Es kamen Zweifel
auf, dass die Voraussetzungen für die Steuerbefreiung bei der Grace-Beteiligung überhaupt gegeben waren; blieb der angekündigte Technolo-
gietransfer zwischen Grace und der Feldmühle aus, musste das Geschäft
nachträglich versteuert werden. Besonders unangenehm wurde die Parteispendenaffäre für den seit Oktober 1982 amtierenden neuen Bundeskanzler Helmut Kohl.[366]

Fast wöchentlich kamen jetzt neue Details aus dem Spendensumpf
ans Licht, dem Publikum verschlug es den Atem. Die Katastrophe
hätte für den Konzern nicht schlimmer kommen können: Was die
Staatsanwälte nach und nach zu Tage förderten, bestätigte vieles von
dem, »was linke Stamokap-Ideologen über die ›Instrumentalisierung
der Politik durch das Kapital‹ schon immer behaupteten«, schrieb der
Spiegel. Das Magazin hatte seit den fünfziger Jahren die Entwicklung
der FKG und die Winkelzüge des Patriarchen mit einigem Wohlwollen
verfolgt. Später hatten vor allem Otto-Ernst Flick und seine Söhne das
Blatt gelegentlich für ihre Interessen zu instrumentalisieren versucht
und es mit Informationen versorgt. Mit der Spendenaffäre begann sich

das Verhältnis zu wandeln. Der *Spiegel* machte nun regelrecht Jagd auf Friedrich Karl Flick und Eberhard von Brauchitsch, es hagelte Kritik und Häme. Der *Spiegel* titelte »Die gekaufte Republik«, Heinrich Böll sprach vom »Bargeld-Porno«.[367]

Friedrich Karl Flick trat die Flucht nach vorn an und entließ zum Jahresende 1982 seinen Vertrauten Eberhard von Brauchitsch ebenso wie Hanns Arnt Vogels, woraufhin Klaus Götte freiwillig seinen Hut nahm. Es spricht einiges dafür, dass die Parteispendenaffäre Flick den Vorwand lieferte, den vom Vater testamentarisch zurückgerufenen Brauchitsch endlich loszuwerden. Auch unterhalb des engsten Führungszirkels mussten wichtige Mitarbeiter den Konzern verlassen: Rudolf Diehl, durch den der Skandal ausgelöst worden war, Axel Schmidt-Hern und Christian Lang. 1981 hatte Flick bereits seinen Bonner Lobbyisten Walter Schmitz gefeuert. Der Befreiungsschlag half Flick indes nicht aus der Klemme.[368]

Im Juni 1983 setzte der Bundestag einen Untersuchungsausschuss ein. Insgesamt fanden 81 Sitzungstage statt, 51 Zeugen wurden vernommen und meterweise Akten produziert. Günter Max Paefgen trug mit seiner Aussage zum Rücktritt von Bundestagspräsident Rainer Barzel (CDU) am 25. Oktober 1984 bei; er hatte bestätigt, dass Barzel vom Flick-Konzern nach seinem Rücktritt als Fraktionsführer der CDU/CSU 1973 über einen Beratervertrag finanziell abgesichert worden war. Friedrich Karl Flick selbst musste vier Mal vor dem Ausschuss erscheinen, zum letzten Mal am 28. März 1985. Vor dem Ausschuss spielte der Konzernchef den Ahnungslosen, der 1981, als die Steuerfahnder in Düsseldorf erschienen, überhaupt erst von der Spendentätigkeit seines Konzerns erfahren habe. Und er wollte auch erst damals von den Geldgeschäften mit der katholischen Steyler Mission in Sankt Augustin erfahren haben: Wenigstens zehn Jahre hatte der Flick-Konzern jährlich eine Million Mark an die Mission gespendet und hierüber eine Spendenquittung erhalten. Von der Mission flossen jedoch 800 000 Mark in die »schwarze Konzernkasse« zurück, und so sprangen Jahr für Jahr inklusive Steuerrückerstattung 1,3 Millionen Mark für den Konzern raus; 100 000 Mark behielt die Mission, die gleiche Summe ging an einen Mittelsmann der CDU.

Flicks Anwalt Detlef Wunderlich stellte den Konzernchef als einen Mann dar, der nicht nur nichts von den Spenden wusste, sondern »quasi um eine Unterrichtung kämpfen mußte«. Anfang 1985 gab Friedrich Karl Flick dem *Stern* ein Interview. Er wusch seine Hände in Unschuld und lud die Verantwortung für den Spendenskandal bei Brauchitsch ab: Dessen Aufgabe sei es gewesen, Politiker zu »überzeugen«, ihm selbst sei die »Bonner Landschaft relativ unbekannt«. Vor dem Untersuchungsausschuss trat der Industrielle »linkisch auf, seine Antworten sind unbeholfen«. Die *Frankfurter Rundschau* fragte sich, ob Flick die Abgeordneten zum Narren hielt. Die *Frankfurter Allgemeine* mokierte sich über die häufigste Antwort Flicks: »Daran kann ich mich nicht erinnern.« Tatsächlich wollte Flick, der aus dem Untersuchungsverfahren der Staatsanwaltschaft ohne Anklageerhebung herausgekommen war, sich wohl in nichts »hineinreden«. Immer wieder aber distanzierte er sich von Brauchitsch, etwa, wenn er darauf hinwies, »da sei soviel Papier über seinen Tisch gelaufen«, dass er das alles nicht mehr habe überschauen können. Im Übrigen habe er auf Paefgens Rat bereits 1980 dem »Wildwuchs« des Spendenwesens Einhalt gebieten wollen – vergebens.[369] Friedrich Karl Flick malte ein Bild, das wohl weitgehend der Wahrheit entsprach, ihn aber immer wieder zur Weißglut getrieben hatte: Der starke Mann im Konzern war Eberhard von Brauchitsch.

Der Skandal beeinflusste die Lenkung des Konzerns massiv. Beredtes Beispiel war die Zukunftsplanung der Buderus-Gruppe. Diese hatte nach erheblichen Verlusten 1981 (25,6 Millionen Mark), die erneut vor allem auf Krauss-Maffei zurückgingen, 1983 und 1984 wieder Gewinne (13,9 beziehungsweise 11,8 Millionen Mark) an die FKG abführen können. Völlig überraschend kam daher Mitte 1984 Flicks Ankündigung, dass Buderus die Edelstahlwerke Buderus für 32,5 Millionen Mark an die BHF-Bank in Frankfurt verkaufen wolle. Die Verwirrung war komplett, als die Ankündigung kurz darauf wieder kassiert wurde. Hans Werner Kolb, der inzwischen von Buderus in die Düsseldorfer Zentrale gewechselt war, sprach schmallippig von einer »Langfrist-Strategie« des Konzernchefs. Wie die aussah, konnte er auf Nachfrage indes nicht erläutern. Eine kohärente Strategie war bald nirgendwo mehr zu erkennen, und die schlechten Nachrichten häuften sich.[370] Immerhin sprudelten die Gewinne bei Dynamit Nobel. Die Patente zur Herstellung des Faserrohstoffs DMT waren mittlerweile zwar ausgelaufen, aber es gab Weiterentwicklungen, aus denen neue Lizenzgebühren anfielen.

Das Management setzte weiter auf Expansion und Rationalisierung und plante für 1985/86 weltweit weitere 480 Millionen Mark Investitionen, fast die Hälfte davon im Ausland.[371]

Vor dem Hintergrund des Spendenskandals und der damit verbundenen massiven Führungskrise des Konzerns nahmen die Spekulationen über die Zukunft des Konzerns zu. Im Januar 1985 dementierte Friedrich Karl Flick noch vehement die Behauptung, er wolle seinen ganzen Industriebesitz zu Geld machen. Das sei Unsinn, es werde keinen Winterschlussverkauf geben. Er habe in den vergangenen Jahren die Führung des Hauses stark verkleinert und die Zügel selbst wieder stärker in die Hand genommen; diese Straffung habe sich im Umgang mit den Unternehmen bewährt. Allerdings sei das Umfeld für ein Privatunternehmen wie die Flick-Gruppe allgemein schlechter geworden; man sei eingekeilt zwischen Gewerkschaften, Betriebsräten, Mitbestimmung und Bundeskartellamt. Dass Flick bei dieser Gelegenheit ankündigte, den Parteien weiterhin finanziell unter die Arme greifen zu wollen, wird man in Bonn mit gemischten Gefühlen gelesen haben.[372]

Im Mai 1985 holte Flick Rolf Gessler, der beim amerikanischen Rohstoffkonzern Amax Inc. Karriere gemacht hatte, nach Düsseldorf. Zum 1. Juni trat er neben Friedrich Karl Flick, Hans Werner Kolb sowie dem Finanz- und Steuerfachmann Heribert Blaschke in die Führung der FKG ein. Gessler sollte helfen, die in Gefahr geratene Steuerbefreiung für das Grace-Engagement sicherzustellen. Doch abgesehen von einer gemeinsam von Grace und Dynamit Nobel gebauten Fabrik zur Herstellung von Siliziumplatten ließen alle angekündigten Kooperationen auf sich warten. Ein Projekt zum Bau einer Großanlage zur Kohlehydrierung fiel den fallenden Energiepreisen zum Opfer. Eine Zusammenarbeit beim Pflanzenschutz und bei der Motorkeramik kam über das Anfangsstadium nicht hinaus. Dabei war in Düsseldorf bekannt, was auf dem Spiel stand. Eberhard von Brauchitsch hatte mehrfach auf die möglichen steuerlichen Konsequenzen für das Grace-Engagement hingewiesen und bei Friedrich Karl Flick Klage über die Untätigkeit des für das Auslandsgeschäft zuständigen Paefgen geführt. Entsprechende Aktenvermerke hatte die Staatsanwaltschaft 1981 gefunden und an das Bundeswirtschaftsministerium weitergeleitet, wo man sich jetzt verständlicherweise recht zugeknöpft zeigte.

Als Friedrich Karl Flick im Frühjahr 1985 Rolf Gessler nach Düsseldorf holte, stand sein Entschluss zum Verkauf des Konzerns bereits fest. Einer der Gründe war das deutsche Erbrecht: Die 1974 vom Gesetzgeber eingeführte Erbersatzsteuer setzte bei Familienstiftungen alle 30 Jahre den Erbfall an, der Steuersatz betrug 35 Prozent. Bei den Flickschen Familienstiftungen wäre dies 1988 und 1990 das erste Mal der Fall gewesen. Friedrich Karl Flick löste zunächst zwei der drei Stiftungen auf und übernahm die Kommanditanteile selbst. Gegen die anfallenden Steuern klagte der Konzernchef, vor dem Hintergrund der Parteispendenaffäre waren seine Erfolgsaussichten aber gering. Einen anderen Weg beschritt die Familie Klöckner. Nach dem Urteil des Bundesverfassungsgerichts, das die Simulation des Erbfalls für rechtmäßig erklärte, gab sie ihrer Familienstiftung einen gemeinnützigen Charakter; dies reduzierte zwar ihre Profite, die Kontrolle über das Unternehmen aber blieb der Familie erhalten.[373]

Die Deutsche Bank hatte bereits 1983/84 Flick dazu bewegen wollen, seinen gesamten Industriebesitz zu verkaufen; auf Konzernseite waren insbesondere Götte und Vogels nicht abgeneigt, zumindest Teile der Gruppe abzustoßen. Flick hatte davon zunächst nichts hören wollen, wohl nicht, weil er unternehmerische Ziele verfolgte, sondern weil ihm die Aktienkurse zu niedrig waren. Im Frühjahr 1985 aber fragte er seinerseits bei der Deutschen Bank an, ob diese seinen gesamten Konzern »telquel« – also so wie er ist – übernehmen wolle. Für Flick führten Daimler-Benz-Chef Joachim Zahn und Rechtsanwalt Detlef Wunderlich die Verhandlungen mit dem Geldhaus. Parallel dazu verkaufte Buderus im Juli 1985 81,4 Prozent der Anteile an Krauss-Maffei für insgesamt 131,7 Millionen Mark an ein Konsortium, unter anderem bestehend aus der Bayerischen Landesanstalt für Aufbaufinanzierung, der Dresdner Bank und der Deutschen Bank. Flick hatte das Interesse am Konzern verloren.

Anfang Dezember 1985 gaben die beiden Vorstandssprecher der Deutschen Bank, F. Wilhelm Christians und Alfred Herrhausen, auf einer Pressekonferenz den bevorstehenden Kauf der Flick-Gruppe bekannt. Flick hatte mit der Bank einen »Quasi-Festpreis« von fünf Milliarden Mark ausgehandelt. Das Geschäft lief in mehreren Schritten ab: Zunächst wandelte Flick seine Holding, die Friedrich Flick Industrieverwaltung KGaA, in eine Aktiengesellschaft um. Die eigentliche Transaktion wurde erneut in der »logischen Sekunde« zwischen 24 Uhr des Silvestertages und dem Beginn des 1. Januar 1986 abgewickelt. Dadurch war der Gewinn für ein Jahr von der Vermögens- und Gewerbesteuer freigestellt. Wegen Flicks Vereinbarungen mit Gerling musste beim Verkauf ein »Umweg« eingeschlagen werden. Zunächst verkaufte Flick den gesamten Konzern (einschließlich der Gerling-Beteiligung) für 5,3 Milliarden Mark an die Deutsche Bank und erwarb umgehend das Gerling-Paket für 450 Millionen Mark zurück. Unter dem Strich blieb Friedrich Karl Flick damit ein Erlös von 4,85 Milliarden Mark.

Auch das Geldhaus machte einen guten Schnitt. Allein die noch von Flick gehaltenen Daimler-Benz-Papiere hatten einen Wert von rund 4 und die Grace-Beteiligung von etwa 1,4 Milliarden Mark. Die übrigen Beteiligungen schätzten Experten auf weitere 1,5 Milliarden Mark. Die Deutsche Bank plante, die Unternehmen in mehreren Stufen weiterzuverkaufen: Zunächst sollten die Daimler- und anschließend die Grace-Beteiligung, bei der ein Vorkaufsrecht der Amerikaner bestand, versilbert werden. Die übrigen inländischen Unternehmen fasste die Deutsche Bank unter einer neuen Dachgesellschaft mit dem Namen Feldmühle Nobel AG (Feno) zusammen, bevor sie veräußert werden sollten. Herrhausen betonte später, die Transaktion sei mit hohen Kosten und auch Risiken verbunden gewesen; allein die Gewerbesteuer belief sich auf einige hundert Millionen Mark. Zwei Jahre zuvor hätte die Bank, so Herrhausen, diesen Kraftakt nicht gewagt.

Friedrich Karl Flick musste seinen Erlös versteuern. Da es sich steuerrechtlich um »außerordentliche Einkünfte« handelte, galt gemäß Paragraph 34 Einkommensteuergesetz ein geringerer Steuersatz von 28 Prozent. Dieser fiel zudem nicht für den gesamten Erlös an, da Flick zuvor noch den Buchwert seiner Unternehmen abziehen konnte, etwa drei Milliarden Mark. Damit waren etwa 500 Millionen Mark an Steuern fällig. Die Transaktion entlastete Flick zudem von möglichen Steuernachforderungen aus dem Daimler-Benz-Verkauf von 1975 – die Steuern wurden im Zuge des Geschäfts bezahlt. Friedrich Karl Flick hatte »ganz banal gesagt, Kasse« gemacht, urteilte die *Frankfurter Allgemeine*.[374]

Kasse machten aber auch noch einmal seine Neffen. Als sie von den Verhandlungen ihres Onkels mit der Deutschen Bank erfuhren, erklärten Gert-Rudolf und Friedrich Christian Flick, das Geschäft verhindern zu wollen. Gert-Rudolf teilte seinem Onkel mit, so zitierte ihn später die *Zeit*, »daß wir damals bewußt zum Zwecke der Ermöglichung einer Fortführung des Flick-Konzerns durch Dich auf erhebliche schon damals vorhandene Werte verzichteten«. Um mit der Deutschen Bank zu einem Abschluss zu kommen, fand sich Friedrich Karl Flick schließlich zu einer Zahlung von 225 Millionen Mark brutto bereit. Dieser »Nachschlag« auf die ursprüngliche Abfindung ging an seine Neffen, Nichte Dagmar erhielt nichts.

Bereits 1986 verlangten Gert-Rudolf und Friedrich Christian Flick eine weitere Nachzahlung in Höhe von 62 Millionen Mark; Grund hierfür war der hohe Steuersatz, den die beiden auf die 225 Millionen Mark in Deutschland hatten entrichten müssen. Im März 1987 schließlich forderten sie von Friedrich Karl eine erbrechtliche Korrektur zugunsten ihrer Kinder. Als der Onkel für diese Forderung Verständnis signalisierte, zugleich aber erklärte, dies sei seine freie Entscheidung, über die er nicht verhandeln werde, änderten seine Neffen ihre Strategie. Sie kauften für zwölf Millionen Mark Anteile an der Feno, der Rechtsnachfolgerin der Friedrich Flick KGaA, und beantragten auf der Hauptversammlung 1987 eine Sonderprüfung des Verkaufs der Grace-Beteiligung. Als sie mit dieser Forderung nicht durchkamen, zogen Gert-Rudolf und Friedrich Christian vor Gericht – wo sie eine herbe Pleite erlebten. Der Düsseldorfer Amtsrichter Hans Dieter Heetfeld urteilte unzweideutig, die beiden Kläger verfolgten mit ihrem Prüfungsantrag »persönliche, grob eigennützige Ziele«.

Im November 1987 legten die beiden Neffen noch einmal nach. Ein in ihrem Auftrag vom Erbrechtsexperten Helmut Coing erstelltes Gutachten kam zu dem Schluss, dass mit dem Gesamtverkauf der FKG an die Deutsche Bank die Geschäftsgrundlage verschiedener Erbverträge entfallen und damit das gesamte Vermögen neu zu verteilen sei – eine Forderung, die sie auch vor Gericht durchsetzen wollten. Ihr Onkel antwortete hierauf mit einer Klage auf Rückerstattung der Nachzahlung.

Ein erster Versuch von Gert-Rudolf und Friedrich Christian Flick, die Aktienmehrheit an der Feno zu übernehmen, scheiterte Mitte 1988. Durch Indiskretionen war der Börsenkurs der Feno-Aktie in die Höhe geschossen, so dass die Brüder ihr Übernahmeangebot an die Aktionäre zurückziehen mussten. In den folgenden Monaten gelang es ihnen dennoch, ein Paket von rund 40 Prozent Feno-Aktien zusammenzutragen. Unternehmerisch wurden sie nicht tätig; bereits im Mai 1989 verkauften sie das Paket für rund 1,2 Milliarden Mark an den Veba-Konzern weiter, ihr Gewinn betrug Schätzungen zufolge zwischen 150 und 300 Millionen Mark. Mit ihrem Onkel einigten sich Gert-Rudolf und Friedrich Christian schließlich außergerichtlich, beide Seiten vereinbarten über die Modalitäten striktes Stillschweigen. Auf die Frage, was dies den Onkel gekostet habe, antwortete Friedrich Christian dem *Spiegel* sybillinisch: »Das hat, glauben Sie mir, beide Seiten viel Schweiß gekostet.«[375]

Die FKG hatte zum Jahreswechsel 1985/86 zu existieren aufgehört. Das Ende des Konzerns war freilich nicht über Nacht gekommen. Ein erster Bruch war 1959/60 zu verzeichnen gewesen, als die FKG von der rasanten – zeitweise rastlosen – Phase des Auf- und Umbaus in ruhigeres Fahrwasser steuerte. Die Zäsur war markiert durch den Erwerb von Feldmühle und Dynamit Nobel sowie durch die Umwandlung der Gesellschaften. In den folgenden Jahren mangelte es jedoch an einer planvollen Konsolidierung, und so stieß das Erfolgsmodell trotz der günstigen Ausgangssituation im Verlauf der sechziger Jahre an seine Grenzen. Insbesondere stand das Familienunternehmen vor Nachfolgeproblemen. Die erste Hälfte der sechziger Jahre war vor allem von den Prozessen zwischen Friedrich und Otto-Ernst Flick geprägt: Der nervenaufreibende Streit blockierte erhebliche Kapazitäten in der Düsseldorfer Konzernzentrale und machte mehr Interna bekannt, als Friedrich Flick lieb sein konnte. Auch die zunehmende Überalterung der Führungsspitze, die sich nur schwer auf die Anforderungen einer nachlassenden Konjunktur einstellen konnte, belastete die einzelnen Unternehmen. Zudem traten in den späten sechziger Jahren Finanzprobleme auf, dringend notwendige Investitionen konnten aus eigener Kraft kaum noch gestemmt werden.

Nach dem Tod Friedrich Flicks im Juli 1972 konnte Friedrich Karl Flick sich zwar auf die Loyalität Konrad Kaletschs und der anderen von seinem Vater berufenen persönlich haftenden Gesellschafter verlassen. Indes hatte der Alte mit seinem Testament und einigen Zusatzbestimmungen seinem Sohn einen Bärendienst erwiesen. Von Anfang an galt Friedrich Karl Flick als ein schwacher Chef, dem der Vater die Lenkung des Konzerns allein nicht zugetraut hatte. Tatsächlich konnte er kaum Impulse geben und keinen großen unternehmerischen Wurf landen.[376] Allerdings bot die allgemeine Rezession auch wenig Spielraum, die Unternehmen waren angesichts rückläufiger wirtschaftlicher Entwicklung im Wesentlichen darauf bedacht, liquide zu bleiben; 1975 gilt bis heute als das wirtschaftlich schwärzeste Jahr der alten Bundesrepublik. Bei der Wiederanlage der Gelder aus dem Daimler-Benz-Geschäft 1975 bewies Friedrich Karl Flick allerdings besonders wenig Geschick. Es drängt sich der Eindruck auf, dass er – entgegen allen Bekundungen – schlicht nicht wusste, wie er das Geld sinnvoll investieren sollte. Mit der Grace-Beteiligung kaufte er sich in ein Unternehmen ein, das er aus seiner Lehrzeit einigermaßen kannte. Aber es handelte sich um eine bloße Geldanlage; die FKG erhielt selbst als größte Aktionärin lediglich vier von insgesamt 30 Aufsichtsratsposten, Gestaltungsmöglichkeiten boten sich so kaum.

Dass Friedrich Karl Flick untätig geblieben wäre, lässt sich allerdings nicht behaupten. Er besetzte wichtige Posten neu, verkaufte die Perle des Konzerns, die Daimler-Benz-Beteiligung, und kappte, die Zeichen der Zeit erkennend, die industriellen Wurzeln des Konzerns mit dem Verkauf der Maxhütte und der Metallhüttenwerke Lübeck. Aber er stand auch unter erheblichem Druck, wie der Verkauf der Daimler-Benz-Anteile just im Krisenjahr zeigte. Am Ende fehlte Friedrich Karl Flick nicht nur die notwendige Weitsicht, um einen funktionstüchtigen und homogenen »neuen« Flick-Konzern aufzubauen. Auch die Spendenaffäre hinterließ ihre Spuren. Nachdem er vor dem Untersuchungsausschuss des Bundestages auf Anraten seines Anwalts Wunderlich über einen längeren Zeitraum den Einfaltspinsel und naiven, von seinen Leuten übergangenen Chef gegeben und alle Schuld auf seine Mitarbeiter abgewälzt hatte, war er als Führungspersönlichkeit schwer beschädigt. Wie sollte Flick danach je wieder Loyalität einfordern können, welche Spitzenkräfte hätten sich darauf eingelassen, ihm noch einmal zu vertrauen?

Unter den Unternehmern in der Bundesrepublik hatte Friedrich Karl Flick wohl nur noch wenige Freunde, als »negative Symbolfigur« hatte er das Bild des Unternehmers in der Öffentlichkeit nachhaltig getrübt. Selbst sein Vetter Heinrich Weiss, Vorstandsvorsitzender der

SMS Schloemann-Siemag AG und Vorsitzender des Wirtschaftsbeirats der CDU, rückte von ihm ab – ausgerechnet in einem Gespräch mit dem *Spiegel.* Die Äußerungen Eberhard von Brauchitschs über Politiker, so Weiss, entsprächen nicht dem Ton unter Industriellen, vielmehr handele es sich bei der Flick-Affäre um einen »singulären Fall«. Auf Solidarität konnte auch Eberhard von Brauchitsch nicht bauen, als er wegen Steuerhinterziehung in Höhe von 16,8 Millionen Mark angeklagt und schließlich im Februar 1987 zu zwei Jahren Freiheitsstrafe auf Bewährung und 550 000 Mark Geldbuße verurteilt wurde.[377]

Nach einer Hüftoperation gesundheitlich angeschlagen und verbittert, hatte sich Friedrich Karl Flick von der Last unternehmerischer Verantwortung befreit. Geld betrachtete er fortan nur noch als reine Kapitalanlage.

IV. Eine deutsche Karriere

Es ist schockierend wenig, was über Friedrich Flick mit einiger Gewissheit gesagt werden kann. Denn der Mann, der das Drama der deutschen Wirtschaftsgeschichte im 20. Jahrhundert wie kein Zweiter verkörpert, dessen Namen man in Deutschland kannte wie in Amerika den Namen Rockefeller – er ist der Öffentlichkeit im Grunde ein Unbekannter geblieben. Das Rätsel seiner Persönlichkeit haben weder seine Verächter noch seine Verehrer gelöst. Über Friedrich Flick kursieren ein paar Klischees, sonst nichts. Er hat sich, wenn nicht alles täuscht, zeitlebens jeder tieferen Vertrautheit entzogen: nicht auf jene phobische Weise, die mit überbordendem Reichtum und emporschießender Macht mitunter einhergeht, aber doch in einer Form, die ungewöhnlich genannt zu werden verdient.

So ist bis heute durchaus unklar, ob Flick private Freunde hatte, ob er Passionen pflegte, ob ihm das Wohl seiner Familie wirklich am Herzen lag, ob Kunst und Kultur ihm etwas bedeuteten. Wir wissen nicht viel darüber, wie er seinen Mitmenschen begegnete, gleichviel ob in geschäftlichen Verhandlungen oder im privaten Gespräch. Und selbst die Frage nach seinem Interesse an der Politik erweist sich bei genauerem Hinsehen als diffizil. Denn es fehlt zwar nicht an Quellen zu seinem unternehmerischen Handeln, aber der Mangel an persönlichen Zeugnissen ist eklatant. Was wir von seiner Art zu sprechen kennen, stammt aus den wenigen Monaten in amerikanischer Untersuchungshaft, als er sich eingehenden Befragungen ausgesetzt sah. Ansonsten: Kein Tagebuch, kaum ein privat zu nennender Brief, der Anhaltspunkte böte. Wer den Menschen Friedrich Flick zu ergründen sucht, muss deshalb Umwege gehen. Und er muss darauf gefasst sein, dass es am Ende keine einfache Antwort auf die einfache Frage gibt: Was trieb ihn an, was machte ihn aus?

Der Spaziergänger

Zwei Mal in seinem Leben ist Friedrich Flick der Titelheld des *Spiegel* gewesen, 1958 und noch einmal 1963, als der seit Langem schwelende Streit mit seinem ältesten Sohn vor Gericht und damit an die Öffentlichkeit kam.[1] Letzteres war ihm gewiss zuwider: eine Fotomontage, er selbst als mürrischer Mann im Goldrahmen, garniert mit einem läppischen Motto: »Zwist bei Flick«! Die erste Titelgeschichte aber, erschienen acht Jahre nach der Haftentlassung aus Landsberg, präsentierte den mittlerweile 75-Jährigen auf dem Höhepunkt seiner dritten Karriere, in augenscheinlich größter Frische – und erkennbar nicht ohne sein Zutun.

Mitte der Fünfziger hatte Rudolf Augsteins aufstrebendes Magazin damit begonnen, die nun gerne »Kapitäne« genannten Führer der westdeutschen Wirtschaft vorzustellen. Es waren die Jahre, in denen Sachbücher über »Männer, Mächte, Monopole« florierten, über »Bosse, Banken, Börsen« oder über »Die große Zeit des Feuers«.[2] Und so schmückte alle paar Monate einer der boomverwöhnten Herren auch das Titelblatt des *Spiegel:* Kaufhauskönige wie Helmut Horten und Josef Neckermann, Industrielle im zweiten Anlauf wie Max Grundig und Carl Borgward, prototypische Generaldirektoren wie VW-Chef Heinrich Nordhoff, vormalige Rüstungsbürokraten vom Schlage eines Willy Schlieker, aber auch Repräsentanten der Dynastien Stinnes, Oetker oder Krupp. In solcher Umgebung gewürdigt zu werden, konnte Flick schwerlich missfallen, zumal es der *Spiegel* an Unternehmerfreundlichkeit nicht fehlen ließ.

»Der Eisenmann« war das Porträt im Spätsommer 1958 überschrieben, schon dies eine Charakterisierung ganz sicher nach Flicks Geschmack. Der bewundernden Erläuterung seiner Aktienkäufe neueren Datums – des Einstiegs bei Dynamit Nobel und vorher schon bei Daimler-Benz – folgte eine seitenlange Rekapitulation der Geschichte des zielstrebigen Siegerländers, die kein Klischee ausließ und jede Möglichkeit der Apologie dankbar ergriff: Mit 24 Jahren bei der Bremerhütte angeheuert, bald Vorstandsmitglied, Generaldirektor und Großaktionär bei der Charlottenhütte – und rastlos bemüht, die Ruhr zu erobern. Die Ablehnung, auf die Flick dort traf und die ihn veranlasste, nach

Oberschlesien auszuweichen, brachte das Blatt seinen Lesern ebenso nahe wie die Gründung des Stahlvereins im Jahre 1926, dessen trickreiche Majorisierung via Gelsenkirchener Bergwerks-AG und schließlich den Gelsenberg-Deal mit dem Reich. Über diesen immerhin meinte die Redaktion, er zähle »zu den umstrittensten Transaktionen der deutschen Wirtschaftsgeschichte« und schade Flicks Ruf »bis heute«.[3]

Hier nun kippt der Duktus des Artikels, markiert durch eine Fußnote, die sich auf die »einzige vorhandene Stellungnahme des Hauses Flick« beruft. Sie sei dem *Spiegel* »im Zuge seiner Recherchen gegeben« worden. Was Flick veranlasste, gerade in diesem Punkt mit Auskunft nicht zu geizen, war unübersehbar – es ging um Ehre, Reputation und Stolz: Ein Vierteljahrhundert nach dem Skandal wollte er endlich seine Version des Gelsenberg-Geschäfts gedruckt sehen. Folglich führte im weiteren Verlauf des Artikels nicht mehr der Autor des *Spiegel* das Wort, sondern das vermeintliche Objekt seiner Beschreibung. Und nach mehreren Passagen in originaler Geschäftsberichtprosa mündete alles in den einen Satz, auf dessen wörtliche Wiedergabe es dem Porträtierten offensichtlich ankam: »Feststeht jedenfalls, daß nicht die Gruppe Flick, sondern der Stahlverein in finanziellen Schwierigkeiten war, und feststeht auch, daß das Haus Flick niemals das angeblich vorhandene französische Interesse der Reichsregierung gegenüber als Anreiz- oder gar als Druckmittel benutzt hat.«

Friedrich Flick, so sollte die Öffentlichkeit glauben, hatte 1932 nicht gegen das »Reichsinteresse« verstoßen – und auch sonst in seiner langen Karriere nichts getan, für das es keine vorzeigbaren Gründe gab. Nicht Hitler, sondern Hindenburg hatte er im Reichspräsidentenwahlkampf unterstützt; Stresemann, seinem Hausgast, hatte er finanziell aus der Patsche geholfen; »der jüdischen Familie Petschek in Amerika« hatte er via Hermann Josef Abs Nachverhandlungen für die Zeit nach Hitler angeboten und wie zu dessen Hohn obendrein noch einen der Verschwörer vom 20. Juli 1944 »beherbergt«. Den Herausforderungen dreier politischer Regimewechsel hatte er erfolgreich getrotzt, zuletzt (und: »im Gegensatz zu Krupp«!) mit seiner Weigerung, »irgendeinen Plan der Alliierten zu unterschreiben«. Vor die Wahl gestellt, hatte er sich 1951 gegen die Kohle und für den Stahl entschieden. »Seitdem«, so der *Spiegel*, »ist die Flicksche Monarchie wieder absolut intakt.«

Solche Sätze, erdichtet in offenkundiger Ahnungslosigkeit über den zu dieser Zeit bereits erbittert geführten Kampf zwischen Vater Friedrich und Sohn Otto-Ernst Flick, entsprachen dem vergangenheitspolitischen Dröhnstil der Dekade, den auch der *Spiegel* erst in den Sechzigern langsam hinter sich lassen sollte. Im Übrigen – und einigermaßen unvermittelt neben den hölzern formulierten Brocken aus dem »Hause Flick« – transportierte der Artikel eine stattliche Auswahl aus dem Repertoire der Anekdoten über den Konzernchef, von denen allerdings die meisten lange vorher komponiert und in Umlauf gebracht worden waren.

Dass es für einen Mann mit seinen Ambitionen generell erstrebenswert und in kritischen Situationen geradezu geboten war, selbst darüber zu bestimmen, was und wie die Presse über ihn schrieb, das hatte Flick spätestens Anfang der zwanziger Jahre verstanden, als ihm die ersten Journalisten und Geschäftemacher in die Quere kamen. Damals hatte er gelernt, dass Mut und Meinung oftmals zu kaufen sind, und dass es sich für ihn rechnete, dies zu tun. Spätestens seit dem »Flick-Skandal« des Jahres 1932, als ihn die politischen Überzeugungstäter von links und interessanterweise fast mehr noch von rechts – die intellektuell brisantesten Attacken kamen aus dem *Tat*-Kreis – unter Beschuss nahmen, wusste er aber auch, dass Bestechung nicht immer möglich und es auch nicht allein damit getan war, kritische Berichterstattung zu verhindern. Noch besser war es, gezielt in die Welt zu setzen, was diese über ihn denken sollte.

Seit wann und in welchem Umfang sich Flick jener Helfer bediente, die heute als »spin doctors« in Politik und Wirtschaft allenthalben am Werke sind und mehr zu leisten versprechen, als herkömmliche Public Relations vermag, ist schwer zu sagen. Aber gewiss tut man gut daran, sich vor übertriebenen Vorstellungen zu hüten, wie die *Spiegel*-Story sie nahelegte und wie sie im Nachgang dazu von Generationen von Sachbuchautoren ausgebreitet worden sind, etwa hinsichtlich der Existenz eines konzerneigenen »Nachrichten-« oder »Geheimdienstes«. Nicht ein stehendes Heer bezahlter Imagebildner, sondern die nachweisbare Achtsamkeit und Effizienz einer eingeschworenen Umgebung sorgte für eine gleichsam naturwüchsige Legendenbildung: Wenn es gerade zweckmäßig erschien – aber wohl auch nur dann –, ließ einer aus dem

Friedrich Flick
Dr.-Ing. e. h., Dr. rer. pol. h. c.

So unbekannt war der große Unbekannte nicht: Die Kohlezeich-
nung in der Harpen-Festschrift
von 1936 beruht auf einem
häufig verwendeten Pressefoto.

inneren Kreis (einen förmlichen Pressereferenten gab es nur phasenweise) ein für Flicks Ansehen vorteilhaftes Geschichtchen nach außen
dringen, und angesichts der notorischen Knappheit solcher »Fakten«
holte die Presse diese immer wieder aus ihren Redaktionsarchiven hervor. Anders gesagt, und das erklärt das zusehends zur Karikatur geratene
öffentliche Bild des Friedrich Flick zumindest zum Teil: Einer kupferte
vom andern ab, schmückte aus und spitzte zu. So hielten sich Legenden
wie die, vor 1945 habe es »in der ganzen Weltpresse nicht ein einziges
Bild« von Flick gegeben.[4]

Dieser Vorgang lässt sich exemplarisch an einer der am frühesten
nachweisbaren Kolportagen studieren, durch die sich Freund und Feind
eine Vorstellung von dem Manne Flick zu machen begannen: nämlich
an seiner behaupteten Fähigkeit, »äußerst geräuschlos« zu operieren. So
hieß es bei Felix Pinner, der Flick 1924 im *Berliner Tageblatt* einen ersten
großen, ebenso kritischen wie kenntnisreichen Aufsatz widmete, und so
hieß es wieder zwei Jahrzehnte später in der *Frankfurter Zeitung,* die zu
Flicks 60. Geburtstag am 10. Juli 1943 schrieb, der Jubilar verstehe es,

»geräuschlos die Menschen und die Dinge zu lenken«. Damit stieß das einstmals liberale, noch immer um Distanz zum NS-Regime bemühte Blatt in der Bellevuestraße auf ähnliches Wohlgefallen wie die von jeher konservative *Deutsche Allgemeine Zeitung,* die über ihren langjährigen diskreten Förderer gleich im ersten Satz dem Sinne nach dasselbe zu sagen wusste: »Friedrich Flick, der Schöpfer und Leiter eines der größten deutschen Industriekonzerne, ist kein Mann des Rampenlichts.«[5]

Von solchen Charakterisierungen, die unschwer als Gemisch aus autobiographischen Schnipseln und dem Stilisierungswerk seiner Mitarbeiter zu identifizieren sind, war es nicht mehr weit zu der allerdings noch weit schöneren Formulierung, die Flick als das »Genie der Geräuschlosigkeit« pries; der hochbegabte Jörg Andrees Elten präsentierte sie – 13 Jahre und zwei politische Ordnungen später – in der *Süddeutschen Zeitung* als altes Ondit von der Ruhr. Tatsächlich erweist sich das ganzseitige Feature von 1956, mehr noch als die Titelgeschichte des *Spiegel* zwei Jahre später, als die Quintessenz dessen, was die junge Bundesrepublik von und über Friedrich Flick wissen sollte und wollte.[6]

Angesichts der Glamour-Gier der fünfziger Jahre verstand es sich eigentlich von selbst, dass inzwischen auch publizistisch ambitionierte Blätter nach mehr Farbe und Details verlangten als die schmallippige Wirtschaftspresse der Weimarer Republik oder der reglementierte Journalismus der NS-Zeit. Aber es spricht alles dafür, dass diese Erkenntnis einem Konzerneigentümer erst einmal nahegebracht werden musste, der die Soraya-Presse vermutlich nicht las, der im Umgang mit den Medien seit vier Jahrzehnten anderes gewohnt und der damit im Ganzen aus seiner Sicht nicht schlecht gefahren war. Gemessen an dieser nicht eben einfachen Ausgangslage löste der *SZ*-Reporter, ohne je mit Flick gesprochen zu haben, seine Aufgabe in Düsseldorf mit ziemlicher Bravour – und augenscheinlich zur Zufriedenheit nicht nur seiner Redaktion.

Jedenfalls lieferte der damals noch nicht 30-jährige Elten im Frühjahr 1956 die Blaupause für alle biographisch-journalistischen Versuche, die bis zum Lebensende seines Protagonisten, ja über dessen Tod hinaus, in deutscher Sprache erscheinen sollten. »Friedrich Flick – der Hecht im Karpfenteich des Wirtschaftswunders«, war sein Stück überschrieben. Nicht unkritisch in seiner Intention, doch auch nicht unbeeindruckt von den Leistungen des Porträtierten, bot der glänzend formulierte Text einen dichten Überblick über Flicks unternehmerische und politische Manöver seit den zwanziger Jahren; aber er versuchte auch, und das war neu, durch die Schilderung privater Lebensumstände und Marotten zu einer Deutung der Persönlichkeit vorzustoßen. Zu einer wirklichen Auseinandersetzung mit dem in Anführungszeichen gestellten »Kriegsverbrecher« konnte diese Kombination kaum führen: Beginnend mit der Szene seiner Verurteilung in Nürnberg und schließend mit einem (als solches allerdings nicht kenntlich gemachten) Zitat aus Flicks rasch wieder abgebrochenen autobiographischen Bemühungen, an denen sich dieser noch während des Prozesses versucht hatte, schrieb Elten seinen Protagonisten in den Großen Gesang dieser Jahre ein.

Das grassierende Gesellschaftsgefühl des Wir-sind-noch-einmal-davongekommen half am Ende sogar bei der Ausdeutung eines Industriellen, von dem der Autor zu wissen glaubte, er sei »bereits wieder der zweitreichste Mann im Bundesgebiet«. Generös akzeptierte der junge Journalist auch für die Gegenwart die Selbstdeutung des alten Flick, mit der dieser im Sommer 1947 seine damals in Scherben liegenden Erfolge erklärt hatte: »Günstige Umstände und Glück haben sicher viel dazu beigetragen. Eiserner Fleiß, geschäftliche Begabung, wirtschaftlicher Instinkt, insbesondere auch mein angeborenes Interesse für Kombinationen und die auf diesem Gebiete mir eigene Erfindergabe, gute Zusammenarbeit mit meinen Mitarbeitern und ähnliche Faktoren sind hinzugekommen. Zu diesen Voraussetzungen kam ein ausschlaggebender Punkt hinzu, nämlich die Tatsache, dass ich mein ganzes Leben in härtester Arbeit lediglich meinem Beruf gewidmet und mich von allen anderen Dingen, auch von parteipolitischer Betätigung, ferngehalten habe. Mein Leben war im allgemeinen meiner Berufsarbeit gewidmet.«[7]

Wieder einmal also war es Flick beziehungsweise seinen Paladinen gelungen, das für die Öffentlichkeit bestimmte Selbstbild des Konzernchefs zur Grundlage seines Bildes in den Medien zu machen. Und was noch bemerkenswerter war: Nicht etwa dadurch wurde der Tiefpunkt seines Ansehens nach »Nürnberg« überwunden, dass Urteil und Haft beschwiegen worden wären, sondern ganz im Gegenteil durch die geschickte Aufbereitung und Vermischung dieser eigentlich verstörenden Fakten mit Menschlich-Allzumenschlichem. Die Basis dafür freilich hatte Flick selbst gelegt, und zwar schon während des Prozesses, in dem er sich mit beachtlichem rhetorischen Geschick als willkürlich herausgegriffenes Opfer einer amerikanischen Symboljustiz stilisierte: »Ich stehe hier als Exponent der deutschen Industrie.« Und wie schon 1932/33 nach dem Gelsenberg-Skandal war ihm auch 1949/50 wieder ein politischer Systemwechsel zu Hilfe gekommen, der manches gegen ihn gesprochene Verdammungsurteil rasch vergessen machte oder doch entwertete.[8]

Ein Jahrzehnt nach Kriegsende schien Flicks kommuniziertes Selbstbild in seinem Kern wenn nicht völlig unbeschädigt, so doch weitgehend wiederhergestellt. Im Grunde waren lediglich ein paar äußerliche Details hinzugekommen: Dinge von *human interest,* wie man das jetzt nannte, die aber ein halbes Jahrhundert früher ganz ähnlich auch schon über den alten August Thyssen in Umlauf gebracht worden waren. Die Geschichte von den Würstchen für 1,10 Mark und den 40 Pfennigen Trinkgeld für den Ober zum Beispiel – die durfte, ja die sollte Jörg Andrees Elten offenbar erzählen, genauso wie die vom Henkelmann und die von der Holzklasse: Um 40 Minuten Fahrzeit zu sparen, lasse sich Flick, »ein rücksichtsloser, scharfer Arbeiter« – seit seiner Entlassung aus dem Landsberger Gefängnis »mehr noch als früher in Berlin« – sein Mittagessen ins Büro bringen, und in der dritten Eisenbahnklasse sei er noch gefahren, als er »schon Millionär« war. Auch dass seine – welch effektvoller Kontrast! – »glänzend bezahlten Mitarbeiter« ihn insgeheim »Vater« nannten (»nicht mit Zärtlichkeit, sondern mit Respekt«), hatte man dem Reporter in der Konzernzentrale gesteckt. Und natürlich sollte er von den kauzig billigen Zigarren berichten, von denen der Alte, »wenn auch durch die Filterspitze«, zum Missbehagen seiner Ärzte angeblich »am Tage 30 bis 40« schaffte.

Wie aber lebte, wer war der Mann, der sich allem Anschein nach nicht ungern eine geradezu ostentative Bedürfnislosigkeit nachsagen ließ – wenn auch vielleicht weniger gern, wie die *Süddeutsche* schrieb, ein »fast manisches Spartalent«? Kann es sein, dass solche Beobachtungen, noch dazu aus bestenfalls zweiter Hand, seine Persönlichkeit schon hinreichend genau erfassen? Ist über seinen geistigen Zuschnitt, seinen Charakter, damit bereits alles gesagt, was sich mit einiger Sicherheit sagen lässt?

Flicks Vorliebe für »Handels-
gold«, die preiswerte Zigarre,
die auch Ludwig Erhard schätzte, begründet die Saga von der
persönlichen Bedürfnislosigkeit
des reichsten Deutschen.

Jenseits der journalistischen Ferndiagnosen ist nur ein einziger, wenn
auch knapper Versuch einer genauen Beschreibung der Person überliefert. Er stammt von dem Schriftsteller Gert von Klass, der Flick im
Dezember 1955 begegnete: »Mittelgroß, sehr kräftig gebaut, zerfurchtes,
durchgearbeitetes Gesicht mit ausgeprägtem Kinn, kräftiger Nase, eher
grobe als feine Gesichtszüge, große, kräftige, unruhige Hände, die seinen
Vortrag lebhaft unterstreichen. Wenn er von dem, was er spricht, stärker
gepackt ist, springt er auf und geht im Zimmer um.« Von Klass saß
im Auftrag einiger Industriefürsten an einer Biographie Albert Vöglers,
hatte deshalb schon manchen aus dessen einstigem Kollegenkreis getroffen – und war von Flick offenkundig überrascht: »Seine ungewöhnliche
Intelligenz tritt in seinen Gesichtszügen nicht ohne weiteres zutage.«[9]
    Einer der Umwege, die angesichts der dürftigen Quellenlage nehmen
kann, wer sich weder physiognomischen Ausdeutungen noch der puren
psychologischen Spekulation ergeben will, führt über die privaten Besitzungen des Friedrich Flick. Ihre Entwicklung, über die Jahrzehnte
betrachtet, bietet durchaus einigen Aufschluss hinsichtlich der Frage,

wie sich der anfangs Namenlose aus dem Siegerland selber sah und wie er gesehen werden wollte.

Das Desaster um den sogenannten Charlottenhof, die nie bezogene Renommiervilla über der Ruhr, war in diesem Zusammenhang von prägender Bedeutung: Der Versuch des Mittvierzigers, sich durch den Bau eines repräsentativen Wohnhauses Eintritt in die Gesellschaft der Ruhrbarone und soziale Anerkennung als deren neuer Nachbar zu verschaffen, erledigte sich ja nicht einfach aufgrund seines dramatischen Ausstiegs aus dem Stahlverein und der unternehmerischen Abkehr von der Ruhr; er endete vielmehr Anfang der dreißiger Jahre in einer vollständigen Niederlage. Denn nicht nur hatte Flick mit dem grobklotzigen Zwei-Millionen-Objekt schlechten Geschmack und künstlerische Unbildung demonstriert; er hatte mit der Wahl seines Architekten, des reaktionären Paul Schultze-Naumburg, auch mangelndes politisches Fingerspitzengefühl bewiesen. Und er hatte nicht verstanden, dass zur Erfindung einer Familientradition, wie sie der Charlottenhof begründen sollte (und wie sie manch anderem im Ruhrgebiet ja gar nicht so viel früher gelungen war), auch eine gewisse Bereitschaft zur Präsenz im öffentlichen Leben gehörte. Kurz: Er hatte nicht begriffen, dass gesellschaftliches Prestige auch etwas mit Freude an gemessener Prachtentfaltung zu tun hatte, mit einer sozial intelligenten Form von *conspicuous consumption*. Für solche Finessen nahm Flick sich nicht nur keine Zeit, dafür fehlte dem im Grunde bäurischen Mann bei allem Selbstbewusstsein wohl auch wirklich jeder Sinn.

Dennoch hat Friedrich Flick dieses Scheitern seiner persönlichen Pläne, vermutlich sogar mehr als seine unternehmerische Existenzkrise von 1931/32, als Kränkung erlebt. Gewiss sprachen inzwischen alle praktischen Erwägungen für Berlin, wo Flick seit 1923 lebte. Aber der Verzicht auf eine Rückkehr in den Westen – angeblich ein Wunsch seiner Frau, geäußert, wie es die Fama will, just an seinem 50. Geburtstag – war auch ein Zeichen dafür, dass der Konzernchef aus dem Fiasko seiner gesellschaftlichen Ambitionen gelernt hatte: Als Parvenü über der Ruhr zu residieren, sich von den Kettwigern als »Schlossherr« verspotten zu lassen, kam nicht infrage. Da war es schon besser, das sinnlos gewordene Riesenhaus samt dem fast 90 000 Quadratmeter großen Grundstück der Nationalsozialistischen Volkswohlfahrt zu überlassen, die daraus ein Müttererholungsheim machte. Doch es kann den Verdruss über die glücklose Bauherrenschaft bestenfalls eine Zeit lang gelindert haben, dass ihm die Schenkung wohl im Herbst 1936 seine zweite und letzte exklusive Begegnung mit dem »Führer« eintrug. Dessen persönlichem Dank (»vielleicht 10 Minuten«) folgten zehn Jahre später die unangenehmen Fragen der Amerikaner.[10]

Flicks weiterer Umgang mit Immobilien macht deutlich, dass ihm die Charlottenhof-Pleite eine Lehre war: Nie mehr danach hat er versucht, seine Umgebung als Besitzer oder gar als Erbauer irgendwelcher Landmarken zu beeindrucken, weder geschäftlich noch privat. Der klassizistische Bau in der Berliner Bellevuestraße 12/12a, der seit den zwanziger Jahren als Geschäftssitz diente, war respektabel, aber keineswegs überdimensioniert, beachtlich allenfalls durch seine schöne Lage im Botschaftsviertel am Tiergarten. Die 1967 bezogene neue Zentrale der Friedrich Flick Kommanditgesellschaft in Düsseldorf-Oberkassel verströmte überhaupt nur noch den funktionalen Charme eines dreistöckigen Bürohauses. Bis dahin hatte man sich mit einem Mietquartier begnügt: drei Etagen in dem von der Presse zum »Wolkenkratzer« stilisierten Nachkriegsbau der Provinzial-Feuerversicherung in der Düsseldorfer Innenstadt.

Durchaus moderat zu nennen – gemessen jedenfalls an seinem nach der Gelsenberg-Affäre rasch gewachsenen Vermögen – war auch Flicks Familienvilla in Grunewald. Wenn sich dem Besucher in der Taubertstraße 23, trotz Schwimmbad im Gartenpark und privatem Kiesweg um das große Grundstück, lediglich der Eindruck solider Bürgerlichkeit aufdrängte, so spielte wohl auch hier wieder die kaum entwickelte Repräsentationsfreude des Hausherrn und seiner Gattin eine Rolle. Später bestand dann allerdings auch wenig Grund, von den privat genutzten Besitztümern, und mochten sie noch so stattlich sein, viel Aufhebens zu machen: Erst war Krieg, und danach empfahl sich ohnehin Diskretion, denn über den weiteren Akquisitionen lag der üble Geruch der günstigen Gelegenheiten, die sich immer öfter »ergeben« hatten, seit das Gerangel um das jüdische Eigentum in Deutschland nach den Olympischen Spielen 1936 voll eröffnet worden war.[11]

Friedrich Flick griff mehr als einmal zu. Bereits 1937 »entdeckte« der selbst in Bad Tölz ansässige Alfred Rohde für seinen Chef den in

der Nachbarschaft gelegenen Hof Sauersberg; Ignatz Nacher, der vormalige Eigentümer der »arisierten« Berliner Engelhardt-Brauerei, gab
ihn für 350 000 Mark ab. Das war kein Preis, über den zu feilschen
sich lohnte, und dass ihn Flick sofort zu zahlen bereit war, sollte sich
ein paar Jahre später als günstig erweisen. Es ermöglichte ihm nämlich,
nach langen Verhören über die Petschek-»Arisierung«, seinem amerikanischen Gegenüber eine erstaunliche Geschichte zu erzählen: Nicht
nur hatten er und seine Frau den Kauf mit den Nachers bei einem Kaf-
fee »im besten Einvernehmen« und »in voller Harmonie« abgewickelt;
Flick erinnerte sich, auch noch einen Trick gefunden zu haben, durch
die Höherbewertung des Mobiliars die Bedenken der Behörden gegen
die zu hohe Kaufsumme auszuräumen. Der Verkäufer habe sich »sehr
zufrieden« geäußert, und der Käufer schien von der Rechtmäßigkeit
seiner Erwerbung so überzeugt, dass er sich im Frühjahr 1945 einem am
Hof vorbeikommenden amerikanischen Soldaten als stolzer Besitzer
präsentierte. Der habe sich dann als ortskundiger Neffe von Ignatz Nacher zu erkennen gegeben. »Dann hat er sich das ganze Haus nochmals
angesehen und ist eine Stunde bei mir geblieben und hat sich von mir
verabschiedet. Er ist auch Jude mit Namen Jacobsohn, hat mir erzählt,
Frau Nacher wäre in der Schweiz, Herr Nacher wäre gestorben, und hat
sich verabschiedet mit den Worten: ›Ich wünsche Ihnen, daß Sie diesen
Besitz behalten.‹ Ist das eine Arisierung?«[12]

Auch den Ankauf von Gut Bärfelde in der Neumark (damals Provinz
Brandenburg) wollte Flick 1938 am Kaffeetisch des jüdischen Besitzers
geregelt haben, in Begleitung seiner Frau und des Bankiers Baron von
Oppenheim, über dessen »Geschäftsteilhaber Dr. Pferdmenges« er von
den Verkaufsabsichten erfahren habe. »Ich habe Herrn Friedheim wörtlich gesagt: ›Ob Sie verkaufen wollen ist Ihre alleinige Sache und Ihre
alleinige Entscheidung. Dazu kann ich nichts sagen, aber wenn Sie verkaufen wollen, dann bin ich Reflektant und bereit, mit Ihnen darüber
zu sprechen.‹ Friedheim nannte dann einen Preis und wollte den Betrag
in Dollar im Ausland haben. Ich habe ihm gesagt, dass dafür keine
Aussicht bestände, dass ich das nicht machen könnte und dann hat die
Sache eine zeitlang geruht.« In Gang gebracht wurde sie allem Anschein
nach erst wieder nach der »Reichskristallnacht« – und nachdem sich
Hermann Göring eingeschaltet hatte, denn im Reichslandwirtschafts-

ministerium und bei der Kreisbauernschaft wollte man dem Verkauf an einen Nichtlandwirt, der bereits zwei Güter besaß, nicht zustimmen.[13] Flick, so seine Aussage im Verhör, fuhr ein zweites Mal nach Bärfelde, wo Max Friedheim nun nicht mehr auf Devisen bestand, handelte den bedrängten Eigentümer aber »nicht einen Pfennig« von den geforderten 4,5 Millionen Mark herunter. Gegen Jahresende 1938 scheint die Transaktion abgewickelt gewesen sein, denn zu Weihnachten habe ihm Friedheim eine Karte geschickt: »Ich wünsche Ihnen in Bärfelde 30 glückliche Jahre, wie ich sie da verlebt habe.« Der Wehrwirtschaftsführer revanchierte sich: »Den Termin, den wir für das Ausziehen vereinbart hatten, konnte Friedheim nicht einhalten. Ich habe ihn in Bärfelde wohnen lassen, ohne eine Entschädigung, die ganze Familie hat von dem Gut gelebt, alle Lebensmittel, alles, ohne irgend eine Entschädigung, und Friedheim ist ausgezogen erst kurz vor dem Kriege; es war ein Fehler von ihm, daß er es solange hinauszog.«[14]

Flicks andere landwirtschaftliche Neuerwerbung, die aus der Blut-und-Boden-Perspektive der nationalsozialistischen Agrarbürokratie klar dagegen sprach, ihm noch eine weitere zu überlassen, lag in der »Ostmark« des jetzt Großdeutschen Reiches, genauer gesagt in der Steiermark. Gut Rottenmann mit seinen mehr als 11 000 Hektar Forsten und Almen am Fuße der Niederen Tauern, »vollständig arrondiert mit nur kleinen bäuerlichen Fremdeinschlüssen«, hatte Flick bereits im Frühsommer 1938 für zwei Millionen Mark übernommen, wobei der Kaufpreis nachträglich von behördlicher Seite um 200 000 Mark herabgesetzt wurde. Verkäufer waren die Erben des österreichisch-jüdischen Großindustriellen Max Ritter von Gutmann (1857–1930), und auch diese Transaktion war über das Bankhaus Sal. Oppenheim abgewickelt worden, das inzwischen, selbst »arisiert«, als Robert Pferdmenges Co. operierte. Nachdem Flick den schönen Besitz 1957 »ein zweites Mal erworben« hatte – offensichtlich um Restitutionsansprüchen zu begegnen –, befindet er sich bis heute im Eigentum der Familie seines 2006 gestorbenen Sohnes Friedrich Karl.[15]

Zwar hatte Flick seine private Einkaufstour der Jahre 1937/38 zur späteren Verwunderung der amerikanischen Ermittler nicht umständlich über Kredite, sondern wie nebenbei aus den Konzerngewinnen finanziert, die dank der neu gegründeten Friedrich Flick KG nun direkt in seine Kasse flossen. Aber das bedeutete keineswegs, dass er die ländlichen Immobilien als bloße Liebhaberei betrachtete – jedenfalls nicht, wenn es um Steuerfragen ging. Gegenüber dem Finanzamt Berlin-Wilmersdorf firmierte er inzwischen als »Industrieller und Landwirt«, und als von dort im Frühjahr 1940 eine Betriebsprüfung auf Gut Rottenmann angeordnet wurde, legten sich seine Mitarbeiter mächtig ins Zeug, die Gewinnerzielungsabsichten des Bauern- und Holzhändlersohnes Friedrich Flick im Steirischen zu dokumentieren. Tatsächlich gelang es, einen aus dem »Altreich« frisch nach Graz versetzten Finanzinspektor davon zu überzeugen, »daß auf das Gut Rottenmann keinesfalls die vom Reichsfinanzhof für einen Luxusbetrieb entwickelten Grundsätze anwendbar sind«. Nicht nur waren damit fast alle steuerlich schon geltend gemachten Verluste anerkannt – allein für das Rumpfgeschäftsjahr 1938 immerhin 112 000 Mark; besonders stolz war der aus Berlin eigens angereiste Konzernbuchhalter darauf, verhindert zu haben, dass »die Jagdunkosten sowie die Aufwendungen für die Jagdhäuser und Herrenhäuser« pauschal als »Liebhaberei« eingestuft wurden. Auch wenn unklar ist, wann Flick begonnen hat, die weitläufige Hochgebirgslandschaft selbst genauer zu erkunden und dort auf Jagd zu gehen: Die Notiz seines Buchhalters wird er mit Genugtuung gelesen haben, zumal mit dessen Ortstermin der Anfang gemacht war für eine straffere Buchführung im Rentamt der nunmehr Dr. Friedrich Flick'schen Forst- & Gutsverwaltung Rottenmann.[16]

Wie oft der Konzernchef statt in Berlin auf einem seiner Latifundien war, ist schwer zu sagen. In der zweiten Kriegshälfte, als es in der Reichshauptstadt angesichts der Bombenangriffe zunehmend unbequemer und gefährlicher wurde, hielt er sich häufiger in Bayern auf; seinen jüngsten Sohn, den gerade 16-jährigen Friedrich Karl, schickte er 1943 aufs Gymnasium in Bad Tölz, zusammen mit dessen einstigem Spielkameraden, dem nur ein paar Monate älteren Eberhard von Brauchitsch. Später scheint der mehrfache Gutsherr, dem schon seit etwa 1935 auch ein kleinerer Hof im Spreewald gehörte, noch einmal im bald danach polnischen Bärfelde gewesen zu sein. Jedenfalls ließ er im Februar 1944 alles in Bewegung setzen, um die von seinem dortigen Verwalter für nötig befundenen Düngemittel beizubringen. Der Plan, trotz strenger Rohstoffbewirtschaftung vom Hochofenwerk Lübeck aus gleich einen ganzen Eisenbahnwaggon schwefelsaures Ammoniak über die Oder nach Osten rollen zu lassen, scheiterte aber an der Hasenherzigkeit von Generaldirektor Fabry, der keine Lust verspürte, »mit den ›schwedischen Gardinen‹ in Berührung zu kommen«.[17]

Das Ensemble landwirtschaftlicher Besitztümer, das Friedrich Flick bis Kriegsbeginn zusammengetragen hatte und zu dem nach 1942 noch, für etwa 1,5 Millionen Mark, Gut Büchling hinzukam (in der Nähe von Straubing und damit etwa auf halber Strecke zwischen Sulzbach-Rosenberg und Bad Tölz),[18] scheint ihm in mehr als einer Hinsicht entsprochen zu haben, und vielleicht ist es nicht zu viel gesagt, darin Aspekte seines Charakters gespiegelt zu sehen. Denn mochten die Herrensitze in der Neu- und in der Ostmark auch noch so kultiviert, die Höfe im »Altreich« auch noch so stattlich daherkommen: Keiner der Plätze war eine bloße Gentlemen's Farm, jeder vermochte seinen Besitzer notfalls zu ernähren, sogar wenn dieser selber nur spazieren ging – was Flick, wie wir glauben dürfen, tatsächlich gerne tat. Die ländlichen Idyllen waren also nicht nur von beträchtlichem Erholungswert, sie waren auch kaufmännisch vertretbar, ja sogar existentiell sinnvoll in Zeiten eines heraufziehenden Krieges, in denen zwar kein Mangel an Reichsmark, wohl aber an planbarer Zukunft herrschte. Auch dass sie sich, zumal im Verbund mit dem privaten Anwesen in Berlin, der Villa in Sulzbach-Rosenberg nahe der Maxhütte und dem verpachteten elterlichen Hof in Ernsdorf im Siegerland, über ganz Großdeutschland verteilten, konnte nicht von Schaden sein.

Die Intensität schließlich, mit der sich Flick höchstpersönlich um den Erwerb der Objekte bemüht hatte und von der noch seine Einlassungen gegenüber den amerikanischen Ermittlern Zeugnis geben – an keinem anderen Punkt der Verhöre wähnt man ihn seinen Gefühlen näher als hier –, erlaubt am Ende die Vermutung: Er hatte Spaß daran. Das galt wohl auch für »Haus Grüneck« im oberbayerischen Kreuth, das Anfang der fünfziger Jahre, offenbar auf Betreiben von Flicks Ehefrau Marie, in Konzernbesitz kam und – neben dem neuen Hauptwohnsitz »Haus Hohbeck« am grünen Rand von Düsseldorf – für etwa ein Jahrzehnt der bevorzugte ländliche Familientreffpunkt wurde. Insgesamt, so scheint es, dürfen wir mit Blick auf Friedrich Flicks Natur- und Jagdbegeisterung den Worten seines Vetters Konrad Kaletsch folgen, der im

Sommer 1945 in meisterhaft biedermännischer Fürsorgeprosa über ihn schrieb: »Flick kannte keine Sonn- und Feiertage, die nicht der Arbeit am Unternehmen gedient hätten. Auch während der Urlaubszeit blieb Flick praktisch dauernd mit dem Unternehmen verbunden durch tägliche mehrstündige Schreibtischarbeit und Korrespondenz. Die wenige Freizeit, die er sich selbst gönnte, galt der Familie und der Erhaltung der Gesundheit. Er war von Jugend an ein Freund des Wanderns durch die Natur und benutzte diese gesunde Beschäftigung später zur Unterrichtung und Schulung seiner Söhne, die ihn dabei begleiteten.«[19]

Welche äußeren Umstände und zweifelhaften Geschäfte Flick seit den letzten »Friedensjahren« in die Lage versetzt hatten, seine Familie auch jenseits des heimatlichen Siegerlandes durch eigene Wälder und Auen zu führen, wird auf keinem dieser Spaziergänge zur Sprache gekommen sein. Denn solange der rassistische Rechts- und Referenzrahmen des Dritten Reiches Gültigkeit besaß, schien ja alles in bester Ordnung; wenig spricht für die Vermutung, in Friedrich Flick, wenn er auf den vormals jüdischen Besitzungen weilte, könnte je ein Unbehagen aufgestiegen sein. Im Moment danach sah dies freilich anders aus, und auch davon zeugen die auffällig vielen Details, an die er sich in den Verhören erinnerte: Sie sollten jeden Verdacht im Keime ersticken, er habe ein schlechtes Gewissen. Dass ihn eine solche Strategie (»Ist das eine Arisierung?«) als politisch-moralischen Analphabeten präsentierte, konnte er in Kauf nehmen. Wie hieß es doch bei Vetter Kaletsch: »Zu dieser Art der Arbeit und Führung seiner Unternehmungen war Flick natürlich nur in der Lage dadurch, daß er sich in allen allgemein politischen und allgemein wirtschaftlichen Dingen weitgehendste Zurückhaltung auferlegte.«[20]

Politik und Privatkastanien

Selbstverständlich stand das Bild des politischen Totalabstinenzlers, das Friedrich Flick mit Hilfe seiner Getreuen noch vor Kriegsende von sich zu entwickeln begann, in denkbar größtem Widerspruch zu seiner realen unternehmerischen Vorgehens- und Arbeitsweise. Aber so apologetisch diese Vorstellung auch war – sie war nicht ganz falsch. Man musste Konrad Kaletschs Ausführungen nur genau genug lesen, um die Wahrheit zwischen den Zeilen zu finden: Das Politische an sich interessierte Flick wenig, jedenfalls noch weniger als das ökonomische Große und Ganze. Ihn interessierte sein Imperium, und es bedeutete ihm alles, die Bedingungen möglichst fest im Griff zu haben, unter denen es operierte. Was jenseits dieser Grenze lag, kümmerte ihn kaum. »Ich habe mir nicht, im allgemeinen gesagt, die Zeit dafür genommen, mich auch politisch zu betätigen und es ist Tatsache, daß mir aus Kreisen meiner Berufskollegen in dieser Beziehung sehr oft Vorhaltungen und Vorwürfe gemacht worden sind«, erklärte er in Nürnberg. »Meine politische Richtung war von Jugend auf die Deutsche Volkspartei«; ihr habe er angehört, »bis sie nach dem Tode von Stresemann zur politischen Bedeutungslosigkeit herabgesunken ist«.[21]

Politik und Gesellschaft, auch die Volkswirtschaft und die Nation, waren für Friedrich Flick in diesem Sinne äußerliche Faktoren – und Ähnliches galt sogar für den Staat: Mit dem machte er zwar seine liebsten Geschäfte, doch dafür brauchte man nicht dessen abstraktes Vertrauen, sondern konkrete Beziehungen zu einer Reihe von wichtigen Beamten und Politikern. War ihm deshalb etwa während der späten Weimarer Jahre der direkte Kontakt zu Max von der Porten und zu Finanzminister Hermann Dietrich von allerhöchstem Wert, so suchte er wegen des Gelsenberg-Geschäfts schon vor der nationalsozialistischen Machtübernahme auch die Verbindung zu Hermann Göring. Um ihn bemühte er sich besonders, seit der »Führer« Wirtschaft und Wehrmacht 1936 auf den Vierjahresplan verpflichtet und Göring zu dessen Chef gemacht hatte; mindestens einmal besuchte Flick den Reichsjägermeister in »Karinhall«, und nicht zuletzt seine Aufnahme in den Reichsjagdrat scheint darauf hinzuweisen, dass sich die beiden ganz gut verstanden.[22] In der Logik dieser Bekanntschaft lag es, dass Flick auch den Kontakt mit Hermann von Hanneken, Görings Generalbevollmächtigtem für die Eisen- und Stahlbewirtschaftung, sehr bewusst pflegte.

Zu Hitler bestand kein direkter Draht; ihn hatte Flick im Februar 1932 zum ersten Mal getroffen. Walther Funk, der spätere Reichswirtschaftsminister, damals für die NSDAP als Spendenakquisiteur unterwegs, hatte den Termin im Hotel Kaiserhof vermittelt, und glaubt man den wohlgesetzten Worten, mit denen Flick in Nürnberg darüber

Auskunft gab, dann perlte des »Führers« österreichischer Charme an dem aufrechten Siegerländer völlig ab: »Ich habe da ganz allein mit ihm gesprochen. Eine Stunde lang und es war mir damals gar nicht uninteressant, einmal den Mann kennen zu lernen, der nun begann, in Deutschland eine große Rolle zu spielen.« Die Klischees der nachgetragenen Hitler-Distanzierung bediente Flick interessanterweise erst, als sein Verteidiger Erstaunen mimte (»Sie waren allein mit ihm?«): »Ganz allein. Ich konnte nicht zu Wort kommen. Das war ja immer so bei ihm. Er hat den Versuch gemacht, mich für seine politischen Ideen zu gewinnen, insbesondere auch für die damals bevorstehende Reichspräsidentenwahl. Ich habe mir die Sache eine Stunde lang angehört und bin dann nach Hause gegangen und habe ihm keine Zusage gegeben, bin nicht in die Partei eingetreten und habe dann nachher die eben erwähnten großen Zahlungen für die Hindenburgspende von 950 000 Mark gemacht. Ich habe sie nicht Hitler gegeben, sondern seinem politischen Gegner, nachdem ich mir in der Aussprache eine Vorstellung von ihm gemacht habe.«[23]

Wäre dies nicht der präparierte Dialog mit seinem Verteidiger gewesen, sondern ein waches Verhör durch Vertreter der Anklage, so hätte spätestens jetzt der Einwand der NSDAP-Mitgliedschaft folgen müssen, die der Konzernchef 1937 schließlich doch noch erwarb. Aber auch das hätte schwerlich zur Klärung der Frage geführt, ob Friedrich Flick ein »wirklicher ›Nazi‹« war. Das Problem haben selbst seine ärgsten publizistischen Widersacher verstanden, wenngleich es nicht genügt, wie Bernt Engelmann zu bemerken: »dazu war er viel zu gescheit!«[24] Der als Beleg für Letzteres gedachte Hinweis, Flick habe schon früh im Kriege Vorsorge getroffen »für den Fall der totalen Niederlage, die er für durchaus wahrscheinlich hielt«, geht in seiner ersten Hälfte als Selbstverständlichkeit ins Leere – und bleibt in der zweiten pure Spekulation. Denn es fehlen schlicht die Quellen, die über Flicks persönliches politisches Räsonnement näheren Aufschluss gäben.

Was somit bleibt, ist vor allem die Abwesenheit glühender Bekenntnisse zum »Führer«, mit denen andere Industrielle in den besten Jahren des Dritten Reiches durchaus nicht sparsam umgegangen sind. Flick dagegen scheute die großen Worte, und es sieht nicht so aus, als sei er sich dafür lediglich zu fein gewesen: Im Frühjahr 1940, am Ende einer seiner seltenen Reden, erinnert er an den »schweren Kampf«, in dem das »deutsche Vaterland« sich gegenwärtig befinde – und trinkt zu seinem 25. »Dienstjubiläum« nicht auf Hitler, sondern auf das Wohl seiner »bewährten Mitarbeiter von Mittelstahl/Maxhütte!«[25]

Friedrich Flick, so scheint es, war ideologisch schwer zu affizieren. Einigermaßen sicher können wir sein, dass er zeitlebens ein Nationalliberaler war, dass er bürgerlich-konservativ gewählt, Bismarck bewundert und Adenauer geschätzt hat, in dem er wohl so etwas wie den zweiten deutschen Gründungskanzler sah. Aber das ist so aussagekräftig wie das wenige, was er in Nürnberg – bezeichnenderweise im Kontext seiner bis 1933 verteilten Gelder – über seine politischen Präferenzen zum Besten gab: »Ich war ebenso wenig ein Nationalsozialist wie ich ein Sozialdemokrat war. Da hat man eben kleinere Spenden gegeben, die finanziell keine Rolle spielten, um schließlich seine Ruhe zu haben.«[26]

Im Lichte jener Vorstellungen von der gesellschaftlichen Verantwortung des Unternehmers, von Begriffen wie Unternehmenskultur und -philosophie, die in der Bundesrepublik noch zu Lebzeiten Flicks Verbreitung fanden und heutzutage in aller Munde sind, erscheint Flicks Verhalten durch sämtliche politischen Systeme hindurch beinahe wie das eines Autisten: für sich operierend, allein der eigenen Logik folgend, die Umwelt nur als Außenwelt begreifend, die man sich zunutze macht. Wo das gelingt, bleibt der Erfolg nicht aus – auch wenn es der Umwelt schwerfallen mag, ein solches Verhalten zu akzeptieren oder gar zu verstehen.

»Ich habe die Organe des Nationalsozialismus weder für meine wirtschaftliche Entwicklung, noch für mein Vermögen gebraucht«, behauptete Flick dem Sinne nach mehr als einmal vor dem Nürnberger Gericht. »Ich wehre mich entschieden gegen die Zeitungsverdächtigungen, daß ich meinen Aufschwung dem Nationalsozialismus verdanke. Das ist eine Verleumdung. Ich war froh, wenn man mich in Ruhe ließ.« Die ungewohnte Eloquenz des sonst so wortkargen Mannes, der sich nicht ungern als einsam seiner Wege ziehenden Spaziergänger beschrieben sah, war in diesem Augenblick wohl beides: Ausdruck ehrlicher Empörung wie hochfahrender Arroganz. Entsprechend gereizt reagierte er auf den Unverstand, den er seinen Richtern notorisch unterstellte: »Sollte – das will ich noch zum Schluss sagen zu diesem Punkt – ein Vermögens-

Der einsame Spaziergänger
aus dem Siegerland ging über
alle Zäsuren des Jahrhunderts
hinweg – so porträtiert die
Frankfurter Allgemeine Zeitung
Flick in ihrem Nachruf.

zuwachs eingetreten sein von 1933 bis 1945, so wäre er dann auch eingetreten, wenn ich in dieser Zeit nur spazieren gegangen wäre.«[27]

Die durch nichts begrenzte Ichbezogenheit, das lebenslange Agie-
ren allein nach dem eigenen Kompass, ist wohl der hauptsächliche
Grund für die erstaunliche Tatsache, dass »Nürnberg« für Friedrich
Flicks Selbstverständnis völlig folgenlos blieb. Internierung, Verhöre,
Gerichtsverhandlung, Urteil, Gefängnishaft, Begnadigung – das alles
verrechnete sich bei Flick, so hat es den Anschein, am Ende zu einer
Nullsumme. Keine Sekunde lang hat er den Schuldspruch akzeptiert,
und schon gar nicht mochte er sich davon beirren lassen. Verstärkt

wird dieser Eindruck noch dadurch, dass aus der Zeit nach dem Prozess kaum mehr ein wörtliches Zitat von ihm überliefert ist. Aber der herkömmlichen Erwartung, »Nürnberg« und zumal die anschließende Haftzeit hätten für Flick eine persönliche Zäsur bedeuten müssen, widerspricht auch alles, was wir an indirekten Reaktionen kennen: von dem sarkastisch-triumphierenden Fotoalbum für die Eingeweihten, das Odilo Burkart binden ließ, bis hin zur offensiven Deutung und Instrumentalisierung des Prozesses in der Öffentlichkeit der fünfziger Jahre.[28]

Tatsächlich war die Verurteilung für Flick weder ein Denkzettel noch Anlass zur Selbstkorrektur; statt Lernbereitschaft evozierte sie allenfalls kühl zelebrierte Bitterkeit. Sie begründete auch keine besondere »Sinndeutungsgemeinschaft«,[29] für deren Existenz es schon in den Jahrzehnten zuvor wenig Anhaltspunkte gibt. Faktisch machte der Konzernchef, effektiv unterstützt von seinen Getreuen, seit 1948 aus der Festung Landsberg heraus einfach nur da weiter, wo man ihn in den rauchenden Trümmern des untergegangenen Dritten Reiches im Sommer 1945 gezwungen hatte aufzuhören. Nichts deutet darauf hin, dass er versucht hätte, die Erfahrungen der letzten Jahre zu verarbeiten. Selbstverständlich reagierte Flick auf die veränderten Umstände. Sein System aber, wenn man es denn so nennen will, blieb sich gleich.

Flick hatte die Haftanstalt im Sommer 1950 kaum verlassen, da traf bereits wieder zu – im Grunde galt noch immer –, was Rudolf Aron 1936 im *Neuen Tage-Buch* in ein unvergessliches Bild gefasst hatte. Unter dem beziehungsreichen Pseudonym Joachim Haniel entwickelte der Neffe Leopold Schwarzschilds in dessen Pariser Exilzeitschrift (am Schluss des Aufsatzes stand eine Anzeige für die Dokumentation »Der Gelbe Fleck. Die Ausrottung von 500 000 deutschen Juden«) jenes gestochen scharfe Negativ, das Flick zeitlebens auszutilgen suchte: »Meister in dieser Kunst, am öffentlichen Feuer seine Privatkastanien zu rösten, ist unbestritten der deutsche Großindustrielle Flick, der einstige Beherrscher der gewaltigen Vereinigten Stahlwerke, ein Mann, der seit 25 Jahren im Kreis oder an der Spitze der deutschen Industrieführer steht und von dem man in dieser Zeit zwar Dutzende von Aktientransaktionen, aber noch nicht eine industrielle Leistung gesehen hat.«[30]

Wenn es etwas gab, was Flick an seinem über die Jahrzehnte eingekerbten Image ärgerte, ja was er mitunter wohl geradezu als peinigend empfand, dann waren es Sätze wie diese. Sie klebten an ihm wie das Etikett, ein bloßer »Spieler« oder »Spekulant« zu sein. Seit Felix Pinner ihn 1924 solchermaßen charakterisiert hatte, kehrten entsprechende Formulierungen periodisch wieder, und über die Jahrzehnte ließ Flick nichts unversucht, diese ihm so unsympathische Deutung aus der Welt zu schaffen. Nicht zuletzt war es wohl die Konnotation des Jüdischen, die ihn störte, wenn er sich, in der noch lange nachwirkenden, latent antisemitischen Terminologie der Weimarer Zeit, als »Börsenjobber« beschrieben sah.[31] Und wie viel ihm daran lag, nicht als trickreicher Nutznießer staatlicher Wohltaten dazustehen, sondern als ein Mann, der seine »Privatkastanien« am eigenen Herd zu rösten verstand, das zeigten späterhin vor allem seine nicht nachlassenden Anstrengungen um die Deutungshoheit in der Gelsenberg-Affäre.

Das große Dementi im *Spiegel* von 1958 blieb beileibe nicht der letzte Versuch in dieser Sache. Soweit man es in der Konzernzentrale verstand, auf die Würdigungen zu Flicks 80. und 85. Geburtstag Einfluss zu nehmen, spielte dieser Punkt regelmäßig eine Rolle. Ein typisches Exempel dafür war die bescheidene Broschüre, mit der ihm »seine Freunde und insbesondere seine Mitarbeiter« 1963 gratulierten (und deren trockener Ton den zu Feiernden als heimlichen Mitautor vorstellbar macht). Der Gelsenberg-Deal erschien darin als eine pure Vernunftentscheidung der »Charlottenhütte/Flick«, die sich »durch Übertragung ihres Aktienbesitzes auf den Staat« von den maroden Vereinigten Stahlwerken zu trennen gleichsam gezwungen sah. Damit in schönstem Gleichklang, schilderte Flicks Generationsgenosse Eugen Mündler die Situation des Jahres 1932 im *Industriekurier* praktisch als Notwehr: »Flick wollte den Konzern der Vereinigten Stahlwerke auf die verschiedenen Gruppen aufteilen. Er setzte sich nicht durch. So blieb ihm kein anderer Ausweg als der Verkauf der GBAG-Aktien an das Reich.«[32] Drei Jahrzehnte nach dem Coup war das eine Formulierung von geradezu juveniler Dreistigkeit.

Im Unterschied zu den Konzerndichtern vergaß der erfahrene Mündler, der seine Würdigung der Einfachheit halber mit dem Porträtfoto aus dem Festheftchen schmückte, allerdings auch nicht, Flicks technisches Ingenium herauszustellen. Denn dessen Anerkennung bedeutete dem Konzernherrn, wie der aufmerksame Autor wusste, wohl wirklich etwas.

Schon im Siegerland, so also der *Industriekurier*, habe sich »nicht nur das kaufmännisch-finanzielle Genie Flicks und sein intuitives Verständnis für die Organisation und Architektur großer Unternehmen entfaltet, Flick hat auch mit sicherem Blick für neue technische Entwicklungen rationalisiert, hat als einer der ersten den wirtschaftlichen Wert des Verfahrens *Stahlspäne im Hochofenprozess* zu verwenden erkannt, die Möglichkeiten des Schrottmarktes ausgenutzt und für den Betrieb eine bedeutende Produktionssteigerung erreicht.« Das mutmaßlich einzig Unschöne an dieser Darlegung aus der Sicht des Jubilars, der jetzt im zweiten Anlauf auch mit dem Bundesverdienstkreuz ausgezeichnet worden war: Er hatte im Laufe seines langen Lebens schon Huldigungen über sich gelesen, die ihm die Alleinurheberschaft für die in Wahrheit – wie er selbst am besten wusste – keineswegs so revolutionäre Idee mit dem Stahlschrott zuschrieben.[33]

Fünf Jahre später lebte »Deutschlands reichster Mann« *(Rheinische Post)* am Bodensee, wohin er sich im Sommer 1966, ein halbes Jahr nach dem Tod seiner Frau, zurückgezogen hatte. Jetzt fanden sich unter den Gratulationen auch erste Anzeichen einer neuartigen Kritik. In ihrer harmlosesten Ausprägung galt sie dem Unwillen des alten Herrn zum mediengerechten Auftritt: »Nie hat es ein Bild von einem fröhlichen, unbeschwert lachenden Flick gegeben. Alle Fotos zeigen einen streng blickenden, sehr gerade dastehenden Mann mit einem etwas grämlichen Zug um die schmalen Lippen. Ist das der Ausdruck des Preises, den er für seine Macht zahlen muß?« So fragte, unter einer leicht anzüglichen Überschrift (»Der alte Mann und die Milliarden«) im Juli 1968 die eigentlich ganz unrebellische *Mainzer Allgemeine Zeitung*. Und wenn Konrad Kaletsch, inzwischen selbst schon 69 Jahre alt, in diesen Wochen Dolmetscherdienste zu leisten versuchte und den Journalisten zu verstehen gab, sein Vetter könne sich »nicht vorstellen, vor einem Buchladen zu stehen und plötzlich eine Abhandlung über Friedrich Flick in der Auslage zu finden«, dann musste man jetzt sogar schon in der örtlichen Postille mit hintergründigem Echo rechnen: »Die einen sagen: ›Er ist der letzte große Effektenhändler im Stile des 19. Jahrhunderts.‹ Sie unterstreichen sein Finanzgenie, seine Kombinationsgabe, seine illusionslose Menschenkenntnis, seine einsamen Entschlüsse, fügen aber hinzu: ›Der patriarchalische Unternehmertyp dieses alten

Mannes paßt nicht mehr in unsere Zeit.‹ Seine Mitarbeiter sehen ihn freundlicher.«[34]

Für die meisten in der Düsseldorfer Konzernspitze war diese Freundlichkeit freilich längst nicht mehr die Folge regelmäßiger Begegnungen, denn die Mehrzahl der Kontakte mit dem alten Herrn beschränkte sich auf Aktenbewegungen entlang der Rheinschiene nach Konstanz, wo Flick zunächst im Sanatorium Büdingen, dann im Inselhotel einen Trakt bezogen hatte. Zwar reisten einzelne Mitglieder aus der Führungsriege immer mal wieder zum Rapport an, aber entgegen dem öffentlich gepflegten Bild des nach wie vor alle Fäden ziehenden Patriarchen[35] war Friedrich Flick vom operativen Geschäft inzwischen weit entfernt. Gewiss, man bediente ihn regelmäßig mit Zahlen und Berichten, und vor wichtigen Entscheidungen wurde er auch weiter konsultiert. Doch anders als vor seinem Umzug hatte der »Alte Fritz«, umrahmt von Bismarck und Friedrich dem Großen, deren Ölporträts auch sein neues Arbeitszimmer schmückten, nun reichlich Zeit – auch für die eigene Geschichte.

Wenn die wenigen Dokumente aus der Führungsebene des Konzerns, die aus diesen Jahren zugänglich sind, als Widerschein dessen gelesen werden können, was Friedrich Flick an der Vergangenheit interessierte, dann war es nach wie vor sein Agieren in der Weltwirtschaftskrise. Jedenfalls setzte die Arbeit am Gelsenberg-Mythos sofort wieder ein, als 1968 im Düsseldorfer Econ Verlag das Buch von Gottfried Reinhold Treviranus erschien: »Das Ende von Weimar. Heinrich Brüning und seine Zeit«. Darin verteidigte der einstige Reichsminister und Vertraute des Sparkanzlers, auf dessen Memoiren damals viele warteten, nicht nur die Brüningsche Deflationspolitik, sondern auch den Erwerb der Gelsenberg-Aktien durch das Reich – Letzteres mit einem Zitat aus dem Persilschein, den Brüning für Flick (»einer der bereitwilligsten finanziellen Unterstützer der Kampagne für die Wiederwahl von Hindenburg«) im Juni 1949 ausgestellt hatte. Anders als bei Brüning kam bei Treviranus aber wieder die Geschichte der 1931/32 angeblich notwendigen »Abwehr von Überfremdungseingriffen« aus Frankreich zur Sprache, und das war der Punkt, der in der Konzernspitze für Missmut sorgte, obgleich der Name Flick damit gar nicht direkt in Verbindung gebracht wurde.[36]

Die Intensität, aber auch die organisatorische und inhaltliche Umständlichkeit, mit der die Frage einer Korrektur von Treviranus' Darstellung zwischen Kaletsch und den Herren der Geschäftsleitung hin- und hergeschoben wurde, war an sich schon Ausdruck des puren Anachronismus. Wie hoch der Wirklichkeitsverlust der überalterten Führungsspitze in Dingen dieser Art jedoch war, wie wenig man sich in Düsseldorf von den vergangenheitspolitischen Obsessionen des Konzerngründers frei zu machen verstand, das zeigt die Auswahl der für die Lösung des vermeintlichen Problems hinzugezogenen historischen »Experten«: neben Eugen Mündler, dem in Ehren gehaltenen einstigen Hauptschriftleiter von Goebbels' *Reich,* ausgerechnet Flicks schwer belasteter vormaliger Landsberger »Leidensgenosse« Günther Joël, der dem Unternehmen seit seiner vorzeitigen Entlassung als juristischer Berater diente. Otto A. Friedrich, seit Jahresanfang 1966 persönlich haftender Gesellschafter der Flick KG und sicherlich noch der Weltgewandteste in der Zentrale, schob die Sache schließlich auf die lange Bank. Doch angesichts des Aufwands, der bis dahin getrieben worden war, ließ das alles wenig Gutes erhoffen. Jedenfalls stand es in merkwürdigem Kontrast zu Friedrichs Versuch, in politisch bewegten Zeiten nach allen Seiten Anschluss zu halten: Einerseits nicht unanfällig für sentimentale Kameradschaftsabende im Kreise der ehemaligen Speer-Mitarbeiter, bemühte er sich andererseits (mit bescheidener Resonanz), die wichtigsten Werksdirektoren mit Hilfe seines Bruders Carl Joachim, der seit 1926 in Harvard Politikwissenschaft lehrte, über die Revolte der Jugend und deren Motive aufzuklären.[37]

Tatsächlich entfaltete sich im Zuge der Studentenbewegung eine Form der Flick-Kritik, die Otto A. Friedrich zum Zeitpunkt seiner Initiative noch gar nicht im Auge hatte, die dem Konzern aber bald zu schaffen machen sollte. Sie hatte zu tun mit der Anfang der sechziger Jahre in Gang gekommenen Herausbildung einer kritischeren Öffentlichkeit und eines Wandels im journalistischen Selbstverständnis – die *Spiegel*-Affäre von 1962 war dafür ein Indiz –, und sie hatte zu tun mit den in der Endphase der Ära Adenauer erkennbar einsetzenden Veränderungen im Umgang mit der NS-Vergangenheit. Dass das eine mit dem anderen zusammenhing und beides auf besondere Resonanz in der Generation der Kriegskinder traf, die inzwischen die Universitäten bevölkerten, war offensichtlich. Aber die Spitzen der Großindustrie reagierten darauf in der Regel noch ein Stück ratloser als das übrige »Establishment«. Dieses war, obwohl die einstigen »Flakhelfer« schon manche Positionen eingenommen hatten, in jenen Jahren noch stark geprägt von der um die Jahrhundertwende geborenen Funktionsgeneration des »Dritten Reiches«. In dieser Hinsicht sah es bei Flick mit Otto A. Friedrich (Jahrgang 1902), Konrad Kaletsch (Jahrgang 1898) und Wolfgang Pohle (Jahrgang 1903) kaum anders aus als insgesamt in der westdeutschen Wirtschaft. Eberhard von Brauchitsch (Jahrgang 1926) verkörperte, zusammen mit dem »Bürschchen«, dem auserkorenen Erben Friedrich Karl Flick (Jahrgang 1927), noch immer den Nachwuchs.

Es kostete die beiden verständlicherweise nicht viel Überwindung, der alternden Gründergeneration das Räsonnement über die Themen und Probleme aus der Geschichte des Hauses zu überlassen. (Ein Beispiel dafür war der ebenso erbitterte wie sinnlose Streit, den man ein paar Jahre zuvor mit dem Bundesarchiv um die Herausgabe der in Nürnberg vorgelegten Firmenakten geführt hatte.) Zugleich aber machten die »Jungen« auch keinen ernsthaften Versuch – jedenfalls nicht zu Lebzeiten von Friedrich Flick –, seiner in weiten Teilen ja längst tatsächlich neuen Firmengruppe ein neues Image zu verschaffen. Wie die meisten ihrer Altersgenossen in den Industrievorständen versäumten sie es, kritische Fragen zu adressieren und Haltungen zu korrigieren, mit denen Flick und die westdeutsche Wirtschaft insgesamt in den fünfziger Jahren noch durchgekommen waren, die aber nicht mehr in die Gesellschaft der späten Sechziger passten. Ja schlimmer noch: Im Gnadenstand der persönlichen Schuldlosigkeit und wohl auch in dem Gefühl, das Unternehmen habe in den USA nichts mehr zu befürchten, verweigerte von Brauchitsch, der jüngste unter den drei Generalbevollmächtigten (neben Friedrich und Pohle), 1970 sogar die nach jahrelangen Verhandlungen unterschriftsreife Entschädigungsregelung für 1300 ungarische Jüdinnen, die bei Dynamit Nobel unter übelsten Bedingungen Zwangsarbeit in der Sprengstoffproduktion geleistet hatten.[38]

Das war nicht nur ein verheerendes Indiz für die moralische Intransigenz im »Hause Flick«. Es zeigte auch: Man verstand dort nicht oder wollte nicht länger akzeptieren, dass die mit dem Namen des Konzerngründers verbundenen historischen Hypotheken nicht einfach vergessen waren. Zwar hatte man den eigentlichen Fehler viel früher gemacht, als man es nämlich dem erst nach dem Krieg einverleibten Unternehmen aus der Hand genommen hatte, für seine Vergangenheit einzustehen; jetzt aber spottete das Verhalten der Konzernspitze jeder politischen Klugheit, zumal angesichts der gesellschaftspolitischen Defensive, in die das westdeutsche Unternehmertum spätestens seit dem Ende der Großen Koalition nach eigenem Eindruck geraten war.[39]

Dabei hatte es nicht an Zeichen dafür gefehlt – und zwar durchaus noch vor der Regierungserklärung von Willy Brandt, die in so bedenklicher Weise auf »Demokratisierung« gebürstet schien –, dass sich der Wind für »Die Reichen in Deutschland« drehte. Das zu bemerken hätte ein Blick in die so betitelte sechsteilige *Spiegel*-Serie von Peter Brügge aus dem Sommer 1966 genügt, die im linken Verlag Bärmeier und Nikel *(pardon)* umgehend als Buch erschien: Darin kam »Deutschlands vermögendster Mann, der alte Friedrich Flick (Umsatz: 6,5 Milliarden)« schon in der ersten Folge nicht eben sympathisch weg: als einer, den sein wieder einmal konstatierter »Mangel an Bedürfnissen« gleichwohl nicht davon abhalte, sich jährlich »aus dem gewaltigen Geschäftsgewinn mit fünf Millionen« zu bedienen und seinen beiden Söhnen jeweils eine »steuerfreie Apanage von 250 000 Mark« zu gewähren.[40]

Für die sich wandelnde Stimmungslage noch bezeichnender als das nach wie vor mit kräftigen Anleihen bei der *yellow press* entworfene *Spiegel*-Bild des reichsten Deutschen war die wachsende Resonanz Bernt Engelmanns. Der erläuterte jetzt nicht ohne Stolz, den »Anzeigenabteilungen der Blätter, für die er schrieb«, mit seinen Stücken über Flick Probleme bereitet und erfahren zu haben, »daß des Königs Hand nicht nur zu streicheln, sondern auch hart zu strafen weiß«. Dass er im Winter 1944 als Konzentrationslagerhäftling in der Maxhütte Zwangsarbeit geleistet hatte, offenbarte er erst Mitte der achtziger Jahre, lange nachdem er sich mit Titeln wie »Meine Freunde – die Millionäre« (1963), »Meine Freunde – die Waffenhändler« (1964) und »Meine Freunde – die Manager« (1966) einen Namen gemacht hatte. Auch seine beiden 1968 erschienenen Bände über »Die Macht am Rhein. Meine Freunde – die Geldgiganten«, in denen Flick ein ganzes Kapitel gewidmet war (»Wer ist der Reichste im ganzen Land?«), wurden ein Publikumserfolg und als Taschenbücher bis in die achtziger Jahre hinein immer wieder aufgelegt.

Günter Ogger

**Friedrich Flick
der Große**
der Geheimnisvollste der
deutschen Superreichen
aufgespürt hinter
der Mauer des Schweigens
Knaur

Noch wenige Jahre zuvor für den Autor ebenso undenkbar wie für Flick: Günter Ogger referiert 1971 aus Nürnberger Prozessdokumenten und schaut erstmals hinter die »Mauer des Schweigens«.

In ihrer flotten Mischung aus detailversessener Kolportage und gekonnt applizierter Kapitalismuskritik trafen die Bücher des linken Sozialdemokraten den Nerv der Zeit, zumal es Engelmann über Jahrzehnte gelang, seine erkennbaren Sympathien für die DDR argumentativ in der Schwebe zu halten und im Zweifelsfall mit dem dort praktizierten Antifaschismus zu begründen; seine direkte Zusammenarbeit mit der Staatssicherheit wurde erst nach seinem Tode bekannt.[41]

Was die Wirkung Engelmanns und bald auch die von Günter Ogger ausmachte, dessen Bestseller »Friedrich Flick der Große« 1971 erschien, waren nicht so sehr die in ihren Büchern präsentierten Informationen; nahezu alles, was den Namen Flick seit der zweiten Hälfte der sechziger Jahre auf neue Weise anrüchig werden ließ, war – theoretisch – seit dem Nürnberger Prozess bekannt. Doch während die Dokumente in den fünfziger Jahren, sofern sie überhaupt Beachtung fanden, gleichsam gegen ihren Wortlaut gelesen wurden und die westdeutsche Publizistik nicht der »amerikanischen«, sondern der Deutung der Konzernpropaganda folgte, war nun der Boden bereitet für eine kritischere

Rezeption. Das bedeutete nicht, dass die beiden Autoren auf die Belanglosigkeiten verzichtet hätten, an denen sich eine aus dem naiven Voyeurismus der Nachkriegszeit in den Hedonismus der Popkultur vorwärtshangelnde Gesellschaft delektierte: Engelmann bezeugte zum Beispiel, Friedrich Flick einmal freudlos bei einem »Gläschen Orangensaft« in einem Nachtlokal beobachtet zu haben, derweil um ihn herum der Champagner floss, und Oggers Bestseller offerierte alles über den »Geheimnisvollste[n] der deutschen Superreichen, aufgespürt hinter der Mauer des Schweigens«.[42]

Das war alles purer Illustriertenstil – einerseits. Andererseits spürte, wer etwa die kurze »Vorbemerkung« las, die Ogger seiner Darstellung vorangestellt hatte, einen plötzlich veränderten Ton: »Noch vor fünf Jahren wäre es vermutlich nicht möglich gewesen, dieses Buch zu veröffentlichen. Wenn der Schein nicht trügt, ist der Schutz des mächtigsten deutschen Industriemagnaten heute ein weniger dringliches Anliegen als die Aufklärung der Öffentlichkeit über den wichtigsten Bereich unserer Gesellschaft: die Wirtschaft. Auch ein Friedrich Flick sollte daran nichts ändern können.« Damit hatte sich der gerade dreißigjährige Wirtschaftsjournalist zeitgemäß positioniert: als kritischer Aufklärer der »gesellschaftlichen Verhältnisse, die eine so monumentale Besitz- und Machtkonzentration ermöglichten«. Unübersehbar schimmerte durch solche Sätze der linke Standardvorwurf dieser Jahre – »Manipulation« der Öffentlichkeit –, wenngleich noch unterlegt mit einem eher journalistischen denn ideologischen Raunen: »Manches musste ungesagt bleiben, einiges wird wohl nie geklärt werden.«[43]

Landschaftspflege

Manches von dem, was über Flick bis in die achtziger Jahre gesagt und geschrieben wurde, stammte – wie es schien – aus der DDR. In Wirklichkeit handelte es sich oft genug um Fakten, die zuerst in Nürnberg ausgebreitet worden waren und die nun ironischerweise via Ost-Berlin in die Öffentlichkeit der Bundesrepublik fanden. Der Umweg entwertete das Material aus der Sicht des »Establishments« gewissermaßen doppelt, zumal es meist in Gestalt von Agitationsbroschüren über die Grenze kam, mit denen die SED seit den späten Fünfzigern gegen die »Kriegsverbrecher in Adenauers Diensten« polemisierte. In den Augen vieler junger Leute war es allerdings gerade die politische Unerwünschtheit der »östlichen Quelle«, die faszinierte und die den daraus zu schöpfenden Erkenntnissen Bedeutung verlieh. Und je heftiger sich das offizielle Bonn mit unglaubwürdigen Pauschalverdikten schließlich gegen ein ganzes »Braunbuch« zur Wehr zu setzen versuchte, desto mehr stieß die darin dokumentierte NS-Verstrickung der bundesdeutschen Funktionseliten auf Resonanz. Denn der politische Stachel lag ja nicht in der Wiederholung unwiderleglicher Fakten aus der gesamtdeutschen Vergangenheit, sondern in deren Verknüpfung mit mehr oder weniger zutreffenden Behauptungen über die westdeutsche Gegenwart. Auf Seiten der DDR stand dahinter die Hoffung, mit der Konstruktion einer nahtlos bösen Kontinuität in der Bundesrepublik wenn nicht die Zukunft, so doch zumindest die Gunst aller aufrechten »Faschismuskritiker« zu gewinnen.

Folglich hieß es über Flick nicht nur, er habe als Mitglied im »Freundeskreis Himmler« seine »schmutzigen Geschäfte mit dem Blut der Völker« gemacht. Flicks fortbestehende Gefährlichkeit für die »friedliebenden Kräfte« in Ost und West ergab sich in den ersten Jahren nach dem Mauerbau aus seinem aktuellen Wirken: »Neun der bedeutendsten Unternehmen des Flick-Konzerns widmen sich fast ausschließlich der Rüstungsproduktion. Dieser Konzern liefert unter anderem Kraftfahrzeuge, Dieselmotore und Panzermotore, Panzer, Infanteriewaffen, Munition, Sprengstoffe und Raketentreibsätze an die Bundeswehr. Der Flick-Konzern besitzt staatliche Konzessionen für die wichtigsten Uranerzvorkommen in Westdeutschland, deren Abbau für Kriegszwecke immer mehr beschleunigt wird. Diese Vorkommen gelten unter anderem als Rohstoffbasis für die geplante eigene Atomrüstung des westdeutschen Staates.«[44]

Der ganze Zynismus dieses verlogenen Szenarios mochte sich vielleicht nur dem erschließen, der eine Vorstellung hatte von den Bedingungen des Uranabbaus bei der Sowjetisch-Deutschen Aktiengesellschaft Wismut in den frühen Jahren der DDR; die ausgebreiteten Details aber ließen immerhin erahnen, unter welch intensiver Beobachtung Flick im Machtbereich der SED von jeher stand. So flankierten fleißige Genossen in den ehemaligen Flick-Werken die historisch-materialistische Erforschung des »Monopolherrn«, die seit Anfang der Sechziger unter der Aufsicht der Akademie der Wissenschaften voranschritt. Im VEB Rohrkombinat Stahl- und Walzwerk Riesa zum Beispiel deklarierten Betriebsarchivare überlieferte Aktenbände aus der NS-Zeit liebevoll um. Nicht nur tragen einzelne Dokumente Spuren der propagandistischen Aufbereitung; die ganze Anlage der Sammlung deutet darauf hin, dass das Ergebnis der Arbeit schon bei Beginn feststand. Selbstverständlich bildete die agitatorisch besonders relevante Spendenpraxis des Konzerns dabei einen Schwerpunkt.[45]

»1934/36 Spenden: Die SS wird mit hohen Geldbeträgen finanziert und unterstützt«, lautet der Titel einer der erhalten gebliebenen Mappen, die eine lebhafte Korrespondenz zwischen SS-Obersturmbannführer Ludolf-Hermann von Alvensleben und Friedrich Möller, dem Chef der Mitteldeutschen Stahlwerke, umfasst. Mal ging es dem seit einem Jagdausflug mit Friedrich Flick bekannten – und in seinen Forderungen nicht zimperlichen – Alvensleben um 10 000 Mark für Mäntel, die seiner Dresdner SS-Standarte fehlten, mal ging es um 5000 Mark für Tornister. Ein andermal bat auch der Mittelstahl-Chef um eine freundliche Empfehlung an den Gauleiter, »den Führer für unseren Eisenkunstguss zu interessieren«. Ob die Bitte weitergegeben wurde, ist unklar, aber wenig später schlug Möller dem nach Stuttgart strafversetzten Alvensleben den Wunsch nach einer weiteren jener begehrten schweren Porträtskulpturen des »Führers« ab, die das Lauchhammerwerk produzierte – angeblich mangelte es an Material. Das zumindest war in der Wirtschaftskrise 1932 noch kein Problem gewesen, als die Kunstgießerei mit der Produktion einer ersten Linie von Parteidevotionalien begonnen hatte. Neben kleinen Hitler-Plaketten zum Einzelverkaufspreis von 2 Mark umfasste das Sortiment auch bereits eine Hitler-Büste, die Flick vom nächsten Jahr an großzügig verteilen ließ: Göring, von Hanneken, Reichsbankpräsident Hjalmar Schacht und etliche Rüstungsoffiziere durften damit ihre Büros ausstatten.[46]

Die nächstfolgende Akte aus dem vormaligen VEB-Archiv firmiert unter »1934–1938 Private Unterstützungen und Spenden an faschistischen [sic] Organisationen«. Weitere Mappen dokumentieren in Form

Der Reichsführer SS Heinrich Himmler gibt sich die Ehre und speist gemeinsam
mit den Förderern seines industriellen »Freundeskreises« im Berliner Haus
der Flieger.

minutiöser Listen meist kleinteilige »Spenden an die NSDAP und Gliederungen«, andere die beträchtlichen Zahlungen an das Winterhilfswerk
der NSV, die zum Teil in Form von Brikettlieferungen geleistet wurden.
Schließlich geht es, getrennt für die einzelnen Werke, um die sogenannte »Friedrich Flick-Spende«, mit der seit 1934 die eigene Belegschaft
bedacht wurde; offenbar als eine Art Gegenstück zur »Adolf-Hitler-
Spende der Deutschen Wirtschaft«, die entsprechend der Gesamtlohn-
summe an die Berufsgenossenschaft abzuführen war, erhielten Arbeiter
und Angestellte bei Mittelstahl je nach Leistung und Wertschätzung
jährliche Boni in Größenordnungen zwischen 20 und etwa 180 Mark.[47]
    Die Gewohnheit, entwickelt seit den Anfängen des »Hauses Flick«,
dem eigenen Ansehen, gegebenenfalls auch sehr konkreten eigenen
Interessen, mit kleinen oder großen Zahlungen auf die Sprünge zu
helfen, kam den massiven Erwartungen auf allen Ebenen des »Dritten
Reiches« sehr entgegen – wie später den Propagandabedürfnissen der
DDR. Neben den Betriebsarchiven im eigenen Machtbereich filzten die
Ost-Berliner Agitatoren, aller Kritik an der amerikanischen Prozessfüh-

rung zum Trotz, deshalb natürlich auch die Nürnberger Dokumentensammlungen, die sich als sprudelnde Quelle politischer Peinlichkeiten erwiesen. Zwar war es pure Demagogie zu behaupten, Friedrich Flick habe das »Tausendjährige Reich« in den zwölf Jahren seiner Existenz mit der »auch für seine Verhältnisse ansehnlichen Summe« von 20 Millionen Mark unterstützt, rundete doch diese Rechnung das gesamte Spendenaufkommen des »Freundeskreises Himmler« großzügig auf und unterschob es alleine ihm. Tatsächlich addierten sich die in Nürnberg zu Protokoll genommenen Angaben Flicks, von denen die frühe DDR-Forschung ausgegangen war, auf insgesamt 7,65 Millionen Mark.[48] Aber auch jenseits solcher propagandistischen Paukenschläge offenbarten die Quellen unappetitliche Details zuhauf, und nicht immer war es nur der Geruch der Korruption, der einen verheerenden Eindruck von Flicks zielstrebigem Lobbyismus hinterließ.

Bemerkenswert war zum Beispiel die Penetranz, mit der Otto Steinbrinck, Flicks rechte Hand, 1933 begann, den politisch noch ziemlich unbedeutenden Heinrich Himmler zu umgarnen. Prompt durfte der ehemalige U-Boot-Kommandant, der sich laut Selbstauskunft stets und am liebsten als »Soldat« verstand und Flick in seine uniformgestärkten Kreise einzuführen suchte, in voller Montur die SS repräsentieren, als Reichspräsident Hindenburg im Sommer 1934 zu Grabe getragen wurde. Ein paar Jahre später notierte der Manager voller Stolz, für welche Staatssekretärs- und Ministerposten er zwischenzeitlich ins Gespräch gebracht worden war – mit dem Geld ihres Mannes, wie ihm Marie Flick im Streit entgegenschleudern sollte.[49]

Zu dieser Zeit hatte der Konzernchef freilich bereits eigene Kontakte zur SS geknüpft. Als Mitglied des monatlich tagenden »Freundeskreises Himmler« begegnete er in Berlin regelmäßig wichtigen Funktionären und Beamten, und reiste er zum Parteitag in Nürnberg, so genoss er dort die Privilegien, die einem Förderer zustanden: eigene Loge und komfortables Logis. Frappierend auch, wie viel Zeit Flick in diese Verbindungen investierte: Nicht nur ließ er sich immer wieder mit ideologischen Vorträgen traktieren, er nahm sogar an Exkursionen teil. So beispielsweise 1936, als dem »Freundeskreis« die praktische Arbeit der SS am Beispiel des Konzentrationslagers Dachau vorgeführt wurde. Der Unterdrückungsapparat des Regimes war Flick mithin aus eigener

Anschauung bekannt, wenngleich die realen Haftbedingungen während der sorgfältig inszenierten Besichtigung vermutlich nicht deutlich geworden sind. Aber wie Steinbrinck blieben auch Flick die sogenannten rassenbiologischen Forschungen des »Deutschen Ahnenerbes« nicht verborgen, selbst wenn dessen Wissenschaftler in ihren Referaten vor den Gästen ihres »Reichsführers« die tödlichen Menschenversuche ausgespart haben dürften. In Nürnberg meinte Flick deshalb alles herunterspielen zu können: Das meiste Geld, das er und seine Unternehmerkollegen gespendet hatten, sei doch in die kulturellen »Liebhabereien« Heinrich Himmlers geflossen.[50]

Flicks System des Gebens und Nehmens kam durch den »Zusammenbruch« im Frühjahr 1945 nur für kurze Zeit zum Halt. Kaum dass sich die Konturen einer neuen, nun freilich in Zonen aufgeteilten politischen Landschaft abzuzeichnen begannen, nahmen die Führungskräfte des Konzerns auch deren Pflege wieder auf. Nach Lage der Dinge konnte das nur heißen: Es begann in Mitteldeutschland. Denn dort drohten dem Unternehmen nicht nur die größten Gefahren, auch die Parteien waren in der Sowjetischen Besatzungszone am frühesten wieder zugelassen.

Wie die Suche nach politischen Fürsprechern in Sachsen und Thüringen im Einzelnen verlief, ist aus den wenigen erhaltenen Dokumenten nicht zu rekonstruieren; der bisherigen Praxis hätte es entsprochen, dass die Werksdirektoren versuchten, mit Repräsentanten aller nichtkommunistischen Kräfte in ihrer Region diskrete Fühlung aufzunehmen. Für den Sommer 1945 belegt ist immerhin eine Spende der Sächsischen Gußstahlwerke an den SPD-Unterbezirk Freital; allerdings blieb auch jetzt offen – wie noch bis vor ein paar Monaten gegenüber den stets reich bedachten heimatlichen Gliederungen der NSDAP –, welches die »soziale[n] Zwecke« waren, die Direktor Bruns mit 5000 Reichsmark befördert sehen wollte.[51]

Gemessen an dem rasch aussichtslosen Unterfangen, die Situation der Flick-Betriebe in der SBZ mit Spendengeldern zum Besseren zu wenden, ließen sich die Dinge im Westen deutlich hoffnungsvoller an. Wie die meisten Bankiers und Großindustriellen – und im Gegensatz zu seinem einstigen Geschäftsfreund Albert Vögler, der im Moment seiner Festnahme auf die Giftkapsel biss – hatte zwar auch Friedrich

Flick den politischen Säuberungs- und ökonomischen Umgestaltungs-
willen vor allem der Amerikaner unterschätzt. Gleichwohl gelang es
seiner Kernmannschaft, während er selbst sich in alliiertem Gewahrsam
befand, bestmögliche Hilfe im Sinne des Konzerns zu kaufen. Frühe
Indizien dafür waren die Zusammensetzung und das Agieren von Flicks
Verteidigergruppe in Nürnberg, deren Vorbereitung und Recherche
jedenfalls nicht durch fehlende Barmittel eingeschränkt zu sein schien.
Noch deutlicher aber wurde die Wiederaufnahme seit Langem prakti-
zierter Methoden, nachdem das Urteil gefallen war. Denn der ebenso
schwierige und zähe wie finanziell kräftig unterlegte Kampf um Flicks
vorzeitige Freilassung ging praktisch nahtlos über in die Pflege der früh-
bundesrepublikanischen Landschaft.

Das Hauptaugenmerk galt dabei zunächst den Freien Demokraten in
Bayern. Die Gründe dafür lagen allerdings nicht so sehr in der – natürlich willkommenen – wirtschaftspolitischen Programmatik der Liberalen, die den Interessen des Unternehmerlagers zweifellos am nächsten
waren in einer Zeit, in der man die Sozialdemokratie noch als realen
Gegner betrachtete und in der selbst in der Union noch ein paar Kräfte
rumorten, die an den Sozialisierungsideen der unmittelbaren Nach-
kriegsjahre festzuhalten suchten. Mehr als an solchen Sachgesichts-
punkten war man an Thomas Dehler interessiert, dem bayerischen
Landesvorsitzenden der Liberalen, der als juristisch gewiefter Kritiker
der amerikanischen Entnazifizierungspolitik hervorgetreten und 1949
in den Bundestag gewählt worden war. Noch wichtiger aber: Dehler
bekleidete im ersten Kabinett Adenauer den Posten des Justizministers
und hatte sich, ausgestattet mit der inneren Freiheit des untadeligen
NS-Gegners, binnen Kurzem als hemmungsloser Opponent des alliierten *War Crimes Trials Program* positioniert. Ein solcher Mann musste
Flicks Paladinen als idealer Ansprechpartner erscheinen.

Dabei fügte es sich zu einem wahren Glücksfall, dass Dehler ausgerechnet aus Oberfranken kam, dort fest verankert war und für die
im oberpfälzischen Sulzbach-Rosenberg gelegene Maxhütte gleichsam
nachbarschaftliche Gefühle hegte. Deren in Nürnberg freigesproche-
nem Vorstand Odilo Burkart schrieb der Minister im Juli 1950, er sei bereit, in der Angelegenheit seines noch immer inhaftierten Chefs »alles zu
tun, um ihm Gerechtigkeit widerfahren zu lassen«. Angesichts einer neu

eingesetzten amerikanischen Kommission, die sämtliche Urteile überprüfen sollte, war das kein sonderlich gewagtes Versprechen, jedenfalls
nicht für ein politisches Temperament wie Dehler, der im Zeichen des
Korea-Krieges jetzt eine rasche Lösung des »Kriegsverbrecherproblems«
erwartete, ohne dafür selbst viel tun zu können. Burkart waren die Worte des Ministers Anlass zur geschäftigen Nachfrage, welche »Herren auf
deutscher Seite« von Dehler denn beauftragt seien, den »Amnestieboard
in seinen Arbeiten zu unterstützen«. Dass darauf eine Antwort ausblieb,
hinderte Burkart nicht, für die der Maxhütte nächstgelegene Ortsgrup-
pe der Liberalen nun »für die Monate August bis einschl. Dezember
eine monatliche Beihilfe von je 500 DM« anzukündigen.[52]

Das freilich war nur der Beginn der Dankesbezeugungen, die Dehler
und seine Parteifreunde hinfort empfangen sollten. Am 21. August, vier
Tage, bevor Friedrich Flick in Freiheit war, bekundete Burkart, spürbar
gelöst, welch »großen Auftrieb« die Nachricht von der »Entlassungs-
order« des amerikanischen Hohen Kommissars »uns allen« gegeben
habe. Aber auch Dehler zeigte sich in seiner knappen Antwort »überaus erfreut«; vielleicht antizipierte er schon, verdient oder nicht, sein
Erfolgshonorar. Einen Monat später jedenfalls empfing Dehler den
»angenehmen Besuch des Herrn Dr. Flick« im Ministerium, und die
Zeilen, die er schon am nächsten Tag an Burkart richtete, lassen sich
nur als unverblümte Rechnungsstellung lesen: Er »hoffe gerne«, schrieb
Dehler, »daß sich die Möglichkeit dauernder Fühlungnahme mit ihm
ergibt. Er hat in liebenswürdiger Weise auf die Möglichkeit der Unterstützung meiner Partei im bayerischen Wahlkampf hingewiesen und
mich ersucht, mit Ihnen deswegen Fühlung zu nehmen. Sie wissen aus
eigenem Einblick, wie hart wir zu kämpfen haben. Soll ich einen meiner
Freunde zu Ihnen schicken?«[53]

Wenn es nicht nur dreiste Routine, sondern echtes Misstrauen war,
aus dem heraus Dehler den Vorgang im Ministerbüro auf Wiedervor-
lage nehmen ließ, dann erwies sich dieses schnell als unbegründet: Post-
wendend erbat Burkart den Besuch von einem »Ihrer Freunde«, habe er
doch »schon in den letzten Tagen überlegt, wie man am besten Ihnen
unseren Beitrag für den Wahlkampf in Bayern zuführen könnte, den wir
bereits für Ihre Partei reserviert haben«. Und sogar einen kleinen Scherz
wollte sich der Maxhütte-Manager machen, auf Kosten der Amberger

FDP, die man, wie jetzt auch Dehler erfuhr, »bereits seit August finanziell etwas untermauert, sodaß Herr Dr. Ohnesorge in dieser Beziehung auch wirklich ›ohne Sorge‹ sein kann«.[54]

Mag sein, bei den Liberalen herrschte tatsächlich Nervosität ob der im November bevorstehenden Landtagswahl; jedenfalls war der Ton, der sich über den zu klärenden Kautelen der Geldübergabe in den folgenden Tagen entwickelte, außerordentlich robust. »Wir wissen, daß die Maxhütte mindestens DM 30 000.- für Wahlzwecke zur Verfügung gestellt hat«, klagte Everhard Bungartz, Dehlers offenbar auch andernorts erfolgreicher Spendeneintreiber, dem der Minister die Entgegennahme von 50 000 Mark quittierte. Da Bungartz vermutete, das Maxhütte-Geld könne komplett an die CSU gegangen sein, erklärte sich Dehler bereit, »nochmals persönlich mit Herrn Dr. Burkart oder Herrn Dr. Flick in Verbindung« zu treten. Doch wenig später meldete der Münchner Mittelsmann Vollzug: Burkart hatte ihn »aufgesucht« und 15 000 Mark übergeben. »Er hat mir versprochen, mir mindestens noch einmal diesen Betrag in einiger Zeit zu bringen.«[55]

Zwei Jahre später dann war es Friedrich Flick höchstselbst, der den Bundesminister der Justiz, nun aber »Persönlich – Vertraulich«, über neue Zahlungen in einer Gesamthöhe von 75 000 Mark unterrichtete. Dabei erläuterte der Konzernchef die Aufteilung der Summe, die nur zum Teil direkt aus der Düsseldorfer Zentrale kam, als handele es sich um eine Warenlieferung: »Außerdem habe ich mit Herrn Dr. Burkart verabredet, dass von der Maxhütte aus 30 zugestellt werden«.[56]

Flicks Interessen in der Oberpfalz erwiesen sich für die bürgerlichen Parteien im industriearmen Bayern als eine ebenso bedeutsame wie dauerhaft ergiebige Finanzquelle. Auch wenn nur einzelne Belege überliefert sind, darf davon ausgegangen werden, dass die von ihrer späteren Vormachtstellung noch weit entfernte CSU gleichwohl nicht weniger profitierte als die Liberalen. Denn bloß weil die Indizien schütter sind, wäre es wohl naiv anzunehmen, dass Flick sich nicht bereits wieder nach allen Seiten hin abzusichern begonnen hätte. Das gilt zumal angesichts der in Bayern nach wie vor labilen Machtverhältnisse, die im Dezember 1950 zu einer schwarz-roten Koalitionsregierung unter Hans Ehard führten (die CSU hatte die SPD lediglich aufgrund von Überhangmandaten leicht überflügelt).[57]

Immerhin gab es ein konkretes Ziel, das für den Konzernchef wohl nie außer Frage stand und das nach einer weitsichtigen Beziehungspflege geradezu schrie: Jene Anteile an der Maxhütte, die aufgrund der alliierten Entflechtungsauflagen demnächst erst einmal an den Freistaat gehen würden, sollten so bald und so günstig wie möglich zurückgekauft werden. Wie sich zeigte, hatte Friedrich Flick auch in diesem Zusammenhang in Thomas Dehler einen treuen Fürsprecher gewonnen. Dass beider Wege sich im Frühjahr 1955 trotzdem trennten, lag nicht etwa daran, dass der Rückkauf der Maxhütte nun in nahezu trockenen Tüchern war; es lag, wie Flick an Franz Blücher schrieb, den freidemokratischen Vizekanzler, an den maßlosen Attacken, mit denen Dehler inzwischen vor allem den außenpolitischen Kurs des Bundeskanzlers verfolgte, der ihn bei seiner zweiten Kabinettsbildung nicht mehr berücksichtigt hatte. Gemessen an Adenauers überragender Autorität, sollte das wohl heißen, war der drängende und pressende Dehler nichts mehr wert.[58]

Seit dem parlamentarischen Neuanfang in Bonn, dies wird man trotz einer kargen Forschungslage und mangelnder Vergleichsmöglichkeiten sagen können,[59] war Flick stets prominent vertreten, wenn es darum ging, die Finanzlöcher der im Bundestag vertretenen Parteien zu stopfen. Gewiss spendeten auch andere große Unternehmen wiederholt und mit Bedacht. Aber die Systematik und die Routine, mit der bei Flick die Gelder flossen, scheint eine Besonderheit gewesen zu sein. Und immer wieder erstaunlich ist die Kreativität, mit der die Gaben begründet wurden: So etwa die jährlichen 25 000 Mark, die der *Vorwärts* für »Aufklärungsmaßnahmen in Mitteldeutschland und Ostgebieten« erhielt, seit Heinrich Deist, der stellvertretende Vorsitzende der SPD-Bundestagsfraktion, mit der Konzernspitze wegen der Entflechtung in Kontakt gestanden hatte; außerdem bezahlte die Maxhütte, gewissermaßen aus der Portokasse, mehrfach für lokale Sonderausgaben des traditionsreichen Parteiorgans in Sulzbach-Rosenberg.

Im Zentrum der Spendengunst stand freilich nicht die deutsche Sozialdemokratie, sondern die Union – jedenfalls in den beiden ersten Jahrzehnten der Bundesrepublik. Wenn die CSU dabei zeitweise noch mehr profitierte als ihre Schwesterpartei (und der freidemokratische Koalitionspartner), und darauf deuten die zugänglichen Quellen hin, so dürfte das auf den Einfluss von Wolfgang Pohle zurückzuführen sein, der in seiner Person die Funktion des Generalbevollmächtigten der Friedrich Flick KG mit dem Amt des Schatzmeisters der CSU verband. Letzteres war eine Art Dankesbezeugung an Franz Josef Strauß, der Pohle 1965 die Rückkehr in den Bundestag ermöglicht hatte, nachdem dieser in der nordrhein-westfälischen CDU – trotz entsprechender Interventionen seiner Mitgesellschafter Kaletsch und Friedrich beim Bundeskanzler – abgeblitzt war.[60]

Wie effektiv auch immer Pohle in den folgenden Jahren für die CSU und namentlich für deren Vorsitzenden auf Spendenjagd ging: Sofern seine Adressaten zur eigenen »Gruppe« gehörten, und das war häufig genug der Fall, geschah auch weiterhin fast nichts ohne die Billigung von Friedrich Flick und später Konrad Kaletsch. So hatte Flick im Sommer 1966, als Pohle mit Burkart während einer Flugreise die kommenden Zuwendungen der Maxhütte an die CSU besprach, die vorgesehene Summe bereits abgenickt. Deren steuerliche Abzugsfähigkeit war für den seit Landsberg ganz auf Flick eingeschworenen Pohle gleichsam Gesetz (»Ich werde Ihnen meinerseits entsprechende Bescheinigungen beschaffen«), scheint aber bei allen im Konzern Beteiligten als selbstverständlich erachtet worden zu sein. Im konkreten Fall war es die in Köln ansässige Deutsche Kolpingfamilie e.V., die der Maxhütte eine Spendenquittung über 150 000 Mark ausstellte. Knapp zwei Jahre später gingen dorthin aus Sulzbach-Rosenberg 100 000 Mark mit dem Vermerk »Für Ostarbeit«. Doch selbstverständlich nahm das Geld wiederum den Weg gen Süden: zur CSU.[61]

Als Motor des »Beraterkreises Strauß« kümmerte sich Wolfgang Pohle zwar immer wieder auch um finanzielle Unterstützung für den notorisch maroden *Bayernkurier;* so sollten im Frühjahr 1967 unter anderem die Herren Abs, Quandt, Rust (Wintershall), Merkle (Bosch) und Köhnlechner (Bertelsmann) sowie Vertreter des Ruhrbergbaus, der Stahlindustrie und natürlich Flick versuchen, das Parteiblatt durch steuerlich abzugsfähige Beiträge an eine Publicitas Gesellschaft für Wirtschaftswerbung mbH »auf eine ökonomische Grundlage zu stellen«. Besonders dringlich wurden Pohles Bettelbriefe aber im Vorfeld von Wahlkampagnen. Dann scheute der Schatzmeister auch nicht davor zurück, seinen Arbeitgeber als leuchtendes Vorbild zu präsentieren, wie seine

Korrespondenz mit Alois Alzheimer zeigt, dem Vorsitzenden des Aufsichtsrats der Münchener Rück; der Schriftwechsel findet sich in einem von elf Aktenordnern aus Pohles Büro, die 1996 auf einem Siegburger Flohmarkt auftauchten und von dort den Weg zum *Spiegel* fanden: »Meine Firma zahlt ... hohe sechsstellige Beträge auch an den Landesschatzmeister unmittelbar in der sicheren und bisher nicht enttäuschten Erwartung, daß diese Beträge zum Wohl der Wirtschaft angelegt werden und nicht an Flügel gelangen, die uns nicht genehm sind.« Die Friedrich Flick KG, so ihr persönlich haftender Gesellschafter Pohle, stehe mit ihren Leistungen für die CSU an »einsamer Spitze«, könne aber im wichtigen bayerischen Wahlkampf die »Last des Kampfes« unmöglich alleine tragen.[62]

Der seit den fünfziger Jahren entstandene bundesrepublikanische Spendensumpf, den Flick, seinen alten Usancen folgend, von Anfang an maßgeblich wässerte, breitete sich vor allem im Süden weiter aus, nachdem das Bundesverfassungsgericht 1968 die bis dahin geltende Obergrenze für anonyme Parteispenden juristischer Personen von 200 000 auf den für natürliche Personen geltenden Betrag von 20 000 Mark reduziert hatte. Noch wichtiger als zuvor schon wegen der umstrittenen steuerlichen Abzugsfähigkeit von Parteispenden erschien es nun, Umwege zu gehen und Tarnnetze aufzuschlagen. Der wohl begabteste Erfinder solcher Möglichkeiten war Ende der sechziger Jahre Reinhold Kreile, Fachanwalt für Steuerrecht in München und über Wolfgang Pohle sowohl der CSU als auch dem »Hause Flick« zu Diensten.

Zu Jahresanfang 1969 kreierte Kreile für Pohle ein trickreiches Transaktionssystem: Die Industriespenden gingen fortan zunächst auf ein neu eröffnetes Rechtsanwalts-Anderkonto. »Damit ist sichergestellt, daß rein buchmäßig gesehen auch Sie nicht wissen, von wem die einzelnen Spenden sind. Denn Sie müßten nach dem Parteiengesetz in Ihrer Eigenschaft als Schatzmeister die Spender wiederum dem Landesvorsitzenden bekanntgeben, damit dieser die Spender bei der Rechnungslegung benennen kann. Da die Spender aber Ihnen nicht bekannt sind, sondern nur mir, können Sie dieser Verpflichtung des Parteiengesetzes nicht nachkommen. Ich meinerseits kann aber nicht nach dem Parteiengesetz dazu gezwungen werden, Spender bekanntzugeben, weil ich kein partei-offizielles Amt habe.« Und weil dieses System nicht zuletzt der Flick KG zugute kommen sollte, war es offenbar keine Frage, dass Kreile seine Expertise nicht etwa an den Schatzmeister der CSU in München, sondern direkt an den Generalbevollmächtigten Pohle in Düsseldorf-Oberkassel schickte – von wo er ohnehin sein Honorar bezog. Mindestens in Bezug auf die Spenden an die CSU, so wird man feststellen können, fungierte die Flick-Zentrale Ende der sechziger Jahre als eine Art Clearingstelle der deutschen Industrie.[63]

In seiner Eigenschaft als CSU-Funktionär stückelte Pohle nicht nur die eingehenden Großspenden gemäß den neuen Vorschriften zurecht; wenn es um Überweisungen der Flick KG und ihrer Beteiligungsunternehmen ging, sorgte er dafür, dass sogar Gelder, die zur direkten »Hilfestellung für persönliche Freunde« gedacht waren, steuerlich abzugsfähig blieben. Dazu bediente sich MdB Pohle nicht der unter den Kassenprofis bekannten Staatsbürgerlichen Vereinigung, die 1954 auf Anregung Adenauers gegründet und von Flick (wie von vielen anderen) für Spenden vor allem an CDU und FDP genutzt wurde. Auch nicht deren auf die CSU spezialisiertem bayerischen Ableger vertraute er die Transaktionen an, sondern einer exklusiven Waschanlage fast schon frivolen Namens: der in Duisburg ansässigen Gemeinschaft zur Erschließung unterentwickelter Märkte e.V. Von dort flossen die Flick-Überweisungen nach Abzug der »in Frage kommenden Spesen« auf die von Kreile, Pohle und anderen CSU-Granden unterhaltenen Konten.[64]

Wolfgang Pohle, der inzwischen nicht nur rebellischen Linken, sondern auch manchem auf dem Arbeitnehmerflügel der Union als »Werkzeug des Industriellen Flick« erschien und den selbst BMW-Großaktionär Herbert Quandt eifersüchtig beäugte, starb, noch nicht 68-jährig, im Sommer 1971. Das war zu früh, als dass er im Flick-Skandal der achtziger Jahre noch groß Erwähnung hätte finden können, zumal das kriminelle Ausmaß der nach seiner Zeit getätigten Transaktionen alles in den Schatten stellte, was über Pohles steuerbetrügerische Geschäfte zu sagen war. Faktisch aber verkörperte der Ex-Parteigenosse und vormalige Rüstungsmanager bei Mannesmann, der als »Mitläufer« eingestuft und glimpflich davongekommen war, auf geradezu bilderbuchhafte Weise jene undurchsichtige Symbiose von Großwirtschaft und Politik, die seit Ende der sechziger Jahre im Fokus aller Kapitalismuskritik stand.[65]

Gewiss konnte man die Dinge noch immer so sehen wie Otto A. Friedrich, der in der *Welt* über seinen im Dienst verstorbenen Mitgesellschafter schrieb: Pohle sei »einer der seltenen Männer der Wirtschaft« gewesen, die sich »mit ganzer Überzeugung im politischen Feld der Demokratie engagieren und die die Charakterstärke und den nüchternen klaren Kopf besitzen, um ihr wirtschaftliches Wissen und Denken ihrem politischen Amt dienstbar zu machen.« Man konnte es aber auch genau umgekehrt betrachten und fragen, wer hier eigentlich wem dienstbar war – und dazu waren inzwischen beträchtliche Teile einer kritischer gewordenen Öffentlichkeit entschlossen.[66]

Die Gründe dafür lagen in einem allgemein wachsenden Krisenbewusstsein, dessen Ursachen nicht leicht zu bestimmen und mit dem Stichwort »Ölkrise« (1973) allenfalls in technisch-materieller Hinsicht angedeutet sind, dessen Kern aber wohl eher jene »Legitimationsprobleme im Spätkapitalismus« bildeten, die Jürgen Habermas im selben Jahr in einer vielzitierten kleinen Schrift identifizierte. Doch es kann nicht schaden, bis zu den Warnungen konservativer Sozialwissenschaftler zurückzugehen, die den deutschen Industriellen bereits im Sommer 1966 »offensiven Zorn« empfahlen (Eric Voegelin) und vor der Bundesvereinigung der Deutschen Arbeitgeberverbände erklärten, man könne »keineswegs sagen, daß in Deutschland der Klassenkampf ruht« (Arnold Gehlen).[67]

Jedenfalls wird man konstatieren müssen, dass es der deutschen Unternehmerschaft im Allgemeinen und dem Flick-Konzern im Besonderen im Laufe der siebziger Jahre nicht gelang, die sich mehrenden Vorbehalte gegen ihre starke politische Machtstellung abzubauen oder auch nur einzudämmen. Im Gegenteil, die Kritik radikalisierte sich. Besonders in der jungen Generation, und zwar nicht nur auf der äußersten Linken, machte sich Skepsis breit gegenüber der parlamentarischen Demokratie und gegenüber »gesellschaftlichen Verhältnissen«, die durch die Interessen des »Großkapitals« bestimmt, ja »manipuliert« zu sein schienen. Wo aber einzelne, in der Regel jüngere Unternehmer versuchten, Antworten auf die »Fragen der Zeit« zu formulieren und dabei nur ein wenig auf Distanz zu den Altvorderen gingen, drohte hinter den Kulissen Klassenkeile. Philip Rosenthal, als bekannter Sozialdemokrat ohnehin von vielen beargwöhnt, verfolgten Friedrich

Flicks Getreue mit jahrelanger Ächtung, weil ihn die *Stuttgarter Zeitung* 1969 mit einer »Pointe« zitiert hatte: »Flick ist ein aussterbendes Tier. Ich meine damit den Typus.«[68]

Mythos Flick

Als Friedrich Flick im Sommer 1972 starb, mochten manche im Unternehmerlager insgeheim hoffen, mit ihm werde ein unheilvoller Mythos zu Grabe getragen, dessen Ende dem Konzern, wie dem öffentlichen Ansehen der deutschen Industrie insgesamt, nur helfen könne. Die Aufnahme des Enkels Gert-Rudolf Flick in die Geschäftsleitung noch zu Lebzeiten des Alten, kurz danach dann auch die Bestellung seines Bruders Friedrich Christian, verschafften der Flick KG fast schlagartig ein junges, modernes Gesicht. Die beiden »Twens« schienen die Ablösung der bösen alten Bilder effektiv voranzutreiben, zumal sie sich schon bald nach dem Tod des Großvaters zeitgemäß und eloquent zur Vermögensbildung in Arbeitnehmerhand bekannten und dabei sogar Worte in den Mund nahmen wie »Beteiligung am Produktivvermögen«.[69] Das setzte in den Medien manche durchaus wohlwollenden Erwartungen frei, und eine Zeit lang konnte man fast glauben, im Verein mit seinen beiden Neffen könnte es dem Haupterben Friedrich Karl Flick gelingen, dem Unternehmen ein neues Image zu geben. Denn so kritisch die westdeutsche Gesellschaft inzwischen geworden war: Für politisch weniger Alarmierte hatte es auch etwas Ermüdendes, im Flick-Konzern auf ewig das Imperium der Bösewichter zu sehen. Im Übrigen widersprach dies – was angesichts des attraktiven Erscheinungsbildes von »Mick und Muck« nicht übersehen werden darf – den, wie man damals gerne sagte, »kapitalistischen Verwertungsinteressen« der »Massenmedien«, vulgo: dem Unterhaltungsbedürfnis der illustrierten Presse, deren Angebot seit 1972 um die deutsche Ausgabe des *Playboy* erweitert worden war.

Doch das Zerwürfnis zwischen den beiden Neffen und »FKF«, der aus dem jahrelangen Rechtsstreit des Vaters mit Otto-Ernst Flick (anfangs wohl zu seiner eigenen Verwunderung) als überraschender Sieger hervorgegangen war, ließ nicht lange auf sich warten. Damit zerstoben die Hoffnungen auf ein sympathischeres Flick-Bild so schnell, wie sie sich entwickelt hatten. Der Ausstieg von Gerd-Rudolf und Friedrich Christian aus der Geschäftsführung und die vollständige Auszahlung der drei Kinder des 1974 überraschend früh verstorbenen Otto-Ernst Flick – Enkelin Dagmar hatte der Konzerngründer, offenbar ohne bei den anderen Erben auf Widerspruch zu stoßen, nur mit der Hälfte des Anteils ihrer Brüder bedacht – beendeten bereits Anfang 1975 das Zwei-Generationen-Experiment. Danach verstanden es Friedrich Karl Flick und seine Manager, den Ruf des Konzerns als eines Musterbetriebs für parasitären Kapitalismus zügig zu restaurieren. Allein, am öffentlichen Ansehen gemessen, stand der absolute Tiefpunkt noch bevor.

Freilich waren es nicht allein die skandalösen Fakten jenes gewohnheitsmäßigen, seit dem Rückzug des auf seine Weise sparsamen Firmengründers aber immer weiter aufgeblähten Schmiergeldsystems, das den Flick-Konzern 1982 in bis dahin nicht gekannter Weise in die Schlagzeilen und die Glaubwürdigkeit der politischen Klasse der Bundesrepublik an den Rand des Ruins brachte. Nun, da in tausend Details zu Tage trat, dass politische Entscheidungen – in diesem Fall die weitgehende steuerliche Freistellung einer milliardenschweren Aktientransaktion – wie auf einem Marktplatz gegen Bares erstanden werden konnten, zielte die gesellschaftliche Empörung weit über den konkreten Sachverhalt und die dafür Verantwortlichen hinaus. Das böse Wort von der »gekauften Republik«, mit dem nicht nur der *Spiegel* jahrelang operierte, entfaltete eine demokratiepolitisch niederschmetternde Kraft.[70]

Die Geschichte der dem Wortlaut des Gesetzes nach vielleicht legalen, aber seinem Geiste nach (»volkswirtschaftlich besonders förderungswürdig«) anrüchigen Steuerbefreiung, durch deren Herbeizwingung die Konzernführung nach dem Verkauf des Großteils der Daimler-Aktien 1975 weite Teile der politischen Klasse der Bundesrepublik kontaminierte, war an sich schon, noch ohne eine einzige ihrer unglaublichen Weiterungen, schlimm genug. Denn sie handelte von mehr oder weniger offenkundigen Bestechungszahlungen in Höhe von rund 26 Millionen Mark an CDU/CSU, FDP und SPD mit dem Ziel, möglichst viele Einzelgenehmigungen der Bundesregierung zu erwirken und auf diese Weise den Löwenanteil des Verkaufserlöses von rund 2 Milliarden Mark steuerfrei wieder anlegen zu können. De facto lief

Die Enthüllungen des *Spiegel* begreift die Konzernführung nicht als Ausdruck einer kritischen Öffentlichkeit, sondern sucht die Schuld in »Pankow«.

dies darauf hinaus, dass der seit Jahrzehnten vermittels Spendenwasch-anlagen systematisch hintergangene deutsche Steuerzahler der Flick KG zwischen 1976 und 1978 ein Geschenk in Höhe von einigen hundert Millionen Mark machte.

Der Weiterungen waren jedoch viele, von den kriminellen Täu-schungsmanövern und Leugnungsstrategien der Verdächtigen über Behinderungen der Steuerfahnder bis hin zu dem Versuch, angesichts von mehr als 700 laufenden Ermittlungsverfahren der Bonner Staats-anwaltschaft ein skandalöses Straffreiheitsgesetz durch den Bundes-tag zu peitschen. Das allerdings, in ziemlich letzter Minute ruchbar geworden, scheiterte kurz vor Weihnachten 1981 an den sich mehrenden Bedenken innerhalb der SPD und sogar einzelner Abgeordneter der FDP, deren Spitze schon wegen Bundeswirtschaftsminister Otto Graf Lambsdorff an einer Amnestie besonders interessiert war. Aber da hatte sich der *Spiegel* bereits seinen Reim auf die Sache gemacht: »Seit Mitte

Dezember liefert Bonn eine neue Definition: BRD = Bananenrepublik Deutschland.« Tatsächlich sollte der jetzt nicht mehr aufzuhaltende Abgang einer schier endlosen Lawine von Enthüllungen den allgemeinen Parteispenden- in einen sehr besonderen Flick-Skandal verwandeln.[71]

Mögen den Zusammenhang seinerzeit auch nur die Eingeweihten gesehen haben: Es ist wohl nicht falsch zu behaupten, dass die am Vorabend der aufbrechenden Flick-Affäre fallierte (und im Frühjahr 1984 noch einmal versuchte) Selbstamnestierung einer parteiübergreifenden Koalition der Spendenbeschädigten zum Ende der sozialliberalen Regierung beigetragen hat. Aber richtig ist auch, dass die nun einsetzende gesellschaftliche Fixierung auf die Machenschaften des Konzerns ihre ultimative Schärfe erst durch den politischen Machtwechsel in Bonn gewann. Schwerlich allerdings hätte die Phantasie der Kritiker des Koalitionsbruchs und der von Helmut Kohl ausgerufenen »geistig-moralischen Wende« ausgereicht um sich vorzustellen, was im Zuge der weiteren Ermittlungen – nicht nur der Staatsanwaltschaft, sondern vor allem auch der *Spiegel*-Redaktion – bald offenkundig wurde: dass es, nächst Franz Josef Strauß, ausgerechnet der neue Bundeskanzler war, den Eberhard von Brauchitsch laut den Kassenbelegen von Flick-Buchhalter Rudolf Diehl seit 1975 besonders pfleglich behandelt hatte.

Musste man sich da wundern, wenn einer vom linken Rand der inzwischen im Bundestag angekommenen Grünen 1984 formulierte, Kohls Weg an die Macht sei »von Flick freigekauft« worden? Jürgen Reents, ob dieser Behauptung des Plenums verwiesen (zusammen mit einem legendär krakeelenden Joschka Fischer), überspitzte damit nur, was links von der Mitte viele und in den Feuilletons der Republik fast alle meinten: Galt ihnen Kohl damals doch als Inbegriff eines aus eigenem Vermögen kaum artikulationsfähigen Provinzialismus.[72]

Gemessen an dem, was mittlerweile selbst im Bundestag über des Kanzlers Flick-Beziehungen konstatiert werden konnte, wenn auch unter Tumult und bei Strafe eines tagelangen Platzverweises, boten die Flugblätter und Broschüren keine Überraschung, die jetzt in linken Gewerkschaftskreisen entstanden und Kohls Rücktritt verlangten, um via Neuwahlen die »BundesrepuFlick Deutschland« zu überwinden. Und geradezu bieder waren die Paperbacks, mit denen der von Ost-Berlin am Leben gehaltene Verlag der Marxistischen Blätter bald hinterhergehechelt kam: »Flick ist in der Tat das Symptom der gesellschaftlichen Verhältnisse in der Bundesrepublik. Marxisten bezeichnen diese als staatsmonopolistischen Kapitalismus (Stamokap)«, hieß es, treuherzig-heuchlerisch, auf dem Rückendeckel eines dieser Pamphlete. Aber Titel wie »Die Stamokap-Republik der Flicks« oder »Kauf' Dir einen Minister!«, verfasst von zwei kommunistischen KZ-Überlebenden,[73] waren nicht bedeutungslos in einer Zeit, in der das K-Gruppen-Milieu des »roten Jahrzehnts« sich eben erst aufzulösen begonnen hatte.

Dem »Hause Flick«, so wird man sagen müssen, war es – mit Billigung und Zutun etlicher Repräsentanten der politischen Klasse – zum zweiten Mal binnen eines halben Jahrhunderts gelungen, ein parlamentarisches System in seiner Glaubwürdigkeit tief zu beschädigen. Wenn der Skandal um das Gelsenberg-Geschäft sich 1932 nicht in jenem ungeheuren Ausmaß entfaltet hatte, wie dies 1982 beim Skandal um den Daimler-Deal der Fall war, dann auch deshalb, weil Weimar eben nicht schon Bonn war. Und natürlich machte es einen Unterschied, dass Flick beim zweiten Mal im politischen Gedächtnis der Deutschen längst als eine Negativikone verankert war. Die in Nürnberg etablierten Fakten ließen sich, wie noch die durchsichtigste DDR-Propaganda demonstrierte, jederzeit und mit garantierter Wirkung mobilisieren. Aber weder dieser Umstand noch das Faktum, dass sich Flicks legendär schlechter Ruf wieder einmal bestätigte, erklärt die Heftigkeit und Dauer des Skandals in den achtziger Jahren. Voraussetzung dafür waren schließlich auch eine gesellschaftspolitisch grundlegend gewandelte Situation und eine zugleich gewachsene autoritätskritische Mentalität. Beides zusammen schaltete die Möglichkeiten einer »Schadensbegrenzung« von oben gewiss nicht völlig aus, schränkte sie jedoch deutlich ein.

Anders als noch in den zwanziger und frühen dreißiger Jahren, als Friedrich Flick kritische Journalisten gelegentlich einfach kaufte (was sich dann eine Zeit lang erübrigte), anders aber auch als in den fünfziger und frühen sechziger Jahren, als ihm eine in nachlaufender »Nürnberg«-Idiosynkrasie befangene Presse großenteils gewogen war, hatten es seine Nachfolger mit einem investigativen, selbstbewusst auftretenden Journalismus zu tun. Weil sich dagegen mit den alten Rezepten nicht mehr viel ausrichten ließ, brachte man vor allem die Recherchen des *Spiegel* nur allzu gern mit der Ost-Berliner Staatssicherheit in Verbindung. Dass diese mit Hans-Adolf Kanter seit 1972 tatsächlich einen bedeutenden Spion im Bonner Flick-Büro sitzen hatte, stellte sich zwar erst nach dem Ende der DDR heraus, hinderte Eberhard von Brauchitsch aber noch 1999 in seinen Memoiren nicht daran, von einem Komplott zu sprechen; die Einsicht, dass sich die politische Kultur der Republik verändert hatte, blieb ihm fremd. Im Zeichen einer seit 1945 propagierten und schließlich auch erwachten Demokratie, die Wert auf emanzipierte Bürger legte und Obrigkeitshörigkeit selbst bei Beamten zur Untugend erklärte, war es jetzt nicht mehr so einfach wie noch zu Zeiten von Konrad Adenauer oder Ludwig Erhard (dem Friedrich Flick zu seinem 75. Geburtstag einen neuen Mercedes antrug), schnüffelnde Steuerfahnder und aufsässige Staatsanwälte aus dem Verkehr zu ziehen. Wie der Fall des durch Flick berühmt gewordenen Sankt Augustiner Chefermittlers Klaus Förster zeigte, musste man zumindest damit rechnen, dass entsprechende Versuche an die Öffentlichkeit drangen.[74]

Im Abstand von mehr als zwei Jahrzehnten und im Lichte eines längst der Historisierung anheimgegebenen »Rheinischen Kapitalismus« erscheint der Flick-Skandal nicht zuletzt als ein Beschleunigungsfaktor jener massiven Veränderung des altbundesrepublikanischen politischen Systems, die in der Verstetigung der Grünen ihren Anfang nahm und die sich nach dem Ende der DDR als verschärfte Erosion der »Volksparteien« fortsetzte. Die Enthüllung der eingespielten – wie bald darauf deutlich wurde, keineswegs auf Flick beschränkten – Routine politischer Einflussnahme via Kapitalmacht hatte das Vertrauen in Parlament und Regierung akut und offensichtlich nachhaltig beschädigt; der Begriff der Parteien- und dann auch der Politikverdrossenheit machte seitdem Karriere. Auf längere Sicht betrachtet haben der Flick- und der Parteispendenskandal dem Verhältnis der Bürger zu Staat und Parteien womöglich aber auch mehr Realismus eingehaucht. Und vielleicht sogar mit mehr als nur einem Körnchen Salz lässt sich am Ende behaupten: Die Generation der Achtundsechziger, die noch zu Anfang der Achtziger politisch eher am Rande agierte, ist nicht zuletzt durch ihren Part im Abendrot der Ära Flick in der Bundesrepublik angekommen.

Wenn ein einzelner Text zu illustrieren vermag, dass die westdeutsche Demokratie ihre späte Form tatsächlich auch über ihren Umgang mit dem Skandalon Flick gefunden hat, dann ist es Hans Magnus Enzensbergers »Bonner Memorandum«. Der im November 1983 im *Spiegel* publizierte Essay eröffnet mit einer Krimiszene – am Panzerschrank in der Konzernzentrale wird Chefbuchhalter Diehl verhaftet. Doch der präsumtive Drehbuchautor bricht sogleich wieder ab: »Wehe dem, der es unternähme, diesen Stoff für den gemütlichen Sonntagabend des deutschen Publikums herzurichten! Zwar den Aufsichtsgremien würde die wüste Materie schlaflose Nächte bereiten; der Zuschauer jedoch würde vor Langeweile einnicken.« Enzensberger, berühmt für sein schnelles Urteil, hielt dafür, zur Charakterisierung des Personals der Affäre sei »der Ausdruck ›Charaktermasken‹ schon eine Schmeichelei«. Und er gab sich überzeugt: »Die öde Wirklichkeit der Korruption kann mit der prompten Dramaturgie eines *Tatorts* in keiner Weise konkurrieren.«

Die bis dahin ans Tageslicht gelangten Details aus dem bundesrepublikanischen Spendensumpf beflügelten des Schriftstellers assoziative Kraft. Kunstvoll verwob er Neues mit Altem: Die § 6b-»Geleitzüge« der Gegenwart standen plötzlich in einer Reihe mit den Auskünften »von einem früheren Handlanger der Firma, dem Vorgänger des Herrn von Brauchitsch, SS-Brigadeführer Generaldirektor Otto Steinbrinck«; die Übergabe von »Couverts« an Lambsdorff erinnere daran, »dass Heinrich Himmler, von Beruf Reichsführer SS, im Februar 1933 im Berliner Büro der Flick-Gruppe erschienen ist, um dort, der Tradition des Hauses entsprechend, 120 000 (nach anderen Quellen 200 000) Mark in bar abzuholen«; der Hinweis auf das schöne Wort der Brauchitsch-Anwälte betreffend die »jahrzehntealte, von Herrn Friedrich Flick begründete Spendenpraxis« sollte, so Enzensberger, »natürlich nicht die hirnrissige Vermutung stützen, Flick sei ein Nazi gewesen«. Vielmehr ging es dem damals noch als Wortführer der Linken geltenden Autor darum, die »eindrucksvolle Kontinuität« in den »Sitten und Werken dieser deutschen Unternehmer-Familie« zu zeigen – und an ihren Bilanzen »keineswegs die Wirkung des oft bejammerten Flick-Malus abzulesen, sondern die Richtigkeit einer Berufsauffassung, der zufolge es Herrn Flick senior oder junior Wurscht zu sein hat, ob es Sozis oder Nazis, Schwarze oder Grüne sind, die das Land regieren, solange sie ihm nur zu jeder Tages- und Nachtzeit zur Verfügung stehen.«[75]

Enzensberger hatte mit dieser sarkastischen Polemik gegen die Ablenkungsversuche und Ausreden der Konzernführung fraglos ins Schwarze getroffen; den kläglichen Auftritt Friedrich Karl Flicks vor dem Untersuchungsausschuss des Deutschen Bundestages hatte er geradezu antizipiert. Und doch ist in der Rückschau kaum von der Hand zu weisen: Durch den sich langsam verändernden gesellschaftlichen Blick auf »Nürnberg« und die seit den sechziger Jahren zunehmend als »unbewältigt« empfundene NS-Vergangenheit hatte sich mit dem Namen Flick tatsächlich so etwas wie ein Malus verbunden, eine besondere Geneigtheit zur kritischen Beurteilung, die mit dem Tod des Konzerngründers nicht schwächer, sondern im Gegenteil eher stärker wurde. Der Name Flick war zu einem dunklen Mythos geworden, und als solcher wirkt er bis heute fort.

Fragt man nach Gründen dafür, weshalb sich in der öffentlichen Wahrnehmung so sehr auf Flick konzentrierte – und zum Teil noch immer konzentriert –, was über moralische Schuld und politisches Versagen der deutschen Industrie im 20. Jahrhundert konstatiert und faktisch mit fast allen großen (und noch mehr kleinen) Namen verbunden werden kann, dann endet man zuletzt doch wieder bei der Persönlichkeit des Konzerngründers. In ihm liegt das Besondere; er ist es, der noch immer Anstoß erregt. Sein kalter Durchsetzungswille und seine Intelligenz, seine egozentrische Energie und sein Fleiß, sein skrupelloses Geschick und seine Nervenstärke waren die Bestandteile einer lebenslangen Haltung der Härte – und in dieser Kombination die Basis von allem: des schnellen Aufstiegs im späten Kaiserreich, der verhinderten Katastrophe in der Weimarer Republik, der Entfaltung im Dritten Reich, der Bereicherung im Krieg, des Absturzes danach und des beispiellosen Wiederaufstiegs in der frühen Bundesrepublik. Weder die Gelsenberg-Affäre noch »Nürnberg« haben Friedrich Flick zu brechen vermocht; er ist im Gegenteil aus beidem äußerlich gestärkt hervorgegangen. Aber vielleicht kann man sagen, dass er an beidem nicht gewachsen, sondern innerlich nur starrer geworden ist. Das hat ihm in keiner Beziehung so sehr geschadet wie in der zu seinen Kindern.

Dramen um die Nachfolge sind in Familienunternehmen bei Weitem häufiger als Insolvenzen und ernähren inzwischen eine eigene Beratungsindustrie. In den fünfziger und sechziger Jahren suchte man sich in solchen Fällen selbst zu helfen. Am Beispiel Flick ist zu studieren,

Eine schwere Bürde: Zehn Jahre nach dem Tod des übermächtigen Vaters setzt sich Friedrich Karl Flick zu PR-Zwecken unter dessen Bild.

welches Risiko man damit einging und welche Auswirkungen dies haben konnte.[76]

Die Höhen, in denen Friedrich Flicks Selbstbewusstsein ein Jahrzehnt nach seiner Verurteilung in Nürnberg schwebte, lassen sich allenfalls erahnen. Aber es fällt nicht schwer, sich vorzustellen, mit welch tiefer Befriedigung, mit welcher inneren Genugtuung der Mittsiebziger auf sein Lebenswerk geblickt haben muss: Nicht nur hatte er die Amerikaner, seine bisher ärgsten Widersacher, überlebt; er hatte die von ihnen verlangte Zerschlagung seines Konzerns in einen gewaltigen Umstrukturierungserfolg verwandelt. Er hatte sich und sein Imperium noch einmal neu erfunden. Er war bereits wieder einer der Mächtigsten und Reichsten. Und immer noch ging es aufwärts!

Wie außerordentlich hätten die Fähigkeiten eines Dritten sein müssen, der es in dieser Konstellation vermocht hätte, mit klugem Rat jene dynastische Lösung ins Werk zu setzen, die Friedrich Flick nach eigenem Bekunden so sehr wünschte? Wie sollte sich Otto-Ernst, der in dieser Phase noch als Nachfolger vorgesehene älteste Sohn, in einem Konzern bewähren, dessen Führungsstruktur und Loyalitätsverhältnisse von jeher ganz und gar auf dessen Gründer zugeschnitten waren? Wie hätte sich ein unumschränkter Herrscher, der außer seiner Arbeit keine wirklichen Interessen hatte, selbst von seiner Ersetzbarkeit überzeugen sollen, wo er doch gerade jetzt, ausgestattet mit dem frischen Geld, das ihm der erzwungene Verkauf seiner Kohlefelder in die Kasse gespült hatte, von einem Coup zum nächsten eilte?

Das seit Mitte der fünfziger Jahre sich entfaltende Erbfolgedrama im »Hause Flick« war die Geschichte einer sich selbst erfüllenden Prophezeiung: Die Söhne versagten nicht zum geringsten Teil, weil der Vater genau dies befürchtet hatte. So wusste oder ahnte Otto-Ernst Flick wahrscheinlich schon seit einer Dekade, vielleicht sogar länger, dass er nicht der »geborene« Nachfolger war. Denn die Einhaltung traditioneller Regeln hat Friedrich Flick trotz aller Unbedingtheit seines dynastischen Denkens wohl nie für dessen Kern gehalten. Vielmehr spricht manches dafür, dass dem mittleren Sohn, Rudolf Flick, eine mindestens ebenso wichtige Rolle zugedacht war wie seinem drei Jahre älteren Bruder: Im Frühsommer 1941, noch ehe er sich, anders als Otto-Ernst, die ersten Sporen im Konzern hatte verdienen können, sollte der gerade Volljährige per Schenkungsvertrag als Kommanditist in die Flick KG aufgenommen werden (ebenso wie, aus steuerlichen Gründen, auch schon der erst 14-jährige Friedrich Karl). Doch Rudolf Flick, seit 1939 Gefreiter, später dann Leutnant im Regiment »General Göring«, das gelegentlich auch als Leibgarde des Reichsmarschalls fungierte und in seiner Reinickendorfer Garnison distinkte Kameradschaft pflegte, fiel sechs Tage nach dem deutschen Überfall auf die Sowjetunion beim Vormarsch in der Ukraine.[77]

Rudolf Flick mag von jener willensharten Stetigkeit gewesen sein, die der Vater bei seinem Ältesten vermisste – und manches spricht dafür, dass Friedrich Flick vom Tod des Mittleren hart getroffen wurde, zu dessen Grab in der Nähe von Lemberg man ihn im Sommer 1942 dank seiner Verbindungen zu Göring flog. Der fürchterliche Hautausschlag, der ihn seitdem plagte und im Jahr darauf in die Hände von Felix Kersten trieb (jenes zweifelhaften finnischen Masseurs und Wunderdoktors, der dann bei Himmler Karriere machte), scheint ebenfalls darauf hinzudeuten, dass der ansonsten so robust wirkende Konzernchef in der zweiten Kriegshälfte eine schwere persönliche Krise durchlebte. Es war deshalb womöglich nicht nur die Beherzigung einer Familientradition, sondern auch der Versuch, dem Vater ein wenig Trost zu spenden, dass Otto-Ernst seinen Erstgeborenen im Frühjahr 1943 Gert-Rudolf nannte.[78]

Spätestens seit den Jahren in Landsberg, in denen Friedrich Flick an der Loyalität seines Ältesten zu zweifeln begann, war der Familienfriede gestört. »Die jahrzehntelangen Strapazen, die du deinen Eltern zugemutet hast, können und wollen von denselben nicht länger ertragen werden«, protokollierte Otto-Ernst im Sommer 1958, nach zweistündiger »Verhandlung« im Kreis der erweiterten Familie, eine der bitteren Kernaussagen seines zum Bruch entschlossenen Vaters.[79] Über die Zukunft der Maxhütte waren die beiden in schweren Streit geraten. Otto-Ernst, erst seit seinem 40. Geburtstag 1956 einer unter mehreren Generalbevollmächtigten des Konzerns, hatte seitdem eine Serie demütigender Eingriffe des Vaters in vermeintlich von ihm kontrollierten Geschäftsbereichen auszuhalten gehabt. Dabei musste er immer wieder erfahren, dass aus der Sicht der Manager nicht seine Absichten und Ideen zählten, sondern dass der (mitunter nur antizipierte oder gar vorgeschobene) Wille des Konzernchefs das Maß aller Dinge war. Solche Erlebnisse hatten ihn nicht souveräner werden lassen, weder im Umgang mit Untergebenen noch mit der Familie, und sie machten ihn auch nicht klüger. Jedenfalls wird man den Weg, den Otto-Ernst Flick nun einschlug und der im 1962/63 vor Gericht führte, als den Beginn einer persönlichen Tragödie bezeichnen müssen.

Am Ende der Prozesse – beim zweiten, im Frühjahr 1965, standen sich Vater und Sohn im Gerichtsaal von Angesicht zu Angesicht gegenüber – war der Sohn gebrandmarkt: nicht nur als Verlierer, sondern als gescheiterter Vatermörder und mutwilliger Beinahe-Zerstörer einer der größten unternehmerischen Leistungen der deutschen Wirtschaftsgeschichte. Dass Konrad Adenauer den Firmengründer während der Auseinandersetzung wiederholt seiner Anteilnahme versicherte, war mehr als nur ein Zeugnis der persönlichen Sympathie, die sich zwischen den beiden Patriarchen im Alter entwickelt hatte.[80] Die Korrespondenz zeigte, wie sehr der Streit im »Hause Flick« zum Thema des öffentlichen Gesprächs geworden war – und was den Sohn anging: auch des Gespötts. Otto-Ernst Flick, faktisch enterbt und nicht einmal mehr als der Vater der Enkel respektiert, auf denen Friedrich Flicks dynastische Hoffnungen von nun an ruhten, verschwand mit noch nicht Fünfzig von der Bildfläche. Er starb als Privatier, nur zwei Jahre nach dem Vater, bei dessen Begräbnis er fehlte. Er ist an ihm, so wird man sagen können, zerbrochen.

Doch es wäre ein zu einfaches Bild, wollte man von Friedrich Flick behaupten, die Auseinandersetzung mit seinem Ältesten habe ihn kalt gelassen. Was der Sohn als verletzend empfand – »Verhandlungssprache von Herrn Dr. Flick war scharf bis drohend, nur selten ausfallend, ich blieb ruhig« –, das war die dem Vater zur zweiten Natur gewordene, jahrzehntelang eingeübte geschäftsmäßige Härte, von der er auch im Kreis der Familie offensichtlich keinen Abstand fand. Aber der alte Adenauer lag nicht falsch, als er in seinen Zeilen zum Jahreswechsel 1964/65 zusammenzog, wovon ihm Flick, die Dinge künstlich auseinanderhaltend, am Silvestertag berichtet hatte: dass ihn das vergangene Jahr »wiederum nicht nur in gesundheitlicher Beziehung sondern auch in der Ihnen bekannten Prozeßangelegenheit sehr belastet« habe. Für Adenauer war das eine die Folge des anderen, und daher die einfühlenden Worte als Wendung gegen den ungezogenen Sohn: »Ich kann mir vorstellen, wie sehr Sie dieses Vorgehen schmerzt.«[81]

Der nicht mehr zu heilende Bruch mit dem Ältesten brachte Flicks Jüngsten in durchaus ungeplanter Weise ins Spiel, denn Illusionen hinsichtlich der Fähigkeiten Friedrich Karl Flicks hegten weder der Vater noch die Mutter. Marie Flick, die in dem Erbstreit keine geringe Rolle spielte, taxierte ihre beiden Söhne kaum weniger gnadenlos als ihr Mann, obschon der historische Vergleich, zu dem sie beim Familientermin mit Otto-Ernst und dessen Frau Barbara in höchster Erregung Zuflucht nahm, allseits betretenes Schweigen produzierte: »OE ist stets begabt, tüchtig und fleißig gewesen, aber er verträgt sich nicht, FK war nicht begabt, tüchtig und fleißig, aber er verträgt sich. Er wird schon wie Kaiser Wilhelm I. gute Ratgeber arbeiten lassen, darauf kommt es jetzt an.«[82]

Am Ende war es Friedrich Flick, der für seinen Jüngsten den Bismarck bestimmte. Noch während des zweiten Prozesses, in dem Otto-Ernst gegen die Rücknahme aller an ihn und seine Kinder ergangenen Schenkungen klagte, mauerte der Vater Friedrich Karl in der Konzernspitze regelrecht ein, indem er gleich drei neue persönlich haftende Gesellschafter berief. Der mit Abstand jüngste war Eberhard von Brau-

Friedrich Karl Flick und Eberhard von
Brauchitsch (2. und 3. v. r. auf einem
Kindergeburtstag in Berlin) teilen
Jugenderinnerungen.

Konrad Kaletsch baut ebenso
wie Friedrich Flick darauf, dass
Brauchitsch die Kontinuität in der
Konzernleitung sichern werde.

chitsch, Friedrich Karls einstiger Spiel- und späterer Schulkamerad. Er
hatte sich in den Augen des Alten offenkundig bewährt, seit er 1960 an
der Seite des Filius in das Unternehmen eingetreten war; ihm war nun
die Rolle zugedacht, den schwachen Sohn auf Dauer zu stützen.

Als von Brauchitsch den Konzern 1970 gleichwohl verließ – ge-
schmeichelt von einer Offerte Axel Springers, aber durchaus im Dissens mit Friedrich Karl, der nominell inzwischen seit einer Reihe von
Jahren das Sagen hatte –, sah Friedrich Flick sein Lebenswerk erneut in
Gefahr. Noch einmal änderte der Greis sein Testament, um über seine
eigene Zeit hinaus die Zusammensetzung der Führungsmannschaft zu
bestimmen: Eberhard von Brauchitsch musste, so hörten es die Anver-
wandten nach dem Tod des Gründers, eine Rückkehr als persönlich
haftender Gesellschafter angeboten werden. Tatsächlich akzeptierte der
selbstbewusste Manager 1973 den postumen Ruf. Zusammen mit der
Bestellung der Enkel Gert-Rudolf und Friedrich Christian Flick, die
nun ebenfalls in der Geschäftsleitung saßen (mit demselben Stimmen-
anteil wie ihr Onkel), bedeutete das: Friedrich Flick hatte auch seinen

jüngsten Sohn aufs Schwerste beschädigt; psychologisch gesprochen hatte er ihn geradezu entmannt. Friedrich Karl Flick suchte deshalb Stärke zu demonstrieren, indem er seine beiden Neffen binnen Kurzem aus dem Unternehmen drängte. Aber er unterstrich damit in Wirklichkeit nur seine Schwäche.[83]

Das alles konnte man kommen sehen, fast wie das Ende einer griechischen Tragödie. Wer sich in die Seelenlage von Deutschlands Reichen hineinzufühlen vermochte wie Peter Brügge in seiner *Spiegel*-Serie, der ahnte vieles schon 1966, als der Journalist die dynastische Fixierung des Patriarchen kommentierte: »Der Eisen-Mann Friedrich Flick – nicht durch Zufall ein andächtiger Bewunderer Friedrichs des Großen – hat die Energie seines Lebensabends zum großen Teil darauf konzentriert, sein Erbe nicht dadurch in Gefahr zu bringen, daß die Erben eines Tages mehr Macht übernehmen, als es ihrem Ingenium zuträglich wäre. Selbst ein berühmter Charmeur im Umgang mit allen, die für ihn tüchtig arbeiten, entließ er den hochfahrenden, eifrigen Ältesten aus allen Ämtern und setzte seine Hoffnung auf den nachgiebigeren, für die Erfahrung der Ratgeber zugänglichen jüngeren Sohn.«[84]

Friedrich Karl Flick, so wurde spätestens im Spendenskandal der achtziger Jahre deutlich, hatte weniger einen Konzern geerbt als eine ihm viel zu schwere Bürde. Das Unternehmen bot ihm nicht jene »vernünftige Kombination« von Lust und Last, von der er, deutlich zögernd, im März 1985 als Zeuge vor dem Untersuchungsausschuss des Deutschen Bundestages sprach. Viel eher galt generell, was er doch eigentlich nur mit Bezug auf die geldbewehrten Kontakte seines Hauses mit der Politik zu Protokoll gegeben hatte: »Meine Rolle sehe ich in der Zeit vor allem auf diesem Gebiet absolut passiv.«[85] Schon der spektakuläre Verkauf des Daimler-Pakets 1975 war kein Zeichen konzeptioneller Stärke gewesen, ganz unabhängig davon, ob es den von Eberhard von Brauchitsch so vehement bestrittenen Zusammenhang mit der Auszahlung der Linie Otto-Ernst Flick gegeben hatte oder nicht. Aber das eigentliche Fiasko stand noch bevor. Es zog auf als eine Parade von Investitionsentscheidungen nach dem Milliarden-Deal, die Rat- und Planlosigkeit offenbarten, gefolgt von einem schier endlosen medialen Desaster, aus dem der Konzernerbe regelrecht flüchtete: in den Gesamtverkauf an die Deutsche Bank, der seit Frühjahr 1985 vorbereitet wurde.

Das beispiellos negative Image seines Namens auf der Seele, den triefenden Spott nach seinem Bonner Auftritt vor Augen (»brillierte ... noch einmal in der Rolle des ahnungslosen Tölpels«),[86] machte Friedrich Karl Flick jetzt aus Zukunftsangst Kasse. Seinem Vater wurde er dabei nur in dem Bemühen gerecht, noch einmal Steuern zu sparen oder diese doch wenigstens um zwölf Monate stunden zu lassen. Die vertragliche Transaktion erfolgte deshalb erst in der Silvesternacht 1985: Exakt in der »logischen Sekunde« auf das neue Jahr erlosch der Flick-Konzern, knapp 70 Jahre nachdem im Siegerland der junge kaufmännische Direktor Friedrich Flick begonnen hatte, sich heimlich in die Charlottenhütte einzukaufen.

Konzernsaldo

Mit der Auflösung des Konzerns ging eine Art kapitalistischen Unternehmertums zu Ende, mit deren Ausgestaltung Friedrich Flick der deutschen Wirtschaftsgeschichte des 20. Jahrhunderts seinen sehr besonderen Stempel aufgedrückt hatte. Denn wenn es in Flicks langer Karriere – jenseits seiner Geschäfte mit der jeweiligen Staatsführung – überhaupt eine Konstante gab, dann hatte sie in seiner Position als Kapitaleigentümer gelegen. Gleichviel, ob man ihm die unternehmerische Leistung abzusprechen und ihn als »Pakethändler« abzustempeln suchte oder ob man die langfristigen Perspektiven der von ihm erdachten Konzernkombinationen betonte: Stets war es die Machtposition des Kapitaleigentümers gewesen, von der aus er agierte. Diese Konstante charakterisierte sein Lebenswerk und überdauerte alle Zäsuren seiner Laufbahn.

Nach seinem Aufstieg in der Rüstungswirtschaft des Ersten Weltkriegs war Flick Anfang der zwanziger Jahre erstmals in die Position eines Mehrheitsaktionärs gelangt, dessen Handeln keiner formalen Kontrolle unterlag. An dieser vorteilhaften Stellung hielt er bis zu seinem Tode fest. Was seine unternehmerische Strategie anging, erwies er sich dagegen als außerordentlich anpassungsfähig, in der NS-Zeit sogar als durch und durch opportunistisch.

Flicks erste Karriere war, auch wenn er dies nie wahrhaben wollte, tatsächlich die eines Finanzinvestors gewesen, der Aktienpakete in spekulativer Absicht kaufte, feindliche Übernahmen lancierte und damit binnen weniger Jahre die wohl stärkste Machtposition in der deutschen Montanindustrie errang. Aber schon vor deren Kollaps in der Weltwirtschaftskrise zeichnete sich der Leitgedanke seiner zweiten Karriere ab: Zwar operierte er beim Aufbau seines Privatkonzerns rund um die mitteldeutschen Werke mit denselben Geschäftsmethoden wie bisher, doch nun ging es um dauerhaften Familienbesitz, um Dynastiebildung – und vor allem um das persönliche Regiment in den ihm gehörenden Gesellschaften.

Die Herausdrängung anderer Aktionäre aus den aufgekauften Unternehmen diente schon an der Ruhr, jedenfalls bei den Essener Steinkohlenbergwerken, nicht nur der ökonomischen Kontrolle. Während des Krieges, nachdem er sich per »Arisierung« das größte deutsche Braunkohleunternehmen zugelegt hatte, wurde der Alleinbesitz zu Flicks wichtigstem strategischen Ziel. Für den wirtschaftlichen Erfolg des Konzerns war das kaum von Belang, denn längst schon war er – etwa bei der Maxhütte oder den Anhaltischen Kohlenwerken – unbestrittener Herr im Haus. Und als Eigentümer, der alle wichtigen Verbindungen zur Politik selbst hielt, war Flick ohnehin die höchste Instanz. Schon deshalb konnte er sich auf das ökonomische Eigeninteresse der von ihm kontrollierten Unternehmensvorstände jederzeit verlassen.

Fraglos profitierte Friedrich Flick mehr als andere vom und im Dritten Reich. Ausgesprochen lukrative Rüstungsbetriebe, eine dank der »arisierten« Braunkohlefelder ungewöhnlich starke Position in der mitteldeutschen Energiewirtschaft, massive Ausweitung der Produktion von Qualitätsstahl – das sind nur einige der Stichworte für jene Explosion der Gewinne, die selbstverständlich auch und nicht zuletzt zur Anhäufung eines enormen privaten Vermögens führten. Ironischerweise hat die daran anknüpfende Kritik meist übersehen, dass es gerade die Jahre zwischen 1937 und 1944 waren, in denen Flick seiner Vorstellung von Unternehmertum am nächsten kam: Gegen Kriegsende nämlich gehörte der Kern des Konzerns allein der Familie, die jetzt als hundertprozentige Kapitaleigentümerin fast aller großen Tochtergesellschaften auftrat.

Die eingespielte Arbeitsteilung zwischen der Zentrale und den Töchtern funktionierte bei politischen Verhandlungen nicht weniger gut als bei der strategischen Unternehmensentwicklung, und sie lief bei der Expansion ins besetzte Europa so reibungslos wie bei der Beschaffung von Zwangsarbeitern. Ihre Grundlage war die Kontrolle der Vorstände von der Bellevuestraße aus, ihr Rezept die penible Bilanzanalyse, kombiniert mit der – gelegentlich auf direkte Drohungen zurückgreifenden – persönlichen Autorität des Konzernchefs. Die ebenso effizient wie skrupellos genutzten politischen und rechtlichen Rahmenbedingungen des NS-Staates begünstigten diese Art der Führung: durch die ideologische Überhöhung des Unternehmers, aber auch dadurch, dass die explodierenden Gewinne aus der Rüstungskonjunktur den vorweggenommenen Erbgang erleichterten. Bezeichnend freilich war, dass die Schenkungsverträge, mit denen Friedrich Flick den geordneten Übergang des Konzerns steuersparend vorbereitete, selbst den Söhnen bis zum Tod oder zum freiwilligen Verzicht des Vaters jeglichen Einfluss verwehrten. Es lag ganz auf dieser Linie, wenn sich der Konzernchef in den letzten Kriegsmonaten einen Teil der Unternehmen sogar persönlich anzueignen und sich zugleich von jeder Haftung für ihr weiteres Schicksal freizuhalten suchte.

Flick fungierte als ein Eigentümer, der seine Unternehmen im Wesentlichen über die Finanz- und Investitionskontrolle lenkte. Zumindest im Stahlbereich schaltete er sich aber auch in Einzelheiten der Geschäftspolitik ein, vor allem wenn es darum ging, die Rüstungskonjunktur für den planvollen Ausbau seines Konzerns zu nutzen. Dass es ihm gefiel, unter den Bedingungen des Nationalsozialismus bei all seinen Transaktionen und Machinationen – nicht zuletzt bei seiner Beteiligung an der »Arisierung« – keine kritischen Presseberichte fürchten zu müssen, wird man vermuten dürfen. Trotz oder wegen solcher unternehmerischen Freiheiten in der Diktatur entwickelte der Konzern in dieser Zeit jedoch keine innovative industrielle Konzeption. Vielmehr folgte Flick der seit Jahrzehnten aus den Syndikaten bekannten Logik des Selbstverbrauchs und hielt sich in seiner Orientierung auf die Rohstoffwirtschaft an die Erfahrungen aus dem Ersten Weltkrieg.

Flicks Prinzip, in den von ihm beherrschten Unternehmen möglichst vollständigen Kapitalbesitz mit persönlicher Führung zu verbinden, war bereits für die Industrie der dreißiger Jahre eher ungewöhnlich. Es gründete wohl in seiner Rolle als Aufsteiger und Außenseiter. Als solcher wusste er sich nicht nur durchzusetzen, er glaubte seinen Erfolg auch immer wieder aufs Neue durch spekulative Phantasie bestätigen zu müssen. Lutz Schwerin von Krosigk hat ihn deshalb 1958, auf dem Höhepunkt seiner dritten Karriere, als »Jack in the box« charakterisiert: Friedrich Flick ließ sich, »nachdem die Schachtel einmal offen und er, wie von der Feder geschnellt, herausgesprungen war, nicht mehr zurückzwingen«. Das Bild war auch deshalb gut gewählt, weil Flicks widerspenstige Dynamik selbst dann nicht nachließ, als der Aufstieg längst geschafft war.[87]

Über seine Motive hat Flick, sieht man von den apologetischen Ausführungen in Nürnberg ab, nie gesprochen. Aber sein Handeln spricht dafür, dass er einem Unternehmerbild verhaftet blieb, das tief im 19. Jahrhundert verwurzelt war und das in Krupp seinen Prototypen gefunden hatte. An diesem Vorbild arbeitete er sich zeitlebens ab. Deshalb hielt er an der Idee eines Konzerns im Besitz und unter der persönlichen Leitung der Familie auch nach dem Zweiten Weltkrieg fest. Doch dem Konglomerat seiner dritten Karriere fehlte die innere industrielle Logik.

Flicks Vorstellung vom »industriellen Erbhof«, vor allem aber die im ersten Konzern praktizierten Kontroll- und Leitungsstrukturen, dienten ihm in den fünfziger Jahren als Blaupause auch für den zweiten. Der Dynamik des westdeutschen Wirtschaftswunders war dieses Modell jedoch nicht mehr gewachsen, weshalb gerade der Erfolg in dieser Phase rasanten Wachstums dazu führte, dass notwendige organisatorisch-strukturelle Anpassungen versäumt wurden. Das war in anderen Unternehmen nicht unähnlich. Aber während andernorts die Reformen nachgeholt wurden, klammerte sich Friedrich Flick an die dynastische Idee, ohne bis ins hohe Alter von seiner Führungsrolle lassen zu können. Als er gegen Ende der fünfziger Jahre erneut nach der Alleineigentümerschaft in den von ihm dominierten Aktiengesellschaften strebte, brachte er Kleinaktionäre und Theoretiker der sozialen Marktwirtschaft, allen voran Ludwig Erhard, völlig unnötig gegen sich auf: weil er auf seine Strategie aus den dreißiger und frühen vierziger Jahren zurückgriff, die den veränderten ökonomischen Bedingungen geradezu zuwiderlief.

Erntete Friedrich Flicks Lebenswerk bis dahin gleichwohl offene Bewunderung (oder jene harsche Ablehnung, die als eine Form der Respektsbezeugung gelten kann), so war spätestens gegen Ende der sechziger Jahre fraglich geworden, ob seine unternehmerische Leistung auch auf längere Sicht als Erfolgsgeschichte gelten würde. Denn allenthalben war jetzt von rationaler Planung und von wissenschaftlicher Beratung des Managements die Rede, vom gewaltigen Kapitalbedarf des technologischen Wandels und von der Notwendigkeit der Automatisierung.[88] Für den heroischen Einzelunternehmer schien in dieser neuen Wirtschaftswelt kaum noch Platz zu sein. Stattdessen beschwor man die Leistungskraft stetig wachsender Verwaltungsapparate – und gab die Parole aus, nur durch die Abgabe von Macht und die Aufnahme kapitalstarker Partner seien großindustrielle Familienkonzerne überhaupt noch zu retten. Die schwere Krise bei Krupp 1966/67 schien diese Deutung zu bestätigen.

Anfang der siebziger Jahre hatte sich, jedenfalls im engeren Bereich der kapitalintensiven Schwerindustrie, die Idee eines dynastisch geführten Familienkonzerns überlebt. Die schweren Strukturprobleme bei der Maxhütte, bei Buderus und bei den Metallhüttenwerken Lübeck, aber auch die erbitterten Konflikte um die Nachfolge offenbarten, wie schwach das Beteiligungskonglomerat bereits geworden war. Mit dem Abschied des Gründers drohte es endgültig führungslos zu werden: unterkapitalisiert, ohne inneren Zusammenhalt – und das in einer Zeit, die mutige Anpassung an den raschen Wandel und energisches Handeln erfordert hätte. Die hektischen Änderungen, die Friedrich Flick bis zuletzt an seinem Testament anbrachte, zeigen, dass er das Scheitern seiner unternehmerischen Konzeption noch wahrgenommen hat. Das wird es denn auch gewesen sein, was den Alten in seinen späten Tagen beunruhigte – nicht die vertrauten Schmähungen seiner Kritiker, die ihn als Inkarnation des bösen Kapitalisten präsentierten und seine politisch-moralischen Verfehlungen geißelten.

Erbgänge

Nahezu ein Vierteljahrhundert nach dem Ende des Konzerns, Dekaden nach dem Tod des Gründers, ist die Geschichte des »Hauses Flick« noch immer ein Stück Gegenwart. Zwar stand Friedrich Karl Flick, der im Oktober 2006 in seiner Wahlheimat Österreich starb, als Privatier in den zwei Jahrzehnten, die ihm nach dem Konzernverkauf noch blieben, nicht mehr im unternehmerischen Schatten seines Vaters. Doch dem Mythos Flick entkam er nicht. Dieser wirkt, das dokumentierte im Herbst 2008 die makabre Geschichte des Diebstahls seiner Leiche, auch über die zweite Generation hinaus.[89]

Der Name Flick bleibt Stein des Anstoßes. Das gilt, weil etliche der damals meist ganz jungen Männer und Frauen, die als Zwangsarbeiter in den Konzernbetrieben geschunden worden waren, noch am Leben sind und das Unrecht gegenüber einer sensibler gewordenen Öffentlichkeit bezeugen. Und das gilt, weil die jüngere zeit- und unternehmensgeschichtliche Forschung manche gnädigen Legenden über das Verhältnis von Wirtschaft und Nationalsozialismus aus dem Weg geräumt hat. So muss die dritte Generation der Flicks – und sie ist darin längst nicht mehr allein – damit rechnen, zumal wenn sie sich im Lichte der Medien bewegt, mit der Last ihres Namens und mit der sich daraus ergebenden Frage nach ihrer historischen Verantwortung konfrontiert zu werden: in der Bundesrepublik, aber auch im Ausland.

Gert-Rudolf Flick, der seit Langem in London lebt, hat dies Mitte der neunziger Jahre erfahren, als er in Oxford einen Lehrstuhl stiftete. Die Universität nahm die Spende gerne entgegen; im Laufe von fünf Jahren sollte das Balliol College insgesamt 1,75 Millionen Pfund erhalten. Doch dann erhoben sich erste Bedenken, woraufhin die geplante »Flick-Professur« um den Vornamen des Spenders erweitert wurde. Der »Gert-Rudolf Flick Chair in European Thought« war bereits besetzt, da sah sich Oxford mit einer Welle von Protesten konfrontiert, die erst verebbte, als die Spende nach fast zweijähriger öffentlicher Debatte im Frühjahr 1997 auf Wunsch des Stifters rückgängig gemacht wurde. Die dürftigen Argumente der Universitätsleitung hatten bis dahin beträchtliche Polemik auf sich gezogen, die eigentliche Kritik aber galt dem Umgang der Familie Flick mit ihrer Vergangenheit: Nicht so sehr die »alten

Sünden« des Großvaters seien das Problem, argumentierte zum Beispiel David Cesarani, einer der vielen akademischen Gegner des Projekts, wohl aber dessen lebenslange Weigerung, seine Schuld anzuerkennen und die überlebenden Zwangsarbeiter zu entschädigen. Der Historiker erinnerte daran, dass Friedrich Flick sich noch als Greis hartnäckig verweigert hatte – selbst als John McCloy, dem er seine vorzeitige Entlassung aus Landsberg verdankte, an sein Mitgefühl appellierte. Zwar werde Schuld nicht vererbt, aber »das Schweigen und der Geiz einiger der Mitglieder der Flick-Familie ist um so verstörender, als viele von ihresgleichen schon vor langer Zeit an jüdische und nichtjüdische Überlebende Entschädigung gezahlt haben«. Die Tatsache, dass Gert-Rudolf Flick für andere gute Zwecke spende, entbinde ihn ebenso wenig von seiner historischen Verantwortung wie sein erklärter Abscheu vor einer »dunklen Periode der Familiengeschichte«, von dem in einer Presseerklärung der Universität entschuldigend die Rede war.[90]

War diese englische Affäre also Indiz für einen Malus, mit dem die Generation der Enkel Friedrich Flicks bis heute lebt? Dagegen spricht die Tatsache, dass »Muck« Flick auf dem Höhepunkt der Kontroverse erkennen ließ, dass auch er nicht wirklich – jedenfalls nicht ohne die ganz unwahrscheinliche Beteiligung der gesamten Familie – an eine Geste der Entschädigung gegenüber den Zwangsarbeitern seines Großvaters denke: Würde er sich darauf einlassen, so bekannte er gegenüber dem *Jewish Chronicle*, wäre er am Ende womöglich »mittellos«.[91] Absichtsvoll oder nicht, signalisierte Gert-Rudolf Flick damit die Kontinuität einer Haltung, in der sich bereits die Söhne des Konzerngründers zum Nachteil ihres Ansehens verfangen hatten. Nur wenig später sollte dies auch seinem Bruder Friedrich Christian geschehen.

Dieser hatte sich, nach Jahrzehnten im Jetset, für zeitgenössische Kunst zu interessieren begonnen und im Laufe der neunziger Jahre in eine stattliche Sammlung investiert, die er nun der Öffentlichkeit zu präsentieren gedachte. Dabei trieb ihn die Idee, wie er gegen Jahresende 1997 seinem Onkel schrieb, »meinen Kindern und Nachkommen eine sinnvolle Möglichkeit zur neuen Identifikation mit unserem Namen aufzubauen«. Doch Friedrich Karl Flick lehnte die Einladung, sich mit 100 oder 200 Millionen Mark »partnerschaftlich« an dem geplanten Museum zu beteiligen, dankend und aus steuerlichen Gründen ab.

Das Nein aus Österreich scheint den in der Schweiz lebenden Kunstsammler nicht sonderlich beeindruckt zu haben (ebenso wenig wie ein paar Jahre später die erstaunliche Tatsache, dass die durchaus private Korrespondenz mit Friedrich Karl an die Medien gelangte). Unbeirrt entwickelte »Mick« Flick seine Pläne weiter. Im Januar 2001 kündigte er für das kommende Jahr die erstmalige Ausstellung einiger Stücke aus der »Flick Collection« im Münchner Haus der Kunst an, für 2003 die Eröffnung eines eigenen Museumsneubaus nach den Plänen von Rem Koolhaas in Zürich.[92]

Der Flick-Enkel machte damit zu einem Zeitpunkt auf sich und seine schöngeistige »Leidenschaft« (»das Gemälde als Aktie an der Wand war mir immer zuwider«) aufmerksam, als eine hochpolitische Debatte über die Entschädigung vor allem osteuropäischer Zwangsarbeiter, die von den früheren Wiedergutmachungsleistungen der Bundesrepublik ausgeschlossen geblieben waren, in der Gründung der Stiftung »Erinnerung, Verantwortung und Zukunft« gerade erst ihren rechtlichen Abschluss gefunden hatte. Eine sogenannte Stiftungsinitiative der deutschen Wirtschaft und die neue rot-grüne Bundesregierung hatten sich in komplizierten internationalen Verhandlungen verpflichtet, dafür je zur Hälfte insgesamt 10 Milliarden Mark aufzubringen. Auf Seiten der Stiftungsinitiative fehlten aber noch Monate nach Vertragsabschluss trotz allem Getrommel etliche hundert Millionen Mark, weshalb deren Sprecher neben knauserigen Unternehmen auch eine Reihe von Industriellenfamilien anschrieb, die »für die Kriegswirtschaft außerordentlich wichtige Funktionen« ausgeübt hatten. Darunter die Flicks.[93]

In der wilden Kontroverse, die sich im Frühjahr 2001 in Zürich über Friedrich Christian Flicks Kunsthallenplänen entspann, spielte dieses Faktum eine wesentliche Rolle. Denn nicht nur sah es jetzt so aus, als habe noch kein einziges Mitglied der Familie auf die Bitte um einen »angemessenen Betrag« für den Entschädigungsfonds reagiert; der prospektive Museumsgründer bekundete nun öffentlich, auch in Zukunft nichts geben zu wollen. Stattdessen kündigte er eine eigene »Stiftung gegen Fremdenfeindlichkeit, Rassismus und Intoleranz« an, die im September 2001 mit einer Ausstattung von 10 Millionen Mark aus der Taufe gehoben wurde; ihr Standort Potsdam deutete bereits darauf hin, dass der Sammler begonnen hatte, das Terrain in der klammen, aber kunstgierigen deutschen Hauptstadt zu sondieren. Noch zweieinhalb Jahre später – der Museumsbau in Zürich war an einer Lawine des Protests von Künstlern und Intellektuellen ebenso gescheitert wie vorher schon die »Probeausstellung« in München – verteidigte Flick seine Entscheidung: »Ich weiß, dass ich mit dem Namen Flick auch eine besondere Verantwortung geerbt habe. Aber wie ich diese wahrnehme, das kann nur ich entscheiden. Ich hätte auch mit einer Einzahlung in den Zwangsarbeiter-Fonds diesen nicht erhöht, sondern lediglich Garantiezahlungen von Unternehmen entsprechend verringert. Die ehemaligen Flick-Firmen hatten übrigens schon einbezahlt. Aber die Art, wie ich mit meiner Familiengeschichte umgehe, hat mit meiner Sammlung nichts zu tun.«[94]

Freilich war es Friedrich Christian Flick selbst, der in den Jahren zuvor immer wieder genau diesen Zusammenhang hergestellt hatte: Als er davon sprach, er wolle mit der öffentlichen Präsentation seiner Sammlung der »dunklen Seite der Familiengeschichte eine hellere hinzufügen«. Im Kontext seines unterdessen nach Berlin verlagerten Vorhabens entwickelte gerade dieses Motiv strategische Bedeutung. Denn dort, bei den Spitzen der rot-grünen Koalition und ihren publizistischen Begleitern, traf es auf eine geschichtspolitisch veränderte Stimmungslage. Die gelungene Errichtung der Zwangsarbeiterstiftung und einige andere Etappensiege auf der internationalen Bühne galten inzwischen als Bausteine einer neuen »Berliner Republik«. Und so stellte sich nicht zuletzt der Bundeskanzler, ein Freund moderner Kunst auch er, hinter seinen Jahrgangskameraden Friedrich Christian Flick. Gerhard Schröder, laut *Stern* der »Erlöser, der Schluß macht mit vergangenheitsverhafteter Selbstkasteiung«,[95] sorgte im Einklang mit dem Regierenden Bürgermeister Klaus Wowereit dafür, dass die Stiftung Preußischer Kulturbesitz im Januar 2003 mit Flick handelseinig wurde. Laut diesem Vertrag kam die »Flick Collection« für sieben Jahre nach Berlin, um in einem Seitengebäude des Museums Hamburger Bahnhof etappenweise gezeigt zu werden – mit offenem Ausgang, denn der Sammler verschenkte nicht nur nichts, seine Leihgabe verursachte dem Steuerzahler vielmehr erhebliche Kosten.

Doch nicht im mangelnden Mäzenatentum lag der Kern der Kontroverse, die sich nun auch in Berlin entfalten sollte. Wie schon in

Zürich – zum Teil waren die Gegner dieselben – ging es um Flicks Verständnis der Familiengeschichte. Zwar bemühte sich der Enkel durchaus um Klarheit: »Mein Großvater ist für seine Taten in den Nürnberger Prozessen zu Recht verurteilt worden«, gab er zum Beispiel dem *Spiegel* zu Protokoll. Auf die Frage aber, ob sein Vermögen, aus dem er die Kollektion bezahlt hatte, nicht auf den Kriegsgewinnen seines Großvaters beruhte, wusste Flick keine Antwort zu geben, die seine Kritiker befriedigte: »Bekanntlich bin ich 1975 aus dem Flick-Konzern mit circa 100 Millionen Mark ausgeschieden. Meine Sammlung allein ist heute ein Vielfaches wert, und ich konnte sie mir nur leisten, weil ich als Geschäftsmann erfolgreich war.« Ohne ihn in den Mund zu nehmen, reagierte Flick damit auf einen Begriff, der bereits seine Zürcher Pläne am Ende vereitelt hatte: »Blutgeld«.[96]

Allein schon angesichts dieser Vorgeschichte war die Empörung verfehlt, die Salomon Korn aus einer erwartungsfrohen Berliner Kulturbürokratie und etlichen deutschen Feuilletons entgegenschlug, als er Anfang Mai 2004 im *Handelsblatt* seine Kritik an dem Kurs der Bundesregierung wiederholte, die er vier Wochen zuvor bereits gegenüber einem Redakteur der *Zeit* geäußert hatte. »An der Kunst kleben die blutigen Fingerabdrücke der Geschichte«, lautete sein Argument gegen das »Projekt forcierter Normalisierungspolitik«, das Korn in seiner zweiten Stellungnahme verschärfte – wiederum vor allem mit Stoßrichtung gegen die rot-grüne Regierung. Deren Unterstützung für die »Flick Collection«, so der stellvertretende Vorsitzende des Zentralrats der Juden in Deutschland, bedeute »eine Art moralische Weißwäsche von Blutgeld in eine gesellschaftlich akzeptable Form des Kunstbesitzes«. Anders als vielfach behauptet, war die seitdem Korn zugeschriebene »Blutgeld«-Metapher aber längst in der Welt; auf einer Pressekonferenz in Zürich hatte sich Flick bereits zwei Jahre zuvor explizit und höchstpersönlich dagegen zur Wehr gesetzt, und seine wohlmeinenden Interviewerinnen vom *Spiegel* hatten noch Anfang März 2004, wenngleich mit spitzen Fingern, den Begriff »Blutkunst« zitiert.[97]

Gleichwohl tat Friedrich Christian Flick nun so, als höre er den Vorwurf zum ersten Mal: »Blutgeld – die Einführung dieses Wortes in die Debatte bedeutet ja, wenn man bis zum Ende denkt, dass ich Blut an den Händen habe. Mehr noch: Auch meine Kinder und Kindeskinder, jeder meiner Angestellten, der von mir Gehalt bezieht, und sogar der Kellner, dem ich ein Trinkgeld zustecke.« Das Wort, so Flick in seinem sogleich öffentlich gemachten Brief an Korn, »soll mich außerhalb der Gemeinschaft stellen, mich kriminalisieren«. »Irritiert und schockiert« über Korns »wütende, vernichtende Wortwahl«, verteidigte der Sammler erneut seine Entscheidung, nicht in den Zwangsarbeiter-Fonds eingezahlt zu haben. Und mit einigem rhetorischen Aufwand fragte er, ob nun auch seine Potsdamer Stiftung »blutbefleckt, weil mit Blutgeld finanziert« sei?[98]

Korns Replik ließ gerade auch an diesem Punkt erkennen, dass er Flicks Motiven misstraute: Es sei durchaus möglich, »Blutgeld in ein Mittel zur Milderung von Not und Unrecht umzuwandeln«. Dazu bedürfe es jedoch eines »aus Verantwortung erwachsenen, aufrichtigen Wunsch[es] nach Wohltätigkeit oder Entschädigung«. Flicks Stiftung aber sei ja wohl »auf Anraten einer Zürcher PR-Agentur« entstanden, »zum Zwecke gezielter öffentlicher Wirkung«. In der Kontinuität der Verweigerung gegenüber den Opfern seit den Zeiten Friedrich Flicks liege das Problem: »Seit Sie 1975 (und noch einmal 1985) ein riesiges Vermögen geerbt haben, hatten Sie über ein Vierteljahrhundert ausreichend Zeit und Gelegenheit, die Zwangs- und Sklavenarbeiter Ihres Großvaters – und sei es nur symbolisch – zu entschädigen.« Gewiss klebe an den Händen der Enkel kein Blut, denn es gebe »weder Kollektivschuld noch Sippenhaft«. Aber es gebe »eine Würde des Verzichtes«. Die könne Friedrich Christian Flick erlangen, wenn er nicht versuche, »durch ein blendendes Kunstmuseum in Berlin den Namen Flick in ein grelles Scheinwerferlicht zu tauchen, das die NS-Vergangenheit Ihres Großvaters Friedrich Flick, dessen Zwangsarbeiter-Ausbeutung und Arisierungs-Verbrechen sowie deren Folgen vielleicht zeitweise überstrahlen, aber niemals mildern kann«.[99]

Vier Monate vor der geplanten Ausstellungseröffnung kam für den Sammler und seine Protektoren in der Politik ein Verzicht jedoch nicht infrage. Je näher der Termin rückte, desto höher schwappten deshalb die Wellen der Erregung. Der Zentralrat der Juden vermied eine offizielle Festlegung, während Salomon Korn als einsamer Mahner seine Bedenken mit dem polemischen Hinweis verschärfte, demnächst werde man dann wohl auch mit einer »Göring Collection« zu rechnen haben.

Heinz Berggruen, Berlins prominentester – jüdischer – Sammler und Mäzen stellte sich auf die Seite Friedrich Christian Flicks, derweil etliche Künstler auf Distanz gingen. Die internationale Presse berichtete, Überlebende des Holocaust und ehemalige Zwangsarbeiter wurden als Zeugen in Stellung gebracht, Berlins rot-grünes Milieu zerstritt sich, Hinterbänkler in der Union formulierten Bedenken wegen des Einsatzes von Steuergeldern und des Wertzuwachses, den Flicks Sammlung durch die prominente Präsentation erzielen würde.[100]

In dieser Situation meldete sich, Anfang August 2004, Dagmar Ottmann zu Wort, die jüngere Schwester von Gert-Rudolf und Friedrich Christian Flick. In einem offenen Brief an Salomon Korn und Michael Fürst, den Vorsitzenden des Landesverbands der Jüdischen Gemeinden von Niedersachsen, wandte sie sich in der *Zeit* gegen deren verallgemeinernde Aussagen über »die Enkel« des Friedrich Flick und gegen die pauschalen Behauptungen in den Medien, »die ›Vertuschung‹ seitens der Familie Flick reiche ›bis ins dritte Glied‹«. Dagmar Ottmann mochte dies so nicht akzeptieren, denn: »Ich teile Ihre Auffassung, dass es ohne eine ernsthafte Auseinandersetzung mit der Vergangenheit, die auch die Bereitschaft zu materiellen Konsequenzen umfasst, nicht möglich ist, einer ›dunklen Seite eine hellere hinzuzufügen‹, falls man überhaupt ein derart problematisches Ziel befürworten will. Und ich weiß, dass gerade meine Familie, angefangen bei meinem Großvater, in dieser Hinsicht jahrzehntelang versagt hat.«[101] Aus diesem Grund, so machte die Enkelin jetzt bekannt, hatte sie im Unterschied zum Rest der Familie Anfang 2001 »einen namhaften Millionenbetrag«in den Zwangsarbeiter-Fonds gegeben (es handelte sich um fünf Millionen Mark).[102] »Um meinen Bruder angesichts seiner damals in Zürich heftig umstrittenen Zahlungsverweigerung nicht öffentlich bloßzustellen, geschah dies in anonymisierter Form, aber natürlich mit seiner Kenntnis. In gleicher Weise habe ich damals schon gegenüber meiner Familie angekündigt, eine unabhängige wissenschaftliche Untersuchung der Geschichte der Friedrich Flick KG im 20. Jahrhundert zu ermöglichen.«

Dagmar Ottmanns Vorschlag, die Ausstellung zumindest zu verschieben, bis die Forschungsergebnisse vorlägen, wurde in der Preußen-Stiftung nur als letztes Störfeuer verstanden: Hatte man dort dem wachsenden Druck doch gerade insoweit nachgegeben, als die Stiftung – nicht der sich dem Gedanken beharrlich verweigernde Sammler – ebenfalls einen wissenschaftlichen Untersuchungsauftrag vergab.[103] Und gerade noch rechtzeitig hatte Friedrich Christian Flick (wie seinerzeit vergeblich Gert-Rudolf Flick in Oxford) den Namen des nun nicht mehr aufzuhaltenden Großereignisses erweitert: Nicht der »Flick Collection«, sondern der »Friedrich Christian Flick Collection« galt Ende September 2004 eine sarkastisch auftrumpfende Eröffnungsrede des Bundeskanzlers, von der die *Zeit* schrieb, sie stelle die Sache auf den Kopf. Tatsächlich erklärte Gerhard Schröder, die öffentliche Debatte um die Ausstellung und ihren Sammler sei »produktiv und im besten Sinne lehrreich. Denn sie verhindert genau das, was manche Gegner befürchten: Nichts wird totgeschwiegen oder in die Geschichtsbücher verbannt. Nichts wird umgeschrieben oder geschönt.« Im Gegenteil mache es die Kunstschau gerade möglich, »intensiv über die Geschichte der Flick-Dynastie, über die engen Verflechtungen zwischen Nazi-Regime und Wirtschaft und über das Schicksal von Zwangsarbeitern zu diskutieren«.[104]

»Man begreift es nicht«, so Thomas Assheuer in der *Zeit*: »Schröder erklärt die moralische Empörung darüber, dass die Opfer in der ästhetischen Selbstfeier gar nicht vorkommen sollten, zum innersten Bestandteil der Ausstellung.« Das sei nicht redlich, weshalb der »Schatten« über der »Flick Collection« auch nicht weiche: »Zu durchsichtig waren die Versuche, bedeutende Kunst für geschichtspolitische Zwecke zu benutzen; zu schamlos die Absicht, die ›Berliner Republik‹ im Glanz einer neu gewonnenen Unschuld strahlen zu lassen und, wie es in der Hauptstadt hieß, ›Unglück in Glück zu verwandeln‹.«[105]

Tatsächlich bezeugte auch die jüngste Flick-Affäre, in welch komplizierter Weise die Geschichte des »Hauses Flick« seit den zwanziger Jahren des vergangenen Jahrhunderts mit deutscher Politik, Wirtschaft und Gesellschaft verwoben ist. Und mehr als deutlich wurde, dass die moralischen Verwirrungen dabei zuletzt nicht geringer, die politischen Gemengelagen nicht einfacher geworden sind. So vorhersehbar und historisch vereinfachend manche öffentlichen Diskussionen inzwischen verlaufen, so seltsam muten die Ausblendungen an, zu denen es dabei mitunter kommt: Obgleich sich die Debatte um die geschichtliche Verantwortung der Flicks zuletzt auf die Frage ihrer Beteiligung an der Zwangsarbeiterentschädigung verkürzte, kamen dabei doch meist nur die Nebenerben aus der dritten Generation in den Blick. So wurde mit Genugtuung registriert, dass sich nach Dagmar Ottmann und möglicherweise Gert-Rudolf Flick im Frühjahr 2005 schließlich auch Friedrich Christian Flick (mit fünf Millionen Euro) an der Stiftungsinitiative beteiligte.[106] Von den Medien hingegen völlig unbeachtet blieb, jedenfalls in dieser Frage, der Haupterbe Friedrich Karl Flick – wie nach dessen Tod die österreichische Linie der dritten Generation.

Jahrzehnte nach dem Tod des Konzerngründers heften sich an den Mythos Flick Erinnerungen und Erwartungen, deren exakter historischer Ort nicht selten verschwimmt. Nachkommen arbeiten sich an der Last des Erbes ab, und sei es, indem sie ihr auszuweichen versuchen; die Bürger von Kreuztal im Siegerland zerstreiten sich über den Spenden, die der größte Sohn der Stadt ihr hinterlassen hat; Historiker sehen sich in Konkurrenz gestellt – und müssen doch darauf insistieren, dass auch dieses Buch über Flick am Ende nur Teil einer gesellschaftlichen Auseinandersetzung über die nationalsozialistische Vergangenheit und ihre Nachgeschichte ist, die gar nicht abgeschlossen werden kann.[107]

Anhang

Nachwort und Dank

Dieses Buch ist das Ergebnis eines gut dreijährigen Forschungsprojekts, das zustandekam auf Initiative von Frau Dr. Dr. h. c. Dagmar Ottmann, einer Enkelin von Friedrich Flick. Es ist die Gemeinschaftsarbeit von vier Historikern, von denen jeder einen eigenen Abschnitt geschrieben hat – Tim Schanetzky Teil I, Ralf Ahrens Teil II, Jörg Osterloh Teil III, Norbert Frei Teil IV –, die aber zusammen zeichnen. Denn unser Ziel war kein Sammelband, sondern eine konsistente Gesamtdarstellung.

Ob und inwieweit es gelungen ist, die Geschichte des »Hauses Flick«, des Konzerns wie seines Gründers, anschaulich und jargonfrei zu erzählen, müssen unsere Leser entscheiden. Statt weitschweifiger Erklärungen deshalb an dieser Stelle nur gern und reichlich abzustattender Dank: Er geht zunächst und vor allem an Frau Dr. Ottmann für die großzügige Finanzierung des Vorhabens, das nach Abschluss einer im Herbst 2003 an der Ruhr-Universität Bochum auf den Weg gebrachten Vorstudie seit Sommer 2005 an der Friedrich-Schiller-Universität Jena angesiedelt war und das sich von Anfang an jener unbedingten wissenschaftlichen Freiheit erfreute, wie sie auf dem Gebiet der unternehmensgeschichtlichen Forschung leider noch immer nicht ganz selbstverständlich ist.

Zu den Grundentscheidungen unseres Vorhabens gehörte die Einrichtung eines eigenen, mehr als 200 000 Blattkopien sowie einige originale Bestände umfassenden »Forschungsarchivs Flick«, um dessen Aufbau und Erschließung sich Björn Berghausen M.A. als Projektarchivar verdient gemacht hat; die Sammlung steht im Berlin-Brandenburgischen Wirtschaftsarchiv (Berlin) künftig zur allgemeinen Nutzung offen.

Vor allem in der Anfangsphase der Archivarbeit haben uns Dr. Sybille Steinbacher, PD Dr. Marcel Boldorf, Dr. Andreas Hilger und Dr.

Christoph Kreutzmüller durch Übernahme konkreter Rechercheaufträge unterstützt; in Moskau haben uns Prof. Dr. Bernd Bonwetsch, der Direktor des Deutschen Historischen Instituts, und Dr. Andrej V. Doronin die Wege geebnet. Frau Doris Balan stellte den Nachlass ihres verstorbenen Mannes Ernst Balan zur Verfügung, das Archiv des U. S. Holocaust Memorial Museum in Washington, D. C., beziehungsweise Herr Benjamin Ferencz eine Filmkopie seines Vorlasses. Herr Walter Schmitz war zu einem ausführlichen Gespräch bereit, auch über den Nachlass von Frau Helene Grimm. Allen Genannten und den hilfsbereiten Mitarbeiterinnen und Mitarbeitern in den besuchten Archiven – es sind zu viele, um sie alle namentlich aufzuführen – sei hiermit gedankt.

Unseren Anstrengungen, das Fehlen eines Unternehmensarchivs Flick beziehungsweise die Nichtzugänglichkeit möglicherweise noch in privater Hand befindlicher Konzernunterlagen, vor allem für die Zeit ab 1945, durch die systematische Suche nach Empfängerüberlieferungen in mehr als 60 Archiven zu kompensieren, waren freilich Grenzen gesetzt. Diese bestimmten sich zum einen aus der notwendigen Abwägung von Aufwand und denkbarem Ertrag, aber sie resultierten auch aus der Weigerung einiger vormals zum Flick-Konzern gehörender Unternehmen, in ihren Archiven oder Altregistraturen nach entsprechenden Überlieferungen Ausschau zu halten und diese zu öffnen. So blieb uns der Einblick in die Bestände von Buderus und Krauss-Maffei bedauerlicherweise verwehrt; der Zugang zu einigen beim Bundesamt für zentrale Dienste und offene Vermögensfragen lagernden Steuerakten scheiterte an der Erbengemeinschaft Friedrich Karl Flick. Mit diesen Hinweisen ist implizit auch angedeutet, weshalb unsere Darstellung für die Zeit ab etwa Mitte der fünfziger Jahre nicht dasselbe Maß an Quellensättigung beanspruchen kann wie für die Jahrzehnte davor, die vor allem dank der Nürnberger Prozessakten und der in der Sowjetischen Besatzungszone beschlagnahmten, heute im Bundesarchiv Berlin lagernden Dokumente insgesamt vergleichsweise gut dokumentiert sind.

An dieser Stelle ausdrücklich hervorgehoben werden soll die freundliche Unterstützung, die wir durch die Schmiedewerke Gröditz und das Stahlwerk Thüringen erhielten. Unser ganz besonderer Dank gilt schließlich Herrn Manfred Leiss in Sulzbach-Rosenberg, der als langjähriger Arbeitsdirektor und historisch beschlagener Leiter des Liquidationsbüros der Maxhütte unsere Arbeit vielfältig, anhaltend und höchst kompetent befördert hat.

Im Verlauf unserer Arbeit haben wir von der Expertise und dem kritischen Rat einer Reihe von Kollegen profitieren dürfen, vor allem während eines Jenaer Workshops im März 2007, an dem Prof. Dr. Volker Ackermann, Prof. Jeffrey Fear, Dr. Boris Gehlen, Prof. Peter Hayes, Prof. Dr. Christian Kleinschmidt, Dr. Roman Köster und Prof. Dr. Dieter Ziegler teilnahmen; Letzterer und Prof. Dr. Christoph Buchheim haben sich darüber hinaus der Mühe der Kommentierung unseres Manuskriptentwurfs unterzogen. Für Hinweise zu Vairogs danken wir Dr. Peter Klein, für die Bereitstellung seinerzeit noch unveröffentlichter Texte Dr. Kim Christian Priemel, der auch im Jenaer Zeitgeschichtlichen Kolloquium vorgetragen hat, PD Dr. Jonas Scherner und Prof. Jonathan Wiesen. Prof. Gerald Feldman, der uns seinen Rat in Aussicht gestellt hatte, auf den wir sehr hofften, ist im Herbst 2007 unerwartet verstorben.

In Jena bedanken wir uns bei den Kolleginnen und Kollegen am und um den Lehrstuhl für Neuere und Neueste Geschichte, die auf die eine oder andere Weise – während der wissenschaftlichen Halbjahresgespräche, bei Diskussionen im Kolloquium oder beim Abendessen danach – an dem Vorhaben Anteil genommen und es fragend oder kommentierend befördert haben. Als Projekthilfskräfte haben sich Anja Hildebrand und Anna Neuenfeld Verdienste erworben, als bewährte Rundum-Managerin fungierte Annett Bösemann. Prof. h. c. Dr. Thomas Fischer, der während der Schlussphase unserer Arbeit eine zweiteilige Fernsehdokumentation über die Geschichte der Flicks vorbereitete, hat uns freundlicherweise an seinen journalistischen Rechercheergebnissen partizipieren lassen, Thomas Karlauf hat unser Manuskript souverän lektoriert.

Persönlich danke ich schließlich der Fritz Thyssen Stiftung für Wissenschaftsförderung und dem Institute for Advanced Study in Princeton, N. J., für exzellente Arbeitsmöglichkeiten im Akademischen Jahr 2008/09 – und nicht zuletzt Faculty und Members der School of Historical Studies für beflügelnde Fragen »About Flick« im Monday Lunch Colloquium.

Jena und Princeton, Frühjahr 2009   Norbert Frei

Anmerkungen

Einführung

1 Vgl. insbesondere Ogger, Flick; Ohlsen, Milliarden, Hörster-Phillips, Schatten; zuletzt auch Ramge, Flick und Kessen, Kunst.

2 Priemel, Flick.

3 Bähr u. a., Flick-Konzern.

Ein Konzern entsteht

1 BAK, All. Proz. 2F, Rolle 71, FC 6131 P, Interrogation Steinbrinck Nr. 673, 23.1.1947; BAB, R 8122/80 917, Kaletsch an Streese, 12.2.1943 (NI-1482); NARA, RG 260, Economic, Box 21, Notiz Flick, o. D.; Vermerk Kaletsch, 6.8.1946; Eidesstattliche Erklärung Sofie Becker, 1.11.1946.

2 Pinner, Wirtschaftsführer, S. 99; Ufermann, Könige.

3 TNA, WO 252/932, German Economic Department, Foreign Office: German Industrial Complexes – the Flick Complex, October 1945; ACDP, 01–093–003/1, Friedrich Flick zum Gedenken (Ansprache Kaletsch); Pierenkemper, Deutsche Unternehmer; Cassis, Wirtschaftselite.

4 Zeugnis bei Priemel, Wiege, S. 149; GStAPK, I Rep.120 C, Abt. VIII, Fach 1, Nr. 160, Bd. 1, Anlage A: Die einzelnen Eisenwerke des Siegerlands; WWA, S8/84, Typoskript: Dr. Friedrich Flick zum 70. Geburtstag, o. Verf. O. u. J. [1953]; vgl. Priemel, Flick, S. 50; ähnlich bei Zeitgenossen, ACDP, 01–093–003/1, Friedrich Flick zum Gedenken (Ansprache Abs); Franz/Kieser, Betriebswirte; Forrester, Schmalenbach, S. 55 ff.

5 UAK, Zug. 4, Nr. 243, Personalblatt Prüfungskommission, 23.7.1907; Gutachten über Friedrich Flicks volkswirtschaftliche Examensarbeit, 1.6.1907; Zug. 9, Nr. 2898, Eckart an Thies, 27.10.1925; Flick an Stein, 19.3.1926; Eckart an Flick, 30.10.1925; an Stein, 22.2.1926; Cordes, Schmalenbach, S. 54–57, 147; Fear, Streaming Knowledge.

6 WWA, F125/120–1, 100 Jahre Geisweider Aktiengesellschaft, 14.11.1946; S8/84, Typoskript o. Verf. O. u. J. [Kaletsch, 1945]; BAB, R 8122/80 918, Rede Flicks zum 25jährigen Vorstandsjubiläum, 1.4.1940 (NI-3345).

7 WWA, F65/385, Anhang II zur Werksgeschichte der Hoesch AG Walzwerke

Hohenlimburg; Priemel, Wiege, S. 52; GStAPK, I Rep.120 C, Abt. VIII, Fach 1, Nr. 160, Bd. 1, Anlage A: Die einzelnen Eisenwerke des Siegerlands; Abt. XI, Fach 1, Nr. 78, Bhft. 279, CHH, Geschäftsbericht 1914/15; BAB, R 8122/80918, Rede Flicks zum 25jährigen Vorstandsjubiläum, 1.4.1940 (NI-3345).

8 GStAPK, I Rep.120 C, Abt. VIII, Fach 1, Nr. 160, Bd. 1, Anlage A: Die einzelnen Eisenwerke des Siegerlands; HAK, WA87v751, Die Geschichte des Werkes Niederschelden (o. Verf. u. D.); Gemeinfassliche Darstellung, S. 108 ff.

9 Klein, Wandlung, S. 1129; HA Krupp, WA87v751, Die Geschichte des Werkes Niederschelden der Hüttenwerke Siegerland AG (o. Verf. u. D.), S. 95; Vergleichswerte bei Reckendrees, Stahltrust, S. 125; Kerkhof, Friedens- zur Kriegswirtschaft, S. 266.

10 GStAPK, I Rep.120 C, Abt. XI, Fach 1, Nr. 78, Bhft. 279, Geschäftsberichte CHH; Abt. VIII, Fach 1, Nr. 160, Bd. 1, Anlage A: Die einzelnen Eisenwerke des Siegerlands; Berliner Börsen-Courier, 5.7.1932: Der Weg Friedrich Flick's [sic].

11 WWA, F 65/240, Presseausschnitt: Ein Beitrag zur Industriegeschichte des Siegerlandes. Friedrich Flick, Neuerer und Gestalter, o. D. (1938); GStAPK, I Rep.120 C, Abt. XI, Fach 1, Nr. 78, Bhft. 279, CHH, Geschäftsberichte 1915/16 u. 1916/17; Abt. VIII, Fach 1, Nr. 160, Bd. 1, Bericht über die Reise am 18. und 19. November 1910.

12 BAB, R 8122/80918, Rede Flicks zum 25jährigen Vorstandsjubiläum, 1.4.1940 (NI-3345); Kerkhof, Friedens- zur Kriegswirtschaft; Roth, Staat und Wirtschaft; Ehlert, Zentralbehörde.

13 BAB, R 8725/110, Entwurf zu einem Arbeitsplan für die Förderung von Eisenerzen, 17.11.1916; R 8122/80918, Rede Flicks zum 25jährigen Vorstandsjubiläum, 1.4.1940 (NI-3345).

14 BAB, R 8725/11, Auszug amtliche Mitteilungen des Kriegsamtes vom 29.3.1917, Nr. 11, S. 9 f.; R 8725/95, Protokoll HV d. Vereinigung West- u. Süddt. Schrottverbraucher, 26.10.1917; Satzung Schrottverbraucher; Vertrag Werke u. Schrotthandel, Anlagen, o.D; R 8725/92, Gründungsprotokoll Handelsgesellschaft f. Eisen-Stahlspäne mbH, 19.10.1916; R 8725/95, diverse Protokolle Schrottverbraucher; Kerkhof, Friedens- zur Kriegswirtschaft, S. 207 ff.

15 Zur Zusammensetzung des Beirats BAB, R 8710/171, Beiratsprotokoll der Späne-Organisation, 15.8.1917; beispielhaft BAB, R 8710/173, Beiratsprotokoll der Späne-Organisation, 14.8.1918; zur Rolandshütte GStAPK, I Rep.120 C, Abt. VIII, Fach 1, Nr. 160, Bd. 1, Anlage A: Die einzelnen Eisenwerke des Siegerlandes; Daten aus BAB, R 8725/92, Bericht über das Geschäftsjahr 1916/17 der Spänehandel; R 8710/169, Eisenzentrale an Spänehandel u. Spänehandel an Eisenzentrale, 21.12.1917.

16 GStAPK, I Rep.120 C, Abt. XI, Fach 1, Nr. 78, Bhft. 279, CHH, Geschäftsbericht 1914/15 u. 1917/18.

17 BAB, R 8725/100, Aufstellung Völcker, o.D. (1917); Kriegssteuergesetz vom 21.6.1916, RGBl. 1916, S. 561 ff.; Gesetz zur Ergänzung des Kriegssteuergesetzes vom 17.12.1916, RGBl. 1916, S. 1407; GStAPK, I Rep.120 C, Abt. XI, Fach 1, Nr. 78, Bhft. 279, Beirat für die Prüfung der Kapitalerhöhungen an Handelsminister, 27.7.1918; WWA, F65/410, AR-Sitzung Köln, 24.6.1918; Holtfrerich, Tax System, S. 125–135; Balderston, War Finance, S. 229.

18   Priemel, Flick, S. 58–60; BAB, R 8122/80918, Rede Flicks zum 25jährigen Vorstandsjubiläum, 1.4.1940 (NI-3345); BAB, R 8710/432, Trippe an Eisenzentrale, 16.3.1917; EZ an CHH, 9.3.1917; EZ an Manganversorgungsstelle, 10.3.1917; Doermer an EZ, 12.3.1917; CHH an EZ, 14.3.1917; EZ an Trippe, 14.3.1917; vgl. zur »Mitgift« BAK, All. Proz. 2F, Rolle 17, FC 6077 P, Interrogation Otto-Ernst Flick, Nr. 263g, 10.4.1947.

19   I/1/25–1, Wirtschaftsberichte der Auskunftei Tüffers & Co., Nr. 6, März 1959: Eine neue Flick-Tochter; BAB, R 8725/92, Protokoll Generalversammlung Spänehandel, 16.7.1917; I/1/82, Trippe an Flick, 23.5.1956; Notarielle Urkunden, 11.9.1954 u. 12.1.1956; I/1/25–1, Beteiligungen der Establech zum 31.12.1960; gestützt durch Aussagen aus der Familie bei BAK, All. Proz. 2F, Rolle 17, FC 6077 P, Interrogation Otto-Ernst Flick, Nr. 263g, 10.4.1947, sowie schriftliche Auskunft von Dagmar Ottmann vom 21.1.2008.

20   GStAPK, I Rep.120 C, Abt. XI, Fach 1, Nr. 78, Bhft. 279, CHH, Geschäftsbericht 1918/19; BAB, R 8122/80918, Rede Flicks zum 25jährigen Vorstandsjubiläum, 1.4.1940 (NI-3345); WWA, F65/600–1, Alfred Lück: Die Geschichte der Hoesch Siegerlandwerke AG bis 1971.

21   Vgl. Priemel, Flick, S. 77; Fuchs, Siegerländer Unternehmer, S. 129–146; GStAPK, I Rep.120 C, Abt. VIII, Fach 1, Nr. 159, Bd. 4, Vermerk o. Verf., 27.4.1926; WWA, F 65/410, AR-Sitzung: Köln, 24.6.1918; NARA, RG 260 Economic, Box 21, Vernehmung Weiss am 24.4.1945.

22   Neben Flick gehörten dem Konsortium an: Heinrich Macco, W. Petersen, Fr. Schleifenbaum, Berghauptmann Vogel, Kruft, Pletsch, Weidtmann, Oechelhäuser, Piekenbrock, Emil Steffen, Heinrich von Stein, E. Dücker, E. Schmidt. GStAPK, I Rep.120 C, Abt. XI, Fach 1, Nr. 78, Bhft. 279, Verpflichtungserklärung, 22.10.1918.

23   WWA, F 65/410, AR-Sitzung: Köln, 24.6.1918; GStAPK, I Rep.120 C, Abt. XI, Fach 1, Nr. 78, Bhft. 279, CHH an Handelsminister, 7.9.1918; Protokoll d. Generalversammlung, 29.7.1918; Verpflichtungserklärung, 19.10.1918; Protokoll d. ao. Generalversammlung, 19.9.1918.

24   WWA, F 65/410, AR-Sitzung: Köln, 24.6.1918; BAK, All. Proz. 2F, Rolle 33, FC 6093 P, Interrogation Kaletsch, Nr. 262c, 3.12.1946.

25   Kleinschmidt, Rationalisierung, S. 116; Reckendrees, Stahltrust, S. 86 ff.

26   WWA F65/198, Schreiben an die AR-Mitglieder, o.Verf., 6.11.1919; Dahlmann, Wolff, S. 22; Reckendrees, Stahltrust, S.108 ff.; BAB, R 8122/80918, Rede Flicks zum 25jährigen Vorstandsjubiläum, 1.4.1940 (NI-3345).

27   GStAPK, I Rep.120 C, Abt. XI, Fach 1, Nr. 78, Bhft. 279, CHH an Handelsminister, 29.12.1919.

28   TKA, A/684/4, Hortmann an Thyssen & Co., 23.10. o.J. [1919]; Besprechung mit Klöckner, 28.4.1920; Verträge Thyssen/Klöckner, Juli/ August 1920; WWA, F65/69, Aktienvertrag betr. Geisweider Eisenwerke AG, 23.8.1920; ebd., ohne Signatur, Abschriften Protokolle über die AR-Sitzung der Geisweider Eisenwerke AG Bd. II.

29   WWA, F65/410, Handelsregisterauszug CHH; Kölnische Zeitung, 1.2.1920; GStAPK, I Rep.120 C, Abt. XI, Fach 1, Nr. 78, Bhft. 279, CHH an Handelsminister, 3.2.1920; BAB, R 8122/80918, Rede Flicks zum 25jährigen Vorstandsjubiläum, 1.4.1940 (NI-3345).

30   Feldman, Disorder; Holtfrerich, Inflation; Bente, Währungspolitik; Fischer, Ruhr Crisis.

31   Dahlmann, Wolff, S. 30–39; BAB, R 8122/80918, Rede Flicks zum 25jährigen Vorstandsjubiläum, 1.4.1940 (NI-3345).

32   BAB, R 8122/80918, Rede Flicks zum 25jährigen Vorstandsjubiläum, 1.4.1940 (NI-3345); Kontowski, Politik, S. 49; BAB, R3101/4586, Ausarbeitung: Die oberschlesische Frage und der Wiederaufbau der europäischen Wirtschaft, 1921; WWA, F65/410, Zeitungsartikel vom 25.8.1920, kein Titel; sowie Heimatliche Nachrichten, 31.8.1920.

33   BAK, All. Proz. 2F, Rolle 71, FC 6131 P, Interrogation Steinbrinck Nr. 673, 23.1.1947; Eidesstattliche Erklärung Steinbrinck, 24.2.1947; TKA, NOST/1, Vermerk Steinbrinck, Ostern 1940; Herzog, Kapitänleutnant, S. 19 f.; Skibicki, Industrie, S. 22 ff.; Pierenkemper, Struktur und Entwicklung; ders., Unternehmeraristokraten.

34   BAB, R 8122/80918, Rede Flicks zum 25jährigen Vorstandsjubiläum, 1.4.1940 (NI-3345); WWA, S8/84, Der Flick-Konzern. Die geschichtliche Entwicklung und der jetzige Aufbau, Typoskript o. D. [1936]; HdAG 1925, S. 553 f.; BAB, R 8122/80899, Vermerk Kaletsch, 23.3.1946; Bernstein, Finanzwesen, S. 730 f.

35   ACDP, 01–220–095/5, Flick an Stinnes, 19.12.1921; WWA, S8/84, Der Flick-Konzern. Die geschichtliche Entwicklung und der jetzige Aufbau, Typoskript o. D. [1936]; Berliner Börsen-Courier, 5.7.1932: Der Weg Friedrich Flick's [sic].

36   WWA, F65/69, Fragment eines Redemanuskripts Flicks, o. D.; Berliner Börsen-Courier, 12.7.1932: Der Weg Friedrich Flick's [sic] II.

37   BAB, R 8122/302, Kaletsch an Stähler, 20.8.1932; ACDP, 01–220–095/5, Nedahand an Hollandsche Staal, o. D. (Briefentwurf); Kreutzmüller, Finanzplatz, S. 24 ff., 33.

38   WWA, F65/69, Fragment eines Redemanuskripts Flicks, o. D. Unglaubwürdig hingegen die spätere Darstellung von Kaletsch, vgl. S8/84, Typoskript o. Verf. O. u. J. [Kaletsch, 1945]; ACDP, 01–220–095/5, Flick an Stinnes, 19.12.1921.

39   Feldenkirchen, Siemens, S. 188 ff.; Feldman, Stinnes, S. 662 ff.; Kohl, Präsidenten, S. 171 ff.; stilbildend die Karikatur auf der Titelseite des Ulk, der Wochenbeilage des Berliner Tageblatts, am 21.5.1920.

40   ACDP, 01–220–095/5, Stinnes an Flick, 17.1.1922; Telegraphische Mitteilung, o. D.; BAB, R 8127/4956, Zeitungsausschnitte ohne Titel, September 1922; R 8122/80918, Rede Flicks zum 25jährigen Vorstandsjubiläum, 1.4.1940 (NI-3345); RWWA, 72–171–6, Vermerk Siedersleben, 24.10.1935.

41   PA-AA, R117954, Vermerk Frank, 27.4.1923; WWA, F65/69, Fragment eines Redemanuskripts Flicks, o. D.; Berliner Börsen-Courier, 5.7.1932: Der Weg Friedrich Flick's [sic]; BAB, R 8122/980, AR-Sitzung d. CHH, o. D.

42   ACDP 01–220–095/5, Vermerk Stinnes, o. D.; Vereinbarung zwischen CHH u. Deutschlux, 18.4.1923; Poolvertrag, o. D.; Nedahand an Hollandsche Staal, o. D.; Fragment »Interessen-Verbindung«, o. D.; Protokoll über die in Berlin am 14., 15. u. 16. Mai in Angelegenheit der Österr. Alpinen Montangesellschaft getroffenen Vereinbarungen, 16.5.1923; Feldman, Stinnes, S. 816 f.

43   HAK, WA 4/1396, Wendt an Schäffer, 2.5.1923 (darin Abschrift Schreiben Flicks); Tenfelde, Krupp, S. 123.

44   Fiedler, Wirtschaftselite, S. 63 f.; Dahlmann, Wolff, S. 36 f.

45   BAB, R 8122/80 918, Rede Flicks zum 25jährigen Vorstandsjubiläum, 1.4.1940
(NI-3345); BAB, R 8710/171, Beiratsprotokoll der Späne-Organisation, 15.8.1917; WWA,
F65/69, Fragment eines Redemanuskripts Flicks, o. D.; WWA, S8/84, Der Flick-Kon-
zern. Die geschichtliche Entwicklung und der jetzige Aufbau, Typoskript o. D. [1936];
Berliner Börsen-Courier, 5.7.1932: Der Weg Friedrich Flick's [sic]; BAK, All. Proz. 2F,
Rolle 37, FC 6097 P, Interrogation Koppenberg, 2.8.1947; Priemel, Flick, S. 104.

46   StAN, Rep. 502, KV-Anklage, Handakten B 7, Kurre an Flick: Funktionen der
Verwaltungsstelle Berlin nebst Unkosten-Etat, 30.6.1937; Deutsche Dienststelle für die
Benachrichtigung der nächsten Angehörigen von Gefallenen der ehemaligen deutschen
Wehrmacht an Dagmar Ottmann, 14.6.2007; LAB, B Rep. 209/2093 u. 2094, Bauakten
Taubertstraße 23; Kessen, Kunst, S. 32 f.

47   WWA, F65/410, Handelsregisterauszug CHH, 4.6.1921; Berliner Börsen-Courier, 12.7.1932: Der Weg Friedrich Flick's [sic] II, Priemel, Flick, S. 118.

48   HAK, WA 4/1396, Schriftwechsel Wendt u. Schäffer, 2. u. 3.5.1923; BAB,
R 8122/80 918, Rede Flicks zum 25jährigen Vorstandsjubiläum, 1.4.1940 (NI-3345); Pinner, Wirtschaftsführer, S. 102 f.; über Pinner: Kaiser, Israel, S. 184 u. Noam, Volkswirtschaft, S. 698.

49   Reckendrees, Stahltrust, S. 122–129; Kleinschmidt, Rationalisierung, S. 101–116;
Krüger, Kartellorganisation, S. 22 f.

50   ACDP, 01–220/062–3, Schriftwechsel Vögler u. Stinnes junior, 13.9. u. 25.9.1924;
BBA,55/286, Huber an Vögler, 21.10.1926; BAB, R 8127/4956, Zeitungsausschnitt, 26.6.1924;
Pressenotiz, 27.9.1924; Zeitungsausschnitt: Die Schrottversorgung der oberschlesischen
Eisenindustrie, 7.9.1926; WWA, S8/84, Der Flick-Konzern. Die geschichtliche Entwick-
lung und der jetzige Aufbau, Typoskript o. D. [1936], Autor: Kilgus, ohne weitere Angaben.

51   Erfasst sind nur Betriebe mit mehr als 100 Beschäftigten, Ledermann, Organisation, S. 305, 309 f.; Feldman, Stinnes, S. 936 ff.; Gehlen, Silverberg, S. 167 ff.; Tilly, Arbeitsmarkt, S. 312.

52   BAB, R 8122/28, Flick an Weidtmann, 17.3. u. 6.11.1924; WWA, F65/153, Eingabe
des Siegerländer Eisensteinvereins, Oktober 1925; WWA, S7/175–2, CHH Geschäftsbericht 1923/24.

53   PA-AA, R31 135k, Theusner an Zechlin, 5.6.1924; BAB, R 8122/1020, Schriftwechsel Williger u. Flick, 10. u. 19.12.1924; R 8122/1019, Kallenborn an Flick, 29.3.1925;
Bismarckhütte an Flick, 14.7.1925.

54   PA-AA, R31 135, Bericht des Oberpräsidenten der Provinz Oberschlesien,
12.2.1924; BAB, R 8122/1020, Williger an Flick, 20.6.1924; sowie weiterer Schriftwechsel
in dieser Akte.

55   Berliner Börsen-Courier, 12.7.1932: Der Weg Friedrich Flick's [sic] II; Priemel,
Flick, S. 116 ff.

56   BAB, R 8122/80 918, Rede Flicks zum 25jährigen Vorstandsjubiläum, 1.4.1940
(NI-3345); BAK, All. Proz. 2F, Rolle 17, FC 6077 P, Interrogation Friedrich Flick, Nr.
383g, 8.2.1947; StAN, Rep. 502, KV-Anklage, Handakten B 15, Fragebogen Kaletsch
nebst Anlagen, 11.2.1946.

57 BAK, All. Proz. 2F, Rolle 71, FC 6131 P, Eidesstattliche Erklärung Steinbrinck, 24.2.1947; Interrogation Steinbrinck Nr. 673, 23.1.1947; BAK, All. Proz. 2F, Rolle 17, FC 6077 P, Interrogation Friedrich Flick, Nr. 383b, 10.12.1946; MMA, M20 225, Eidesstattliche Erklärung Frey, 9.8.1949; BAK, All. Proz. 2F, Rolle 73, FC 6133 P, Interrogation Tillmanns, Nr. 627, 16.1.1947.

58 BAB, R 8122/80 918, Rede Flicks zum 25jährigen Vorstandsjubiläum, 1.4.1940 (NI-3345); BAK, All. Proz. 2F, Rolle 17, FC 6077 P, Interrogation Friedrich Flick, Nr. 383g, 8.2.1947; GStAPK, I Rep.120 C, Abt. VIII, Fach 1, Nr. 159, Bd. 4, Zur Lage der oberschlesischen Eisenindustrie, o.D.; Erklärung Brennecke u. Eichberg, 28.11.1924; BAB, R 8122/28, Flick an Weidtmann, 6.11.1924 u. 2.3.1925.

59 BAB, R 8127/14 461, Obereisen an BHG, 25.5.1925; Berliner Börsen-Courier, 12.7.1932: Der Weg Friedrich Flick's [sic] II; BAB, R 8122/68, Möller an Flick, 24.4.1926; GStAPK, I Rep.120 C, Abt. VIII, Fach 1, Nr. 159, Bd. 4, Protokoll Besprechung am 28.8.1925; Gründungsvertrag Oberhütten, o.D.; Mitteilung über Eintragung in das Handelsregister, Juli 1926; Vertrag LHL, Obereisen, Donnersmarckhütte, 14.6.1926; Berliner Börsen-Courier, 11.3.1926: Der oberschlesische Montantrust.

60 Weisbrod, Schwerindustrie, S. 22–53, 103 ff.; Welskopp, Arbeit, S. 650 ff.; Ritschl, Krise und Konjunktur, S. 238 f.; Verenkotte, Bündnis, S. 91; Reckendrees, Stahltrust, S. 130–135; Krüger, Kartellorganisation, S. 22 f., 40–44, 56.

61 TKA, VSt/3049, Albert Vögler: Denkschrift Stahlbund, 25.10.1918; Reckendrees, Stahltrust, S. 95 ff., 180–238.

62 TKA, RSW/4548, Flick an Vögler, 3.10.1925; RSW/4551, Einbringungsvertrag, 26.3.1926; BAB, R 8122/28, Flick an Weidtmann, 21.5., 27.5. u. 10.9.1926.

63 TKA, VSt/948, Protokoll, Nr. 296 des Notariatsregisters für 1926; VSt/2495, Bericht der Hauptrevision, 30.8.1927; BAB, R 8136/3481, Vermerk Ritscher, 21.3.1927; R 8122/28, Flick an Weidtmann, 10.9.1926.

64 SächsHStA, 11 616/12 336, Betriebsprüfung MSt am 14.9–23.10.1928; 11 616/2.5, Eichberg u. Winkler an VSt, 23.10.1926; Bernhard an Frey, 23.10.1926; HV-Protokoll LHL, 27.11.1926; Vertrag LHL mit AG für Hüttenindustrie, 11.11.1926; Verteilung der Aktien der MSt, o.D.; BAB, R 8119 F/P-1364, Vermerk Mosler, 17.12.1926; GStAPK, I Rep.120 C, Abt. VIII, Fach 1, Nr. 159, Bd. 4, Presseausschnitt: Um die Linke-Hofmann-Lauchhammer AG, 6.10.1926.

65 Reger, Union, S. 619 ff.; Wielgoß, Charlottenhof; zum Kontext Kierdorf, Industriellenwohnsitze; Grundrisse in StAE, 129–5548.

66 Borrmann, Schultze-Naumburg; Pinkwart, Schultze-Naumburg; Pfister, Bauten 1900–1930; Oberkrome, Heimat.

67 BAK, All. Proz. 2F, Rolle 17, FC 6077 P, Interrogation Friedrich Flick, Nr. 383e, 6.1.1947. Diese Schilderung deckt sich mit der literarischen Verarbeitung bei Reger.

68 Chevallerie, Gedanke sowie div. Beiträge in Busch/Scheer, Symmetrie.

69 Reckendrees, Stahltrust, S. 272, 375, 434 ff.; Kleinschmidt, Rationalisierung, S. 208 ff.; Stahl und Eisen, 11/1927, S.476; für die zeitgenössische Wahrnehmung Ufermann, Stahltrust.

70 Reckendrees, Stahltrust, S. 195 ff., 268–275, 434 f.

71   BBA, 55/445, Protokoll Sitzung Gelsenberg, Deutschlux u. Bochumer Verein, 9.12.1926; 55/286, Huber an Vögler, 21.10.1926; Reckendrees, Stahltrust, S. 239–244; zum Kontext Plumpe, Mitbestimmung, S. 249–265.

72   RWWA, 200–2/010/00–18, Salomonsohn an Huber, 6.11 u. 28.12.1926; TKA, FWH/2489, Flick an Sempell, 7.12.1926.

73   RWWA, 200–2/010/00–18, Salomonsohn an Huber, 28.12.1926; Vögler an Huber, 30.12.1926; BBA, 55/445, Protokoll Gelsenberg-Aufsichtsrat, 22.2.1927; BAB, R 8122/101, Protokoll AR-Präsidium Gelsenberg, 7.7.1927; Reckendrees, Stahltrust, S. 291; vgl. die spätere Darstellung bei WWA, S 8/84, Typoskript o. Verf. O. u. J. [Kaletsch, 1945].

74   TKA, VSt/3940, Rohland/Dinkelbach an Joint Special Financial Detachment nebst Anlagen, 29.8.1945; eine genauere Aufstellung bei Reckendrees, Stahltrust, S. 283.

75   BAB, R 8122/227, Flick an Vögler, 8.10.1927; Salomonsohn an Huber, 25.10.1927; Gehlen, Silverberg, S. 150 ff., 299, 415–418; vgl. WWA S8/84, Typoskript o. Verf. O. u. J. [Kaletsch, 1945].

76   BAB, R 8122/227, Unterlagen für die Amerikanische Anleihe, o. D.; Huber an Urbig, 13.2.1928; Protokoll Vorstandssitzung Gelsenberg, 21.2.1928; R 8122/102, Protokoll Vorstandssitzung Gelsenberg, 3.11.1927; Vögler an Huber, 2.5.1928; R 8122/927, Huber an Flick, 21.2.1928; Protokoll AR-Präsidium Gelsenberg, 2.3.1928.

77   Reckendrees, Stahltrust, S. 284–291; Dahlmann, Wolff, S. 86 ff.; Priemel, Flick, S. 140–146; BAB, R 8122/927, Protokoll AR-Präsidium Gelsenberg, 21.6.1928; R 8122/52, Flick an Huber, 2.9.1929; TKA, A/794/1, Strauss an Flick, 20.4.1928; Gedächtnisprotokoll der Verhandlungen, 12.6.1928. RWWA, 200–2/010/20–35, Vermerk Vögler, Holle, 25.9.1929; BBA, 55/446, Protokoll Gelsenberg-Aufsichtsrat nebst Beschlussvorlagen, 25.3.1930.

78   BAB, R 8122/252, Flick an Huber, 2.9.1929; Vis an Kaletsch, 10.7.1929; Kaletsch an Flick, 28.8.1929; Vermerk Kaletsch, 28.8. u. 13.9.1929; Gehlen, Silverberg, S. 418 f., Priemel, Flick, S. 146.

79   BAB, R 8122/257, Vermerk: Oberschlesische Montanindustrie. Beziehungen zum Westen und Kombinationsmöglichkeiten, 26.1.1927; PA-AA, R31 135k, Frank an Auswärtiges Amt, 24.4.1924; Theusner an Zechlin, 5.6.1924; R117 954, Vermerk Frank, 27.4.1923.

80   BAB, R 8122/257, Schriftwechsel Weinmann u. Flick, 31.12.1926 u. 6.1.1927; PA-AA, R31 138k, Grünau an Auswärtiges Amt, 25.6.1926; Aufzeichnung über den Stand der Polonisierung, 27.11.1926; Flick an RWM, 8.3.1927; Akten der Reichskanzlei, Marx III/IV, Bd. 1, Kabinettssitzung v. 22.1.1927, S. 510 f.; Reckendrees, Stahltrust, S. 480 f.; Reckendrees/Priemel, Politik, S. 74 f.; Krekeler, Revisionsanspruch, S. 87–104; Sauerzapf, Subventionsgewährung, S. 32 f.

81   BAB, R 8122/257, Vermerk Steinbrinck, 11.2.1927; PA-AA, R31 138k, Vermerke v. 8.2. u. 23.2.1927; Flick an Köhler, 24.2.1927.

82   PA-AA, R31 138k, Flick an Curtius, 8.3.1927; Vermerk für Wallroth, Ritter, von Hahn, 10.3.1927; Grünau an Zechlin, 19. u. 30.3.1927; R35 631, Flick an Stresemann, 4.5.1927; Richthofen an Stresemann, 5.5.1927; BAB, R 8136/3481, Flick an Ritscher,

26.3.1927. Zu Richthofen Reichstagshandbuch 1924, S. 334; BAB, R 8122/1092, Stellung-nahme von Kaletsch über Flicks Haltung zum Nationalsozialismus, o. D.

83   PA-AA, R35 631, Vögler an Schäffer, 27.5.1927; Vermerk, 9.6.1927; BAB, R 8136/3481, Flick an Schäffer, 19.5.1927; Vögler an Schäffer, 23.5.1927; R 8136/3428, Ver-merk, 18.7.1927.

84   PA-AA, R117 954, Salzburger Vereinbarung nebst Anlagen, 16.6.1927; Ver-merk über Verhandlungen in Salzburg am 16.6.1927, o. D.; BAB, R 8122/257, Vermerk Dresdner Bank, 27.6.1927; Vermerke Steinbrinck u. Flick, 30.6.1927.

85   PA-AA, R35 631, Vögler an Schäffer, 4.6.1927; BAB, R 8136/3433, Flick an Heint-ze, 18.7.1927; R 8136/3451, Vermerk Flick, 20.7.1927; CHH an Erka, 20.7.1927; Vögler u. Flick an Erka, 21.7.1927; PA-AA, R117 954, Hans Schäffer: Denkschrift über die Entwick-lung des Vertragsverhältnisses zu den Herren Flick und Vögler, 19.5.1928.

86   BAB, R 8136/3433, Vermerk Kapitalbeschaffung, 16.6.1928; Vermerk X-Aktien-gesellschaft, 16.6.1928.

87   TKA, VSt/926, Denkschrift Steinbrinck: Einbringung oberschlesischer Inte-ressen in eine amerikanische Holding-Gesellschaft, 2.5.1928; vorher bereits Ritscher an Flick, 4.10.1927, in: BAB, R 8136/3430. Zu Giesche: Verenkotte, Bündnis, S. 312 ff.

88   PA-AA, R117 954, Flick an Schäffer, 31.1.1928; Weismann an Stresemann, 31.3.1928; Vermerk für Stresemann, o. Verf., 14.4.1928; Flick/Vögler an Schäffer, 27.4.1928; IfZ-München, ED 93/4, S. 33–38; Akten der Reichskanzlei, Marx III/IV, Bd. 2, Kabi-nettssitzung vom 3.2.1928, S. 1291.

89   PA-AA, R117 954, Schäffer an Vögler/Flick, 24.5.1928; R31 139k, Flick/Vögler an RWM, 22.6.1928; TKA, VSt/924, Stellungnahme der CHH, 4.1.1933; BAB, R 8136/3451, Vermerk 4.6.1929.

90   TKA, VSt/924, Stellungnahme der CHH, 4.1.1933; PA-AA, R35 972, Entwick-lung und Stand der sog. Harriman-Transaktion, o. D. (5.9.1928); TKA, VSt/925, CSSC, Minutes of first meeting of the Board of Directors on 29.5.1929; Report On The Upper-Silesian Works of the CSSC, 1.6.1929; Certificate of Incorporation of CSSC Corpora-tion, o. D.

91   BAB, R 8122/1022, Sempell an Flick, 6.9.1929; R 8119 F/P-7241, Vermerk über Kattowitzer AG u. Bismarckhütte, 20.9.1932; Berliner Tageblatt, 8.5.1929: Umschichtung in Ost-Oberschlesien; TKA, VSt/926, Zusammenfassende Behandlung des Ost-Geschäf-tes, o. D., nebst Anlagen u. Entwürfen; Reckendrees, Stahltrust, S. 487 f.

92   TKA, VSt/924, Stellungnahme der CHH, 4.1.1933; VSt/926, Denkschrift Stein-brinck: Einbringung oberschlesischer Interessen in eine amerikanische Holding-Gesell-schaft, 2.5.1928; StAN, Rep. 502, KV-Anklage, Handakten B 3, Vermerke Steinbrinck, 23.7., 23.10. u. 9.11.1929; Gazeta Polska, 14.12.1934, Übersetzung: Spekulationen des Herrn Flick, in: BAB, R 2/15 485.

93   BAB, R 8122/636, Vermerk Flick, 25.11.1933; R 2/15 480, Flotow: Kurze Dar-stellung, März 1934; TKA, VSt/924, Stellungnahme der CHH, 4.1.1933; Priemel, Flick, S. 175 (Anm. 120).

94   TKA, VSt/923, Abschrift Protokoll, am 2.3.1929 in München unterzeichnet; CHH an Promontana, 15.8.1932.

95 PA-AA, R35972, Schäffer an Flick, 12.6.1929; Handbuch der deutschsprachigen Emigration, Bd. 1, S. 572; Strandmann, Rathenau, S. 190; farbige biographische Skizzen bei Neumark, Zuflucht, S. 114 f. u. Frankfurter Zeitung, 26.6.1932: Flickwerk.

96 James, Weltwirtschaftskrise, S. 136–151, 213–225.

97 Exemplarisch PA-AA, R31140k, Besprechung im RWM, 16.7.1930; Generalkonsulat Kattowitz an AA, 1.9.1930; Grünau an Moltke, 4.9.1930; Flick an Schlesinger, 21.5.1931; R31143k, Das deutsche Interesse an der ostoberschlesischen Industrie, 9.12.1931; als Überblick BAB, R 2/15480, Flotow: Kurze Darstellung, März 1934 sowie TKA, VSt/923, Bruhn: Das Schicksal, 3.4.1934; vgl. Reckendrees/Priemel, Politik, S. 66 f.

98 TKA, NRO/42, Skizze Rohlands über Borbet, o. D. (gestrichene Passage); Reckendrees, Stahltrust, S. 292, 297–302; Fear, Control, S. 571–606.

99 NARA, T83/59, Koppenberg/Möller: Stellung der Werke Riesa und Unterwellenborn, 10.10.1930; SächsHStA, 11616/12323, Bericht Betriebsprüfung MSt, 25.7.1931; Reckendrees, Stahltrust 331.

100 NARA, M 891/31, Verteidigungs-Dokumente, Steinbrinck Nr. 47: Benjamin an Hahnsche Werke, Metallgesellschaft u. Warburg, 29.5.1928; NARA, T83/59, Koppenberg/Möller: Stellung der Werke Riesa und Unterwellenborn, 10.10.1930.

101 NARA, T83/58, Burkart an Flick, 8.12.1936; NARA, M 891/31, Verteidigungs-Dokumente, Steinbrinck Nr. 47: Benjamin Hahnsche Werke, Metallgesellschaft u. Warburg, 29.5.1928; ebd., Steinbrinck Nr. 48: Flick an Neumark, 2.6.1928; TKA, NOST/1, Vermerk Steinbrinck, Ostern 1940.

102 BayHStA, MWi 2447, Vermerk Staatsministerium des Äußeren, 3.9.1929; Wirtschaftlicher Ratgeber Nr. 23/1929, 8.6.1929: Der Kampf um die Maxhütte.

103 BAB, R 8122/883, Bericht des Herrn Direktor Koppenberg über seinen Besuch bei der Maximilianshütte am 27. Juli 1926.

104 BAB, R 8122/300, Vermerk Wolff, 31.5.1929; R 8122/153, Flick an Vögler, 5.8.1929; Vögler an Sempell, 31.8.1929; R 8122/922/2, Vermerk Ernst Poensgen, 15.4.1929; BayHStA, MWi 2447, Wirtschaftlicher Ratgeber Nr. 23/1929, 8.6.1929: Der Kampf um die Maxhütte.

105 BAB, R 8122/300, Vögler an Sempell, 9. u. 13.9.1929; Flick an Vögler, 30.8. u. 14.9.1929; Fahrenhorst an Vögler, 17.11.1929; R 8122/153, Flick an Vögler, 5.8.1929; BayHStA, MWi 2447, Vermerk betr. Max-Hütte, 3.9.1929; MWi 2448, Vögler an Held, 9.2.1931.

106 Vgl. Reckendrees, Stahltrust, S. 475 ff.; Priemel, Flick, S. 232; BAB, R 8122/300, Flick an Wolff, 15.3.1929; Vermerke Steinbrinck, 10. u. 28.9.1929; Flick an Vögler, 14.9.1929; Fahrenhorst an Vögler, 17.11.1929; Wolff an CHH, 30.9.1929; Auszug aus einem Schreiben Flicks an Vögler v. 7.9.1929; Flick an Wolff, 8.10.1929; Härle an Steinbrinck, 18.11.1929; Thyssen an Flick, 18.11.1929, Flick an Thyssen, 28.11.1929; BAB, R 8122/1030, Kauert an Steinbrinck, 12.7.1929.

107 RWWA, 130–4001012000/3a, Reusch an Karl Haniel, 12.9. u. 15.10.1930, 11.1.1931; Zeitungsausschnitt: Reusch gegen Carp,; Berliner Tageblatt, 7.11.1930: Gutehoffnungshütte. Scheidet Reusch aus? 130–400101300/26, Reusch an GHH-AR,

31.5.1930; AR-Protokoll der GHH vom 6.5.1930; 130–400 101 290/37, Reusch an Vögler, 6.5.1930; 130–400 101 290/35b, Silverberg an Reusch, 18.9.1947; Bähr u. a., MAN, S. 255 f.; Gehlen, Silverberg, S. 496 ff.; Reckendrees, Stahltrust, S. 351 ff.

108 BWA, V5/337, Artikel: Maxhütte. Übergang des belgischen Aktienpakets auf die Charlottenhütte, 23.10.1930; BAB, R 8122/138, Flick an Vögler, 4. u. 13.3.1931; SächsHStA, 11 616/14.07, Vermerk Steinbrinck, 5.3.1931; NARA, T83/59, Koppenberg/ Möller: Stellung der Werke Riesa und Unterwellenborn, 10.10.1930; TKA, VSt/948, Beschlussvorlage Industrielle Kommission, 7.3.1932.

109 BAB, R 2/15 486, Einladung RWM wg. Oberhütten, 15.12.1930; Vermerk betr. Oberhütten, 18.5.1931, auf der Basis von Edwin Kuposyk: Zur Lage der deutschen Hüttenkonzerne, in: Wirtschaftsdienst, Heft 18, 1931; BAB, R 3101/20 445, Vermerk bzw. Vertragsfragment, Berlin den 14.12.1931; R 8122/153, Flick an Vögler, 9.11.1929.

110 BayHStA, MWi 2449, Geschäftsberichte MH, div. Jg.; Huske, Steinkohlenzechen, S. 665; Rooij, Ammonia Processes, S. 354; Martin, Hochdrucktechnik; Plumpe, IG Farben, S. 203–243; BAB, R 8122/38, Stellungnahme Lizenzansprüche, 27.9.1930; R 8122/183, Flick an Porten, 14.4.1930.

111 BAB, R 8122/183, Vermerke Steinbrinck, 11. u. 16.4.1930; Flick an Porten, 14.4.1930; R 8122/105, Jeidels an Flick, 28.11.1931; MMA, M20 225, Eidesstattliche Erklärung Frey, 9.8.1949.

112 BAB, R 8122/40, Flick an Höpker-Aschoff, 15.4.1930; R 8122/38, Stellungnahme zu der Streitfrage über Lizenzansprüche, 27.9.1930; R 8122/963, Solbrig an Mont Cenis, 21.1.1931; Vermerk vom 22.9.1930; R 8122/183, Vermerk für Pferdmenges, 16.6.1932; Vermerk Kaletsch, 29.7.1932; R 8122/2, Entwurf CHH an MH, 10.8.1933.

113 BAB, R 8122/138, Flick an Rabes, 8.12.1930; an Vögler, 4.3., 13.8. u. 9.11.1931; TKA, VSt/948, Graff an Dinkelbach, 30.1.1932.

114 TKA, VSt/948, IG-Vertrag, endgültige Fassung; Flick an Rabes, 22.9.1931; Graff an Dinkelbach, 30.1.1932; BAB, R 8122/138, IG-Vertrag zwischen CHH u. MH, 17.3.1931; Entwurf vom 11.3.1931; Flick an Vögler, 13.8. u. 9.11.1931; R 8122/403, Aufstellung Ergebnisabführung, 11.7.1941; SächsHStA, 11 616/5.20, Synopse: IG-Verträge CHH/MM u. MSt/MH, 21.4.1931.

115 BAB, R 8122/80 918, Rede Flicks zum 25jährigen Vorstandsjubiläum, 1.4.1940 (NI-3345); vgl. Reckendrees, Stahltrust, S. 476 f.

116 BAB, R 8122/138, Flick an Vögler, 15.5.1931; R 8119F/P-1165, Vermerk Kehl, 20.3. u. 10.4.1931; R 8119F/P-1204, Sempell an Kehl, 25.2.1931; Kehl an Sempell, 27.2.1931; vgl. Priemel, Flick, S. 235.

117 NARA, T 83–73–252a, Steinbrinck an Flick, 15. Juni, o. J. (1931).

118 Born, Bankenkrise, S. 74–90; Bähr, Dresdner Bank, S. 44–61; Schnabel, Twin Crisis, S. 822–871.

119 BAB, R 8127/4956, Zeitungsausschnitte u. Geschäftsberichte Schweitzer & Oppler, div. Jg.; zum Kontext Feldman, Deutsche Bank, S. 294 ff.; Fiedler, Netzwerke, S. 96–105; Feldman, Allianz, S. 40 ff.; zu den Folgen siehe Bähr, Corporate Governance, S. 39 f.

120 BAB, R 8127/4956, Frankfurter Zeitung, 19.9.1931: Schweitzer & Oppler.

Schwere Verfehlungen der ausgeschiedenen Vorstandsmitglieder? BAK, All. Proz. 2F, Rolle 13, FC 6073 P, Interrogation Hugo Dietrich, Nr. 817a, 21.2.1947; BAB, R 3101/17 985, Bericht Kleiner über Untersuchung bei Oberhütten, 8.5.1933; zur Schieberei: Akten der Partei-Kanzlei d. NSDAP, Teil 1 Regesten, S. 255.

121   Ebd., Priemel, Flick, S. 200–203; Born, Bankenkrise, S. 198 ff.

122   BAB, R 8122/636, Vermerk Flick, 25.11.1933; BAK, All. Proz. 2F, Rolle 13, FC 6073 P, Interrogation Hugo Dietrich, Nr. 817a, 21.2.1947; BAB, R 8127/4956, Berliner Börsen-Courier, 4.4.1934: Unterschlagungen bei Oberhütten; Börsen-Zeitung, 15.6.1934: Ehemalige Direktoren der Firma Schweitzer & Oppler verurteilt; Berliner Tageblatt, 18.9.1931: Bücher beschlagnahmt; Presseausschnitt: Schweitzer & Oppler AG. Überschuldung durch Aktionärsbeschluss beseitigt, 21.8.1931; R 3101/17 985, Bericht Kleiner über Untersuchung bei Oberhütten, 8.5.1933.

123   BAB, R 8122/636, Vermerk Flick, 25.11.1933.

124   SächsHStA, 11 616/12 336, Bericht Betriebsprüfung MSt-Riesa am 25.6–8.8.1934; BAB, R 8122/105, Jeidels an Flick, 28.11.1931; R 2/15 485, Gazeta Polska, 14.12.1934, Übersetzung: Spekulationen des Herrn Flick; Vermerk Kaletsch, 25.4.1932; BWA, V5/337, Frankfurter Zeitung, 3.3.1932: Maxhütte-Mittelstahl.

125   BAB, R 8122/216, Aufstellung Anleihen, Hypotheken und andere langfristige Verpflichtungen am 31.3.1930; R 8122/227, Vermerk o.Verf.: Notes-Anleihe, 20.6.1931; R 8122/1002, Nedahand-Kredit, 26.5.1932; NARA, T83/68, Vermerk Porten, 1.5.1932; Priemel, Flick, S. 221.

126   SächsHStA, 11 616/12 336, Bericht Betriebsprüfung MSt-Riesa am 25.6–8.8.1934; BAB, R 8122/105, Jeidels an Flick, 28.11.1931; NARA, T83/68, Vermerk Porten, 1.5.1932; Priemel, Flick, S. 225 ff.

127   BAB, R 8122/178, Vermerk Flick, 28.10.1931; R 8122/138, Abschrift Flick, 14.7.1931; Thyssen an Vögler, 18.12.1931; NARA, T83/68, Flick an Thyssen, 17.3.1932; Vermerk Porten, 2.5.1932; Vermerk Steinbrinck, 2.5.1932; BBA, 55 446, Vermerk Holle, 2.7.1932; Priemel, Flick, S. 235; Fear, Control, S. 621.

128   BAB, R 43I/2179, Vermerk über Besprechung mit Flick am 29.6.1932; NARA, T83/68, Vermerk Steinbrinck, 2.5.1932; NARA, T83–73–252a, Steinbrinck an Flick, 30.12.1931.

129   PA-AA, R31 141k, Vermerk Steinbrinck, 22.1.1932; Krosigk an Meyer, 26.1.1932; Entwurf Vermerk für von Bülow, 29.1.1932; Vermerk für Hey, 1.2.1932; Flick an Meyer, 1.2.1932; Trendelenburg an Luther, 6.2.1932; Vermerk für von Lieres, 16.2.1932; Porten an Bülow, 18.2.1932; Abschrift Erklärung Scherff, Bernhardt, Tomalla, Rohde, 19.2.1932; Steinbrinck an Schlesinger, 26.2.1932; IfZ-München, ED 93/18, S. 161, 194; NARA, T83/68, Dietrich an Flick, 18.3.1932; CHH an Dietrich, 17.3.1932; Vermerk Porten, 1.5.1932.

130   NARA, T83/68, Vertrag zwischen CHH u. Hardy, 31.5.1932, nebst Verzeichnis der zu übernehmenden Verpflichtungen; BAB, R 3103/431, Bl. 208 (Presseausschnitt ohne weitere Angaben); Priemel, Flick, S. 237 ff.

131   BAB, R 43I/2179, Warmbold an Planck, 22.6.1932; Auszug Protokoll Ministerbesprechung vom 21.6.1932; Vermerk über Besprechung mit Flick am 29.6.1932; BAK,

N 1012/40, Vermerk Koch-Weser, 23.6.1932; Z 45 F-2/169/8, Archdeacon an McComas, 23.6.1932; IfZ-München, ED 93/21, S. 616 f., 635–640.

132   NARA, T83/68, Flick an Porten, 2.5.1932; Vermerk Steinbrinck, 2.5.1932; Vermerk Porten, 1.5.1932; Steiger, Kooperation, S. 157–163.

133   NARA, T83/68, Vermerk Steinbrinck, 2.5.1932; Frankfurter Zeitung, 19.6.1932: Stahlverein unter Reichseinfluß? Kölnische Zeitung, 19.6.1932: Gelsenkirchen-Rätsel; Berliner Börsen-Berichte, 20.6.1932: Beginn der Stahlvereins-Reorganisation; Frankfurter Zeitung, 21.6.1932: Die Verhandlungen um das Gelsenkirchen-Paket; Deutsche Bergwerks-Zeitung, 21.6.1932: Majoritätswechsel bei Gelsenkirchen – Stahlverein; BAB, R 43I/2179, Entwurf Krosigks für Pressenotiz m. Notiz f. Zarden, 21.6.1932.

134   Frankfurter Zeitung, 22.6.1932: Endlich Klarheit über Gelsenkirchen; Frankfurter Zeitung, 23.6.1932: Das Gelsenkirchen-Geschäft.

135   Frankfurter Zeitung, 26.6.1932: Flickwerk; Vorwärts, 26.6.1932: Geheimnisse des Flick-Skandals. Zuvor bereits Vorwärts, 22.6.1932: Der Skandal um Flick; Giselher Wirsing: Herr Flick und Herr Dietrich, in: Die Tat 4/1932, S. 347–350.

136   BAK, N 1004/133, Dietrich an Thoma, 6.7.1932; N 1004/254, Hermann Fischer an Dietrich, 25.6.1932; N 1004/223, Typoskript über Rede Dietrichs am 28.7.1932 in Mannheim, o. D. u. Verf.; IfZ-München, ED 93/21, S. 635–640; Deutsche Bergwerks-Zeitung, 28.6.1932: Dietrich über das Gelsenberg-Geschäft; Vorwärts, 28.6.1932: Dietrich über das Flick-Geschäft; Berliner Börsen-Courier, 3.7.1932: Stahlverein und Gelsenkirchen (Hermann Dietrich); Deutsche Allgemeine Zeitung, 5.7.1932: Was fangen wir an mit Gelsenberg?

137   BAB, R 43 I/2179, Auszug aus Protokoll Ministerbesprechung vom 21.6.1932; Warmbold an Planck, 22.6.1932; Auszüge Protokoll Ministerbesprechung vom 24., 25. u. 29. 6. 1932 sowie 1.7.1932; Vermerk [Schleichers] über Besprechung mit Flick am 29.6.1932; IfZ-München, ED 93/21, S. 604–640.

138   BAK, N 1164/24, Steinbrinck an Richthofen, 27.7.1932; NARA, M 891/34, Verteidigungs-Dokumentenbuch I, Eidesstattliche Erklärung Flick, 6.6.1947; div. Quittungen sowie Flick an Hugenberg, 19.7.1932; Flick an Planck, 10.10.1932.

139   Kölnische Zeitung, 6.7.1932: Gelsenkirchen (Paul Reusch); HAK, FAH 23/793, Vögler an Flick, 27.6.1932; Vögler an Krupp von Bohlen, 27.6.1932.

140   Ebd., Flick an Vögler, 30.6.1932; Krupp von Bohlen an Luther, 5.7.1932; ebd.: Abschrift Entwurf Presseerklärung, o. D. (S. 147); Luther an Krupp von Bohlen, 7.7.1932; FAH 23/793, Krupp von Bohlen an Vögler, 5.7.1932; Flick an Krupp von Bohlen, 8.7.1932; Krupp von Bohlen an Vögler, 5.8.1932; Krupp von Bohlen an Vögler, 14.8.1932; Vögler an Krupp von Bohlen, 10.8.1932; BAB, R 43I/2179, Luther an Planck, 4.7.1932.

141   BBA, 55 446, Protokoll der Sitzung des engeren Gelsenberg-AR-Ausschusses, 1.7.1932; BBA, 55 446, Vermerk Holle, 2.7.1932; HAK, FAH 23/793, Vögler an Krupp von Bohlen, 10.8.1932.

142   BAB, R 8122/347, Vermerk Flick, 7.11.1938.

143   Berliner Börsen-Zeitung, 3.1.1936: Harpen Mehrheitsbesitzer von Mont Cenis u. Frankfurter Zeitung, 3.1.1936: Abrundung der Flickschen Kohleninteressen, in: BAB,

R 8119F/P-953; Konzernarchiv TUI, 12/150/16, Aufstellung für Pleiger vom 5.9.1940; Huske, Steinkohlenzechen, S. 684.

144   WWA F24/12, Gewerkenversammlung Siebenplaneten am 25.6.1935; I/1/39–1, Vermerk o. Verf., 10.2.1936; vgl. Gehlen, Silverberg, S. 149 ff. u. 419.

145   Historisches Archiv RWE, Nr. 708, Vermerk v. 29.12.1932; BAB, R 8122/301, Vermerk Steinbrinck, 6.4.1932; NARA, T83/68, Dietrich an Flick, 18.3.1932; CHH an Dietrich, 17.3.1932.

146   BAB, R 8122/301, Flick an Vögler (»nicht abgesandt«), 2.4.1932; Vermerk Steinbrinck, 6.4.1932; Vermerk E. S. [Else Schröder, Sekr. Kaletsch], 7.6.1932.

147   Historisches Archiv RWE, Nr. 708, Vermerk v. 29.12.1932; BAB, R 8122/301, Vorschlag Silverberg, 19.4.1932; Abschrift Flick an Brecht, 23.4.1932; Vermerk Steinbrinck, 15.6.1932; Gehlen, Silverberg, S. 433–438; vgl. Wettberg, Rückkauf, S. 56–77.

148   BAB, R 8122/303, Vermerke Steinbrinck, 17., 20. u. 28.10., 10.11.1932; Notiz Sekr. Kaletsch, 22.10.1932; Gehlen, Silverberg, S. 438 ff.

149   Ebd., Flick an Vögler, 10.11.1932; Vermerke Steinbrinck, 10., 25. u. 30.11.1932.

150   Ebd., Vermerke Steinbrinck, 13.12.1932; Flick, 5.1.1933; Historisches Archiv RWE, Nr. 708, Vermerk Henke, 9.1.1933; Exposé, 20.12.1932; Nr. 727, Protokolle Rheinbraun-AR am 14.1., 8.3., 16.3. u. 31.3.1933.

151   BAB, R 8122/294, Vermerk Steinbrinck, 16.2.1933; R 8122/295, Vermerk Steinbrinck, 27., 29. u. 30.1., 4.2.1933; R 8122/302, Vermerk Steinbrinck, 13.2.1933; zum Kontext Banken, Devisenrecht, S. 132 u. Born, Bankenkrise, S. 134–152; Historisches Archiv RWE, Nr. 708, Schlusswort Silverberg am 31.3.1933; Nr. 709, Ausführungen Brecht am 31.3.1933; HV-Protokoll Rheinbraun; Dividendengarantievertrag gemäß Schreiben Roddergrube v. 17.2., 6.3. u. 20.3.1933; Gehlen, Silverberg, S. 460–465.

152   BAB, R 8122/295, Flick an Frank, 22.2.1933; Gehlen, Silverberg, S. 463.

153   Historisches Archiv RWE, Nr. 708, Flick an Henke, 12.5.1933; Henke an Flick, 24.5.1933; BAB, R 8122/306, Vermerk Flick, 19.5. u. 12.6.1933.BAK, N 1013/209, Vögler an Silverberg, 10.7.1933.

154   Historisches Archiv RWE Nr. 708, Vertrag Roddergrube mit CHH, 1.8.1933; WWA S8/84, Manuskript Kilgus: Der Flick-Konzern. Die geschichtliche Entwicklung und der jetzige Aufbau, o. O. u.D. [1936].

155   BAB, R 8119 F/P-1160, Vermerk Mosler, 5.3.1935; F/P-948, Notiz für T. B., 24.4.1935; Mariaux, Gedenkwort, S. 324–330; Radzio, 125 Jahre Harpen, S. 33 f.

156   BAB, R 8119 F/P-948, Vermerk für Kimmich, 4.5.1935.

157   BAB, R 8119 F/P-948, Schlitter an Kimmich, 14.6.1935; Kimmich an Schlitter, 14.6.1935; Berliner Tageblatt, 4.7.1935: Das neue Harpener Papier; Berliner Börsen-Zeitung, 4.7.1935: Die bevorstehende Kapitalumstellung bei Harpen; WWA, F 24/47, Protokoll Harpen-Generalversammlung vom 13.8.1935; Prospekt Teilschuldverschreibung von 1935; Leitfaden für den Ablauf; Harpen-Kommuniqué vom 4.7.1935; Vermerk Kaletsch, 8.8.1935; Schlussbericht, 13.8.1935; Philipp an Flick, 1.7.1935; an Steinbrinck, 27.6.1935; Vermerk: Zum Bierabend am 12.8.1935, o. D.; Vermerk Philipp, 14.8.1935; Begrüßung Pressekonferenz, o. D.

158   Zangen, Leben, S. 88 f.; 97; Radzio, 125 Jahre, S. 33 f.

159   RWWA, 130–400 101 320/60, Protokoll Selbstverbrauchsausschuss des RWKS, 2.1.1936; BAB, R 8119 F/P-948, Vermerk Kimmich, 27.12.1935; R 8119F/P-953, Vermerke Kimmich, 31.7.1936 u. 3.4.1937; Frankfurter Zeitung, 3.1.1936: Abrundung der Flickschen Kohleninteressen; Berliner Börsen-Zeitung, 3.1.1936: Harpen Mehrheitsbesitzer von Mont Cenis; R 8119F/P-959, Flick an Kimmich, 28.6.1939; WWA, F 79/45, Vermerk Schlarb, 3.5.1935.

160   TKA, VSt/3940, Heinrich Dinkelbach: Betr. Erwerb von nom. RM 115 Millionen eigene Aktien, 8.4.1946; Reckendrees, Stahltrust, S. 539–552.

161   StAN, Rep. 502, B-91, The Flick Concern, October 1945, S. 20; BAK, All. Proz. 3, Siemers, Nr. 82, Bernhard Weiss: Beschreibung der eigentlichen Tätigkeit in Berlin, 24.9. 1947; All. Proz. 2 F, Rolle 73, FC6113 P, Tengelmann, Walter, Vernehmung vom 6.10.1947 sowie Tengelmann, Wilhelm, Vernehmung vom 21.11.1947; Pudor, Lebensbilder, S. 108 ff.; ders., Nekrologe Jahrgang 1939–1951, S. 82 f.; Faulenbach, Bergassessoren, S. 230.

162   BAB, R 8122/215, Vermerk Steinbrinck, 18.2.1936; BAK, All. Proz. 2 F, Rolle 73, FC6113 P, Tengelmann, Ernst, Vernehmung vom 5.3.1947.

163   PA-AA, R35 954, Vermerk über die Vorbesprechung am 28.3.1933; Vermerk Meyer über Chefbesprechung am 30.3.1933; Vermerk Vöglers über Chefbesprechung am 29.3.1933; Vermerk Meyer, 30.5.1933; Flotow an Neurath, 29.5.1933; BAB, R 8119 F/P-1270, Vermerk Mosler für Kiehl, 26.5.1933; R 8122/215, Vermerk Daub, 5.3.1936.

164   PA-AA, R35 954, Flick an Neurath u. an Meyer, 7.4.1933; Meyer an Flick, 13.4.1933; Flotow an Meyer, 13.4.1933; R35 955, Vögler an Meyer, 14.7.1933; R35 956, Vermerk Bruhn über Besprechung am 3.11.1933; Meyer an Moltke, 10.1.1934; R31 142k, Protokoll Sitzung am 27.8.1934; BAB, R 8122/215, Vermerk Daub, 5.3.1936; R 2/15 481, Begründung für die Gewährung eines Ausgleichs, 26.3.1936; R 8119 F/P-1270, Kiehl an Mosler, 4.4.1934.

165   TKA, VSt/896, Flick an Daub, Busch, Nasse, 14.4.1937; Protokoll u. Konsortialabkommen, 14.4.1937; Vertrag Dedi-Bank, VSt u. Stahlverein GmbH, 16.3.1936; Vermerk betr. IG Kattowitz/Laura, 6.10.1937; BAB, R 2/15 481, Vertrag zwischen Berg- und Hütten-Vereinigung u. der deutschen Gruppe, 25.7.1936; R 2/15 483, Vermerk betr. IG Kattowitz Laura, 19.9.1939.

166   BAB, R 2/15 480, Vermerk, 23.11.1935; R 8122/215, Flick an Thyssen, 1.2.1936; R 2/25 071, Verhandlungsprotokoll, 27.2.1936; Reckendrees, Stahltrust, S. 552–565.

167   BAB, R 8122/215, Vermerke Steinbrinck, 14.2., 22.2., 26.2., 28.2., 4.3. u. 5.3.1936; R 2/15 481, Vereinbarung Gruppe A u. B, 18.3.1936; Vermerk: Begründung für die Gewährung eines Ausgleichs, 26.3.1936; Vertrag zwischen Dt. Bank u. Hardy, 18.3.1936; TKA, VSt/3940, Vertrag zwischen Dt. Bank u. VSt, 16.3.1936.

168   BAB, R 8122/215, Vermerke Steinbrinck, 18.2. u. 27.2.1936; R 8122/271, Harpen an Unitas, 19.3.1936; Vermerk Steinbrinck, 15.12.1936; R 8122/8, Vermerk Knieß, 12.12.1938; NARA, RG 260 Finance, Box 184, Folder 3, Interrogation Kaletsch, 4.3.1946.

169   BAB, R 8122/215, Vermerk Steinbrinck, 18.2.1936.

170   BAB, R 3103/17 078, Steinbrinck an Posse, 1.4.1936; R 8122/145, Vermerk Kaletsch, 2.4.1936; R 8122/146, Buskühl an Flick, 13.3. u. 7.4.1936; R 8122/271, Harpen an Unitas, 19.3.1936; R 8122/272, MSt an SEI, 28.3. u. 30.6.1936; R 8122/244, Vermerk Stein-

brinck, 15.12.1936; R 8122/328, Vertrag zwischen Harpen u. Allianz, 22.4.1936; R 8122/8, Vermerk Knieß, 12.12.1938; Feldman, Allianz, S. 204 f.

171 Daten aus Geschäftsberichten Harpen u. ESt sowie Huske, Steinkohlenzechen, S. 27; Heinrichsbauer, Harpen Zahlentafel 15 u 16; vgl. Bähr u. a., Flick-Konzern, S. 93–99.

172 BAB, R 8122/31, Frey an Flick, 3.2.1934; Flick an Frey, 5.2.1934.

173 Berliner Börsen-Courier, 12.3.1933: Nach der Schlacht, in: BAB, R 111/50; Priemel, Flick, S. 274.

174 SächsHStA, 11 616/14.07, Aufstellung Kurre, 10.3.1934; 11 616/12 337, Betriebsprüfung MSt, 24.1.1938; 11 616/5.20, Synopse IG-Vertrag alte/neue Fassung, o. D.; BAB, R 8119 F/P-1364, Vermerk Mosler, 21.12.1933; R 8127/15 481, Besprechung der Bankvertreter, 4.1.1934; R 8136/3436, Bilanz-Besprechung MH, 30.3.1935.

175 SächsHStA, 11 616/5.20, Synopse: IG-Verträge CHH/MH u. MSt/MH, 21.4.1931; Synopse: IG-Vertrag alte/neue Fassung, o. D.; BAB, R 8122/138, IG-Vertrag zwischen CHH u. MH, 17.3.1931; R 8122/403, Aufstellung Ergebnisabführung, 11.7.1941; BAB, R 8136/3436, Vermerk, 14.12.1933.

176 SächsHStA, 11 616/16.43, Fabrikation für Sonderzwecke, 4.10.1933.

177 Ebd.; BAB, R 8122/883, Bericht Koppenberg, 28.7.1926.

178 SächsHStA, 11 616/16.43, Fabrikation für Sonderzwecke, 4.10.1933; Daten aus BAB, R 8122/430, Bl. 2–4; R 8122/359, Bl. 201; R 8122/432, Möller an Flick, 21.8.1937; Burkart an Flick, 23.8.1937.

179 SächsHStA, 11 616/12 337, Bericht Betriebsprüfung MSt-Riesa am 19.7–20.12.1937; gut dokumentiert in BAB, R 8122/332; Berliner Tageblatt, Handelszeitung, 24.1.1931: Folge willkürlicher Frachtberechnung der Syndikate; Feldenkirchen, Eisen- und Stahlindustrie, S. 76 f.; Bähr u. a., Flick-Konzern, S. 92 f.

180 BAB, R 8122/153, Vögler an Flick, 2.8.1929; R 8127/15 383, Vermerk betr. LHB, 2. u. 8.11.1932; Protokoll Konsortialsitzung vom 30.12.1932 sowie div. Vermerke u. Vossische Zeitung, 23.9.1932: Linke-Hofmann saniert 2:1, in: R 8127/14 703.

181 BAB, R 3101/34 412, Aufstellung Flick-Konzern; R 8127/14 704, Vermerk betr. LHB, 21.6.1934; R 8135/7334, DRT-Bericht über die Prüfung der Famo, 30.6.1937; SächsHStA, 11 692/38, LHB, vorläufiger Abschluss zum 30.9.1933; Gründungsurkunde Waggon- und Maschinenfabrik AG vorm. Busch, 6.7.1934; Revisionsbericht für das Amtsgericht Bautzen, 26.7.1934; 11 692/157, Fritz Lang, Prüfung des Busch-Jahresabschlusses zum 30.9.1934; 11 692/157, Fritz Lang, Prüfung des Busch-Jahresabschlusses zum 30.9.1936.

182 SächsHStA, 11 616/12 338, Bericht Betriebsprüfung MSt, 1941; NARA, RG 260 Farben, Box 19, Folder 6, Entwicklung der wichtigsten Beteiligungen, 9.5.1946.

183 NARA, RG 260 Farben, Box 19, Folder 6, Entwicklung der wichtigsten Beteiligungen, 9.5.1946; BAB, R 8122/138, Flick an Vögler, 6.3.1931; BAK, All. Proz. 3, Siemers, Nr. 9, Eidesstattliche Erklärung Weinhardt, 6.5.1947; All. Proz. 2F, Rolle 71, FC 6131 P, Interrogation Steinbrinck Nr. 673 C, 24.1.1947; All. Proz. 2F, Rolle 33, FC 6093 P, Interrogation Kaletsch Nr. 262 G, 27.12.1946.

184 BAB, R 8122/699, Vermerk Steinbrinck, 27.9.1932; Poensgen an Flick, 8.5.1934; R 8122/419, Aufstellung Export, o. D.; TKA, VSt/5768, Bericht über SGW Döhlen, 10.2.1934.

185   BAB, R 8122/883, Bericht Koppenberg, 28.7.1926; R 8119F/P-1368, Bericht MSt/ MH über 4/1932, Januar 1933; SächsHStA, 11 616/4.06, Vermerk für Flick, 4.9.1939; BayHStA, MWi 2448, Chelius/Windisch an Thüringisches Wirtschaftsministerium, 14.4.1934; SächsHStA, 11 616/16.43, Fabrikation für Sonderzwecke, 4.10.1933; Karlsch/ Schäfer, Wirtschaftsgeschichte Sachsens; Bräutigam, Mittelständische Unternehmer; Gehrig, Entscheidungsspielraum; Turner, Großunternehmer; Neebe, Großindustrie.

186   NARA, RG 260 Finance, Box 184, Folder 3, Interrogation Kaletsch, 4.3.1946; Kaletsch an Flick, 8.11.1943; MMA, M20 225, Eidesstattliche Erklärung Kaletsch, 27.4.1949; BAK, All. Proz. 2F, Rolle 33, FC 6093 P, Interrogation Kaletsch, Nr. 262h, 31.12.1946.

187   BAB, SSO 152 B, SS-Aufnahmeantrag, 15.05.1933; BAB, NS 48/75, Mitgliedsausweis Steinbrinck; BAK, All. Proz. 2F, Rolle 71, FC 6131 P, Eidesstattliche Erklärung Steinbrinck, 24.2.1947; TKA, NOST/1, Vermerk Steinbrinck, Ostern 1940; BAK, N 164/24, Steinbrinck an Richthofen, 27.7.1932; StAN, Rep. 502 A, KV-Verteidigung, Handakten Flächsner, 1, Lola Steinbrinck an Flächsner, 5.3.1947; BAK, Z 45 F-17/53–3/11, Erklärung Niemöller, 28.9.1945; Erker, Industrieeliten, S. 27 ff.; Turner, Großunternehmer, S. 290, 299 f. u. 312 ff.

188   Bähr u. a., Flick-Konzern, S. 233–264; Neebe, Großindustrie, S. 125; Vogelsang, Freundeskreis, S. 22 ff.; Bindernagel/Bütow, KZ in der Nachbarschaft, S. 41 ff.

189   BAB, NS 48/42, Friedrich Flick, Mitgliedskarte Nr. 591 8393, 1.5.1937; StAN, KV-Anklage, Handakten B 60, Interrogation Erich Gritzbach Nr. 1206-a, 29.4.1947; NARA, M 891/19, Ankl.-Dokumentenbuch XIV-A, Eidesstattliche Erklärung Keppler, 24.9.1946 (NI-903); Schroeder, 5.12.1945 (NI-3337-PS); Flick, 8.1.1947 (NI-4688); Steinbrinck, 25.1.1947 (NI-3490); Vogelsang, Freundeskreis, S. 108–115; Bindernagel/Bütow, KZ in der Nachbarschaft, S. 48 ff.

190   NARA, RG 260 Farben, Box 20, Theodor Kurre: Memorandum, 16.7.1946; Box 22, Fragebogen Kurre, 18.3.1946; Zeugnis Kurre, 20.5.1946.

191   BAK, All. Proz. 2F, Rolle 73, FC 6133 P, Eidesstattliche Erklärung Tillmanns, betr. Die Hauptverwaltung der Mitteldeutschen Stahlwerke in Berlin, 20.1.1947; StAN, Rep. 502, KV-Anklage, Handakten B 64, Notiz für Kaletsch betr. Aufteilung der Arbeitsgebiete, 24.10.1942; zum Rollenverständnis mittelständischer Unternehmer Berghoff, Relikt oder Zukunftsmodell, S. 267 ff.; vgl. Bähr u. a., Flick-Konzern, S. 194, 210 ff.

192   BAK, All. Proz. 2F, Rolle 71, FC 6131 P, Interrogation Steinbrinck Nr. 673d, 25.1.1947; All. Proz. 3, Siemers, Nr. 82, Bernhard Weiss: Beschreibung der eigentlichen Tätigkeit in Berlin, 24.9.1947.

193   Hier und im Folgenden StAN, Rep. 502, KV-Anklage, Handakten B 7, Kurre an Flick: Funktionen der Verwaltungsstelle Berlin nebst Unkosten-Etat, 30.6.1937.

194   BAK, All. Proz. 2F, Rolle 73, FC 6133 P, Interrogation Tillmanns, Nr. 627, 16.1.1947; StAN, Rep. 502, B-86, Alfred Rohde: Antrag Arbeitsbuch, 26.6.1944; BAK, All. Proz. 2F, Rolle 59, FC 6119 P, Interrogation Nr. 842, Alfred Rohde, 25.2.1947; Rolle 33, FC 6093 P, Interrogation Kaletsch, Nr. 262e, 16.12.1946; Nr. 262b, 23.11.1946; Rolle 13, FC 6073 P, Interrogation Hugo Dietrich, Nr. 817, 21.2.1947; NARA, RG 260 Farben, Box 22, Vernehmung Fritz Lang, 18.2.1946; Fragebogen Fritz Lang, 2.2.1946.

195   StAN, Rep. 502, KV-Anklage, Handakten B 7, Ausarbeitung Kurre für Flick: Funktionen der Verwaltungsstelle Berlin nebst Unkosten-Etat, 30.6.1937.

196   NARA, RG 260, Economic, Box 20, Memorandum Theodor Kurre, 16.7.1946; BAK, All. Proz. 2F, Rolle 71, FC 6131 P, Interrogation Steinbrinck Nr. 673d, 25.1.1947; Rolle 73, FC 6133 P, Interrogation Tillmanns, Nr. 627, 16.1.1947.

197   SächsHStA, 11 616/12 337, Betriebsprüfung MSt-Riesa 19.7–20.12.1937.

198   BAK, All. Proz. 2F, Rolle 33, FC 6093 P, Interrogation Kaletsch, Nr. 262i, 8.1.1947; Vernehmung Kaletsch, 2.11.1946; Rolle 17, FC 6077 P, Vernehmung O.-E. Flick, 31.10.1946; Kleinschmidt, Rechnungswesen, S. 8 f.; Vahs, Controlling-Konzeptionen, S. 347–350; Fear, Control, S. 593–606.

199   BAK, All. Proz. 2F, Rolle 33, FC 6093 P, Interrogation Kaletsch, Nr. 262i, 8.1.1947; Interrogation Kaletsch, Nr. 262k, 10.1.1947; NARA, T83/64, Flick an Buskühl, 11.3.1939; Nachruf auf Friedrich Möller, in: Stahl und Eisen 58 (1938), S. 1127.

200   Bähr, Corporate Governance, S. 73 ff.; Markus, Wirtschaftsprüfer, S. 25 ff.

201   BAB, R 8119F/P-953, Vermerk Mosler, 23.5.1936; NARA, RG 260 Farben, Box 22, Vernehmung Fritz Lang, 18.2.1946; Fragebogen Fritz Lang, 2.2.1946; Notariatsprotokoll, 30.1.1945; Box 20, Lang an Kaletsch, 19.10.1945.

202   RWWA, 72–171–6, Vermerk Siedersleben, 22.10.1935.

203   BAK, All. Proz. 2F, Rolle 71, FC 6131 P, Interrogation Steinbrinck Nr. 673d, 25.1.1947; NARA, T83/64, Basler an Hellberg, 16.1.1940; Kocka, Siemens; Faulenbach, Bergassessoren, S. 236 f.

204   BAB, R 8127/15 481, Vermerk, 4.1.1934; R 8119 F/P-1364, Vermerk Mosler, 15.1.1934; Dresdner Bank an BHG, 19.3.1935; R 8127/15 481, Flick an BHG, 2.1.1934; Vermerk über Besprechung der Bankvertreter, 4.1.1934; Dresdner Bank an BHG, 15.2.1934; Umtauschangebot, März 1935; SächsHStA, 11 616/5.25, Flick an Böhringer, Brennecke, Koppenberg, 17.6.1937.

205   BAB, R 8122/321, Flick an von Finck, 19.12.1936; R 8122/332, Merck, Finck & Co. an MSt, 3.6.1937; R 8122/147, Vermerk Flick, 25.7.1938.

206   BAB, R 8122/237, Flick an Flechtheim, 8.8.1929; Flick an Frey, 15.7.1929; Flechtheim an Flick, 12.7.1929; zum Hintergrund Bähr, Corporate Governance, S. 64 ff.

207   BAB, R 8122/237, Ausarbeitung »Tae.«: Was kann geschehen, um in der Privatwirtschaft den Gedanken der »verantwortlichen Führung« zur Durchführung zu bringen, 5.5.1934.

208   BAB, R 8122/237, Vermerke Steinbrinck, 23.10.1933 u. 2.3.1934; Steinbrinck an Böhringer, 7.5.1934; Frankfurter Zeitung, 6.6.1934: Die Neugestaltung des Aktienwesens; Bähr, Corporate Governance, S. 66–69; Spoerer, Von Scheingewinnen, S. 76–86.

209   Deutsche Montan-Konzerne 1929, Sonderausgabe Hoppenstedt Spezial-Archiv der Deutschen Wirtschaft, Berlin 1929, S. 100; zur Vorgeschichte vgl. Strunk, AEG-Fabriken; StAN, Rep. 502, KV-Anklage, Handakten B 2, Ausarbeitung Kurre: Entstehung der Friedrich Flick KG, 11.4.1946; BAB, R 8119 F/P-1367, Geschäftsbericht MSt, 1936/37; R 8122/26, Flick an Macco, 23.4.1935.

210   BAB, R 8122/26, Flick an Macco, 23.4.1935; R 8122/219, Steinbrinck an Kaletsch, 29.1.1937; R 8127/15 730, Vermerk betr. Anleihe der MSt von 1936, 3.6.1936.

211   SächsHStA, 11 616/18 105, Entwurf MSt-Generalversammlungsprotokoll, 8.3.
1937; LHASA, Mer, Rep. I MSt Lauchhammer Nr. 499, Bl. 152: Zeitungsausschnitt v.
19.3.1937, o.w. Ang.; Wirtschaftlicher Ratgeber, 27.3.1937: Innere Kräftigung im Flick-
Konzern; BAB, R 8122/402, Protokoll Gesamtvorstandssitzung MSt am 17.2.1937 vom
18.2.1937.

212   SächsHStA, 11 616/5.25, Flick an Böhringer u. a., 17.6.1937; Schriftwechsel
Möller mit Nichelmann, 22.6.1937; AR-Protokoll MSt, Sitzung vom 15.7.1937; BAB,
R 8122/80 920, Protokoll der Generalversammlung SEI, 28.6.1937, NI-5545 (F).; Daten aus R 8122/430, Bl. 2–4; R 822/359, Bl. 201.; R 8122/352, Aufstellung: Ergebnisse,
9.4.1942; NARA, T83/69, Bericht Betriebsprüfung FKG am 6.1. bis 1.3.1941.

213   Frankfurter Zeitung, 16.7.1937: Umbauten im Familienkonzern Flick, in:
BayHStA, MWi 2448; Leipziger Neueste Nachrichten, 16.7.1937: Familienkonzern
Friedrich Flick; Liebenwerdaer Kreisblatt, 17.7.1937: Neuordnung in der Flick-Gruppe,
in: LHASA, Mer, Rep. I MSt Lauchhammer, Nr. 499.

214   BAB, R 8122/147, Vermerk Steinbrinck, 22.7.1937.

215   NARA, T83/69, Bericht Betriebsprüfung FKG am 6.1.- 1.3.1941; StAN, Rep.
502, KV-Anklage, Handakten B 2, Kurre: Entstehung der Flick KG, 11.4.1946; BAB,
R 8122/80 920, Notarielles Protokoll der Generalversammlung Siegener Eisenindustrie,
28.6.1937, NI-5545 (F).

216   Siefer, Familienunternehmen; Breuer, Vorgänger und Nachfolger; Abelshauser,
Krupp, S. 318 f.; Klöckner, Milestones, S. 35.

217   StAN, Rep. 502, KV-Anklage, Handakten B 11, Aufstellung: Einkommen-
steuer-Veranlagungen Dr. Friedrich Flick, o. D.; BAK, All. Proz. 2F, Rolle 17, FC 6077
P, Interrogation Friedrich Flick, Nr. 383b, 10.12.1946; Abelshauser, Krupp, S. 308; Hoffmann, Wachstum, S. 468 ff.

218   Bähr, Unternehmens- und Kapitalmarktrecht; Swatek, Unternehmenskonzentration, S. 62 f., 76 ff.; irreführend StAN, Rep. 502, KV-Anklage, Handakten B 2, Kurre:
Entstehung der Flick KG, 11.4.1946.

219   Das Jahr 1937 ist als Vergleichsmaßstab ungeeignet, da hier der Buchgewinn der
Umwandlung versteuert wurde; StAN, Rep. 501, KV-Anklage, Handakten B 11, Einkom-
mensteuer-Veranlagungen Dr. Friedrich Flick, o. D.; NARA, T83/69, Bericht Betriebsprüfung FKG am 6.1.-1.3.1941.

220   BAB, R 8122/80 920, S. 1020 ff., Steinbrinck an Flick, 18.12.1939 = NI-10 053
(F); Flick an Steinbrinck, 21.12.1939 = NI-10 054 (F); früher bereits NARA, T83–73–252a,
Steinbrinck an Flick, 15. 6., o. J. [1930]; TKA, NOST/1, Vermerk Steinbrinck, Ostern
1940.

221   BAK, All. Proz. 2F, Rolle 33, FC 6093 P, Interrogation Kaletsch, Nr. 262c,
3.12.1946; ebd., Rolle 17, FC 6077 P, Interrogation Friedrich Flick, Nr. 383b, 10.12.1946;
vgl. Stallbaumer, Strictly Business, S. 290 ff., 357 f.; Hayes, Big Business, S. 266.

222   Scherner, Logik, S. 104–116; Tooze, Ökonomie, S. 148 ff.; Kockel, Ölpolitik, S. 100 ff.; Karlsch/Stokes, Faktor Öl, S. 182 f.; Mollin, Montankonzerne, S. 65 ff.

223   SächsHStA, 11 616/2.12, Erlass des RWM, 25.10.1934; Schacht an Koppenberg,
22.10.1934; Abschrift des Gesellschaftervertrages der Brabag, beglaubigt am 31.10.1934;

Budraß, Flugzeugindustrie, S. 326 f., 443 f.; Tooze, Ökonomie, S. 149; Bindernagel/Bütow, KZ in der Nachbarschaft, S. 44.

224   SächsHStA, 11 616/2.12, Brabag an MSt, 5.6.1935; BAB, R 8136/3436, Bilanz-Besprechung MH, Vermerk vom 30.3.1935; R 8122/26, Flick an Macco, 3.5.1934.

225   I/1/69–1, Gesellschaftsvertrag der Studiengesellschaft für Doggererze, 9.8.1926; BAB, R 8122/965, Böhringer an Steinbrinck, 30.10.1934; Abschrift der Böhringer-Denkschrift vom 1.11.1934; R 8122/967, Böhringer an Steinbrinck, 3.12.1934; Reichert an MH, 11.12.1934: Böhringer an Steinbrinck, 3.12.1934; Vermerke Flick, 12.12.1934; Steinbrinck, 17.12.1934.

226   BAB, R 8122/967, Vermerk Terberger, 18.12.1934; Konzernarchiv TUI, 12/150/3a, Denkschrift gegen die Verhüttung deutscher Eisenerze, 20.8.1937; BAB, R 8122/965, Böhringer an Steinbrinck, 30.10.1934; Abschrift der Böhringer-Denkschrift vom 1.11.1934.

227   BAK, Z 45 F-2/169/8, Protokoll der Sitzung des Gutachterausschusses für Rohstofffragen am 26.5.1936; Tooze, Ökonomie, S. 250–267.

228   TNA, WO 252/932, German Economic Department, Foreign Office: German Industrial Complexes – the Flick Complex, October 1945; BAK, All. Proz. 2 F, Rolle 73, FC6113 P, Tengelmann, Wilhelm, Vernehmung vom 21.11.1947; R 8119F/P-1648, Vermerk Pohle, 22.12.1936; R 3101/18 283, Göring an ESt, 12.12.1936; Vermerk 16.12.1936; R 3101/18 283, R 8119F/P-953, Vermerke Kimmich, 21.11.1936 u. 31.3.1939; Scherner, Logik, S. 138; Mollin, Montankonzerne, S. 66 ff.; Turner, Faschismus, S. 105.

229   BAB, R 8122/219, Pleiger an MSt, 16.2.1937; R 8119 F P-1160, Mosler/Abshagen an Filiale München, 4.3.1937; Konzernarchiv TUI 12/150/3a, Löb an MH, 18.2.1937; Deutsche Bergwerkszeitung, 9.11.1939: Karl Raabe.

230   BAB, R 8122/219, MSt an Schniewindt, 16.2:193; Vermerk Steinbrinck, 22.2.1937; Steinbrinck an Flick, 5.5.1937; R 8122/223, Vermerke Steinbrinck, 18. u. 27.8.1937; Steinbrinck an Sperl, 27.8.1937; an Kaletsch, 4.9:193; Sperl an MSt, 10.9.1937; BAB, R 8122/219, Vermerk Steinbrinck, 16.9.1937; BAB, R 8122/222, Prospekt über Mittelstahl-Anleihe von 1937.

231   TKA, VSt/4036, Protokoll der Besprechung bei Göring am 23.7.1937 vom 24.7.1937; Verordnung über den Zusammenschluss von Bergbauberechtigten, in: Reichsgesetzblatt 1937 I, Nr. 92, S. 883; Mollin, Montankonzerne, S. 74 ff.

232   TKA, VSt/4036, Vögler an Körner, 30.7.1937; Vermerk Wenzel, 19.8.1937; BAB, R 8122/219, Flick an Steinbrinck, 30.7.1937; Mollin, Montankonzerne, S. 102; BAK, Z 45 F-11/19–1/14, Vermerk Kellermann, 9.8.1937; Kellermann an Reusch, 7.8.1937.

233   TKA, VSt/4036, Daub an Wenzel, 7.8.1937; Poensgen u. Wenzel an Körner, 18.8.1937; Wenzel an Poensgen, 19.8.1937; Konzernarchiv TUI, 12/150/3a, Denkschrift »Widerstand gegen die Verhüttung deutscher Eisenerze«, o. Verf., 20.8.1937; Entwurf Denkschrift, 24.8.1937; Mollin, Montankonzerne, S. 105 f.; Tooze, Ökonomie, S. 280 ff.; Kopper, Schacht, S. 314 f.

234   BAB, R 8122/7, Vermerk Möller, 21.9.1937; Vermerk Steinbrinck, 4.9.1937; Vermerk Steinbrinck, 31.8.1937; Telegramm Göring an Flick, 24.8.1937, 13.49 Uhr; Konzernarchiv TUI, 12/150/3a, Make an Pleiger, 26.8.1937 nebst Protokoll, 25.8.1937; TKA, VSt/4036, Protokoll Besprechung mit Pleiger am 30.8.1937 vom 30.8.1937.

235 Konzernarchiv TUI, 12/150/3a, Vermerk Kimmich, Flick, Klöckner über die Besprechung mit Pleiger am 21.10.1937; Mollin, Montankonzerne, S. 115.

236 Daten aus BAB, R 8122/430, Bl. 2–4; R 8122/359, Bl. 39, 201 sowie R 8122/352, Aufstellung: Ergebnisse, 9.4.1942; R 8122/359, Bl. 38; alle Angaben unter dem Vorbehalt, dass ein Teil der tatsächlichen Anlageinvestitionen dem Aufbau stiller Reserven diente und nicht über die hier betrachteten Bilanzkonten gebucht wurde.

237 Tooze, Ökonomie, S. 78–81; Overy, Peace and War, S. 5 ff.; Volkmann, NS-Wirtschaft, S. 276–281.

238 SächsHStA, 11 616/16.43, Fabrikation für Sonderzwecke, 4.10.1933; BLHA, Rep. 75 Hennigsdorf, Nr. 2, A. Hennecke an Hennecke/Goebel/Moll, 14.10.1933; BAB, R 8122/636, Vermerk Flick, 25.11.1933; Redemanuskript Flick, 5.12.1933; Steinbrinck an Flick, 20.8.1934 (NI-10 056), in: Fail 5, S. 112.

239 BAB, R 8122/636, Vermerk Flick, 19.3.1934; Notiz für Böhringer, o. Verf., 4.6.1934; Liese an Flick, 31.5.1934; sowie Steinbrinck an Flick, 20.8.1934 (NI-10 056), in: Fall 5, S. 112; BA-MA, RH 8/I-957, Vortrag Liese, 7.-9.5.1934.

240 BAB, R 8122/80 920, Vermerk Koppenberg, 6.4.1933 (NI-10 118); R 8122/80 899, Vermerk Koppenberg u. Schreiben an Steinbrinck, 20.4.1933; Budraß, Flugzeugindustrie, S. 266–273, 299 ff.

241 Budraß, Flugzeugindustrie, S. 320–335; BAK, All. Proz. 2F, Rolle 37, FC 6097 P, Interrogation Koppenberg, 2.8.1947.

242 Priemel, Flick, S. 330 ff.; Bähr u. a., Flick-Konzern, S. 135 f.; BAB, R 8135/7334, DRT-Bericht über die Prüfung der Famo, 30.6.1937; R 8119 F/P-11 401, Vorschlag zur Konsolidierung der Famo, 8.8.1936; R 8122/981, Möller an Steinbrinck, 26.1.1937; Steinbrinck an Koppenberg, 6.10.1936; Vermerk Steinbrinck, 16.12.1937.

243 SAPMO-BA, DG 2/3173, Aufstellung ATG, o. D.; R 8122/937, ATG-Bilanz zum 30.6.1937; R 8135/2167, DRT-Bericht über die Prüfung der ATG, 30.6.1939; BAK, All. Proz. 3, Siemers, Nr. 9, Eidesstattliche Erklärung Bernhard Weinhardt, 6.5.1947.

244 BAB, R 121/2239, DRT-Bericht über die Prüfung der WMD, 31.3.1938, Anhang II; Hopmann, Montan, S. 23 ff., 28.

245 Hopmann, Montan, S. 19, 26 ff., 42 ff., 71 ff.; I/1/72, Abschrift Pachtvertrag, 30.12.1939; BAB, R 121/2777, Protokoll Gesellschafterversammlung WMD, 27.11.1934.

246 Hopmann, Montan, S. 48, 111–119. Die IVG Immobilien AG als Rechtsnachfolgerin der Montan gab mit Schreiben vom 9.5.2007 an, in ihrem Archiv keine Unterlagen zu den Betrieben des Flick-Konzerns zu besitzen.

247 Stallbaumer, Corporate Expansion, S. 122 f.; Fall 5, S. 372 f.; Ogger, Flick, S. 160 f.; Ramge, Flicks, S. 93 ff., 100; ThSTA Mgn, 494 1201/236, Kurze Werksgeschichte für 1933 bis 1945 vom 4.7.1946; Schulz, Enteignung, S. 20, 29, 58 ff.

248 BAB, R 8122/80 919, S. 940–944, Steinbrinck an Flick, 6.10.1934, 9. u. 23.5.1935 (NI-5334, 5335, 5337); NARA, M 891/34, Verteidigungs-Dokumente, Flick Nr. 41: Eidesstattliche Erklärung Bruno Bruhn, 25.3.1947; ThSTA Mgn, 494 1201/681, Gutachten zur Steuerfrage, 10.12.1935.

249 RWWA, 72–171–6, Vermerke Siedersleben, 22. u. 24.10.1935; Abelshauser, Krupp, S. 348; BAB, R 8122/391, Steinbrinck an Arthur Hennecke, 29.6.1937; Stein-

brinck an Heusinger von Waldegg, 13.8.1937; Vermerk Steinbrinck, 6.1.1938; Gehlofen/ Wiegand an Steinbrinck, 6.7.1937.

250   NARA, T83/59, Koppenberg/Möller: Stellung der Werke Riesa und Unterwellenborn, 10.10.1930; BAB, R 8119F/P-1165, Vermerk Kehl, 20.3.1931; R 8122/80 919, S. 940–944, Steinbrinck an Flick, 6.10.1934 (NI-5334) u. 23.5.1935 (NI-5337); vgl. auch SächsHStA 11 616/16.43, Fabrikation für Sonderzwecke, 4.10.1933; Bähr u. a., Flick-Konzern, S. 302–306.

251   BLHA, Rep. 75 Hennigsdorf, Nr. 2, Entwurf Flick an Leeb, 15.9.1934; BAB, R 121/2919, Vermerk Zeidelhack, 23.11.1939; R 121/2239, DRT-Bericht über die Prüfung der WMD, 31.3.1940, Anhang II; R 121/2777, Geschäftsbericht WMD, 1936/37; R 2301/5588, Vertrag MH / Montan / OKH, 4.11.1938; R 8122/430, Bl. 2–4; R 8122/359, Bl. 201; R 8122/432, Burkart an Flick, 23.8.1937; zum Kontext Scherner Logik, S. 37–53 u. Anhang 1.

252   BAB, R 121/2239, DRT-Bericht über die Prüfung der WMD, 31.3.1940; Hopmann, Montan, S. 75.

253   BAK, All. Proz. 2F, Rolle 11, FC 6071 P, Interrogation Burkart, Nr. 941a, 18.3.1947; NARA, T83/58, Burkart an Flick, 29.12.1937; BAB, R 8122/432, Möller an Flick, 21.8.1937; an Burkart, 17.8.1937; R 8122/347, Burkart/Steinbrinck an Hanneken, 29.9.1937; R 8122/348, Ausarbeitung Raabe/Terberger, 23.12.1937; Terberger an Bührmann, 22.12.1937; Vermerk Steinbrinck, 4.1.1938; R 2301/5588, Bewilligung Hanneken, 4.10.1937; Hensler, Stahlkontingentierung, S. 59–65, 79–82.

254   BAB, R 8122/464, Aufstellung o. Verf. (Handakte Brurein): I. Bauprogramm der Marine, 29.12.1935; Vermerk Brurein, 13.7.1937; NARA, T83/59, Vermerke Brurein, 24.6.1936 u. 25.1.1937; Terberger, 29.6.1936; Burkart an Flick, 15.2.1937.

255   NARA, T83/59, Vermerk Brurein, 5.1.1938; OKH an Brurein, 25.2.1938; Burkart an Steinbrinck, 15.6.1938; Vermerke Steinbrinck, 17.6. u. 24.6.1938; Vermerk Gehlofen, 30.12.1939; Vertragsentwurf, 27.3.1939; BAB, R 8122/369, Wiegand an Steinbrinck, 29.9.1938.

256   BAB, NS 48/42, Liste der im Geschäftsbereich d. RWM ernannten Wehrwirtschaftsführer, Stand 25.11.1938; R 8122/352, Küttner an Flick, 28.3.1942; R 121/2851, Protokoll AR-Sitzung Brandenburger Eisenwerke am 18.12.1939, 4.1.1940; R 121/2851, Anlage I zur AR-Sitzung Brandenburger Eisenwerke am 18.12.1939; Hopmann, Montan, Anlage 9.

257   SächsHStA, 11 616/4.06, Entwurf Abkommen Arbeitsgemeinschaft Döhlen/ MSt, 27.10.1938; Flick an Lenk, 27.10.1938.

258   TKA, VSt/4147, Ausarbeitung Schlitter betr. Rohde/Wolff, 29.4.1932; Notiz Borbet, 12.12.1929; VSt/5698, Verpflichtungserklärung, 17.12.1929; BAB, R 8122/300, Wolff an Vögler, 13.12.1929; R 8122/4, Osterloh an Möller, 10.3.1930; Vermerk Terberger, 17.9.1930; TKA, VSt/5768, Bericht über die Sächsische Gußstahl-Werke Döhlen AG, Freital, 10.2.1934; VSt/5702, Sitzung der geschäftsführenden Konsorten am 26.1.1937; SächsHStA, 11 616/4.06, Burkart an Flick, 22.3.1939.

259   Spoerer, Von Scheingewinnen, S. 205; BAB, R 8122/680, Aufstellung Gesamt- u. Wehrmachts-Umsatz, 30.1.1940; Ergebnis-Ermittlung für OKH-Geschäfte, 10.2.1940; BAB, R 8122/801, Zusammenstellung: Aufwendung für Neuanlagen seit

1930/31, 14.10.1942; SächsHStA, 11 616/4.06, Flick an Lenk, 27.10.1938; Entwurf Abkommen Arbeitsgemeinschaft Döhlen/MSt, 27.10.1938; Vermerk Burkart, 3.11.1939; Flick an Mutschmann, 6.12.1938; Mutschmann an Flick, 22.12.1938; Vermerke Flick, 4.5.1939; Burkart, 17.4.1939.

260 TKA, VSt/5700, Bericht für die 14. Konsortialsitzung am 20.6.1939; Protokoll der 14. Konsortialsitzung am 20.6.1939; SächsHStA, 11 616/4.06, Vermerk für Gehlofen, 14.9.1939; Vermerk für Flick, 4.9.1939; Vermerk Burkart, 17.4.1939; Flick an Lenk, 16.11.1939; Burkart an Gehlofen, 15.11.1941; Poolvertrag mit Sachsen, 29.12.1939; BAB, R 8122/832, Bruns an Florey, 29.11.1939; Florey an Bruns, 8.12.1939.

261 Vgl. Priemel, Flick, S. 352; Bähr u. a., Flick-Konzern, S. 133 u. 146 f.

262 Typisch die Anklageschriften Fall 5; Thieleke, »Arisierungen«; Ohlsen, Milliarden; generalisiert schon bei Norden, Lehren deutscher Geschichte; grundlegend und als Prototyp für eine große Zahl von regionalen Spezialstudien Bajohr, »Arisierung« in Hamburg; vgl. die ältere Forschung Genschel, Verdrängung u. Barkai, Boykott; begrifflich folge ich Köhler, »Arisierung«, S. 38–42; siehe auch Bajohr, »Arisierung« als gesellschaftlicher Prozeß; die prägnanteste Definition der Begriffe »Arisierung« und »Entjudung« bei Bajohr, »Arisierung« in Hamburg, S. 9, Anm. 1.

263 Pierenkemper, Jüdische Unternehmer S. 107 ff.; Buer, Beteiligung, S. 87 ff.; Fiedler, Wirtschaftselite; Weihe, Verdrängung; Ziegler, Dresdner Bank.; Krause, Sobernheim; Jurk, Goldschmidt; NARA, T83/69, Geschäftsberichte MSt 1931/32 u. 1932/33.

264 BAB, R 8136/3436, Vermerk o. Verf., 14.12.1933; NARA, RG 260 Finance, Box 184, Folder 3, Interrogation Kaletsch, 4.3.1946; MMA, M20 225, Eidesstattliche Erklärung Kaletsch, 27.4.1949; BAK, All. Proz. 2F, Rolle 17, FC 6077 P, Vernehmung Flicks am 4.12.1946; LHSA, Rep. I, Mittelstahl, Nr. 672, MSt an Porten, 1.7.1935; Münzel, Mitglieder, S. 205, 221 f., 266 f.; Erichsen, Türkei, Sp. 426–434; Krause, Traditionslinien, S. 28; Ziegler, Dresdner Bank, S. 405 u. 410; Krosigk, Staatsbankrott, S. 277.

265 SächsHStA, 11 616/18 107, Protokoll Gemeinschaftssitzung DSV am 4.7.1933; Barkai, Boykott; Fiedler, Wirtschaftselite.

266 Vgl. Dülffer, Gruppe S. 169, der den Tatbestand der »Arisierung« in bester Festschriftentradition nicht bewertet, sondern lediglich die Apologetik des Wolff-Konzerns wiedergibt; RWWA, 72–145–2, Vermerke Siedersleben, 1.7. u. 18.8.1936; Siedersleben an Wolff u. Krahé, 14.7.1936; 72–19–5, Flick an Trimborn, 1.7.1952; Schriftwechsel Meyer mit MSt, Februar u. März 1935, in: SächsHStA, 11 616/4.04.

267 BAB, R 8119 F/P-1364, Flick an Mosler, 18.2.1937; Vermerk Filialbüro für Mosler, 8.2.1937; hdschr. Anmerkung Moslers, 11.2.1937; Flick an Mosler, 10. u. 18.2.1937; NARA, T83/69, Vermerk Steinbrinck, o. D. [13.5.1938]; Neebe, Großindustrie, S. 194; vgl. Ogger, Flick, S. 52.

268 NARA, T83/61, Steinbrinck an Flick, 4.11.1937; Bähr u. a., Flick-Konzern, S. 306, 324 f.

269 BAK, All. Proz. 2F, Rolle 17, FC 6077 P, Vernehmung Friedrich Flicks am 4.12.1946; NARA, RG 260 Finance, Box 184, Folder 3, Interrogation Kaletsch, 4.3.1946; BAK, All. Proz. 2F, Rolle 33, FC 6093 P, Interrogation Kaletsch, Nr. 262e, 16.12.1946; Ziegler, Dresdner Bank, S. 292–325; BAK, All. Proz. 2 F, Rolle 73, FC 6113 P, Terberger,

Vernehmung am 6.2.1947; SächsHStA, 11 616/12 337, Bericht Betriebsprüfung MSt-Riesa am 19.7–20.12.1937; falsche Angaben in NARA, RG 260 Finance, Box 184, Folder 3, Interrogation Kaletsch, 4.3.1946.

270 Eberhard Vogel: Die geschichtliche Entwicklung der Metallhüttenwerke Lübeck AG, Diplomarbeit Mannheim 1958 (in: AHL, MHL 556), S. 21 ff., 34; AHL, MHL 554, Typoskript: Vorgeschichte der Gründung, o. Verf. u. D.

271 Leben und Arbeit in Herrenwyk, S. 300; Ziegler, Dresdner Bank, S. 233–239; Priemel, Flick, S. 373; Scherner, Verhältnis, S. 177–182; Chernow, Warburgs, S. 369 f.

272 NARA, T83/59, Koppenberg/Möller: Stellung der Werke Riesa und Unterwellenborn, 10.10.1930; M 891/31, Verteidigungs-Dokumente, Steinbrinck Nr. 47: Benjamin an Hahnsche Werke, Metallgesellschaft u. Warburg, 29.5.1928; Steinbrinck Nr. 48: Flick an Neumark, 2.6.1928; vgl. Priemel, Flick, S. 372.

273 AHL, MHL 554, Typoskript: Vorgeschichte der Gründung, o. Verf. u. D.; NARA, T580/933, Vermerk Steinbrinck, 28.11.1933; Vermerk Flick, 12.1.1935; Turtenwald, Höger, S. 24; Lorentz, Industrieelite, S. 84, 164 f.; Leben und Arbeiten in Herrenwyk, S. 284 ff.

274 AHL, MHL 554, Typoskript: Vorgeschichte der Gründung, o. Verf. u. D.; NARA, T580/933, Vermerk Terberger, 6.11.1934; Aufstellungen Terbergers v. 12. u. 17.1.1935; Vermerk Steinbrinck, 24.1.1935; Flick an Bergmann, 4.2.1935; Vermerk Flick, 12.1.1935; T83/58, Burkart an Flick, 8.12.1936. Zum genauen Verlauf der Verhandlungen Priemel, »Arisierung«, S. 186 ff.; Stallbaumer, Strictly Business, S. 165 f.; Ziegler, Dresdner Bank, S. 234.

275 NARA, M 891/18, Ankl.-Dokumentenbuch IXa, Vermerk Steinbrinck, 22.1.1935 (NI-1843 a); T580/933, Vermerk Steinbrinck, 24.1.1935; Vermerk Flick, 25.1.1935; T83/58, Burkart an Flick, 8.12.1936.

276 NARA, T580/933, Kaletsch an Flick, 23.10.1935; Möller an Flick, 2.9.1936; T83/58, HWL an MH, 19.12.1936; T83/58, Burkart an Flick, 8.12.1936; Tooze, Ökonomie, S. 274.

277 BAB, R 8122/432, Möller an Flick, 21.8.1937; NARA, T83/57, Steinbrinck an Flick, 23.6.1937; T83/58, Burkart an Flick, 20.1.1937, vgl. Bähr u. a., Flick-Konzern, S. 311 ff.

278 BAK, All. Proz. 2F, Rolle 59, FC 6119 P, Interrogation Nr. 842 D, Alfred Rohde am 26.3.1947; Grünfeld, Rückblicke, S. 15.

279 NARA, T580/933, Rohde an Flick, 5.2. u. 5.7.1937; Flick an Rohde, 9.3.1937; Flick an Benjamin, 6.7.1937; M 891/18, Ankl.-Dokumentenbuch IXa, Rohde an Flick, 18.11.1937 (NI-1875); Vermerk Flick, 28.10.1937 (NI-1873); Stallbaumer, Strictly Business, S. 180; Ziegler, Dresdner Bank, S. 235; Westdeutsche Ahnentafeln, S. 171–246; Mews, Werksgeschichte, S. 23.

280 BAB, R 8122/397, Kaletsch/Kurre an Reichsstelle für Devisenbewirtschaftung, 16.10.1937; Vermerk Kaletsch, 11.9.1937; Ausarbeitung Rohde: Export-Organisation, 6.7.1938; Vermerk Flick, 24.10.1938; NARA, M 891/18, Ankl.-Dokumentenbuch IXa, Vermerk Flick, 28.10.1937 (NI-1873).

281 NARA, M 891/18, Ankl.-Dokumentenbuch IXa, Rohde an Flick, 18.11.1937 (NI-1875) u. 19.11.1937 (NI-1878); an Steinbrinck, 22.11.1937 (NI-1880 F); T580/933,

Vertrag Possehl mit MSt, 27. u. 30.11.1937; S. 33 (NI-2621 F): Flick an Oldewage, 1.12.1937; S. 28 ff. (NI-2620 F): Vermerk Rohdes über die Verhandlungen am 1. Dezember 1937; BAB, R 8122/347, Vermerk Steinbrinck, 19.1.1938

282 NARA, T580/933, Vermerk Steinbrinck, 3.12.1937; M 891/18, Ankl.-Dokumentenbuch IXa, Vermerk Flick, 7.12.1937 (NI-2625 F); Spiegelberg an Flick, 9.12.1937 (NI-4389); AHL, MHL 10, Hahn an Fabry, 10.11.1934.

283 NARA, T580/933, Vermerk Flick, 9.12.1937; Flick an Steinbrinck, 29.12.1937; M 891/18, Ankl.-Dokumentenbuch IXa, Vermerk Spiegelberg, 10.12.1937 (NI-1845); Vermerk o. Verf. (Steinbrinck), 10.12.1937 (NI-2626); Flick an Ernst Tengelmann, 28.12.1937 (NI-4382); Zangen, Aus meinem Leben, S. 123; detailliert zur »Arisierung« Wessel, Hahnsche Werke.

284 NARA, M 891/18, Ankl.-Dokumentenbuch IXa, Vermerk Rohde, 30.3.1938 (NI-4394); Vereinbarung zwischen MSt u. Possehl, 4.4.1938 (NI-1846); Vermerk Rohde, 10.2.1939 (NI-1848); T580/933, Vermerke Steinbrinck, 23.3. u. 2.4.1938.

285 AHL, MHL 45, Protokoll HV, 21.12.1938; NARA, M 891/18, Ankl.-Dokumentenbuch IXa, Flick an Klöckner, 1.4.1938 (NI-4400); Vermerk Steinbrinck, 5.1.1938 (NI-4387); Vermerk Rohde, 11.12.1937 (NI-4401); T580/933, Kaletsch an Flick, 22.12.1937; RWWA, 72–55–3, Vermerk Siedersleben, 31.1.1938.

286 NARA, T580/933, Pressenotiz, 14.4.1938; Philipp an Steinbrinck, 19.4.1938; Vermerk Philipp, 22.4.1938; Philipp an Steinbrinck, 22. u. 28.4.1938; M 891/18, Ankl.-Dokumentenbuch IXa, Vermerk Philipp, 2.2.1938 (NI-4404).

287 NARA, T83/58, Vermerk Steinbrinck, 11.4.1938; Buskühl an Flick, 7.7.1938; Flick an Buskühl, 20.5.1938; Burkart an Flick, 10.3.1939; Hahl an Fabry, 18.3.1939.

288 NARA, T83/61, Aufstellung Garske: Quoten der Petschek-Gruben, 14.2.1938; Aufstellung Streese, 27.12.1937; Steinbrinck an Flick, 4.11.1937; BAB, R 8122/80 920, S. 1125, Vermerk Steinbrinck, 20.11.1937 (NI-10 124).

289 SächsHStA, 11 616/17.08, Wirtschaftsstatistik Berg/Kraft, 16.10.1941; LHASA, Md, Rep. I, MSt Lauchhammer, Nr. 276, Betriebsbericht Berg/Kraft 1936; vgl. NARA, T83/62, Vortragsmanuskript Flicks, 5.12.1939.

290 BAK, All. Proz. 2F, Rolle 5, FC 6065 P, Interrogation Walter Bauer, Nr. 804, 14.2.1947; BAK, All. Proz. 2F, Rolle 17, FC 6077 P, Interrogation Friedrich Flick, 2.12.1946; NARA, T83/61, Vermerk betr. Gruppe Julius Petschek, o. Verf., 14.3.1938; Steinbrinck an Flick, 4.11.1937; Vermerk Steinbrinck, Datum unleserlich (20.11.1937).

291 Stallbaumer, Strictly Business, S. 264 f.; NARA, T83/61, Ausarbeitung Steinbrinck: P.-Projekt, 10.1.1938.

292 BAB, R 8122/80 920, Vermerk Steinbrinck, 22.3.1938 (NI-10 132); BAK, All. Proz. 2F, Rolle 73, FC 6133 P, Interrogation Tillmanns, Nr. 627a, 17.1.1947; BAB, R 8122/80 920, Steinbrinck an Flick, 10.9.1939 (NI-10 108); NARA, T83/65, Vermerk Steinbrinck, 5.11.1939; Tillmanns an Flick, 4.9.1940; Vermerk Flick, 4.9.1941; Bajohr, Parvenüs, S. 105 ff.; Berghausen, »Arisierung«, S. 89.

293 BAK, All. Proz. 2F, Rolle 5, FC 6065 P, Interrogation Walter Bauer, Nr. 804, 14.2.1947; Mollin, Montankonzerne, S. 265 f.; Bajohr, Parvenüs, S. 67 ff.; BAB, R 8122/80 920, Vermerk Steinbrinck, 13.1.1938 (NI-12 318); NARA, T83/5/, Briefdisposition

Herbert Göring an Merck, Finck & Co., 1.12.1938; Kaletsch an Flick, 26.11.1938; Vermerk für Kaletsch, 24.11.1939; BAK, All. Proz. 2F, Rolle 33, FC 6093 P, Interrogation Kaletsch, Nr. 2620, 7.2.1947; Rolle 17, FC 6077 P, Interrogation Friedrich Flick, 2.12.1946; Abelshauser, Krupp, S. 349; Bähr u. a. Flick-Konzern, S. 279 f.

294   NARA, T83/61, Vermerke Steinbrinck, 17. u. 21.1.1938; BAB, R 8122/80 903, Vermerk Flick, 19.1.1938 (NI-784).

295   StAN, Rep. 501, KV-Prozesse, Fall 5, B 15, Göring an Flick, 21.1.1938 (NI-900); Stallbaumer, Strictly Business, S. 231; Bähr u. a., Flick-Konzern, S. 332 ff.

296   NARA, T83/61, Vermerk Steinbrinck, 28. u. 29.1.1938; Vermerk Steinbrinck betr. UCC-Kredit, 29.1.1928; Flick: Erklärung, heute abzugeben, 29.1.1938; Schulz, Brüning zu Hitler, S. 293 ff.; Olsson, Stockholms Enskilda Bank; Ellis/Vertin, Wall Street People, S. 28 ff.

297   NARA, T83/62, Vermerk Steinbrinck, 31.1.1938; Göring an Flick, 1.2.1938; T83/61, Vermerke Steinbrinck, 31.1, 2.2. u. 16.2.1938; Programm für die Besprechung mit Körner, 16.2.1938.

298   Bajohr,»Arisierung« in Hamburg, S. 18; Herbst, Banker, S. 84 ff.; Safrian; Genese; NARA, T83/61, Vermerk Flick, 25.4.1938; Steinbrinck an Flick, 28.4.1938.

299   NARA, T83/61, Steinbrinck an Flick, 28. u. 29.4.1938; Kaletsch an Flick, 29.4.1938; Vermerke Steinbrinck, 17., 18. u. 20.5.1938; Vertrag zwischen UCC u. MSt, 21.5.1938; Körner an Flick, 25.5.1938; Banken, Großraubwirtschaft, S. 249 ff.; Tooze, Ökonomie, S. 290 ff.

300   NARA, T83/62, Hellberg an Steinbrinck, 5.8.1938; Vertragsentwurf IG Farben u. MSt, 6.8.1938; IG Farben an MSt, 7.11.1938; BAK, All. Proz. 2F, Rolle 17, FC 6077 P, Interrogation Friedrich Flick, Nr. 383d, 30.12.1946; BAB, R 3101/31 005, Schlussbericht über die Rückführung, 16.12.1938; R 8122/80 920, Vermerk Steinbrinck, 23.11.1938 (NI-7586).

301   StAN, Rep. 502, KV-Anklage, Handakten B 75, Aufstellung: Money consideration involved in Julius Petschek Transactions, o. D.; BAB, R 3101/31 005, Schlussbericht über die Rückführung, 16.12.1938; HStaD, Rep. 200, Nr. 2697, Abschrift Warth an AKW, 16.3.1940 (NI-5301); NARA, T83/66, Vermerk Flick, Schmidt, Buskühl, 2.3.1940.

302   BAK, Z 45 F-2/207/7, Steinbrinck an Wohlthat, 14.7.1938 (NI-896).

303   BAK, All. Proz. 2F, Rolle 13, FC 6073 P, Interrogation Hugo Dietrich, Nr. 817a, 21.2.1947; StAN, Rep. 502, B-82, Hugo Dietrich an Steinbrinck, 20.6.1938 u. 6.2.1939; vgl. Fall 5, S. 61 ff.; Eichholtz, Anatomie, S. 50. So auch Ogger, Flick, S. 200 u. Kessen, Kunst, S. 42.

304   BAB, R 3101/31 005, Vermerk Wohlthat, 23.9.1938; Wohlthat an Gebhardt, 8.10.1938; Rundschreiben Wohlthat, 24.10.1938; Vermerk Wohlthat, 8.3.1939; NARA, T83/62, Vermerk Steinbrinck, 20.3.1939; Rundschreiben Wohlthat, 27.12.1938; Friedenberg, Moabit-West; Osterloh, Judenverfolgung S. 347–351.

305   BAB, R 3101/31 010, Liste der Interessenten am Petschek-Besitz, 10.1.1939, sowie diverse Schreiben in dieser Akte; AKW an Gabel, 21.2.1939; Kaletsch u. Steinbrinck an Gabel, 22.2. u. 16.3.1939; NARA, T83/62, Vermerk Steinbrinck, 22.2.1939; T83/61, Vermerk Steinbrinck, 25.2.1939; BAK, Z 45 F-2/207/7, Steinbrinck an Flick, 24.2.1939 (NI-929).

306   NARA, T83/61, Vermerk Flick, 30.6.1938; vgl. hier und im folgenden Bähr u. a., Flick-Konzern, S. 343–378.

307   BAK, All. Proz. 2 F Rolle 53, FC 6113 P, Interrogation Pleiger, Nr. 299c, 27.12.1946; BAB, R 8122/58, Vermerk Steinbrinck, 3.3.1939.

308   BAB, R 3101/31 011, Pleiger an Funk, 3.3.1939; Kehrl an Gabel, 10.3.1939; Akten-vermerk 21.3.1939; NARA, T83/61, Vermerk Steinbrinck, 13.3.1939.

309   NARA, T83/62, Vermerk Steinbrinck, 3.3.1939; BAB, R 8119F/P-953, Buskühl an Flick, 11.11.1936; Otto Schlarb: Bericht über eine Grubenfahrt auf der Zeche De Wendel am 4.11.1936; NARA, T83/64, Vermerke Steinbrinck, 3.4.1939; Flick, 19.4. u. 9.5.1939; Kaletsch, 20.6.1939; Steinbrinck, 30.6.1939; T83/62, Vermerke Flick, 21.4. u. 11.5.1939; Vermerk Sekr. Steinbrinck (Garske), 24.4.1939; T83/61, Vereinbarung zwischen Stahl u. Flick, 28.6.1939; BAB, R 8119 F/P-1189, Kimmich/Kiehl an Flick KG, 23.12.1937; Kimmich/Kiehl an Flick KG, 9.12.1937.

310   NARA, T83/62, Vermerk Flick, 10.10.1939; BAB, R 8122/80 920, Flick an Plei-ger, 24.4.1939 (NI-5710); ein zuverlässiger Überblick über den materiellen Gehalt der Ver-handlungspositionen in TKA, A/8923, Otto Heß: Bewertungsgutachten, 7.5.1953, S. 468–491, sowie bei Bähr u. a., Flick-Konzern, S. 343–368; vgl. Müller, Kehrl, S. 30 f.; Erker, Industrieeliten u. Riedel, Eisen.

311   BAB, R 8122/882, Raabe u. Terberger an Flick, 14.6.1939; Auszug aus der Verord-nung über die Zulegung von Bergwerksfeldern vom 25. März 1938 (Rgbl. 1938, S. 345); Vermerk Burkart, 17.6.1939; Hahl an Flick, 21.7.1939; Flick an Vorstand MH, 25.7.1939; Flick an Steinbrinck, 26.7.1939; Auszug Vermerk Steinbrinck, 25.7.1939; NARA, T83/63, Vermerk Flick, 22.8.1939; T83/62, Vermerk Flick, 25.8.1939; T83/62, Philipp an Stein-brinck, 6.7.1939.

312   NARA, T83/62, Zwei Vermerke Flicks v. 11.9.1939; T83/ 63, Vermerk Flick, 27.9.1939; Konzernarchiv TUI, 12/150/14, Flick an Pleiger, 27.9.1939.

313   NARA, T83/63, Vermerk Flick, 27.9. u. 10.10.1939; T83/64, Stahl an Flick, 2.10.1939; Konzernarchiv TUI, 12/150/14, Flick an Pleiger, 20.10.1939; NARA, T83/62, Steinbrinck an Flick, 11.11.1939; Vermerk Flick, 10.10.1939.

314   BAB, R 8122/80 920, Vermerk Flick, 24.8.1939 (NI-10 088); BAK, All. Proz. 2 F Rolle 53, FC 6113 P, Interrogation Pleiger, Nr. 299c, 27.12.1946.

315   NARA, T83/62, Ausarbeitung: Für die Besprechung mit Herrn Pleiger, 6.6.1939, Vermerk Steinbrinck, 22.6.1939; BAB, R 3101/31 007, Vermerk, 4.8.1939.

316   NARA, T83/61, Dietrich an Flick, 2.8.1939; T83/62, Vorstandsbeschluss Harpen vom 6.12.1939; T83/64, Flick an Göring, 20.1.1940, Entwurf Göring an Flick; Kaletsch an Flick, 30.1. u. 3.2.1940; BAB, R 8122/1246, Vermerk Steinbrinck, 3.8.1939; Streese an Steinbrinck, 5.8.1939; R 8122/80 904, Vermerk Flick, 8.12.1939; R 8122/80 906, Kaletsch an Flick, 14.3.1940; R 3101/33 509, Gabel an Landfried, 1.3.1940; R 3101/30 985, RWM an Flick, 2.3.1940; Abschrift d. Vertragsausfertigungen v. 6. u. 12.3.1940; Konzernarchiv TUI, 12/712/13, Vereinbarung Harpen u. Reichswerke, 9.12.1939; Stallbaumer, Strictly Business, S. 350 f.

317   Eigene Berechnung (Förderung ohne Mont Cenis) auf der Basis der Angaben in BAB, R 3101/30 985, Aufstellung über Vorräte, Förderung u. Gesamtbeteiligung Harpen,

13.12.1939; zur Quote von Mont Cenis R 8119F/P-959, Flick an Kimmich, 28.6.1939; R 3101/30 985, RWM an Flick, 2.3.1940; vgl. Bähr u. a., Flick-Konzern, S. 364 f., 367.

318   NARA, T83/62, Flick an Steinbrinck, 13.5.1939; Vortragsmanuskript Flicks, 5.12.1939; Bleidick, Hibernia-Affäre.

319   NARA, T83/62, Vermerk Steinbrinck, 3.3.1939; Vermerk Flick, 10.5.1939; Kurre an Flick, 12.8.1939; Vermerk über den Besuch von Vertretern der Hermann-Göring-Werke bei Harpen in Dortmund, 6.11.1939; Kaletsch an Flick, 24.11.1939; Rohde an Flick, 25.11.1939; StAN, Rep. 502, B-91, German Economic Department, Foreign Office: German Industrial Complexes. The Flick Concern, October 1945, S. 20.

320   Aussage Flicks gegenüber Steinbrinck, die von Buskühl und Schmidt bestätigt worden sei, vgl. BAB, R 8122/80 920, Flick an Steinbrinck, 21.12.1939 = NI-10 054 (F).

321   NARA, T83/62, Vortragsmanuskript Flicks, 5.12.1939.

322   TKA, A/8923, Otto Heß: Bewertungsgutachten, 7.5.1953, S. 457 f.; NARA, T83/62, Beschluss vom 6.12.1939; T83/66, Vermerk Flick, Schmidt, Buskühl, 2.3.1940; vgl. Bähr u. a., Flick-Konzern, S. 367.

323   Wixforth, Stiller Teilhaber; Köhler, »Arisierung«, S. 374 ff.; Kreutzmüller, Finanzplatz, S. 27; BAB, R 8122/6, Vermerke Flick, 5.7.1938; Kaletsch, 18.7.1938; Steinbrinck, 30.8. u. 2.9.1938; Steinbrinck an Hoffmann, 31.8.1938; Hoffmann an Steinbrinck, 5.9.1938; Deutsche Bank an MSt, 16.9.1938; Steinbrinck an ESt, 17.9.1938.

324   Eigene Berechnungen. Daten aus: SAPMO-BA, DG 2/3173 (Döhlen); BAB, R 8122/430, Bl. 2–4; R 8122/359, Bl. 201 (Mittelstahl-Maxhütte); Geschäftsberichte Harpen/ ESt/AKW (Kohle); NARA, T83/64, Hahl an Flick, 20.1.1940 (Braunkohle). Vergleichsdaten Tooze, Ökonomie; Mollin, Montankonzerne; Huske, Steinkohlenzechen; Bevölkerung und Wirtschaft 1872–1972.

325   Ebd., zum Elektrostahl BAB, R 8122/116, Küttner an Flick, 2.2.1942; Spoerer, Von Scheingewinnen, S. 155, 182 ff.; Bähr u. a., Flick-Konzern, S. 91–99.

326   Gleitze, Ostdeutsche Wirtschaft, S. 11; vgl. Bähr u. a., Flick-Konzern, S. 93 u. 96 ff.

Krieg und Prozess

1   BAB, R 8122/80 918, Rede Flicks zu seinem 25. »Dienstjubiläum« (Konzept), 1.4.1940 (NI-3345), S. 3, 23–26.

2   BAB, SSO 152 B, Steinbrinck an den Reichsführer SS (über SS-Personalhauptamt) und separat an Himmler persönlich, beides 3.5.1944; SS-Standartenführer Brandt an Chef des SS-Personalhauptamts, 9.6.1944 (Zitat); Chef des SS-Personalhauptamts an Steinbrinck, 15.6.1944; Steinbrinck an Chef des SS-Personalhauptamts, 21.10.1944, und die ablehnende Antwort, 25.11.1944. Vgl. die biografischen Angaben in Fall 5, S. 454–456; Mollin, Montankonzerne, S. 125–127; Eglau, Fritz Thyssen, S. 220 f.

3   Daten nach: Fall 5, S. 458; NrwHStA Düsseldorf, NW 1002-I-72 155, Entnazifizierungs-Fragebogen Odilo Burkart, 9.5.1949. Danach war Burkart von 1934 bis 1936 immerhin Mitglied der SA-Reserve.

4   NARA, RG 260 Farben, Box 21, Vernehmung Weiss, 26.4.1946 (Zitat S. 2); Bernhard Weiss, Betrifft: Beziehungen zwischen Siemag und Friedrich Flick Komm. Ges., sowie deren Konzerngesellschaften, 29.7.1946; BAK, All. Proz. 3 Siemers Nr. 82, Bernhard Weiss, Beschreibung der eigentlichen Tätigkeit in Berlin, 24.9.1947, S. 8; Lebenslauf Weiss, Fall 5, S. 459.

5   BAK, All. Prof. 2F, Rolle 73, FC 6133 P, Erklärung Robert Tillmanns, 20.1.1947; Rolle 33, FC 6039 P, Vernehmung Konrad Kaletsch, 3.12.1946. Postkonferenzen: NARA, RG 260 Farben, Box 21, Vernehmung Weiss, 26.4.1946, S. 10; Aufsichtsräte: HADrB, 34 217–2001, Notiz Busch, 27.5.1940.

6   Bähr u. a., Flick-Konzern, S. 97–99.

7   SächsHStA, 11 616/4.06, Poolvertrag, 29.12.1939/8.1.1940; MSt an den Sächsischen Minister für Wirtschaft und Arbeit, 6.12.1940; Gehlofen, Notiz für Herrn Dr. Flick, 7.10.1941; NARA, T 83/67, S. 521, Notiz Tillmanns, 23.2.1944. Zu Mutschmanns Wirtschaftspolitik: Mai, Gauleiter, S. 176–193.

8   NARA, T 83/64, S. 1164, Hahl, Notiz für Flick zur Besprechung mit Hellberg, 20.1.1940.

9   Vgl. NARA, T 83/66, S. 30–55, Geschäftsberichte AKW und WW für das Geschäftsjahr 1939; S. 548, Steinbrinck, Betriebliche Zusammenarbeit AKW/WW, 12.6.1939.

10   Ebd., S. 535, Steinbrinck, Künftige Struktur des Braunkohlenkonzerns, 18.10.1939.

11   Ebd., S. 530–533, Steinbrinck, Arbeitsteilung zur Vorbereitung des Austauschs Steinkohle gegen Braunkohle, 11.12.1939; S. 480, Notiz Kaletsch, 8.1.1940 (Zitat); S. 465–474, Flick, Überlegungen, 6.1.1940.

12   Ebd., S. 376, Werning, Notiz für Herrn Flick, 8.2.1940 (erstes Zitat); S. 355, Kaletsch, Übersicht betreffend Fragen zur Zusammenfassung der Braunkohlenunternehmungen, 9.2.1940; S. 302, Notiz Brockhues, 12.2.1940 (zweites Zitat); S. 346–348, Notiz Flick, 9.2.1940 (drittes Zitat).

13   Ebd., S. 285, Werning, Notiz für Herrn Kaletsch, 15.2.1940; S. 397, Kaletsch, Notiz für Herrn Flick, 2.2.1940; S. 277 f., Kaletsch an Schmidt, 23.2.1940.

14   Ebd., S. 105 f., Kaletsch, Kapitalaufbau AKW + WW, 7.3.1940; S. 133–145, Notiz Basler, 6.3.1940; StAN, Rep. 502, KV-Anklage, Handakten B 2, Lang/Kurre, Entwicklung der wichtigsten Beteiligungen, 9.5.1946, S. 6–8; NARA, T 83/66, S. 234–236, Kaletsch, Notiz für Herrn Flick, 29.2.1940; S. 161, dito, 12.4.1940.

15   Mollin, Montankonzerne. S. 187; NARA, T 83/66, S. 948, Kaletsch, Vergleichszahlen Rheinbraun – AKW, 21.11.1941. Größenordnungen innerhalb des Flick-Konzerns: StAN, Rep. 502, KV-Anklage, Handakten B 2, Lang/Kurre, Entwicklung der wichtigsten Beteiligungen, 9.5.1946. Thüko-Zitate: SächsHStA, 11 540/74, Organvertrag zwischen Thüko und AKW, 10.5.1941.

16   NARA, T 83/64, S. 1150–1152, Notiz Hellberg, 12.3.1940.

17   Ebd., S. 1195, Aktennotiz Wetzell, 9.3.1939; S. 1302 f., Kaletsch an Hellberg, 4.3.1940; BAK, All. Proz. 2F, Rolle 26, FC 6086 P, Vernehmung Franz Hellberg, 24.3.1947. Zu Hellbergs Biografie vgl. Raab u. a., Franz Hellberg.

18   NARA, T 83/64, S. 1148, Notiz Hellberg, 12.3.1940.

19   Ebd., S. 1147, Aktenvermerk Hellberg, 12.3.1940.

20   NARA, T 83/70, S. 163–168, Kaletsch/Kurre, Erläuterungen, o. D. (4.7.1940). In der Ausdifferenzierung wurden unter »Kapital und Reserven« noch die – für die Unternehmenskontrolle irrelevanten – Harpen-Obligationen von 1935 sowie Bergschäden gerechnet, so dass sich nach einer buchhalterisch korrekten Ermittlung die Summe auf 332 Mio. RM belief.

21   Spoerer, Von Scheingewinnen, S. 87–89, 118–121; Voß, Steuern, S. 115 f.; Pritzkoleit, Gott, S. 52–65.

22   SächsHStA, 11 616/14.12, Kaletsch an Gehlofen, 25.4. und 5.5.1942; Düsseldorfer Nachrichten, 13.5.1942; die einzelnen Angaben nach: StAN, Rep. 502, KV-Anklage, Handakten B 2, Lang/Kurre, Entwicklung der wichtigsten Beteiligungen, 9.5.1946; Angabe Busch: SächsHStA, 11 692/127, Prüfungsbericht Warth über Jahresabschluss Bautzen per 30.9.1941, März 1942, S. 55–60.

23   Vgl. NARA, T 83/70, S. 181, Kapital- und Reservenverteilung der zu konsolidierenden Gesellschaften, o. D. (4.7.1940).

24   BAB, R 8122/1076, Lang an Kaletsch, 5.11.1945.

25   I/1/40, Bl. 22 f., Protokoll der außerordentlichen Harpen-Hauptversammlung am 11.4.1940; NARA, T 83/63, Bl. 243–245, Niederschrift Flick/Buskühl/Schmidt, 21.5.1940.

26   NARA, T 83/66, S. 950–956, 1040–1045, Notizen für Kaletsch, 18.9. und 18.11.1941; S. 1056–1064, Niederschrift o. V., o. D. (1941).

27   Ebd., S. 957–962, Notiz Flick über eine Besprechung mit Karl Kimmich (Deutsche Bank), 29.10.1941; S. 998, Kaletsch, Notiz für Herrn Flick, 23.10.1941; S. 1028 f., Notiz [Flick], 4.10.1941; S. 1021, Dietrich an Brockhues, 14.10.1941 (Zitat); S. 1008 f., Dietrich an Flick, 20.10.1941; BAB, R 8122/80 918, Notiz Flicks über eine Besprechung mit Wirtschaftsminister Funk am 27.12.1941 (NI-3335).

28   NARA, T 83/66, S. 996, Kaletsch, Notiz für Herrn Flick, 23.10.1941.

29   Vgl. R 8122/80 918, Notiz Flicks über Besprechung mit Funk am 27.12.1941 in Tölz (NI-3335); SächsHStA, 11 616/5.29, Genehmigungsantrag MSt an RWM, Dr. Josten, 20.4.1942; Organvertrag MSt/AKW, 12.5./13.6.1942; Beschluss des MSt-Vorstands, 4.5.1942; RFM an MSt, 27.4.1942; StAN, Rep. 502, KV-Anklage, Handakten B 21, Kaletsch, Bemerkungen zum I. G.-Vertrag Mittelstahl/Maxhütte, 1.5.1942; B 53, Kaletsch, Denkschrift betreffend die Neuregelung im Konzernaufbau, 8.3.1943, S. 3.

30   BAB, R 8122/80 917, Kaletsch, Notiz für Herrn Flick, 15.8.1941 (NI-1654); SächsHStA, 11 616/5.29, Organvertrag Mittelstahl/Maxhütte, 12.5.1942; Protokoll der Gemeinschaftssitzung der beiden Vorstände, 12.5.1942; Vereinbarung Maxhütte/Mittelstahl, 12.5.1942; StAN, Rep. 502, KV-Anklage, Handakten B 21, Kaletsch, Bemerkungen zum I. G.-Vertrag Mittelstahl/Maxhütte, 1.5.1942.

31   SächsHStA, 11 692/46, Vertrag MSt/LHW/Bautzen, 12.2.1942 (Entwurf); StAN, Rep. 502, KV-Anklage, Handakten B 21, Kaletsch, Bemerkungen zum I. G.-Vertrag Mittelstahl/Maxhütte, 1.5.1942; B 53, Kaletsch, Denkschrift betreffend die Neuregelung im Konzernaufbau, 8.3.1943, S. 12 f. (Zitat).

32   Ebd., S. 3; I/1/46, Ausführungen Flicks auf der Vorstandssitzung der Maxhütte am 20.4.1943, S. 4.

33 Vgl. R 8122/80918, Notiz Flicks über eine Besprechung mit Wirtschaftsminister Funk am 27.12.1941 in Tölz (NI-3335); I/1/60, Vermerk Koch, 3.5.1943; SächsHStA, 11616/5.28, Hauptbuchhaltung Riesa, Umsätze mit Maxhütte und A.K.W., 7.1.1943; I/1/46, Maxhütte an MSt, 6.4.1943; SächsHStA, 11616/5.29, Maxhütte an MSt, 6.4.1943; Niederschrift über die Abrechnung des Organverhältnisses Mittelstahl/AKW, 24.5.1944; FKG an Reichsminister der Finanzen, 8.3.1945. Zu Rechtsprechung und zahlreichen Eventualitäten hinsichtlich des Verhältnisses von Organverträgen und Schachtelprivileg vgl. Schultze-Schlutius, Organtheorie, insb. S. 151 f.

34 NARA, RG 260 Farben, Box 21, Vernehmung Weiss, 26.4.1946, S. 20 (Zitat); NARA, T 83/66, S. 1028 f., Notiz [Flick], 4.10.1941; StAN, Rep. 502, KV Anklage, Handakten B 27, Notiz o.V., 18.6.1941.

35 BAB, R 8122/80920, Notarielles Protokoll Hugo Dietrich, 12.5.1944 (NI-5529); Deutsche Dienststelle für die Benachrichtigung der nächsten Angehörigen von Gefallenen der ehemaligen deutschen Wehrmacht, Berlin, an Dagmar Ottmann, 14.6.2007.

36 LAB, A Rep. 092 Nr. 409, Finanzamt Berlin-Hansa an OFP Berlin, 23.9.1941; OFP Berlin an RFM, Abt. III, 27.9.1941; RFM, Abt. IIIb, an Lang, 16.10.1941; Vermerk OFP Berlin, 22.11.1941 (Zitat); zu Otto-Ernst Flick: I/2/40, Burkart an Flick, o.D.

37 BAB, R 8122/80920, S. 39–158 (Zitate S. 44, 54, 90, 141), Gesellschaftsvertrag der Friedrich Flick Kommanditgesellschaft Düsseldorf in der Fassung vom 21. November 1941, erläutert von Hugo Dietrich (NI-5455); Vollmacht Otto-Ernst Flick, 25.12.1939 (NI-5459B).

38 Buchheim, Unternehmen, S. 381. Vgl. allgemein Volkmann, Ökonomie; Eichholtz, Geschichte 1–3; zu einzelnen Unternehmen beispielhaft Hayes, Industry; Mollin, Montankonzerne; Wixforth, Expansion; Bähr, GHH.

39 Müller, Mobilisierung, S. 445; BAK, All. Proz. 2F, Rolle 24, FC 6084 P, Interrogation Summary Hermann von Hanneken, 5.2.1947. Sondierungen vor Kriegsbeginn: Priemel, Flick, S. 434 f.; Bähr u. a., Flick-Konzern, S. 384–399.

40 BAB, R 2/1548, Flick an Hanneken, 8.11.1939 (erstes Zitat); NARA, RG 260 Farben, Box 21, Kaletsch an Walter Pohle, 19.10.1940; BAB, R 2/15483, Niederschrift über die Sitzung des Poolausschusses, 7.11.1939 (zweites Zitat); BAB, R 8122/80920, Flick, Notiz über Besprechung mit Körner und Marotzke, 2.8.1940 (NI-14954). Die Bestätigung erfolgte nach Flicks Darstellung wiederum nur mündlich.

41 NARA, T 83/69, S. 142–149, Notiz Flick, 24.9.1940; Röhr, Rolle, S. 26–28; Mollin, Montankonzerne, S. 192 f.; Wixforth/Ziegler, Expansion.

42 NARA, T 83/69, S. 166, Rohde (gezeichnet Flick), Notiz über die heutige Besprechung bei der Haupttreuhandstelle Ost betreffend Bismarckhütte, 3.9.1940 (erstes Zitat). Diese Formulierung findet sich allerdings nicht im Protokoll der Besprechung mit Körner, auf die Flick hier verwies: BAB, R 8122/80920, Flick, Notiz über Besprechung mit Körner und Marotzke, 2.8.1940 (NI-14954). Zweites Zitat: NARA, T 83/69, S. 93, Flick an Pleiger, 11.10.1939.

43 HAK, WA 66/149, Niederschrift Löser, 19.10.1939; Janssen an Alfried von Bohlen, 6.4.1940; Abelshauser, Rüstungsschmiede, S. 369–371.

44   Flick und Rohde an die HTO, 22.7.1940, in: Bähr u. a., Flick-Konzern, S. 827–833; vgl. ebd., S. 411. Zur HTO ausführlich Rosenkötter, Treuhandpolitik.

45   BAB, R 8122/80 920, Flick, Notiz über die heutige Besprechung mit dem Herrn Staatssekretär Körner und Ministerialdirigent Marotzke, 2.8.1940 (NI-14 954); vgl. Okkupationspolitik, S. 183.

46   NARA, T 83/69, S. 166, Rohde (gez. Flick), Notiz über die heutige Besprechung bei der Haupttreuhandstelle Ost betreffend Bismarckhütte, 3.9.1940. Vgl. Flick an Göring, 1.11.1940 (NI-3548), Fall 5, S. 240 f.; danach entstand Funks Anweisung »im Zusammenhang eines von uns gestellten Antrages«.

47   NARA, T 83/69, S. 160–165, Aktennotiz Burkart, 10.9.1940; S. 142–149, Notiz Flick. Betrifft: Heutiger Besuch bei General v. Hanneken, 24.9.1940 (erstes Zitat); S. 151, Burkart, Notiz für Herrn Flick, 26.9.1940 (zweites Zitat); WWA, F 14/2, Burkart, Besichtigungsreise im Olsa-Gebiet und in Ostoberschlesien vom 18.-20. September 1940, 25.9.1940.

48   NARA, T 83/69, S. 135, Burkart, Notiz für Herrn Flick, 9.10.1940; NARA, RG 260 Farben, Box 21, Pohle an Kaletsch, 7.10. und 19.10.1940.

49   NARA, T 83/69, S. 281, Weiss, Notiz für Herrn Flick, 11.7.1941; S. 290, Burkart, Notiz für Herrn Flick, 9.6.1941 (Zitat); StAN, Rep. 502, KV-Anklage, Handakten B 86, MSt, Bescheinigung für Rohde, 12.11.1943; Abelshauser, Rüstungsschmiede, S. 371; Wixforth, Expansion, S. 451–460; Mollin, Montankonzerne, S. 194.

50   Flick an Buskühl, 23.6.1940 (NI-3513), Raabe an Flick, 2.7.1940 (NI-3531), Fall 5, S. 228–233; Bähr u. a., Flick-Konzern, S. 441; Deutsche Bergwerkszeitung, 9.11.1939.

51   Flick an Buskühl, 23.6.1940 (NI-3513), Fall 5, S. 228–232; Bähr u. a., Flick-Konzern, S. 443. Verkaufsbeteiligung (5,76 %) und Verbrauchsbeteiligung (3,58 %): BAB, R 8119F/P-952, Quartalsbericht Harpen 2/42. Im Selbstverbrauch beliefert wurden außerdem die Buderus'schen Eisenwerke, die 51 % der ansonsten in Harpen-Besitz befindlichen Gewerkschaft Siebenplaneten hielten: WWA, F 79/27, HBAG, technische Abteilung, an Schlarb, 18.10.1941; Pohl, Buderus, S. 34.

52   Mollin, Montankonzerne, S. 217 (Zitat), 238. Vgl. das Besprechungsprotokoll des Kleinen Kreises vom 7.6.1940 (NI-048), Fall 5, S. 215–219.

53   BAB, R 13 I/607, Poensgen an Flick, Klöckner, Löser, Lübsen, Tghart und Zangen, 27.6.1940; Mollin, Montankonzerne, S. 127, 235 f. Flicks Versuch zur Installation Brenneckes ist dokumentiert in Fall 5, S. 219 f. Der Hinweis auf die Verwandtschaft von Paul und Karl Raabe und die Bezeichnung als »Generalerzbischof« in BAK, All. Proz. 2F, Rolle 17, FC 6077P, Vernehmung Otto-Ernst Flick, 21.11.1946.

54   BAB, R 13 I/607, Poensgen an Flick, Klöckner, Löser, Lübsen, Tghart und Zangen, 27.6.1940 (Zitat); 602, Reichert an Ernst und Helmuth Poensgen, 20.6.1940. Vgl. Mollin, Montankonzerne, S. 239; Berger, Beziehung, S. 168; Verteilungsvorschläge der Reichsstelle für Eisen und Stahl, 26.7.1940 (NI-3518), Fall 5, S. 222–226.

55   Konzernarchiv TUI, 12/720/6, WG Eisen an die Mitglieder des Beirats, 7.9.1940; StAN, Rep. 501, KV-Prozesse, Fall 5, B 20, Notiz Burkart, 16.8.1940 (NI-3539); BAB, R 8122/80 917, Kaletsch, Notiz für Herrn Flick, 19.9.1940 (NI-1643). Vgl. dagegen Wengenroth, Beute, S. 458, nach den Akten der Gutehoffnungshütte.

56   Burkart, Rücksprache mit Herrn von Hanneken am 27.8., 28.8.1940 (NI-3529), Fall 5, S. 234 f.; NARA, T 83/69, S. 135, Aktennotiz Burkart, 10.9.1940. Die Angaben zu Harpen aus: WWA, F 79/27, Denkschrift »Wiederaufbau der Harpener Kapazität nach Abgabe der Zechengruppe Herne und der Zeche Victoria Lünen«, Juli 1940 (Entwurf o. V.); Niederschrift über die Vorstandsbesprechung am 20. April 1940.

57   NARA, T 83/69, S. 149, Notiz Flick, 24.9.1940 (Zitat); Flick an Poensgen, 2.10.1940 (NI-2505), Fall 5, S. 237–239. Das Kapital der Rombach-Eignerin SLAR wurde teilweise von der Société de la Marine et d'Homécourt gehalten; Berger, La France, S. 586. Zu Laurent vgl. ebd., passim.

58   BAB, R 8122/80 917, Flick an Hanneken, 7.10.1940 (NI-2506, Zitat); Kaletsch, Notiz für Herrn Flick, 2.10.1940 (NI-3542), Fall 5, S. 235 f.

59   BAK, All. Proz. 2F, Rolle 23, FC 6083 P, Vernehmungen Hans Hahl, 24.4. und 5.5.1947; Rolle 33, FC 6093 P, Vernehmung Konrad Kaletsch, 16.12.1946; BAB, R 8122/355, Notiz für Flick, 24.8.1940; NARA, RG 260 Farben, Box 21, Bernhard Weiss, Bericht über die Dnjepr-Stahl G. m. b. H., 26.7.1946; Eichholtz, Geschichte 1, S. 321. Verteilung der Werke: BAB, R 8122/80 917, Hahl, Verteilungsplan Luxemburg/Lothringen, 8.10.1940 (NI-2512). Vgl. die unterschiedlichen Pläne Poensgens und Küttners in der Anlage zu: Poensgen an Tgahrt, 23.10.1940, Eichholtz, Geschichte 1, S. 332 f.

60   StAN, Rep. 502, KV-Anklage, Handakten B 43, Burkart, Notiz für Herrn Flick, 10.10.1940; BAK, All. Proz. 99 US 7/400, Flick an Göring, 1.11.1940 (NI-3548), Flick an Körner, 2.11.1940 (NI-3528); Fall 5, S. 240 f.

61   Röchling an Hanneken, 22.1.1941 (NI-3018), Fall 5, S. 241–244 (Zitat); Mollin, Montankonzerne, S. 240; Konzernarchiv TUI, 12/720/6, Raabe an Pleiger, 12.9.1940. Endfassung Erlass: RWM an Poensgen, 21.2.1941, in: Eichholtz, Geschichte 1, S. 333–335; Bähr u. a., Flick-Konzern, S. 449.

62   FKG an RWM, Hauptabteilung II, 28.2.1941 (NI-1764), Fall 5, S. 248 f.; BAB, R 8122/80 917, Flick an CdZ, 1.3.1941 (NI-1644); BAB, R 8122/80 917, Kaletsch, Notiz für Herrn Flick, 17.2.1941 (NI-1640); Auszüge in: Fall 5, S. 249 f.

63   BAB, R 8122/80 917, Notiz Hahl, 25.4.1941 (NI-1653); Notiz Hahl, 7.5.1941 (NI-1651); Kaletsch, Notiz für Herrn Dr. Burkart, 30.5.1941 (NI-1652); Kaletsch, Notiz für Herrn Flick, 24.3.1941 (NI-1645); Geschäftsordnung für die Geschäftsführung der Rombacher Hüttenwerke G. m. b. H., o. D. (NI-1646).

64   StAN, Rep. 502, KV-Anklage, Handakten B 43, Notiz Burkart, 5.2.1941; NARA, T 83/56, S. 849, Betrifft: Aufsichtsrat Rombach, 26.8.1941; I/1/45, Niederschrift über AR-Sitzung Rombacher Hüttenwerke, 29.1.42; Rombacher Hüttenwerke, Geschäftsbericht 1941/42; I/2/40, Burkart an Flick, o. D.

65   BAB, R 8122/80 917, CdZ an Rombacher Hütte, 30.7.1941 (NI-1888); Rombacher Hüttenwerke an Kaletsch, 9.4.1941 (NI-1890; Zitat); Basler, Notiz betr. Besprechung bei den Hermann Göring-Werken wegen Lothringer Werke, 19.1.1943 (NI-1989); (Basler), Notiz für Herrn Dr. Flick, 20.1.1943 (NI-2513), Fall 5, S. 250–253.

66   Bähr u. a., Flick-Konzern, S. 453; Jones, Friedrich Flick, S. 171–177; StAN, Rep. 502, KV-Anklage, Handakten B 263, Geschäftsbericht der Rombacher Hüttenwerke 1942/43, S. 5; Rombacher Hüttenwerke, Bericht über Grundlage der Bilanzierung, März

1944, S. 16; NARA, T 83/56, S. 744–765, Kaletsch, Verschiedene Berechnungen zur Rbch.-Transaktion, 3.2.1941; NARA, RG 260 Farben, Box 99, Interrogation of Konrad Kaletsch, 22.9.1946.

67   Aussage von Jacques Laurent im Vorfeld des Flick-Prozesses, 21.12.1946 (NI-5396), Trials VI/2, S. 853–859; Berger, La France, S. 586; allgemein Wengenroth, Beute, S. 461 f.

68   WWA, F 65/323, Klein an Ministerialrat Schmitt (RWM), 19.10.1941; RWM an Klein, 21.2.1941; StAN, Rep. 502, KV-Anklage, Handakten B 43, Jacobs an Hahl, 21.11.1940.

69   BAB, R 8122/74, Hahl für Burkart, Zur Besprechung mit Herrn von Hanneken, 31.3.1941; BAK, All. Proz. 2F, Rolle 23, FC 6083 P, Vernehmung Hans Hahl, 5.5.1947; RWWA, 72–171–6, Vermerk Siedersleben, 1.2.1943; StAN, Rep. 502, KV-Anklage, Handakten B 17, Kaletsch, Lebenslauf Friedrich Flick, o. D., S. 7 (Zitat); BAB, R 8122/1062, Ausarbeitung Kaletschs »Betr. Lothringen/Rombacher Hüttenwerke«, mit Schreiben Kaletsch an Schlieker, 10.8.1945.

70   StAN, Rep. 502, KV-Anklage, Handakten B 263, Geschäftsbericht Rombacher Hüttenwerke 1942/43, S. 10; B 42, Kaletsch, Notiz für Herrn Flick, 18.8.1943; NARA, T 83/55, S. 124, Notiz Otto-Ernst Flick, 24.3.1944; Betriebsüberlassungsvertrag, 15.12.1941, § 4, in: Bähr u. a., Flick-Konzern, S. 840–844; WWA, F 79/27, HBAG, technische Abteilung, an Schlarb, 18.10.1941: Denkschrift über die Versorgung der Rombacher Hüttenwerke.

71   RWWA, 72–171–6, Vermerk Siedersleben, 1.2.1943; StAN, Rep. 502, KV-Anklage, Handakten B 263, Rombacher Hüttenwerke, Bericht über Grundlage der Bilanzierung, März 1944, S. 16, 26.

72   NARA, T 83/55, S. 690 f., Geschwinde an Otto-Ernst Flick, 14.9.1944; S. 665, Kaletsch, Notiz für Herrn Kurre, 9.10.1944; S. 667, Notiz Kaletsch, 4.10.1944 (Zitat). Vgl. dagegen Jones, Friedrich Flick, S. 212, der Rombach allein nach Flicks späteren Verteidigungsaussagen als Verlustgeschäft einstuft.

73   StAN, Rep. 502, KV-Anklage, Handakten B 43, Flick an die Geschäftsführung der Rombacher Hüttenwerke GmbH, 7.6.1943; Priemel, Flick, S. 449.

74   Berger, La France, S. 1099, mit unklaren Angaben zur Herkunft der Zahlen; mit gleicher Tendenz BAB, R 8122/352, Rohstahlerzeugung Geschäftsjahr 1941/42, 10.10.1942. Zum Verschleiß I/1/45, Rombacher Hüttenwerke, Geschäftsbericht 1941/42; allgemein Tooze, Ökonomie, S. 650–670, 685 f.; zu Machern StAN, Rep. 502, KV-Anklage, Handakten B 43, Raabe an Burkart, 2.10.1942; RWWA, 72–171–6, Vermerk Siedersleben, 3.5.1944.

75   StAN, Rep. 502, KV-Anklage, Handakten B 263, Geschäftsbericht der Rombacher Hüttenwerke 1942/43, S. 5–7; Fall 5, S. 115–120; Bähr u. a., Flick-Konzern, S. 458.

76   StAN, Rep. 502, KV-Anklage, Handakten B 261, Burkart, Notiz für Herrn Flick, 9.5.1942; RWWA, 72–171–6, Vermerke Siedersleben, 13.11.1942 und 1.2.1943; I/2/40, Burkart an Flick, o. D. Zitate: StAN, Rep. 502, KV-Anklage, Handakten B 43, Flick an Geschäftsführung der Rombacher Hüttenwerke GmbH, 13.9.1943; B 271, Flick an Stein, 1.10.1943.

77   StAN, Rep. 502, KV-Anklage, Handakten B 270, Flick an Geschäftsführung der

Rombacher Hüttenwerke, 4.3.1943; B 43, Stein an Burkart, 21.7.1941; B 268, Rundschreiben Steins an alle Betriebs- und Abteilungsleiter sowie an alle Meister und Vorarbeiter, 17.9.1943; Otto-Ernst Flick an Friedrich Flick, 29.9.1943.

78 BAK, All. Proz. 2F, Rolle 71, FC 6131P, Vernehmung Karl Stein, 21.5.1947, S. 10; Priemel, Flick, S. 495; Bähr u. a., Flick-Konzern, S. 455 f.

79 WWA, F 65/334, Niederschrift über die Sitzung des Rationalisierungsausschusses in Rombach am 2. März 1942, Anlage 6; BAB, R 8122/80 920, Berichtsauszüge mit Anschreiben Franz an Flick, 4.11.1944 (NI-5592); BAK, All. Proz. 2F, Rolle 71, FC 6131P, Vernehmung Karl Stein, 21.5.1947, S. 8 f.; Priemel, Flick, S. 496; weibliche Beschäftigte: Berger, La France, S. 1098.

80 NARA, M 891/20, Protokoll S. 733–754, Zeugenvernehmung Evelokia Voytovitch, 1.5.1947; S. 792–805 (Zitat S. 796), Zeugenvernehmung Sonia Cheyko, 2.5.1947.

81 BAK, All. Proz. 2F, Rolle 71, FC 6131P, Vernehmung Karl Stein, 21.5.1947, S. 6 (Zitat); BAB, R 8122/80 920, Berichtsauszüge mit Anschreiben Franz an Flick, 4.11.1944 (NI-5592).

82 NARA, T 83/56, S. 1118, Burkart an Flick, 26.8.1944 (Zitat); StAN, Rep. 502, KV-Anklage, Handakten B 74, Affidavit Pierre Fischer, 10.2.1947; BAK, All. Proz. 2F, Rolle 71, FC 6131P, Vernehmung Karl Stein, 22.5.1947, S 4; NARA, M 891/31, S. 156–161, Eidesstattliche Erklärung Heinrich Weissgerber, 17.5.1947; Priemel, Flick, S. 497.

83 NARA, RG 260 Farben, Box 21, Kaletsch, Notiz für Flick, 13.2.1943; Kaletsch an Scholl, 23.2.1943; Notiz Kaletsch, 17.3.1943; Giesler an RWM, 12.3.1945; Kaletsch, Notiz für Flick, 1.3.1945; Box 20, Flick an Giesler, 25.3.1943; RG 260 Finance, Box 184, Folder 3, Notiz Weiss für Flick, 28.1.1944; Notiz Flick, 16.3.1944.

84 Exposé über die Gründung und Entwicklung von Phönix, o. D. (Juli 1941) (NI-3096), Fall 5, S. 260 f.; SächsHStA, 11 692/36, Oesterhelt, Bericht über meine Feststellungen auf dem Werksgelände der Waggonfabrik Vairogs Riga in der Zeit vom 17.-23. Februar 1943, 28.2.1943; BAK, All. Proz. 3 Siemers Nr. 17, Notiz Steinbrinck, 24.5.1947. Zitat: SächsHStA, 11 692/46, Vertrag MSt/LHW/Bautzen, 12.2.1942 (Entwurf).

85 NARA, M 891/28, Protokoll S. 8927, Zeugenvernehmung Eduard Boge, 22.10.1947 (erstes Zitat); BAB, R 8122/80 918, Notiz Weiss, 7.7.1941 (NI-3569); Schneider an Weiss, 29.7.1941 (NI-3096), Fall 5, S. 259 f. (vollständige Fassung des Exposés in BAB R 8122/80 918); Notiz Weiss, 31.7.1941 (NI-3568; zweites Zitat), Fall 5, S. 261.

86 BAB, R 8122/80 918, Weiss an Reichert, 8.8.1941 (NI-3565); AHL, MHL 125, Fabry an Drechsler, 6.8.1941; StAN, Rep. 501, KV-Prozesse, Fall 5, B 25, Burkart an Drechsler, 7.8.1941 (NI-3107); Drechsler an Burkart, 15.8.1941 (NI-3564); Priemel, Flick, S. 455 f.

87 BAB, R 8122/80 918, Notiz Weiss, 17.10.1941 (NI-3100, Zitat); Weiss an Timm, 16.10.1941; 80 919, Weiss an Reichert, 18.10.1941 (NI-3631).

88 BAB, R 8122/80 918, Kaletsch an Weiss, 7.11.1941 (NI-3098, Zitat); 80 919, Bericht Reichert, 27.11.1941 (NI-3633).

89 BAB, R 8122/80 919, Notiz für Herrn Flick, 24.2.1942 (NI-3634); Weiss, Notiz für Herrn Flick, 2.3.1942 (NI-3635); Weiss, Notiz für Herrn Flick, 27.3.1942 (NI-3637); Notiz Weiss, 8.6.1942 (NI-3638), Fall 5, S. 266 f.

90   BAB, R 8122/80919, Notiz Weiss, 9.6.1942 (NI-3640, Zitat); Notiz Weiss, 11.6.1942 (NI-3642); Flick an Drechsler, 15.6.1942 (NI-3643); Weiss, Notiz für Herrn Flick, 22.6.1942 (NI-3644).

91   Weiss, Notiz für Herrn Flick, 24.6.1942, mit Anlage Wiedemann an Leyers (NI-3645); Leyers an Fried. Krupp AG, 9.7.1942 (NI-3649) (Zitat), Fall 5, S. 267–269; BAB, R 8122/80918, Weiss, Notiz für Herrn Flick, 12.6.1942 (NI-3097); dito 23.6.1942 (NI-3110). Zum Wirtschaftsstab Ost vgl. Müller, Wirtschaftsallianz, S. 172–177.

92   BAB, R 8122/80918, Weiss, Notiz für Herrn Flick, 6.8.1942 (NI-3652); Burkart, Notiz für Herrn Weiss, 17.8.1942 (NI-3654), Fall 5, S. 270.

93   SächsHStA, 11692/31, Treuhandvertrag, 25.9.1942; BAB, R 8122/80918, Notiz Weiss, 28.9.1942 (NI-3087); Weiss, Notiz für Herrn Flick, 15.5.1943 (NI-3106).

94   Ebd., Aktennotiz Boge, 26.10.1942 (NI-3577, Zitat); BAB, R 8122/80919, Vairogs, Bericht über die Zeit vom 1.10.1942 – 31.3.1943, o. D. (NI-5279).

95   SächsHStA, 11692/36, Bericht Oesterhelt, 28.2.1943; 11692/138, Bericht über Aufstellung des Jahresabschlusses der Rigaer Waggonfabrik »Vairogs«, Riga, zum 31.12.1943, o. D.; BAB, R 8122/80917, Weiss, Notiz für Herrn Flick, 21.10.1943 (NI-3115).

96   BAB, R 8122/80918, Vairogs-Abwicklungsstelle Bautzen an Betriebsabwicklungsstelle des Reichskommissars für das Ostland, 17.11.1944 (NI-3105) (erstes Zitat); Zusammenstellung der aus dem Werk »Vairogs« vorgenommenen Abtransporte von Maschinen und Einrichtungen, 10.11.1944 (NI-3104); BAK, All. Proz. 3 Siemers Nr. 67, Boge an Reichert, 10.8.1944 (zweites Zitat); BAB, R 8122/80918, Weiss an Boge, 17.11.1944 (NI-3600); SächsHStA, 11692/31, Vairogs-Abwicklungsstelle Bautzen an Reichsminister für die besetzten Ostgebiete, Betriebsabwicklungsstelle, 20.3.1945; NARA, M 891/28, Protokoll S. 8942 f., 8954–8957, Vernehmung Boge, 22.10.1947.

97   BAB, R 8122/80918, Notiz Weiss, 28.9.1942 (NI-3087), S. 15 (Zitat); BAB, R 92/1151, Generalkommissar in Riga, Abt. III Aso, an Reichskommissar für das Ostland in Riga, Abt. III Aso, 13.1.1943: Lagebericht für den Monat Dezember 1942, S. 4 f.; Angaben zum Arbeitskräftemangel bei Angrick/Klein, »Endlösung«, S. 276–297.

98   SächsHStA, 11692/36, Bericht Oesterhelt, 28.2.1943, S. 6; BAB, R 91 Riga-Stadt/164, Gebietskommissar in Riga, Abteilung Arbeitsverwaltung, an Generalkommissar in Riga, Abt. IIIe Aso, 19.10.1942 (Zitat); Generalkommissar in Riga, Abt. III Aso, an Kriegsgefangenen-Stalag 350 Riga, 2.12.1943; Generalkommissar in Riga, Abt. III Aso, an Kriegsgefangenen-Kommandanten H, 2.2.1944.

99   BAB, R 8122/80918, Weiss, Notiz für Herrn Flick, 22.6.1942 (NI-3644). Vgl. BAK, All. Proz. 2F, Rolle 11, FC 6070 P, Vernehmung Julius Brurein, 28.3.1947, S. 5; Angrick/Klein, »Endlösung«, S. 138–245.

100   Priemel, Flick, S. 499; BAB, R 91 Riga-Stadt/164, Gebietskommissar in Riga, Abt. Arbeitsverwaltung, an Generalkommissar in Riga, 13.8.1943; Übersicht über Judeneinsätze in Riga. Stand vom 18.8.1943, S. 3.

101   Mollin, Montankonzerne, S. 200–202; sowie, auch zum Folgenden, Eichholtz, Geschichte 2, S. 466–477; Müller (Hg.), Wirtschaftspolitik, S. 239 f.; Riedel, Eisen, S. 304–337; Abelshauser, Rüstungsschmiede, S. 372 f.

102   Burkart, Notiz für Herrn Flick, 13.8.1941 (NI-5262), Fall 5, S. 271; Priemel,

Flick, S. 461; StAN, Rep. 502, KV-Anklage, NI-5253, 2. Bericht Faulhaber, Oktober 1941; Begleitschreiben Reichert, 15.11.1941 (Abdruck in Trials VI/2, S. 694–700).

103   Notiz Flick, 13.7.1942 (NI-3664), Fall 5, S. 274; Küttner, Notiz für Herrn Flick, 6.8.1942 (NI-3680), S. 275–277.

104   Verzeichnis der Patenfirmen (Auszug), 3.11.1942 (NI-5579), Fall 5, S. 281; vollständig in: BAB, R 8122/80920; Küttner, Notiz für Herrn Flick, 26.10.1942 (NI-3666), Fall 5, S. 283 f.; Eichholtz, Geschichte 2, S. 467. Formell wurde die Dnjepr-Stahl GmbH erst im Januar 1943 gegründet; BAB, R 8122/80919, Kaletsch, Notiz für Herrn Kurre, 21.12.1942 (NI-3668).

105   NARA, RG 260 Farben, Box 21, Bernhard Weiss, Bericht über die Dnjepr-Stahl G. m. b. H., 26.7.1946; BAB, R 8122/80919, Grundsätze für die Führung von Patenschaftsbetrieben der BHO, 3.11.1942 (NI-3689); BAK, All. Proz. 2F, Rolle 53, FC 6113 P, Vernehmung Paul Pleiger, 12.12.1946. Der Hinweis auf die »Sachbeihilfen« in: T 83/56, S. 1257, MSt an Rombacher Hüttenwerke, 21.1.1944.

106   BAB, R 3101/34174, Arbeitsbericht BHO, Dezember 1941, S. 31–35; BAB, R 10 III/7, Deutscher Montan Dienst, Südrussische Eisenindustrie, S. 6 f., Juli 1942.

107   BAB, R 121/2140, BHO-Hüttenverwaltung Ukraine an BHO-Hauptverwaltung Berlin, 15.3.1943 (Zitat); Flick an Pleiger, 6.5.1943 (NI-3670), Fall 5, S. 287; BAB, R 121/2139, Berichte Monden über Besprechungen mit Speer, 18.6.1943, und Geilenberg, 24.6.1943; BAB, R 121/2140, Anordnung Pleiger, 17.7.1943.

108   RGVA, 700–1-40, Dr. v. Kreisler, Bericht über die Rußlandreise von Staatssekretär Körner in der Zeit vom 18.-26.5.1943, 7.6.1943, S. 4, 7; BAB, R 121/2139, BHO-Hüttengruppe Dnjepr an Rüstungskommando Dnjepropetrowsk, 9.10.1942; BAB, R 3101/15335, (BHO), Bericht über die Tätigkeit der BHO nach dem Stande vom 31.7.1942; Penter, Arbeiten, S. 87–90; Mollin, Montankonzerne, S. 203; Priemel, Flick, S. 501 f.

109   BAK, All. Proz. 3 Kranzbühler Nr. 4, Entwurf Eidesstattliche Erklärung Dr. Volker Nichelmann, Sulzbach-Rosenberg-Hütte, Juni 1947; Beitrag zur Geschichte des Wirtschafts-Stabes-Ost, o. D. (1944/45), in: Müller (Hg.), Wirtschaftspolitik, S. 240. Siemag-Patenschaft: Niederschrift einer Besprechung im Büro der Mitteldeutschen Stahlwerke in Berlin, 14.1.1943 (NI-3671), Fall 5, S. 285; NARA, RG 260 Farben, Box 21, Bernhard Weiss, Bericht über die Dnjepr-Stahl G. m. b. H., 26.7.1946; BAK, All. Proz. 3 Siemers Nr. 67, Eidesstattliche Erklärung Otto Stähler, 25.7.1947.

110   MSt an Vorstand der Maxhütte, 22.7.1943 (NI-5219), Fall 5, S. 281 f.; Mueller, Niederschrift über die Besprechung am 21.2.1944 in Berlin, 23.2.1944, ebd., S. 288–290; BAB, R 8122/80920, MSt Berlin an Maxhütte, MSt Riesa, FKG Brandenburg, SGW und Rombacher Hüttenwerke, 26.6.1944 (NI-5591, Zitat); Burkart an Enzmann, 29.4.1944 (NI-5737).

111   BAK, All. Proz. 2F, Rolle 17, FC 6077 P, Vernehmung Friedrich Flick, 3.12.1946, S. 4.

112   Zitat: NARA, T 83/69, S. 135, Burkart, Notiz für Herrn Flick, 9.10.1940.

113   Drobisch, Ausbeutung, S. 63; daran anschließend ders., Flick, S. 391–395; Littmann, Notstand. Zum Streit um die »Flick-Collection« Kessen, Kunst, insb. S. 115–119, 125.

114   Vgl. Herbert, Fremdarbeiter; ders., Geschichte, S. 129–189; Spoerer, Zwangs-arbeit, insb. S. 9–19; Buchheim, Unternehmen, S. 382–384.

115   So auch Priemel, Flick, S. 479, dessen Schätzung bei rund 50 000 Zwangs-arbeitern liegt. Die genannten Zahlen bei Drobisch, Ausbeutung, S. 62 f., 216; die erste Schätzung ist die der amerikanischen Anklagebehörde, die zweite Drobischs eigene. Die jüngste Studie kommt unter Berücksichtigung der Fluktuation auf 80–100 000 Menschen, ohne irgendeine Grundlage der Schätzung anzugeben; Bähr u. a., Flick-Kon-zern, S. 531. Arbeiterzahl: BAB, R 8122/80 920, handschr. Aufstellung »Arbeiterzahlen des Konzerns«, o. D. (NI-5499; einschließlich Rombach, ohne Vairogs und Dnjepr-Stahl); zu den Datenproblemen am Beispiel der Maxhütte Priemel, Zwangsarbeit, S. 103.

116   Vgl. aus der Literatur zu den Lohn-Produktivitäts-Relationen v. a. Spoerer, Zwangsarbeit, S. 188; Herbert, Fremdarbeiter, S. 232; Gregor, Daimler-Benz, S. 287; Rauh-Kühne, Hitlers Hehler, S. 40; Buchheim, Unternehmen, S. 383.

117   NARA, T 83/67, S. 1220, Flick an Pleiger, 11.10.1941; BAK, All. Proz. 2F, Rolle 26, FC 6086 P, Vernehmung Franz Hellberg, 24.3.1947 (Zitat); LHASA MER, Rep. I 01, AKW, XIb Nr. 40, Protokoll über die Vorstandsbesprechung am 8. Mai 1940, o. D.; BAK, All. Proz. 2F, Rolle 73, FC 6133 P, Vernehmung Robert Tillmanns, 16.1.1947.

118   NARA, T 83/63, S. 1035–1038, Notiz Tillmanns, 16.10.1940; S. 10, Flick, Notiz über die Besprechung am 27.12.1941 in Tölz, o. D. (Auszug).

119   NARA, T 83/66, S. 945, Kaletsch, Notiz für Herrn Flick, 21.11.1941; vorüber-gehend spielte man daher auch mit dem Gedanken einer Übernahme der Montanwerke Falkenau im Sudetenland, verzichtete darauf aber wegen der Ambitionen der Reichs-werke. NARA, T 83/67, S. 936–940, Notiz Flick über eine Besprechung mit Olscher, 18.4.1940; zu Olschers Rolle bei der Viag und deren Geschäftspolitik in der NS-Zeit vgl. Pohl/Schneider, VIAG, S. 109–220.

120   NARA, T 83/63, S. 970–972, Flick an Kranefuß, 23.4.1942; S. 967–969, Flick, Zur Besprechung mit Kranefuß, 11.6.1942; S. 1008, Notiz Flick, 25.9.1941; zu Kranefuß und seiner Stellung in der Brabag vgl. Bütow/Bindernagel, KZ, S. 32–50, sowie Vogel-sang, Freundeskreis. NARA, T 83/67, S. 650, Flick an Hellberg, 15.9.1943; S. 494, Basler an Kaletsch, 25.5.1944, Anlage 1; S. 53, Notiz Flick, 18.2.1943; S. 643, Flick an Buskühl, 22.9.1943; S. 522, (Notiz Tillmanns), 23.2.1944. Der Verweis auf das »lebenswichtige« Feld Pritzen-Dörrwalde S. 652, Hellberg an Flick, 11.9.1943.

121   Reckendrees/Priemel, Politik; StAN, Rep. 502, KV-Anklage, Handakten B 83, Flick an Dix, 2.8.1946; Eidesstattliche Versicherung Walther Funk, 21.8.1946.

122   LHASA MER, Rep. I 01, AKW, XIb Nr. 40, Niederschrift über die Aufsichts-ratsausschuß- und Vorstandssitzung am 18. Mai 1943, 24.5.1943.

123   Ebd., Protokoll über die Vorstandsbesprechung am 20.6.1941, 3.7.1941; X Nr. 1, AKW-Bilanz zum 31.12.1941 (Anlagevermögen ohne Beteiligungen); HADrB, 34 217–2001, Notiz Busch, 26.6.1941.

124   LHASA MER, Rep. I 01, AKW, XIb Nr. 40, Protokoll über die Vorstands-besprechung am 20.6.1941, 3.7.1941; HADrB, 31 262–2001, Aktennotizen Fritz André, 18.8. und 9.10.1942 (Zitat). Der Zeitplan wurde, bei einem Projekt dieser Größe nicht überraschend, kriegsbedingt nicht eingehalten. Im November 1944 wurde die »Vollin-

betriebnahme« für März 1945 prognostiziert; Kreditantrag der Dresdner Bank Berlin für Anhaltische Kohlenwerke, 7.11.1944.

125 LHASA MER, Rep. I 01, AKW, XIb Nr. 40, Protokoll über die Vorstandsbesprechung am 20.6.1941, 3.7.1941; Niederschrift über die Vorstandsbesprechung am 18. November 1941, 24.11.1941. Zu den verschiedenen Varianten staatlicher Risikoübernahme jetzt Scherner, Logik.

126 LHASA MER, Rep. I 01, AKW, X Nr. 1, Entwurf Geschäftsbericht AKW 1941 für Fritzsche, o. D.; XIb Nr. 40, Niederschrift über die Betriebsbesprechung am 27. Januar 1945 in Halle/Saale, 5.2.1945; X Nr. 1, Geschäftsberichte AKW für die Geschäftsjahre 1941 und 1943, Bilanz und Bericht des Vorstands für 1942. Zur Branchenentwicklung Urban, Zwangsarbeit, S. 342–347.

127 Vgl. Urban, Todeskandidaten, S. 320 f.; ders., Zwangsarbeit, S. 146 f.; zur Institutionenkonkurrenz und zur Installation Sauckels Herbert, Fremdarbeiter, S. 149–161; zu Walters Aufstieg und Absetzung Priemel, Macht; zur RVK-Gründung außerdem Eichholtz, Geschichte 1, S. 132–143, und Riedel, Eisen, S. 271–287.

128 Seeber, Zwangsarbeit, S. 48 f.; Drobisch, Ausbeutung, S. 45; BAB, R 8122/80 919, Bezirksgruppe Mitteldeutscher Braunkohlenbergbau an AKW, Gruppe Welzow, 22.6.1940 (NI-5226); Zahlen 1941: LHASA MER, Rep. I 01, AKW, XIb Nr. 40, Niederschrift über die Betriebsbesprechung am 4. Februar 1942, 9.2.1942.

129 Zahlenangaben nach: LHASA MER, Rep. I 01, AKW, IX Nr. 8, Hauptverwaltung Berlin, Sozialpolitischer Bericht für das Jahr 1942, 29.6.1943. Vgl. Urban, Zwangsarbeit, S. 255–325; allgemein Herbert, Fremdarbeiter, S. 132–179; Streit, Kameraden.

130 LHASA MER, Rep. I 01, AKW, XIb Nr. 40, Niederschrift über die Betriebsbesprechung am 10. Mai 1944 in Halle/Saale, 7.6.1944. Die Aufstellung gibt keinen Aufschluss darüber, ob in diesen Zahlen auch die Kriegsgefangenen enthalten sind. Hiervon ist jedoch auszugehen, da Urban (Zwangsarbeit, S. 341) für den Oberbergamtsbezirk Halle im Jahresdurchschnitt 1943 einen Ausländeranteil (einschließlich Kriegsgefangener) von 29,6 % ermittelt.

131 LHASA MER, Rep. I, Mittelstahl, Nr. 725, Werk Lauchhammer an Gemeinschaftsküche, 23.2.1941; Urban, Todeskandidaten, S. 332–337; Rep. I 01, AKW, XIb Nr. 40, Niederschrift über die Betriebsbesprechung am 4. Februar 1942, 9.2.1942. Kriegsgefangene in Welzow: IX Nr. 8, Anhaltische Kohlenwerke Welzow, Sozialpolitischer Bericht für das Jahr 1942, 27.3.1943; vgl. dagegen Drobisch (Ausbeutung, S. 59), der den hohen Anteil als Beleg für eine besonders starke Partizipation des Konzerns an der Ausländerbeschäftigung anführt.

132 LHASA MER, Rep. I 01, AKW, IX Nr. 8, Niederschrift über die Betriebsbesprechung am 30. Juni 1942 in Halle, 6.7.1942; II Nr. 2, Bezirksgruppe Mitteldeutscher Braunkohlenbergbau, Niederschrift über die Sitzung des Ausschusses für Leistungssteigerung am 23. Juni 1944 (Zitat); Urban, Todeskandidaten, S. 328.

133 AKW-Gruppe Klettwitz an Bereichs-Arbeitseinsatz-Ing. Ries, 18.1.1945 (NI-5391), Fall 5, S. 192–194.

134 LHASA MER, Rep. I 01, AKW, XIb Nr. 40, Protokoll über die Vorstands-

besprechung am 16.7.40, 5.8.1940; Niederschrift über die Betriebsbesprechung am 4. 2.1942, 9.2.1942.

135   BAB, R 8122/942, AKW Welzow an Burkart, 18.11.1940 (Zitat); LHASA MER, Rep. I 01, AKW, XIb Nr. 40, Niederschrift über die Aufsichtsratsausschuss- und Vorstandssitzung am 18. Mai 1943, 24.5.1943, Anlage 3; AKW an Bereichs-Arbeitseinsatz-Ing. Ries, 18.1.1945 (NI-5391), Fall 5, S. 192.

136   Seidel, Völkergemisch, S. 81–104; Zitat: Vermerk zu einer Besprechung beim Gauleiter Westfalen-Nord Alfred Meyer, 6.8.1940, in: Seidel/Tenfelde (Hg.), Zwangsarbeit 2, S. 258

137   BAB, R 8119F/P-955, Vierteljahrsberichte Harpen 2/1940, 2/1941, 4/1941; 952, Berichte 3/1942 (Zitat), 4/1942, 1/1944; (1944 nach WWA, F 14/8, Berichte »Harpener Gefolgschaft am viertletzten Arbeitstag…«; die hier angegebenen Werte sind höher, umfassen aber bis 1943 nur Kriegsgefangene und Ostarbeiter); WWA F 14/2, Essener Steinkohle, Berichte über den Betriebsablauf im Februar und Juni 1943; BAB, R 8122/80 920, Essener Steinkohle, Betriebswirtschaftliche Kennziffern für Mai 1944 (NI-5509); Gesamtzahlen für den Ruhrbergbau bei Seidel, Völkergemisch, S. 84.

138   Bericht des Steigers Weller, Klöckner-Werke, über den Verlauf einer Werbungsaktion für den Ruhrbergbau in Ostoberschlesien, 13.5.1940, in: Seidel/Tenfelde (Hg.), Zwangsarbeit 2, S. 126–130; vgl. Priemel, Flick, S. 473. Für 1941: NARA, T 83/52, S. 492, Bezirksgruppe Steinkohlenbergbau Ruhr an Zeche Hugo, 12.9.1941. Ablehnung 1939: Sogemeier (Geschäftsführer der Bezirksgruppe) an Walter, 8.9.1939, in: Seidel/Tenfelde (Hg.), Zwangsarbeit 2, S. 123. Vgl. dagegen Drobisch, Ausbeutung, S. 18; zu Buskühls Stellung in der Ruhrelite Radzio, Anfang, S. 33 f.

139   Rundschreiben der Bezirksgruppe Ruhr an die Bergwerksdirektoren, 27.6. und 7.7.1942, in: Seidel/Tenfelde (Hg.), Zwangsarbeit 2, S. 418; Stenographische Aufnahme der Versammlung der Bergwerksdirektoren des Ruhrbergbaus am 26.9.1942, ebd., S. 428.

140   Seidel, Völkergemisch, S. 103 f., 133, 179 (Fn. 116).

141   BAB, R 8122/80 920, Zeche Gneisenau an Gestapo Dortmund-Hörde, 11.8.1943 (NI-5585). Vgl. die gesammelten Dokumente zu Einzelfällen 1942/43 in BAB, R 8122/80 918, S. 171–225 (NI-3121); zu den Arbeitserziehungslagern ausführlich Lotfi, KZ, insb. S. 193–210; Werner, Bleib übrig, S. 171–192, 318–328; Seidel, Völkergemisch, S. 119 f. Zitat: NARA, T 83/44, S. 357, Rundschreiben des Arbeitsamts Dortmund, 21.9.1942.

142   NARA, T 83/42, S. 1389, Vorlage für eine Bekanntmachung der Zeche Hugo, 31.5.1940 (erstes Zitat); BAB, R 8122/80 917, Reiss an Bezirksgruppe, Oberstleutnant Gödecke, 20.12.1943 (NI-1896); WWA, F 14/5, Wi Stab Ost-Chefgruppe Arbeit, Bericht (über eine Inspektionsreise vom 24.11. bis 5.12.1942), o. D.; Essener Steinkohlenbergwerke an Bezirksgruppe Steinkohlenbergwerke Ruhr, 7.4.1943; Fritz Tengelmann an Ernst und Walter Tengelmann, 20.1.1943; vgl. Seidel/Tenfelde (Hg.), Zwangsarbeit 2, S. 301, 311–316. Angaben zu den sowjetischen Kriegsgefangenen: Seidel, Völkergemisch, S. 123–137; ders., Russenstreb; Urban, ÜberLeben, S. 87–144; zu den italienischen Militärinternierten Hammermann, Zwangsarbeit; zur Lage der deutschen Bergarbeiter Werner, Bleib übrig, S. 241–256, 300–318.

143   BAB, R 8119F/P-952, Harpen, Bericht über das 2. Viertel des Geschäftsjahres 1942, o. D. (August 1942, Zitat); NARA, T 83/44, S. 581, Bezirksgruppe an die Mitglieder des Kleinen Ausschusses, 24.10.1942; zur Branche Seidel, Völkergemisch, S. 121 f., 144–148; allgemein Spoerer, Zwangsarbeit, S. 183–190; Rauh-Kühne, Hitlers Hehler. Förderzahlen: Priemel, Flick, S. 522–524.

144   WWA, S 7/9, Harpen-Geschäftsbericht 1940, S. 7 f.; NARA, T 83/63, S. 243–245, Niederschrift Flick/Buskühl/Schmidt, 21.5.1940.

145   WWA, S 7/9, Harpen, Geschäftsberichte 1941–1943 und zusammenfassender Geschäftsbericht 1944 bis 20. Juni 1948; BBA, 39 2002, Essener Steinkohle, Geschäftsberichte 1944 bis 1947 und Geschäftsjahr vom 1. Januar bis 20. Juni 1948; BAB, R 8119F/ P-956, Aktenvermerk Kimmich, 5.6.1941; 952, Notiz Kiehl, 31.5.1943 (Zitat).

146   NARA, RG 260 Farben, Flick an die Geschäftsführung der Maxhütte, 6.4.1945; Priemel, Flick, S. 512.

147   BAB, R 8122/352, Rohstahlerzeugung Geschäftsjahr 1941/42, 10.10.1942; Küttner, Steigerung der Rohstahlerzeugung im Konzern, 8.6.1942; Lübeck: Rohstahl-Erzeugung, o. D. (Monatswerte 1938–1942); Unterwellenborn: Statistik »Maxhütte«, o. D.; Mollin, Montankonzerne, S. 367; BAB, R 8122/80 918, Leistungen der F.Gruppe, 9.7.1942 (NI-3496); BAB, R 8122/430, Aufstellungen »Netto-Umsatz« und »Gefolgschaftszahlen (einschl. Lehrlinge)«, o. D.

148   BAB, R 8119F/P-1163, Notiz Kiehl, 27.4.1943; SächsHStA, 11 616/13.66, Wirtschaftsstatistik, 8.2.1944, S. 21. Zur Eisen- und Stahlindustrie im Krieg vgl. Tooze, Ökonomie, S. 380–419, 495–531, 634–676; Scherner/Streb, Ende; Müller, Mobilisierung; ders., Albert Speer; Hensler, Stahlkontingentierung, S. 98–124.

149   BAB, R 8122/80 919, Maxhütte, Wochenbericht 1.-8.2.1945 (NI-5426); BAB, R 8122/80 920, Monatsbericht der Havelgruppe, Januar 1945, S. 1 f. (NI-5511); Priemel, Flick, S. 515 f. Die Zunahme bei der Havelgruppe resultierte allerdings zum guten Teil erst aus dem Anlaufen Spandaus.

150   BAB, R 8122/352, Rohstahlerzeugung Geschäftsjahr 1941/42, 10.10.1942. Allerdings war mittlerweile abzusehen, dass die Ruhrkonzerne in den kommenden Jahren Boden gutmachen würden: BAB, R 8122/116, Notiz Küttner für Flick, 2.2.1942.

151   BAB, R 8122/430, Aufstellung »Erzeugungszahlen Mittelstahl/K. G./Maxhütte«, o. D.; SAPMO-BA, DG 2/3173, Deutsche Zentralverwaltung der Industrie, Hauptverwaltung Metallurgie, Hauptabteilung Eisenindustrie, Produktion der Maxhütte, 28.9.1948; BAB, R 8122/352, Küttner, Notiz für Herrn Flick, 28.3.1942. Zahlen für die beiden letzten Kriegsjahre liegen nicht vor.

152   BAB, R 8122/80 918, Leistungen der F.Gruppe, 9.7.1942 (NI-3496, Zitat); BAB, R 8122/80 920, Franke, Notiz für Herrn Dr. Tillmanns, 20.6.1944 (NI-5452); MMA, M 20 226, Ausarbeitung Flicks zur »Rüstungsfrage«, o. D. (1946/47), S. 3, 7, 13 f., 19. Der Anteil der Waggonfabriken am Rüstungsumsatz wurde dabei auf 12 Mio. RM veranschlagt. Vgl. auch die Übersicht über die diversen Produktionsstätten per Mai 1944, o. D. (NI-5451), Fall 5, S. 104 f.

153   Umsätze 1938/39 und 1941/42: StAN, Rep. 502, KV-Anklage, Handakten B 2, Lang/Kurre, Entwicklung der Werksergebnisse, 21.3.1946; Priemel, Flick, S. 529, 533 f.

Vgl. Spoerer, Von Scheingewinnen, S. 89–92, 154; Voß, Steuern, S. 118–120; Tooze, Ökonomie, S. 648–650.

154   MMA, M 20226, Ausarbeitung Flicks zur »Rüstungsfrage«, o. D. (1946/47), Zitat S. 6; BAB, R 8135/2530, Prüfbericht der DRT über den Jahresabschluss der Brandenburger Eisenwerke 1940/41, 26.11.1941, S. 20; BAB, R 8135/7156, dito 1941/42, 5.1.1943, S. 20; dito 1942/43, 12.4.1944, S. 34; I/1/71, Prüfbericht der DRT über den Jahresabschluss der Maschinenfabrik Donauwörth 1943/44, 20.11.1944, S. 4; BAB, R 121/1844, Geschäftsbericht Spandauer Stahlindustrie 1943/44, 15.2.1944; zur Problematik der Gewinnermittlung ausführlich BAB, R 121/1843, Prüfbericht der DRT, 28.3.1945.

155   BAK, All. Proz. 2F, Rolle 11, FC 6071 P, Vernehmung Odilo Burkart, 18.3.1947 (Zitat); BAB, R 121/2838, Notiz Burkart, 25.4.1942.

156   BAB, R 121/863, Notiz Schilcher, 30.7.1941; Aktenvermerk über Besprechung bei Min. Dirigent Brommer am 20. November 1941, 26.11.1941; BAB, R 121/1844, Geschäftsbericht Spandauer Stahlindustrie 1943/44, 15.2.1944; BAB, R 121/1843, Prüfbericht der DRT, 28.3.1945; BAB, R 121/568, Handelsregistereintrag, 10.4.1941; BAB, R 121/2842, Flick an Geschäftsführung der Montan, 28.2.1941.

157   BAB, R 121/2842, Notiz Scheuermann, 14.11.1942; NARA, T 83/71, S. 625, Flick an Purucker, 26.10.1944; StAN, Rep. 502, KV-Anklage, Handakten B 7, Streese, Notiz für Herrn Kaletsch, 30.7.1945.

158   BAB, R 2310/5588, Rechnungshof des Deutschen Reiches, Vermerk, 21.3.1941; I/1/71, DRT-Prüfbericht über den Jahresabschluss der Maschinenfabrik Donauwörth zum 31. März 1944, 20.11.1944, Zitat S. 54 f.; StAN, Rep. 502, KV-Anklage, Handakten B 53, Kaletsch, Denkschrift betreffend die Neuregelung im Konzernaufbau, 8.3.1943.

159   SächsHStA 11616/4.06, Vermerk Burkart über Gespräch Bruns mit Florey, 17.4.1939; BAB, R 8122/232, Burkart an Bruns, 5.12.1939; Bruns an Florey, 29.11.1939; SGW an Rechtsanwalt Beda, 6.8.1940; BAB, R 8122/844, o. V., Freitaler Stahl-Industrie G. m. b. H., Freital, o. D. (Oktober 1941). Zu Bruns' Ämtern: BAB, R 8122/1046, Fachgemeinschaft Eisen- und Metallindustrie der Reichsgruppe Industrie an Bruns, 19.4.1940; o. V. an Polizeirevier I Dresden, 18.4.1942.

160   BAB, R 8122/837, OKH, WA Chef Ing an FSI, 17.5.1941; dito 11.8.1942; Bruns an Flick, 16.5.1942; Bruns/Faust an Flick, 1.7.1942; BAB, R 8122/835, Niederschrift über die Sitzung des Aufsichtsrates der FSI, 21.3.1944.

161   Ebd., Niederschrift über die Sitzung des Aufsichtsrates der FSI am 21.3.1944; BAB R 8122/839, Bilanz der FSI per 30.6.1944; Kaletsch an Bruns, 7.12.1943; BAB, R 8122/232, Nebelung an Vorstand SGW, 5.12.1939 (erstes Zitat); BAB, R 8122/846, Burkart an Bruns, 5.3.1945 (zweites Zitat).

162   BAB, R 8122/867, SGW an OKH Wa J Rü Mun 1/VIII b, 13.7.1943; BAB, R 8122/652, Nebelung an Präsidenten des Gauarbeitsamts und Reichstreuhänder der Arbeit Sachsen, 17.8.1944; BAB, R 8122/865, Gesellschaftsvertrag der Schmiedewerk Pirna G. m. b. H. in Pirna/Elbe, o. D., mit Nachtrag vom 29.6.1944; SGW an RWM, 2.6.1944; RLM, Industriewirtschaftsamt, an Schmiedewerk, 15.5.1944; Niederschrift über die außerordentliche Gesellschafterversammlung der Schmiedewerk G. m. b. H., 7.1.1944.

163 RWWA, 72–171–6, Vermerk Siedersleben, 1.2.1943. Zu Siedersleben vgl. Soénius, Auftrag.

164 BAB, R 8122/366, Notiz Hahl, 4.2.1941; BAB, R 8122/444, Burkart an Vorstand Riesa, 5.9.1941.

165 BAB, R 8122/59, Burkart, Notiz für Herrn Hahl, 13.5.1941; BAB, R 8122/802, Bruns an Heger, 21.11.1941, BAB, R 8122/774, Flick an Hüttenwerke, 14.11.1942 (Zitat); Bruns an Lobe, 18.11.1942. Zu den HWA-Verhandlungen vgl. etwa BAB, R 8122/75, Burkart, Notiz für Herrn Flick, 16.11.1942; BAK, All. Proz. 2F, Rolle 11, FC 6071 P, Vernehmung Odilo Burkart, 18.3.1947.

166 BAB, R 8122/80918, Witting an Bezirksgruppe Mitteldeutschland der WG Eisen, 17.12.1942; Witting, Eindrücke meiner Pariser Reise, 17.12.1942 (NI-3581; Fall 5, S. 188 f.); Klaar an Burkart, 5.7.1944 (NI-3216), Fall 5, S. 189 f.; BAB, R 8122/80918, Küttner an Maxhütte, 30.3.1944 (NI-3143); MSt Riesa an Flick betr. Gefolgschaftsveränderungen im Februar 1945, 10.3.1945 (NI-3304). Vgl. Drobisch, Ausbeutung, S. 41–45. Zu Wittings Anheuerung: BAB, R 8122/1046, Bruns an Witting, 9.9.1940; Bruns an Witting, 2.9.1941.

167 BAB, R 8122/612, Präsident des Gauarbeitsamts und Reichstreuhänder der Arbeit Sachsen an SGW, 4.2.1944; SGW an Präsidenten des Gauarbeitsamts, 10.2.1944; Bruns an Lobe, Faust, Tangerding, 26.2.1944; BAB, R 8122/352, Küttner, Steigerung der Rohstahlerzeugung im Konzern, 8.6.1942.

168 Ebd., Küttner an Bruns, 22.7.1942, mit Anlage »SM-Rohstahl«; BAB, R 8122/612, Aktennotiz Neumann, 20.11.1944 (Zitat).

169 SächsHStA, 11 617/128, Aufstellung der Lohnbuchhaltung, 8.1.1943; 11 616/13.66, Wirtschaftsstatistik, 8.2.1944; StAN, Rep. 502, KV-Anklage, Handakten B 61, Aktenvermerk Laermann, 4.8.1942. Vgl. Priemel, Zwangsarbeit; Drobisch, Ausbeutung, S. 60–62; Fall 5, S. 192; zum Reichsdurchschnitt und zu Krupp: Herbert, Fremdarbeiter, S. 191, 229; zur GHH: Bähr, GHH, S. 332.

170 I/1/71, Prüfbericht der DRT über den Jahresabschluss der Maschinenfabrik Donauwörth 1943/44, 20.11.1944, S. 13 f.; BAB, R 121/2838, Bericht über die Wirtschaftslage der Brandenburger Eisenwerke, 9.12.1941; BAB, R 8122/80920, Handschriftliche Aufstellung über »Gefolgschaft«, o. D. (NI-5580); SächsHStA, 11 616/15.09, MSt, Beschäftigtenstatistik nach Werken, 7.12.1944.

171 Spandau: BAB, R 121/5378, Geschäftsbericht Spandauer Stahlindustrie für das Geschäftsjahr 1942/43, 20.9.1944 (Zitat S. 1); BAB, R 121/1853, Gefolgschaftsmeldungen der Spandauer Stahlindustrie, Januar 1944 bis März 1945; Priemel, Flick, S. 482. FSI/Pirna: BAB, R 8122/612, Lohnbuchhaltung an Verwaltung FSI, 1.9.1944; BAB, R 8122/537, Quartalsbericht Schmiedewerk Pirna für Oktober-Dezember 1944, o. D., S. 16; dito für April-Juni 1944, S. 12. Fella: BAB, R 8122/80290, handschr. Statistik »Fella-Werk. Gefolgschaftsstand«, o. D. (NI-5502).

172 StAN, Rep. 502, KV-Anklage, Handakten B 61, Aktenvermerk Laermann, 4.8.1942; BAB, R 8122/612, Aktennotiz Neumann, 20.11.1944. Zu den Erschießungen: BAB, R 8122/1046, Telegramm Böhme, 26.11.1945; Aktennotiz Faust, Dezember 1946.

173 StAN, Rep. 502, KV-Anklage, Handakten B 13, Maxhütte an den Kreisobmann

der DAF in Amberg, 7.12.1942 (Zitat); Priemel, Zwangsarbeit, S. 104. Spandau: NARA, M 891/20, Protokoll S. 927–929, Aussage Emil Maudr, 5.5.1947; Brandenburg: Meinl, Biografien; deutsche Arbeiter: Hachtmann, Industriearbeit. Fella: BAK, All. Proz. 2F, Rolle 14, FC 6074 P, Vernehmung Georg Dürschner, 11.10.1946, Zitat S. 3; BAB, R 8122/80 919, Betriebsführer an Werksküche, 14.2.1942 (NI-5247).

174   Aktenvermerk Moll, 28.5.1940, in: Fritsch, Zwangsarbeit, S. 11 f.; Irmer, Hennigsdorf (Flick); BLHA, Rep. 75, Mitteldeutsche Stahl- und Walzwerke Friedrich Flick KG Hennigsdorf, Nr. 18, Monatliche Betriebsberichte der Zurichterei Oktober 1940 bis Juni 1942; Nr. 2, Moll an Ottmar, 23.6.1941. Vgl. Irmer, Hennigsdorf (AEG); dagegen Priemel, Flick, S. 492, und Bähr u. a., Flick-Konzern, S. 530, die die weiblichen Häftlinge ohne weitere Quellenangabe dem Stahlwerk zuordnen. Dabei handelt es sich offenkundig um eine Verwechslung mit der AEG.

175   BAB, R 8122/643, SGW an Willy Schuster, 28.9.1942; BAB, R 8122/529, Niederschrift über die Vorstandssitzungen am 5. und 11. Juli 1944 in Döhlen, 13.7.1944, S. 6; Priemel, Flick, S. 491–493.

176   Vgl., auch zum Folgenden, die teils sehr spekulative Dissertation von Dörr, Vorgehen, S. 170–187; Förster, Zwangsarbeit; Fritz, Gröditz. Zahlenangabe 1944 nach: SächsHStA, 11 616/15.09, MSt, Beschäftigtenstatistik nach Werken für November 1944, 7.12.1944.

177   BAK, All. Proz. 2F, Rolle 9, FC 6069 P, Vernehmung Rainer Brambusch, 17.5.1947; Dörr, Vorgehen, S. 183 (Zitat), 186.

178   StAN, Rep. 502, KV-Anklage, Handakten B 13, Notiz Sulzbach-Rosenberg Hütte, 4.9.1943; B 61, Aktenvermerk Laermann, 6.2.1945.

179   Vgl. ebd. B 11, Netto-Umsatz, 20.6.1945; B 2, Lang/Kurre, Gesellschaft für Fahrzeug- und Maschinenwerte, o. D. (1945); BAB, R 8122/80 920, Franke, Notiz für Herrn Dr. Tillmanns, 20.6.1944 (NI-5452); BAB, R 8122/80 918, Bericht der Waggonfabrik Bautzen über die Zeit vom Januar bis März 1943, 31.3.1943 (NI-3193).

180   SächsHStA, 11 692/46, Vertrag MSt/LHW/Bautzen, 12.2.1942. Der Vertrag wurde zwar nie unterzeichnet, beschreibt aber korrekt die strategische Planung.

181   Streit, Kameraden, S. 394.

182   BAB, R 8122/80 918, Weiss, Notiz für Herrn Flick, 29.4.1942 (NI-3587); Weiss, Notiz für Herrn Flick, 8.10.1942 (NI-3617).

183   BAB, R 8122/80 918, LHW, Bericht über den Zeitraum Januar bis Juni 1943; NARA, RG 260 Farben, Box 21, Bernhard Weiss, Übersicht über die Productionsprogramme der zu meinem Arbeitsgebiet gehörigen Gesellschaften, 29.4.1946; StAN, Rep. 502, KV-Anklage, Handakten B 11, Netto-Umsatz, 20.6.1945; StAN, Rep. 502, KV-Anklage Dokumente, NI-5236, Weiss an Buskühl, 18.2.1942 (Zitat). Vgl. Littmann, Notstand, S. 17; Streit, Kameraden, S. 211 f.

184   NARA, RG 260 Farben, Box 21, Bernhard Weiss, Übersicht über die Productionsprogramme, 29.4.1946; StAN, Rep. 502, KV-Anklage, Handakten B 11, Netto-Umsatz, 20.6.1945; SächsHStA, 11 692/157, Bilanzen per 30.9.1940 und 30.9.1945; SächsHStA, 11 692/381, Busch-Bautzen an Gestapo-Außenstelle Bautzen, 28.7.1944.

185   BAB, R 8122/80 918, Weiss, Notiz für Herrn Flick, 16.1.1942 (NI-3194);

SächsHStA, 11 692/301, Kontrolloffizier Bautzen-Nord an Busch, o. D. (März 1943, erstes Zitat); BAB, R 8122/80 919, Reichert an Weiss, Oktober 1944 (NI-5204); BAB, R 8122/80 918, Bautzen, Bericht über das letzte Quartal im Geschäftsjahr 1943/44, 9.12.1944 (NI-3190); Monatsbericht Bautzen für August 1944 (NI-3026), Fall 5, S. 191; SächsHStA, 11 692/381, Busch-Bautzen an Gestapo-Außenstelle Bautzen, 9.3.1944.

186   BAB, R 8135/2167, DRT-Prüfbericht per 30.6.1939 und 30.6.1940; StAN, Rep. 502, KV-Anklage, Handakten B 11, Netto-Umsatz, 20.6.1945; B 2, Lang/Kurre, Gesellschaft für Fahrzeug- und Maschinenwerte, o. D. (1945), S. 3 (Zitat); BAK, All. Proz. 3 Siemers Nr. 82, Bernhard Weiss, Beschreibung der eigentlichen Tätigkeit in Berlin, 24.9.1947.

187   BAB, R 8135/2167, DRT-Prüfbericht zum 30.6.1940, S. 5; NARA, T 83/70, S. 1179–1182, Niederschrift zur Generalversammlung, 23.4.1942.

188   BAB, R 8122/80 918, Leistungen der F.Gruppe, 9.7.1942 (NI-3496); Fall 5, S. 113–115; BAB, R 8135/2166, DRT, Bericht über Prüfung des Jahresabschlusses zum 30.6.1942, 13.3.1943, S. 2; BAB, R 8135/2168, DRT-Prüfbericht des Jahresabschlusses zum 30.6.1943, 24.4.1944, S. 5; I/1/81, Direktion ATG an Maxhütte, 31.7.1943; Vermerk Sulzbach-Rosenberg, 31.12.1943.

189   NARA, M 891/20, Protokoll S. 845 f., Aussage Zdenek Lipold, 5.5.1947; NARA, M 891/28, Protokoll S. 8887, 8901, Vernehmung Bernhard Weinhardt, 22.10.1947; Auszug aus dem Buchenwalder Bericht über Arbeitsleistungen für Rüstungszwecke im Dezember 1944, 6.1.1945, Trials VI/2, S. 761; Budraß, Flugzeugindustrie, S. 880.

190   Zur Ablehnung von Aufträgen vgl. Buchheim, Unternehmen, S. 359; zum Investitionsverhalten ebd., S. 360–371.

191   Frankfurter Zeitung, 10.7.1943, S. 3: Ein Unternehmer; Deutsche Allgemeine Zeitung, 10.7.1943, S. 5: Friedrich Flick 60 Jahre; Bähr u. a., Flick-Konzern, S. 283. Listen der Aufsichtsratsmandate ebd., S. 127; NARA, M 891/17, Dokumentenbuch Anklage I, Affidavit Flick, 12.3.1947 (NI-5587); Fall 5, S. 453 f.

192   NARA, RG 260 Farben, Box 20, Kaletsch, Denkschrift betr. Konzernentschachtelung und weitergehende Beseitigung der Anonymität, 23.1.1944; StAN, Rep. 502, KV-Anklage, Handakten B 53, Kaletsch, Denkschrift betreffend die Neuregelung im Konzernaufbau, 8.3.1943 (Zitat S. 8).

193   NARA, T 83/66, S. 914, Notiz für Herrn Weiss, 5.12.1941; HADrB, 30 428–2001, Notiz Busch, 30.3.1943.

194   NARA, T 580/933, S. 330–332, Kaletsch, Notiz für Herrn Flick, 2.1.1941; BAB, R 3101/30 241, Aktenvermerke des RWM, 30.7. und 7.8.1942; NARA, RG 260 Farben, Box 21, Kaletsch, Notiz für Herrn Flick, 24.11.1942; StAN, Rep. 502, KV-Anklage, Handakten B 2, Lang/Kurre, Entwicklung der wichtigsten Beteiligungen, 9.5.1946, S. 3a; BAB, R 8119F/P-956, Aktenvermerk Kimmich, 5.6.1941; NARA, T 83/66, S. 957–959, Notiz Flick, 29.10.1941.

195   NARA, T 83/70, S. 328–335, Kaletsch, Programm 1.11.43, 1.2.1943 (Zitate S. 330); BAB, R 8122/1076, Kaletsch, Changes within the structure of the Flick group enterprises, 14.10.1946, S. 1–4.

196   I/1/46, Ausführungen Flicks auf der Vorstandssitzung der Maxhütte am

20.4.1943, S. 1, 5f. Zu Hitlers Unterstützung der »Lex Krupp« vgl. Abelshauser, Rüstungsschmiede, S. 321.

197   NARA, RG 260 Farben, Box 20, Niederschrift Kaletsch, 6.2.1943; Priemel, Flick, S. 541; NARA, T 83/70, S. 220–224, Kaletsch an Gebhardt, 8.3.1943.

198   StAN, Rep. 502, KV-Anklage, Handakten B 53, Kaletsch, Denkschrift betreffend die Neuregelung im Konzernaufbau, 8.3.1943. Eine erweiterte Fassung vom 23.8.1943, die eine Auflistung der vollzogenen Operationen enthält, in: NARA, T 83/70, S. 194–219.

199   StAN, Rep. 502, KV-Anklage, Handakten B 53, Kaletsch, Denkschrift, 8.3.1943, S. 19; BayHStA, MWi 2448, Flick an Giesler, 13.3.1943.

200   I/1/46, Ausführungen Flicks auf der Vorstandssitzung der Maxhütte am 20.4.1943, S. 8f.; NARA, RG 260 Farben, Box 21, Kaletsch, Vormerkungen für die mündliche Verhandlung im RFM, 11.3.1943.

201   NARA, T 83/70, S. 254–270, Kaletsch/Kurre, Konzern-Umbau, 1.4.1943; S. 246, RFM an die OFP Berlin-Brandenburg, Westfalen, Nürnberg, Dresden, Düsseldorf, 31.5.1943; I/1/46, Ausführungen Flicks auf der Vorstandssitzung der Maxhütte am 20.4.1943 (Zitat S. 5); BAB, R 8122/1076, Kaletsch, Changes within the structure of the Flick group enterprises, 14.10.1946, S. 4.

202   NARA, RG 260 Farben, Box 21, Kaletsch, Vormerkungen für die mündliche Verhandlung im RFM, 11.3.1943; I/1/46, Ausführungen Flicks auf der Vorstandssitzung der Maxhütte am 20.4.1943, S. 6–8; NARA, T 83/70, S. 238–240, RFM an die OFP Berlin-Brandenburg, Westfalen, Nürnberg, Dresden, Düsseldorf, 31.5.1943.

203   NARA, T 83/70, S. 280, Niederschrift über die Vorstandssitzung der Maxhütte am 20. April 1943; I/1/46, Ausführungen Flicks auf der Vorstandssitzung der Maxhütte am 20.4.1943, S. 5.

204   Ebd., S. 9; NARA, T 83/70, S. 254, Kaletsch/Kurre, Konzern-Umbau, 1.4.1943.

205   NARA, T 83/70, S. 281–290, Ausführungen Flicks in der MSt-Vorstandssitzung am 14.5.1943 (Zitat S. 282). Vgl. die Einladung zur Gesamtvorstandssitzung am 13.4.1943, nach der lediglich die Jahresabschlüsse besprochen werden sollten: BAB, R 8122/80 920, Kaletsch an Terberger, 30.3.1943 (NI-6208). Zu den Einzelheiten der Umwandlung ausführlich SächsHStA, 11 616/2.8.

206   SächsHStA, 11 616/5.29, Abkommen Mittelstahl/Mahütte über eine Arbeitsgemeinschaft, 14.5.1943 (Zitat); MSt an Maxhütte, 27.5.1943.

207   NARA, RG 260 Farben, Box 21, Notiz Kaletsch, 24.3.1943; Buskühl an Fentener van Vlissingen, 29.3.1943; BAB, R 8122/1062, Niederschrift über die Aufsichtsratssitzung Harpen/Essener Steinkohle am 28.5.1943; NARA, T 83/70, S. 308–314, Bericht Buskühls vor dem Harpen-Aufsichtsrat am 28.5.1943.

208   Ebd.; BAB, R 8122/1062, Niederschrift über die Sitzung des Hauptausschusses des Harpen-Aufsichtsrats am 28.5.1943.

209   I/1/46, Ausführungen Flicks auf der Vorstandssitzung der Maxhütte am 20.4.1943, S. 2 (erstes Zitat); NARA, RG 260 Farben, Box 20, Kaletsch, Denkschrift betr. Konzernentschachtelung, 23.1.1944; BAB, R 8122/1076, Kaletsch, Changes within the structure of the Flick group enterprises, 14.10.1946, S. 10.

210 I/1/1, Niederschrift über die Aufsichtsratssitzung der Maxhütte am 28.3.1944; I/1/30, Gutachten des Notars Karl Seybold im Auftrag der Maxhütte, 6.7.1946, S. 14 f.; BAB, R 8119F/P-1158, Flick an die Mitglieder des Maxhütte-Aufsichtsrats, 8.3.1944; Umtauschangebot, 8.3.1944; BAK, All. Proz. 3 Kranzbühler Nr. 49, Siemers, Betr. Fella-Werke, 16.5.1947.

211 StAN, Rep. 502, KV-Anklage, Handakten B 86, Kaletsch an Rohde, 20.7.1944 (Zitat); B 2, Lang/Kurre, Entwicklung der wichtigsten Beteiligungen, 9.5.1946, S. 14 f.; StA Amberg, AG Amb. Hrg. 665, Notarielle Protokolle, 5. und 6.10.1944; I/1/60, Maxhütte, Genehmigung der Abtretung von 15 Mio. der Geschäftsanteile an die Nordische Holzhandels-GmbH, 6.10.1944.

212 I/1/30, Gutachten des Notars Karl Seybold im Auftrag der Maxhütte, 6.7.1946, S. 15; NARA, RG 466, Office of the General Counsel, Decartelization and Deconcentration Counsel, Decartelization and Deconcentration Division, Cartel Subject Files 1947–1955, Box 43, Vertrag VG-Maxhütte (Abschrift), 30.1.1945 (Zitat).

213 I/1/30, Gutachten des Notars Karl Seybold im Auftrag der Maxhütte, 6.7.1946, S. 5, 11–13, 26, 37 (Zitate); StAN, Rep. 502, KV-Anklage, Handakten B 2, Lang/Kurre, Gesellschaft für Fahrzeug- und Maschinenwerte, 12.4.1946, S. 4.

214 I/2/37, Notiz Burkart, 19.2.1959; StA Amberg, AG Amb. Hrg. 665, Niederschrift über die Gesellschafterversammlung der Maxhütte am 30.1.1945; Niederschrift Friedrich Flick, Burkart, Kaletsch, 30.1.1945 (Zitat); BWA, F 70/180, Niederschriften über die Gesellschafterversammlungen der Maxhütte am 30.1., 19.3. und 31.3.1945.

215 StAN, Rep. 502, KV-Anklage, Handakten B 86, Kaletsch an Rohde, 20.7.1944; BAB, R 8119F/P-1363, Flick an Kimmich, 26.9.1944; SächsHStA, 11 616/5.29, Vereinbarung betr. Organverhältnis Mittelstahl/AKW, 11.12.1944; Priemel, Flick, S. 553; StAN, Rep. 502, KV-Anklage, Handakten B 2, Lang/Kurre, Entwicklung der wichtigsten Beteiligungen, 9.5.1946, S. 10.

216 BAB, R 8122/1076, Kaletsch, Changes within the structure of the Flick group enterprises, 14.10.1946, S. 8 f.; BAB, R 8122/80 918, Notiz Weiss, 26.2.1945 (NI-3323); NARA, T 83/69, S. 388, Weiss, Notiz für Herrn Flick, 13.3.1945; Priemel, Flick, S. 555 f.; NARA, T 580/933, S. 323–325, Burkart an Fabry, 9.10.1944; StAN, Rep. 502, KV-Anklage, Handakten B 2, Lang/Kurre, Entwicklung der wichtigsten Beteiligungen, 9.5.1946, S. 15.

217 Gleichlautende Formulierungen in: SächsHStA, 11 616/5.29, Vertrag MSt-FKG, 12.3.1945; NARA, RG 466, Office of the General Counsel, Decartelization and Deconcentration Counsel, Decartelization and Deconcentration Division, Cartel Subject Files 1947–1955, Box 43, Vertrag FKG-Maxhütte, 15.3.1945. Statuten: NARA, T 83/68, S. 1298–1300, o. V., Notiz für Streese, 4.1.1945. Von Flick vorgesehen, aber wohl kaum noch in die Tat umgesetzt wurde außerdem ein Organvertrag der FKG mit den AKW; BAB, R 8122/1076, Flick an Kaletsch, 13.4.1945.

218 Vgl. Tenfelde, Krupp, S. 88.

219 SächsHStA, 11 616/5.29, Erläuterung zum Organvertrag FKG/MSt, März 1945; BAB, R 8122/1076, (Kaletsch), Notiz für Herrn Dr. Flick, 6.4.1945; Kaletsch, Programm vom 6. April 1945, 6.4.1945.

220   BAB, R 8122/1074, Kurre, Notiz für Herrn Dr. Flick, Juni 1945; Notiz Kurre, 16.7.1945; BAK, All. Proz. 3 Siemers Nr. 25, Eidesstattliche Erklärung Albert Löffler, 21.3.1947; Notarielles Protokoll der Geschäftsanteilsabtretung, 14.4.1945.

221   StAN, Rep. 502, KV-Anklage, Handakten B 56, Protokoll Hugo Dietrich über die Gesellschafterversammlung der FKG am 20.3.1944 (Zitate S. 3, 8); LAB, A Rep. 092 Nr. 409, Schenkungsteuerbescheid des RFM an Dietrich, 13.6.1944; BAB, R 8122/80920, Generalvollmacht von Otto-Ernst Flick, 3.4.1944 (NI-5459-C); Generalvollmacht von Fritz Streese namens dessen Pflegling Friedrich Karl Flick, 21.3.1944 (NI-5460-B).

222   Ogger, Friedrich Flick, S. 238 f.

223   Priemel, Flick, S. 597; ebd. eine Chronologie der Besetzung anderer Standorte, zum Folgenden auch ders., Finis Imperii, S. 4–7. Fella: BAK, All. Proz. 3 Siemers Nr. 5, Aktenvermerk Feucht, 18.11.1946; ATG: NARA, T 83/70, S. 1176, Weiss, Protokoll über die Sitzung des ATG-Beirats am 3.5.1944; Donauwörth: I/1/71, Prüfbericht der DRT über den Jahresabschluss der Maschinenfabrik Donauwörth 1943/44, 20.11.1944, S. 14.

224   NARA, RG 260 Farben, Box 19, Kaletsch an Guckes, 20.10.1945. Andere Beispiele bei Herbst, Krieg, S. 406 f.; Henke, Besetzung, S. 455–468; Bähr, Dresdner Bank, S. 122.

225   NARA, T 83/70, S. 514, Rundschreiben der FKG Düsseldorf, 6.8.1943; I/1/40, Kaletsch an Raabe und Terberger, 24.7.1943; Kaletsch an Terberger, 1.10.1943; Notiz Kaletsch/Weiss, 30.11.1943.

226   BAB, R 8122/75, Kaletsch, Notiz für Herrn Dr. Flick, 4.11.1944 (Zitat; zum Zusammenhang ausführlicher Priemel, Flick, S. 592 f.); NARA, T 83/70, S. 600, Inanspruchnahmeverfügung des Düsseldorfer Oberbürgermeisters, 2.10.1944; S. 626, Kaletsch an den Oberfinanzpräsidenten Nürnberg, 30.8.1944.

227   SächsHStA, 11692/120, Auszug aus Rundschreiben der Konzernleitung vom 17.2.1945; 11616/8.08, Kaletsch an Gehlofen, 16.3.1944; BAK, N 1004/173, Flick an Dietrich, 31.3.1944 (Zitat).

228   SächsHStA, 11616/18120, Notiz Tillmanns, 4.8.1943; MSt Berlin an MSt Lauchhammer, 17.11.1944; Lauchhammer an Berlin, 22.11.1944; Auszug aus Rundschreiben der Konzernleitung vom 17.2.1945; BAK, All. Proz. 2F, Rolle 11, FC 6071 P, Vernehmung Odilo Burkart, 17.3.1947; BAB, R 8122/520, Notiz für Herrn Dr. Müller (Lauchhammer), 27.2.1945.

229   BAK, All. Proz. 3 Siemers Nr. 82, Bernhard Weiss, Beschreibung der eigentlichen Tätigkeit in Berlin, 24.9.1947; BAK, All. Proz. 2F, Rolle 11, FC 6071 P, Vernehmung Odilo Burkart, 17.3.1947 (Zitat); NARA, RG 260 Farben, Box 19, Kaletsch an Guckes, 20.10.1945.

230   NrwHStA, NW 1000–10670, Entnazifizierungsfragebogen Schlieker, 30.7. 1946; NW 1002-I-5918, Sitzungsprotokoll der Berufungskammer für den Entnazifizierungsausschuss Stadtkreis Düsseldorf, 4.1.1947; BAK, R 8122/520, Burkart, Notiz für Herrn Flick, 23.2.1945; Der Spiegel, 24.9.1956, S. 22; BAK, Z 45F 11/13–2/11, Notarielles Protokoll Fritz Streese, 19.10.1945; zur weiteren Karriere Tilly, Schlieker.

231   Vgl. für die Stahlunternehmen Priemel, Flick, S. 533 f.

232   BAB, R 8119F/P-1163, Aktenvermerk Kiehl, 31.3.1944; BAB, R 8122/352, Gegen-

überstellung der Steuer-Gewinne, 3.3.1942. Zu den Steuerbilanzen Spoerer, Von Scheingewinnen; ders., Bilanzen.

233 NARA, RG 260 Farben, Box 20, Kurre, Notiz betr. Vermögensteuerwert der
Konzerngesellschaften zum 1.1.43, 21.5.1946. Übrige Angaben: Deutsches Wirtschafts-
institut, Flick-Konzern, S. 7 (Zitat); dagegen Priemel, Flick, S. 538f.; Bähr u. a., Flick-
Konzern, S. 496–498.

234 Kapitalberichtigungen berechnet nach: StAN, Rep. 502, KV-Anklage, Handakten B 2, Lang/Kurre, Entwicklung der wichtigsten Beteiligungen, 9.5.1946. Die Berechnung umfasst, anders als die Aufstellung bei Priemel (Flick, S. 537), nur die jeweils
in Konzernbesitz befindlichen Anteile am Stammkapital der einzelnen Unternehmen.

235 NARA, RG 260 Farben, Box 20, Kurre, Notiz betr. Vermögensteuerwert der
Konzerngesellschaften zum 1.1.43, 21.5.1946; Kaletsch, Betrifft: Bewertung der Flick-
Gruppe und Steuerwerte, 26.5.1946.

236 Aus dem Grund- bzw. Stammkapital der größeren produzierenden Unternehmen
men (ohne Holdings) ergeben sich etwa 53 %; vgl. die Aufstellung per 31.12.1944 bei Ogger, Friedrich Flick, S. 382–387. Der hierin nicht enthaltene, direkt in der FKG gelegene
Brandenburgische Stahlkomplex lässt sich nach dem Verhältnis der Arbeitskräfte auf
etwa ein Drittel von Mittelstahl veranschlagen. Ein Verlust von etwa 62 % lässt sich aus
der Schätzung für die Körperschaftsteuer herleiten, die aber für seriöse Berechnungen
nicht weit genug ausdifferenziert ist; NARA, RG 260 Farben, Box 20, Kaletsch, Betrifft:
Bewertung der Flick-Gruppe und Steuerwerte, 26.5.1946. Der Vergleich der Arbeiterzahlen, die ebenfalls teils ungesichert sind, kommt auf etwa 57 %; BAB, R 8122/80 919,
Arbeiterzahlen des Konzerns, o. D. (NI-5499). Bruns/Fabry: BAB, R 8122/637, Notiz
Bruns, 26.6.1945; NARA, T 83/66, S. 1386, Notiz Kaletsch, 6.10.1944.

237 StAN, Rep. 502, KV-Anklage, Handakten B 11, Aufstellungen über Einkom-
mensteuerveranlagungen Friedrich Flick 1935–1939, Friedrich und Otto-Ernst Flick 1940–
1943; Vermögensteuerbescheide Friedrich Flick für 1940, 1.4.1943, und 1941, 9.1.1942;
Handakten B 2, Friedrich Flick, Vermögensaufstellung am 1.1.1942; Notiz Kurre, 13.5.1946.
Vgl. Bähr, Weg, S. 497, Tab. 54, mit einer Vermögensangabe von 94 Mio. RM für 1941.

238 Vgl. HADrB, 30 428–2001, Aktennotiz Busch, 7.5.1943.

239 Vogelsang, Freundeskreis, S. 158; bis einschließlich 1940 ist nicht gesichert, ob
die seit 1936 nachweisbaren jährlichen Spenden 50 000 oder 100 000 Mark betrugen.

240 BAB, R 8122/80 920, Kaletsch, Notiz für Herrn Dr. Tillmanns, 22.2.1943 (NI-
10 063). Vgl. Brauchitsch, Preis, S. 84.

241 Jung, Rechtsprobleme, S. 6 (erstes Zitat); I/2/1–2, Dr. Friedrich Flick. Zum 80.
Geburtstag, Düsseldorf o. J. (1963), S. 9.

242 Vgl. bereits Jung, Rechtsprobleme, S. 219–221; systematisch Wiesen, West German Industry.

243 Abelshauser, Rüstungsschmiede, S. 443–445; Roth, Einleitung zu OMGUS IG
Farben, S. XVI-XX.

244 BAK, Z 45F, 2/148/16, Ophuls an Schmidt, 20.6.1945; Roth, Einleitung zu
OMGUS Dresdner Bank, S. LXXXIII; NARA, RG 260 Farben, Box 22, Kurre an
Kaletsch, 20.8.1945; zur Finanzabteilung Horstmann, Die Alliierten, S. 21–68.

245   NARA, RG 56, Accession 668A816, Box 18, Folder »War Criminals«, Francis M. Shea, Tentative Memorandum for Mr. Justice Jackson, 23.7.1945; NARA, RG 260 Farben, Box 22, Scott an Edelman, 13.8.1945. Hierzu und zum Folgenden Ahrens, Unternehmer; Gausmann, Vergangenheitsbewältigung; zum Verschwörungskonzept Smith, Jahrhundert-Prozeß.

246   BAK, N 1004/173, Dietrich an Weiss, 10.7.1944; BAB, R 8122/1077, Lebensdarstellung Friedrich Flick, 20.8.1945 (Zitate S. 6, 20, 25 f.); Priemel, Flick, S. 626–629.

247   van Laak, Gespräche, S. 32; Quaritsch, Nachwort, S. 125–133; Schmitt, Verbrechen, S. 79 f. Dix: BAB, R 8122/1075, Kaletsch an Schmidt, 7.9.1945; BAB, R 8122/1062, Kaletsch, Notiz für Herrn Dr. Streese, 3.8.1945; StAN, Rep. 502, KV-Anklage, Handakten B 83, Dix an Flick, 23.8.1946. Zur Person Jungfer, Köpfe, S. 313–316.

248   BAK, N 1004/173, Weiss an Dietrich, 25.8.1945; NARA, RG 260 Farben, Box 22, Lang an Kaletsch, 14.9.1945; vgl. Henke, Besetzung, S. 561. Langs Verhaftung: BAB, R 8122/1076, Lang an Kaletsch, 5.11.1945; NARA, RG 260 Farben, Box 22, Marcu an Rains, 14.12.1945; Protokoll der Befragung Langs am 21.1.1946.

249   Drobisch, Ausbeutung, S. 175; Fall 5, S. 7; Priemel, Flick, S. 616. Angeführt wurde die Liste von Hans Bodo Graf von Alvensleben, dem Präsidenten des »Deutschen Herrenklubs«, und Hermann Bücher (AEG). Allgemeine Zeitung Nr. 29, 12.10.1945: Deutsche Schwerindustrie unter Anklage, Nachdruck in: Dokumentation der Zeit 1950 Nr. 7/8, S. 329 f.

250   Vgl. im Einzelnen Bloxham, Trial; Smith, Jahrhundert-Prozeß, S. 61–70; Bass, Hand, S. 198–202.

251   NARA, RG 153, War Crimes Branch, Nuremberg Administrative Files 1944–1949, Box 1, Folder 84–1/1, Taylor an Peterson, 22.5.1946 (Zitat); Folder 84–1/III, Protokolle der Besprechungen am 15.5. und 6.6.1946; Memorandum Taylor für Jackson, 4.7.1946; Taylor, Memorandum for the Secretary of War, 29.7.1946 (publiziert in: Taylor, Final Report, S. 271–276).

252   NARA, RG 238, Entry 159, Box 1, Folder 5, Sprecher an Taylor, 12.4.1946; Folder 12, Summary of Points Covered in an OCC-OMGUS Meeting, 28.5.1946 (Zitat); Priemel, Flick, S. 620; Bähr u. a., Flick-Konzern, S. 571–574. VSt: NARA, RG 260 Farben, Box 102, Joint Special Financial Detachment des USGCC und der CCGBE Düsseldorf, Report on Investigation of Vereinigte Stahlwerke AG, 25.2.1946. Der Bericht umfasst immerhin 193 Seiten.

253   StAN, Rep. 502, KV-Anklage, Handakten B 1, Josif Marcu, The Flick Combine, 2.1.1947; BAK, Z 45F, 17/229 1/16, Marcu an Gage, 20.6.1946.

254   TNA, WO 252/932, Foreign Office, German Economic Department: German Industrial Complexes: The Flick Complex, Oktober 1945; BAB, R 8122/1076, Lang an Kaletsch, 5.11.1945; StAN, Rep. 502, KV-Anklage, Handakten B 4, Josif Marcu, Friedrich Flick, o. D. (Zitat).

255   BAK, Z 45F, 17/229–1/16, Auszug aus »Civil Affairs in Occupied and Liberated Territory« No. 102, 7.3.1946.

256   Vgl. die Verhörprotokolle in: NARA, RG 260 Farben, Box 22; Kaletschs Ver-

haftung: BAK, All. Proz. 3 Kranzbühler Nr. 49, Eidesstattliche Erklärung Konrad Kaletsch, 5.6.1948.

257 NARA, RG 260 Farben, Box 23, Ausarbeitung Flicks vom 5.12.1945, S. 12.

258 NARA, RG 260 Farben, Box 22, Vernehmung Kaletschs durch Emile Skraly, 15.3.1946, S. 3–5.

259 StAN, Rep. 502, KV-Anklage, Handakten B 83, Dix an Flick, 23.8.1946 (Zitat); NARA, RG 238, Entry 165, Box 1, Folder 11, Drachsler, Indictment of the Industrialists, 28.9.1946, S. 2; Wiesen, West German Industry, S. 70–79; ders., Overcoming Nazism; Ahrens, Exempelkandidat, S. 656.

260 StAN, Rep. 502, KV-Anklage, Handakten B 83, Flick an Dix, 20.10.1946; Flick an Dix, 2.8.1946; Eidesstattliche Versicherung Walther Funk, 21.8.1946.

261 Ebd., Flick an Raabe, 18.10.1946.

262 BAK, Z 45F, 17/229–1/16, Cruger an Collison, 21.11.1946 (Zitat); Coleman an Martin, 24.10.1946.

263 NARA, RG 238, Entry 159, Box 2, Folder 10, Taylor an Kempner, 4.11.1946; NARA, RG 153, War Crimes Branch, Nuremberg Administrative Files 1944–1949, Box 1, Folder 84–1/III, Taylor an Peterson, 30.9.1946; vgl. Bloxham, Genocide, S. 38 f.

264 Taylor, Final Report, S. 78 f.

265 NARA, RG 153, War Crimes Branch, Nuremberg Administrative Files 1944–1949, Box 9, Folder 86–2-2/II, Draft of Flick Case, 9.12.1964; Lyon an Taylor, 12.12.1946; Presseausschnitte ohne Quellenangabe.

266 BAK, All. Proz. 3 Siemers Nr. 80, Bernhard Weiss, Meine Erlebnisse nach dem Zusammenbruch, 24.9.1947 (Zitat); BAK, All. Proz. 2F, Rolle 11, FC 6071 P, Vernehmung Odilo Burkart, 17.3.1947, S. 8–10; Jung, Rechtsprobleme, S. 30.

267 NARA, M 891/20, Protokoll S. 1–16, Verlesung der Anklageschrift vom 8.2.1947, 15.3.1947 (Zitate S. 3, 7); Indictment, 18.3.1947, Trials VI/1, S. 11–25; Taylor, Nürnberger Prozesse, S. 79; Jung, Rechtsprobleme, S. 45–65.

268 Zum Verzicht auf die Verschwörungsanklage Bloxham, Genocide, S. 71 f.

269 BAK, All. Proz. 3 Siemers Nr. 73, Siemers an Kranzbühler, 8.4.1947; Siemers, Aktennotiz in Sachen Weiss, 21.2.1947 (Zitat); Jung, Rechtsprobleme, S. 38.

270 RWWA, 130–400 101 45/164, Linz an Reusch, 10.4.1947; Pohle an Reusch, 25.4.1947 (Zitat); Reusch an Pohle, 27.2.1947; BAK, All. Proz. 3 Siemers Nr. 73, Wecker an Siemers, 31.3.1947; Siemers an Kranzbühler, 8.4.1947.

271 StAN, Rep. 502A, KV-Verteidigung, Handakten Flächsner 2, Bernhard Weiss, Vorschlag für eine einheitliche Formulierung des Wesens des Berliner Bueros der FF. K. G., 30.5.1947; Eidesstattliche Erklärungen Alfred Grolms, 9.5.1947, und Gustav Knieß, 10.5.1947; vgl. BAK, All. Proz. 3 Siemers Nr. 43, Weiss, Notiz für Herrn Dr. Siemers, 6.5.1947.

272 BAK, All. Proz. 3 Nagel Nr. 7, Steinbrinck, Grundsätzliche Bemerkungen zum Prozess, o. D.; StAN, Rep. 502A, KV-Verteidigung, Handakten Flächsner 2, Steinbrinck, Anwalt: Mit der Bitte um Weiterleitung, 11.4.1947 (Zitat, Hervorhebung i. O.).

273 Vgl. Wiesen, Industry, S. 72 f.; RWWA, 130–400 101 45/164, Korrespondenzen Reuschs mit den Vereinigten Stahlwerken und Mannesmann, 1.4.–18.6.1947.

274   NARA, M 891/22, Protokoll S. 3117–3146, Opening Statement Dix, 2.7.1947 (Zitate S. 3128, 3138, 3142–3145; vgl. Jung, Rechtsprobleme, S. 66); RWWA, 130–400101 45/164, Reusch an Pohle, 14.7.1947.

275   NARA, M 891/22, Protokoll S. 3146–3419; M 891/23, S. 3420–3872, Vernehmung Flick, 2.-17.7.1947 (Zitate Dix S. 3155, 3564, 3423; Zitate Flick S. 3190, 3205); Jung, Rechtsprobleme, S. 85 f.

276   BAK, All. Proz. 3 Siemers Nr. 76, (Weiss), 20. Juli 1944, 1.3.1947; NARA, M 891/22, Protokoll S. 3208–3212, Vernehmung Flick durch Dix, 2.7.1947; Fall 5, S. 349.

277   StAN, Rep. 502A, KV-Verteidigung, Handakten Flächsner 1, Flächsner an Lola Steinbrinck, 26.2.1947; BAK, All. Proz. 3 Kranzbühler Nr. 49, Verteidigerbesprechung vom 20.6.1947.

278   NARA, M 891/20, Protokoll S. 762, Kreuzverhör Evelokia Voytovich durch Siemers, 1.5.1947; Protokoll S. 777, Kreuzverhör durch Nath, 2.5.1947.

279   BAK, All. Proz. 2F, Rolle 17, FC 6077 P, Vernehmung Otto-Ernst Flick, 20.12.1946, S. 6–10 (erstes Zitat); NARA, M 891/26, Protokoll S. 7131, Vernehmung Otto-Ernst Flick, 15.9.1947 (zweites Zitat); BAK, All. Proz. 3 Kranzbühler Nr. 34, Eidesstattliche Erklärung Anton Heger, 14.6.1947; Kreuzverhör: Jung, Rechtsprobleme, S. 84.

280   NARA, M 891/23, Protokoll S. 4195–4403, Vernehmung Pleiger, 23.-25.7.1947 (Zitat S. 4215).

281   RWWA, 130–400101 45/164, Pohle an Reusch, 8.8.1947; NARA, M 891/23, Protokoll S. 4029–4194, Vernehmung Hanneken, 21.-23.7.1947 (Zitat S. 4048).

282   Plädoyer der Anklagebehörde, 24.11.1947, Fall 5, S. 21–102 (Zitat S. 25); Jung, Rechtsprobleme, S. 33 f.; RWWA, 130–400101 45/164, Pohle an Reusch, 16.6.1947.

283   Jung, Rechtsprobleme, S. 65–74.

284   NARA, M 891/29, Protokoll S. 10286, Schlussplädoyer Kranzbühler, 26.11.1947; Jung, Rechtsprobleme, S. 65.

285   NARA, M 891/29, Protokoll S. 10511, Schlussplädoyer Siemers, 28.11. 1947; S. 10690, Schlussplädoyer Dix, 29.11.1947; Drobisch, Fall 5, S. 128.

286   RWWA, 130–400101 45/164, Pohle an Reusch, 8.12.1947; NARA, M 891/29, Protokoll S. 10712–10714, Schlusswort Flicks, 29.11.1947.

287   Der Tagesspiegel, 22.11.1947: Die Industriellen und die historische Wahrheit; Die Zeit, 27.11.1947: Die Verteidigung greift an.

288   Urteilsbegründung und Urteil, 22.12.1947, Fall 5, S. 315–350 (Zitate S. 317, 319, 322, 324, 332, 347–349); vgl. Jung, Rechtsprobleme, S. 38, 78, sowie das pointierte Fazit, das Verfahren sei eindeutig »ein Prozeß, und nicht Politik im justizförmigen Gewand« gewesen, S. 221.

289   Taylor, Nürnberger Prozesse (1951), S. 81; BAK, Ton 1040/6, Interview Otto Kranzbühler, 29.1.1986 (erstes Zitat); BAK, All. Proz. 3 Siemers Nr. 46, Kranzbühler an Sears, 31.8.1948; RWWA, 130–400101 45/164, Pohle an Reusch, 30.12.1947; BAK, All. Proz. 3 Siemers Nr. 43, Klefisch an Siemers, 29.12.1947 (zweites Zitat).

290   BAK, All. Proz. 3 Siemers Nr. 46, Pohle an Siemers, 11.11.1948; Flächsner an Dix, 15.11.1948; Nr. 18, Flick an Kranzbühler, 7.7.1948. Zum Hintergrund Frei, Vergangenheitspolitik, insb. S. 164; die Behauptung politischer Einflüsse in Fall 5, S. 10;

und bei Littmann, Notstand, S. 8. Zitat Burkart: Sammlung Forschungsarchiv Flick, Fotoalbum Burkart.

291 BAK, All. Proz. 3 Kranzbühler Nr. 49, »Abschrift« o. V., o. D. (Zitat); Dix an die Verteidiger des Flick-Teams, 10.10.1947; Dix an Flick, 28.10.1947; Nr. 18, Flick an Kanzlei Carroll und Foley, 20.12.1947; Gall, Entlassung, S. 479.

292 NARA, M 891/28, Protokoll S. 10 012–10 017, Erklärung Dix, 8.11.1947; RWWA, 130–400 101 45/164, Pressenotiz mit Schreiben Pohle an Reusch, 10.11.1947; NARA, M 891/29, Protokoll S. 10 716, Vorbemerkungen zur Urteilsbegründung, 22.12.1947. Zum Inhalt der Anträge Jung, Rechtsprobleme, S. 87, Fn. 467; zur amerikanischen Kritik Buscher, U. S. War Crimes Trial Program, S. 9–44.

293 Wortlaut der Urteile vom 6.4.1948, 11.5.1949 und 14.11.1949 in Trials VI/2, S. 1226–1233; Jung, Rechtsprobleme, S. 126–133.

294 BAK, All. Proz. 3 Kranzbühler Nr. 51, Otto-Ernst Flick an Kranzbühler, 21.11.1949 (Zitate); Nr. 18, Flick an Carroll, 26.3.1950; Flick an Kranzbühler, 28.11.1950; Vermerk Kaletsch, 21.1.1951.

295 BAK, All. Proz. 3 Kranzbühler Nr. 51, Kranzbühler an Otto-Ernst Flick, 23.11.1949 (Zitat); Nr. 18, Kranzbühler an Flick, 13.1.1949; Flick an McCloy, 9.3.1950; Flick an Carroll, 26.3.1950; Nr. 46, Kranzbühler an Sears, 31.8.1948; Sears an Kranzbühler, 16.9.1948; Clay, Order with Respect to Sentence of Friedrich Flick, 30.6.1948, Trials VI/2, S. 1225.

296 BAK, All. Proz. 3 Kranzbühler Nr. 31, Stroth, Das Flick-Urteil, 26.8.1948; Pilloud an Robinson, 1.7.1948; Jung Rechtsprobleme, S. 207–210.

297 RWWA, 130–400 101 45/166, Reusch an Kastl, 29.11.1948; Kaletsch an Reusch, 23.11.1948 (Zitat); BAK, All. Proz. 3 Siemers Nr. 46, Siemers an Pohle, 17.12.1948; Siemers an Dix, 4.11.1948.

298 BAK, All. Proz. 3 Siemers Nr. 46, Pohle an Siemers, 11.11.1948; RWWA, 130–400 101 45/166, Reusch an Kastl, 29.9.1948; gemeinsames Schreiben diverser Branchenverbände der Metallindustrie an Clay, 30.11.1948; Clay an Association of German Metallurgical Engineers, 18.10.1948; Klee, Persilscheine, S. 68; Wiesen, Industry, S. 150.

299 BAK, All. Proz. 3 Kranzbühler Nr. 32, Radin an McCloy, 26.11.1949 (erstes Zitat); Nr. 51, Kranzbühler an Lenz, 6.9.1949; BAK, B 305/143, Lenz an Dehler, 19.10.1949 (zweites Zitat); Kranzbühler an Dehler, 2.11.1949; zu Dehlers Politik in der »Kriegsverbrecherfrage« Frei, Vergangenheitspolitik, S. 133–306.

300 BAK, All. Proz. 3 Kranzbühler Nr. 23, Flick an den Gnadenausschuss, 24.6.1950; Nr. 32, Flick an Kranzbühler, 6.6.1950; Klee, Persilscheine, S. 132. Entlassung: BAK, B 305/140, Liste der am 25.8.1950 Entlassenen, o. D.; Schwartz, Begnadigung.

301 Vgl. etwa BAK, All. Proz. 3 Kranzbühler Nr. 51, Kranzbühler an Lenz, 6.9.1949; Pohle an Kranzbühler, 21.1.1949; Nr. 18, Korrespondenz Flick-Kranzbühler; Nr. 23, Bescheinigung des Gefängnisdirektors W. R. Graham, 6.10.1949; zu Landsberg: Klee, Persilscheine, S. 72–81 (der Hinweis auf zwei Zahlungen von je 800 Mark S. 80), 139–141; Frei, Vergangenheitspolitik, S. 187–191; Selbstdarstellung Flick: Ogger, Friedrich Flick, S. 254.

302 BAK, All. Proz. 3 Siemers Nr. 17, Siemers an Boge, 20.1.1949; Nr. 46, Weiss

an Gombel, 15.3.1949 (Zitat); BAK, All. Proz. 3 Kranzbühler Nr. 46, Papen jr. an Clay, 5.12.1948; BAK, All. Proz. 3 Nagel Nr. 3, Papen jr. an Ziervogel, 18.8.1949.

303   NrwHStA, NW 112–1133 (Flick); NW 1002-I-72155 (Burkart); NW 1111-BG.6-764 (Weiss); NW 1037 A/Reg. 8895 Kaletsch; NW 1000–24872 (Steinbrinck); NW 1015–7931 (Bruns); zur Entnazifizierungspraxis in Nordrhein-Westfalen Krüger, Entnazifiziert; allgemein Rauh-Kühne, Entnazifizierung.

304   Vgl. »Der Eisenmann«, Der Spiegel, 17.9.1958, S. 22–33; Ogger, Friedrich Flick; RWWA, 130–400101 45/166, Kaletsch an Reusch, 22.10.1948; Bähr u.a., Flick-Konzern, S. 658.

305   I/2/41, Burkart an Finanzamt Amberg, 14.5.1952.

306   NARA, M 891/23, Protokoll S. 3940f., Vernehmung Hjalmar Schacht, 21.7.1947; Sammlung Forschungsarchiv Flick, Fotoalbum Burkart; Bähr u.a., Flick-Konzern, S. 654–658.

307   Vgl. BAK, B 305/146, Joël an den Bundesminister der Justiz, 5.1. und 20.3.1951; BAK, All. Proz. 3 Kranzbühler Nr. 51, Kranzbühler an Lenz, 6.9.1949; Pohle an Kranzbühler, 21.1.1949 (Zitat).

308   BAK, All. Proz. 3 Kranzbühler Nr. 51, Joël an Kranzbühler, 23.6.1961; ACDP, 01–093–010/1, Entwurf Mündler an Brüning, o.D. (mit Brief Mündler an Kaletsch, 26.11.1968); Joël an Kaletsch, 21.10.1968 (Zitat).

309   ACDP, 01–093–030/2, Ambros an Friedrich, 3.2.1966; Ahrens, Karl Rasche.

310   Vgl. Bähr u.a., Flick-Konzern, S. 695–698; und weiter hinten in diesem Band. Zur Kontinuitätsdebatte Erker, Einleitung; dagegen Plumpe, Unternehmen.

311   Quaritsch, Nachwort, S. 130.

Rückkehr und Auflösung

1   I/2/1, VEB Maxhütte Unterwellenborn an Betriebsrat der Maxhütte Rosenberg, 18.8.1950; Protestresolution vom 18.8.1950 (Zitat); Protokoll der außerordentlichen Betriebsräte-Ausschusssitzung am 29.8.1950; Schreiben Enderlein, 11.9.1950; Fernschreiben an Flick, 17.8.1950 (Zitat).

2   Aufruf der KPD vom 11. Juni 1945; Aufruf des Zentralausschusses der SPD vom 15.6.1945; Gründungsaufruf der CDU vom 26.6.1945, in: Um ein antifaschistisch-demokratisches Deutschland, S. 56ff., 67ff., 78ff. (Zitate ebd.).

3   Ulbricht, Rede vom 25.6.1945, in: Nachkriegsdeutschland 1945–1949, S. 30ff., Zitat S. 36.

4   BAB, R 8122/1074, Vermerk betr. Sächsische Eisenwerke GmbH (MSt – AKW), 1.10.1945.

5   LHASA MER, AKW, Nr. 11, 87, Bericht April u. Mai 1945, 8.6.1945; LHASA MER, AKW, Nr. 11, 1, Berichte Mai u. Juni vom 4.6., 11.6. und 16.7.1945; StAN, Rep. 502 KV-Ankl., Handakten, Abt. B 7, Fritzsche an Flick, 18.6.1945. Zur Förderleistung im August: LHASA MER, AKW, Nr. 11, 81a, Verwaltung Halle an Hauptsekretariat Berlin, 4.8.1945.

6   NARA, RG 260 Farben, Box 19, Kaletsch an Weiss, 9.9.1945 (Zitat); Kaletsch an Guckes, 20.10.1945; NARA, RG 260 Economic, Box 20, Telegramm von Kaletsch, 8.7.1945, Abschrift; Bericht Burkart, 17.8.1945; NARA, RG 260 Economic, Box 21, Kaletsch an Franz und Meier, 28.11.1945; StAN, Rep. 502 KV-Ankl., Handakten, Abt. B 7, Aktennotiz über die Befahrung von Braunkohlenbetrieben in der Niederlausitz am 21./22.5.1945, 30. 51945; Bericht vom 9.6.1945: Reise in die Niederlausitz am 7./8.6.1945; SAPMO- BArch, NY 4182/949, Bericht über den Konzern der MSt, 5.10.1945; BAK, All. Proz. 2F, Rolle 26, FC 6086 P, Vernehmung Franz Hellberg, Nr. 1629, 24.3.1947; BAK, All.Proz. 2F, Rolle 11, FC 6071 P, Vernehmung Odilo Burkart, Nr. 1533, 17.3.1947.

7   BAK, Z 45 F 11/13–2/11, Schlieker an Flick, 6.9.1945 (Zitat); Stadtarchiv Brandenburg, 2.0.8–18/308 A, Olbrich an die Stadtverwaltung, 10.10.1945.

8   Dahrendorf war von August 1945 bis Anfang 1946 1. Vizepräsident der DZV für Brennstoffindustrie. Vgl. SBZ-Handbuch, S. 884 f.; BAK, Z 45 F-11/13–2/11, Schlieker an Flick, 6.9.1945.

9   HAIT, Slg. Schmeitzner, Wie die Enteignung des Flick-Konzerns in der Ostzone vor sich ging, undatiert (vermutlich 1950) (Zitat Rohner); Lebenslauf Gerhard Rohners vom 30. Juni 1945; Landesregierung Sachsen, Ministerium des Innern, Personalamt: Fragebogen Gerhard Rohner, 26.1.1947; Schmeitzner/Donth, Partei, S. 148, 259 (Zitate).

10   SAPMO-BA, NY 4182/949, Burkart an Kaletsch, 14.7.1945; NARA, RG 260 Economic, Box 20, Bericht Burkart, 17.8.1945.

11   NARA, RG 260 Economic, Box 20, Bericht Burkart, BAK, Z 45 F-11/13–2/11, Schlieker an Flick, 6.9.1945; SAPMO-BA, NY 4182/949, Bericht über den Konzern der MSt, 5.10.1945.

12   NARA, RG 260 Economic, Box 20, Burkart an Kaletsch, 3.10.1945; SAPMO-BA, NY 4182/957, Informationen zu MSt, Werk Riesa, 3.7.1945.

13   BAK, All.Proz. 2F, Rolle 26, FC 6086 P, Vernehmung Franz Hellberg, Nr. 965, 24.3.1947. Auch Hellberg hatte im Nachhinein festgestellt: »Burkart hat die Beziehungen zur sächsischen Regierung überschätzt.«; BAK, Z 45 F-11/13–2/11, Schlieker an Flick, 6.9.1945 (Zitat).

14   HAIT, Slg. Schmeitzner, Wie die Enteignung des Flick-Konzerns in der Ostzone vor sich ging, undatiert (vermutlich 1950); BAB, 8122/1054, Burkart an LVS, 20.9.1945 (Zitate); SAPMO-BA, NY 4182/949, Bericht über den Konzern der MSt, 5.10.1945; Halder, Prüfstein, S. 591.

15   SächsHStA, 11384/837, Sächsische Eisenwerke an LVS, 1.10.1945 (Zitat Burkart); NARA, RG 260 Economic, Box 20, Burkart an Kaletsch, 3.10.1945.

16   NARA, RG 260 Farben, Box 19, Kaletsch an Weiss, 9.9.1945; BAB, R 8122/1074, Namentlich nicht gekennzeichneter Vermerk betr. Sächsische Eisenwerke GmbH (MSt – AKW) vom 1.10.1945.

17   LHASA MER, AKW, Nr. Ia, 7, Präsident der Provinz Sachsen, Abt. Wirtschaft, an AKW Halle/S., 3.10.1945; SAPMO-BA, DY 30/IV 2/6.02, Romberg, Unterabteilung Sicherung der Wirtschaft beim Präsidenten der Provinz Sachsen an den Vorsitzenden des Betriebsrates Westelbien der AKW, 20.12.1945; LHASA MER, AKW, Nr. X 3, Aktennotiz vom 15.5.1948; Befehl Nr. 110 des Obersten Chefs der SMAD über das Recht

der Landes- und Provinzialverwaltungen, Gesetze und Verordnungen mit Gesetzeskraft zu erlassen vom 22.10.1945, in: Um ein antifaschistisch-demokratisches Deutschland, S. 183 f.; SächsHStA, 11 692/87, Beschluss des Präsidiums der LVS vom 29.10.1945 (Zitat); SächsHStA, LRS, MP Nr. 1429/1, Protokoll der Präsidialsitzung am 22.10.1945.

18 SächsHStA, 11 384/614, Befehl Nr. 124 des Obersten Chefs der SMAD vom 30.10.1945. Dass er den Befehl gekannt habe, insinuierte Selbmann in seinen Memoiren: Selbmann, Acht Jahre, S. 66 f.; Halder, Modell, S. 134, geht hingegen davon aus, dass die LVS Befehl Nr. 124 und den einen Tag später erlassenen Befehl Nr. 126 zur Enteignung der Mitglieder der Partei und ihrer Gliederungen sogar am 5. November 1945 noch nicht gekannt habe; was allerdings voraussetzen würde, dass die LVS die Presse der vorangegangenen Tage nicht zur Kenntnis genommen hätte. Die Tägliche Rundschau etwa hatte die Befehle bereits am 1.11.1945 veröffentlicht.

19 SächsHStA, 11 692/87, Beschluss des Präsidiums der LVS vom 9.11.1945 (Zitat); Rohner an Busch-Bautzen, 13.11.1945; StAN, Rep. 502 KV-Ankl., Handakten, Abt. B 78, Aktennotiz Kaletsch, 8.11.1945; LHASA MD, Rep. K 6, Nr. 6058, Auszug aus dem Protokoll der Sitzung des Präsidiums der Provinz Sachsen vom 23.11.1945, 24.11.1945; Anordnung über die Enteignung des Vermögens von Kriegsverbrechern. Unterzeichnet von Hübener und Sievert.

20 BAB, R 8122/1087, Vermerk Katinszky, 7.11.1945 (Zitat); NARA, RG 260 Economic, Box 21, Kaletsch an Kremery (DZV Industrie), 24.11.1945, Anlage: Ausarbeitung zum Wiederaufbau des Werkes Riesa vom 13.11.1945; Aktennotiz Kaletsch vom 23.11.1945; Berichte über die Besprechungen in den Werken Hennigsdorf und Brandenburg am 14.11.1945.

21 NARA, RG 260 Farben, Box 19, Kaletsch an Weiss, 9.9.1945; Kaletsch an Krämer, 24.10.1945 (Zitat); SAPMO-BA, SY 30/IV 2/4, 206, Bericht Kling über »Pfrötzschner-Riesa« vom 4.4.1950.

22 NARA, RG 260 Economic, Box 21, Kaletsch an Kurre, 22.11.1945 (Zitat); Kaletsch an Franz und Meier, 28.11.1945; SAPMO-BA, SY 30/IV 2/4, 206, Kaletsch an Pfrötzschner, 25.11.1945.

23 BAK, All.Proz. 2F, Rolle 11, FC 6071 P, Vernehmung Odilo Burkart, Nr. 1533, 17.3.1947; Fall 5, S. 349 (hier ist der 5. Dezember als Tag der Verhaftung angegeben); NARA, RG 238, Entry 200, Box 15, Detention report Konrad Kaletsch, BAK, All.Proz. 2F, Rolle 26, FC 6086 P, Vernehmung Franz Hellberg, Nr. 965, 24.3.1947 (Zitat).

24 LHASA MER, AKW, Nr. Ia, 7, Fritzsche an Hellberg (in Berlin), 6.12.1945; Finanzamt Liebenwerda an Verrechnungsstelle, 3.1.1946; Gen. Kotikow an Nieggemann und Kühn, 22.1.1946; AKW an die Landräte von Zeitz, Querfurt, Liebenwerda und Altenburg/Thür., am 11./13.2.1946; Landrat Zeitz, Stellungnahme vom 22.2.1946; Verwaltung Halle an Gruppe Zeitz, 20.8.1946; LHASA MD, Rep. K 6, 5276, Fritzsche an Präsidium der Provinz Sachsen, Amt zur Sicherung der Wirtschaft, 10.1.1945; LHASA MD, Rep. K 6, Nr. 6058, Auszug aus dem Protokoll der Sitzung des Präsidiums der Provinz Sachsen vom 7.1.1946, 10.1.1946.

25 Neumann, Lehren, S. 4; Sächsische Zeitung, 9.4.1946; Lausitzer Rundschau, 30.6.1946: Nie wieder Flick-Konzern.

26   SächsHStA, LRS, MP 1429/1, Protokoll der Präsidialsitzung am 15.7.1946; Gesetz über die »Übergabe von Betrieben von Kriegs- und Naziverbrechern in das Eigentum des Volkes«, in: Gesetze, Befehle, 2 (1946), S. 305 f.; HAIT, Slg. Schmeitzner, Wie die Enteignung des Flick-Konzerns in der Ostzone vor sich ging, undatiert (vermutlich 1950); SächsHStA, 11 384/188, Entwurf vom 5.11.1946; SächsHStA, 11 540/74, Hauptverwaltung landeseigener Betriebe Sachsens an MH, 28.3.1947; SächsHStA, 11 692/76, Befehl des Chefs der SMAS Nr. 191 vom 19.7.1946; Vogler, Rüstungsfirma, S. 12, Martin, »Und nichts war uns geblieben«.

27   Gesetz betreffend die Übergabe von sequestrierten und konfiszierten Vermögen durch die SMAD an das Land Thüringen (24.7.1946); Verordnung betreffend die Überführung sequestrierter Unternehmen und Betriebe in das Eigentum der Provinz Sachsen (30.7.1946); Verordnung zur entschädigungslosen Übergabe von Betrieben und Unternehmen in die Hand des Volkes [Brandenburg] (5.8.1945); in: Bestimmungen der DDR, S. 57 f., 61.

28   BAK, All.Proz. 2F, Rolle 11, FC 6071 P, Vernehmung Odilo Burkart, Nr. 1533, 17.3.1947; SAPMO-BA, SY 30/IV 2/4, 206, Burkart an Pfötzschner, Hings, Hoheisel u. a., 8.10.1946; SIK an Burkart, 23.9.1946; Personalfragebogen vom 31.8.1949; SächsHStA, 11 384/188, Entwurf vom 5.11.1946; Durchführungsanordnung vom 7.11.1946; SächsHStA, 11 540/74, Rohner an ATG, 20.1.1947; Rohner an Lang, 20.1.1947; HAIT, Slg. Schmeitzner, Wie die Enteignung des Flick-Konzerns in der Ostzone vor sich ging, undatiert (vermutlich 1950).

29   SAPMO-BA, SY 30/IV 2/4, 206, Bericht Kling über »Pfrötzschner-Riesa«, 4.4.1950 mit Anlagen; BAK, All.Proz. 2F, Rolle 26, FC 6086 P, Vernehmung Franz Hellberg, Nr. 965, 24.3.1947; BAK, All.Proz. 2F, Rolle 11, FC 6071 P, Vernehmung Odilo Burkart, Nr. 1533, 17.3.1947.

30   SächsHStA, 11 692/87, Anordnung des Generaldirektors der Waggonfabrik der SAG für Transportmittelbau vorm. Busch, Bautzen, 1.3.1947. Bekanntgabe in einer Rede Selbmanns am 26.2.1947. SAPMO-BA, NY 4113/5, Erklärung vor dem Sächsischen Landtag am 26.2.1947; SAPMO-BA, DG 2/3071, Stenger an Skrzypczynski, 14.2.1948; Befehl Nr. 64, in: Um ein antifaschistisch-demokratisches Deutschland, S. 620 ff.

31   NARA, RG 260 Economic, Box 22, Protokoll der Vernehmung von Flick durch J. Marcu am 24.4.1946.

32   BAK, All.Proz. 3, Siemers Nr. 82, Weiss, Beschreibung der eigenen Tätigkeit, 24.9.1947; BAK, Z 45 F/11/5–1/2, Report on German Cartels and Combines 1945, Volume II: Survey of Germany's Major Industries; NARA, RG 260 Economic, Box 22, Otto-Ernst Flick an Otto Kindel, 8.12.1945; Protokoll der Vernehmung von Lang durch J. Marcu am 18.2.1946; Kaletsch/Weiss: Dienstzeugnis für Kurre, 20.5.1946; Notiz Kurre über die Ausweichstelle der MSt, 19.10.1945; StAAm, AG Amberg – Handelsregister 665, Niederschrift des Verwaltungsrates vom 30.1.1945; NARA, RG 260 Economic, Box 21, Kaletsch an Liersch, 29.11.1945; AHL, MHL, Nr. 126, Burkart an Fabry, 10.3.1945; Henke, Besetzung, S. 462.

33   BAK, All.Proz. 3, Siemers Nr. 82, Bericht Weiss vom 24.9.1947; BAK, Z 45 F/11/5–1/2, Report on German Cartels and Combines 1945, Volume II: Survey of Ger-

many's Major Industries; NARA, RG 260 Economic, Box 21, Kaletsch an Liersch, 29.11.1945; NARA, RG 260 Economic, Box 22, Protokoll der Vernehmung von Lang durch J. Marcu am 18.2.1946 (Zitat); WWA, S 7/9, HBAG, Geschäftsbericht 1944, 1945, 1946, 1947 und vom 1. Januar bis 20. Juni 1948.

34 Ebd.; WWA, F 79/57, Headquarters, Direktive Nr. 55, 27.7.1945; Rhine Coal Control, Gruben-Instruktion Nr. 1 vom 22.4.1945; WWA, F 143/37, Kurzer Abriss der Geschichte des Werkes Bergkamen vom 8.7.1953.

35 NARA, RG 260 Economic, Box 21, Kaletsch an Liersch, 29.11.1945; LHSA, 691/27 626, Aufstellung des HWL, 11.9.1945; AHL, MHL, Nr. 117, Fabry an Münch, 8.4.1946; BAK, B 109/3786, Geschäftsbericht 1943/44, 1944/45 und 1945/46 vom Juni 1947.

36 StAN, Rep. 502 KV-Ankl., Handakten, Abt. B 4, Haidhof an MH-Vorstand, 17.4.1945; OMGUS, Report No. 39, S. 3; BAB, 8122/635, SGW an FKG, 15.10.1945; Lang an Kurre, 15.10.1945; BAB, R 8122/1075, Notiz Kurre für Kaletsch, 31.7.1945; NARA, RG 260 Economic, Box 20, Telegramm Kaletsch an Kurre, 8.7.1945 (Abschrift); NARA, RG 260 Farben, Box 19, Kaletsch an Weiss, 9.9.1945.

37 NARA, RG 260 Economic, Box 22, Protokoll der Vernehmung von Friedrich Flick durch J. Marcu am 24.4.1946; BAB, R 8122/1074, Notiz vom 16.7.1945; NARA, RG 260 Farben, Box 19, Vermerk Kaletsch, 30.10.1945.

38 BAB, R 8122/1074, Kaletsch an Buskühl, 23.8.1945; BAB, R 8122/1087, Military Gouvernement, Reg.Bez. Düsseldorf, an Regierungspräsident Düsseldorf, 18.8.1945; Aktennotiz, 5.11.1945; NARA, RG 260 Economic, Box 22, Kurre an Kaletsch, 20.8.1945.

39 StAN, Rep. 502 KV-Ankl., Handakten, Abt. B 65, Militärregierung Sulzbach-Rosenberg an Otto-Ernst Flick, 2.8.1945; Petersen an Gendarmeriestation Sulzbach-Rosenberg, 16.7.1945; Meinhardt an Petersen, 22.2.1946; Petersen an Marcu, 28.5.1947; Protokoll über eine Sitzung des Vertrauensrats der MH am 30.7.1945; NARA, RG 260 Economic, Box 22, Kurre an Kaletsch, 20.8.1945.

40 StAN, Rep. 502 KV-Ankl., Handakten, Abt. B 65, Militärregierung Sulzbach-Rosenberg an Otto-Ernst Flick, 2.8.1945; StAN, Rep. 502 KV-Ankl., Handakten, Abt. B 65, Otto-Ernst Flick an Petersen, 12.9.1945; Entwurf eines Vergleichs zwischen Hans Petersen und Otto-Ernst Flick, 12.9.1945; StAN, Rep. 502 KV-Ankl., Handakten, Abt. B 4, Weiss, Notiz für Kaletsch und Burkart, 27.9.1945 (Zitat).

41 NARA, RG 260 Economic, Box 22, Kurre an Kaletsch, 20.8.1945; Otto-Ernst Flick an Dietrich, 9.12.1945; Otto-Ernst Flick an Justizrat Frey, 12.12.1945.; StAN, Rep. 502 KV-Ankl., Handakten, Abt. B 4, Weiss: Notiz für Kaletsch und Burkart, 27.9.1945 (Zitat).

42 So zeigte sich Kaletsch am 2.10.1945 über die Lage in Rosenberg nur »in ganz gro-ßen Zügen unterrichtet«. NARA, RG 260 Farben, Box 19, Kaletsch an Kurre, 2.10.1945; I/2/1, Geschäftsführung an Kaletsch, 13.9.1945; Erklärung Krugmanns vom 21.9.1945; Erklärung Burkarts vom 8.10.1945; Kaletsch an Vorstand der MH, 6.10.1945; BAB, R 8122/1087, Flick an Kaletsch, 7.10.1945 (Zitat).

43 NARA, RG 260 Economic, Box 22, Bleistiftnotiz, betitelt: Mitteilungen von O. E. Flick, undatiert.

44   StAAm, AG Amberg – Handelsregister 665, OMG, Sulzbach-Rosenberg, an Landrat Sulzbach-Rosenberg, 22.12.1945.

45   I/1/56, Czeike-Zentzytzki: Bemerkungen über Zukunftsprobleme der MH, 3.6.1947; BAK, B 109/3786, MH, Geschäftsbericht 1944/45, 1945/46, 1946/47, 1947/48 vom Dezember 1951; Gesetz Nr. 8 abgedruckt in: OMGUS, Report No. 34, S. 49.

46   BAK, B 109/3786, MH, Geschäftsbericht 1944/45, 1945/46, 1946/47, 1947/48 vom Dezember 1951; NARA, RG 260 Economic, Box 22, Otto-Ernst Flick an Lang, Kurre an Burkart und Kaletsch, 20.11.1945, 8.12.1945.

47   I/1/56, Dr. Engelmann: Bericht über den bisherigen Stand der Verhandlungen zwecks Überführung der Maxhütte und der ihr angeschlossenen Werke in die Hände des bayerischen Staates, August 1946.

48   NARA, RG 260 Economic, Box 22, Lang an Kaletsch, 14.9.1945; Kurre, Niederschrift meiner Notizen im beschlagnahmten Stenogrammheft, 14.5.1946 (Zitat); Kurre an Burkart und Kaletsch, 20.11.1945; Otto-Ernst Flick an Lang, Kurre an Burkart und Kaletsch, 20.11.1945; 8.12.1945 (Zitat); zur Verhaftung Kurres siehe die Korrespondenzen in: Ebd.; NARA, RG 260 Economic, Box 21, Kaletsch an Kurre, 2.12.1945.

49   NARA, RG 260 Entry 232, Box 19, Kaletsch an Weiss, 9.9.1945; BAB, R 8122/1076, Lang an Kaletsch, 5.11.1945 (Zitat); NARA, RG 260 Economic, Box 22, Lang an Kaletsch, 14.9.1945; Protokoll der Vernehmung von Lang durch J. Marcu am 18.2.1946; Abelshauser, Ruhrkohlenbergbau, S. 20. Im November wurden weitere 116 Führungskräfte des Bergbaus inhaftiert.

50   TNA, WO 252/932, German Economic Department: German Industrial Complexes: The Flick-Concern, October 1945; NARA, RG 260 Economic, Box 21, Kaletsch an Kurre, 22.11.1945; BAB, R 8122/1076, Lang an Kaletsch, 5.11.1945 (Zitat); TNA, FO 1028/200, Joint Special Financial Detachment, OMGUS/Control Commission for Germany (British Element): Flick-Concern, 22.12.1945; BAK, Z 45 F/17/226–2/28, »Friedrich Flick KG«, undatiert; Henke, Besetzung, S. 563 f.

51   NARA, RG 260 Economic, Box 22, OMGUS, Bericht Marcu über Interview mit Lang und Frau, 30.1.1946; BAK, All.Proz. 3, Siemers Nr. 82, Weiss, Meine Erlebnisse nach dem Zusammenbruch, Bericht vom 24.9.1947; BAK, Z 45 F/11/5–1/2, Report on German Cartels and Combines 1945, Volume II: Survey of Germany's Major Industries.

52   StAAm, BLVW Amberg, 7, Property Control, Report of Property taken under Control: Eisenwerkgesellschaft Maximilianshütte mbH, 12.2.1947; I/2/1, Hoegner an OMGBy, 8.5.1946 (Zitat); OMGBy, APO 403, 17.5.1946; StAAm, BLVW/Amb. 14, MH an BLVW, Außenstelle Sulzbach-Rosenberg, 12.2.1947; BAK, Z 45 F/17/229–1/16, OMGUS, Coleman, Acting Chief, Decartelization Branch, an Lt. Col. Keveren, Chief, Decartelization Section, Economics Division, OMGBY, 21.5.1946; Protokoll der Ministerratssitzung vom 2.5.1946, in: Kabinett Hoegner I, Bd. 1, S. 467 ff., hier S. 483 f.

53   Westfalenpost, 17.10.1947: Der Wortlaut der Demontage-Liste.

54   AHL, MHL, Nr. 117, Vorstand an AR-Mitglieder, 2.9.1946; AHL, MHL, Nr. 281, Aktennotiz vom 22.1.1951; AHL, MHL, Nr. 137, HWL an Vorstand der Reichsbankleitstelle Hamburg, 23.11.1946; Fabry an Beckmann, 14.5.1947. Am 2. Juni 1947 bestätigte Beckmann Fabry, dass die ESt am HWL mit nominell 5 911 000 RM Aktien

beteiligt sei. AHL, MHL, Nr. 137, ESt an Vorstand HWL, 2.6.1947; Fabry an Dietrich, 14.5.1947 (Zitat); Fabry an Beckmann, 14.5.1947; ESt an Vorstand HWL, 2.6.1947; I/1/56, Nachtragsgutachten über die Ausgliederung der Beteiligungen der MH, im Auftrag von Direktor Enzmann erstellt von Notar Dr. Seybold, 4.1.1950.

55   StAAm, BLVW/Amb. 14, Müller von Wildfelden, Reisebericht vom 1.3.1947; I/1/56, Ergänzungsbericht Seybold, undatiert (1947); StAAm, AG Amberg – Handels-register 665, BLVW an Enzmann und Czeike-Zentzytzki, 3.10.1947.

56   I/2/37, Vereinbarung zwischen Otto-Ernst und Fritz-Karl Flick als Komman-dantisten der FKG und Odilo Burkart vom 16.6.1948; Niederschrift über die Bespre-chung am 17.8.1948 in München; Aktenvermerk über die Besprechung in München vom 28.7.1948; StAAm, BLVW/Amb. 15, Tausch an BLVW Zweigstelle Regensburg, 31.3.1948 (Zitat); Tausch: Bericht über Besuch der MH am 3.5.1948; BayHStA, MWi, 14037I, Otto-Ernst Flick an Bayerisches Staatsministerium der Finanzen, Dr. Ringelmann und Eckmeier, 28.7.1948 (Zitat).

57   I/1/46, Auszug aus einer Aktennotiz des BLVW vom 12.8.1950; Vermerk vom 10.7.1948; Antwortschreiben der Verwaltungsratsmitglieder. Diese sollten nach der Vor-lage von Entnazifizierungsbescheiden wieder in ihr Amt eingesetzt werden können.

58   AHL, MHL, Nr. 126, Burkart an Fabry, 21.5.1948; Fabry an Burkart, 4.6.1948 (Durchschrift an Kaletsch) (Zitat); Burkart an Fabry, 22.6.1948 (Zitat); AHL, MHL, Nr. 117, Vorstand an AR-Mitglieder, 12.10.1948.

59   BAK, B 109/1851, Niederschrift über die Besprechung mit Vertretern des Flick-Konzerns am 22.12.1948, 7.1.1949; BAK, B 109/581, Protokoll der Besprechung mit Herrn Kaletsch vom Flick-Konzern am 22.12.1948.

60   Amtsblatt der brit. Militärregierung Nr. 27, S. 1025; Amtsblatt der Militär-regierung für Deutschland, amerik. Kontrollgebiet, Ausgabe L vom 16.12.1948, S. 22.

61   BAK, B 109/581, STV, Rechtsabteilung, an Dinkelbach, 13.5.1949.

62   Protokoll der Ministerratssitzung vom 11.12.1948, in: Kabinett Ehard II, Bd. 1, S. 772ff., hier S. 779f.; BayHStA, MWi, 14031, Aktennotiz Ehard vom 13.12.1950; Priemel, Flick, S. 655, 665f.

63   I/2/1, Bericht an Mr. Ehrlich, undatiert [März 1949]. Die genauen Umstände der Abhöraktion und des nachfolgenden Berichts an Ehrlich sind indes nicht bekannt. Vgl. auch Priemel, Flick, S. 666 mit Anm. 64.

64   I/1/1, Protokoll der ersten Sitzung des Beirats der MH am 28.6.1949; Protokoll der Sitzung des Beirats der MH am 15.7.1949; I/1/46, Notar Dr. Seybold an Burkart, 1.7.1949; Aktenvermerk über eine Besprechung mit dem Treuhanddirektorium der MH am 15.6.1948, 18.6.1948; StAAm, AG Amberg – Handelsregister 665, Aufstellung der Ge-schäftsführer der MH, undatiert; I/1/56, Enzmann an Bogner, 7.8.1950; BAK B 109/5799, Schöne an Meier, 10.1.1948; Priemel, Flick, S. 668.

65   BayHStA, MWi 14030, Bayerisches Staatsministerium für Wirtschaft an CSG, 14.9.1949 (Entwurf).

66   AHL, MHL Nr. 89, Rohde an Henle, 8.6.1949; BAK, B 109/4977, Rohde an Dinkelbach, 22.6.1949; Kroker, Kost, S. 309; Priemel, Flick, S. 669.

67   BAK, B 102/60711, Memorandum der FKG, Oktober 1949. Zu den Bespre-

chungen Kaletschs mit Bartholomew: BAK, B 109/581, FKG an British Zonal Decartelization Office, 26.4.1949.

68 BAK, B 102/4726, Gesetz Nr. 27 der AHK, Umgestaltung des deutschen Kohlenbergbaus und der deutschen Stahl- und Eisenindustrie. Textausgabe, hg. von der DKBL und der STV, Juli 1950; Die Neuordnung, S. 341 ff. Die Liquidation der auf Liste B verzeichneten Kohlensyndikate und Kohlenhandelsgesellschaften war zu Ende zu führen; die 42 großen und kleineren Unternehmen der Kohlenwirtschaft und der Eisen- und Stahlindustrie auf Liste C unterlagen im Grunde nicht der Umgestaltung, konnten jedoch unter bestimmten Bedingungen in die Neugestaltung einbezogen werden; die 24 Unternehmen auf der Liste D konnten zur Umgestaltung an die STV übertragen werden; Liste E verzeichnete drei Konzerne, die von Liste A gestrichen worden waren, da bei ihnen Unklarheit bestand, ob sie eine übermäßige Wirtschaftskonzentration darstellten. Die AHK behielt sich bei ihnen daher die Entscheidung vor.

69 ADL, N1–998, Flick an Dehler, 1.9.1950; AHL, MHL, Nr. 118, Rohde an Flick, 18.9.1950; FAZ, 17.8.1950: Entlassungen aus Landsberg; Frei, Vergangenheitspolitik, S. 200, 220; I/2/1, Schreiben Enderlein vom 11.9.1950; BayHStA, MWi 14 031, Aktennotiz Ehard vom 13.12.1950 (Zitat). Zur Einstufung in die Kategorie V in der Britischen Zone: NrwHStA, NW 112–1133, Entnazifizierungs-Hauptausschuss in der Entnazifizierungssache Friedrich Flick, 23.7.1949.

70 BAK, B 102/60 663, DVO Nr. 5 zum Gesetz Nr. 27, undatiert; AHK Generalsekretariat an Bundeskanzleramt, 27.1.1951; BAK, B 102/60 711, Kaletsch, Memorandum vom 12.12.1950; Thiesing an das Bundeskanzleramt, Entwurf einer Antwortnote an die AHK, 14.12.1950 (Zitat); Priemel, Flick, S. 678; Die Neuordnung, S. 153 ff.

71 BAK, B 102/60 711, Schreiben an Thiesing vom 30.1.1951 (Zitat); AHL, MHL, Nr. 89, Flick an Rohde, 30.1.1951 (Zitat); BAK, B 102/4726, BMWi, Vermerk vom 13.2.1951.

72 BBA, 12/1036, Memorandum vom 14.1.1951 (Zitat); BBA, 12/153, Morgenthaler Gutachten über das gegenseitige Wertverhältnis der Zechen und sonstigen Anlagen der HBAG, 26.4.1952; Einträge vom 17., 20., 24.1.1951, in: Im Zentrum der Macht, S. 5, 14, 17.

73 BAK, B136/2458, Ehard an Adenauer, 14.2.1951, mit Anlage; Adenauer an Vorsitzenden der AHK, 14.3.1951, in: Die Neuordnung, S. 456; BAK, B 102/4726, STV an BMWi, 17.10.1951; Die Neuordnung, S. 413 ff.

74 BBA, 12/151, Kaletsch an CCCG, 2.8.1951; Morgenthaler Gutachten vom 26.4.1952.

75 BAK, B 136/2460, AHK an Adenauer, 4.5.1951; Die Neuordnung, S. 261 f., eine Aufstellung aller geplanten Einheitsgesellschaften: Ebd., S. 262 ff.

76 BAK, B 109/4977, Kaletsch an HWL, 21.6.1951; Stellungnahme zur Frage HWL /Gesetz Nr. 27, undatiert; Rohde an Dinkelbach, 5.6.1951 (Zitat).

77 BAK, B 136/2459, Lübke an Lenz, 7.6.1951.

78 BAK, B 109/4977, Reichenbach an Kleine (STV), 17.8.1951 (Zitat); Lübke an Dinkelbach, 18.7.1951; BAK, B 136/2460, HWL an STV, 6.9.1951; BMWi an Lenz, 3.9.1951, mit Anlage. Schließlich hatte sich die Bundesregierung der Auffassung an-

geschlossen und entsprechende Schritte eingeleitet. Vermerk Lenz, 11.10.1951 (Ebd.); BAK, B 109/1162, Gutachten über das HWL und Gesetz Nr. 27, erstattet von Prof. Dr. A. Schnabel, 24.8.1951.

79 BAK, B 136/2460, Aktenvermerk, 22.9.1951. Hierin hieß es: Es sei »taktisch richtig« Lübeck in Zusammenhang mit den anderen Werken der AHK zu nennen. Ebd., Vermerk D'heil, 21.9.1951; BAK, B 102/4733, Vertreter des Staatssekretärs im BMWi an den Vorsitzenden des Wirtschaftsausschusses der AHK, 9.11.1951; BAK, B 109/1162, Fernschreiben, 8.10.1951; BAK, B 102/4726, BMWi, IV A 1, Vermerk, 3.11.1951.

80 BAK, B 109/1162, Bayerisches Finanzministerium an CCCG, 10.10.1951, Anlagen; FKG an CSG, 13.10.1951, mit Anlagen; Bayerisches Staatsministerium der Finanzen an Bundeskanzleramt, Lenz, 18.10.1951; StAAm, AG Amberg – Handelsregister 665, Aufstellung zum Beirat der MH (Stand: 30.9.1951); BAK, B 102/60662, Thiesing, Vermerk betr. Stand der Neuordnung in den Grundstoffindustrien, 13.11.1951.

81 StAAm, AG Amberg – Handelsregister 655, Abschrift der notariellen Urkunde vom 7.12.1951; MH an Amtsgericht Amberg, 6.2.1952; Die Neue Zeitung, 4.12.1951: Staatsbeteiligung an der Max-Hütte gesichert; Die Neue Zeitung, 14.12.1951: Bayern beteiligt sich an der Maximilians-Hütte; BayHStA, MWi, 14036, DGB Bayern an die Staatsministerien der Finanzen und der Wirtschaft, 26.11.1951 (Zitat); BayHStA, MWi, 14036, IHK München an Seidel (Zitat); BayHStA, StK 14186, Seidel an Ehard, 29.11.1951; Vormerkung betr. Erwerbung von Anteilen an der MH, 14.12.1951.

82 BAK, B 102/4733, Vertreter des Staatssekretärs im BMWi an den Vorsitzenden des Wirtschaftsausschusses der AHK, 9.11.1951; BAK, B 109/1162, Struve Hensel an CSG, 16.11.1951; BBA, 12/674, Struve Hensel an CCCG, 24.11.1951. Wenige Tage später übersandte die FKG das Papier auch an die DKBL: BBA, 12/1073, FKG an DKBL, 3.12.1951.

83 BBA, 12/151, Notiz Büchner für Kost, 9.7.1952.

84 Zu den Diskussionen über die Entschädigung vgl. Die Neuordnung, S. 102 ff.

85 Zit. nach Schwarz, Adenauer I, S, 375; BAK, B 102/60711, Pferdmenges an Adenauer, 16.1.1952; Der Spiegel, 27.1.1954, S. 9 ff.: Geld aus dem Fenster.

86 BBA 12/836, Niederschrift über die Besprechung zur Neuordnung Flick am 18.2.1952.

87 BAK, B 102/4726, FKG an CCCG, 25.2.1952.

88 BBA, 12/152, Flick an Keyser, 29.2.1952; BAK, B 102/60711, Thiesing, Reisebericht, 14.3.1952; BAK, B 102/4726, BMWi, Vermerk, 29.3.1952 (Zitat); BBA, 12/674, Aktenvermerke über die Besprechungen vom 24. u. 26.3.1952, 28.3.1952.

89 BBA, 12/836, CCCG an DKBL, 15.4.1952; BBA, 12/1073, Niederschrift über die Besprechung über den Vorschlag der FKG zur Neuordnung, 13.3.1952 (Zitat); BAK, B 102/4726, BMWi, Vermerk vom 29.3.1952.

90 BAK, B 102/4726, Struve Hensel an Emmett, 21.4.1952.

91 BBA, 12/1075, CCCG, Anordnungen Nr. Fl-7-A, Fl-7-B, Nr. Fl-9-A, Nr. Fl-9-B, alle vom 26.6.1952; BBA, 12/674. AHK, Mitteilung Nr. 214, 7.8.1952; BAK, B 109/892, Rechtsabteilung der STV an Deist, Dinkelbach und von Falkenhausen, 14.8.1952; Der Tagesspiegel, 7.9.1952: Neue Flick-Holding gegründet; Industriekurier, 5.7.1952: Harpen-Umtausch im Verhältnis 1:3,7.

92   Handelsblatt, 7.7.1952; BBA, 12/151, Notiz Büchner für Kost, 9.7.1952.

93   BBA, 12/1075, CCCG, Anordnung Nr. Fl-7-C, 5.7.1952; CCCG, Anordnung Nr. Fl-9-C, 31.7.1952; CCCG an DKBL, Generalsekretariat Gesetz 27, 22.7.1952; BAK, B 109/893, FKG an Dinkelbach, 20.12.1952 mit Anlage; BAK, B 109/892, Rechtsabteilung der STV an Deist, Dinkelbach und von Falkenhausen, 14.8.1952; BBA, 12/1073, Vermerk betr. Neuordnung Flick, 7.8.1952 (Zitat).

94   BAK, B 102/60713, Kattenstroth, Vermerk, 15.8.1952; Thiesing, Vermerk, 21.8.1952; Thiesing, Vermerk, 22.9.1952 (Zitat); Westrick an Globke, 7.10.1952; Kattenstroth an Westrick, 15.10.1952; Westrick an Globke, 22.10.1952; Thiesing, Vermerk, 29.10.1952; Franta (BMJ), Vermerk, 3.11.1952; Thiesing, Vermerke vom 6. u. 21.11.1952; BAK, B 136/2461, Entwurf an den Herrn Vorsitzenden des Wirtschaftsausschusses der AHK, Oktober 1952; Die Neuordnung, S. 289 f.; Priemel, Flick, S. 686 f.

95   BAK, B 102/60713, Schulze-Brachmann, Notiz über die Besprechung im BMF am 13.8.1952, 15.8.1952; Thiesing an CCCG, 17.9.1952; Kattenstroth an Thiesing, Walter, Kötter und Schulze-Brachmann, 2.10.1952, mit Exposé: Steuerfrage der Entflechtung der Flick-Gruppe; Kaletsch an Kattenstroth, 3.10.1952; Engel, Bericht über die Dienstreise nach Düsseldorf am 24.11.1952, 27.11.1952; Flecken an FKG, 14.1.1953.

96   BAK, B 102/60713, Engel, Vermerk, 6.12.1952; BAK, B 136/2461, FKG an CCCG, 8.12.1952; Meldung des NWDR vom 30.12.1952; BBA 12/740, FKG an Kost, 20.12.1952; Industriekurier, 31.12.1952: Flick-Neuordnung genehmigt.

97   SZ, 12./13.5.1956: Friedrich Flick – der Hecht im Karpfenteich des Wirtschaftswunders; Daily Telegraph, 30.12.1952.

98   BAK, B 102/60713, Thiesing, Vermerke vom 8.5., 15.5 u. 21.7.1953; BAK, NL 1178/1a, Seebohm an Schmidt, 19.9.1952; Seebohm an Fritzsche, 19.9.1952; BBA, 12/151, Vermerk von Bock vom 22.8.1952; Die Zeit, 11.9.1952: Interessenten für Flick-Kohle; Westfälische Rundschau, 13.5.1953: Flicks Harpen-Transaktion im Zwielicht; Stuttgarter Nachrichten, 15.5.1953: Droht eine Überfremdung? (Zitat); Eintragung vom 3.10.1952, in: Im Zentrum der Macht, S. 433; zu Krupps Verhandlungen wegen der Zeche Constantin findet sich nichts bei Gall, Entlassung.

99   BAK, B 102/21358, BMWi, III A, an Westrick, 9.12.1952.

100   MMA, M 17142, Pohle, Aktenvermerke vom 1.8. u. 23.10.1953; Winkhaus an Etzel, 29.10.1953; Kaletsch an CCCG, 29.10.1953; MMA, M 17143, Mannesmann an FKG, 12.2.1954; Bernett, Entflechtung, S. 233 ff.

101   MMA, M 17143, Zangen, Aktennotiz zu den Besprechungen vom 3.10./5.11.1953; BAK, B 102/21358, Kaletsch an Erhard, 12.11.1953 (Zitat).

102   MMA, M 17143, Tengelmann, Aktennotiz über die Präsidialsitzung am 12.12.1953; VG an Consolidation, 15.12.1953; Die Welt, 12.12.1953: Consolidation kauft Flick-Anteil; Industriekurier, 12.12.1953: Erfreuliche Neuordnung im Steinkohlebergbau.

103   BAK, B 102/21358, BMWi, I B 6, Schulze-Brachmann, an Finanzminister NRW, 25.7.1955; DKBL an BMWi, Referat I B 6/7, 28.6.1952; Bernett, Entflechtung, S. 245 ff.

104   BAK, NL 1178/1a, Stellungnahme des DB-Vorstandes für den Verwaltungsratsausschuss betr. Erwerb der HBAG vom 23.1.1953.

105   Die Welt, 3.9.1952: Kohlenbasis für die Bundesbahn; FAZ, 8.9.1952: Die Bun-

desbahn und Flick; Die Zeit, 11.9.1952: Interessenten für Flick-Kohle; BAK, NL 1178/1a, Flick an Seebohm, 3.9.1952; Flick an Frohne, 3.9.1952 (Zitat).

106   BAK, NL 1178/1a, Seebohm an Schmidt, 19.9.1952; Seebohm an Fritzsche, 19.9.1952; Ogger, Flick, S. 267.

107   BAK, NL 1178/1a, Stellungnahme des DB-Vorstandes für den Verwaltungsratsausschuss betr. Erwerb der HBAG, 23.1.1953; BAK, B 136/2462, Seebohm an Adenauer, 9.3.1953.

108   BAK, NL 1178/1a, Seebohm an Frohne, 10.10.1952; Seebohm an Flick, 14.10. 1952; Frohne an Seebohm, 28.1.1953; Flick an Frohne, 16.1.1953; Seebohm an Flick, 9.3.1955; BAK, B 136/2461, Aktenvermerk des BMV zur Neuordnung der FKG, 11.3.1953; Referat IIIa an Westrick, 28.4.1953; Gehlen, Silverberg, S. 195.

109   BAK, B 102/21363, Der Aufbau der Société Sidéchar, undatiert. Das Konsortium bestand aus folgenden Gesellschaften: Compagnie de Forges de Châtillon; Société Anonyme des Hauts-Fourneaux de la Chiers; Société Métallurgique de Knutagne; Lorraine Escaut, S. A., Mines & Usines des Aciéries de Longwy, de Senelle-Maubeuge et d'Escaut et Meuse; Société Métallurgique de Normandie; Société des Fonderies de Pont à Mousson; Forges de la Providence, Société Anonyme des Laminoirs Hauts-Forneaux, Forges, Fonderies et Usines de la Providence, Marchienne-au-Pont (Belgien); U. C. P. M. I. Union de Consommateurs de Produits Métallurgiques et Industrielles S. A.; Union Sidérurgique Lorraine »SIDELOR« S. A.; Union Sidérurgique du Nord de la France, USINOR, S. A. 1953/54 beteiligte sich das belgische Hüttenwerk Forges de la Providence über seine Werke in Frankreich, insbesondere über das Werk Réhon, an der Sidéchar. FAZ, 21.10.1954: Die belgische Harpen-Beteiligung; BAK, B 136/2461, Vermerk Haenlein für Westrick, 29.4.1953; BAK, B 102/21363, Ruhrkohlen-Beratung GmbH, Kurzberichte zur Wirtschaftslage, 4.6.1956; FAZ, 10.5.1954: Die Harpen-Majorität ist verkauft.

110   BAK, B 136/2461, Vermerk Haenlein für Westrick, 29.4.1953 (Zitat Flick); FAZ, 4.5.1953: Frankreich an der Ruhr; SZ, 7.4.1956: Das Schreckgespenst der Überfremdung; Potthoff, Montanunion, S. 322 f.

111   BAK, B 136/2461, BMWi, Westrick, Vermerk für den Bundeskanzler, 29.6.1953.

112   BAK, B 136/2461, Flick an Adenauer, 3.7.1953; StBKAH, I 10.07, Adenauer an Flick, 7.7.1953.

113   Ludwig-Erhard-Stiftung, NE I.4/42, Erhard an Flick, 15.5.1953.

114   36. Sitzung des Kabinettsausschusses für Wirtschaft am 17. Juni 1953, in: Kabinettsprotokolle der Bundesregierung. Kabinettsausschuß für Wirtschaftsfragen, Bd. 1, S. 256 f. mit Anm. 7 (Zitat); BAK, B 136/2461, Erhard an Flick, 3.6.1953; Vermerk Haenlein für Globke, 22.7.1953.

115   BAK, B 102/60713, Steidle, Vermerk, 24.4.1954; MMA, M 17143, Consolidation an Flick und VG, 17.3.1954 (Zitat); Pohle, Aktennotiz für Zangen, 17.3.1954.

116   BAK, B 136/2461, Vermerk des BMWi vom 9.3.1954; BAK, B 136/2462, Flick an Pferdmenges, 6.4.1954; Auszug aus dem Protokoll der 30. Kabinettssitzung vom 28.4.1954 (Zitat); 30. Kabinettssitzung am 28. April 1954. In: Kabinettsprotokolle, Bd. 7, S. 183 f. mit Anm. 77.

117   BAK, B 102/21 363, Vertrag zwischen VG und Sidéchar, 30.4.1954; Ergänzungs-vertrag zwischen VG und Sidéchar, 30.4.1954 (Zitat).; BAK, B 102/60 713, Kaletsch an Erhard, 20.4.1954; Bank deutscher Länder an BMWi, Schöne, 8.5.1954 (Zitat); 32. Kabi-nettssitzung am 12. Mai 1954. In: Kabinettsprotokolle, Bd. 7, S. 207 f.; BAK, B 136/2462, Pferdmenges an Adenauer, 12.6.1954.

118   BAK, B 102/60 713, Kötter, Vermerk für Kattenstroth betr. Verkauf der Aktien-Majorität der Harpener Bergbau AG an die Sidéchar, 13.10.1954 (Zitat); Entwurf eines nicht abgesendeten Schreibens von Thiesing an Globke, 23.2.1955.

119   Ebd., Westrick an Blücher, 21.10.1954 (Zitat); Kaletsch an Kattenstroth, 16.11.1954; Tamboezer an Kaletsch, 17.11.1954; Notiz zu einem Anruf von Pohle, Mannes-mann, 20.11.1954; Fernschreiben von Kaletsch an Kattenstroth, 22.11.1954.; Entwurf eines nicht abgesendeten Schreibens von Thiesing an Globke vom 23.2.1955; Priemel, Flick, S. 693 f.

120   Industriekurier, 11.5.1954: Harpen endgültig verkauft; FAZ, 10.5.1954: Die Har-pen-Majorität ist verkauft.

121   BAK, B 102/60 713, Kaletsch an Erhard, 12.11.1954, 18.2.1955; BAK, B 136/2462, BMWi an Lenz, 13.5.1955. Detaillierte Aufstellungen der Anlagewerte in den Schreiben der VG an das BMWi vom 12.11.1954, 18.2.1955; Gall, Entlassung, S. 485 ff.

122   BAK, B 102/60 713, VG an BMWi, 6.8.1955.

123   BAK, B 102/60 713, VG an BMWi, 29.9.1955; Handelsblatt, 6.4.1956: Flick er-wirbt belgische Beteiligung; Handelsblatt, 6.8.1956: Flick erwirbt belgische Beteiligung.

124   La Cité,1.6.1956: L'Affaire Flick; Le Soir, 14.5.1956: La participation d'un groupe financier allemand dans une société métallurgique belge; dpa-Information 486 vom 11.4.1956; Die Welt, 22.5.1956: Gegen Flick-Beteiligung (Zitat Acker); NZZ, 29.6.1956: Die Beteiligung der Flick-Gruppe in der belgischen Stahl-Industrie (Zitat Behogne); La Libre Belgique, 29.6.1956: La Chambre entend une véhémente interpellation de M. Behogne sur »l'affaire Flick; New York Times, 12.4.1956.

125   Deutsche Zeitung, 16.12.1953: Flick verfügt über eine viertel Mrd. DM zu Neu-anlage (Zitat); Die Welt, 28.3.1956: Geschickt gelenkter Konzernaufbau.

126   Die Zeit, 31.8.1950: Anhaltender Kfz-Bedarf; Der Spiegel, 3.12.1958, S. 36 ff.: Zweirad-Union: Die Sanierung; Feldman, Autoindustrie, S. 8 ff.

127   I/2/27, Sekretariat Kaletsch an MH, 18.6.1951; Burkart an Kaletsch, 7.7.1951; Der Spiegel, 12.2.1958, S. 19 ff.: Kleinwagen-Odyssee; Der Spiegel, 17.9.1958, S. 22 ff.: Der Eisenmann; Kruk/Lingnau, 100 Jahre, S. 206 f.; Etzold u. a., Zeichen, S. 129, 144 f.; zu Göhner: Düsseldorfer Nachrichten, 3.11.1956: Flick-Gruppe an Auto-Union beteiligt.

128   DAG, AR 1955–1960, Niederschrift über die Sitzung am 3.6.1955; Protokoll über die Präsidialausschußsitzung des AR am 25.6.1955, 27.6.1955; Kruk/Lingnau, 100 Jahre, S. 188 ff.

129   Gall, Abs; Jungbluth, Die Quandts; zur Beziehung Abs – Kaletsch: NARA, RG 260 Finance, Box 184, Fo. 3, Vernehmung Kaletsch, 4.3.1946.

130   FAZ, 11.7.1955: Flick an Daimler-Benz beteiligt; Der Spiegel, 17.9.1958, S. 22 ff.: Der Eisenmann; zu Krages: Der Spiegel, 8.2.1956, S. 18 ff.: Das Gardemaß an der Ruhr.

131   DAG, AR 1955–1960, Besprechung des Aufsichtsratsvorsitzer mit dem Vor-

standsvorsitzer am 1.6.1956; Protokoll der Präsidiumssitzung am 30.10.1957; Kruk/Lingnau, 100 Jahre, S. 195 ff.

132   Der Spiegel, 12.2.1958, S. 19 ff.: Kleinwagen-Odyssee; I/2/27, Notiz für Burkart vom 27.3.1958; Etzold u. a., Zeichen, S. 146 f.

133   Ebd., S. 148 ff.; Der Spiegel, 12.2.1958, S. 19 ff.: Kleinwagen-Odyssee (Zitat S. 20); Der Spiegel, 17.9.1958, S. 22 ff.: Der Eisenmann; I/2/27, Vermerk für Flick betr. Auto Union, 18.5.1956;

134   Handelsblatt, 2.11.1956: Kein Flick'scher Auto-Konzern; Düsseldorfer Nachrichten, 3.11.1956: Flick-Gruppe an Auto-Union beteiligt.

135   I/2/27, Notiz für Burkart vom 27.3.1958; Etzold u. a., Zeichen, S. 151. Hier ist das Beteiligungsverhältnis allerdings nicht schlüssig wiedergegeben.

136   I/2/15, Mead Carney International Corporation, Überprüfungsbericht der Auto Union GmbH, übergeben am 10.1.1957; I/2/13, Auto Union an Burkart, 8.10.1957, mit Anlage: Die Entwicklung der Auto Union GmbH von 1949 bis 1954; Die Zeit, 23.6.1961: Auf der Jagd nach Pfennigen; Kleinschmidt, Der produktive Blick, S. 71 f.

137   I/2/27, Burkart an Göhner, 14.10.1957; Der Spiegel, 12.2.1958, S. 19 ff.: Kleinwagen-Odyssee; Odilo Burkart: Die württembergische Automobil- und Zubehör-Industrie, Diss. Würzburg 1921.

138   I/2/27, Aktenvermerk betr. Auto Union/Besprechung am 18.11.1957, 22.11.1957; Kaletsch, Notiz für Flick vom 19.10.1957.

139   Der Spiegel, 12.2.1958, S. 19 ff.: Kleinwagen-Odyssee; Etzold u. a., Zeichen, S. 152.

140   I/1/25, Kaletsch an MH, 13.1.1958; Der Spiegel, 17.9.1958, S. 22 ff.: Der Eisenmann.

141   I/2/27, Kaletsch, Notiz für Flick, 11.4.1959; I/1/25, Auto Union an Daimler-Benz, 22.4.1958; Vertrag zwischen MH und Daimler-Benz, 24.4.1958, mit Anlage; Etzold u. a., Zeichen, S. 212 ff., Zitat S. 235; Die Zeit, 10.4.1958: Konzentration im Flick-Bereich.

142   Der Spiegel, 3.12.1958, S. 36 ff.: Zweirad-Union: Die Sanierung; SZ, 3.8.1961: Die Auto Union steuert nach Bayern.

143   I/1/25, Schaefer an Burkart, 9.3.1959; Kaletsch an Burkart, 13.5.1959 (Zitate); Hahn an Kaletsch, 13.5.1959; Kaletsch an Burkart, 27.6.1959.

144   I/1/25, Burkart an Kaletsch, 18.10.1958.

145   I/1/25, Vertrag zwischen FKG und MH, 2./4.6.1958; Burkart an FKG, 10.6.1958.

146   I/1/25, Bayerische Hypotheken- und Wechselbank an Burkart, 3.11.1958; ebenda die weiteren Auftragsbestätigungen der Hypobank; Bayerische Hypotheken- und Wechselbank an Moeller, 6.11.1958 mit Anlagen: Konto-Korrent-Konto V, Belastungen a/KK V w/Käufe von Daimler Benz Aktien; Burkart an Flick, 31.12.1958.

147   DAG, Daimler-Benz AG, Geschäftsbericht 1957 u. 1958; AR 1955–1960, Protokoll der Präsidiumssitzung am 30.10.1957 (nach dem Ausscheiden von Karl Blessing, der zum Vizepräsidenten der Bundesbank berufen worden war, und dem Tod von Rosewick konnten Kaletsch für die FKG und Riesterer für die Deutsche Bank zunächst als Ersatz bis zur nächsten Hauptversammlung nachrücken, auf der sie dann ordnungsgemäß gewählt wurden); Protokoll der Präsidiumssitzung am 17.11.1958; Niederschrift über die Präsidiumssitzung am 4.4.1960; I/1/25, Bedbur an MH, 7.9.1959; MH an FKG,

17.9.1959; Burkart an VG, 17.9.1959; Der Spiegel, 17.9.1958, S. 22 ff.: Der Eisenmann (Zitat S. 33); Kruk/Lingnau, 100 Jahre, S. 196 f.

148   BMW UA, BMW, Geschäftsbericht 1958 (Zitat); Seidl, Motorenwerke, S. 118 ff., 149 ff.

149   DAG, AR 1955–1960, Protokoll der Präsidiumssitzung am 17.11.1958 (Zitat).

150   I/2/27, Kaletsch an Burkart, 29.5.1959; Kaletsch, Notiz für Flick, 13.7.1959.

151   DAG, Könecke, Nr. 220, Notiz für Könecke betr. Gedanken zum BMW-Projekt vom 29.7.1958; Jungbluth, Die Quandts, S. 246.

152   DAG, Könecke, Nr. 220, Flick an Könecke, 7.8.1959; Nallinger, Notiz für Könecke, 19.9.1959. Zur erneuten Initiative von BMW, mit Daimler-Benz zu einer Übereinkunft zu gelangen, vgl. Seidl, Motorenwerke, S. 202 ff.

153   DAG, AR 1955–1960, Niederschrift über die Sitzung des AR am 8.10.1959; Niederschrift über die Präsidiumssitzung am 8.10.1959.

154   Der Spiegel, 18.10.1961: Nold raus (Zitat); Die Zeit, 8.1.2004: Die unglaubliche Rettung von Weiß-Blau; Seidl, Motorenwerke, S. 220 ff.; Jungbluth, Die Quandts, S. 11, 248 ff.

155   DAG, AR 1955–1960, Niederschrift über die Präsidiumssitzung am 4.4.1960 (Zitat); DAG, Könecke, Nr. 220, Jessen an Flick, 13.4.1960; dagegen Priemel, Flick, S. 723, der davon ausgeht, dass Flick an einem Anschluss von BMW an Daimler interessiert und daher die Absage an BMW ein »Rückschlag« für Flick gewesen sei.

156   I/2/27, Sekretariat Kaletsch an MH, 18.6.1951; Burkart an Kaletsch, 7.7.1951; Der Spiegel, 12.2.1958, S. 19 ff.: Kleinwagen-Odyssee; Der Spiegel, 17.9.1958, S. 22 ff.: Der Eisenmann; I/1/25, MH an Phoenix, 11.12.1956; zu den Lieferbeziehungen mit der MH vgl. u. a. den Schriftwechsel in I/2/26; Priemel, Flick, S. 722 f.

157   FR, 10.4.1956: Flick errichtet ein neues Industriereich; Der Spiegel, 8.2.1984, S. 14 f.: Alte Kameraden, enge Kontakte.

158   Der Spiegel, 12.6.1957, S. 22 ff.: Die Aktien vom Delaware; ADCP, 01–220-A 0268, Stinnes an Flick, 18.3.1958; Rheinische Post, 12.12.1959: … saß nie am Steuer; Der Spiegel, 17.9.1958, S. 22 ff.: Der Eisenmann; Lorentz/Erker, Chemie, S. 155, 197.

159   Die Welt, 26.7.1958: Neuer Großaktionär bei Dynamit; Motor-Rundschau, 15/1958, S. 512: Flicks neuester Zug; Rheinische Post, 12.12.1959: … saß nie am Steuer; Westdeutsche Allgemeine, 12.12.1959: Flick baute neuen Konzern auf; Die Zeit, 26.6.1959: Rheinstahl bleibt bei der Dezentralisierung; Der Spiegel, 19.8.1964, S. 30: Gebot der Billigkeit; Ogger, Flick, S. 305 ff.

160   ADCP, 01–220-A 0268, Voraussichtliche Verteilung der Stimmen, Notiz vom 19./21.12.1959; Notiz für Stinnes vom 17.12.1959 mit handschriftlichen Ergänzungen vom 21.12.1959.

161   ADCP, 01–220-A 0268, Gutachten über den derzeitigen Wert der Aktien der Feldmühle Papier- und Zellstoffwerke AG, undatierter Entwurf; Pressenotiz der Feldmühle AG (Sperrfrist bis 1.12.1959).

162   Stuttgarter Zeitung, 23.12.1959: Flick alleiniger Aktionär des Feldmühlekonzerns.

163   Westdeutsche Allgemeine, 12.12.1959: Flick baute neuen Konzern auf; FR, 29.12.1959: Enteignung statt Eigentum.

164   Stuttgarter Zeitung, 29.12.1959: Flick lenkt bei Dynamit und Feldmühle ein (Zitat); Die Welt, 7.1.1960: Flick und die Minderheiten.

165   StBKAH, I 10.07, Adenauer an Katzer, 12.4.1960; Katzer an Adenauer, 20.4. 1960; Stuttgarter Zeitung, 14.5.1960: Streit über Flick in der CDU; Westfälische Nachrichten, 25.5.1960: Flick-Fehde nach Karlsruhe; Die Zeit, 22.7.1960: Unerwünschtes Wiedersehen; Der Spiegel, 19.8.1964, S. 30: Gebot der Billigkeit; Priemel, Flick, S. 733.

166   I/3/13, Exposé der Münemann Industrie-Handelsgesellschaft mbH, 9.8.1963; I/3/4, Flick an Münemann, 15.7.1958 (Zitat); Schuldschein- und Finanzierungsgeschäfte 1930/31–1969, undatiert; I/3/15, Schuldscheingeschäfte 1931 bis Ende 1969, zusammengestellt im Juli 1985; Flick an Münemann, 3.3.1960 (Zitat); I/3/12, Schreiben Balan, undatiert; Der Spiegel, 21.10.1959, S. 28 ff.: Die Interessenlücke.

167   Der Spiegel, 18.5.1955, S. 18 ff.: Das Paradies der Damen; Der Spiegel, 17.9.1958, S. 22 ff.: Der Eisenmann; Die Zeit, 22.2.1963: Neckermann bleibt Herr im Haus; Neckermann, Erinnerungen, S. 283 (Zitat); Grunenberg, Wundertäter, S. 214; Eglau, Kasse, S. 80.

168   I/1/25, Brosch, Notiz für Burkart, 9.10.1959 mit Anlage: Bewegungen auf dem Konto Beteiligungen in 1958/59; Die Welt, 26.7.1958: Neuer Großaktionär bei Dynamit; Handelsblatt, 9.7.1958: Noch im Alter auf neuen Wegen (erstes Zitat); Westdeutsche Allgemeine, 12.12.1959: Flick baute neuen Konzern auf; Der Volkswirt, 5.7.1968: Formeln zum Erfolg; SZ, 12./13.5.1956: Friedrich Flick – der Hecht im Karpfenteich des Wirtschaftswunders (zweites Zitat).

169   Neue Amberger Nachrichten, 30.9.1953: Ein Ehrentag der Eisenwerk-Gesellschaft Maximilianshütte.

170   I/2/38, Enzmann an Burkart, 18.4.1952; I/2/1, Flick an Enzmann, 5.12.1952.

171   BAK, B 109/3616, Entwurf eines Schreibens an die FKG, undatiert (April 1953); BayHStA, StK 14186, Vermerk zur Frage des Verkaufs der Beteiligung des Bayer. Staates an der Eisenwerk-Gesellschaft Maximilianshütte AG, undatiert; I/1/35, Zusatzvereinbarung zwischen FKG, VG und MH vom 20.1.1953; ADL, N1–1191, Flick an Dehler, 20.7.1953; ADL, N1–1271, Dehler an Brandt, 5.4.1954.

172   BayHStA, StK 14186, Seidel an Ehard, 22.4.1954 (Zitat); Vermerk zur Frage des Verkaufs der Beteiligung des Bayer. Staates an der MH, undatiert.

173   BayHStA, StK 14186, Flick an Ehard, 26.6.1954; Vormerkung über die Besprechung des Ministerpräsidenten mit Präsident Hagen (DGB) und dem MH-Betriebsrat, 28. Juli 1954; I/2/38, Flick an Burkart, 23.12.1954.

174   BayHStA, MWi, 14036, Niederschrift über die vom Wirtschaftsbeirat wegen des Verkaufs der MH-Anteile am 22.7.54 abgehaltene Besprechung; I/1/16, Hauptversammlungsniederschrift der MH vom 25.7.1955; I/1/33, Mitteilungsblatt der SPD, Bezirksverband Niederbayern und Oberpfalz, September 1954; ADL, N1–1271, Dehler an Kaletsch, 26.7.1954 (Zitat).

175   BayHStA, MWi, 14036, Urschrift des Vertrages vom 4.4.1955; BayHStA, StK 14186, Vormerkung zur Besprechung am 21.3.1955; Protokoll der Besprechung des Ministerrates am 28.3.1955; Nürnberger Zeitung, 9.4.1955: Hochkonjunktur bei der Maximilianshütte; I/2/41, Burkart an Flick, 6.4.1955; Flick an Burkart, 28.7.1955.

176   I/1/35, MH an Oberfinanzdirektion Nürnberg, 19.12.1955. Zum Buchwert der Monopol-Aktien: Ebd., VG an MH, 30.12.1955; MH an Kaletsch, 31.12.1955; MH an VG, 31.12.1955; VG an MH, 30.12.1955; Notiz vom 15.3.1960; MH an Kaletsch, 31.12.1955; MH an VG, 20.3.1956; Entsprechende Bestätigung der VG vom 23. März; der Mindestverkaufspreis basiert auf dem 1956 gängigen Kurs von 180 Prozent für die Anteile an Zechenunternehmen – wahrscheinlich hatte die FKG beim Verkauf einen besseren Kurs vereinbaren können: Die Zeit, 29.3.1956: Neue Flick-Transaktion; Priemel, Flick, S. 696.

177   I/1/35, VG an MH, 4.1.1956; VG an MH, 8.3.1956.; Burkart an VG, 10.10.1955; Kaletsch an Burkart, 12.10.1956; FAZ, 28.3.1956: Eine neue Flick-Transaktion.

178   I/2/38, Burkart an Enzmann, 20.4.1956; I/2/41, Enzmann, Vermerk für Burkart, 20.4.1956; Deutsche Zeitung, 18.2.1956: Endgültige Kapitalien in der Flick-Gruppe.

179   Brauchitsch, Preis, S. 87; I/2/39, Otto-Ernst Flick an Burkart, 23.1.1956.

180   I/1/83, Otto-Ernst Flick an Burkart, 13.5.1957; Otto-Ernst Flick, Notiz für Burkart, 7.12.1957; Otto-Ernst Flick an Burkart, 25.2.1958; Notiz für Flick, 11.2.1959; Notiz betr. Bilanzfälschungen Hansa-Eisen, 2.3.1959 mit Anlage: Tervooren (Wirtschaftsprüfer), Kurzbericht über die Prüfung der Warenbestände und deren Bewertung bei den Firmen Hansa-Stahl und Hansa-Eisen.

181   I/1/83, Notiz betr. Bilanzfälschungen Hansa-Eisen, 19.2.1959; Joël, Notiz für Meier, 16.2.1959; Brosch, Aktennotiz betr. Besprechung wegen Hansa-Eisen/Establech, 15.5.1959; Burkart an Establech, 2.6.1959; Brosch an Burkart, 25.4.1959; I/1/66, Establech, WP Bericht 1960, undatiert; I/1/84, Meier, Notiz für Flick, 18.8.1960; Brosch, Überlegungen zur Reorganisation der Gruppen Establech/Hansa-Eisen, 12.7.1960; Brosch an Wacker (FKG), 18.8.1960.

182   I/2/37, Joël an Burkart, 20.6.1963, Anlage: Auszug aus dem Schriftsatz des Beklagten vom 9.1.1963; I/2/10, Vorläufige Stellungnahme zum Vertragsentwurf Süd-Ferrum, 8.7.1955 (Zitat); Flick an Enzmann, 21.8.1955; I/2/38, Enzmann, Aktennotiz für Balz, 7.2.1956; I/2/42, Hahl, Vermerk betr.: Besprechung mit Burkart am 21.8.1957, 29.8.1957; Hahl, Stellungnahme zu meiner Aktennotiz vom 29.8.1957, 27.8.1963; Der Spiegel, 5.6.1963, S. 20 ff.: Von Friedrichs Gnaden.

183   I/2/42, Hahl an Burkart, 15.12.1958; I/2/7, Hahl, Notiz über die Besprechung mit Flick am 20.12.1958, 22.12.1958; Hahl an Burkart, 24.12.1958; Vollmacht von Barbara Flick für Walter Hanemann/Hans Hahl/Karl Raabe, 29.12.1958; Vertrag zwischen Süd-Ferrum und MH, 30.12.1958; I/2/7, Brosch, Notiz für Burkart, 19.2.1960; Notiz für Burkart, 3.9.1960; I/1/43, Hahl an Burkart, 17.8.1960; I/1/84, Brosch, Aktenvermerk, 22.10.1960; Aktennotiz betr.: Hansa-Eisen/Establech, 24.10.1960; I/1/66, Aktenvermerk, 18.4.1961; MH, Entwicklung des Buchwertes folgender Beteiligungen (Establech), undatiert (Februar 1964); FAZ, 4.9.1961: Besitzerwechsel bei Hansa-Eisen?

184   Amberger Volksblatt, 15.5.1957: Standort-Probleme der Maximilianshütte AG; BBA, 142/160, Die bisherige Tätigkeit der MH auf dem Gebiete der friedlichen Nutzung der Atomkräfte, Juli 1956; BBA, 142/195, Aktenvermerk über die Besprechung am 31.7.1950, 1.8.1950; BBA, 142/196, Niederschrift über eine Besprechung mit Herrn Gutsmuths am 22.3.1955, 23.3.1955; I/1/25, MH an die Kernreaktor-Finanzierungs GmbH, 11.7.1956; Priemel, Flick, S. 718.

185   SZ, 12./13.5.1956: Friedrich Flick – der Hecht im Karpfenteich des Wirtschaftswunders (Zitat Kaletsch); SZ, 15.10.1956: Deutsche Industrie am Rüstungsgeschäft interessiert (Zitat); FAZ, 15.10.1956: Mehr Rüstungsproduktion in Deutschland?

186   I/1/49, Memorandum zur Entwicklung der WMD, undatiert; I/1/26, Weinhardt an Burkart, 7.9.1953 (Zitat); Niederschrift über die AR-Sitzung der WMD am 7.7.1957; I/1/48, Organvertrag zwischen MH und WMD, 2./4.1.1956.

187   I/1/62, Exposé über die WMD, 14.5.1960; I/1/48, Burkart an WMD, 12.8.1957; Notar Seybold, Urkundenrolle Nr. 4205 S für 1956, Kapitalerhöhung der WMD, 12.11.1956; I/1/49, Weinhardt an Götze (BMVg), 7.12.1956; Der Volkswirt, 11.12.1964: Eine solide Tochter mit Flugzeuginteressen; Priemel, Flick, S. 716 f.

188   I/1/49, Burkart an Weinhardt, 12.1.1956; I/1/62, Exposé über die Waggon- und Maschinenbau GmbH, 14.5.1960; I/1/26, Undatierter und gezeichneter Vermerk der WMD-Verwaltung [1958]; Niederschriften über die AR-Sitzung der WMD am 7.7.1957 u. 24.11.1958; SZ, 12./13.5.1956: Friedrich Flick – der Hecht im Karpfenteich des Wirtschaftswunders (Zitat).

189   I/1/55, Vermerk, 21.5.1958; I/1/51, Weinhardt an Burkart, 23.9.1957; Burkart, Notiz für Flick, 8.9.1958; Weinhardt an Burkart, 8.11.1958; Westfälische Rundschau, 11.11.1958: Flick ist immer dabei…; Die Welt, 27.11.1958: Verteidigungsministerium hält an Lizenzbau für »Starfighter« fest.

190   I/1/55, Aktenvermerk, betr.: WMD, 17.11.1958; I/1/51, Weinhardt an Burkart, 27.11.1958; Dornier/Heinkel/Messerschmidt/Siebelwerke an BMVg, 25.11.1958; Joël, Notiz für Weinhardt, 28.11.1958; Vertragsentwurf, undatiert; Weinhardt an Burkart, Schreiben vom 22.12.1958, 15.4., 5.10., 12.11. u. 17.12.1959.

191   I/1/55, Vertrag zwischen Oerlikon, Contraves, MH und Bölkow, 8.12.1959; Aktennotiz über eine Besprechung am 30.5.1959; I/1/49, Burkart an Seybold, 21.8.1959; I/1/48, Weinhardt an MH, 31.12.1959; I/1/62, Schimmelpfennig Auslandsdienst, Auskunft zu Maschinenbau Oerlikon AG, 16.9.1960; I/1/26, Weinhardt, Notiz für Kaletsch, 6.7.1959 (Zitat); Niederschrift über die AR-Sitzung der WMD vom 30.8.1960.

192   I/1/26, Niederschrift über die AR-Sitzung der WMD vom 30.8.1960; I/1/55, Burkart an Strauss, 30.7.1960 (Zitat); I/1/47, Protokoll über die AR-Sitzung der WMD vom 28.11.1960 mit Anlage 1.

193   Ebd.; BAK, B 102/107340, Einladungsschreiben der Arge G 91 und F 104, undatiert.

194   RWWA, 72–980–4, Wolff, Aktennotiz über eine Unterhaltung mit Flick am 3.12.1958, 4.12.1958 (Zitat Flick); Wolff an Sohl, 6.6.1959; Wolff an Uhlenbrock, 22.6.1959; Wolff, Aktennotiz, 21.10.1959 (Zitat Sohl); James, Familienunternehmen, S. 264.

195   I/1/27, Burkart an FKG, 7.11.1957; Merkur an MH-Vorstand, 25.11.1957; Vertrag zwischen MH und VG vom 4.12.1957; FKG an MH, 30.12.1957; MH an Dt. Bank Düsseldorf, 7.11.1958; VG/Merkur an MH-Vorstand, 27.9.1959; I/1/43, Brosch, Notiz für Burkart, 16.11.1960.

196   I/1/27, Kaletsch an Burkart, 10.5.1960; Kaletsch, Notiz für Flick, 11.2.1960; Friedrich Karl Flick, Notiz für Friedrich Flick, 29.1.1960 (erstes Zitat); Die Welt, 6.2.1960: Südwestfalen unter neuen Fittichen (zweites Zitat).

197 I/1/57, Burkart an Flick, 29.2.1960 (Zitat); Burkart an Flick, 17.2.1960; I/1/27, Brosch, Notiz für Burkart und Hahl, 28.3.1961; Priemel, Flick, S. 725, 731.

198 I/1/25, Brosch, Notiz für Burkart, 9.10.1959 mit Anlage: Bewegungen auf dem Konto Beteiligungen in 1958/59; I/2/39, Krafft an Burkart, 10.5.1960 (Zitat); I/2/38, Flick an Hahl, 16.12.1960.

199 AHL, MHL, Nr. 6, Hoffmann an Rohde, 30.4.1954 (Zitat); AHL, MHL, Nr. 93, Rohde an Diekmann, 15.10.1955; AHL, MHL, Nr. 555, Broschüre: Zehn Geschäftsjahre der MHL, Lübeck-Herrenwyk, 1950/51–1959/60, S. 27; AHL, MHL, Nr. 92, Vortrag Rohde, AR-Sitzung vom 30.7.1954. Am 29.1.1954 erfolgte offiziell die Namensänderung in Metallhüttenwerke Lübeck AG.

200 AHL, MHL, Nr. 93, Rohde an die Mitglieder des AR, 15.6.1955; Rohde an Flick, 20.2.1956; Rohde an Flick, 27.1.1956; Notiz: Fragespiel betr. 163. AR-Sitzung am 14.3.1955; AHL, MHL, Nr. 95, Rohde an Dinkelbach, 21.3.1958; Antrag zum Neubau des Hochofens II, undatiert; Rohde an Flick, 21.3.1958; Flick an Rohde, 21.3.1958; Otto-Ernst Flick an Rohde, 24.3.1958; dort auch der Schriftwechsel zwischen Friedrich Karl Flick und Rohde; Priemel, Flick, S. 777.

201 AHL, MHL, Nr. 144, Aufstellung: Beteiligungen am 30. Juni 1955; Aktennotizen: Fusions-Begründungen, 21.2.1956; Kaletsch, Notiz vom 17.2.1956 mit Anlage 9; Grabowski an Deuss, 19.2.1956 (Zitate); Flick: Aktennotiz über meine Besprechung mit Herrn Grabowski am 20.2.1956, 21.2.1956; AHL, MHL, Nr. 93, Notiz: Fragespiel betr. 163. AR-Sitzung am 14.3.1955; AHL, MHL, Nr. 95, Wigger, Notiz über die Abwertung der MaK-Beteiligung vom 22.3.1957; Rohde, Vortrag über Beteiligungsgesellschaften in der AR-Sitzung am 7.7.1958; AHL, MHL 302, Gutachten über den Wert der Sachanlagen der MHL, 31.12.1955; Pohl, Buderus, S. 163ff.; Priemel, Flick, S. 702, 719.

202 AHL, MHL, Nr. 144, Kaletsch, Notiz für Flick, 30.4.1959; Kaletsch an Rohde, 9.5.1959; Rohde an Kaletsch, 29.5.1959.

203 AHL, MHL, Nr. 144, Kaletsch an Rohde, 9.5.1959; Kaletsch, Notiz für Flick, 19.5.1959; MHL an Kaletsch und Vogel, 1.7.1959; Aktennotiz, 1.7.1959; Rohde an Kaletsch, 26.5.1959.

204 AHL, MHL, Nr. 139, Entwurf einer Aktennotiz zur Umwandlung MHL, 4.11.1958; Programm für die Besprechung mit Herrn Dr. Flick am 28.1.1959; Notiz für Flick, 21.1.1959.

205 AHL, MHL, Nr. 71, Abfindungsangebot an die Aktionäre, Februar 1959; AHL, MHL, Nr. 96, Kaletsch an Rohde, 13.3.1959; AHL, MHL, Nr. 6, Rohde an Flick, 16.7.1958; Schilling an Kaletsch, 20.10.1958; Kaletsch an Rohde, 21.10.1958.

206 AHL, MHL, Nr. 71, Niederschrift der Aufzeichnungen in der Hauptversammlung am 19.3.1959; Telefonische Durchsage Rüsse, 24.3.1959; AHL, MHL, Nr. 96, Ausführungen Rohde in der Hauptversammlung am 19.3.1959; AHL, MHL, Nr. 97, Kaletsch an Rohde, 20.3.1959, mit Wortlaut einer Aktennotiz für Flick; AHL, MHL, Nr. 139, Programm für die Besprechung mit Flick am 28.1.1959.

207 AHL, MHL, Nr. 97, Niederschrift über die 2. AR-Sitzung der MHL am 21.3.1960; AHL, MHL, Nr. 555, Broschüre: Zehn Geschäftsjahre der MHL, Lübeck-Herrenwyk, 1950/51–1959/60, S. 20f.

208 Die Welt, 3.3.1960: Flick-Holding haben fusioniert; I/1/43, Aufstellung des umsatzsteuerlichen Organkreises der FKG, 3.8.1960.

209 FAZ, 9.7.1968: Konzernarchitekt aus Passion; Priemel, Flick, S. 726 ff., 731.

210 Gall, Entlassung, S. 495 f., 506 ff.

211 Konzernarchiv TUI, 14/292/1, Niederschrift über die Verhandlungen in Landsberg am 11./12.7.1950; Goschler, Schuld, S. 140 f., 150 f., 223.

212 Ahrens, Dresdner Bank, S. 277 ff.; Lillteicher, Raub, S. 53 ff., 68 ff.; Goschler, Wiedergutmachung, S. 185 ff.

213 BAK, B 109/3962, HWL an NGISC, 29.1.1948.

214 NrwHStA, Rep. 200, Nr. 387, Restitutionsantrag Rudolf Hahn, 23.12.1948; Finanzministerium Schleswig-Holstein an Zentralamt für Vermögensverwaltung, 25.11.1949; MMA, M 70015, Notiz zum Fall Hahn, 8.12.1948; Vermerk, betr.: Hahnsche Werke AG, 22.4.1949; Rückerstattung Hahnsche Werke AG, 21.4.1949; Garantie-Abkommen, 20.10.1949; Pohle an Zangen, 12.7.1951; Bähr u. a., Flick-Konzern, S. 681 ff.

215 AHL, MHL, Nr. 204, Rohde an Kaletsch, 11.7.1949; Rohde an Kaletsch, 26.7.1949; Aktennotiz, 22.3.1950 (Zitat); NARA, RG 238, Entry 159, Box 2, Folder 10, Aktennotiz Hahnsche Werke, undatiert; Aktenvermerk: Fall Hahn, undatiert (beide November 1949); Lillteicher, Raub, S. 18 f., 138 ff.

216 NrwHStA, Rep. 200, Nr. 1500, Bedbur an Spiegelberg, 21.2.1951; NARA, T 580/933, Vermerk Steinbrinck, 23.3.1938; AHL, MHL Nr. 125, Malzahn an Fabry, 4.10.1939; Fabry an Malzahn, 6.10.1939; Münch an Klöckner, 5.9.1940; AHL, MHL, Nr. 204, Kaletsch an Münch, 16.4.1950; Vermerk Flick, 26.4.1950; Aktennotiz Münch, 25.5.1950; Münch an Rohde, 17.10.1950; Vermerk Kaletsch, 5.3.1951; Stallbaumer, Strictly Business?, S. 178.

217 AHL, MHL, Nr. 204, Kaletsch an Burkart, 8.8.1950; Münch an Rohde, 17.10.1950; Aktennotiz über die Besprechung am 23.10.1950; BAK, B 109/4977, FKG an HWL, 21.6.1951; Sekretariat Kaletsch an Rohde, 19.6.1951; MMA, M 70015, Schreiben an Zangen, 12.7.1951; Bähr u. a., Flick-Konzern, S. 684.

218 NARA, RG 260, Economic, Box 20, Bericht Burkart, 17.8.1945; StAN, KV-Ankl./Handakten, Abt. B 15, Schmidt an Murnane, 6.9.1945; NARA RG 238, Entry 159, Box 2, Folder 10, Vermerk Kempner, 22.1.1947; ACDP, I-229–001/1, Tillmanns an Petschek, 27.12.1946; Petschek an Tillmanns, 3.2.1947 (Zitat).

219 LAB, B Rep. 025–08, Nr. 8 WGA 3086/51, Bd. 1, WGA beim Landgericht Düsseldorf, Bekanntgabe an die FKG, 2.5.1951; Dufhues an WGÄ beim Landgericht Düsseldorf, 12.10.1951; MSt an WGÄ von Berlin, 16.2.1953; Bähr u. a., Flick-Konzern, S. 686.

220 LAB, B Rep. 025–08, Nr. 8 WGA 3086/51, Bd. 1, WGA beim Landgericht Düsseldorf an die WGÄ von Berlin, 28.4.1952; Brand/Müller-Germer an WGÄ von Berlin 31.8.1953; NrwHStA, Rep. 200, Nr. 2697, Beschluss in der Rückerstattungsache 1. der United Continental, 2. der Verkehrs- und Handels-Aktien-Gesellschaft gegen 1. die Firma Friedrich Flick KG, 2. Dr. Friedrich Flick, 30.5.1953; LAB, B Rep. 025–08, Nr. 8 WGA 3086/51, Bd. 2, Brand II/Müller-Germer an Kammergericht Berlin (West), 9.2.1957 (Zitat).

221 LAB, B Rep. 025-08, Nr. 8 WGA 3086/51, Bd. 1, Beschluss in der Rückerstattungssache der United Continental Corporation gegen MSt, 12.1.1956; Bähr u. a., Flick-Konzern, S. 687 ff.

222 LAB, B Rep. 025–08, Nr. 8 WGA 3086/51, Bd. 2, Dufhues an Kammergericht Berlin, 18.5.1956; Beschluss des Kammergerichts Berlin; 14.11.1957; NrwHStA, Rep. 200, Nr. 2701, Oberstes Rückerstattungsgericht, Zweiter Senat: In Sachen: 1. United Continental Corporation, 2. Verkehrs- und Handels-Aktien-Gesellschaft gegen 1. Friedrich Flick KG, 2. Dr. Friedrich Flick, 10.7.1957; Öffentliche Sitzung der Wiedergutmachungskammer beim LG Duisburg, 15.3.1962; Beschluss vom 19.4.1962. Zur Überlieferung für die Zeit ab 1958 siehe auch Bähr u. a., Flick-Konzern, S. 691 f.

223 BAK, B 115/3176, Aktenvermerk betr.: Schiedsstreit Flick/Reichswerke vom 11.6.1954; Konzernarchiv TUI, 14/292/1, Niederschrift über die Verhandlungen in Landsberg am 11./12.7.1950; Konzernarchiv TUI, 14/151/1, Koch an Ende, 15.8.1952; BAK, B 115/3176, Schiedsvertrag zwischen HBAG, ESt, MH, FKG, Mainkette-Reederei Kohlenvertriebe AG und Reichswerke AG, Märkische Steinkohlengewerkschaft, Gewerkschaft Sachsen III, 15.12.1950; Wiesen, West German Industry, S. 67 ff., 205 ff.; Wilmowsky, Warum wurde Krupp verurteilt?; Bähr u. a., Flick-Konzern, S. 695.

224 BAK, B 102/21363, Vermerk über die Sitzung des Arbeitsausschusses in Sachen Restitutionsklagen Flick und Petschek gegen Reichswerke Salzgitter, 29.6.1954; Vermerk über die Sitzung des Arbeitsausschusses in Sachen Restitutionsklagen Flick und Petschek gegen Reichswerke Salzgitter, 29.6.1954; Konzernarchiv TUI, 14/292/5, Koch Aktenvermerk über die Besprechung am 15.11.1951, 18.11.1951; Goschler, Schuld, S. 140.

225 Konzernarchiv TUI, 14/292/77, Vorvergleich zwischen Ernest, Charles, Frank und William Petschek und der AG für Berg- und Hüttenbetriebe, 23.12.1952; Konzernarchiv TUI, 14/151/5, Niederschrift über die Erörterung des Vorvergleichs Petschek in der AR-Sitzung Montanblock am 23.2.1953, 26.2.1953 (Zitat); Bähr u. a., Flick-Konzern, S. 700.

226 BBA, 12/741–742, Gutachten über die Bewertung von Steinkohlenzechen, Braunkohlebetrieben und sonstigen Vermögensobjekten aufgrund eines Tauschs, der Anfang 1940 zwischen der Harpener Bergbau AG und der Reichswerke AG vollzogen wurde, vorgelegt im Mai 1953 im Auftrag des Schiedsgerichts durch Ministerialdirigent a. D. Heß unter Mitarbeit von Regierungsrat a. D. Dr. Krönke, Mai 1953; Konzernarchiv TUI, 14/292/39, Telefonische Durchsage Büro Koch, 3.6.1953; BAK, B 102/21363, Vermerk, 29.6.1954; Konzernarchiv TUI, 14/292/57, Ellscheid/Schneider an den Vorsitzenden des Schiedsgerichts, Freiherr von Hodenberg, 20.3.1954.

227 BAK, B 115/3176, Notiz Rheinländer, 11.6.1953 (Zitat); BAK, B 102/21358: Vermerk Classen, 25.11.1953; Konzernarchiv TUI, 14/292/58, Vermerk Koch, 3.5.1954; Konzernarchiv TUI, 14/292/57, Koch, Vermerk über die Besprechung mit Abs am 22.3.1954, 26.3.1954; Konzernarchiv TUI, 14/292/59, Koch, Aktenvermerk über Telefonat mit Abs am 7.5.1954, 8.5.1954; Bähr u. a., Flick, S. 703.

228 BAK, B 115/3176, Limmer an Schäffer, 24.6.1954 (Zitat Limmer); BAK, B 115/3177, Staatssekretär des Bundeskanzleramtes an Schäffer, 2.3.1955 (Zitat Globke), mit Anlage; Lillteicher, Raub, S. 102 f. (Zitat).

229   Konzernarchiv TUI, 14/292/57, Protokoll der Schiedsgerichtssitzung am 27.3.1954; Vermerk Weimar, 2.4.1954; Konzernarchiv TUI, 14/292/59, Koch, Vermerk über die Besprechung mit Dr. Ende am 3.8.1954, 5.8.1954.

230   ACDP, I-172–73, Vermerk über die Besprechung in Düsseldorf am 29.7.1954.

231   ACDP, I-172–73, Flick an Lenz, 10.8.1954 (Zitat); BAK, B 115/3176, BJM an BMF, 4.11.1954; BJM an BMF, 17.3.1955; Konzernarchiv TUI, 14/292/59, Koch, Vermerk über die Besprechung mit Dr. Ende am 3.8.1954, 5.8.1954; Konzernarchiv TUI, 14/292/60, Vermerk über die Besprechung mit Ende und Birnbaum am 18.1.1955, 7.2.1955; Konzernarchiv TUI, 14/292/73, Koch, Vermerke über die Besprechungen mit Weimar am 26. und 28.3.1955, 28.3.1955; hierzu auch die ausführliche Stellungnahme des BMJ: Konzernarchiv TUI, 14/292/67, BMJ an BMF, 24.11.1955.

232   Konzernarchiv TUI, 14/151/2, Notiz Ende über die Besprechung mit Herrn Flick in Gegenwart von Herrn Pleiger am 22.2.1955, 23.2.1955 (Zitat Flick); Konzernarchiv TUI, 14/292/74, Koch, Vermerk betr. Telefonat mit Birnbaum am 26.8.1955, 27.8.1955; Konzernarchiv TUI, 14/292/67, Koch, Aktenvermerk über die Besprechung am 5.10.1955, 11.10.1955; Konzernarchiv TUI, 14/292/64, Koch, Vermerk: Besuch des Dr. Joël und Telefonat mit Dr. Bar am 13.3.1957, 14.3.1957; Bähr u.a., Flick-Konzern, S. 708.

233   I/1/35, Joël an Burkart, 2.5.1957; Konzernarchiv TUI, 14/292/75, Vergleich Charles, Frank, William und Erben Ernest Petschek und AG für Berg- und Hüttenbetriebe und Reichswerke AG für Erzbergbau und Eisenhütten i. L., undatiert; Konzernarchiv TUI, 14/292/64, Bericht über die abschließende Vergleichsverhandlung mit der Flick-Gruppe am 18.4.1957, 23.4.1957; Vertrag zwischen FKG, HBAG, ESt und Reichswerke, Märkischer Steinkohlengewerkschaft, Gewerkschaft Sachsen III und AG für Berg- und Hüttenbetriebe, 18.4.1957; BAK, B 115/3177, Kurzmemorandum in Sachen Flick/Reichswerke, Petschek/Reichswerke, Entwurf vom 16.10.1957.

234   Vaupel, Entschädigungsverweigerung, S. 43 f.; Ferencz, Lohn, S. 100 ff., 148 ff.; Rother, Die Krupps, S. 178 f. Gall, Entlassung, S. 550 ff.

235   BAK, R 8135/7295, DRuT-Prüfberichte für die Geschäftsjahre 1935–1937 der Dynamit-Actien-Gesellschaft vorm. Alfred Nobel & Co.; vgl. bereits Klewitz, Arbeitssklaven, S. 38 ff.; Vaupel, Zwangsarbeiterinnen, insb. S. 51. Zum Stellenwert der Aufsichtsräte in der NS-Zeit allgemein Bähr, »Corporate Governance«. Ebenso wenig Flick zuzurechnen ist der Ausländereinsatz bei der niederschlesischen Niebag, einer Tochter der Schering AG, nur weil Flick bei Schering einfaches Mitglied des Aufsichtsrats war; so aber Schmidthals, Zwangsarbeiter, S. 301; siehe auch Ferencz, Lohn, S. 199.

236   USHMM, RG 12004.08*03, Bericht von Katzenstein an Kagan, 21.6.1963 (Zitat); Ferencz, Lohn, S. 201 f.; Vaupel, Entschädigungsverweigerung, S. 46 f.

237   USHMM, RG 12004.08*03, Ferencz an Katzenstein, 30.12.1963; Sachs an Ferencz, 30.12.1963; USHMM, RG 12004.08*04, Katzenstein an Ferencz, 12.2. u. 17.4.1964; Pohle an Schlabrendorff, 11.4.1964; Katzenstein an Schlabrendorff, 20.4.1964 mit Anlage; Schlabrendorff an Katzenstein, 16.5.1964; Ferencz an Katzenstein, 24.8.1964. Bei Ferencz findet sich die falsche Angabe, Flick habe bis 1945 die Leitung der DAG innegehabt. Lohn, S. 202 f.; USHMM, RG 12004.08*05, Memorandum Ferencz, 1.3.1965; Katzenstein an Ferencz, 18.3.1965.

238 USHMM, RG 12004.08*07, Katzenstein an Kagan, 7.2.1967; Kagan an Katzenstein, 13.4.1967; USHMM, RG 12004.08*08, Abs an Goldmann, 5.2.1968; Ferencz an Katzenstein, 27.2. u. 26.3.1968; Katzenstein an Ferencz, 29.3.1968; USHMM, RG 12004.08*09, McCloy an Abs, 9.4.1969; Blaustein an Kagan, 20.5.1969; Blaustein an Katzenstein, 26.6.1969; Schlabrendorff an Katzenstein, 8.12.1969; Vaupel, Entschädigungssverweigerung, S. 49.

239 Zit. nach Ferencz, Lohn, S. 210. Zum folgenden Briefwechsel zwischen von Brauchitsch und Katzenstein: USHMM, RG 12004.08*10; USHMM, RG 12004.08*10, Pauls an Blaustein, 30.7.1970; USHMM, RG 12004.08*11, Pauls an Kagan, 11.2.1971; Katzenstein an Flick, 29.10.1971; Kaletsch an Katzenstein, 16.11.1971; Vaupel, Entschädigungsverweigerung, S. 45, 56, 58.

240 Zit. nach ebd., S. 55.

241 ND, 1.5.1962: Der unversöhnliche Friedrich Flick.

242 Aufruf der KPD vom 11. Juni 1945, in: Um ein antifaschistisch-demokratisches Deutschland, S. 56 ff. (Zitat); Dimitroff zit. nach Furet, Illusion, S. 286.

243 Ulbricht, Imperialismus; Abusch, Irrweg, S. 279 ff.

244 Einer von Deutschlands wirklichen Herrschern, in: Norden, Nation, Bd. 1, S. 130 ff. (Zitat); Eisenhower und die Ruhr, in: ebd., S. 272 ff.

245 SächsHStA, 11 692/87, Beschluss des Präsidiums der Landesverwaltung Sachsen vom 29.10.1945, veröffentlicht u. a. in: Sächsische Volkszeitung, 6.11.1945; siehe auch: Volks-Zeitung, 10.11.1945: Enteignung des Kriegsverbrechers Flick; Volks-Zeitung, 23.12.1945: Auflösung der Braunkohlenkonzerne; ND, 20.1.1946: Formen des Monopolkapitalismus (Zitat).

246 Lausitzer Rundschau, 30.6.1946: Nie wieder Flick-Konzern. Beispielhaft etwa die Broschüre Ulbricht, Volksentscheid; Tägliche Rundschau, 7.7.1946 u. 25.7.1946: Enteignung der Nazibetriebe in Thüringen und Brandenburg (Zitat).

247 Klemperer, Tagebücher 1945–1949, S. 465.

248 ND, 12.2.1947 (Zitat); ND, 30.8.1947 (Zitat); siehe auch: ND, 10.9.1947: Der Kampf um die Enteignung; ND, 19.9.1947: Enteignungsgesetz und Volksentscheid; ND, 14.2.1947: Erdrückende Mehrheit für Konzern-Enteignung.

249 ND, 19.4.1947: Zum Prozeß gegen Kriegsverbrecher Flick (Zitat); ND, 28.8.1947.

250 Stadtarchiv Brandenburg, 2.0.8–18/308 A, Aufruf, undatiert; SAPMO-BA, NY 4182/949, Hausmitteilung der SED, Abt. Wirtschaft, an das Sekretariat, 29.4.1947.

251 ND, 23.12.1947.

252 SAPMO-BA, NY 4182/949, Aufstellung zu Kriegsverbrecher Gerhard Bruns, 12.3.1947; BAB, R 8122/1046, Bericht der KPD-Kreisleitung Oberhausen zum Fall Bruns, undatiert; Informationsdienst Nr. 73, 12.8.1947: Bruns wehrt sich!; BAB, R 8122/1046, Notiz vom 14.8.1947 (Zitat); Freiheit, 31.10.1947.

253 Entschließung des Parteivorstandes der SED vom 4.10.1949, in: Weber, Kommunismus, S. 521 ff.

254 ND, 18. u. 24.8.1950: USA-Kriegstreiber lassen Nazi-Kriegsverbrecher frei; Gibas, »Bonner Ultras«, S. 76, 87 f.

255   Zit. nach ebd., S. 93; Westdeutsche Finanzoligarchen, in: Norden, Nation, Bd. 1, S. 519 ff.

256   Zit. nach Gibas, »Bonner Ultras«, S. 94 ff.; ND, 28.11.1956; LHASA MER, Rep. I MSt Lauchhammer Nr. 474/3, Flugblatt: Zwei Namen – ein Verbrechen, undatiert; siehe auch: ND, 13.10.1956: Monopole wollen Rüstungsgeschäft.

257   Die Herrschaft der Hundertfünfzig, in: Norden, Nation, Bd. 1, S. 606 ff.; Die Arbeiter sind stärker als die Flicks. Hg. von der KPD, Düsseldorf o. J. [1956], S. 3 ff.; 10 Jahre arbeiten wir ohne Flick. Für Frieden – Einheit – Demokratie – für unser Glück« Hg. von der SED-Betriebsorganisation VEB Stahl- und Walzwerk Riesa, o. O., o. J. [1959], S. 17.

258   Thälmanns Ideen leben, in: Norden, Nation, Bd. 2, S. 404 ff. (Zitat). So etwa auch Norden in einer Rede auf dem VI. Deutschen Arbeiterjugendkongress in Eisenhüttenstadt am 16.6.1963: Was eint die deutsche Jugend in Ost und West? In: Ebd., S. 435 ff.

259   Gedenkstätte Buchenwald – Archiv, Drehbuch der Ausstellung von 1964 (Zitate).

260   Arbeitsgruppe der ehemaligen Häftlinge, IG Farben, S. 3; ND, 18.7.1964: Die Krauss-Maffei AG und ihr Herr (Zitat).

261   So etwa: ND, 1.5.1962: Der unversöhnliche Widerspruch; ND, 7.8.1966: Flick steigt ins Raketengeschäft ein.

262   Grußadresse des ZK der SED an die Dezemberkonferenz der deutsch-sowjetischen Historikerkommission vom 14.12.1959; Eichholtz, Bericht, S. 231 ff. (Zitat S. 231); hierzu auch Rudolph, Siebenjahrplan und Geschichtswissenschaft.

263   Kuczynski, Kolonialisierung, S. 2; Herbert, Fremdarbeiter, S. 14; Käppner, Geschichte, S. 118 f. (Zitat).

264   In diesem Kontext entstanden mehrere Arbeiten über Flick, die auf den Dokumenten des Nürnberger Prozesses basierten: Volkland, Hintergründe; Thieleke, »Arisierungen«; Drobisch, Ausbeutung. Siehe aber auch Drobisch, Freundeskreis Himmler; ders. Flick und die Nazis; Der Dokumenten-Band Fall 5 stand in einer Reihe von Publikationen über die Nürnberger Nachfolgeprozesse: Fall 6; Fall 7; Fall 9; Fall 12.

265   Braunbuch, S. 9, 11, 13, 26 ff., 49, 51.

266   Vgl. etwa Der Morgen, 28.11.1968: Flick im Raketen-Geschäft; Der Morgen, 12.8.1969: Die Waffenschmiede München; Neue Zeit, 30.7.1970: Geschäfte.

267   Hörster-Philipps, Flick.

268   Brauchitsch, Preis, S. 216 ff.; Wolf, Spionagechef, S. 172 ff. (Zitat S. 174).

269   TKA, RC/424, Vermerk Otto-Ernst Flick betr. Verhandlungen am 17.6.1958, 20.6.1958.

270   Forbes Magazine, 1.2.1969: The durable Friedrich Flick.

271   Der Tag, 10.7.1958: Friedrich Flick; Der Spiegel, 5.6.1963, S. 20 ff.: Von Friedrichs Gnaden (Zitat S. 20).

272   I/2/39, Pohle an Burkart, 16.5.1963 mit Anlage; I/2/35, undatiertes Memorandum (Mitte 1963) (Zitat); DAG, Daimler-Benz AG, Geschäftsbericht 1957; Der Spiegel, 5.6.1963, S. 20 ff.: Von Friedrichs Gnaden.

273   I/2/37, Kaletsch an Burkart, 24.3.1959, mit Anlage: Notiz für Flick, 22.3.1959 (Zitat); Burkart, Notiz betr. Rücksprache Kranzbühler in Nürnberg am 19.2.1959, 20.2.1959; I/2/35, Otto-Ernst Flick an Burkart, 3.4.1957; I/2/40, Otto-Ernst Flick an Burkart, 29.4.1957.

274   Der Spiegel, 5.6.1963, S. 20 ff.: Von Friedrichs Gnaden (Zitat S. 23); I/2/40, Burkart an Enzmann, 18.4.1958 (Zitat Burkart); Burkart, Notiz für Kaletsch, 24.7.1958 (Zitat); Der Spiegel, 17.9.1958, S. 22 ff.: Der Eisenmann.

275   TKA, RC/424, Vermerk Otto-Ernst Flick betr. Verhandlung v. 3.6.1958, 18.6.1958.

276   TKA, RC/424, Vermerk Otto-Ernst Flick betr. Verhandlungen am 17.6.1958, 20.6.1958.

277   I/2/40, Burkart, Notiz für Kaletsch vom 24.7.1958; Kaletsch, Notiz für Flick vom 17.10.1958 (Zitat).

278   I/2/40, Burkart an Flick, 25.11.1958; I/2/37, Burkart an Flick, 5.12.1958 (Zitat); Burkart an Otto-Ernst Flick 9.12.1958 (Zitat).

279   I/2/40, Hahl an Burkart, 15.12.1958.

280   I/2/37, Otto-Ernst Flick an Friedrich Flick, 15.12.1958 (erstes Zitat); Burkart, Notiz, 5.2.1959 (zweites Zitat).

281   I/2/37, Burkart, Notiz betr. Rücksprache Kranzbühler in Nürnberg am 19.2.1959, 20.2.1959.

282   I/2/37, Burkart, Aktennotiz zur Rücksprache mit Enzmann, 18.9.1959.

283   I/2/39, Meier an Burkart, 11.3.1960; I/2/37, Otto-Ernst Flick an Burkart, 13.4.1960; I/2/1, MH Mitteilungen, 7 (1968): Friedrich Flick 85 Jahre (Zitat zu Flick); I/2/35, undatiertes Memorandum (Mitte 1963); Handelsblatt, 5.9.1972: Die Stiftung im Dienste der Familie; Der Spiegel, 5.6.1963, S. 20 ff.: Von Friedrichs Gnaden.

284   I/2/40, Kaletsch, Notiz für Flick, 15.12.1963 (Zitat); I/2/37, Burkart an Flick, 19.12.1961; Der Spiegel, 5.6.1963, S. 20 ff.: Von Friedrichs Gnaden; Handelsblatt, 13.5.1963: Der Rechtsstreit im Flick-Konzern.

285   I/2/35, undatiertes Memorandum (Mitte 1963) (Zitat aus dem Gesellschaftsvertrag); Der Spiegel, 5.6.1963, S. 20 ff.: Von Friedrichs Gnaden.

286   I/2/35, undatiertes Memorandum (Mitte 1963).

287   I/2/37, Joël an Burkart, 20.6.1963, Anlagen: Auszug aus der Klageschrift des Klägers vom 4.8.1962; Auszug aus dem Schriftsatz des Beklagten vom 9.1.1963; I/2/39, Flick an MH-Geschäftsführung, 22.3.1963; MH an Otto-Ernst Flick, 26.3.1963. Otto-Ernst Flick antwortete Burkart und Hahl, dass er sich wundere, das die Maxhütte eine Entscheidung der VG übermittele, was deren eigene Aufgabe sein sollte. Ebd., Otto-Ernst Flick an Burkart und Hahl, 16.4.1963.

288   I/2/35, undatiertes Memorandum (Mitte 1963); I/2/35, Pohle an Burkart, 16.5.1963, mit Anlage; DAG, Hitzinger, Nr. 2, Pohle an Hitzinger, 16.5.1963, mit Anlage; Der Spiegel, 5.6.1963, S. 20 ff.: Von Friedrichs Gnaden (Zitat S. 20).

289   Der Spiegel, 5.6.1963, S. 20 ff.: Von Friedrichs Gnaden (Zitat); FAZ, 17.6.1963: Das Lebenswerk von Friedrich Flick – eine »außergewöhnliche Leistung«.

290   Sulzbach-Rosenberger Zeitung, 15.6.1963: Der Flick-Konzern wird nicht auf-

gelöst (Zitate); I/2/37, Joël an Burkart, 20.6.1963, Anlage: Auszug aus dem Schriftsatz des Beklagten vom 11.4.1963; Rheinische Post, 15.6.1963: Flick-Konzern bleibt bestehen.

291   I/2/39, Burkart an Hanneken, 12.7.1963; Hanneken an Burkart, 18.7.1963; I/2/40, Kaletsch, Notiz für Flick, 15.12.1963 (Zitate); Brauchitsch, Preis, S. 77.

292   I/2/37, Essl an Flick, 26.11.1963; I/2/40, Wirtschaftsminister an Flick, 26.11.1963 (Entwurf) (Zitat); Der Spiegel, 15.4.1964, S. 18: Flick-Friede; Düsseldorfer Nachrichten, 11.8.1964: Einigung im Hause Flick gescheitert; FAZ, 12.4.1965: Armer, reicher Erbe oder undankbarer Sohn; Ogger, Flick, S. 367.

293   Düsseldorfer Nachrichten, 9.2.1965: Flick verstärkt Kommandobrücke; Handelsblatt, 9.2.1965: Flick nimmt neue Komplementäre auf; Priemel, Industrieunternehmen, S. 7 f.; Berghahn/Friedrich, Friedrich, S. 329.

294   FAZ, 12.4.1965: Armer, reicher Erbe oder undankbarer Sohn.

295   SZ, 15.4.1965: Der Familienstreit im Hause Flick; Stuttgarter Nachrichten, 15.4.1965: Der Senior siegt im Familienstreit; Handelsblatt, 15.4.1965: Flick contra Flick – 2. Runde für den Vater.

296   Die Welt, 21.9.1966: Der Friedensvertrag im Hause Flick; Handelsblatt, 12.9.1966: Wieder Friede im Hause Flick (Zitat); Ogger, Flick, S. 369; StBKAH, II 32, Flick an Adenauer, 9.9.1966; Adenauer an Flick, 13.9.1966; zur Abfindung auch: Manager Magazin, 1.3.1988: Der Fall der Familie Flick.

297   Der Spiegel, 12.6.1957, S. 22 ff.: Die Aktien vom Delaware; Rother, Die Thyssens, S. 141 ff.; I/2/40, Kranzbühler an Burkart, 22.10.1962; Wiesbadener Kurier, 19.6.1963.

298   Deutsche Tagespost, 28.5.1963: In Sachen Flick.

299   Simon, Die Familie des Familienunternehmens; S. 44 f., 202.

300   Industriekurier, 9.7.1963: Friedrich Flick 80 Jahre; siehe hierzu den Schriftwechsel in: NrwHStA, NW O-5807; FAZ, 10.7.1963: Hohe Auszeichnung für Friedrich Flick.

301   I/2/1, Dr. Friedrich Flick zum 80. Geburtstag (Festschrift), S. 11 ff.; hierauf basierend die Würdigung von K.-H. Herchenröder: Handelsblatt, 8.7.1963: Konzernschöpfer aus Leidenschaft.

302   I/2/40, Kaletsch, Notiz für Flick vom 21.11.1961; I/2/38, Flick an Burkart, 29.3.1963; I/1/61, Informationsblatt der MH an verschiedene Bankhäuser, 25.10.1966.

303   Mittelbayerische Zeitung, 2.3.1962: Kaltwalzwerk in Maxhütte nimmt Produktion auf; I/2/38, Flick an Burkart, 29.8.1961; DAG, Hitzinger, Nr. 2, Hitzinger an Flick, 5.9.1961; Flick an Hitzinger, 12.10.1963 (Zitat); I/1/27, Flick an Burkart, 21.9.1963 mit Anlage; Notiz für Flick, betr.: Südwestfalen/Bericht Mai 1966, undatiert (Juli 1966).

304   I/1/48, Weinhardt an Geschäftsführung der Siebelwerke-ATG, 25.9.1963; Niederschrift über die 4. Sitzung des Koordinierungsausschusses der Interessengemeinschaft Luft- und Raumfahrt am 30.11.1964; Der Volkswirt, 11.12.1964: Eine solide Tochter mit Flugzeuginteressen; I/1/47, Bericht der Geschäftsführung der WMD über das Geschäftsjahr 1964; Burkart an Flick, 11.11.1964; Protokoll über die AR-Sitzung der WMD am 23.11.1964; I/1/55, Burkart an Flick, 22.3.1965.

305   I/1/55, Flick an Burkart, 22.3.1965; Burkart an Flick, 24.3.1965; Brosch, Vermerk

betr. WMD für Burkart vom 18.3.1965; MH, Buchungsbeleg vom 31.5.1965; Pohle, Notiz für Flick vom 8.6.1965; Aktenvermerk vom 19.3.1962; Priemel, Flick, S. 757.

306 AHL, MHL, Nr. 153, Aktenvermerk, Neuordnung der MWL, 22.2.1966; Vermerk, Begründung der Fusion der MWL mit den Buderus'schen Eisenwerken, 7.7.1965; Aktenvermerk, Neuordnung der MWL, 22.2.1966; LASH, 691/34364, Bericht des Sequesters Gunther Gustafsen über das MWL, undatiert (1981); AdsD, 5/IGMA,/280790A, AR der MWL, Notiz betr.: Fusion der MWL mit den Buderus'schen Eisenwerken vom 25.6.1965; zur Krise bei den Metallhüttenwerken auch Pohl, Buderus, S. 185.

307 AHL, MHL, Nr. 153, Friedrich Karl Flick, Notiz für Friedrich Flick vom 29.4.1964; Kaletsch, Notiz, betr.: Angelegenheit Bds (insbesondere Berghütte), 6.1.1965; AdsD, 5/IGMA/280788B, Hessischer Landtag, V. Wahlperiode, Drucksachen Abteilung I, Nr. 1387, Vorlage der Landesregierung betreffend Veräußerung der Aktien des Landes Hessen an der Hessischen Berg- und Hüttenwerke AG, Wetzlar, an die Buderus'schen Eisenwerke, Wetzlar, 11.6.1965 mit Anlage; Vertrag zwischen der AG Buderus'sche Eisenwerke und der Hessischen Berg- und Hüttenwerke AG vom 3.9.1965; Der Spiegel, 16.9.1964, S. 65 f.: Aus jenen Tagen; Heiden, Sozialisierungspolitik, S. 767 ff.; Pohl, Buderus, S. 167 ff., 190 ff.

308 AdsD, 5/IGMA/280781, Organvertrag zwischen Buderus und Krauss-Maffei vom 24.11.1965; BWA, F 44/B 28/1, Niederschriften über die AR-Sitzungen der Krauss-Maffei AG am 31.1. u. 20.11.1964, 24.11.1965 mit Anlagen; BA-MA, BW 1/4387, Liefervertrag zwischen der Bundesrepublik Deutschland, vertreten durch den BMVg, dieser vertreten durch das Bundesamt für Wehrtechnik und Beschaffung, und Krauss-Maffei vom 20./22.12.1964; Jungbluth, Die Quandts, S. 255.

309 AHL, MHL, Nr. 153, Kaletsch, Notiz für Flick vom 17.6.1965; Kaletsch, Notiz für Flick, 18.6.1965; Handelsblatt, 14.7.1965: Flick konzentriert Buderus-Interessen; Die Zeit, 23.7.1965: Umgang mit Minderheitsaktionären; Pohl, Buderus, S. 171.

310 ACDP, 01-220-A0268, Krages an Stinnes, 25.11.1961; Flick an Stinnes (Fernschreiben), 27.11.1961; Stinnes an Krages (Fernschreiben), 27.11.1961; Rohrer an Stinnes, 8.7.1962; WWA, B 552, Konrad Kaletsch, der Flick-Konzern und das Siegerland. Versuch einer notwendigen Aufarbeitung, Siegen 1987, S. 45; Die Welt, 12.6.1965: Feldmühle zieht in die kanadischen Wälder; Ogger, Flick, S. 278 f.

311 DAG, AR 1958–1969, Niederschrift über die Sitzung des AR-Präsidiums am 11.12.1961; DAG, Hitzinger, Nr. 1, Hitzinger an Flick, 2.6.1961; Hitzinger an Flick, 28.3.1961; SZ, 3.8.1961: Die Auto-Union steuert nach Bayern; DAG, AR 1955–1960, Niederschrift über die Sitzung der Vorsitzenden des AR am 2.6.1960; Niederschrift über die konstituierende Sitzung des AR am 27.7.1960; DAG, VS 1959/60, Protokoll über die Vorstandssitzung am 23.10.1959; Kruk/Lingnau, 100 Jahre, S. 227; Priemel, Flick, S. 728.

312 DAG, AR 1955–1960, Niederschrift über die AR-Sitzung am 15.11.1960; Niederschrift über die Sitzung des AR-Präsidiums am 15.11.1960; Niederschrift über die AR-Sitzung am 10.2.1961; DAG, AR 1958–1969, Niederschrift über die Sitzung des AR-Präsidiums am 7.2.1963; Niederschrift über die Sitzung des Präsidiums der Daimler-Benz AG am 11.11.1963; DAG, Hitzinger, Nr. 2, Hitzinger an Flick, 12.12.1960 (Zitat); Der Spiegel, 29.11.1961, S. 41: Walter Hitzinger.

313   DAG, Hitzinger, Nr. 1, Fernschreiben Hitzinger an Flick, 20.4.1961; Hitzinger an Flick, 25.10.1963; Hitzinger an Flick, 9.1.1963; Hitzinger an Flick, 17.12.1963; Daimler-Benz an Flick, 19.2.1962; Heinz Schmidt, Notiz für Hitzinger, 29.3.1963; Der Spiegel, 5.6.1963, S. 20 ff.: Von Friedrichs Gnaden (Zitat S. 21).

314   DAG, AR 1958–1969, Niederschrift über die AR-Sitzung am 17.2.1965; Niederschrift über die Sitzung des AR-Präsidiums am 3.11.1964; DAG, Hitzinger, Nr. 1, Hitzinger an Flick, 18.9.1963; UVW, Z 174, Nr. 416, Flick an Nordhoff, 27.10.1964 (Zitat); UVW, Z 174, Nr. 421, Flick an Nordhoff, 20.5.1965; Backsmann, Vermerk für Nordhoff, 8.7.1965; DAG, AR 1965–1976, Präsidialbesprechung der Daimler-Benz AG am 4.2.1966; Kruk/Lingnau, 100 Jahre, S. 232 ff.; Edelmann, Nordhoff, S. 258 ff.

315   Die Zeit, 22.2.1963, S. 25: Neckermann bleibt Herr im Haus; Der Spiegel, 20.2.1963, S. 28 ff.: Morgan macht's möglich.

316   Der Volkswirt, 5.7.1968: Formeln zum Erfolg (Zitat Flick); Der Spiegel, 17.2.1965, S. 24: Spitze nach Maß; I/1/43, VG an MH, 19.1.1966; Umsatzsteuerlicher Organkreis der FKG, Stand: 1.1.1966; Umsatzsteuerlicher Organkreis der FKG, Stand lt. Schreiben vom 3.8.1960; Priemel, Flick, S. 726.

317   Brauchitsch, Preis, S. 69 f., 89.

318   Der Spiegel, 17.7.1972, S. 27 f.: Mick und Muck; Wirtschaftswoche, 23.3.1973: Das neue Testament; Brauchitsch, Preis, S. 70.

319   Der Volkswirt, 5.7.1968: Formeln zum Erfolg; Priemel, Flick, S. 759, 770 f.; Kleinschmidt, Der produktive Blick, S. 115, 206, 209; SZ, 2.6.1973: Todesanzeige für Johann Schäfer.

320   ACDP, 01–093–092/6, Schmidt an Kaletsch, 2.10.1968; Brauchitsch an Otto-Albert Kaletsch, 31.10.1968 (Zitat); ACDP, 01–093–092/4, Pohle, Notiz, 30.4.1968; ACDP, 01–093–002/2, Brauchitsch, Notiz für Paefgen, 4.2.1969; Brauchitsch, Aktennotiz betr.: General Klein, 28.5.1969; Kleinschmidt, Der produktive Blick, S. 212.

321   I/1/43, Gruppe Friedrich Flick: Konzerngeschäftsbericht 1967; Rheinische Post, 22.8.1968: Das »Imperium« eines Mannes; Der Spiegel, 26.8.1968, S. 42: Spitze des Eisbergs (Zitat); Der Volkswirt, 14.8.1970: Das Dach für 106; SZ, 11.7.1970: Drei auf einen Streich; Brauchitsch, Preis, S. 95.

322   I/1/43, Gruppe Friedrich Flick 1970: Konzerngeschäftsbericht; Stuttgarter Zeitung, 30.7.1971: Die Flick-Gruppe sichert das weitere Wachstum; FAZ, 30.7.1971: Grenzbereinigungen in der Flick-Gruppe.

323   Capital, 7/1971, S. 34 ff.: Alles beim Alten.

324   ACDP, 01–093–005, Friedrich, Notiz betr.: Microdata GmbH, 20.5.1969; Seifert, Notiz für Friedrich, betr.: Microdata GmbH, 16.6.1969; Friedrich, Notiz für Vogels betr.: Microdata GmbH, 31.7.1969; Capital, 7/1971, S. 34 ff.: Alles beim Alten; Priemel, Industrieunternehmen, S. 8 f.

325   StBKAH, II 20, Friedrich an Adenauer, 29.3.1965; NrwHStA, RWN 218–661, Pohle an Theobald, 24.4.1969; Capital, 4/1969, S. 45 ff.: Bonns Lobby-Nachwuchs; IK-Magazin, 24.9.1968: Als Preuße und Kapitalist in Bayern; ACSP, NL Strauß, BMF 143, Pohle an Quandt, 28.6.1968 (Zitat).

326   ACDP, 01–093–005, Friedrich, Notiz für Pohle, 28.10.1969; Pohle, Notiz für

Friedrich, 4.11.1969; ACDP, 01–093–132/1, Friedrich, Notiz betr.: Gespräch mit dem SPD-Parteivorsitzenden Willy Brandt am 9.10.1969, 14.10.1969; Grunenberg, Wundertäter, S. 131 f.

327 Der Spiegel, 22.10.1984, S. 15 ff.: »Wenn das alles rauskommt…«; Schily, Politik, S. 68 f. Die Lobbyarbeit des Bonner Büros ließ sich die FKG 1979 schließlich 870 000 Mark kosten.

328 ADS, Pohle-Ordner VII, Pohle an Alzheimer, 29.10.1970; ACDP, 01–093–097/4, Borries an Vogels, 5.8.1969 (Zitat); Rundschreiben von Otto A. Friedrich, 29.7.1969.

329 Der Spiegel, 26.8.1968, S. 42 f.: Spitze des Eisbergs; Industriekurier, 9.5.1968: Edel-Konzentration; I/1/27, Vermerk für Brosch, 3.1.1977.

330 AdsD, 5/IGMA,/280 699B, Vertrag zwischen MH, Klöckner-Werke AG und Stahlwerke Peine-Salzgitter AG vom 21./22.1.1971; Die Welt, 30.6.1971: Maxhütte wehrt sich gegen Ost-Importe; Handelsblatt, 16.11.1971: Maxhütte lebt von der Hand in den Mund; I/1/54, Paefgen, Notiz für Kaletsch, 18.10.1962; Paefgen, Notiz für Flick, 9.2.1966: Burkart, Notiz für Flick, 1.3.1966; VWD Montan, Bericht Nr. 218, 19.9.1967; Paefgen, Notiz für Flick, 13.3.1967 (Zitat).

331 AdsD, 5/IGMA/280 790B, Protokoll über die Besprechung des Betriebsrates mit dem Vorstand der MHL am 3.11.1971; AdsD, 5/IGMA/280 789, Vermerk der IG Metall, Zweigbüro Düsseldorf, betr.: MHL, Rücksprache mit den Kollegen Paulsen, Bachert und Steding am 2.9.1972, 5.9.1972; Paulsen an Michels, 15.2.1972.

332 AdsD, 5/IGMA/280 789, Michels, Vermerk über das Gespräch mit Rohde am 25./26.8.1970, 2.9.1970; ACSP, NL Strauß, Ministerbüro BMF 68, Friedrich Karl Flick an Strauß, 1.4.1969 (Zitat); Die Welt, 15.3.1967: Krauss-Maffei im Panzervorstoß; Handelsblatt, 3.10.1969: Die nächste Panzergeneration; Die Zeit, 6.2.1970: Flick hat den Gewinn; Industriekurier, 5. Mai 1970: 200 Leopard-Panzer für Spanien.

333 DAG, AR 1965–1976, Niederschrift über die AR-Sitzung am 4.2.1966; Niederschrift über die Sitzung des AR-Präsidiums am 19.9.1966; Niederschriften über die AR-Sitzungen am 7.8. u. 18.11.1968; DAG, AR 1958–1969, Niederschrift über die AR-Sitzung am 10.6.1964; ACDP, 01–093–015/1, Friedrich, Notiz für Flick betr.: Besprechung am 14.12.1966, 16.12.1966 (Zitat); ACDP, 01–093–140/1, Brauchitsch, Notiz für Pohle, 5.2.1969; Friedrich an Kaletsch, 12.6.1969; Brauchitsch, Preis, S. 100.

334 Die Welt, 16.6.1970: E. von Brauchitsch verläßt Flick; Der Volkswirt, 14.8.1970: Das Dach für 106; Der Spiegel, 17.7.1972, S. 27 f.: Mick und Muck; SZ, 2.6.1973: Todesanzeige für Johann Schäfer; Capital, 7/1971, S. 34 ff.: Alles beim Alten; Brauchitsch, Preis, S. 90; Priemel, Flick, S. 740 ff.; Schwarz, Springer, S. 500 f.

335 BAK, B 102/127 643, BMWi, Entwurf eines Schreibens über die Lage der Papierindustrie, November 1969; Vermerk über die Lage in der Papierindustrie, 23.1.1970; BAK, B 102/127 685, Vortrag von Krug anlässlich der Pressekonferenz von Feldmühle/ Dynamit Nobel am 26.7.1971; BAK, B 102/127 647, Vermerk betr.: Papierindustrie, 3.8.1971; BAK, B 102/127 649, Allgemeine Papier-Rundschau, 12.9.1972: Die großen Industrieunternehmen der deutschen Papierwirtschaft; FAZ, 29.7.1971: Die Feldmühle ist in die roten Zahlen geraten (Zitat); Stuttgarter Zeitung, 14.10.1972: Rückt die Papierindustrie noch enger zusammen?

336   FR, 31.7.1973: Die Wogen haben sich bei Flick noch nicht geglättet; Konzern-geschäftsbericht der Gruppe Friedrich Flick 1972; Stuttgarter Zeitung, 31.7.1973: Flick hat sich auf Überstehen der Schlechtwetterperiode eingestellt; Priemel, Flick, S. 787.

337   ACDP, 01–093–003/1, Trauerrede von Kaletsch am 28.7.1972; Trauerrede von Abs am 28.7.1972 (Zitat); Ramge, Flick, S. 192.

338   FAZ, 22.7.1972: Der große Konzernarchitekt; Wirtschaftswoche, 28.7.1972: Kommentar zum Tode Friedrich Flicks: Hat der Unternehmer Zukunft? (Zitat); FAZ, 5.8.1972: Der scheue Konzern-Architekt (Zitat).

339   ACDP, I-1093–092/6, Fortune-Liste der größten Unternehmen 1973; Joly, Ende, S. 78 f.

340   Die Zeit, 28.7.1972: Allein am Ruder; SZ, 28.7.1972: Geteilte Macht bei Flick.

341   Handelsblatt, 30.8.1972: Friedrich Flick verfügt über Mehrheit an Flick KG; Der Spiegel, 28.8.1972, S. 62: Verlesung unterbrochen; SZ, 31.8.1972: Unruhe in Flicks Imperium; Rheinische Post, 30.8.1972: Flick-Testament eröffnet; Die Welt, 30.8.1972: Offene Fragen im Flick-Nachlaß; Wirtschaftswoche, 23.3.1973: Das neue Testament; Brauchitsch, Preis, S. 100.

342   Der Spiegel, 11.9.1972, S. 74: Dritte Stimme; SZ, 1.9.1972: Hauszwist im Hause Flick; Stuttgarter Nachrichten, 2.9.1972: Rache für Papa; Die Zeit, 15.9.1972: Friedrich Flicks Heimlichkeiten; Handelsblatt, 5.9.1972: Die Stiftung im Dienste der Familie.

343   Der Spiegel, 29.10.1984, S. 26 ff.: Flick – ein Mann kauft die Republik; Der Spiegel, 10.2.1975, S. 62 f.: Eigentlich unfrei.

344   FAZ, 30.10.1972: Der neue Kanzler des Flick-Imperiums (Zitat).

345   Der Spiegel, 17.7.1972, S. 27 f.: Mick und Muck; Der Spiegel, 19.3.1973, S. 38 ff.: »Gesunder Egoismus schafft neue Werte« (Zitat).

346   Handelsblatt, 31.7.1973: Kein Wachstum um jeden Preis bei Flick (Zitat); Scha-netzky, Ernüchterung, S. 41 ff.; Kleinschmidt, Der produktive Blick, S. 360 f.

347   LASH, 691/34 364, Bericht des Sequesters Gunther Gustafsen über das MHL, undatiert (1981); AdsD, 5/IGMA/280 778, Vermerk über die Besprechung am 12.6.1974.

348   BWA, F 44/B 28/3, Aufstellung über die Geschäftsentwicklung von Krauss-Maffei 1971, undatiert (vermutlich Anfang 1972); Niederschrift über die Sitzung des AR der Krauss-Maffei AG am 11.12.1973; DAG, AR 1965–1976, Niederschrift über die AR-Sitzung am 31.10.1974; Niederschrift über die AR-Sitzung am 14.3.1975; Der Spiegel, 2.12.1974, S. 62 f.: Zurück zum Rad.

349   Brauchitsch, Preis, S. 129 f.

350   Der Spiegel, 20.1.1975, S. 22 ff.: Industrie-Familien: Der große Ausverkauf; »Hinnehmen, daß die Dinge nicht gut sind« (Interview mit Eberhard v. Brauchitsch) (Zitat Brauchitsch); Der Spiegel, 13.1.1986, S. 81 f.: Retter des Vaterlandes; »Die falsche Geschichtsschreibung«; ACDP, 01–093–017/1, Schmidt an Friedrich, 16.1.1975 (Zitat Schmidt); vgl. auch Büschgen, Deutsche Bank, 657 f., 696; Brauchitsch, Preis, S. 139.

351   Wirtschaftswoche, 31.1.1975: Wir wollen nicht Kasse machen; Flick-Erben ma-chen Kasse, Kommentar von Karl-Heinrich Herchenröder (Westdeutsches Fernsehen) am 27.1.1975; Der Spiegel, 20.1.1975, S. 26 f.: »Hinnehmen, daß die Dinge nicht gut sind«; zur Höhe der Abfindung: Brauchitsch, Preis, S. 80; Hans Otto Eglau, Die Zeit,

4.12.1987: Wundersame Geldvermehrung; Der Spiegel, 25.4.1988, S. 112 f.: Art Vaterfigur; Manager Magazin, 1.3.1988: Der Fall der Familie Flick.

352 ACDP, 01–093–017/1, Brauchitsch an Friedrich, 3.4.1975.

353 Der Spiegel, 19.1.1976: Liebevolle Behandlung; Brauchitsch, Preis, S. 127 ff.; Der Spiegel, 20.1.1975, S. 22 ff.: Industrie-Familien: Der große Ausverkauf; »Hinnehmen, daß die Dinge nicht gut sind« (Interview mit Eberhard v. Brauchitsch); FAZ, 5.12.1978: Flick: Der Konzern ist jetzt auf die Zukunft ausgerichtet; Stuttgarter Zeitung, 27.10.1976: Flick erhält zum zweiten Mal eine neue Struktur, Priemel, Industrieunternehmen, S. 17 f.

354 Der Spiegel, 8.2.1984, S. 14 f.: Alte Kameraden, enge Kontakte; FAZ, 25.9.1975: Flick beteiligt sich am amerikanischen Grace-Konzern.

355 AHL, MHL, Nr. 130, MHL, Geschäftsbericht 1974 u. 1975; MHL, Nr. 170, Buderus an MHL, 9.7.1975; LASH, 691/34364, Bericht des Sequesters Gunther Gustafsen über das MHL, undatiert (1981); AHL, MHL, Nr. 160, Redemanuskript Friedrich Karl Flick für die AR-Sitzung am 25.6.1975, 18.6.1975; Lübecker Nachrichten, 11.7.1975: Lübecker Metallhütte an US-Steel verkauft; Handelsblatt, 14.7.1975: US-Stahlbein in der EG.

356 AdsD, 5/IGMA,/280 699B, Kater, Bericht über die Belegschaftsversammlungen am 24., 25., 27. und 31.8.1976, undatiert; Bayernkurier, 28.8.1976: Maxhütte an Klöckner; Wessel, Kontinuität, S. 381 ff., 446 ff.; James, Familienunternehmen, S. 271 ff., 330 ff.

357 Der Spiegel, 23.8.1976, S. 71 f.: Ist im Ausland (Zitat Layton); Der Spiegel, 7.11.1977, 101 f.: Totaler Ausreißer; SZ, 13.7.1977: Bürgschaft für Flick (Zitat); BWA, F 44/PR 75, Presseinformation: Flick-Konzernspitze mit neuer Struktur vom 22.11.1977; WWA, B 552, Konrad Kaletsch, der Flick-Konzern und das Siegerland. Versuch einer notwendigen Aufarbeitung, Siegen 1987, S. 50; Wirtschaftswoche, 2.12.1977: Bleibt ein Minimum an Rechten; FAZ, 12.1.1978: Eine aristokratische Unternehmensform; Der Spiegel, 22.12.1980, S. 56 f.: Kurzer Draht; Manager Magazin, 1.10.1994: Was macht eigentlich Hanns Arnt Vogels; Die Zeit, 14.12.1984: Der Mann hinter Flick (zu Paefgen).

358 Wirtschaftswoche, 13.10.1978: Flick/Grace. 500 Millionen nach Amerika; Handelsblatt, 5.6.1978: Flick erwirbt neue US-Beteiligung; Handelsblatt, 12.12.1978: Image-Sorgen durch eine Pressekampagne in den USA; Der Spiegel, 11.10.1982, S. 143: Flick gibt Gas-Projekt auf; Priemel, Industrieunternehmen, S. 18.

359 Der Spiegel, 17.7.1978, S. 31 ff.: Herr im Haus; Wirtschaftswoche, 10.11.1978: Flick die Suppe versalzen, S. 60; Kilz/Preuss, Flick, S. 160.

360 Wirtschaftswoche, 5.11.1976: Flick-Konzern: Wahlkampf-Emotionen (Zitat); FAZ, 5.12.1978: Flick: Der Konzern ist jetzt auf die Zukunft ausgerichtet.

361 SPD-Pressedienst, Rolf Böhme, Kein Steuer-Freischein für Flick, 8.1.1976; Stuttgarter Zeitung, 24.1.1976: Die Familie Flick jongliert mit dem Paragraphen 6b; FR, 9.1.1976: Wurde Flick Steuerbefreiung schon zugesagt; Brauchitsch, Preis, S. 141 (Zitat); zu den »Geleitzügen« vgl. Kilz/Preuss, Flick, S. 135 ff.

362 Ebd., S. 152 ff.

363 SZ, 10.7.1980: Flick will jetzt mal Pause machen (Zitat); SZ, 6.7.1981: Flick verzichtet bei Dynamit Nobel auf die Ausschüttung; Handelsblatt, 10.7.1981: »Verkauf von US-Filter ist zu bedauern«.

364   Wirtschaftswoche, 17.12.1979: Ein Bein in München; FAZ, 23.10.1979: Götte wird bei Flick in eine hohe Position berufen.

365   Der Spiegel, 29.10.1984, S. 26 ff.: Flick – ein Mann kauft die Republik; Der Spiegel, 22.10.1984, S. 15 ff.: »Wenn das alles rauskommt...«; Der Spiegel, 10.12.1984, S. 88 ff.: »Die Kriminalisierung ist unangemessen«; Brauchitsch, Preis, S. 225; Kilz/Preuss, Flick, S. 174 (Zitat).

366   Schily, Politik, S. 54 ff., 124 ff.; Kilz/Preuss, Flick, S. 145 ff.; Der Spiegel, 28.11.1983, S. 25 ff.: Der Schein der weißen Westen; FAZ, 23.11.1982: Kolb künftig allein neben Flick?; Der Spiegel, 23.11.1982, S. 17 ff.: Muß Flick 450 Millionen nachzahlen?

367   Wirtschaftswoche, 18.5.1984: Amnestiegesetz. Den Wind unterschätzt; Die Zeit, 26.10.1984: Abschied; Die Zeit, 30.8.1985: Meister und Sündenbock; Der Spiegel, 28.11.1983, S. 31 ff.: Hans Magnus Enzensberger, Ein Bonner Memorandum (Zitat S. 37).

368   Der Stern, 2.12.1982, S. 30 ff.: Jagdzeit; FAZ, 28.12.1982: Die andere Seite im Fall Flick; Der Spiegel, 28.11.1983, S. 25 ff.: Der Schein der weißen Westen.

369   Der Spiegel, 15.10.1984, S. 17 ff.: »Das wird eine lange Hängepartie«; Die Zeit, 19.10.1984: Zweifel an Barzel; Stuttgarter Zeitung, 29.3.1985: Flick-Nebel; Die Welt, 7.3.1985: Ausschuß hört Flick und Paefgen erst später; Handelsblatt, 29.3.1985: Von-Brauchitsch-Version stark in Zweifel gezogen; Der Spiegel, 1.4.1985, S. 27 ff.: »Ein Zeuge ohne Fehler« (Zitat); Der Stern, 31.1.1985, S. 12 ff.: Er will wieder spenden; FR, 29.3.1985: Zwiespältig; FAZ, 29.3.1985: Knappe, zackige Worte. Flick ahmt Brauchitsch nach.

370   Handelsblatt, 19.5.1983: Verhaltener Optimismus für das laufende Geschäftsjahr; SZ, 1.7.1983: Feldmühle macht jetzt mal Pause; Handelsblatt, 6.12.1985: Traditionsreichster Teil des Flick-Konzerns; SZ, 10.7.1985: Flick baut verstärkt Kapazitäten aus; Handelsblatt, 10.7.1985: Erlös aus dem Krauss-Maffei-Verkauf soll den Inlands-Konzern stärken.

371   SZ, 25.1.1985: Dynamit schließt an gute Zeiten an; Handelsblatt, 3.7.1985: In zwei Jahren wird eine halbe Milliarde investiert.

372   Der Stern, 31.1.1985, S. 12 ff.: Er will wieder spenden.

373   Manager Magazin, 23.5.1985: Helfer in Steuersachen; Der Spiegel, 29.10.1984, S. 26 ff.: Flick – ein Mann kauft die Republik; Der Spiegel, 9.12.1985, S. 114 ff.: Flick: Ende eines Imperiums; Priemel, Industrieunternehmen, S. 30 f.

374   Büschgen, Deutsche Bank, S. 758 f.; Der Spiegel, 9.12.1985, S. 114 ff.: Flick: Ende eines Imperiums; FAZ, 7.12.1985: Flicks Winterschlußverkauf; Stuttgarter Zeitung, 5.12.1985: Flicks Abschied.

375   Die Zeit, 4.12.1987: Hans Otto Eglau, Wundersame Geldvermehrung; Die Zeit, 26.5.1989: Hans Otto Eglau, Der gelungene Coup; Manager Magazin, 1.3.1988: Der Fall der Familie Flick; Der Spiegel, 25.4.1988, S. 112 f.: Art Vaterfigur; Der Spiegel, 6.6.1988, S. 98 ff.: Flick-Erben: »Die wollen Rache«; Der Spiegel, 22.5.1989, S. 109 f.: Viele Angebote; Der Spiegel, 20.6.1988, S. 96 ff.: Der geplatzte Coup von Mick und Muck; Der Spiegel, 29.5.1989, S. 110 ff.: »Natürlich geht es auch ums Geldverdienen«; Manager Magazin, 1.12.1989: Feldmühle/Veba.

376   Der Spiegel, 9.12.1985, S. 114 ff.: Flick: Ende eines Imperiums.

377   Der Spiegel, 1.4.1985: »Ein Zeuge ohne Fehler«; FAZ, 7.12.1985: Flicks Winterschlußverkauf (Zitat); Der Spiegel, 10.12.1984, S. 88 ff.: »Die Kriminalisierung ist un-

angemessen« (Zitat Weiss); Der Spiegel, 24.5.1988, S. 112 f.: Art Vaterfigur; Brauchitsch, Preis, S. 231.

Eine deutsche Karriere

1   Der Spiegel, 17.9.1958, S. 22–33: Flick – Der Eisenmann; bzw. 5.6.1963, S. 20–28: Flick-Erbe. Von Friedrichs Gnaden; aber auch schon Der Spiegel 3.8.1955, S. 18–22: Wo stecken die Millionen?

2   Vgl. Pritzkoleit, Männer, u. Pritzkoleit, Bosse; Krosigk, Feuer; siehe auch Pritzkoleit, Herren, bzw. Pritzkoleit, Gott.

3   Der Spiegel, 17.9.1958, S. 22–33: Flick – Der Eisenmann (Zitat S. 29 u. 30).

4   Engelmann, Wie wir wurden, S. 252, spricht gar von einem »Konzern-Geheimdienst, der oft besser informiert war als die offiziellen deutschen Nachrichtendienste«. Tendenziell ebenfalls überhöhend die Darstellung bei Bähr u. a., Flick-Konzern, bes. S. 213–226; Pressefoto: SZ, 12./13.5.1956, S. 42, wiederholt im Spiegel, 17.9.1958, S. 22–33: Flick – Der Eisenmann.

5   Pinner, Wirtschaftsführer, S. 99–104; BayHStA, MWi 2448, Deutsche Allgemeine Zeitung, 10.7. 1943, S. 5; in Nürnberg rühmte sich Flick, »Jahre hindurch größere Beträge« zur Verfügung gestellt zu haben, die »für die Durchhaltung dieser bedeutenden Zeitung entscheidend waren«; BAB, R 8122/1077, Lebensweg Darstellung Kaletsch, 15.8.1945, Ergänzung. Politischer Teil, S. 1.

6   SZ, 12./13.5.1956, S. 42. Ich danke Herrn Elten für seine freundliche Auskunft vom 6.2.2009; er hat keine Erinnerung daran, Friedrich Flick bei seinen Recherchen in der Konzernzentrale zu Gesicht bekommen zu haben, will aber nicht ausschließen, ihm kurz vorgestellt worden zu sein.

7   Friedrich Flick, Autobiographische Merkworte, 17.7.1947, zit. n. Ogger, Flick, S. 255.

8   NARA, M 891/29, Protokoll S. 10 713, Schlusswort Flicks, 29.11.1947.

9   Zit. n. Priemel, Gekaufte Geschichte, S. 189 f.

10   Der Spiegel, 17.9.1958, S. 22–33: Flick – Der Eisenmann (Zitat S. 26); Wielgoß, Charlottenhof, S. 322 zitiert eine DNB-Meldung vom 27.11.1936; Schenkungsvertrag mit der NSV hingegen erst am 5.7.1937; nach dem Krieg fiel das Grundstück an das Land Nordrhein-Westfalen; NrwHStA, NW 90–390, Beschluss Allgemeiner Organisationsausschuss, 12.5.1950; BAK, All.Proz. 2F, Rolle 17, FC 6077 P, Interrogation Flick, Nr. 383E, 6.1.1947; NARA, M 891/22, Protokoll S. 3178 f., Vernehmung Flick durch Dix, 2.7.1947.

11   Vgl. die Schilderung bei Brauchitsch, Preis, S. 53 f.

12   BAK, All.Proz. 2F, Rolle 17, FC 6077 P, Vernehmung Friedrich Flick, 4.12.1946.

13   Ebd.; das Bankhaus Sal. Oppenheim jr. & Cie. firmierte von 1938 bis 1947 als Robert Pferdmenges & Co, und zwischen 1948 und 1951 fungierte Pferdmenges als Treuhänder bei Flick; Köhler, »Arisierung«, S. 350–354; Verse-Herrmann, »Arisierungen«, S. 133.

14   Wie Anm. 12; Max Friedheim hatte das Gut 1908/09 erworben; er wurde laut Reichsanzeiger mit Wirkung vom 14.2.1941 ausgebürgert und konnte – zu diesem späten Zeitpunkt nur unter Zurücklassung des Vermögens – mit seiner Familie offenbar nach England emigrieren.

15   Maternus Lackner, Almwirtschaft in einem privaten Großforstbetrieb (Ms. 2000); NARA, T 83/73/253, Bericht Blaschke, 14.5.1940; RG 260, Finance, Box 184, Folder 3, Interrogation Kaletsch, 4.3.1946.

16   NARA, T 83/73/253, Bericht Blaschke, 14.5.1940; Vermerk für Flick, 6.5.1939.

17   StAN, Rep. 502, KV-Anklage, Handakten B 7, Kurre an Flick, 30.6.1937; Brauchitsch, Preis, S. 54 f.; II/22/15, AHL, MHL 126, Burkart an Fabry, 11.2. u. 17.3.1944, Antwort, 23.3.1944.

18   StAN, Rep. 502, KV-Anklage, Handakten B 83, Flick an Raabe, 18.10.1946; B 2, Notiz Kurre 13.5.1946.

19   I/6/1, Notiz Fischer über Gespräch mit Georg Neumüller am 2.4.2009; http://www.winkler-kreuth.de/tradition/Heimatgeschichte/Benedikten.htm (abgerufen am 22.5.2009); BAB, R 8122/1077, Lebensweg Darstellung Kaletsch, 15.8.1945, S. 55; ähnlich Kaletschs Ansprache in ACDP, 01–093–003/1, Friedrich Flick zum Gedenken.

20   BAB, R 8122/1077, Lebensweg Darstellung Kaletsch, 15.8.1945, S. 56.

21   NARA, M 891/22, Protokoll S. 3162 f., Vernehmung Flick durch Dix, 2.7.1947.

22   BAK, All.Proz. 2F, Rolle 17, FC 6077 P, Interrogation Flick, Nr. 383G, 8.2.1947; Bähr u. a., Flick-Konzern, S. 256 f., berichten aufgrund einer Aussage von Görings Stabschef von mehreren Besuchen in Karinhall.

23   NARA, M 891/22, Protokoll S. 3176, Vernehmung Flick durch Dix, 2.7.1947.

24   Engelmann, Macht, S. 80.

25   BAB, R 8122/90918, Rede Flicks zum 25jährigen Vorstandsjubiläum, 1.4.1940 (NI-3345), hier S. 26.

26   NARA, M 891/22, Protokoll S. 3167, Vernehmung Flick durch Dix, 2.7.1947.

27   Ebd., S. 3190.

28   Dagegen auch Priemel, Flick, S. 648.

29   So Bähr u. a., Flick-Konzern, S. 167–173, wo der Begriff eine schon vor dem Krieg vermeintlich bestehende Sondersituation im Hause Flick zu fassen sucht.

30   Joachim Haniel, Der Roman des Herrn Flick, in: Das neue Tage-Buch, 4 (1936), S. 60–64, hier: 60.

31   In Nürnberg distanzierte sich Flick explizit von »Börsenspekulationen und Jobbereien«; NARA, M 891/22, Protokoll S. 3162, Vernehmung Flick durch Dix, 2.7.1947; vgl. auch seine Bemerkungen gegenüber Gert von Klass 1955, in: Priemel, Gekaufte Geschichte, S. 190.

32   I/2/1–2, Dr. Friedrich Flick zum 80. Geburtstag (Festschrift), S. 5; Industriekurier, 9.7.1963, S. 5.

33   Industriekurier, 9.7.1963, S. 5, Hervorhebung im Original; BAK, All.Proz. 2F, Rolle 17, FC 6077 P, Interrogation Flick, Nr. 383 G, 14.1.1947, S. 5.

34   BPA-Dok., MF 4132, Rheinische Post, 6.7.1968; Allgemeine Zeitung (Mainz), 6.7.1968.

35 So noch drei Tage vor Friedrich Flicks Tod Der Spiegel, 17.7.1972, S. 27 ff.: Mick und Muck.

36 Treviranus, Ende von Weimar, S. 212–215; BAK, All. Proz. 3, Kranzbühler, Nr. 32, Erklärung Brüning, 10.6.1949.

37 Vorgang in ACDP, 01–093–010/1; die ins Auge gefasste Kontaktaufnahme mit dem in Vermont lebenden Brüning unterblieb wegen dessen schlechtem Gesundheitszustand; 01–093–001/3, Kehrl an Friedrich, 22.3.1966, Antwort, 23.3. u. 23.5.1966; vgl. auch Berghahn/Friedrich, Otto A. Friedrich, S. 320–349; zur Studentenrevolte Vorgang in 01–093–097/4.

38 Vorgang in PA-AA, B 86/1315; vgl. Eckert, Kampf S. 453, Anm. 452; das neue Selbstbewusstsein unterstreicht die Entscheidung, den Vertrag mit General Julius Klein aufzulösen, der bis dahin unter anderem für Flick in den USA Public Relations betrieben hatte; ACDP 01–093–002/2, Notiz Brauchitsch, 28.5.1969; vgl. Wiesen, PR Man.

39 Zu den wenigen, die dies relativ früh diagnostizierten und intern vor »reformatorischen Abirrungen« wie etwa der Forderung nach erweiterter Mitbestimmung warnten, gehörte Hanns Martin Schleyer; ACDP, 01–093–013/4, Schleyer an Erhard, 11.3.1969.

40 Der Spiegel, 5.9.1966, S. 49 ff.: Die Reichen in Deutschland (Zitat S. 50).

41 Engelmann, Macht, S. 96; Der Spiegel, 13.1.1986, S. 28 ff.: Wie die Fliegen; Die Welt, 19.6.2004: Stasi führte Bernt Engelmann als IM »Albers«.

42 Engelmann, Macht, S. 88; Ogger, Flick, S. 17.

43 Ogger, Flick, S. 5.

44 Braunbuch, S. 38; zu dem Anfang der fünfziger Jahre begonnenen Probeabbau im Fichtelgebirge vgl. Der Spiegel, 22.8.1956, S. 18: Flicks Versuchsschacht.

45 Die Überlieferung befindet sich heute als Bestand Mitteldeutsche Stahlwerke GmbH Riesa im SächsHStA, 11 616.

46 Vorgänge in SächsHStA, 11 616/20.02; Bähr u. a., Flick-Konzern, S. 256 u. 288 f.

47 SächsHStA, 11 616/20.03–09; BAB, R 8122/369, Bl. 41.

48 Olsen, Milliarden, S. 200; Drobisch, Flick und die Nazis, S. 382 (nach einer Eidesstattlichen Erklärung Flicks, 29.11.1946, NI-3122).

49 TKA, NOST/1, Notiz Steinbrinck, Ostern 1940; NARA, M 891/19, Dokumentenbuch Anklage XIV-D, Schriftwechsel Himmler-Steinbrinck, 22.6–20.10.1933 (NI-8279 bis NI-8282).

50 BAK, 99 US 7/155, Vernehmung Flick, 21.8.1948; NARA, RG 260, Economic, Box 22, Interrogation Flick, 14.3.1946; Bähr u. a., Flick-Konzern S. 263 f.

51 BAB, 8122/1047, SPD-Unterbezirk Freital an SGW, 9.8.1945; 8122/552, Faust an Bruns, 1.12.1944.

52 ADL, N1–998, Dehler an Burkart und Antwort Burkart, 24. bzw. 28. 71950; I/1/46, Vermerk Burkart für Enzmann, 29.7.1950; zum Kontext Frei, Vergangenheitspolitik, S. 193 f.

53 ADL, N1–124, Dehler an Burkart, 28.9.1950.

54 ADL, N1–124, Burkart an Dehler, 30.9.1950.

55 ADL, N1–124, Bungarcz an Dehler, 17.10.1950; tatsächlich quittierte Bungartz zweimal den Empfang von 15 000 DM; I/1/46, Quittungen, 11.10. u. 17.11.1950.

56   ADL, N1–124, Flick an Dehler, 19.11.1952.

57   I/1/46, Quittung, 24.8.1950; Empfangsbestätigung, 30.8.1950; Vermerk Burkart, 24.11.1950.

58   BAK, NL 1080/299, Flick an Blücher, 1.4.1955.

59   Vgl. bisher nur Landfried, Parteifinanzen; Bösch, CDU-Spendensystem; Bösch, Adenauer-CDU, S. 221–235; Scholten, Vorwärts, S. 309 ff.; ACDP, 01–093–003/2, Kaletsch an Friedrich, 9.5.1967.

60   StBKAH, II 20, Friedrich an Adenauer, 29.3.1965; Antwort Adenauer, 7.4.1965, höchst unwahrscheinlich ist danach die Behauptung von Brauchitsch, Preis, S. 121, die Idee zu der Kandidatur sei von Adenauer ausgegangen.

61   Zum Folgenden Der Spiegel, 22.7.1996, S. 50 ff. u. 29.7.1996, S. 52 ff.: Das Geld, die Macht und FJS; entsprechende Vorgänge in Bezug auf Kaletsch in: ADS, Pohle III; ebd., Pohle V, Pohle an Burkart, 19.7. und 30.9.1966. Den Weg beschritt der Flick-Konzern weiter, auch im Frühjahr 1968 gingen 170 000 Mark, die die Maxhütte der CSU zugedacht hatte, zunächst an die Kolpingfamilie, die das Geld weiterreichte ADS, Pohle V, Notiz, 29.3.1968; Kämpfer an Pohle, 11.4.1968.

62   ADS, Pohle VII, Pohle an Alzheimer, 25.7. u. 2.11.1968; ebd. Pohle VII, Pohle an Alzheimer, 29.10.1970; vgl. Der Spiegel, 22.7.1996, S. 52 ff.: Das Geld, die Macht und FJS.

63   ADS, Pohle III, Kreile an Pohle, 29.1.1969; ebd. Pohle V, Pohle an Brauchitsch, persönlich-vertraulich, 17.2.1969; ebd., Pohle III, Kreile an Pohle, 2.5.1969.

64   ADS, Pohle III, Pohle an Kreile, Heine und von Gregory; Zit. Pohle an Heine, 1.7.1969.

65   NrwHStA, RWN 218–663, Die Linke in der CDU drängt, in: Handelsblatt, 15.10.1968; ACSP, NL Strauß, BMF 143, Pohle an Quandt, 28.6.1968; Barbara Gerstein: Wolfgang Pohle, in: NDB, Bd. 20, S. 587 f.

66   Die Welt, 4.9.1971: Wolfgang Pohle – ein glaubwürdiges Vorbild; Manuskriptvorlage Otto A. Friedrichs in NrwHStA, RWN 218–679.

67   Der Spiegel, 5.9.1966, S. 49 ff.: Die Reichen in Deutschland (Zitat S. 56); vgl. Kurzlechner, Klage u. Bührer, Erneuerung.

68   Zit. n. Berghahn/Friedrich, Otto A. Friedrich, S. 329.

69   Der Spiegel, 19.3.1973, S. 38 ff.: Gesunder Egoismus schafft neue Werte.

70   Zum politischen Kontext der Flick-Affäre Wirsching, Abschied, S. 65 ff.; Conze, Sicherheit, S. 591 ff..

71   Dazu noch immer unüberholt in seiner Anschaulichkeit Kilz/Preuss, Flick, S. 251–288; Der Spiegel, 21.12.1981, S. 23 ff.: Tätige Reue (Zitat S. 25); vgl. jetzt auch Priemel, Industrieunternehmen, S. 21.

72   Der Spiegel, 22.10.1984, S. 15–27: »Wenn das alles rauskommt…«; vgl. Landfried, Parteifinanzen, S. 152; S. 15–27; Bohrer, Unschuld.

73   Hülsberg, BundesrepuFlick; Jung/Krause, Stamokap-Republik; Bachmann/Carlebach, Minister.

74   Brauchitsch, Preis, S. 208–220; ACDP, 01–093–013/4, Flick an Erhard, 1.2.1972; vgl. Seipel, Förster.

75   Der Spiegel, 28.11.1983, S. 31–51: Ein Bonner Memorandum; auch in Kilz/Preuss, Flick, S. 335–363.

76   Simon, Familie, sowie die Beiträge in Kollmer-von Oheimb-Loup/Wischermann, Unternehmernachfolge.

77   Deutsche Dienststelle für die Benachrichtigung der nächsten Angehörigen von Gefallenen der ehemaligen deutschen Wehrmacht, Berlin, an Dagmar Ottmann, 14.6.2007; zum Regiment »Hermann Göring« vgl. Bender/Petersen, Regiment, S. 7–16, 60 f.

78   StaN, Rep. 502, KV-Anklage, Handakten, B 21, Engel an Rogge, 15.6.1942; BAK, All.Proz. 2F, Rolle 17, FC 6077 P, Interrogation Flick, Nr. 385 H, 13.2.1947, S. 1 ff.; Rudolf Flicks Leichnam wurde zunächst nach Staaken überführt und 1955 schließlich in die Kreuztaler Familiengruft umgebettet (schriftliche Auskunft der Gemeinde Kreuztal an Dagmar Ottmann, 20.3.2007).

79   TKA, RC/424, Vermerk Otto-Ernst Flick, 20.6.1958.

80   StBKAH, II 20, Adenauer an Flick, 4.11.1963 u. 4.1.1965.

81   StBKAH, II 20, Flick an Adenauer, 31.12.1964, Antwort, 4.1.1965.

82   TKA, RC/424, Vermerk Otto-Ernst Flick, 20.6.1958.

83   Vgl. Brauchitsch, Preis, S. 100, 162 f., S. 174; er hält es für »abwegig«, dass Friedrich Karl Flick von der testamentarischen Verfügung nicht vorab informiert gewesen sei.

84   Der Spiegel, 10.10.1966, S. 62 ff.: Die Reichen in Deutschland.

85   PA-DBT, 3322 UA 10/1-Prot, Vernehmung Friedrich Karl Flick am 15.3.1984.

86   Zit. Der Spiegel, 1.2.1985, S. 27 f.: Ein Zeuge ohne Fehler.

87   Krosigk, Feuer, S. 674–693.

88   Zum Kontext Schanetzky, Ernüchterung, S. 171 ff.

89   Zum Zeitpunkt der Drucklegung dieses Buches war der Kriminalfall ungelöst.

90   David Cesarani: Paying for old sins, in: Times Higher Education, 15.3.1996; The Times, 14.4.1997.

91   The Jewish Chronicle, 22.3.1996: Flick: payment ›possible‹ to survivors; New York Times, 14.5.1996, S. 12.

92   Wochenzeitung (Zürich), 22.3.2001: Wie weiter mit dem Flick-Museum?; Ramge, Flick, S. 265 f.; NZZ, 16.1.2001: Noch ein Kunstort; NZZ, 7.3.2001: Mit der großen Kelle; NZZ, 27.4.2001: »Ich glaube, dass man Verantwortung erbt«; zum Folgenden ausführlich Seubert, Flick-Collection, S. 179–216; siehe auch http://www.friedrichchristian-flick-collection.com (abgerufen am 22.5.2009).

93   I/5/1, Gibowski an Ottmann, 23.3.2001.

94   Vgl. Dossier der Wochenzeitung (Zürich), http://www.woz.ch/dossier/flick.html (abgerufen am 22.5.2009); NZZ, 24.3.2001, S. 46; Der Spiegel, 5.8.2002, S. 136–138: Poker um ein Phantom; Der Spiegel, 8.3.2004, S. 182–185: Sammler wollen Einfluss.

95   Der Stern, 4.11.2004, S. 60: Schlußstrich mit links (Hans-Ulrich Jörges).

96   Der Spiegel, 8.3.2004, S. 182 ff.: Sammler wollen Einfluss (Zitat S. 182).

97   Die Zeit, 7.4.2004: Kunst mit Nebenabsicht; Handelsblatt, 7.5. 2004: Bundesregierung wegen ›Flick-Collection‹ unter Druck; NZZ, 24.3.2001: F. C. Flick stellt sich der Kritik; Seubert, Flick-Collection, S. 186, Anm. 11.

98   Flick an Korn, 10.5.2004, abgedruckt im Tagesspiegel, 15.5.2004.

99   Korn an Flick, 17.5.2004, abgedruckt in SZ, 18.5.2004.

100 SZ, 25.5.2004: Schicke Signalworte (Salomon Korn); New York Times, 6.7.2004; taz, 16.9.2004.

101 Dagmar Ottmann: »Die Ausstellung verschieben! Ein offener Brief«, abgedruckt in Die Zeit, 5.8.2004.

102 I/5/1, Ottmann an Gibowski (via Kanzlei Nörr Stiefenhofer Lutz), 12. bzw. 13.3.2001.

103 Bähr u. a., Flick-Konzern.

104 Gerhard Schröder: Kunst ist kein Mahnmal. Friedrich Christian Flick stellt sich seiner historischen Verantwortung, indem er seine Sammlung zeigt, zit. n. Die Welt, 22.9.2004.

105 Die Zeit, 23.4.2004: Unglück in Glück verwandeln (Thomas Assheuer).

106 http://www.friedrichchristianflick-collection.com/_www/portrait/index.php?l= de&pp=3 (abgerufen am 22.5.2009); Berliner Zeitung, 23.4.2005; Gert-Rudolf Flick hat einen entsprechenden Bericht des Stern vom 10.8.2004 auf Anfrage vom 21.4. bzw. 13.5.2009 weder bestätigt noch dementiert; I/5/1, Flick an Frei, 7.5. bzw. 21.5.2009.

107 Westfälische Rundschau, 7.11.2008: Flick-Gymnasium ist Vergangenheit; http://www.flick-ist-kein-vorbild.de/aktuelles/ (abgerufen am 22.5.2009).

Zeittafel

1883	Friedrich Flick wird am 10. Juli in Ernsdorf, Siegerland, geboren
1901	Ausbildung bei der Actien-Gesellschaft Bremerhütte
1904	Militärdienst in Kassel
1905	Studium an der Handelshochschule in Köln
1907	Examen als Diplomkaufmann, Prokura bei der Bremerhütte
1913	Kaufmännischer Vorstand bei der Eisenindustrie zu Menden und Schwerte, Heirat mit Marie Schuss
1915	Kaufmännischer Vorstand Aktiengesellschaft Charlottenhütte
1916	Geburt des ersten Sohnes Otto-Ernst; Beginn der Expansion im Siegerland
1919	Geburt des zweiten Sohnes Rudolf
1920	Beginn der Expansion nach Oberschlesien
1921	Generaldirektor der Charlottenhütte
1922	Kooperation mit Stinnes, Teilrückzug aus Ostoberschlesien
1923	Einstieg bei Linke-Hofmann-Lauchhammer und Umzug nach Berlin
1926	Einbringen aller Beteiligungen in den Stahlverein; Gründung des westoberschlesischen Trusts; Einstieg bei Gelsenberg
1927	Faktische Mehrheit bei Gelsenberg; Geburt des jüngsten Sohnes Friedrich Karl
1929	Privater Erwerb der Maxhütte; Aufbau der amerikanischen Holding für die polnischen Beteiligungen
1930	Kontrolle über den gesamten Stahlverein; Mehrheit bei Mittelstahl
1931	Bankenkrise und Zusammenbruch von Schweitzer & Oppler
1932	Verkauf von Gelsenberg an das Deutsche Reich
1933	Sanierung Linke-Hofmann-Werke; Beginn der Rüstungsproduktion
1934	Erlöschen der Charlottenhütte; Dreiviertelmehrheit bei Mittelstahl; Beitritt zum Freundeskreis Himmler
1935	Kapitalmehrheit bei Harpen
1936	Mehrheit bei der Essener Steinkohle
1937	Gründung der Friedrich Flick KG; »Arisierung« Rawack & Grünfeld; Eintritt in die NSDAP
1938	»Arisierung« von Hochofenwerk Lübeck, Anhaltischer Kohle und Werschen-Weissenfels (Julius Petschek)

1939	Mehrheitserwerb an den Sächsischen Gußstahlwerken Döhlen; Ausscheiden Otto Steinbrincks
1940	Tauschverträge mit den Reichswerken, »Arisierung« von Niederlausitzer Kohle und Eintracht (Ignaz Petschek), Integration der Anhaltischen Kohlenwerke in den Konzern
1941	Treuhänderschaft über die Rombacher Hüttenwerke und die Spandauer Stahlindustrie; Tod von Rudolf Flick
1942	Treuhänderschaft über die Rigaer Waggonfabrik Vairogs.
1943	Gründung der Dnjepr-Stahl GmbH mit den Reichswerken; »Patenschaft« für diverse ukrainische Hüttenwerke
1944	Ausschließung der Minderheitsaktionäre aus der Maxhütte und den Anhaltischen Kohlenwerken
1945	Friedrich Flick wird im Juni in Bad Tölz zunächst unter Hausarrest gestellt, dann verhaftet; FKG unter alliierter Kontrolle
1945/46	Sequestrierung und Enteignung des Besitzes in der Sowjetischen Besatzungszone
1947	Nürnberger Flick-Prozess
1950	Friedrich Flick wird am 25. August aus der Haftanstalt Landsberg vorzeitig entlassen
1951	Verkauf von Maxhütte-Anteilen an den Freistaat Bayern; Vergleich in der Restitutionssache Rudolf Hahn
1952	Annahme des »Flick-Plans« zur Neuordnung der FKG durch die Alliierte Hohe Kommission; Einstieg bei Daimler-Benz
1953	Verkauf der Mehrheit der Essener Steinkohle an die Consolidation (Mannesmann); Eintritt von Otto-Ernst Flick in die Geschäftsführung der FKG
1954	Verkauf der Harpen-Anteile an Sidéchar (Frankreich); Einstieg bei der Auto Union
1955	Einstieg bei Neuves Maisons (Frankreich) und Hainaut-Sambre (Belgien); Rückkauf der Maxhütte-Anteile vom Freistaat Bayern; Einstieg bei Feldmühle
1956	Beginn der Rüstungsproduktion bei Donauwörth/Siebel
1957	Einstieg bei Dynamit Nobel und bei den Stahlwerken Südwestfalen; Abschluss der Restitutionsverhandlungen mit den Erben von Ignaz Petschek; Eintritt von Friedrich Karl Flick in die Geschäftsführung der FKG
1958	Mehrheit bei Buderus
1959	Umwandlungsbeschlüsse bei den Metallhüttenwerken, bei Dynamit Nobel und der Feldmühle
1961	Neuer Gesellschaftsvertrag der FKG
1962	Otto-Ernst Flick klagt gegen Friedrich Flick auf Auflösung der FKG; Vergleich mit den Erben von Julius Petschek; Friedrich Karl Flick persönlich haftender Gesellschafter der FKG

1963	Otto-Ernst Flick verliert den Prozess gegen Friedrich Flick; Krauss-Maffei wird Generalunternehmer bei der Leopard-Panzer-Produktion; Konrad Kaletsch persönlich haftender Gesellschafter der FKG
1965	»Schenkungsprozess« gegen Otto-Ernst Flick; Eberhard von Brauchitsch und Wolfgang Pohle persönlich haftende Gesellschafter der FKG
1966	Marie Flick stirbt am 22. Januar; Otto Andreas Friedrich persönlich haftender Gesellschafter
1968	Verkauf der Anteile an den Stahlwerken Südwestfalen
1970	Ablehnung von Entschädigungszahlungen an ehemalige Zwangsarbeiterinnen von Dynamit Nobel; Eberhard von Brauchitsch scheidet zum Jahresende aus
1971	Gert-Rudolf Flick persönlich haftender Gesellschafter der FKG; Tod von Wolfgang Pohle
1972	Friedrich Flick stirbt am 20. Juli; Friedrich Christian Flick persönlich haftender Gesellschafter der FKG
1973	Erneuter Eintritt von Eberhard von Brauchitsch in die FKG
1974	Otto-Ernst Flick stirbt am 4. Januar; zum Jahresende Verkauf von 29 Prozent an Daimler-Benz an die Deutsche Bank
1975	Auszahlung der Linie Otto-Ernst Flick durch Friedrich Karl Flick; Ausscheiden von Gert-Rudolf und Friedrich Christian Flick aus der Geschäftsführung; Einstieg bei Grace (USA); Verkauf der Metallhüttenwerke Lübeck an die United States Steel Corporation; Tod von Otto Andreas Friedrich
1977	Verkauf der Maxhütte
1978	Konrad Kaletsch stirbt am 18. September; Einstieg bei US-Filter und beim Gerling-Konzern; Hanns Arnt Vogels persönlich haftender Gesellschafter der FKG
1981	Aufdeckung der Spendenpraxis der FKG; Verkauf der US-Filter-Anteile
1982	Entlassung von Eberhard von Brauchitsch und Hanns Arnt Vogels
1983	Bundestagsuntersuchungsausschuss zur Klärung der Spendenaffäre
1985	Verkauf von Krauss-Maffei; zum Jahresende Verkauf aller Beteiligungen an die Deutsche Bank

Abkürzungen

AA	Auswärtiges Amt
ACDP	Archiv für Christlich-Demokratische Politik
ACSP	Archiv der Christlich-Sozialen Politik
ADL	Archiv des Deutschen Liberalismus
AdsD	Archiv der sozialen Demokratie
AEG	Allgemeine Elektrizitäts-Gesellschaft
AfS	Archiv für Sozialgeschichte
AHK	Alliierte Hohe Kommission
AHL	Archiv der Hansestadt Lübeck
AKW	Anhaltische Kohlenwerke
APuZ	Aus Politik und Zeitgeschichte
AR	Aufsichtsrat
Arge	Arbeitsgemeinschaft
ATG	Allgemeine Transportanlagengesellschaft
BAB	Bundesarchiv Berlin
BAK	Bundesarchiv Koblenz
BA-MA	Bundesarchiv-Militärarchiv Freiburg
BASF	Badische Anilin- und Sodafabrik
BayHStA	Bayerisches Hauptstaatsarchiv München
BBA	Bergbau-Archiv Bochum
BHG	Berliner Handels-Gesellschaft
BHO	Berg- und Hüttenwerksgesellschaft Ost
BLHA	Bandenburgisches Landeshauptarchiv Potsdam
BLVW	Bayerisches Landesamt für Vermögensverwaltung und Wiedergutmachung
BMF	Bundesfinanzministerium
BMJ	Bundesjustizministerium
BMS	Bölkow-Messerschmitt-Siebel-Flugzeugbau
BMV	Bundesverkehrsministerium
BMVg	Bundesverteidigungsministerium
BMW	Bayerische Motorenwerke
BMWi	Bundeswirtschaftsministerium

BPA	Bundespresseamt
Brabag	Braunkohle-Benzin-AG
BRT	Bruttoregistertonne
BWA	Bayerisches Wirtschaftarchiv
CAEF	Archives financières, Savigny-le-Temple
CARAN	Archives Nationales de France, Paris
CCCG	Combined Coal Control Group
CCGBE	Control Commission of Germany, British Element
CdZ	Chef der Zivilverwaltung
CHH	Charlottenhütte
CIC	Counter Intelligence Corps
CSG	Combined Steel Group
DAG	Daimler-Konzernarchiv, Stuttgart
DGB	Deutscher Gewerkschaftsbund
DKBL	Deutsche Kohlenbergbauleitung
DMT	Dimethylterephthalat
DRT	Deutsche Revisions- und Treuhand AG
DSV	Deutsche Schrottvereinigung
DZV	Deutsche Zentralverwaltung
EGKS	Europäische Gemeinschaft für Kohle und Stahl
EHR	Economic History Review
ESt	Essener Steinkohlenbergwerke
EZ	Eisenzentrale
Famo	Fahrzeug- und Motorenwerke
FAZ	Frankfurter Allgemeine Zeitung
Feno	Feldmühle Nobel
FKG	Friedrich Flick Kommanditgesellschaft
FR	Frankfurter Rundschau
FSI	Freitaler Stahl-Industrie
FWH	Friedrich Wilhelms-Hütte
Gaveg	Gasverarbeitungsgesellschaft
Gestapo	Geheime Staatspolizei
GG	Geschichte und Gesellschaft
GHH	Gutehoffnungshütte Actienverein für Bergbau und Hüttenbetrieb
GPU	Politische Polizei der Sowjetunion
GStAPK	Geheimes Staatsarchiv Preußischer Kulturbesitz
HA	Historisches Archiv
HADrB	Historisches Archiv der Dresdner Bank
HAIT	Hannah-Arendt-Institut für Totalitarismusforschung
HAK	Historisches Archiv Krupp
HdAG	Handbuch der deutschen Aktiengesellschaften
HGI	Hessische Gesellschaft für industrielle Unternehmungen Friedrich Flick

HHStAW	Hessisches Hauptstaatsarchiv Wiesbaden
HStA	Hauptstaatsarchiv
HTO	Haupttreuhandstelle Ost
HV	Hauptversammlung
HWA	Heereswaffenamt
HWL	Hochofenwerk Lübeck
HZ	Historische Zeitschrift
IfZ	Institut für Zeitgeschichte München
IG	Interessengemeinschaft
IHK	Industrie- und Handelskammer
IMT	Internationales Militärtribunal
IVG	Industrieverwaltungsgesellschaft mbH
KGaA	Kommanditgesellschaft auf Aktien
KPD	Kommunistische Partei Deutschlands
KZ	Konzentrationslager
LAB	Landesarchiv Berlin
LASH	Landesarchiv Schleswig-Holstein, Schleswig
LHASA MER	Landeshauptarchiv Sachsen-Anhalt, Merseburg
LHASA MD	Landeshauptarchiv Sachsen-Anhalt, Magdeburg
LHB	Linke-Hofmann-Busch
LHL	Linke-Hofmann-Lauchhammer
LHW	Linke-Hofmann-Werke
LVS	Landesverwaltung Sachsen
MA	Magisterarbeit
MAN	Maschinenfabrik Augsburg Nürnberg
MH	Eisenwerkgesellschaft Maximilianshütte
MHL	Metallhüttenwerke Lübeck
MI	Gesellschaft für Montaninteressen
MMA	Mannesmann-Archiv
MSt	Mitteldeutsche Stahlwerke
NARA	National Archives and Records Administration
ND	Neues Deutschland
NMAJMH	National Museum of American Jewish Military History
NrwHStA	Hauptstaatsarchiv Düsseldorf
NSDAP	Nationalsozialistische Deutsche Arbeiterpartei
NWDR	Nordwestdeutscher Rundfunk
NZZ	Neue Zürcher Zeitung
OCCWC	Office of Chief of Counsel for War Crimes
OFP	Oberfinanzpräsident
OKH	Oberkommando des Heeres
OKW	Oberkommando der Wehrmacht
OMG	Office of Military Government
OMGBY	Office of Military Government for Bavaria

OMGUS	Office of Military Government for Germany, United States
OPEC	Organisation erdölexportierender Länder
PA-AA	Politisches Archiv des Auswärtigen Amtes
PCV	Projektierung Chemische Verfahrenstechnik
Rbch	Rombacher Hüttenwerke
RFM	Reichsfinanzministerium
RGBl	Reichsgesetzblatt
RGVA	Russisches Staatliches Militärarchiv
RLM	Reichsluftfahrtministerium
RVE	Reichsvereinigung Eisen
RVK	Reichsvereinigung Kohle
RWE	Rheinisch-Westfälisches Elektrizitätswerk
RWKS	Rheinisch-Westfälisches Kohlensyndikat
RWM	Reichswirtschaftsministerium
RWWA	Rheinisch-Westfälisches Wirtschaftsarchiv
S. A.	Société anonyme
SA	Sturmabteilung
SächsHStA	Sächsisches Hauptstaatsarchiv Dresden
SAG	Sowjetische Aktiengesellschaft
SAPMO	Stiftung Archiv der Parteien und Massenorganisationen
S. A. R. L.	Société à responsabilité limitée
SBZ	Sowjetische Besatzungszone
SD	Sicherheitsdienst des Reichsführers SS
SED	Sozialistische Einheitspartei Deutschlands
SEI	Siegener Eisenindustrie
SGW	Sächsische Gußstahlwerke Döhlen
Siemag	Siegener Maschinenbau AG
SLAR	Société Lorraine des Aciéries de Rombas
SMAD	Sowjetische Militäradministration in Deutschland
SMAS	Sowjetische Militäradministration in Sachsen
SS	Schutzstaffel
StAAm	Staatsarchiv Amberg
StAE	Stadtarchiv Essen
Stamag	Stahlindustrie und Maschinenbau AG
StAN	Staatsarchiv Nürnberg
StBKAH	Stiftung Bundeskanzler-Adenauer-Haus
StK	Staatskanzlei
STV	Stahltreuhändervereinigung
SZ	Süddeutsche Zeitung
ThSTA Mgn	Thüringisches Staatsarchiv Meiningen
Thüko	Thüringische Kohlen- und Brikett-Verkaufsgesellschaft
TKA	ThyssenKrupp-Archiv
TNA	The National Archives London

TUI	Touristik Union International
UAK	Universitätsarchiv Köln
UCC	United Continental Corporation
UFA	Universum Film AG
USGCC	United States Group, Control Council
USHMM	United States Holocaust Memorial Museum
UVW	Unternehmensarchiv der Volkswagen AG
VEB	Volkseigener Betrieb
VfZ	Vierteljahrshefte für Zeitgeschichte
VG	Verwaltungsgesellschaft für Steinkohlenbergbau und Hüttenbetrieb
Viag	Vereinigte Industrieunternehmungen AG
VÖEST	Vereinigte Österreichische Eisen- und Stahlwerke
VSt	Vereinigte Stahlwerke
VSWG	Vierteljahrschrift für Sozial- und Wirtschaftsgeschichte
VW	Volkswagen
VWD	Vereinigte Wirtschaftsdienste
WGA/WGÄ	Wiedergutmachungsamt/Wiedergutmachungsämter
WMD	Waggon- und Maschinenbau GmbH Donauwörth
WW	Werschen-Weißenfelser Braunkohlewerke
WWA	Westfälisches Wirtschaftsarchiv
ZfG	Zeitschrift für Geschichtswissenschaft
ZK	Zentralkomitee
ZUG	Zeitschrift für Unternehmensgeschichte

Quellen

Forschungsarchiv Sammlung Flick
Maxhütte i. L., Sulzbach-Rosenberg; Sammlung Leiss; Sammlung Balan; Nachlass Grimm; Sammlung Ottmann; Sammlung Fischer.
Originaldokumente aus dem Forschungsarchiv, das künftig im Berlin-Brandenburgischen Wirtschaftsarchiv zugänglich sein wird, sind in den Anmerkungen nach dem Schema I/1/1 ohne weitere Angaben zitiert.
Darüber hinaus umfasst die Sammlung Dokumente aus den folgenden Archiven:

Archiv der Christlich-Sozialen Politik der Hanns-Seidel-Stiftung, München (ACSP)
Nachlässe Franz Elsen, Josef Müller, Franz Josef Strauß.

Archiv der Hansestadt Lübeck (AHL)
5.3 Geschäfts- und Firmenarchive: Metallhüttenwerke.

Archiv der Mannesmannröhren-Werke, Mülheim a. d. Ruhr (MMA)
M 12 Generaldirektion/Vorstand; M 17 Stamag und Consolidation; M 20 Personal- und Sozialwesen; M 60 Rechtssachen; M 70 Hahn und Kammerich.

Archiv der sozialen Demokratie der Friedrich-Ebert-Stiftung, Bonn (AdsD)
IG Metall, Vorstand, Zweigbüro Düsseldorf; IG Metall, Abt. Betriebsräte-Vertrauensleute.

Archiv des Deutschen Liberalismus der Friedrich-Naumann-Stiftung, Gummersbach (ADL)
Nachlässe N 1 Thomas Dehler; A 33/35 Walter Scheel; A 26 Erich Mende.

Archiv des Industriemuseums Brandenburg
Verschiedenes.

Archiv für Christlich-Demokratische Politik der Konrad-Adenauer-Stiftung, St. Augustin (ACDP)
01–093 Otto Andreas Friedrich; 01–172 Otto Lenz; 01–220 Hugo Stinnes; 01–229 Robert Tillmanns.

Archives financières, Savigny-le-Temple (CAEF)
Fonds divers Allemagne.

Archives Nationales de France, Paris (CARAN)
F 12 Ministère de l'Industrie; F 37 Commissions financières; AJ 40 Deutsche Besatzungs-behörden.

Bandenburgisches Landeshauptarchiv Potsdam (BLHA)
Rep. 2 A Regierung Potsdam, Abteilung I Präsidialabteilung, Siedlungs- und Woh-nungswesen; Rep. 43 Gewerbeaufsichtsamt Neuruppin; Rep. 75 Mitteldeutsche Stahl-und Walzwerke Friedrich Flick (Hennigsdorf); Mitteldeutsche Stahl- und Walzwerke (Lauchhammer); Rep. 203 Landesregierung Brandenburg, Amt zum Schutze des Volks-eigentums; Rep. 206 Landesregierung Brandenburg, Ministerium für Wirtschaft und Arbeit; Rep. 230 Oberlandratsamt Bernau; Rep. 905 VEB Schwermaschinenbau Lauch-hammerwerk.

Bayer AG Konzernarchiv, Leverkusen
006 Beteiligungen der IG Farbenindustrie; 067 Wirtschaft; 208 Nürnberger Nachfolge-prozesse.

Bayerisches Hauptstaatsarchiv München (BayHStA)
Wirtschaftsministerium (MWi); Staatsministerium der Finanzen (MF); Staatskanzlei (StK); Reichsstatthalter Epp; Office of Military Government for Bavaria (OMGB).

Bayerisches Wirtschaftarchiv München (BWA)
F 70 Eisenwerk-Gesellschaft Maximilianshütte; V 5 Münchener Handelsverein.

Bergbau-Archiv Bochum (BBA)
12 Deutsche Kohlenbergbau-Leitung; 29 Hessische Berg- und Hüttenwerke AG; 39 Essener Steinkohlenbergwerke AG; 45 Harpener Bergbau-AG; 55 Gelsenkirchener Berg-werks AG; 142 Eisenwerk-Gesellschaft Maximilianshütte; 208 Rheinische Braunkohlen-werke AG.

Bundesarchiv – Außenstelle Ludwigsburg
B 162 Zentrale Stelle der Landesjustizverwaltungen.

Bundesarchiv Berlin (BAB)
R 10 III Reichsvereinigung Eisen; R 10 VIII Reichsvereinigung Kohle; R 13 I Verein Deutscher Eisen- und Stahlindustrieller/Wirtschaftsgruppe Eisen schaffende Industrie; R 43 I Alte Reichskanzlei; R 91 Gebietskommissare im Geschäftsbereich des Reichskom-missars für das Ostland; R 92 Generalkommissar in Riga; R 121 Industriebeteiligungs-gesellschaft mbH; R 2301 Rechnungshof des Deutschen Reiches; R 3101 Reichswirt-schaftsministerium; R 3103 Reichskommissar bei der Berliner Börse; R 8119 F Deutsche

Bank; R 8122 Flick-Konzern; R 8127 Berliner Handels-Gesellschaft; R 8135 Deutsche Revisions- und Treuhand AG; R 8136 Reichs-Kredit-Gesellschaft AG; R 8710 Eisenzentrale GmbH; R 8725 Kommissariat der Eisenzentrale; NS 19 Persönlicher Stab Reichsführer SS; NS 48 Sonstige zentrale Dienststellen und Einrichtungen der SS.

Bundesarchiv Berlin, Stiftung Archiv der Parteien und Massenorganisationen der DDR (SAPMO-BA)
DG 2 Deutsche Zentralverwaltung der Industrie/Ministerium für Schwerindustrie; DO 3 Zentrale Deutsche Kommission für Sequestrierung und Beschlagnahme; DY 30/IV 2/4 Zentrale Parteikontrollkommission der SED; DY 30/IV 2/6.02 SED-Abt. Wirtschaftspolitik; NY 4113 Fritz Selbmann; NY 4182 Walter Ulbricht; SgY 30 Erinnerungen.

Bundesarchiv Koblenz (BAK)
B 102 Bundeswirtschaftsministerium; B 108 Bundesminister für Verkehr; B 109 Stahltreuhändervereinigung; B 122 Bundespräsidialamt; B 136 Bundeskanzleramt; B 305 Zentrale Rechtsschutzstelle; All. Proz. 99 US 7 Fall XI; All. Proz. 2F Nürnberger Kriegsverbrecher-Prozesse, Akten der Anklage; All. Proz. 3 Teilbestände/Splitter: Handakten von Rechtsanwälten; Z 8 Verwaltung für Wirtschaft des Vereinigten Wirtschaftsgebietes; Z 45F OMGUS; R 111 Bankers Trust Company, New York, Vertretung in Berlin; N 1080 Franz Blücher; N 1138 Ludwig Kastl; N 1164 Hartmann von Richthofen; N 1168 Fritz Schäffer; N 1178 Hans-Christoph Seebohm; N 1221 Theodor Heuss; N 1263 Kurt Rheindorf.

Bundesarchiv-Militärarchiv Freiburg (BA-MA)
BW 1 Bundesministerium der Verteidigung Abt. W; BV 5 Bundesamt für Wehrtechnik und Beschaffung.

Bundesbeauftragte für die Unterlagen des Staatssicherheitsdienstes, Berlin
HVA Hauptverwaltung Aufklärung; HA XX/AKG; HA IX/11 Untersuchungsorgane; HA VXIII Sicherung der Volkswirtschaft.

Corporate Archives der ThyssenKrupp AG, Duisburg (TKA)
A (Gewerkschaft Deutscher Kaiser, August Thyssen-Hütte, Thyssen AG); RC (Ruhr Consulting); RSW (Rheinische Stahlwerke); FWH (Friedrich Wilhelms-Hütte); VSt (Vereinigte Stahlwerke); NDI (Nachlass Heinrich Dinkelbach); NRO (Nachlass Walter Rohland); NOST (Nachlass Otto Steinbrinck).

Daimler-Konzernarchiv, Stuttgart (DAG)
Auto Union, Wilhelm Haspel (Teil II); Otto Hoppe, Fritz Könecke, Karl C. Müller.

Der Spiegel, Deutschland-Dokumentation, Hamburg (ADS)
Sammlung Palmer.

Gedenkstätte Buchenwald, Archiv

Geheimes Staatsarchiv Preußischer Kulturbesitz, Berlin (GStAPK)
I. Rep. 120 Ministerium für Handel und Gewerbe.

Goodhue County Historical Society, Redwing, Minnesota
Interviews.

Hannah-Arendt-Institut, Dresden (HAIT)
Sammlung Schmeitzner.

Hessisches Hauptstaatsarchiv Wiesbaden (HHStAW)
Abt. 502 Hessischer Ministerpräsident, Staatskanzlei; Abt. 507 Hessisches Ministerium
für Wirtschaft und Verkehr.

Historisches Archiv der Dresdner Bank AG, Frankfurt am Main
87 Konsortialabteilung; 125 Nürnberger Prozess; 127.2.2.92 Filiale Metz; 138 Nach-
lass Hugo Zinßer; 170.2.1 Direktionskabinett, Alfred Busch; 173 Konsortialabteilung
Düsseldorf; 186 Rechtsabteilung Düsseldorf; B.4.8 Im Zweiten Weltkrieg besetzte
Gebiete: Niederlassung Metz; B.1.45 Niederlassungen West- und Gesamtdeutschland:
Lübeck.

Historisches Archiv RWE, Essen
RWE-Aufsichtsratsprotokolle; Rheinbraun-Aufsichtsratsprotokolle.

Historisches Archiv Krupp, Essen (HAK)
Familienarchiv Hügel: FAH 23 Sekretariat Gustav Krupp von Bohlen und Halbach;
Werksarchiv: WA 4 Akten; WA 40b Nürnberger Krupp-Prozess, interne Dokumente;
WA 87 Stahlwerke Südwestfalen.

Industrie- und Handelskammer Lübeck, Archiv
Hochofenwerk Lübeck.

Institut für Zeitgeschichte, München (IfZ-München)
ED 93 Hans Schäffer; ED 120/1–450 Wilhelm Hoegner; ED 458 Albert Pietzsch; Zeitungsausschnitte.

Konzernarchiv der TUI AG, Hannover
12 Reichswerke AG für Erzbergbau und Eisenhütten – Alt 1937–1945; 14 Reichswerke AG
für Berg- und Hüttenbetriebe – Alt 1941–1945 und Neu.

Landes- und Universitätsbibliothek der Universität Halle-Wittenberg
Presseausschnitte: Nd 46b; Fi 906; Fi 1299.

Landesarchiv Berlin (LAB)

A Rep. 092 Landesfinanzamt/Oberfinanzpräsidium Berlin; A Rep. 093–03 Finanzamt Moabit-West; A Rep. 250–01–36 Spandauer Stahlindustrie; A Rep. 250–10–02 Anhaltische Kohlenwerke.

Landesarchiv NRW, Hauptstaatsarchiv Düsseldorf (NrwHStA)

NW 53 u. NW 190: Staatskanzlei; NW 74 Ministerium für Wirtschaft, Mittelstand und Verkehr, Montanunion; NW 115, NW 206 u. NW 370: Staatskanzlei/Landespressestelle; NW 1037 Der Sonderbeauftragte für die Entnazifizierung; RWN 218 Nachlass Wolfgang Pohle; NW O Ordensakten; Rep. 200 Wiedergutmachungsamt beim Landgericht Düsseldorf; Entnazifizierungsausschüsse: NW 1000, NW 1002, NW 1015, NW 1035, NW 1037, NW 1063, NW 1109, NW 1111, NW 1112, NW 1019 u. NW 1116.

Landesarchiv Schleswig-Holstein, Schleswig (LASH)

Abt. 454 NSDAP-Gauleitung Schleswig-Holstein; Abt. 510 Oberfinanzdirektion Kiel; Abt. 616 Statistisches Landesamt; Abt. 691 Ministerium für Wirtschaft, Technologie und Verkehr.

Landeshauptarchiv Sachsen-Anhalt, Abt. Magdeburg (LHASA MD)

Rep. K 2 Ministerpräsident; Rep. K 6 Ministerium für Wirtschaft und Verkehr.

Landeshauptarchiv Sachsen-Anhalt, Abt. Merseburg (LHASA MER)

Rep. I 01 Anhaltische Kohlenwerke; Rep. I, Mitteldeutsche Stahlwerke, Werk Lauchhammer.

Ludwig-Erhard-Stiftung, Bonn

Korrespondenz.

National Archives and Records Administration, College Park (NARA)

RG 65 FBI; RG 151 Bureau of Foreign and Domestic Commerce; RG 153 Office of the Judge Advocate General (Army); RG 238 US Military Tribunals at Nürnberg (zit. n. Filmbestand M 891); RG 242 Foreign Records Seized (zit. n. Filmbeständen T 83 u. T 580); RG 260 OMGUS (darin: Records of the Economics Division, Decartelization Branch, Records of the I. G. Farben Control Office, zit. »RG 260 Farben«); RG 226 OSS Military Agency Records; RG 466 High Commissioner for Germany.

National Museum of American Jewish Military History, Washington (NMAJMH)

Julius Klein Collection.

Parlamentsarchiv des Deutschen Bundestages (PA-DBT)

3322 Untersuchungsausschuss Flick.

Politisches Archiv des Auswärtigen Amtes, Berlin (PA-AA)

Abteilung II Wirtschaft, Geheimakten 1920–1936, Länder IV: Polen/Oberschlesien; Abteilung IV Wirtschaft, Polen, Bergbau und Hüttenindustrie; Handakten Direktoren 1920–1936; HaPol IIa 1936–1945 Handelspolitische Abteilung; Sonderreferat Wirtschaft; B 86 Referat 506/507/V7.

Pressedokumentation des Bundespresseamtes (BPA)

Presseausschnitte.

Rheinisch-Westfälisches Wirtschaftsarchiv zu Köln (RWWA)

Abt. 66 Duisburger Kupferhütte; Abt. 72 Otto Wolff; Abt. 130 Gutehoffnungshütte sowie Nachlässe Paul u. Hermann Reusch; Abt. 132 MCK Maschinenbau GmbH (Kalker Trieur); Abt. 200 Raab-Karcher.

Royaume de Belgique, Ministère des Affaires étrangères, Archives, Brüssel

Presseausschnitte.

Russisches Staatliches Militärarchiv, Moskau (RGVA)

Fond 700 (Generalbeauftragter für den Vierjahresplan); Fond 1318 (August Thyssen); Fond 1358 (Reichsministerium für die besetzten Ostgebiete); Fond 1458 (Reichswirtschaftsministerium); Fond 1466 (Deutsche Revisions- und Treuhand AG, Berlin).

Sächsisches Hauptstaatsarchiv Dresden (SächsHStA)

11 384 Landesregierung Sachsen, Ministerium für Wirtschaft; 11 540 Hauptverwaltung landeseigener volkseigener Betriebe; 11 541 Industrieverwaltungen des Landes Sachsen; 11 616 Mitteldeutsche Stahlwerke Riesa; 11 617 Sächsische Gußstahlwerke Döhlen; 11 624 VEB Stahl- und Walzwerk Riesa; 11 692 Waggon- und Maschinenfabrik AG vorm. Busch/VEB Waggonbau Bautzen; 13 175 Landesarbeitsamt Sachsen.

Schmiedewerk Gröditz, Archiv

Verschiedenes.

Staatsarchiv Amberg (StAAm)

Amtsgericht Amberg, Handelsregister; Landesamt für Vermögensverwaltung und Wiedergutmachung (Außenstelle Amberg); Landsamt für Vermögensverwaltung und Wiedergutmachung (Außenstelle Schwandorf).

Staatsarchiv Nürnberg (StAN)

Rep. 501 Kriegsverbrecherprozesse, Fall 5; Rep. 502 Kriegsverbrecherprozesse, Anklage; Rep. 502A Kriegsverbecherprozesse, Verteidigung.

Stadtarchiv Brandenburg an der Havel

202 Oberbürgermeister; 203 Erster Stellvertreter des Oberbürgermeisters; 208 Bereich

Örtliche Versorgungswirtschaft; 2000 Rat der Stadt Brandenburg; 2010 Stadtverord-netenversammlung.

Stadtarchiv Essen (StAE)
Rep. 129 Stadt Kettwig; Rep. 146 Straßenakten.

Stadtarchiv Hennigsdorf
A2 Stahl- und Walzwerk Hennigsdorf.

Stiftung Bundeskanzler-Adenauer-Haus, Rhöndorf (StBKAH)
I 10 Korrespondenz.

The National Archives (Public Record Office), London (TNA)
AIR 40 Air Ministry, Directorate of Intelligence and related bodies; FO 371 Foreign Office, Political Department, General Correspondence; FO 937 Control Office for Germany and Austria and Foreign Office, German Section, Legal; FO 1013 Control Commission for Germany, North-Rhine-Westphalia; FO 1017 Delegation to the International Authority for the Ruhr; FO 1023 Allied High Commission; FO 1028 Various Coal Control Groups; FO 1029 Combined Steel Group; FO 1050 Control Commission for Germany, Internal Affairs and Communications Division; FO 1060 Control Commission for Germany, Legal Division, and UK High Commission, Legal Division: Correspondence, Case Files, and Court Registers; FO 1078 Control Commission for Germany: Field Information Technical, and Reich Ministry for War Production, and other Agencies: Interrogation and Intelligence Reports; WO 252 Admiralty, Interservice Topographical Department, and Ministry of Defence, Joint Intelligence Bureau Library.

Thüringisches Staatsarchiv Meiningen (ThSTA Mgn)
Fa. Simson & Co.

United States Holocaust Memorial Museum, Archives, Washington (USHMM)
RG 12 Benjamin B. Ferencz Collection: Claims against industrial firms records (RG 12 004); Slave Labor Related Records (RG 12 005).

Universitätsarchiv Köln (UAK)
Zugang 4 (Prüfungsamt für Diplomkaufleute); Zugang 9 (Kuratorium).

University Archives, the State University of New York at Buffalo
David Diamond Papers.

Unternehmensarchiv der BMW AG, München (BMW UA)
Geschäftsberichte.

Unternehmensarchiv der Volkswagen AG, Wolfsburg (UVW)
Z 174 (Schriftwechsel Nordhoff).

Westfälisches Wirtschaftsarchiv Dortmund (WWA)
F 14 Essener Steinkohlenbergwerke; F 24 Harpener Bergbau AG; F 28/27 Vereinigte
Stahlwerke; F 35 Arenberg Bergbaugesellschaft; F 65 Hüttenwerke Siegerland/Hoesch-
Siegerlandwerke; F 79 Schachtanlage Gneisenau; F 86 Chemische Betriebe Amalia; F 146
Stora Kabel; S7 Sammlung von Geschäftsberichten.

Literatur

Abelshauser, Werner: Europas Schicksal: Wirtschaft oder Politik? Die Montanunion als Lehrstück europäischer Konzentration, Bochum 2008.

Abelshauser, Werner: Deutsche Wirtschaftsgeschichte seit 1945, Bonn 2004.

Abelshauser, Werner: Rüstungsschmiede der Nation? Der Kruppkonzern im Dritten Reich und in der Nachkriegszeit 1933 bis 1951, in: Gall (Hg.): Krupp im 20. Jahrhundert, S. 267–472.

Abelshauser, Werner: Der Ruhrkohlenbergbau seit 1945. Wiederaufbau, Krise, Anpassung, München 1984.

Abelshauser, Werner: Wirtschaftsgeschichte der Bundesrepublik Deutschland 1945–1980, Frankfurt am Main 1983.

Abusch, Alexander: Der Irrweg einer Nation. Ein Beitrag zum Verständnis deutscher Geschichte, 2. Aufl. Berlin 1949.

Ackermann, Volker: Wiederaufbau, Wirtschaftswunder und die Entwicklung im Konzern 1945–1990, in: Danylow/Soénuis (Hg.): Otto Wolff, S. 297–383.

Ahrens, Ralf: Karl Rasche (1892–1951), in: Dieter Ziegler (Hg.): Bankiers in Rheinland und Westfalen (im Druck).

Ahrens, Ralf: Die Dresdner Bank 1945–1957. Konsequenzen und Kontinuitäten nach dem Ende des NS-Regimes, München 2007.

Ahrens, Ralf: Unternehmer vor Gericht. Die Nürnberger Nachfolgeprozesse zwischen Strafverfolgung und symbolischem Tribunal, in: Jürgen Lillteicher (Hg.): Profiteure des NS-Systems? Deutsche Unternehmen und das Dritte Reich, Berlin 2006, S. 128–153.

Ahrens, Ralf: Der Exempelkandidat. Die Dresdner Bank und der Nürnberger Prozess gegen Karl Rasche, in: VfZ 52 (2004), S. 637–670.

Angrick, Andrej/Klein, Peter: Die »Endlösung« in Riga. Ausbeutung und Vernichtung 1941–1944, Darmstadt 2006.

Arbeitsgruppe der ehemaligen Häftlinge des Konzentrationslagers Auschwitz beim Komitee der Antifaschistischen Widerstandskämpfer (Hg.): IG Farben, Auschwitz, Massenmord. Dokumentation zum Auschwitz-Prozeß, Berlin (Ost) 1964.

Bähr, Johannes/Drecoll, Axel/Gotto, Bernhard/Priemel, Kim Christian/Wixforth, Harald: Der Flick-Konzern im Dritten Reich, München 2008.

Bähr, Johannes: GHH und MAN in der Weimarer Republik, im Nationalsozialismus und in der Nachkriegszeit (1920–1960), in: ders./Ralf Banken/Thomas Flemming: Die MAN. Eine deutsche Industriegeschichte, München 2008, S. 132–374.

Bähr, Johannes: Unternehmens- und Kapitalmarktrecht im »Dritten Reich«. Die Aktienrechtsreform und das Anleihestockgesetz, in: ders./Ralf Banken (Hg.): Wirtschaftssteuerung durch Recht im Nationalsozialismus. Studien zur Entwicklung des Wirtschaftsrechts im Interventionsstaat des »Dritten Reichs«, Frankfurt am Main 2006, S. 35–70.

Bähr, Johannes: Die Dresdner Bank in der Wirtschaft des Dritten Reichs, München 2006.

Bähr, Johannes: »Corporate Governance« im Dritten Reich. Leitungs- und Kontrollstrukturen deutscher Großunternehmen während der nationalsozialistischen Diktatur, in: Werner Abelshauser/Jan-Otmar Hesse/Werner Plumpe (Hg.): Wirtschaftsordnung, Staat und Unternehmen. Neue Forschungen zur Wirtschaftsgeschichte des Nationalsozialismus, Essen 2003, S. 61–80.

Bajohr, Frank: Parvenüs und Profiteure. Korruption in der NS-Zeit, Frankfurt am Main 2001.

Bajohr, Frank: »Arisierung« als gesellschaftlicher Prozess. Verhalten, Strategien und Handlungsspielräume jüdischer Eigentümer und »arischer« Erwerber, in: Irmtrud Wojak/Peter Hayes (Hg.): »Arisierung« im Nationalsozialismus. Volksgemeinschaft, Raub und Gedächtnis, Frankfurt am Main 2000, S. 15–30.

Bajohr, Frank: »Arisierung« in Hamburg. Die Verdrängung der jüdischen Unternehmen 1933–1945, Hamburg 1997.

Balderston, Theo: War Finance and Inflation in Britain and Germany, in: EHR 42 (1989), S. 222–244.

Banken, Ralf: Das nationalsozialistische Devisenrecht als Steuerungs- und Diskriminierungsinstrument 1933–1945, in: Johannes Bähr/ders. (Hg.): Wirtschaftssteuerung durch Recht im Nationalsozialismus. Studien zur Entwicklung des Wirtschaftsrechts im Interventionsstaat des »Dritten Reichs«, Frankfurt am Main 2006, S. 121–236.

Banken, Ralf: Edelmetallmangel und Großraubwirtschaft. Die Entwicklung des deutschen Edelmetallsektors im »Dritten Reich« 1933–1945, Berlin 2009.

Barkai, Avraham: Vom Boykott zur »Entjudung«. Der wirtschaftliche Existenzkampf der Juden im Dritten Reich 1933–1945, Frankfurt am Main 1988.

Bass, Gary Jonathan: Stay the Hand of Vengeance. The Politics of War Crimes Tribunals, Princeton 2000.

Bender, Roger James/Petersen, George A.: »Hermann Göring«. From Regiment to Fallschirmpanzerkorps, San José 1975.

Bente, Hermann: Die deutsche Währungspolitik von 1914–1924, in: Weltwirtschaftliches Archiv 23 (1926) S. 117–191.

Berger, Françoise: Die Beziehung zwischen der französischen und der deutschen Eisen- und Stahlindustrie während des Krieges, in: ZUG 50 (2005), S. 159–180.

Berger, Françoise: La France, l'Allemagne et l'acier (1932–1952). De la stratégie des cartels à l'élaboration de la CECA, Diss. Paris 2000.

Berghahn, Volker R./Friedrich, Paul J.: Otto A. Friedrich. Ein politischer Unternehmer. Sein Leben und seine Zeit 1902–1975, Frankfurt am Main 1993.

Berghahn, Volker R.: Unternehmer und Politik in der Bundesrepublik, Frankfurt am Main 1985.

Berghausen, Björn: »Arisierung«. Das Engagement der Schering AG im Protektorat Böhmen und Mähren, unveröff. MA Berlin 2003.

Berghoff, Hartmut: Historisches Relikt oder Zukunftsmodell? Kleine und mittelgroße Unternehmen in der Wirtschafts- und Sozialgeschichte der Bundesrepublik Deutschland, in: Dieter Ziegler (Hg.): Großbürger und Unternehmer. Die deutsche Wirtschaftselite im 20. Jahrhundert, Göttingen 2000, S. 249–282.

Bernett, Hanno: Von der Entflechtung zur Wiederherstellung alter Konzernstrukturen. Die Unternehmensorganisation deutscher Montanunternehmen am Beispiel Mannesmann (1945–1958/59), Diss. Bonn 1991.

Bernstein, Daniel: Finanzwesen, in: Siegmund Kaznelson (Hg.): Juden im deutschen Kulturbereich, Berlin 1962, S. 720–797.

Bleidick, Dietmar: Die Hibernia-Affäre. Der Streit um den preußischen Staatsbergbau im Ruhrgebiet zu Beginn des 20. Jahrhunderts, Bochum 1999.

Bloxham, Donald: ›The Trial that never was‹: Why there was no Second International Trial of Major War Criminals at Nuremberg, in: History 87 (2002), S. 41–60.

Bloxham, Donald: Genocide on Trial. War Crimes Trials and the Formation of Holocaust History and Memory, Oxford 2001.

Bohrer, Karl Heinz: Die Unschuld an die Macht! Eine politische Typologie, in: Merkur 38 (1984), S. 342–346 u. 587–591, sowie 39 (1985), S. 74–78.

Born, Karl Erich: Die deutsche Bankenkrise 1931. Finanzen und Politik, München 1967.

Borrmann, Norbert: Paul Schultze-Naumburg. Maler – Publizist – Architekt. Vom Kulturreformer der Jahrhundertwende zum Kulturpolitiker im Dritten Reich, Essen 1989.

Bösch, Frank: Die Adenauer-CDU. Gründung, Aufstieg und Krise einer Erfolgspartei 1945-1969, Stuttgart 2001.

Bösch, Frank: Die Entstehung des CDU-Spendensystems und die Konsolidierung der deutschen Parteienlandschaft, in: ZfG 49 (2001), S. 695–711.

Brauchitsch, Eberhard von: Der Preis des Schweigens. Erfahrungen eines Unternehmers, München 2001.

Braunbuch. Kriegs- und Naziverbrecher in der Bundesrepublik und in Westberlin. Staat, Wirtschaft, Verwaltung, Armee, Justiz, Wissenschaft, 3. Aufl. Berlin (Ost) 1968 (Reprint: Berlin 2002).

Bräutigam, Petra: Mittelständische Unternehmer im Nationalsozialismus. Wirtschaftliche Entwicklungen und soziale Verhaltensweisen in der Schuh- und Lederindustrie Badens und Württembergs, München 1997.

Breuer, Franz: Vorgänger und Nachfolger. Weitergabe von/in Betrieben und Organisation als sozialwissenschaftliches Problem, in: Gruppendynamik und Organisationsberatung 4/2000, S. 451–483.

Bucher, Peter (Hg.): Nachkriegsdeutschland 1945–1949, Darmstadt 1990.

Buchheim, Christoph: Unternehmen in Deutschland und NS-Regime 1933–1945. Versuch einer Synthese, in: HZ 282 (2006), S. 351–390.

Budraß, Lutz: Flugzeugindustrie und Luftrüstung in Deutschland 1918–1945, Düsseldorf 1998.

Buer, Gerhardt: Die Beteiligung der Juden an der deutschen Eisen- und Metallwirtschaft, in: Der Morgen 3 (1927), S. 86–98.

Busch, Wilhelm/Scheer, Thorsten: Symmetrie und Symbol. Die Industriearchitektur von Fritz Schupp und Martin Kremmer, Essen 2002.

Buscher, Frank M.: The U. S. War Crimes Trial Program in Germany, 1946–1955, Westport 1989.

Bührer, Werner: »…insofern steckt in jedem Unternehmer auch ein künstlerisches Element.« Die Erneuerung des Bundesverbandes der deutschen Industrie (BDI) in den siebziger Jahren, in: Morten Reitmayer/Ruth Rosenberger (Hg.): Unternehmen am Ende des »goldenen Zeitalters«. Die 1970er Jahre in unternehmens- und wirtschaftshistorischer Perspektive, Essen 2008, S. 233–248.

Bührer, Werner: Die deutsche Stahlindustrie und die Montanunion, in: Manfred Rasch/Kurt Düwell (Hg.): Anfänge und Auswirkungen der Montanunion auf Europa. Die Stahlindustrie in Politik und Wirtschaft, Essen 2007, S. 172–189.

Bührer, Werner: Ruhrstahl und Europa. Die Wirtschaftsvereinigung Eisen- und Stahlindustrie und die Anfänge der europäischen Integration 1945–1952, München 1986.

Büschgen, Hans E.: Die Deutsche Bank von 1957 bis zur Gegenwart. Aufstieg zum internationalen Finanzdienstleistungskonzern, in: Lothar Gall u. a.: Die Deutsche Bank 1870–1995, München 1995, S. 579–877.

Bütow, Tobias/Bindernagel, Franka: Ein KZ in der Nachbarschaft. Das Magdeburger Außenlager der Brabag und der »Freundeskreis Himmler«, Köln 2004.

Carlebach, Emil/Bachmann, Kurt: Kauf' Dir einen Minister. Flick in Weimar, im Dritten Reich und in Bonn, Frankfurt am Main 1985.

Cassis, Youssef: Wirtschaftselite und Bürgertum. England, Frankreich und Deutschland um 1900, in: Jürgen Kocka (Hg.): Bürgertum im 19. Jahrhundert, Bd. 2: Wirtschaftsbürger und Bildungsbürger, Göttingen 1995, S. 9–34.

Chernow, Ron: Die Warburgs. Odyssee einer Familie, Berlin 1994.

Chevallerie, Huberta de la: Schacht Zollverein XII in Essen. Gebauter Gedanke, Ostfildern 1997.

Classen, Christoph: Faschismus und Antifaschismus. Die nationalsozialistische Vergangenheit im ostdeutschen Rundfunk (1945–1953), Köln 2004.

Conze, Eckart: Die Suche nach Sicherheit. Eine Geschichte der Bundesrepublik Deutschland von 1949 bis in die Gegenwart, München 2009.

Dahlmann, Dittmar: Das Unternehmen Otto Wolff. Vom Alteisenhandel zum Weltkonzern (1904–1929), in: Danylow/Soénius (Hg.): Otto Wolff, S. 13–97.

Danyel, Jürgen: Die Opfer- und Verfolgtenperspektive als Gründungskonsens? Zum Umgang mit der Widerstandstradition und der Schuldfrage in der DDR, in: ders. (Hg.): Die geteilte Vergangenheit. Zum Umgang mit Nationalsozialismus und Widerstand in beiden deutschen Staaten, Berlin 1995, S. 31–46.

Danyel, Jürgen u. a.: Antifaschismus und Verdrängung. Zum Untergang mit der NS-Vergangenheit in der DDR, in: Jürgen Kocka/Martin Sabrow (Hg.): Die DDR als Geschichte. Fragen – Hypothesen – Perspektiven, Berlin 1994, S. 148–152.

Danylow, Peter/Soénius, Ulrich S. (Hg.): Otto Wolff. Ein Unternehmen zwischen Wirtschaft und Politik, Berlin 2005.

Deutsches Wirtschaftsinstitut: Der Flick-Konzern (Berichte des DWI 11/1959).

Die faschistische Okkupationspolitik in Polen (1939–1945). Dokumentenauswahl und Einleitung von Werner Röhr, Berlin 1989.

Die Kabinettsprotokolle der Bundesregierung, Bd. 7: 1954. Bearb. von Ursula Hüllbüsch und Thomas Trumpp, Boppard 1993.

Die Neuordnung der Eisen- und Stahlindustrie im Gebiet der Bundesrepublik Deutschland. Ein Bericht der Stahltreuhänderverwaltung, München/Berlin 1954.

Die Protokolle des Bayerischen Ministerrates 1945–1954. Das Kabinett Ehard II, 20. September 1947 bis 18. Dezember 1950, 2 Bde. Hg. von der Historischen Kommission bei der Bayerischen Akademie der Wissenschaften und der Generaldirektion der Staatlichen Archive Bayerns, bearbeitet von Karl-Ulrich Gelberg, München 2003/2005.

Die Protokolle des Bayerischen Ministerrates 1945–1954. Das Kabinett Hoegner I, 28. September 1945 bis 21. Dezember 1946, 2 Bde. Hg. von der Historischen Kommission bei der Bayerischen Akademie der Wissenschaften und der Generaldirektion der Staatlichen Archive Bayerns, bearbeitet von Karl-Ulrich Gelberg, München 1997.

Dörr, Hubert: Zum Vorgehen der faschistischen Betriebsführung des ehemaligen Lauchhammerwerkes Gröditz im Flick-Konzern gegenüber Arbeitern und anderen Werktätigen sowie zwangsverschleppten ausländischen Arbeitskräften, Kriegsgefangenen und KZ-Häftlingen während des zweiten Weltkrieges, Diss. Dresden 1978.

Drobisch, Klaus: Fall 5: Der Prozeß gegen Industrielle (gegen Friedrich Flick und andere), in: Gerd R. Ueberschär (Hg.): Der Nationalsozialismus vor Gericht. Die alliierten Prozesse gegen Kriegsverbrecher und Soldaten 1943–1952, Frankfurt am Main 1999, S. 121–132.

Drobisch, Klaus: Flick und die Nazis, in: ZfG 14 (1966), S. 378–397.

Drobisch, Klaus: Die Ausbeutung ausländischer Arbeitskräfte im Flick-Konzern während des zweiten Weltkrieges, Diss. Berlin (Ost) 1964.

Drobisch, Klaus: Der Freundeskreis Himmler, in: ZfG 8 (1960), S. 304–328.

Dülffer, Jost: Die »Gruppe Otto Wolff« 1929 bis 1945, in: Danylow/Soénius (Hg.): Otto Wolff, S. 99–243.

Eckert, Astrid M.: Kampf um die Akten. Die Westalliierten und die Rückgabe von deutschem Archivgut nach dem Zweiten Weltkrieg, Stuttgart 2004.

Edelmann, Heidrun: Heinz Nordhoff und Volkswagen. Ein deutscher Unternehmer im amerikanischen Jahrhundert, Göttingen 2003.

Eglau, Hans Otto: Fritz Thyssen. Hitlers Gönner und Geisel, Berlin 2003.

Eglau, Hans Otto: Die Kasse muß stimmen. So hatten sie Erfolg im Handel: Von der Kleiderdynastie Brenninkmeyer über die Discountbrüder Albrecht bis zur Sexversenderin Beate Uhse, Düsseldorf 1972.

Ehlert, Hans Gotthard: Die wirtschaftliche Zentralbehörde des Deutschen Reiches 1914 bis 1919. Das Problem der »Gemeinwirtschaft« in Krieg und Frieden, Wiesbaden 1982.

Eichholtz, Dietrich: Geschichte der deutschen Kriegswirtschaft 1939–1945, Bd. 1–3, Berlin 1969–1996.

Eichholtz, Dietrich (Hg.): Anatomie des Krieges. Neue Dokumente über die Rolle des deutschen Monopolkapitals bei der Vorbereitung und Durchführung des 2. Weltkrieges, Berlin (Ost) 1969.

Eichholtz, Dietrich: Probleme einer Wirtschaftsgeschichte des Faschismus in Deutschland, in: Jahrbuch für Wirtschaftsgeschichte 4/1963, S. 97–127.

Eichholtz, Dietrich: Bericht über die Konstituierung des Arbeitskreises »Wirtschaftshistorische Probleme des Faschismus (1933–1945)«, in: Jahrbuch für Wirtschaftsgeschichte 1/1961, S. 231–236.

Ellis, Charles D./Vertin, James R.: Wall Street People. True Stories of the Great Barons of Finance, Vol. 2, Hoboken 2003.

Enders, Ulrich (Bearb.): Die Kabinettsprotokolle der Bundesregierung. Kabinettsausschuß für Wirtschaftsfragen, Bd. 1: 1951–1953, München 1999.

Erichsen, Regine: Türkei, in: Claus-Dieter Krohn (Hg.): Handbuch der deutschsprachigen Emigration 1933–1945, Darmstadt 1998, Sp. 426–434.

Erker, Paul: Vom nationalen zum globalen Wettbewerb. Die deutsche und die amerikanische Reifenindustrie im 19. und 20. Jahrhundert, Paderborn 2005.

Erker, Paul: Einleitung: Industrie-Eliten im 20. Jahrhundert, in: ders./Toni Pierenkemper (Hg.): Deutsche Unternehmer zwischen Kriegswirtschaft und Wiederaufbau. Studien zur Erfahrungsbildung von Industrie-Eliten, München 1999, S. 1–18.

Erker, Paul: Industrieeliten in der NS-Zeit. Anpassungsbereitschaft und Eigeninteresse von Unternehmern in der Rüstungs- und Kriegswirtschaft 1936–1945, Passau 1994.

Etzold, Hans-Rüdiger/Rother, Ewald/Erdmann, Thomas: Im Zeichen der vier Ringe. Auto Union, Bd. 2: 1945–1968, Ingolstadt 1995.

Fall 12. Das Urteil gegen das Oberkommando der Wehrmacht, gefällt am 28. Oktober 1948 in Nürnberg vom Militärgerichtshof V der Vereinigten Staaten von Amerika, Berlin (Ost) 1960.

Faulenbach, Bernd: Die Preußischen Bergassessoren. Unternehmermentalität zwischen Obrigkeitsstaat und Privatindustrie, in: Mentalitäten und Lebensverhältnisse, Rudolf Vierhaus zum 60. Geburtstag, Göttingen 1982, S. 225–242.

Fear, Jeffrey R.: Organizing control. August Thyssen and the construction of german corporate management, Cambridge Mass. 2005.

Feldenkirchen, Wilfried: Siemens 1918–1945, München 1995.

Feldenkirchen, Wilfried: Die Eisen- und Stahlindustrie des Ruhrgebiets 1879–1914. Wachstum, Finanzierung und Struktur ihrer Großunternehmen, Wiesbaden 1982.

Feldman, Gerald D.: Die Allianz und die deutsche Versicherungswirtschaft 1933–1945, München 2001.

Feldman, Gerald D.: Die Deutsche Bank und die Automobilindustrie, in: ZUG 44 (1999), S. 3–14.

Feldman, Gerald D.: Hugo Stinnes. Biographie eines Industriellen, 1870–1924, München 1998.

Feldman, Gerald D.: Die Deutsche Bank 1914–1933, in: Lothar Gall u. a.: Die Deutsche Bank 1870–1995, München 1995, S. 138–313.

Feldman, Gerald D.: The Great Disorder. Politics, Economics and Society in the German Inflation, 1914–1924, New York/Oxford 1993.

Ferencz, Benjamin B.: Lohn des Grauens. Die Entschädigung jüdischer Zwangsarbeiter – Ein offenes Kapitel deutscher Nachkriegsgeschichte, Frankfurt am Main 1985.

Feyerabend, Joachim: Die leisen Milliarden. Das Imperium des Friedrich Karl Flick, Düsseldorf 1984.

Fiedler, Martin: Die »Arisierung« der Wirtschaftselite. Ausmaß und Verlauf der Verdrängung der jüdischen Vorstands- und Aufsichtsratsmitglieder in deutschen Aktiengesellschaften 1933–1938, in: Irmtrud Wojak/Peter Hayes (Hg.): »Arisierung« im Nationalsozialismus. Volksgemeinschaft, Raub und Gedächtnis, Frankfurt am Main 2000, S. 59–83.

Fiedler, Martin: Netzwerke des Vertrauens. Zwei Beispiele aus der deutschen Wirtschaftselite, in: Dieter Ziegler (Hg.): Großbürger und Unternehmer. Die deutsche Wirtschaftselite im 20. Jahrhundert, Göttingen 2000, S. 93–115.

Fischer, Conan: The Ruhr Crisis, 1923–1924, Oxford 2003.

Forrester, David A. R.: Eugen Schmalenbach and German business economics, New York 1993.

Förster, Egon: Zwangsarbeit in Gröditz 1939–1945, Gröditz 2004.

Franz, Heike/Kieser, Alfred: Die Frühphase der Betriebswirtschaftslehre an Hochschulen (1898–1932). Von der Handelstechnik zur Betriebswirtschaftslehre als Wissenschaft, in: Eduard Gaugler/Richard Köhler (Hg.): Entwicklung der Betriebswirtschaftslehre, Stuttgart 2002, S. 61–85.

Frei, Norbert: Vergangenheitspolitik. Die Anfänge der Bundesrepublik und die NS-Vergangenheit, München 1996.

Friedenberger, Martin: Das Berliner Finanzamt Moabit-West und die Enteignung der Emigranten des Dritten Reichs 1933–1942, in: ZfG 49 (2001), S. 673–694.

Friedrich, Jörg: Die kalte Amnestie. NS-Täter in der Bundesrepublik, erw. Neuausgabe München 1994.

Fritz, Ulrich: Gröditz, in: Wolfgang Benz/Barbara Distel (Hg.): Der Ort des Terrors. Geschichte der nationalsozialistischen Konzentrationslager, Bd. 4, München 2006, S. 126–130.

Fuchs, Konrad: Siegerländer Unternehmer des 19. Jahrhunderts und ihr Werk, Wiesbaden 1979.

Furet, François: Das Ende der Illusion: Der Kommunismus im 20. Jahrhundert, München 1996.

Gall, Lothar: Der Bankier Hermann Josef Abs. Eine Biographie, München 2004.

Gall, Lothar (Hg.): Krupp im 20. Jahrhundert. Die Geschichte des Unternehmens vom Ersten Weltkrieg bis zur Gründung der Stiftung, Berlin 2002.

Gall, Lothar: Von der Entlassung Alfried Krupp von Bohlen und Halbachs bis zur Errichtung seiner Stiftung 1951 bis 1967/68, in: ders. (Hg.): Krupp im 20. Jahrhundert, S. 473–589.

Gausmann, Frank: Vergangenheitsbewältigung durch Recht? Kritische Anmerkungen zur Anklagestrategie in den Nürnberger Industriellenprozessen, in: Leipzig – Nürnberg – Den Haag. Neue Fragestellungen und Forschungen zum Verhältnis von Menschenrechtsverbrechen, justizieller Säuberung und Völkerstrafrecht, Geldern 2008, S. 48–65.

Gehlen, Boris: Paul Silverberg (1876–1959). Ein Unternehmer, Stuttgart 2007.

Gehrig, Astrid: Nationalsozialistische Rüstungspolitik und unternehmerischer Entscheidungsspielraum. Vergleichende Fallstudien zur württembergischen Maschinenbauindustrie, München 1996.

Genschel, Helmut: Die Verdrängung der Juden aus der Wirtschaft im Dritten Reich, Göttingen 1966.

Gesetze, Befehle, Verordnungen, Bekanntmachungen, veröffentlicht durch die Landesverwaltung Sachsen, Dresden 1945 ff.

Gibas, Monika: »Bonner Ultras«, »Kriegstreiber« und »Schlotbarone«, in: Silke Satjukow/Rainer Gries (Hg.): Unsere Feinde. Konstruktionen des Anderen im Sozialismus, Leipzig 2004, S. 75–106.

Gillingham, John R.: Industry and Politics in the Third Reich. Ruhr Coal, Hitler and Europe, Stuttgart 1985.

Gleitze, Bruno: Ostdeutsche Wirtschaft. Industrielle Standorte und volkswirtschaftliche Kapazitäten des ungeteilten Deutschland, Berlin 1956.

Goschler, Constantin: Schuld und Schulden. Die Politik der Wiedergutmachung für NS-Verfolgte seit 1945, Göttingen 2005.

Goschler, Constantin: Wiedergutmachung. Westdeutschland und die Verfolgten des Nationalsozialismus (1945–1954), München 1992.

Gregor, Neil: Stern und Hakenkreuz. Daimler-Benz im Dritten Reich, Berlin 1997.

Grunenberg, Antonia: Antifaschismus – ein deutscher Mythos, Reinbek 1993.

Grunenberg, Nina: Die Wundertäter. Netzwerke der deutschen Wirtschaft 1942 bis 1966, München 2006.

Grünfeld, Walter: Rückblicke (dem Andenken von Herrn Dr. Walter Grünfeld 1908–1988), o. O. 1990.

Hachtmann, Rüdiger: Industriearbeit im »Dritten Reich«. Untersuchungen zu den Lohn- und Arbeitsbedingungen in Deutschland 1933–1945, Göttingen 1989.

Halder, Winfrid: »Modell für Deutschland«. Wirtschaftspolitik in Sachsen 1945–1948, Paderborn 2001.

Halder, Winfrid: »Prüfstein… für die politische Lauterkeit der Führenden«? Der Volksentscheid zur »Enteignung der Kriegs- und Naziverbrecher« in Sachsen im Juni 1946, in: GG 25 (1999), S. 589–612.

Hammermann, Gabriele: Zwangsarbeit für den »Verbündeten«. Die Arbeits- und Lebensbedingungen der italienischen Militärinternierten in Deutschland 1943–1945, Tübingen 2002.

Hammerstein, Katrin: Deutsche Geschichtsbilder vom Nationalsozialismus, in: APuZ 3/2007, S. 24–30.

Hayes, Peter: Big business and »Aryanization« in Germany, 1933–1939, in: Jahrbuch für Antisemitismusforschung 3 (1994), S. 254–281.

Hayes, Peter: Industry and Ideology. IG Farben in the Nazi Era, Cambridge 1987.

Heiden, Detlev: Sozialisierungspolitik in Hessen 1946–1967. Vom doppelten Scheitern deutscher Traditionssozialisten und amerikanischer Industriereformer, 2 Bde., Münster 1997.

Heinrichsbauer, August: Harpener Bergbau-Aktien-Gesellschaft 1856–1936. Achtzig Jahre Ruhrkohlen-Bergbau, Essen 1936.

Henke, Klaus-Dietmar: Die amerikanische Besetzung Deutschlands, München 1995.

Hensler, Ulrich: Die Stahlkontingentierung im Dritten Reich, Stuttgart 2008.

Herbert, Ulrich: Geschichte der Ausländerpolitik in Deutschland. Saisonarbeiter, Zwangsarbeiter, Gastarbeiter, Flüchtlinge, Bonn 2003.

Herbert, Ulrich: Arbeit und Vernichtung. Ökonomisches Interesse und Primat der »Weltanschauung« im Nationalsozialismus, in: Dan Diner (Hg.): Ist der Nationalsozialismus Geschichte? Zu Historisierung und Historikerstreit, Frankfurt am Main 1987, S. 198–236.

Herbert, Ulrich: Fremdarbeiter. Politik und Praxis des »Ausländer-Einsatzes« in der Kriegswirtschaft des Dritten Reiches, 2. Aufl. Bonn 1986.

Herbst, Ludolf/Weihe, Thomas (Hg.): Die Commerzbank und die Juden 1933–1945, München 2004.

Herbst, Ludolf: Banker in einem prekären Geschäft. Die Beteiligung der Commerzbank an der Vernichtung jüdischer Gewerbeunternehmen im Altreich 1933–1940, in: ders./Weihe (Hg.): Die Commerzbank und die Juden, S. 74–137.

Herbst, Ludolf: Der Totale Krieg und die Ordnung der Wirtschaft. Die Kriegswirtschaft im Spannungsfeld von Politik, Ideologie und Propaganda 1939–1945, Stuttgart 1982.

Herf, Jeffrey: Zweierlei Erinnerung. Die NS-Vergangenheit im geteilten Deutschland, Berlin 1998.

Herzog, Bodo: Kapitänleutnant Otto Steinbrinck. Die Geschichte des erfolgreichsten U-Boot-Kommandanten in den Gewässern um England, Krefeld 1963.

Hoffmann, Walther G.: Das Wachstum der deutschen Wirtschaft seit der Mitte des 19. Jahrhunderts, Berlin 1965.

Hollstein, Fritz: Wg. Flick. Gestern wie heute, gegen Demokratie und Frieden. Vorw.: Karl-Heinz Hansen, Düsseldorf [1985].

Holtfrerich, Carl-Ludwig: The modernization of the tax system in the First World War and the Great Inflation, 1914–1923, in: Peter-Christian Witt (Hg.): Wealth and taxation in Central Europe. The History and Sociology of Public Finances, Leamington Spa 1987, S. 125–135.

Holtfrerich, Carl-Ludwig: Die deutsche Inflation 1914–1923. Ursachen und Folgen in internationaler Sicht, Berlin 1980.

Hopmann, Barbara: Von der Montan zur Industrieverwaltungsgesellschaft (IVG) 1916–1951, Stuttgart 1996.

Horstmann, Theo: Die Alliierten und die deutschen Großbanken. Bankenpolitik nach dem Zweiten Weltkrieg in Westdeutschland, Bonn 1991.

Hörster-Philipps, Ulrike: Im Schatten des großen Geldes. Flick-Konzern und Politik: Weimarer Republik, Drittes Reich, Bundesrepublik, Köln 1985.

Hülsberg, Werner u. a.: Bundesrepuflick Deutschland, Frankfurt am Main 1984.

Huske, Joachim: Die Steinkohlenzechen im Ruhrrevier. Daten und Fakten von den Anfängen bis 1997, Bochum 1998.

Im Zentrum der Macht. Das Tagebuch von Staatssekretär Lenz 1951–1953. Bearbeitet von Klaus Gotto u. a., Düsseldorf 1989.

Irmer, Thomas: Hennigsdorf (AEG); Hennigsdorf (Flick), in: Wolfgang Benz/Barbara Distel (Hg.): Der Ort des Terrors. Geschichte der nationalsozialistischen Konzentrationslager, Bd. 3, München 2006, S. 202–206.

James, Harold: Familienunternehmen in Europa. Haniel, Wendel und Falck, München 2005.

James, Harold: Deutschland in der Weltwirtschaftskrise 1924–1936, Stuttgart 1988.

Joly, Hervé: Ende des Familienkapitalismus? Das Überleben der Unternehmerfamilien in den deutschen Wirtschaftseliten des 20. Jahrhunderts, in: Dieter Ziegler u. a. (Hg.): Die deutsche Wirtschaftselite im 20. Jahrhundert. Kontinuität und Mentalität, Essen 2003, S. 75–91.

Jones, Marcus Orin: Friedrich Flick and the Expropriation of the Rombach Steel Works, 1940–1944, Diss. Yale 2005.

Jung, Heinz/Krause, Fritz: Die Stamokap-Republik der Flicks, Frankfurt am Main 1985.

Jung, Susanne: Die Rechtsprobleme der Nürnberger Prozesse dargestellt am Verfahren gegen Friedrich Flick, Tübingen 1992.

Jungbluth, Rüdiger: Die Quandts. Ihr leiser Aufstieg zur mächtigsten Wirtschaftsdynastie Deutschlands, Frankfurt am Main 2002.

Jungfer, Gerhard: Köpfe des Berliner Anwaltsvereins in der Weimarer Republik, in: Festschrift zum 150-jährigen Jubiläum des Berliner Anwaltsverein e.V., Bonn 2003, S. 299–324.

Jurk, Michael: Jakob Goldschmidt (1882–1955), in: Hans Pohl (Hg.): Deutsche Bankiers im 20. Jahrhundert, Stuttgart 2008, S. 153–164.

Kaiser, Wolf: Palästina – Erez Israel. Deutschsprachige Reisebeschreibungen jüdischer Autoren von der Jahrhundertwende bis zum Zweiten Weltkrieg, Hildesheim 1992.

Karlsch, Rainer/Schäfer, Michael: Wirtschaftsgeschichte Sachsens im Industriezeitalter, Leipzig 2006.

Karlsch, Rainer/Stokes, Raymond G.: »Faktor Öl«. Die Mineralölwirtschaft in Deutschland 1859–1974, München 2003.

Käppner, Joachim: Erstarrte Geschichte. Faschismus und Holocaust im Spiegel der Geschichtswissenschaft und Geschichtspropaganda der DDR, Hamburg 1999.

Kerkhof, Stefanie van de: Von der Friedens- zur Kriegswirtschaft. Unternehmensstrategien der deutschen Eisen- und Stahlindustrie vom Kaiserreich bis zum Ende des Ersten Weltkrieges, Essen 2006.

Kessen, Peter: Von der Kunst des Erbens. Die »Flick-Collection« und die Berliner Republik, Berlin 2004.

Kierdorf, Alexander: Industriellenwohnsitze im Ruhrgebiet 1900–1914, Köln 1996.

Kilz, Hans Werner/Preuß, Joachim: Flick. Die gekaufte Republik, Reinbek 1983.

Klee, Ernst: Persilscheine und falsche Pässe. Wie die Kirchen den Nazis halfen, 3. Aufl. Frankfurt am Main 1992.

Klein, Hugo: 30 Jahre Wandlung in der Eisenindustrie des Siegerlandes, in: Stahl und Eisen 53 (1933), S. 1125–1133.

Kleinschmidt, Christian: Der produktive Blick. Wahrnehmung amerikanischer und japanischer Management- und Produktionsmethoden durch deutsche Unternehmer 1950–1985, Berlin 2002.

Kleinschmidt, Christian: Vom betrieblichen Rechnungswesen zum Controlling, in: Akkumulation 13/2000, S. 7–12.

Kleinschmidt, Christian: Rationalisierung als Unternehmensstrategie. Die Eisen- und Stahlindustrie des Ruhrgebiets zwischen Jahrhundertwende und Weltwirtschaftskrise, Essen 1993.

Klemperer, Victor: So sitze ich denn zwischen allen Stühlen, Bd. 1: Tagebücher 1945–1949, 2. Aufl. Berlin 1999.

Klewitz, Bernd: Die Arbeitssklaven der Dynamit Nobel, Schalksmühle 1986.

Kling, Willi: Kleine Geschichte der IG Farben, der Großfabrikanten des Todes, Berlin (Ost) 1957.

Klöckner & Co. (Hg.): Milestones 1906–2006, Duisburg 2006.

Kocka, Jürgen: Unternehmensverwaltung und Angestelltenschaft am Beispiel Siemens 1847–1914. Zum Verhältnis von Kapitalismus und Bürokratie in der deutschen Industrialisierung, Stuttgart 1969.

Kockel, Titus: Deutsche Ölpolitik 1928–1938, Berlin 2005.

Kohl, Ulrike: Die Präsidenten der Kaiser-Wilhelm-Gesellschaft im Nationalsozialismus. Max Planck, Carl Bosch und Albert Vögler zwischen Wissenschaft und Macht, Stuttgart 2002.

Köhler, Ingo: Die »Arisierung« der Privatbanken im Dritten Reich. Verdrängung, Ausschaltung und die Frage der Wiedergutmachung, München 2005.

Kollmer von Oheimb-Loup, Gert/Wischermann, Clemens (Hg.): Unternehmernachfolge in Geschichte und Gegenwart, Ostfildern 2008.

Kopper, Christopher: Hjalmar Schacht. Aufstieg und Fall von Hitlers mächtigstem Bankier, München 2006.

Krages, Angela/Lehr, Dirk: Hermann Krages. Ein Börsianer gegen die Deutschland AG, Zürich 2007.

Krause, Detlef: Curt Joseph Sobernheim (1871–1940), in: Hans Pohl (Hg.): Deutsche Bankiers im 20. Jahrhundert, Stuttgart 2008, S. 387–402.

Krause, Detlef: Jüdische Traditionslinien in der Commerzbank von ihrer Gründung im Jahr 1870 bis zur Mitte der Weimarer Republik, in: Herbst/Weihe (Hg.): Die Commerzbank und die Juden, S. 21–42.

Krekeler, Norbert: Revisionsanspruch und geheime Ostpolitik der Weimarer Republik. Die Subventionierung der deutschen Minderheit in Polen 1919–1933, Stuttgart 1973.

Kreutzmüller, Christoph: Händler und Handlungsgehilfen. Der Finanzplatz Amsterdam und die deutschen Großbanken (1918–1945), Stuttgart 2005.

Kroker, Evelyn: Heinrich Kost. Rationalisierung und Sozialbeziehungen im Bergbau, in: Paul Erker/Toni Pierenkemper (Hg.): Deutsche Unternehmer zwischen Kriegswirtschaft und Wiederaufbau. Studien zur Erfahrungsbildung von Industrie-Eliten, München 1999, S. 291–316.

Kruk, Max/Lingnau, Gerold: 100 Jahre Daimler-Benz. Das Unternehmen, Mainz 1986.

Krüger, Walter: Die moderne Kartellorganisation der deutschen Stahlindustrie, Berlin 1927.

Krüger, Wolfgang: Entnazifiziert! Zur Praxis der politischen Säuberung in Nordrhein-Westfalen, Wuppertal 1982.

Kuczynski, Jürgen, Die Kolonialisierung und Remilitarisierung Westdeutschlands, Berlin (Ost) 1951.

Kurzlechner, Werner: Von der Semantik der Klage zu einer offensiven Medienpolitik. Selbstbild und Wahrnehmung westdeutscher Unternehmer 1965–1975, in: Morten Reitmayer/Ruth Rosenberger (Hg.): Unternehmen am Ende des »goldenen Zeitalters«. Die 1970er Jahre in unternehmens- und wirtschaftshistorischer Perspektive, Essen 2008, S. 289–318.

Landfried, Christine: Parteifinanzen und politische Macht. Eine vergleichende Studie zur Bundesrepublik Deutschland, zu Italien und den USA, Baden-Baden 1994.

Ledermann, Ernst: Die Organisation des Ruhrbergbaues unter Berücksichtigung der Beziehungen zur Eisenindustrie, Berlin 1927.

Lemke, Michael: Das Adenauer-Bild der SED, in: Arnd Bauerkämper/Martin Sabrow/Bernd Stöver (Hg.): Doppelte Zeitgeschichte. Deutsch-deutsche Beziehungen 1945–1990, Bonn 1998, S. 102–112.

Lemke, Michael: Kampagnen gegen Bonn. Die Systemkrise der DDR und die West-Propaganda der SED 1960–1963, in: VfZ 41 (1993), S. 153–174.

Leo, Annette: Keine gemeinsame Erinnerung. Geschichtsbewusstsein in Ost und West, in: APuZ 40–41/2003, S. 27–32.

Leszsczyński, Kazimierz (Hg): Fall 9. Das Urteil im SS-Einsatzgruppenprozeß, gefällt am 10. April 1948 in Nürnberg vom Militärgerichtshof II der Vereinigten Staaten von Amerika, Berlin (Ost) 1963.

Lillteicher, Jürgen: Raub, Recht und Restitution. Die Rückerstattung jüdischen Eigentums in der frühen Bundesrepublik, Göttingen 2007.

Littmann, Friederike: Vom Notstand eines Haupttäters – Zwangsarbeit im Flick-Konzern, in: 1999 1 (1986), S. 4–43.

Lorentz, Bernhard/Erker, Paul: Chemie und Politik. Die Geschichte der Chemischen Werke Hüls 1938 bis 1979. Eine Studie zum Problem der Corporate Governance, München 2003.

Lorentz, Bernhard: Industrieelite und Wirtschaftspolitik 1928–1950. Heinrich Dräger und das Drägerwerk, Paderborn 2001.

Lotfi, Gabriele: KZ der Gestapo. Arbeitserziehungslager im Dritten Reich, Frankfurt am Main 2003.

Mai, Gunther: Der Alliierte Kontrollrat in Deutschland 1945–1948. Alliierte Einheit – deutsche Teilung?, München 1995.

Mai, Thomas: Der faschistische sächsische Gauleiter Martin Mutschmann, die Entwicklung des Gaues Sachsen und die NSDAP, Diplomarbeit Jena 1984.

Mariaux, Franz: Gedenkwort zum hundertjährigen Bestehen der Harpener Bergbau-Aktien-Gesellschaft, Dortmund 1956.

Markus, Hugh Brian: Der Wirtschaftsprüfer. Entstehung und Entwicklung des Berufes im nationalen und internationalen Bereich, München 1996.

Martin, F.: Zur Entwicklung der Hochdrucktechnik in Deutschland. Friedrich Uhde zum 70. Geburtstag, in: Chemie-Ingenieur-Technik 22 (1950), S. 477–478.

Mausbach, Wilfried: Zwischen Morgenthau und Marshall. Das wirtschaftspolitische Deutschlandkonzept der USA 1944–1947, Düsseldorf 1996.

Meinl, Susanne: Ausgewählte Biografien ehemaliger Zwangsarbeiterinnen und Zwangsarbeiter der Friedrich Flick KG. Ein Arbeitsbericht, o. O. o. J. (Frankfurt am Main 2007).

Meinl, Susanne: Ausgewählte Biografien ehemaliger Zwangsarbeiterinnen und Zwangsarbeiter der Friedrich Flick KG. Die polnischen Zwangsarbeiter im Stahl- und Walzwerk Brandenburg/Havel. Zwei Zeitzeugeninterviews, o. O. o. J. (Frankfurt am Main 2007).

Mews, Karl: Haßlinghauser Hütte, Neuschottland, Dortmunder Union, Eisenwerk Steele. Ein Jahrhundert Werksgeschichte 1856–1956, in: Beiträge zur Geschichte von Stadt und Stift Essen 71 (1956), S. 3–58.

Mollin, Gerhard Th.: Montankonzerne und »Drittes Reich«. Der Gegensatz zwischen Monopolindustrie und Befehlswirtschaft in der deutschen Rüstung und Expansion 1936–1944, Göttingen 1988.

Mönnich, Horst: Labyrinthe der Macht: 3 Geschichten vom Kapital; Stinnes, Thyssen, Flick, Frankfurt am Main 1975.

Museum für Kunst und Kultur der Hansestadt Lübeck (Hg.): Leben und Arbeit in Herrenwyk. Geschichte der Hochofenwerk Lübeck AG, der Werkskolonie und ihrer Menschen, Lübeck 1987.

Müller, Gloria: Sicherheit durch wirtschaftliche Stabilität? Die Rolle der Briten bei der Auseinandersetzung um die Stahlquote des 1. Industrieplanes vom 26. März 1946, in: Dietmar Petzina/Walter Euchner (Hg.): Wirtschaftspolitik im britischen Besatzungsgebiet, Düsseldorf 1984, S. 65–86.

Müller, Rolf-Dieter: Der Manager der Kriegswirtschaft. Hans Kehrl: ein Unternehmer in der Politik des »Dritten Reiches«, Essen 1999.

Müller, Rolf-Dieter: Albert Speer und die Rüstungspolitik im totalen Krieg, in: Bernhard R. Kroener/Rolf-Dieter Müller/Hans Umbreit: Organisation und Mobilisierung des Deutschen Machtbereichs. Zweiter Halbband: Kriegsverwaltung, Wirtschaft und personelle Ressourcen 1942–1944/45, Stuttgart 1999, S. 273–773.

Müller, Rolf-Dieter (Hg.): Die deutsche Wirtschaftspolitik in den besetzten sowjetischen Gebieten 1941–1943. Der Abschlußbericht des Wirtschaftsstabes Ost und Aufzeichnungen eines Angehörigen des Wirtschaftskommandos Kiew, Boppard 1991.

Müller, Rolf-Dieter: Das Scheitern der wirtschaftlichen »Blitzkriegstrategie«, in: Horst Borg u. a.: Der Angriff auf die Sowjetunion, Frankfurt a. M. 1991, S. 1116–1226.

Müller, Rolf-Dieter: Von der Wirtschaftsallianz zum kolonialen Ausbeutungskrieg, in: Horst Boog u. a.: Der Angriff auf die Sowjetunion, Frankfurt am Main 1991, S. 141–245.

Müller, Rolf-Dieter: Die Mobilisierung der deutschen Wirtschaft für Hitlers Kriegführung, in: Bernhard R. Kroener/Rolf-Dieter Müller/Hans Umbreit: Organisation und Mobilisierung des Deutschen Machtbereichs. Erster Halbband: Kriegsverwaltung, Wirtschaft und personelle Ressourcen 1939–1941, Stuttgart 1981, S. 349–689.

Münzel, Martin: Die jüdischen Mitglieder der deutschen Wirtschaftselite 1927–1955. Verdrängung – Emigration – Rückkehr, Paderborn 2006.

Natzel, Benno: Die Neuordnung des deutschen Kohlenbergbaues. Ein Bericht über sein Nachkriegsschicksal, Bochum 1956.

Neckermann, Josef: Erinnerungen, Berlin 1990.

Neebe, Reinhard: Großindustrie, Staat und NSDAP 1930–1933. Paul Silverberg und der Reichsverband der Deutschen Industrie in der Krise der Weimarer Republik, Göttingen 1981.

Neumann, Hildegard: Historische Lehren und Erfahrungen zum Volksentscheid in Sachsen am 30. Juni 1946, in: Sächsische Heimatblätter 28 (1982), S. 1–10.

Neumark, Fritz: Zuflucht am Bosporus. Deutsche Gelehrte, Politiker und Künstler in der Emigration 1933–1953, Frankfurt am Main 1980.

Niethammer, Lutz: Die Mitläuferfabrik. Die Entnazifizierung am Beispiel Bayerns, Berlin/Bonn 1982.

Noam, Ernst: Volkswirtschaft und Soziologie, in: Siegmund Kaznelson (Hg.): Juden im deutschen Kulturbereich, Berlin 1962, S. 673–709.

Norden, Albert: Die Nation und wir. Ausgewählte Aufsätze und Reden 1933–1964, 2 Bde., Berlin (Ost) 1965.

Norden, Albert: Lehren deutscher Geschichte. Zur politischen Rolle des Finanzkapitals und der Junker, Berlin 1947.

Oberkrome, Willi: »Deutsche Heimat.« Nationale Konzeption und regionale Praxis von Naturschutz, Landschaftsgestaltung und Kulturpolitik in Westfalen-Lippe und Thüringen (1900–1960), Paderborn 2004.

Ogger, Günter: Friedrich Flick der Große, München 1971.

Ohlsen, Manfred: Milliarden für den Geier oder der Fall des Friedrich Flick, 3., erw. Aufl. Berlin (Ost) 1985.

Olsson, Ulf: Stockholms Enskilda Bank and the Bosch Group 1939–1950, Stockholm 1998.

OMGUS, Report oft the Military Governor (1 April 1947 – 30 April 1948), No. 34: Denazification (Cumulative Review), o. O., o. J.

OMGUS, Report oft the Military Governor (1 October 1947 – 30 September 1948), No. 39: Communications (Cumulative Review), o. O., o. J.

Osterloh, Jörg: Nationalsozialistische Judenverfolgung im Reichsgau Sudetenland 1938–1945, München 2006.

Overy, Richard J.: Introduction. The Nazi Economy in Peace and War, in: ders.: War and Economy in the Third Reich, Oxford 1994, S. 1–36.

Penter, Tanja: Arbeiten für den Feind in der Heimat – der Arbeitseinsatz in der besetzten Ukraine 1941–1944, in: Jahrbuch für Wirtschaftsgeschichte 1/2004, S. 65–94.

Pfister, Rudolf: Bauten Schultze-Naumburgs aus den Jahren 1900–1930, Weimar 1940.

Pierenkemper, Toni: Von Krise zu Krise. Die Fried. Krupp AG von der Währungsstabilisierung bis zum Ende der Weimarer Republik 1924 bis 1933, in: Gall (Hg.): Krupp im 20. Jahrhundert, S. 167–265.

Pierenkemper, Toni: Deutsche Unternehmer im 19. Jahrhundert als Elite, in: Rainer Hudemann/Georges-Henri Soutou (Hg.): Eliten in Deutschland und Frankreich im 19. und 20. Jahrhundert, Bd. 1, München 1994, S. 119–135.

Pierenkemper, Toni: Unternehmeraristokraten in Schlesien, in: Elisabeth Fehrenbach (Hg.): Adel und Bürgertum in Deutschland 1770–1848, München 1994, S 129–157.

Pierenkemper, Toni: Jüdische Unternehmer in der deutschen Schwerindustrie 1850–1933. Vexierbild oder Chimäre? In: Werner E.Mosse/Hans Pohl (Hg.): Jüdische Unternehmer in Deutschland im 19. und 20. Jahrhundert, Stuttgart 1992, S. 100–118.

Pierenkemper, Toni: Struktur und Entwicklung der Schwerindustrie in Oberschlesien und im westfälischen Industriegebiet, 1852–1913, in: ZUG 24 (1979), S. 1–28.

Pingel, Falk: Der aufhaltsame Aufschwung. Die Wirtschaftsplanung für die britische Zone im Rahmen der außenpolitischen Interessen der Besatzungsmacht, in: Dietmar Petzina/Walter Euchner (Hg.): Wirtschaftspolitik im britischen Besatzungsgebiet, Düsseldorf 1984, S. 41–64.

Pinkwart, Ralf Peter: Paul Schultze-Naumburg. Ein konservativer Architekt des frühen 20. Jahrhunderts, Diss. Halle 1991.

Pinner, Felix: Deutsche Wirtschaftsführer, Berlin 1924.

Plumpe, Gottfried: Die I.G. Farbenindustrie AG. Wirtschaft, Technik und Politik 1904–1945, Berlin 1990.

Plumpe, Werner: Unternehmen im Nationalsozialismus. Eine Zwischenbilanz, in: Werner Abelshauser/Jan-Otmar Hesse/Werner Plumpe (Hg.): Wirtschaftsordnung, Staat und Unternehmen. Neue Forschungen zur Wirtschaftsgeschichte des Nationalsozialismus, Essen 2003, S. 243–266.

Plumpe, Werner: Betriebliche Mitbestimmung in der Weimarer Republik. Fallstudien zum Ruhrbergbau und zur Chemischen Industrie, München 1999.

Pogge von Strandmann, Hartmut (Hg.): Walther Rathenau. Industrialist, Banker, Intellectual and Politician. Notes and Diaries 1907–1922, Oxford 1985.

Pohl, Hans: Buderus 1832–1995, Wetzlar 2001.

Pohl, Manfred/Schneider, Andrea H.: VIAG 1923–1998. Vom Staatsunternehmen zum internationalen Konzern, München 1998.

Potthoff, Heinz: Montanunion in der Bewährungsprobe, in: Gewerkschaftliche Monatshefte 5 (1954), S. 322–329.

Priemel, Kim Christian: Industrieunternehmen, Strukturwandel und Rezession. Die Krise des Flick-Konzerns in den siebziger Jahren, in: VfZ 57 (2009), S. 1–31.

Priemel, Kim Christian: Finis Imperii: Wie sich ein Konzern auflöst. Informationsströme und Verfügungsrechte im Flick-Konzern 1945/46, in: VSWG 95 (2008), S. 1–24.

Priemel, Kim Christian: Die »Arisierung« der Hochofenwerk Lübeck AG. Lokale Initiative, individueller Opportunismus und wirtschaftspolitische Großwetterlage, 1933–38, in: Zeitschrift der Gesellschaft für Schleswig-Holsteinische Geschichte 132 (2007), S. 177–209.

Priemel, Kim Christian: Flick. Eine Konzerngeschichte vom Kaiserreich bis zur Bundesrepublik, Göttingen 2007.

Priemel, Kim Christian: Die Wiege des Flick-Konzerns. Friedrich Flick und das Siegerland 1907–1920, in: Siegener Beiträge 11 (2006), S. 147–170.

Priemel, Kim Christian: Zwangsarbeit für die Maxhütte 1939–1945, in: Stadt Rosenberg (Hg.): 150 Jahre Maxhütte. »… eine wahrhafte Schmiede des Vulkan«, Sulzbach-Rosenberg 2003, S. 101–106.

Pritzkoleit, Kurt: Gott erhält die Mächtigen. Rück- und Rundblick auf den deutschen Wohlstand, Düsseldorf 1963.

Pritzkoleit, Kurt: Das private Imperium des Dr. h. c. Dr. Ing. e. h. Friedrich Flick, in: Blätter für deutsche und internationale Politik 5 (1960), S. 686–698, 801–813.

Pritzkoleit, Kurt: Die neuen Herren. Die Mächtigen in Staat und Wirtschaft, München 1955.

Pritzkoleit, Kurt: Bosse, Banken, Börsen. Herren über Geld und Wirtschaft, München 1954.

Pritzkoleit, Kurt: Männer, Mächte, Monopole. Hinter den Türen der westdeutschen Wirtschaft, Düsseldorf 1953.

Pudor, Fritz: Lebensbilder aus dem rheinisch-westfälischen Industriegebiet. Jahrgang 1952–1954. Neue Folge der Nekrologe aus dem rheinisch-westfälischen Industriegebiet, Düsseldorf 1957.

Pudor, Fritz: Nekrologe aus dem rheinisch-westfälischen Industriegebiet. Jahrgang 1939–1951, Düsseldorf 1955.

Quaritsch, Helmut: Nachwort, in: Carl Schmitt: Das internationalrechtliche Verbrechen des Angriffskrieges und der Grundsatz »Nullum crimen, nulla poena sine lege«, Berlin 1994, S. 125–247.

Raab, Werner u. a.: Franz Hellberg zur Vollendung seines 75. Lebensjahres am 29. Dezember 1969. Gewidmet von seinen Freunden und Mitarbeitern, Essen o. J. (1969).

Radandt, Hans (Hg.): Fall 6. Ausgewählte Dokumente und Urteil des IG-Farben-Prozesses, Berlin (Ost) 1970.

Radandt, Hans: Zu den Beziehungen zwischen dem Konzern der Deutschen Bank und dem Staatsapparat bei der Vorbereitung und Durchführung des zweiten Weltkrieges, in: Der deutsche Imperialismus und der zweite Weltkrieg, Bd. 2, Berlin (Ost) 1961, S. 9–40.

Radant, Hans: Kriegsverbrecher-Konzern Mansfeld, Berlin (Ost) 1957.

Radzio, Heiner: Am Anfang war die Kohle. 125 Jahre Harpener Aktiengesellschaft, Lengerich 1981.

Ramge, Thomas: Die Flicks. Eine deutsche Familiengeschichte über Geld, Macht und Politik, Frankfurt am Main 2004.

Rathmer, Christian: »Ich erinnere mich nur an Tränen und Trauer…« Zwangsarbeit in Lübeck 1939 bis 1945, Essen 1999.

Rauh-Kühne, Cornelia: Hitlers Hehler? Unternehmerprofite und Zwangsarbeiterlöhne, in: HZ 275 (2001), S. 1–55.

Rauh-Kühne, Cornelia: Die Entnazifizierung und die deutsche Gesellschaft, in: AfS 35 (1995), S. 35–70.

Reckendrees, Alfred/Priemel, Kim Christian: Politik als produktive Kraft? Die »Gelsenberg-Affäre« und die Krise des Flick-Konzerns (1931/32), in: Jahrbuch für Wirtschaftsgeschichte 2/2006, S. 63–93.

Reckendrees, Alfred: Das »Stahltrust«-Projekt. Die Gründung der Vereinigte Stahlwerke AG und ihre Unternehmensentwicklung 1926–1933/34, München 2000.

Reger, Erik: Union der festen Hand. Roman einer Entwicklung, Berlin 1931.

Reichel, Peter: Politik mit der Erinnerung. Gedächtnisorte im Streit um die nationalsozialistische Vergangenheit, Frankfurt am Main 1999.

Riedel, Matthias: Eisen und Kohle für das Dritte Reich. Paul Pleigers Stellung in der NS-Wirtschaft, Göttingen 1973.

Ritschl, Albrecht: Deutschlands Krise und Konjunktur 1924–1934. Binnenkonjunktur, Auslandsverschuldung und Reparationsproblem zwischen Dawes-Plan und Transfersperre, Berlin 2002.

Rooij, Arjan van: Engineering Contractors in the Chemical Industry. The Development of Ammonia Processes (1910–1940), in: History and Technology 21 (2005), S. 345–366.

Rosenkötter, Bernhard: Treuhandpolitik. Die »Haupttreuhandstelle Ost« und der Raub polnischer Vermögen 1939–1945, Essen 2003.

Roth, Karl-Heinz: Einleitung des Bearbeiters, in: OMGUS: Ermittlungen gegen die Dresdner Bank (1946), bearbeitet von der Hamburger Stiftung für Sozialgeschichte des 20. Jahrhunderts, Nördlingen 1986.

Roth, Karl-Heinz: Einleitung des Bearbeiters, in: OMGUS, Ermittlungen gegen die I. G. Farbenindustrie A. G., September 1945. Übersetzt und bearbeitet von der Dokumentationsstelle zur NS-Sozialpolitik Hamburg, Nördlingen 1986.

Roth, Regina: Staat und Wirtschaft im Ersten Weltkrieg. Kriegsgesellschaften als kriegswirtschaftliche Steuerungsinstrumente, Berlin 1997.

Rother, Thomas: Die Thyssens. Tragödie der Stahlbarone, Frankfurt am Main 2003.

Rother, Thomas: Die Krupps. Durch fünf Generationen Stahl, Frankfurt am Main 2001.

Rudolph, Rolf: Siebenjahrplan und Geschichtswissenschaft, in: ZfG 7 (1959), S. 1474–1495.

Safrian, Hans: Kein Recht auf Eigentum. Zur Genese antijüdischer Gesetze im Frühjahr 1938 im Spannungsfeld von Peripherie und Zentrum, in: Katharina Stengel (Hg.): Vor der Vernichtung. Die staatliche Enteignung der Juden im Nationalsozialismus, Frankfurt am Main 2007, S. 245–262.

Sauerzapf, Rudolf: Subventionsgewährung im Dienste der deutschen Revisions- und Revanchepolitik gegen Polen 1925/26–1933. Die Industrie-»Osthilfe« der Weimarer Republik, Diss. Halle 1965.

Schanetzky, Tim: Die große Ernüchterung. Wirtschaftspolitik, Expertise und Gesellschaft in der Bundesrepublik 1966 bis 1982, Berlin 2007.

Scheel, Klaus: »Deutschland 1933–1945«. Ausstellung im Museum für Deutsche Geschichte in Berlin, in: ZfG 11 (1963), S. 1159–1163.

Scheibler, Hans Carl/Wülfrath, Karl: Westdeutsche Ahnentafeln, Bd. 1, Weimar 1939.

Scherner, Jonas: Die Logik der Industriepolitik im Dritten Reich. Die Investitionen in die Autarkie- und Rüstungsindustrie und ihre staatliche Förderung, Stuttgart 2008.

Scherner, Jonas: Das Verhältnis zwischen NS-Regime und Industrieunternehmen – Zwang oder Kooperation? In: ZUG 51 (2006), S. 166–190.

Scherner, Jonas/Streb, Jochen: Das Ende eines Mythos? Albert Speer und das so genannte Rüstungswunder, in: VSWG 93 (2006), S. 172–196.

Schily, Otto: Politik in bar. Flick und die Verfassung unserer Republik, München 1986.

Schmeitzner, Mike/Donth, Stefan: Die Partei der Diktaturdurchsetzung. KPD/SED in Sachsen 1945–1952, Köln 2002.

Schmidthals, Cornelia: Zwangsarbeiter im niederschlesischen Bergbaurevier 1940 bis 1945, in: Tenfelde/Seidel (Hg.): Zwangsarbeit im Bergwerk, S. 289–309.

Schmitt, Carl: Das internationalrechtliche Verbrechen des Angriffskrieges und der Grundsatz »Nullum crimen, nulla poena sine lege«, Berlin 1994.

Schnabel, Isabel: The German Twin Crisis of 1931, in: Journal of Economic History 64 (2004), S. 822–871.

Scholten, Jens: Zwischen Markt und Parteiräson. Die Unternehmensgeschichte des »Vorwärts« 1948 bis 1989, Essen 2008

Schreiber, Gerhard: Die italienischen Militärinternierten im deutschen Machtbereich 1943 bis 1945. Verraten, verachtet, vergessen, München 1990.

Schröter, Harm G.: Von der Teilung bis zur Wiedervereinigung (1945–2000), in: Michael North (Hg.): Deutsche Wirtschaftsgeschichte. Ein Jahrtausend im Überblick, München 2000, S. 351–420.

Schulz, Gerhard: Von Brüning zu Hitler. Der Wandel des politischen Systems in Deutschland 1930–1933, Berlin 1992.

Schulz, Ulrike: Die Enteignung der Firma Simson & Co und die Entstehung der nationalsozialistischen Wilhelm-Gustloff-Stiftung 1927–1936, unveröff. MA, Berlin 2004.

Schultze-Schlutius, Hans-G.: Die Organtheorie unter besonderer Berücksichtigung der Kapitalgesellschaften, 2. Aufl. Düsseldorf 1956.

Schumann, Wolfgang: Der Zeiss-Konzern im System des staatsmonopolistischen Kapitalismus während des Faschismus, in: Jahrbuch für Wirtschaftsgeschichte 4/1962, S. 115–138.

Schwartz, Thomas Alan: Die Begnadigung deutscher Kriegsverbrecher. John J. McCloy und die Häftlinge von Landsberg, in: VfZ 38 (1990), S. 375–414.

Schwarz, Hans-Peter: Axel Springer. Die Biografie, Berlin 2008.

Schwarz, Hans-Peter: Adenauer, Bd. 1: Der Aufstieg 1876–1952, Stuttgart 1986.

Schwerin von Krosigk, Lutz: Staatsbankrott. Die Geschichte der Finanzpolitik des Deutschen Reiches von 1920 bis 1945, Göttingen 1975.

Schwerin von Krosigk, Lutz: Die große Zeit des Feuers. Der Weg der deutschen Industrie, Bd. 2, Tübingen 1958.

Seidel, Hans-Christoph/Tenfelde, Klaus (Hg.): Zwangsarbeit im Bergwerk. Der Arbeitseinsatz im Kohlenbergbau des Deutschen Reiches und der besetzten Gebiete im Ersten und Zweiten Weltkrieg, Bd. 2: Dokumente, Essen 2005.

Seidel, Hans-Christoph: »Ein buntes Völkergemisch hat eine Wanderung durch unsere Gruben gemacht.« Ausländereinsatz und Zwangsarbeit im Ruhrbergbau 1940 bis 1945, in: Tenfelde/ders. (Hg.): Zwangsarbeit im Bergwerk, S. 75–159.

Seidel, Hans-Christoph: Der »Russenstreb«. Die betriebliche Organisation des Ausländer- und Zwangsarbeitereinsatzes im Ruhrbergbau während des Zweiten Weltkrieges, in: GG 31 (2005), S. 8–37.

Seidl, Jürgen: Die Bayerischen Motorenwerke (BMW) 1945–1969. Staatlicher Rahmen und unternehmerisches Handeln, München 2002.

Seipel, Hubert: Der Mann, der Flick jagte. Die Geschichte des Steuerfahnders Klaus Förster, Hamburg 1985.

Seubert, Rolf: Von »Weißwäsche« und »Blutgeld«. Wie die Flick-Collection nach Berlin kam, in: Jörg Döring u. a. (Hg.): Antisemitismus in der Medienkommunikation, Frankfurt am Main 2005, S. 179–216.

Siefer, Thomas: »Du kommst später mal in die Firma!« Psychosoziale Dynamik von Familienunternehmen, Heidelberg 1996.

Simon, Fritz B. (Hg.): Die Familie des Familienunternehmens. Ein System zwischen Gefühl und Geschäft, Heidelberg 2002.

Skibicki, Klemens: Industrie im oberschlesischen Fürstentum Pless im 18. und 19. Jahrhundert. Zur ökonomischen Logik des Übergangs vom feudalen Magnatenwirtschaftsbetrieb zum modernen Industrieunternehmen, Stuttgart 2002.

Smith, Bradley F.: Der Jahrhundert-Prozeß. Die Motive der Richter von Nürnberg – Anatomie einer Urteilsfindung, Frankfurt am Main 1977.

Soénius, Ulrich S.: Im Auftrag des Reichswirtschaftsministeriums: Rudolf Siedersleben, in: Danylow/ders. (Hg.): Otto Wolff, S. 245–294.

Spoerer, Mark: Zwangsarbeit unter dem Hakenkreuz. Ausländische Zivilarbeiter, Kriegsgefangene und Häftlinge im Deutschen Reich und im besetzten Europa 1939–1945, Stuttgart 2001.

Spoerer, Mark: Von Scheingewinnen zum Rüstungsboom. Die Eigenkapitalrentabilität der deutschen Industrieaktiengesellschaften 1925–1941, Stuttgart 1996.

Stallbaumer, Lisa M.: Strictly Business? The Flick Concern and »Aryanizations«. Corporate Expansion under the Nazi Era, Diss. Madison 1995.

Statistisches Bundesamt (Hg.): Bevölkerung und Wirtschaft 1872–1972, Stuttgart 1971.

Streit, Christian: Keine Kameraden. Die Wehrmacht und die sowjetischen Kriegsgefangenen 1941–1945, Neuausgabe Bonn 1991.

Strunk, Peter: Die AEG-Fabriken Hennigsdorf, Berlin 1991.

Stürmer, Michael/Teichmann, Gabriele/Treue, Wilhelm: Wägen und Wagen. Sal. Oppenheim jr. & Cie. Geschichte einer Bank und einer Familie, München 1989.

Süß, Dietmar: Kumpel und Genossen. Arbeiterschaft, Betrieb und Sozialdemokratie in der bayerischen Montanindustrie 1945 bis 1976, München 2003.

Swatek, Dieter: Unternehmenskonzentration als Ergebnis und Mittel nationalsozialistischer Wirtschaftspolitik, Berlin 1972.

Taylor, Telford: Die Nürnberger Prozesse. Kriegsverbrechen und Völkerrecht, ergänzte Sonderausgabe Zürich 1951.

Taylor, Telford: Final Report to the Secretary of the Army on the Nuernberg War Crimes Trials under Control Council Law No. 10, Washington D. C. 1949.

Tenfelde, Klaus/Hans-Christoph Seidel (Hg.): Zwangsarbeit im Bergwerk. Der Arbeitseinsatz im Kohlenbergbau des Deutschen Reiches und der besetzten Gebiete im Ersten und Zweiten Weltkrieg. Bd. 1: Forschungen, Essen 2005.

Tenfelde, Klaus: Krupp in Krieg und Krisen. Unternehmensgeschichte der Fried. Krupp AG 1914 bis 1924/25, in: Gall (Hg.): Krupp im 20. Jahrhundert, S. 15–165.

Thieleke, Karl-Heinz (Hg.): Fall 5. Anklageplädoyer, ausgewählte Dokumente, Urteil des Flick-Prozesses mit einer Studie über die »Arisierungen« des Flick-Konzerns, Berlin (Ost) 1965.

Thieleke, Karl-Heinz: Die »Arisierungen« des Flick-Konzerns. Eine Studie zur Geschichte des staatsmonopolistischen Kapitalismus, Diss. Berlin (Ost) 1963.

Tilly, Richard: Willy H. Schlieker. Aufstieg und Fall eines Unternehmers (1914–1980), Berlin 2008.

Tilly, Stefanie: Arbeit – Macht – Markt. Industrieller Arbeitsmarkt 1900–1929. Deutschland und Italien im Vergleich, Berlin 2006.

Treue, Wilhelm/Zima, Stefan: Hochleistungsmotoren. Karl Maybach und sein Werk, 2. Aufl. Düsseldorf 1995.

Treue, Wilhelm: Das Schicksal des Bankhauses Sal. Oppenheim jr. & Cie. und seiner Inhaber im Dritten Reich, Wiesbaden 1983.

Treviranus, Gottfried Reinhold: Das Ende von Weimar, Düsseldorf 1968.

Trials of War Criminals before the Nuernberg Military Tribunals under Control Council Law No. 10, Vol. VI, Washington D. C. 1952.

Tooze, Adam: Ökonomie der Zerstörung. Die Geschichte der Wirtschaft im Nationalsozialismus, München 2007.

Turner, Henry A.: Die Großunternehmer und der Aufstieg Hitlers, Berlin 1985.

Turner, Henry A.: Faschismus und Kapitalismus in Deutschland. Studien zum Verhältnis zwischen Nationalsozialismus und Wirtschaft, Göttingen 1972.

Turtenwald, Claudia Ingrid: Fritz Höger (1877–1949). Architekt zwischen Stein und Stahl, Glas und Beton, Diss. Münster 2003.

Ufermann, Paul: Der deutsche Stahltrust, Berlin 1927.

Ufermann, Paul: Könige der Inflation, Berlin 1924.

Umbreit, Hans: Die deutsche Herrschaft in den besetzten Gebieten 1942–1945, in: Bernhard R. Kroener/Rolf-Dieter Müller/Hans Umbreit: Organisation und Mobilisierung des Deutschen Machtbereichs. Zweiter Halbband: Kriegsverwaltung, Wirtschaft und personelle Ressourcen 1942–1944/45, Stuttgart 1999, S. 3–272.

Ulbricht, Walter: Der faschistische deutsche Imperialismus (1933–1945), 3. Aufl. Berlin (Ost) 1952.

Ulbricht, Walter: Volksentscheid und Wirtschaftsaufbau, o. O., o. J. (1946).

Um ein antifaschistisch-demokratisches Deutschland. Dokumente aus den Jahren 1945–1949, Berlin (Ost) 1968.

Urban, Thomas: Zwangsarbeit im Tagebau. Der Einsatz von Kriegsgefangenen und ausländischen Zivilarbeitern im mitteldeutschen Braunkohlenbergbau 1939 bis 1945, Essen 2006.

Urban, Thomas: Todeskandidaten im Tagebau. Zwangsarbeiter im mitteldeutschen Braunkohlenbergbau während des Zweiten Weltkrieges, in: Tenfelde/Seidel (Hg.): Zwangsarbeit im Bergwerk, S. 311–339.

Urban, Thomas: ÜberLeben und Sterben von Zwangsarbeitern im Ruhrbergbau, Münster 2002.

Vahs, Dietmar: Controlling-Konzeptionen in deutschen Industrieunternehmungen. Eine betriebswirtschaftlich-historische Untersuchung, Frankfurt am Main 1990.

van Laak, Dirk: Gespräche in der Sicherheit des Schweigens. Carl Schmitt in der politischen Geistesgeschichte der frühen Bundesrepublik, Berlin 1993.

Vaupel, Dieter, Entschädigungsverweigerung und die Politik der Claims Conference. Das Beispiel Flick, in: Rolf Surmann (Hg.): Das Finkelstein-Alibi. »Holocaust-Industrie« und Tätergesellschaft, Köln 2001, S. 41–61.

Vaupel, Dieter: Zwangsarbeiterinnen für die Dynamit AG, in: 1999 2 (1987), S. 50–86.

Verein Deutscher Eisenhüttenleute (Hg.): Gemeinfassliche Darstellung des Eisenhüttenwesens. 1. Teil: Die Technik des Eisenhüttenwesens, 14. Aufl. Düsseldorf 1937.

Verenkotte, Clemens: Das brüchige Bündnis. Amerikanische Anleihen und deutsche Industrie 1924–1934, Diss. Freiburg 1991.

Verse-Herrmann, Angela: Die »Arisierungen« in der Land- und Forstwirtschaft 1938–1942, Stuttgart 1997.

Vogelsang, Reinhard: Der Freundeskreis Himmler, Göttingen 1972.

Vogler, Johannes: Von der Rüstungsfirma zum volkseigenen Betrieb. Aufzeichnungen eines Unternehmers der Sowjetischen Besatzungszone Deutschlands von 1945–1948, hg. von Burghard Ciesla, München 1992.

Volkland, Gerhard: Hintergründe und politische Auswirkungen der Gelsenkirchen-Affäre im Jahre 1932, in: ZfG 11 (1963), S. 289–318.

Volkmann, Hans-Erich: Ökonomie und Expansion. Grundzüge der NS-Wirtschaftspolitik, München 2003.

Volkmann, Hans-Erich: Die NS-Wirtschaft in Vorbereitung des Krieges, in: Wilhelm Deist u. a.: Ursachen und Voraussetzungen des Zweiten Weltkrieges, Frankfurt am Main 1995, S. 209–435.

Voß, Reimer: Steuern im Dritten Reich. Vom Recht zum Unrecht unter der Herrschaft des Nationalsozialismus, München 1995.

Wanderungen des Herrn Flick, in: Die Gegenwart 8 (1953), S. 346 f.

Warner, Isabel: Steel and Sovereignty. The Deconcentration of the West Germany Steel Industry, 1949–54, Mainz 1996.

Weihe, Thomas: Die Verdrängung jüdischer Mitarbeiter und der Wettbewerb um Kunden im Nationalsozialismus, in: Herbst/ders. (Hg.): Die Commerzbank und die Juden, S. 43–73.

Weisbrod, Bernd: Schwerindustrie in der Weimarer Republik. Interessenpolitik zwischen Stabilisierung und Krise, Wuppertal 1978.

Welsh, Helga A.: Revolutionärer Wandel auf Befehl? Entnazifizierungs- und Personalpolitik in Thüringen und Sachsen (1945 – 1948), München 1989.

Welskopp, Thomas: Arbeit und Macht im Hüttenwerk. Arbeits- und industrielle Beziehungen in der deutschen und amerikanischen Eisen- und Stahlindustrie von den 1860er bis zu den 1930er Jahren, Bonn 1994.

Wengenroth, Ulrich: Schwierige Beute. Lothringen in den Planungen der deutschen Schwerindustrie, in: Claude Carlier/Stefan Martens (Hg.): La France et l'Allemagne en Guerre. Septembre 1939-Novembre 1942, Paris 1990, S. 453–467.

Werner, Wolfgang Franz: »Bleib übrig!« Deutsche Arbeiter in der nationalsozialistischen Kriegswirtschaft, Düsseldorf 1983.

Wessel, Horst A.: Die Hahnschen Werke in Duisburg. Zur Geschichte eines »arisierten Unternehmens«, in: Jan-Pieter Barbian/Michael Brocke/Ludger Heid (Hg.): Juden im Ruhrgebiet. Vom Zeitalter der Aufklärung bis in die Gegenwart, Essen 1999, S. 441–461.

Wessel, Horst A.: Kontinuität im Wandel. 100 Jahre Mannesmann 1890–1990, Düsseldorf 1990.

Wettberg, Stefanie: Der Rückkauf eigener Anteile im deutschen Finanzsystem, Diss. Heidelberg 2003.

Widera, Thomas: Dresden 1945–1948. Politik und Gesellschaft unter sowjetischer Besatzungsherrschaft, Göttingen 2004.

Wielgoß, Johannes: Der »Charlottenhof« in Kettwig. Von einer Industriellen-Villa zur Begegnungs- und Bildungsstätte für Jugendliche, in: Essener Beiträge 120 (2007) S. 319–337.

Wiesen, S. Jonathan: Germany's PR Man. General Julius Klein and the Making of Transatlantic Memory, in: Philipp Gassert/Alan E. Steinweis (Hg.): Coping with the Nazi Past. West German Debates on Nazism and Generational Conflict 1955–1975, Oxford 2007, S. 294–308.

Wiesen, S. Jonathan: West German Industry and the Challenge of the Nazi Past, 1945–1955, Chapel Hill/London 2001.

Wiesen, S. Jonathan: Overcoming Nazism: Big Business, Public Relations, and the Politics of Memory, 1945–1950, in: Central European History 29 (1996), S. 201–226.

Wille, Manfred: Die Industrie Sachsen-Anhalts im Spannungsfeld zwischen Neuaufbau, Besatzungsregime und gesellschaftlichen Umbrüchen 1945–1947, in: Christoph Buchheim (Hg.): Wirtschaftliche Folgelasten des Krieges in der SBZ/DDR, Baden-Baden 1995, S. 141–168.

Wilmowsky, Tilo von: Warum wurde Krupp verurteilt? Legende und Justizirrtum, Frankfurt am Main 1950.

Wixforth, Harald/Ziegler, Dieter: Die Expansion der Reichswerke »Hermann Göring« in Europa, in: Jahrbuch für Wirtschaftsgeschichte 1/2008, S. 257–278.

Wixforth, Harald: Ein »stiller Teilhaber«. Die »Arisierung« des Bankhauses Simon Hirschland und der Flick-Konzern, in: Bankhistorisches Archiv 33 (2007), S. 63–77.

Wixforth, Harald: Die Expansion der Dresdner Bank in Europa, München 2006.

Wolf, Markus: Spionagechef im geheimen Krieg. Erinnerungen, München 1997.

Wolfrum, Edgar: Die geglückte Demokratie. Geschichte der Bundesrepublik Deutschland von ihren Anfängen bis zur Gegenwart, München 2007.

Woller, Hans: Gesellschaft und Politik in der amerikanischen Besatzungszone. Die Region Ansbach und Fürth, München 1986.

Zangen, Wilhelm: Aus meinem Leben, Düsseldorf 1968.

Ziegler, Dieter: Die Dresdner Bank und die deutschen Juden, München 2006.

Zöller, Martin/Leszczynski, Kazimierz (Hg.): Fall 7. Das Urteil im Geiselmordprozess, gefällt am 19. Februar 1948 vom Militärgerichtshof V der Vereinigten Staaten von Amerika, Berlin 1965.

Bildnachweis

Archiv A. Kollek – N. Schallenberg Architektur: 60 r.
Archiv der Hansestadt Lübeck, Metallhüttenwerke, Nr. 674: 577
Archiv města Ústí nad Labem: 238
Associated Press: 446
Bayerisches Wirtschaftsarchiv: 216 r., 303, 345, 361, 557
Bildarchiv Preußischer Kulturbesitz: 51 (N.N.), 187 l. (Atelier Bieber/Nather), 289 r.
(Heinrich Hoffmann), 394 (Oskar Dahlke), 426 (N.N.), 436 (Bayerische Staatsbibliothek/Fotoarchiv Heinrich Hoffmann), 453 (Herbert Hensky), 732 (F. Bauer)
Bundesarchiv Koblenz: 131 l. (102/13961)
Der Spiegel: 537 (38/1958), 745 (09/1982, 48/1982, 04/1983, 48/1983, 44/1984, 50/1985)
Deutsche Allgemeine Zeitung, 07/1943: 370
Deutsches Bergbau-Museum Bochum: 339 r.
Forschungsarchiv Sammlung Flick: 19, 74, 90, 131 r., 160, 173, 259, 261 l., 261 r., 289 l.,
339 l., 408, 465 l., 465 r., 528, 615, 629, 637, 642, 705, 709, 720, 755 l., 755 r.
Knaur Verlag: 728
Mercedes-Benz Classic: 524
Museen für Kunst und Kulturgeschichte der Hansestadt Lübeck: 216 l.
Neue Presse Bielefeld, 12/1959: 546 (Karikatur Egon Körbi)
Neue Presse Coburg, 09/1950: 446
Neues Deutschland, 05/1962: 607 (Karikatur Klaus Arndt)
Picture-Alliance: 668 (dpa / Wilhelm Bertram)
Stadtarchiv Nürnberg: 416 (StadtAN A 65 RA 333), 417 l. (StadtAN A 65 I RA 98), 417 r.
(StadtAN A 65 I RA 149)
Süddeutsche Zeitung Photo: 187 r. (Scherl), 656 (N.N.), 666 (Brigitte Hellgoth)
ThyssenKrupp Konzernarchiv Duisburg: 60 l.
Ulk, 05/1920: 45
Ullstein Bild: 67 (N.N.), 659 (Sven Simon), 751 (Prange)
Vorwärts, 06/1932: 111
Westfälisches Wirtschaftsarchiv: 23
Wikimedia Foundation Inc.: 212

Der Verlag konnte nicht alle Rechte an den abgedruckten Fotos ermitteln. Wir bitten
darum, der Verlagsgruppe Random House GmbH bestehende Ansprüche mitzuteilen.

Personenregister